DEEL 1

ORGANISATIES, MANAGEMENT EN DE NETWERKONDERNEMING

Deel 1 introduceert de belangrijkste thema's van dit boek en brengt een reeks belangrijke vragen naar voren:
Wat is een informatiesysteem en wat zijn de bestuurlijke, organisatorische en technologische aspecten ervan? Waarom zijn informatiesystemen zo belangrijk voor bedrijven? Hoe kunnen bedrijven gebruikmaken van informatiesystemen bij hun internationale activiteiten en samenwerking? Wat is sociaal ondernemen en welke rol spelen informatiesystemen hierbij? Hoe kunnen informatiesystemen bedrijven helpen beter te concurreren? Welke bredere ethische en sociale kwesties brengt het wijdverspreide gebruik van informatiesystemen met zich mee?

sche journals en publiceerde boeken over IT governance en de balanced scorecard. Hij is co-auteur van *Enterprise Governance of Information Technology. Achieving strategic alignment and value.*

Drs. Rachid Tamrouti is verbonden aan de HAN als docent, ontwikkelaar en onderzoeker bij de opleiding Bedrijfskunde en aan het Kenniscentrum Publieke Zaak. Ter versterking van het curriculum op het gebied van Informatiemanagement bij de opleidingen Bedrijfskunde op het hbo in Nederland is hij medeontwikkelaar van de Body of Knowledge en Skills op dit gebied. Hij heeft een achtergrond in de Bestuurlijke Informatiekunde en IT auditing en heeft bij diverse organisaties gewerkt in verschillende rollen op het snijvlak van Business en ICT. Informatiemanagement als managementdiscipline is dan ook zijn belangrijkste thema.

Over de auteurs

Prof. dr. Kenneth C. Laudon is hoogleraar Informatiesystemen aan de Stern School of Business van New York University. Hij heeft een BA in Economie van Stanford University en een doctorsgraad van Columbia University. Hij heeft twaalf boeken geschreven over e-commerce, informatiesystemen, organisaties en maatschappij. Professor Laudon heeft tevens meer dan veertig artikelen geschreven met betrekking tot de sociale, organisatorische en management-invloeden van informatiesystemen, privacy, ethiek en multimediatechnologie.
Het huidige onderzoek van professor Laudon is gericht op de planning en het management van grootschalige informatiesystemen en multimedia-informatietechnologie. Hij is onderscheiden door de National Science Foundation voor het bestuderen van de ontwikkeling van nationale informatiesystemen van de Social Security Administration, de Amerikaanse belastingdienst en de FBI. Zijn onderzoek concentreert zich op implementatie van bedrijfssystemen, computergerelateerde veranderingen met betrekking tot de organisatie en de bezetting in grote organisaties, veranderingen in managementideologie, veranderingen in publiek beleid en begrijpen van productiviteitsverandering in de kennissector.
Ken Laudon was getuige-deskundige voor het United States Congress. Hij is onderzoeker en consultant geweest voor het Office of Technology Assessment (United States Congress), Department of Homeland Security, en voor het presidentieel kantoor, diverse uitvoeringsorganen en commissies van het Congress. Professor Laudon is tevens intern opleider voor diverse adviesbureaus en adviseur op het gebied van systeemplanning en -strategie voor diverse Fortune-500-bedrijven.
Aan de Stern School of Business van New York University geeft Ken Laudon colleges over het managen van de digitale onderneming, informatietechnologie en bedrijfsstrategie, beroepsverantwoordelijkheid (ethiek) en e-commerce en digitale markten. Ken Laudons hobby is zeilen.

Dr. Jane Price Laudon is managementconsultant voor informatiesystemen en auteur van zeven boeken. Haar specialismen zijn onder andere systeemanalyse, gegevensbeheer, onderzoek naar bedrijfsinformatiesystemen, software-evaluatie en het lesgeven aan managers over het ontwerpen en toepassen van informatiesystemen. Jane ontving haar PhD van de universiteit van Columbia, haar MA van Harvard en haar BA van Barnard College. Zij heeft gedoceerd aan de universiteit van Columbia en de Graduate School of Business aan de universiteit van New York. Ze is al haar hele leven geïnteresseerd in oosterse talen en volkeren.

Nederlandse bewerking

Prof. dr. Wim Van Grembergen is emeritus hoogleraar aan de faculteit Toegepaste Economische Wetenschappen van de Universiteit Antwerpen (UA) en executive professor aan de Antwerp Management School (AMS). In de loop der jaren heeft hij onderwijs gegeven op bachelor-, master- en executive niveau. Zijn huidig onderzoek betreft de thema's IT governance, IT-strategie, IT-performancemanagement en de IT balanced scorecard. In 2003 richtte hij het IT Alignment and Governance (ITAG) onderzoekscentrum op en in dit kader verricht hij onderzoek ter ondersteuning van de verdere ontwikkeling van ISACA's management-/controleraamwerk COBIT. Hij was betrokken bij de ontwikkeling van COBIT 5. Hij was ook vele jaren lid van de ISO Enterprise Governance of IT Workgroup en betrokken bij de ontwikkeling van de ISO 38500 standaard.
Verder is hij regelmatig spreker op academische en professionele conferenties en is hij actief als consultant voor een aantal organisaties. Hij heeft verschillende publicaties in academi-

Voorwoord

Dit boek hebben we geschreven voor bedrijfskundestudenten die een dieper inzicht willen verkrijgen in hoe ondernemingen informatietechnologieën en -systemen gebruiken om bedrijfsdoelstellingen te realiseren. Informatiesystemen zijn een van de belangrijkste middelen die bedrijfsmanagers tot hun beschikking hebben voor het bereiken van operationeel excelleren, het ontwikkelen van nieuwe producten en diensten, het verbeteren van de besluitvorming en het bereiken van concurrentievoordeel. Bij sollicitatieprocedures voor nieuw personeel zoeken bedrijven vaak naar nieuwe medewerkers die weten hoe ze informatiesystemen en -technologieën moeten gebruiken om belangrijke bedrijfsresultaten te bereiken. Of je nu in de accountancy, financiën, bedrijfskunde, bestuurskunde of informatiesystemen afstudeert, de kennis en informatie die je in dit boek aantreft zullen waardevol zijn in je toekomstige carrière.

Nieuw in deze editie

Actualiteit

De 15e editie bevat alle nieuwe openings-, slot- en interactieve-sessiecases. De tekst, figuren, tabellen en cases zijn tot en met september 2016 bijgewerkt met de laatste bronnen uit industrieel en onderzoek op het gebied van bedrijfsinformatiesystemen.

Nieuwe onderwerpen

- ***Sociaal, mobiel, lokaal.*** Er is nieuwe content over e-commerce met de beschrijving hoe sociale instrumenten, mobiele technologie en locatiediensten marketing en adverteren transformeren.
- ***Big data en Internet of Things.*** Deze nieuwe versie is bijgewerkt met betrekking tot databases en informatiebeheer voor het diepgaand behandelen van big data en Internet of Things (IoT). Dit omvat nieuwe datamanagementtechnologieën, waaronder Hadoop, in-memory computing, niet-relationele databases en analytische platforms.
- ***Cloud computing.*** Bijgewerkte behandeling van cloud computing in hoofdstuk 5 (IT-infrastructuur en opkomende strategieën), met meer details over typen clouddiensten, private en publieke clouds, hybride clouds, managen van clouddiensten en een nieuwe interactieve sessie over het gebruik van clouddiensten. Door het boek heen worden ook de volgende aspecten van cloud computing behandeld: databases in de cloud, cloudbeveiliging, cloud CRM en ERP, cloud en e-commerce en de ontwikkeling van cloudsystemen.
- ***Sociale bedrijfsvoering.*** Uitgebreide behandeling van sociale bedrijfsvoering, geïntroduceerd in hoofdstuk 2 en behandeld in het gehele boek. Gedetailleerde behandeling van zowel sociaal netwerken binnen het bedrijf als sociaal netwerken in e-commerce.
- Consumerisatie van IT en BYOD
- Smart products
- DevOps
- Machine Learning
- Chatbots
- Near Field Communication (NFC)
- Locatiegebonden adverteren
- Windows 10
- Microsoft Office 365
- Platforms
- Software Defined Storage (SDS)

Wat is er nieuw binnen bedrijfsinformatiesystemen?

Veel. Door nieuwe technologieën voor managen en structureren is er zelfs een hele nieuwe manier van zakendoen ontstaan. Wat bedrijfsinformatiesystemen tot het meest opwindende studiegebied van bedrijfsopleidingen maakt is de voortdurende verandering in technologie-, management- en bedrijfsprocessen. (In hoofdstuk 1 komen deze veranderingen uitgebreider aan de orde.)

IT-innovaties. Door de voortdurende stroom van informatietechnologie-innovaties verandert de traditionele zakenwereld. Voorbeelden zijn de opkomst van cloud computing, de groei van een mobiel digitaal bedrijfsplatform gebaseerd op smartphones en tabletcomputers, en niet in het minst het gebruik van sociale netwerken door managers om bedrijfsdoelstellingen te halen. Het merendeel van deze veranderingen heeft in de afgelopen jaren plaatsgevonden. Deze innovaties stellen ondernemers en innovatieve traditionele bedrijven in staat nieuwe producten en diensten te creëren, nieuwe bedrijfsmodellen te ontwikkelen en de dagelijkse gang van zaken binnen het bedrijf te hervormen. In het proces gaan sommige oude bedrijven, en zelfs bedrijfstakken, ten onder terwijl er nieuwe bedrijven ontstaan.

Nieuwe bedrijfsmodellen. Zo heeft de opkomst van online videodiensten, zoals Netflix voor streamen en Apple iTunes voor downloaden, de verspreiding en zelfs de creatie van premium video voor altijd veranderd. Netflix is het voornaamste bedrijf voor de streaming premiumfilms en tv-shows, en verbruikt een belangrijk deel van de internetbandbreedte in de Verenigde Staten. Met *House of Cards* en *Arrested Development* is Netflix opgeschoven naar de productie van premium tv-shows, waarmee het kabelnetwerken zoals HBO uitdaagt, en potentieel de dominantie van kabelkanalen bij de productie van tv-shows verstoort.
Apple iTunes is verantwoordelijk voor een groot deel van de film- en tv-showdownloads en heeft voor recente films en tv-shows overeenkomsten gesloten met belangrijke Hollywoodstudio's. Een groeiende stroom kijkers verlaat de kabel en maakt voor ontspanning uitsluitend gebruik van internet.

Uitbreiding van e-commerce. E-commerce heeft zichzelf heruitgevonden, waarbij het de traditionele marketing- en advertentiebranche heeft verstoord en contentbedrijven in gevaar heeft gebracht. Facebook en andere socialenetwerksites zoals YouTube, Twitter en Tumblr zijn exemplarisch voor het nieuwe gezicht van e-commerce in de 21ste eeuw. Ze verkopen diensten. Bij e-commerce zijn we geneigd aan de verkoop van fysieke producten te denken. Terwijl dit iconisch beeld van e-commerce nog steeds erg krachtig is en de snelst groeiende vorm van retail in de VS is, groeit er daarnaast een hele nieuwe waardestroom gebaseerd op het verkopen van diensten, niet van goederen.
Het is een e-commercedienstenmodel. De groei in social commerce wordt gestimuleerd door de krachtige groei van het mobiele platform. Vele Facebook-gebruikers benaderen de dienst vanaf mobiele telefoons en tablets. Informatiesystemen en technologieën zijn het fundament van deze op nieuwe diensten gebaseerde e-commerce.

Managementveranderingen. Ook het management van bedrijven is veranderd. Met nieuwe mobiele smartphones, draadloze hogesnelheidwifinetwerken en draadloze laptopcomputers zijn externe vertegenwoordigers slechts seconden verwijderd van de vragen en het toezicht van hun managers. Managers die onderweg zijn, staan in voortdurend contact met hun medewerkers. De groei van bedrijfsbrede informatiesystemen met buitengewoon rijke gegevens betekent dat managers niet langer opereren in een mist van verwarring, maar in plaats daarvan online, vrijwel onmiddellijke toegang hebben tot echt belangrijke informatie die ze voor accurate en tijdige beslissingen nodig hebben. Naast hun publieke toepassingen op het web worden wiki's en blogs steeds belangrijker bedrijfsinstrumenten voor communicatie, collaboratie en delen van informatie.

Veranderingen in bedrijven en organisaties. Vergeleken met industriële organisaties uit de vorige eeuw leggen nieuwe, snel groeiende bedrijven uit de eenentwintigste eeuw minder nadruk op hiërarchie en structuur, en meer nadruk op medewerkers die meerdere rollen en taken op zich nemen. Ze leggen meer nadruk op competentie en vaardigheden dan op hun plaats in de hiërarchie. Ze benadrukken hogere snelheid en nauwkeuriger besluitvorming gebaseerd op gegevens en analyse. Ze zijn zich meer bewust van veranderingen in technologie, consumentenattitudes en cultuur. Ze gebruiken sociale media om gesprekken te voeren met consumenten en een grotere bereidheid te tonen om naar consumenten te luisteren, deels omdat ze geen keuze hebben. Ze tonen beter begrip van het belang van informatietechnologie bij het creëren en managen van bedrijven en andere organisaties.

In de mate waarin organisaties en bedrijven deze kenmerken demonstreren, zijn het digitale ondernemingen uit de eenentwintigste eeuw.

De 15e editie: het uitgebreide lespakket voor het bedrijfsinformatiesystemencurriculum

Vanaf het begin heeft dit boek de onderwijsgevenden geholpen met het opzetten van bedrijfsinformatiesystemencursussen over de hele wereld. Ook deze editie is weer gezaghebbend en uitzonderlijk actueel, maar is daarnaast ook gemakkelijk aan te passen, flexibel en gericht op het voldoen aan de eisen van verschillende hogescholen, universiteiten en individuele docenten. Dit boek maakt nu deel uit van een compleet leerpakket bestaande uit de hoofdtekst en een uitgebreide digitale leeromgeving, de MyLab. De hoofdtekst bestaat uit 15 hoofdstukken met oefenprojecten waarin de meest essentiële onderwerpen uit bedrijfsinformatiesystemen aan bod komen. De MyLab biedt aanvullend materiaal.

De hoofdtekst

De hoofdtekst biedt een overzicht van fundamentele bedrijfsinformatiesystemenconcepten binnen een geïntegreerd kader voor het beschrijven en analyseren van informatiesystemen. Dit kader toont de management-, organisatie- en technologie-elementen, die aan de orde komen bij de inzet van ICT. Het leert de praktijk met studentprojecten en het maken van cases.

Indeling van de hoofdstukken

Elk hoofdstuk bevat de volgende elementen:

- Een case aan het begin van een hoofdstuk over een bestaande organisatie waarin het thema en het belang van het hoofdstuk aan bod komen.
- Een schema dat de openingscase analyseert in termen van het model voor management, organisatie en technologie van dit boek.
- Een reeks leerdoelen.
- Twee interactieve sessies met casevragen en praktijkprojecten op het gebied van bedrijfsinformatiesystemen.
- Een samenvatting van het hoofdstuk, toegespitst op de leerdoelen.
- Een kleine index van belangrijke termen die studenten kunnen gebruiken om hun begrip van de leerstof van het hoofdstuk te toetsen.
- Herhalingsvragen voor studenten om hun begrip van de leerstof in het hoofdstuk te toetsen.
- Discussievragen die bij de bredere thema's van het hoofdstuk naar voren komen.

Aan het einde van elk deel is een Nederlandse of Vlaamse case opgenomen waarin studenten geleerde concepten kunnen toepassen.

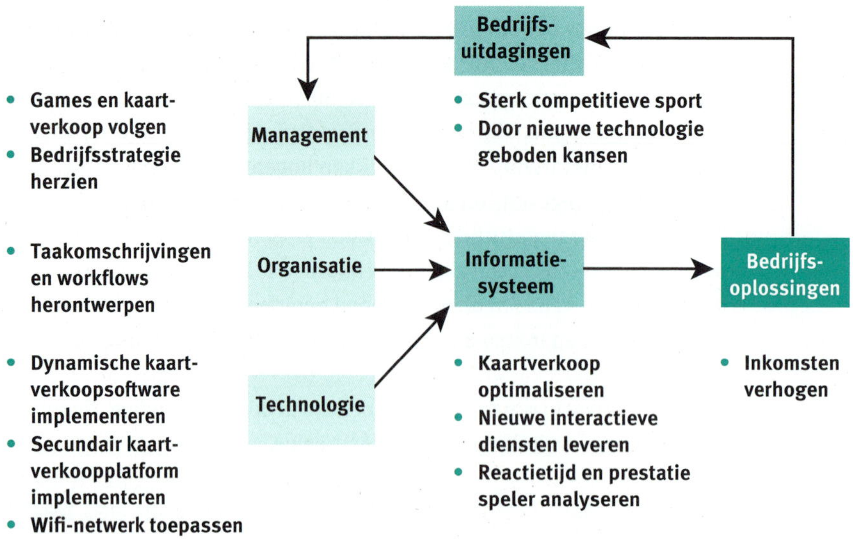

Bij elke openingscase is een schema opgenomen dat grafisch weergeeft hoe management, organisatie en technologie-elementen samenwerken bij het realiseren van een informatiesysteemoplossing voor de bedrijfsproblemen in de case.

Didactische kenmerken
We hebben de hoofdtekst uitgebreid om deze interactiever, docentvriendelijker te maken en aan te laten sluiten bij de actualiteit. De 15e editie heeft de volgende kenmerken:

Bedrijfsgestuurd met bedrijfscases en voorbeelden. Dit boek helpt studenten het directe verband te zien tussen informatiesystemen en de doelen van een organisatie. Het beschrijft de belangrijkste doelstellingen voor het gebruik van informatiesystemen en technologieën over de hele wereld: operationeel excelleren; nieuwe producten en diensten maken; zorgen voor een band tussen klant en leverancier; verbeterde besluitvorming; concurrentievoordeel behalen; en zorgen voor continuïteit. Zowel voorbeelden in de lopende tekst als cases laten studenten zien hoe bedrijven informatiesystemen gebruiken om deze doelstellingen te bereiken. In het hele boek gebruiken we uitsluitend actuele voorbeelden en cases van bedrijven en overheidsinstellingen voor het illustreren van de belangrijke concepten in elk hoofdstuk. Veel cases beschrijven bekende bedrijven en organisaties waarmee studenten vertrouwd zijn.

Gericht op zelfstudie. Studentleerdoelen zijn opgebouwd rond een reeks studievragen die de aandacht van de student op een bepaald punt vestigen. Elk hoofdstuk wordt afgesloten met een samenvatting en herhalingsvragen rond deze studievragen.

Dankbetuiging

Geen boek kan worden geproduceerd zonder de waardevolle bijdragen van anderen. We willen graag onze redacteuren bedanken voor hun jarenlange stimulans, inzicht en ondersteuning. We bedanken onze redacteur Nicole Sam, programmamanager Denise Vaughn en projectmanager Karalyn Holland voor hun rol bij het managen van het project. We blijven Bob Horan dankbaar voor zijn jarenlange redactionele adviezen.
Onze bijzondere dank gaat uit naar onze aanvullende auteurs voor hun werk, onder wie de volgende bijdragers van MyLab-content: John Hupp, Columbus State University; Robert J.

Mills, Utah State University; John P. Russo, Wentworth Institute of Technology; en Michael L. Smith, SUNY Oswego. We zijn dank verschuldigd aan Robin Pickering voor haar assistentie bij het schrijven en aan William Anderson en Megan Miller voor hun hulp tijdens de productie. We danken Diana R. Craig voor haar assistentie met de database- en softwareonderwerpen.
Onze bijzondere dank gaat uit naar de Stern School of Business van New York University; naar professor Werner Schenk, Simon School of Business, University of Rochester; naar professor Mark Gillenson, Fogelman College of Business and Economics, University of Memphis; Robert Kostrubanic, CIO en directeur Information Technology Services Indiana-Purdue University Fort Wayne; professor Lawrence Andrew van Western Illinois University; professor Detlef Schoder van de Universiteit van Keulen; professor Walter Brenner van de Universiteit van St. Gallen; professor Lutz Kolbe van de Universiteit van Göttingen; professor Donald Marchand van het International Institute for Management Development; en professor Daniel Botha van Stellenbosch University die aanvullende adviezen ter verbetering heeft gegeven. Dank aan professor Ken Kraemer van de University of California in Irvine en professor John King van de University of Michigan, die al meer dan tien jaar bijdragen aan de discussies over informatiesystemen en organisaties levert. Verder draag ik dit boek ter nagedachtenis op aan professor Rob Kling van de University of Indiana, die jarenlang een goede vriend en collega is geweest.
Ook willen we in het bijzonder al onze reviewers bedanken voor hun adviezen die ons geholpen hebben onze teksten te verbeteren. Reviewers van *Bedrijfsinformatiesystemen* zijn onder andere: Brad Allen, Plymouth State University; Dawit Demissie, University of Albany; Anne Formalarie, Plymouth State University; Bin Gu, University of Texas – Austin; Essia Hamouda, University of California – Riverside; Linda Lau, Longwood University; Kimberly L. Merritt, Oklahoma Christian University; James W. Miller, Dominican University; Fiona Nah, University of Nebraska – Lincoln; M.K. Raja, University of Texas, Arlington; Thomas Schambach, Illinois State University; Shawn Weisfeld: Florida Institute of Technology.
Namens Pearson Benelux willen wij voor de bewerking naar de Nederlandstalige markt graag bedanken: Wim Van Grembergen, Universiteit van Antwerpen, en Rachid Tamrouti, HAN.
Voor het vakinhoudelijk meelezen van deze bewerking willen we graag bedanken: Moustafa Chatrioui (HvA) en Wiet Verkooijen (HAN).

K.C.L.
J.P.L.

1 INFORMATIESYSTEMEN IN HET HUIDIGE MONDIALE ONDERNEMEN

Na dit hoofdstuk ben je in staat om de volgende vragen te beantwoorden:

1. **Hoe helpen informatiesystemen bij de bedrijfsvoering en waarom zijn ze zo van belang voor het runnen en managen van een onderneming?**
2. **Wat is een informatiesysteem? Hoe werkt het? Wat zijn de management-, organisatie- en technologiecomponenten van een informatiesysteem? Hoe kunnen informatiesystemen waarde opleveren voor organisaties?**
3. **Welke academische disciplines spelen een rol bij het bestuderen van informatiesystemen en hoe draagt elk ervan bij tot het begrijpen van informatiesystemen?**

OPENINGSCASE

Rugby Football Union aan de slag met big data

In 1871 besloten 21 Engelse clubs dat hun sport, die officieel rugby union heet maar in de volksmond gewoon rugby wordt genoemd, een bestuursorgaan nodig had. De clubs vormden The Rugby Football Union (RFU) die nu, samen met Premier Rugby Limited, het Engelse rugbyteam (England Rugby) leidt. De RFU is verantwoordelijk voor de promotie van rugby op alle niveaus en organiseert het Zeslandentoernooi, het onofficiële kampioenschap op het noordelijk halfrond waaraan teams uit Engeland, Schotland, Wales, Italië, Ierland en Frankrijk deelnemen, en de Heineken Cup, de tegenhanger op clubniveau. De RFU is eigendom van de ledenclubs en heeft als missie winstmaximalisatie door internationale kaartverkoop en automaatverkoop zodat ze de ruim 60.000 vrijwilligers kan ondersteunen bij het organiseren van wedstrijden en cursussen, het afsluiten van leningen en verzekeringen, fondsenwerving, subsidieaanvragen, het geven van medisch advies en het ondersteunen en

Foto: ©Michal Sanca/Shutterstock

uitvoeren van de administratieve taken die de clubs in de lagere divisies draaiende houden.
Om deze complexe missie te kunnen uitvoeren is

de RFU een vijf jaar durende overeenkomst met IBM aangegaan voor het vastleggen en analyseren van big data die nuttig zullen zijn voor de fans en – hopelijk – in een later stadium ook voor de spelers zelf. Het systeem heet TryTracker. In rugby is een *try*, die vijf punten oplevert, de belangrijkste manier om punten te scoren. Teams krijgen de bal in het bezit via een *scrum*, een krachtmeting waarbij acht spelers als een compacte groep tegen acht spelers van het andere team induwen. Het resultaat bepaalt wie controle heeft over de bal. Om een try te scoren, moet een team door de verdediging van de tegenstanders breken en de bal over de doellijn 'drukken'. Dit kan op twee manieren: een speler kan ofwel de bal in een of beide handen of armen vasthouden en er dan in het doelgebied de grond mee aanraken, of met een of beide handen of armen of met de voorkant van de romp neerwaartse druk uitoefenen op een bal die al op de grond ligt.
De IBM TryTracker houdt echter niet alleen try's bij. Het houdt met behulp van voorspellende analyse drie categorieën data bij: spelstrategieën, momentum en topspelers. TryTracker hanteert meer dan 8000 prestatiemaatstaven. Traditionele rugbystatistieken over team- en individuele prestaties, alsook live commentaar in tekstvorm vullen de TryTracker-data aan. De spelstrategieën worden voorafgaand aan een specifieke wedstrijd bepaald door de analyse van een historische database van eerdere wedstrijden tussen twee teams. Zo bestond de strategie van Engeland er in 2015 uit dat ze in de voorhoede gemiddeld ten minste 3,2 meter per *carry* aflegden, streefden naar een offload in 10 procent van de tackles door de tegenstanders, en meer dan 66 procent van het totaal aantal line-breaks in de wedstrijd maakten. Fans kunnen op hun mobiel bijhouden hoe hun favoriete team presteert, waarbij ze zich richten op spelelementen die hun winkansen kunnen verhogen. De topspelers van elk team worden na afloop van de wedstrijd gekozen door de individuele scores op basis van verschillende criteria voor elke positie met elkaar te vergelijken. Goals scoren wordt momenteel niet meegeteld om schoppers niet te overwaarderen en spelers die scoorkansen helpen creëren niet te onderwaarderen.
Net als bij de IBM SlamTracker die voor de Grandslamtoernooien wordt gebruikt, heeft TryTracker als doel om met datavisualisatie en realtime statistieken fans te trekken. Om te kunnen concurreren met meer populaire sporten zoals Premier League voetbal, hoopt de RFU door betere communicatie de betrokkenheid van fans te vergroten. In 2015 was IBM TryTracker een vast onderdeel van het uitgebreide wedstrijdcommentaar van EnglandRugby.com. Naarmate hun begrip van de basisbeginselen van het spel en hun emotionele betrokkenheid bij wat hun team moet doen om te winnen toeneemt, worden toeschouwers toegewijde fans die steeds opnieuw terugkomen.
Los van marktstrategie biedt voorspellende analyse ook langetermijnperspectieven omdat het spelers en coaches tactische inzichten kan opleveren die het spel verbeteren, en daarmee het product dat fans wordt aangeboden.
In 2016 heeft IBM dezelfde voorspellende analysemethoden gebruikt voor het Waratahs Rugbyteam uit New South Wales (Australië). De nadruk lag op het voorspellen van blessures bij spelers op basis van hun algehele gezondheid en hun prestaties op het veld, die zijn gegenereerd uit de GPS-sensoren die ze dragen.

Bronnen: IBM, 'Building a Solid Foundation for Big Data Analytics,' IBM Systems Thought Leadership Paper, 2016; IBM, 'IBM Predictive Analytics Reduces Player Injury and Optimises Team Performance for NSW Waratahs Rugby Team,' IBM.com, geraadpleegd op 14 november 2016; IBM, '3 Ways Big Data and Analytics Will Change Sports,' Preetam Kumar, IBM Analytics, ibmbigdatahub.com, 17 december 2015; Simon Creasey, 'Rugby Football Union Uses IBM Predictive Analytics For Six Nations,' ComputerWeekly.com, 2016; 'About Us,' rfu.com, geraadpleegd op 14 december 2015; 'TryTracker: Rugby Data Analysis,' *Telegraph*, 19 november 2015; Oliver Pickup, 'How Does TryTracker Work,' *Telegraph*, 19 november 2015; Simon Creasey, 'Rugby Football Union Uses IBM Predictive Analytics for Six Nations,' *ComputerWeek*, september 2015; 'IBM Rugby Insight Summer 2015,' MSN.com/sports, 3 september 2015; 'Live England vs. Scotland with IBM TryTracker,' www.englandrugby.com, 15 maart 2015; 'IBM TryTracker Confirms Performance,' www.englandrugby.com/ibmtrytracker, 29 november 2014; IBM UK, 'IBM TryTracker Rugby Insight: QBE Internationals 2014 England vs. Australia,' *IBM Rugby Insight*, 27 november 2014; Oliver Pickup, 'IBM TryTracker: How Does It Work?' *Telegraph*, 31 oktober 2013.

De uitdagingen waar de RFU voor staat tonen aan waarom informatiesystemen tegenwoordig zo essentieel zijn. De RFU is ingeschreven als 'Friendly Society', een tussenvorm tussen een commercieel bedrijf en een goed doel. Ze ontvangt zowel overheidssteun als sponsorgelden uit het bedrijfsleven. Ze moet evenwel zo veel mogelijk inkomsten halen uit kaartverkoop, horeca-activiteiten, televisierechten en haar reisbureau om zowel amateur- als eliterugby in Engeland te ondersteunen.
Het diagram aan het begin van dit hoofdstuk vestigt de aandacht op belangrijke punten die in deze case en in dit hoofdstuk naar voren komen. De RFU is een strategisch partnerschap met IBM aangegaan om fans meer over rugby te leren en ze bij het spel te betrekken. Op basis van

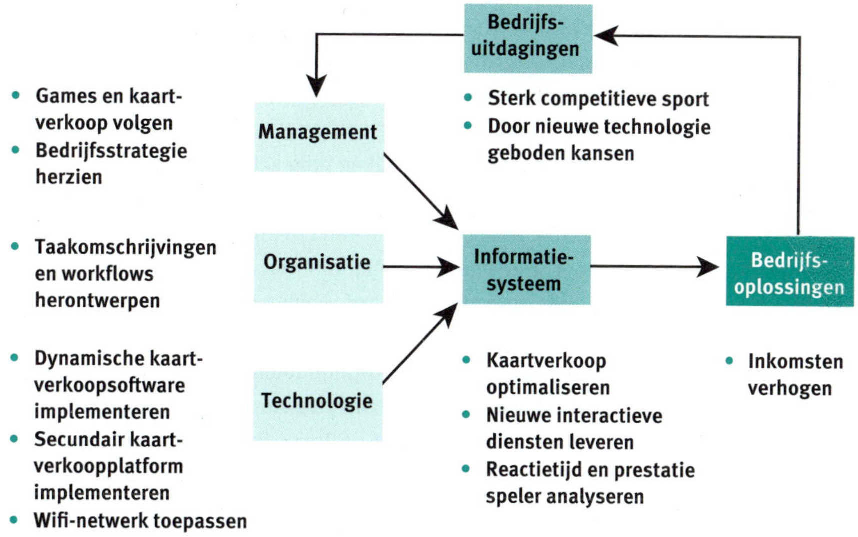

de data die zijn verzameld door sportdatabedrijf Opta en de analyses ontwikkeld door IBM, kan het ook mogelijk zijn om coaching en wedstrijdprestaties te verbeteren als extra manier om klanten te trekken. IBM helpt de RFU bovendien met een klantenrelatiebeheer- (CRM-)systeem als onderdeel van haar website.

Enkele vragen om over na te denken: *Welke rol speelt technologie bij het succes van de RFU als bestuursorgaan van rugby union in Engeland? Evalueer de bijdragen van deze systemen aan de toekomst van RFU.*

1.1 De rol van informatiesystemen in het huidige internationale ondernemen

In de mondiale economie is het niet langer 'business as usual'. Onder invloed van informatiesystemen en -technologieën ondergaat de internationale zakenwereld een diepgaande verandering. In 2015 investeerden bedrijven en overheden wereldwijd ongeveer € 3.400 miljard in hardware voor informatiesystemen, software en telecommunicatieapparatuur Daarnaast hebben ze nog eens € 544 miljard uitgegeven aan advisering en diensten op het gebied van bedrijfsvoering en management, waarvan een groot deel betrekking had op het herontwerpen van bedrijfsprocessen om deze nieuwe technologieën te kunnen benutten (Gartner, 2016; IDC 2016; Shumsky, 2016). Het is zelfs zo dat het overgrote deel van de bedrijfswaarde van investeringen in IT te danken is aan deze organisatorische, management- en culturele veranderingen binnen bedrijven (Saunders & Brynjolfsson, 2016).

Niet alleen de technologie verandert. Figuur 1.1 laat zien dat de wereldwijde investeringen in IT, bestaande uit hardware, software en communicatieapparatuur, tussen 2005 en 2015 zijn gegroeid van 2,43 tot 3,18 triljoen euro (1 triljoen is 1000 miljard) en naar verwachting rond het jaar 2020 zal zijn toegenomen tot € 3,55 triljoen. Naar schatting wordt 70 procent van deze investeringen in Amerika en Europa gedaan. De resterende 30 procent wordt geïnvesteerd in Azië en de Pacific, Latijns-Amerika, het Midden-Oosten, Noord-Afrika en Oost-Europa (Accelerance, 2016; IDC, 2016).

Als managers zullen velen van jullie gaan werken voor bedrijven die intensief gebruikmaken van informatiesystemen en grote investeringen doen in informatietechnologie. Als je verstandige keuzes maakt, kan je bedrijf concurrenten voorbijstreven. Als je onverstandige keuzes maakt, zal je waardevol bedrijfskapitaal verkwisten. Het doel van dit boek is om je te helpen bij het nemen van verstandige beslissingen met betrekking tot informatietechnologie en informatiesystemen.

1.1.1 De invloed van informatiesystemen op het ondernemen

De gevolgen van deze grote investeringen zie je dagelijks om je heen. Technologische veranderingen en nieuwe innovatieve bedrijfsmodellen hebben het sociale leven en de bedrijfspraktijk getransformeerd. Wereldwijd hebben zo'n 2,8 miljard mensen (50 procent van de wereldbevolking) een smartphone, en gebruiken naar schatting 1,26 miljard mensen hun smartphone voor internettoegang. Ruim 1 miljard mensen gebruiken tablets, ongeveer 15 procent van de wereldbevolking. In ontwikkelingslanden en opkomende economieën zijn telefoons en tablets de belangrijkste manier om het internet op te gaan (Pew Research, 2016; eMarketer, 2015). Berichtendiensten als WhatsApp, Facebook Messenger en Twitter hebben gezamenlijk meer dan 2 miljard gebruikers per maand. Smartphones, sociale media, sms'en, e-mailen en webinars zijn allemaal essentiële hulpmiddelen bij de bedrijfsvoering geworden, want dat is waar je je klanten, leveranciers en collega's vindt (eMarketer, 2016a).

In Nederland is de omzet van online of thuiswinkelen de laatste jaren gestaag gestegen. In de eerste jaren werden vooral boeken, cd's en dvd's online gekocht en reizen geboekt. Nu is inmiddels vrijwel elk product en elke dienst via internet te koop, met als toppers hardware en kleding. De omzet in Nederland van thuiswinkelen was 16 miljard euro in 2015. In datzelfde jaar was de verkoop via internetwinkelen in België 8,2 miljard euro en in 2016 was dat gegroeid tot 9,6 miljard (ter vergelijking: dit was in 2012 4,7 miljard). In 2016 hebben bijna 7 miljoen Belgen (74 % van de bevolking) op z'n minst één online aankoop verricht. In beide landen gebeuren meer en meer internetaankopen vanaf een smartphone. Het mobiele apparaat is vooral in trek bij millennials.

In juni 2015 hadden meer dan 150 miljoen bedrijven over de hele wereld een geregistreerde dotcom-internetsite (Domain Tools, 2014; Curtis, 2015). In 2016 hebben naar schatting 1,62 miljard internetgebruikers online aankopen gedaan. De helft van deze aankopen werd gedaan op mobiele apparaten. Terwijl online verkopen wereldwijd nog steeds maar 8 procent uitmaken van de totale winkelverkopen, groeit het met 6 procent per jaar, drie keer zo snel als traditionele offline retail (eMarketer, 2016b).

FedEx vervoerde in 2015 dagelijks ongeveer 11,5 miljoen pakketten naar 220 landen, vooral per express, en de United Parcel Service (UPS) vervoerde wereldwijd meer dan 18 miljoen pakketten per dag.

Bedrijven gebruiken informatietechnologie om de snel veranderende behoefte van de klant aan te voelen en hierop in te spelen, voorraden tot de laagst mogelijke niveaus te reduceren en hogere niveaus van operationele efficiëntie te realiseren. Supply chains zijn sneller geworden omdat zowel grote als kleine bedrijven afhankelijk zijn van bevoorrading op het juiste moment om hun overheadkosten te reduceren en sneller op de markt te komen.

Terwijl 2,7 miljard mensen een papieren krant lezen, lezen 1 miljard mensen de krant online, en dit aantal groeit met 10 procent per jaar, veel sneller dan de oplage van papieren kranten (WPT, 2016; Conaghan, 2015). Naar schatting 1,7 miljard mensen kijken online naar video's en speelfilms, 100 miljoen mensen per dag schrijven een blog en 250 miljoen mensen lezen een blog. Dit alles brengt een explosie van nieuwe schrijvers en nieuwe vormen van klantenfeedback teweeg die vijf jaar geleden nog niet bestonden. Sociale media-website Facebook trok wereldwijd meer dan 1,7 miljard bezoekers per maand. Vrijwel alle internationaal opererende *Fortune* 2000-bedrijven hebben een Facebook-pagina, een Twitter-account en een Tumblr-site.

E-commerce en internetadvertenties blijven wereldwijd toenemen. Google verdiende in 2016 meer dan €·80 miljard aan online reclame, en online reclame blijft met meer dan 20 procent per jaar groeien, goed voor meer dan € 194 miljard aan inkomsten in 2016 (eMarketer, 2016c). Dat is ongeveer een derde van de totale reclamebestedingen wereldwijd.

Deze veranderingen in IT en informatiesystemen, consumentengedrag en handel hebben de jaarlijkse groei van digitale informatie versneld tot ruim 96 exabytes per maand, wat ongeveer neerkomt op alle bestaande bibliotheken bij elkaar (Pappas, 2016). Een recent onderzoek concludeerde dat de waarde van de informatie die tussen landen stroomt sinds 2005 met een factor 45 is gegroeid, en dat de waarde van deze informatie nu hoger ligt dan de waarde van uitgewisselde producten en financiële transacties (McKenzie, 2016).

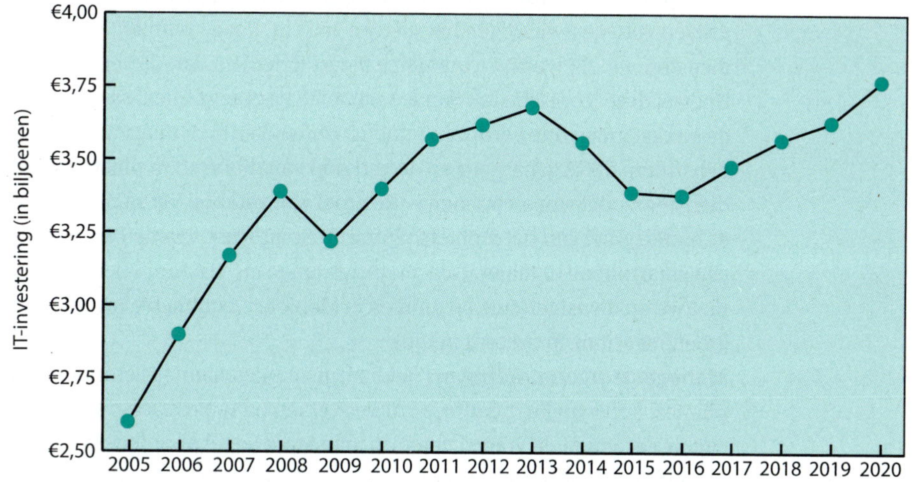

FIGUUR 1.1 *Kapitaalinvestering in informatietechnologie*

Tussen 2005 en 2015 zijn de investeringen in IT wereldwijd met 30 procent toegenomen. IT-investeringen vormen nu naar schatting 20 procent van alle kapitaalinvesteringen.

Bron: World Economic Outlook, Internationaal Monetair Fonds, oktober 2016; bronnen uit de sector; schattingen van de auteur.

1.1.2 Nieuwe ontwikkelingen in bedrijfsinformatiesystemen

Die zijn er genoeg. Er is zelfs een wereld opengegaan aan nieuwe technologieën voor het managen en organiseren van de bedrijfsvoering. Wat bedrijfsinformatiesystemen (in dit boek ook wel afgekort tot MIS, van *management information systems*) op economische hogescholen en faculteiten tot de spannendste studierichting maakt, is de voortdurend veranderende technologische, management- en bedrijfsprocessen. Vooral de volgende vijf veranderingen zijn van groot belang:

IT-innovaties. Een voortdurende stroom van innovaties op het gebied van informatietechnologie zet de traditionele zakenwereld op zijn kop. Enkele voorbeelden zijn de opkomst van cloud computing, de groei van een mobiel digitaal zakenplatform op basis van smartphones en tablets, business analytics, en het gebruik van sociale media door managers om bedrijfsdoelstellingen te realiseren. De meeste van deze veranderingen dateren van de afgelopen paar jaar. Deze innovaties stellen ondernemers en innovatieve bedrijven in staat om nieuwe producten en diensten te creëren, nieuwe businessmodellen te ontwikkelen en de dagelijkse bedrijfsvoering te transformeren. Daarbij vallen sommige oude bedrijven, en zelfs bedrijfstakken, buiten de boot, terwijl nieuwe bedrijven een snelle opmars maken.

Nieuwe businessmodellen. Zo heeft de snelle groei van online streaming-diensten als Netflix, Apple iTunes, Amazon en vele andere de distributie en creatie van films en series compleet veranderd. In 2016 had Netflix meer dan 75 miljoen abonnees wereldwijd voor wat het zelf omschrijft als de 'internet-tv-revolutie'. Netflix is zelf gaan produceren en heeft 30 eigen televisieseries, zoals *House of Cards* en *Orange Is the New Black*, waarmee het de productie van programma's door kabeltelevisienetwerken en tv-zenders onder druk zet en mogelijk hun dominantie op het gebied van televisieproducties ontmantelt. Apples iTunes verzorgt nu al 67 procent van alle film- en serie-downloads en heeft voor recente films en series afspraken gemaakt met grote Hollywood-studio's. Steeds meer kijkers zeggen hun kabelabonnement op en kijken alleen nog via internet.

Uitbreiding e-commerce. In 2016 heeft e-commerce zo'n $ 600 miljard aan inkomsten gegenereerd, en naar schatting zullen die rond 2020 zijn toegenomen tot bijna $ 900 miljard. E-commerce heeft invloed op de manier waarop bedrijven hun producten en diensten uitwerken, produceren en aanleveren. E-commerce heeft zichzelf opnieuw heruitgevonden, wat een disruptieve impact heeft op de traditionele marketing- en reclamesector, en brengt zo grote media- en contentbedrijven in gevaar. Facebook en social media-websites als YouTube, Twitter, maar ook Tumblr en Netflix, Apple Beats-muziekdiensten en vele andere mediabedrijven vertegenwoordigen het nieuwe gezicht van e-commerce in de 21ste eeuw. Zij verkopen diensten, terwijl we bij e-commerce meestal denken aan de verkoop van fysieke producten. Hoewel deze iconische tak van e-commerce nog steeds heel sterk is en in de Verenigde Staten de sterkst groeiende vorm van retail is, ontwikkelt zich daarnaast een geheel nieuwe waardenstroom die is gebaseerd op de verkoop van diensten in plaats van goederen. Het is een dienstenmodel van e-commerce. De groei van verkoop via sociale media wordt gevoed door de sterke groei van het mobiele platform: 80 procent van de Facebook-gebruikers logt in vanaf een smartphone of tablet. Informatiesystemen en -technologieën vormen de basis voor deze nieuwe op dienstgerichte e-commerce. Mobiele e-commerce leverde in 2016 $ 130 miljard op en groeit met ruim 30 procent per jaar.

Managementveranderingen. Het bedrijfsmanagement is veranderd: dankzij nieuwe smartphones, supersnelle draadloze wifinetwerken en tablets kan de sales-buitendienst binnen enkele seconden de vragen van hun managers beantwoorden en verantwoording afleggen. Zakendoen wordt steeds mobieler, net als de consumenten. Managers die onderweg zijn, staan voortdurend direct in contact met hun medewerkers. Dankzij de groei van bedrijfsinformatiesystemen met uitzonderlijk rijke data handelen managers niet langer op de tast, maar hebben ze online vrijwel onmiddellijk toegang tot de echt belangrijke informatie die ze nodig hebben om op tijd afgewogen beslissingen te nemen. Naast hun publieke gebruik op internet worden wiki's en blogs belangrijke bedrijfstools voor communicatie, samenwerking en informatie-uitwisseling.

Veranderingen in bedrijven en organisaties. Vergeleken met industriële organisaties van de vorige eeuw leggen nieuwe snelgroeiende 21ste-eeuwse bedrijven minder de nadruk op hiërarchie en structuur en meer nadruk op medewerkers, die samen met anderen in teamverband meerdere rollen en taken op zich kunnen nemen. Ze leggen grotere nadruk op competenties en vaardigheden dan op een plek in de hiërarchie. Ze leggen nadruk op hogere snelheid en zorgvuldigere besluitvorming op basis van data en analyses. Ze zijn zich bewuster van veranderingen op gebied van technologie, consumentengedrag en cultuur. Ze gebruiken sociale media om met consumenten in gesprek te gaan en geven blijk van een toegenomen bereidheid om naar consumenten te luisteren, mede omdat ze geen keuze hebben. Ze tonen meer begrip voor het belang van informatietechnologie bij het opzetten en aansturen van bedrijven en andere organisaties. Die organisaties en bedrijven die deze kenmerken vertonen, zijn 21ste-eeuwe digitale bedrijven. In de Interactieve sessie over management zie je een aantal van deze trends terug. Miljoenen managers leunen zwaar op het mobiele digitale platform om leveranciers en leveringen te coördineren, klanten te bedienen en leiding te geven aan hun medewerkers. Een werkdag zonder deze mobiele apparaten of internettoegang zou ondenkbaar zijn.

1.1.3 Globaliseringsproblemen en kansen: een platte wereld

In 1492 bevestigde Columbus wat astronomen al langer beweerden: de wereld is rond en de zeeën konden veilig worden bevaren zonder van de aarde af te vallen. De wereld bleek bevolkt te worden door mensen die vrijwel totaal geïsoleerd van elkaar leefden, met grote verschillen in economische en wetenschappelijke ontwikkeling. De wereldhandel die volgde na de reizen van Columbus bracht mensen en culturen dichter bij elkaar. De industriële revolutie leidde tot een verdere uitbreiding van handel tussen de verschillende landen en de opkomst van de eerste mondiale economie.

In 2005 schreef journalist Thomas Friedman het invloedrijke boek *De aarde is plat* waarmee hij bedoelde dat internet en wereldwijde communicatie de economische en culturele voordelen van de ontwikkelde landen sterk hadden gereduceerd. De Verenigde Staten en de Europese landen vechten voor hun economische levens en concurreren op het gebied van banen, markten, middelen en zelfs ideeën met hoogopgeleide, gemotiveerde bevolkingen in lagelonengebieden in de minder ontwikkelde wereld (Friedman, 2007). Deze 'globalisering' levert zowel problemen als kansen op.

Een aanzienlijk percentage van de mondiale economie is afhankelijk van import en export. In 2015 was import en export goed voor zo'n 57 procent van het wereldwijde BBP ter waarde van € 74 triljoen (74.000 miljard) (Wereldbank, 2016). Veel internationale *Fortune* 1000-bedrijven verkrijgen ruim de helft van hun inkomsten met buitenlandse operaties. Met name technologiebedrijven zijn afhankelijk van internationale omzet: in 2015 was 85 procent van de inkomsten van Intel afkomstig uit buitenlandse verkoop van microprocessors, terwijl Apple 60 procent van haar inkomsten buiten de Verenigde Staten verdiende. 80 procent van de onderdelen voor chips die in de VS worden verkocht, wordt vervaardigd in China, terwijl alle iPhones en zo'n 90 procent van de pc's die in China worden geassembleerd gebruikmaken van Amerikaanse Qualcomm-, Intel- of AMD-chips.

Niet alleen goederen verplaatsen zich over de grenzen. Dit geldt ook voor banen, waaronder soms ook hooggekwalificeerd en goedbetaald werk waarvoor een hoge opleiding vereist is. De Verenigde Staten verloren al 5 miljoen arbeidsplaatsen in de productie aan offshore producenten. Fabricage vormt nu nog maar een zeer klein deel van de Amerikaanse werkgelegenheid (minder dan 12 procent van de beroepsbevolking, en dit aandeel daalt alleen maar verder). De afgelopen tien jaar hebben fabrieksbanen plaatsgemaakt voor banen in de dienstverlening en retail, zelfs al is de waarde van fabrieksmatig geproduceerde goederen in de VS in diezelfde periode met maar liefst 20 procent toegenomen, vooral dankzij hoog geautomatiseerde fabrieken en bedrijfsinformatiesystemen (Casselman, 2016). In een normaal jaar verdwijnen er in de VS zo'n 300.000 dienstverleningsbanen naar lagelonenlanden. Daarentegen groeide in de periode 2010-2015 het aantal banen wereldwijd met 200 miljoen, een toename van 3,2 naar 3,4 miljard. In een normaal jaar, wanneer de economie niet in een recessie zit, creëert de Amerikaanse economie meer dan 3,5 miljoen nieuwe banen. Vanwege het trage herstel in 2011 werden er in dat jaar echter slechts 1,1 miljoen banen in de private sector gecreëerd, maar in 2015 was de Amerikaanse economie voor het derde jaar op rij goed voor 2 miljoen nieuwe banen. Werkgelegenheid in informatiesystemen en de andere dienstverlenende beroepen neemt toe en lonen in de technologiesector groeien met 5 procent per jaar. Outsourcing kan de ontwikkeling van nieuwe systemen wereldwijd in een stroomversnelling hebben gebracht, doordat nieuwe systemen in lagelonenlanden konden worden ontwikkeld en onderhouden. Dit verklaart voor een deel waarom afgestudeerden met kennis van MIS en IT in Amerika, Europa, het Midden-Oosten, Azië en de Pacific snel aan het werk kunnen.

Als student sta je voor de uitdaging om hooggekwalificeerde vaardigheden te ontwikkelen die niet kunnen worden uitbesteed. De uitdaging voor je bedrijf is het vermijden van markten voor goederen en diensten die in het buitenland veel goedkoper kunnen worden geproduceerd. Outsourcing biedt echter soms ook grote mogelijkheden. Overal in dit boek zul je voorbeelden tegenkomen van bedrijven en mensen die ofwel faalden of slaagden in het aanpassen van hun organisatie aan deze nieuwe mondiale omgeving door middel van informatiesystemen.

Wat heeft globalisering nu eigenlijk te maken met bedrijfsinformatiesystemen? In één woord: alles. Het uitgroeien van internet tot een volwassen internationaal communicatiesysteem heeft de kosten van opereren en zakendoen op wereldniveau drastisch teruggebracht. De communicatie tussen een fabriek in Shanghai en een distributiecentrum in Rapid City in de Verenigde Staten of Antwerpen kan nu onmiddellijk plaatsvinden en is vrijwel kosteloos. Klanten kunnen nu winkelen op een wereldwijde markt en 24 uur per dag betrouwbare prijs- en kwaliteitsinformatie verkrijgen. Bedrijven die wereldwijd goederen en diensten leveren, bereiken buitengewone kostenbesparingen door het vinden van goedkope leveranciers en het managen van productiefaciliteiten in andere landen. Internetservicebedrijven zoals Google, Netflix, Alibaba en eBay zijn in staat om hun bedrijfsmodellen en diensten in meerdere landen te repliceren zonder hun dure IT-infrastructuur te hoeven herontwerpen. Kortom: informatiesystemen maken globalisering mogelijk.

Het mobiele zakkantoor

Kun je je bedrijf vanuit je broekzak runnen? Misschien niet helemaal, maar tegenwoordig kun je veel bedrijfsfuncties uitvoeren met een iPhone, iPad, of een mobiel Android-apparaat. De smartphone is ook wel het 'Zwitsers zakmes van het digitale tijdperk' genoemd. In een handomdraai verandert hij in een webbrowser, een telefoon, een camera, een muziek- of videospeler, een e-mail- en berichtenapparaat en, steeds meer, een toegangspoort tot bedrijfssystemen. Nieuwe softwareapplicaties om documenten te delen voor samenwerking, verkoop, orderverwerking, voorraadbeheer en productiecontrole maken van deze apparaten nog veelzijdiger bedrijfstools. Mobiele zakkantoren die passen in een tasje of jaszak maken het gemakkelijker om grote en kleine bedrijven te runnen.

Sonic Automotive is een van de grootste autoverkopers in de Verenigde Staten met meer dan 100 filialen in 14 staten. Per jaar verkoopt Sonic 250.000 nieuwe en gebruikte auto's van ongeveer 25 automerken en daarnaast verkoopt het auto-onderdelen en onderhouds-, garantie-, reparatie- en financieringsdiensten. De managers en medewerkers van Sonic Automotive doen veel van hun werk op de iPhone en iPad.

Ter bevordering van de verkoop en dienstverlening heeft Sonic verschillende iPhone- en iPad-apps ontwikkeld. Virtual Lot, een voorraad-app voor dealers, maakt snelle autozoekopdrachten tussen alle Sonic-filialen mogelijk. Filiaalhouders hebben onmiddellijk toegang tot informatie over elke auto: de prijs, inruilwaarde, rentepercentages, speciale aanbiedingen, financiering, en wat concurrenten voor soortgelijke auto's vragen. Zo kunnen ze hun klanten snel een optimale selectie aanbieden en vaak veel meer keuze bieden dan de concurrentie. Filiaalhouders zijn in hun aanbod bovendien niet beperkt tot deze eigen voorraad. Een mobiele app, het zogeheten Sonic Inventory Management System (SIMS), heeft de waardebepaling en prijsstelling van inruilwagens versneld en vereenvoudigd. Sonic-medewerkers maken met hun iPhone of iPad foto's van een wagen, voeren het chassisnummer en de kilometerstand in en noteren eventuele problemen. De data worden naar het hoofdkantoor gestuurd, waar snel de waarde van de auto wordt bepaald. Een 'Service Pad'-app zet eenvoudig de reparatie- en onderhoudswerkzaamheden op een rij. Klanten die hun auto willen laten repareren moesten voorheen het filiaal in, om aan tafel te gaan zitten met een Sonic-medewerker die de reparatieopdracht met de hand invulde. Nu gaan de medewerkers naar buiten om naast de wagen de reparatieopdracht op een iPad in te voeren.

SKF is een internationaal bedrijf dat vanuit zijn hoofdkantoor in Gotenburg (Zweden) 140 productielocaties in 32 landen aanstuurt met wereldwijd 48.500 werknemers. SKF produceert lagers, dichtingsmaterialen, smeersystemen en diensten die in ruim 40 bedrijfstakken worden gebruikt, waaronder mijnbouw, transport en fabricage. SKF heeft meer dan 30 iPhones en iPad-apps op maat ontwikkeld om de workflow te stroomlijnen en overal ter wereld essentiële bedrijfsgegevens toegankelijk te maken.

Zo herkent een virtual-reality-app met behulp van de camera in de iPhone of iPad een fabrieksmachine en brengt driedimensionaal in kaart welke SKF-onderdelen deze bevat. Een sensorgestuurde app die Shaft Align heet, wordt door SKF-serviceteams en klanten in het veld gebruikt. Via Bluetooth verbindt Shaft Align sensors met een machine, bijvoorbeeld een gemotoriseerde ventilator, om te controleren of de aandrijfas goed gecentreerd is. Zo niet, dan genereert de app stapsgewijze instructies en een 3D-weergave om te laten zien hoe je de motor handmatig uit kunt lijnen. Vervolgens voert de app een controle uit en stelt hij een rapport op. MOST is een mobiele app waarmee machineoperatoren toezicht kunnen houden op SKF-productielijnen. MOST maakt verbinding met de back-end-systemen die de machinerie besturen en verstrekt operatoren belangrijke data. Operatoren kunnen via deze mobiele app chatten met hun managers en elkaar, onderhoudslogs updaten en in realtime producten door de fabriek heen volgen. SKF's mobiele Shelf-app geeft sales engineers en klanten op aanvraag toegang tot meer dan 5.000 stuks productliteratuur, catalogi, productspecificaties en interactief marketingmateriaal. Salesteams kunnen met Shelf via hun iPhone of iPad 'shelves' op maat aanmaken waarin ze materiaal kunnen ordenen, becommentariëren en met klanten kunnen delen. Met de iPhone-, iPad- en Shelf-app besparen sales engineers in het bedrijf maar liefst 25 minuten per dag aan processen en administratie; tijd die ze kunnen besteden aan klantondersteuning. Deze productiviteitsverhoging is vergelijkbaar met de inzet van 200 extra sales engineers.

SKF-accountants voeren ongeveer 60 audits per jaar uit. Vroeger duurde het ruim een maand om een audit af te ronden. Met de SKF Data Collect-app kunnen accountants via hun iPad data verzamelen en klanten direct een gedetailleerd rapport aanbieden. SKF Seals biedt specificaties en informatie over SKF's machinale en spuitgegoten afdichtingsmaterialen en plastic onderdelen, terwijl gebruikers met diverse invoerparameters in de Seal Select-app die afdichtingsmaterialen en accessoires kunnen uitkiezen die het best aansluiten bij hun behoefte.

Bronnen: 'Sonic Automotive: Driving Growth with iPhone and iPad' en 'Driving Innovation in the Factory and in the Field with iOS,' iPhone in Business, www.apple.com, geraadpleegd op 31 maart 2016; www.skf.com, geraadpleegd op 31 maart 2016; www.sonicautomotive.com, geraadpleegd op 31 maart 2016; en 'Why the Mobile Pocket Office Is Good for Business,' ITBusinesEdge.com, geraadpleegd op 6 maart 2015.

Vragen bij de case

1. Wat voor soorten toepassingen worden hier beschreven? Welke bedrijfsfuncties worden hierdoor ondersteund? Hoe verbeteren ze de operationele efficiëntie en de besluitvorming?
2. Wijs de problemen aan die bedrijven in deze case oplosten met behulp van mobiele digitale apparaten.
3. Welke typen bedrijven hebben de grootste kans te profiteren van het uitrusten van hun medewerkers met mobiele digitale apparaten als iPhones en iPads?
4. Een van de bedrijven die iPhones toepaste, zei: 'De iPhone is niet zozeer een game changer, maar een complete industry changer. Hij verandert de manier waarop je contacten met je klanten en je leveranciers onderhoudt.' Bespreek wat er met deze bewering wordt bedoeld.

Foto: STANCA SANDA/Alamy

Of het nu gaat om het bijwonen van een online meeting, controleren van orders, werken met bestanden en documenten, of het verkrijgen van business intelligence, Apples iPhone en iPad bieden onbeperkte mogelijkheden voor zakelijke gebruikers. Een verbluffend multitouch-display, volledige internetverkenning en mogelijkheden voor berichtgeving, video- en audiotransmissie en documentmanagement maken van elk ervan een mobiele-computingplatform voor alle doeleinden.

iPhone- en iPad-toepassingen voor bedrijf

1. Salesforce1
2. Cisco WebEx Meetings
3. SAP Business One
4. iWork
5. Evernote
6. Adobe Acrobat Reader
7. Oracle Business Intelligence Mobile
8. Dropbox

1.1.4 De opkomst van de digitale onderneming

Digitale onderneming
Organisaties die bijna alle belangrijke bedrijfsprocessen en relaties met klanten, leveranciers en werknemers digitaal realiseren en belangrijke bedrijfsmiddelen digitaal beheren.

Bedrijfsprocessen
De unieke manier waarop organisaties werkactiviteiten, informatie en kennis coördineren en organiseren om een product of dienst te produceren.

Alle hierboven beschreven veranderingen met de bijbehorende organisatorische herstructurering hebben de voorwaarden gecreëerd voor een volledige digitale onderneming. De **digitale onderneming** is een onderneming waarbij alle bedrijfsrelaties van enige betekenis met klanten, leveranciers en medewerkers op digitale wijze worden mogelijk gemaakt en tot stand gebracht. De centrale bedrijfsprocessen worden uitgevoerd via digitale netwerken die de gehele organisatie omspannen of verschillende organisaties aan elkaar koppelen.

Bedrijfsprocessen verwijzen naar de reeks logisch verwante taken en werkwijzen die organisaties in de loop der tijd ontwikkelen om specifieke bedrijfsresultaten te produceren, en naar de unieke manier waarop deze activiteiten georganiseerd en gecoördineerd zijn. Het ontwikkelen van een nieuw product, het opnemen en verwerken van een bestelling of het rekruteren van een nieuwe werknemer zijn voorbeelden van bedrijfsprocessen, en de manier waarop organisaties hun bedrijfsprocessen uitvoeren kan de basis zijn voor een voorsprong op de concurrentie. (Een gedetailleerde bespreking van bedrijfsprocessen is te vinden in hoofdstuk 2).

Belangrijke bedrijfsmiddelen – intellectueel eigendom, kerncompetenties, financiële en personele middelen – worden in de digitale onderneming digitaal beheerd. Alle informatie die nodig is om belangrijke bedrijfsbeslissingen te ondersteunen is daardoor altijd en overal binnen de onderneming beschikbaar.

Digitale ondernemingen kunnen sneller op de omgeving reageren dan traditionele ondernemingen, waardoor ze in tijden van verandering flexibeler kunnen zijn. Deze ondernemingen bieden uitzonderlijke mogelijkheden om hun bedrijfsvoering op een wereldwijde schaal te organiseren en leiden.

Bij digitale ondernemingen zijn zowel time shifting als space shifting aan de orde van de dag. *Time shifting* wil zeggen dat de bedrijfsvoering niet beperkt blijft tot de duur van de werkdag van 9 tot 5, maar continu doorloopt, 24 uur per dag. *Space shifting* wil zeggen dat het werk locatie-onafhankelijk plaatsvindt; het wordt fysiek uitgevoerd op die plek in de wereld waar het op dat moment het best kan worden uitgevoerd.

Veel bedrijven, zoals Cisco Systems, 3M en GE (zie de case aan het eind van hoofdstuk 12) zijn al vrijwel volledig digitale ondernemingen geworden en gebruiken internet om ieder aspect van hun bedrijf te runnen. De meeste andere bedrijven zijn nog niet volledig digitaal, maar schuiven wel op richting digitale integratie met leveranciers, klanten en medewerkers.

1.1.5 Strategische bedrijfsdoelstellingen van informatiesystemen

Wat maakt informatiesystemen vandaag de dag zo essentieel? Waarom investeren bedrijven zo veel in informatiesystemen en -technologieën? In de Verenigde Staten alleen al zijn meer dan 57 miljoen managers en meer dan 120 miljoen werknemers in de informatie- en kennissectoren voor het uitvoeren van hun werk afhankelijk van informatiesystemen. Informatiesystemen zijn essentieel voor de dagelijkse bedrijfsvoering en het bereiken van strategische bedrijfsdoelstellingen in de meeste ontwikkelde landen en realiseren strategische bedrijfsdoelstellingen.

In veel sectoren is overleven zonder een uitgebreid gebruik van informatiesystemen ondenkbaar. Vanzelfsprekend zou e-commerce onmogelijk zijn zonder substantiële IT-investeringen en zouden bedrijven zoals Amazon, eBay, Google of de grootste online universiteit ter wereld, de University of Phoenix, er gewoon niet zijn. Moderne vormen van dienstverlening (financiële dienstverlening, verzekeringen, onroerend goed, en persoonlijke dienstverlening zoals reisbureaus, medische zorg en onderwijs) zouden zonder IT niet meer kunnen opereren. Zo ook hebben retailers als Walmart en Sears en productiebedrijven als General Motors, Volkswagen, Siemens, en GE informatiesystemen nodig om te overleven en goede resultaten te behalen. Net zoals kantoren, telefoons, dossierkasten en efficiënte hoge gebouwen met liften de fundamenten van het bedrijfsleven in de twintigste eeuw vormden, is informatietechnologie een van de fundamenten van het bedrijfsleven in de eenentwintigste eeuw.

Er is sprake van een toenemende onderlinge afhankelijkheid tussen het vermogen van een onderneming om informatietechnologie te gebruiken en haar vermogen om bedrijfsstrategieën te implementeren en bedrijfsdoelen te bereiken (zie figuur 1.2). Wat een onderneming over vijf jaar doet, is vaak afhankelijk van de mogelijkheden die de systemen bieden. Het vergroten van het marktaandeel, produceren van betere en goedkopere producten, het ontwikkelen van nieuwe producten en het verhogen van de productiviteit van het personeel zijn steeds meer afhankelijk van het type en de kwaliteit van de informatiesystemen binnen de organisatie. De kwaliteit van de manager is sterk gerelateerd aan zijn inschatting van de rol van het bedrijfsinformatiesysteem.

Ondernemingen investeren fors in informatiesystemen om zes strategische bedrijfsdoelstellingen te bereiken: operationeel excelleren; nieuwe producten, diensten en bedrijfsmodellen ontwikkelen; band tussen klant en leverancier verbeteren; besluitvorming verbeteren; concurrentievoordeel bereiken; en overleven. Hieronder bespreken we deze bedrijfsdoelstellingen.

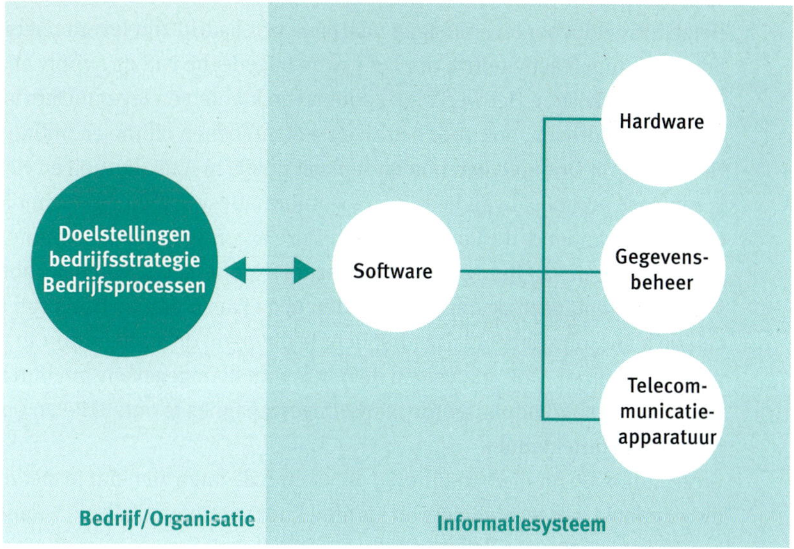

FIGUUR 1.2 *De onderlinge afhankelijkheid tussen bedrijven en informatiesystemen*
Bij moderne systemen is er een groeiende afhankelijkheid tussen de informatiesystemen van een bedrijf en de zakelijke mogelijkheden. Veranderingen in strategie, regels en bedrijfsprocessen vereisen veranderingen in hardware, software, databases en telecommunicatie. Vaak hangt wat de organisatie zou willen doen af van wat haar systemen toestaan haar te laten doen.

Operationeel excelleren

Bedrijven trachten voortdurend de efficiëntie van hun operaties te verbeteren om een hogere winstgevendheid te bereiken. Informatiesystemen en -technologieën zijn enkele van de belangrijkste middelen die managers tot hun beschikking hebben om hogere niveaus van efficiëntie en productiviteit te bereiken, weliswaar gepaard gaande met de nodige organisatieverandering. Walmart, de grootste retailer ter wereld, is een goed voorbeeld van de kracht van informatiesystemen gecombineerd met het allernieuwste op het gebied van bedrijfsvoering en ondersteunend management bij het bereiken van operationele efficiëntie van wereldklasse. In 2016 haalde Walmart een omzet van bijna 499 miljard dollar (bijna een tiende van de totale detailhandelomzet in de Verenigde Staten), wat voor een groot deel te danken was aan zijn Retail-Link-systeem, dat leveranciers digitaal verbindt met elk van de Walmart-winkels. Zodra een klant een artikel koopt, weet de leverancier dat hij een nieuw exemplaar naar het schap moet sturen. Walmart is mede dankzij dit systeem de meest efficiënte winkelketen in deze branche, met een omzet van meer dan 600 dollar per vierkante meter winkeloppervlak. Target, zijn grootste concurrent, heeft een omzet van ruim 425 dollar per vierkante meter, terwijl andere warenhuizen nog geen 200 dollar per vierkante meter omzetten.

Nieuwe producten, diensten en bedrijfsmodellen ontwikkelen

Bedrijfsmodel
Een abstractie van wat een onderneming is en hoe de onderneming een product of dienst levert, daarbij tonend hoe de onderneming welvaart creëert.

Informatiesystemen en -technologieën zijn een belangrijk middel voor bedrijven voor het creëren van nieuwe producten en diensten, evenals voor het ontwikkelen van geheel nieuwe bedrijfsmodellen. Een **bedrijfsmodel** beschrijft hoe een bedrijf een product produceert, levert en verkoopt om waarde te creëren. De huidige muziekindustrie is totaal verschillend van die van tien jaar geleden. Apple Inc. transformeerde een oud bedrijfsmodel van muziekdistributie op lp's, cassettebandjes en cd's tot een legaal online distributiemodel gebaseerd op het eigen technologieplatform. Het bedrijf behaalde succes met een voortdurende stroom van innovaties, waaronder Apple Music, de iTunes-muziekdienst en de iPad en iPhone.

Band tussen klant en leverancier verbeteren

Wanneer een bedrijf zijn klanten echt kent en ze goed bedient, reageren klanten in het algemeen door terug te keren en meer te kopen. Dit levert meer inkomsten en wellicht winst op.

Hetzelfde geldt voor leveranciers: naarmate een bedrijf zijn leveranciers meer bij de zaken betrekt, kunnen activiteiten van het upstreamgedeelte van de supply chain efficiënter verlopen. Dit drukt de kosten. Het werkelijk kennen van klanten en leveranciers is daarom een belangrijk punt voor bedrijven, ook voor bedrijven met miljoenen offline en online klanten.
Het Mandarin Oriental, een hotelgroep met hotels in Azië, Europa en Noord- en Zuid-Amerika, is een goed voorbeeld van bedrijven die informatiesystemen en -technologieën gebruiken om een betere band met de klant te krijgen. Deze hotels gebruiken computers voor het bijhouden van voorkeuren van hun gasten. Wanneer een klant bij een van deze hotels arriveert, past het systeem automatisch de omstandigheden in de kamer aan op basis van het digitale profiel van de klant, bijvoorbeeld door het licht te dimmen, de temperatuur in te stellen of passende muziek te kiezen. Ook analyseren de hotels hun klantgegevens om hun beste klanten te identificeren en geïndividualiseerde marketingcampagnes te ontwikkelen op basis van de voorkeuren van hun klanten.
Grote nationale retailers in Europa, de VS en Azië laten zien dat je met informatiesystemen de tevredenheid van leveranciers en klanten kunt vergroten. Telkens wanneer er in een winkel een overhemd wordt verkocht, wordt dit onmiddellijk doorgegeven aan computers van leveranciers als TAL Apparel Ltd. in Hongkong, een gigantische producent die een op de acht verkochte overhemden in de Verenigde Staten en Europa produceert. TAL haalt de aantallen door een door het bedrijf ontwikkeld computermodel en beslist vervolgens hoeveel overhemden er moeten worden gefabriceerd, en in welke stijlen, kleuren en maten. Vervolgens stuurt TAL de overhemden rechtstreeks naar de winkels, zonder het magazijn van de retailer aan te doen (Europese Commissie, 2014).

Verbeterde besluitvorming

Veel managers van bedrijven opereren in een ‘informatiemistbank’, omdat ze wanneer het nodig is niet over alle informatie beschikken die nodig is om de juiste beslissing te nemen. In plaats daarvan vertrouwen managers dikwijls op voorspellingen, *best guesses* en geluk. In het afgelopen decennium hebben informatiesystemen en -technologieën managers in staat gesteld om bij het nemen van beslissingen gebruik te maken van realtime gegevens. Om een voorbeeld te geven: Privi Organics Ltd., een toonaangevend Indiaas bedrijf dat synthetische geurstoffen produceert en wereldwijd levert, maakt gebruik van het Oracle Human Capital managementsysteem om in realtime inzicht te hebben in informatie over individuele werknemers inclusief prestatiecijfers en loonhistorie. Doordat alle werknemersdossiers in de hele organisatie in het systeem zijn geïntegreerd, kunnen managers sneller hr-beslissingen nemen, zoals promoties of overplaatsingen. Managers hebben snel een overzicht van de prestatiebeoordelingen van werknemers uit de afgelopen drie jaar en kunnen vervolgens dieper ingaan op details.

Concurrentievoordeel

Wanneer bedrijven een of meer bedrijfsdoelstellingen realiseren, kan het zo zijn dat ze een concurrentievoordeel hebben gerealiseerd. Dingen beter doen dan je concurrenten, minder rekenen voor betere producten en in realtime reageren op vragen van klanten en leveranciers, draagt allemaal bij tot een hogere omzet en een hogere winst die je concurrenten niet kunnen evenaren. Apple Inc., Walmart en de Mandarin Group zijn marktleiders in hun sector omdat ze weten hoe ze informatiesystemen voor dit doeleinde moeten gebruiken.

Overleven

Ondernemingen investeren ook in informatiesystemen en -technologieën omdat dit basisvoorzieningen zijn voor het zakendoen. Soms worden deze basisvoorzieningen gestuurd door veranderingen binnen de branche. Tegenwoordig hebben vrijwel alle banken overal ter wereld geldautomaten die zijn aangesloten op nationale en internationale ATM-netwerken, zoals CIRRUS. Het bieden van ATM-diensten aan klanten van retailbanken is gewoon een vereiste om in de retail banking business te overleven.

De meeste landen kennen wetten en reguleringen die bedrijven en hun personeelsleden verplichten om gegevens voor langere tijd bij te houden. Zo reguleren de REACH-verordening van de Europese Raad en de Amerikaanse Toxic Substances Control Act (1976) de blootstelling van werknemers aan meer dan 75.000 giftige chemicaliën en verplichten ze bedrijven gegevens over de blootstelling van personeel aan deze stoffen 30 jaar te bewaren (Europese Commissie, 2007). Financiële toezichthouders zoals de Amerikaanse Securities and Exchange Commission (SEC), de Financial Conduct Authority (FCA UK), het Financiële Diensten Agentschap (FSA Japan) en de Chinese Reguleringscommissie voor Effecten (CSRC Volksrepubliek China) vereisen bedrijfsaudits door gecertificeerde accountantsbedrijven die toezicht houden op de bewaarplicht voor controledocumenten en archieven, waaronder e-mails, gedurende ten minste vijf jaar. Veel andere nationale en regionale wet- en regelgeving op het gebied van gezondheidszorg, financiële dienstverlening, onderwijs en privacybescherming legt aan mondiaal opererende bedrijven een aanzienlijke plicht op op het gebied van het bewaren en rapporteren van informatie. Om hieraan te kunnen voldoen nemen veel ondernemingen hun toevlucht tot informatiesystemen.

1.2 Perspectieven op informatiesystemen

Informatietechnologie (IT)
Alle hardware en software die een onderneming nodig heeft om zijn bedrijfsdoelstellingen te realiseren.

Tot dusver hebben we in onze teksten de termen informatiesystemen en -technologieën informeel gebruikt, zonder deze te definiëren. Daar komt nu verandering in. **Informatietechnologie (IT)** bestaat uit alle hardware en software die een onderneming nodig heeft om zijn bedrijfsdoelstellingen te realiseren. Dit omvat niet alleen computers, informatiedragers en handhelds, maar ook software, zoals de besturingssystemen Windows en Linux, de kantoorsoftware Microsoft Office en de vele duizenden computerprogramma's die bij een doorsnee grote onderneming te vinden zijn. Informatiesystemen maken gebruik van IT en staan in voor het verzamelen, het opslaan en het verwerken van informatie met het doel de bedrijfsprocessen te ondersteunen.

1.2.1 Wat is een informatiesysteem?

Informatiesysteem
Aan elkaar gerelateerde componenten die samenwerken om informatie te verzamelen, verwerken, opslaan en verspreiden ter ondersteuning van besluitvorming, coördinatie, controle, analyse en visualisatie binnen een organisatie.

Informatie
Gegevens die in een vorm zijn gegoten die voor mensen begrijpelijk en bruikbaar is.

Gegevens
Stromen onbewerkte feiten die gebeurtenissen vertegenwoordigen die plaatsvinden binnen organisaties of in de fysieke omgeving, voordat ze worden georganiseerd en geordend in een vorm die mensen kunnen begrijpen en gebruiken

Input
Het verzamelen van onbewerkte gegevens binnen de organisatie of de externe omgeving voor verwerking in een informatiesysteem.

Een **informatiesysteem** kan worden gedefinieerd als een set aan elkaar gerelateerde componenten die informatie verzamelen (zoeken), verwerken, opslaan en verspreiden ter ondersteuning van besluitvorming, coördinatie en controle binnen een organisatie. Daarnaast kunnen informatiesystemen managers en werknemers helpen bij het analyseren van problemen, het visualiseren van complexe onderwerpen en het maken van nieuwe producten.

Informatiesystemen bevatten informatie over werknemers, faciliteiten en bedrijfsmiddelen binnen de organisatie of in de omgeving daarvan. Met **informatie** bedoelen we gegevens die in een vorm zijn gegoten die voor mensen begrijpelijk en bruikbaar is. **Gegevens** (of data) vertegenwoordigen gebeurtenissen die plaatsvinden binnen organisaties of in de fysieke omgeving, voordat ze worden georganiseerd en geordend in een vorm die mensen kunnen begrijpen en gebruiken.

Een voorbeeld van het verschil tussen informatie en gegevens is hier wellicht op zijn plaats. Bij kassa's in supermarkten worden miljoenen gegevens afgelezen van streepjescodes. Deze gegevens kunnen worden geanalyseerd om betekenisvolle informatie te bieden, zoals het totale aantal flessen afwasmiddel dat in een bepaalde winkel is verkocht, welke merken afwasmiddel beter verkochten in een winkel of regio dan andere, of hoeveel geld er aan een bepaald merk in een specifieke winkel of regio is uitgegeven (zie figuur 1.3).

Er zijn drie basisactiviteiten binnen een informatiesysteem die samen de informatie produceren die organisaties nodig hebben voor het nemen van beslissingen, het controleren van het werk, het analyseren van problemen en het maken van nieuwe producten of diensten. Deze activiteiten zijn input, verwerking en output (zie figuur 1.4). **Input** is het verzamelen van onbewerkte gegevens binnen de organisatie of de externe omgeving. **Verwerking** giet deze input in

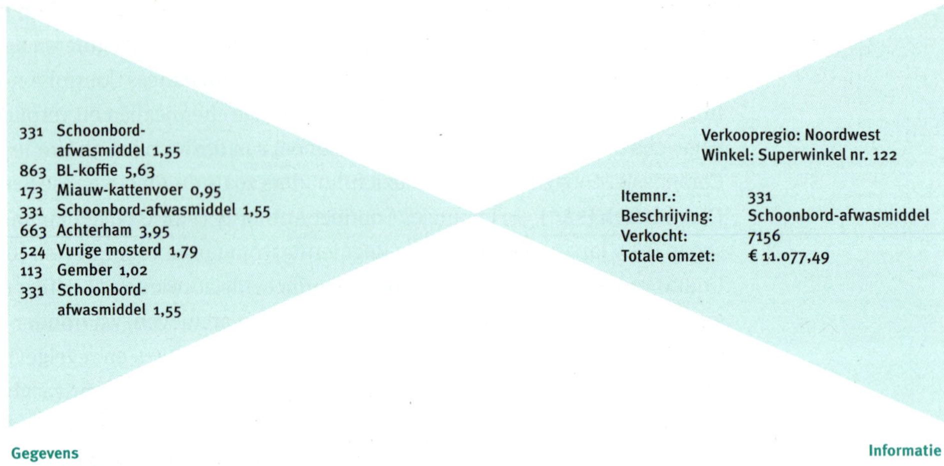

FIGUUR 1.3 *Gegevens en informatie*

Onbewerkte gegevens van een kassa in een supermarkt kunnen worden verwerkt en georganiseerd om betekenisvolle informatie te produceren, zoals het totale aantal verkochte flessen van een bepaald afwasmiddel of de totale omzet aan afwasmiddelen in een bepaalde winkel of regio.

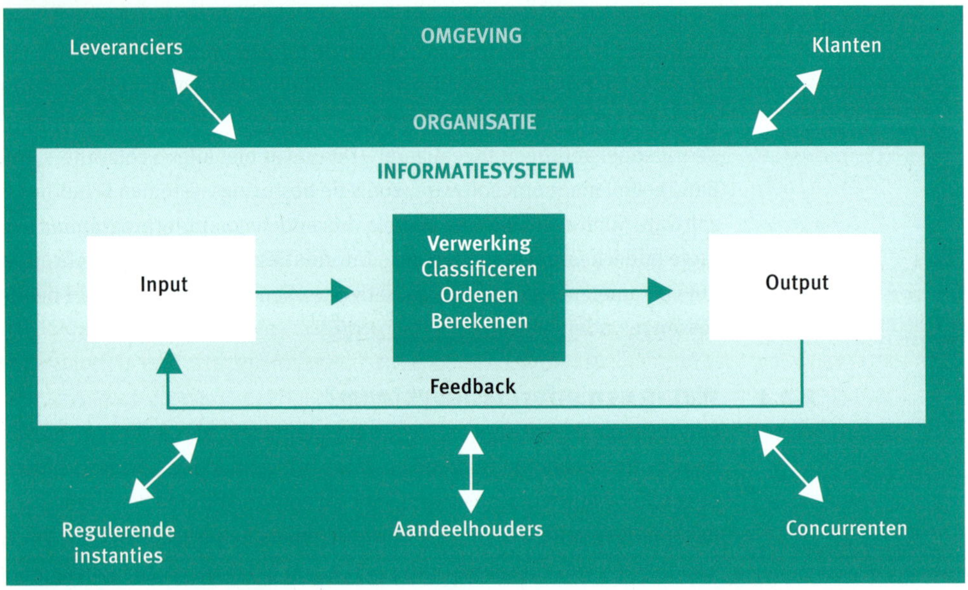

FIGUUR 1.4 *De verschillende functies van een informatiesysteem*

Een informatiesysteem bevat informatie over een organisatie en de directe externe omgeving. Drie basisactiviteiten – input, verwerking en output – produceren de informatie die de organisatie nodig heeft. Feedback is output die wordt teruggestuurd naar personen of activiteiten binnen de organisatie die de input evalueren en aanpassen. Omgevingsfactoren, zoals klanten, leveranciers, concurrenten, aandeelhouders en regulerende instanties, communiceren met de organisatie en de informatiesystemen.

Verwerking
Het omzetten, manipuleren en analyseren van onbewerkte input in een vorm die meer betekent voor mensen.

Output
Het distribueren van de verwerkte informatie aan mensen die deze informatie zullen gebruiken of aan de activiteiten waarvoor de informatie nodig is.

Feedback
Output die wordt teruggegeven aan de leden van de organisatie die de input daarna kunnen evalueren of corrigeren.

een betekenisvolle vorm. De **output** geeft de verwerkte informatie door aan mensen die deze informatie zullen gebruiken of aan de activiteiten waarvoor de informatie nodig is. Informatiesystemen vereisen ook **feedback**: output die wordt teruggegeven aan de leden van de organisatie die de input kunnen evalueren of corrigeren.

Bij het kaartverkoopsysteem van een rugbyclub bestaat de ruwe input uit bestelgegevens voor kaarten, zoals naam, adres en creditcardnummer van de koper, aantal bestelde kaarten en de datum van de wedstrijd waarvoor de kaart gekocht wordt. Een andere input zou de kaartprijs kunnen zijn, die zou kunnen fluctueren op basis van computeranalyse van hoeveel er optimaal voor een kaart voor een bepaalde wedstrijd gevraagd zou kunnen worden. Computers slaan deze gegevens op en verwerken ze om besteltotalen te berekenen, kaartaankopen te volgen en betalingsverzoeken voor creditcardbedrijven te versturen. De output bestaat uit af te drukken kaarten, bestelbonnen en rapporten over online kaartbestellingen. Het systeem biedt zinvolle informatie, zoals het aantal verkochte kaarten voor een bepaalde wedstrijd of tegen een bepaalde prijs, het totaal aantal verkochte kaarten per jaar en een overzicht van regelmatige klanten.

Hoewel informatiesystemen IT gebruiken om onbewerkte gegevens te transformeren tot betekenisvolle informatie, is er een groot verschil tussen een computer en een computerprogramma aan de ene kant en een informatiesysteem aan de andere kant. Computers en softwareprogramma's zijn de technische basis, de gereedschappen en materialen voor moderne informatiesystemen. Ze zorgen voor het verzamelen, het opslaan en het verwerken van informatie. Kennis van computers en computerprogramma's is belangrijk bij het ontwerpen van oplossingen voor organisatorische problemen, maar computers zijn slechts een klein onderdeel van een informatiesysteem.

Vergelijk dit eens met een huis: huizen worden gebouwd van beton, steen, hout, met behulp van allerlei gereedschappen, maar dit alles samen maakt nog geen huis. De architectuur, het ontwerp, de locatie, het landschap en alle beslissingen die van invloed zijn op het vormgeven van deze eigenschappen zijn ook onderdeel van het huis en zijn zelfs van cruciaal belang voor het oplossen van problemen bij het bouwen van een echt 'thuis'. Computers en programma's zijn de hamers, spijkers, planken en bakstenen van het CBIS (*computer based information system*), maar op zichzelf kunnen ze niet de informatie produceren die een bepaalde organisatie nodig heeft. Om informatiesystemen te begrijpen, moeten we de problemen begrijpen waarvoor ze zijn ontwikkeld, maar ook de ontwerpelementen en de organisatieprocessen die tot deze oplossing leiden.

1.2.2 Bouwstenen van informatiesystemen

Kennis van informatiesystemen
Breed begrip van informatiesystemen, inclusief gedragsmatige kennis van de organisaties en individuen die de informatiesystemen gebruiken, naast de technische kennis van computers.

Computerkennis
Kennis van informatietechnologie, voornamelijk van hoe computergebaseerde technologieën werken.

Om informatiesystemen volledig te gebruiken, moet een manager alle dimensies begrijpen met betrekking tot de organisatie, het management en de informatietechnologie van systemen (zie figuur 1.5), en de invloed die deze dimensies hebben op het bieden van oplossingen voor uitdagingen en problemen in de bedrijfsomgeving. We omschrijven dit bredere begrip van informatiesystemen als **kennis van informatiesystemen**, dat naast kennis van de techniek ook kennis van management en organisatie van de systemen omvat. Kennis van informatiesystemen omvat zowel een gedragsmatige als een technische benadering van het bestuderen van informatiesystemen. Bij **computerkennis** richt men zich daarentegen primair op kennis van de informatietechnologie.

Het veld van bedrijfsinformatiesystemen (MIS) probeert deze bredere kennis van informatiesystemen te bewerkstelligen. Bedrijfsinformatiesystemen houden zich bezig met zowel organisatorische vraagstukken als technische vraagstukken rond de ontwikkeling, het gebruik en de invloed van informatiesystemen die door managers en personeel in de onderneming worden gebruikt. Laten we eens kijken naar elk van de volgende bouwstenen van informatiesystemen: organisaties, management en informatietechnologie.

Organisaties

Informatiesystemen zijn een integraal onderdeel van organisaties. Sommige ondernemingen zouden zonder deze informatiesystemen zelfs niet kunnen bestaan. De belangrijkste elementen van een organisatie zijn de medewerkers, de structuur, de bedrijfsprocedures, het beleid en de cultuur. We geven hier een introductie van deze componenten van een organisatie en zullen ze in hoofdstuk 2 en 3 uitgebreider beschrijven.

Organisaties bestaan uit verschillende niveaus en specialismen. Deze indeling berust op het principe van werkverdeling. Het gezag en de verantwoordelijkheid in een onderneming zijn hiërarchisch georganiseerd. De organisatiestructuur kan verbeeld worden als een piramide. De bovenste niveaus van de hiërarchie bestaan uit managers, professionals en technisch specialisten, terwijl de onderste niveaus bestaan uit uitvoerend personeel.

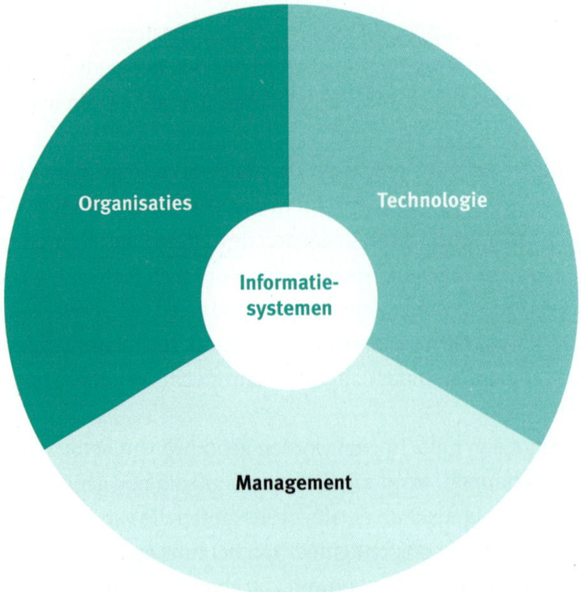

FIGUUR 1.5 *Informatiesystemen zijn meer dan computers*

Om informatiesystemen goed te kunnen gebruiken moet je de organisatie, het management en de informatietechnologie die de systemen vormgeven begrijpen. Alle informatiesystemen kunnen worden omschreven als organisatie- en managementoplossingen voor uitdagingen die door de omgeving worden gecreëerd.

Hoger management
Mensen die bovenaan staan in de hiërarchie binnen een organisatie en verantwoordelijk zijn voor langetermijnbeslissingen.

Middenmanagement
Mensen in het midden van de organisatorische hiërarchie, die verantwoordelijk zijn voor het uitvoeren van de programma's en plannen van het hoger management.

Operationeel management
Mensen die de dagelijkse activiteiten binnen de onderneming controleren.

Kenniswerkers
Mensen, zoals technici, wetenschappers en architecten, die producten of diensten ontwerpen of kennis voor de organisatie ontwikkelen.

Gegevensverwerkers
Mensen, bijvoorbeeld secretaresses of boekhouders, die de administratieve taken binnen de organisatie uitvoeren.

Productie- en servicewerkers
Mensen die de producten en diensten van de organisatie produceren.

Bedrijfsfuncties
Gespecialiseerde taken binnen organisaties, zoals verkoop en marketing, productie, financiën, boekhouding en personeelszaken.

Het **hoger management** neemt strategische beslissingen voor de lange termijn over producten en diensten en bewaakt de financiële situatie van de onderneming. Het **middenmanagement** voert de programma's en plannen van het hoger management uit. Het **operationeel management** is verantwoordelijk voor het besturen van de dagelijkse activiteiten binnen de onderneming. **Kenniswerkers**, zoals technici, wetenschappers en architecten, ontwerpen producten of diensten en creëren nieuwe kennis voor de onderneming, terwijl **gegevensverwerkers**, zoals managementassistenten, assisteren bij de planning en communicatie op alle niveaus van de onderneming. **Productie- en servicewerkers** verzorgen de feitelijke productie van het product of leveren de dienst (zie figuur 1.6).

Experts worden aangesteld en getraind voor verschillende functies. Belangrijke **bedrijfsfuncties** binnen organisaties zijn verkoop en marketing, productie, financiën, boekhouding en personeelszaken (zie tabel 1.1).

Hoofdstuk 2 bevat meer gedetailleerde informatie over deze bedrijfsfuncties en over de manier waarop ze door informatiesystemen worden ondersteund.

Een organisatie coördineert de taken door middel van formele standaardprocedures.

TABEL 1.1 *Belangrijke bedrijfsfuncties*

FUNCTIE	DOEL
Verkoop en marketing	Het promoten en verkopen van de producten en diensten van de organisatie.
Productie	Het produceren en leveren van producten en diensten.
Financiën	Het beheren van het financiële vermogen van de organisatie (contanten, aandelen, opties enzovoort).
Boekhouding	Het uitvoeren van de operationele en financiële activiteiten zoals het beheren van de financiële overzichten van de organisatie (facturen, betalingen, loonstrookjes enzovoort); controle van de cashflow.
Personeelszaken	Het rekruteren, ontwikkelen en in stand houden van het personeelsbestand van de organisatie; het bijhouden van informatie over de werknemers. Tevens alle aan personeelsbeheer gerelateerde administratieve activiteiten inclusief loonberekening.

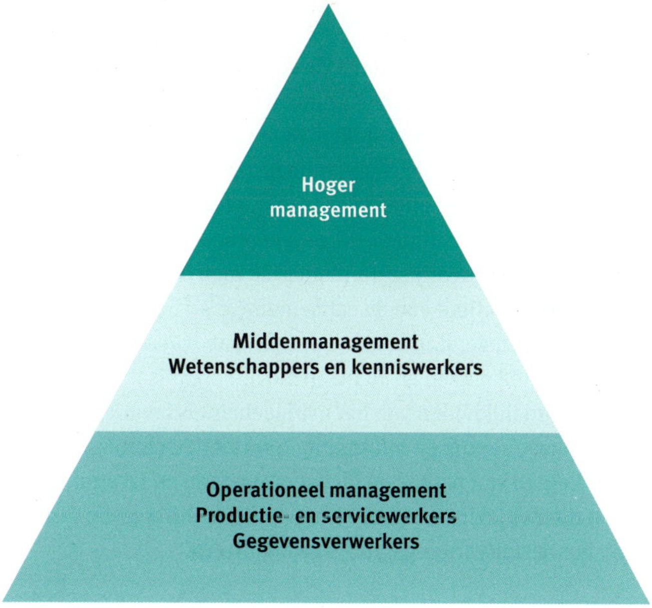

FIGUUR 1.6 *Lagen in een onderneming*

Bedrijfsorganisaties zijn hiërarchieën, opgebouwd uit drie hoofdlagen: hoger management, middenmanagement en operationeel management. Informatiesystemen dienen elk van deze niveaus. Wetenschappers en kenniswerkers werken vaak samen met het middenmanagement.

De meeste bedrijfsprocessen omvatten standaardprocedures, formele regels die gedurende een lange tijd voor bepaalde taken zijn ontwikkeld. Deze regels geven werknemers aanwijzingen over het uitvoeren van een groot aantal procedures, van het opstellen van een factuur tot het reageren op een klacht van een klant. De meeste procedures zijn op schrift gesteld, maar andere zijn informeel, zoals het terugbellen van een collega of klant als hun bericht niet goed is doorgekomen. De bedrijfsprocessen binnen een onderneming die we eerder hebben beschreven, zijn vaak gebaseerd op deze standaardprocedures. Met informatiesystemen kunnen veel bedrijfsprocessen worden geautomatiseerd. Hoe een klant krediet krijgt of hoe er wordt afgerekend wordt bijvoorbeeld vaak bepaald door een informatiesysteem waarin een reeks formele bedrijfsprocessen is ingebouwd.

Cultuur
De fundamentele set overtuigingen, waarden en manieren waarop dingen worden gedaan, die door de meeste werknemers wordt geaccepteerd.

Elke organisatie heeft een unieke **cultuur** of een fundamentele set overtuigingen, waarden en manieren waarop dingen worden gedaan, die door de meeste werknemers wordt geaccepteerd. Organisatiecultuur in de praktijk kun je zien door rond te kijken op je universiteit of hogeschool. Enkele elementaire uitgangspunten van de universitaire bedrijfscultuur zijn dat docenten meer weten dan studenten, dat studenten naar college gaan om te leren en dat studieprogramma's een regelmatig schema volgen.

Onderdelen van de organisatiecultuur kunnen in de informatiesystemen worden teruggevonden. Het belang dat UPS bijvoorbeeld hecht aan tevredenheid bij de klant is een aspect van de organisatiecultuur dat wordt weerspiegeld in de traceersystemen van de onderneming, die we verderop in deze paragraaf beschrijven.

Verschillende niveaus en specialistische functies binnen een organisatie hebben ook verschillende belangen en invalshoeken. Vaak hebben deze te maken met hoe het bedrijf moet worden gerund en met hoe middelen en beloningen moeten worden verdeeld. De conflicten die dit oplevert, zijn mede basis voor organisatiebeleid. Informatiesystemen worden ontwikkeld op basis van deze mengelmoes aan perspectieven, conflicten, compromissen en overeenkomsten die allemaal voorkomen binnen alle organisaties. In hoofdstuk 3 bekijken we de onderdelen van organisaties en hun rol in de ontwikkeling van informatiesystemen in meer detail.

Management

Het is de taak van het management om de vele situaties waar organisaties mee te maken krijgen in goede banen te leiden, beslissingen te nemen en actieplannen voor het oplossen van organisatorische problemen op te stellen. Managers merken wensen en verwachtingen van de omgeving op, zetten de organisatiestrategie op om op deze wensen en verwachtingen te reageren en om de personele en financiële middelen in te zetten die nodig zijn om de bedrijfsdoelstellingen te realiseren. Tijdens dit gehele proces moeten ze hieraan op een verantwoorde manier leidinggeven. De bedrijfsinformatiesystemen in dit boek weerspiegelen de verwachtingen, doelen en de realiteit van de echte managers.

Maar managers doen meer dan alleen managen van wat al bestaat. Ze moeten ook nieuwe producten en diensten maken en zo nu en dan de organisatie stroomlijnen. Een groot deel van de verantwoordelijkheden van het management is creatief werk, waarbij gebruik wordt gemaakt van nieuwe kennis en informatie. Informatietechnologie kan een belangrijke rol spelen bij het helpen van managers bij het ontwerpen en leveren van nieuwe producten en diensten, een nieuwe koers bepalen en het opnieuw vormgeven van de organisatie. Hoofdstuk 12 bespreekt het besluitvormingsproces gedetailleerd.

Informatietechnologie

Computerhardware
De fysieke apparatuur die wordt gebruikt voor input-, verwerkings- en outputactiviteiten in een informatiesysteem.

Computersoftware
De gedetailleerd geprogrammeerde instructies die de hardwarecomponenten in een informatiesysteem controleren en coördineren.

Datamanagementtechnologie
Software die de organisatie van gegevens op fysieke opslagmedia regelt.

Netwerk- en telecommunicatietechnologie
Fysieke apparatuur en software die de verschillende hardware-elementen aan elkaar koppelen en gegevens van de ene fysieke locatie naar de andere versturen.

Netwerk
Het koppelen van twee of meer computers om data of bronnen, zoals een printer, te delen.

Internet
Internationaal netwerk van netwerken; een verzameling van honderdduizenden particuliere en publieke netwerken.

Intranet
Een intern netwerk gebaseerd op internet- en www-technologie en -standaarden.

Extranet
Intranet dat beschikbaar is voor geautoriseerde gebruikers buiten de organisatie.

World wide web
Een systeem met universeel geaccepteerde standaarden voor het opslaan, vinden, formatteren en weergeven van informatie in een netwerkomgeving.

Informatietechnologie is een van de vele hulpmiddelen die managers gebruiken om met veranderingen om te gaan. **Computerhardware** is de fysieke apparatuur voor input-, verwerkings- en outputactiviteiten in een informatiesysteem. **Computersoftware** is de verzamelnaam voor de gedetailleerd geprogrammeerde instructies die de hardwarecomponenten in een informatiesysteem controleren en coördineren. Hoofdstuk 5 legt het belang van computersoftware in informatiesystemen uit.

Datamanagementtechnologie bestaat uit de software die de organisatie van deze gegevens op de fysieke opslagmedia beheert. Hoofdstuk 6 gaat dieper in op de organisatie van gegevens en toegangsmogelijkheden.

Netwerk- en telecommunicatietechnologie, die bestaat uit zowel fysieke apparatuur als software, koppelt de verschillende hardware-elementen aan elkaar en verstuurt gegevens van de ene fysieke locatie naar de andere. Computers en communicatietechnologie kunnen in netwerken worden verbonden om spraak, data, afbeeldingen, geluid of video uit te wisselen. Een **netwerk** koppelt twee of meer computers aan elkaar om data of hardware, zoals een printer, te delen en uit te wisselen. (Zie hoofdstuk 7 voor meer informatie over netwerken.) Het grootste en meest gebruikte netwerk ter wereld is natuurlijk **internet**. Internet is een internationaal netwerk van netwerken dat gebruikmaakt van universele standaarden (beschreven in hoofdstuk 7) en dat miljoenen netwerken in meer dan 230 landen over de hele wereld met elkaar verbindt.

Internet heeft een nieuw 'universeel' technologieplatform gecreëerd waarop nieuwe producten, diensten, strategieën en bedrijfsmodellen worden gebouwd. Ditzelfde technologieplatform heeft interne toepassingen en biedt de connectiviteit om verschillende systemen en netwerken binnen de onderneming met elkaar te verbinden. Interne bedrijfsnetwerken gebaseerd op internettechnologie worden **intranetten** genoemd. Eigen intranetten van de onderneming die zich uitstrekken tot geautoriseerde gebruikers buiten de organisatie worden **extranetten** genoemd. Dergelijke netwerken worden door bedrijven gebruikt voor het coördineren van hun activiteiten met andere bedrijven: het doen van aankopen, het samenwerken bij ontwerpactiviteiten en ander werk dat door diverse organisaties samen gedaan kan worden. Voor de meeste huidige ondernemingen is het gebruik van internettechnologie zowel een zakelijke noodzaak als een concurrentievoordeel.

Het **world wide web** is een service geleverd door internet met universeel geaccepteerde standaarden voor het opslaan, vinden, formatteren en weergeven van informatie in de vorm van een webpagina. Webpagina's kunnen tekst, afbeeldingen, animaties, beeld- en geluidsfragmenten bevatten en zijn meestal gekoppeld aan andere webpagina's. Door op de gemarkeerde tekst of knoppen op de pagina te klikken, kun je de link naar gerelateerde pagina's volgen waar aanvullende informatie, software of nog meer links naar andere pagina's te vinden zijn. Het web kan dienen als basis voor nieuwe typen informatiesystemen.

Al deze technologieën, samen met de mensen die nodig zijn om ze te runnen en te managen, vertegenwoordigen bedrijfsmiddelen die binnen de organisatie kunnen worden gedeeld. Samen vormen ze de **informatietechnologie-infrastructuur** van de onderneming. Deze IT-infrastructuur biedt de basis, of het *platform*, waarop de onderneming specifieke informatiesystemen kan bouwen. Elke organisatie moet deze IT-infrastructuur zorgvuldig ontwerpen en beheren, zodat de technologie die nodig is voor de taken die met de informatiesystemen moeten worden uitgevoerd, aanwezig is. De hoofdstukken 5 tot en met 8 behandelen de belangrijkste componenten van de IT-infrastructuur en laten zien hoe ze allemaal samenwerken om een solide technologisch platform voor de onderneming op te zetten.

Informatietechnologie-infrastructuur
De technologie voor de hardware, software, gegevens en opslag, en de netwerken bieden een combinatie van gedeelde IT-bronnen binnen de organisatie.

UPS is bijvoorbeeld de grootste internationale koeriersdienst ter wereld. United Parcel Service (UPS) investeert fors in informatiesysteemtechnologie om de onderneming efficiënter en klantgerichter te maken. Het bedrijf gebruikt een hele reeks informatietechnologieën, waaronder scansystemen voor streepjescodes, draadloze netwerken, grote mainframecomputers, handheld-computers, internet en allerlei softwareprogramma's voor het volgen van pakketten, het berekenen van tarieven, het onderhouden van klantaccounts en het beheren van de logistiek.

Laten we de organisatie-, management- en technologie-elementen eens vaststellen van het pakketvolgsysteem van UPS. Het organisatorische element legt de basis van het traceersysteem bij de verkoop- en productieafdelingen binnen UPS (het hoofdproduct van UPS is een dienst: het afleveren van pakketten). Het specificeert de benodigde procedures voor het achterhalen van pakketten door middel van informatie over afzender en ontvanger, voor het controleren van de voorraad, het traceren van pakketten en de route, en het bieden van statusrapporten aan klanten en medewerkers van de klantenservice.

Het systeem moet ook informatie geven die tegemoetkomt aan de behoeften van managers en medewerkers. De UPS-chauffeurs moeten worden getraind in de procedures voor de aflevering van pakketten en in het gebruik van het traceersysteem, zodat ze er efficiënt mee kunnen werken. De klanten van UPS kunnen informatie nodig hebben over het gebruik van de traceersoftware op de UPS-website.

Het management van UPS is verantwoordelijk voor het beheren van het serviceniveau en de servicekosten, en voor het promoten van de organisatiestrategie – lage kosten gecombineerd met uitstekende service. Het management besloot de bedrijfsvoering te automatiseren om het verzenden van een pakket met UPS en het nalopen van de afleverstatus eenvoudiger te maken, waardoor de leveringskosten lager werden en de omzet werd verhoogd. De technologie die dit systeem ondersteunt omvat handcomputers, scanners, communicatienetwerken, desktopcomputers, het datacentrum van UPS, opslagtechnologie voor de afleveringsgegevens van het pakket, de traceersoftware en software om op het web te komen. Het resultaat is een informatiesysteemoplossing voor een complexe managementuitdaging: het bieden van een hoog serviceniveau tegen lage prijzen in een tijd van steeds groter wordende concurrentie.

1.2.3 Informatiesystemen gezien vanuit een bedrijfsperspectief

Managers en bedrijven investeren in informatietechnologie en -systemen omdat deze een reële economische waarde hebben voor het bedrijf. De beslissing om een informatiesysteem te bouwen gaat ervan uit dat de return on investment de investeringen in gebouwen, machines of andere bedrijfsmiddelen meer dan goedmaakt. Deze hogere opbrengst zal worden uitgedrukt in toename van de productiviteit, toename van de inkomsten (waardoor de eventuele **beurs**waarde van de onderneming zal toenemen), of misschien in een betere strategische positionering van de onderneming voor de lange termijn op bepaalde markten (waar in de toekomst meer inkomsten vandaan zullen komen).

Beurs
Soort online forum waar kopers producten kunnen kopen van verkopers via een vraag-aanbodsysteem.

Digitale transformatie van gezondheidszorg bij JurongHealth Services in Singapore

Jurong Health Services, ofwel JurongHealth, is een van de zes grote openbare gezondheidscentra van Singapore. Deze gezondheidscentra bieden holistische en geïntegreerde gezondheidszorg aan patiënten die van de ene zorgomgeving naar een andere gaan. Al met al omvat het gezondheidszorgsysteem van Singapore acht openbare ziekenhuizen, tien privéziekenhuizen, acht nationale specialistencentra en een eilandbreed netwerk van artsen. JurongHealth beheert het Ng Teng Fong General Hospital (700 bedden), het Jurong General Hospital (400 bedden), en Jurong Medical Centre, alle drie gelegen in het westen van Singapore. JurongHealth heeft als doelstelling om zijn patiënten transformatieve medische zorg te bieden door het gebruik van innovatieve informatietechnologieën. JurongHealth heeft in het kader van het Project OneCare initiatief ruim vijftig IT-systemen voor de gezondheidszorg geïntegreerd. Na vier jaar lang systemen invoeren en integreren is het Ng Teng Fong General Hospital bijvoorbeeld volledig gedigitaliseerd. Een van de vele systemen die het ziekenhuis heeft ingevoerd, heeft betrekking op zelfbedieningskiosken waar patiënten zich kunnen registreren door hun identiteitskaart te scannen. Vervolgens krijgen ze een nummer dat is gegenereerd door het Enterprise Queue managementsysteem. Dit unieke nummer wordt die dag gebruikt voor alle diensten waar de patiënt in het ziekenhuis gebruik van maakt. Patiënten raadplegen schermen in de wachtruimtes die realtime aangeven wanneer zij aan de beurt zijn. Dit systeem werkt voor JurongHealth niet alleen kostenbesparend, maar verhoogt ook de efficiency, aangezien patiënten geen aparte nummers nodig hebben voor verschillende diensten. Het vermindert de wachttijd en verhoogt de patiënttevredenheid. Bezoekers kunnen zich ook registreren door hun identiteitskaart te scannen bij de zelfbedieningskiosken van het bezoekersmanagementsysteem, om toegang te krijgen tot de afdeling waar zij een zieke willen bezoeken. Tevens kunnen bezoekers zich registreren bij de bezoekersregistratiebalie om een e-pas te krijgen die toegang verleent tot de beoogde afdeling. De identiteitskaart of e-pas moet vervolgens bij het betreden en verlaten van de afdeling worden gescand bij het 2-in-1-poortje. Het 2-in-1-poortje logt niet alleen bezoekers in en uit, maar ook medewerkers bij hun bezoek. De implementatie van het bezoekersmanagementsysteem geeft het ziekenhuis toezicht over de toegang tot een afdeling, en in het geval van een epidemie kunnen bezoekers en medewerkers gemakkelijk worden opgespoord. Een ander ingevoerd IT-systeem betreft het voorraadmanagementsysteem dat korte metten heeft gemaakt met het eentonige proces van handmatig tellen van de voorraad. Het systeem maakt gebruik van passieve radio-frequency identification (RFID)-technologie en een tweebaks voorraadsysteem om bijvulverzoeken te automatiseren en voorraadmanagement te optimaliseren. Zodra het voorvak van de voorraadbak leeg is, legt het klinisch personeel de relevante RFID-tag in een postbus, waarin de lezer automatisch een verzoek verstuurt voor het bijvullen van de medicatie, om voorraadtekorten te vermijden. JurongHealth heeft bovendien een realtime traceersysteem ingevoerd om met behulp van wifi-triangulatie, lage frequentie exciters (techniek voor het verwerken van audio signalen) en pakweg 6.000 actieve RFID-tags automatisch patiënten en medische apparatuur te volgen. Deze tags communiceren continu met de lage frequentie exciters om data ter verwerking door te sturen naar het backend-systeem, zodat ziekenhuispersoneel de precieze locatie van patiënten en apparatuur bij kan houden en langdurig zoeken tot het verleden behoort. Een andere ingrijpende verandering is dat JurongHealth een weloverwogen poging heeft gedaan om ervoor te zorgen dat de verschillende IT-systemen niet standalone zouden zijn. Daartoe voerde het ziekenhuis een geïntegreerd een elektronisch patiëntendossier of Electronic Medical Records (EMR) systeem in dat niet alleen alle functionele modules van het ziekenhuis combineert, maar bovendien is aangesloten op 140 medische apparaten en apparatuur. Met behulp van het leverancierneutrale middleware-integratiesysteem voor medische apparaten worden data uit deze apparaten direct geüpload naar het EMR-systeem. Zo verdoet het medisch personeel geen tijd of moeite met het handmatig uitlezen en hoeft het ziekenhuis zich geen zorgen te maken over invoerfouten. Het leverancierneutrale karakter geeft ook vrijheid om gebruik te maken van de beste modules in hun soort zonder van één leverancier afhankelijk te hoeven zijn. Het EMR-systeem heeft andere innovaties in gang gezet, zoals het elektronische patiëntinformatiebord waarmee kliniekmedewerkers en verplegers belangrijke patiëntinformatie op tablets kunnen inzien, in tegenstelling tot de meeste ziekenhuizen, waar de informatie handmatig wordt verzameld en aan het voeteneind van het bed hangt. Zo ontvangt het geautomatiseerde apotheeksysteem voor ziekenhuispatiënten recepten die door de artsen via het EMR-systeem zijn ingevoerd en stuurt door machines verpakte medicijnen naar de afdelingen met automatische wagentjes die vooraf geprogrammeerde routes volgen. Deze wagentjes vervoeren niet alleen medicijnen, maar ook beddengoed, maaltijden, enzovoort. Voordat een medicijn op de afdeling uit zo'n wagentje kan worden gehaald, moet het polsbandje van de patiënt worden gescand en vergeleken met het recept van de desbetreffende arts. Op deze manier wordt alleen de benodigde medicatie geleverd en aan de juiste patiënt toegediend. Een andere innovatieve technologische toepassing is het dashboard voor dagelijkse werkzaamheden dat data uit verschillende systemen integreert en belangrijke parameters genereert voor de verschillende afdelingen, zoals spoedgevallen, polikliniek, ziekenhuisafdelingen en de chirurgieafdelingen. Bovendien analyseert, vergelijkt en toont de dashboard dag-, week- en maandstatistieken die essentiële input vormen voor de besluitvorming door het management.

IT heeft een zeer belangrijke rol gespeeld bij het realiseren van JurongHealths missie om medische zorg van wereldklasse te leveren tegen betaalbare kosten. Als gevolg hiervan heeft JurongHealth niet alleen in Singapore, maar in de hele regio een reputatie verworven als toonaangevende technologiegedreven zorgaanbieder. Dit blijkt ook uit de vele lofbetuigingen, waaronder prijzen voor IT-gestuurde transformatie – de Project of the Year 2015-2016 prijs van SPMI, de plaatselijke afdeling van de wereldwijde professionele accreditatie-instantie Project Management International en voor algehele organisatorische transformatie 'Best companies to Work for in Asia 2014' van HR Asia.

Bronnen: P. Bhunia, 'The JurongHealth IT Journey - Integrating IT from the Ground-Up into a New Digital Hospital,' opengovasia.com, 13 november 2016, geraadpleegd op 21 december 2016; JurongHealth, 'Integrated Healthcare IT Systems at Ng Teng Fong General Hospital and Jurong Community Hospital win the Project of the Year Award at the SPMI Symposium 2016,' www.jmc.com.sg, geraadpleegd op 21 december 2016; JurongHealth, 'Our Milestones,' www.juronghealth.com.sg, oktober 2016, geraadpleegd op 21 december 2016.

Bijdrage case door Neerja Sethi en Vijay Sethi, TU Nanyang

Vragen bij de case

1. Welke technologieën gebruikt JurongHealth? Met welk doel?
2. Zoek RFID op internet op. Noem een voorbeeld van het gebruik van RFID voor het lokaliseren en volgen van mensen.
3. Welke informatiesystemen implementeert JurongHealth? Beschrijf de input, verwerking en output van een van die systemen.
4. Waarom zijn informatiesystemen belangrijk voor JurongHealth?

Vanuit bedrijfseconomisch standpunt gezien levert een informatiesysteem dus een duidelijke meerwaarde op voor het bedrijf. Informatiesystemen stellen bedrijven in staat om de inkomsten te verhogen of de kosten te verlagen door informatie te bieden die managers helpt betere beslissingen te nemen, of die de uitvoering van bedrijfsprocessen verbetert. Zo kan het voorbeeld van het informatiesysteem voor het analyseren van de kassagegevens uit figuur 1.3 de winstgevendheid van de onderneming verhogen door managers te ondersteunen bij het nemen van betere beslissingen over welke producten er op voorraad moeten zijn en waarvoor in supermarkten reclame moet worden gemaakt.

Ieder bedrijf heeft een informatiewaardeketen (zie figuur 1.7) waarin ruwe informatie systematisch wordt verkregen en vervolgens in verschillende fasen die waarde toevoegen wordt getransformeerd.

Het bedrijfsperspectief vraagt om aandacht voor de organisatorische en bestuurlijke kanten van informatiesystemen. Een informatiesysteem representeert een organisatorische en bestuurlijke oplossing, gebaseerd op informatietechnologie, voor een uitdaging of probleem dat naar voren gebracht is door de omgeving.

Kijk nog eens naar het diagram aan het begin van dit hoofdstuk. Het laat zien hoe de systemen van de Rugby Football Union het probleem oplosten dat werd opgeworpen door de noodzaak om inkomsten te genereren in een uitermate concurrerende omgeving. Deze systemen creëerden een oplossing die gebruikmaakt van de mogelijkheden van nieuwe digitale technologie en internet. Met behulp van de systemen werden nieuwe kanalen aangeboord voor de verkoop van tickets, het contact met klanten, de optimalisatie van de ticketprijs en om de prestaties van de spelers te analyseren. Deze systemen waren essentieel voor de verbetering van het bedrijfsresultaat van de rugbyteams. Ook laat het diagram zien hoe mensen, technologie en andere organisatorische onderdelen samenwerken om systemen te realiseren.

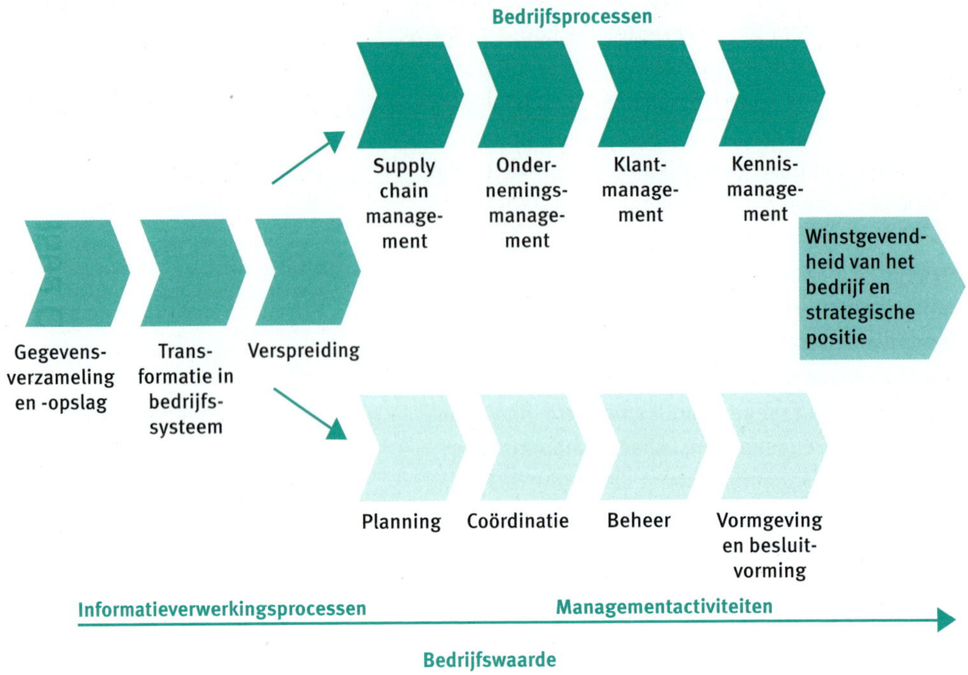

FIGUUR 1.7 *De bedrijfsinformatiewaardeketen*

Vanuit bedrijfsperspectief gezien zijn informatiesystemen een onderdeel van een reeks waardetoevoegende activiteiten voor het verkrijgen, transformeren en distribueren van informatie die door managers kan worden benut voor het verbeteren van de besluitvorming, verhogen van de organisatorische prestatie en, uiteindelijk, het verhogen van de winstgevendheid van de onderneming.

1.2.4 Aanvullende maatregelen: investeren in de organisatie en het juiste bedrijfsmodel kiezen

Informatiesystemen hebben ook organisatorische en bestuurlijke aspecten. Als je je dit realiseert, is het gemakkelijker te begrijpen waarom sommige bedrijven betere resultaten uit hun informatiesystemen halen dan andere. Studies naar de opbrengst uit informatietechnologie-investeringen laten zien dat er een aanzienlijke variatie is in de opbrengst die bedrijven binnenhalen (zie figuur 1.8). Sommige bedrijven investeren veel en ontvangen veel (tweede kwadrant), andere investeren evenveel, maar halen slechts een kleine opbrengst binnen (vierde kwadrant). Weer andere bedrijven investeren weinig en ontvangen veel (eerste kwadrant), terwijl er ook bedrijven zijn die weinig investeren en weinig ontvangen (derde kwadrant). Dit suggereert dat investeren in informatietechnologie op zich geen hoge opbrengst garandeert. Hoe vallen deze verschillen tussen bedrijven te verklaren?
Het antwoord ligt in de mogelijkheden van IT om anders te werken of de organisatie anders te besturen. Investeringen in informatietechnologie op zich kunnen organisaties en managers niet effectiever maken, tenzij ze gepaard gaan met nieuwe ondersteunende waarden, structuren en gedragspatronen in de organisatie en andere aanvullende bedrijfsmiddelen. Voor ze echt van de voordelen van de nieuwe informatietechnologie kunnen profiteren, moeten ondernemingen hun bedrijfsprocessen, de organisatie en het management bijsturen en aanpassen.

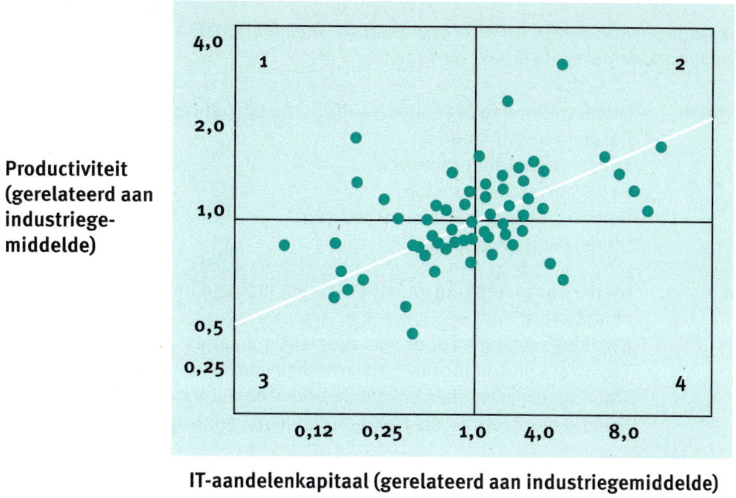

FIGUUR 1.8 *Variatie in de opbrengst van investeringen in informatietechnologie*

Hoewel gemiddeld genomen investeringen in informatietechnologie veel meer opbrengen dan andere investeringen, is er een aanzienlijke variatie tussen verschillende bedrijven.

Bron: gebaseerd op Brynjolfsson en Hitt (2000).

Aanvullende maatregelen
Maatregelen die nodig zijn om waarde te halen uit een primaire investering.

Aanvullende maatregelen zijn die maatregelen die nodig zijn om waarde te halen uit een primaire investering (Teece, 1998). Om waarde uit auto's te halen zijn bijvoorbeeld aanzienlijke complementaire investeringen nodig in het wegennet, benzinestations en garagebedrijven, en nieuwe regelgeving om standaarden vast te stellen en bestuurders te controleren.

Onderzoek op het gebied van investeringen in informatietechnologie heeft uitgewezen dat bedrijven die hun technologie-investeringen ondersteunen met investeringen in aanvullende bedrijfsmiddelen zoals nieuwe bedrijfsmodellen en -processen, een andere werkwijze van het management, een juiste organisatiecultuur of extra training een hogere opbrengst binnenhalen, terwijl bedrijven die deze aanvullende investeringen achterwege laten minder of geen opbrengst uit hun informatietechnologie-investeringen halen (Brynjolfsson, 2005; Brynjolfsson en Hitt, 2000; Laudon, 1974). Deze investeringen staan ook bekend als investeringen in management en organisatie.

In tabel 1.2 worden de belangrijkste aanvullende investeringen opgesomd die bedrijven moeten doen om waarde uit hun informatietechnologie-investeringen te halen. Enkele van deze investeringen hebben te maken met materiële bedrijfsmiddelen, zoals gebouwen, machinerie en gereedschappen. De waarde van investeringen in informatietechnologie is echter voor een groot deel afhankelijk van aanvullende investeringen in management en organisatie.

In dit boek leggen we de nadruk op een werkwijze die technologie, management en organisatorische bedrijfsmiddelen en hun interacties in beschouwing neemt. Dit boek heeft eigenlijk maar één echt hoofdthema, namelijk dat managers twee belangrijke taken hebben. Ze moeten aandacht schenken aan de bredere organisatie- en managementaspecten van informatiesystemen zodat ze inzicht krijgen in de huidige problemen. Hierbij kunnen ze gebruikmaken van informatietechnologie. Daarnaast moeten ze trachten bovengemiddelde opbrengsten uit hun informatietechnologie-investeringen te halen. Dit thema komt ook terug in de cases, vignetten en oefeningen. Bedrijven die goed kunnen omgaan met de vele aspecten van IT-investeringen worden hiervoor gemiddeld genomen rijkelijk beloond.

TABEL 1.2 *Complementaire sociale, bestuurlijke en organisatorische maatregelen vereist voor het optimaliseren van de opbrengst uit informatietechnologie-investeringen*

Organisatorische maatregelen	Ondersteunende organisatiecultuur die efficiëntie en effectiviteit waardeert Passend bedrijfsmodel Efficiënte bedrijfsprocessen Gedecentraliseerd gezag Gedistribueerde beslissingsrechten Sterk IT-ontwikkelteam
Bestuurlijke maatregelen	Sterke ondersteuning vanuit het hoger management voor technologie-investeringen en verandering Beloningssystemen voor managementinnovaties Teamwork en collaboratieve werkomgevingen Trainingsprogramma's om managementbesluitvaardigheid te verbeteren Managementcultuur die flexibiliteit en op kennis gebaseerde besluitvorming waardeert
Sociale maatregelen	Internet- en telecommunicatie-infrastructuur IT-educatieprogramma's met als doel om de computervaardigheid van het personeel te vergroten Standaarden (zowel van de overheid als vanuit de onderneming zelf) Wetten en regels die een eerlijke en stabiele marktomgeving creëren Technologiebedrijven en dienstverlenende bedrijven in aangrenzende markten om de implementatie te ondersteunen

1.3 Moderne benaderingen van informatiesystemen

De verschillende benaderingen van informatiesystemen tonen al aan dat dit een multidisciplinair veld is. Er is geen overheersende theorie of denkwijze. Figuur 1.9 illustreert de belangrijkste disciplines die problemen, vragen en oplossingen opwerpen bij het onderzoek naar informatiesystemen. In het algemeen kan het werkveld worden verdeeld in technische en gedragsmatige benaderingen. Informatiesystemen zijn sociotechnische systemen; hoewel ze bestaan uit machines, apparatuur en 'harde' fysieke technologie, hebben ze veel sociale, organisatorische en intellectuele investeringen nodig om goed te werken.

1.3.1 Technische benadering

De technische benadering van informatiesystemen benadrukt de wiskundige modellen die kunnen worden gebruikt om informatiesystemen – en de fysieke technologie en formele mogelijkheden van deze systemen – te bestuderen. De disciplines die horen bij deze technische benadering zijn informatica, managementwetenschappen en operationeel onderzoek.
Het werkgebied van de informatica houdt zich bezig met het opzetten van theorieën, formules en methoden voor het efficiënt opslaan en raadplegen van gegevens. Managementwetenschappers benadrukken de ontwikkeling van besluitvormings- en managementmodellen. Operationeel onderzoek concentreert zich op de wiskundige technieken voor het optimaliseren van de geselecteerde parameters binnen organisaties, zoals transport, supply chain management en transactiekosten.

1.3.2 Benadering vanuit de gedragswetenschappen

Een belangrijk onderdeel van het onderzoek naar informatiesystemen heeft betrekking op de gedragsvragen die naar voren komen bij de ontwikkeling en het onderhoud van informatiesystemen op de lange termijn. Vragen over bijvoorbeeld de strategische integratie, het ontwerp, de implementatie, de toepassing en het beheer kunnen niet op een bevredigende manier worden onderzocht met de modellen van de technische benadering alleen. Gedragsdisciplines leveren hiervoor belangrijke concepten en methoden.
Sociologen bestuderen bijvoorbeeld informatiesystemen met het oog op de manier waarop groepen en organisaties de ontwikkeling van systemen vormgeven en hoe systemen individuen, groepen en organisaties beïnvloeden. Psychologen bestuderen informatiesystemen

uit belangstelling voor de manier waarop menselijke beslissers formele informatie in zich opnemen en gebruiken. Economen bestuderen informatiesystemen met een belang in het begrijpen van de productie van digitale goederen, de dynamica van digitale markten en hoe nieuwe informatiesystemen het beheer en de kostenstructuren binnen de onderneming veranderen.

Een benadering vanuit de gedragswetenschappen sluit de technologie niet uit. De technologie van informatiesystemen is vaak juist de stimulans voor een gedragsprobleem of -vraag. De focus van deze benadering ligt echter niet bij een technische oplossing, maar concentreert zich op het veranderen van houding, management en organisatorisch beleid en gedrag.

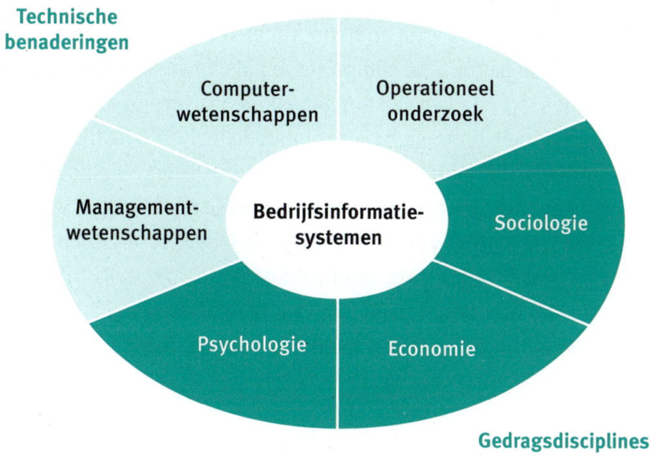

FIGUUR 1.9 *Moderne benaderingen van informatiesystemen*

Het onderzoek van informatiesystemen heeft betrekking op vragen en inzichten vanuit zowel de technische als gedragsdisciplines.

1.3.3 Aanpak van dit boek: sociotechnische systemen

In dit hele boek zul je een verhaal aantreffen met vier belangrijke actoren: leveranciers van hardware en software (de technologen), bedrijven die in technologie investeren en hier voordeel uit proberen te halen, managers en medewerkers die proberen bedrijfswaarde (en andere doelen) te bereiken en de huidige wettelijke, sociale en culturele context (de bedrijfsomgeving). Gezamenlijk produceren deze actoren de zogenoemde *bedrijfsinformatiesystemen*.

Bedrijfsinformatiesystemen Informatiesystemen op het managementniveau binnen een organisatie die de functies van planning, controle en besluitvorming ondersteunen door overzichten en rapportages van afwijkingen te geven.

Het onderzoek naar **bedrijfsinformatiesystemen** is ooit begonnen omdat men zich wilde gaan richten op het gebruik van gecomputeriseerde informatiesystemen in bedrijven en overheidsinstellingen. Deze studie combineert het werk van de informatica, bestuurskunde en operationeel onderzoek met een praktische blik op het ontwikkelen van systeemoplossingen voor praktijkproblemen en het beheren van informatietechnologiemiddelen. Bedrijfsinformatiesystemen houden zich ook bezig met gedragskwesties die meestal in de sociologie, economie en psychologie worden besproken.

Door onze theoretische kennis en onze praktijkervaring met MIS zijn wij geneigd te denken dat er geen enkele aanpak is die alle aspecten van informatiesystemen omvat. De successen en mislukkingen van informatiesystemen hebben zelden of allemaal met techniek of allemaal met gedrag te maken. Het beste advies dat wij aan studenten kunnen geven is daarom dat ze ervoor moeten zorgen de gezichtspunten van zo veel mogelijk disciplines te begrijpen. De uitdaging en het spannende van het vakgebied van bedrijfsinformatiesystemen is dat het een waardering van veel verschillende manieren van aanpak vereist.

Sociotechnisch gezichtspunt Bij dit gezichtspunt wordt optimale organisatorische prestatie bereikt door zowel de sociale als de technische systemen die in productie worden gebruikt, te optimaliseren.

Het gezichtspunt waar we in dit boek van uitgaan, kan het best worden gekarakteriseerd als het **sociotechnisch gezichtspunt** ten aanzien van systemen. Bij dit gezichtspunt wordt optimale organisatorische prestatie bereikt door zowel de sociale als de technische systemen die in productie worden gebruikt te optimaliseren.

Het sociotechnisch gezichtspunt draagt ertoe bij dat een zuiver technologische benadering van informatiesystemen wordt vermeden. Het feit dat informatietechnologie snel goedkoper wordt en in kracht toeneemt, vertaalt zich niet noodzakelijkerwijs naar verhoogde productiviteit of betere beleidslijnen. Het feit dat een onderneming recentelijk een ondernemingsbreed financieel rapportagesysteem heeft geïnstalleerd, betekent niet dat het ook automatisch zal worden gebruikt, laat staan dat het vanzelf effectief zal worden gebruikt. Op dezelfde manier zal het feit dat een onderneming recentelijk nieuwe bedrijfsprocedures en -processen heeft geïntroduceerd, niet noodzakelijkerwijs betekenen dat medewerkers productiever zullen zijn. Dat kan alleen als er ook wordt geïnvesteerd in nieuwe informatiesystemen om deze processen mogelijk te maken.

In dit boek leggen we de nadruk op het optimaliseren van de prestatie van de onderneming als geheel. Zowel de technische componenten als de gedragscomponenten komen aan bod. De technologie moet zodanig worden aangepast en ontworpen dat deze aansluit bij de organisatorische en individuele behoeften. Soms moet de technologie hiervoor worden 'gede-optimaliseerd'. Gebruikers van mobiele telefoons passen de technologie bijvoorbeeld aan aan hun persoonlijke behoeften, en als gevolg hiervan proberen fabrikanten de technologie snel aan te passen aan de verwachtingen van de gebruiker. Organisaties en individuen kunnen zich ook leren aan te passen door training, studie en geplande organisatorische verandering, waardoor de technologie kan functioneren en zijn vruchten afwerpen. Figuur 1.10 laat zien hoe dit proces van wederzijdse aanpassing in een sociotechnisch systeem in zijn werk gaat.

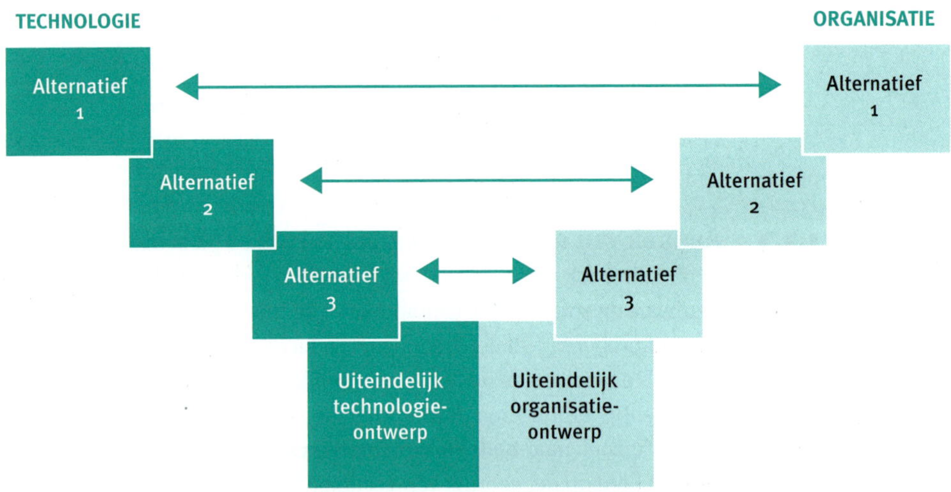

FIGUUR 1.10 *Een sociotechnisch perspectief op informatiesystemen*

In een sociotechnisch perspectief zijn de prestaties van een systeem optimaal wanneer de technologie en de organisatie op zo'n manier aan elkaar zijn aangepast dat een bevredigende 'fit' is bereikt.

1. Hoe helpen informatiesystemen bij de bedrijfsvoering en waarom zijn ze zo van belang voor het runnen en managen van een onderneming?

E-mail, online conferencing, smartphones en tablets zijn allemaal uitgegroeid tot essentiële hulpmiddelen in de bedrijfsvoering. Informatiesystemen vormen de grondslag voor snelle supply chains. Internet stelt veel bedrijven in staat om online te kopen, verkopen, adverteren en feedback van de klant te vragen. Organisaties proberen concurrerender en efficiënter te worden door hun belangrijkste bedrijfsprocessen te digitaliseren en zich te ontwikkelen tot digitale ondernemingen. Internet heeft de globalisering gestimuleerd door een drastische kostenreductie van het produceren, kopen en verkopen op mondiale schaal. Tot de nieuwe informatiesysteemtrends behoren het opkomende mobiele digitale platform, big data en cloud computing met onder meer online 'Software as a Service (SaaS)'. Informatiesystemen vormen de grondslag voor de huidige bedrijfsvoering. In veel bedrijfstakken zijn overleven en het vermogen om strategische bedrijfsdoelen te bereiken moeilijk te realiseren zonder extensief gebruik te maken van informatietechnologie. Moderne ondernemingen gebruiken informatiesystemen voor het bereiken van zes belangrijke doelstellingen: operationeel excelleren; nieuwe producten, diensten en bedrijfsmodellen ontwikkelen; de band tussen klant en leverancier versterken; tot een betere besluitvorming komen; concurrentievoordeel behalen; en overleven in een snel veranderende businessomgeving.

2. Wat is een informatiesysteem? Hoe werkt het? Wat zijn de management-, organisatie- en technologiecomponenten van een informatiesysteem? Waarom zijn aanvullende bedrijfsmiddelen essentieel om ervoor te zorgen dat informatiesystemen echt waarde voor organisaties opleveren?

Vanuit een informatietechnologieperspectief gezien, verzamelt, bewaart en verspreidt een informatiesysteem informatie voor het ondersteunen van organisatorische functies, voor het nemen van beslissingen, voor de communicatie, de coördinatie, de controle en de analyse. Informatiesystemen zetten ruwe gegevens om in nuttige informatie door middel van drie basisactiviteiten: input, verwerking en output. Vanuit een bedrijfsperspectief gezien biedt een informatiesysteem een oplossing voor een probleem of een uitdaging waarmee een onderneming te kampen heeft en kent elk informatiesysteem aspecten op het terrein van management, organisatie en technologie. Tot de managementaspecten van informatiesystemen behoren onderwerpen zoals leiderschap, strategie en managementgedrag. Het technologieaspect bestaat uit computerhardware, software, datamanagementtechnologie en netwerk-/telecommunicatietechnologie (waaronder internet). Tot het organisatieaspect van informatiesystemen behoren onderwerpen als de hiërarchische organisatiestructuur, de nodige specialistische functies, bedrijfsprocessen en cultuur. Om zinvolle waarde uit Informatiesystemen te halen moeten organisaties hun technologie-investeringen ondersteunen met aanvullende investeringen in organisatieprocessen. Tot deze aanvullende middelen behoren nieuwe bedrijfsmodellen en bedrijfsprocessen, een ondersteunende organisatiecultuur en ondersteunend managementgedrag, passende technologiestandaarden, regels en wetten. Nieuwe informatietechnologie-investeringen leveren alleen een hogere opbrengst als bedrijven daarnaast de juiste bestuurlijke en organisatorische veranderingen doorvoeren om de technologie te ondersteunen.

3. Welke academische disciplines spelen een rol bij het bestuderen van informatiesystemen en hoe draagt elk ervan bij tot het begrijpen van informatiesystemen?

De studie van informatiesystemen houdt zich bezig met vragen en inzichten uit technische disciplines en gedragswetenschappen. De disciplines die bijdragen aan de technische benadering zijn gericht op formele modellen en de mogelijkheden van systemen. Dit zijn de informatica, de bedrijfskunde en de operations research. De disciplines die bijdragen aan de gedragsbenadering zijn gericht op ontwerp, implementatie, management en de bedrijfsinvloed van systemen. Dit zijn de psychologie, sociologie en economie. Het sociotechnisch systeemperspectief beschouwt zowel technische als sociale kenmerken van systemen en oplossingen die de beste combinatie van beide representeren.

HERHALINGSVRAGEN

1. Hoe helpen informatiesystemen bij de bedrijfsvoering en waarom zijn ze zo van belang voor het runnen en managen van een onderneming?

- Beschrijf hoe informatiesystemen hebben geleid tot veranderingen in de manier waarop bedrijven opereren in hun producten en diensten.
- Noem drie belangrijke nieuwe trends in informatiesystemen.
- Beschrijf de kenmerken van een digitale onderneming.
- Beschrijf de uitdagingen en kansen van globalisatie in een 'plattere' wereld.
- Noem en beschrijf in het kort de zes strategische bedrijfsdoelstellingen van informatiesystemen.

2. Wat is een informatiesysteem? Hoe werkt het? Wat zijn de management-, organisatie- en technologiecomponenten van een informatiesysteem. Waarom zijn aanvullende bedrijfsmiddelen essentieel om ervoor te zorgen dat informatiesystemen echt waarde voor organisaties opleveren?

- Geef een definitie van een informatiesysteem en beschrijf wat het doet.
- Noem en beschrijf de organisatie-, management- en technologiecomponenten van informatiesystemen.
- Geef aan wat het onderscheid is tussen gegevens en informatie, en tussen informatiesysteemkennis en computerkennis.
- Leg uit wat het verband is tussen internet en het world wide web en de andere technologiecomponenten van informatiesystemen.
- Beschrijf de informatiestroom door de bedrijfsinformatiewaardeketen.
- Beschrijf de aanvullende sociale, bestuurlijke en organisatorische maatregelen die nodig zijn om de opbrengst uit informatietechnologie-investeringen te optimaliseren.

3. Welke academische disciplines spelen een rol bij het bestuderen van informatiesystemen en hoe draagt elk ervan bij tot het begrijpen van informatiesystemen?

- Noem en beschrijf elke discipline die bijdraagt tot een technische benadering van informatiesystemen.
- Noem en beschrijf elke discipline die bijdraagt tot een gedragsbenadering van informatiesystemen.
- Beschrijf het sociotechnisch perspectief op informatiesystemen.

DISCUSSIEVRAGEN

1. Informatiesystemen zijn te belangrijk om overgelaten te worden aan computerspecialisten. Ben je het hiermee eens? Waarom wel of niet?
2. Stel, je moet een website voor een concurrerend rugbyteam opzetten, welke bestuurlijke, organisatorische en technologische vragen moet je dan beantwoorden?
3. Welke bestuurlijke en organisatorische beslissingen hebben de IT-inspanningen van Jurong-Health Services volgens jou tot een succes gemaakt? Noem enkele belangrijke beslissingen.

PRAKTIJKPROJECTEN

Met deze projecten kun je praktische ervaring opdoen met het analyseren van financiële verslaglegging en voorraadmanagementproblemen door gebruik van datamanagementsoftware om bestuurlijke besluitvorming over verkoopbevordering te verbeteren en door online onderzoek naar functie-eisen. Ga naar MyLab om naar de praktijkprojecten van dit hoofdstuk te gaan.

Problemen rond managementbeslissingen

1. Warbenton Snack Foods is een Britse chips- en zoutjesfabrikant. De financiële afdeling van Warbenton maakt voor een groot deel van haar gegevensverzameling en verslaglegging gebruik van spreadsheets en handmatige verwerking. De financieel analist van Warbenton was elke maand een week bezig met het ophalen van spreadsheets bij de diverse afdelingshoofden. Vervolgens voegde

ze de gegevens samen en voerde ze opnieuw in op een andere spreadsheet, die diende als winst- en verliesrekening voor die maand. Als een afdeling na het aanleveren van de spreadsheet aan het hoofdkantoor nog gegevens moest aanpassen, moest de analiste de oorspronkelijke spreadsheet teruggeven en vervolgens wachten tot de afdeling het opnieuw inleverde voordat ze de aangepaste gegevens kon invoeren in het verzameldocument. Beoordeel de impact van deze werkwijze op bedrijfsprestaties en bestuurlijke besluitvorming.

2. Rabatt runt een keten van discountstores, met een assortiment van huishoudelijke artikelen, schoonmaakmiddelen, kleding, verzorgingsproducten en verpakte voedingsmiddelen door heel Duitsland. De meeste artikelen kosten 1 euro. Het bedrijfsmodel dicteert dat de kosten zo laag mogelijk moeten worden gehouden. Het bedrijf heeft geen geautomatiseerd voorraadbeheersysteem voor de winkels. Managers weten ongeveer hoeveel kratten van een bepaald product de winkel moet ontvangen als er een bestelwagen aankomt, maar de winkels beschikken niet over de benodigde technologie om de kratten te scannen of het aantal artikelen in de kratten te controleren. Derving door diefstal en andere tegenvallers is gestegen en maakt nu ruim 3 procent uit van de totale verkoop. Welke besluiten moeten er worden genomen voordat er wordt geïnvesteerd in een informatiesysteemoplossing?

Besluitvorming verbeteren: gebruikmaken van databases om verkooptrends te analyseren

Softwarevaardigheden: raadplegen database en rapportage
Zakelijke vaardigheden: verkooptrendanalyse

3. In dit project begin je met ruwe transactiegegevens en ontwikkel je met behulp van Microsoft Access database-softwarequery's en rapportages op basis waarvan managers betere besluiten kunnen nemen over productprijsstelling, aanbiedingen en het aanvullen van de voorraad. In MyLab vind je een database voor winkels en verkopen per regio die is opgezet in Microsoft Access. De database bevat ruwe data over de verkoop van computerapparatuur per winkel per week in verschillende verkoopregio's. De database bevat onder meer velden voor winkelidentificatienummer, verkoopregio, artikelnummer, artikelbeschrijving, artikelprijs, aantal verkochte artikelen en verkoopweek. Maak met Access een aantal rapportages en query's om deze informatie bruikbaarder te maken voor de directie. Verkoop- en productiemanagers willen antwoorden op de volgende vragen:
   - Van welke producten moet de voorraad worden bijgevuld?
   - Welke winkels en verkoopregio's zouden baat hebben bij een promoactie en extra marketing?
   - Wanneer (in welke tijd van het jaar) moeten producten voor de volle prijs worden aangeboden en wanneer moet er korting worden gegeven?

Je kunt vrij gemakkelijk de databasetabel aanpassen om je antwoorden te vinden en te rapporteren. Print je rapportages en de resultaten van je query's.

Besluitvorming verbeteren: Online naar banen zoeken waarvoor kennis over informatiesystemen vereist is

Softwarevaardigheden: webgebaseerde software
Zakelijke vaardigheden: Vacatures zoeken

4. Ga naar een vacaturewebsite, bijvoorbeeld Monsterboard.nl, en zoek vacatures voor boekhouden, financieel beheer, sales, marketing, en hr. Zoek twee of drie functieprofielen die een zekere mate van kennis over informatiesystemen vereisen. Om welke informatiesystemen gaat het hier? Wat moet je doen om je op deze functies voor te bereiden? Schrijf een verslag van een à twee A4 waarin je je bevindingen samenvat.

SAMENWERKINGS- EN TEAMWORKPROJECT

Samenwerkingsmiddelen selecteren

1. Vorm met drie of vier medestudenten een team en bespreek hoe geschikt Google Drive en Google Sites zijn voor de samenwerking binnen jullie team. Vergelijk het vermogen van beide diensten voor het opslaan van teamdocumenten, projectaankondigingen, bronnenmateriaal, werkopdrachten, illustraties, elektronische presentaties en interessante webpagina's. Leer hoe elke dienst met Google Docs werkt. Leg uit waarom Google Drive of Google Sites voor jullie team het meest geschikt is. Gebruik zo mogelijk Google Docs om te brainstormen en jullie bevindingen aan je medestudenten te presenteren. Maak je presentatie met de Google-dienst die jullie hebben gekozen en sla hem op.

Worden boerderijen digitale bedrijven?

Boer Mark Bryant uit Ohio verbouwt maïs, sojabonen en zachte rode wintertarwe op een kleine 5000 hectare. Toch zal je hem zelden op een tractor zien rijden, want zo werken boeren niet meer. Bryant zit het grootste deel van de tijd achter schermen vol met data, afkomstig van de pakweg twintig iPhones en vijf iPads waarmee werknemers in realtime verslag uitbrengen over zijn gewassen. Met behulp van software van een door Google gefinancierde start-up met de naam Granular analyseert Bryant deze data, maar ook data die zijn gegenereerd door vliegtuigjes, zelfrijdende tractoren en geautomatiseerde en draadloze sensoren voor opbrengst, vochtigheid en bodemkwaliteit.

Tractoren zelf zijn gemetamorfoseerd tot intelligente apparatuur en zijn nu stukken slimmer. Tegenwoordig werken veel tractoren en maaidorsers satellietgestuurd op basis van een Global Positioning System (GPS). De GPS-computer ontvangt signalen van satellieten in de ruimte om de locatie en de voortgang van elk werktuig bij te houden. Het systeem helpt de werktuigen aansturen, zodat de boer de voortgang kan bijhouden via een iPad – of een ander merk tablet – in de cabine van zijn tractor. 's Werelds grootste producent van zelfsturende voertuigen is niet Tesla of Google, maar wel John Deere. De cabines van Deeres zelfrijdende tractoren zitten nu zo vol met schermen en tablets dat ze eruitzien als de cockpit van een vliegtuig. John Deere en zijn concurrenten leveren niet alleen zelfrijdende tractoren, maaidorsers en trucks, ze produceren ook draadloze sensoren die elke akker in kaart brengen, en plant- en sproeimachines die aan de hand van gecomputeriseerde instructies zaaien en meststoffen sproeien.

Deere & Co. heeft in al zijn agrarische werktuigen IT aangebracht en zo een ecosysteem gecreëerd voor het aansturen van sproeimachines, hooipakmachines en plantmachines. Tot het productassortiment van Deere behoren ook AutoTrac GPS-gestuurde stuursystemen, waarbij de bestuurders van werktuigen hun handen van het stuur kunnen halen; JDLink, waarmee de machines automatische data over akkers uploaden naar een computercentrum en waarmee boeren plant- en bemestingsinstructies kunnen downloaden; en John Deere Machine Sync, dat op basis van lucht- of satellietfoto's aan de hand van GPS-data kaarten maakt om het planten, zaaien, sproeien of bemesten te verbeteren.

Deere is nu een van de meest toonaangevende bedrijven die boeren handvatten aanreiken om wat wordt omschreven als precisielandbouw te bedrijven. Doordat boeren hun akkers met deze mate van precisie kunnen beheren, hoeven ze minder te bemesten. Dit kan per boer een besparing opleveren van tienduizenden dollars. Volgens sommigen kan precisielandbouw ook de oplossing zijn voor het voeden van de exploderende wereldbevolking. Voorspeld wordt dat deze tegen het jaar 2050 zo'n 9,2 miljard mensen zal bedragen, 34 procent meer dan nu. Meer mensen zullen de middelen hebben om voedsel te kopen, en om dat te produceren zijn er meer land, water en andere hulpbronnen nodig. Om de bevolkings- en inkomensgroei bij te houden moet de voedselproductie wereldwijd met 70 procent toenemen, en precisielandbouw zou dit mogelijk kunnen maken. Boeren die preciezer gebruikmaken van mest, water, en energie voor hun machines verspillen minder, en belasten zodoende het milieu minder. Grote agrarische bedrijven als Monsanto en DuPont zijn eveneens actief op het gebied van precisielandbouw. Ze leveren data-analyses en plantaanbevelingen aan de boeren die hun zaaigoed, meststoffen en onkruidverdelgers gebruiken. Omdat aanpassingen in plantdiepte of aan de afstand tussen voren een groot verschil kunnen maken in de geoogste hoeveelheid, analyseren deze bedrijven de data die zijn gegenereerd tijdens het gecomputeriseerd planten, om boeren te laten zien hoe ze hun opbrengst verder kunnen verhogen.

De boer levert deze bedrijven data over de grootte van zijn of haar akker, historische oogstopbrengsten en bodemcondities, of aan een ander agrarisch data-analysebedrijf, dat de data analyseert in combinatie met andere data dat het heeft verzameld over zaadopbrengsten en bodemtypen in diverse gebieden. Het data-analysebedrijf stuurt vervolgens een digitaal bestand met aanbevelingen terug naar de boer, die de data oplaadt in de gecomputeriseerde zaaimachine Deze machine volgt de aanbevelingen tijdens het planten of zaaien. De aanbevelingen kunnen een boer in Iowa bijvoorbeeld laten weten dat hij beter minder zaden per hectare kan planten, of dat hij juist meer zaden moet planten op specifieke delen van zijn akker waar meer maïs kan worden verbouwd. Mogelijk krijgt de boer ook advies over de precieze zaadsoorten die hij in verschillende delen kan planten. Het data-analysebedrijf houdt bij zijn adviezen aan boeren hoe ze

hun oogst moeten beheren ook rekening met weersomstandigheden en andere factoren.
FieldScripts, een softwareprogramma van Monsanto, houdt rekening met variabelen als de hoeveelheid zonlicht en schaduw en met variaties in de hoeveelheid stikstof en fosfor in de bodem op een gebied dat zo klein kan zijn als 10 bij 10 meter. Monsanto analyseert de data tezamen met de genetische eigenschappen van zijn zaaigoed, combineert al deze informatie met klimaatvoorspellingen en levert precieze zaai-instructies ofwel 'scripts' aan iPads die zijn verbonden met zaaimachines op de akker. Tools als FieldScripts stellen boeren in staat om gebieden aan te wijzen waar meer of juist minder mest nodig is, wat hun de kosten bespaart van overal bemesten, hun opbrengst verhoogt op stukken die slechter hebben gepresteerd en voorkomt dat overbodige mest in het oppervlaktewater terechtkomt.
Sommige deskundigen denken dat zaaivoorschriften de gemiddelde maïsoogst kunnen verhogen van de huidige 64 bushels (korenmaat) per hectare naar meer dan 80. Volgens Monsanto, de grootste zaadleverancier ter wereld, kan datagestuurd zaaiadvies aan boeren wereldwijd de oogstopbrengst met ongeveer 20 miljard dollar per jaar verhogen. Tot nu toe hebben de instructies aan zaaimachines niet zulke spectaculaire resultaten opgeleverd.
Heeft dit alles ook negatieve gevolgen? Voor kleine boeren kan het antwoord daarop ja zijn. De kosten om in de nieuwe technologie te investeren en de tarieven voor tools als FieldScripts kunnen hoger liggen dan wat veel kleine boeren kunnen verdienen met extra oogstopbrengsten. Volgens Sara Olson van Lux Research Inc. is het probleem met precisielandbouw op kleine boerderijen de afnemende meeropbrengst die gepaard gaat met kostbare technologie. Dat betekent waarschijnlijk dat alleen de echt grote boerderijen ervan profiteren.
Monsanto schat in dat FieldScripts de oogstopbrengst met 12,5 tot 25 bushels per hectare verbetert. Als maïs zo'n $ 4 per bushel opbrengt, is dat een verhoging met $ 50 à $ 100 per hectare. Een kleine boerderij met ongeveer 200 hectare zou dan $ 10.000 tot $ 20.000 extra kunnen omzetten. Monsanto brengt ongeveer $ 25 per hectare in rekening voor zijn diensten, wat de boerderij $ 5000 zou kosten, nog afgezien van de vele duizenden dollars die het zou kosten om de bestaande zaaimachines om te bouwen of modernere tractoren te kopen die over de elektronica beschikken om de 'scripts' van Monsanto's online diensten te synchroniseren met de navigatiesystemen op de zaaimachines. Monsanto rekent ook nog $ 37,50 per hectare voor zijn plaatselijke klimaatvoorspellingssysteem. Volgens Olson zou een kleine boerderij die een dienst als Field-Scripts gebruikt de eerste twee jaar verliesgevend zijn, of hooguit quitte draaien.
Voor een grote boerderij van rond de 2000 hectare zou FieldScripts de opbrengst met $·100.000 à $ 200.000 verhogen. Aangezien Monsanto's diensten dan ongeveer $ 50.000 zouden kosten, maakt de boerderij in totaal $ 50.000 tot $ 150.000 meer winst, meer dan genoeg om de kosten voor het updaten van de landbouwmachines te kunnen dragen. Ongeacht de grootte van de boerderij zou de impact van FieldScripts in goede jaren minimaal zijn, omdat de oogstopbrengsten dan toch al groot zijn. De technologie heeft waarschijnlijk meer impact in jaren waarin de omstandigheden niet zo gunstig zijn.
Een woordvoerder van Monsanto merkte op dat de resultaten van haar zaai-instructiesysteem minder te maken heeft met de grootte van de boerderij dan met de technologische kennis van de boer. Volgens Michael Cox, mededirecteur investeringsonderzoek bij effectenbedrijf Piper Jaffray Cos., zijn de inkomsten uit FieldScripts en andere technologische producten rond 2018 mogelijk goed voor 20 procent van Monsanto's verwachte groei in winst per aandeel 2018. Hoewel sommige boeren de zaai-instructiesystemen hebben omarmd, zijn anderen kritisch. Veel boeren zijn achterdochtig over wat Monsanto en DuPont zouden kunnen doen met de data die over hen zijn vergaard. Anderen zijn bezorgd dat de zaadprijzen teveel stijgen omdat de bedrijven die de zaai-instructiesystemen hebben ontwikkeld ook het zaaigoed verkopen. De afgelopen vijftien jaar zijn de prijzen van zaaigoed snel gestegen doordat de grootste bedrijven hun marktaandeel hebben vergroot. Monsanto en DuPont verkopen nu ongeveer 70 procent van alle maïszaad in de VS. Ook vrezen boeren dat concurrenten de data zouden kunnen gebruiken om er zelf beter van te worden. Bijvoorbeeld, als buren de informatie over oogstopbrengst zouden zien, zouden ze snel meer landbouwgrond kunnen huren, wat de grondkosten en andere kosten omhoog zou drijven. Andere boeren zijn bang dat handelaren op Wall Street de data zouden kunnen gebruiken om te speculeren met termijncontracten. Als zulke speculaties vroeg in het seizoen de prijzen van termijncontracten omlaag brengen, zou dat ten koste kunnen gaan van de winst die boeren met hun oogst maken door *futures* te verkopen. Er zijn nog geen voorbeelden bekend van misbruik van zaai-instructies. Functionarissen bij Monsanto en DuPont stellen dat de bedrijven niet van plan zijn om de verzamelde data te verkopen. Monsanto heeft

aangegeven dat het sectorbrede normen voor het beheren van informatie die uit akkers is verzameld steunt en dat de data niet zonder toestemming van de boeren kunnen worden ingezien. Deere & Co., dat met DuPont en Dow Chemical Co. heeft samengewerkt om gespecialiseerde zaai-aanbevelingen voor zaaigoed te formuleren op basis van data die zijn gegenereerd door zijn tractoren, maaidorsers en andere machines, zegt dat het toestemming vraagt van klanten voordat het data deelt.

Sommige boeren hebben overlegd om zelf zaaigegevens te verzamelen, zodat ze konden bepalen welke informatie ze verkopen, en tegen welke prijs. Anderen werken met kleinere technologiebedrijven die proberen de agrarische reuzen ervan te weerhouden de precisielandbouwmarkt te domineren. Start-ups als Farmobile LLC, Granular Inc., en het Grower Information Services Cooperative ontwikkelen informatiesystemen die boeren in staat stellen om de data die door hun eigen tractoren en maaidorsers worden gegenereerd op te slaan in hun eigen datacentra en ze te verkopen aan aanbieders van zaaigoed, bestrijdingsmiddelen en apparatuur, of desgewenst aan handelaren in futures. Zulke platforms zouden boeren kunnen helpen om meer winst te genereren met precisielandbouw en hun meer controle te geven over de informatie die op hun akker is geoogst.

Bronnen: 'Precision Agriculture,' www.research.ibm.com, geraadpleegd op 4 april 2016; Matthew J. Grassi, 'Agrible Launches Nutrient Forecasting, Spray Smart Features,' PrecisionAg, 9 maart 2016; www.monsanto.com, geraadpleegd op 4 april 2016; Jacob Bunge, 'On the Farm: Startups Put Data in Farmers' Hands,' *Wall Street Journal*, 31 augustus 2015; Mary K. Pratt, 'How Technology Is Nourishing the Food Chain,' *Computerworld*, 18 augustus 2015; Michael Hickins, 'For Small Farmers, Big Data Adds Modern Problems to Ancient Ones,' *Wall Street Journal*, 25 februari 2014.

Vragen bij de case

1. Noem en beschrijf de technologie die in deze case is gebruikt.
2. In welk opzicht zijn Amerikaanse boerderijen nu digitale bedrijven? Licht je antwoord toe.
3. Op welke manier brengt IT verandering in hoe boeren hun bedrijf runnen?
4. Hoe verbeteren de systemen die in deze case zijn beschreven het boerenbedrijf?
5. Hoe ondersteunen precisielandbouwsystemen de besluitvorming? Noem drie verschillende besluiten die ondersteund kunnen worden.
6. Hoe nuttig is precisielandbouw voor individuele boeren en voor de landbouwsector? Licht je antwoord toe.

MYLAB

Ga naar de opdrachten in MyLab om deze schrijfoefeningen te maken.

1. Wat zijn de strategische doelstellingen die bedrijven proberen te bereiken door te investeren in informatiesystemen en technologieën? Geef voor elke strategische doelstelling een voorbeeld van hoe een bedrijf informatiesystemen kan gebruiken om het doel te bereiken.
2. Beschrijf de aanvullende maatregelen die bedrijven nodig hebben om het rendement van hun investeringen in informatiesystemen te optimaliseren. Geef voor elk type aanvullend activum een voorbeeld van een specifiek onderdeel dat een bedrijf zou moeten hebben.

Pearson | MyLab

Op **www.pearsonmylab.nl** vind je studiemateriaal en de eText om je begrip en kennis van dit hoofdstuk uit te breiden en te oefenen.

2 WERELDWIJD WERKEN: HOE BEDRIJVEN GEBRUIKMAKEN VAN INFORMATIESYSTEMEN

Na dit hoofdstuk ben je in staat om de volgende vragen te beantwoorden:

1. **Wat zijn bedrijfsprocessen? Wat is het verband tussen bedrijfsprocessen en informatiesystemen?**
2. **Hoe dienen systemen de verschillende managementniveaus in een bedrijf en hoe kunnen systemen die verbindingen leggen binnen de gehele organisatie de prestaties van een organisatie verbeteren?**
3. **Waarom zijn systemen voor samenwerking en sociaal ondernemen zo belangrijk en welke technologieën worden erbij gebruikt?**
4. **Wat is de rol van de informatiesysteemfunctie in een bedrijf?**

OPENINGSCASE

Sociaal netwerken helpt ABB innoveren en groeien

ABB, dat zijn hoofdkantoor heeft in Zürich (Zwitserland), is een mondiale leverancier van stroomnetwerken, industriële motoren en aandrijvingen, en generatoren voor industriële, commerciële en energievoorziening. Het bedrijf heeft ongeveer 135.000 werknemers in 100 landen en staat bekend om zijn innovaties in aandrijfsystemen voor schepen en energieoverdracht. Samenwerking, informatie delen en voortdurende innovatie zijn essentieel voor de groei en het zakelijk succes van ABB.

ABB had een intranet, maar het management vond het te statisch en achterhaald om te voldoen aan de huidige behoefte de werknemers meer te motiveren. Het intranet was niet goed toegerust om informatie op te zoeken en bovendien werd informatie toegevoegd in plaats van gewijzigd. Dit leidde vaak tot twee of meer verschillende versies van dezelfde content. Behalve op het intranet sloeg ABB-personeel ook informatie

Foto: © Cseke Timea/Shutterstock

op in wiki's, plaatselijke servers en andere kennisplatforms, wat zorgde voor nog meer verwarring en inefficiëntie. Werknemers moesten negen verschillende

platforms op om hun werk te doen. Bovendien miste het intranet instrumenten om personeel te helpen bij het voeren van dialogen, delen van ideeën en het werken met andere leden van het bedrijf, waaronder mensen die ze mogelijk nog niet kennen.
Wat ABB nodig had was een centrale bron die het dynamisch delen van kennis zou ondersteunen. Al het personeel zou dan in staat zijn om eenvoudig informatie over het bedrijf en updates over de nieuwste ontwikkelingen van initiatieven en projecten te vinden. Instrumenten die medewerkers helpen om nauwer samen te werken (zoals de mogelijkheid om medewerkers in andere delen van het bedrijf te lokaliseren die deskundig zijn op specifieke gebieden) zouden helpen de operaties te stroomlijnen en kernbedrijfsfuncties te versnellen.
ABB verving zijn ouderwetse intranet door Inside+ dat dynamischer en socialer is. Inside+ biedt ABB-werknemers één ingang naar alle informatie en programma's die ze voor hun werk nodig hebben, zoals Microsoft Yammer, Office 365, en SharePoint.
Yammer is een sociaal-netwerkplatform voor bedrijven dat door 200.000 organisaties over de hele wereld gebruikt wordt. Yammer stelt medewerkers in staat groepen te creëren om samen te werken aan projecten en om documenten te delen en te bewerken en bevat daarnaast een overzicht van bedrijfsnieuws. Yammer is toegankelijk via het web, de vaste pc en mobiele apparaten en kan worden geïntegreerd met andere systemen zoals Microsoft SharePoint en Office 365, om andere toepassingen 'socialer' te maken. SharePoint is Microsofts platform voor samenwerking, documentdeling en documentbeheer. Office 365 is Microsofts online dienst voor zijn Office productiviteitsprogramma's (tekstverwerking, spreadsheets, elektronische presentaties, databeheer). De e-maildienst werkt naadloos samen met een online afspraken- en videoconferentiedienst, om online vergaderen te vergemakkelijken.
Inside+ integreert de belangrijkste interne platforms die personeel voor het werk gebruikt. Het geïndividualiseerde Yammer-overzicht neemt de linkerhelft van de landingspagina in. Het Yammer-overzicht van een werknemer toont e-mailberichten en updates van documenten waaraan hij gewerkt heeft. Gesprekken op Yammer worden gearchiveerd en zijn doorzoekbaar. Via hun Inside+ werkbalk kunnen gebruikers naar Microsoft SharePoint, en ook Office 365-programma's zijn naadloos met Yammer verbonden. Inmiddels wordt dit sociale intranet door 50.000 ABB-werknemers gebruikt, een derde van het totale mondiale personeelsbestand.
Hoe heeft ABB baat gehad van zijn socialere intranet? Personeel gebruikt Yammer en Inside+ om samen te werken aan projecten, ideeën te delen en mensen in andere afdelingen te ontdekken die nuttige expertise hebben om hen bij hun werk te ondersteunen. Switchen van e-mails naar Yammer heeft besprekingen productiever gemaakt en de betrokkenheid van het personeel vergroot. Sommige ABB-teams laten weten dat hun e-mailverkeer met 50 procent is afgenomen. Personeel kan ook altijd en overal productief zijn, doordat ze via hun smartphone en tablet op Inside+ kunnen. Meer dan de helft van de commentaren die werknemers plaatsen is afkomstig van mobiele apparaten. Ook bespaart het bedrijf op conferentiekosten. Om een voorbeeld te geven: in plaats van 100 werknemers in 2012 en 2013 naar Zürich te laten vliegen voor een jaarlijkse communicatieconferentie, hield het bedrijf de conferentie online, waarbij alle besprekingen via Yammer gingen en daar werden gearchiveerd. Veel meer medewerkers voelen zich nauw betrokken bij het bedrijf als geheel, wat met het oude systeem niet bereikt had kunnen worden.

Bronnen: Adam Bonefeste, 'ABB Reinvents Its Intranet with Social Networking Technology', www.yammer.com, 28 januari 2015; Rachel Miller, 'ABB Employees Have 50,000 Reasons to Discover Yammer', allthingsic.com, geraadpleegd op op 8 maart 2016; en www.abb.com, geraadpleegd op 14 maart 2016.

De ervaring van ABB illustreert dat organisaties tegenwoordig vertrouwen op informatiesystemen om hun prestaties te verbeteren en concurrerend te blijven. Dit laat ook zien hoezeer systemen die samenwerking ondersteunen het verschil maken. Het bedrijf is beter in staat om te innoveren en zal daardoor succesvoller zijn.
Het diagram aan het begin van dit hoofdstuk vestigt de aandacht op belangrijke punten die in deze case en in dit hoofdstuk naar voren komen. ABB zelf is een kennisintensief bedrijf dat innovatie hoog in het vaandel heeft staan, maar het werd belemmerd door verouderde processen en instrumenten voor het beheren van informatie, wat medewerkers en managers verhinderde om efficiënt en effectief te werken. Dit ging ten koste van het vermogen van het bedrijf om te groeien en nieuwe toonaangevende kennisproducten en -diensten te leveren.

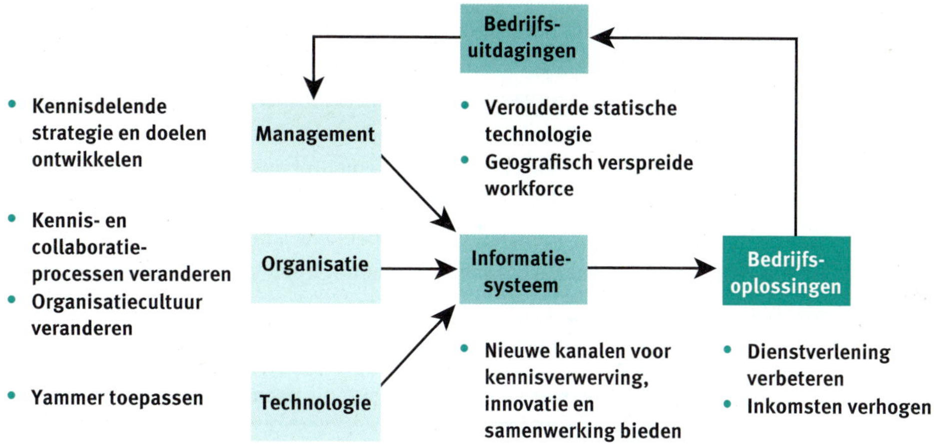

Het management van ABB besloot dat de beste oplossing was om nieuwe technologie toe te passen, om daarmee te verschuiven van een statische werkomgeving naar een omgeving waarin medewerkers actief werden betrokken, en in staat werden gesteld om meer kennis met collega's te delen. Het bedrijf voegde al zijn kennisplatforms samen, zodat alle werknemers Inside+ zouden gebruiken als ingang naar ABB's kennisuitwisselings- en samenwerkingssystemen. Met behulp van de sociale tools van Microsoft Yammer verhoogde ABB de samenwerking tussen en betrokkenheid van werknemers.

Inside+ integreert alle manieren waarop medewerkers kennis delen. De institutionele kennis wordt effectiever gedeeld en het bedrijf is innovatiever en efficiënter geworden.

Nieuwe technologie alleen zou ABB's probleem niet hebben opgelost. Om de oplossing effectief te maken, moest ABB zijn organisatiecultuur en bedrijfsprocessen aanpassen.

Enkele vragen om over na te denken: *Hoe houden samenwerking en betrokkenheid van medewerkers ABB concurrerend? Hoe veranderde het gebruik van Yammer de manier waarop werk bij ABB werd uitgevoerd?*

2.1 Bedrijfsprocessen en informatiesystemen

Bedrijven moeten over informatie beschikken over leveranciers, klanten, medewerkers, facturen en betalingen, en vanzelfsprekend ook over hun producten en diensten. Ze moeten de activiteiten waarbij van deze informatie gebruikgemaakt wordt zodanig plannen dat ze efficiënt opereren en de algehele prestatie van de onderneming verbeteren. Informatiesystemen stellen bedrijven in staat om al hun informatie te beheren, betere beslissingen te nemen en de uitvoering van hun bedrijfsprocessen te verbeteren.

2.1.1 Bedrijfsprocessen

Bedrijfsprocessen, geïntroduceerd in hoofdstuk 1, omvatten alle activiteiten die nodig zijn om een product of dienst te produceren of leveren. Deze activiteiten worden ondersteund met materialen, informatie en kennis die tussen de deelnemers aan dit proces onderling worden uitgewisseld.

Bedrijfsprocessen hebben ook betrekking op de unieke manieren waarop organisaties werk, informatie en kennis coördineren, en de manieren waarop het management deze zaken wíl coördineren.

De prestatie van een onderneming hangt sterk af van hoe goed de bedrijfsprocessen zijn ontworpen en gecoördineerd. De processen van een bedrijf kunnen een bron van concurrentiekracht zijn als ze het bedrijf in staat stellen beter te innoveren of te presteren dan zijn rivalen. Bedrijfsprocessen kunnen echter ook een last zijn als ze gebaseerd zijn op inefficiënte manieren van werken die organisatorische verantwoordelijkheid en efficiëntie in de weg staan. De case aan het begin van dit hoofdstuk, die beschrijft hoe ABB de kennisdelingsprocessen verbeterde, laat dit duidelijk zien. Ieder bedrijf kan worden beschouwd als een verzameling bedrijfsprocessen. Enkele van deze processen kunnen deel uitmaken van omvangrijkere processen. Het gebruik van mentorsystemen, wiki's, blogs en video's bij de training van het personeel maakt bijvoorbeeld deel uit van het totale kennismanagementproces. Veel bedrijfsprocessen zijn verbonden met een specifiek functiegebied. De verkoop- en marketingfunctie is bijvoorbeeld verantwoordelijk voor het identificeren van klanten en de personeelsfunctie voor het aannemen van personeel. Tabel 2.1 beschrijft enkele typische bedrijfsprocessen voor elk van de functiegebieden.

TABEL 2.1 *Voorbeelden van bedrijfsprocessen*

FUNCTIONELE WERKGEBIEDEN	BEDRIJFSPROCES
Productie	Fabricage van het product
	Kwaliteitscontrole
	Doorbelastingssystemen voor productiekosten
Verkoop en marketing	Identificatie van klanten
	Klanten informatie geven over product
	Product verkopen
Financiën en boekhouding	Crediteuren betalen
	Financiële overzichten maken
	Overzicht rekeningen bijhouden
Personeelszaken	Werknemers rekruteren
	Prestaties werknemers evalueren
	Werknemers aanmelden voor spaarplannen

Andere bedrijfsprocessen hebben betrekking op diverse functiegebieden en vereisen coördinatie tussen verschillende afdelingen. Denk hierbij bijvoorbeeld aan het schijnbaar eenvoudige bedrijfsproces van het uitvoeren van een bestelling (zie figuur 2.1). Eerst ontvangt de verkoopafdeling een bestelling. Deze bestelling gaat naar de boekhoudafdeling, die controleert of de klant kan betalen. Als de kredietwaardigheid van de klant eenmaal is vastgesteld, moet de productieafdeling het product uit de voorraad halen of het product produceren. Vervolgens moet het product worden verzonden (dit kan samenwerking vereisen met een logistiek bedrijf als UPS of FedEx). Daarna moet er door de boekhoudafdeling een factuur worden gemaakt en een verzendbericht naar de klant worden gestuurd. De verkoopafdeling moet worden geattendeerd op de verzending en voorbereid zijn op het ondersteunen van de klant door het beantwoorden van vragen en het afhandelen van de garantie.

Wat op het eerste gezicht een simpel proces lijkt, blijkt dus te bestaan uit een reeks gecompliceerde bedrijfsprocessen die een zorgvuldige coördinatie van belangrijke functiegroepen in een onderneming vereist. Bovendien is voor het efficiënt uitvoeren van alle stappen in het bestelproces veel informatie nodig, die binnen de onderneming vlot moet worden doorgegeven: tussen zakenpartners, zoals verzendbedrijven, en aan de klant. Gecomputeriseerde informatiesystemen maken dit mogelijk.

2.1.2 Bedrijfsprocessen versterken door informatietechnologie

Hoe kunnen informatiesystemen bedrijfsprocessen verbeteren? Informatiesystemen automatiseren veel stappen in bedrijfsprocessen die vroeger handmatig werden uitgevoerd, zoals het controleren van de kredietwaardigheid van een klant of het genereren van een factuur en een verzendopdracht. Maar vandaag de dag kan informatietechnologie nog veel meer doen. Nieuwe technologie kan daadwerkelijk de informatiestroom veranderen, waardoor meer mensen toegang hebben tot informatie en deze kunnen delen. Opeenvolgende stappen worden vervangen door taken die gelijktijdig kunnen worden uitgevoerd, waardoor vertragingen in de besluitvorming worden geëlimineerd. Het kan zelfs de manier waarop het bedrijf werkt transformeren en nieuwe bedrijfsmodellen sturen. Het Kindle Direct Publishing-programma – een tool die uitgevers en auteurs in staat stelt e-books rechtstreeks te verkopen via Amazons Kindle-platform en hierbij 70 procent van de royalty's op te strijken – ondersteunt voortaan ook de Nederlandse taal. Je kunt online een nieuwe computer kopen, of via iTunes een muziektrack downloaden. Dit zijn geheel nieuwe bedrijfsprocessen, gebaseerd op bedrijfsmodellen die zonder informatietechnologie onvoorstelbaar zouden zijn.

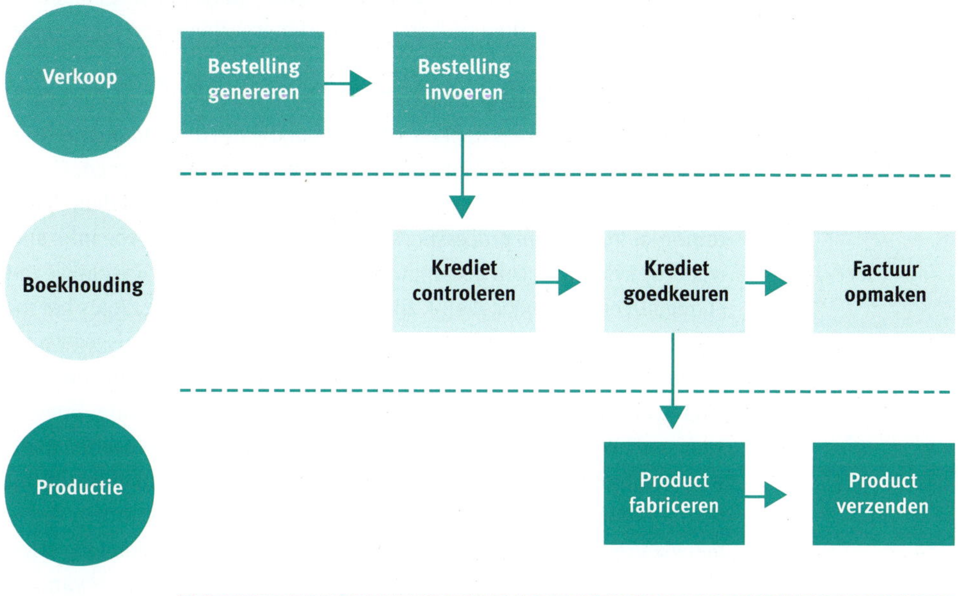

FIGUUR 2.1 *De verwerking van een bestelling*

Het uitvoeren van een bestelling bestaat uit een complexe reeks stappen die vraagt om een zorgvuldige coördinatie van de verkoop-, boekhoud- en fabricagefuncties.

Daarom is het zo belangrijk om zorgvuldig aandacht te besteden aan bedrijfsprocessen, zowel bij colleges over informatiesystemen als in je toekomstige loopbaan. Door bedrijfsprocessen te analyseren kun je een helder inzicht krijgen in hoe een bedrijf feitelijk werkt. Bovendien kun je door het uitvoeren van een bedrijfsprocesanalyse ook beginnen te begrijpen hoe een bedrijf moet worden veranderd om het efficiënter of effectiever te maken. In dit boek onderzoeken we bedrijfsprocessen met de nadruk op hoe ze kunnen worden ondersteund, veranderd of vervangen door gebruik te maken van informatietechnologie om meer efficiëntie, innovatie en een betere klantenservice te bereiken.

2.2 Typen informatiesystemen

Nu je begrijpt hoe bedrijfsprocessen werken, is het tijd om nauwkeuriger te gaan kijken hoe informatiesystemen de bedrijfsprocessen van een onderneming ondersteunen. Omdat de belangen, specialismen en niveaus in een organisatie enorm verschillen, zijn er diverse typen informatiesystemen. Er is geen enkel systeem dat alle informatie kan bieden die een organisatie nodig heeft. Een gemiddelde bedrijfsorganisatie heeft systemen voor het ondersteunen van elk van de belangrijkste bedrijfsfuncties: voor verkoop en marketing, fabricage en productie, financiële zaken en boekhouding en personeelszaken. Functionele systemen die onafhankelijk van elkaar

opereren, zullen tot het verleden gaan behoren, omdat ze niet gemakkelijk informatie delen. Ze worden vervangen door grootschalige crossfunctionele systemen die de activiteiten van verwante bedrijfsprocessen en organisatorische eenheden integreren. Deze geïntegreerde crossfunctionele toepassingen worden verderop beschreven.
Een doorsnee onderneming heeft ook verschillende systemen voor het ondersteunen van besluitvormingsgroepen. Operationeel management, middenmanagement en hoger management gebruiken elk een specifiek type systeem voor het ondersteunen van de beslissingen die ze moeten nemen om het bedrijf te runnen. Laten we deze systemen en de typen beslissingen die ze ondersteunen eens bekijken.

2.2.1 Systemen voor verschillende managementgroepen

Een bedrijf past systemen toe die verschillende managementgroepen of -niveaus ondersteunen. Deze systemen omvatten transactieverwerkingssystemen en managementinformatiesystemen.

Transactieverwerkingssystemen (TPS)

Transactieverwerkingssystemen (TPS) Gecomputeriseerde systemen die de dagelijkse routinetransacties die nodig zijn voor de bedrijfsvoering uitvoeren en registreren; ze dienen het operationele niveau van de organisatie.

Operationele managers hebben systemen nodig die de fundamentele activiteiten en transacties binnen de organisatie bijhouden, zoals de verkoop, ontvangsten, contante betalingen, loonuitbetaling, kredietoewijzingen en de stroom van bedrijfsmiddelen. **Transactieverwerkingssystemen** of *transaction processing systems* **(TPS)** bieden dit type informatie. Een transactieverwerkingssysteem is een gecomputeriseerd systeem dat de dagelijkse routinetransacties uitvoert en registreert die noodzakelijk zijn voor de bedrijfsvoering, zoals het invoeren van bestellingen, hotelreserveringen, loonadministratie, beheer van personeelsgegevens en verzending.
Het belangrijkste doel van systemen op dit niveau is het beantwoorden van routinematige vragen en het volgen van de transactiestroom in de organisatie. Hoeveel onderdelen zijn er op voorraad? Wat is er gebeurd met de betaling aan meneer Jansen? Om dit soort vragen te beantwoorden moet de informatie gewoonlijk eenvoudig toegankelijk, up-to-date en juist zijn.
Op operationeel niveau zijn de taken, middelen en doelstellingen van tevoren gedefinieerd en nauwkeurig gestructureerd. De beslissing om een klant krediet te verlenen wordt bijvoorbeeld genomen door een werknemer op operationeel niveau, op basis van tevoren vastgestelde criteria. Het enige wat moet worden bepaald, is of de klant aan deze criteria voldoet.
Figuur 2.2 toont een TPS voor de loonadministratie. Een loonadministratiesysteem houdt bij hoeveel loon er is uitbetaald aan werknemers. Voor dit systeem wordt een tijdregistratiekaart gebruikt met daarop de naam van de medewerker, zijn identificatienummer en het aantal gewerkte uren per week aan een specifieke transactie. Als deze transactie eenmaal in het systeem is ingevoerd, wordt het systeembestand of de database waarin de personeelsgegevens van de organisatie worden bijgehouden, automatisch bijgewerkt. De gegevens in het systeem worden op verschillende manieren gecombineerd om rapporten te genereren die belangrijk zijn voor het management, voor de Belastingdienst of voor de loonstrookjes van de werknemers.
Managers hebben transactieverwerkingssystemen nodig om de status van de interne bedrijfsvoering en de relaties van de onderneming met de omgeving in de gaten te houden. Transactieverwerkingssystemen zijn ook belangrijke leveranciers van informatie voor andere typen systemen. Het loonadministratiesysteem in figuur 2.2 en het boekhoudsysteem geven gegevens door aan het grootboek van de onderneming, dat de inkomsten en uitgaven van de onderneming bijhoudt en rapporten produceert voor de balans. Het verschaft ook loongegevens van het personeel voor verzekerings-, pensioen- en andere premieberekeningen aan de personeelssystemen van het bedrijf en loongegevens aan overheidsinstanties zoals de belastingadministratie en sociale verzekeringen.

Transactieverwerkingssystemen zijn vaak zo belangrijk voor een onderneming dat een storing die een paar uur aanhoudt een ramp kan betekenen voor de onderneming en haar zakenpartners. Stel je voor wat er kan gebeuren wanneer het traceersysteem van UPS niet werkt! En wat zouden luchtvaartmaatschappijen moeten beginnen zonder hun computergestuurde reserveringssysteem?

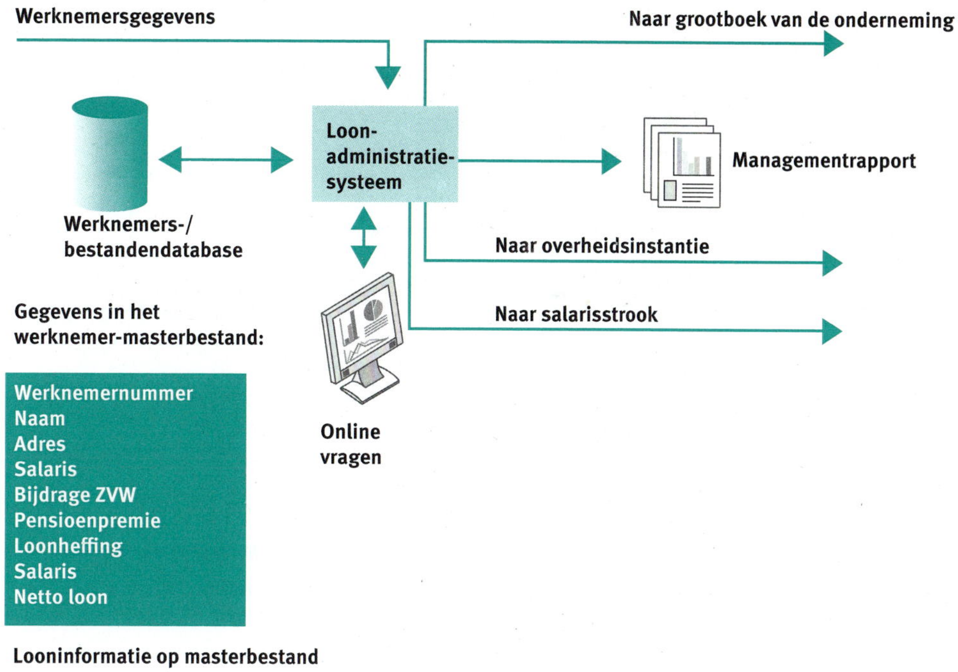

FIGUUR 2.2 *Een systeem voor het bijhouden van werknemersinformatie*

Een TPS voor loonadministratie verzamelt betalingsgegevens van personeel (zoals tijdregistratie). Tot de output van het systeem behoren online overzichten en uitdraaien voor het management en loonstrookjes voor het personeel.

Managementinformatiesystemen (MIS)

Managementinformatiesystemen (MIS) Specifieke categorie van informatiesystemen die rapporten over organisatorische prestatie leveren en zo het middenmanagement helpen het bedrijf te bewaken en te besturen.

Bedrijven hebben ook managementinformatiesystemen die zich richten op het leveren van informatie ter ondersteuning van managementbeslissingen. **Managementinformatiesystemen (MIS)** omvatten alle gegevens en software voor het organiseren, analyseren en benaderen van gegevens op basis waarvan managers en andere gebruikers van de systemen beargumenteerde beslissingen kunnen nemen. Bedrijfsinformatie wordt op alle niveaus binnen de organisatie gebruikt bij het besluitvormingsproces. Meer over dit onderwerp vind je in hoofdstuk 12.

De term managementinformatiesysteem of *management information systems* beschrijft een specifieke categorie informatiesystemen die het middenmanagement ondersteunt. Een MIS voorziet het middenmanagement van rapportages over de huidige prestatie van de organisatie. Deze informatie wordt gebruikt voor het controleren en beheren van het bedrijf en het voorspellen van toekomstige prestaties.

Managementinformatiesystemen verzorgen overzichten en rapporten over de bedrijfsvoering van de onderneming met behulp van gegevens geleverd door transactieverwerkingssystemen. Tegenwoordig worden veel van dergelijke rapporten online afgeleverd. Figuur 2.3 laat zien hoe een typisch managementinformatiesysteem gegevens op transactieniveau vanuit de afdelingen verkoop, productie en boekhouding transformeert tot rapporten die worden gebruikt om managers een goed overzicht te bieden. Tabel 2.2 laat een voorbeeldrapport van dit systeem zien.

Managementinformatiesystemen geven voornamelijk antwoord op routinematige vragen die van tevoren zijn gespecificeerd en die een van tevoren gedefinieerde antwoordprocedure hebben. Rapporten van managementinformatiesystemen kunnen bijvoorbeeld het totale gewicht aan sla berekenen dat in een kwartaal door een fastfoodrestaurant is gebruikt of, zoals in tabel 2.2, de totale jaarlijkse omzet voor specifieke producten vergelijken met de prognose. Deze systemen zijn meestal niet flexibel en bieden weinig mogelijkheden tot analyse. De

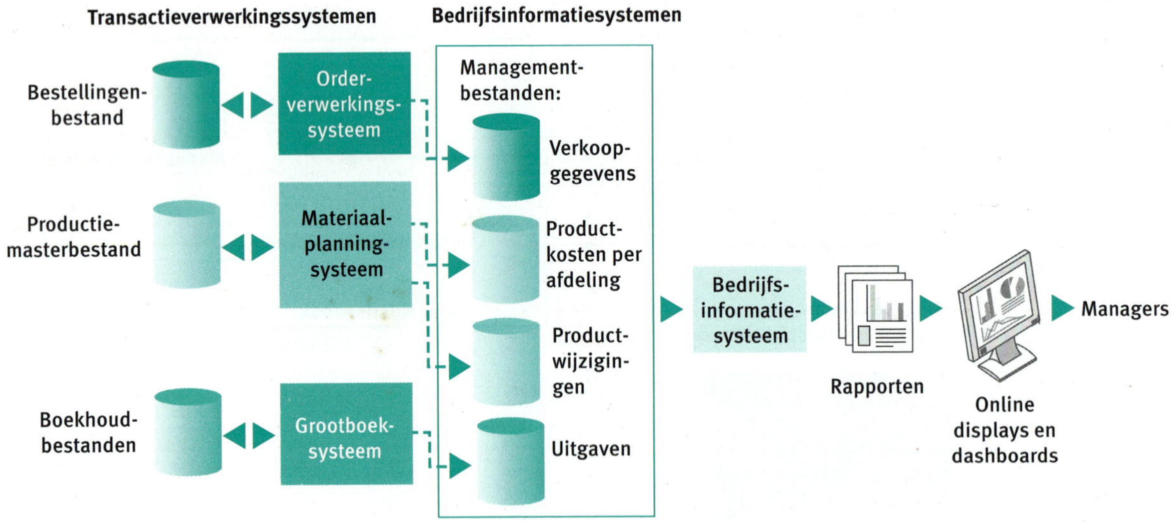

FIGUUR 2.3 *Hoe managementinformatiesystemen hun gegevens halen uit het transactieverwerkingssysteem*

In het systeem in dit diagram worden de transactiegegevens van drie transactieverwerkingssystemen aan het eind van een periode samengevat voor het rapportagesysteem binnen het managementinformatiesysteem. Managers kunnen deze ondernemingsgegevens inzien via het bedrijfsinformatiesysteem.

TABEL 2.2 *Voorbeeldrapport dat door het managementinformatiesysteem in figuur 2.3 zou kunnen worden geproduceerd*

ConsumentProduct BV

Omzet per product en verkoopregio: 2015

PRODUCTCODE	PRODUCTOMSCHRIJVING	VERKOOPREGIO	OMZET	GEPLAND	VERGELIJKING
4469	Tapijtreiniger	Noord	4.066.700	4.800.000	0,85
		Oost	3.778.112	3.750.000	1,01
		Zuid	4.867.001	3.600.000	1,06
		West	4.003.440	4.400.000	0,91
	Totaal		16.715.253	17.550.000	0,95
5674	Luchtverfrisser	Noord	3.676.700	3.900.000	0,94
		Oost	5.608.112	3.700.000	1,19
		Zuid	4.711.001	4.200.000	1,12
		West	4.563.440	4.900.000	0,93
	Totaal		18.559.253	17.700.000	1,05

Managementsystemen Informatiesystemen die de controle, besluitvorming en administratie van het middenmanagement ondersteunen.

Beslissingsondersteunend systeem (DSS) Computersysteem op het managementniveau van een organisatie die gegevens, analytische middelen en modellen gebruikt om semigestructureerde en ongestructureerde beslissingen te ondersteunen.

meeste **managementsystemen** gebruiken eenvoudige routines zoals overzichten en vergelijkingen, in tegenstelling tot ingewikkelde wiskundige modellen en statistieken.

Er zijn echter wel informatiesystemen die minder routinematige beslissingen ondersteunen. Deze noemen we beslissingsondersteunende systemen.

Beslissingsondersteunende systemen of *decision support systems* **(DSS)** ondersteunen niet-routinematige besluitvorming voor het middenmanagement. Ze zijn gericht op problemen die uniek en veranderlijk zijn, problemen waarvoor de procedure om tot een oplossing te komen niet volledig van tevoren gedefinieerd is. Met deze systemen probeert men vragen te beantwoorden zoals: Wat zou de invloed zijn op productieschema's als we de verkoop in de maand december zouden verdubbelen? Wat zou er met onze return on investment (ROI) gebeuren als een productieschema zes maanden vertraging zou oplopen?

Hoewel beslissingsondersteunende systemen interne informatie gebruiken uit de transactieverwerkingssystemen en de managementinformatiesystemen, bevatten ze vaak ook informatie uit externe bronnen, zoals de huidige aandelenkoers of de prijs van producten van concurrenten. Deze systemen bevatten een groot aantal modellen om gegevens te analyseren of kunnen grote hoeveelheden gegevens comprimeren in een vorm waarin ze door beslissers kunnen worden geanalyseerd.

Beslissingsondersteunende systemen zijn zo ontworpen dat gebruikers er direct mee kunnen werken; dit zijn expliciet gebruiksvriendelijke systemen.

Een interessant, klein, maar krachtig beslissingsondersteunend systeem is de reisplanner van een dochteronderneming van een grote Amerikaanse metaalproducent, die bulkvrachten kolen, olie, erts en afgewerkte producten voor de moederonderneming transporteert. De onderneming heeft een aantal eigen schepen, maar huurt ook andere schepen in en biedt op transportcontracten op de open markt om vracht te transporteren. Een reisplanner berekent de financiële en technische reisdetails. De financiële berekeningen omvatten de kosten voor het transport (brandstof, loon, transportkosten), vrachtkosten voor verschillende soorten vrachten en havenkosten. De technische details omvatten factoren als de hoeveelheid vracht aan boord, snelheid, afstand tussen de havens, brandstof- en waterverbruik en laadpatronen. Het systeem kan de volgende vragen beantwoorden: Welk schip moet, afhankelijk van het leveringsschema van de klant en het geboden tarief, tegen welke prijs worden gebruikt om de winst te optimaliseren? Wat is de optimale snelheid voor een bepaald schip om de winst te maximaliseren en toch op tijd te leveren? Wat is het optimale laadpatroon voor een schip dat vanuit Maleisië naar de westkust van Amerika vaart? Figuur 2.4 illustreert het beslissingsondersteunend systeem dat voor deze onderneming werd opgezet. Het systeem werkt op een krachtige pc waarop gebruikers eenvoudig informatie kunnen invoeren of achterhalen.

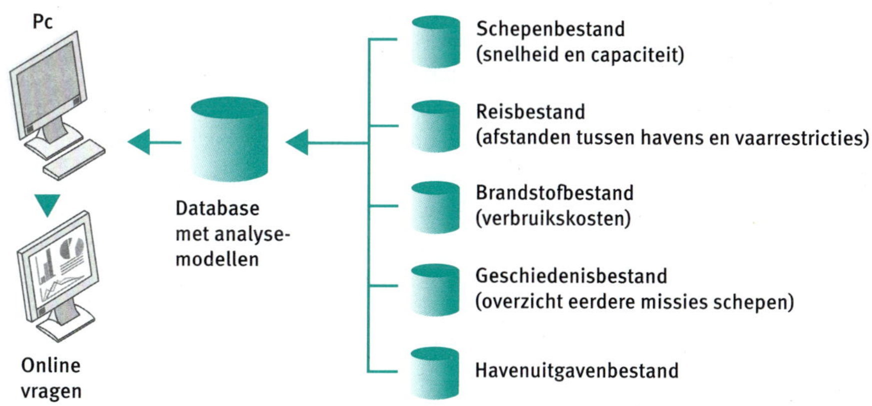

FIGUUR 2.4 *Een beslissingsondersteunend systeem in de vorm van een reisplanner*

Dit systeem werkt op een krachtige pc. Het wordt elke dag gebruikt door managers die moeten berekenen welk bod ze kunnen uitbrengen op een vervoerscontract.

Deze DSS voor het inschatten van reizen leunt zwaar op analytische modellen. Andere typen DSS zijn minder modelgestuurd en richten zich in plaats daarvan op het distilleren van die informatie uit enorme hoeveelheden gegevens die van belang is voor de besluitvorming. Zo verzamelen en bewaren Intrawest en Vail Resorts (grote touroperators op het gebied van wintersport in Noord-Amerika) grote hoeveelheden klantgegevens die binnenkomen via callcenters, reserveringen voor accommodatie en restaurants, skischolen en verhuurbedrijven van skiuitrustingen. Ze maken gebruik van speciale software om deze gegevens te analyseren en de waarde, de winstmogelijkheden en de loyaliteit van elke klant te bepalen, zodat managers beter kunnen beslissen hoe ze hun marketingprogramma's kunnen inrichten.

Hogere managers hebben systemen nodig die hen helpen bij het oplossen van strategische vraagstukken en bij het onderkennen van langetermijntrends, zowel binnen de onderneming als in de externe omgeving. Deze managers houden zich bezig met vragen als: Hoe zal de arbeidsmarkt er over vijf jaar uitzien? Wat zijn de trends op de lange termijn wat betreft de kosten in onze industrie en hoe past onze onderneming in dat plaatje? Welke producten moeten we over vijf jaar produceren? Welke nieuwe overnames kunnen ons beschermen tegen schommelingen in de bedrijfsresultaten?

Executive-supportsystemen (ESS)
Informatiesystemen op het strategisch niveau van de organisatie, ontworpen voor het behandelen van ongestructureerde besluitvorming door geavanceerde graphics en communicatie.

Portal
Website of een andere dienst die fungeert als beginpunt op het web of op een intern bedrijfssysteem.

Executive-supportsystemen (ESS) helpen het hoger management bij het beantwoorden van deze vragen. Een ESS-systeem ondersteunt niet-routinematige beslissingen die een oordeel, evaluatie van de situatie en inzicht in de industrie vereisen in situaties waarin er geen overeengekomen procedure is om tot een oplossing te komen. Een ESS-systeem presenteert grafieken en gegevens uit vele bronnen via een interface die gericht is op hogere managers. Vaak wordt de informatie aan hogere leidinggevenden geleverd via een **portal**, die een webinterface gebruikt om geïntegreerde gepersonaliseerde webcontent te presenteren.

Managementondersteunende systemen zijn ontworpen om gegevens over externe gebeurtenissen, zoals nieuwe belastingwetten of concurrenten, mee te nemen, maar halen ook informatie uit de interne bedrijfsinformatiesystemen en beslissingsondersteunende systemen. Deze systemen filteren, comprimeren en volgen cruciale gegevens en tonen de gegevens die het meest van belang zijn aan de hogere managers.

Zo maken de chief operating officer (COO) en bedrijfsmanagers van Valero, 's werelds grootste onafhankelijke aardolieraffinadeur, gebruik van een raffinagedashboard om realtime data te laten zien over de betrouwbaarheid van de raffinaderijen en de apparatuur, voorraadbeheer, veiligheid en energiegebruik. Met de getoonde informatie kunnen de COO en zijn team volgen hoe elke raffinaderij in de VS en Canada presteert in verhouding tot het productieplan van het bedrijf. Vanuit het hoofdkantoor kunnen zij van bestuurlijk niveau inzoomen op de prestaties op raffinaderijniveau en zelfs op de prestaties op individueel systeembeheerdersniveau.

Digitaal dashboard
Laat op één scherm alle metingen zien die van cruciaal belang zijn voor het besturen van een bedrijf.

Prestatie-indicator
Een standaardmaat voor prestatie.

Valero's raffinage-dashboard is een voorbeeld van een **digitaal dashboard**, dat in één scherm grafieken en diagrammen laat zien van belangrijke **prestatie-indicatoren** voor het managen van een bedrijf. Digitale dashboards worden een steeds populairdere tool voor besluitnemers. Ze kunnen managers helpen om aandachtsgebieden snel te identificeren.

De Interactieve sessie over organisaties beschrijft bestaande voorbeelden van verschillende systemen van dit type zoals ze worden gebruikt door een organisatie met werknemers en stafleden die overal ter wereld werken. Let op welke typen systemen worden beschreven en welke rol ze spelen in het verbeteren van zowel de bedrijfsvoering als de besluitvorming.

2.2.2 Ondernemingsbrede informatiesystemen

Bij het bekijken van alle verschillende typen systemen die we zojuist hebben beschreven, zou je je kunnen afvragen hoe een bedrijf alle informatie in deze verschillende systemen kan beheren. Je vraagt je misschien af hoe duur het is om zo veel verschillende systemen te organiseren en managen. En hoe al deze verschillende systemen informatie kunnen uitwisselen, en managers en werknemers hun werkzaamheden kunnen coördineren. Dit zijn belangrijke vragen voor moderne bedrijven.

Ondernemingsbrede informatiesystemen

Gewoonlijk worden grote organisaties gevormd doordat ze 'organisch' groeien en kleinere bedrijven overnemen. Daardoor hebben veel grote organisaties een verzameling verschillende systemen in gebruik, de meeste al wat ouder. Het blijkt een hele uitdaging te zijn om deze met elkaar te laten 'praten' en samenwerken als één groot systeem.

Enterprisetoepassingen
Systemen die activiteiten, besluiten en kennis kunnen coördineren over veel verschillende functies, niveaus en business units van een onderneming. Bestaat uit enterprisesystemen, supply-chain-managementsystemen en kennismanagementsystemen.

Een van de oplossingen is het implementeren van ondernemingsbrede informatiesystemen die functiegebieden overstijgen, gericht zijn op het uitvoeren van bedrijfsprocessen binnen de gehele onderneming en alle managementniveaus bestrijken. **Enterprisetoepassingen** helpen ondernemingen flexibeler en productiever te worden door hun bedrijfsprocessen zorgvuldiger

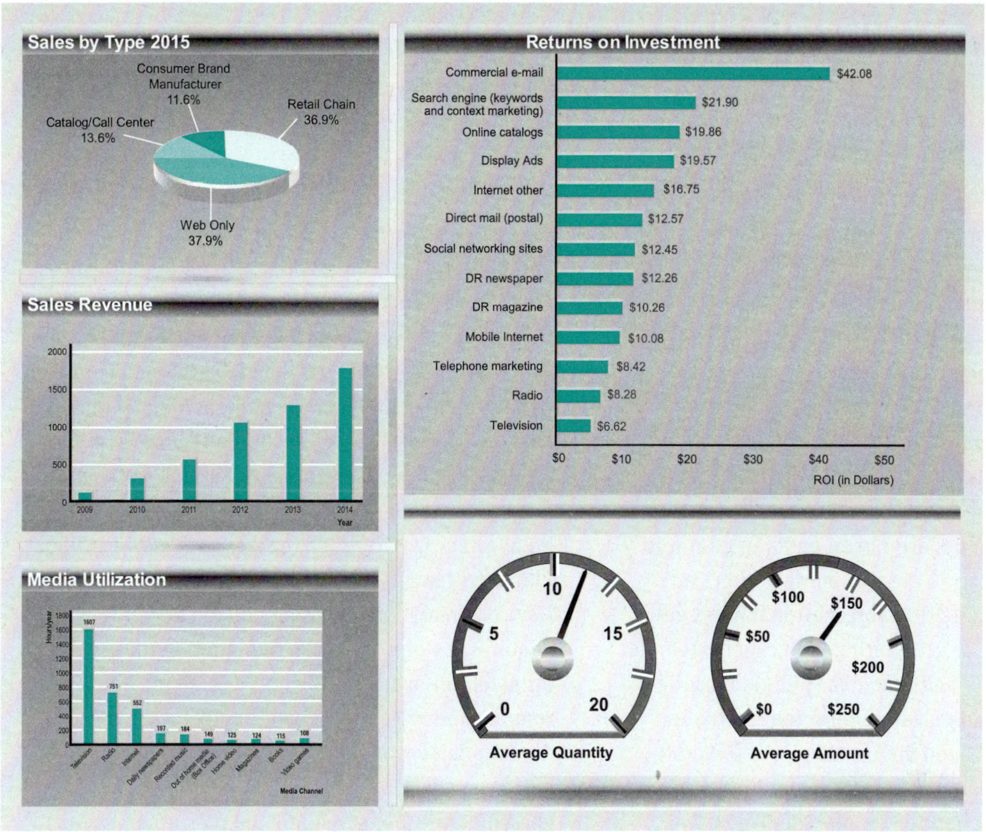

Een digitaal dashboard geeft uitgebreide en nauwkeurige informatie voor het nemen van beslissingen, vaak op één scherm. Het grafisch overzicht van de belangrijkste prestatie-indicatoren helpt managers snel vast te stellen welke gebieden aandacht nodig hebben.

te coördineren en procesgroepen te vormen, zodat ze zich kunnen richten op efficiënt management van middelen en op een goede klantenservice.

Er zijn vier belangrijke ondernemingsbrede informatiesystemen: ERP-systemen (enterprise resource planning), SCM-systemen (supply chain management), CRM-systemen (customer relationship management) en KM-systemen (knowledge management). Elk van deze ondernemingsbrede informatiesystemen integreert een verwante reeks functies en bedrijfsgebieden, om zo de prestatie van de organisatie als geheel te verbeteren. Figuur 2.5 laat zien dat de architectuur voor deze systemen processen bevat die de hele organisatie bestrijken en veelal ook verder reiken tot buiten de ondernemingsgrenzen, tot klanten, leveranciers en andere belangrijke zakenpartners.

Enterprisesystemen (ERP-systemen)
Geïntegreerde bedrijfsbrede informatiesystemen die de belangrijkste interne processen van de onderneming coördineren.

Enterprisesystemen (ERP-systemen). Bedrijven maken gebruik van ERP-systemen (ERP staat voor *enterprise resource planning*) om bedrijfsprocessen op het gebied van fabricage en productie, financiën en boekhouding, sales en marketing en personeelszaken in één systeem samen te brengen. Informatie die voorheen versnipperd was over meerdere systemen, wordt nu op één gegevenslocatie opgeslagen die te benaderen is door de diverse onderdelen van de organisatie. Wanneer een klant een bestelling plaatst, kunnen de gegevens automatisch naar andere delen van het bedrijf stromen die hierdoor beïnvloed worden. De besteltransactie geeft het magazijn de opdracht de bestelde producten te verzamelen en de verzending te plannen. Het magazijn geeft de fabriek vervolgens de opdracht de weggehaalde producten aan te vullen. De boekhoudafdeling krijgt de opdracht de klant een factuur te sturen. Medewerkers van de klantenservice volgen de voortgang van de bestelling en informeren klanten over de status van hun bestellingen.

Managers kunnen nu informatie vanuit de hele organisatie gebruiken om nauwkeuriger en op het juiste moment beslissingen te nemen over dagelijkse activiteiten en de planning op de langere termijn.

Nieuwe systemen helpen Plan International haar human resources beheren

Het in 1937 opgerichte Plan International is een van de oudste en grootste ontwikkelingsorganisaties voor kinderen ter wereld die zich inzet voor het bevorderen van rechten en kansen van kinderen in nood. Vanuit het mondiale hoofdkantoor in het Britse Surrey worden acties in meer dan 70 landen aangestuurd (waaronder 51 ontwikkelingslanden in Afrika, Azië en Noord- en Zuid-Amerika). In 2014 hadden de activiteiten betrekking op 81,5 miljoen kinderen in meer dan 86.676 gemeenschappen. Plan International is door de jaren heen gestaag gegroeid en heeft meer dan 1200 betaalde medewerkers en ruim 9000 vrijwilligers. Plan International heeft geen banden met religieuze groeperingen of regeringen. Ze verwerft ongeveer de helft van haar budget uit giften van bedrijven, subsidies van regeringen en trusts, en de rest van individuen die bereid zijn een kind te sponsoren. Plan International werkt met kinderen, gezinnen, gemeenschappen en plaatselijke overheden om positieve veranderingen voor kinderen te bewerkstelligen op het gebied van gezondheid, onderwijs, water en hygiëne, bescherming, economische zekerheid en omgaan met rampen zoals oorlogen, overstromingen, aardbevingen en andere natuurrampen. Zo heeft Plan in 2013 hulpverleners gestuurd om kinderen te helpen die slachtoffer waren van de tyfoon Haiyan in de Filippijnen, en naar de ebola-uitbraak in West-Afrika. Naast het coördineren van noodhulp voert Plan informatiecampagnes over volksgezondheid uit en traint ze gezondheidswerkers en hulpverleners.

Plan heeft als doel om zo veel mogelijk kinderen met een achterstand te bereiken, en dit vereist een uiterst gecoördineerde aanpak. Bij een noodsituatie moet Plan de meest geschikte hulpmiddelen lokaliseren en inzetten op de plekken waar ze nodig zijn. Om dit te realiseren moet een rampenhulpteam op het hoofdkantoor van Plan gegevens over alle 10.000 hulpverleners in 70 landen doorspitten om te zien welke mensen over de juiste vaardigheden en ervaring beschikken op het gebied van medische hulp, kinderbescherming, onderwijs en opvangmanagement om de benodigde diensten te verlenen. De mensen die worden uitgekozen om hulp te bieden bij een specifieke noodsituatie beschikken doorgaans over een breed scala aan vaardigheden. Hiertoe behoren ook frontliniewerkers die de taal en het plaatselijke gebied kennen. Nu is Plan in staat om gegevens over al haar medewerkers te raadplegen zodra zich een noodsituatie voordoet, zodat ze onmiddellijk het juiste team kan inzetten. Dankzij haar nieuwe human resources (hr)-systemen kan Plan nu per direct relevante informatie over haar medewerkers verzamelen. Deze systemen stellen Plan in staat om niet alleen in kaart te brengen welke vaardigheden mensen bij hun indiensttreding meebrengen, maar ook welke aanvullende training of ervaring met betrekking tot rampenhulpverlening ze hebben (op)gedaan terwijl ze voor Plan werkten.

De hr-systemen helpen Plan ook om de binnengekomen subsidies en giften te beheren. Als er een gift binnenkomt, wordt deze eerst naar Plans hoofdkantoor in Londen gestuurd en vervolgens toegewezen. Als Plan bijvoorbeeld een subsidie van $ 40 miljoen ontvangt om in Sierra Leone te gebruiken, heeft Plan verschillende mensen nodig om die subsidie voor Plan te beheren. Plan moet de organisatie wereldwijd kunnen doorzoeken om de juiste mensen te vinden. Voordat de nieuwe hr-systemen werden ingevoerd, werkte Plan met achterhaalde decentrale systemen, die voor een deel handmatig waren. De organisatie moest haar werknemers volgen aan de hand van een lappendeken van 30 verschillende hr-systemen, spreadsheets en documenten. Het vinden van mensen met de juiste taalvaardigheden, rampenervaring en medische training kon weken duren. Toen er in 2010 een enorme aardbeving plaatsvond op Haïti, moest Plan al haar medewerkers een e-mail sturen om te vragen of ze iemand kenden die Frans sprak, beschikte over de juiste ervaring met rampen en beschikbaar was.

In 2012 begon Plan te zoeken naar een hr-systeem dat toegerust was op haar groeiende mondiale personeelsbestand, gemeenschappelijke processen in alle regio's kon ondersteunen en informatie kon leveren op een beveiligd mobiel platform in regio's waar de technologische infrastructuur niet goed was ontwikkeld. De organisatie koos voor een cloud-based hr-systeem van SAP's SuccessFactors en voor lokaal geïnstalleerde software van SAP die aan deze eisen voldeden en met elkaar zijn geïntegreerd. De implementatie van het nieuwe systeem begon in mei 2013. Het duurde slechts 16 weken om op Plans internationale hoofdkwartier een compleet functionerend systeem te implementeren en tegen 2014 werden alle internationale regio's van Plan op het systeem aangesloten. Het cloud-based SuccessFactors-systeem draait op afstand in computercentra die door SuccessFactors worden beheerd en is via internet toegankelijk voor gebruikers. Het systeem biedt een centraal medewerkersprofiel met een uitgebreid overzicht van de vaardigheden, expertise, ervaring en loopbaaninteresses per medewerker. Via een intuïtieve interface kunnen medewerkers hun persoonlijke informatie bijwerken in een gemakkelijk doorzoekbare map die voor elke medewerkers toegankelijk is. Plan maakt gebruik van softwaremodules van SuccessFactors voor personeelswerving, prestaties en doelen, opvolging en ontwikkeling, beloning en leren. Plan heeft ook Workforce Planning van SuccessFactors geïmplementeerd en lokaal geïnstalleerde personeelsadministratie- en organisatorische beheersoftware van SAP. Personeelsplanning behelst systematisch inzicht in en analyse van wat een organisatie nodig heeft op het gebied van omvang, type, ervaring, kennis, vaardigheden en kwaliteit van haar personeel om haar bedrijfsdoelen te realiseren. SAP's personeelsadministratiesoftware houdt personeelsgegevens bij alsook organisatorische gegevens met betrekking tot werving, selectie, behoud, ontwikkeling en evaluatie van personeel. SAP's organisatorische beheersoftware stelt organisaties in staat om hun organisatorische en rapportagestructuren te visualiseren en te analyseren.

Het nieuwe hr-systeem biedt een vogelvluchtperspectief op het complete personeelsbestand van Plan. Het brengt meteen in kaart hoeveel mensen er voor Plan werken, waar ze zich bevinden, welke vaardigheden ze hebben, welke verantwoordelijkheden hun functie met zich meebrengt en hoe hun loopbaan eruitziet. Plan's centrale hr-medewerkers zijn veel minder tijd kwijt met het zoeken naar informatie. Vroeger waren ze bijvoorbeeld zes maanden bezig met het verzamelen en analyseren van gegevens uit beoordelingsgesprekken, inclusief salarisberekeningen op basis van prestaties. Nu volstaat een druk op de knop. Medewerkers hebben online toegang tot hun hr-dossier en kunnen informatie, zoals hun adres, gezinsgegevens en contactgegevens voor noodgevallen, actualiseren. Door medewerkers de mogelijkheid te bieden dit zelf te doen, bespaart Plan kostbare tijd van haar hr-personeel die kan worden gebruikt voor werk dat meer waarde toevoegt. Plan kan haar donoren bovendien precies laten zien hoe hun gift is besteed en wat de resultaten zijn. Door het gebruik van SuccessFactors en SAP hr-software kan het management van Plan hulpverleners selecteren en binnen enkele uren naar rampgebieden sturen. Toen tyfoon Haiyan in november 2013 de Filippijnen trof, waren specialisten van Plan binnen 72 uur ter plaatse. De mogelijkheid om medewerkers zo snel naar noodsituaties te sturen heeft meer levens gered. Bovendien heeft de verbeterde reactietijd Plans geloofwaardigheid bij regeringen, bedrijven en andere bronnen van subsidies en giften verhoogd en zo geholpen om nieuwe zekere financiering te verwerven.

Bronnen: Lauren Bonneau, 'Customer Snapshot: Changing Lives and Creating Self-Sufficient Communities – One Child at a Time,' www.sap.com, geraadpleegd op 10 maart 2016; 'Better Planning for Plan International: The Life-Saving Power of Improved Data Visibility,' SAP Insider Profiles, 1 januari 2015; www.plan-international. org, geraadpleegd op 10 maart 2016.

Vragen bij de case

1. Beschrijf het probleem waarmee Plan International werd geconfronteerd. Welke management-, organisatorische en technologische factoren droegen bij aan dit probleem?
2. Beschrijf de systeemoplossing voor dit probleem. Beschrijf de soorten systemen die voor de oplossing worden gebruikt.
3. Waarom is human resources zo belangrijk bij Plan International?
4. Hoe hebben deze systemen de operationele efficiency verbeterd?
5. Hoe hebben deze systemen de besluitvorming verbeterd?
6. Geef voorbeelden van twee beslissingen die zijn verbeterd door Plans nieuwe systemen.

Supply-chain-managementsystemen (SCM) Informatiesystemen die zijn gericht op het ondersteunen van de onderneming bij het beheren van haar relatie met leveranciers voor het optimaliseren van de planning, de bevoorrading, de productie en de levering van goederen en diensten.

Supply-chain-managementsystemen (SCM-systemen) helpen bedrijven bij het managen van de relaties met hun klanten. Deze systemen helpen leveranciers, afnemers, distributeurs en logistiekbedrijven informatie te delen over bestellingen, productie, voorraadniveaus en levering van producten en diensten, zodat ze betere beslissingen kunnen nemen over het organiseren en plannen van inkoop, productie en distributie.

Het ultieme doel is om de juiste hoeveelheid producten zo snel mogelijk en tegen de laagste kosten van hun bron naar het punt van verbruik te krijgen. Deze systemen verhogen de winst-

Samenwerken op de Glasscubes-manier

De huidige bedrijfsomgeving stelt de werkplek voor een aantal uitdagingen. Bedrijven moeten nieuwe manieren bieden om flexwerken te ondersteunen, om medewerkers de mogelijkheid te geven om thuis te werken met eigen apparaten, en om face-to-face vergaderingen te verminderen. Elk van deze uitdagingen vereist veranderingen in de IT-infrastructuur om de medewerker goed te kunnen bedienen. Als medewerkers bijvoorbeeld op afstand werken, moeten ze even goed in realtime verbinding maken om de voortgang van hun werkzaamheden te delen en met anderen te communiceren. In zulke gevallen heeft het bedrijf een virtuele ruimte nodig waar medewerkers kunnen samenwerken. In 2011 zette Health Education England (in de West Midlands) de National School of Healthcare Science (NSHCS) op om landelijk een nieuw onderwijs- en cursusprogramma aan te bieden op het gebied van zorgwetenschap.

Om dit programma te implementeren, had de NSHCS een platform nodig waarop mensen vanuit verschillende locaties in teamverband documenten konden creëren en samen aan wetenschappelijke onderwerpen konden werken. Voor het creëren van documenten was een aantal externe partners betrokken bij evaluatie, beleid, strategische planning enzovoort. Het bleek onverstandig om dergelijke communicatie alleen via e-mail te laten verlopen, omdat het leidde tot gefragmenteerde en ongeorganiseerde besprekingen verspreid over verschillende e-mailconversaties. Ze hadden dus een betere en betrouwbaardere samenwerkingsoplossing nodig en gingen ernaar op zoek in de 'Digital Marketplace', waarin Britse overheidsdiensten dergelijke diensten kunnen vinden en huren. Ze maakten een shortlist van een aantal leveranciers van cloud-based samenwerkingssystemen, die ze meermaals testten en onderwierpen aan vooraf bepaalde criteria. Uiteindelijk viel de keus van de NSHCS op Glasscubes, dat het beste scoorde op zowel prijs als kwaliteit. Het in het Britse Buckinghamshire gevestigde Glasscubes levert al sinds 2008 samenwerkingsdiensten aan bedrijven. Het bedrijf heeft ruim 50.000 klanten in 100 landen. De bedrijfsnaam is geïnspireerd op hun visie op samenwerking: een tool creëren die gebruikers helpt om informatie en activiteiten buiten hun 'cube' (letterlijk kubus, dus: bureau, kantoor, kantoorhokje of etage) te visualiseren. Glasscubes laat geïsoleerde individuen of groepen samenwerken en stelt hen in staat om te zien en gezien te worden. Wat Glasscubes zijn klanten biedt, is een online werkplek.

Klanten kunnen naar believen mensen uitnodigen om deze werkplek te 'betreden', of het nu medewerkers, klanten, of leveranciers zijn. Op deze online plek kunnen mensen bestanden delen, taken toewijzen, ideeën en onderwerpen bespreken en roosters opstellen. De samenwerkingssoftware biedt een centrale opslagplaats voor bestandsuitwisseling, en aangezien alles in de cloud is opgeslagen, is er geen limiet aan bestandsgrootte of aan het aantal bestanden dat naar deze plek kan worden geüpload. De software kan ook automatisch versies maken van hetzelfde bestand als het na aanpassingen wordt geüpload.

De teamsamenwerkingsmodule van Glasscubes geeft teamleden de mogelijkheid om conservaties te voeren door boodschappen op de werkplek te plaatsen waar alle teamleden ze kunnen zien en kunnen reageren. Ook kunnen hier nieuwe bestanden worden geplaatst. Een module met de naam Workspace Activity Feed vat elke conversatie samen en geeft vragen, opmerkingen enzovoort als snelkoppelingen weer, wat de dagelijkse teamcommunicatie bevordert.

Een instant messenger stelt gebruikers in staat om waar nodig onderling te communiceren. Zij kunnen vervolgens ook anderen voor dat gesprek uitnodigen. Elke nieuwe en belangrijke update kan op de werkplek worden belicht met behulp van de aankondigingsmodule. De aankondiging blijft op de werkplek van een gebruiker staan tot deze heeft afgevinkt dat hij of zij het heeft gezien, wat garandeert dat alle teamleden van belangrijke updates op de hoogte zijn. Ook kunnen de gebruikers zonder eerdere aankondiging of reservering een gratis conferentieklas opzetten voor maximaal 50 deelnemers. En als een team aan een specifiek project werkt dat een aantal taken behelst, kunnen taken met Glasscubes aan individuen of groepen worden toegewezen. Gebruikers kunnen details specificeren, zoals prioriteit, wat er gedaan moet worden om de taak af te ronden, wat de deadline is en wie het moet doen. Na afronding kan de taak worden afgevinkt en kan het tijdsbeslag worden ingevoerd. Glasscubes biedt ook faciliteiten voor projectmanagement, zoals Gantt Chart-sjablonen, kritieke pad-analyse, een overzicht van de kosten en het tijdsbeslag van taken en vergelijking met (kosten) ramingen. Teamleden kunnen hun individuele agenda delen en combineren tot een teamagenda die ieders beschikbaarheid toont. Alle contactpersonen van de organisatie, waaronder leveranciers, klanten en partners, kunnen worden opgeslagen in Connect, een centraal 'telefoonboek'. Ook de CRM-data van het bedrijf van de klant kunnen hiernaartoe worden verplaatst. Glasscubes biedt bovendien cloud-gebaseerd intranet, wat betekent dat gebruikers er overal in kunnen via een apparaat met een internetbrowser. Dataveiligheid is geen probleem, aangezien alle data in de cloud worden beveiligd met SSL-encryptie. Het kan ook als extranet worden gebruikt door gebruikers buiten het bedrijf uit te nodigen om verbinding te maken met de werkplek en informatie uit te wisselen. Volgens Stuart Sutherland, hoofd Informatie- en digitale systemen bij de NSHCS, werkte het documentbeheer door Glasscubes zeer goed en verliep adoptie van de software binnen het bedrijf dankzij het gebruiksgemak zeer soepel. Glasscubes heeft voor de NSHCS meerdere online werkplekken opgezet en de teamwerkers de gelegenheid geboden om plaats- en apparaatonafhankelijk de werkplek te gebruiken. Het team kan nu zijn materialen direct op de werkplek plaatsen, en dankzij de mogelijkheid om versies te specificeren kunnen ze er zeker van zijn dat ze de laatste en meest zorgvuldige versie van het materiaal krijgen.

Bronnen: www.glasscubes.com, geraadpleegd op 13 januari 2017; 'Best UK Collaboration Software Reviews 2017,' www.serchen.co.uk, geraadpleegd op 13 januari 2017; Jill Duffy, 'The Best Online Collaboration Software of 2017,' uk.pcmag.com, 5 januari 2017, geraadpleegd op 13 januari 2017.

Bijdrage case door Sahil Raj, Punjabi University

Vragen bij de case

1. Bespreek de modules van Glasscubes als samenwerkingssoftware.
2. Waarom had de NSHCS een samenwerkingssysteem nodig? Was Glasscubes een haalbare optie?
3. Noem enkele andere gebieden waarop dergelijke software nuttig kan zijn. Bespreek ten minste een van die gebieden.

kunnen werknemers documenten delen en samenwerken aan projecten met Office-bestanden als uitgangspunt.

SharePoint kan worden gebruikt om interne websites te hosten, om op één centrale plek informatie te verzamelen en op te slaan, zodat teams hun activiteiten kunnen coördineren, kunnen samenwerken, documenten kunnen opstellen en publiceren, takenlijsten bij kunnen houden, workflows kunnen volgen en informatie kunnen delen via wiki s en blogs. Gebruikers kunnen de versies en veiligheid van hun documenten controleren. Omdat SharePoint alle informatie op één plek opslaat en organiseert, zijn de relevante gegevens sneller te vinden en kunnen gebruikers efficiënter samenwerken aan taken, documenten en projecten.

Met speciale zoekfuncties kan naar mensen, expertise en inhoud worden gezocht. SharePoint heeft nu ook sociale tools.

Southern Valve & Fitting USA (SVF) levert kleppen en fittingen voor sanitair, irrigatie en water- en gasleidingen aan groothandels. In eerste instantie gebruikte het bedrijf EMC Documentum eRoom en Google Docs om documenten uit te wisselen, maar liep daarbij tegen integratieproblemen aan. SVF zette documenten en teamwebsites vervolgens over naar Microsoft SharePoint Online, dat is geïntegreerd met Office 365. Deze oplossing combineert meerdere communicatie- en samenwerkingsprogramma's in één online dienst. Met de productiviteittools van Microsoft Office 365 kunnen medewerkers overal ter wereld toegang krijgen tot documenten. Alles is toegankelijk vanuit één platform. Een in China geplaatste bestelling wordt behandeld als een SharePoint-project, en alle data en administratie die uit de verkooporder voortvloeien worden in de hele organisatie gedeeld (Microsoft Corporation, 2015).

IBM Notes. IBM Notes (voorheen Lotus Notes) is een softwaresysteem voor samenwerking, waarmee mensen een agenda kunnen delen, kunnen e-mailen, berichten kunnen sturen, samen documenten kunnen schrijven en bewerken, toegang hebben tot een gezamenlijke database en online kunnen vergaderen. Notes-software die op desktops of laptops is geïnstalleerd, maakt gebruik van de toepassingen die centraal op een IBM Domino-server staat. IBM Notes is webgericht, met een ontwikkelomgeving waarin gebruikers zelf applicaties kunnen bouwen. Notes heeft ook functies voor blogs, microblogs, wiki's en RSS-aggregators, helpdesksystemen, spraak- en videoconferenties en online vergaderingen toegevoegd.

IBM Notes belooft hoge niveaus aan beveiliging en betrouwbaarheid, en het vermogen controle over gevoelige bedrijfsinformatie te behouden

Socialenetwerkprogramma's voor bedrijven. De programma's die we zojuist hebben beschreven omvatten mogelijkheden voor het ondersteunen van sociaal zakendoen, maar er zijn ook meer gespecialiseerde sociale programma's voor dit doeleinde, zoals Salesforce Chatter, Microsofts Yammer, Jive en IBM Connections. Socialenetwerkprogramma's voor bedrijven creëren bedrijfswaarde door de leden van een organisatie te verbinden door middel van profielen, updates en berichten, vergelijkbaar met Facebook-functies, maar aangepast aan interne bedrijfstoepassingen. Tabel 2.5 geeft meer informatie over deze interne sociale functies. Hoewel veel bedrijven dus profiteren van sociale netwerken voor bedrijven, slaat het principe nog niet zo aan als sociale netwerken voor particulieren, zoals Facebook en Twitter. De case aan het einde van dit hoofdstuk gaat dieper op dit onderwerp in.

TABEL 2.5 *Functies van socialenetwerkbedrijfssoftware*

SOCIALESOFTWAREFUNCTIE	BESCHRIJVING
Profielen	Mogelijkheid om lidprofielen op te stellen met iemands persoonsbeschrijving, opleiding en interesses. Omvat werkgerelateerde associaties en expertise (vaardigheden, projecten, teams).
Content	Delen, opslaan en beheren van content zoals documenten, presentaties, afbeeldingen en video's.
Feeds en notificaties	Realtime informatiestromen, statusupdates en aankondigingen van aangewezen personen en groepen.
Groepen en teamwerkruimten	Stellen groepen in voor het delen van informatie, samenwerken aan documenten en werken aan projecten, met de mogelijkheid voor het instellen van private en publieke groepen en het archiveren van gesprekken voor het opslaan van teamkennis.
Tagging en social bookmarking	Geven voorkeuren aan voor specifieke stukken content, vergelijkbaar met de 'like'-knop van Facebook. Met taggen kunnen mensen trefwoorden toevoegen om content van hun keuze te herkennen.
Rechten en privacy	Mogelijkheid om te zorgen dat vertrouwelijke informatie binnen de juiste cirkels blijft, zoals bepaald door de aard van de relaties. Bij sociale bedrijfsnetwerken is er behoefte om vast te stellen wie in het bedrijf recht heeft bepaalde informatie te zien.

Checklist voor managers: hoe kies je de juiste socialenetwerktools en tools voor samenwerking?

Omdat er zoveel verschillende tools zijn voor samenwerking en sociale netwerken, kan het lastig zijn om te bepalen welke technologie bij jouw bedrijf past. Je moet eerst weten voor welk soort problemen de tools bedoeld zijn. Een model dat handig is bij het kiezen van tools is het diagram voor samenwerking in tijd/ruimte, dat aan het begin van de jaren 1990 werd ontwikkeld door een aantal studenten (figuur 2.7).

Dit diagram kijkt naar twee aspecten van het samenwerkingsprobleem: tijd en ruimte. Stel dat je wilt samenwerken met mensen in verschillende tijdzones, dan kan het lastig zijn om vergaderingen te plannen. Als het middernacht is in New York, is het immers lunchtijd in Mumbai. Locatie (ruimte) kan ook een belemmerende factor zijn in grote bedrijven, zelfs bij bedrijven die alleen nationaal of regionaal actief zijn. Het bij elkaar krijgen van mensen voor een fysieke vergadering kan bijvoorbeeld moeilijk zijn als het bedrijf meerdere vestigingen heeft, vanwege de reiskosten of reistijd.

De technologieën die hiervoor zijn beschreven, kunnen deze tijd- en ruimtebeperkingen oplossen. Met behulp van het diagram kun je bepalen welke tool het beste bij je bedrijf past. Sommige tools zijn van toepassing op meerdere scenario's. Zo hebben internetsamenwerkingstools als IBM Notes functies om zowel synchroon (instant messaging, e-meetings) te werken als asynchroon (e-mail, wiki's, documentbewerking).

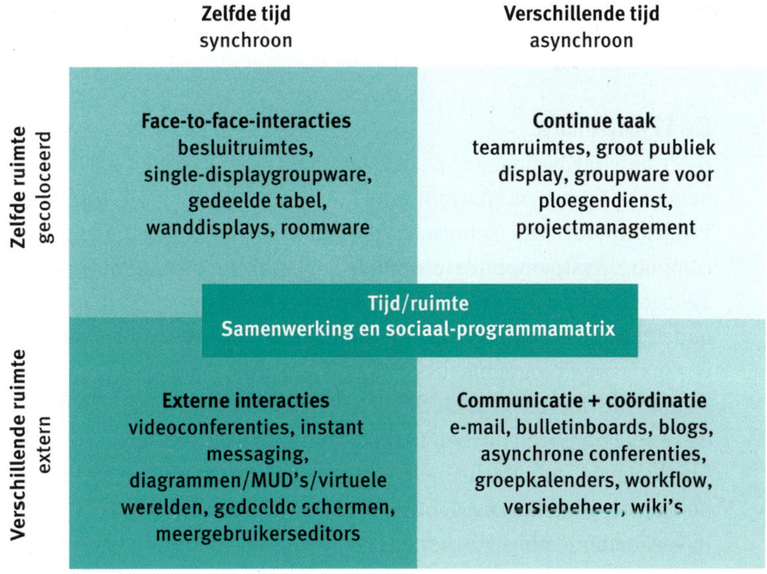

FIGUUR 2.7 *Het diagram voor samenwerking in tijd/ruimte en sociale tools*

Technologieën voor samenwerking en sociaal ondernemen kunnen worden geclassificeerd in termen van het tijdstip en de locatie van de interactie.

Als je de volgende zes stappen doorloopt, zou je moeten uitkomen bij de samenwerkingssoftware die bij je bedrijf, je budget en je risiconiveau past.

1. Wat zijn de uitdagingen op het gebied van samenwerking in tijd en ruimte waar je bedrijf mee wordt geconfronteerd? Zoek in het diagram het vakje dat het best bij je bedrijf past. Het kan zijn dat je in meer dan één vakje past. Misschien heb je voor elke situatie een andere tool nodig.
2. Wat zijn de oplossingen binnen elk vakje? Maak een lijst van distributeurs van de genoemde producten.
3. Bepaal wat de kosten en baten zijn van elk van deze producten. Houd ook rekening met de kosten van opleiding/training van werknemers en eventueel de inzet van de IT-afdeling.
4. Bepaal de veiligheidsrisico's voor elk van de producten. Is je bedrijf bereid om bedrijfsinformatie in handen te leggen van een externe partij? Is je bedrijf bereid om systemen te gebruiken die door andere bedrijven worden beheerd? Welke financiële risico's lopen je distributeurs/leveranciers hierdoor? Zullen ze er over drie tot vijf jaar nog zijn? Hoeveel zou het kosten om over te stappen naar een andere distributeur/leverancier?
5. Roep de hulp in van de mogelijke eindgebruikers om te kijken of er nog andere problemen zijn ten aanzien van implementatie en training. Sommige tools zijn veel gebruiksvriendelijker dan andere.
6. Maak een voorselectie en nodig leveranciers/distributeurs uit om een presentatie te geven.

2.4 De IT-afdeling

IT-afdeling
De formele organisatorische eenheid die verantwoordelijk is voor diensten op het gebied van informatietechnologie en voor het onderhoud van de hardware, software, gegevensopslag en de netwerken die samen de IT-infrastructuur van de onderneming vormen.

We hebben gezien dat bedrijven tegenwoordig informatiesystemen nodig hebben en dat ze veel verschillende systemen gebruiken. Maar wie is er verantwoordelijk voor het runnen van deze systemen? Wie moet controleren of de hardware, software en andere technologieën die door deze systemen worden gebruikt op de juiste manier werken en up-to-date zijn? Eindgebruikers managen hun systemen vanuit een bedrijfsstandpunt, maar voor het managen van de technologie is een speciale informatiesysteemfunctie nodig.

De **IT-afdeling** is de formele organisatorische eenheid die verantwoordelijk is voor diensten op het gebied van informatietechnologie en voor het onderhoud van de hardware, software, gegevensopslag en de netwerken die samen de IT-infrastructuur van de onderneming vormen. In hoofdstuk 5 gaan we nader in op de IT-infrastructuur.

2.4.1 De IT-afdeling

De IT-afdeling bestaat uit specialisten zoals programmeurs, systeemanalisten, projectleiders en IT-managers en wordt geleid door een IT-manager of CIO (chief information officer).

Programmeurs zijn technische specialisten die de software-instructies schrijven voor de computer. **Systeemanalisten** zijn de belangrijkste tussenpersonen tussen de informatiesysteemgroep en de rest van de organisatie. Het is hun taak de problemen en eisen van de onderneming te vertalen naar informatie-eisen en -systemen. **IT-managers** zijn de leiders van teams van programmeurs en analisten, projectmanagers, telecommunicatiemanagers en databasespecialisten. Zij zijn ook de managers van de werknemers die de exploitatie van de IT-voorzieningen uitvoeren. Ook externe specialisten, zoals de hardwareleveranciers en -producenten, softwarebedrijven en consultants, spelen een rol bij het dagelijks gebruik van en de langetermijnplanning voor informatiesystemen.

Programmeurs
Hoogopgeleide technische specialisten die de software-instructies schrijven voor de computer.

Systeemanalisten
Specialisten die ondernemingsproblemen en -eisen vertalen in informatie-eisen en -systemen, fungeren als tussenpersoon tussen de informatiesysteemgroep en de rest van de organisatie.

IT-managers
Leiders van de verschillende specialisten op de IT-afdeling.

In veel ondernemingen wordt de IT-afdeling geleid door een **chief information officer (CIO)**. De CIO is een 'hogere manager' die toezicht houdt op het gebruik van informatietechnologie binnen de onderneming. Van de huidige CIO's wordt verwacht dat ze zowel een sterke bedrijfskundige achtergrond hebben als ervaring op het gebied van informatiesystemen, en dat ze een toonaangevende rol spelen in het integreren van technologie in de bedrijfsstrategie van de onderneming. Tegenwoordig hebben grote ondernemingen ook een chief security officer, chief knowledge officer, chief data officer en chief privacy officer in dienst, die allen nauw samenwerken met de CIO. In bedrijven van kleinere omvang spreken we vaak niet over een CIO, maar over een IT-verantwoordelijke of IT-directeur. De hieronder beschreven functies zullen vaak niet aanwezig zijn in kleinere bedrijven.

Chief information officer (CIO)
Hogere manager verantwoordelijk voor de informatiesystemen binnen de onderneming.

De **chief security officer (CSO)** heeft de leiding over de (informatiesysteem)beveiliging van het bedrijf en is verantwoordelijk voor het handhaven van het informatiebeveiligingsbeleid van de onderneming (zie hoofdstuk 8). Op plaatsen waar de beveiliging van informatiesystemen gescheiden is van de fysieke beveiliging wordt deze functie ook wel chief information security officer (CISO) genoemd. De CSO is verantwoordelijk voor de voorlichting en training van gebruikers en informatiesysteemspecialisten over beveiliging, het attenderen van het management op beveiligingslekken en storingen en het onderhouden van de gekozen middelen en richtlijnen om beveiliging te implementeren.

Chief security officer (CSO)
Persoon die de formele beveiliging van een bedrijf beheert en die verantwoordelijk is voor het uitvoeren van het beveiligingsbeleid van het bedrijf.

De beveiliging van informatiesystemen en de noodzaak tot bescherming van persoonsgegevens zijn zo belangrijk geworden dat bedrijven die grote hoeveelheden persoonsgegevens verzamelen de functie **chief privacy officer (CPO)** hebben ingesteld. De CPO is verantwoordelijk voor het door het bedrijf naleven van de bestaande privacywetgeving.

Chief privacy officer (CPO)
Verantwoordelijk voor het naleven door het bedrijf van de bestaande privacywetgeving.

De **chief knowledge officer (CKO)** is verantwoordelijk voor het kennismanagementprogramma van de onderneming. De CKO helpt programma's en systemen te ontwerpen voor het zoeken naar nieuwe kennisbronnen of het beter gebruikmaken van bestaande kennis in organisatorische en bestuurlijke processen.

Chief knowledge officer (CKO)
Topmanager die verantwoordelijk is voor de kennismanagementprogramma's van de organisatie.

De **chief data officer (CDO)** is verantwoordelijk voor ondernemingsbreed beheer en het benutten van informatie voor het maximaliseren van de waarde die de organisatie uit haar gegevens kan realiseren. De CDO zorgt ervoor dat het bedrijf de juiste gegevens verzamelt om aan zijn behoeften te voldoen en wendt passende technologieën aan voor het analyseren van de gegevens en het gebruik van de resultaten om bedrijfsbeslissingen te ondersteunen. Deze positie ontstond om de zeer grote hoeveelheden gegevens die organisaties tegenwoordig genereren en verzamelen te kunnen verwerken (zie hoofdstuk 6).

Chief data officer (CDO)
Verantwoordelijke voor ondernemingsbreed beheer en benutten van informatie voor het maximaliseren van de waarde die de organisatie uit zijn gegevens kan realiseren.

Eindgebruikers behoren tot afdelingen buiten de IT-groep, voor wie de toepassingen van het informatiesysteem zijn ontwikkeld. De gebruikers spelen een steeds belangrijkere rol bij het ontwerp en de ontwikkeling van informatiesystemen.

Eindgebruikers
Vertegenwoordigers van de afdelingen buiten de IT-groep, voor wie de toepassingen van het informatiesysteem zijn ontwikkeld.

In de beginjaren bestond de IT-groep voornamelijk uit programmeurs die zeer gespecialiseerde maar beperkte technische functies uitvoerden. Tegenwoordig zijn steeds meer leden van deze groep systeemanalisten en netwerkspecialisten, en speelt de IT-afdeling een belangrijke rol als katalysator voor verandering in de organisatie. De IT-afdeling coördineert de ontwikkeling van technologie en de geplande veranderingen hiervan in de organisatie.
Tot 2024 zullen IT/MIS ongeveer 500.000 banen creëren en 50 procent sneller groeien dan de gemiddelde banengroei voor de totale economie. In een rangorde van 114 banen staat MIS op de 15e plaats wat salariëring betreft. In 2016 bedroeg het mediane loon voor banen in IT/MIS ongeveer $ 80.000, twee keer het niveau voor alle functies. Terwijl alle IT/MIS-banen een bovengemiddelde groei vertonen, zijn de snelst groeiende banen die van computersupportspecialisten (12 procent), databasebeheerders (11 procent), systeemanalisten (21 procent), informatiebeveiligingsanalisten (18 procent), softwareontwikkelaars (17 procent) en informatiesysteembeheerders (15 procent) (Bureau of Labor Statistics, 2015). Computerprogrammeurs zullen in deze periode onverwacht 8 procent aandeel verliezen, deels omdat het creatieproces voor programma's steeds efficiënter wordt door de groei van online softwarediensten en cloud computing. Over het algemeen groeien IT-banen met betrekking tot beheer sneller dan de technische IT-banen. Nu bedrijven en overheidsinstanties voor computerisering en communicatie steeds meer op internet vertrouwen, is er grote vraag naar systeem- en netwerkbeveiligingsbeheerders. Zie het leertraject voor dit hoofdstuk met de titel 'Beroeps- en carrièreperspectief voor majors Informatiesystemen 2012–2018' voor meer details over carrièrekansen in IT.
De werkgeversorganisaties VNO-NCW en MKB-Nederland zijn bezorgd dat het aantal openstaande vacatures flink is toegenomen. Eind 2015 bedroeg het aantal openstaande ICT-vacatures in Nederland bijna 11.000, een toename van 3.000 ten opzichte van 2014. Ook in België wordt een groot tekort aan IT-professionals voorspeld. Een van de oorzaken van de beperkte instroom tot het beroep is dat er in management bachelor- en masteropleidingen veel te weinig aandacht wordt besteed aan IT. Vaak wordt er een verkeerd beeld van IT gecreëerd door enkel een saaie programmeertaal te doceren en studenten niet te laten proeven van businessprocessen en hoe je die vertaalt in informatiesystemen.

2.4.2 IT-governance

Er zijn veel typen ondernemingen en er zijn veel manieren waarop de IT binnen een onderneming is georganiseerd. Zoals gezegd zal een klein bedrijf er geen formele IT-afdeling op nahouden. Mogelijk is een van de medewerkers verantwoordelijk voor het draaiend houden van netwerken en toepassingen, of huurt men een consultant in. Grote bedrijven hebben een aparte afdeling informatiesystemen, die langs verschillende lijnen georganiseerd kan zijn, afhankelijk van de aard en de belangen van de onderneming.

IT-governance
Strategie en beleid voor het gebruik van informatietechnologie binnen een organisatie met specificering van beslissingsrechten en verantwoordelijkheden om ervoor te zorgen dat de informatietechnologie de strategieën en doelstellingen van de organisatie ondersteunt.

De vraag hoe de afdeling informatiesystemen moet worden georganiseerd is een onderdeel van de omvangrijker kwestie van **IT-governance**. Bij IT-governance besluit men over de strategie en het beleid voor het gebruik van informatietechnologie binnen een organisatie. Het specificeert de beslissingsrechten en het verantwoordelijkheidskader om ervoor te zorgen dat het gebruik van informatietechnologie de strategieën en doelstellingen van de organisatie ondersteunt. Welke beslissingen moeten er worden genomen voor het garanderen van effectief management en gebruik van informatietechnologie, waaronder de return on investments op IT-gebied? Wie moet deze beslissingen nemen? Hoe zullen deze beslissingen worden genomen en gevolgd? Bedrijven met een sterke IT-governance hebben op deze vragen een duidelijk antwoord (Weill en Ross, 2004).
De term 'IT-governance' wordt steeds vaker vervangen door 'Enterprise Governance of IT', om duidelijker te maken dat de onderneming geschikte governance-processen moet implementeren om uit de IT-investeringen maximale bedrijfswinst te halen. Het bedrijfsmanagement moet bijvoorbeeld goede businesscases (wat kan de geplande IT-investering opbrengen?) maken voor zijn eigen IT-gerelateerde projecten. En IT-management moet ervoor zorgen dat zowel het applicatieontwikkelingsproces als de computeroperationele processen optimaal verlopen (De Haes en Van Grembergen, 2015).

INTERACTIEVE SESSIE: KLM

Een bekende IT-governance-case is afkomstig van KLM. Deze Nederlandse luchtvaartmaatschappij werd opgericht in 1919 en heeft haar thuisbasis op Schiphol. In 2004 ging KLM samen met Air France, maar beide maatschappijen opereren nog steeds als afzonderlijke eenheden met elk hun eigen identiteit.
IT is essentieel voor KLM, maar in 2001 was er veel wantrouwen ten opzichte van de IT-afdeling. Het beeld bestond dat IT niet beantwoordde aan wat de onderneming nodig had en dat het vooral zeer kostbaar was. Bovendien veranderde op dat moment het businessklimaat van de luchtvaartindustrie, onder meer als gevolg van 9/11. Dit alles leidde tot de beslissing om KLM's aanpak inzake IT drastisch te veranderen en een IT-governance-project op te starten. Er werd een nieuwe CIO aangesteld en men besloot om iemand te kiezen van buiten de IT, met de bedoeling de IT-governance-discussie hoger op de agenda van de business executives te plaatsen. Drie prioriteiten werden vooropgesteld: (1) duidelijk stellen wat eventueel in aanmerking komt voor uitbesteding (outsourcing); (2) een business/IT-board oprichten om samen successen te realiseren; en (3) eenvoudige IT-governance-principes opstellen die het sturen van IT door de executive vice presidents van de verschillende businessunits en de CIO mogelijk maken.
In eerste instantie is de problematiek van de outsourcing aangepakt. Het belangrijkste criterium hierbij is dat belangrijke en kritische applicaties intern dienen te worden ontwikkeld en algemenere applicaties het beste kunnen worden uitgevoerd door externe IT-leveranciers. Deze selectieve uitbesteding wordt intern aangeduid met het 'Stay on the Surfboard Principle', zoals getoond in figuur 2.8. Generieke businessprocessen zoals office support en loonadministratie worden ondersteund door off-the-shelf-pakketten. Processen die mogelijk competitieve voordelen creëren, zoals CRM, worden intern ontwikkeld.
Met deze nieuwe aanpak wordt een belangrijke differentiatie gemaakt tussen de innovatieportefeuille en de serviceportefeuille (continuïteit), intern gepropageerd door het beeld van de 'Innovation-Continuity Bicycle' zoals getoond in figuur 2.9. Het innovatiebudget omvat alle kosten die nodig zijn voor het bouwen van nieuwe IT-services en functionele aanpassingen van bestaande toepassingen. Het continuïteitsbudget behelst de kosten voor het runnen van de applicaties, de computersystemen, laptops, datacommunicatie enzovoort. De 'bicycle' wordt intern gebruikt om visueel op hoog niveau het onderscheid te communiceren tussen de twee verschillende portefeuilles. Zoals te zien is in figuur 2.9 wordt de portefeuille met te ontwikkelen applicaties afgeleid uit de strategie en de businesscases. De goedgekeurde businesscases worden gemanaged in de programmaportefeuille en worden vervolgens operationeel in de serviceportefeuille. Na een herhaalde evaluatie kunnen de applicaties indien nodig terugkomen in

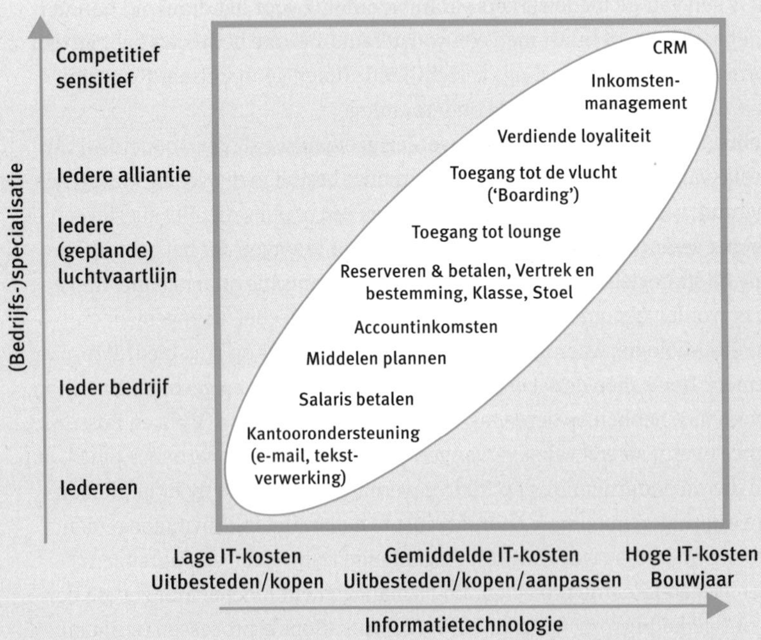

FIGUUR 2.8 *Het 'Stay on the Surfboard Principle'*

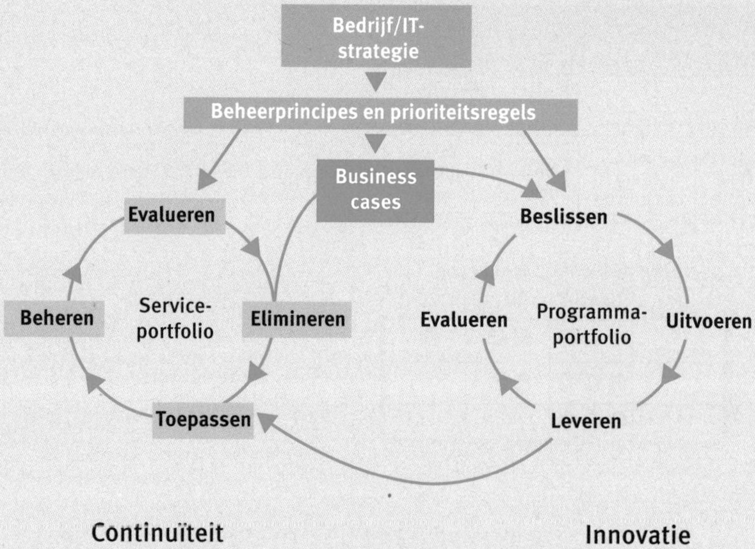

FIGUUR 2.9 *De 'Innovation-Continuity Bicycle'*

de innovatiecyclus voor aanpassingen, of gewoon worden stopgezet.

Een nieuw ingebracht concept is de duidelijke splitsing van vraag en aanbod met gebruik van spiegelrollen zoals geïllustreerd in figuur 2.10. Met het doel de vraagfunctie te verbeteren worden alle *business requirements* voor innovatie en continuïteit gekanaliseerd via de Business Demand Officers (BDO's) van de vijf businessdomeinen van KLM (Engineering and Maintenance, Cargo, Passenger Commercial, Passenger Operations, Corporate). Deze BDO's zijn formeel gepositioneerd in hun eigen departement, met een directe rapporteringslijn naar hun executive vice president. De BDO's hebben alle een tegenhanger of spiegelrol aan de IT-zijde, die verantwoordelijk is voor hoe de specifieke vraag zal worden ingevuld. Voor het continuïteitsbudget werden gelijkaardige spiegelrollen geïmplementeerd.

Het samenstellen van de applicatieportefeuille is in het kader van IT-governance een van de belangrijkste processen. Zoals in figuur 2.11 wordt aangetoond, omvat het managementportfolioproces bij KLM drie fasen: het genereren en selecteren van ideeën, het formuleren van het programma en ten slotte de goedkeuring van de investering. Elk van deze fases kent beslissingsdrempels. Zeer grote investeringen moeten bijvoorbeeld worden goedgekeurd door het Executive Committee, kleinere bedragen kunnen worden toegekend op het niveau van de businessunits. In de eerste stap worden businessideeën verzameld door de BDO's en wordt er een businesscase op hoog niveau ontwikkeld (high-level businesscase of HLBC). Voor goedgekeurde initiatieven wordt een gedetailleerde businesscase gemaakt op basis van een verplichte template. Er wordt tevens een nieuw proces ontwikkeld om de IT-investeringen van de businessunits te

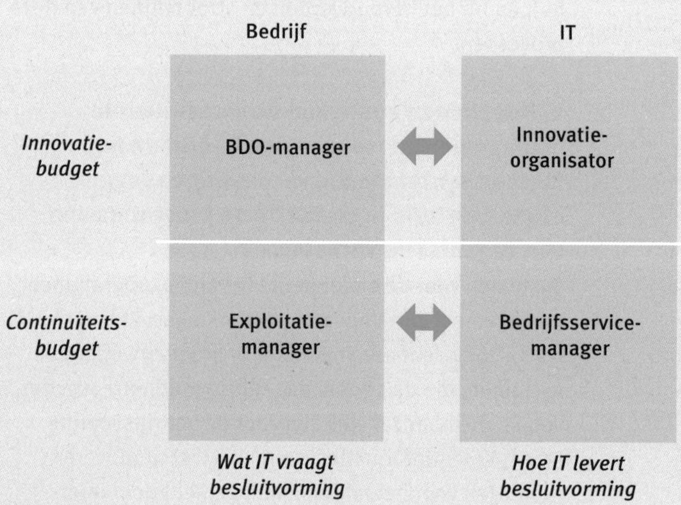

FIGUUR 2.10 *Spiegelrollen tussen business en IT*

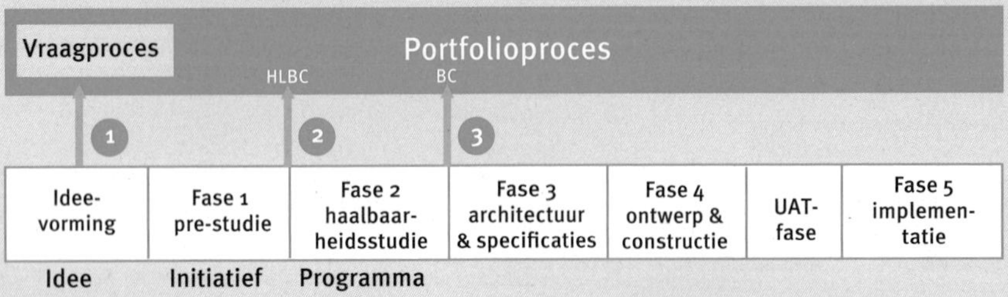

Drie goedkeuringsstappen:

1. Goedkeuring 1: Selectie bedrijfsideeën
2. Goedkeuring 2: Programma Go
3. Goedkeuring 3: Investeringsgoedkeuring

Drie beslissingsdrempels:

	Bedrijf	BIC	EC
› 5M €	1 2 3	2 3	3
› 500 k €	1 2 3	2 3	
› 150 k €	1 2 3		

FIGUUR 2.11 *Het portfoliomanagementproces*

rangschikken op basis van vooropgestelde criteria die in lijn liggen met de doelstellingen van de business-units. Op basis hiervan wordt de uiteindelijke portefeuille van KLM bepaald en voor akkoord voorgelegd aan het Executive Committee.
Wat heeft dit IT-governance-project nu opgeleverd? Ondanks heel wat nieuwe investeringen (e-tickets, meer web-based verkopen en web-based boarding) werd er een vermindering van de IT-kosten gerapporteerd van meer dan 20 procent.
Daarnaast werden er ook heel wat meer kwalitatieve resultaten geboekt: de IT-investeringen waren meer in lijn met de strategische doelstellingen, er was meer vertrouwen tussen alle betrokken partijen en, heel belangrijk, er kwam een verschuiving van het denken in kosten naar waardecreatie.

Case gebaseerd op: S. De Haes, D. Gemke, J. Thorp en W. Van Grembergen, 'KLM's Enterprise Governance of IT Journey: From Managing IT Costs to Managing Business Value', *MIS Quarterly Executive*, Vol 10, No. 3, september 2011.

Vragen bij de case

1. Waarom werd bij KLM het IT-governance-project opgestart?
2. Leg het 'Stay on the Surfboard Principle' uit.
3. Leg uit wat het verschil is tussen het programmaportfolio en het serviceportfolio.
4. Wat zijn de drie fasen van het programmaportfolioproces en wat is hierbij het belang van businesscases?
5. Welke kwalitatieve resultaten werden bij KLM bereikt met het opgezette IT-governance-project?

SAMENVATTING

1. Wat zijn bedrijfsprocessen? Wat is het verband tussen bedrijfsprocessen en informatiesystemen?
Een bedrijfsproces is een logisch samenhangend geheel van activiteiten dat definieert hoe bepaalde bedrijfstaken worden uitgevoerd. Het representeert een uniek proces waarbinnen een organisatie werk, informatie en kennis coördineert. Managers moeten aandacht besteden aan bedrijfsprocessen, omdat die bepalend zijn voor de kwaliteit van de bedrijfsvoering van de organisatie en een bron van strategisch voordeel kunnen zijn. Er zijn bedrijfsprocessen die specifiek zijn voor elk van de belangrijke bedrijfsfuncties, maar veel bedrijfsfuncties zijn ook crossfunctioneel. Informatiesystemen automatiseren delen van bedrijfsprocessen en kunnen organisaties helpen bij het herontwerpen en stroomlijnen van deze processen.

2. Hoe dienen systemen de verschillende managementniveaus in een bedrijf en hoe kunnen systemen die verbindingen leggen binnen de hele organisatie de prestaties van een organisatie verbeteren?
Systemen voor de ondersteuning van het operationeel management zijn transactieverwerkingssystemen (TPS), zoals loonadministratie- of orderverwerkingssystemen, die de stroom dagelijkse routinetransacties volgen die noodzakelijk zijn voor de bedrijfsvoering. Managementinformatiesystemen (MIS) produceren rapporten voor het middenmanagement door informatie uit een TPS te condenseren, maar geven geen

diepgaande analyse. Beslissingsondersteunende systemen (DSS) ondersteunen unieke, snel veranderende managementbeslissingen met behulp van geavanceerde analytische modellen en data-analysefuncties.

Al deze systemen geven bedrijfsinformatie op basis waarvan managers en werknemers goede beslissingen kunnen nemen. Deze bedrijfsinformatiesystemen worden door diverse managementniveaus gebruikt en omvatten executive-supportsystemen (ESS) voor de ondersteuning van het hoger management door gegevens te leveren die vaak in de vorm van grafieken, schema's en dashboards via portals worden aangeleverd, waarbij gebruikgemaakt wordt van talrijke interne en externe informatiebronnen.

Enterprisesystemen zijn ontworpen voor het coördineren van meerdere functies en bedrijfsprocessen. Bedrijfssystemen integreren de belangrijkste interne bedrijfsprocessen van een onderneming tot één softwaresysteem voor het verbeteren van de coördinatie, het verhogen van de doelmatigheid en een optimale besluitvorming.

Supply-chain-managementsystemen helpen de onderneming bij het managen van haar relatie met leveranciers en ondersteunen de optimalisatie van de planning, bevoorrading, fabricage en levering van producten en diensten.

Een customer-relationship-managementsysteem gebruikt informatiesystemen voor het coördineren van alle bedrijfsprocessen rond de contacten van het bedrijf met zijn klanten, om zo de opbrengst van het bedrijf en de klanttevredenheid te optimaliseren.

Kennismanagementsystemen ondersteunen bedrijven bij de creatie, het delen en de verspreiding van kennis. Banen waar interactie de voornaamste waardetoevoegende activiteit is, profiteren van collaboratie- en communicatiesystemen.

Intranetten en extranetten zijn eigen bedrijfsnetwerken gebaseerd op internettechnologie waarin informatie uit afzonderlijke systemen wordt samengebracht. Extranetten maken delen van private bedrijfsintranetten beschikbaar voor andere partijen.

3. Waarom zijn systemen voor samenwerking en sociaal ondernemen zo belangrijk en welke technologieën worden erbij gebruikt?

Samenwerking is het werken met anderen aan het bereiken van een specifiek gezamenlijk doel. Sociaal ondernemen is het gebruiken van interne en externe sociale netwerken om de band met werknemers, klanten en leveranciers te verbeteren en samenwerking te stimuleren. Samenwerking en sociaal ondernemen worden steeds belangrijker voor bedrijven, omdat de zakenwereld steeds internationaler wordt, beslissingen decentraler worden genomen en er steeds meer banen bijkomen waarbij interactie de primaire waardetoevoegende activiteit is. Samenwerking en sociaal ondernemen stimuleren innovatie, productiviteit, kwaliteit en klantenservice. Tools voor samenwerking en sociaal ondernemen omvatten e-mail en IM, wiki's, virtuele vergadersystemen, virtuele werelden, bestandsuitwisselingdiensten in de cloud, samenwerkingsplatforms van bijvoorbeeld Google en Microsoft SharePoint en IBM Notes, en sociale netwerktools voor bedrijven als Chatter, Yammer, Jive en IBM Connections.

4. Wat is de rol van de informatiesysteemfunctie in een bedrijf?

De IT-afdeling is de formele organisatorische eenheid die verantwoordelijk is voor diensten op het gebied van informatietechnologie. Ze is verantwoordelijk voor het onderhouden van de hardware, software, gegevensopslag en netwerken waaruit de IT-infrastructuur van de onderneming is opgebouwd. De afdeling bestaat uit specialisten, zoals programmeurs, systeemanalisten, projectleiders en informatiesysteemmanagers, vaak onder leiding van een CIO.

HERHALINGSVRAGEN

1. Wat zijn bedrijfsprocessen? Wat is het verband tussen bedrijfsprocessen en informatiesystemen?

- Beschrijf bedrijfsprocessen en beschrijf het verband tussen de rol die ze spelen en de prestaties van een bedrijf.
- Beschrijf het verband tussen informatiesystemen en bedrijfsprocessen.

2. Hoe dienen systemen de verschillende managementniveaus in een bedrijf en hoe kunnen systemen die verbindingen leggen binnen de hele organisatie de prestaties van een organisatie verbeteren?

- Beschrijf de kenmerken van een TPS en de rol ervan binnen een bedrijf.

- Beschrijf de kenmerken van een MIS en leg uit in welk opzicht een MIS verschilt van een TPS en een DSS.
- Beschrijf de kenmerken van een DSS, ter ondersteuning van beslissingen, en leg uit hoe bedrijven die kunnen toepassen.
- Beschrijf de kenmerken van ESS, ter ondersteuning van bedrijfsvoering, en leg uit hoe ze zich onderscheiden van een DSS.
- Leg uit hoe bedrijfstoepassingen de prestaties van een organisatie kunnen verbeteren.
- Geef een definitie van enterprisesystemen en beschrijf hoe ze de werkwijze van een organisatie kunnen veranderen.
- Geef definities van supply-chain-management-systemen, customer-relationship-management-systemen en kennismanagementsystemen en leg uit wat de voordelen van deze systemen zijn voor bedrijven.
- Wat is het verschil tussen e-business, e-commerce, en e-overheid?

3. Waarom zijn systemen voor samenwerking en sociaal ondernemen zo belangrijk en welke technologieën worden erbij gebruikt?

- Definieer samenwerking en sociaal ondernemen en leg uit waarom deze begrippen zo belangrijk zijn voor moderne bedrijven.
- Noem een aantal toepassingen van sociaal ondernemen en leg uit wat de bedrijfswaarde ervan is.
- Beschrijf hoe een organisatiecultuur en bedrijfsprocessen die samenwerking ondersteunen eruitzien.
- Noem en beschrijf de verschillende typen samenwerkingstools en tools voor sociaal ondernemen.

4. Wat is de rol van de informatiesysteemfunctie in een bedrijf?

- Vergelijk de taken van programmeurs, systeemanalisten, informatiesysteemmanagers, de CIO, de CSO, de CDO en de CKO.
- Wat is IT-governance en welk soort vragen lost het voor een bedrijf op?

DISCUSSIEVRAGEN

1. Hoe kunnen informatiesystemen worden gebruikt voor het ondersteunen van het bestelproces in figuur 2.1? Wat is de belangrijkste informatie die deze systemen moeten bevatten? Licht je antwoord toe.
2. Beschrijf de stappen die worden doorlopen bij het kiezen en uitlenen van een boek in de universiteitsbibliotheek en geef ook aan welke informatie er tijdens deze activiteiten wordt uitgewisseld. Zet het proces uit in een diagram. Zijn er manieren om dit proces te verbeteren en het bibliotheeksysteem te optimaliseren? Zet deze verbeteringen ook uit in een diagram.
3. Gebruik het diagram voor samenwerking in tijd/ruimte om de tools die ABB gebruikt voor samenwerking en sociale technologie te classificeren.

PRAKTIJKPROJECTEN

Met de projecten in dit onderdeel kun je praktische ervaring opdoen met het analyseren van mogelijkheden om bedrijfsprocessen te verbeteren met nieuwe MIS-toepassingen, besluitvorming over leveranciers verbeteren met behulp van een spreadsheet en efficiënte transportroutes plannen met behulp van internetsoftware. Ga naar MyLab om naar de praktijkprojecten van dit hoofdstuk te gaan.

Problemen met directiebesluiten

1. Het Britse bedrijf Fulbert Timber Merchants in Brixton levert een grote selectie bouwmaterialen, waaronder hout, afrasteringen, terrasplanken, ornamenten, hardhouten vloerdelen, plaatmaterialen, ramen, deuren, ijzerwaren en andere materialen. De prijzen van bouwmaterialen fluctueren sterk. Als een klant informeert naar de prijs van armaturen, fittingen, wanddecoraties en dergelijke, raadplegen verkopers een geprint prijsoverzicht en bellen vervolgens de leverancier voor de meest recente prijs. De leverancier raadpleegt op zijn beurt een print, die elke dag wordt aangepast. Vaak moet de leverancier Fulberts vertegenwoordigers terugbellen, omdat hij niet onmiddellijk over de nieuwste prijsinformatie beschikt. Inventariseer de impact op de bedrijfsvoering, beschrijf hoe dit proces met informatietechnologie zou kunnen worden verbeterd en breng in kaart welke besluiten moeten worden genomen om een oplossing in te voeren.

2. Quincaillerie is een klein familiebedrijf in ijzerwaren in Parijs. De eigenaren moeten elke vierkante meter verkoopvloer zo optimaal mogelijk gebruiken. Ze hebben nooit een gedetailleerde inventaris opgemaakt of verkoopregisters bijgehouden. Zodra er een levering binnenkomt, worden de artikelen direct in de schappen geplaatst. Facturen van leveranciers worden alleen bewaard voor de belastingaangifte. Als een artikel wordt verkocht, worden het artikelnummer en de prijs op de kassa aangeslagen. De eigenaren bestellen artikelen naar eigen inzicht. Wat is de impact van deze situatie op de bedrijfsvoering? Hoe zouden informatiesystemen de eigenaren bij hun bedrijfsvoering kunnen helpen? Welke data zouden deze systemen moeten vastleggen? Welke beslissingen zouden de systemen kunnen helpen verbeteren?

Besluitvorming verbeteren: leveranciers selecteren aan de hand van een spreadsheet
Softwarevaardigheden: spreadsheetfuncties en datafiltering
Zakelijke vaardigheden: analyse van leveranciersperformantie en -prijzen

3. In deze oefening leer je hoe je met spreadsheetsoftware managementbesluiten over de selectie van leveranciers kunt verbeteren. Je filtert transactiegegevens over leveranciers op basis van verschillende criteria om de meest geschikte leveranciers voor jouw bedrijf te selecteren. Je runt een bedrijf dat vliegtuigonderdelen maakt. Veel van je concurrenten proberen hun klanten te bedienen met lagere prijzen en betere service en je probeert te bepalen of je profijt zou hebben van beter ketenbeheer (supply chain management). In MyLab vind je een spreadsheetbestand met een lijst van alle artikelen die jouw bedrijf de afgelopen drie maanden bij leveranciers heeft besteld. Velden in de spreadsheet zijn onder meer naam verkoper, identificatienummer verkoper, bestelnummer, artikelidentificatienummer en artikelbeschrijving (per besteld artikel), artikelkosten, bestelde aantallen per artikel (hoeveelheid), totale kosten per bestelling, leveringsvoorwaarden, datum bestelling en bezorgdatum per bestelling. Schrijf een aanbeveling over hoe je op basis van de data in deze spreadsheetdatabase je besluitvorming over de selectie van leveranciers kunt verbeteren. Denk bij het aanwijzen van voorkeursleveranciers aan criteria als leverbetrouwbaarheid, gunstige leveringsvoorwaarden en een gunstige prijsstelling van artikelen die bij meerdere leveranciers kunnen worden besteld. Maak met behulp van je spreadsheetsoftware rapportages die je aanbevelingen onderbouwen.

Operationele uitmuntendheid bereiken: efficiënte transportroutes plannen met internetsoftware
Softwarevaardigheden: internetsoftware
Zakelijke vaardigheden: transportplanning

4. In deze oefening plan je met Google Maps transportroutes voor een bedrijf en selecteer je de meest efficiënte route. Je bent sinds kort aan het werk als vervoerscoördinator bij Trans-Europe Transport, een wegvervoerder en bezorgdienst in Brussel. Je eerste opdracht bestaat uit het plannen van het vervoer van een lading schilderijen van Museum Aan de Stroom in Antwerpen naar het Koninklijk Museum voor Schone Kunsten van België in Brussel. Om je chauffeur goed de weg op te sturen, moet je weten wat de meest efficiënte route tussen beide steden is. Bepaal met behulp van Google Maps de kortste route tussen de twee steden, de snelste route en bereken de geschatte brandstofkosten voor beide routes. Vergelijk de resultaten. Welke route zou Trans-Europe Transport hanteren?

SAMENWERKINGS- EN TEAMWORKPROJECT

Managementbeslissingen en -systemen vaststellen

1. Vorm een team met drie of vier andere studenten en zoek in *Management Team, fd.* of een Engelstalige titel als *Business Week, Forbes, Fortune*, of de *Wall Street Journal* naar een beschrijving van een manager in een groot bedrijf, of doe online onderzoek. Verzamel informatie over wat de manager doet en welke rol hij of zij in het bedrijf speelt. Benoem het organisatieniveau en de bedrijfsfunctie waarin hij actief is. Maak een lijst van de soorten beslissingen die deze manager moet nemen en het soort informatie dat hij hiervoor nodig heeft. Voer aan hoe informatiesystemen deze informatie zouden kunnen leveren. Maak zo mogelijk gebruik van Google Docs en Google Drive of Google Sites om te brainstormen, te organiseren en een presentatie te maken van jullie bevindingen voor de rest van de klas.

Sociale Bedrijfsnetwerken: vol gas of rustig optrekken?

Tegenwoordig hebben veel werknemers al een vrij goede basiskennis van sociale media als Facebook, Twitter, en Instagram. Larry Ellison, hoofd van softwaregigant Oracle, stelde zelfs dat sociale media de ruggengraat zouden moeten vormen van zakelijke applicaties en dat Facebook is een goed voorbeeld is van hoe zakelijke gebruikers met software zouden moeten omgaan. Gartner, Inc. stelde eerder dat 50 procent van de grote ondernemingen binnenkort een intern Facebook-achtig sociaal netwerk zal hebben en dat 30 procent hiervan als even essentieel zal worden beschouwd als e-mail en telefoons nu. Sociale Bedrijfsnetwerkwerken zullen het belangrijkste communicatiekanaal worden voor het oppakken van, reageren op of inspelen op informatie die relevant is voor het werk. Gartner merkte echter ook op dat tot en met 2015 ongeveer 80 procent van de inspanningen op het gebied van de inzet van zakelijke sociale media niet de beoogde resultaten zou hebben als gevolg van gebrekkig leiderschap en een te grote nadruk op technologie. Sociale initiatieven in een bedrijf verschillen van de inzet van technologie elders. Zo worden enterprise resource planning (ERP)- of klantrelatiebeheer (CRM)-systemen top-down geïmplementeerd: werknemers worden getraind om met de applicatie te werken en worden geacht deze te gebruiken. Hulpmiddelen voor sociaal ondernemen vergen meer een 'pull'-benadering die medewerkers betrekt en hun een beduidend betere werkwijze biedt. In de meeste gevallen kunnen ze niet worden gedwongen om sociale apps te gebruiken.

Als bedrijven (onder andere) nieuwe technologie voor sociale media introduceren, voelen werknemers vaak koudwatervrees om de nieuwe systemen te gebruiken en blijven ze zich vastklampen aan de oude werkwijzen, zoals e-mail, omdat die vertrouwder en gemakkelijker zijn. Er zijn bedrijven waar werknemers de communicatie dupliceren zowel via social media als via e-mail, zodat het tijdsbeslag en de kosten van het uitvoeren van hun werk zijn verdubbeld. BASF, 's werelds grootste chemische bedrijf met dochterondernemingen en joint ventures in meer dan tachtig landen, heeft sommige projectteams verboden om e-mail te gebruiken, in een poging werknemers aan te moedigen om nieuwe socialmediahulpmiddelen te gebruiken. Het inzetten van sociale bedrijfsnetwerken vergt een andere manier van denken, waaronder een platter, horizontaler perspectief op de organisatie. Bedrijven met sociale bedrijfsnetwerken staan veel meer open voor ieders inbreng. Een secretaresse, fabrieksmedewerker of verkoopmedewerker kan de bron zijn van het eerstvolgende grote idee.

De kerncapaciteiten voor het managen van sociale bedrijfsnetwerken en het uitwisselen van digitale content waar sociale media in uitblinken, kunnen een organisatie vooruit helpen of juist hinderen. Sociale bedrijfsnetwerken kunnen rijke en diverse informatiebronnen opleveren die de productiviteit, efficiency en innovatiegraad van de organisatie vergroten, of ze zijn koren op de molen van bestaande groepen gelijkdenkenden die huiverig zijn om met buitenstaanders te communiceren en kennis uit te wisselen. Als medewerkers interne sociale media gebruiken om anderen te bekritiseren of hun eigen agenda te volgen, gaat dit ten koste van de productiviteit en het moreel.

Sociale bedrijfsapplicaties die gebaseerd zijn op consumentgerichte platformen als Facebook en Twitter zullen niet altijd even goed werken in een organisatie die andere doelstellingen hanteert. Gebruikt het bedrijf sociale bedrijfsnetwerken voor de bedrijfsvoering, human resources, of innovatie? Welk socialmediaplatform het beste werkt, is afhankelijk van de specifieke bedrijfsdoelstelling.

Dit betekent dat in plaats van zich te concentreren op de technologie, bedrijven eerst duidelijk moeten hebben hoe sociale initiatieven het werk van medewerkers en managers echt verbeteren. Ze moeten tot in detail begrijpen hoe sociale netwerken in elkaar steken: hoe mensen nu werken, met wie ze werken en wat hun behoeften zijn, en maatregelen treffen om vooroordelen en verzet door medewerkers te overwinnen. Een effectieve inzet van sociale netwerken vereist leiderschap en gedragsverandering. Alleen een sociaal project propageren is niet genoeg. Managers moeten laten zien dat ze een meer open, transparante stijl van werken voorstaan. Medewerkers die gewend zijn om op een traditionelere manier samen te werken en zaken te doen moeten worden gestimuleerd om sociale software te gebruiken. De werkwijze van een organisatie veranderen vereist de hulp van mensen met een sterke betrokkenheid bij en interesse in het helpen ontwerpen en bouwen van de juiste werkomgeving voor het gebruik van sociale technologieën. De directie moet garanderen dat de interne en externe sociale netwerkinspanningen echte waarde toevoegen aan het bedrijf. Content op de netwerken moet relevant, actueel en gemakkelijk toegankelijk zijn; gebruikers moeten contact kunnen leggen met mensen die beschikken over de informatie die zij nodig hebben en die anders buiten hun bereik zouden blijven of moeilijk benaderbaar zouden zijn. Sociale bedrijfshulpmiddelen zouden geschikt moeten zijn voor de bestaande taken en de bedrijfsprocessen van de organisaties en gebruikers moeten begrijpen hoe en waarom zij ze moeten gebruiken. Om een voorbeeld te geven: in 2012 moest het Goddard Space Flight Center van NASA afzien van een voor de organisatie gebouwd zakelijk sociaal bedrijfsnetwerk met de naam Spacebook, omdat niemand wist hoe de sociale modules ervan mensen konden helpen om hun werk te doen. Spacebook was ontwikkeld om kleine teams te laten samenwerken zonder grotere groepen te e-mailen, maar slechts weinig gebruikers omarmden het.

Ondanks de uitdagingen die met het lanceren van een intern sociaal netwerk gepaard gaan, zijn er bedrijven die met succes van deze netwerken gebruikmaken. Bayer Material Sciences, de materiaalwetenschappendivisie van Bayer met een waarde van $ 11,8 miljard, maakte sociaal samenwerken tot een succes door de hulpmiddelen toegankelijker te maken, de waarde ervan in pilotprojecten aan te tonen, een reverse-mentoring-programma voor oudere personeelsleden op te zetten waarbij jongeren de ouderen begeleiden, en werknemers te trainen in het verspreiden van de knowhow over de nieuwe sociale hulpmiddelen en werkwijzen binnen het bedrijf en hun nut aan te tonen. Bayer Material Sciences koos voor IBM Connections als leverancier van zijn sociale bedrijfshulpmiddelen. IBM Connections is een sociaal samenwerkings- en uitwisselingsplatform dat gewoonlijk wordt gebruikt in een gecentraliseerd sociaal bedrijfsnetwerk. Het bevat hulpmiddelen voor medewerkersprofielen; er zijn gemeenschappen van mensen met gedeelde interesses en expertise; blogs; wiki's; er zijn hulpmiddelen om taken te bekijken, te organiseren en uit te voeren; forums om ideeën uit te wisselen; en vragenlijsten en enquêtes van klanten en medewerkers. Ook heeft elke gebruiker een eigen homepage waarop hij of zij kan zien wat er in zijn of haar sociale netwerk speelt en toegang krijgt tot belangrijke sociale gegevens. Een jaar nadat de nieuwe hulpmiddelen waren geïntroduceerd was het gebruik ervan gestabiliseerd. Op basis van bedrijfsinformatietechnologie en in overleg met zakelijke leiders formuleerde de directie ambitieuze doelstellingen en zeven kernprestatie-indicatoren (KPI's) om het succes ervan te meten. Enkele doelstellingen waren het bevorderen van mondiale samenwerking, het creëren van sterkere netwerken die bruggen sloegen tussen regio's en afdelingen, het creëren van een minder hiërarchische uitwisselingscultuur en de verwarring wegnemen omtrent welke hulpmiddelen voor welke taak zijn bedoeld. Deze inspanningen werpen inmiddels hun vruchten af: 50 procent van de medewerkers is nu regelmatig actief in het zakelijke sociale netwerk van het bedrijf. Hoewel het lastig is om het rendement te meten (ROI) van investeringen in zakelijke sociale initiatieven, heeft Bayer Material Sciences profijt van snellere kennisstromen, toegenomen efficiency en lagere bedrijfskosten. Een ander bedrijf dat baat heeft bij zijn sociale bedrijfsnetwerk is Carlo's Bake Shop, een oud familiebedrijf dat een hoofdrol speelt in de reality-serie *Cake Boss* op het televisie kanaal TLC. Het bedrijf heeft tien vestigingen in New Jersey, New York en Las Vegas, en via de website kunnen mensen taarten op maat bestellen. Dankzij de populariteit van *Cake Boss*, dat de vraag naar Carlo's producten deed exploderen, wil het bedrijf de komende jaren vestigingen door de hele VS openen.

Maar de bedrijfsvoering in de vestigingen vertraagden de groei van het bedrijf. Carlo's deed alles op papier, en de bergen administratie kostte werknemers onnodig veel tijd en werkte fouten in de hand, die er soms toe leidden dat taarten moesten worden aangepast of opnieuw moesten worden gemaakt, of dat klanten (een deel van) hun geld terugkregen. Bestellingen werden op papier en carbonpapier geschreven, bestelformulieren werden niet goed opgeborgen of raakten zoek, en mensen konden het handschrift van degene die de bestelling had opgenomen niet lezen. In de tweede helft van 2012 voerde Carlo's daarom Salesforce CRM, met de sociale netwerk-tool van Salesforce, Chatter, als oplossing in. Sommige medewerkers en leden van Carlo's managementteam verzetten zich aanvankelijk tegen het nieuwe systeem. Zij geloofden dat ze niet nog een sociale tool nodig hadden, aangezien ze al e-mail, Facebook en Twitter gebruikten. Het bedrijf kon de voordelen van het zakelijke sociale netwerk aantonen, en de manier van werken werd grondig veranderd. Vanuit een depot van 7000 m^2 in Jersey City dat volcontinu draait, produceert Carlo's een zeer groot volume aan taarten. Chatter is nu de standaardmodule voor interne communicatie, van bestelling tot levering. Als een taartversierder weg is, wordt hij of zij evengoed betrokken bij de communicatie en overleggen. Bij terugkeer kan de versierder eventuele veranderingen in kleur, vorm of ontwerp bekijken.

Omdat de medewerkers van Carlo's nu socialer werken, is het aantal fouten met ruim 30 procent gedaald en kunnen teams sneller en efficiënter taarten en andere maatproducten maken. Managers hebben toegang tot een data- en analyse-dashboard dat hun onmiddellijk inzicht geeft in de prestaties per vestiging en in welke producten hard lopen en welke niet. Ze hebben een diepgaand inzicht in verkoop- en transactiepatronen. Als Carlo's uitbreidt binnen, en misschien buiten, de VS, is het vermogen om mensen te verbinden en orderstromen in te zien van essentieel belang. Sociale bedrijfshulpmiddelentools hebben een bedrijf dat langzaam maar zeker werd bedolven onder een berg papierwerk getransformeerd tot een uiterst efficiënt digitale organisatie.

Bronnen: Samuel Greengard, 'Changing Your Business into a Social Business,' Baseline, 18 juni 2015; Cordelia Kroob, 'The Growth of an Enterprise Social Network at BASF,' www.simply-communicate. com, geraadpleegd op 12 maart 2016; Gerald C. Kane, 'Enterprise Social Media: Current Capabilities and Future Possibilities,' *MIS Quarterly Executive*, maart 2015; Dion Hinchcliffe, 'In Europe's Biggest Firms, Social Business Is All Grown Up,' Enterprise Web 2.0, 12 februari 2015; Margaret Jones, 'Top Four Social Collaboration Software Fails,' searchmobilecoputing.techtarget.com, geraadpleegd op 17 maart 2016; Gartner Inc., 'Gartner Says 80 Procent of Social Business Efforts Will Not Achieve Intended Benefits Through 2015,' 29 januari 2013; Michael Healey, 'Why Enterprise Social Networking Falls Short,' *Information Week*, 4 maart 2013.

Vragen bij de case

1. Benoem de management-, organisatorische en technologische factoren die verantwoordelijk zijn voor het belemmeren van de toepassing van interne sociale bedrijfsnetwerken.
2. Vergelijk de ervaringen met het invoeren van interne sociale netwerken bij de twee organisaties die in deze case worden beschreven. Wat maakte de invoering tot een succes? Welke rol speelde de directie in dit proces?
3. Zouden alle bedrijven een intern sociaal netwerk moeten invoeren? Waarom, of waarom niet?

MYLAB

Ga naar de opdrachten in MyLab om deze schrijfoefeningen te maken.

1. Identificeer en beschrijf de mogelijkheden van zakelijke socialenetwerksoftware. Beschrijf hoe een bedrijf elk van deze mogelijkheden zou kunnen gebruiken.
2. Beschrijf de systemen die door verschillende managementgroepen binnen het bedrijf worden gebruikt in termen van de informatie die zij gebruiken, hun outputs en groepen die worden bediend.

Pearson | MyLab

Op **www.pearsonmylab.nl** vind je studiemateriaal en de eText om je begrip en kennis van dit hoofdstuk uit te breiden en te oefenen.

3 INFORMATIESYSTEMEN, ORGANISATIE EN STRATEGIE

Na dit hoofdstuk ben je in staat om de volgende vragen te beantwoorden:

1. **Welke kenmerken van organisaties moeten managers kennen om met succes informatiesystemen te bouwen en te gebruiken?**
2. **Wat is de invloed van informatiesystemen op organisaties?**
3. **Hoe helpen het concurrentiekrachtenmodel van Porter, het waardeketenmodel, synergieën, kerncompetenties en netwerkeconomieën bedrijven bij het ontwikkelen van concurrentiestrategieën met gebruikmaking van informatiesystemen?**
4. **Wat zijn de uitdagingen die strategische informatiesystemen met zich meebrengen en hoe moeten ze worden opgepakt?**

OPENINGSCASE

Tate & Lyle ontwikkelt mondiale IT-strategie

Tate & Lyle werd in 1859 in Liverpool opgericht als suikerraffinaderij. Vandaag de dag is het een mondiale leverancier van specialiteiten en andere ingrediënten aan vier markten: voedsel- en drankfabrikanten (zoetstoffen, bindmiddelen en vezels), papierproducenten (zetmeel), producenten van diervoeding (maïsmeel), en cosmeticafabrikanten (cosmetica en crèmes). De organisatie heeft meer dan dertig productiefaciliteiten in vier regio's: Noord- en Zuid-Amerika, Europa, Midden-Oosten en Afrika. Sinds de oprichting is Tate & Lyle gegroeid door middel van overnames van tal van bedrijven in zijn omgeving, en in de jaren zeventig van de 20ste eeuw begon het bedrijf zijn assortiment uit te breiden met meer specialistische agrarische levensmiddelen. In 2016 had het bedrijf € 2,6 miljard in verkoopvolume, met een winst van € 189 miljoen. Het strategische plan van Tate & Lyle voor 2020 is om het segment voedselspecialiteiten verder uit te breiden, het verkoopgebied uit te breiden naar de regio Azië-Stille Oceaan en Latijns-Amerika, en om met nieuwe producten een verkoopvolume van ruim € 200 miljoen te genereren. Als agrarische multinational kampt het bedrijf met zware concurrentie van grote mondiale spelers als ConAgra, Archer Daniels Midland, en BASF.

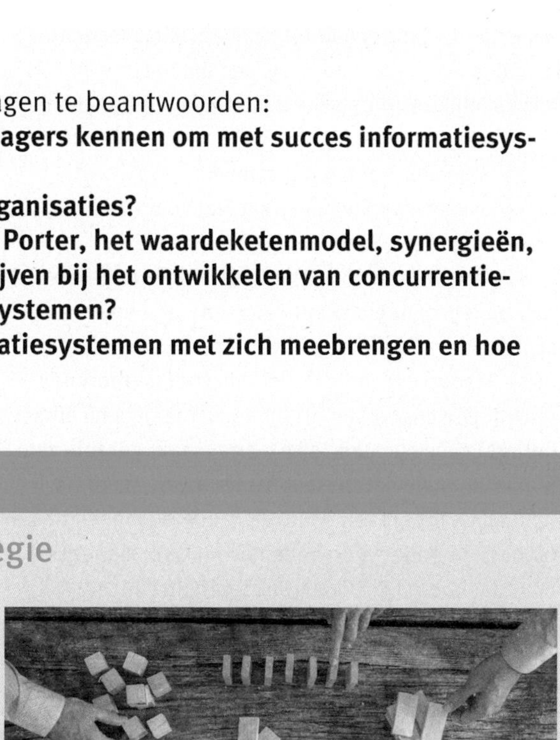

Fogo: © Gajus/Fotolia

In de loop van vele decennia zag Tate & Lyle in zijn vier regio's en dertig productiefaciliteiten een grote variatie ontstaan aan financiële boekhoudsystemen. Deze systemen leverden boekhoudingen op die handmatig met elkaar werden vereffend aan de hand van spreadsheets die door afzonderlijke locaties werden aangemaakt, telefoongesprekken, papieren rapporten, faxen en e-mails om verschillen toe te lichten. Elke regio had zijn eigen handmatige processen om de boekhouding te vereffenen. Vereffening heeft betrekking op de bedrijfsprocessen die ondernemingen hanteren om ervoor te zorgen dat de opgenomen uitgaven en inkomsten op de juiste wijze zijn weergegeven in kasstroomoverzichten en winst- en verliesrekeningen. Het bestaande handmatige systeem bewaarde overzichten op locaties overal ter wereld, wat tot fouten leidde en het lastig maakte om maandelijkse en jaarlijkse financiële overzichten te maken. De bedrijfstop begreep dat het bedrijf niet zijn zakelijke strategische doelstellingen zou kunnen realiseren zonder een grondige reorganisatie van de basis financiële boekhoudsystemen.

De oplossing waar het management voor koos, was om de financiële boekhouding te centraliseren op één locatie in Lodz (Polen) en een vereffenings- en taakbeheersysteem te ontwikkelen. Dit nieuwe systeem is gebaseerd op SAP's ERP-systeem (Enterprise Resource Planning), dat duizenden grootboekrekeningen en transacties uit de vier regio's bij elkaar brengt in één systeem. SAP's ERP maakt gebruik van hun relationele databasesoftware HANA, dat data opslaat en terughaalt en tal van andere mogelijkheden biedt, waaronder voorspellende analyse, managementdashboards en doorzoekbaarheid van tekst.

Het adviesbedrijf Black Line werd ingehuurd om het nieuwe systeem te implementeren en te coördineren met de financiële afdelingen van Tate & Lyle. Aan de implementatie van het systeem gingen twee jaar van intensieve planning en de integratie van oude systemen in het nieuwe vooraf. Tot de belangrijkste vereisten voor het nieuwe systeem behoorden gestandaardiseerde sjablonen, elektronische goedkeuring van werkstromen, een gebruiksvriendelijke interface zodat managers snel de benodigde informatie over bedrijfsresultaten konden ophalen, plus de mogelijkheid om met meerdere valuta's te werken, snel eenvoudige rapporten te maken en data vanuit andere boekhoudsystemen die al in gebruik waren in de regio's te integreren in het SAP-systeem. Het implementeren van het nieuwe systeem gaf managers ook de mogelijkheid om bedrijfsprocessen aan te passen en te vereenvoudigen op basis van *best practices* uit de sector en deze in alle vier de regio's in gebruik te laten nemen. Een en ander heeft geresulteerd in een vereffeningssysteem dat accuraat, snel en transparant is, dat dagresultaten en voortgangsrapportages over maanddoelen kan produceren, openstaande taken in kaart kan brengen en kan communiceren met de teams die verantwoordelijk zijn voor het afronden van die taken.

Bronnen: Ken Murphy, 'How Tate & Lyle Makes Food Extraordinary with Improved Finance Functions,' SAP Insider Profiles, 8 december 2016; Anahad O'Connor, 'Study Tied to Food Industry Tries to Discredit Sugar Guidelines,' *New York Times*, 19 december 2016; Tate & Lyle, "Annual Report 2016,' tateandlyle.com, 15 maart 2016; Ryan Phillips, 'Tate & Lyle Announces $25M Consolidation Plan at Splenda Plant in McIntosh,' *Birmingham Business Journal*, 23 april 2015; Sean Walters, 'Dissolving Confidence in Tate & Lyle,' *Wall Street Journal*, 23 september 2016; Ryan Knutson, 'Verizon Swings to a Profit, but Pace of Growth Slows,' *Wall Street Journal*, 21 januari 2016; Douglas MacMillan en Ryan Knutson, 'Verizon Tops Pack of Suitors Chasing Yahoo,' *New York Times*, 17 april 2016.

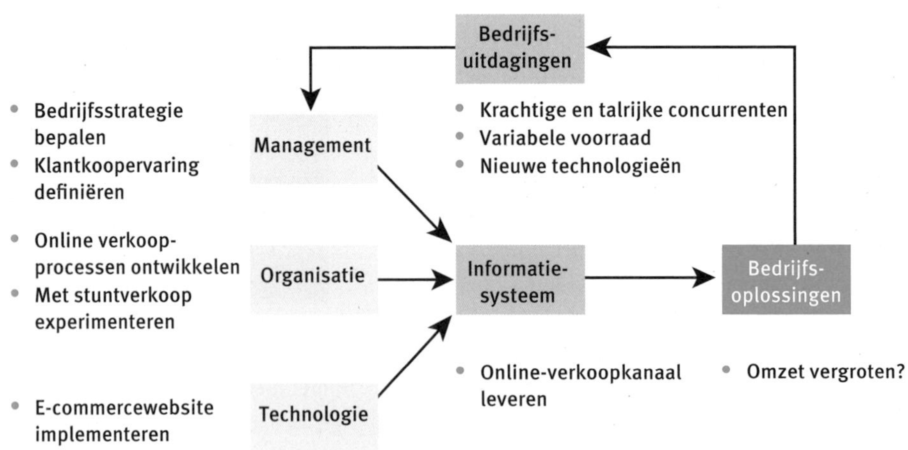

Het verhaal over Tate & Lyle illustreert enkele manieren van hoe informatiesystemen vast onderdeel uitmaken van bedrijfsstrategieën. Het segment specialistische ingrediënten is enorm concurrentiegevoelig. Om te kunnen groeien, moeten bedrijven op mondiale schaal kunnen opereren en moeten ze in verschillende regio's met verschillende talen, valuta en tijdzones efficiënt kunnen werken. Kortom, mondiale IT-systemen zijn een randvoorwaarde voor mondiaal zakelijk succes. Tate & Lyle had één mondiaal system nodig om zijn basis financiële rapportagetaken uit te kunnen voeren. Om dit strategische IT-systeem te implementeren, voerde Tate & Lyle een organisatorische verandering in door het centrale financiële systeem in Lodz onder te brengen. Het management moest hiervoor de belangrijkste financiële bedrijfsprocessen beoordelen, van documentatie voorzien en vervolgens herontwikkelen. Managers moesten uit een groot aanbod potentiële verkopers een leverancier (SAP) selecteren voor een geschikt bedrijfsplatform en een consultancy selecteren (Black Line). Denk na over de volgende vragen: *Hoe helpt het vereffenings- en taakbeheersysteem Tate & Lyle om concurrerend te blijven? Waarom koos het management voor één mondiaal systeem? Welke specifieke problemen zijn met dit systeem opgelost?*

3.1 Hoe organisaties informatiesystemen beïnvloeden

Informatiesystemen en organisaties beïnvloeden elkaar. Informatiesystemen worden ontwikkeld om de belangen van het bedrijf te dienen. Tegelijkertijd moet de organisatie zich bewust zijn van en openstaan voor de invloeden van informatiesystemen zodat ze kunnen profiteren van nieuwe technologieën.
De interactie tussen informatietechnologie en organisaties is complex en wordt beïnvloed door veel verschillende factoren, waaronder de structuur van de organisatie, bedrijfsprocessen, beleid, cultuur, directe omgeving en managementbeslissingen (zie figuur 3.1). Je zult inzicht moeten hebben in hoe informatiesystemen het sociale leven en het werken binnen een bedrijf kunnen veranderen. Om met succes nieuwe systemen aan te schaffen, te ontwerpen of bestaande systemen te begrijpen, zul je moeten weten hoe je eigen bedrijfsorganisatie in elkaar zit.
Als manager ben jij degene die beslist welke systemen er moeten worden gebouwd, wat ze zullen doen en hoe ze zullen worden geïmplementeerd. Je zult misschien niet alle consequenties van deze beslissingen kunnen overzien. Sommige veranderingen die in ondernemingen optreden vanwege nieuwe informatietechnologie en investeringen kunnen niet worden voorzien en hebben resultaten die al dan niet aan je verwachtingen voldoen. Vijfentwintig jaar geleden had niemand zich kunnen voorstellen dat e-mail een belangrijke vorm van bedrijfscommunicatie zou worden en dat veel managers zouden worden overspoeld met meer dan tweehonderd e-mailberichten per dag.

3.1.1 Wat is een organisatie?

Organisatie (technische definitie) Een stabiele, formele, sociale structuur die middelen uit de omgeving verwerkt en hiervan output produceert.

Een **organisatie** is volgens de technische definitie een stabiele, formele, sociale structuur die middelen uit de omgeving verwerkt tot een eindproduct. Deze definitie beschouwt kapitaal en arbeidskracht als belangrijke productiefactoren die door de omgeving worden geleverd. De organisatie (de onderneming) transformeert deze input tot producten en diensten in een productiefunctie; de producten en diensten worden door de omgeving geconsumeerd in ruil voor nieuwe input (zie figuur 3.2). Een organisatie is stabieler dan een informele groep (zoals een groep vrienden die elke vrijdag samen gaat lunchen) wat betreft duurzaamheid en routine. Organisaties zijn formele entiteiten, met interne regels en procedures die aan wet- en regelgeving moeten voldoen. Organisaties zijn echter ook sociale structuren, omdat ze bestaan uit een verzameling sociale elementen.

Organisatie (gedragsdefinitie) Een verzameling rechten, privileges, plichten en verantwoordelijkheden die elkaar langdurig in balans houden tijdens perioden van conflict en conflictoplossing.

Deze definitie van organisaties is krachtig en eenvoudig, maar omschrijft of voorspelt niet echt goed hoe 'echte' organisaties eruitzien. Een realistischer gedragsdefinitie van een **organisatie** noemt deze een verzameling rechten, privileges, plichten en verantwoordelijkheden die elkaar langdurig in balans houden tijdens perioden van conflict en conflictoplossing (zie figuur 3.3).

FIGUUR 3.1 *De onderlinge relatie tussen organisaties en informatietechnologie*

Deze complexe relatie wordt beïnvloed door veel factoren, waarvan beslissingen die het management wel of niet neemt, waarschijnlijk de belangrijkste zijn. Andere factoren zijn de organisatiecultuur, bureaucratie, politiek, bedrijfsprocessen en toeval.

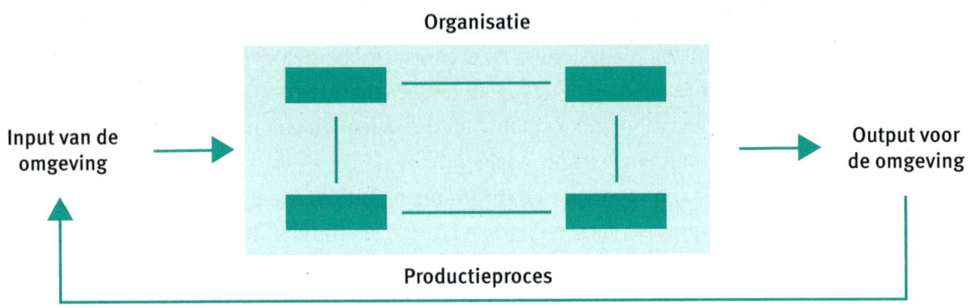

FIGUUR 3.2 *De technische micro-economische definitie van de organisatie*

In de micro-economische definitie van organisaties worden kapitaal en arbeidskracht (de belangrijkste productiefactoren vanuit de omgeving) door de onderneming in productieprocessen getransformeerd tot producten en diensten (output voor de omgeving). Deze producten en diensten worden geconsumeerd door de omgeving, die weer nieuw kapitaal en arbeidskracht als input in de feedbacklus stopt.

In deze gedragsdefinitie van de organisatie ontwikkelen mensen die in organisaties werkzaam zijn een speciale manier van werken, ze leggen relaties, ze sluiten overeenkomsten met ondergeschikten of superieuren over hoe een taak wordt uitgevoerd, hoeveel werk wordt gedaan en onder welke omstandigheden. De meeste van deze overeenkomsten en gevoelens zijn in geen enkel handboek terug te vinden.
Hoe kunnen deze definities van organisaties worden gekoppeld aan de technologie van informatiesystemen? Door op een technische manier naar organisaties te kijken, concentreren we ons op de manier waarop input wordt verwerkt tot output wanneer technologische veranderingen in de onderneming worden geïntroduceerd. De onderneming wordt gezien als een kneedbaar stuk klei, waarin kapitaal en arbeidskracht elkaar eenvoudig kunnen vervangen. Maar de gedragsdefinitie van een organisatie geeft aan dat het bouwen van nieuwe informatiesystemen of het verbouwen van oude systemen veel meer vereist dan het heen en weer schuiven van machines of werknemers; heel wat informatiesystemen veranderen de organisatorische balans tussen rechten, privileges, plichten, verantwoordelijkheden en gevoelens die in de loop der jaren is gegroeid.
Het veranderen van deze elementen kan veel tijd kosten en erg verstorend werken en veel training en educatie vereisen. Zo is er bijvoorbeeld meestal veel meer tijd nodig om een nieuw informatiesysteem effectief te implementeren dan verwacht, omdat er enige tijd zit tussen het technisch implementeren van een systeem en het instrueren van medewerkers en managers hoe ze met het systeem moeten omgaan.
Technologische verandering vereist ook veranderingen met betrekking tot wie informatie bezit en controleert, wie het recht heeft de informatie te bekijken en te veranderen en wie daar beslissingen over neemt. Het planning- en prognosesysteem bij Procter & Gamble biedt

bijvoorbeeld zowel winkeliers als managers van P&G uitgebreide informatie op basis waarvan productiebeslissingen kunnen worden genomen. Deze complexere visie dwingt ons te kijken naar de manier waarop werk wordt gecoördineerd en naar de procedures die worden gebruikt om de output te realiseren.

FIGUUR 3.3 *De gedragsdefinitie van organisaties*

Vanuit een gedragsoogpunt worden de groepsrelaties, waarden en structuren in een organisatie benadrukt.

De technische en gedragsdefinities van organisaties vullen elkaar aan: de technische definitie vertelt ons hoe duizenden ondernemingen in concurrerende markten kapitaal, arbeidskracht en IT combineren, terwijl de gedragsdefinitie ons een kijkje achter de schermen geeft in de individuele onderneming en ons laat zien hoe technologie de manier waarop de organisatie werkt, beïnvloedt. Paragraaf 3.2 beschrijft hoe elk van deze definities de relatie tussen informatiesystemen en organisatie kan helpen verklaren.

3.1.2 Kenmerken van organisaties

Bedrijven zijn bureaucratieën met een duidelijke verdeling van taken en specialisaties. Organisaties plaatsen specialisten in een autoriteitshiërarchie, waarin iedereen verantwoording moet afleggen aan iemand anders en de autoriteit beperkt is tot specifieke handelingen, bepaald door abstracte regels en procedures. Deze regels zijn de basis voor onpartijdige en universele beslissingen. Organisaties proberen werknemers aan te nemen en te promoveren op basis van technische kwalificaties en professionaliteit (dus niet op basis van vriendjespolitiek). De organisatie wijdt zich aan het efficiëntieprincipe: zo veel mogelijk output voor zo weinig mogelijk input. Tot de andere kenmerken van organisaties behoren bedrijfsprocessen, organisatiecultuur, organisatiepolitiek, directe omgeving, structuur, doelen, klanten en leiderschapsstijlen. Al deze eigenschappen zijn van invloed op de soorten informatiesystemen die door organisaties worden gebruikt.

Routines en bedrijfsprocessen

Routines
Nauwkeurige regels, procedures en gebruiken die zijn ontwikkeld om vrijwel alle mogelijke situaties aan te kunnen.

Alle organisaties, met inbegrip van bedrijven, worden na verloop van tijd zeer efficiënt omdat individuele medewerkers binnen het bedrijf bepaalde **routines** voor het produceren van goederen en diensten ontwikkelen. Routines, soms ook standaardprocedures genoemd, zijn nauwkeurige regels, procedures en gebruiken die zijn ontwikkeld om vrijwel alle mogelijke situaties aan te kunnen. Naarmate medewerkers deze routines beter gaan beheersen, worden ze steeds productiever en efficiënter en is het bedrijf in staat de kosten na verloop van tijd te reduceren. We geven een voorbeeld uit een huisartsenpraktijk. Doktersassistenten hebben een goed ontwikkelde reeks routines voor het verzamelen van een aantal van jouw basisgegevens en de arts zelf heeft een goed ontwikkelde reeks routines om een diagnose te stellen. Bedrijfsprocessen, beschreven in de hoofdstukken 1 en 2, zijn verzamelingen van dergelijke routines. Een onderneming is op haar beurt weer een verzameling bedrijfsprocessen (figuur 3.4).

Politiek in organisaties

In organisaties hebben mensen verschillende posities en verschillende specialismen, belangen en perspectieven. Als gevolg hiervan hebben ze meestal ook verschillende standpunten over de vraag hoe middelen, beloningen en straffen moeten worden verdeeld. Deze verschillen zijn belangrijk voor zowel managers als werknemers en resulteren vaak in strijd, concurrentie en conflicten binnen de organisatie. Politieke weerstand is een van de grootste problemen bij organisatorische veranderingen – vooral bij de implementatie van nieuwe informatiesystemen. Bijna alle informatiesystemen die resulteren in grote veranderingen op het gebied van doelstellingen, procedures, productiviteit en personeel, zijn politiek geladen en zullen stuiten op weerstand. Managers die weten hoe ze met de interne politiek van een organisatie moeten omgaan zullen het meest succesvol zijn in het implementeren van nieuwe informatiesystemen. In dit boek vind je echter ook een aantal voorbeelden van situaties waarin zelfs de best opgezette plannen voor een informatiesysteem ten onder gingen aan interne politiek.

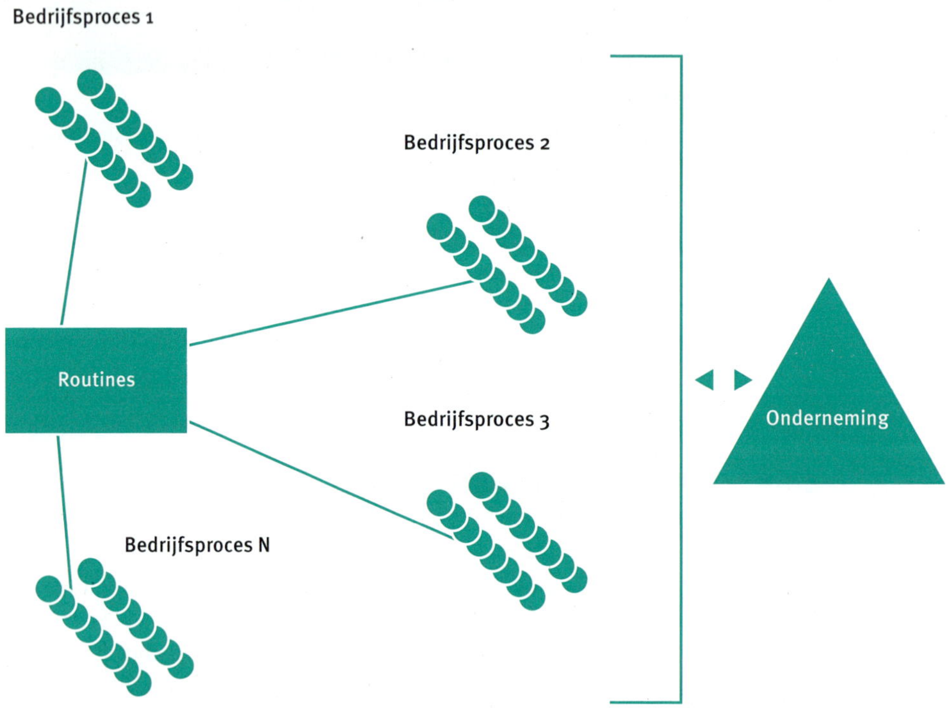

FIGUUR 3.4 *Routines, bedrijfsprocessen en ondernemingen*

Alle ondernemingen zijn opgebouwd uit individuele routines en gedragingen, die samen een bedrijfsproces vormen. Een verzameling bedrijfsprocessen vormt de onderneming. Nieuwe toepassingen van informatiesystemen vereisen dat individuele routines en bedrijfsprocessen veranderen, teneinde de onderneming goed te laten presteren.

Organisatiecultuur

Alle organisaties hebben diepgewortelde, onwrikbare en onaantastbare vooronderstellingen die hun doelstellingen en producten definiëren. De organisatiecultuur is een verzameling vooronderstellingen over welke producten een organisatie moet produceren en hoe, waar en door wie ze moeten worden geproduceerd. In het algemeen worden deze vooronderstellingen zonder meer geaccepteerd en wordt er zelden over gesproken. Bedrijfsprocessen, oftewel de feitelijke manier waarop bedrijven waarde produceren, zijn meestal verankerd in de organisatiecultuur. De organisatiecultuur is ook zichtbaar binnen je eigen hogeschool of universiteit. Voorbeelden van diepgewortelde vooronderstellingen zijn bijvoorbeeld dat docenten meer weten dan studenten, dat studenten een hogeschool bezoeken om iets te leren en dat lessen volgens een vast plan worden gegeven. Organisatiecultuur is een krachtig middel om politieke conflicten binnen de perken te houden en inzicht, overeenstemming over procedures en andere werk-

wijzen te promoten. Als we allemaal dezelfde basisvooronderstellingen delen, is het eenvoudiger om overeenstemming te bereiken over andere zaken.
Tegelijkertijd kan een organisatiecultuur ook verandering tegenhouden, vooral op het technologische vlak. De meeste organisaties doen er bijna alles aan veranderingen in hun basisvooronderstellingen tegen te gaan. Bijna elke technologische verandering die de culturele vooronderstellingen in gevaar kan brengen, kan rekenen op veel weerstand. Toch is het soms noodzakelijk een nieuwe technologie te implementeren die recht ingaat tegen de bestaande organisatiecultuur. Wanneer dit het geval is, wordt de technologie vaak op een laag pitje gezet, terwijl de cultuur zich langzaam probeert aan te passen.

Omgeving van organisaties

Organisaties opereren in een omgeving waaruit ze middelen halen en waaraan ze goederen en diensten leveren. Aan de ene kant staan organisaties open voor en zijn ze afhankelijk van de sociale en fysieke omgeving om zich heen. Zonder financiële en personele middelen – mensen die voor de organisatie willen werken en inkomsten van klanten – zouden organisaties niet kunnen bestaan. Organisaties moeten reageren op de wettelijke en andere eisen die door overheden worden opgelegd en op de acties van klanten en concurrenten. Aan de andere kant kunnen organisaties hun omgeving beïnvloeden. Ze kunnen samenwerkingsverbanden met anderen vormen om het politieke proces te beïnvloeden; ze kunnen adverteren om de klant hun producten te laten kopen.
Figuur 3.5 laat zien dat informatiesystemen een belangrijke rol spelen bij de manier waarop organisaties veranderingen in hun omgeving opmerken en bij de manier waarop organisaties reageren op hun omgeving. Informatiesystemen zijn belangrijke instrumenten om de omgeving te scannen, ze helpen managers externe veranderingen waar te nemen die om een reactie van de organisatie vragen.

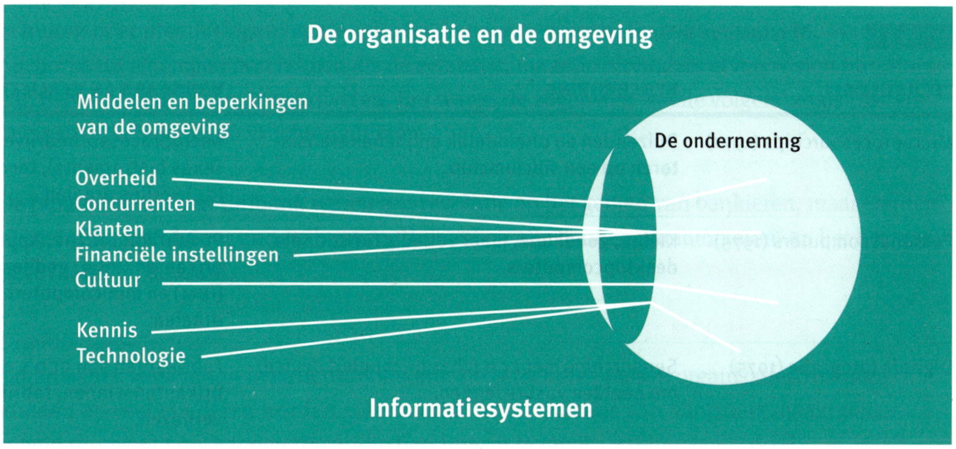

FIGUUR 3.5 *Omgevingen en organisaties hebben een wederzijdse relatie*
Omgevingen bepalen wat organisaties kunnen doen, maar organisaties kunnen hun omgeving ook beïnvloeden. Informatietechnologie speelt een cruciale rol bij het opmerken van veranderingen in de omgeving en bij het reageren op deze omgeving.

Omgevingen veranderen doorgaans veel sneller dan organisaties. Nieuwe technologieën, nieuwe producten en veranderende smaak en waarden van het publiek (die vaak resulteren in nieuwe wetten) leggen een zware druk op de cultuur, de politiek en het personeel van een organisatie. Veel organisaties kunnen niet goed omgaan met grote verschuivingen in hun omgeving. Dit onvermogen, dat zit ingebakken in de standaardprocedures van een organisatie, de politieke conflicten die veranderingen teweegbrengen en de bedreiging van culturele waarden, weerhouden veel organisaties ervan grote veranderingen door te voeren. Jonge bedrijven hebben meestal onvoldoende middelen om zelfs korte moeilijke perioden te overleven. Het is

Kan technologie managers vervangen?

Start-upbedrijven staan erom bekend dat ze innovatief zijn en een van die innovaties lijkt te zitten in de manier waarop ze worden gerund. Een aantal van die nieuwe bedrijven probeert het aantal medewerkers zo klein mogelijk te houden en hun wendbaarheid te optimaliseren door korte metten te maken met het management. In plaats van managers kiezen ze voor technologie, inclusief gebruiksvriendelijke software en voordelige webgebaseerde diensten als Redshift (van Amazon.com) voor opslag en analyse van bedrijfsdata en presentatie van de resultaten in de vorm van dashboards die door iedereen in het bedrijf kunnen worden gebruikt. In het verleden waren zulke data moeilijk toegankelijk, moesten ze door hoger management worden samengesteld en geïnterpreteerd, of konden ze alleen worden geanalyseerd met behulp van business-intelligencesoftware die miljoenen kostte. Tegenwoordig kunnen zelfs kleine start-ups zich veroorloven om bijna realtime vrijwel onbeperkt data op te slaan en te verwerken.

Zo heeft Chubbies, een snelgroeiende mode-start-up die zich richt op studentenverenigingen, geen CEO. In plaats daarvan heeft het vier adjunct-CEO's die ieder de leiding hebben over een eigen onderdeel van de bedrijfsvoering. Deze structuur wordt op alle managementlagen herhaald. Alle medewerkers van Chubbies hebben toegang tot dezelfde data als de topmanagers. Volgens Tom Montgomery, een van de adjunct-CEO's van Chubbies, brengt het ontbreken van een traditionele CEO en eindbeslisser met zich mee dat je erop moet vertrouwen dat mensen op basis van de informatie die ze zien de juiste besluiten nemen. Het kost weliswaar tijd om dat vertrouwen op te bouwen, maar daarna kan het bedrijf veel sneller manoeuvreren. Montgomery geeft aan dat het voorheen kon gebeuren dat een medewerker die klantevenementen organiseerde moest rapporteren aan een manager op de marketingafdeling die tot taak had om na te denken over waarom het bedrijf überhaupt klantevenementen moest organiseren. Tegenwoordig kan de evenementenplanner aan de hand van een aantal dashboards zelfstandig bepalen hoeveel likes op Facebook, meldingen op Instagram en verkopen een bepaald evenement precies heeft opgeleverd, en hij of zij kan zelf bepalen of er nieuwe evenementen moeten worden ingepland. Met de juiste data en hulpmiddelen ter onderbouwing hoeft hij of zij de beslissing niet door een manager te laten goedkeuren.

Webwinkel Zappos.com kondigde in 2013 aan dat het van zijn managers af wilde, om te voorkomen dat het groeiende bedrijf met 1500 medewerkers te star, te onbuigzaam en te bureaucratisch wordt. Zappos nam een 'holocratie'-model in gebruik, waarin werknemers zichzelf aansturen zonder tussenkomst van het middenmanagement. In tegenstelling tot een traditionele bedrijfscommandostructuur organiseert een holocratie het bedrijf als een reeks overlappende, zelfsturende 'cirkels'. In plaats van banen zijn er in holocratieën alleen 'rollen'. Elke rol hoort bij een cirkel in plaats van bij een afdeling. De cirkels overlappen elkaar, en individuen kunnen meerdere rollen op zich nemen. Individuen die in deze cirkels rollen toebedeeld hebben gekregen werken samen, en de resultaten van hun besprekingen worden vastgelegd in webgebaseerde software, Glass Frog geheten.

Met dit systeem kan iedereen in het bedrijf zien wie verantwoordelijk is voor welke rol en waar diegene mee bezig is. Glass Frog levert een to-dolijst waarmee teams inzicht krijgen in de dingen die ze moeten doen en verantwoording afleggen voor die taken.

Hoewel Tony Hsieh, de CEO van Zappos, nog steeds de loftrompet over zelfsturing blaast, is het onduidelijk of medewerkers zijn enthousiasme delen. Sommige medewerkers waren blij met de kans om onafhankelijker te werken. Nu de nadruk minder op ervaring en expertise ligt, is er meer aandacht voor verfrissende ideeën die lager uit de organisatie komen. Introverte medewerkers hebben baat bij de verwachting dat iedereen tijdens een vergadering zijn mond open doet. Andere medewerkers vonden de talrijke mandaten, de eindeloze vergaderingen en de onzekerheid over wie wat deed eerder verwarrend en frustrerend. Aan wie moesten ze rapporteren als er geen bazen waren? Wat werd er van hen verwacht als ze geen functietitel meer hadden, en op basis waarvan werd hun salaris bepaald? Binnen enkele weken nadat Zappos de holocratie omarmde, had ongeveer 14 procent van de medewerkers ontslag genomen. De uittocht van medewerkers heeft zich sindsdien voortgezet.

In 2015 bedroeg het verloop bij Zappos 30 procent, 10 procentpunten boven zijn gebruikelijke jaarlijkse verloop.

Treehouse Island, een online coding-school (IT-opleidingen) die is gevestigd in Portland (Verenigde Staten), had eveneens een platte organisatie. Medewerkers werkten vier dagen per week alleen aan projecten die ze leuk vonden, hoefden zelden een e-mail te sturen en hadden geen directe bazen. Toen groeide het bedrijf echter door naar zo'n 100.000 studenten voor de online opleidingen en had het 100 medewerkers. Sommige projecten werden niet afgemaakt en medewerkers waren onzeker over hun verantwoordelijkheden. Treehouse werd weliswaar niet gehinderd door bureaucratie, maar desondanks liep het werk vast. Zonder managers die projecten coördineerden en controleerden en die medewerkers aanmoedigden waren de werknemers van Treehouse minder productief dan ze hadden kunnen zijn. Volgens Treehouse-oprichter Ryan Carson was er niet echt een reden om hard te werken, omdat niemand van het bestaan van het werk afwist. Sommigen van Treehouse's beste medewerkers begonnen te geloven dat er niet zo veel van hen werd verwacht. Vragen over welke vakken onderwezen moesten worden leidden tot veel analyse en gepraat, maar leverden weinig antwoorden of plannen op. Michael Watson, die bij Treehouse de leiding had over de financiën en de bedrijfsvoering, schatte dat beslissingen over zaken zoals het ontwerp van de website van Treehouse twee keer zo lang duurden als nodig was. In het voorjaar van 2015 veranderde Treehouse gedeeltelijk van koers. Medewerkers werken nog steeds vier dagen per week, maar nu hebben ze leidinggevenden. Sinds die verandering werd ingevoerd, is de omzet gestegen, net als het aantal geproduceerde minuten video waarmee het bedrijf zijn studenten opleidt. De tijd die het duurt om op vragen van studenten te antwoorden is gedaald van 7 tot 3,5 uur. Nu rollen duidelijk zijn omschreven en leidinggevenden toezicht houden op de voortgang, werkt e-mail zelfs productieverhogend. Volgens Quy Huy, professor Strategie aan de prestigieuze bedrijfsopleiding Insead in Singapore, wordt het middenmanagement vaak afgedaan als symptoom van bedrijven die zich groter voordoen dan ze zijn, maar loopt de boel zonder hen in het honderd.

Bronnen: David Gelles, 'The Zappos Exodus Continues After a Radical Management Experiment,' *New York Times*, 13 januari 2016; Bourree Lam, 'Why Are So Many Zappos Employees Leaving?' *The Atlantic*, 15 januari 2016; Christopher Mims, 'Data Is the New Middle Manager,' *Wall Street Journal*, 19 april 2015; en Rachel Feintzeig, 'Radical Idea at the Office: Middle Managers,' *Wall Street Journal*, 18 april 2015.

Vragen bij de case

1. In welk opzicht verschillen platte organisaties van traditionele bureaucratische hiërarchieën?
2. Hoe heeft informatietechnologie het mogelijk gemaakt om het middenmanagement te saneren?
3. Met welke management-, organisatorische en technologische problemen zou je rekening houden als je over wilde stappen van een traditionele bureaucratie naar een plattere organisatie?
4. Kan technologie managers vervangen? Licht je antwoord toe.

neming. Internet vergroot de toegankelijkheid, opslagmogelijkheden en het aantal distributiekanalen voor informatie en kennis van organisaties. Internet kan dus de transactie- en agentkosten van de meeste organisaties drastisch verlagen. Beursmakelaars en banken in New York kunnen nu bijvoorbeeld hun interne handleidingen 'versturen' naar hun werknemers elders in de Verenigde Staten door ze op hun website te zetten, wat miljoenen euro's bespaart aan distributiekosten. Een wereldwijd team van vertegenwoordigers kan direct updates van prijs- en productinformatie krijgen via het web of instructies van het management ontvangen via e-mail of tekstberichten op smartphones en laptops. Verkopers kunnen toegang krijgen tot de interne websites van hun leveranciers om verkoopinformatie op te vragen en bestellingen te plaatsen.

Ondernemingen reorganiseren op basis van internettechnologie een groot aantal belangrijke bedrijfsprocessen en integreren deze technologie in hun IT-infrastructuren. Als de eerdere netwerkontwikkelingen een teken zijn van wat er nog komt, zal een gevolg hiervan zijn dat bedrijfsprocessen eenvoudiger worden, dat er minder werknemers nodig zijn en dat organisaties platter worden dan in het verleden.

3.2.4 Implicaties voor het ontwerp en het begrip van informatiesystemen

Om echte voordelen op te leveren moet bij het bouwen van informatiesystemen rekening worden gehouden met de organisatie waarvoor ze worden gebruikt en hoe ze kunnen bijdragen tot de besluitvorming door het management. Volgens onze ervaring zijn de volgende organisatorische factoren bij het plannen van een nieuw systeem het meest van belang:

- De omgeving waarin de organisatie moet functioneren.

- De structuur van de organisatie: hiërarchie, specialisatie, routines en bedrijfsprocessen.
- De cultuur en het beleid van de organisatie.
- Het type organisatie en haar leiderschapsstijl.
- De voornaamste belangengroepen die door het systeem worden beïnvloed en de houding van de medewerkers die het systeem zullen gebruiken.
- De soorten taken, beslissingen en bedrijfsprocessen die het informatiesysteem moeten gaan ondersteunen.

3.3 Informatiesystemen gebruiken voor de ondersteuning van de concurrentiestrategie

In vrijwel elke bedrijfstak doen sommige bedrijven het beter dan de meeste andere. Er is altijd een bedrijf dat erbovenuit steekt. In de zuivere online verkoop staat Amazon bovenaan, bij de winkelverkoop is Walmart 's werelds grootste retailer. Bij zoeken op het web wordt Google als de leider beschouwd.

Van bedrijven die het 'beter doen' dan andere wordt wel gezegd dat ze een concurrentievoordeel hebben. Ze hebben ofwel toegang tot speciale middelen die andere bedrijven niet hebben, of ze zijn in staat de gebruikelijke beschikbare middelen efficiënter te benutten, gewoonlijk door betere kennis- en informatiebronnen. In elk geval presteren ze beter in de zin van toenemende inkomsten, winstgevendheid of productiviteitsgroei (efficiëntie), wat zich op den duur vertaalt in hogere beursnoteringen dan de concurrenten.

Maar hoe bereiken sommige bedrijven concurrentievoordeel? Hoe kun je een bedrijf analyseren en zijn strategische doelen vaststellen? Hoe kun je een strategisch voordeel voor je eigen bedrijf ontwikkelen? En hoe dragen informatiesystemen bij aan strategische voordelen? Een antwoord op die vraag wordt gegeven door het concurrentiekrachtenmodel van Michael Porter.

3.3.1 Het concurrentiekrachtenmodel van Porter

Concurrentiekrachtenmodel
Model van Porter dat wordt gebruikt om de interactie van een organisatie en haar omgeving te beschrijven, vooral de bedreigingen en mogelijkheden, die van invloed zijn op de strategie en concurrentiepositie van een organisatie.

Zonder enige twijfel is het meest gebruikte model voor het begrijpen van concurrentievoordeel het **concurrentiekrachtenmodel** van Porter (zie figuur 3.8). Dit model biedt een algemeen beeld van de onderneming, de concurrenten en de omgeving van de onderneming. Eerder in dit hoofdstuk beschreven we al het belang van de omgeving van een onderneming en de afhankelijkheid van bedrijven van ondernemingen. Het model van Porter heeft alles te maken met de algemene bedrijfsomgeving van de onderneming. In dit model wordt het lot van de onderneming gevormd door vijf concurrerende krachten, die we hieronder bespreken.

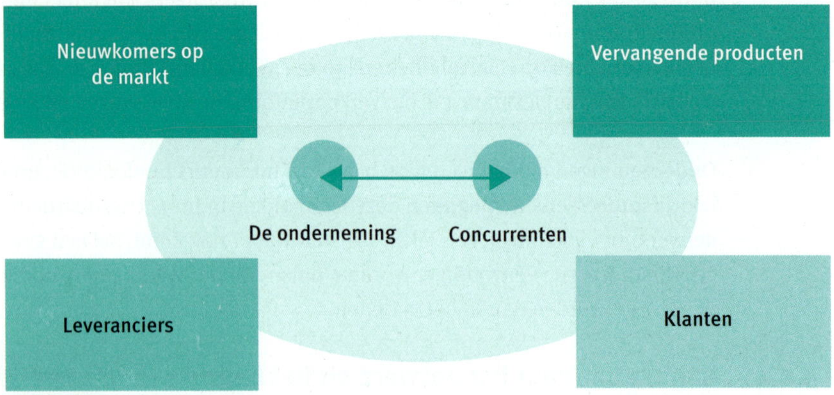

FIGUUR 3.8 *Het concurrentiekrachtenmodel van Porter*

In het concurrentiekrachtenmodel van Porter worden de strategische positie van de onderneming en haar strategieën niet alleen bepaald door concurrentie met de traditionele directe concurrenten, maar ook door vier andere krachten in de sector waarin men opereert: nieuwkomers op de markt, vervangende producten, klanten en leveranciers.

Traditionele concurrenten

Alle ondernemingen delen marktruimte met andere concurrenten die voortdurend nieuwe, efficiëntere productiemethoden bedenken door het introduceren van nieuwe producten en diensten. Daarnaast proberen ze continu de aandacht van klanten te trekken door naamsbekendheid op te bouwen en overstapkosten aan hun klanten op te leggen.

Nieuwkomers op de markt

In een vrije economie met mobiel werk en financiële middelen, komen er altijd nieuwe bedrijven op de markt. In veel branches zijn de drempels om toe te treden erg laag, terwijl het in andere branches juist erg lastig is. Zo is het bijvoorbeeld erg makkelijk om een pizzakoerierservice of een andere kleine detailhandel te beginnen, maar is het veel moeilijker om in de computerchipbusiness te beginnen, vanwege de zeer hoge investeringen en de zeer specialistische kennis die niet gemakkelijk te verkrijgen is. Nieuwe bedrijven hebben een aantal mogelijke voordelen: ze zitten niet vast aan oude gebouwen en apparatuur, ze huren vaak jongere mensen in die goedkoper zijn en mogelijk innovatiever, ze worden niet gehinderd door oude versleten merknamen en ze zijn 'gretiger' (sterker gemotiveerd) dan traditionele spelers in een branche. Deze voordelen zijn tevens hun zwakheden: voor nieuwe fabrieken en apparatuur zijn ze afhankelijk van externe financiering, wat een kostbare zaak kan zijn; ze hebben minder ervaren personeel in dienst en minder naamsbekendheid.

Vervangende producten en diensten

In nagenoeg iedere branche zijn er vervangende producten of diensten die je klanten zouden kunnen gebruiken als je prijzen te hoog worden. Nieuwe technologieën creëren voortdurend nieuwe vervangers. Ethanol kan benzine in auto's vervangen; plantaardige olie vervangt diesel in vrachtwagens; en wind- en zonne-energie en waterkracht zijn vervangers bij industriële elektriciteitsopwekking. Evenzo kan internet- en draadloze telefonie een vervanger zijn voor traditionele telefoniediensten. En natuurlijk is een internetmuziekdienst die je in staat stelt muziektracks naar een iPod of smartphone te downloaden een vervanger geworden voor muziekwinkels met cd's. Naarmate er binnen je branche meer producten en diensten zijn, heb je minder greep op de prijs en zul je lagere winstmarges behalen.

Klanten

Productdifferentiatie
Concurrentiestrategie om merkloyaliteit op te bouwen door nieuwe en unieke producten en diensten te ontwikkelen die niet eenvoudig door concurrenten gekopieerd kunnen worden.

Of een bedrijf winstgevend is, hangt in sterke mate af van het vermogen om klanten aan te trekken en te behouden (en ze weg te houden bij de concurrentie) en van de prijzen die worden gerekend. De macht van klanten neemt toe als ze gemakkelijk over kunnen stappen naar de producten en diensten van een concurrent, of als ze een bedrijf en zijn concurrenten kunnen dwingen puur op prijs te concurreren in een transparante markt met weinig **productdifferentiatie**, waarbij alle prijzen ogenblikkelijk bekend zijn (zoals op internet). Zo kunnen studenten (klanten) op de internetmarkt voor tweedehands studieboeken meerdere leveranciers van vrijwel elk veelgebruikt studieboek vinden. In dit geval hebben online klanten buitengewoon veel macht over de handelaren in tweedehands boeken.

Leveranciers

De macht over de markt van leveranciers kan een aanzienlijke invloed hebben op de winst van een onderneming, met name wanneer de onderneming de prijzen niet zo snel kan verhogen als de leveranciers. Naarmate een onderneming meer verschillende leveranciers heeft, kan ze meer invloed uitoefenen op leveranciers op het gebied van prijs, kwaliteit en leveringsschema's. Om een voorbeeld te geven: fabrikanten van laptops hebben vrijwel altijd meerdere concurrerende leveranciers van belangrijke componenten, zoals toetsenborden, harde schijven en beeldschermen.

3.3.2 Informatiesysteemstrategieën voor het omgaan met concurrerende krachten

Wat moet een onderneming doen die geconfronteerd wordt met al deze concurrerende krachten? En hoe kunnen bedrijven informatiesystemen benutten om enkele van deze krachten tegen te gaan? Hoe voorkom je vervangers en hoe verhinder je dat er nieuwkomers op de markt komen? Er zijn vier concurrentiestrategieën, die elk vaak mogelijk worden gemaakt door het gebruik van informatietechnologie en -systemen: zo veel mogelijk automatische besturing, productdifferentiatie, focus op marktniches en het versterken van de band met de klant en de leverancier.

Automatische besturing

Gebruik informatiesystemen om de laagste operationele kosten en de laagste prijzen te bereiken. Het klassieke voorbeeld van een bedrijf dat dit doet is Walmart. Door met behulp van een legendarisch geworden bevoorradingssysteem de prijzen laag en de schappen goed gevuld te houden, werd Walmart de Amerikaanse marktleider. Walmarts 'continue aanvulsysteem' verstuurt bestellingen voor nieuwe producten direct naar leveranciers zodra klanten hun aankopen bij de kassa afrekenen. Verkoopterminals slaan de streepjescodes voor elk product dat de kassa passeert op en sturen direct een aankooptransactie naar de centrale computer op het hoofdkantoor van Walmart. De computer verzamelt alle bestellingen van alle Walmart-winkels en geeft deze door aan de leveranciers. De leveranciers hebben via webtechnologie toegang tot de verkoop- en voorraadgegevens van Walmart.

Omdat dankzij het systeem de voorraad enorm snel kan worden aangevuld, hoeft Walmart maar weinig geld uit te geven aan opslag van grote voorraden goederen in de eigen magazijnen. Het systeem geeft Walmart ook de mogelijkheid de aankoop van producten aan te passen aan wensen van klanten in een specifieke regio. Concurrenten als Kmart besteden 24,9 procent van hun omzet aan overheadkosten, maar door deze systemen te gebruiken om bedrijfskosten laag te houden, geeft Walmart slechts 16,6 procent van de omzet uit aan overhead (gemiddeld is 20,7 procent van de verkopen in de detailhandel overhead).

Efficiënt klantresponssysteem
Systeem dat direct een link legt tussen het gedrag van de klant en distributie, productie en supply chains.

Het continue aanvulsysteem van Walmart is een voorbeeld van een **efficiënt klantresponssysteem**. Een efficiënt klantresponssysteem legt een directe link tussen gedrag van de klant en distributie, productie en de supply chain. Walmarts continue aanvulsysteem is een dergelijk efficiënt klantresponssysteem. Het op bestelling bouwen van computers door Dell Computer is een voorbeeld van een efficiënt klantresponssysteem dat reageert op activiteiten op het web.

© Betty LaRue/Alamy

Supermarkten en grote winkelketens als Walmart gebruiken omzetgegevens uit de kassasystemen om te bepalen welke artikelen zijn verkocht en moeten worden bijbesteld. Het aanvulsysteem van Walmart stuurt de bestellingen direct naar de leveranciers. Zo houdt Walmart de kosten laag, terwijl het aanbod in de winkels blijft voldoen aan de wensen van de klant.

Productdifferentiatie

Gebruik informatiesystemen om nieuwe producten en diensten mogelijk te maken, of het de klant gemakkelijker te maken je bestaande producten en diensten te gebruiken. Zo introduceert Google voortdurend nieuwe en unieke zoekdiensten op zijn website, zoals Google Maps. Door de overname in 2003 van PayPal, een elektronisch betalingssysteem, maakte eBay het voor klanten veel gemakkelijker om verkopers te betalen en op die manier breidde het bedrijf het gebruik van zijn veilingmarktplaats uit. Apple creëerde de iPod, een unieke draagbare digitale muziekspeler, plus iTunes, een online muziekwinkel waar songs kunnen worden gekocht voor 50 eurocent tot 1,39 euro per stuk. Apple bleef innoveren met producten als de multimediale iPhone en de iPad.

Fabrikanten en handelaren gebruiken informatiesystemen voor het creëren van producten en diensten die worden aangepast en gepersonaliseerd om aan te sluiten bij de precieze wensen van individuele klanten. Nike verkoopt bijvoorbeeld op de eigen website gepersonaliseerde sneakers via het NIKEiD-programma. Klanten kunnen zelf een type schoen, kleur, materiaal, zool en zelfs een eigen logo selecteren. Hun bestelling wordt dan via de computer doorgestuurd naar de fabriek in China of Korea. De sneakers hebben een levertijd van ongeveer drie weken.

Mass customization
Het vermogen om individueel op maat gemaakte producten of diensten aan te bieden met dezelfde middelen als massaproductie.

Dit vermogen om individueel op maat gemaakte producten of diensten aan te bieden met de middelen die ook gebruikt worden bij massaproductie wordt **mass customization** genoemd. In tabel 3.3 staan een aantal bedrijven genoemd die op informatietechnologie gebaseerde producten en diensten hebben ontwikkeld die door andere bedrijven lastig te reproduceren zijn of in elk geval veel tijd kosten om te reproduceren.

TABEL 3.3 *Nieuwe producten en serviceverlening dankzij IT-concurrentievoordeel*

Amazon: one-click shopping	Amazon heeft een patent op one-click shopping (waarbij de gebruiker, na de betaalgegevens te hebben opgegeven, met één muisklik een product kan aanschaffen) waarvan het een licentie aan andere online retailers verleent.
Online muziek: Apples iPod en iTunes	De iPod is een geïntegreerde handspeler met meer dan 43 miljoen songs in een online bibliotheek.
Golfclubcustomization: Ping	Klanten kunnen kiezen uit meer dan een miljoen soorten golfclubs; een bouwen-op-bestellingsysteem verstuurt hun clubs op maat binnen 48 uur.
Online betalingen tussen particulieren: PayPal	Maakt bankoverschrijvingen tussen verschillende bankrekeningen en tussen bankrekeningen en creditcardrekeningen mogelijk.

Focus op marktniches

Gebruik informatiesystemen om een specifieke marktgerichtheid mogelijk te maken en deze kleine doelmarkt beter te bedienen dan de concurrentie. Informatiesystemen ondersteunen deze strategie door het produceren en analyseren van gegevens voor zorgvuldig afgestemde verkoop- en marketingtechnieken. Informatiesystemen stellen bedrijven in staat kooppatronen, smaken en voorkeuren van klanten zo nauwkeurig te analyseren, dat ze reclame- en marketingcampagnes op steeds kleinere doelmarkten kunnen richten.
De gegevens zijn afkomstig van een reeks bronnen: creditcardtransacties, demografische gegevens, aankopen bij kassa's met scanner bij supermarkten en andere winkels, en verzamelde gegevens bij bezoeken aan en interacties met websites. Verfijnde computerprogramma's ontdekken patronen in deze grote hoeveelheden gegevens en leiden hier regels uit af voor het nemen van beslissingen. Op basis van de analyse van dergelijke gegevens kunnen met een-op-eenmarketing persoonlijke berichten gebaseerd op geïndividualiseerde voorkeuren worden gecreëerd. Een voorbeeld: het OnQsysteem van Hilton Hotels analyseert gedetailleerde gegevens van actieve gasten in alle facetten om van elke gast de voorkeuren en de winstgevendheid te bepalen. De Hilton-keten gebruikt deze informatie om zijn meest winstgevende klanten extra privileges te verlenen, zoals later betalen.
Customer-relationship-managementsystemen (CRM-systemen) zijn voor dit type intensieve data-analyse voorzien van analytische functies (zie hoofdstuk 2 en 9). Creditcardbedrijven kunnen met behulp van deze strategie voorspellen welke klanten de meeste winst opleveren. Ze verzamelen grote hoeveelheden gegevens over klantaankopen en ander gedrag en creëren op basis hiervan gedetailleerde profielen die aangeven of kaarthouders een hoog of laag kredietrisico vormen. De tools en technologieën die hiervoor worden gebruikt, worden besproken in hoofdstuk 6 en 12.

Band tussen klant en leverancier versterken

Informatiesystemen kunnen worden gebruikt om banden met leveranciers te versterken en nauwe banden met klanten te ontwikkelen. Fiat Chrysler Automobiles LLC gebruikt informatiesystemen voor het vergemakkelijken van rechtstreekse toegang voor leveranciers tot productieschema's, en staat leveranciers zelfs toe om te beslissen hoe en wanneer er voorraden naar de Chrysler- en Fiat-fabrieken worden gestuurd. Dit stelt leveranciers in staat meer tijd aan het produceren van goederen te besteden. Aan de klantzijde houdt Amazon.com bij welke voorkeuren klanten hebben bij de aankoop van boeken en cd's om vervolgens titels aan te bevelen die door andere klanten zijn gekocht. Sterke banden met klanten en leveranciers verhogen de **overstapkosten** (de kosten van het overschakelen van een product naar een concurrerend product) en de loyaliteit aan je bedrijf.

Overstapkosten
De kosten voor de klant of onderneming, in verloren tijd, geld of middelen, wanneer ze overstappen van de ene leverancier of het ene systeem naar een concurrent.

Tabel 3.4 geeft een overzicht van de hiervoor beschreven concurrentiestrategieën. Sommige bedrijven concentreren zich op een van deze strategieën, maar vaak volgen bedrijven gelijktijdig meerdere strategieën. Starbucks, de grootste gespecialiseerde koffieretailer ter wereld, levert unieke koffie van hoge kwaliteit, maar probeert ook te concurreren door in de kosten te snijden.

TABEL 3.4 *Vier basisconcurrentiestrategieën*

STRATEGIE	BESCHRIJVING	VOORBEELD
Lage kosten	Informatiesystemen gebruiken voor het produceren van producten en diensten tegen een lagere prijs dan concurrenten en intussen werken aan verbetering van kwaliteit en serviceniveau.	Walmart, Lidl, Ryanair
Productdifferentiatie	Informatiesystemen gebruiken voor het differentiëren van producten en het mogelijk maken van nieuwe diensten en producten.	Uber, Nike, Apple
Focus op marktniches	Informatiesystemen gebruiken voor het mogelijk maken van een gerichte strategie op één marktniche; specialiseren.	Hilton Hotels, Harrah's, large.nl en large.be
Band tussen klant en leverancier	Informatiesystemen gebruiken om sterke banden met leveranciers te ontwikkelen en nauwe banden met klanten te ontwikkelen.	Toyota Corporation, Amazon

3.3.3 De invloed van internet op concurrentievoordeel

Ook op internet gelden de traditionele concurrentiekrachten nog steeds, maar de rivaliteit is er nog veel intenser (Porter, 2001). Internettechnologie is gebaseerd op universele standaarden die elk bedrijf kan gebruiken, waardoor het bijvoorbeeld mogelijk is voor rivaliserende bedrijven om alleen op prijs te concurreren en de markt gemakkelijker toegankelijk wordt voor nieuwe spelers. Omdat informatie razendsnel te vinden is, heeft internet namelijk de onderhandelingspositie van klanten verbeterd; zij kunnen op internet zien waar ze iets het goedkoopst kunnen kopen. Winst maken wordt hierdoor steeds lastiger. Tabel 3.5 geeft een aantal negatieve gevolgen van internet voor bedrijven, zoals geïdentificeerd door Porter.

Internet heeft sommige branches vrijwel vernietigd en vormt een serieuze bedreiging voor een aantal andere. Zo zijn bedrijven die gedrukte encyclopedieën verkopen en ook reisbureaus bijna gedecimeerd als gevolg van internet. Op dezelfde manier heeft internet een enorme impact gehad op de detailhandel en op winkels die muziek, boeken, verzekeringen, software, telecommunicatie en kranten verkopen.

Internet heeft ook hele nieuwe markten gecreëerd, als basis gefungeerd voor duizenden nieuwe producten, diensten en bedrijfsmodellen en merken met een grote en solide klantenkring nieuwe kansen geboden. Amazon, eBay, iTunes, YouTube, Facebook, Travelocity en Google zijn hiervan goede voorbeelden. Eigenlijk 'transformeert' internet hele sectoren, omdat bedrijven worden gedwongen anders zaken te gaan doen.

Voor de meeste media vormde internet een enorme bedreiging voor de bedrijfsmodellen en winstgevendheid. De boekverkoop verloopt moeizaam, met uitzondering van school- en managementboeken, omdat steeds meer vormen van entertainment vechten om de vrije tijd van consumenten. Kranten en tijdschriften hebben het nog zwaarder te verduren: minder abonnees betekent ook minder advertenties en steeds meer nieuws is gratis online te vinden. De televisie- en filmwereld heeft moeten leren omgaan met 'piraten' die een deel van hun omzet afsnoepen en met online diensten die het streamen van video's en tv-programma's aanbieden.

TABEL 3.5 *Invloed van internet op concurrerende krachten en ondernemingsstructuren*

CONCURRERENDE KRACHT	INVLOED VAN INTERNET
Vervangend product/vervangende dienst	Biedt nieuwe substituten de mogelijkheid te komen met nieuwe benaderingen van prestatie-eisen.
Onderhandelingspositie klant	De mogelijkheid om mondiale prijs- en productinformatie te krijgen plaatst de klant in de sterkste onderhandelingspositie.
Onderhandelingspositie leverancier	Aankoop via internet versterkt de onderhandelingspositie van de leverancier. Leveranciers kunnen ook profiteren van lagere toetredingsbarrières en het wegvallen van distributeurs of andere tussenpersonen tussen hen en de gebruikers.
Dreiging van nieuwe toetreders	Internet verlaagt toetredingsbarrières, zoals het hebben van een verkoopstaf, toegang tot kanalen en apparatuur. Het biedt een technologie voor het onderhouden van bedrijfsprocessen die het eenvoudiger maken om andere dingen te doen.
Positionering en rivaliteit onder bestaande concurrenten	Vergroot de geografische markt, vergroot het aantal concurrenten en verkleint de verschillen tussen aanbieders. Maakt het lastiger om operationeel voordeel te behouden. Legt druk om te concurreren op prijs.

Slimme producten en het Internet of Things

Het toenemende gebruik van sensoren in producten voor de industriële en consumentenmarkt, ook wel het Internet of Things (IoT) genoemd, is een uitstekend voorbeeld van hoe internet de concurrentieverhoudingen binnen bedrijfstakken verandert en nieuwe producten en diensten voortbrengt. Nike, Under Armour, Gatorade en veel andere sport- en fitnessbedrijven investeren zwaar in wearables die je helpen om gezonder te leven en in fitnessapparatuur met sensoren die de activiteiten van de gebruiker doorgeven aan bedrijfscomputercentra waar de data kunnen worden geanalyseerd (zie ook de Interactieve sessie over technologie). Zoals we hebben beschreven in de afsluitende case van hoofdstuk 1, zitten tractoren van John Deere, Kubota en Mahindra vol met veldradar, gps-zendontvangers en honderden sensoren die de apparatuur in de gaten houden. GE zet een nieuwe bedrijfsactiviteit op door klanten met vliegtuigen en windturbines te helpen hun bedrijfsvoering te verbeteren door het onderzoek van de data die worden gegenereerd door de vele duizenden sensoren in de apparatuur. Zie de afsluitende case in hoofdstuk 12. Het resultaat wordt vaak aangeduid als 'slimme apparaten'; producten die deel uitmaken van het grotere geheel van de informatie-intensieve diensten die door bedrijven worden verkocht (Gandhi en Gervet, 2016; Davis, 2015; Porter en Heppelmann, 2014; Iansiti en Lakhani, 2014).

Inmiddels begrijpt men wat de impact is van slimme, met internet verbonden producten. Slimme producten bieden nieuwe functionaliteiten, grotere betrouwbaarheid en een hogere gebruiksintensiteit, terwijl ze gedetailleerde informatie opleveren die kan worden gebruikt om zowel de producten als de klantervaring te verbeteren. Ze bieden meer kansen tot product- en dienstendifferentiatie. Als je een draagbaar digitaal gezondheidsproduct koopt, krijg je niet alleen het product zelf, maar ook een breed scala aan diensten die afkomstig zijn uit de cloudservers van de fabrikant. Slimme producten verhogen in het algemeen overstapkosten en belemmeren de toegang van nieuwe spelers op een markt, aangezien bestaande klanten vast zitten in de softwareomgeving van het dominante bedrijf. Tot slot kunnen slimme producten de

Slimme producten, slimme bedrijven

Als je nu nog geen slimme producten gebruikt, zal dat niet lang meer duren. Je schoenen, je kleding, je horloge, je waterflesje en zelfs je tandenborstel worden uitgerust met sensoren en meetapparatuur die in verbinding staan met internet, zodat de prestaties ervan kunnen worden gevolgd en geanalyseerd.

Wat maakt dat voor verschil? Neem nu eens Nike, 's werelds grootste aanbieder van sportschoenen en -kleding. Nike heeft een serie op technologie gebaseerde producten gecreëerd en een ecosysteem van gadgets en diensten gebouwd rondom meetbare conditieverbetering door beweging. Het Nike+ ecosysteem verbindt Nikes bedrijfscomputersysteem met slimme apparaten als de Nike+ SportWatch GPS, de Nike+ FuelBand, de Nike+ Running App op mobiele apparaten (Apple en Android). Dit stelt Nike in staat om data te analyseren over individuele prestaties die de apparaten hebben verzameld om gebruikers te helpen om effectiever te trainen en te sporten. Het voegt ook waarde toe aan Nike-producten en vormt een reden om het merk te blijven gebruiken.

De Nike+ SportWatch GPS houdt je locatie, snelheid, afstand, aantal rondjes, aantal verbrande calorieën en (met de Polar Wearlink+) hartslag bij. De Nike+ Running App op je telefoon of een ander aan Nike gelieerd apparaat houdt je route, afstand, snelheid, aantal verbrande calorieën en tijd bij en geeft je audio-feedback tijdens het rennen. De Nike+ FuelBand activiteitentracker wordt om de pols gedragen en is verbonden met een Apple iPhone of iPad. De FuelBand stelt de drager in staat om zijn of haar fysieke activiteiten vast te leggen, het aantal stappen per dag en het aantal verbrande calorieën te tellen. De informatie die het apparaat verzamelt, wordt geïntegreerd in de online gemeenschap en telefoonapplicatie van Nike+ zodat dragers hun eigen doelstellingen kunnen bepalen, hun voortgang kunnen bijhouden op het ledscherm van het apparaat en vergelijkingen kunnen maken met anderen in de Nike-gemeenschap.

De door Nike ontwikkelde software vertaalt alle bewegingen die op de Nike-apparaten zijn vastgelegd in 'NikeFuel points'. Deze punten drukken prestaties uit, kunnen worden gedeeld met vrienden of worden gebruikt om anderen uit te dagen meer punten te halen. NikeFuel is Nikes universele maatstaf voor bewegingen die vergelijkingen mogelijk maakt – ongeacht iemands lengte, gewicht, sekse of activiteit – met eerdere prestaties, andere sporters, of een dagelijks gemiddelde (door Nike vastgesteld op 2.000 Fuel points). Gebruikers van verschillende Nike+ apparaten kunnen hun gegevens opzoeken op de website nikeplus.com en ook alle NikeFuel points die ze in hun leven hebben vergaard op hun Nike+ apparaten.

Nike ontwikkelt andere fitnesstechnologie die met Nike+ wordt geïntegreerd. Hoe meer mensen hun activiteiten meten met NikeFuel, hoe meer ze worden ingesloten in het Nike-ecosysteem en hoe moeilijker het wordt om naar een ander merk over te stappen. Door de manier waarop Nike informatie en technologie in zijn producten verwerkt, blijven mensen naar Nikes eigen website en apps terugkomen.

Nike gelooft dat technologie een radicale verandering teweegbrengt in zijn relatie met consumenten en dat Nike een bedrijf wordt dat naast producten ook diensten levert. Was voorheen de aankoop van een product meteen het einde van je relatie met het bedrijf, nu is de aanschaf van een Nike-product het begin van Nikes relatie met de consument. Hoe dieper die relatie, hoe meer consumenten het merk Nike zullen omarmen en trouw zullen blijven. Ook Under Armour, bekend om prestatiebevorderende kleding van technologisch geavanceerd materiaal, maakt zijn producten slimmer. Het bedrijf heeft voor 710 miljoen dollar mobiele apps als MyFitnessPal, MapMyFitness en Endomondo gekocht, waarmee het toegang heeft tot 's werelds grootste digitale gezondheids- en fitnessgemeenschap. Under Armour kan omzet genereren met advertenties in de apps, ook met advertenties door andere bedrijven, en met aankopen door gebruikers die via de apps kennis hebben gemaakt met Under-Armour-producten. Het platform is een onuitputtelijke bron van informatie over en inzicht in consumenten met interesse in fitness en gezondheid en het biedt talloze mogelijkheden voor Under Armour en andere merken om met potentiële en bestaande klanten in contact te komen. Als een gebruiker via sociale media verbinding maakt met de app, verzamelt MapMyFitness bijvoorbeeld data over diens naam, e-mailadres, geboortedatum, woonplaats, prestaties en profiel. Under Armour verkoopt geen herleidbare persoonlijke gegevens aan derden, maar levert adverteerders wel geaggregeerde informatie over app-gebruikers. Under Armour hoopt dat dagelijks gebruik van zijn smartphone-apps een sterkere band met klanten zal opbouwen en zal leiden tot hogere verkopen van zijn eigen kleding, schoenen en andere sportbenodigdheden. Under Armour werkt samen met webwinkel Zappos om gebruikers op basis van trainingsgegevens die in MapMyFitness-apps zijn vastgelegd, een pop-upbericht te sturen als hun sportschoenen aan vervanging toe zijn. Under Armour verwacht dat bewegingen en bioritme op termijn door de kleding zelf zal kunnen worden bijgehouden. Het merk heeft zijn eigen slimme schoeisel ontwikkeld, onder de naam UA SpeedForm Gemini 2 Record Equipped, dat zonder andere apparatuur de tijd, datum, duur, afstand en tussentijden van een hardloper bijhoudt. Het bedrijf werkt verder samen met smartphonebedrijf HTC aan de ontwikkeling van de UA HealthBox, een rode doos van 400 dollar met een wifiweegschaal om gewicht en lichaamsvet te meten, een borstband met afneembare hartslagsensor en een waterproof fitnessband om trainingen en slaappatronen bij te houden. De data die deze apparaten verzamelen worden bewaard in een Under Armour Record-app op een iPhone of Android-telefoon.

Gatorade, met een marktaandeel van 78 procent in de sportdrankenmarkt (in totaal goed voor 7,21 miljard dollar), ontwikkelt een drinkfles met een 'slimme dop' waarin een microchip digitaal communiceert met een soort pleister op de huid om sporters en gezondheidsfanaten continu te laten weten hoeveel ze moeten drinken. Volgens Gatorade verschilt de behoefte aan hydratie per persoon en varieert het zweetverlies tijdens het sporten van een halve tot twee liter per uur. Het bedrijf is van plan om tot wel twaalf verschillende formules te lanceren voor elektrolyten en koolhydraten in kleine doppen die op de drinkfles kunnen worden geklikt.

Gatorade begon zijn test van de slimme dop met de Braziliaanse voetbalploeg in de aanloop van het WK van 2014 en testte een nieuwe versie met het Boston Celtics basketbalteam en FC Barcelona. In de prototypes laten oplichtende lampjes spelers weten wanneer ze moeten drinken. Gebruikers kunnen hun eigen naam, teamlogo en shirtnummer op de fles laten aanbrengen.

Volgens Xavi Cortadellas, senior director innovatie en design bij Gatorade, vormen gepersonaliseerde voeding en de integratie van technologie in sport de volgende grenzen in prestaties. Gatorades moederbedrijf, PepsiCo, probeert actief uit te breiden naar markten buiten suikerhoudende frisdranken, en dit soort met technologie verrijkte producten biedt kansen.

Bronnen: Kate Taylor, 'Gatorade Is Developing a "Smart Cap" That Keeps Track of Hydration,' *Business Insider*, 21 maart 2016; Mike Esterl, 'Gatorade Sets Its Sights on Digital Fitness,' *Wall Street Journal*, 10 maart 2016; Edward C. Baig, 'Under Armour and HTC Team Up on Connected Fitness,' *USA Today*, 5 januari 2016; www.underarmour.com, geraadpleegd op 20 april 2016; www.nike.com, geraadpleegd op 19 april 2016; John Kell, 'Why Under Armour Is Making a Costly Bet on Connected Fitness,' *Fortune*, 21 april 2016; en Jared Linzdon, 'The Rise and Fall of Wearable Fitness Trackers,' *The Globe and Mail*, 5 januari 2015.

Vragen bij de case

1. Welke concurrentiestrategieën streven de in deze case beschreven bedrijven na?
2. Hoe houden informatietechnologie en slimme producten verband met deze strategieën? Beschrijf welke rol informatietechnologie in deze producten speelt.
3. Brengen deze slimme producten ook ethische kwesties met zich mee, bijvoorbeeld hun impact op de privacy van de consument? Licht je antwoord toe.

macht van leveranciers van industriële componenten breken, als, zoals veel mensen geloven, het fysieke product minder belangrijk wordt dan de software en hardware waarom het draait.

3.3.4 Het waardeketenmodel

Hoewel het concurrentiekrachtenmodel van Porter zeer nuttig is voor het vaststellen van concurrerende krachten en het aandragen van algemene strategieën, is het niet erg specifiek over wat er precies moet gebeuren en biedt het geen aanpak voor het bereiken van concurrentievoordelen. Als het je doel is om operationeel te excelleren, waar begin je dan? Op dit punt kan het waardeketenmodel nuttig zijn.

Waardeketenmodel Model dat benadrukt bij welke primaire of ondersteunende activiteiten die een marge of waarde toevoegen aan de producten of diensten van een onderneming informatiesystemen het best kunnen worden toegepast om het concurrentievoordeel te vergroten.

Het **waardeketenmodel** benadrukt bij welke specifieke activiteiten in het bedrijf concurrentiestrategieën het best kunnen worden toegepast (Porter, 1985) en waar informatiesystemen de meeste strategische impact zullen hebben. Het waardeketenmodel noemt specifieke, cruciale punten van verbetering waar een bedrijf informatietechnologie het effectiefst kan inzetten om de concurrentiepositie te verbeteren. Dit model ziet het bedrijf als een serie of 'keten' van basisactiviteiten die waarde toevoegen aan de producten of diensten van een bedrijf. Deze activiteiten kunnen worden opgedeeld in primaire en ondersteunende activiteiten (zie figuur 3.9).

Primaire activiteiten
Activiteiten die direct te maken hebben met de productie en distributie van de producten en diensten van de onderneming.

Primaire activiteiten hebben direct te maken met de productie en distributie van de producten en diensten van het bedrijf die van waarde zijn voor de klant. Primaire activiteiten zijn onder andere inkomende logistiek, productie, uitgaande logistiek, verkoop en marketing en klantenservice. Inkomende logistiek omvat het ontvangen en opslaan van materiaal voor distributie en productie. Productie transformeert de input tot eindproducten. Uitgaande logistiek omvat het opslaan en distribueren van eindproducten. Marketing en verkoop zijn het promoten en verkopen van de producten van het bedrijf. De dienstverlenende activiteiten zijn bijvoorbeeld onderhoud en reparatie van de producten.

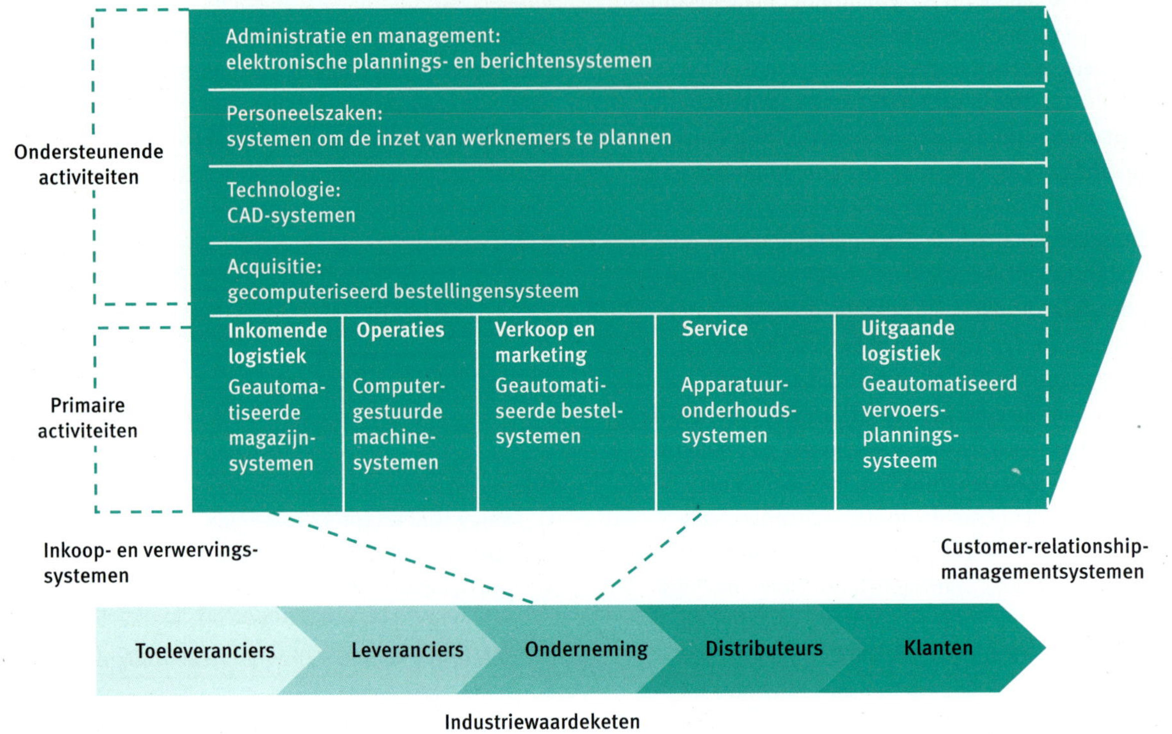

FIGUUR 3.9 *Het waardeketenmodel*

Deze figuur toont voorbeelden van systemen voor zowel primaire als ondersteunende activiteiten van een onderneming en haar waardepartners die een meerwaarde aan de producten of diensten van een bedrijf kunnen toevoegen.

Ondersteunende activiteiten
Activiteiten die de uitvoering van primaire activiteiten mogelijk maken. Bestaan uit de organisatorische infrastructuur, personeelszaken, technologie en acquisitie.

Ondersteunende activiteiten maken de uitvoering van primaire activiteiten mogelijk en bestaan uit de organisatorische infrastructuur (administratie en management), personeelszaken (rekrutering en training van werknemers), technologie (verbeteren van productie en het productieproces) en inkoop (aankoop van goederen en diensten).

In elke fase van de waardeketen kun je de vraag stellen: Hoe kunnen we informatiesystemen gebruiken voor het verbeteren van operationele efficiëntie en de band tussen klant en leverancier versterken? Dit dwingt je om kritisch te kijken naar hoe je in elke fase waardetoevoegende activiteiten uitvoert en hoe de bedrijfsprocessen kunnen worden verbeterd. Je zou je ook kunnen gaan afvragen hoe informatiesystemen kunnen worden gebruikt voor het verbeteren van de relatie met klanten en leveranciers die buiten de waardeketen vallen, maar wel tot de uitgebreide waardeketen van het bedrijf behoren en daardoor absoluut cruciaal zijn voor je succes. Hier zijn supply-chain-managementsystemen die de stroom van middelen naar je bedrijf coördineren, en customer-relationship-managementsystemen die je verkoop coördineren en je personeel ondersteuning bieden bij het omgaan met klanten, twee van de meest voorkomende systeemtoepassingen die uit een bedrijfswaardeketenanalyse voortkomen. Deze enterprisetoepassingen worden uitgebreider besproken in hoofdstuk 9.

Met behulp van het waardeketenmodel kun je ook overwegen je bedrijfsprocessen te vergelijken met die van je concurrenten of andere bedrijven in verwante branches (benchmarking),

Benchmarking
Het opstellen van strikte standaarden voor producten, diensten of activiteiten en het vergelijken van de prestaties van de organisatie met deze standaarden.

Best practices
De door een specifieke organisatie of branche ontwikkelde, meest succesvolle oplossingen of probleemoplossende methoden.

en best practices voor de branche vaststellen. **Benchmarking** is het vergelijken van de efficiëntie en de effectiviteit van je bedrijfsprocessen met strikte standaarden, en het vervolgens meten van de prestatie ten opzichte van deze standaarden. De **best practices** van een branche worden gewoonlijk vastgesteld door adviesbureaus, onderzoeksorganisaties, overheidsinstellingen en brancheverenigingen als zijnde de meest succesvolle oplossingen of probleemoplossende methoden voor het consistent en effectief bereiken van een bedrijfsdoelstelling.
Als je eenmaal de verschillende stappen in de waardeketen van je bedrijf hebt geanalyseerd, kun je een lijst met mogelijke toepassingen van informatiesystemen opstellen. Daarna kun je beslissen welke ervan je het eerst wilt ontwikkelen. Door verbeteringen aan te brengen in je eigen waardeketen die je concurrenten zouden kunnen missen, kun je concurrentievoordeel bereiken door operationeel excelleren, het verlagen van de kosten, verhogen van winstmarges en het versterken van de banden met klanten en leveranciers. Als je concurrenten in het ongunstigste geval soortgelijke verbeteringen doorvoeren, heb je in elk geval geen concurrentienadeel.

3.3.5 Het waardeweb

In figuur 3.9 is te zien dat de waardeketen van een bedrijf verbonden is met de waardeketens van zijn leveranciers, distributeurs en klanten. Tenslotte hangt de prestatie van de meeste bedrijven niet alleen af van wat er in een onderneming omgaat, maar ook van hoe goed de afstemming van het bedrijf is met directe en indirecte leveranciers, transportbedrijven (logistieke partners zoals FedEx of UPS), en, vanzelfsprekend, klanten.
Hoe kunnen informatiesystemen worden gebruikt om op bedrijfstakniveau een strategisch voordeel te behalen? Door samenwerking met andere organisaties kan informatietechnologie worden gebruikt om industriebrede standaarden te ontwikkelen voor het elektronisch uitwisselen van informatie of transacties. Invoering van deze standaarden leidt tot verhoging van de efficiëntie op zowel bedrijfstakniveau als bedrijfs- en ondernemingsniveau, waardoor nieuwkomers worden ontmoedigd. Hierdoor verkleint gebruik van deze standaarden de kans op vervangende producten. Ook kunnen ondernemingen industriebrede, met IT ondersteunde consortia en communicatienetwerken opzetten om hun activiteiten te coördineren met overheidsbeleid, concurrentie uit het buitenland en concurrerende industrieën.
Het bekijken van de waardeketens in je sector stimuleert je om na te denken over hoe informatiesystemen kunnen worden gebruikt om efficiënter met leveranciers, strategische partners en klanten om te gaan. Het strategisch voordeel hangt af van je vermogen om je eigen waardeketen te koppelen aan die van andere partners in het proces. Om een voorbeeld te geven: Amazon.com wil systemen bouwen die:

- het voor leveranciers gemakkelijk maken om goederen te laten zien en winkels op de Amazon-site te openen;
- het voor klanten gemakkelijk maken voor goederen te betalen;
- de verzending van goederen naar klanten coördineren;
- verzendvolgsystemen voor klanten ontwikkelen.

Waardeweb
Klantgestuurd netwerk van onafhankelijke bedrijven die informatietechnologie gebruiken voor het coördineren van hun waardeketens om gezamenlijk een product of dienst voor een markt te produceren.

Internettechnologie heeft het mogelijk gemaakt om de waardeketen zodanig uit te breiden dat deze alle leveranciers, zakenpartners en klanten met elkaar verbindt tot een **waardeweb**. Een waardeweb is een verzameling bedrijven die informatietechnologie gebruiken om hun waardeketens te coördineren en gezamenlijk een product of dienst voor een markt te produceren. Het is klantgerichter en opereert op een minder lineaire manier dan de traditionele waardeketen. Figuur 3.10 laat zien dat dit waardeweb de bedrijfsprocessen synchroniseert van klanten, leveranciers en handelspartners tussen verschillende bedrijven binnen een sector of binnen verwante sectoren. Deze waardewebs zijn flexibel en kunnen worden aangepast aan veranderingen in aanbod en vraag. In reactie op veranderende marktsituaties kunnen relaties worden gebundeld of juist van elkaar worden losgekoppeld. Bedrijven kunnen de tijd tot de markt en de klanten verkorten door hun waardewebrelaties te optimaliseren en snelle beslissingen te nemen over wie de vereiste producten of diensten voor de juiste prijs en op de juiste locaties kan leveren.

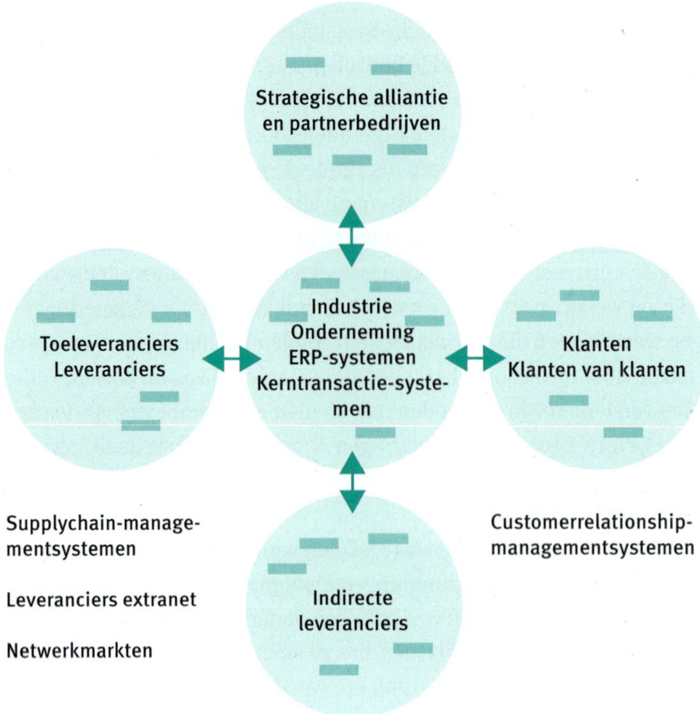

FIGUUR 3.10 *Het waardeweb*

Het waardeweb is een genetwerkt systeem dat de waardeketens van zakenpartners binnen een bedrijfstak kan synchroniseren om snel in te kunnen springen op veranderingen in vraag en aanbod.

3.3.6 Synergieën, kerncompetenties en netwerkstrategieën

Een grotere onderneming bestaat gewoonlijk uit verschillende afdelingen of divisies. Vaak is de organisatie in financieel opzicht georganiseerd als een verzameling strategische bedrijven of businessunits, en zijn de resultaten van de onderneming direct gekoppeld aan de strategische resultaten van deze afdelingen. Informatiesystemen kunnen de gehele prestatie van deze businessunits of afdelingen verbeteren door het benutten van synergieën en het versterken van kerncompetenties.

Synergieën

Synergie gaat uit van het idee dat wanneer bepaalde afdelingen kunnen worden gebruikt als input voor andere afdelingen, of wanneer twee organisaties hun markten en expertise kunnen bundelen, deze relaties de totale kosten kunnen verlagen en zo winst kunnen genereren. Precies om deze reden vinden heel wat fusies plaats tussen banken en financiële ondernemingen, zoals de fusie tussen JP Morgan Chase en de Bank of New York en die tussen de Bank of America en Countrywide Financial Corporation.

Eén toepassingsmogelijkheid voor informatietechnologie in deze synergiesituaties is het aan elkaar koppelen van de bedrijfsvoering van de verschillende afdelingen, zodat ze als één geheel kunnen werken. Bijvoorbeeld als grote nationale banken hypothecaire kredietverstrekkers overnemen, kunnen ze profiteren van heel wat nieuwe klanten die geïnteresseerd kunnen zijn in creditcards, consumentenkredieten en andere financiële producten. Informatiesystemen helpen gefuseerde banken de kosten van de filialen te verlagen en de marketing van financiële producten gezamenlijk te doen.

Kerncompetenties versterken

Nog een andere manier om informatiesystemen voor concurrentievoordeel te gebruiken is na te denken over manieren waarop systemen kerncompetenties kunnen versterken. Het argument hier is dat de prestaties van alle afdelingen kunnen worden verbeterd door als bedrijf één

Kerncompetentie
Activiteit waarin een onderneming uitmunt.

centrale set kerncompetenties te ontwikkelen. Een **kerncompetentie** is een activiteit waarin de organisatie uitmunt. Kerncompetenties van ondernemingen zijn bijvoorbeeld het kunnen produceren van glasvezelkabels, het ontwerpen van micro-onderdelen, het bezorgen van pakketten of het produceren van folie. In het algemeen is een kerncompetentie afhankelijk van de kennis die in de loop der jaren door ervaring (verzamelde kennis) is opgedaan, van onderzoek binnen de organisatie of gewoon van mensen die de literatuur lezen en op de hoogte blijven van de laatste ontwikkelingen.

Elk systeem dat het delen van kennis tussen verschillende afdelingen stimuleert, verbetert competenties. Deze systemen kunnen bestaande competenties stimuleren of verbeteren en werknemers helpen kennis op te doen over nieuwe externe gebeurtenissen; ze kunnen een onderneming ook helpen bestaande competenties in andere markten toe te passen.

Zo gebruikt Procter & Gamble (P&G), een wereldleider op het gebied van merkmanagement en consumentenproductinnovatie, een reeks systemen voor het uitbreiden van zijn kerncompetenties. P&G gebruikt een intranet, InnovationNet geheten, om mensen die aan vergelijkbare problemen werken te helpen bij het uitwisselen van ideeën en expertise. Het systeem verbindt mensen die werkzaam zijn in research and development (R&D), techniek, inkoop, marketing, juridische zaken en bedrijfsinformatiesystemen over de hele wereld met behulp van een portal dat via een browser toegang biedt tot documenten, rapporten, diagrammen, video's en andere gegevens uit verschillende bronnen. Het omvat een namenlijst van experts in de verschillende vakgebieden, die kunnen worden benaderd voor het geven van adviezen of om samen te werken aan het oplossen van problemen en productontwikkeling, en geeft koppelingen naar externe wetenschappelijke onderzoekers en ondernemers die wereldwijd zoeken naar nieuwe, innovatieve producten.

Netwerkstrategieën

De beschikbaarheid van internet en netwerktechnologie heeft geleid tot netwerkstrategieën die gebruikmaken van de mogelijkheden van bedrijven voor het opzetten van netwerken of het onderling netwerken. Tot netwerkstrategieën behoren het gebruik van netwerkeconomieën, een virtueel bedrijfsmodel en bedrijfsecosystemen. Deze strategieën worden hieronder besproken.

Netwerkeconomie
Model van strategische systemen op bedrijfstakniveau dat gebaseerd is op het concept van een netwerk waar het toevoegen van een nieuwe deelnemer geen marginale kosten meebrengt, maar wel in grotere marginale winsten kan resulteren.

Netwerkeconomie. De term **netwerkeconomie** verwijst naar marktsituaties waarin de gegenereerde economische waarde afhankelijk is van het aantal mensen dat een product gebruikt. Voor bepaalde producten en markten komt de echte economische waarde voort uit het feit dat andere mensen het product gebruiken. In deze situaties zijn er 'netwerkeffecten' aan het werk. Wat is bijvoorbeeld de waarde van een telefoon als deze niet is verbonden met miljoenen andere mensen? E-mail heeft waarde omdat het je in staat stelt om met miljoenen anderen te communiceren. Bedrijfsmodellen die op netwerkeffecten zijn gebaseerd hebben veel succes gehad op internet. Denk onder meer aan sociale media, software, berichtenapps en on demand bedrijven als Uber en Airbnb.

In de traditionele economie (de economie van fabrieken en landbouw) heeft de productie te maken met verminderde opbrengst. Hoe meer een bepaald middel wordt toegepast bij de productie, hoe lager de marginale winst bij de output wordt, totdat het punt wordt bereikt waarop aanvullende inputs geen aanvullende outputs meer produceren. Dit is de wet van de afnemende meeropbrengsten; de basis voor de meeste moderne economische theorieën.

In sommige situaties geldt de wet van de afnemende meeropbrengsten echter niet. In een netwerk zijn er bijvoorbeeld bijna geen marginale kosten voor het toevoegen van een extra deelnemer, terwijl de marginale winst veel groter is. Hoe groter het aantal deelnemers in een telefoonsysteem of op internet, hoe groter de waarde van dit systeem is voor alle deelnemers. Het is niet veel duurder om een televisiestation voor tien miljoen kijkers te organiseren dan een televisiestation voor duizend kijkers. En de waarde van een gemeenschap groeit met de omvang, terwijl de kosten van het toevoegen van nieuwe leden te verwaarlozen zijn. De waarde van Facebook voor gebruikers neemt sterk toe naarmate meer mensen het sociale netwerk gebruiken.

Vanuit het standpunt van deze netwerkeconomieën kan informatietechnologie van strategisch belang zijn. Internetsites kunnen door ondernemingen worden gebruikt voor het opbouwen van gebruikersgemeenschappen, zoals klanten die bereid zijn hun ervaringen te delen. Dit kan de loyaliteit en het plezier van de klant vergroten en unieke banden opbouwen met klanten. De online veilingreus eBay is hier een voorbeeld van. Het bedrijf is gebaseerd op een netwerk van miljoenen gebruikers en heeft met behulp van internet een online community opgebouwd. Hoe meer mensen producten op eBay aanbieden, des te waardevoller de eBay-site voor iedereen is, omdat er meer producten verkrijgbaar zijn en meer concurrentie tussen leveranciers tot lagere prijzen leidt. Ook kunnen netwerkeconomieën strategische voordelen bieden voor commerciële softwareleveranciers. De waarde van hun software en complementaire softwareproducten neemt toe naarmate er meer mensen gebruik van maken, waardoor er een steviger basis is om het gebruik van het product en de ondersteuning door de leverancier te rechtvaardigen.

Virtueel bedrijf
Organisatie die netwerken gebruikt om mensen, middelen en ideeën aan elkaar te koppelen om producten en diensten te maken en distribueren zonder te worden tegengehouden door de traditionele grenzen van de organisatie of fysieke locatie.

Virtueel bedrijfsmodel. Een andere netwerkstrategie gebruikt het model van een virtueel bedrijf voor het creëren van een concurrerend bedrijf. Een **virtueel bedrijf**, ook wel bekend als een virtuele organisatie, gebruikt netwerken voor het koppelen van mensen, middelen en ideeën, waardoor ze banden met andere bedrijven kunnen aangaan voor het creëren en distribueren van producten en diensten zonder beperkt te worden door de traditionele organisatorische grenzen of fysieke locaties. Een bedrijf kan de mogelijkheden van een ander bedrijf benutten zonder daar organisatorisch aan gebonden te zijn. Het virtuele bedrijfsmodel is nuttig wanneer een bedrijf het goedkoper vindt om producten, diensten of mogelijkheden van een externe leverancier in te huren of wanneer het snel moet handelen om nieuwe marktmogelijkheden te benutten en geen tijd en middelen heeft om snel te reageren.

Mondiale modebedrijven zoals GUESS, Ann Taylor, Levi Strauss en Reebok maken voor het managen van de productie en het transport van hun kleding gebruik van Li & Fung uit Hongkong. Li & Fung regelt de productontwikkeling, de bevoorrading van het ruwe materiaal, de productieplanning, de kwaliteitsgarantie en de verzending. Li & Fung heeft zelf echter geen stoffen, fabrieken of machines in eigendom, en besteedt al het productiewerk uit aan een netwerk van meer dan 15.000 leveranciers in veertig landen over de hele wereld. Klanten plaatsen bestellingen bij Li & Fung via hun eigen extranet. Li & Fung stuurt vervolgens instructies naar leveranciers van geschikte ruwe materialen en naar de fabrieken waar de kleding wordt geproduceerd. Het extranet van Li & Fung volgt bij elke bestelling het gehele productieproces.

Door als virtueel bedrijf te werken blijft Li & Fung flexibel en kan het zich snel aanpassen, zodat het de door zijn klanten bestelde producten vlot kan produceren en de snel veranderende modetrends kan bijbenen.

Bedrijfsecosystemen en Platforms. Internet en de opkomst van digitale ondernemingen vragen om enige aanpassing van het model van concurrentiekrachten binnen een sector. Het traditionele model van Porter gaat uit van een betrekkelijk statische sectoromgeving, betrekkelijk goed omschreven sectorgrenzen en een relatief stabiele groep leveranciers en klanten. Het model is gericht op de spelers uit de sector binnen een marktomgeving. Sommige van de huidige ondernemingen zijn zich er echter steeds meer van bewust dat ze niet alleen deel uitmaken van één sector, maar van een verzameling sectoren, die gerelateerde diensten en producten leveren (zie figuur 3.11). Een andere term voor deze zwak gekoppelde, maar onafhankelijke netwerken van leveranciers, distributeurs, uitzendbureaus, transportdiensten en technologieproducenten is **bedrijfsecosysteem** (Iansiti en Levien, 2004).

Bedrijfsecosysteem
Zwak gekoppelde, maar onafhankelijke netwerken van leveranciers, distributeurs, uitzendbureaus, transportdiensten en technologieproducenten.

Het concept van een bedrijfsecosysteem is gebaseerd op het idee van het eerder beschreven waardeweb, met als belangrijkste verschil dat er niet alleen samenwerking is tussen veel verschillende ondernemingen, maar ook tussen veel verschillende sectoren. Zo bieden bijvoorbeeld Microsoft en Facebook platforms die zijn samengesteld uit informatiesystemen, technologieën en diensten die door duizenden andere bedrijven in verschillende sectoren worden gebruikt om hun eigen mogelijkheden te vergroten (Van Alstyne e.a., 2016). Volgens een schatting van Microsoft zijn er meer dan 40.000 ondernemingen die het Windows-platform gebruiken om hun eigen producten af te leveren, de producten van Microsoft te ondersteunen en de waarde van Microsoft zelf uit te breiden. Facebook is een platform dat door miljarden mensen en miljoenen bedrijven wordt gebruikt om met elkaar in contact te blijven en informatie uit te wisselen, maar ook om talloze producten en diensten te kopen, te verhandelen en te verkopen.

Bedrijfsecosystemen zijn vaak gemaakt door een of een paar organisaties die het ecosysteem domineren, de zogenaamde hoeksteenbedrijven. Deze creëren de platforms die door alle andere organisaties worden gebruikt. Tot de hoeksteen- of keystonebedrijven in het ecosysteem van Microsoft behoren technologieproducenten zoals Intel en IBM. Tot de nichebedrijven behoren duizenden specialistische softwareapplicatiebedrijven, softwareontwikkelaars, dienstverlenende bedrijven, netwerkbedrijven en adviesbureaus die zowel ondersteuning bieden voor producten van Microsoft als producten van Microsoft gebruiken.

Informatietechnologie speelt een belangrijke rol bij het werken in bedrijfsecosystemen. Veel ondernemingen gebruiken informatiesystemen om zich te ontwikkelen tot hoeksteenbedrijven. In het tijdperk van de digitale onderneming kunnen we grotere nadruk op het gebruik van IT-ecosystemen verwachten omdat de kosten voor het deelnemen aan dergelijke ecosystemen zullen verminderen naarmate het platform groeit.

Individuele ondernemingen moeten nadenken over hoe hun informatiesystemen hen in staat kunnen stellen winstgevende nichespelers te worden in grotere ecosystemen, gecreëerd door hoeksteenbedrijven. Zo moet een bedrijf bij de besluitvorming over welke producten er moeten worden geproduceerd of welke diensten er moeten worden aangeboden nadenken over de bestaande bedrijfsecosystemen in relatie tot deze producten en hoe informatiesystemen zouden kunnen worden aangewend om deelname aan deze grotere ecosystemen mogelijk te maken.

Een krachtig recent voorbeeld van een zich snel uitbreidend ecosysteem is het mobiele internetplatform. Dit ecosysteem is opgebouwd uit leveranciers werkend in vier sectoren: apparatuurfabrikanten (Apple iPhone, Samsung Galaxy, Motorola, LG, en andere), bedrijven in draadloze telecommunicatie (AT&T, Verizon, MTN in Zuid-Afrika, STC Group in Saoedi-Arabië, Vodafone in Groot-Brittannië, Orascom in Egypte, en andere), onafhankelijke aanbieders van softwaretoepassingen (over het algemeen kleine bedrijven die games, toepassingen en ringtones verkopen) en internetserviceproviders (die als aanbieders van internetservice deelnemen aan het mobiele platform).

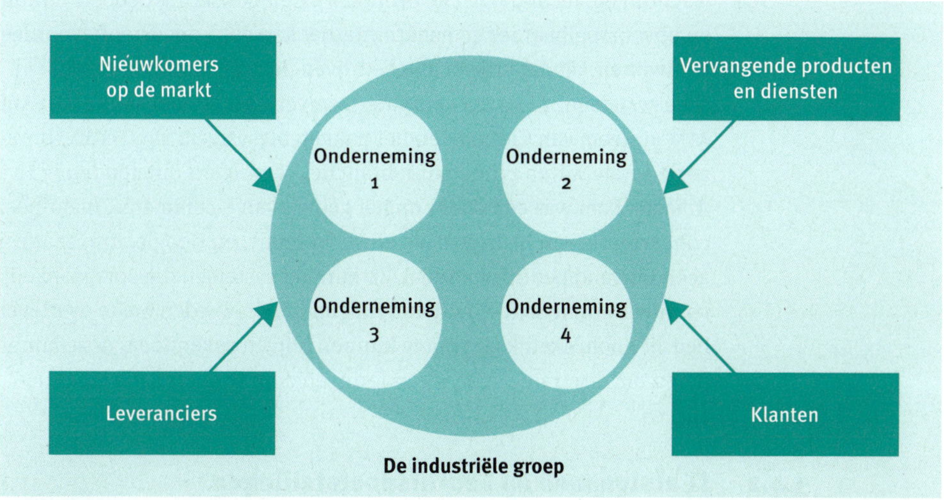

FIGUUR 3.11 *Een strategisch model voor een ecosysteem*

Het tijdperk van de digitale onderneming vereist een dynamischer kijk op de grenzen tussen industrieën, ondernemingen, klanten en leveranciers, met concurrentie tussen industrieopstellingen in een bedrijfsecosysteem. In het ecosysteemmodel werken meerdere branches samen om waarde aan de klant te leveren. Bij het mogelijk maken van een dicht netwerk van interacties tussen de deelnemende bedrijven speelt IT een belangrijke rol.

Elk van deze sectoren heeft zijn eigen geschiedenis, interesses en sturende krachten. Deze elementen komen echter samen in een soms coöperatieve en soms concurrerende nieuwe sector die we het mobiele digitale-platformecosysteem noemen. Apple is er meer dan andere bedrijven in geslaagd om leveranciers uit diverse sectoren tot een bedrijfsecosysteem te laten toetreden. Het is Apples missie om mobiele apparaten te verkopen die vrijwel net zo krachtig zijn als de supercomputers van voorheen. Deze apparaten werken uitsluitend met een hogesnelheidsbreedbandnetwerk, geleverd door mobiele-telefonieaanbieders. Om een groot klantenbestand aan te trekken moest de iPhone meer zijn dan alleen maar een mobiele telefoon. Apple differentieerde dit product door het maken van een smartphone waarop meer dan een miljoen verschillende nuttige toepassingen kunnen draaien. Apple kan niet al deze toepassingen zelf ontwikkelen. In plaats daarvan laat het de ontwikkeling hiervan over aan vele in het algemeen kleine, onafhankelijke softwareontwikkelaars en verkoopt het deze toepassingen in de iTunes Store. Op de achtergrond zijn ook de internetserviceproviders aanwezig, die geld verdienen wanneer iPhone-gebruikers het internet op gaan. Deze vier verschillende sectoren vormen samen een ecosysteem dat waarde creëert voor consumenten die ze geen van vieren op eigen kracht zouden kunnen creëren.

3.4 Strategische informatiesystemen voor concurrentievoordeel: managementvragen

Strategische informatiesystemen
Informatiesysteem dat de doelen, operaties, producten, diensten of omgevingsrelaties van een organisatie verandert om een concurrentievoordeel te bereiken.

Strategische informatiesystemen veranderen vaak zowel de organisatie als de producten, diensten en bedieningsprocedures, waardoor binnen de organisatie nieuwe gedragspatronen ontstaan. Het succesvol gebruik van informatiesystemen voor het bereiken van concurrentievoordeel is een uitdaging en vereist nauwkeurige coördinatie van technologie, organisaties en management.

3.4.1 Behouden van concurrentievoordeel

De concurrentievoordelen die strategische informatiesystemen met zich meebrengen duren niet noodzakelijk lang genoeg om langdurige winstgevendheid te garanderen. Omdat concurrenten revanche kunnen nemen en strategische systemen kunnen kopiëren, is het concurrentievoordeel niet altijd te handhaven voor een langere periode. Markten, klantverwachtingen, technologische evoluties en globalisering hebben veranderingen nog sneller en onvoorspelbaarder gemaakt. Internet kan een concurrentievoordeel zeer snel doen verdwijnen, omdat vrijwel alle bedrijven deze technologie gebruiken. Klassieke strategische systemen, zoals het computerreserveringssysteem SABRE van American Airlines, het ATM-systeem van Citibank en het pakketvolgsysteem van FedEx, profiteerden van het feit dat ze de eerste waren binnen hun branche. Vervolgens ontstonden er rivaliserende systemen. Amazon.com was een leider op het gebied van e-commerce, maar heeft nu te maken met concurrentie van bedrijven als eBay, Walmart, en Google. Informatiesystemen op zich bieden geen blijvend bedrijfsvoordeel. Zo kunnen systemen die oorspronkelijk als strategisch voordeel waren bedoeld uiteindelijk middelen worden om te overleven. Ze kunnen voor een bedrijf noodzakelijk zijn om te kunnen blijven zakendoen, of ze kunnen organisaties verhinderen om de strategische veranderingen door te voeren die essentieel zijn voor toekomstig succes.

3.4.2 IT afstemmen op bedrijfsdoelstellingen

Uit het onderzoek naar IT- en bedrijfsprestaties is gebleken dat (a) hoe succesvoller een bedrijf informatietechnologie kan afstemmen op zijn bedrijfsdoelen, des te winstgevender het zal zijn, en (b) slechts een kwart van de bedrijven afstemming van IT op de bedrijfsvoering bereikt. Circa de helft van de winst van een onderneming kan worden verklaard door de afstemming van IT op de bedrijfsvoering (Luftman, 2003).

De meeste bedrijven hebben een verkeerd beeld van informatietechnologie. Ze laten het een eigen leven leiden en het dient niet echt de belangen van het management en de aandeelhouders. In plaats van zakenmensen een actieve rol te laten spelen om IT naar de onderneming te vormen, negeren ze de IT, beweren er niets van te begrijpen en tolereren mislukkingen op IT-gebied als een vervelend probleem dat moet worden omzeild. Dergelijke bedrijven betalen vaak een forse prijs in de vorm van een slechte prestatie. Succesvolle bedrijven en managers begrijpen daarentegen wat IT kan doen en hoe het werkt, spelen een actieve rol in het gebruik ervan, en meten de invloed van IT op inkomsten en winst.

Checklist voor managers: een strategische systeemanalyse uitvoeren

Managers die geïnteresseerd zijn in het gebruik van informatiesystemen voor het behalen van een concurrentievoordeel zullen een strategische analyse moeten uitvoeren. Om vast te stellen welke typen systemen een strategisch voordeel voor hun bedrijven op zouden kunnen leveren, moeten managers zich de volgende vragen stellen:

- Wat is de structuur van de sector waartoe het bedrijf of de onderneming behoort?
  - Wat zijn enkele van de concurrerende krachten binnen de sector? Zijn er nieuwkomers binnen de sector? Wat is de invloed van leveranciers, klanten en plaatsvervangende producten en diensten op de prijzen?
  - Is de basis van concurrentie kwaliteit, prijs of merk?
  - Wat zijn de richting en aard van de veranderingen binnen de sector? Vanuit welke hoek is de impuls voor verandering afkomstig?
  - Hoe wordt informatietechnologie momenteel toegepast binnen de sector? Loopt de organisatie binnen zijn sector achteraan of voorop in zijn toepassing van informatiesystemen?
- Wat zijn de waardeketens van bedrijf, onderneming en sector voor deze specifieke onderneming?
  - Op welke manier creëert de onderneming waarde voor de klant: door lagere prijzen en transactiekosten of door hogere kwaliteit? Zijn er plaatsen in de waardeketen waar de onderneming meer waarde voor de klant en extra winst voor de onderneming zou kunnen creëren?
  - Begrijpt en stuurt de onderneming haar bedrijfsprocessen door gebruik te maken van de beschikbare best practices? Haalt de onderneming maximaal profijt uit supply-chain-managementsystemen, customer-relationship-managementsystemen en enterprisesystemen?
  - Benut de onderneming haar kerncompetenties?
  - Zijn de supply chain en het klantenbestand in de sector aan het veranderen op een manier waar de onderneming van zou kunnen profiteren of die de onderneming zou kunnen schaden?
  - Kan het bedrijf gebaat zijn bij strategische partnerships, waardewebs, ecosystemen, of platforms?
  - Waar in de waardeketen zullen informatiesystemen de grootste waarde voor de onderneming bieden?
- Is de IT afgestemd op de bedrijfsstrategie en -doelen?
  - Zijn de bedrijfsstrategie en -doelen op de juiste wijze geformuleerd?
  - Leidt IT tot verbetering van de juiste bedrijfsprocessen en activiteiten om deze strategie te promoten?
  - Worden de juiste maatstaven gebruikt om de voortgang te meten?

3.4.3 Strategische overgangen managen

Voor het gebruik van de soorten strategische systemen uit dit hoofdstuk zijn over het algemeen veranderingen nodig in bedrijfsdoelen, relaties met klanten en leveranciers, en bedrijfsprocessen. Deze sociotechnische veranderingen, die zowel sociale als technische elementen van

Strategische overgangen Een beweging van het ene niveau van een sociotechnisch systeem naar een ander niveau. Deze overgangen zijn vaak nodig wanneer strategische systemen worden toegepast waarbij de sociale en technische elementen binnen een organisatie moeten worden veranderd.

de organisatie raken, kunnen worden beschouwd als **strategische overgangen**: een verschuiving tussen niveaus van sociotechnische systemen. Dergelijke veranderingen leiden vaak tot een vervaging van grenzen, zowel binnen de organisatie als daarbuiten. Leveranciers en klanten moeten nauw met elkaar verbonden raken en elkaars verantwoordelijkheden kunnen delen. Managers moeten nieuwe bedrijfsprocessen bedenken voor het coördineren van de activiteiten van hun bedrijf met die van klanten, leveranciers en andere organisaties. De eisen voor veranderingen in de organisatie zijn dermate belangrijk dat we daar in het hele boek aandacht aan zullen besteden. Hoofdstuk 13 gaat uitgebreider in op veranderingskwesties binnen de organisatie.

SAMENVATTING

1. Welke kenmerken van organisaties moeten managers kennen om met succes informatiesystemen te bouwen en te gebruiken?

Alle moderne organisaties zijn hiërarchisch, gespecialiseerd en neutraal, en gebruiken expliciete routines om hun efficiëntie van werken te maximaliseren. Alle organisaties hebben hun eigen culturen en beleid, die voortkomen uit verschillen in doelgroepen, en ze worden beïnvloed door hun directe omgeving. Organisaties verschillen in doelen, bediende groepen, sociale rollen, leiderschapsstijlen, bonussen, typen uitgevoerde taken, en type structuur. Deze kenmerken helpen bij het verklaren van de verschillen in het gebruik van informatiesystemen tussen organisaties. Informatiesystemen en de organisaties waar ze worden gebruikt, werken op elkaar in en beïnvloeden elkaar.

2. Wat is de invloed van informatiesystemen op organisaties?

De introductie van een nieuw informatiesysteem zal de organisatiestructuur, doelstellingen, werkverdeling, waarden, concurrentie tussen belangengroepen, besluitvorming en dagelijkse bedrijfsvoering veranderen. Tegelijkertijd moeten informatiesystemen zo zijn ontworpen dat ze voldoen aan de behoeften van belangrijke groepen in de organisatie en worden ze beïnvloed door de organisatiestructuur, bedrijfsprocessen, doelstellingen, cultuur, politiek en management. Informatietechnologie kan transactie- en managementkosten verminderen en dergelijke veranderingen zijn sterker naar voren gekomen in organisaties die gebruikmaken van internet. Nieuwe systemen verstoren de vaste werkpatronen en machtsverhoudingen, dus is er vaak een aanzienlijke weerstand wanneer ze worden geïntroduceerd.

3. Hoe helpen het concurrentiekrachtenmodel van Porter, het waardeketenmodel, synergieën, kerncompetenties en netwerkeconomieën bedrijven bij het ontwikkelen van concurrentiestrategieën met gebruikmaking van informatiesystemen?

In het concurrentiekrachtenmodel van Porter worden de strategische positie van de onderneming en haar strategieën bepaald door concurrentie met de traditionele directe concurrenten. Daarnaast wordt deze beïnvloed door nieuwkomers op de markt, vervangende producten en diensten, leveranciers en klanten. Informatiesystemen helpen bedrijven bij het concurreren door het laag houden van de kosten, het differentiëren van producten en diensten, het richten op marktniches, het versterken van de banden met klanten en leveranciers, en het verhogen van de drempel tot toetreden op de markt door een hoge mate van operationeel excelleren.

Het waardeketenmodel benadrukt specifieke activiteiten in het bedrijf waar concurrerende strategieën en informatiesystemen de grootste invloed zullen hebben. In dit model wordt de onderneming gezien als een reeks primaire en ondersteunende activiteiten die waarde toevoegen aan de producten of diensten van een bedrijf. Primaire activiteiten houden direct verband met productie en distributie, terwijl ondersteunende activiteiten de levering van primaire activiteiten mogelijk maken. De waardeketen van een bedrijf kan worden verbonden met de waardeketens van zijn leveranciers, distributeurs en klanten. Een waardeweb bestaande uit informatiesystemen verhoogt het concurrentievermogen op brancheniveau, mede door het gebruik van standaarden en branchebrede consortia. Waardewebs stellen bedrijven in staat efficiënter met hun waardepartners samen te werken.

Omdat bedrijven zijn opgebouwd uit meerdere bedrijfseenheden, bereiken informatiesystemen een hogere efficiëntie of verbeteren ze hun dienstverlening door de operaties van verschillende bedrijfseenheden met elkaar te verbinden. Informatiesystemen helpen bedrijven bij het benutten van hun kerncompetenties door het bevorderen van het delen van kennis over verschillende bedrijfseenheden. Informatiesystemen maken bedrijfsmodellen mogelijk op basis van grote netwerken van gebruikers of abonnees die gebruikmaken van de netwerkeconomie. Een virtuele bedrijfsstrategie gebruikt netwerken om een koppeling met andere ondernemingen te maken, zodat een bedrijf gebruik kan maken van de mogelijkheden van andere bedrijven voor het bouwen, promoten en distribueren van producten en diensten. Bij bedrijfsecosystemen werken meerdere branches samen om waarde aan de klant te leveren. Informatiesystemen ondersteunen een dicht netwerk van interacties tussen de deelnemende bedrijven.

4. Wat zijn de uitdagingen die strategische informatiesystemen met zich meebrengen en hoe moeten ze worden opgepakt?
Het implementeren van strategische systemen vereist vaak een uitgebreide organisatorische verandering en een overgang van één sociotechnisch niveau naar een ander. Dergelijke veranderingen worden strategische veranderingen genoemd en zijn vaak lastig en moeilijk te bereiken. Bovendien zijn niet alle strategische systemen winstgevend, en kan het duur zijn om ze te bouwen. Veel strategische informatiesystemen kunnen gemakkelijk worden gekopieerd door andere bedrijven, zodat het strategisch voordeel niet altijd behouden blijft.

HERHALINGSVRAGEN

1. Welke kenmerken van organisaties moeten managers kennen om met succes informatiesystemen te bouwen en te gebruiken?

- Definieer een organisatie en vergelijk de technische definitie van organisaties met de gedragsdefinitie.
- Noem en beschrijf de kenmerken van organisaties die helpen bij het verklaren van verschillen in het gebruik van informatiesystemen door organisaties.
- Definieer disruptieve technologie en noem drie voorbeelden.

2. Wat is de invloed van informatiesystemen op organisaties?

- Beschrijf de belangrijkste economische theorieën die helpen verklaren hoe informatiesystemen organisaties beïnvloeden.
- Beschrijf de belangrijkste gedragstheorieën die helpen verklaren hoe informatiesystemen organisaties beïnvloeden.
- Verklaar waarom er een behoorlijke weerstand is tegen de introductie van informatiesystemen.
- Beschrijf de invloed van internet en verstorende technologieën op organisaties.

3. Hoe helpen het concurrentiekrachtenmodel van Porter, het waardeketenmodel, synergieën, kerncompetenties en netwerkeconomieën bedrijven bij het ontwikkelen van concurrentiestrategieën met gebruikmaking van informatiesystemen?

- Definieer het concurrentiekrachtenmodel van Porter en verklaar hoe het werkt.
- Beschrijf de verklaring van het concurrentievoordeel door het concurrentiekrachtenmodel.
- Noem en beschrijf vier concurrerende strategieën die bedrijven kunnen volgen, die mogelijk worden gemaakt door informatiesystemen.
- Beschrijf hoe informatiesystemen elk van deze concurrentiestrategieën kunnen ondersteunen en geef voorbeelden.
- Leg uit waarom het afstemmen van IT op bedrijfsdoelstellingen essentieel is voor het strategisch gebruik van systemen.
- Definieer en beschrijf het waardeketenmodel.
- Leg uit hoe het waardeketenmodel kan worden gebruikt voor het vaststellen van mogelijkheden voor informatiesystemen.
- Definieer het waardeweb en laat zien wat het verband is met de waardeketen.
- Leg uit hoe het waardeketenmodel bedrijven helpt bij het vaststellen van mogelijkheden voor strategische informatiesystemen.
- Beschrijf hoe internet concurrerende krachten en concurrentievoordeel heeft veranderd.
- Leg uit hoe informatiesystemen synergieën en kerncompetenties bevorderen.
- Beschrijf hoe het bevorderen van synergieën en kerncompetenties het concurrentievoordeel vergroot.
- Leg uit hoe bedrijven profiteren van de netwerkeconomie en ecosystemen.
- Definieer en beschrijf een virtueel bedrijf en de voordelen van het volgen van een virtuele bedrijfsstrategie.
- Definieer en beschrijf bedrijfsecosystemen en -platforms.

4. Wat zijn de uitdagingen die strategische informatiesystemen met zich meebrengen en hoe moeten ze worden opgepakt?

- Noem en beschrijf de managementuitdagingen die strategische informatiesystemen met zich meebrengen.
- Leg uit hoe een strategische systeemanalyse moet worden uitgevoerd.

DISCUSSIEVRAGEN

1. Er wordt gezegd dat strategische concurrentievoordelen eerder van korte duur zijn. Ben je het daarmee eens? Waarom wel of niet?
2. Wat wordt bedoeld met de zin 'IT zou hiërarchische organisaties platter moeten maken'?
3. Met welke factoren moet rekening worden gehouden als je wilt bepalen of internet je bedrijf concurrentievoordeel kan opleveren?

CASE

Deutsche Bank: de kosten van legacy-systemen

Deutsche Bank AG, opgericht in 1870, is met 2790 branches in zeventig landen een van 's werelds grootste financiële instellingen. Het biedt een breed scala aan financiële producten en diensten, waaronder retail en commerciële bancaire activiteiten, vreemde valuta, en diensten gericht op fusies en overnames. De bank biedt producten aan voor hypotheken, consumentenkredieten, creditcards, levensverzekeringen en bedrijfspensioenplannen, financiering van internationale handel en vermogensbeheerdiensten op maat voor vermogende privéklanten. Deutsche Bank is bovendien de grootste bank in Duitsland met 1845 vestigingen en speelt een belangrijke rol in de Duitse economie. In veel opzichten is Deutsche Bank de belichaming van het mondiale financiële systeem. Deutsche Bank heeft 's werelds grootste derivatenportefeuille, met een waarde van rond de 46.000 miljard dollar. Een financieel derivaat is een contract tussen twee of meer partijen waarvan de waarde afhankelijk is van, of afgeleid is van, een of meer onderliggende activa, zoals aandelen, obligaties, goederen, valuta en rentetarieven. Hoewel Deutsche Bank de bankencrisis van 2008, die gedeeltelijk was getriggerd door foute derivaten, heeft overleefd, worstelt de bank nu met enorme veranderingen in de bankensector, waaronder recente veranderde regels en angst voor een wereldwijde economische recessie. De bank moest 7,2 miljard dollar betalen om na klachten van de Amerikaanse toezichthouder dat ze giftige hypotheekeffecten had verkocht die bijdroegen tot de financiële crisis van 2008. Bovendien klaagde de Commodity Futures Trading Commission (CTFC) dat Deutsche Bank incomplete en voortijdige data over kredietverzuimswaps had voorgelegd, onvoldoende toezicht had gehouden op werknemers die verantwoordelijk waren voor het rapporteren van data over swaps en niet beschikte over een adequaat bedrijfscontinuïteits- en uitwijkplan. Een kredietverzuimswap is een soort kredietverzekeringscontract waarin een verzekeraar belooft om een verzekerde partij (bijvoorbeeld een bank) te compenseren voor verliezen die worden geleden als een debiteur (bijvoorbeeld een bedrijf) zijn schuld niet inlost, en deze swap kan door beide partijen op de financiële markt worden gekocht of verkocht. Kredietverzuimswaps zijn zeer complexe financiële instrumenten. Deutsche Bank heeft problemen met de Amerikaanse toezichthouders, doordat ze niet in staat is gebleken om te voldoen aan de rapportageverplichting voor swaps krachtens de Commodity Exchange Act en CFTC-regels. De CFTC heeft geklaagd dat het rapportagesysteem van Deutsche Bank voor swapdata op 16 april 2016 is uitgevallen, waardoor ze ongeveer vijf dagen lang voor meerdere vermogenscategorieën geen swapdata heeft kunnen rapporteren. De pogingen die Deutsche Bank vervolgens heeft ondernomen om de systeemuitval te beëindigen, heeft bestaande problemen meermaals verergerd en heeft geleid tot de ontdekking van nieuwe problemen met de rapportage. Zo lieten de rapportages die Deutsche Bank voorafgaand en na de systeemuitval over swapdata uitbracht structurele problemen zien met de integriteit van bepaalde datavelden, waaronder diverse

Legal Entity Identifiers. (Een Legal Entity Identifier, LEI, is een unieke identificatiecode voor alle juridische entiteiten die deelnemen aan financiële transacties.) De CFTC stelde dat een aantal van deze rapportageproblemen nog steeds voortduren en dat dit zowel invloed heeft op marktdata die aan het publiek beschikbaar worden gesteld als aan data die de CFTC zelf gebruikt om systemische risico's in alle swapmarkten te evalueren. In haar klacht stelde de CFTC ook dat de systeemuitval bij Deutsche Bank en de daaropvolgende rapportageproblemen mede waren opgetreden doordat Deutsche Bank niet beschikte over een adequaat bedrijfscontinuïteits- en uitwijkplan of andere geschikte toezichtsystemen.

Los van de hoge kosten die gemoeid waren met het omgaan met de toezichthouders en het betalen van de boetes was Deutsche Bank een zeer logge en dure bank om te besturen. Volgens de Amerikaanse toezichthouders was de verouderde technologie van Deutsche Bank een van de redenen waarom de bank niet altijd de correcte informatie kon leveren die nodig was om goed te functioneren en de toezichthouders tegemoet te komen. Slechte informatiesystemen kunnen zelfs hebben bijgedragen aan de financiële crisis. Banken hadden vaak moeite om de verhandelde complexe financiële producten te ontwarren teneinde hun onderliggende waarde te bepalen. Banken, ook Deutsche Bank, maken intensief gebruik van informatietechnologie en zijn van technologie afhankelijk om misstanden te zien. Als Deutsche Bank zo'n belangrijke spelers was in de Duitse en mondiale financiële stelsel, waarom waren haar systemen dan niet geschikt voor hun taak? Wat blijkt? Net als andere mondiale financiële bedrijven was Deutsche Bank het product van tientallen jaren fuseren en uitbreiden. Toen deze banken fuseerden of andere financiële bedrijven overnamen, lieten ze vaak na om de vereiste (en vaak verregaande) veranderingen uit te voeren om hun informatiesystemen te integreren met die van hun fusie- of overnamepartner. De inspanningen en kosten die gepaard gingen met deze integratie, inclusief de gezamenlijke coördinatie door verschillende managementteams, waren te groot. Dus lieten de banken veel oude systemen in stand om het werk in elk van die bedrijven uit te voeren. Zo creëerden ze elkaar overlappende en vaak incompatibele technologieplatforms en softwareprogramma's. Deze verouderde legacy-systemen waren bedoeld om grote aantallen transacties en geldbedragen te verwerken, maar ze waren niet bijster geschikt voor het beheer van grote banktransacties. Vaak boden ze niet de mogelijkheid om informatie gemakkelijk tussen afdelingen uit te laten wisselen of om het managementteam een coherent overzicht van banktransacties te bieden. Deutsche Bank had alleen al in Londen meer dan honderd verschillende reserveringssystemen voor transacties en geen gemeenschappelijke set codes om klanten in elk van deze systemen te identificeren. Het kon gebeuren dat elk van deze systemen een ander getal of een andere code hanteerde om dezelfde cliënt te identificeren, zodat het uitermate moeilijk, zo niet onmogelijk, was om aan te geven hoe al die systemen met diezelfde klant omgingen. Afzonderlijke teams en handelaren hadden hun eigen incompatibele platforms. De bank had opzettelijk een strategie gehanteerd waarbij teams tegen elkaar werden opgezet om hen aan te sporen, maar dit werkte het gebruik van verschillende systemen verder in de hand omdat concurrerende handelaren en teams niet bereid waren om data uit te wisselen. Toch moest de bank uiteindelijk, vaak handmatig, de data uit deze onvergelijkbare systemen met elkaar in overeenstemming brengen om transacties te kunnen verwerken en archiveren.

Deze situatie heeft het banken zeer lastig gemaakt om ambitieuze technologieprojecten uit te voeren voor de systemen die ze nu nodig hebben of in te voldoen aan reglementaire vereisten. Amerikaanse toezichthouders hebben kritiek geleverd op de verouderde technologie van Deutsche Bank die het haar onmogelijk maakte om essentiële informatie aan te leveren. Toezichthouders eisen dat financiële instituten hun wijze van risicomanagement verbeteren. De banken staan onder druk om hun verouderende computersystemen aan de vereisten te laten voldoen, maar bij tal van financiële instituten kan de IT-infrastructuur deze reglementaire druk niet bijhouden, laat staan de veranderende consumentenverwachtingen.

Deutsche Bank en andere banken moeten zich ook aanpassen aan nieuwe innovatieve technologieconcurrenten, zoals Apple, die zich in bankdiensten aan het indringen zijn. In juli 2015 werd John Cryan de CEO van Deutsche Bank. Hij heeft geprobeerd om kosten te drukken en de efficiency te verbeteren, waarbij duizenden werknemers hun baan hebben verloren. Ook neemt hij de gefragmenteerde en verouderde informatiesystemen bij Deutsche Bank onder handen; die vormden een grote belemmering voor kostenbesparingen en het aanboren van nieuwe bronnen van winst en groei. Cryan merkte op dat de kostenbasis van de bank was verhoogd door slechte en ineffectieve bedrijfsprocessen, inadequate technologie en te veel handmatig uitgevoerde taken. Hij heeft gevraagd om standaardisering van de systemen en procedures van de bank, uitbanning van legacy-software, standaardisering en uitbreiding van data, en verbetering van de rapportages. Cryan heeft technologiespecialist Kim Hammonds benoemd tot Chief Operating Officer om toe te zien op het herontwikkelen van de informatiesystemen en bedrijfsvoering van de bank. Eerder was Hammonds Global Chief Information Officer van Deutsche Bank en daarvoor was ze Chief Information Officer bij Boeing. Hammonds merkte op dat de informatiesystemen met vallen en opstaan functioneerden, alsof haar eerdere werkgever Boeing vliegtuigen de lucht in bracht, toekeek hoe ze verongelukten en vervolgens probeerde van die fouten te leren.

In februari 2015 kondigde Deutsche Bank een tienjarige miljardenovereenkomst aan met Hewlett-Packard (HP) om de IT-infrastructuur te standaardiseren en te vereenvoudigen, kosten te reduceren en een moderner en wendbaarder technologieplatform te creëren om nieuwe producten en diensten te introduceren. Deutsche Bank migreert naar een cloud-infrastructuur waarmee het haar informatiesystemen in de datacentra van HP zal laten draaien. HP levert computerdiensten, hosting en opslag. Deutsche Bank houdt de leiding over applicatieontwikkeling en informatiebeveiligingstechnologie, die ze beschouwt als eigen aan de onderneming en van cruciaal belang acht voor haar onderscheidend vermogen ten opzichte van de concurrentie. Hoogstwaarschijnlijk zal Deutsche Bank mobiele, web- en andere applicaties bouwen die zijn toegesneden op de gebruiksvoorkeuren van haar klanten, alsook computergestuurde handelssoftware. Deutsche Bank trekt zich terug uit zeer riskante klantrelaties, verbetert haar controleraamwerk en automatiseert handmatige overeenstemming.

Om haar IT-infrastructuur te moderniseren, zal de bank het aantal individuele besturingssystemen die computers aansturen terugbrengen van 45 naar 4, en zal talloze verouderde computers en achterhaalde softwareapplicaties vervangen. Duizenden applicaties en functies zullen migreren van de mainframes van Deutsche Bank naar de clouddiensten van HP. Het automatiseren van handmatige processen zal de efficiency en het toezicht verbeteren. Deze verbeteringen zullen naar verwachting de operationele kosten met 800 miljoen euro terugbrengen. Het afstoten van 6000 contractanten zal in totaal 1 miljard euro besparen.

Deutsche Bank is niet de enige bank die wordt gehinderd door problemen met het systeem. Gebrekkige IT was een van de redenen waarom de Amerikaanse tak van Banco Santander in 2016 niet door de jaarlijkse 'stresstests' van de Amerikaanse Federal Reserve kwam, die toetst hoe grote banken het er tijdens een nieuwe financiële crisis af zouden brengen. Volgens Peter Roe, Research Director bij het Britse TechMarketView, besteden banken nu ongeveer 75 procent van hun IT-budgets aan het in stand houden van bestaande systemen en activiteiten en slechts 25 procent aan innovatie. Een rapport van Accenture consultants uit 2015 stelde vast dat slechts 6 procent van de directieleden en 3 procent van de CEO's bij de grootste banken van de wereld beschikten over professionele ervaring met technologie. Meer dan twee vijfde (43 procent) van de banken hebben geen directieleden die beschikken over professionele ervaring met technologie. Aangezien veel van de grootste uitdagingen waar banken voor staan technologiegerelateerd zijn, betekent dat dat veel banken niet het vereiste begrip van technologie hebben om geïnformeerde beslissingen te nemen over technologie. Financiële technologische innovaties, beveiliging, weerbare IT en technologische implicaties van reglementaire veranderingen zijn nu kritieke kwesties voor bankdirecties, maar velen van hen beschikken niet over de expertise om deze kwesties op waarde te schatten en besluiten te nemen over strategie, investeringen en hoe technologische middelen het best kunnen worden ingezet.

Bronnen: Geoffrey Smith, 'Things You Should Know About the Deutsche Bank Train Wreck,' *Fortune*, 28 september 2016; Hayley McDowell, 'System Outage Sees Deutsche Bank Charged over Reporting Failures,' The Trade News, 19 augustus 2016; Derek du Preez, 'US Regulator Charges Deutsche Bank over Multiple Systems Failures,' Diginomica, 19 augustus 2016; Kat Hall, 'Deutsche Bank's Creaking IT Systems Nervously Eyeing Bins,' The Register, 27 oktober 2015; Martin Arnold en Tom Braithwaite, 'Banks' Ageing IT Systems Buckle Under Strain,' *Financial Times*, 18 juni 2015; Martin Arnold, 'Deutsche Bank to Rip Out IT Systems Blamed for Problems,' *Financial Times*, 26 oktober 2015; Ben Moshinsky, 'Deutsche Bank Has a Technology Problem,' Business Insider 20 oktober 2015; Edward Robinson en Nicholas Comfort, 'Cryan's Shakeup at Deutsche Bank Sees Tech Restart,' Bloomberg, 20 december 2015; Accenture, 'Bank Boardrooms Lack Technology Experience, Accenture Global Research Finds,' 28 oktober 2015.

Vragen bij de case

1. Benoem welk probleem in deze case wordt beschreven. Welke menselijke, organisatorische en technologische factoren hebben tot dit probleem bijgedragen?
2. Welke rol speelde informatietechnologie bij Deutsche Bank? Wat was het verband tussen IT en de operationele efficiency, het besluitvormend vermogen en de bedrijfsstrategie van de bank?
3. Maakte Deutsche Bank effectief gebruik van technologie om haar bedrijfsstrategie uit te voeren? Licht je antwoord toe.
4. Welke oplossing werd er voor Deutsche Bank voorgesteld? Hoe effectief denk je dat deze zal zijn? Licht je antwoord toe.

Met de projecten in dit onderdeel kun je praktische ervaring opdoen met het benoemen van informatiesystemen om een bedrijfsstrategie te onderbouwen en consumentenretentie te verbeteren, met het gebruik van een database om besluitvorming over de bedrijfsstrategie te verbeteren en met het gebruik van online tools om een auto te kiezen en de prijs te bepalen. Ga naar MyLab om naar de praktijkprojecten van dit hoofdstuk te gaan.

Problemen met directiebesluiten

1. De Marks & Spencer Group is een toonaangevende Britse warenhuisketen. De warenhuizen verkopen een breed assortiment artikelen. Het managementteam heeft besloten dat Marks & Spencer het assortiment meer moet aanpassen aan plaatselijke voorkeuren, en dat de kleuren, maten, merken en stijl van de kleding en andere artikelen moet worden gebaseerd op de verkooppatronen van elk afzonderlijk warenhuis. Hoe zouden informatiesystemen het management kunnen helpen om deze nieuwe strategie te implementeren? Welke soorten data zouden deze systemen moeten verzamelen om het managementteam te helpen de handelsbeslissingen te nemen die deze strategie onderbouwen?
2. T-Mobile heeft agressieve campagnes opgezet om klanten te trekken met lagere prijzen voor mobiele telefoons en heeft zo zijn klantenbestand uitgebreid. Het managementteam wil echter weten of er andere manieren zijn om klanten te trekken en te behouden. Wat vinden klanten van het niveau van klantenservice, de dekkingsgraad en de data-abonnementen? Hoe kunnen informatiesystemen het bedrijf helpen bij het vinden van het antwoord? Welke besluiten zou het management op basis van de informatie uit deze systemen kunnen maken?

Besluitvorming verbeteren: Met behulp van een database de bedrijfsstrategie verhelderen

Softwarevaardigheden: Database raadplegen en verslag uitbrengen, databaseontwerp

Zakelijke vaardigheden: Reserveringssystemen en klantanalyse

3. In deze oefening gebruik je databasesoftware om de reserveringstransacties voor een hotel te analyseren en verfijn je aan de hand van die informatie de bedrijfsstrategie en marketingactiviteiten van het hotel.
   In MyLab vind je een database voor hotelreserveringstransacties in Microsoft Access met informatie over de President's Inn in Cape May (New Jersey). De Inn heeft tien kamers aan de straatzijde, tien kamers met erkers die een beperkt uitzicht bieden op de oceaan, terwijl de resterende tien kamers aan de voorkant van het hotel uitkijken op de oceaan. De tarieven zijn gebaseerd op het type kamer, de verblijfsduur en het aantal gasten per kamer. Deze tarieven zijn hetzelfde voor een tot vier gasten. Er is ruimte voor een vijfde of zesde gast; die moet per persoon per dag 20 dollar extra betalen. Gasten die zeven dagen of langer blijven, krijgen een korting van 10 procent op hun dagelijkse kamerprijs.
   Momenteel hanteren de eigenaren een handmatig reserverings- en boekhoudsysteem dat al de nodige problemen heeft opgeleverd. Inventariseer op basis van de database de gemiddelde verblijfsduur, het gemiddeld aantal gasten per kamer, de basisomzet per kamer (dat wil zeggen verblijfsduur vermenigvuldigd met het dagtarief) en het sterkste klantenbestand. Schrijf na het beantwoorden van deze vragen een kort verslag over de huidige bedrijfssituatie en doe voorstellen voor toekomstige strategieën.

Besluitvorming verbeteren: Met behulp van online tools een auto kiezen en de prijs bepalen

Softwarevaardigheden: Webgebaseerde software

Zakelijke vaardigheden: Onderzoek doen naar productinformatie en prijsstelling

4. In deze oefening ga je met behulp van software op autowebsites op zoek naar productinformatie over een auto naar keuze en neem je op basis daarvan een belangrijke aankoopbeslissing. Ook evalueer je twee van deze websites als verkoophulpmiddelen. Je overweegt om een nieuwe Opel Corsa (of een andere auto naar keuze) te kopen. Ga naar de website van AutoTrack (www.autotrack.nl) en begin je onderzoek. Zoek de Opel Corsa op. Doe onderzoek naar de verschillende modellen, kies een model dat je voorkeur heeft op basis van prijs, opties en verkeersveiligheid. Zoek en lees ten minste twee reviews. Bezoek de website van de fabrikant, in dit geval Opel (www.opel.nl). Vergelijk de informatie op de Opel-website met die op autotrader.nl voor de Opel Corsa. Probeer in de prijslijst van een plaatselijke verkoper de laagste prijs te vinden voor de auto die je wilt kopen. Stel verbeteringen voor Autotrader.nl en Opel.nl voor.

SAMENWERKINGS- EN TEAMWORKPROJECT

Kansen voor strategische informatiesystemen benoemen

1. Kies met je team van drie of vier studenten een bedrijf dat wordt beschreven in een Engelstalige titel als *Business Week, Forbes, Fortune* of de *Wall Street Journal*, of doe online onderzoek. Zoek op de website van het bedrijf naar aanvullende informatie over dat bedrijf en kijk naar hoe het bedrijf gebruikmaakt van internet. Analyseer het bedrijf op basis van deze informatie. Beschrijf ook de eigenschappen van de organisatie, zoals belangrijke bedrijfsprocessen, cultuur, structuur en milieu, plus de bedrijfsstrategie. Doe voorstellen voor strategische informatiesystemen die geschikt zijn voor dat bedrijf, indien relevant ook systemen op basis van internettechnologie. Maak zo mogelijk gebruik van Google Docs en Google Drive of Google Sites om te brainstormen, te organiseren en een presentatie te maken van jullie bevindingen voor de rest van de klas.

MYLAB

Ga naar de opdrachten in MyLab om deze schrijfoefeningen te maken.

1. Beschrijf de impact van internet op elk van de vijf concurrentiekrachten.
2. Wat zijn de belangrijkste factoren die de relatie tussen informatietechnologie en organisaties bemiddelen en waarmee managers rekening moeten houden bij het ontwikkelen van nieuwe informatiesystemen? Geef een zakelijk voorbeeld van hoe elke factor de ontwikkeling van nieuwe informatiesystemen zou beïnvloeden.

Pearson | MyLab

Op **www.pearsonmylab.nl** vind je studiemateriaal en de eText om je begrip en kennis van dit hoofdstuk uit te breiden en te oefenen.

4 ETHISCHE EN MAATSCHAPPELIJKE VRAAGSTUKKEN TEN AANZIEN VAN INFORMATIESYSTEMEN

Na dit hoofdstuk ben je in staat om de volgende vragen te beantwoorden:

1. **Welke ethische, maatschappelijke en politieke vraagstukken werpen informatiesystemen op?**
2. **Welke specifieke gedragsprincipes kunnen richting helpen geven aan ethische beslissingen?**
3. **Waarom zijn de huidige informatiesysteemtechnologie en internet problematisch voor de bescherming van individuele privacy en intellectueel eigendom?**
4. **Welke invloed hebben informatiesystemen gehad op aansprakelijkheidswetgeving en de dagelijkse kwaliteit van het leven?**

OPENINGSCASE

De schaduwzijde van big data

Tegenwoordig maken organisaties volop gebruik van big data, om er voordelen mee te behalen. Hier bestaan veel succesverhalen over. Zo gebruikt het biofarmaceutische bedrijf Berg big data over weefselmonsters van patiënten, hun klinische geschiedenis en demografische kenmerken om biomarkers voor alvleesklierkanker vast te stellen, waarmee deze ziekte veel eerder kan worden opgespoord en effectiever kan worden behandeld. De stad Barcelona heeft haar jaarlijkse waterrekening met 25 procent teruggebracht door de vochtigheid van de aarde in de gaten te houden aan de hand van analyse van data uit sensoren in stadsparken. Maar big data hebben ook een schaduwzijde, en die heeft alles te maken met privacy. We kunnen nu op veel grotere schaal dan ooit data analyseren en datgene wat we over personen ontdekken gebruiken op manieren die schadelijk voor hen kunnen zijn. Hieronder volgen enkele voorbeelden.

Preventief politietoezicht

In februari 2014 stuurde het politiekorps van Chicago geüniformeerde agenten op huisbezoek bij personen – vooral bendeleden – die volgens een computersysteem met enige waarschijnlijkheid in de toekomst een misdaad zouden plegen. De bedoeling was om misdaden te voorkomen door de geselecteerde personen informatie te bieden over arbeidsmarktgerichte scholingsprogramma's, of over verhoogde straffen voor mensen uit bepaalde milieus. Veel buurtorganisaties protesteerden tegen deze praktijken die ze zagen als de zoveelste vorm van etnische profilering.

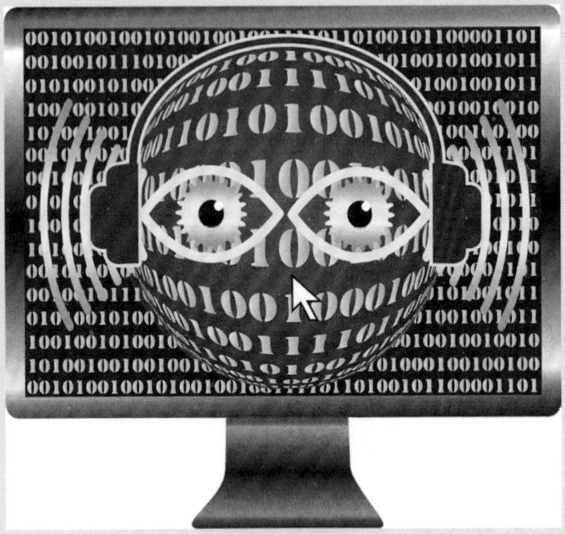

Foto: © Sangoiri/123RF

Verzekeringspremies

Autoverzekeraars als ANWB in Nederland en Progressive in Amerika leveren een apparaatje voor in je auto dat je rijgedrag analyseert, zogenaamd om je een gunstigere premie te kunnen bieden. Sommige van de criteria voor een lagere autoverzekeringspremie werken echter discriminatie in de hand.
Zo zijn verzekeraars dol op mensen die niet 's avonds laat rijden en niet veel tijd in hun auto doorbrengen. Mensen uit lagere-inkomensgroepen werken echter vaker late diensten en hebben grotere woon-werkafstanden, wat hun autoverzekeringspremies opschroeft.
Deloitte Consulting LLP ontwikkelde een voorspellend modelleringssysteem voor aanvragers van een verzekering dat de levensverwachting voorspelt door gebruik te maken van data over het koopgedrag van individuele consumenten en van het medisch dossier van henzelf en hun familie. Volgens het bedrijf kan het op basis van koopgedraganalyse zorgvuldig voorspellen of mensen 1 van in totaal 17 ziekten hebben, waaronder diabetes, tabakgerelateerde kanker, hart- en vaatziekten en depressie. Wat je bij de drogist koopt, kan zo je ziektekostenpremie verhogen.

Gecomputeriseerde werving en selectie

Steeds meer bedrijven kiezen voor computersystemen voor de werving en selectie van sollicitanten, vooral als het gaat om lager betaalde servicegerichte banen. De algoritmen die deze systemen hanteren om sollicitanten te beoordelen kunnen verhinderen dat op zich geschikte kandidaten deze banen krijgen. Zo hebben sommige algoritmen besloten dat mensen met korte woon-werkafstanden statistisch gezien langer bij hun baas blijven dan mensen met langere woon-werkafstanden. Dit geldt tevens voor mensen met minder betrouwbaar vervoer of mensen die pasgeleden zijn verhuisd. Op de vraag 'Hoelang moet u reizen?' scoren sollicitanten met een lange reistijd lager voor de beoogde baan. Zulke overwegingen zijn dan statistisch gezien misschien juist, maar is het eerlijk om sollicitanten op deze manier te screenen?

Financieel kwetsbare personen benaderen

Databrokers zijn al tientallen jaren actief, maar hun instrumenten om grote hoeveelheden persoonlijke gegevens te verzamelen en gedetailleerd te analyseren worden steeds krachtiger. Deze databrokers verkopen nu rapporten die speciaal gericht zijn op financieel kwetsbare personen. Een databroker kan bijvoorbeeld een rapport over gepensioneerden met weinig tot geen spaargeld verkopen aan een bedrijf dat omgekeerde hypotheken, dure leningen of andere financieel riskante producten aanbiedt. Er bestaat weinig wet- en regelgeving om te voorkomen dat kwetsbare groepen de dupe worden van dit soort praktijken. De privacywetgeving is nog nauwelijks aangepast aan de big-datatechnologie. De nieuwe GDPR/AVG wetgeving (General Data Protection Regulation/Algemene Verordering Gegevensbescherming) heeft hier wel meer aandacht voor.

Bronnen: Brian Brinkmann, 'Big Data Privacy: What Privacy?' Business2community, 2 maart 2016; Bernard Marr, 'The 5 Scariest Ways Big Data Is Used Today,' *DataInformed*, 20 mei 2015; Victoria Craig, 'Berg Hopes Big Data Will Lead to Breakthrough for Pancreatic Cancer', *Fox Business*, 11 juni 2015; en 'Police Gang-warning Tactic of "Custom Notifications" Is Working,' *Chicago Sun-Times*, 27 maart 2014.

De manieren waarop big data indruisen tegen privacy, zoals in de openingscase beschreven, laten zien dat technologie een tweesnijdend zwaard kan zijn. Het kan diverse voordelen met zich meebrengen, zoals de mogelijkheid om ziekte en misdaad te bestrijden, of om grote kostenbesparingen en efficiencyslagen voor bedrijven te realiseren. Tegelijkertijd creëert de digitale technologie nieuwe mogelijkheden om inbreuk te maken op je privacy en om gegevens te gebruiken op een manier die schadelijk voor je kan zijn.
Het diagram aan het begin van het hoofdstuk verwijst naar belangrijke punten die de openingscase en dit hoofdstuk worden aangeroerd. Ontwikkelingen in datamanagementtechnologie en-analyse bieden bedrijven mogelijkheden om met behulp van big data de bedrijfsvoering en

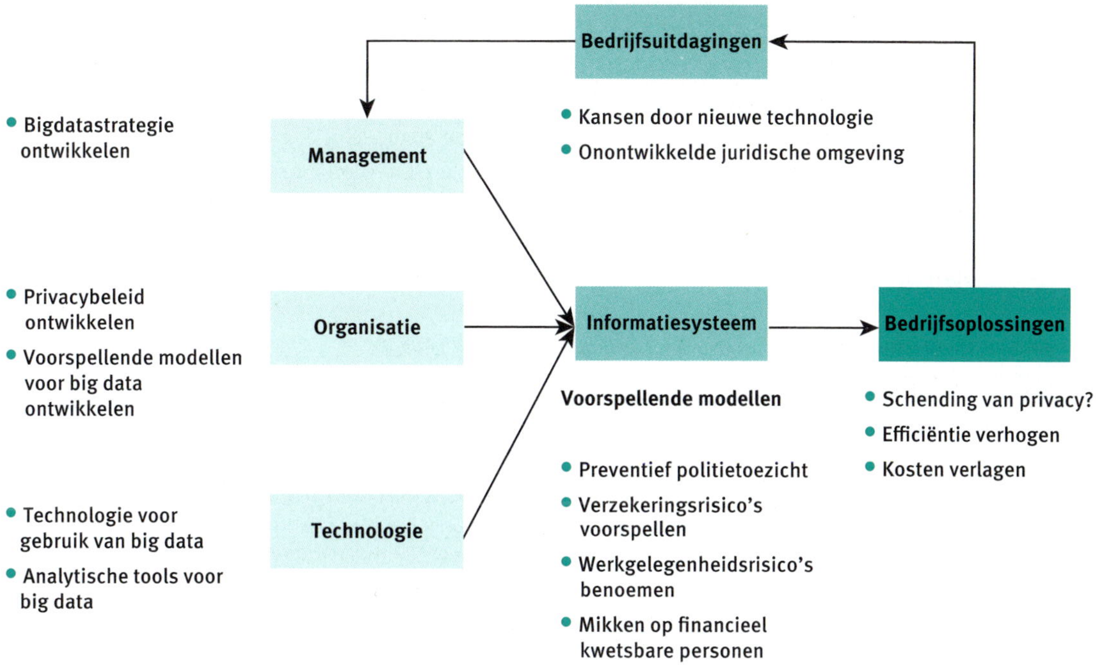

besluitvorming te verbeteren. Eén populaire toepassing van big data-analyse is die van voorspellingsmodellen – data doorspitten om toekomstig gedrag en reacties van specifieke personen vast te stellen. De hier beschreven organisaties hebben baat bij het gebruik van voorspellingsmodellen om misdaad te bestrijden, de beste sollicitanten aan te nemen en de risico's van verzekeringen en leningen te verlagen. Daarentegen is hun gebruik van big data ongunstig voor de desbetreffende personen. Mensen kunnen de dupe worden van discriminatie door de werkgever, etnische profilering of hogere verzekeringspremies, doordat organisaties nieuwe hulpmiddelen gebruiken om grote hoeveelheden gegevens over hen te verzamelen en te analyseren.

Er moeten nieuwe wetgeving en beleid worden ontwikkeld ter bescherming van de privacy als tegenwicht voor de technologieën om big data te verzamelen en te analyseren. Deze case betreft een ethisch dilemma, want er spelen tegengestelde belangen: enerzijds de belangen van organisaties die meer winst maken of zelfs veel mensen hebben geholpen met medische doorbraken, en anderzijds de belangen van degenen die hartstochtelijk geloven dat de analyse van big data door bedrijven en openbare organisaties inbreuk maakt op andermans privacy of personen schaadt. Als manager zul je oog moeten hebben voor de positieve én de negatieve invloeden van informatiesystemen op je bedrijf, werknemers en klanten. Je zult moeten leren hoe je ethische dilemma's met betrekking tot informatiesystemen oplost.
Enkele vragen om over na te denken: *Roept het analyseren van big data over mensen een ethisch dilemma op? Waarom, of waarom niet? Moet er nieuwe privacywetgeving komen om personen te beschermen tegen bedrijven die big data analyseren? Waarom, of waarom niet?*

4.1 Welke ethische, maatschappelijke en politieke vraagstukken werpen informatiesystemen op?

De afgelopen tien jaar mogen wel een van de zwaarste periodes voor het Europese en het mondiale zakenleven genoemd worden. Tabel 4.1 geeft een beknopt overzicht van recente voorbeelden van ethische beoordelingsfouten door senior- en middenmanagement. Deze ethische en zakelijke beoordelingsfouten kwamen in een breed scala aan sectoren voor.
In de huidige mondiale juridische omgeving worden managers die de wet overtreden veroordeeld en kunnen ze in de gevangenis belanden. De Amerikaanse federale strafmaatricht-

snoeren die in 1987 zijn aangenomen, leggen zakenmensen strenge straffen op die in overeenstemming zijn met het geldbedrag dat met de misdaad gemoeid is, de aanwezigheid van een samenzwering om ontdekking van de misdaad te voorkomen, het gebruik van gestructureerde financieringstransacties om de misdaad te verdoezelen en het niet meewerken met officieren van justitie (Amerikaanse Strafmaatcommissie, 2004). Internationale verdragen en Interpol hebben het, dankzij wereldwijde informatiesystemen, mogelijk gemaakt om bedrijfsmanagers die worden verdacht van criminele activiteiten overal ter wereld uit te zetten, te vervolgen, te arresteren en vast te zetten.

TABEL 4.1 *Recente voorbeelden van ethische beoordelingsfouten door senior managers*

Volkswagen (2015)	Volkswagen stemt ermee in om Amerikaanse consumenten en instanties 14,7 miljard dollar te betalen en bijna 500.000 dieselauto's met gemanipuleerde emissiesoftware te vervangen. Staat wereldwijd aanvullende boetes te wachten.
General Motors Inc. (2015)	De CEO van General Motors geeft toe ruim tien jaar defecte ontstekingsschakelaars te hebben verdoezeld, wat ten minste 114 klanten het leven heeft gekost. Wereldwijd moeten ruim 100 miljoen voertuigen worden vervangen.
Takata Corporation (2015)	De directie van Takata geeft toe dat ze jarenlang hebben gezwegen over defecte airbags in miljoenen auto's. Nog altijd moeten de airbags in 100 miljoen auto's worden vervangen.
Citigroup, JPMorgan Chase, Barclays, UBS (2012)	Vier van de grootste bankinstellingen ter wereld hebben toegegeven schuldig te zijn aan manipulatie van het LIBOR-rentetarief dat wordt gebruikt om wereldwijd leenrentetarieven vast te stellen.
SAC Capital (2013)	SAC Capital, een hedgefonds dat wordt geleid door oprichter Steven Cohen, geeft toe schuldig te zijn aan handel met voorkennis en stemt in met het betalen van een recordboete van 1,2 miljard dollar. Het bedrijf werd bovendien gedwongen zich uit geldbeheer terug te trekken. Afzonderlijke handelaren bij SAC werden schuldig bevonden aan strafrechtelijke klachten en tot gevangenisstraffen veroordeeld.
GlaxoSmithKline LLC (2012)	Deze wereldwijd opererende gezondheidszorgreus gaf toe de wet te hebben overtreden door reclame te maken voor bepaalde op recept verkrijgbare geneesmiddelen, bepaalde veiligheidsgegevens onvermeld te laten en wettelijk aansprakelijk te zijn voor de vermeende opgave van verkeerde productprijzen. De boete was met 3 miljard dollar de hoogste schikking voor gezondheidszorgfraude in de Amerikaanse geschiedenis en het hoogste bedrag dat ooit door een farmaceut is betaald.
McKinsey & Company (2012)	Op band was te horen hoe de voormalige CEO Rajat Gupta van het prestigieuze managementconsultancy McKinsey & Company gevoelige informatie lekte. Hij werd in 2012 veroordeeld tot twee jaar gevangenisstraf.

Hoewel bedrijven in het verleden vaak betaalden voor juridische bijstand van werknemers tegen wie civiele zaken waren aangespannen of strafrechtelijk onderzoek was ingesteld, wordt nu gestimuleerd dat ze met officieren van justitie samenwerken om aanklachten tegen het bedrijf als geheel vanwege het verhinderen van onderzoek te beperken. Deze ontwikkelingen hebben tot gevolg dat je als manager of werknemer meer dan ooit zelf moet beslissen wat correct juridisch en ethisch gedrag inhoudt.

Hoewel deze zwaarwegende ethische en juridische beoordelingsfouten niet zijn geïnitieerd op informatiesysteemafdelingen, werd een aantal van deze fraudevoorbeelden wel met behulp van informatiesystemen gepleegd. In veel gevallen maakten de plegers gebruik van informatiesystemen voor financiële verslaggeving om hun besluiten aan publieke controle te onttrekken in de vergeefse hoop dat ze ermee weg zouden komen. In hoofdstuk 8 besteden we uitgebreid aandacht aan controle op informatiesystemen. In dit hoofdstuk gaan we in op de ethische dimensies van deze en andere handelingen die zijn gebaseerd op het gebruik van informatiesystemen.

Ethiek
De principes van goed en fout die personen, als actoren met een vrije morele wil, hanteren bij het maken van gedragskeuzes.

Ethiek verwijst naar de principes van goed en fout die personen, als actoren met een vrije morele wil, hanteren bij het maken van gedragskeuzes. Informatiesystemen werpen voor zowel personen als samenlevingen nieuwe ethische vragen op, aangezien ze mogelijkheden creëren voor ingrijpende maatschappelijke verandering, en daarmee de bestaande verdeling van macht, geld, rechten en plichten bedreigen. Net als andere technologieën, zoals stoommachines, elektriciteit, de telefoon en de radio, kan informatietechnologie worden gebruikt om maatschappelijke vooruitgang te boeken, maar ze kan ook worden gebruikt om misdaden te plegen en langgekoesterde maatschappelijke waarden te bedreigen. De ontwikkeling van informatietechnologie zal velen voordeel bieden ten koste van anderen.
Ethische problemen door informatiesystemen hebben een nieuwe urgentie verworven door de opkomst van internet en e-commerce. Internet en digitale bedrijfstechnologieën maken het gemakkelijker dan ooit om informatie te verzamelen, te integreren en te verspreiden, wat nieuwe vragen oproept over correct gebruik van klantinformatie, privacybescherming en de bescherming van intellectuele eigendom. Andere dringende ethische vraagstukken die door informatiesystemen worden opgeworpen betreffen onder meer aansprakelijkheid voor de gevolgen van informatiesystemen, het vaststellen van normen om systeemkwaliteit te garanderen, die de veiligheid van het individu en de samenleving beschermt en waarden en instituties borgt die als essentieel worden beschouwd voor de kwaliteit van leven in een informatiesamenleving. Bij het gebruik van informatiesystemen is het van cruciaal belang om de vraag te stellen wat de ethisch en maatschappelijk verantwoorde handelwijze is.

4.1.1 Een denkmodel over ethische, maatschappelijke en politieke vraagstukken

Ethische, maatschappelijke en politieke vraagstukken zijn nauw met elkaar verweven. Het ethische dilemma waarmee je als manager van informatiesystemen geconfronteerd kunt worden heeft meestal zijn weerslag in het maatschappelijke en politieke debat. Eén manier om over deze samenhangen na te denken is weergegeven in figuur 4.1.

Stel je de samenleving voor als een redelijk rustige vijver op een zomerdag, een fragiel ecosysteem in gedeeltelijk evenwicht met personen en maatschappelijke en politieke

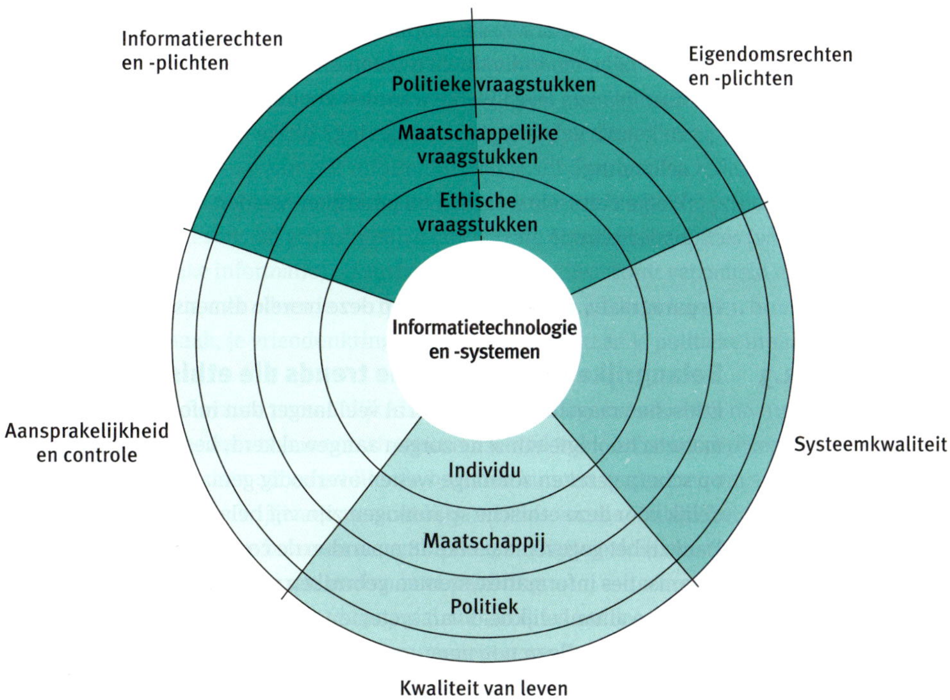

FIGUUR 4.1 *De relatie tussen ethische, maatschappelijke en politieke vraagstukken in een informatiesamenleving*

Fair Information Practices (FIP)
Een verzameling principes die betrekking hebben op het verzamelen en gebruiken van informatie over personen.

De meeste Amerikaanse en Europese privacy wetgeving is gebaseerd op een regime dat **Fair Information Practices (FIP)**, 'eerlijke praktijken van informatieverstrekking', heet en dat voor het eerst in 1973 door een adviescommissie van de federale regering in een rapport is neergelegd en voor het laatst in 2010 is geactualiseerd om rekening te houden met nieuwe privacybedreigende technologie (Federal Trade Commission FTC, 2010; Amerikaanse Ministerie van Volksgezondheid, Onderwijs en Welzijn, 1973). FIP is een verzameling principes die betrekking hebben op het verzamelen en gebruiken van informatie over personen. FIP-principes zijn gebaseerd op het begrip gemeenschappelijk belang van de gegevensbeheerder en de persoon. De persoon heeft belang bij het deelnemen aan een transactie en de gegevensbeheerder – meestal een bedrijf of een regeringsinstantie – heeft informatie nodig over de persoon die de transactie onderbouwt. Nadat er informatie is verzameld, behoudt de persoon belang bij de opslag ervan, en de opgeslagen informatie mag niet worden gebruikt voor andere activiteiten tenzij de persoon daar toestemming voor heeft gegeven. In 1998 herformuleerde de Federal Trade Commission (FTC) de oorspronkelijke FIP, en breidde deze zodanig uit dat ze richtlijnen bevatten voor de bescherming van online privacy. Tabel 4.3 beschrijft de principes van deze Fair Information Practices. De FIP-principes van de FTC worden gebruikt als richtsnoeren om veranderingen in de privacywetgeving te sturen. In juli 1998 nam het Amerikaanse Congres de Children's Online Privacy Protection Act (COPPA) aan, die vereist dat websites de ouders toestemming vragen voordat ze informatie verzamelen over kinderen die jonger zijn dan 13 jaar. De FTC heeft aanbevelingen gedaan voor aanvullende regelgeving, om de privacy te beschermen van online klanten in advertentienetwerken die gegevens verzamelen over het surfgedrag van consumenten om gedetailleerde profielen samen te stellen, die andere bedrijven vervolgens gebruiken om gericht online te adverteren. In 2010 voegde de FTC drie praktijken aan zijn privacykader toe. Bedrijven moeten **privacy by design** toepassen door producten en diensten te ontwikkelen die de privacy beschermen, bedrijven moeten hun databeleid doorzichtiger maken en bedrijven moeten de consument om toestemming vragen en hem duidelijke keuzes bieden om zich te onttrekken aan dataverzamelingprogramma's (FTC, 2012). Andere wetsvoorstellen voor internetprivacy richten zich op bescherming van het online gebruik van persoonlijke identificatienummers, zoals burgerservicenummers, bescherming van op internet verzamelde persoonlijke informatie over personen die niet onder de COPPA vallen en beperking van het gebruik van datamining ten behoeve van de binnenlandse veiligheid.

Privacy by design
Wanneer software en IT-diensten worden ontwikkeld die privacybescherming al structureel in het ontwerp hebben opgenomen.

In 2012 breidde de FTC haar FIP-doctrine verder uit om *behavioural targeting*, ofwel gerichte advertenties, aan te pakken. De FTC hield hoorzittingen over haar programma voor vrijwillige beginselen voor de bedrijfssector om behavioural targeting te reguleren. Het online reclamebureau Network Advertising Initiative (dat verderop in dit hoofdstuk ter sprake komt)

TABEL 4.3 *Principes voor eerlijke praktijken van informatieverstrekking van de Federal Trade Commission*

Kennisgeving/bewustmaking (kernprincipe). Websites moeten duidelijkheid verstrekken over hun informatiepraktijken voordat ze gegevens verzamelen. Betreft onder meer identificatie van verzamelaar, toepassingen van gegevensgebruik, overige ontvangers van gegevens, aard van verzameling (actief/inactief); vrijwillige of vereiste status, gevolgen van weigering, en ondernomen stappen om vertrouwelijkheid, integriteit en kwaliteit van de gegevens te beschermen.

Keuze/toestemming (kernprincipe). Er moet een keuzemogelijkheid zijn aangegeven die consumenten in staat stelt te kiezen hoe hun gegevens zullen worden gebruikt voor secundaire doeleinden, anders dan ten behoeve van de transactie, inclusief intern gebruik en overdracht aan externe partijen.

Toegang/deelname. Consumenten moeten de mogelijkheid krijgen om de juistheid en volledigheid van de over hen verzamelde gegevens tijdig en op betaalbare wijze te beoordelen en te betwisten.

Veiligheid. Gegevensverzamelaars moeten verantwoorde stappen zetten om te garanderen dat gegevens over consumenten juist zijn en zijn beschermd tegen ongeoorloofd gebruik.

Handhaving. Er moet een mechanisme in werking worden gesteld om de FIP-principes te handhaven. Dit kan betrekking hebben op wetgeving die consumenten wettelijke middelen biedt om op te treden tegen schendingen, of federale statuten en regelgeving.

publiceerde zijn eigen zelfregulerende principes die grotendeels overeenkwamen met de FTC. Toch staan de regering, privacygroeperingen en de online-advertentiesector op twee punten nog lijnrecht tegenover elkaar. Voorvechters van privacy willen op alle sites een opt-in-beleid, wat inhoudt dat de bezoeker toestemming moet geven om informatie van de desbetreffende website te ontvangen. De sector verzet zich tegen deze tendens en blijft volhouden dat een opt-out-mogelijkheid voor de bezoeker de enige manier is om gevolgd worden te vermijden. De opt-out-regeling houdt in dat men niets moet doen om informatie te ontvangen, maar wel de mogelijkheid heeft om ervan af te zien. Wel lijken alle partijen het erover eens te worden dat er meer transparantie voor en controle door de gebruiker (met name door deze opt-out de standaardinstelling te maken) nodig is om met *behavioural tracking* (het volgen van internetgedrag) om te gaan. Opiniepeilingen wijzen op een aanhoudend wantrouwen ten opzichte van online marketeers. Hoewel de Amerikaanse federale regering veel onderzoek laat doen naar privacyvraagstukken, is er recentelijk geen wetgeving van betekenis ontwikkeld. Een onderzoek uit 2016 door het Pew Research Center wees uit dat 91 procent van de Amerikanen vindt dat consumenten de controle over hun persoonlijke informatie op internet kwijt zijn en 86 procent heeft maatregelen genomen om hun informatie online te beschermen.

Privacybescherming maakt ook deel uit van recente wetten ter deregulering van financiële dienstverlening en ter beveiliging van het onderhouden en verzenden van gezondheidsinformatie over personen. De Gramm-Leach-Bliley Act uit 1999, die eerdere beperkingen van banden tussen banken, effectenbedrijven en verzekeraars herroept, garandeert afnemers van financiële diensten een zekere mate van privacybescherming. Alle financiële instellingen zijn verplicht om opening van zaken te geven over hun beleid en praktijken met betrekking tot bescherming van de privacy van niet-openbare persoonsgegevens en om klanten de mogelijkheid te bieden om nee te zeggen tegen het delen van informatie met niet-gelieerde instellingen en bedrijven.

De Health Insurance Portability and Accountability Act (HIPAA) uit 1996, die van kracht werd op 14 april 2003, heeft betrekking op privacybescherming ten aanzien van medische dossiers. De wet geeft patiënten toegang tot de persoonlijke medische gegevens die zorgaanbieders, ziekenhuizen en ziektekostenverzekeraars over hen bijhouden, plus het recht om aan te geven hoe beschermde informatie over henzelf kan worden gebruikt of gedeeld. Artsen, ziekenhuizen en andere zorgaanbieders moeten het delen van patiëntinformatie beperken tot het minimaal nodige om een bepaald resultaat te bereiken.

4.3.2 De Europese Databeschermingrichtlijn

In Europa is privacybescherming veel strenger geregeld dan in de Verenigde Staten. In tegenstelling tot de VS staan Europese landen bedrijven niet toe om persoonsgegevens te gebruiken zonder toestemming vooraf van de consument. Nieuwe Europese databeschermingswetgeving is in 2018 van kracht gegaan: de GDPR of AVG (General Data Protection Regulation of Algemene Verordening Gegevensbescherming). Het is een geheel van regels om de gegevens van Europese burgers te beschermen. Bedrijven die persoonsgegevens verzamelen moeten voldoen aan de GDPR-regels, wat betekent dat alle informatie waarmee iemand geïdentificeerd kan worden beschermd moet worden. Bedrijven moeten burgers informeren over hoe hun gegevens verzameld en verwerkt worden, moeten ervoor zorgen dat gegevens van burgers kunnen worden overgedragen naar andere dienstverleners, moeten gegevens wissen wanneer burgers erom vragen en moeten verplicht datalekken melden die van belang zijn voor de betrokken burgers. Bij het niet naleven van de GDPR-richtlijnen kunnen aan bedrijven boetes opgelegd worden die in geval van ernstige zaken kunnen oplopen tot 4 procent van de omzet met een maximum van 20 miljoen euro.

De GDPR, van toepassing op elk bedrijf dat in een EU-land actief is, verplicht tot ondubbelzinnige toestemming om persoonsgegevens te gebruiken om bijvoorbeeld personen online te volgen, beperkt de mogelijkheid om gegevens te gebruiken voor andere toepassingen dan waar ze voor waren verzameld (tertiaire gebruikstoepassingen, zoals het aanmaken van gebruiker-

lende marktsegmenten op basis van zoekgeschiedenis, bijvoorbeeld een kledingwebsite helpen om op tienermeisjes gerichte advertenties te maken en te testen. Een recent onderzoek wees uit dat 88 procent van 400.000 websites ten minste één traceerbestand van Google bevatte.

Google scant ook de inhoud van boodschappen die gebruikers van zijn gratis e-maildienst Gmail ontvangen. Advertenties die gebruikers zien terwijl ze hun e-mail lezen, houden verband met het onderwerp van deze berichten. Er worden profielen van individuele gebruikers opgesteld op basis van de inhoud van hun e-mail. Google toont nu gericht advertenties op YouTube en mobiele Google-applicaties, en het DoubleClick-advertentienetwerk toont gerichte banneradvertenties.

De Verenigde Staten hebben bedrijven de ruimte gegeven om in de markt gegenereerde transactiegegevens te verzamelen en vervolgens te gebruiken voor andere marketingdoeleinden zonder de desbetreffende persoon om geïnformeerde toestemming te vragen. Deze bedrijven voeren aan dat als gebruikers instemmen met de gebruiksvoorwaarden van hun websites, ze er ook mee instemmen dat die site informatie over hun online activiteiten verzamelt. Een **opt-out**-model van geïnformeerde toestemming staat het verzamelen van persoonlijke gegevens toe totdat de consument specifiek vraagt de gegevens niet te verzamelen. Privacyvoorvechters zouden graag een meer wijdverbreid gebruik zien van een **opt-in**-model dat een bedrijf verbiedt persoonsgegevens te verzamelen tenzij de consument expliciet toestemming verleent voor het verzamelen en gebruiken van die gegevens. Het niet verzamelen van gebruikersgegevens is dan de standaardoptie.

Opt-out
Staat het verzamelen van persoonlijke gegevens toe totdat de consument specifiek vraagt de gegevens niet te verzamelen.

Opt-in
Verbiedt persoonsgegevens te verzamelen tenzij de consument expliciet toestemming verleent voor het verzamelen en gebruiken van die gegevens.

De internetsector heeft de voorkeur gegeven aan zelfregulering op het gebied van privacywetgeving ter bescherming van consumenten. De internetreclamesector vormde de Online Privacy Alliance om zelfregulering te stimuleren een verzameling privacyrichtlijnen voor zijn leden te formuleren. De groep bevordert het gebruik van online keurmerken, zoals die van TRUSTe, om websites die zich aan bepaalde privacyprincipes houden te certificeren. Leden van de advertentienetwerksector, waaronder DoubleClick van Google, hebben aanvullend een branchevereniging opgericht, Network Advertising Initiative (NAI), om het eigen privacybeleid vorm te geven, consumenten te helpen zich uit te schrijven uit advertentienetwerkprogramma's en consumenten schadevergoeding te bieden na misbruik van hun gegevens. Afzonderlijke bedrijven als Microsoft, Mozilla Foundation, Yahoo en Google hebben onlangs eigen beleid vastgelegd in een poging tegemoet te komen aan de publieke bezorgdheid over het online volgen van personen. Microsofts webbrowser, Internet Explorer 11, werd in 2015 gelanceerd met de opt-out-optie als standaardinstelling, maar rond 2016 haalde Microsoft deze instelling grotendeels weg, aangezien de meeste websites opt-out-verzoeken toch naast zich neerleggen. Andere browsers hebben eveneens een opt-out-optie, maar gebruikers moeten ze zelf aanzetten, en de meesten doen dit niet. AOL stelde een opt-out-beleid vast dat gebruikers van zijn site de keuze geeft om niet gevolgd te worden. Yahoo volgt de NAI-richtlijnen en staat opt-out toe voor volgen en webbakens (web bugs). Google heeft de bewaartermijn van traceergegevens verkort.

Internetbedrijven voeren aan dat hun klanten en consumenten niet zoveel doen als ze zouden moeten doen om zichzelf te beschermen. Commerciële websites die afhankelijk zijn van advertentie-inkomsten behalen de meeste omzet met de verkoop van klantinformatie. Van de bedrijven die hun privacybeleid op de website vermelden, houdt de helft niet actief toezicht op de eigen site om te garanderen dat ze zich eraan houden. De overgrote meerderheid van de online klanten beweert zich zorgen te maken over online privacy, maar minder dan de helft van hen leest de privacyverklaringen op websites. Over het algemeen moet je ook rechten gestudeerd hebben om het privacybeleid van websites te kunnen begrijpen, en kernbegrippen in deze verklaringen zijn vaak dubbelzinnig (Laudon en Traver, 2015). Anno 2018 komt wat bedrijven als Facebook en Google als privacybeleid aanduiden neer op beleid over gegevensgebruik. Het begrip privacy wordt geassocieerd met consumentenrechten die bedrijven niet willen erkennen. Beleid over gegevensgebruik vertelt klanten alleen hoe de informatie zal worden gebruikt, zonder iets over rechten te vermelden.

In een van de meer inzichtelijke onderzoeken naar consumentenattitudes ten opzichte van internetprivacy deed een groep studenten van Berkeley onderzoek naar internetgebruikers en naar

klachten die bij de Amerikaanse Federal Trade Commission waren ingediend over privacykwesties. Sommige resultaten maken duidelijk dat mensen het gevoel hebben geen controle te hebben over de informatie die over hen wordt verzameld en dat ze niet weten waar ze met klachten terechtkunnen. Websites verzamelen al deze informatie, maar geven gebruikers er geen toegang toe, het online beleid is onduidelijk en ze delen gegevens met niet-gelieerde partijen zonder aan te geven wie die partijen zijn en hoeveel het er zijn. Webbakens zijn alomtegenwoordig, maar gebruikers worden niet geïnformeerd over trackers op de webpagina's die zij bezoeken.
De resultaten van dit onderzoek, en andere, wekt de indruk dat consumenten niet zeggen: 'Maak maar inbreuk op mijn privacy, het kan me niet schelen, zolang de dienst maar gratis is.' Ze zeggen juist: 'Wij willen toegang tot de informatie, we willen enige controle over wat er mag worden verzameld, wat er met de informatie gebeurt, we willen gebruik kunnen maken van een opt-out-mogelijkheid, om niet meer te worden gevolgd, en we willen duidelijkheid over wat het beleid nu echt inhoudt, maar we willen niet dat dat beleid zonder onze medewerking en inspraak wordt gewijzigd.' (Het volledige (Engelstalige) onderzoeksrapport is te vinden op knowprivacy.org.)

Technische oplossingen

In aanvulling op wetgeving zijn er enkele technische oplossingen om de privacy tijdens het bezoeken van websites te beschermen. Veel van deze hulpmiddelen worden gebruikt voor het versleutelen van e-mail, het anonimiseren van e-mail- of surfactiviteit, het voorkomen dat computers van cliënten cookies accepteren, of voor het opsporen en elimineren van spyware. De meeste technische oplossingen kunnen gebruikers niet beschermen tegen het van de ene naar de volgende website gevolgd worden. Vanwege groeiende publieke kritiek op behavioural tracking, het gericht plaatsen van advertenties en het feit dat de sector niet is geslaagd in zelfregulering, is de aandacht verschoven naar webbrowsers. Veel browsers hebben volg-me-niet-opties. Voor gebruikers die de volg-me-niet-optie op de browser hebben aangezet, stuurt die browser een verzoek naar websites om het gedrag van de gebruiker niet te volgen, maar websites zijn niet verplicht om aan dit verzoek gehoor te geven. De online-advertentiesector kent geen afspraken over hoe om te gaan met volg-me-niet-verzoeken, laat staan dat er momenteel wetgeving bestaat die websites verplicht op te houden met volgen. Versleutelingssoftware om onbespied te surfen of apps op mobiele apparaten bieden consumenten een krachtige mogelijkheid om ten minste hun berichten privé te houden.

4.3.3 Eigendomsrechten: intellectueel eigendom

Intellectueel eigendom
Immateriële eigenschap gecreëerd door individuele personen of bedrijven die zijn onderworpen aan beschermingen onder handelsgeheim, copyright en patentwet.

Moderne informatiesystemen hebben bestaande wetgeving en maatschappelijke gebruiken ter bescherming van **intellectueel eigendom** sterk onder druk gezet. Intellectueel eigendom wordt gezien als de materiële en immateriële voortbrengselen van de geest die zijn gecreëerd door natuurlijke personen of rechtspersonen. Informatietechnologie heeft het moeilijk gemaakt om intellectueel eigendom te beschermen, aangezien digitale informatie zo gemakkelijk kan worden gekopieerd of via netwerken kan worden verspreid. Intellectueel eigendom wordt op verschillende manieren beschermd op basis van drie rechtstradities: bedrijfsgeheimen, copyright en patentrecht.

Bedrijfsgeheimen

Bedrijfsgeheim
Elk intellectueel werkresultaat dat voor een zakelijk doel wordt gebruikt, mits het niet is gebaseerd op informatie in het publieke domein.

Elk intellectueel werkresultaat – een formule, apparaat, patroon, productiemethode of gegevenscompilatie – dat voor een zakelijk doel wordt gebruikt, kan worden aangemerkt als een **bedrijfsgeheim**, mits het niet is gebaseerd op informatie in het publieke domein. De bescherming van bedrijfsgeheimen verschilt van land tot land. Over het algemeen kennen wetten op bedrijfsgeheimen een monopolie toe aan de ideeën achter een werkresultaat, maar dat kan wel een zeer zwak monopolie zijn.
Software die nieuwe of unieke componenten, procedures of compilaties bevat kan als bedrijfsgeheim gelden. Wetten op bedrijfsgeheimen beschermen de ideeën achter een werkresultaat,

niet het uiteindelijke resultaat. Om een bedrijfsgeheim te claimen, moet de maker of eigenaar erop toezien dat de medewerker en klanten geheimhoudingsverklaringen tekenen en voorkomen dat het geheim in het publieke domein belandt. De bescherming van bedrijfsgeheimen wordt beperkt door het feit dat vrijwel alle min of meer complexe softwareprogramma's weliswaar unieke componenten bevatten, maar dat het lastig is om te voorkomen dat de ideeën erachter in het publieke domein terechtkomen als de software wijd wordt verspreid.

Auteursrecht

Auteursrecht
Een wettelijk recht dat makers van intellectueel eigendom ertegen beschermt dat hun werk tijdens hun leven en tot zeventig jaar na hun dood voor enig doel door anderen wordt gekopieerd.

Auteursrecht is een wettelijk recht dat makers van intellectueel eigendom ertegen beschermt dat hun werk tijdens hun leven en tot zeventig jaar na hun dood voor enig doel door anderen wordt gekopieerd. Voor werken in bedrijfseigendom duurt de auteursrechtelijke bescherming tot 95 jaar na hun aanvankelijke creatie.

Het Amerikaanse Congres heeft auteursrechtelijke bescherming toegekend aan boeken, tijdschriften, lezingen, toneelstukken, muzikale composities, landkaarten, tekeningen, alle vormen van kunst en films. De bedoeling van auteursrechtwetgeving is geweest om creativiteit en schrijverschap te stimuleren door te garanderen dat creatieve mensen de financiële en andere vruchten van hun werk plukken. De meeste geïndustrialiseerde landen hebben hun eigen auteursrechtwetgeving, en er bestaan diverse internationale verdragen en bilaterale overeenkomsten die maken dat landen samenwerken en hun wetten handhaven.

Medio jaren zestig van de 20ste eeuw begon het Amerikaanse Copyright Office softwareprogramma's te registreren, en in 1980 nam het Amerikaanse Congres de Computer Software Copyright Act aan, die duidelijk bescherming biedt voor softwareprogrammacode en kopieën van het origineel die als handelsproducten worden verkocht. De wet beschrijft de rechten van de koper om de software te gebruiken terwijl de maker het eigendom behoudt.

Auteursrecht beschermt tegen het kopiëren van complete programma's of delen ervan. Schadevergoedingen en compensaties voor schendingen van het recht worden grif toegewezen. Het bezwaar tegen auteursrechtelijke bescherming is dat de onderliggende ideeën achter een werk niet beschermd zijn, alleen de manier waarop ze in een werk tot uiting komen. Een concurrent kan jouw software gebruiken, begrijpen hoe het werkt en nieuwe software bouwen die dezelfde concepten volgt zonder een auteursrecht te schenden.

Inbreuken op de 'look and feel' van een product gaan precies over het onderscheid tussen een idee en hoe dat tot uitdrukking komt. Zo spande Apple Computer begin jaren negentig van de vorige eeuw een rechtszaak aan tegen Microsoft Corporation en Hewlett-Packard voor inbreuk op de grafische gebruikersomgeving van de Macintosh. Apple stelde dat de beklaagden de weergave van de elkaar overlappende vensters hadden gekopieerd. De beklaagden voerden ter verdediging aan dat het idee van elkaar overlappende vensters maar op één manier kan worden weergegeven en dat het daarom niet auteursrechtelijk beschermd kan worden. Als ideeën en hun weergave in elkaar overvloeien, kan op de weergave geen auteursrecht rusten. Over het algemeen lijken rechtbanken de redenering te volgen van een zaak uit 1989 – *Brown Bag Software vs. Symantec Corp* – waarin de rechtbank de softwarecomponenten ontleedde waarvan werd aangevoerd dat ze inbreuk pleegden op het auteursrecht. De rechtbank kwam toen tot de conclusie dat vergelijkbare concepten, functies, algemene functionele kenmerken (uitklapmenu's bijvoorbeeld) en kleuren niet onder het auteursrecht vallen (*Brown Bag Software vs. Symantec Corp.*, 1992).

Octrooirecht

Octrooi
Verleent de eigenaar gedurende twintig jaar een exclusief monopolie op de ideeën achter een uitvinding.

Een **octrooi** of **patent** verleent de eigenaar gedurende twintig jaar een exclusief monopolie op de ideeën achter een uitvinding. De bedoeling van het Amerikaanse Congres achter het octrooirecht was om ervoor te zorgen dat uitvinders van nieuwe machines, apparaten of methoden de volledige financiële en overige beloning van hun werk ontvangen, maar evengoed mogelijk maken dat de uitvinding door velen wordt gebruikt door gedetailleerde schema's te leveren aan diegenen die het idee onder licentie van de octrooihouder willen toepassen. Het toekennen van

een octrooi wordt in de Verenigde Staten bepaald door het United States Patent and Trademark Office en wordt door de rechtbank beslist. De kernconcepten in octrooirecht zijn originaliteit, noviteit en uitvinding. Het Patent Office accepteerde geen octrooiaanvragen op software, tot een beslissing in 1981 van het Amerikaanse Hoger Gerechtshof dat computerprogramma's deel konden uitmaken van een octrooieerbaar proces. Sindsdien zijn er honderden octrooien verleend en wachten er nog duizenden op behandeling. Zoals in de Verenigde Staten hebben we in Nederland het Octrooicentrum Nederland, in België de Dienst voor de Intellectuele Eigendom, en een Europees Octrooibureau.
De kracht van octrooibescherming is dat ze een monopolie verleent op de onderliggende concepten en ideeën van software. Het probleem daarbij is dat aan stringente eisen van uitvinderswerkzaamheid moet worden voldaan (het werk mag niet voor de hand liggen en moet bijvoorbeeld blijk geven van een speciaal inzicht en een bijzondere inbreng), originaliteit en noviteit, alsook vele jaren wachttijd om octrooibescherming te krijgen.
In wat wel de octrooizaak van de eeuw wordt genoemd, in 2011, klaagde Apple Samsung aan voor het schenden van zijn octrooien voor iPhones, iPads en iPods. Op 24 augustus 2012 bezorgde een jury uit Californië in een federale rechtbank Apple een klinkende overwinning en Samsung een overrompelende nederlaag. De jury kende Apple 1 miljard dollar aan schadevergoedingen toe. Op basis van de uitspraak werden criteria vastgesteld om te bepalen hoe dicht een concurrent bij een toonaangevend en normbepalend product als de Apple iPhone mag komen voordat hij het designoctrooi en het gedeponeerde model van de marktleider schendt. Dezelfde rechtbank bepaalde dat Samsung zijn nieuwe tabletcomputer (Galaxy 10.1) niet mocht verkopen in de Verenigde Staten. In een later octrooigeschil won Samsung een schendingszaak van Apple. In juni 2013 verbood de United States International Trade Commission een handvol oudere iPhone- en iPad-apparaten, omdat ze inbreuk maakten op Samsung-octrooien van jaren geleden. In 2014 spande Apple opnieuw een zaak tegen Samsung aan, omdat het bedrijf inbreuk zou maken op vijf octrooien. De octrooien hebben betrekking op hardware- en softwaretechnieken voor foto's, video's en lijsten die werden gebruikt op de populaire Galaxy 5. Apple eiste een schadevergoeding van 2 miljard euro. In 2015 bevestigde het Amerikaanse Hof van Beroep opnieuw dat Samsung bijzondere ontwerpoctrooien had nagemaakt, maar bracht de schadevergoeding aan Apple terug tot 930 miljoen dollar. In 2016 kwam de zaak voor het hoger gerechtshof om te bepalen of Samsung al zijn winst op de schendende telefoons moest inleveren, of alleen de winst die voortkwamen uit de inbreukplegende componenten in de telefoons. Om de zaak nog ingewikkelder te maken, is Apple een van Samsungs grootste klanten geweest voor flash-geheugenprocessors, grafische chips, solid-state drives (SSD's) en schermonderdelen die het bedrijf gebruikt in iPhones, iPads, iPod Touch-apparaten en MacBooks. De octrooigeschillen tussen Samsung en Apple maken duidelijk hoe ingewikkeld de verhoudingen tussen de grootste computerbedrijven liggen.

Intellectuele eigendomsrechten onder druk

De huidige informatietechnologieën, vooral software, werpen ernstige ethische, maatschappelijke en politieke vraagstukken op. Digitale media verschillen van boeken, tijdschriften en andere media in de zin dat het gemakkelijker is om content te kopiëren, te versturen of te veranderen, en wat compactheid betreft – wat diefstal gemakkelijker maakt en het lastiger wordt om vast te stellen of iets uniek is.
De wildgroei van digitale netwerken, waaronder internet, heeft het nog moeilijker gemaakt om intellectueel eigendom te beschermen. Voordat we massaal deze netwerken in gebruik namen, moesten kopieën van software, boeken, tijdschriftartikelen of films op fysieke media worden opgeslagen, zoals papier, diskettes of videobanden, wat de verspreiding ervan belemmerde. Door gebruik te maken van netwerken kan informatie gemakkelijker worden gereproduceerd en wijder worden verspreid. De BSA (Business Software Association) Global Software Survey die is uitgevoerd door de International Data Corporation en The Software Alliance meldde dat in 2015 39 procent van alle software wereldwijd illegaal was gekopieerd (The Software Alliance, 2016).

Het internet is ontworpen om wereldwijde verzending van informatie mogelijk te maken, ook informatie waar auteursrecht op rust. Het is gemakkelijk om wat dan ook te kopiëren en digitaal te verspreiden naar miljoenen mensen overal ter wereld, ook al gebruiken ze andere computersystemen. Informatie kan illegaal op de ene plek worden gekopieerd en via andere systemen worden verspreid, ook al werken die partijen niet vrijwillig mee aan deze schending. Op internet wordt al tientallen jaren illegaal gedigitaliseerde muziek gekopieerd en verspreid. Bestandsdelingsdiensten als Napster en later Grokster, Kazaa, Morpheus, Megaupload en The Pirate Bay kwamen als paddenstoelen uit de grond om gebruikers te helpen digitale muziek- en filmbestanden te vinden en te ruilen, waaronder bestanden waar auteursrecht op rustte. Illegale bestandsdeling werd zo wijdverbreid dat ze de levensvatbaarheid van de muziekindustrie bedreigde en op een bepaald moment 20 procent van de bandbreedte van internet in beslag nam. De muziekindustrie won verschillende rechtszaken om deze diensten opgeheven te krijgen, maar heeft het illegaal delen van muziek niet helemaal kunnen stoppen. In de film- en televisie-industrie worden soortgelijke gevechten gevoerd. Verschillende Europese landen hebben met de Amerikaanse autoriteiten samengewerkt om illegale deeldiensten opgeheven te krijgen, met gemengde resultaten.
Sinds legale muziekwinkels als de iTunes Store groter werden, zijn sommige vormen van illegale bestandsdeling afgenomen. De technologie heeft de kijk op de bescherming van intellectueel eigendom tegen diefstal radicaal veranderd, althans voor muziek, film en televisieseries (maar niet zozeer voor software). De Apple iTunes Store heeft het betalen voor muziek en andere vormen van entertainment genormaliseerd en een gesloten omgeving gecreëerd waaruit muziek en film niet zo gemakkelijk konden worden gekopieerd en verspreid, tenzij ze op Apple-apparaten worden afgespeeld. Op dezelfde manier beschermt de Kindle van Amazon de rechten van uitgevers en auteurs, omdat deze boeken niet kunnen worden gekopieerd naar en verspreid op internet. Ook het streamen van internetradio op diensten als Pandora en Spotify en van speelfilms (op sites als Hulu en Netflix) belemmert piraterij, doordat de streams niet gemakkelijk op afzonderlijke apparaten kunnen worden opgeslagen en videobestanden niet zo gemakkelijk te downloaden zijn. Ondanks deze successen op legale online muziekplatforms, hebben de zeer geringe bereidheid van streamingdiensten om platenlabels en artiesten een redelijke vergoeding voor het afspelen te betalen, geleid tot een inkomstendaling in de muziekindustrie met 50 procent sinds 2000 en het verlies van duizenden banen.

Digital Millennium Copyright Act (DMCA)
Heeft een verdrag ingevoerd dat het illegaal maakt om op technologie gebaseerde bescherming van materialen waar auteursrecht op rust te omzeilen.

De **Digital Millennium Copyright Act (DMCA)** van 1998 biedt ook enige auteursrechtelijke bescherming. De DMCA heeft een verdrag ingevoerd, het World Intellectual Property Organization Treaty, dat het illegaal maakt om op technologie gebaseerde bescherming van materialen waar auteursrecht op rust te omzeilen. Aanbieders van internetdiensten (ISP's) zijn verplicht om websites van auteursrechtschenders die zij hosten uit de lucht te halen als zij van de schending op de hoogte worden gebracht. Microsoft en andere grote software- en informatiecontentbedrijven worden vertegenwoordigd door de Software and Information Industry Association (SIIA), die lobbyt voor nieuwe wetgeving en voor handhaving van bestaande wetgeving om intellectueel eigensom wereldwijd te beschermen. De SIIA heeft een speciale hotline waar natuurlijke personen piraterij-activiteiten kunnen melden, biedt onderwijsprogramma's om organisaties te helpen softwarepiraterij te bestrijden en heeft richtlijnen gepubliceerd voor gebruik van software door medewerkers.

4.4 Welke invloed hebben informatiesystemen op de aansprakelijkheidswetgeving en de kwaliteit van het dagelijks leven?

Samen met privacy- en eigendomswetgeving vormen nieuwe informatietechnologieën een bedreiging voor bestaande aansprakelijkheidswetten en maatschappelijke gewoonten om personen en instituties aansprakelijk te stellen. Als iemand gewond raakt door toedoen van een machine die, gedeeltelijk, wordt bestuurd door software, wie moet er dan aansprakelijk worden gesteld en dus een vergoeding betalen? Zou een sociale netwerksite als Facebook of Twitter aansprakelijk moeten worden gesteld voor het plaatsen van pornografisch materiaal of racistische beledigingen, of zouden ze gevrijwaard moeten blijven van aansprakelijkheid voor wat gebruikers plaatsen? Hoe zit het met internet? Wat kun je doen als je je informatieverwerking uitbesteedt naar de cloud en de cloudprovider niet de juiste dienstverlening verzorgt? Cloudproviders beweren vaak dat de software die je gebruikt het probleem vormt, niet de cloudservers.

4.4.1 Computergerelateerde aansprakelijkheidsproblemen

Eind 2013 kregen hackers creditcard-, bankpas- en aanvullende persoonsgegevens in handen van 70-110 miljoen klanten van Target, een van de grootste retailers van de Verenigde Staten. Targets omzet kelderde onmiddellijk en is nog steeds niet helemaal terug op het oude niveau. Target meldt dat het ruim 60 miljoen dollar heeft uitgegeven om zijn systemen te versterken. In 2015 stemde Target ermee in om klanten 10 miljoen dollar en MasterCard 19 miljoen dollar te betalen. Het bedrijf heeft een nog veel hogere prijs betaald door het verlies van omzet en vertrouwen. Een onderzoek door Britse retailers wees uit dat bij 70 procent van hen klantenbestanden waren gehackt, waarbij de hack van Carphone Warehouse met 2,4 miljoen getroffen klanten het meest spraakmakend was (Rigby, 2015).

Wie is aansprakelijk voor eventuele economische schade die wordt toegebracht aan personen of bedrijven als hun creditcards worden gecompromitteerd? Is Target verantwoordelijk omdat het de hack heeft laten gebeuren ondanks de pogingen die het wel degelijk heeft gedaan om de informatie veilig te stellen? Of is dit gewoon een risico van zakendoen in de wereld van creditcards, waar personen en bedrijven verzekerd zijn voor verlies? Onder de Amerikaanse federale bankwetgeving hebben klanten bijvoorbeeld een maximum aansprakelijkheid van 50 dollar voor creditcarddiefstal.

Zijn informatiesysteembeheerders verantwoordelijk voor de schade die bedrijfssystemen kunnen toebrengen? Voor zover computersoftware deel uitmaakt van een machine en de machine iemand lichamelijke of economische schade toebrengt, kunnen de softwareproducent en de bediener van de machine aansprakelijk worden gesteld voor de schade. Voor zover de software zich echter gedraagt als een boek, in de zin dat hij informatie opslaat en weergeeft, geldt dat rechtbanken huiverig zijn om auteurs, uitgevers en boekverkopers aansprakelijk te stellen voor inhoud (met uitzondering van fraude of laster); net zo zullen rechtbanken niet zo snel de schrijvers van software aansprakelijk stellen voor software.

Over het algemeen is het erg moeilijk (zo niet onmogelijk) om softwareproducenten aansprakelijk te stellen voor hun softwareproducten die worden gelijkgesteld aan boeken, ongeacht de lichamelijke of economische schade die eruit voortvloeit. Historisch gezien zijn boekuitgevers in de Verenigde Staten niet aansprakelijk, uit angst dat aansprakelijkheidseisen zouden indruisen tegen de rechten die zijn vastgelegd in het Eerste Amendement ten aanzien van vrijheid van meningsuiting. De schade die door softwarefouten wordt toegebracht is zelden dodelijk en mag dan lastig zijn voor gebruikers, maar brengt hun geen lichamelijke schade toe (met uitzondering van medische apparatuur).

Hoe zit het dan met *Software as a Service*? Pinautomaten zijn een vorm van dienstverlening aan bankklanten. Als deze dienst niet kan worden verleend en klanten niet op het gewenste moment bij hun geld kunnen, is dat voor hen lastig, en misschien economisch schadelijk. Moet aansprakelijkheidsbescherming worden verleend aan uitgevers van software en bedieners van gemankeerde financiële, boekhoud-, simulatie- of marketingsystemen?

Software is iets heel anders dan boeken. Softwaregebruikers kunnen gaan verwachten dat software geen fouten bevat; software is minder gemakkelijk te inspecteren dan een boek, en de kwaliteit ervan is lastiger te vergelijken met die van andere softwareproducten; software zegt een taak uit te voeren in plaats van een taak te beschrijven, zoals een boek dat doet; en mensen raken afhankelijk van diensten die in essentie gebaseerd zijn op software.

Gezien de centrale rol die software speelt in het dagelijks leven, bestaat er een gerede kans dat aansprakelijkheidswetgeving zich zal uitbreiden naar software, zelfs al levert de software alleen een informatiedienst.
Telefoonsystemen zijn niet verantwoordelijk gehouden voor de berichten die erover zijn verspreid, omdat ze zijn aangemerkt als transporteurs. In ruil voor hun recht om telefoniediensten te leveren moeten ze iedereen tegen redelijke tarieven op redelijk betrouwbare wijze toegang geven. Op dezelfde manier worden kabelnetten beschouwd als privénetwerken die niet onderhevig zijn aan regulering, maar zijn omroepen die gebruikmaken van de openbare elektromagnetische golven onderhevig aan een breed scala aan wettelijke beperkingen ten aanzien van inhoud en voorzieningen. In de Verenigde Staten worden websites, met enkele uitzonderingen, niet aansprakelijk gesteld voor content die op hun site is geplaatst, ongeacht of de content is geplaatst door de eigenaar van de website of door gebruikers.

4.4.2 Systeemkwaliteit: datakwaliteit en systeemfouten

Op 24 december 2012 veranderde een witte kerst voor miljoenen Amerikaanse Netflix-abonnees en gebruikers van sociale media in een complete black-out. Deze black-out werd veroorzaakt door een storing bij de cloud-computingdienst van Amazon (AWS), die opslag en rekenkracht levert voor tal van websites en diensten, waaronder Netflix. De storing duurde een dag. Sindsdien hebben Amazons cloud-computingdiensten diverse storingen vertoond, zij het niet zo langdurig als die op kerstavond 2012. In 2016 vonden er wereldwijd storingen plaats in clouden datacentra, die ten koste gingen van de dienstverleningen van iTunes, Microsoft Azure, Twitter, Salesforce en Nest (V3, 2016). Deze black-outs hebben vragen opgeroepen over de betrouwbaarheid en kwaliteit van clouddiensten. Zijn deze black-outs acceptabel?
De discussie over aansprakelijkheid voor onbedoelde gevolgen van systeemgebruik raakt een daaraan verwante, maar verder onafhankelijke morele dimensie: wat is een acceptabel, technologisch haalbaar niveau van systeemkwaliteit? Op welk moment zouden systeembeheerders moeten zeggen, 'Stop met testen, we hebben alles gedaan om de software te perfectioneren. Laten we live gaan!' Personen en organisaties kunnen verantwoordelijk worden gehouden voor vermijdbare en voorzienbare gevolgen, die ze verplicht zijn op te merken en te corrigeren. Het grijze gebied is dat sommige systeemfouten alleen tegen hoge kosten voorzienbaar en corrigeerbaar zijn, zulke hoge kosten dat het economisch niet haalbaar is om die hoge mate van perfectie na te streven – niemand zou zich het product kunnen veroorloven. We geven een voorbeeld: hoewel softwareproducten proberen alle bugs uit hun producten te halen voordat ze die in de markt zetten, versturen ze bewust producten waar nog bugs in zitten omdat ze anders de producten nooit zouden kunnen lanceren gezien, de tijd en kosten om alle kleinere fouten eruit te halen. Stel dat het product niet in de markt zou zijn gezet? Zou de maatschappelijke welvaart als geheel tot stilstand komen, of misschien zelfs dalen?
Laten we hierop doorgaan en ons afvragen wat de verantwoordelijkheid is van een producent van computerdiensten – moet hij het product dat nooit perfect kan zijn van de markt halen, de gebruiker waarschuwen, of het maar gewoon vergeten (laat de koper maar opletten)?
Drie belangrijke oorzaken van matige systeemprestaties zijn (1) bugs en fouten in de software, (2) storingen met betrekking tot hardware of centrale door natuurlijke of andere oorzaken en (3) slechte kwaliteit van invoergegevens. Een leertraject bij hoofdstuk 8 gaat in op de vraag waarom nul fouten in zelfs weinig complexe softwarecode niet haalbaar is en waarom de ernst van resterende bugs niet kan worden ingeschat. Daardoor bestaat er een technologische drempel voor perfecte software en moeten gebruikers zich bewust zijn van mogelijke catastrofale fouten. De softwaresector heeft nog geen testnormen voor het produceren van software die aanvaardbaar, maar niet volmaakt presteert. Alhoewel bugs in software vaak breeduit worden gerapporteerd in de pers, is datakwaliteit verreweg de meest voorkomende oorzaak van storingen in bedrijfssystemen. Weinig bedrijven meten consistent de kwaliteit van hun invoergegevens, maar sommige bedrijven melden 0,5 tot 30 procent datafouten.

4.4.3 Kwaliteit van leven: rechtvaardigheid, toegang en grenzen

De negatieve sociale kosten van het invoeren van informatietechnologieën en -systemen beginnen gelijk op te lopen met de kracht van de technologie. Veel van deze negatieve sociale gevolgen zijn geen schendingen van individuele rechten of vermogensdelicten. Toch kunnen ze uitermate schadelijk zijn voor personen, maatschappijen en politieke instituties. Computers en informatietechnologie kunnen waardevolle kenmerken van onze cultuur en maatschappij vernietigen, ook al bieden ze ons tegelijkertijd ook voordelen. Als de goede en de kwalijke gevolgen van het gebruik van informatiesystemen in evenwicht zijn, wie houden we dan verantwoordelijk voor de kwalijke gevolgen? Hieronder gaan we in kort bestek dieper in op enkele negatieve sociale gevolgen van systemen, waarbij we aandacht besteden aan individuele, maatschappelijke en politieke reacties.

Macht in evenwicht: centrum versus periferie

Aan het begin van het computertijdperk bestond de angst dat enorme centrale mainframes de macht in de hoofdstad van een land zouden samenbrengen, wat zou leiden tot een Big Brother-maatschappij, zoals beschreven in George Orwells roman *1984*. De verschuiving naar sterk gecentraliseerde client-server-computing, gekoppeld aan een ideologie van empowerment van Twitter- en socialmediagebruikers, en de decentralisatie van besluitvorming naar lagere organisatieniveaus, temperde tot voor kort de angst voor machtscentralisatie in overheidsinstellingen. Maar een groot deel van de 'empowerment' die in populaire zakentijdschriften wordt beschreven is triviaal. Lager ingeschaalde medewerkers mogen dan zijn gemachtigd om minder belangrijke beslissingen zelf te nemen, de echte beleidsbeslissingen worden waarschijnlijk nog steeds in de bestuurskamers genomen. Tegelijkertijd zijn internetmonsters als Google, Apple, Yahoo, Amazon en Microsoft dominant geworden als het gaat om de verzameling en analyse van persoonsgegevens van alle burgers. Sinds de terroristische aanvallen op de Verenigde Staten op 11 september 2001 heeft de Amerikaanse federale regering op gezag van de Patriot Act van 2001 en latere geheime uitvoeringsbepalingen haar gebruik van informatie uit de private sector fors uitgebreid. De meeste Europese landen, waaronder Nederland (Sleepnetwet, per 1 mei 2018), Frankrijk, Duitsland, het Verenigd Koninkrijk, Hongarije en Polen hebben wetten aangenomen die toestemming geven voor zowel massale als gerichte bewakingsprogramma's (Raad van Europa, 2016). In dit opzicht is de macht exclusiever bij een paar private oligopoliën en grote overheidsdiensten komen te liggen.

Snelle veranderingen: kortere reactietijd op concurrentie

Informatiesystemen hebben de nationale en internationale markten veel efficiënter helpen maken. De efficiëntere mondiale marktplaats van nu biedt minder ruimte aan de gebruikelijke sociale buffers die bedrijven jarenlang in staat hebben gesteld om zich aan hun concurrenten aan te passen. Op tijd gebaseerde concurrentie heeft een schaduwzijde; het bedrijf waar je voor werkt, heeft mogelijk niet genoeg tijd om te reageren op mondiaal actieve concurrenten en kan binnen een jaar van de kaart geveegd zijn, net als jouw baan. We lopen het risico te veranderen in een just-in-time-maatschappij met just-in-time-banen en just-in-time-werkplekken, -gezinnen en -vakanties. Eén invloed van Uber (zie hoofdstuk 10) en andere on demand dienstverleners is het creëren van just-in-time-banen zonder arbeidsvoorwaarden of verzekeringen voor werknemers.

Grenzen bewaken: gezin, werk en vrije tijd

Delen van dit boek zijn geschreven in treinen en vliegtuigen, tijdens vakanties en in tijd die anders wellicht voor het gezin zou zijn bestemd. Het gevaar van *ubiquitous computing* (plaats- en tijdonafhankelijk computerwerk), telewerken, nomadisch computerwerk, mobiele computerwerk en de alles-overal computeromgeving is dat het écht gaande is. De traditionele grenzen tussen werk, gezin en vrije tijd zijn vervaagd.

Hoewel schrijvers altijd al overal en nergens hebben gewerkt, betekent de komst van informatiesystemen, opgeteld bij de groei van kenniswerk dat steeds meer mensen aan het werk

Foto: © Hongqi Zhang/123RF

zijn op momenten dat ze van oudsher spelend of pratend met familie en vrienden zouden hebben doorgebracht. De werkparaplu reikt nu een stuk verder dan de achturige werkdag en overspant reistijd, vakantiedagen en vrije tijd.

De explosieve groei en het dito gebruik van smartphones hebben bij veel werknemers het gevoel versterkt dat ze nooit loskomen van hun werk. Zelfs vrije tijd die wordt besteed op de computer bedreigt deze hechte sociale relaties. Veelvuldig gebruik van internet en mobiele telefoons haalt mensen weg bij hun familie en vrienden. Onder prepubers en tieners kan het leiden tot schadelijk antisociaal gedrag, zoals de recente plotselinge toename van cyberpesten.

Afhankelijkheid en kwetsbaarheid

Tegenwoordig zijn onze bedrijven, regeringen, scholen en verenigingen, waaronder kerken, ongelooflijk afhankelijk van informatiesystemen. Dat maakt ze zeer kwetsbaar als die systemen vastlopen. De meeste kritische systemen, waaronder de nationale infrastructuur, van elektriciteit en water tot ziekenhuizen en scholen, zijn afhankelijk van internet. Middelbare scholen maken bijvoorbeeld steeds meer gebruik van educatieve software. Testuitslagen worden vaak buiten de campus opgeslagen. Als deze systemen crashen, hebben scholen geen opleidingsstructuur of inhoud achter de hand die het verlies van het systeem kan compenseren. Nu systemen even alomtegenwoordig zijn als het telefoonnetwerk, schrik je als je bedenkt dat er geen regulerende of normbepalende krachten bestaan zoals die er zijn voor telefonie, elektriciteit, radio, televisie of andere openbare nutsvoorzieningen.

Computercriminaliteit en -misbruik

Nieuwe technologie, waaronder computers, creëren nieuwe mogelijkheden voor crimineel gedrag door nieuwe manieren te creëren om te stelen en nieuwe manieren om anderen schade toe te brengen. **Computercriminaliteit** is het verrichten van illegale handelingen met gebruik van een computer of handelingen tegen een computersysteem. Alleen al toegang krijgen tot een computersysteem zonder toestemming of met de bedoeling om schade te berokkenen is in de hele VS een misdaad. De meest voorkomende vormen van cybercriminaliteit zijn: malware, phishing, netwerkonderbreking, spyware, en *Denial-of-Service*-aanvallen (PwC, 2015). De totale schade van computercriminaliteit is onbekend, maar wordt geschat op miljarden dollars. In hoofdstuk 8 gaan we dieper in op computercriminaliteit.

Computercriminaliteit
De opdracht tot illegale handelingen door het gebruik van een computer of tegen een computersysteem.

Computermisbruik is het verrichten van handelingen met een computer die misschien niet illegaal zijn, maar wel beschouwd worden als onethisch. De populariteit van internet en e-mail heeft een vorm van computermisbruik, spammen, tot een ernstig probleem gemaakt voor zowel personen als bedrijven. Oorspronkelijk was **spam** junk-e-mail die een organisatie of persoon naar een zeer groot aantal internetgebruikers stuurde die geen interesse hadden betuigd in het product of de dienst die onder de aandacht werd gebracht. Maar door het sterk toegenomen gebruik van mobiele telefoons was het zeker dat spam zou volgen. Cybercriminelen die zich met identiteitsfraude en financiële diefstal bezighouden, richten hun aandacht steeds meer op smartphones, nu gebruikers daarop hun e-mail checken, bankzaken doen, rekeningen betalen en persoonsgegevens onthullen. Spam op mobiele telefoons neemt de vorm aan van sms-berichten, maar steeds vaker krijgen gebruikers spam binnen op de Newsfeed in Facebook en in Messenger. Spammers verhandelen vaak porno, frauduleuze deals en diensten en andere producten die in de meeste beschaafde samenlevingen weinig goedkeuring zouden wegdragen, of ze beoefenen regelrechte zwendelpraktijken. Sommige landen hebben wetten aangenomen om het versturen van spam illegaal te maken of het gebruik ervan te beperken. In de Verenigde Staten is het nog legaal, zolang het niets met fraude te maken

Computermisbruik
Het verrichten van handelingen met een computer die misschien niet illegaal zijn, maar wel beschouwd worden als onethisch.

Spam
Ongewenste commerciële e-mail.

heeft en zolang de afzender en het onderwerp van de e-mail goed kunnen worden geïdentificeerd.
Spammen is zo razendsnel gegroeid doordat het maar een paar cent kost om duizenden berichten te versturen die artikelen bij internetgebruikers aanprijzen. Het percentage spam binnen alle verzonden e-mail werd in 2015 rond de 65 procent geschat (Kaspersky, 2015). De meeste spam komt uit botnetwerken (botnets), bestaande uit duizenden gekaapte personal computers die spamberichten kunnen opstellen en doorgeven. Het spamvolume is gedaald sinds de autoriteiten in 2011 het Rustock-botnet hebben neergehaald. De kosten van spam voor bedrijven zijn zeer hoog (worden geschat op meer dan 50 miljard dollar per jaar) doordat miljarden ongewenste e-mails computer- en netwerkcapaciteit in beslag nemen en het veel tijd kost om ze op te ruimen. Spammen is in Europa strenger geregeld dan in de Verenigde Staten. In 2002 nam het Europees Parlement een verbod aan op ongewenste berichten. Digitale marketing kan alleen gericht worden op mensen die daarvoor vooraf toestemming hebben verleend.
De Amerikaanse CAN-SPAM Act uit 2003, die in 2004 van kracht werd, verbiedt spam niet, maar verbiedt wel misleidende e-mailpraktijken door te eisen dat commerciële e-mailberichten correcte onderwerpregels tonen, de ware afzenders in beeld brengen en ontvangers een gemakkelijke manier bieden om hun naam van de mailinglijst te halen. Ook verbiedt de wet het gebruik van valse terugzendadressen. Hoewel er wel enkele mensen op grond van de wet zijn veroordeeld, heeft deze een te verwaarlozen effect gehad op spammen, met name vanwege de zeer gebrekkige beveiliging op internet en het gebruik van buitenlandse servers en botnets. De meeste grootschalige verzendingen van spam zijn verhuisd naar Rusland en Oost-Europa, waar hackers wereldwijde botnets beheren die in staat zijn om miljarden spamberichten te genereren. Het grootste spamnetwerk van de afgelopen jaren was het in Sint-Petersburg gevestigde Russische netwerk Festi. Festi is het meest bekend als de spamgenerator achter de wereldwijde Viagra-spamindustrie, die zich vanuit Rusland uitstrekt naar Indiase farmaceutische bedrijven die nep-Viagra verkopen. Tal van landen, waaronder Australië, Zuid-Afrika, de Europese Unie, Zweden en Maleisië, hebben anti-spamwetgeving (ITU, 2016).
Overal ter wereld zijn autofabrikanten al vele jaren op zoek naar manieren om afstands- en uitstoottesten te manipuleren, om op papier resultaten te kunnen laten zien die gunstiger zijn dan wat er in werkelijkheid op de weg gebeurt. Het gebruik van software voor dit doel kwam in 2015 aan het licht. Toen werd onthuld dat Volkswagen Group in sommige modellen dieselauto's misleidende software installeerde, wat een schending inhield van de Amerikaanse Clean Air Act zoals wordt beschreven in de Interactieve sessie over management.

Werkgelegenheid: baanverlies door technologie en het herstructureren van werk

In de informatiesysteemwereld wordt het herstructureren van werk toegejuicht als een belangrijke verworvenheid van nieuwe informatietechnologie. Veel minder vaak wordt opgemerkt dat het herontwikkelen van bedrijfsprocessen bij miljoenen middenmanagers, administratieve medewerkers en productiemedewerkers heeft geleid tot baanverlies. Verscheidene economen hebben alarm geslagen over het verlies van kantoorbanen (en productiebanen) door informatie- en computertechnologie. Erik Brynjolfsson en Andrew P. McAfee betogen dat het automatiseringstempo de afgelopen jaren is toegenomen als gevolg van een combinatie van technologieën, waaronder robotica, computergestuurde machines, gecomputeriseerd voorraadbeheer, patroonherkenning, stemherkenning en e-commerce.
Eén gevolg hiervan is dat machines nu een groot aantal banen kunnen invullen die tot nu toe alleen door mensen werden gedaan, waaronder technische ondersteuning, callcenterwerk, röntgenonderzoek en zelfs het beoordelen van juridische documenten (Brynjolfsson en McAfee, 2011). Deze standpunten wijken af van eerdere oordelen van economen dat zowel arbeid als kapitaal stabiele inkomensaandelen zouden ontvangen en dat nieuwe technologieën evenveel, of zelfs meer, nieuwe banen zouden creëren dan er oude banen mee verloren zouden gaan. Er is echter geen garantie dat dit in de toekomst zal gebeuren, en het inkomensaandeel

Toezicht op de werkplek

Er mogen dan tijdens een wedstrijd slechts elf spelers op het veld staan, maar de Britse Blackburn Rovers Football Club heeft ruim 800 mensen in dienst. Net als in elke moderne organisatie vormen computers de kern van een efficiënte bedrijfsvoering. De meeste computers van de club staan op de administratieafdeling in het kantoor aan Ewood Park, maar andere zijn te vinden in het trainingscentrum en de voetbalacademie van de club.

De club besloot een softwareproduct te installeren met de naam Spector 360, dat het aanschafte bij het bedrijf Snapguard uit Manchester. Volgens Snapguards verkoopdocumentatie maakt het product het mogelijk om in het hele bedrijf toezicht te houden op computer- en internetgebruik door medewerkers. Eerder had de club geprobeerd om richtlijnen voor aanvaardbaar gebruik in te voeren, maar de inleidende gesprekken met medewerkers liepen vast en de richtlijnen werden nooit ingevoerd.

De eerste proeven met Spector 360 toonden aan dat sommige medewerkers misbruik maakten van de gemoedelijke bedrijfscultuur om het grootste deel van de dag op internet te surfen, actief te zijn op sociale media en een enorme hoeveel bandbreedte te gebruiken voor downloads.

Voordat de bewakingssoftware officieel werd geïmplementeerd, werden de richtlijnen voor aanvaardbaar gebruik afgestoft en alsnog ingevoerd. Ze werden ook onderdeel van de arbeidsvoorwaarden.

Begrijpelijkerwijs stoorden sommige werknemers zich aan het idee dat ze in de gaten werden gehouden, maar de software werd evengoed geïnstalleerd.

Volgens Ben Hayler, senior systeembeheerder bij Blackburn Rovers, heeft Spector 360 de orde hersteld door de productiviteit omhoog te brengen en activiteit op niet-werkgerelateerde apps terug te dringen. Rapportage door Spector 360 kan managers het volgende laten zien: buitensporig gebruik van Facebook, Twitter en andere socialmediawebsites, bezoeken aan sekssites of webshops, gebruik van chatdiensten, het printen of opslaan van vertrouwelijke informatie, evenals in- en uitlogtijden van personeel. Managers kunnen de software ook gebruiken om in te zoomen op gebruikspatronen, screenshots te genereren of zelfs bepaalde toetsaanslagen vast te leggen.

De software kan medewerkers ook voordelen bieden. Omdat de software kan bijhouden waar medewerkers mee bezig zijn, en dus precies kan traceren waardoor een bepaald probleem is ontstaan, kan deze bijvoorbeeld helpen bij personeelstrainingen en problemen oplossen. In de Verenigde Staten zijn er ook weinig beperkingen aan toezicht op personeel, mits dit verband houdt met werkprestaties. Medewerkers op de hoogte brengen is wenselijk, maar niet noodzakelijk, zeker als er sprake is van crimineel gedrag.

Met draagbare camera's en een explosie van sensors die medewerkers op verzoek zouden kunnen dragen, worden op sommige plekken zogeheten 'sociometrische badges' geïntroduceerd. Deze badges zijn uitgerust met microfoons, GPS-sensoren en versnellingsmeters om het gedrag en de gesprekken van medewerkers tot in detail te beoordelen. De meest recente bevindingen wijzen onder meer uit dat medewerkers productiever zijn en veel minder snel een andere baan gaan zoeken als ze meer tijd krijgen voor contact met collega's. Er werden meer koffiepauzes aanbevolen! Een recent onderzoeksverslag wees uit dat cameratoezicht in restaurants sterk omzetverhogend werkte, niet door vermoedelijke diefstal te verminderen, maar door de versterkte motivatie van medewerkers om meer drankjes en speciale gerechten te verkopen. Gemiddeld nam de omzet in de restaurants met bijna 3000 dollar per maand toe. Doordat medewerkers meer moeite deden om dranken en etenswaren te verkopen, kregen ze ook meer fooi. Maar wat zijn los daarvan de meningen over toezicht op de werkvloer? Volgens het Citizens Advice Bureau (een gratis voorlichtings- en adviesdienst voor inwoners van het Verenigd Koninkrijk), zijn dit enkele manieren waarop werkgevers toezicht houden op hun medewerkers: cameratoezicht op de werkplek, post of e-mails openen, gebruik van geautomatiseerde software om e-mail te checken, belgegevens natrekken of telefoongesprekken opnemen, internetgebruik controleren, cameratoezicht buiten de werkplek, informatie aanvragen bij kredietinformatiebureaus en informatie verzamelen van betaalterminals.

Dit lijkt misschien een angstwekkende lijst, maar het staat buiten kijf dat de werkgever het recht heeft om ervoor te zorgen dat zijn medewerkers geen illegaal of voor het bedrijf schadelijk gedrag tonen. De Britse wetgeving inzake gegevensbescherming stelt echter dat de werkgever moet garanderen dat het toezicht gerechtvaardigd is en rekening moet houden met eventuele negatieve effecten van het toezicht op de

medewerkers. Toezicht zonder reden of aanleiding is niet toegestaan. Toezicht zonder medewerkers op de hoogte te brengen is meestal tegen de wet.
In een zaak die in 2007 diende bij het Europees Hof voor de Rechten van de Mens (*Copeland vs. het Verenigd Koninkrijk*) voerde mevrouw Copeland, die werkte voor Carmarthenshire College, aan dat haar privacy was geschonden. Ze was een persoonlijke assistent van het schoolhoofd en werkte ook nauw samen met diens plaatsvervanger, die haar telefoonrekeningen, internetgebruik en e-mails liet natrekken en de gegevens analyseerde.
Het plaatsvervangend schoolhoofd wilde bepalen of Copeland buitensporig gebruikmaakte van de faciliteiten van het college. Het Europees Hof stelde haar in het gelijk en gaf aan dat haar persoonlijke internetgebruik onder de definitie van 'privéleven' in het Europees Verdrag tot bescherming van de rechten van de mens viel. De grootste fout die Carmarthenshire College had gemaakt, was dat het geen gebruiksbeleid had geformuleerd. Als onderdeel van het arbeidscontract zouden werkgevers en werknemers het eens moeten zijn over beleid dat verheldert wat wel en niet geldt als aanvaardbaar computergebruik op het werk. Als een werknemer gebruikmaakt van werkapparatuur op een manier die volgens het arbeidscontract niet is toegestaan, kan de werkgever disciplinaire maatregelen nemen.
Ongeacht de wettelijke situatie is het duidelijk waar potentiële problemen op het werk kunnen ontstaan met betrekking tot gebruik van informatietechnologie. Een e-mail wordt na verzending een legaal gepubliceerd document, dat als bewijs kan dienen in een rechtszaak over kwesties als smaad, contractbreuk, enzovoort. De meeste bedrijven zijn afhankelijk van hun bedrijfsgegevens om de concurrentie voor te blijven. Daarom kan verlies, diefstal of sabotage van gegevens gevaarlijker zijn dan verlies, diefstal of sabotage van hardware. Als een USB-memorystick zoekraakt op het parkeerterrein van een bar, kost het slechts een paar euro om hem te vervangen, maar als er vertrouwelijke bedrijfsgegevens op staan, kan verlies ervan het faillissement van het bedrijf betekenen.

Bronnen: Gov.UK, 'Data Protection and Your Business,' gov. uk, 23 februari 2015; Ethan Bernstein, 'How Being Filmed Changes Employee Behavior,' *Harvard Business Review*, 12 september 2014; Steve Lohr, 'Unblinking Eyes Track Employees,' *New York Times*, 21 juni 2014; Lamar Pierce, et al., 'Cleaning House: The Impact of Information Technology Monitoring on Employee Theft and Productivity, Olin School of Business, Washington University, 2014; Spencer E. Ante en Lauren Weber, 'Memo to Workers: The Boss Is Watching,' *Wall Street Journal*, 22 oktober 2014; Information Commissioners Office, 'Employment Practices Data Protection Code-Supplementary Guidance,' www.ico.gov.uk, geraadpleegd op 25 oktober 2010; 'Spector 360 Helps Blackburn Rovers Show Red Card to PC and Internet Abuse,' Snapguard, www.snapguard.co.uk/blackburn_fc.html, geraadpleegd op 25 oktober 2010; 'Citizens Advice Bureau Advice Guide, Basic Rights at Work,' Adviceguide, geraadpleegd op 25 oktober 2010.

Vragen bij de case

1. Vind je de aanpak van de Blackburn Rovers te streng voor hun medewerkers, te soepel, of precies goed?
2. Kijk nog eens goed naar de vijf morele dimensies die in dit hoofdstuk beschreven staan. Welke ervan zijn van toepassing in de zaak van *Copeland vs. het Verenigd Koninkrijk*?
3. Denk na over het volgende scenario. Je veertienjarige zoon gaat naar een voetbalacademie. Terwijl hij daar is, downloadt hij ongepast beeldmateriaal dat hij later aan zijn vrienden verkoopt. Thuis had hij die foto's nooit kunnen downloaden, omdat je ouderlijk toezicht hebt ingesteld. Wie is verantwoordelijk voor zijn misstap?

van arbeid kan verder dalen in verhouding tot kapitaal, wat kan leiden tot verlies van goedbetaalde banen en verdere loonsverlagingen.
Andere economen zijn veel optimistischer over het mogelijke banenverlies. In sommige gevallen is de werkgelegenheid gestegen of stabiel gebleven in sectoren waar investeringen in IT-kapitaal het hoogst zijn. Deze economen geloven ook dat slimme, goedopgeleide productiemedewerkers die vervangen zijn door technologie zullen doorstromen naar betere banen in snelgroeiende sectoren. In deze vergelijking ontbreken niet-geschoolde productiemedewerkers en oudere, minder hoogopgeleide middenmanagers. Het is niet duidelijk of deze groepen kunnen worden omgeschoold voor hoogwaardige, goedbetaalde banen.

Rechtvaardigheid en toegang: toenemende etnische en sociale kloof

Heeft iedereen gelijke kansen om mee te doen in het digitale tijdperk? Zullen de sociale, economische en cultuurkloven die in de Verenigde Staten en andere samenlevingen bestaan kleiner worden als gevolg van informatiesysteemtechnologie? Of worden ze juist breder, en worden de rijken nog rijker in verhouding tot de rest?

Laten we computers te veel voor ons denken?

Werkt onze toenemende afhankelijkheid van computers onachtzaamheid in de hand die ten koste gaat van ons zelfdenkend vermogen? Computerisering heeft ongetwijfeld de gevolgen van storingen, werkonderbrekingen en defecten verzacht, maar raken we tegelijkertijd het vermogen kwijt om onafhankelijk alternatieven af te wegen en optimale keuzes te maken?

Ten minste één auteur over technologie weet zeker dat dit precies is wat er nu gebeurt. Het boek *The Glass Cage: Automation and Us* (vertaald als *De glazen kooi – wat automatisering met ons doet)* van Nicholas Carr poneert dat ons overdreven vertrouwen in computers onze reflexen heeft afgestompt en de expertise heeft geërodeerd. Twee cognitieve fouten ondermijnen prestaties. Onachtzaamheid – overdreven vertrouwen in het vermogen van de computer – zorgt ervoor dat onze aandacht afdwaalt. Vooringenomenheid – overdreven vertrouwen in de juistheid van de data die we van onze computer krijgen – leiden ertoe dat ze andere databronnen negeren, waaronder zintuigelijke prikkels die in strijd zijn met computerdata.

Als piloten, soldaten, artsen, of zelfs fabrieksmanagers niet geconcentreerd zijn en het hun aan situationeel bewustzijn ontbreekt, negeren ze zowel verdachte data die uit de computer komen als externe aanwijzingen die die data zouden corrigeren. Dit kan catastrofale gevolgen hebben. In 2009 legden piloten in de burgerluchtvaart in twee gevallen de signalen verkeerd uit toen hun automatische piloot zichzelf uitschakelde na waarschuwingen dat de vliegtuigmotoren zouden uitvallen. In plaats van het stuur naar voren te duwen om snelheid te winnen, gingen beide piloten uit van foute data op hun bedieningspaneel en negeerden ze aanwijzingen uit hun omgeving, waardoor ze het stuur juist naar zich toe trokken. Daarmee trokken ze de neus van het toestel omhoog en verlaagden ze de luchtsnelheid, precies het tegenovergestelde van wat nodig was.

Het verlies van de automatische piloot veroorzaakte verwarring en paniek. Een drastisch ingekorte praktische vliegervaring (op een gemiddelde burgervlucht zit een menselijke piloot tegenwoordig nog maar drie minuten aan de knoppen) leidde ertoe dat een vliegtuig zonder werkende motoren neerstortte. Boven de Atlantische Oceaan, onderweg van Rio de Janeiro naar Parijs, vonden 228 mensen de dood. De Federal Aviation Administration (FAA) dringt er sindsdien bij luchtvaartmaatschappijen op aan dat ze strengere eisen stellen ten aanzien van vlieguren om de risico's door onachtzaamheid en vooringenomenheid te verminderen. Carrs tegenstanders wijzen erop dat luchtvaart nu veiliger is dan ooit en dat ongelukken en dodelijke slachtoffers al tientallen jaren afnemen, terwijl dodelijke vliegtuigongelukken uitermate zeldzaam zijn. Carr beaamt dit, maar maakt zich evengoed zorgen dat piloten zo sterk op computers vertrouwen dat ze vergeten hoe ze moeten vliegen.

Andrew McAfee, een onderzoeker aan de MIT Sloan School of Management, wijst erop dat mensen al eeuwen jammeren dat vaardigheden verloren gaan als gevolg van technologie, maar dat de wereld per saldo baat heeft bij automatisering. Een vliegtuigongeluk kan nog steeds voorkomen, en veel aandacht trekken, maar hij gelooft dat meer automatisering de oplossing is, in plaats van minder. Terwijl mensen altijd hebben geloofd dat het toewijzen van taken aan machines ons bevrijdt van alledaagsheid en ons in staat stelt het ongewone na te streven, hebben computers een compleet ander tijdperk ingeluid. Massale datacompilatie en complexe analysevaardigheden betekenen nu dat besluitvorming, die tot nu toe was voorbehouden aan het menselijk brein, steeds vaker door computers wordt gedaan. Het overlaten van taken aan computers bevrijdt ons van complex denkwerk en vereist meer alledaagse werkzaamheden van ons, zoals het invoeren van data, het bekijken van output en verstrooid wachten tot apparaten vastlopen.

Onachtzaamheid en fouten door vooringenomenheid stapelen zich op. Zo wijzen computerprogramma's inmiddels verdachte plekken op mammogrammen aan. Nu de noodzaak om zelf zorgvuldig beeldmateriaal te bestuderen is afgenomen, missen radiologen soms tumoren in het beginstadium die niet door het programma worden gesignaleerd. Australische onderzoekers ontdekten dat accountants bij internationale bedrijven die geavanceerde software voor audits gebruikten een significant slechter inzicht hadden in de verschillende soorten risico dan accountants bij bedrijven die vanwege het gebruik van eenvoudigere software zelf risico's moesten beoordelen. Zelfs de meest rudimentaire werkzaamheden, zoals tekstredactie en spellingchecken, worden nu anders uitgevoerd.

In plaats van actief deel te nemen, zijn we toeschouwers geworden, wachtend tot we te horen krijgen dat we een fout moeten herstellen. Zijn zulke kortstondige efficiëntieslagen het verlies van kennis en expertise op de lange termijn waard?

Verder pakken softwareprogramma's steeds meer capaciteiten op die tot nu toe exclusief waren voorbehouden aan het menselijk brein. Zintuigelijke beoordeling, omgevingsbewustzijn, gecoördineerde beweging en conceptuele kennis zijn opgenomen in programmering, waarmee Google zijn zelfstandig rijdende auto op openbare wegen heeft kunnen testen. Sommige mensen voeren aan dat dit precies de richting is die we op moeten: autonome computers zonder enige menselijke controle of interventie. De oplossing voor fouten door piloten als de automatische piloot uitvalt? Een geheel autonome automatische piloot. De oplossing voor afnemende diagnostische vaardigheden bij artsen als gevolg van onachtzaamheid en vooringenomenheid? Zet artsen helemaal buiten spel. Carr ziet twee problemen in deze gedachtegang. Ten eerste vereisen complexe computersystemen complexe onderlinge afhankelijkheden tussen databases, algoritmen, sensoren, software en hardware. Hoe meer wederzijds afhankelijke componenten een systeem telt, hoe meer ermee fout kan gaan en hoe lastiger fouten zijn op te sporen. Ten tweede weten we al ruim dertig jaar dat mensen vreselijk slecht zijn in precies datgene waar toegenomen automatisering hen mee heeft opgescheept: passieve waarneming. Als we niet actief met iets bezig zijn, dwalen onze gedachten al snel af naar andere dingen dan waar we toezicht op moeten houden. Sterker nog, we weten nu dat het 'use-it-or-lose-it'-beginsel van toepassing is op het besturen van vliegtuigen, het diagnosticeren van ziekten, spellingchecken en alles wat daar tussenin zit, en dat deskundigen die alleen nog maar mogen toekijken weer groentjes worden, wat het risico van verkeerde reacties op storingen verhoogt.

Een oplossing is om programma's te ontwerpen die betrokkenheid verhogen en kennisvergaring stimuleren, bijvoorbeeld door met frequente, zij het onregelmatige tussenpozen de controle terug te geven aan degene die het apparaat of systeem bedient, of door ervoor te zorgen dat zijn of haar werk moeilijke taken bevat. Als operateurs herhaaldelijk ingewikkelde fysieke en mentale taken moeten uitvoeren, wordt het genereereffect versterkt. Helaas betekent het invoeren van deze aanpassingen noodzakelijkerwijs dat de software langzamer wordt en de productiviteit omlaag gaat. Bedrijven zullen waarschijnlijk de winst op korte termijn niet willen opofferen aan het behoud van structurele deskundigheid en ontwikkeling. Wie heeft er op lange termijn profijt van deze technologie?

Bronnen: Patrick Smith, 'Why Pilots Still Matter,' *New York Times*, 10 april 2015; Nicholas Carr, 'All Can Be Lost: The Risk of Putting Our Knowledge in the Hands of Machines,' *Atlantic*, 23 oktober 2013; John Preston, 'Review of Nicholas Carr's *The Glass Cage: Where Automation Is Taking Us*,' *Telegraph*, 11 januari 2015; Daniel Menaker, 'Review of Nicholas Carr's *The Glass Cage*,' *New York Times Book Review*, 7 november 2014; John Jones, 'The Technophobe's Dilemma: Nicholas Carr's *The Glass Cage*,' *DML Central*, 10 november 2014; Maria Bustillos, 'Nicholas Carr's Latest Anti-technology Rant, *The Glass Cage*,' *LA Times*, 19 september 2014; Carol Callwaladr, '*The Glass Cage: Where Automation Is Taking Us* Review: On Course for Disaster,' *Guardian*,19 januari 2015; Daniel J. Levitin, 'Book Review: *The Glass Cage* by Nicholas Carr,' *Wall Street Journal*, 10 oktober 2014.

Vragen bij de case

1. Benoem het probleem dat in deze case wordt beschreven. In welk opzicht is dit een ethisch dilemma?
2. Moeten we nog meer taken automatiseren? Waarom, of waarom juist niet? Licht je antwoord toe.
3. Kan het probleem dat automatisering ten koste gaat van cognitieve vaardigheden worden opgelost? Licht je antwoord toe.

Deze vragen zijn nog niet geheel beantwoord, aangezien de impact van systeemtechnologie op de verschillende sociale groepen in de samenleving nog niet grondig is bestudeerd. Wat wel bekend is, is dat informatie, kennis, computers en toegang tot deze hulpmiddelen via onderwijsinstituten en openbare bibliotheken, net als andere informatiebronnen, niet gelijkelijk over etnische en sociale scheidslijnen zijn verdeeld. Hoewel de kloof ten aanzien van toegang tot computers al kleiner wordt, zullen gezinnen met hogere inkomens in elke etnische groep thuis vaker beschikken over computers en breedbandinternet dan gezinnen met lagere inkomens in dezelfde groep. Bovendien zullen kinderen uit gezinnen met hogere inkomens hun internettoegang vaker gebruiken voor educatieve doeleinden, terwijl kinderen uit gezinnen met lagere inkomens meer tijd zullen besteden met muziek, films en spelletjes. Dit wordt de tijdverspillingkloof genoemd. Als deze **digitale kloof** niet wordt gedicht, kan hij leiden tot een samenleving van informatie-'haves', die beschikken over computervaardigheden en goed opgeleid zijn, tegenover een grote groep informatie-'have nots', zonder computervaardigheden en ongeschoold.

Digitale kloof
Grote verschillen tussen toegang tot computers en internet onder mensen uit verschillende sociale milieus.

4.5 Gezondheidsrisico's: RSI, CVS en cognitieve achteruitgang

Repetitive Stress Injury (RSI)
Beroepsziekte die optreedt als spiergroepen herhaaldelijk blootstaan aan hoge schokbelasting (zoals bij tennis) of tienduizenden keren blootstaan aan lage schokbelasting (zoals bij werkzaamheden op het toetsenbord van een computer).

Carpale tunnel-syndroom
Vorm van RSI waarbij druk op de nervus medianus (de middelste armzenuw) door de botstructuur van de pols pijn veroorzaakt.

Een tegenwoordig veelvoorkomende beroepsziekte is **repetitive stress injury (RSI)**. RSI treedt op als spiergroepen herhaaldelijk blootstaan aan hoge schokbelasting (zoals bij tennis) of tienduizenden keren blootstaan aan lage schokbelasting (zoals bij werkzaamheden op het toetsenbord van een computer). Naar schatting komt RSI voor bij een derde van de beroepsbevolking en is verantwoordelijk voor een derde van alle arbeidsongeschiktheid.
De belangrijkste oorzaak van RSI vormen computertoetsenborden. De meest voorkomende vorm van computer-gerelateerde RSI is **carpale tunnel-syndroom (CTS)**, waarbij druk op de nervus medianus (de middelste armzenuw) door de botstructuur van de pols pijn veroorzaakt. De druk wordt veroorzaakt door de constante herhaling van toetsaanslagen: in één dienst kan een beeldschermwerker tot 23.000 toetsaanslagen doen. Symptomen van CTS zijn onder meer een doof gevoel, pijnscheuten, onvermogen om voorwerpen vast te pakken en tintelingen. De diagnose CTS is al bij miljoenen werkenden gesteld. De ziekte raakt naar schatting 3 à 6 procent van de beroepsbevolking (LeBlanc en Cestia, 2011).

RSI is te vermijden. Werkplekken die zijn ingericht op een neutrale polshouding (met behulp van een polssteun), goede monitorstandaarden en voetsteunen dragen allemaal bij tot een goede lichaamshouding en verminderen RSI. Ergonomisch correcte toetsenborden zijn eveneens een optie. Deze maatregelen zouden moeten worden aangevuld met regelmatige rustpauzes en het rouleren van medewerkers tussen verschillende werkzaamheden.
RSI is niet de enige beroepsziekte die computers veroorzaken. Ook kunnen ergonomisch slecht ingerichte werkplekken leiden tot pijn in rug, nek, benen en voeten.

Computer vision syndrome (CVS)
Spanning op de ogen die optreedt na langdurig gebruik van desktopcomputers, laptops, e-readers, smartphones en draagbare spelcomputers.

Computer vision syndrome (CVS) verwijst naar spanning op de ogen die optreedt na langdurig gebruik van desktopcomputers, laptops, e-readers, smartphones en draagbare spelcomputers. CVS treft ongeveer 90 procent van alle mensen die drie uur per dag of langer beeldschermwerk verrichten. Symptomen, meestal van tijdelijke aard, zijn onder meer hoofdpijn, wazig zicht en droge en geïrriteerde ogen.
Los van deze kwalen kan computertechnologie schadelijk zijn voor onze cognitieve functies, of ten minste ons denkvermogen en probleemoplossend vermogen veranderen. Hoewel internet de toegang tot en het creëren en gebruiken van informatie heeft vergemakkelijkt, geloven sommige deskundigen dat het concentratie en helder denken tegenwerkt. Zij stellen dat blootstelling aan computers ten koste gaat van intelligentie en mensen zelfs dom maakt. Een geleerde aan de MIT gelooft dat het gebruik van computers tekenen ontmoedigt en mensen aanmoedigt om antwoorden op te zoeken in plaats van zelf problemen op te lossen. Vanuit deze optiek leren scholieren niet veel van surfen of e-mail beantwoorden als je dat afzet tegen luisteren, tekenen, discussiëren, kijken, buitenspelen en verkennen (Henry, 2011). De Interactieve sessie over organisaties beschrijft een zorg die hiermee te maken heeft: dat automatisering de vaardigheden van mensen vermindert door mogelijkheden weg te nemen om belangrijke werkzaamheden te leren en hun zelfdenkend vermogen te schaden.
De computer is een vast onderdeel van ons leven geworden – zowel in persoonlijk opzicht als maatschappelijk, cultureel en politiek. Het ligt niet voor de hand dat de problemen en onze keuzes gemakkelijker worden naarmate informatietechnologie onze wereld verder verandert. De groei van internet en de informatie-economie doet vermoeden dat alle ethische en maatschappelijke vraagstukken die we hebben beschreven alleen maar heviger zullen worden naarmate de eerste digitale eeuw vordert.
Repetitive stress injury (RSI) is momenteel een van de belangrijkste beroepsziekten. De voornaamste oorzaak van RSI is toetsenbordgerelateerd werk.

Foto: © Donna Cuic/Shutterstock

SAMENVATTING

1. Welke ethische, maatschappelijke en politieke vraagstukken werpen informatiesystemen op?

Informatietechnologie brengt veranderingen met zich mee waarvoor nog geen wet- en regelgeving ten aanzien van aanvaardbaar gedrag is ontworpen. Toenemende computerkracht, opslag en netwerkcapaciteit – waaronder internet – vergroten de actieradius van personen en organisaties en versterken de invloed ervan. Het gemak en de anonimiteit waarmee informatie nu in online omgevingen wordt gecommuniceerd, gekopieerd en gemanipuleerd zetten de bescherming van privacy en intellectueel eigendom onder druk. De belangrijkste ethische, maatschappelijke en politieke vraagstukken die door informatiesystemen worden opgeworpen hebben te maken met rechten en plichten ten aanzien van informatie en eigendom, met aansprakelijkheid en toezicht, met systeemkwaliteit en met kwaliteit van leven.

2. Welke specifieke gedragsprincipes kunnen richting helpen geven aan ethische beslissingen?

Er zijn zes ethische principes voor het beoordelen van gedrag, waaronder de gouden regel, Immanuel Kants categorische imperatief, de hellend-vlakregel, het utilitaire principe, het risicomijdende principe en de ethische no-free-lunch-regel. Deze principes zouden samen met een ethische analyse moeten worden toegepast.

3. Waarom zijn de huidige informatiesysteemtechnologie en internet problematisch voor de bescherming van individuele privacy en intellectueel eigendom?

De huidige technologie voor dataopslag en -analyse stelt bedrijven in staat uit diverse bronnen gemakkelijk persoonsgegevens te verzamelen en te analyseren, om gedetailleerde digitale profielen over personen en hun gedrag samen te stellen. Datastromen op internet kunnen op veel manieren worden gevolgd. Cookies en andere volghulpmiddelen houden de activiteiten van online bezoekers nauwlettend in de gaten. Niet alle websites hanteren een sterk beschermingsbeleid ten aanzien van privacy, en ze bieden niet allemaal de mogelijkheid tot geïnformeerde toestemming wat betreft het gebruik van persoonsgegevens. Traditionele auteursrechtwetgeving beschermt onvoldoende tegen illegaal gekopieerde software doordat digitaal materiaal zo gemakkelijk te kopiëren en digitaal naar meerdere locaties door te sturen is.

4. Welke invloed hebben informatiesystemen gehad op aansprakelijkheidswetgeving en de dagelijkse kwaliteit van leven?

Nieuwe informatietechnologieën zijn problematisch voor bestaand aansprakelijkheidsrecht en voor het verantwoordelijk stellen van personen en instituties door de maatschappij voor aan anderen toegebrachte schade. Terwijl computersystemen efficiëntie en welvaart hebben gerealiseerd, kennen ze ook negatieve gevolgen. Computerfouten kunnen personen en organisatie ernstige schade berokkenen. Slechte gegevenskwaliteit is bovendien verantwoordelijk voor verstoringen en verliezen bij bedrijven. Er kunnen banen verloren gaan als computers werknemers vervangen of werkzaamheden overbodig worden in heringerichte bedrijfsprocessen. De mogelijkheid om een computer te bezitten en te gebruiken kan de socio-economische kloof tussen verschillende etnische en sociale groepen vergroten. Het wijdverbreide gebruik van computers vergroot de mogelijkheden voor computercriminaliteit en -misbruik. Computers kunnen bovendien gezondheids- en cognitieve problemen veroorzaken, zoals CVS, RSI, en het onvermogen om helder te denken en ingewikkelde werkzaamheden uit te voeren.

HERHALINGSVRAGEN

1. Welke ethische, sociale en politieke vragen werpen informatiesystemen op?

- Leg uit hoe ethische, sociale en politieke vragen verband houden met elkaar en geef enkele voorbeelden.
- Noem en beschrijf de belangrijkste technologietrends die ethische vragen oproepen.
- Definieer profiling en non-obvious relationship awareness, en leg uit welke ethische vragen ze oproepen.

2. Welke specifieke gedragsprincipes kunnen richting helpen geven aan ethische beslissingen?

- Leg het verschil uit tussen verantwoordelijkheid, aansprakelijkheid en wettelijke aansprakelijkheid.
- Noem en beschrijf de vijf stappen in een ethische analyse.
- Benoem en beschrijf zes ethische principes.

3. Waarom zijn de huidige informatiesysteemtechnologie en internet problematisch voor de bescherming van individuele privacy en intellectueel eigendom?

- Definieer privacy en Fair Information Practices.
- Leg uit hoe internet de bescherming van individuele privacy en intellectuele eigendom op de proef stelt.
- Leg uit hoe informed consent, wetgeving, zelfregulering door het bedrijfsleven en technologische instrumenten de individuele privacy van internetgebruikers beschermen.
- Noem en beschrijf de drie rechtstradities die individuele eigendomsrechten beschrijven.

4. Welke invloed hebben informatiesystemen gehad op aansprakelijkheidswetgeving en de dagelijkse kwaliteit van het leven?

- Leg uit waarom het zo moeilijk is om softwarediensten aansprakelijk te stellen voor fouten of letsel.
- Noem en beschrijf de belangrijkste oorzaken van problemen met systeemkwaliteit.
- Beschrijf computercriminaliteit en -misbruik en beschrijf de invloed ervan op computergebruikers.
- Benoem en beschrijf computer vision syndrome en repetitive stress injury (RSI), en leg uit wat ze te maken hebben met informatietechnologie.

DISCUSSIEVRAGEN

1. Wat is de digitale kloof en hoe moeten we er volgens jou mee omgaan?
2. Zouden bedrijven verantwoordelijk moeten worden gehouden voor de werkloosheid die hun informatiesystemen veroorzaken? Waarom of waarom niet?
3. Bespreek de voor- en nadelen van bedrijven toestaan om persoonlijke gegevens te verzamelen voor gedragsbeïnvloeding.

CASE

Facebook en privacy – welke privacy?

In minder dan tien jaar heeft Facebook zich ontwikkeld van kleine, selectieve netwerksite voor voornamelijk studenten op Ivy League-universiteiten tot een beursgenoteerd bedrijf dat in 2016 een marktwaarde had van 338 miljard dollar. Facebook beroept zich erop dat deelname gratis is en altijd zal blijven, dus waar komt dan het geld vandaan om 1,65 miljard gebruikers uit de hele wereld te bedienen?

Net als medetechnologiereus en rivaal Google haalt Facebook zijn inkomsten vrijwel geheel uit reclame. Facebook heeft geen breed scala aan hippe nieuwe gadgets zoals Apple, of een wereldwijd netwerk aan fysieke winkels zoals Walmart, laat staan een breed aanbod aan software. Het enige wat Facebook kan verkopen zijn jouw persoonsgegevens en de gegevens van honderden miljoenen andere Facebook-gebruikers.

Adverteerders hebben allang door dat Facebook als geen ander een schat aan persoonlijke gegevens bevat. Met deze gegevens kunnen ze hun reclame-uitingen toespitsen op zeer specifieke details, zoals relationele status, locatie, arbeidssituatie, lievelingsboeken, -films of -televisieprogramma's, en tal van andere categorieën. Zo kan een vrouw uit de Amerikaanse stad Atlanta die het bericht plaatst dat ze zich heeft verloofd een advertentie van een trouwfotograaf op haar Facebook-pagina te zien krijgen. Als advertenties dermate worden gepersonaliseerd, krijgen ze een veel betere respons dan traditionele reclame-uitingen.

Steeds meer grote en kleinere bedrijven hebben dit opgemerkt. In 2015 genereerde Facebook 17,9 miljard dollar aan inkomsten, waarvan 94 procent (16,8 miljard dollar) uit reclame, en het restant uit de verkoop van spelletjes en virtuele producten. In 2015 groeiden de inkomsten van Facebook met 43 procent ten opzichte van het jaar ervoor, vooral dankzij nieuwe gebruikers, en vertoonde het 40 procent meer advertenties dan in 2014. Een belangrijke bijdrage aan de inkomsten in 2015 vormden advertenties die werden verkocht in de mobiele nieuwsfeed.

Dat was goed nieuws voor Facebook, dat naar verwachting de komende jaren zijn inkomsten zal blijven zien stijgen, maar is het ook goed nieuws voor jou, als Facebook-gebruiker? Meer dan ooit maken bedrijven als Facebook en Google, dat in 2015 ongeveer 67 miljard dollar aan reclame-inkomsten binnenhaalde, gebruik van jouw online activiteiten om een beangstigend zorgvuldig beeld te creëren van je leven. Facebook stelt zich ten doel om je advertenties te laten zien die relevanter voor je zijn dan de advertenties die je elders op internet te zien krijgt, maar de persoonsinformatie die het bedrijf met en zonder jouw toestemming over je verzamelt kan ook op andere manieren tegen je worden gebruikt.

Facebook heeft uiteenlopende fascinerende en nuttige functies. Dankzij de samenwerking van Facebook met het Amerikaanse ministerie van Werkgelegenheid kunnen werkzoekenden in contact komen met werkgevers; Facebook heeft gezinnen geholpen om weggelopen huisdieren terug te vinden; Facebook stelt soldaten die zijn uitgezonden in staat om contact te houden met hun familie; het bedrijf biedt mkb's de kans om hun e-commerce-inspanningen uit te breiden en grotere bedrijven kunnen via Facebook hun merken versterken; en wat misschien nog wel het duidelijkst is, is dat Facebook je de mogelijkheid biedt om gemakkelijker contact te houden met je familie en vrienden, plaatselijke restaurants, kortom, alles wat voor jou belangrijk is. Dat zijn de redenen waarom zo veel mensen Facebook gebruiken – het voegt waarde toe voor de gebruikers.

Echter, Facebook heeft als doel om zijn gebruikers zo veel mogelijk data te laten delen, want hoe meer Facebook over je weet, hoe gerichter het bedrijf je relevante advertenties kan voorschotelen. Mark Zuckerberg, de CEO van Facebook, zegt vaak dat mensen willen dat de wereld opener en meer verbonden is. Het is niet duidelijk of dat echt het geval is, maar het is zeker zo dat Facebook wil dat de wereld opener en meer verbonden is, omdat het bedrijf daar meer geld aan kan verdienen. Critici van Facebook voeren aan dat het bestaan van een gegevensbank die zo groot is als die van Facebook veel meer bescherming en privacyinstellingen vergt dan Facebook momenteel biedt.

Dat Facebook geld wil verdienen is begrijpelijk, maar het bedrijf heeft een verleden van privacyschendingen en misstappen die maken dat je vraagtekens kunt zetten bij het feit dat Facebook de verantwoording draagt voor de persoonlijke gegevens van honderden miljoenen mensen. Er bestaat in de Verenigde Staten geen wetgeving die consumenten het recht geeft om te weten welke data bedrijven als Facebook hebben verzameld. In kredietrapporten kun je bezwaar maken tegen informatie, maar je krijgt niet te zien welke data Facebook over je heeft verzameld, laat staan dat je kunt proberen daar iets tegen te doen. In Europa ligt dat anders: hier kun je bij Facebook alle gegevens die het bedrijf over je heeft opvragen.

Meer dan ooit kunnen externe partijen op basis van alles wat je doet, elke muisklik op sociale media, je interesses en gedrag beoordelen en je vervolgens op basis van die kennis een advertentie voorschotelen. Wetshandhavingsinstanties verzamelen op sociale netwerken bewijzen tegen belastingontduikers en andere misdadigers, werkgevers kijken op sociale media om te beslissen over sollicitanten, en gegevensverzamelaars verzamelen zo veel informatie over je als ze aan de hoogste bieder kunnen verkopen. Facebook heeft toegegeven dat het gebruikmaakt van een software-bug of -code om gebruikers door internet heen te kunnen volgen, zelfs als ze niet op Facebook zitten.

En dacht je soms dat jij eigenaar was van je gezicht? De meest recente privacykwestie van Facebook heeft te maken met de gezichtsherkenningssoftware die het gebruikt om foto's van gebruikers te taggen. Deze 'tag-suggestie'-functie staat automatisch aan als je je aanmeldt en er is geen toestemming van betrokkenen nodig. In 2016 verklaarde een federale rechtbank een zaak ontvankelijk waarin het recht van Facebook om foto's te taggen zonder toestemming van gebruikers werd aangevochten. Deze functie is in strijd met verschillende wetten in de VS die beogen de privacy van biometrische gegevens te waarborgen.

Een recent onderzoek van de onafhankelijke consumentenorganisatie Consumer Reports wees uit dat van de 150 miljoen Amerikanen die dagelijks op Facebook zitten ten minste 4,8 miljoen uit eigen vrije wil informatie delen die op de een of andere manier tegen hen gebruikt zou kunnen worden. Daarbij gaat het bijvoorbeeld om plannen om op een bepaalde dag te reizen, aan de hand waarvan inbrekers berovingen zouden kunnen plannen, of het liken van een pagina over een bepaalde aandoening of behandeling, wat zorgverzekeraars zouden kunnen gebruiken om iemand een verzekering te weigeren. Dertien miljoen

DEEL 2
IT-INFRASTRUCTUUR

Deel 2 gaat in op de technische achtergronden voor het begrijpen van informatiesystemen door het onderzoeken van hardware-, software-, database- en netwerktechnologieën en de bijbehorende middelen en technieken voor beveiliging en beheer. In dit deel worden vragen beantwoord als: Welke technologieën hebben bedrijven vandaag de dag nodig om hun werk te doen? Wat moet ik van deze technologieën weten om er zeker van te zijn dat ze de prestaties van het bedrijf verhogen? Hoe zullen deze technologieën zich in de toekomst vermoedelijk gaan ontwikkelen? Welke technologieën en procedures zijn nodig om ervoor te zorgen dat systemen betrouwbaar en veilig zijn?

5 IT-INFRASTRUCTUUR EN OPKOMENDE TECHNOLOGIEËN

Na dit hoofdstuk ben je in staat om de volgende vragen te beantwoorden:

1. **Wat is IT-infrastructuur en wat zijn de fasen in en de drijfveren achter de revolutie in de IT-infrastructuur?**
2. **Wat zijn de componenten van de IT-infrastructuur?**
3. **Wat zijn de huidige trends in computerhardwareplatforms?**
4. **Wat zijn de huidige trends in computersoftwareplatforms?**
5. **Wat zijn de uitdagingen bij het managen van de IT-infrastructuur en welke oplossingen zijn er op dit terrein?**

OPENINGSCASE

Cloud computing neemt hoge vlucht bij easyJet

EasyJet is de grootste luchtvaartmaatschappij van het Verenigd Koninkrijk en (na Ryanair) de op een na grootste aanbieder van korte-afstandsvluchten ter wereld, met ruim 800 binnenlandse en internationale routes in 32 landen. Vanuit het hoofdkantoor in Luton (Engeland) is easyJet sinds haar oprichting in 1995 snel gegroeid, met name dankzij een reeks overnames. Verder is de groei te danken aan het vervullen van een belangrijke marktbehoefte aan betaalbare vluchten. EasyJet vervoert meer dan 70 miljoen passagiers per jaar. Een betrouwbaar en sterk systeem voor boekingen en reserveringsbeheer en kostenbeheersing zijn uiteraard essentiële bedrijfsvereisten. Net als de klanten van andere luchtvaarmaatschappijen vond de easyJet-klant het een prettig idee om bij het online reserveren van een vlucht zijn stoel zelf te kunnen kiezen. EasyJets bestaande reserveringssysteem kon echter niet in deze nieuwe functie voorzien. Daarvoor zou het bedrijf moeten investeren in een extra computercentrum en zijn IT-infrastructuur moeten aanpassen.

Foto: © CPC Colleciton/Alamy Stock Photo

De IT-afdeling van easyJet vond een betere oplossing. Ze behield de kern van het bestaande reserveringssysteem en realiseerde de stoelkeuze in de cloud met behulp van Microsoft Azure. EasyJet had al andere publieke cloud-computing-platforms geprobeerd, maar die van Microsoft bood een betere integratie van on-premises- en clouddiensten. Met Microsoft

Azure ontwikkelde easyJet al eerder nieuwe draadloze communicatiediensten voor vliegvelden zonder hoge kosten te maken voor nieuwe servicebalies.
Met Microsoft Azure konden de informatiesysteemontwikkelaars van easyJet hun eigen programmacode voor de stoelkeuze schrijven en net zo veel, of zo weinig, rekenkracht gebruiken als ze nodig hadden om de dienst te testen. Vervolgens bleek het veel sneller en kosteneffectiever te zijn om de stoeltoewijzing door de publieke cloud te laten hosten dan om de eigen interne IT-infrastructuur ervoor te gebruiken.
EasyJet hanteert een hybride cloudstrategie. Ze brengt niet haar hele IT-infrastructuur naar de cloud, alleen specifieke functionaliteiten die haar interne IT-infrastructuur niet gemakkelijk kan verwerken. De nieuwe functionaliteiten zijn geïntegreerd in de bestaande IT-infrastructuur van het bedrijf. Door haar systemen uit te breiden met nieuwe functies, kan easyJet meer waarde halen uit haar eerdere miljoeneninvesteringen in IT.
Als een klant bij easyJet een vlucht boekt, integreren de informatiesystemen van deze luchtvaartmaatschappij drie verschillende technologieën. EasyJets webservers handelen de klantinvoer van gewenste reisdata en -bestemmingen voor vluchten af. Het reserveringssysteem van het bedrijf, dat in een ander computercentrum is ondergebracht, levert data aan over alternatieve tijden en prijzen waar klanten uit kunnen kiezen. Tot slot wordt het vliegtuigschema waarop gebruikers hun stoel kunnen selecteren volledig gehost in Microsoft Azure. Voor gebruikers lijkt de hele ervaring één naadloos geheel.

Volgens het jaarlijkse omzetoverzicht uit 2013 kon easyJet, dankzij haar systeemuitbreiding naar stoelkeuze, de klanttevredenheid met 5 procent verhogen en 7 procent omzetstijging realiseren. In de daaropvolgende twee jaren verhoogde het bedrijf de klantconversie met 13 procent. Het selecteren van een stoel en het instappen zijn stukken aangenamer geworden.
De directie van easyJet is ervan overtuigd dat de combinatie van goede klantervaringen en lage prijzen het bedrijf duidelijk onderscheidt van zijn concurrenten. Dankzij de zakelijke voordelen van het aanbieden van online stoelkeuze met behulp van clouddiensten kan easyJet deze strategie handhaven, doordat ze de bedrijfskosten laag kan houden terwijl ze de klant die vluchten zoekt en boekt topdiensten levert. Gemiddeld geven luchtvaartmaatschappijen 2 procent van hun omzet uit aan hun IT-infrastructuur; easyJet besteedt slechts een half procent van haar omzet aan IT.
Stel dat de uitbreiding met het nieuwe stoeltoewijzingssysteem de klantenservice en omzet niet had verbeterd? EasyJet had dan de clouddienst voor de online stoelkeuze desgewenst gemakkelijk kunnen uitzetten; dat is veel gemakkelijker dan om die functionaliteit uit het interne IT-systeem van het bedrijf te verwijderen.

Bronnen: 'Leading European Airline Improves Service and Scalability with Hybrid Cloud Solution,' www.microsoft.com, geraadpleegd op 9 februari 2016; www.easyjet.com, geraadpleegd op 1 mei 2016; Clare McDonald, 'How EasyJet Uses Digital to Drive Competitive Advantage,' *Computer Weekly*, 13 oktober 2015; 'EasyJet Raises Customer Satisfaction with Hybrid IT,' *Computer Weekly*, 23-29 september 2014.

De ervaring van easyJet illustreert het belang van IT-infrastructuur in het huidige bedrijfsleven. De juiste technologie tegen de juiste prijs zal de prestatie van organisaties verbeteren. EasyJet zat met een verouderde IT-infrastructuur die veel te duur en te log was om er nieuwe diensten aan toe te voegen, zoals de online stoelkeuze voor passagiers, die concurrenten al aanboden. Hierdoor raakte easyJet klanten kwijt en kon het bedrijf niet zo efficiënt en effectief opereren als het met een andere IT-infrastructuur had kunnen doen.

Het diagram in de case aan het begin van dit hoofdstuk vestigt de aandacht op belangrijke punten die in deze case en in dit hoofdstuk naar voren komen Vanwege haar prijspropositie staat easyJet onder druk om de kosten laag te houden, maar evengoed moet het bedrijf dezelfde diensten aanbieden als concurrerende luchtvaartmaatschappijen, zoals online stoelkeuze. De directie moest een betaalbare oplossing vinden om te kunnen blijven concurreren. Ze besloot de nieuwe stoelkeuzeoptie te laten ontwikkelen en draaien op het cloudplatform Microsoft Azure, waarbij de hardware zich bevindt in afgelegen computercentra die online toegankelijk zijn. De stoelkeuzemogelijkheid is geïntegreerd met easyJets on-premise reserveringssysteem. Dit is een voorbeeld van een hybride cloudstrategie, waarbij een organisatie een deel van haar IT-infrastructuur zelf beheert en daarnaast gebruikmaakt van clouddiensten. Door haar gebruik van clouddiensten voor een deel van haar IT-infrastructuur kan easyJet haar diensten

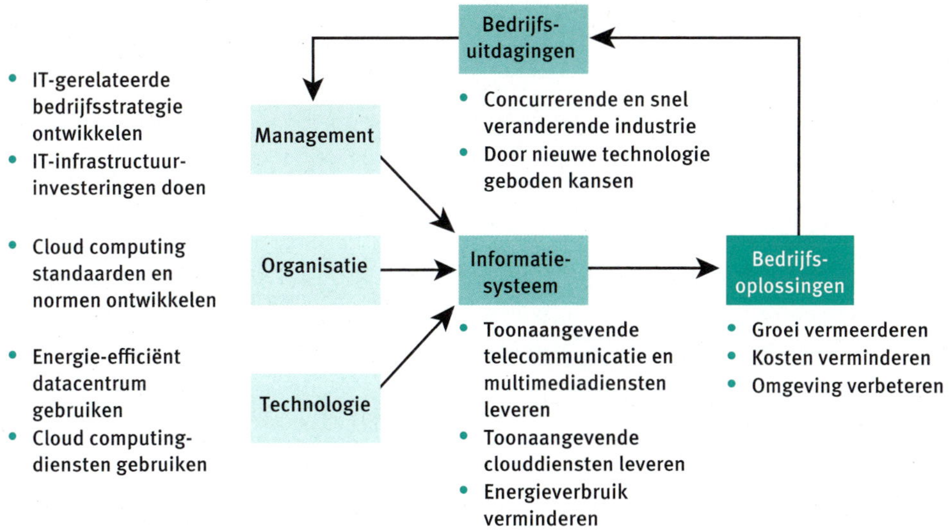

op zeer betaalbare wijze uitbreiden en aanbieden. Het bedrijf betaalt alleen voor de rekencapaciteit die het gebruikt op basis van behoefte en hoeft geen kostbare investeringen te doen in nieuwe infrastructuur.

Enkele vragen om over na te denken: *Op welke wijze hadden hard- en softwaretechnologie effect op de operatie van de organisatie? Wat waren de voordelen voor de business bij het gebruik van cloud computing?*

5.1 IT-infrastructuur

In hoofdstuk 1 hebben we informatietechnologie-infrastructuur (IT-infrastructuur) gedefinieerd als een technologie waarop de onderneming behalve door iedereen gebruikte applicaties zoals tekstverwerking, internetzoekmachines enzovoort, ook haar eigen, specifieke toepassingen uitvoert. Onder IT-infrastructuur vallen de investeringen in hardware, software, en diensten – zoals consultancy, opleiding en training – voor zover die betrekking hebben op de gehele onderneming of businessunits.

De IT-infrastructuur van een onderneming vormt de basis voor het leveren van diensten aan klanten, het werken met leveranciers en het uitvoeren en besturen van interne bedrijfsprocessen (zie figuur 5.1). Om bedrijven wereldwijd van IT-infrastructuur (hard- en software) te voorzien was in 2016 3.5 miljard dollar nodig en dit bedrag loopt jaarlijks op.

Telecommunicatie De elektronische overdracht van informatie, gewoonlijk over grote afstand.

Inbegrepen zijn investeringen en kosten van **telecommunicatie**voorzieningen en -diensten en de netwerkinfrastructuur. Investeringen in IT-infrastructuur zijn verantwoordelijk voor tussen 25 en 50 procent van de informatietechnologie-investeringen in grote bedrijven. Bij financiële dienstverleners zijn zelfs meer dan de helft van alle kapitaalinvesteringen investeringen in IT.

5.1.1 Definitie van de IT-infrastructuur

Zoals in de inleiding gesteld, bestaat de IT-infrastructuur uit hardware, software en diensten. Hier geven we een meer gedetailleerde beschrijving van deze IT-architectuur. Deze bestaat onder meer uit:

- Computerplatforms die ervoor zorgen dat medewerkers, klanten en toeleveranciers via de computer met elkaar worden verbonden. Deze platforms bestaan onder meer uit mainframes, midrange-computers, pc's en laptops, mobiele handhelds en cloud computing.
- Telecommunicatiediensten die data-, voice- en videoconnectiviteit bieden aan bedrijven en al hun zakenpartners.
- Diensten voor databeheer waarmee bedrijfsgegevens kunnen worden opgeslagen en beheerd, met mogelijkheden om deze gegevens te analyseren.

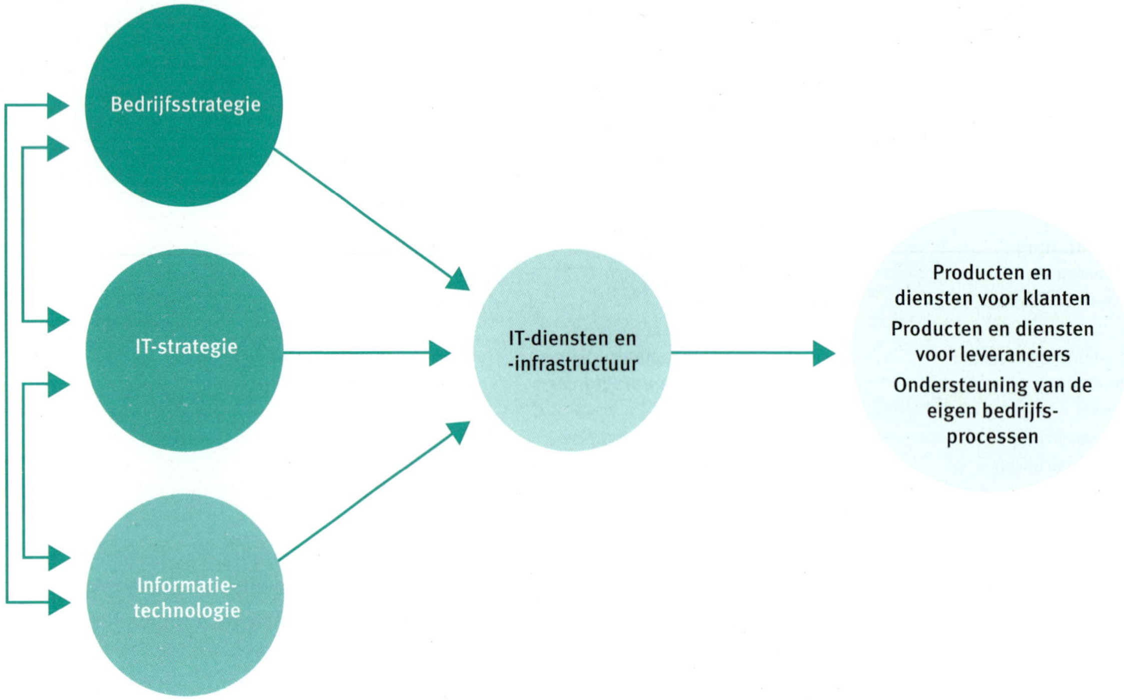

FIGUUR 5.1 *Het verband tussen bedrijf, IT-infrastructuur en te leveren diensten*

De diensten die een onderneming kan bieden aan haar klanten, leveranciers en eigen medewerkers zijn direct afhankelijk van haar IT-infrastructuur. In het ideale geval zou deze infrastructuur de bedrijfs- en informatiesysteemstrategie van de onderneming moeten volgen. Nieuwe informatietechnologieën hebben grote invloed op bedrijfs- en IT-strategieën, en ook op de diensten die aan klanten geboden kunnen worden.

- Diensten op basis van applicatiespecifieke software, zoals online softwarediensten, die een ondernemingsbrede toepassing hebben, zoals planning van bedrijfsmiddelen, customer relationship management, supply chain management en kennismanagement. Deze diensten worden organisatiebreed afgenomen.
- Systeembeheerdiensten voor de ontwikkeling en het beheer van de fysieke installaties, die nodig zijn voor het werken met computers en telecommunicatieapparatuur.
- Diensten van de IT-organisatie, zoals de zorg voor het plannen en ontwikkelen van de infrastructuur die de aansluiting van de verschillende businessunits op de IT-infrastructuur coördineren. Deze diensten houden bij hoe de kosten van IT-diensten moeten worden omgeslagen over de gebruikers en omvatten ook diensten voor projectmanagement.
- De zorg voor standaardisatie van IT. Hieronder valt het voorzien van de onderneming en haar businessunits van strategieën waarin afgesproken wordt welke informatietechnologie gebruikt zal gaan worden, en op welk moment en op welke manier deze gebruikt zal gaan worden. Deze informatie maakt deel uit van het strategische IT- en IS-plan.
- Educatieve IT-diensten die medewerkers trainingen bieden in het gebruik van de systemen, en die managers trainen in het plannen en beheren van IT-investeringen.
- IT-onderzoeks- en ontwikkelingsdiensten die voor de onderneming onderzoek doen naar mogelijke nieuwe IT-kansen en hiervoor nieuwe IT-projecten opstarten en hiervoor de investeringen inplannen waarmee de onderneming zich kan onderscheiden op de markt.

Dit 'dienstenplatform'-perspectief op IT maakt het eenvoudig om vast te stellen wat de waarde voor de onderneming is die vertegenwoordigd wordt door de investeringen in infrastructuur. De werkelijke waarde voor de onderneming van bijvoorbeeld een volledig uitgeruste 3.5 gigahertz pc die ongeveer 1000 dollar kost is moeilijk in te schatten zonder te weten wie er gebruik van gaat maken en op welke manier. Wanneer we echter kijken welke diensten dit gereedschap kan bieden, begint de waarde ervan duidelijk te worden. Met de nieuwe pc kan een medewerker die 100.000 dollar per jaar verdient verbinding maken met alle belangrijke bedrijfssystemen, waaronder systemen om mee samen te werken en met internet. De internetverbinding bespaart deze medewerker ongeveer een uur per dag, omdat hij minder lang hoeft te wachten op informatie. Zonder deze pc met internetverbinding zou de waarde van deze medewerker misschien wel met de helft dalen.

5.1.2 Evolutie van de IT-infrastructuur

De moderne IT-infrastructuur van organisaties is het resultaat van vijftig jaar evolutie in computerplatforms. We hebben deze evolutie onderverdeeld in vijf stadia. Elk stadium kent een andere configuratie van IT-elementen (zie figuur 5.2). De vijf tijdperken zijn: het tijdperk van mainframes en minicomputers, het tijdperk van de personal computers, het tijdperk van de client-servernetwerken, het tijdperk van geïntegreerde bedrijfscomputers en ten slotte dat van cloud computing en mobiel werken. We bespreken ze hieronder.

Informatietechnologieën die een bepaald tijdperk karakteriseren kunnen ook in een ander tijdperk, voor een ander doel, toegepast worden. Om een voorbeeld te geven: er zijn bedrijven die nog steeds gebruikmaken van mainframes en minicomputersystemen. Tegenwoordig worden mainframes namelijk gebruikt als servers voor verwerking van grote volumes aan data, voor de hosting van veelbenaderde websites en voor ondernemingsbrede informatiesystemen.

Het tijdperk van universeel inzetbare mainframes en minicomputers: 1959 tot heden

Mainframecomputers
Grootste categorie computers, gebruikt voor grote bewerkingstaken.

De introductie in 1959 van de IBM 1401- en 7090-computers, voorzien van transistoren, markeerde het begin van wijdverspreid commercieel gebruik van **mainframecomputers**. In 1965 veroverde de mainframecomputer definitief zijn plaats in het bedrijfsleven met de introductie van de IBM 360-serie. De 360 was de eerste commerciële computer met een krachtig besturingssysteem dat timesharing en multitasking, en in latere modellen ook virtueel geheugen bood. IBM domineerde vanaf 1965 de markt voor mainframecomputers.
Uiteindelijk werden mainframecomputers krachtig genoeg om met eigen communicatieprotocollen en eigen datalijnen online duizenden externe terminals te verbinden met een centraal opgesteld mainframe. Het eerste reserveringssysteem voor vliegtuigmaatschappijen, dat in 1965 verscheen, werd het prototype van een online, realtime, interactief computersysteem dat gebruikt kon worden door tienduizenden eindgebruikers.
Het mainframetijdperk was een periode van in hoge mate gecentraliseerde computerverwerking. Voor de computers werden programma's gemaakt door professionele programmeurs. De computers werden bediend door speciaal daartoe opgeleide operators. De mainframes stonden gewoonlijk in een centraal rekencentrum. In dit tijdperk werden de meeste onderdelen van de infrastructuur geleverd door een enkele leverancier, de fabrikant van de hardware en de software.

Minicomputer
Middelgrote computer die in systemen voor universiteiten, fabrieken of onderzoekslaboratoria wordt gebruikt.

Dit patroon werd in 1965 doorbroken met de komst van **minicomputers**, die door Digital Corporation (DEC) als eerste werden aangeboden.
De minicomputers van DEC (de PDP-11 en later de VAX-machines) waren krachtige machines en veel goedkoper dan de mainframes van IBM, waardoor het mogelijk werd om het gebruik van computers te decentraliseren en aan te passen aan de specifieke wensen van individuele afdelingen of businessunits, in plaats van samen te werken op een grote centrale mainframe. Later heeft de minicomputer zich als midrange-computer ontwikkeld tot server en is als dusdanig opgenomen in het bedrijfsnetwerk.

Pc en pc-netwerktijdperk (1981 tot heden)

Hoewel de eerste echte personal computers (pc's) al in de jaren zeventig van de vorige eeuw verschenen (de Xerox Alto, de Altair 8800 van MIT, en de Apple I en II, om er een paar te noemen), bleef de verspreiding van deze machines vooral tot computerfans beperkt. De verschijning van de IBM-pc in 1981 wordt meestal gezien als de markering van het begin van het pc-tijdperk, omdat deze machine de eerste was die brede toepassing vond in het Ameri-

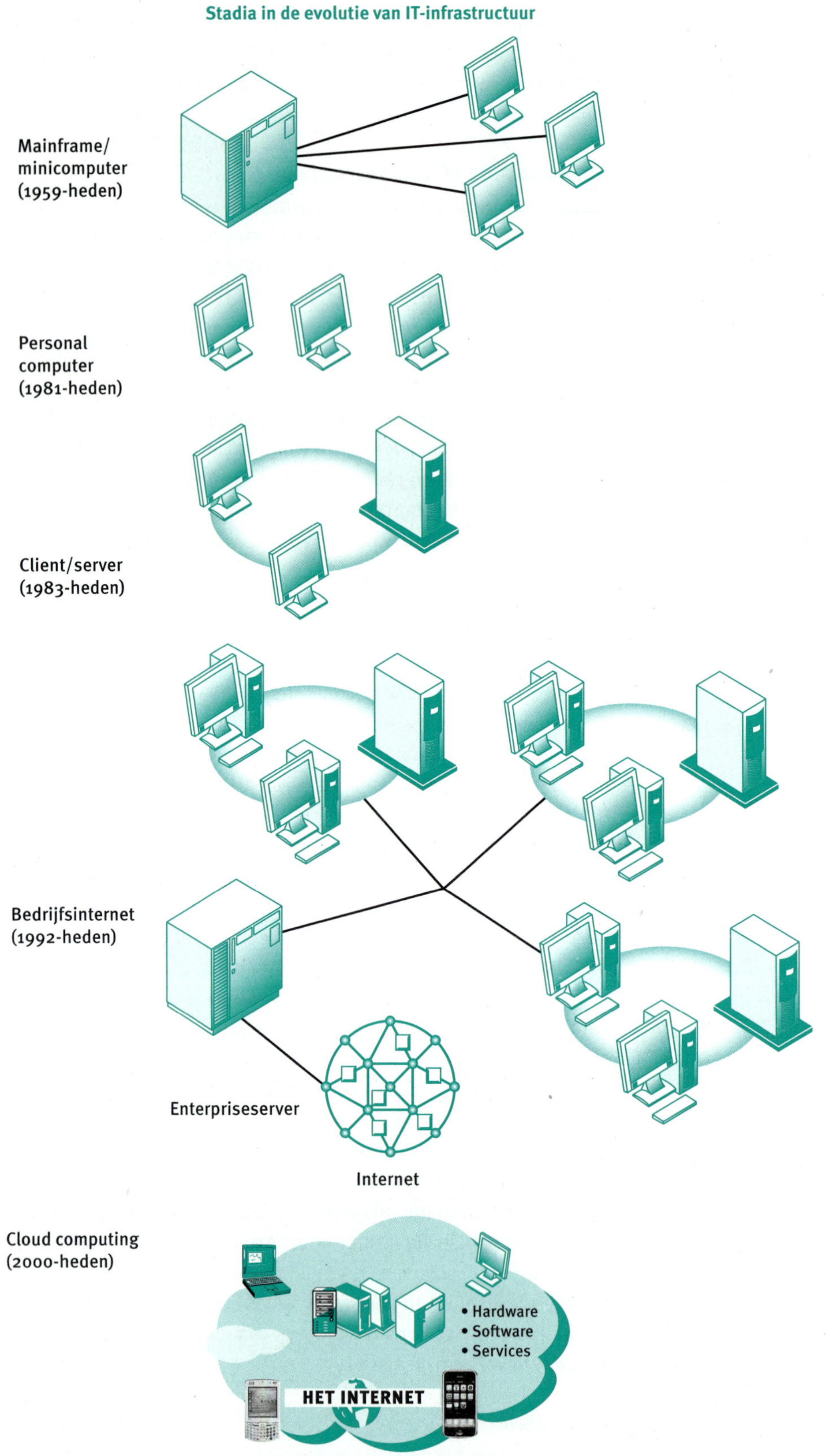

FIGUUR 5.2 *Tijdperken in de evolutie van IT-infrastructuur*

In de figuur zijn de typische computerconfiguraties weergegeven die karakteristiek zijn voor elk van de vijf tijdperken van de evolutie van IT-infrastructuur.

kaanse bedrijfsleven. Met aanvankelijk het DOS-besturingssysteem, een op tekst gebaseerde opdrachttaal, en later het Microsoft Windows-besturingssysteem, werd de **Wintel-pc** (besturingssysteemsoftware van Windows op een computer met een Intel-microprocessor) de standaard-pc. Wereldwijde verkoop van pc's zijn met meer dan 10% gedaald als gevolg van de populariteit van tablets en smartphones. Desondanks is de pc nog steeds een belangrijk hulpmiddel voor organisaties. In 2015 zijn wereldwijd ongeveer 289 miljoen nieuwe pc's verkocht (Gartner, Inc., 2016). Daarvan draait zo'n 87 procent op een versie van Windows en 4 procent op een versie van MacOS van Apple. De dominante positie van Wintel als computerplatform neemt af nu er steeds meer iPhone- en Android-apparaten worden verkocht. Wereldwijd zijn momenteel ongeveer 2 miljard mensen in het bezit van een smartphone, die door de meeste gebruikers ook wordt gebruikt om te surfen op internet.

Wintel-pc
Elke computer met een Intel-microprocessor (of compatibele processors) en een Windows-besturingssysteem.

De sterke groei van het aantal pc's in de jaren tachtig en de vroege jaren negentig van de vorige eeuw leidde tot een stortvloed van productiviteitsverhogende softwareprogramma's voor de pc, zoals tekstverwerkers, spreadsheetprogramma's, software voor elektronische presentaties en kleine programma's voor databeheer, die zeer waardevol waren voor zowel de gebruiker thuis als voor de zakelijke gebruiker. Deze pc's bleven stand-alonesystemen tot het moment waarop de besturingssysteemsoftware voor pc's het in de jaren negentig mogelijk maakte om deze personal computers op te nemen. Een pc-netwerk werd de oplossing voor het bedrijfsinformatiesysteem van de kleine onderneming. In dat pc-netwerk kregen enkele pc's de rol van printer-, data- en programmaservers voor de andere pc's in dat netwerk.

Het tijdperk van de client-servernetwerken (1983 tot heden)

Bij **client-servernetwerken** worden pc's of laptops genaamd **clients** opgenomen in een netwerk van krachtige **servers**, die de clientcomputers voorzien van diverse mogelijkheden en diensten. De verwerking van gegevens wordt opgesplitst tussen deze twee typen machines. De client is vaak de computer waarmee de gebruiker zijn gegevens invoert en waarop hij zijn uitvoer krijgt, terwijl de server een computer is die de andere taken uitvoert. Zo regelt de server de communicatie tussen de clients onderling en tussen de clients en verschillende processen, regelt hij de opslag van gedeelde gegevens, geeft hij webpagina's door en regelt hij netwerkactiviteiten. De term server verwijst zowel naar de softwaretoepassing als naar de fysieke computer waarop de netwerksoftware draait. De server zou een mainframe kunnen zijn, maar deze servercomputers zijn meestal krachtiger versies van personal computers, gebaseerd op goedkope Intel-chips en vaak voorzien van verschillende processors binnen één computerbehuizing.

Client-servernetwerk
Een computermodel dat de verwerking opsplitst in een deel voor 'clients' en een deel voor 'servers' op het netwerk, waarbij functies worden toegewezen aan de machine die hiervoor het meest geschikt is.

Client
Inputpunt voor de gebruiker van de functie in een client-servernetwerk. Gewoonlijk is dit een desktopcomputer, een werkstation of een laptopcomputer.

Server
Computer die is geoptimaliseerd voor het bieden van software en andere bronnen aan andere computers in een netwerk.

Het meest simpele client-servernetwerk bestaat uit een client die via een netwerk verbonden is met een server, waarbij de verwerking van gegevens verdeeld is over deze twee typen machines. Dit wordt een 2-laags client-serverarchitectuur genoemd. Waar in de kleinere bedrijven eenvoudige client-servernetwerken worden gebruikt, hebben de meeste grote ondernemingen meer complexe **meerlagen** (vaak ook **N-laags** genoemd) **client-serverarchitecturen.** Daarin wordt het werk van het gehele netwerk gelijk verdeeld over verschillende lagen van servers, afhankelijk van het soort dienst dat wordt gevraagd (zie figuur 5.3).

Meerlagen (N-laags) client-serverarchitectuur
Client/server-netwerk waarin, afhankelijk van de soort dienst die gevraagd wordt, het werk van het gehele netwerk gelijk wordt verdeeld.

Zo zal op het laagste niveau een **webserver** in reactie op een verzoek van een client deze een webpagina toezenden. De webserversoftware is verantwoordelijk voor het lokaliseren en beheren van opgeslagen webpagina's. Als de client verzoekt om toegang tot het bedrijfssysteem (bijvoorbeeld om een productoverzicht of prijsinformatie te raadplegen), dan wordt het verzoek doorgespeeld aan een **applicatieserver**. De applicatieserversoftware handelt alle operationele zaken af tussen een gebruiker en de back-endbedrijfssystemen van een organisatie. De applicatieserver kan zich op dezelfde computer bevinden als de webserver, maar ook op een speciaal daarvoor aangewezen computer. Verderop in dit hoofdstuk en in hoofdstuk 7 wordt nader ingegaan op softwareprogramma's die worden gebruikt in meerlagen client-serverarchitecturen voor e-commerce en e-business.

Webserver
Software die de verzoeken van gebruikers om webpagina's beheert op de computer waar de pagina's zijn opgeslagen en die de pagina's naar de computer van de gebruiker stuurt.

Applicatieserver
Software die alle applicatiefuncties uitvoert tussen de browsercomputer en de back-endtoepassing of -database van de onderneming.

Client-servernetwerken maken het voor bedrijven mogelijk om de verwerking van computergegevens te distribueren over een aantal kleinere machines die veel minder kosten dan centrale

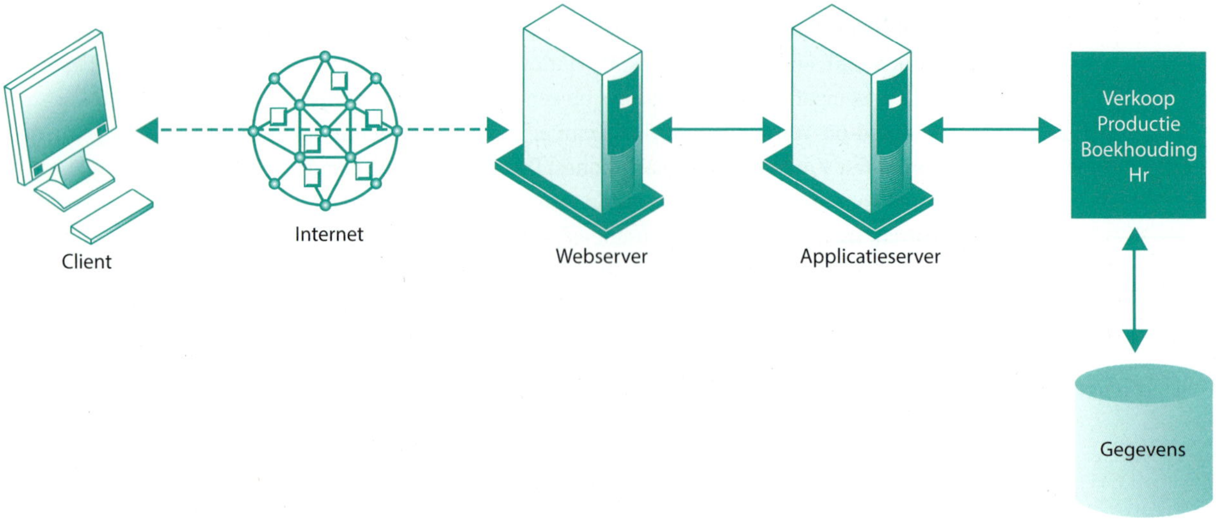

FIGUUR 5.3 *Een client-servernetwerk (C/S) bestaande uit meerdere (N) lagen*

In een meerlaags client-servernetwerk worden verzoeken om bepaalde diensten afgehandeld door verschillende lagen van servers.

mainframesystemen. Het resultaat hiervan is een explosieve stijging van de gegevensverwerkingscapaciteit en van het aantal toepassingen binnen de gehele onderneming.

Windows
Microsoft-familie van besturingssystemen voor zowel netwerkservers als clientcomputers.

In het begin van het client-servertijdperk was Novell Netware de toonaangevende technologie voor client-servernetwerken. Vandaag de dag is Microsoft marktleider met de **Windows**-besturingssystemen (Windows Server, Windows 10, Windows 8 en Windows 7).
In 1983 introduceerde IBM zijn pc's in Europa. Deze pc's waren niet zo gebruiksvriendelijk als de pc's van nu. De gebruiker keek naar een flikkerend scherm met kleine lettertjes en een heleboel codes die hij uit zijn hoofd moest leren. De toetsenborden waren nog niet aangepast aan lokaal Europees gebruik en alles was in het Engels. De gebruikers waren vertrouwd met het gebruik van typemachines en de overgang naar de pc was dus wel een hele stap.
In het eerste jaar werden er in Nederland 250 pc's verkocht, in het tweede jaar waren dat er al 1250 en daarna was het hek van de dam. De eerste pc's kostten minimaal 5000 euro. In de jaren tachtig kwamen er echter talloze pc's op de markt die goedkoper waren dan de pc's van IBM (*Andere tijden*, 2014).

Het tijdperk van de geïntegreerde bedrijfscomputers (1992 tot heden)

In het begin van de jaren negentig van de vorige eeuw begonnen ondernemingen zich meer te richten op standaarden voor datacommunicatie in netwerken en op de integratie van verschillende soorten netwerken en toepassingen tot een organisatiebrede infrastructuur. Omdat internet zich na 1995 ontwikkelde tot een betrouwbare communicatieomgeving gingen ondernemingen over tot het gebruik van het Transmission Control Protocol/Internet Protocol (TCP/IP) voor de communicatie in hun interne netwerk en later ook voor de externe communicatie. In hoofdstuk 7 gaan we nader in op TCP/IP.
De resulterende IT-infrastructuur verbindt verschillende delen van computers en kleinere netwerken met elkaar tot een organisatiebreed netwerk waarover zowel binnen de organisatie als tussen de onderneming en andere organisaties informatie uitgewisseld kan worden. Ze kan een verbinding leggen tussen verschillende typen computerhardware, waaronder mainframes, servers, pc's, mobiele apparaten, en publieke infrastructuren als het telefoonnet, het internet en publieke netwerkdiensten.
De organisatiebrede infrastructuur vereist ook dat software te koppelen is aan verschillende toepassingen. Zij maakt gegevensuitwisseling mogelijk tussen verschillende applicaties, zoals tussen organisatiebrede ERP-toepassingen (zie hoofdstuk 2 en 9) en webdiensten (besproken in paragraaf 5.4).

Cloud computing en mobiel werken (2000 tot heden)

Cloud computing
Een computingmodel waarbij bedrijven en particulieren, in plaats van hun eigen hardware en software te kopen, via internet de beschikking krijgen over rekenkracht en softwaretoepassingen.

De groeiende bandbreedtekracht van internet heeft het client-servermodel een stap verder geduwd naar wat het 'cloud-computingmodel' wordt genoemd. **Cloud computing** is een computingmodel dat via een netwerk, vaak internet, toegang biedt tot gedeelde middelen (computers, opslagruimte, applicaties en diensten). Deze 'clouds' zijn op elk gewenst moment toegankelijk vanaf alle apparaten en locaties die hieraan zijn gekoppeld.
Cloud computing is de snelst groeiende vorm van computing. Volgens International Data Corporation (IDC), groeien de wereldwijde uitgaven aan publieke clouddiensten jaarlijks met 19,4 procent, ongeveer zes keer de groei van totale IT-uitgaven – van ongeveer $ 70 miljard in 2015 tot meer dan $ 141 miljard in 2019 (International Data Corporation, 2016).
Duizenden, of zelfs honderdduizenden, computers bevinden zich in cloud-computercentra, waar ze toegankelijk zijn vanaf een desktopcomputer, laptop, tablet, entertainmentsysteem, smartphone en elk ander apparaat met toegang tot internet. Amazon, Google, IBM en Microsoft hebben enorme centra voor cloud computing opgezet die bedrijven die hun IT-infrastructuur op afstand willen beheren computercapaciteit, opslagruimte en snelle internetverbindingen bieden.
Softwarebedrijven zoals Google, Microsoft, SAP, Oracle en Salesforce.com verkopen softwaretoepassingen in de vorm van via internet geleverde diensten.

5.1.3 Evolutie van IT-infrastructuur als gevolg van technologische ontwikkelingen

De veranderingen in de IT-infrastructuur die we zojuist hebben beschreven zijn het resultaat van ontwikkelingen in de verwerking van gegevens door computers, in geheugenchips, in apparatuur voor gegevensopslag, in hardware en software voor telecommunicatie en netwerken, en in het ontwerp van software. Deze ontwikkelingen hebben de verwerkingscapaciteit exponentieel doen toenemen terwijl de kosten tegelijkertijd exponentieel zijn gedaald. Laten we de belangrijkste ontwikkelingen op dit gebied eens nader bekijken.

De Wet van Moore en de kracht van de microprocessor

Wet van Moore
Stelling dat het aantal componenten op een chip elk jaar verdubbelt.

In 1965 schreef Gordon Moore, directeur van de R&D-laboratoria van Fairchild Semiconductor, een van de eerste fabrikanten van geïntegreerde schakelingen, in het blad *Electronics* dat sinds in 1959 de eerste microprocessorchip werd geïntroduceerd, het aantal componenten (dit zijn vooral transistoren) op een chip elk jaar was verdubbeld. Deze bewering stond aan de basis van de **Wet van Moore**. Later reduceerde Moore de groeisnelheid tot een verdubbeling elke twee jaar.
Er zijn ten minste drie varianten van de Wet van Moore, die geen van alle ooit door Moore zelf zijn gedefinieerd: (1) de rekenkracht van microprocessors verdubbelt zich iedere 18 maanden; (2) de gegevensverwerkingscapaciteit verdubbelt zich iedere 18 maanden; en (3) de prijs van gegevensverwerking wordt iedere 18 maanden de helft lager.
Figuur 5.4 illustreert het verband tussen het aantal transistors op een microprocessorchip en het aantal MIPS (miljoenen instructies per seconde), een veelgebruikte maat voor de rekenkracht van een computer. Figuur 5.5 laat de exponentiële daling zien van de kosten van transistors en de groei van de gegevensverwerkingscapaciteit.
In 2016 kon je bijvoorbeeld een Intel i7 quadcore-processor kopen, die een chip met 2,5 miljard transistors bevat, voor ongeveer een tienmiljoenste van een dollar per transistor.
De exponentiële groei van het aantal transistoren en de rekenkracht van processors gekoppeld aan een exponentiële daling van de kosten van gegevensverwerking zal wellicht niet veel langer worden volgehouden. Hedendaagse transistors moeten niet langer vergeleken worden met de dikte van een mensenhaar, maar eerder met de afmetingen van een virus. Binnen ongeveer vijf jaar worden de fysieke grenzen van semiconductorgrootte bereikt. Vanaf dat punt zullen andere methoden moeten worden gevonden om chips te maken van silicium of op een andere wijze computers krachtiger te maken (Markoff, 2016).

Door het gebruik van nanotechnologie kunnen chipfabrikanten de afmetingen van transistors terugbrengen tot een breedte van enkele atomen.

Nanotechnologie
Technologie die gebruikmaakt van individuele atomen en moleculen om computerchips en andere onderdelen te maken die duizenden malen kleiner zijn dan wat huidige technologieën toestaan.

Nanotechnologie maakt gebruik van individuele atomen en moleculen om computerchips en andere onderdelen te maken die duizenden malen kleiner zijn dan wat huidige technologieën toestaan. Chipfabrikanten proberen een fabricageproces te ontwikkelen waarmee processors opgebouwd uit nanobuisjes economisch geproduceerd kunnen worden (zie figuur 5.6). Onderzoekers van de universiteit van Stanford hebben een nanobuiscomputer gebouwd.
In Nederland heeft de Nederlandse Organisatie voor Wetenschappelijk Onderzoek (NWO) in 2011 een onderzoeksprogramma op het gebied van nanowetenschap en nanotechnologie opgezet met als doel de internationale positie van Nederland op dit gebied te verstevigen en uit te bouwen (*Nanotechnologie in Nederland*, 2014).

De Wet van grootschalige opslag van digitale informatie

Een tweede technologische ontwikkeling die een rol speelde bij de evolutie van de IT-infrastructuur wordt de Wet van grootschalige opslag van digitale informatie genoemd. Deze bepaalt dat de hoeveelheid digitale informatie elk jaar ruwweg verdubbelt (Lyman en Varian, 2003). Gelukkig dalen de kosten van de opslag van digitale informatie met een exponentieel percentage van 100 procent per jaar. Figuur 5.7 laat zien dat het aantal megabytes dat op een magnetisch medium ter waarde van 1 dollar kan worden opgeslagen, van 1950 tot heden grofweg elke vijftien maanden is verdubbeld. In 2016 kostte een harde schijf met 500 GB aan opslagruimte ongeveer 50 dollar.

De Wet van Metcalfe en de economische voordelen van netwerken

De Wet van Moore en de Wet van grootschalige opslag van digitale informatie dragen bij aan ons inzicht waarom computers momenteel zo breed beschikbaar zijn. Maar hoe komt het eigenlijk dat men steeds meer computers en opslagcapaciteit nodig heeft? Enkele oorzaken zijn de economische voordelen van netwerken en de groei van internet.

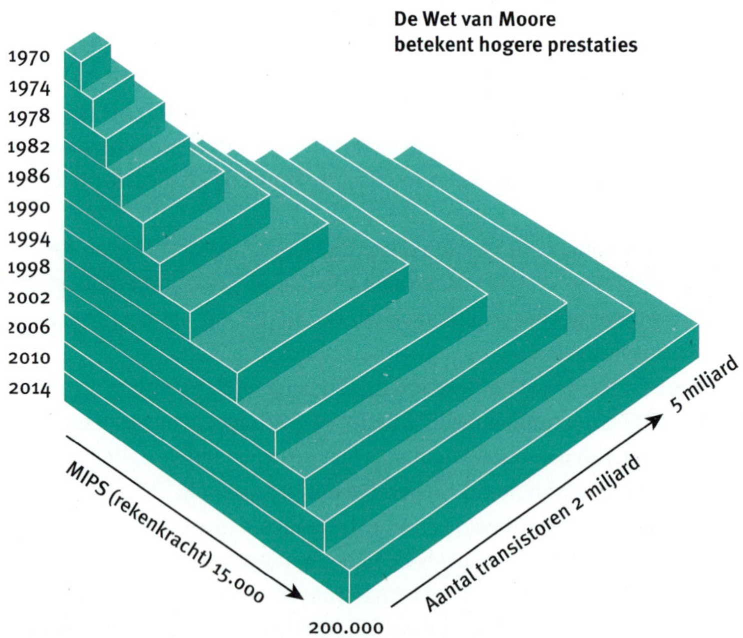

FIGUUR 5.4 *De Wet van Moore en de prestaties van de microprocessor*

Door het opeenpakken van vijf miljard transistors in een kleine microprocessor is de rekenkracht exponentieel toegenomen. De rekenkracht is toegenomen tot meer dan 250,000 MIPS (2,6 miljard instructies per seconde).

Bron: Schatting auteurs.

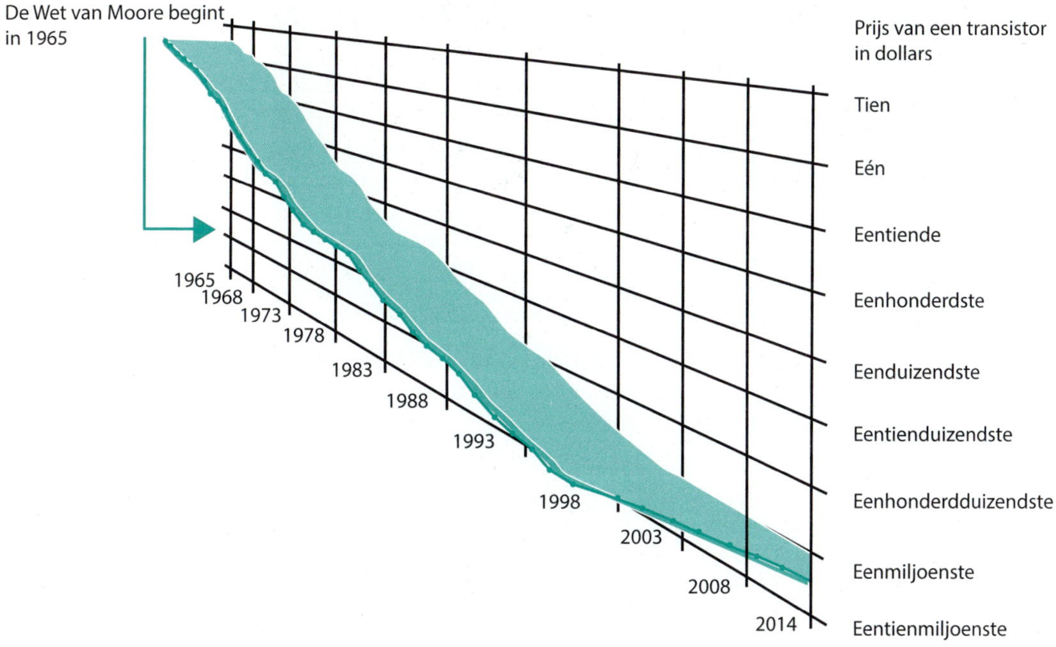

FIGUUR 5.5 *De Wet van Moore betekent lagere kosten*

Door het opeenpakken van meer transistors in minder ruimte zijn zowel de transistorkosten als de kosten van de producten waarin ze worden gebruikt, drastisch afgenomen.

Bron: Schatting auteurs.

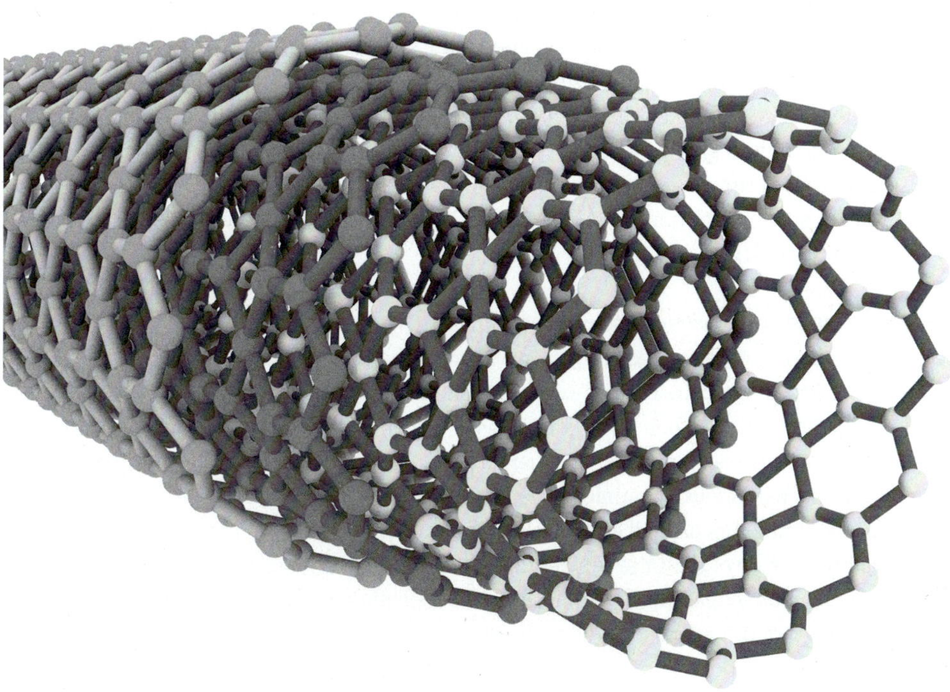

FIGUUR 5.6 *Voorbeelden van nanobuisjes*

Nanobuizen zijn kleine buisjes, zo'n 10.000 keer dunner dan een menselijke haar. Ze bestaan uit opgerolde laagjes grafeen en kunnen worden toegepast als bedrading in bijvoorbeeld ultrakleine elektronische apparaten, omdat ze elektriciteit enorm goed geleiden.
Foto: © Owen Thomas/123RF

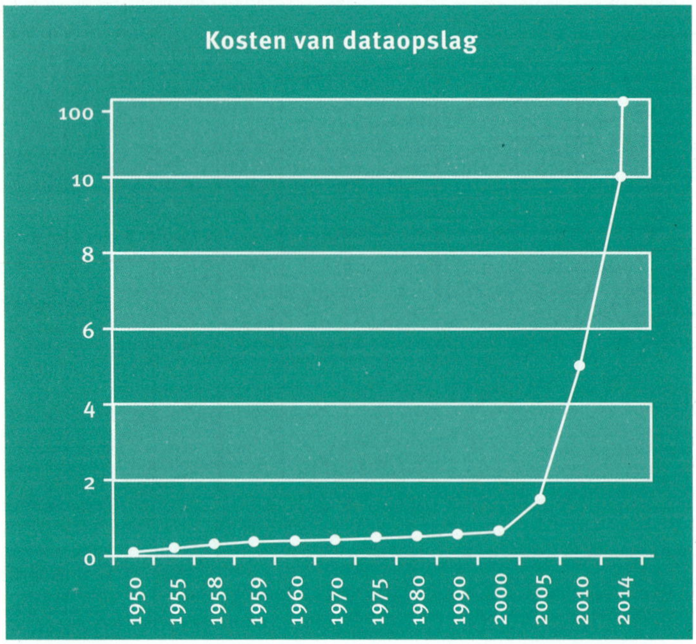

FIGUUR 5.7 *De opslagcapaciteit per dollar neemt tussen 1950 en 2016 exponentieel toe*
Cloud-opslagdiensten zoals Google Drive leveren 100 gigabytes opslag voor $ 1,99 per maand.
Bron: Schatting van de auteurs.

Robert Metcalfe, de uitvinder van de ethernettechnologie, beweerde in 1970 dat de waarde van een netwerk exponentieel toeneemt naarmate het aantal netwerkdeelnemers aan het netwerk groeit. Metcalfe en anderen wijzen op de toenemende schaalvoordelen die netwerkdeelnemers genieten naarmate meer en meer mensen toetreden tot het netwerk. Als het aantal deelnemers aan een netwerk lineair groeit, dan groeit de waarde van het systeem als geheel exponentieel, en deze zal door blijven groeien bij een toenemend aantal deelnemers. De vraag naar informatietechnologie vindt zijn oorzaak in de sociale en economische waarde van digitale netwerken. Deze laten een snelle groei van het aantal werkelijke en mogelijke verbindingen tussen deelnemers aan het netwerk zien.

Afnemende kosten van communicatie en internet

Een vierde technologische ontwikkeling voor de transformatie van de IT-infrastructuur is de snelle daling van de kosten van communicatie en de exponentiële groei van de omvang van het internet. Wereldwijd hebben nu meer dan 3,5 miljard mensen toegang tot internet (Internetlivestats.com, 2016). Figuur 5.8 laat de exponentieel afnemende kosten zien van communicatie over internet en in het algemeen over telecommunicatiewerken, waaronder telefonie. Wanneer de kosten van communicatie gering zijn, explodeert het gebruik van communicatie- en computerfaciliteiten. Om de waarde voor de organisatie van gebruik van internettechnologie uit te buiten, moeten ondernemingen hun toepassingen van deze technologie flink uitbreiden, onder andere met mogelijkheden voor draadloze toegang tot gegevens, en moet ook de capaciteit van hun client-servernetwerken, hun desktopclients en mobiele computerapparatuur flink vergroot worden. Er is alle reden om aan te nemen dat deze trends zich zullen voortzetten.

Standaarden en netwerkeffecten

Technologiestandaarden Specificaties die de compatibiliteit van producten en de mogelijkheid om in een netwerk te communiceren bewerkstelligen.

De moderne infrastructuur in ondernemingen en het gebruik van internet zou – op dit moment, maar ook in de toekomst – onmogelijk zijn zonder afspraken tussen fabrikanten en een breed gedragen acceptatie onder consumenten van **technologiestandaarden**. Technologiestandaarden zijn specificaties die de compatibiliteit van producten en de mogelijkheid om in een netwerk te communiceren vereenvoudigen.

Technologiestandaarden brengen enorme schaalvoordelen met zich mee en resulteren in prijsdalingen wanneer fabrikanten zich richten op producten die voldoen aan één enkele standaard. Zonder deze schaalvoordelen zou elk willekeurig gebruik van de computer veel duurder zijn dan momenteel het geval is. Tabel 5.1 geeft een overzicht van belangrijke standaarden die grote invloed hebben gehad op de IT-infrastructuur.
Vanaf het begin van de jaren negentig van de vorige eeuw begonnen ondernemingen geleidelijk over te schakelen op standaardcomputers en de kantoortoepassingen van Microsoft Office werden het standaardplatform voor zowel de pc als mobiele clients. De brede acceptatie van Unix als besturingssysteem bij uitstek voor bedrijfsservers maakte het mogelijk dat de proprietary en dure mainframe-infrastructuur kon worden vervangen. Ook in de telecommunicatie werden nieuwe standaarden omarmd: pc's konden dankzij de Ethernet-standaard met elkaar worden verbonden in kleine local area networks (LAN's: zie hoofdstuk 7) en dankzij de TCP/IP-standaard konden deze LAN's weer verbonden worden met ondernemingsbrede netwerken, en uiteindelijk ook met internet.

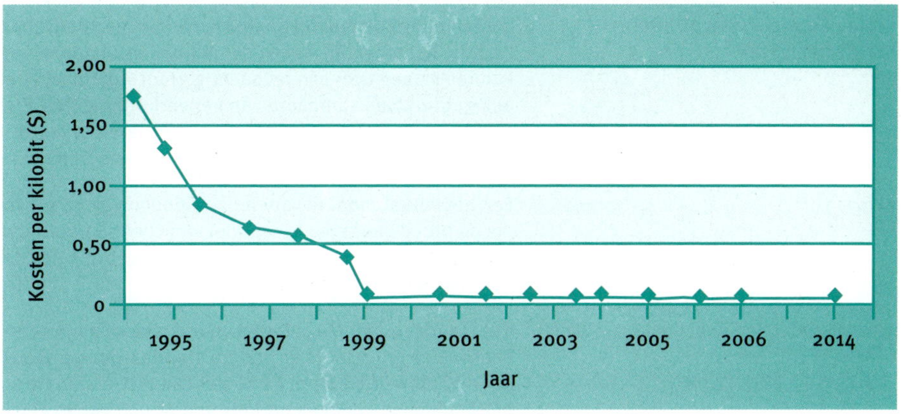

FIGUUR 5.8 *Exponentiële daling van de kosten van internetcommunicatie*

Eén reden voor de groei van het aantal internetgebruikers is de snelle daling van de kosten van een internetverbinding en de totale kosten van communicatie. De kosten per kilobit internettoegang zijn exponentieel verlaagd sinds 1995. Digital Subscriber Line (DSL) en kabelmodems leveren momenteel een kilobit aan communicatie voor een klantenprijs van minder dan een eurocent.

Bron: De auteurs.

5.2 Componenten van een IT-infrastructuur

De moderne IT-infrastructuur is samengesteld uit zeven belangrijke componenten. In figuur 5.9 worden deze componenten en de belangrijkste leveranciers binnen elke categorie van componenten weergegeven.
Investeringen in deze componenten moeten goed op elkaar worden afgestemd, willen ze de onderneming een coherente infrastructuur opleveren.
In het verleden waren leveranciers die deze technologiecomponenten leverden vaak in een onderlinge concurrentiestrijd verwikkeld en ze boden hun klanten een mix van niet-compatibele, niet-standaard deeloplossingen. Om hun klanten te behouden werden de leveranciers gedwongen om de handen ineen te slaan in strategische onderlinge samenwerkingsverbanden. Een aanbieder van hardware en diensten zoals IBM werkt bijvoorbeeld samen met alle belangrijke aanbieders van software voor bedrijven, heeft strategische banden met systeemintegrators en garandeert dat haar producten werken met vele databaseproducten die de bedrijven die klant zijn willen gebruiken (ook al verkoopt het zelf zijn eigen software voor databasebeheer onder de naam DB2).
Een andere grote verandering is dat organisaties steeds meer van hun IT-infrastructuur verplaatsen naar de cloud, waarbij dus minder IT in eigen bezit is of in de eigen omgeving

TABEL 5.1 *Enkele belangrijke standaarden in computergebruik*

STANDAARD	BETEKENIS
American Standard Code for Information Interchange (ASCII) (1958)	Maakte het mogelijk dat computers van verschillende fabrikanten gegevens konden uitwisselen; later gebruikt als de universele taal voor de koppeling van apparaten voor invoer en uitvoer, zoals toetsenborden en muizen, met de computer. Aangenomen door de American National Standards Institute in 1963.
Common Business Oriented Language (COBOL) (1959)	Een softwaretaal die de mogelijkheden van programmeurs om zakelijke programma's te schrijven flink heeft uitgebreid en de kosten van software heeft verlaagd. Gesponsord door het Amerikaanse ministerie van Defensie.
Unix (1969-1975)	Een krachtig multitasking, multiuser, overdraagbaar besturingssysteem oorspronkelijk ontwikkeld door Bell Labs (1969) en later vrijgegeven voor gebruik door anderen (1975). Het werkt op een scala van computers van verschillende fabrikanten en werd overgenomen door Sun, IBM, HP en andere bedrijven. In de jaren tachtig van de vorige eeuw werd dit het meest wijdverbreide besturingssysteem in ondernemingen.
Transmission Control Protocol/Internet protocol (TCP/IP) (1974)	Verzameling communicatieprotocollen en gemeenschappelijke adressenstructuur die het mogelijk maken dat miljoenen computers verbinding met elkaar kunnen maken over één reusachtig groot wereldwijd netwerk (internet). Later ook gebruikt als standaard van netwerkprotocollen voor local area networks en intranetten. Ontwikkeld in de vroege jaren zeventig van de vorige eeuw in opdracht van het Amerikaanse ministerie van Defensie.
Ethernet (1973)	Een netwerkstandaard voor het verbinden van pc's in local area networks, die de breed gedragen acceptatie van client-servernetwerken en local area networks mogelijk heeft gemaakt en het gebruik van de personal computer nog eens extra heeft gestimuleerd.
IBM/Microsoft/Intel Personal Computer (1981)	Het standaard Wintel-ontwerp voor desktopcomputers, gebaseerd op standaard Intel-processors en andere standaardonderdelen, Microsoft DOS en later Windows-software. De komst van dit betaalbare standaardproduct legde het fundament voor een periode van 25 jaar van explosief stijgend computergebruik in organisaties overal ter wereld. Tegenwoordig worden meer dan één miljard pc's dag in dag uit gebruikt voor zakelijke doeleinden en overheidstaken.
World Wide Web (1989-1993)	Standaarden voor het opslaan, ophalen, formatteren en op het scherm tonen van informatie als een wereldwijd spinnenweb van elektronische pagina's met daarop tekst, plaatjes, audio en video, die de creatie mogelijk hebben gemaakt van een wereldwijde verzameling van miljarden webpagina's.

wordt beheerd. Volgens International Data Corporation zullen de uitgaven aan cloud-infrastructuur rond 2020 ongeveer de helft van het totale IT-budget omvatten. De IT-infrastructuur van organisaties zal steeds meer een mengelmoes worden van componenten en diensten die deels in bezit zijn, deels gehuurd, deels op de eigen locatie en deels bij externe leveranciers of clouddiensten.

5.2.1 Hardwareplatforms

Wereldwijd verwachtten bedrijven in 2016 zo'n 626 miljard dollar uit te geven aan computerhardware, inclusief mainframes, servers, pc's, tablets en smartphones. Al deze apparaten vormen het computerhardwareplatform voor computerwerk (organisaties en privé) over de hele wereld.

Vrijwel al het computerwerk vindt plaats met behulp van microprocessors die gefabriceerd of ontworpen zijn door Intel Corporation en, in mindere mate, AMD Corporation. Intel- en AMD-processors worden vaak aangeduid als 'i86'-processors omdat de oorspronkelijke IBM-pc's een Intel 8086-processor gebruikten, en alle Intel- en AMD-chips die volgden sindsdien compatibel zijn met deze processor (je zou bijvoorbeeld in staat moeten zijn een softwaretoepassing die tien jaar geleden ontworpen is te runnen op een pc die je gisteren gekocht hebt). Het compu-

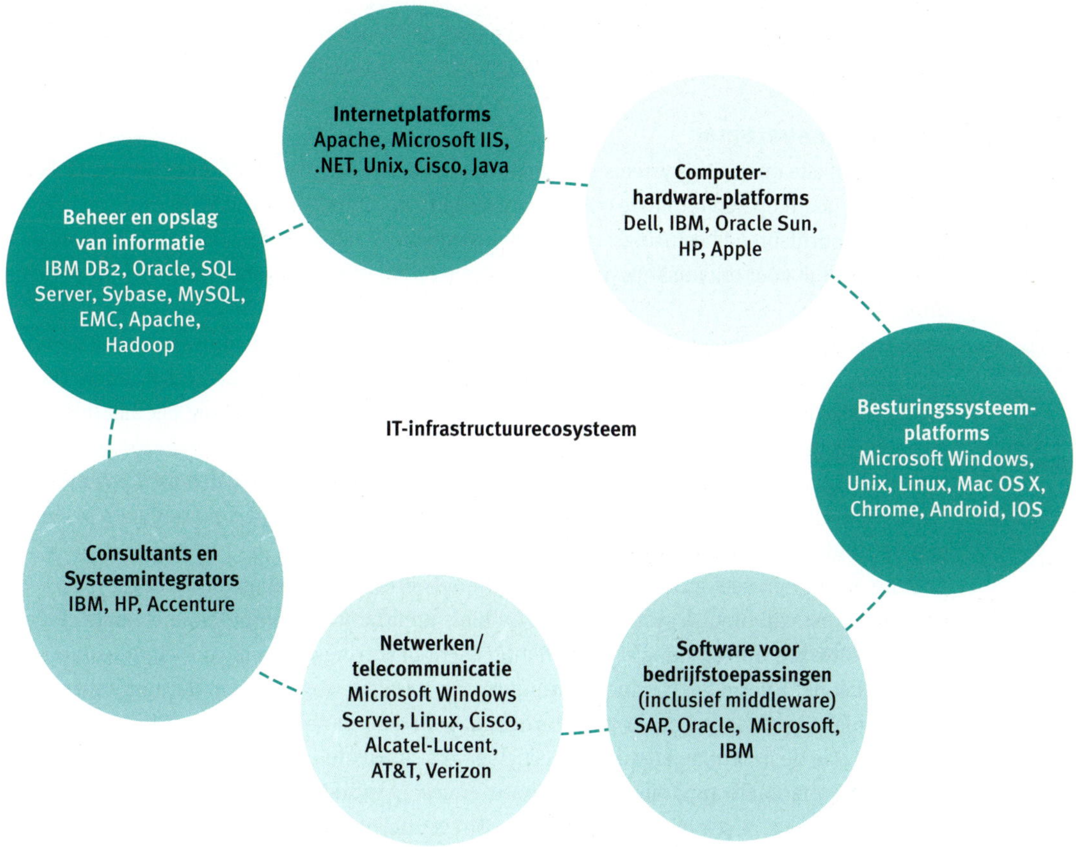

FIGUUR 5.9 *Het infrastructuurecosysteem*

Er zijn zeven belangrijke componenten die op elkaar moeten worden afgestemd om de onderneming te voorzien van een samenhangende IT-infrastructuur. Hier is per component aangegeven wat de belangrijkste technologieën en leveranciers zijn.

terplatform is drastisch veranderd met de introductie van mobiele computingapparaten, van de iPod in 2001 tot de iPhone in 2007 en de iPad in 2010. Wereldwijd maken 2 miljard mensen gebruik van smartphones. Deze apparaten zijn te beschouwen als een tweede computerhardwareplatform, een dat door consumentenapparaten gestuurd is.

De computers met Intel-microprocessors in het eerste computerhardwareplatform maken gebruik van *complex instruction set computing* (CISC), met duizenden instructies die in de chip zijn ingebouwd. Dit vereist een aanzienlijk aantal transistors per processor, en verbruikt energie en genereert warmte. Van mobiele apparaten in het tweede computerhardwareplatform wordt niet verlangd dat ze evenveel taken als computers in het eerste computerhardwareplatform uitvoeren. Ze kunnen gebruikmaken van *reduced instruction set computing* (RISC), wat een kleinere reeks instructies bevat, minder energie verbruikt en minder warmte genereert. RISC-processors voor mobiele apparaten worden gefabriceerd door een breed scala aan bedrijven, waaronder Apple, Samsung en Qualcomm, die gebruikmaken van een architectuur die is ontworpen door ARMHoldings.

Mainframes zijn overigens niet verdwenen. Ze worden nog steeds gebruikt om op een betrouwbare en veilige manier grote hoeveelheden transacties te verwerken, grote hoeveelheden data te analyseren en de zware taakbelasting in centra voor cloud computing te ondersteunen. Ook is de markt voor mainframes nog steeds het digitale werkpaard voor bank- en telecomnetwerken, die vaak op oudere software draaien die een specifiek mainframeplatform nodig heeft. Momenteel verwerken mainframes 30 miljard transacties per dag, en ongeveer 80 procent van de data van organisaties komt oorspronkelijk vanuit een mainframe (ITBusinessEdge.com, 2015). Het aantal aanbieders ervan is echter afgenomen tot één: IBM. IBM heeft zijn mainframesystemen ook heringericht, zodat zij kunnen dienen als reusachtige servers voor bedrijfsnetwerken en het hosten van grote bedrijfswebsites. Een enkel IBM-mainframe kan duizenden

Linux- of Windows-serversoftwareomgevingen tegelijk draaien en is zo een alternatief voor duizenden kleinere servers (zie de bespreking van virtualisatie in paragraaf 5.3.4).

5.2.2 Besturingssystemen

Unix
Besturingssysteem voor alle typen computers dat machineonafhankelijk is en verschillende gebruikers, multitasking en netwerken ondersteunt. Wordt gebruikt op krachtige werkstations en op servers.

Chrome OS
Googles lichtgewicht computerbesturingssysteem voor gebruikers die het meeste van hun computerwerk op internet doen; draait op computers variërend van netbooks tot vaste pc's.

Android
Een mobiel besturingssysteem ontwikkeld door Android Inc. (gekocht door Google) en later de Open Handset Alliance als een flexibel, upgradeable platform voor mobiele apparaten.

Tablet
Mobiele handcomputer, groter dan een mobiele telefoon en voornamelijk bediend door het aanraken van een vlak scherm.

iOS
Besturingssysteem voor de Apple iPad, iPhone en iPod Touch.

Multi-touch
Interface waarmee met een of meer vingergebaren lijsten of objecten op het scherm kunnen worden gemanipuleerd zonder een muis of een toetsenbord te gebruiken.

Windows 10
Meest recente Microsoft Windows-besturingssysteem, dat zowel op tablets als pc's draait, en voorzien is van multitouchfuncties.

De belangrijkste operating systems voor bedrijfsservers zijn Microsoft Windows Server, Unix en Linux, een goedkope en robuuste opensource variant van Unix. Microsoft Windows Server is in staat een bedrijfsbreed besturingssysteem en bedrijfsbrede netwerkdiensten aan te bieden, en is aantrekkelijk voor organisaties die op zoek zijn naar op Windows gebaseerde IT-infrastructuren.

Unix en Linux zijn schaalbaar, betrouwbaar en veel minder duur dan mainframebesturingssystemen. Zij kunnen bovendien op vele verschillende soorten microprocessors draaien. De belangrijkste leveranciers van Unix-besturingssystemen zijn IBM, HP en Sun, elk met hun eigen, deels incompatibele versies van **Unix**.

Op het clientniveau gebruikt 81 procent van de pc's een of andere vorm van het Microsoft Windows-besturingssysteem (zoals Windows 10, Windows 8 of Windows 7) voor het managen van de middelen en activiteiten van de computer.

Er is nu echter een veel grotere variatie aan client-besturingssystemen dan vroeger, ook door de komst van nieuwe systemen voor mobiele apparaten en computers die via de cloud werken. **Chrome OS** van Google is een lichtgewicht besturingssysteem voor cloud computing op met het internet verbonden computers. De software wordt niet op de computer van de gebruikers opgeslagen, maar via internet aangeboden, in de webbrowser Chrome. De gegevens van de gebruiker staan op internetservers. **Android** is een open-sourcebesturingssysteem voor mobiele apparaten zoals smartphones en **tablets**, ontwikkeld door de Open Handset Alliance, onder leiding van Google. Het is internationaal het populairste platform voor smartphones en concurreert stevig met iOS, het mobiele besturingssysteem van Apple voor de iPhone, iPad en iPod Touch. Android is geïnstalleerd op meer dan de helft van alle tablets, smartphones en draagbare computers in de wereld. Conventionele besturingssystemen voor clientcomputers zijn ingesteld op muis en toetsenbord, maar door toucht-echnologie wordt digitaal werken steeds natuurlijker en intuïtiever. **iOS** heeft een **multi-touch**-interface, waarbij gebruikers met een of meer vingers objecten op een scherm kunnen bewegen, zonder muis of toetsenbord. Microsofts **Windows 10** en Windows 8, die werken op zowel tablets als pc's, hebben multi-touch-mogelijkheden, net zoals veel Android-apparaten.

5.2.3 Software voor ondernemingsbrede informatiesystemen of toepassingen

Middleware
Software die twee verschillende toepassingen verbindt, waardoor ze met elkaar kunnen communiceren en gegevens kunnen uitwisselen.

Wereldwijd verwachtten bedrijven in 2016 zo'n 321 miljard dollar uit te geven aan software voor organisatiebrede toepassingen die kunnen worden gezien als componenten van de IT-infrastructuur. We hebben de verschillende typen enterprisetoepassingen in hoofdstuk 2 al genoemd, en in hoofdstuk 9 worden ze nog gedetailleerder behandeld. De grootste aanbieders van software voor ERP-systemen zijn SAP en Oracle. Daarnaast valt onder IT-infrastructuur ook **middleware** software. Deze wordt onder meer aangeboden door leveranciers IBM en Oracle. Deze middleware software maakt het samenwerken van meerdere ondernemingsbrede systemen mogelijk. Microsoft probeert door te dringen tot de lagere regionen van deze markt door zich te richten op kleine en middelgrote bedrijven.

5.2.4 Beheer en opslag van gegevens

Software voor databasemanagement of databasebeheer zorgt ervoor dat bedrijfsgegevens zodanig worden geordend en beheerd dat zij efficiënt kunnen worden teruggevonden en gebruikt. In hoofdstuk 5 wordt dit nader besproken. De toonaangevende aanbieders van databasemanagementsoftware zijn IBM (DB2), Oracle, Microsoft (SQL Server) en SyBase (Adaptive Server Enterprise). MySQL is een Linux open source relational database die nu in bezit is van Oracle Corporation, en Apache Hadoop is een open source software framework voor het beheren van zeer grote datasets (zie hoofdstuk 7). De markt voor het fysieke aspect van dataopslag wordt gedomineerd door EMC Corporation.

5.2.5 Platforms voor netwerken en telecommunicatie

Wereldwijd verwachtten bedrijven in 2016 zo'n 1,44 biljoen dollar uit te geven aan telecom (Gartner, 2016). Als besturingssystemen voor local area networks wordt vooral Windows Server gebruikt, gevolgd door Linux en Unix. De wide area networks van grote ondernemingen gebruiken in de eerste plaats een van de varianten van Unix. Veel local area networks en ook de wide area networks van ondernemingen gebruiken de protocollen van de TCP/IP-reeks als standaard.

De toonaangevende aanbieders van hardware voor netwerken zijn Cisco en Juniper Networks. Platforms voor telecommunicatie worden meestal geboden door de telecommunicatie- en telefonieaanbieders die spraakverbindingen en dataverkeer regelen en wide area network-faciliteiten en internettoegang bieden. De belangrijkste leveranciers van telecommunicatiediensten zijn AT&T en Verizon. Zoals wordt opgemerkt in hoofdstuk 7, explodeert deze markt momenteel en komen er vele nieuwe aanbieders van mobiele telefonie, wifi en internettelefoniediensten bij.

5.2.6 Internetplatforms

Internetplatforms omvatten hardware, software en beheerdiensten voor het ondersteunen van organisatiewebsites, inclusief webhostingdiensten, routers en bekabelde of draadloze apparatuur. Een **webhostingdienst** maakt gebruik van een grote webserver, of een reeks van servers, en biedt betalende klanten ruimte om hun websites onder te brengen.

Webhostingdienst Onderneming met grote webservercomputers die websites van abonnees beheert.

De internetrevolutie leidde tot een ware explosie aan servercomputers, toen veel bedrijven duizenden kleine servers inrichtten voor hun internetactiviteiten. Sindsdien is er een aanhoudende druk geweest om servers te consolideren, dat wil zeggen het verminderen van het aantal benodigde servercomputers door de omvang en kracht van enkele te vergroten en door softwaretools te gebruiken die het mogelijk maken diverse applicaties op één server te draaien. De internetservermarkt is steeds meer in handen gekomen van IBM, Dell, Sun (Oracle) en HP, terwijl de prijzen dramatisch zijn gedaald.

De belangrijkste hulpprogramma's en geïntegreerde ontwikkelomgevingen voor het maken van websoftwaretoepassingen worden geleverd door Microsoft (Microsoft Visual Studio en de Microsofts.NET-familie van hulpprogramma's waarmee de inhoud van websites met behulp van Active Server Pages dynamisch gemaakt kan worden), Oracle-Sun (Java van Sun is het meest wijdverbreide ontwikkelingsgereedschap voor interactieve webtoepassingen, zowel aan serverzijde als aan clientzijde) en een hele serie onafhankelijke softwareontwikkelaars, waaronder Adobe (Creative Suite). In hoofdstuk 7 gaan we dieper in op de verschillende componenten van het internetplatform van de onderneming.

5.2.7 Diensten voor consultancy en systeemintegratie

Tegenwoordig hebben zelfs grote bedrijven niet het personeel, de kennis, het budget of de benodigde ervaring in huis om een hele IT-infrastructuur zelf te onderhouden. De implementatie van een nieuwe infrastructuur vereist (zoals aangegeven in hoofdstuk 13 en 14) aanzienlijke aanpassingen van bedrijfsprocessen en -procedures, training en scholing, en software-integratie. Toonaangevende consultants die deze expertise bieden zijn onder andere Accenture, IBM Global Business Services, Electronic Data Systems, HP Technology Solutions, Infosys en Wipro Technologies.

In Nederland zijn de meest gerenommeerde ICT-consultants Accenture, Atos, Biznet Management, Capgemini Consulting, CGI, KPN Consulting, Magnus, Morgan Clark and Company, Ordina, Quint en Verdonck, en Klooster & Associates (Consultancy.nl, 2014).

Software-integratie houdt in dat de nieuwe infrastructuur kan samenwerken met de bestaande en soms op oudere technologie gesteunde sytemen, ook wel 'legacysystemen' genoemd, en ook

Legacysysteem
Een systeem dat al lange tijd bestaat en nog steeds wordt gebruikt om de hoge kosten voor het vervangen of herontwerpen van dit systeem te voorkomen.

dat de nieuwe onderdelen van de infrastructuur onderling goed op elkaar aansluiten. **Legacysystemen** zijn over het algemeen oudere systemen voor transactieverwerking, gemaakt voor mainframecomputers, die in gebruik blijven om de hoge kosten van vervanging of herziening ervan te vermijden. Het vervangen van deze systemen is erg duur en over het algemeen niet noodzakelijk als deze oudere systemen geïntegreerd kunnen worden in een moderne infrastructuur.

5.3 Trends in hardwareplatforms

De explosieve groei in computerhardware en netwerktechnologie heeft de manier waarop bedrijven hun computercapaciteit organiseren veranderd; steeds meer capaciteit bevindt zich op netwerken en mobiele apparaten. We zien zeven trends qua hardware: het mobiele digitale platform, consumentisering van IT en BYOD, kwantumcomputing, virtualisatie, cloud computing, green computing en high-performance/energiebesparende processoren. Hieronder bespreken we ze.

5.3.1 Het opkomende mobiele digitale platform

Hoofdstuk 1 gaf al aan dat er nieuwe mobiele digitale computerplatforms zijn gekomen als alternatief voor de pc en grotere computers. De iPhone en Android-smartphones hebben veel functies van pc's overgenomen, waaronder gegevensoverdracht, websurfen, verzenden van e-mail en instant messaging, weergeven van digitale content, en het uitwisselen van gegevens met interne bedrijfssystemen. Tot het nieuwe mobiele platform behoren ook goedkope lichtgewicht subnotebooks, **netbooks** genoemd, die geoptimaliseerd zijn voor draadloze communicatie en internettoegang, met kerncomputerfuncties zoals tekstverwerken, tabletcomputers zoals de iPad, en e-readers zoals Amazons Kindle met internettoegang.

Netbook
Goedkope lichtgewicht subnotebook, geoptimaliseerd voor draadloze communicatie en internettoegang.

Smartphones en tabletcomputers worden niet alleen privé maar ook zakelijk steeds vaker gebruikt. Senior managers bij General Motors gebruiken bijvoorbeeld apps op hun smartphone voor het bekijken en evalueren van omzetcijfers, financiële overzichten, productiecijfers en projectmanagementinformatie.

Op het lichaam gedragen computingapparaten zijn een recente toevoeging aan het mobiele digitale platform. Hiertoe behoren smartwatches, smartglasses, smartbadges en activity trackers. Technologie voor op het lichaam gedragen computers heeft bedrijfstoepassingen en beïnvloedt de manier waarop organisaties werken zoals beschreven in de Interactieve sessie over technologie.

5.3.2 Consumentisering van IT en BYOD

Apps
Kleine stukken software die via internet, je computer of je mobiele telefoon lopen en in het algemeen via internet worden afgeleverd.

Consumentisering van IT
Nieuwe informatietechnologie afkomstig uit de consumentenmarkt die zich verspreidt naar bedrijfsorganisaties.

De populariteit, het gebruiksgemak en de veelheid aan handige **apps** voor smartphones en tabletcomputers hebben ervoor gezorgd dat steeds meer werknemers hun eigen mobiele apparaten op het werk mogen gebruiken, een fenomeen dat wel BYOD (*Bring your own device*) wordt genoemd. BYOD is een aspect van **consumentisering van IT**, waarbij nieuwe informatietechnologie die als eerste in de consumentenmarkt wordt geïntroduceerd zich uitbreidt naar bedrijven en organisaties. Consumentisering van IT gaat verder dan mobiele apparaten, en omvat ook het zakelijke gebruik van softwarediensten die hun oorsprong in de consumentenmarkt hadden, zoals de zoekmachines van Google en Yahoo!, Gmail, Google Apps, Dropbox en zelfs Facebook en Twitter.

Consumentisering van IT dwingt bedrijven om anders te gaan denken over hoe ze IT-hardware en -services inkopen en beheren. Vroeger was, in elk geval bij grote bedrijven, een IT-afdeling verantwoordelijk voor het selecteren en beheren van de IT en software die door het bedrijf en de werknemers werden gebruikt. Het leverde werknemers desktops of laptops waarmee veilig toegang kon worden verkregen tot de bedrijfssystemen. De IT-afdeling hield zeggenschap over de hardware en software van het bedrijf, om de veiligheid van het bedrijf te garanderen en ervoor te zorgen dat de informatiesystemen aan de doelstellingen van het bedrijf en het management voldeden. Tegenwoordig spelen werknemers en afzonderlijke afdelingen een grotere rol bij het selecteren van technologie en eist men vaker dat het bedrijfsnetwerk toegankelijk is vanaf de eigen pc, smartphone of tablet. Het is voor een organisatie lastiger om deze consumententechnologie te beheren en beheersen, en te controleren of ze ten dienste staat van het bedrijf. De case aan het eind van het hoofdstuk kijkt naar een aantal managementuitdagingen die BYOD en consumentisering van IT opleveren.

5.3.3 Kwantumcomputing

Kwantumcomputing
Gebruikt principes uit de kwantumfysica voor het representeren van gegevens en uitvoeren van bewerkingen op de gegevens, met de mogelijkheid om tegelijkertijd in veel verschillende toestanden te zijn en veel verschillende berekeningen gelijktijdig uit te voeren.

Kwantumcomputing is een opkomende technologie met het potentieel de computerrekenkracht drastisch te verhogen om antwoorden te vinden op problemen waar conventionele computers vele jaren voor nodig zouden hebben. **Kwantumcomputing** gebruikt de principes uit de kwantumfysica voor het representeren van gegevens en het uitvoeren van operaties op deze gegevens. Een kwantumcomputer zou enorme rekenkracht winnen door het vermogen in vele toestanden tegelijk te zijn, waardoor hij meerdere operaties tegelijkertijd kan uitvoeren en sommige wetenschappelijke en zakelijke problemen miljoenen malen sneller kan oplossen dan nu mogelijk is. IBM heeft kwantumcomputing beschikbaar gemaakt via IBM Cloud. Googles moederbedrijf Alphabet en Lockheed Martin gebruiken kwantumplatforms (Follow, 2016).

5.3.4 Virtualisatie

Virtualisatie
Zodanige presentatie van een reeks computermiddelen dat ze alle toegankelijk zijn zonder beperkingen door fysieke configuratie of geografische locatie.

Virtualisatie is een techniek waarbij computerresources (zoals rekenkracht en dataopslag) beschikbaar worden gesteld op een wijze dat fysieke configuratie en geografische locatie niet beperkend zijn. Virtualisatie stelt een enkele fysieke resource (zoals een server of opslagmedium) in staat om zich te presenteren als meerdere logische resource. Een server of een mainframe kan bijvoorbeeld worden geconfigureerd om meerdere operatingsystemen tegelijkertijd te draaien en te presenteren alsof er meerdere verschillende systemen zijn. Iedere virtuele server lijkt dan op een echte server voor de software die daarop wordt uitgevoerd. VMware is de belangrijkste softwareleverancier voor virtualisatie op Windows- en Linux-servers.
Servervirtualisatie is een gangbare methode om kosten te verminderen door de mogelijkheid te bieden om meerdere systemen te hosten op een enkele fysieke machine. De meeste fysieke servers draaien op slechts 15 tot 20 procent van hun capaciteit en virtualisatie kan dit nuttige gebruik opvoeren tot minstens 70 procent. Door meerdere systemen op één enkel fysiek apparaat te hosten, kan een hogere utilisatiegraad worden bereikt, wat betekent dat er minder computers nodig zijn om dezelfde hoeveelheid werk te verzetten, er minder datacenterruimte nodig is voor servers en lagere energieconsumptie. Virtualisatie maakt ook centralisatie en consolidatie van hardwarebeheer mogelijk.

Software-defined storage (SDS)
Koppelt de software van dataopslag los van de onderliggende opslaghardware, door een scheiding aan te brengen tussen software voor het beheren van dataopslag en software voor de aansturing van de hardware.

Virtualisatie maakt het ook mogelijk om meerdere fysieke resources (zoals opslagmedia of servers) te presenteren als een enkele logische resource, zoals bij **software-defined storage (SDS)**, dat een scheiding aanbrengt tussen software voor het beheren van dataopslag en software voor de aansturing van opslaghardware. Door het gebruik van deze software kunnen organisaties meerdere opslaginfrastructuurresources bij elkaar brengen en efficiënt toewijzen aan specifieke applicaties. SDS stelt organisaties in staat om dure storagehardware te vervangen door goedkopere hardware en cloudopslag. Er is dan minder over- of onderbezetting van de opslagresources (Letschin, 2016).

5.3.5 Cloud computing

Met cloud computing is het nu mogelijk voor organisaties en individuen om al hun computerwerk uit te voeren met behulp van een gevirtualiseerde IT-infrastructuur op een andere locatie. Cloud computing is een computermodel waarbij gegevensverwerking, opslag, software en andere diensten als gedeelde groep virtuele bronnen via een netwerk, voornamelijk internet, worden aangeboden. Deze 'clouds' van computerbronnen zijn op elk gewenst moment toegankelijk vanaf elk apparaat of elke locatie die eraan is gekoppeld. Figuur 5.10 laat zien hoe het cloud-computingconcept werkt.

Cloud computing

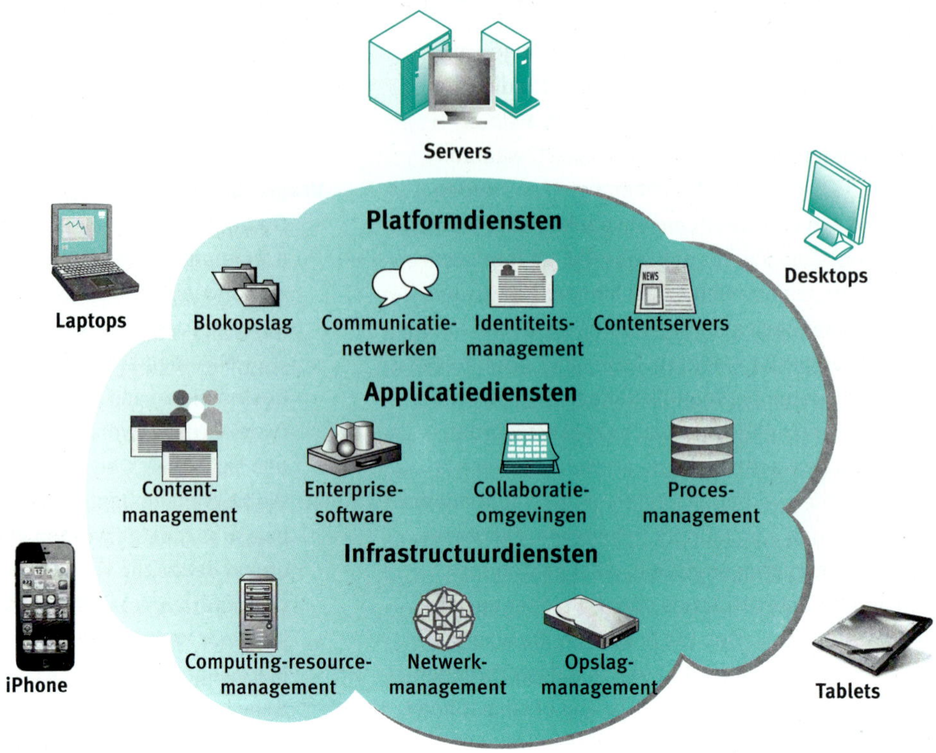

FIGUUR 5.10 *Cloud-computingplatform*

Bij cloud computing worden hardware- en softwarefuncties als groep virtuele bronnen aangeboden via een netwerk, vaak internet. Bedrijven en werknemers hebben overal, op elk moment, vanaf elk apparaat, toegang tot de applicaties en IT-infrastructuur.

- *Platform as a Service (PaaS)*: klanten gebruiken de infrastructuur en programmeertools van de aanbieder van de cloudservice om hun eigen applicaties te ontwikkelen. IBM biedt bijvoorbeeld een Bluemix-dienst aan voor het ontwikkelen en testen van software in de IBM Cloud. Een ander voorbeeld is Force.com van Salesforce.com, dat ontwikkelaars de kans biedt om applicaties te bouwen die als dienst op de servers worden gehost.
- *Software as a Service (SaaS)*: klanten gebruiken software die door de leverancier op de cloudinfrastructuur van de distributeur wordt gehost en 'as a service' via een netwerk wordt aangeboden. Voorbeelden hiervan zijn Google Apps, dat veelgebruikte zakelijke applicaties online aanbiedt, en Salesforce.com, dat ook klantbeheermanagement- en andere softwarediensten aanbiedt via internet. Voor beide is een jaarlijks abonnement nodig, hoewel Google Apps ook een vereenvoudigde gratis versie aanbiedt. Gebruikers hebben toegang tot de applicaties via een webbrowser, en de data en software blijven op de remote servers van de aanbieder staan.

In hoofdstuk 2 hebben we Google Docs, Google Apps en aanverwante productiviteits- en samenwerkingsdiensten besproken. Ze behoren tot de meest populaire softwarediensten voor consumenten, al worden ze ook steeds vaker voor bedrijfstoepassingen gebruikt. Salesforce.com is een toonaangevende softwaredienst voor bedrijven. Salesforce levert oplossingen voor customer relationship management (CRM) en andere software als te leasen online diensten. Hun sales- en dienstenclouds bieden applicaties voor het verbeteren van verkoop en klantenservice. Een marketingcloud stelt bedrijven in staat om digitale marketinginteracties aan te gaan met klanten via e-mail, mobiel, sociale media, internet en aanverwante producten. Salesforce.com levert bovendien een community cloudplatform voor online samenwerking en betrokkenheid en een analytics cloudplatform voor het gebruik van sales-, service-, marketingapps en bedrijfsspecifieke analytics-apps.

Salesforce.com is daarnaast een toonaangevend voorbeeld van Platform as a Service (PaaS). Zijn Force.com is een platform waarop klanten hun eigen applicaties kunnen ontwikkelen die ze binnen het grotere Salesforce-netwerk kunnen gebruiken. Force.com biedt een aantal ontwikkeltools en IT-diensten waarmee gebruikers hun CRM-programma's aan hun bedrijfsbehoeften kunnen aanpassen of geheel nieuwe toepassingen kunnen bouwen, om ze vervolgens in de cloud te laten draaien op de infrastructuur van Salesforce.coms datacentrum. Salesforce heeft Force.com opengesteld voor andere softwareontwikkelaars en heeft hun programma's op zijn AppExchange gezet, een online marktplaats voor applicaties van derden die op het Force.com-platform draaien.

Public cloud
Een cloud onderhouden door een externe serviceprovider, toegankelijk via internet en beschikbaar voor het algemene publiek.

Private cloud
Een bedrijfseigen netwerk of een datacentrum dat een verbinding vormt tussen servers, opslag, netwerken, gegevens en toepassingen als een reeks gevirtualiseerde diensten die door gebruikers binnen een bedrijf worden gedeeld.

Een cloud kan besloten of openbaar zijn. Een **public cloud** is eigendom van en wordt beheerd door een cloudserviceprovider, zoals Amazon Web Services, en ter beschikking gesteld aan het algemene publiek of een specifieke groep. Public clouddiensten worden vaak gebruikt voor openbare websites, eenmalige computing-projecten, ontwikkelen en testen van nieuwe applicaties en consumentendiensten zoals het online opslaan van data, muziek en foto's. Google Drive, Dropbox en Apple iCloud zijn voorbeelden van deze laatste categorie. Een **private cloud** wordt alleen door een specifieke organisatie gebruikt. De cloud kan worden beheerd door de organisatie zelf of door een extern bedrijf, en kan op locatie of remote gehost worden. Net als public clouds zijn private clouds in staat om opslagruimte, capaciteit en andere middelen toe te wijzen waar en wanneer een gebruiker deze nodig heeft. Bedrijven die behoefte hebben aan een flexibel IT-systeem en een cloudservicemodel waarbij ze toch de controle willen behouden over de eigen IT-infrastructuur neigen naar deze besloten clouds. Een meer populaire vorm van cloud computing is hybrid cloud computing. (Kijk ook naar de openingscase over easyJet en de Interactieve sessie over organisaties).

On-demand computing
Computingmodel waarbij ondernemingen computerdiensten inkopen bij externe diensten en alleen betalen voor de hoeveelheid rekenkracht die zij werkelijk gebruiken, net zoals zij voor elektriciteit betalen. Ook wel utility computing genoemd.

Omdat organisaties die cloud computing gebruiken gewoonlijk geen eigenaar zijn van de infrastructuur, hoeven ze geen grote investeringen in hun eigen hardware en software te doen. In plaats daarvan kopen ze hun computerdiensten in bij externe aanbieders en betalen alleen voor de hoeveelheid rekenkracht die ze feitelijk gebruiken (of ze betalen een abonnement). Dit wordt ook wel **on-demand computing** of *utility computing* genoemd.

Cloud computing heeft ook nadelen. Tenzij gebruikers maatregelen nemen om gegevens lokaal op te slaan, ligt de verantwoordelijkheid voor en de controle over de opslag bij de aanbieder. Sommige bedrijven zijn huiverig over de beveiligingsrisico's die het uit handen geven van kritieke gegevens en systemen aan een extern bedrijf dat ook met andere partijen werkt met zich meebrengt. Bedrijven verwachten dat hun systemen dag en nacht toegankelijk zijn en willen geen bedrijfscapaciteit verliezen als de cloudinfrastructuur niet werkt. Een andere beperking van cloud computing is dat gebruikers afhankelijk worden van de aanbieder van de cloud, iets wat niet altijd wenselijk is. Toch zet de trend richting meer computerverwerking en opslag in een soort van cloudinfrastructuur onder bedrijven door. Start-ups en kleine bedrijven met beperkte IT-middelen en budgetten vinden clouddiensten in het bijzonder erg nuttig. Grotere organisaties hanteren eerder een hybride cloud-computingmodel waarbij organisaties voor hun meest essentiële kernactiviteiten gebruikmaken van hun eigen infrastructuur en voor minder cruciale systemen of voor aanvullende processingcapaciteit in piekperioden public cloud computing gebruiken. Cloud computing zal bedrijven geleidelijk doen opschuiven van een vaste infrastructuur naar een meer flexibele, waarvan een deel eigendom is van het bedrijf en een deel wordt gehuurd van grootschalige computercentra van hardwareleveranciers.

5.3.6 Green computing

Green computing
Staat voor gebruiken en technologieën voor het ontwerpen, fabriceren, gebruiken en afvoeren van computers, servers en randapparatuur zoals monitors, printers, opslagapparaten en netwerk- en communicatiesystemen voor het minimaliseren van de invloed op de omgeving.

Doordat er minder hardware hoeft te worden aangeschaft en het energie bespaart, is virtualisatie een van de belangrijkste technologieën voor green computing. **Green computing** of groene IT verwijst naar methoden en technologieën om computers, servers en andere apparaten zoals monitoren, printers, geheugens en netwerk- en communicatiesystemen op een zo milieuvriendelijke manier te ontwerpen, maken, gebruiken en af te voeren. Volgens Green House Data gebruiken datacenters de energie gelijk aan dertig kerncentrales, oftewel 1,5 procent van alle energieconsumptie in de wereld. Het reduceren van het energieverbruik van computers is een belangrijk 'groen' speerpunt. Een bedrijfsdatacenter kan gemakkelijk

Glory vindt oplossingen in de cloud

Heb je je wel eens afgevraagd wie al jouw geldopnames bijhoudt? Als je waar ook ter wereld een geldautomaat gebruikt – en wie doet dat nu niet? – bestaat er een gerede kans dat een specialist als Glory Global Solutions Ltd. het opname- of stortingsproces bij de automaat verwerkt. Dit heet cashmanagement, een bedrijfstak die de kern vormt van de bedrijfsactiviteiten in duizenden bankkantoren en van bancaire systemen wereldwijd, en een belangrijk onderdeel vormt van retail, geautomatiseerde zelfbedieningsvestigingen en de gaming-industrie (waar de op cashgeld draaiende goksector toe behoort).

Er zijn meer dan 3,2 miljoen geldautomaten wereldwijd, en in 2016 maakten consumenten 10 miljard transacties van gemiddeld bijna 100 euro. Gezien de enorme dekkingsgraad van geldautomaten zijn er voor geldtransacties internationale systemen nodig om de waardestroom te beheren. Een gevolg van de financiële crisis die in 2008 begon, is dat banken duizenden kantoren hebben gesloten, wat leidde tot een snelle groeispurt van geldopnames en een branchebrede trend naar geldautomaatsystemen.

Glory Global werd in 1918 opgericht als Kokuei Machinery in Himeji (Japan). Hoewel Kokuei oorspronkelijk een gloeilampenfabrikant was, was ze de eerste in Japan die een telmachine voor munten bouwde. Begin jaren zeventig begon ze geldautomaten te bouwen voor de internationale markt en veranderde ze haar naam in de Glory Group. Via een reeks overnames breidde Glory zich snel uit. In 2013 nam Kokuei haar Britse branchegenoot Talaris over en noemde zich vervolgens Glory Global Solutions met het hoofdkantoor in Basingstoke (Engeland). Tegenwoordig is Glory een van de grootste aanbieders van cashmanagementoplossingen ter wereld. Glory Global Solutions heeft 2500 werknemers, is actief in honderd landen en genereert volgens bronnen uit het bedrijf zelf ruim 1,7 miljard omzet per jaar. Glory blijft in Japanse handen en wordt verhandeld op de beurs van Tokio.

Glory is gegroeid door meer dan 25 overnames en heeft nu een bonte verzameling oude computersystemen die in tal van landen door meerdere bedrijven en ontwikkelaars voor uiteenlopende sectoren zijn gebouwd. Ook heeft het bedrijf diverse datacentra geërfd van de firma's die het heeft overgenomen.

De verschillende systemen konden niet met elkaar communiceren en de directie was niet in staat om alle bedrijfsactiviteiten te 'zien', laat staan om de bedrijfsprocessen van de uiteenlopende bedrijfssegmenten en operationele ondernemingen te begrijpen. In 2015 besloot de directie dat het bedrijf niet zijn strategische groeidoelstellingen kon realiseren zonder wereldwijd de bedrijfsprocessen te stroomlijnen en te standaardiseren. De inefficiëntie van het beheren van zo veel incompatibele datacentra en het ontbreken van één wereldwijd systeem dat op een modern technologieplatform draaide, vroeg om een internationale bedrijfsdatabasebenadering en om een cloudplatform dat door één aanbieder werd geleverd. Overstappen op een cloudoplossing zou de kosten voor databeheer en IT-infrastructuur aanzienlijk verminderen.

Glory had al stappen gezet richting een cloud-based bedrijfsvoering toen ze enkele jaren eerder Office 365 en andere cloud-oplossingen in gebruik nam. Voor het eerst kon het bedrijf documenten, data en presentaties met alle bedrijfsonderdelen delen. De directie van Glory was ervan overtuigd dat ze binnen vier jaar een positief rendement op de investeringen kon behalen door andere processen naar één database en één clouddienst te verplaatsen.

De volgende uitdaging was om te bepalen welke leverancier de beste keuze zou zijn. Er zijn legio aanbieders van cloud-based computing, variërend van grote bedrijven als Oracle, SAP, IBM, en HP tot kleinere, regionale aanbieders. Uiteindelijk beperkte Glory de keuze tot twee internationale aanbieders en besloot vervolgens dat Oracle het beste op haar behoeften aansloot. In Europa had het bedrijf al verschillende elementen van Oracles traditionele bedrijfssuite in gebruik op zijn eigen servers. In de afgelopen vijf jaar is Oracle, net als de meeste internationale cloud-aanbieders, in rap tempo overgestapt op het aanbieden van 'computing on demand' als bedrijfsmodel, waarbij klanten geen software kopen maar in plaats daarvan de benodigde rekenkracht huren en alleen betalen naarmate ze gebruikmaken van de dienst. Het hebben van één leverancier voor softwarelicenties en rekenkracht in plaats van te maken te hebben met meerdere aanbieders werd ook als een positieve factor beschouwd.

Weinig bedrijven hebben de expertise om snel van een oud systeem over te stappen op een eigentijds cloudplatform. Glory onderzocht tien leveranciers van systeemintegratie en koos voor een bedrijf met de naam TCS om te helpen met de transitie en het vullen van gaten in de kennis van het bedrijf. TCS had

aanzienlijke ervaring met Oracle-bedrijfssystemen en had een aantal eerder gebouwde modellen die Glory kon gebruiken.
Systeemintegratiebedrijven zijn consultancybureaus die ervaring hebben met de hardware en software van bedrijfssystemen en die kennis over en een achtergrond in beste ondernemingspraktijken meebrengen die ze zich in de loop van vele jaren in diverse sectoren eigen hebben gemaakt. Ze helpen bedrijven om hun bedrijfsprocessen te herontwerpen en ze te integreren in de bedrijfssoftware en de IT-infrastructuur. Na twaalf maanden werk was het nieuwe platform klaar voor gebruik. Een grote uitdaging voor de directie was hoe ze deze verandering van platform in 24 landen met meerdere talen en meerdere lokale regelgevingen moest implementeren. Dit bleek een enorme cultuurverandering te zijn. Elk van Glory's bedrijfseenheden moest worden opgeleid voor de nieuwe bedrijfsprocessen en voor de software die werd gebruikt om die processen te implementeren. Meer dan 2000 van Glory's werknemers zouden de nieuwe systemen gebruiken om hun werk te doen, van wie sommigen dagelijks. Een directe omschakeling op het nieuwe systeem werd als te riskant beschouwd. Een parallelle omschakeling, waarbij zowel het oude als het nieuwe systeem parallel opereerden, werd beschouwd als te duur en technisch te moeilijk. In plaats daarvan koos de directie voor een regionale uitrolstrategie, om te beginnen met het Britse hoofdkantoor. Toen dit in 2016 was voltooid, besloot het bedrijf om het nieuwe systeem in de loop van achttien maanden in de resterende landen te implementeren, met 2018 als streefdatum voor de complete invoering. Al met al heeft de transitie vier jaar in beslag genomen. De directie is ervan overtuigd dat ze de jaarlijkse IT-kosten tot de helft zal hebben teruggebracht in vergelijking met de oudere systemen, maar de echte winst zit hem in de mogelijkheid om als één internationaal bedrijf te opereren en te groeien.

Bronnen: 'The Federal Reserve Payments Study 2016,' Federal Reserve Board (www.federalreserve.gov), 2016; 'ATM Benchmarking Study 2016 and Industry Report,' Accenture Report, www.accenture.com, 2016; Ariella Brown, 'Public Cloud Helps Global Firm Grow Its Business,' CIO Insight, 13 december 2016; Ron Delnevo, '2016 in the ATM Industry: For Europe, a Year of Heavy Lifting,' 7 januari 2016; 'Annual Report 2016,' The Glory Global Group 2016, www.glory-global.com.

Vragen bij de case

1. Waarom koos Glory voor een cloudoplossing in plaats van het moderniseren van bestaande systemen?
2. Waarom was het nodig om een systeemintegratiebedrijf in de arm te nemen?
3. Wat waren de belangrijkste organisatorische veranderingsvereisten voor het implementeren van het nieuwe cloudplatform?
4. Waarom koos de directie voor een uitrolstrategie? En waarom in het Verenigd Koninkrijk?

meer dan honderd keer zo veel energie verbruiken als een standaard kantoorgebouw. Al dit extra energieverbruik heeft een negatieve invloed op de omgeving en op de bedrijfskosten. Datacenters worden nu ontworpen met energie-efficiëntie in het achterhoofd, waarbij gebruik wordt gemaakt van de nieuwste technieken voor luchtkoeling, energiezuinige inrichting en virtualisatie. Grote organisaties zoals Microsoft, Google, Facebook en Apple beginnen met het reduceren van hun ecologische voetafdruk met schone energie-datacenters, energiezuinige inrichting en toenemend gebruik van wind- en waterkrachtstroom.

5.3.7 Blockchain

Een blockchain is een gedistribueerde vorm van een database waarin gegevens worden vastgelegd zonder een centrale autoriteit in een peer-to-peer-netwerk. Het is daardoor moeilijk om gegevens te falsificeren, omdat een kopie van database beschikbaar is op meerdere plekken. Het wijzigen van gegevens wordt middels een controlemechanisme gerealiseerd.
De bekendste toepassing van blockchain is cryptocurrency zoals Bitcoin en Ethereum, en er bestaan inmiddels veel voorbeeldprojecten op andere terreinen voor deze alternatieve vorm van gegevensverzameling (Armstrong, 2016; Narayanan, 2016; Iansiti, 2016). Een voorbeeld van een blockchainproef is de administratie van kraamzorg bij een zorgverzekeraar in Nederland. Deze proef is uitgevoerd in opdracht van het Zorginstituut Nederland waarbij de zorgverleners de administratie vastlegden in een blockchain waardoor controle kon worden vereenvoudigd. (Zorginstituut, 2018).
De blockchain ontleent zijn naam aan de wijze van vastlegging van informatie, dit gebeurt in ketens (blocks). Doordat de volgorde van de keten wordt vastgelegd, is controle tussen kopieën

van de database relatief eenvoudig mogelijk. Een nieuw blok is gerelateerd aan het voorgaande blok in de keten middels een hash die wordt berekend. Er kan van een hash niet worden afgeleid wat de inhoud van de vastlegging is, maar het is een vrijwel uniek nummer. Als in de gegevens iets wordt veranderd, dan wijzigt ook de hash. Hierdoor kunnen verschillen in de kopieën van databases eenvoudig worden gedetecteerd, omdat de hashgetallen altijd gelijk moet zijn. Een block in de keten met een afwijkende hash wordt niet geaccepteerd waardoor de keten wordt stopgezet. Bij de cryptocurrency Bitcoin is het minen van bitcoins belangrijk. Dit is het proces van valideren van transacties die moeten worden opgeslagen en het uitgeven van nieuwe bitcoins. Als er met bitcoins iets wordt aangeschaft zoals euro's of producten dan is er sprake van een transactie die wordt vastgelegd. Normaal gesproken gebeurt dit centraal bij een bank, maar in het geval van een bitcoin is deze vastlegging in een blok van de bitcoin. Het proces van valideren van deze transacties in een hash is een kostbaar proces in termen van computerrekenkracht en tijd. Miners krijgen voor dit werk een fee van de deelnemers van het netwerk en in de vorm van nieuwe bitcoin (Bhaskar, 2015; Narayan 2016; bitcoinmining.com).

5.3.8 High-performance en energiezuinige processoren

Een andere manier om minder energie te verbruiken en de hoeveelheid hardware te verkleinen is om efficiëntere en zuinigere processoren te gebruiken. Moderne microprocessoren bevatten meerdere processorkernen (die computerinstructies lezen en uitvoeren) op één enkele chip. Een zogeheten **multi-core-processor** is een geïntegreerd circuit waarop twee of meer processorkernen zijn bevestigd. Deze processor presteert beter, verbruikt minder energie en kan efficiënter simultane taken uitvoeren. De technologie maakt het mogelijk om twee of meer verwerkingseenheden sneller taken uit te laten voeren dan in het geval van een chip met maar één kern, terwijl er tegelijkertijd minder energie wordt verbruikt en minder warmte wordt geproduceerd. Tegenwoordig zijn er pc's met dual-core-, quad-core-, six-core- en eight-core-processoren en servers met sixteen-core-processoren.

Multi-core-processor
Microprocessor waaraan twee of meer processors zijn gekoppeld om tot een hogere snelheid, lager energieverbruik en een efficiëntere simultane verwerking van meerdere taken te komen.

Intel en andere chipfabrikanten ontwikkelen microprocessoren met een minimaal energieverbruik, wat essentieel is om de accutijd van kleine mobiele apparaten te verlengen. Je vindt nu superefficiënte microprocessoren, zoals de A9- en A10-processoren die gebruikt worden in de iPhone en iPad van Apple en de Atom-processor van Intel, voor smartphones, tablets, slimme auto's en apparaten in de zorg. De microprocessoren van Apple verbruiken een vijftigste van de energie die een laptop met dual-core-processor verbruikt. Intel heeft een nieuwe lijn van extreem kleine, energiezuinige microprocessoren gepresenteerd. Deze processoren, Quarks genaamd, kunnen worden gebruikt in horloges, huidpleisters of zelfs worden ingeslikt om medische gegevens te verzamelen.

5.4 Trends in besturingssystemen

Op dit gebied zijn vijf belangrijke onderwerpen actueel, namelijk het gebruik van:

- Linux en opensourcesoftware;
- Java, HTML en HTML5;
- webservices en een servicegerichte architectuur;
- uitbesteden van softwareontwikkeling, -onderhoud en –exploitative;
- cloudgebaseerde softwarediensten.

We bespreken deze trends in de volgende paragrafen.

5.4.1 Linux en opensourcesoftware

Opensourcesoftware is software die door een gemeenschap van honderdduizenden programmeurs over de hele wereld gemaakt wordt. Opensource.org, het belangrijkste professionele opensourcesamenwerkingsverband, drukt het als volgt uit: 'opensourcesoftware is gratis en

Opensourcesoftware
Software die gratis toegang biedt tot de programmacode, waardoor gebruikers de code kunnen aanpassen om bugs te repareren of verbeteringen aan te brengen

de gebruikers kunnen zelf modificaties aanbrengen'. Programma's die zijn afgeleid van de oorspronkelijke code moeten eveneens gratis zijn en de gebruiker kan de software zelf ook weer vrijelijk verspreiden, zonder dat daar toestemming voor nodig is. Opensourcesoftware is per definitie niet gebonden aan een specifiek besturingssysteem of aan enige hardwaretechnologie, hoewel de meeste opensourcesoftware op dit moment gebaseerd wordt op een Linux- of Unix-besturingssysteem.
De opensourcebeweging heeft gedemonstreerd dat zij commercieel aantrekkelijke software van hoge kwaliteit kan voortbrengen. Tot populaire opensourceprogramma's behoren het besturingssysteem Linux, de webserver Apache, de webbrowser Mozilla Firefox en de tekstverwerkingsprogramma's van OpenOffice. Het mobiele besturingssysteem Android en de webbrowser Chrome van Google zijn gebaseerd op opensourceprogramma's.

Linux

Linux
Betrouwbaar en compact besturingssysteem dat is voortgekomen uit Unix en dat op veel verschillende hardwareplatformen kan draaien; het is gratis of tegen een lage vergoeding verkrijgbaar.

Misschien wel de bekendste opensourcesoftware is **Linux**, een besturingssysteem verwant aan Unix. Linux, gecreëerd door de Finse programmeur Linus Torvalds, werd voor het eerst beschikbaar gesteld op internet in augustus 1991. Linux-toepassingen zijn ingebouwd in mobiele telefoons, smartphones, tabletcomputers en andere consumentenelektronica. Linux is gratis te downloaden van internet. Daarnaast zijn er goedkope commerciële versies, waarbij extra tools en ondersteuning van leveranciers zoals Red Hat in de prijs zijn opgenomen. Hoewel Linux niet op veel desktopsystemen wordt gebruikt, is het wel een toonaangevend besturingssysteem op servers, mainframecomputers en supercomputers. IBM, HP, Intel, Dell en Oracle hebben Linux tot een centraal onderdeel van hun aanbod aan bedrijven gemaakt. Linux heeft verregaande gevolgen voor de softwareplatforms van ondernemingen: lagere kosten, hogere betrouwbaarheid en robuustheid, en meer integratie omdat Linux op alle belangrijke hardwareplatforms werkt, van mainframes tot servers en clients.

5.4.2 Software voor het web: Java, HTML en HTML5

Java
Programmeertaal die alleen de softwarefunctionaliteit biedt die voor een bepaalde taak nodig is als een kleine applet die vanaf een netwerk wordt gedownload; kan op elke willekeurige computer en op elk besturingssysteem draaien.

Java is een besturingssysteemonafhankelijke, processoronafhankelijke, objectgeoriënteerde programmeertaal die is ontwikkeld door Sun Microsystems en is de belangrijkste interactieve programmeeromgeving voor internet geworden. Het Java-platform heeft zich uitgebreid tot mobiele telefoons, smartphones, auto's, muziekspelers, spelcomputers, en in set-top-kabeltelevisiesystemen, waar het zorgt voor de afhandeling van interactieve content en de pay-per-viewdiensten. Java-software is ontworpen om op elke willekeurige computer of computergestuurd apparaat te draaien, ongeacht de specifieke microprocessor of het besturingssysteem waarvan het apparaat gebruikmaakt. Voor elk van de computeromgevingen waarin Java wordt gebruikt, heeft Sun een Java Virtual Machine gemaakt, die de Java-programmacode interpreteert voor de betreffende computer. Op deze manier wordt de code eenmalig geschreven en kan hij vervolgens op iedere machine waarvoor een Java Virtual Machine bestaat gebruikt worden.
Met Java kunnen ontwikkelaars kleine applets maken die vanaf websites kunnen worden gedownload om in een webbrowser te draaien. Een **webbrowser** is een eenvoudig te gebruiken softwarehulpmiddel met een grafische gebruikersinterface, gebruikt voor het tonen van webpagina's en voor toegang tot het web en andere internetbronnen. Voorbeelden zijn Internet Explorer van Microsoft, Mozilla Firefox, Google Chrome en Apple's Safari. Op ondernemingsniveau wordt Java gebruikt voor de meer complexe toepassingen voor e-commerce en e-business waarbij communicatie met de back-endsystemen voor transactieverwerking van een organisatie een vereiste is.

Webbrowser
Eenvoudig te gebruiken software voor het verkrijgen van toegang tot het world wide web en internet.

HTML en HTML5

Hypertext markup language (HTML)
Paginabeschrijvingstaal voor het creëren van webpagina's.

Hypertext markup language (HTML) is een programmeertaal die beschrijft hoe tekst, afbeeldingen, bewegende beelden en geluid op een webpagina zich gedragen en waarmee dynamische links naar andere webpagina's en objecten kunnen worden ingevoegd. Dankzij deze links hoeft een gebruiker alleen maar op een gemarkeerde tekst of afbeelding te klikken om naar elders te worden getransporteerd.

HTML werd oorspronkelijk ontwikkeld voor het bouwen en linken van statische documenten die voornamelijk uit tekst bestonden. Tegenwoordig is veel content op internet socialer en interactiever van aard en bevatten webpagina's veel multimedia-elementen – afbeeldingen, audio en video. Externe plug-ins, zoals Flash, Silverlight en Java, waren nodig om deze media te integreren. Deze extra programmaatjes vereisen echter extra code en zijn een zware belasting voor de processor. De nieuwe versie van HTML, **HTML5**, lost dit probleem op door afbeeldingen, audio, video en andere elementen direct in een document te integreren, zonder de noodzaak van processorintensieve add-ons. HTML5 maakt het gemakkelijker om webpagina's op verschillende apparaten goed te laten weergeven, op zowel desktops als mobiele apparaten, en ondersteunt offline opslag van gegevens voor internetapps. Webpagina's worden sneller geladen en zien eruit als smartphone-apps. Hoewel HTML5 nog steeds in ontwikkeling is, wordt een aantal elementen ervan al in bepaalde internettools gebruikt, onder andere in de browsers Safari van Apple, Google Chrome en recente versies van de webbrowser Firefox. Googles Gmail en Google Reader hebben ook al delen van de HTML5-standaard geïmplementeerd. Ook websites die als *iPad ready* worden aangemerkt, maken gebruik van HTML5, zoals de websites van CNN, *The New York Times* en CBS. Andere populaire programmeertools voor webtoepassingen zijn bijvoorbeeld Ruby en Python. Ruby is een objectgeoriënteerde programmeertaal, bekend om zijn snelheid en gebruiksgemak in het bouwen van webtoepassingen, en Python (geroemd om zijn duidelijkheid) wordt gebruikt voor het bouwen van cloud-computingtoepassingen. Belangrijke websites zoals Google, Facebook, Amazon en Twitter gebruiken zowel Python en Ruby als Java.

HTML5
Volgende ontwikkeling van HTML, die het mogelijk maakt afbeeldingen, video en audio zonder softwaretoevoegingen rechtstreeks in een document in te bouwen.

5.4.3 Webservices en een servicegerichte architectuur

Met **webservices** wordt een verzameling zwak gekoppelde softwarecomponenten bedoeld die gebruikmaken van normale standaarden en talen voor webcommunicatie om onderling informatie uit te wisselen over het internet. Zij maken het mogelijk dat twee verschillende systemen, ongeacht de besturingssystemen of programmeertalen waarop de systemen zijn gebaseerd, informatie uit kunnen wisselen. Ze kunnen worden gebruikt voor het bouwen van webtoepassingen om systemen van twee verschillende organisaties met elkaar te verbinden, en ook om toepassingen te creëren die ongelijksoortige systemen binnen één bedrijf met elkaar verbinden. Webservices zijn niet gebonden aan een of ander besturingssysteem of een bepaalde programmeertaal, waardoor ze door sterk verschillende toepassingen kunnen worden gebruikt om op een standaardmanier met elkaar te communiceren, zonder dat er tijdrovend programmeerwerk aan te pas komt.

Webservices
Een verzameling zwak gekoppelde softwarecomponenten die gebruikmaken van normale standaarden en talen voor webcommunicatie om onderling informatie uit te wisselen. Zij maken het mogelijk dat twee verschillende systemen, ongeacht de besturingssystemen of programmeertalen waarop de systemen zijn gebaseerd, informatie uit kunnen wisselen.

De technologie waarop webservices gebaseerd zijn, is **XML**, wat staat voor **Extensible Markup Language**. Deze taal werd in 1996 ontwikkeld door het World Wide Web Consortium (W3C, het internationale consortium dat de ontwikkeling van het web coördineert), als een krachtiger en flexibeler taal dan HTML. Waar HTML beperkt blijft tot een beschrijving van hoe gegevens in de vorm van webpagina's gepresenteerd zouden moeten worden, kan XML de presentatie, communicatie en opslag van gegevens regelen. In XML is een getal niet zomaar een getal; de XML-tag specificeert of het getal een prijs, datum of postcode representeert. Tabel 5.2 geeft enkele voorbeelden van XML-statements.

XML (Extensible Markup Language)
Algemene taal die de structuur van een document beschrijft en koppelingen naar verschillende documenten ondersteunt, waardoor de gegevens door de computer kunnen worden bewerkt. Wordt gebruikt voor web- en andere toepassingen.

Door bepaalde onderdelen van de inhoud van documenten te voorzien van een tag met hun betekenis, maakt XML het mogelijk dat computers de gegevens in een document automatisch kunnen manipuleren en interpreteren en zonder menselijke tussenkomst bewerkingen op de gegevens kunnen uitvoeren. Webbrowsers en computerprogramma's, zoals programma's voor de verwerking van bestellingen en software voor ERP, hebben deze mogelijkheden om de gegevens te tonen en te bewerken. XML maakt gebruik van een standaardformaat voor gegevensuitwisseling dat webservices kunnen gebruiken om gegevens van het ene naar het andere proces over te dragen. Een softwaretoepassing kan met behulp van deze protocollen verbinding maken met andere toepassingen, zonder dat men voor elk van de toepassingen waarmee het wil communiceren een speciaal programma hoeft te schrijven. Iedereen deelt dezelfde standaarden.

Servicegerichte architectuur (service-oriented architecture, SOA)
Softwarearchitectuur die is opgebouwd uit op zichzelf staande diensten die met elkaar communiceren om een werkende softwaretoepassing te vormen.

Het realiseren van de softwaresystemen van een onderneming uit een verzameling webservices wordt het realiseren van een servicegerichte architectuur genoemd. Een **servicegerichte architectuur** of **service-oriented architecture (SOA)** is opgebouwd uit op zichzelf staande toepassingen of systemen die met elkaar communiceren om een werkende softwaretoepassing te vormen. Bedrijfsprocessen worden ondersteund door een reeks van deze diensten uit te voeren. Softwareontwikkelaars hergebruiken deze toepassingen of systemen ook in andere combinaties en zetten zo andere, nieuwe toepassingen in elkaar.
Vrijwel alle belangrijke softwareleveranciers bieden programma's en complete platforms voor het bouwen en integreren van softwaretoepassingen met gebruikmaking van webservices. Zo biedt IBM webservices aan als onderdeel van zijn e-business-softwareplatform Websphere en heeft Microsoft webservices opgenomen in zijn .NET-platform.
De systemen van Dollar Rent-A-Car maken gebruik van webservices om het online boekingssysteem van het autoverhuurbedrijf te koppelen aan de website van Southwest Airlines. Hoewel de systemen van beide bedrijven gebaseerd zijn op verschillende technologieplatforms, kan iemand die een vlucht boekt op Southwest.com een auto van Dollar reserveren zonder de website van de luchtvaartmaatschappij te verlaten. In plaats van te proberen om met veel inspanning het reserveringssysteem van Dollar zover te krijgen gegevens te delen met de informatiesystemen van Southwest, gebruikte Dollar Microsofts .NET- en webservices. Reserveringen van Southwest worden vertaald naar webservices die op hun beurt weer worden vertaald naar formats die begrepen kunnen worden door de computers van Dollar.
Andere autoverhuurbedrijven hebben hun informatiesystemen al eerder gekoppeld aan de websites van de luchtvaartmaatschappij. Maar zonder webservices moesten deze koppelingen ieder apart opgebouwd worden. De webdiensten bieden Dollars computers een gestandaardiseerde manier om webservices met de informatiesystemen van andere bedrijven te delen, zonder met elk daarvan specifieke maatregelen te treffen. Dollar is zijn mogelijkheden om samen te werken momenteel aan het uitbreiden om een directe verbinding tot stand te brengen met de systemen van een kleine touroperator en met een groot systeem voor het reserveren van reizen, en ook om een website voor mobiele telefoons en smartphones op te zetten. Het hoeft geen nieuwe softwarecode te schrijven voor de informatiesystemen van elk van de nieuwe partners of voor ieder nieuw draadloos apparaat (zie figuur 5.11).

TABEL 5.2 *Voorbeelden van XML*

IN WOORDEN	XML
Subcompact	‹AUTOMOBIELTYPE="Subcompact"›
4 passagiers	‹PASSAGIERSEENHEID="PASS"›4‹/PASSAGIERS›
€ 16.800	‹PRIJS VALUTA="EURO"› €16.800‹/PRIJS›

5.4.4 Uitbesteden van softwareontwikkeling, -onderhoud en -exploitatie en cloud computing services

Tegenwoordig blijven de meeste ondernemingen hun bestaande, oude systemen gebruiken wanneer deze nog in een behoefte voorzien en/of het extreem duur zou zijn om deze systemen te vervangen. De meeste van hun nieuwe softwaretoepassingen kopen of huren zij van derden. Figuur 5.12 geeft de snelle groei aan van het gebruik van software ontwikkeld en onderhouden door derden bij ondernemingen in de VS.
Er zijn vier mogelijkheden om software aan te schaffen of te huren: softwarepakketten kopen of huren van een commerciële softwareleverancier, softwarediensten afnemen van een online service provider, de ontwikkeling van speciale applicaties uitbesteden aan een externe leverancier (in binnen- of buitenland) en cloudgebaseerde software en tools gebruiken.

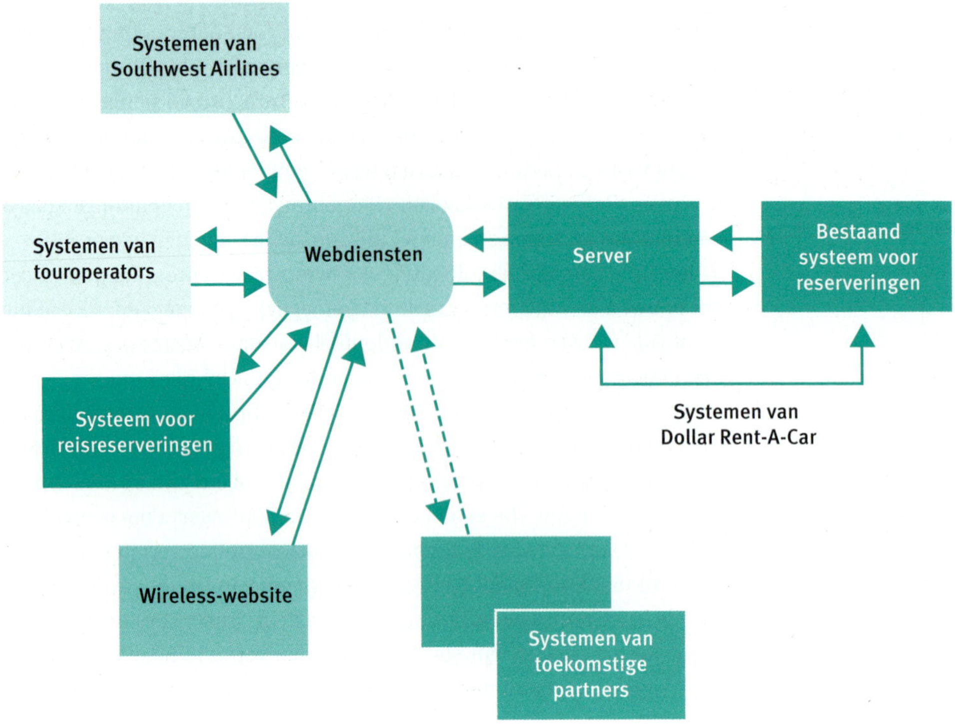

FIGUUR 5.11 *Hoe Dollar Rent-A-Car gebruikmaakt van webservices*

Dollar Rent-A-Car maakt gebruik van webdiensten om zijn computers via een standaardtussenlaag van software te laten communiceren met de informatiesystemen van andere bedrijven. Dollar Rent-A-Car kan deze verzameling webdiensten gebruiken om een koppeling te maken met de informatiesystemen van andere bedrijven, zonder met elk daarvan een speciale verbinding op te hoeven bouwen.

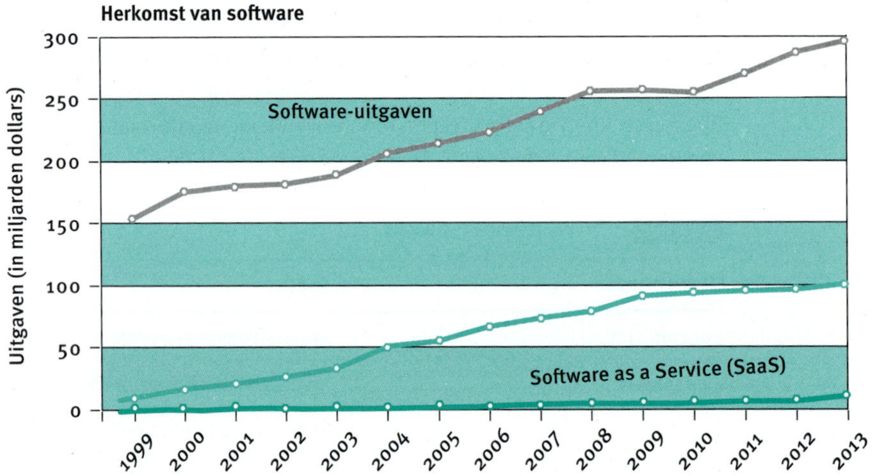

FIGUUR 5.12 *Veranderende herkomst van software*

In 2015 gaven bedrijven in de VS meer dan 334 miljard dollar uit aan software. Ongeveer 44 procent hiervan werd buiten de organisatie gegenereerd, door verschillende leveranciers. Nog eens 10 procent (33 miljard dollar) werd geleverd door SaaS-leveranciers als online cloudgebaseerde service.

Bronnen: BEA National Income and Product Accounts, 2016; schatting van auteurs.

Softwarepakket
Een reeds eerder geschreven commercieel verkrijgbare verzameling van softwareprogramma's, zorgt ervoor dat een onderneming voor bepaalde taken niet meer haar eigen softwareprogramma's hoeft te schrijven.

Enterprisetoepassingen

We hebben softwarepakketten voor enterprisetoepassingen al eerder genoemd als een van de belangrijkste typen softwarecomponenten in moderne IT-infrastructuren. Een **softwarepakket** is een commercieel verkrijgbare verzameling van kant-en-klare softwareprogramma's. Het zorgt ervoor dat een onderneming voor bepaalde taken niet meer haar eigen softwareprogramma's hoeft te schrijven, zoals de salarisadministratie en het afhandelen van bestellingen.

Leveranciers van software voor enterprisetoepassingen zoals SAP en Oracle-PeopleSoft hebben krachtige softwarepakketten ontwikkeld die de primaire bedrijfsprocessen van een onderneming kunnen ondersteunen, van magazijnbeheer, customer relationship management, supply chain management en financiën tot personeelszaken. Deze grootschalige enterprisetoepassingen bieden ondernemingen één geïntegreerd, wereldwijd softwareplatform voor veel lagere kosten dan wat zij zouden moeten betalen als zij het zelf zouden ontwikkelen. Enterprisesystemen komen uitgebreider aan bod in hoofdstuk 9.

In Nederland richten de lokale spelers en enkele internationale spelers op de softwaremarkt zich vooral op het MKB (midden- en kleinbedrijf), zoals Afas, Bemet, Isah, Ridder, Macroscoop (Epicor 9), Syntri, Exact en SAP met Business One. Ook Microsoft (met NAV) en Infor (Infor ERP Syteline en Infor ERP Visual) spelen in deze sector een belangrijke rol. In Nederland zijn in de laatste jaren vele bedrijven overgenomen en samengegaan. Desondanks zien we toch een groot aantal bedrijven met oplossingen voor kleine bedrijven. MKG, Mamut, Syntess en Twinfield zijn hier voorbeelden van. Deze software heeft vaak een beperktere functionaliteit, maar is daardoor wel goedkoper en vaak zelfs vanuit de cloud beschikbaar (ERP-Selectie.nl, 2014).

Software, ontwikkeling uitbesteden (outsourcing)

Outsourcing
Het uitbesteden van het beheer van computercentra of telecommunicatienetwerken of de ontwikkeling van toepassingen aan externe leveranciers.

Outsourcing van softwareontwikkeling stelt een bedrijf in staat specifieke software door anderen te laten ontwikkelen of oude programma's extern te laten bijhouden, vaak door bedrijven in lagelonenlanden. Ofcom bijvoorbeeld, de Britse media- en communicatietoezichthouder, tekende een contract van 6 jaar voor £ 23 miljoen met NIIT Technologies voor de outsourcing van applicatie- en infrastructuurmanagement. NIIT Technologies is een Indiaas bedrijf dat is gespecialiseerd in applicatieontwikkeling en -onderhoud, infrastructuurmanagement en bedrijfsprocesmanagement. NIIT levert Ofcom een servicedesk, datacenterdiensten, applicatiemanagement en projectmanagement (Flinders, 2016).

Offshore-outsourcingbedrijven voeren gewoonlijk eenvoudig onderhoud, data-invoer- en callcenterwerkzaamheden uit, hoewel er ook geavanceerdere en duurdere offshore-bedrijven zijn, zeker in India, die worden ingehuurd voor het ontwikkelen van nieuwe programma's. Naarmate ook in het buitenland de lonen stijgen, en rekening houdend met de kosten van offshoreprojecten, wordt steeds meer werk nu weer gegund aan binnenlandse bedrijven.

5.4.5 Cloudgebaseerde softwarediensten

In het verleden werd software zoals Microsoft Word of Adobe Illustrator verpakt in de winkel geleverd en was het ontworpen om op één computer te draaien. Inmiddels is software steeds vaker te downloaden van internet en samengesteld uit uitwisselbare componenten die zonder meer te integreren zijn met andere internetprogramma's.

Cloudgebaseerde software en de gegevens die deze gebruikt, worden gehost op krachtige servers in IT-centra en zijn toegankelijk met een internetverbinding en standaard webbrowser. Naast gratis of goedkope programma's voor particulieren en kleine bedrijven geleverd door Google of Yahoo!, zijn er ook enterprisesoftware en andere complexe bedrijfsfuncties verkrijgbaar als diensten van de belangrijkste commerciële softwareleveranciers. In plaats van programma's te kopen of te installeren, abonneren bedrijven zich op vergelijkbare functies van serviceverleners, waarbij de gebruiker ofwel een abonnementsbijdrage ofwel per transactie betaalt. Diensten voor het leveren en het toegang verlenen tot software als externe webservice wordt **Software as a Service (SaaS)** genoemd. Een schoolvoorbeeld is Salesforce.com, dat on demand softwarediensten levert voor customer relationship management.

Software as a Service (SaaS)
Diensten voor het leveren van en het toegang verlenen tot software als externe webservice.

Service level agreement (SLA)
Formeel contract tussen klanten en hun dienstverleners dat de specifieke verantwoordelijkheden van de dienstverlener en de door de klant verwachte servicegraad vastlegt.

Om hun relatie met een outsourcer of technologisch dienstverlener te managen, hebben bedrijven een contract nodig dat een **service level agreement (SLA)** bevat. Een SLA is een formeel contract tussen klanten en hun dienstverleners dat de specifieke verantwoordelijkheden van de dienstverlener en de door de klant verwachte servicegraad vastlegt. SLA's specificeren gewoonlijk de aard en het niveau van de geboden diensten, criteria voor prestatiemeting, opties voor ondersteuning, beveiligings- en herstelmogelijkheden, hardware- en softwareeigendom en -upgrades, klantondersteuning, facturering en voorwaarden voor het beëindigen van de overeenkomst.

5.4.6 Mashup en apps

De software die je tegenwoordig gebruikt voor zowel persoonlijke als werkgerelateerde taken kan bestaan uit uitwisselbare componenten die kunnen worden geïntegreerd met andere internetapplicaties. Individuele gebruikers en hele bedrijven combineren dergelijke softwarecomponenten voor het creëren van hun eigen aangepaste toepassingen en voor het delen van informatie met anderen; de resulterende softwaretoepassingen worden **mashups** genoemd. Het idee is om software uit verschillende bronnen te halen en deze te combineren, om zo een toepassing te produceren die 'groter' is dan de som van de delen.

Mashup
Combinatie van softwarecomponenten die afhangt van hogesnelheidsnetwerken, universele communicatiestandaarden en open-source code.

Je voert een mashup uit als je bijvoorbeeld je Facebook-profiel personaliseert of je blog uitbreidt met de mogelijkheid om video's of diapresentaties weer te geven.

Webmashups combineren de functies van twee of meer online applicaties om een soort hybride programma te creëren dat de klant meer waarde biedt dan de originele bronnen afzonderlijk. ZipRealty maakt bijvoorbeeld gebruik van Google Maps en informatie uit de online makelaarsdatabase Zillow.com om een complete lijst met koopwoningen voor een door de gebruiker ingevoerde postcode weer te geven. Amazon gebruikt mashuptechnologie om productbeschrijvingen te combineren met informatie op partnerwebsites en gebruikersprofielen.

Apps
Kleine stukken software die via internet, je computer of je mobiele telefoon lopen en in het algemeen via internet worden afgeleverd.

Apps zijn kleine gespecialiseerde softwareprogramma's (application software) die speciaal zijn ontworpen voor mobiele devices zoals smartphones en tablets. Ze worden gedownload uit appstores zoals Apple's App Store en Google Play Store. Google noemt de eigen online diensten ook apps, inclusief de Google Apps-suite van productiviteitstools. Windows 10 verwijst naar al zijn desktopsoftware ook als apps. Maar als we het nu over apps hebben, gaat het meestal over de apps voor mobiele platforms. Dit zijn de programma's die een smartphone of tablet in een alleskunner veranderen. Ze zijn ontstaan in 2008 en in 2016 waren er al miljoenen apps voor de Android- en iOS-platformen. Het gebruik van apps overtreft tegenwoordig het gebruik van browsers op een mobiel apparaat, die langzamer en lastiger zijn om te hanteren.

Apps bieden een gestroomlijnd pad zonder browser naar webcontent voor het uitvoeren van een aantal taken, variërend van het lezen van de krant tot winkelen, zoeken, benaderen van persoonlijke data en gamen. Ze worden ook steeds meer door managers gebruikt om toegang te krijgen tot de bedrijfssystemen. Omdat nu zo veel mensen toegang tot internet hebben vanaf hun mobiele apparaten, worden apps soms ook wel 'de nieuwe browsers' genoemd.

Apps beginnen ook het ontwerp en de functie van traditionele websites te beïnvloeden, omdat consumenten worden aangetrokken tot de *look and feel* van apps en hun operationele snelheid. Veel apps zijn gratis of goedkoop, waardoor ze nog aantrekkelijker zijn. Voor zowel de Apple iPhone en iPad als voor de Android-systemen van Google zijn meer dan 2 miljoen apps beschikbaar. Apple laat weten dat er intussen meer dan 100 miljard apps door gebruikers zijn gedownload. Het succes van deze mobiele platforms is grotendeels afhankelijk van de hoeveelheid apps en de kwaliteit van de apps die ze aanbieden.

Apps verbinden de klant met een specifiek hardwareplatform: hoe meer apps de gebruiker toevoegt op zijn telefoon, hoe lastiger en duurder het wordt om over te stappen naar een ander platform.

Op dit moment worden spelletjes, apps voor nieuws en weer, plattegronden en navigatie, sociale netwerken, muziek en video het meest gedownload. Maar voor zakelijke gebruikers zijn er ook serieuzere apps, die het bijvoorbeeld mogelijk maken om documenten te maken en bewerken, verbinding te maken met bedrijfssystemen, vergaderingen te plannen en bij te wonen, zendingen te volgen en berichten te dicteren (zie de Interactieve sessie over management in hoofdstuk 1). De meeste grote retailers hebben apps voor het zoeken en kopen van goederen en diensten online.

Uit een onderzoek van Wearesocial (2018) zijn de volgende interessante bevindingen naar voren gekomen:

- 80% van alle Nederlanders en 77% van alle Belgen is gebruiker van een mobiel device;
- Gemiddeld spenderen Nederlanders en Belgen dagelijks ongeveer anderhalf uur op social media;
- WhatsApp, YouTube en Facebook worden door ongeveer driekwart van de Nederlandse respondenten gebruikt, in België zijn alleen Facebook en YouTube net zo populair;
- De omzet per gebruiker in retail is in Nederland ongeveer 1000 euro en in België ongeveer 700 euro.

Multiscope heeft met zijn onderzoek onder 1100 smartphonegebruikers de volgende zes hoofdtypen geïdentificeerd:

- Afwachtende volger (24 procent): De afwachtende volger kijkt de kat graag uit de boom, heeft weinig apps en kijkt voor nieuwe apps vooral naar anderen.
- Zekere zakenman (24 procent): Deze gebruiker vindt de e-mailapp onmisbaar, heeft veel apps geïnstalleerd en structureert deze ook netjes in mapjes.
- Traditionele beller (20 procent): Deze gebruiker gebruikt de telefoon slechts een paar keer per dag en heeft niet zoveel op met apps. Hij heeft er maar enkele geïnstalleerd en gebruikt er slechts twee dagelijks.
- Sociale weetgraag (18 procent): Deze gebruiker is het nieuwsgierige type. Hij gebruikt apps vooral om dingen te delen en mensen te volgen via social media. Hij heeft zijn telefoon altijd binnen handbereik.
- Jonge jolige (8 procent): De jonge jolige gebruikt de smartphone vooral voor entertainment en vermaak. Hij kijkt minimaal één keer per uur op de smartphone.
- Impulsieve apper (6 procent): Het ADHD-type onder de appgebruikers. Downloadt alles wat los- en vastzit. Hij heeft meer dan vijftig apps op de smartphone en gebruikt deze de hele dag door. Hij brengt geen organisatie aan in apps en verwijdert ze nauwelijks.

5.5 Managementvragen

Het creëren en managen van een samenhangende IT-infrastructuur brengt meerdere uitdagingen met zich mee: omgaan met platform- en technologieveranderingen, bestuur- en beheerskwesties en het doen van goede infrastructuurinvesteringen.

5.5.1 Omgaan met platform- en infrastructuurveranderingen

Wanneer ondernemingen groter worden, kunnen zij snel uit hun infrastructuur groeien. En wanneer ondernemingen krimpen, kunnen zij met een overschot komen te zitten aan in betere tijden aangeschafte infrastructuur. Hoe kan een onderneming flexibel blijven wanneer investeringen in IT-infrastructuur bestaan uit vaste kosten van aanschaf en voor licenties? Hoe goed laat de infrastructuur zich schalen? **Schaalbaarheid** is het vermogen van een computer, product of systeem om zonder problemen te expanderen om een groter aantal gebruikers te kunnen bedienen. Nieuwe toepassingen, fusies en overnames, en veranderingen in bedrijfsvolume zijn alle van invloed op de belasting van de IT-infrastructuur en moeten worden meegerekend bij het plannen van capaciteit.

Schaalbaarheid
Het vermogen van een computer, product of systeem om het aantal gebruikers uit te breiden zonder dat dit leidt tot problemen in het systeem.

Bedrijven die gebruikmaken van platforms voor mobile computing en cloud computing hebben nieuwe beleidslijnen en procedures nodig voor het managen van deze platforms. Ze moeten al hun mobiele apparaten die voor het bedrijf in gebruik zijn inventariseren en richtlijnen en middelen ontwikkelen voor het volgen, bijwerken en beveiligen ervan en voor het beheren van de aanwezige gegevens en programma's. Bedrijven die gebruikmaken van cloud computing en SaaS moeten nieuwe contracten afsluiten met externe leveranciers om ervoor te zorgen dat de hardware en software voor cruciale toepassingen op elk gewenst moment beschikbaar zijn en voldoen aan de organisatiestandaard voor informatiebeveiliging. Het is aan het management van een bedrijf om aanvaardbare niveaus vast te stellen voor de computerresponstijd en -beschikbaarheid van de missiekritische systemen van de onderneming om het verwachte niveau van werken vast te houden.

5.5.2 Verstandig investeren in de infrastructuur

Investeringen in de IT-infrastructuur behoren tot de belangrijkste investeringen voor een onderneming. Als er te veel wordt uitgegeven aan infrastructuur, ligt deze er maar ongebruikt bij, wat ten koste gaat van de financiële gezondheid van het bedrijf. Als er juist te weinig wordt uitgegeven, kunnen belangrijke zakelijke diensten niet geleverd worden en zullen concurrenten (die wel de juiste investeringen hebben gedaan) het te weinig investerende bedrijf voorbijstreven.
Hoeveel moet de onderneming dan wel uitgeven aan infrastructuur? Deze vraag is niet gemakkelijk te beantwoorden. Een vraag die hieraan verwant is, is of een onderneming zelf infrastructuur moet kopen en onderhouden of deze moet huren van externe toeleveranciers, ook als deze clouddiensten aanbieden. De beslissing om te investeren in eigen IT-bedrijfsmiddelen, of deze te huren van externe aanbieders wordt gewoonlijk de 'kopen-of-hurenbeslissing' genoemd.
Cloud computing is een goedkope manier om schaalbaarheid en flexibiliteit te vergroten, maar organisaties zullen deze optie wel goed moeten overwegen in het licht van beveiligingseisen en de impact op bedrijfsprocessen. In sommige gevallen kunnen de kosten van het huren van software niet opwegen tegen het zelf kopen en onderhouden van software. Toch zijn er veel voordelen in het gebruik van clouddiensten waaronder het aanzienlijk verlagen van de kosten voor hardware, software, human resources en onderhoudskosten. Het verplaatsen naar de cloud geeft organisaties de mogelijkheid om te focussen op de kerncompetenties in plaats van technologie. Doordat de betrouwbaarheid van cloud computing de laatste tien jaar is gestegen, zie je dat veel grote bedrijven plannen maken om grote delen van hun computerplatforms naar de cloud te brengen.

Total cost of ownership van technologie

Om een vergelijking te maken van de uitgaven van jouw bedrijf aan IT-infrastructuur met die van je concurrenten, zul je naar een breder scala van kosten moeten kijken. De feitelijke kosten van het in eigendom hebben van technologie omvatten naast de oorspronkelijke kosten van het aanschaffen en installeren van hardware en software, ook de doorlopende kosten voor het bijhouden van hardware- en software-upgrades, de kosten van onderhoud, technische ondersteuning, training, en zelfs de kosten voor de energie en huisvesting die nodig zijn voor het laten functioneren en onderbrengen van de technologie. Het **total cost of ownership (TCO)** -model is een hulpmiddel voor bedrijven om deze directe en indirecte kosten te analyseren en de werkelijke kosten van technologiegebruik te bepalen.

Total cost of ownership (TCO)
Geeft de totale kosten aan voor het bezitten van technologie, inclusief de oorspronkelijke aanschafkosten, kosten voor upgrades van hardware en software, onderhoud, technische ondersteuning en training.

In tabel 5.3 staan de belangrijkste TCO-componenten genoemd die in beschouwing moeten worden genomen bij een TCO-analyse. Als al deze kostencomponenten meegenomen worden, kan de TCO van een pc oplopen tot wel drie keer de aanschafprijs van de apparatuur.
De toename in productiviteit en efficiëntie van werknemers die een mobiel apparaat krijgen, moet opwegen tegen de hogere kosten van het integreren van deze apparaten in de IT-infrastructuur van het bedrijf en de benodigde technische ondersteuning. Andere kostenposten zijn de kosten voor draadloos internet, training van eindgebruikers, helpdeskondersteuning en software voor specifieke toepassingen. De kosten zijn hoger als het mobiele apparaat diverse verschillende applicaties moet kunnen laten draaien of moet worden geïntegreerd in een backendsysteem, zoals een enterprisesysteem.
De kosten van de aanschaf van hardware en software maken slechts ongeveer 20 procent uit van de TCO, reden waarom managers vooral naar de kosten van het beheer moeten kijken als zij inzicht willen hebben in de totale kosten van hardware en software voor de onderneming. Het is mogelijk om een deel van deze beheerskosten te verlagen door beter management. Veel grote ondernemingen zitten opgezadeld met overbodig geworden incompatibele hardware en software omdat ze hun afdelingen en divisies in het verleden hebben toegestaan om hun eigen techno-

logieaankopen te doen. Behalve door over te stappen op clouddiensten, zouden deze ondernemingen hun TCO kunnen verlagen door hun hardware- en softwaremiddelen meer te centraliseren en te standaardiseren. Bedrijven zouden kunnen besparen op het aantal systeemmedewerkers dat benodigd is om hun infrastructuur te ondersteunen, als de onderneming het aantal verschillende computermodellen en de software die medewerkers mogen gebruiken minimaliseert. In een centraal geregelde infrastructuur kunnen systemen worden beheerd vanuit een centraal punt en ook het verhelpen van storingen kan dan vanaf een centrale locatie plaatsvinden.

TABEL 5.3 *Kostencomponenten van de total cost of ownership (TCO)*

INFRASTRUCTUURCOMPONENT	KOSTENCOMPONENT
Aanschaf van hardware	Aanschafkosten van computerapparatuur, waaronder computers, terminals, gegevensopslag en printers
Aanschaf van software	Aanschafkosten van software of een softwarelicentie voor elke gebruiker
Installatie	Kosten van het installeren van computers en software
Training	Kosten van het geven van trainingen aan informatiesysteemspecialisten en eindgebruikers
Ondersteuning	Kosten van het blijven bieden van ondersteuning, helpdesks enzovoort
Onderhoud	Kosten van het moderniseren van hardware en software
Infrastructuur	Kosten van het verwerven, onderhouden en ondersteunen van benodigde infrastructuur, zoals netwerken en speciale apparatuur (waaronder die voor back-up van gegevens)
Storingen	Kosten van verloren productiviteit indien hardware- of softwarestoringen ervoor zorgen dat het systeem niet beschikbaar is voor het verwerken en uitvoeren van gebruikerstaken
Ruimte en energie	Kosten van huisvesting en energie voor het onderbrengen en het verbruik van de technische apparatuur

Het concurrentiekrachtenmodel voor IT-infrastructuurinvesteringen

Figuur 5.13 laat een concurrentiekrachtenmodel zien dat je kunt gebruiken om een antwoord te vinden op de vraag hoeveel een bedrijf zou moeten uitgeven aan IT-infrastructuur. Het model gaat in op zes punten, die we hieronder ook bespreken.

De vraag naar de diensten van jouw bedrijf. Inventariseer de diensten die je momenteel aan klanten, toeleveranciers en medewerkers levert. Raadpleeg elk van deze groepen of organiseer discussiegroepen om te onderzoeken of de diensten die je momenteel levert aan de behoeften van de groep tegemoetkomen. Klagen klanten bijvoorbeeld over de trage respons op hun vragen over prijzen en beschikbaarheid? Klagen medewerkers over de moeite die het hun kost om de informatie te vinden die zij nodig hebben om hun werk goed te doen? Klagen toeleveranciers over de problemen die zij hebben om uit te vinden wat jij nodig hebt voor de productie?

De strategie van jouw bedrijf. Analyseer de strategie van jouw bedrijf voor de komende vijf jaar en probeer te bepalen welke nieuwe diensten en mogelijkheden nodig zullen zijn om de strategische doelen te bereiken.

De informatietechnologie-strategie (IT-strategie) van jouw bedrijf, de infrastructuur en de kosten. Onderzoek de plannen op het terrein van de informatietechnologie van jouw bedrijf voor de komende vijf jaar en kijk of deze in lijn zijn met de businessplannen van het bedrijf. Bepaal de totale kosten voor de IT-infrastructuur. Je zult een 'total cost of ownership'-analyse willen uitvoeren. Als jouw bedrijf geen IT-strategie heeft, dan zul je er een moeten opstellen die past bij de strategische plannen van het bedrijf voor de komende vijf jaar.

De stand van zaken ten aanzien van IT. Loopt jouw bedrijf achter ten opzichte van de technologische ontwikkelingen, of loopt het juist helemaal voorop met de allernieuwste informatietechnologie? Beide situaties kunnen beter worden voorkomen. Het spreekt vanzelf dat je niet

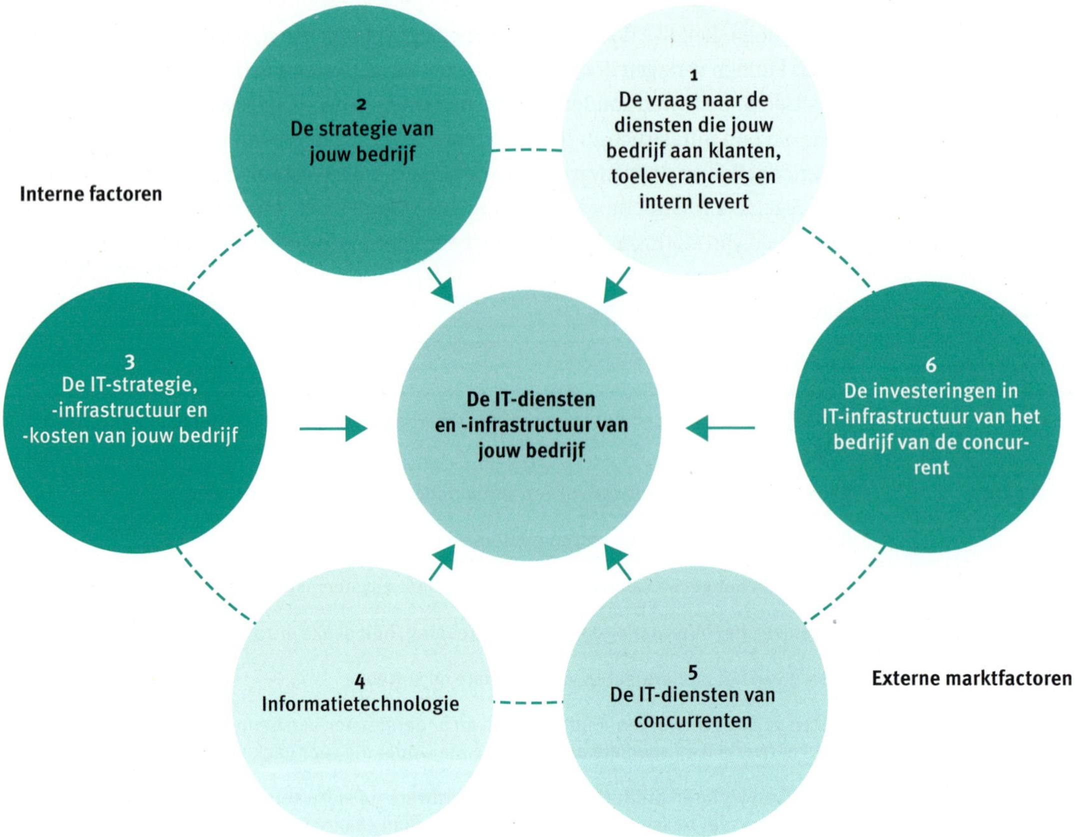

FIGUUR 5.13 *Concurrentiekrachtenmodel voor de IT-infrastructuur*
Bij het geven van een antwoord op de vraag 'Hoeveel zou ons bedrijf moeten uitgeven aan IT-infrastructuur?' spelen zes factoren een rol.

wilt investeren in vaak dure en soms onbetrouwbare geavanceerde technologieën die zich nog in het experimentele stadium bevinden. Je wilt investeren in technologieën waarvoor standaarden zijn vastgesteld, zodat IT-leveranciers elkaar beconcurreren op prijs in plaats van op ontwerp, en er meer aanbieders zijn. Aan de andere kant wil je natuurlijk ook niet alle investeringen in nieuwe technologieën schrappen, want dat zou betekenen dat je concurrenten de tijd geeft om nieuwe businessmodellen en nieuwe vaardigheden te ontwikkelen, gebaseerd op de nieuwe technologieën.

Diensten van de concurrent. Vergelijk jouw niveaus van dienstverlening aan klanten, toeleveranciers en medewerkers met die van de concurrent. Beoordeel de dienstverlening van jouw bedrijf en van je concurrent kwantitatief en kwalitatief, en probeer een inschatting te maken welke diensten zij aan klanten, toeleveranciers en medewerkers bieden. Als jouw bedrijf ernstige tekortkomingen laat zien in de dienstverlening aan elk van de groepen, dan is je bedrijf in het nadeel ten opzichte van de concurrenten. Probeer manieren te vinden om uit te blinken wat betreft niveaus van dienstverlening.

Investeringen in IT-infrastructuur door het bedrijf van de concurrent. Vergelijk jouw uitgaven aan IT-infrastructuur met die van de concurrent. Er zijn veel bedrijven die niet moeilijk doen over hun uitgaven aan innovatieve IT. Als concurrerende bedrijven proberen hun IT-uitgaven geheim te houden, kun je mogelijk IT-investeringsinformatie achterhalen via de openbare jaarverslagen van een bedrijf wanneer deze uitgaven van invloed zijn op de financiële resultaten van een bedrijf.

Het is niet noodzakelijkerwijs zo dat je bedrijf net zoveel als of meer dan je concurrenten moet uitgeven. Misschien heeft jouw bedrijf wel minder kostbare manieren om diensten te verlenen, wat een kostenvoordeel op kan leveren. Maar het kan ook zijn dat jouw bedrijf veel minder uitgeeft dan concurrenten en navenant lagere prestaties levert, waardoor marktaandeel verloren gaat.

1. Wat is IT-infrastructuur en wat zijn de fasen in en de drijfveren achter de revolutie in de IT-infrastructuur?

Een IT-infrastructuur is de aanduiding voor de door iedereen in de organisatie gemeenschappelijk gebruikte informatietechnologische hulpmiddelen. De IT-infrastructuur bestaat uit hardware, software en diensten die door de gehele onderneming gedeeld worden. De vijf fasen van de IT-infrastructuurevolutie zijn: het mainframetijdperk, het pc-tijdperk, het client-servertijdperk, het enterprise-computingtijdperk en het tijdperk van cloud computing en mobiel werken. De Wet van Moore, die gaat over de exponentiële groei in verwerkingscapaciteit en de afname van de kosten van computertechnologie, stelt dat iedere achttien maanden de kracht van microprocessoren verdubbelt en de kosten van computergebruik tot de helft terugvallen. De Wet van grootschalige opslag van digitale informatie, die iets zegt over de exponentiële afname van de kosten van opslag van gegevens, stelt dat het aantal kilobytes aan gegevens dat voor één dollar opgeslagen kan worden op magnetische media zich iedere vijftien maanden ruwweg verdubbelt. De Wet van Metcalfe helpt te laten zien dat de waarde van een netwerk voor gebruikers exponentieel groeit wanneer het aantal deelnemers aan het netwerk toeneemt. Ook de snelle daling in de kosten van communicatie en een groeiend besef van het belang in de industrie om standaarden voor computergebruik en communicatie te gebruiken, dragen bij aan deze explosieve stijging.

2. Wat zijn de componenten van de IT-infrastructuur?

De belangrijkste componenten van een IT-infrastructuur zijn de platforms voor computerhardware, besturingssystemen, enterprisetoepassingen, netwerken en telecommunicatie, de internetplatforms, en verder consultancydiensten en systeemintegratietoepassingen.

3. Wat zijn de huidige trends in computerhardwareplatforms?

- Steeds meer computertaken worden uitgevoerd op een mobiel digitaal platform. Kwantumcomputing is een opkomende technologie die rekenkracht drastisch zou kunnen doen toenemen door het vermogen in meer dan één toestand tegelijkertijd te zijn.
- Bij virtualisatie worden computermiddelen zodanig georganiseerd dat het gebruik ervan niet beperkt wordt door fysieke configuratie of geografische locatie.
- Cloud computing is een computingmodel waarbij bedrijven en particulieren, in plaats van hun eigen hardware en software te kopen en op hun eigen computers te installeren, via internet de beschikking krijgen over rekenkracht en softwaretoepassingen.
- Een multi-core-processor is een microprocessor waaraan twee of meer processors zijn gekoppeld om tot een hogere snelheid, lager energieverbruik en een efficiëntere simultane verwerking van meerdere taken te komen.
- Green computing omvat methoden en technologieën om op een milieuvriendelijkere manier IT-hardware te produceren, gebruiken en af te voeren.

4. Wat zijn de huidige trends in computersoftwareplatforms?

Opensourcesoftware, die wordt gemaakt en onderhouden door een wereldwijde gemeenschap van programmeurs, is vrij te downloaden. Linux is een krachtig, robuust opensourcebesturingssysteem dat op verschillende hardwareplatforms kan draaien en veelvuldig gebruikt wordt voor het laten functioneren van webservers. Java is de besturingssysteem- en hardwareonafhankelijke programmeertaal, waarop een belangrijke interactieve programmeeromgeving voor het web gebaseerd is.
HTML5 maakt het mogelijk om afbeeldingen, audio en video direct in een webdocument te integreren zonder dat daarvoor extra programma's nodig zijn.
Webdiensten bestaan uit zwak gekoppelde softwarecomponenten gebaseerd op vrije webstandaarden, die met iedere softwaretoepassing en ieder besturingssysteem kunnen werken. Ze kunnen gebruikt worden als componenten van op internettechnologie gebaseerde toepassingen, die de verbinding vormen tussen ongelijksoortige systemen die binnen een bedrijf in gebruik zijn. Bedrijven kopen hun nieuwe softwaretoepassingen van externe bronnen, door het outsourcen van aangepaste applicatieontwikkeling aan een externe (mogelijk buitenlandse) leverancier, of door het inhuren van softwarediensten (SaaS).
Mashups combineren twee verschillende softwarediensten om nieuwe softwaretoepassingen en diensten te maken. Apps zijn software die gewoonlijk op mobiele apparaten draaien en via internet worden aangeboden.

5. Wat zijn de uitdagingen bij het managen van de IT-infrastructuur en welke oplossingen zijn er op dit terrein?
Belangrijke uitdagingen zijn onder meer het omgaan met platform- en infrastructuurveranderingen, infrastructuurmanagement en -governance, en het doen van verstandige investeringen in infrastructuur. Om richting te geven aan beslissingen op dit terrein kan men onder andere met behulp van een concurrentiekrachtenmodel bepalen hoeveel moet worden uitgegeven aan IT-infrastructuur en waar strategische investeringen in de infrastructuur gedaan moeten worden, en kan men met de total cost of ownership (TCO) van de informatietechnologiebedrijfsmiddelen werken. De totale kosten van het in eigendom hebben van technologiemiddelen bestaan naast de oorspronkelijke kosten van de computerhardware en -software ook uit de kosten van hardware- en software-upgrades, onderhoud, technische ondersteuning en training van eindgebruikers. Veel organisaties gaan over het gebruik van cloud computing om hun kosten van IT te verlagen.

HERHALINGSVRAGEN

1. Wat is IT-infrastructuur en wat zijn de fasen in en de drijfveren achter de revolutie in de IT-infrastructuur?

- Definieer het begrip IT-infrastructuur zowel vanuit een technologie- als vanuit een dienstenperspectief.
- Noem elk van de tijdvakken in de IT-infrastructuurrevolutie en beschrijf de onderscheidende kenmerken.
- Definieer en beschrijf: webserver, applicatieserver, meerlaags client-serverarchitectuur.
- Beschrijf de Wet van Moore en de Wet van digitale massaopslag.
- Beschrijf hoe de netwerkeconomie, de afnemende communicatiekosten en de technologiestandaarden van invloed zijn op de IT-infrastructuur.

2. Wat zijn de componenten van de IT-infrastructuur?

- Noem en beschrijf de componenten van de IT-infrastructuur die ondernemingen goed moeten beheren.

3. Wat zijn de huidige trends in computerhardwareplatforms?

- Beschrijf de evolutie van het mobiele platform, consumentisering van IT en cloud computing.
- Leg uit hoe bedrijven kunnen profiteren van virtualisatie, green computing en multi-core-processors.
- Benoem de belangrijkste kenmerken van cloud computing.
- Beschrijf de drie soorten diensten waaruit cloud computing bestaat.

4. Wat zijn de huidige trends in computersoftwareplatforms?

- Definieer en beschrijf opensourcesoftware en Linux en geef aan wat de voordelen hiervan voor het bedrijf zijn.
- Definieer Java en HTML5 en leg uit waarom ze belangrijk zijn.
- Definieer en beschrijf webdiensten en de rol die XML hierbij speelt.
- Definieer en beschrijf softwaremashups en apps.
- Noem en beschrijf drie mogelijke leveringswijzen van software aan organisaties door derden.

5. Wat zijn de uitdagingen bij het managen van de IT-infrastructuur en welke oplossingen zijn er op dit terrein?

- Noem en beschrijf de vraagstukken die besturen van de IT-infrastructuur voor het management met zich meebrengt.
- Leg uit hoe het gebruik van een concurrentiekrachtenmodel en het berekenen van de total cost of ownership (TCO) van technologiemiddelen bedrijven ondersteunt bij het doen van goede investeringen in de IT-infrastructuur.

DISCUSSIEVRAGEN

1. Waarom is het kiezen van computerhardware en -software voor de organisatie een belangrijke beslissing voor het management? Aan welke bestuurlijke, organisatorische en technologische aspecten moet aandacht worden geschonken bij het selecteren van computerhardware en -software?

2. Waarom kunnen organisaties beter kiezen voor een een privé-cloud of een hybride cloud dan een publieke cloud?

3. Wat zijn de voor- en nadelen van cloud computing?

PRAKTIJKPROJECTEN

Met de projecten in dit onderdeel kun je praktische ervaring opdoen met het ontwikkelen van oplossingen voor het beheren van IT-infrastructuren en het outsourcen van IT, met het gebruik van spreadsheet-software om alternatieve desktopcomputers te vergelijken, en op basis van online onderzoek een kostenraming te maken voor een verkoopcongres. Ga naar MyLab voor toegang tot de praktijkprojecten van dit hoofdstuk.

Problemen met directiebesluiten

1. De Hischornklinik Groep runt een aantal toonaangevende privéklinieken in Duitsland. Ze vertrouwt op informatiesystemen om veertien ziekenhuizen en honderden gespecialiseerde instituten te beheren. De vraag naar extra servers en opslagtechnologie neemt elk jaar met 20 procent toe. De Hischornklinik zette steeds voor elke applicatie een aparte server op, en haar servers en andere computers draaiden op diverse besturingssystemen, waaronder verschillende versies van Unix en Windows. De Hischornklinik moest technologieën beheren van verschillende leveranciers, zoals onder meer Hewlett-Packard (HP), Sun Microsystems, Microsoft en IBM. Beoordeel hoe deze gang van zaken inwerkt op de bedrijfsprestaties. Met welke factoren en directiebesluiten moet rekening worden gehouden bij het ontwikkelen van een oplossing voor dit probleem?
2. Qantas Airways, de grootste luchtvaartmaatschappij van Australië, wordt geconfronteerd met een forse kostendruk door hoge brandstofprijzen en een daling van het aantal internationale vluchten. Om concurrerend te blijven, moet de luchtvaartmaatschappij manieren zoeken om de kosten te drukken en tegelijkertijd hoogwaardige klantenservice te bieden. Qantas had een dertig jaar oud datacentrum en de directie moest besluiten of ze de IT-infrastructuur moest vervangen door nieuwe technologie of dat ze de IT moest outsourcen. Welke factoren zou de directie van Qantas moeten meenemen in haar afweging of ze moest outsourcen? Als Qantas kiest voor outsourcen, noem en beschrijf dan punten die in een service-level agreement (SLA) aan de orde moeten komen.

Besluitvorming verbeteren: met behulp van een spreadsheet hardware- en software-opties beoordelen
Softwarevaardigheden: spreadsheetformules
Zakelijke vaardigheden: technologieprijzen vergelijken

3. In deze oefening bereken je aan de hand van spreadsheet-software de kosten van desktopcomputers, printers en software.
Zoek op internet de prijzen op van hardware en software voor een kantoor van dertig personen. Zoek de prijzen op voor dertig desktopcomputers (monitoren, computers en toetsenborden) van de merken Lenovo, Dell en HP. (Negeer voor deze oefening het feit dat desktopcomputers inclusief software worden geleverd.) Zoek ook de prijzen op van vijftien printers van HP, Canon en Dell. Elke desktopcomputer moet voldoen aan de minimumeisen in de tabellen die te vinden zijn in MyLab. Zoek ook de prijs op voor dertig exemplaren van de meest recente versie van Microsoft Office en Apache OpenOffice (voorheen Oracle Open Office) en voor dertig exemplaren van Microsoft Windows 10. Voor elke desktopcomputer moet het softwarepakket programma's bevatten voor tekstverwerking, spreadsheets, database en presentaties. Geef de combinatie van software, desktopcomputers en printers die de beste prestatie en prijs per medewerker oplevert weer in een spreadsheet. Omdat steeds twee medewerkers een printer delen (15 printers/30 computers), moet je per medewerker de helft van de printerkosten invoeren.

Besluitvorming verbeteren: maak op basis van online onderzoek een kostenraming voor een verkoopcongres.
Softwarevaardigheden: Internetsoftware
Zakelijke vaardigheden: onderzoek doen naar vervoers- en verblijfskosten

4. De Foremost Composite Materials Company plant voor 19-20 oktober een tweedaags verkoopcongres, dat begint met een receptie op de avond van 18 oktober. Het congres bestaat uit dagvullende bijeenkomsten die het hele verkoopteam, bestaande uit 120 vertegenwoordigers en hun 16 managers, moet bijwonen. Elke vertegenwoor-

diger heeft recht op een eigen kamer, en het bedrijf heeft twee vergaderzalen nodig, een die groot genoeg is voor het hele verkoopteam en enkele bezoekers (200) en een die half zo groot is. De directie heeft een budget vastgesteld van 175.000 dollar voor de kamerhuur van de vertegenwoordigers. Het bedrijf wil het congres graag houden in Miami of op Marco Island in Florida, in een Hilton- of Marriott-hotel.

Bezoek de websites van Hilton en Marriott om in een van beide steden een hotel uit te kiezen waar het bedrijf binnen het gestelde budget een congres kan houden volgens de genoemde specificaties. Zoek dan vluchten uit voor de middag voor het begin van het congres. De deelnemers komen uit Los Angeles (51), San Francisco (30), Seattle (22), Chicago (19) en Pittsburgh (14). Bepaal de kosten van vliegtickets uit deze steden. Maak vervolgens een kostenraming voor het congres, waarin je de kosten voor alle vliegtickets, de kamers en 70 dollar per deelnemer per dag voor voedsel meeneemt.

SAMENWERKINGS- EN TEAMWORKPROJECT

Besturingssystemen voor servers en mobiele apparaten beoordelen

1. Vorm een groepje met drie of vier medestudenten. Kies met elkaar welke besturingssystemen jullie gaan beoordelen.

   Je kunt de mogelijkheden en kosten van Linux en Unix tegen elkaar afzetten of de meest recente versie van Windows voor servers beoordelen. Ook kun je de mogelijkheden van het mobiele besturingssysteem Android vergelijken met die van iOS voor de iPhone. Maak waar mogelijk gebruik van Google Docs en Google Drive of Google Sites om te brainstormen, te organiseren en een presentatie van jullie bevindingen te maken voor de rest van jullie jaar.

CASE

Gebruik je eigen smartphone (BYOD): Zakelijke kans of hoofdpijndossier?

Vrijwel iedereen die een smartphone heeft, wil die op zijn werk kunnen gebruiken. En waarom ook niet? Medewerkers die hun eigen apparaat gebruiken bieden hun werkgever alle voordelen van een mobiel personeelsbestand zonder dat deze de bijkomende aanschafkosten voor deze apparaten moet betalen. Kleinere bedrijven kunnen mobiel opereren zonder grote investeringen te doen in apparaten en mobiele diensten. Volgens Gartner, Inc. zou 50 procent van alle werkgevers hun medewerkers rond 2017 verplichten hun eigen mobiele apparaten mee te nemen naar hun werk. BYOD (bring your own device) wordt de norm.

Maar ... niet zo snel. Volgens een aantal onderzoeken denkt de helft van alle bedrijven dat BYOD een steeds groter probleem voor hun organisatie vormt. Hoewel BYOD de werktevredenheid en productiviteit van de medewerkers kan vergroten, kan het ook een aantal problemen veroorzaken als het niet goed wordt beheerd. Ondersteuning voor apparaten die persoonlijk eigendom zijn, is lastiger dan voor bedrijfsapparaten, de kosten voor het beheer van mobiele apparaten kunnen toenemen en het beschermen van bedrijfsgegevens en -netwerken wordt moeilijker. Onderzoek van de Aberdeen Group wees uit dat een onderneming met 1000 mobiele apparaten per jaar gemiddeld 170.000 dollar meer kwijt is als ze BYOD toestaat. Het ligt dus nog niet zo eenvoudig. BYOD vraagt van de organisatie een aanzienlijke hoeveelheid IT-hulpmiddelen die gericht zijn op het beheren en onderhouden van een groot aantal apparaten binnen de onderneming. In het verleden probeerden bedrijven het zakelijk gebruik van smartphones te beperken tot één platform. Dit maakte het gemakkelijker om elk mobiele apparaat bij te houden en software-upgrades of -reparaties uit te rollen, aangezien alle medewerkers dezelfde apparaten, of in elk geval hetzelfde besturingssysteem gebruikten. Tegenwoordig is het mobiele landschap een stuk ingewikkelder, doordat er een breed scala aan apparaten en besturingssystemen op de markt is die geen goed ontwikkelde hulpmiddelen hebben voor beheer en beveiliging. Android heeft 80 procent van de smartphonemarkt wereldwijd, maar is voor bedrijfsdoeleinden lastiger te gebruiken dan de mobiele apparaten van Apple, die het besturingssysteem iOS gebruiken. iOS wordt beschouwd als een gesloten systeem en draait alleen op een beperkt aantal mobiele Apple-apparaten. In vergelijking met iOS maakt het gefragmenteerde karakter van Android het beheer ervan door bedrijfs-IT moeilijker en kostbaarder. Volgens een rapport van OpenSignal, dat onderzoek doet naar draadloze netwerken en apparaten, bestaan er wereldwijd een slordige 25.000 verschillende modellen die op Android draaien. Androids reusachtige aandeel in de consumentenmarkt trekt veel hackers aan. Bovendien is Android kwetsbaar, omdat het een open source-architectuur heeft en tal van versies kent. Als medewerkers met meer dan één type mobiel apparaat en besturingssysteem mogen werken, moeten bedrijven een effectieve manier zien te vinden om alle apparaten die bij hun personeel in gebruik zijn bij te houden. Voor toegang tot bedrijfsinformatie moeten de bedrijfsnetwerken zodanig worden geconfigureerd dat er verbinding met het mobiele apparaat mogelijk is. Als medewerkers veranderingen aanbrengen aan hun mobiele telefoon, zoals wisselen van aanbieder, veranderen van telefoonnummer of een geheel nieuw apparaat kopen, zullen bedrijven er snel en flexibel voor moeten zorgen dat die medewerkers hun werk kunnen blijven doen. Bedrijven hebben een systeem nodig dat bijhoudt welke apparaten mensen gebruiken, waar een apparaat zich bevindt, of het wordt gebruikt en op welke software het is uitgerust. Voor bedrijven die zich niet voorbereiden, zou bijhouden wie toegang krijgt tot welke data een nachtmerrie kunnen zijn. Gezien de grote variatie aan beschikbare telefoons en besturingssystemen zou het lastig kunnen worden om elke medewerker adequate technische ondersteuning te bieden. Als medewerkers geen toegang kunnen krijgen tot essentiële gegevens, hebben ze hulp nodig van de afdeling informatiesystemen. Bedrijven die vertrouwen op desktopcomputers, hebben doorgaans veel van dezelfde computers met dezelfde specificaties en besturingssystemen, wat technologische ondersteuning stukken gemakkelijker maakt. Mobiliteit brengt een nieuwe laag variatie en complexiteit met zich mee voor de technische ondersteuning die bedrijven bereid moeten zijn op zich te nemen. Er zijn aanzienlijke zorgen over het beveiligen van bedrijfsinformatie waar mobiele apparaten toegang toe hebben. Als zo'n apparaat wordt gestolen of ergens rondslingert, hebben bedrijven manieren nodig om ervoor te zorgen dat gevoelige of vertrouwelijke informatie niet voor iedereen beschikbaar wordt. Mobiliteit levert meer risico's op voor activa en data dan wanneer die binnen de muren van de onderneming beperkt zouden blijven tot bedrijfsmachines. Marble Security Labs analyseerde 1,2 miljoen Android- en iOS-apps en ontdekte dat de consumentenapps op mobiele apparaten bedrijfsinformatie niet adequaat beschermden. Bedrijven maken vaak gebruik van technologieën om op afstand data van apparaten te vegen of data te versleutelen, zodat ze niet kunnen worden misbruikt als een apparaat wordt gestolen. In hoofdstuk 8 komen beveiligingsproblemen met mobiele apparaten uitgebreid aan de orde.

De directie van Michelin North America gelooft dat BYOD het bedrijf flexibeler en productiever zal maken. Aanvankelijk waren alle 4000 mobiele apparaten die door het bedrijf werden gebruikt eigendom van Michelin, en verouderd. Het ging onder meer om een groot aantal mobiele telefoons waarmee alleen kon worden gebeld en ge-sms't. Slechts 90 medewerkers mochten e-mails op een mobiel apparaat ophalen, en nog geen 400 medewerkers mochten de agendafunctie op mobiele apparaten gebruiken. De servicekosten waren hoog en het bedrijf genereerde weinig waarde uit het mobiliteitsprogramma. De directie zag aanzienlijke zakelijke voordelen van toenemende mobiliteit voor verkoop, klantondersteuning en bedrijfsvoering.

Medio 2011 zette het bedrijf een team op, bestaande uit leidinggevenden en vertegenwoordigers van de IT-, hr-, financiële en juridische afdelingen en van de bedrijfseenheden, om gezamenlijk een nieuwe mobiele strategie te ontwikkelen, uit te rollen en te beheren voor zowel mobiele apparaten die van het bedrijf waren als apparaten van de medewerkers zelf. Het team besloot in het mobiliteitsbusinessmodel een overstap te maken van bedrijfseigendom naar persoonlijk eigendom.

Volgens consultants van Gartner, Inc. biedt ongeveer de helft van de bedrijven met een officieel BYOD-programma medewerkers een vergoeding – een salarisverhoging, vergoeding of toeslag – voor de hoeveelheid tijd die ze hun eigen apparaten zakelijk gebruiken. Het verstrekken van vergoedingen voor het gebruik van eigen apparaten voor bedrijfsdoeleinden is een van de meest problematische aspecten van BYOD-programma's gebleken. Hoewel de meeste bedrijven gebruikmaken van onkostennota's of loontoeslagen om werknemers te compenseren voor BYOD, hebben deze methoden nadelen. Onkostennota's betekenen een extra administratieve last voor zowel werknemer als werkgever, terwijl loontoeslagen voor beide partijen ook belastingtechnische gevolgen kunnen hebben.

Voor sommige bedrijven is de beste optie om directe betalingen te doen aan mobiele providers om medewerkers te vergoeden voor de kosten die ze maken als ze hun eigen draadloze apparaat voor bedrijfsdoeleinden gebruiken. De werkgever betaalt de provider die vervolgens een tegoed in het account van de medewerker zet. Als de medewerker zijn of haar factuur ontvangt, wordt het door de werkgever overgeboekte bedrag in mindering gebracht op het totaalbedrag. Michelin koos voor samenwerking met Cass Information Systems dat het bedrijf de mogelijkheid biedt mobiele providers direct te betalen. Cass Information Systems is een belangrijke aanbieder van transport-, voorzieningen-, afval- en telecomkostenbeheer en aanverwante bedrijfsinformatiediensten. Eén werknemersportal verwerkt de aanmelding van bedrijfs- en BYOD-apparaten en volgt en rapporteert over alle mobiele gebruik en kosten. De portal kan werknemers automatisch registreren, de geschiktheid van gebruikers verifiëren, toezien op naleving van het beleid en de vergoeding voor het gebruik van mobiele diensten direct in hun gebruikersaccount storten. Sinds Michelin North America haar versie van BYOD invoerde, is het aantal medewerkers dat gebruik kan maken van mobiele apparaten verhoogd naar 7000. Efficiëntie, productiviteit en tevredenheid van werknemers zijn toegenomen door het updaten van de beschikbare mobiele technologie en functionaliteit en het aanbieden van keuze uit mobiele apparaten en abonnementen. Het programma is kostenneutraal. Michelin heeft kortingen bedongen bij alle mobiele leveranciers in de Verenigde Staten en Canada en heeft de gebruikskosten voor elk mobiele apparaat met ruim 30 procent teruggebracht.

Iftekhar Khan, IT-directeur bij het Chelsea Hotel in Toronto, is minder optimistisch. Hij denkt dat BYOD misschien ooit voor dit bedrijf kan werken, maar niet in de nabije toekomst. Khan stelt dat de horeca, net als tal van andere sectoren, nog steeds wil dat laptops, tablets of smartphones waarmee werknemers toegang krijgen tot het bedrijfsnetwerk eigendom zijn van het bedrijf. Zijn bedrijf kent gevoelige informatie en heeft dat niveau van controle nodig. Hoewel het hotel misschien geld zou kunnen besparen met BYOD, gaat het uiteindelijk allemaal om productiviteit.

De directie van Rosendin Electric, een elektrotechnisch bedrijf in Silicon Valley, was bezorgd dat BYOD een hoofdpijndossier zou worden. Rosendin heeft duizenden medewerkers en gebruikt honderden smartphones, ruim 400 iPads en een aantal Microsoft Surface-tablets. Deze mobiele apparaten hebben de productiviteit van het bedrijf sterk verhoogd door medewerkers in staat te stellen om op een klantlocatie direct apparatuur en voorraden te bestellen of ter plekke te controleren of bestelde artikelen zijn geleverd. CIO Sam Lamonica gelooft echter niet dat BYOD voor dit bedrijf zou werken. Hij is bezorgd dat medewerkers te nonchalant gebruik zouden maken van apps, cloud en technische apparaten. (Een onderzoek van Aruba Networks onder 11.500 werknemers in 23 landen wees uit dat 60 procent hun werk- en eigen apparaten regelmatig met anderen delen, dat bijna 20 procent geen wachtwoorden voor zijn apparaat gebruikt en dat 31 procent data is kwijtgeraakt door verkeerd gebruik van een mobiel apparaat.)

Lamonica heeft meer vertrouwen in het verstrekken van bedrijfsapparaten aan werknemers, omdat deze gemakkelijker te beheren en te beveiligen zijn. Rosendin maakt voor zijn smartphones en tablets gebruik van mobielbeheersoftware (MDM) van MobileIron. Als een apparaat zoekraakt of wordt gestolen, kan de MDM-software op afstand het geheugen ervan wissen. Omdat MobileIron de mogelijkheid biedt om zakelijke apps en data te scheiden en te isoleren van persoonlijke apps en data, staat Rosendin werknemers toe om bepaalde consumentenapps te gebruiken en persoonlijke foto's op werktablets te bewaren. Rosendin heeft ontdekt dat medewerkers van bedrijven die bedrijfs-iPads een persoonlijk tintje kunnen geven er zorgvuldiger mee omgaan, en dit heeft geholpen om het aantal zoekgeraakte of gestolen apparaten te beperken. Het bedrijf heeft het recht om bij verlies het geheugen van een apparaat te wissen. Rosendins mobiele beveiliging is niet waterdicht. Een medewerker zou bedrijfsinformatie in zijn of haar persoonlijke Dropbox-account kunnen zetten in plaats van in het door het bedrijf goedgekeurde Box-account. MobileIron kan data echter versleutelen voordat deze in een Dropbox-account belandt, en dit verlaagt het risico. Met apparaten die eigendom zijn van en in beheer zijn bij het bedrijf profiteert Rosendin nog altijd van volumekortingen van mobiele providers en hoeft het geen extra werk te verrichten door medewerkers een vergoeding te geven voor het gebruik van hun eigen apparaat voor hun werk.

Bronnen: Ryan Patrick, 'Is a BYOD Strategy Best for Business?' IT World Canada, 22 maart 2016; '5 BYOD Management Case Studies,' Sunviewsoftware.com, geraadpleegd op 5 mei 2016; Aruba Networks, 'Enterprise Security Threat Level Directly Linked to User Demographics, Industry and Geography,' *Business Wire*, 14 april 2015; Alan F., 'Open Signal: 24,093 Unique and Different Android-Powered Devices Are Available,' Phonearena.com, 5 augustus 2015; Tom Kaneshige, 'Why One CIO Is Saying "No" to BYOD,' *CIO*, 24 juni 2014; 'CIO Meets Mobile Challenges Head-On,' *CIO*, 7 juli 2014; 'Cass BYOD: How Michelin Became a Mobile-First Enterprise,' Cass Information Systems Inc., 2014.

Vragen bij de case

1. Wat zijn de voor- en nadelen van medewerkers toestaan hun eigen smartphones voor hun werk te gebruiken?
2. Met welke management-, organisatorische en technologische factoren moet rekening worden gehouden bij het besluit om medewerkers toe te staan hun eigen smartphones voor hun werk te gebruiken?
3. Vergelijk de BYOD-ervaringen van Michelin North America en Rosendin Electric. Waarom werkte BYOD bij Michelin zo goed?
4. Medewerkers toestaan om hun eigen smartphones voor hun werk te gebruiken bespaart bedrijven geld. Ben je het met die stelling eens? Waarom, of waarom niet?

MYLAB

Ga naar de opdrachten in MyLab om deze schrijfoefeningen te maken.

1. Wat zijn de onderscheidende kenmerken van cloud computing, en welke drie soorten clouddiensten bestaan er?
2. Wat is het total cost of ownership van technologie-assets en uit welke kostencomponenten bestaan deze?

Pearson | MyLab

Op **www.pearsonmylab.nl** vind je studiemateriaal en de eText om je begrip en kennis van dit hoofdstuk uit te breiden en te oefenen.

6 GRONDSLAGEN VAN BUSINESS INTELLIGENCE: GEGEVENSOPSLAG EN INFORMATIEMANAGEMENT

Na dit hoofdstuk ben je in staat om de volgende vragen te beantwoorden:

1. **Wat zijn de problemen bij het beheren van gegevensbronnen in een traditionele bestandsomgeving?**
2. **Wat zijn de belangrijkste mogelijkheden van databasemanagementsystemen (DBMS) en waarom is een relationeel DBMS zo krachtig?**
3. **Wat zijn de belangrijkste middelen en technologieën voor het toegang krijgen tot informatie uit databases voor het verbeteren van de prestaties van organisaties en hun besluitvorming?**
4. **Waarom zijn informatiebeleid, databeheer en datakwaliteitsgarantie van essentieel belang bij het beheren van de gegevens van een onderneming?**

OPENINGSCASE

BAE Systems

BAE Systems (BAE) is het grootste productiebedrijf van Groot-Brittannië en een van de grootste commerciële luchtvaart- en defensieorganisaties van Europa. Tot de hightech, informatiegestuurde producten en diensten van het bedrijf behoren de Eurofighter Typhoon, een van de meest capabele gevechtsvliegtuigen ter wereld, de Jetstream-lijn van commerciële vliegtuigen, maar ook informatietechnologie (IT) en informatiesystemen (IS) voor e-business evenals ontwikkel- en implementatiediensten voor logistiek, IT en andere elektronische diensten. Met verkoopkanalen, productiebedrijven en ondersteunende bedrijven over de hele wereld, waaronder Europa, de Verenigde Staten en Australië, telde BAE in 2016 in totaal 83.000 werknemers in veertig landen en

Foto: Graham Taylor/Shutterstock

was het goed voor een jaaromzet van meer dan 23,8 miljard euro.

Hoewel BAE zijn concurrentiepositie in gevestigde markten heeft geconsolideerd en in nieuwe markten in het Midden-Oosten en Azië blijft uitbreiden, werden de prestaties in de luchtvaarttak van het bedrijf belemmerd. Dit kwam onder andere vanwege de traditionele informatiesystemen die het bedrijf gebruikte voor zijn computerondersteund ontwerp (CAD) en de computerondersteunde vervaardiging en productie (CAM) van zijn luchtvaartuigen. Doordat het ontwerp en de productie bij BAE verspreid plaatsvonden, werd het steeds lastiger en duurder om nauwkeurige verzamelingen van operationele gegevens op te slaan en te analyseren. Deze gegevens beschreven de complexe componenten van de verschillende typen vliegtuigen waarmee assemblagerapporten van de vliegtuigen op werden gesteld voor de productielijnen.

Het was ingewikkeld en technisch gezien lastig om toegang te krijgen tot de gegevens vanuit de vele systemen. Naarmate de luchtvaarttak van BAE groeide, steeg ook de kans op vertraging bij het opstellen van de assemblagerapporten van de vliegtuigen en ook bij het opstellen van andere dataverzamelingen die nodig zijn voor de besluitvorming bij het produceren van vliegtuigen. In het slechtste geval zou de productie van vliegtuigen aan de assemblageband tot stilstand komen tot er nauwkeurige informatie beschikbaar was, wat natuurlijk gevolgen had voor de tijdsplanning en de kosten. De CAD-/CAM-medewerkers van BAE gebruikten en analyseerden datasets die ze kregen van vijf grote bedrijven in Groot-Brittannië waar de vliegtuigen ontworpen en geproduceerd werden. In elk van die bedrijven waren duizenden werknemers betrokken bij het ontwerp- en productieproces, waarmee de gegevens voor de assemblagerapporten en andere werkzaamheden gerealiseerd konden worden.

Het kwam geregeld voor dat men tekeningen op papier moest gebruiken die vol aantekeningen stonden over het ontwerp van de componenten en de fabricage om onduidelijkheden en inconsistenties uit assemblagerapporten op te lossen. Door die onduidelijkheden en inconsistente gegevens ging men ook twijfelen aan andere assemblagerapporten die er al lagen. Wat BAE nodig had was één centrale opslagplaats voor CAD-/CAM-gegevens waardoor die gegevens ook gemakkelijker in de traditionele systemen geïntegreerd konden worden. Het bedrijf besloot om zijn traditionele systemen te vervangen door een ondernemingsbreed systeem van kennisbeheer waarbij de ontwerp- en fabricagegegevens in één centrale database zouden komen te zitten die de werknemers van de ontwerp- en fabricageafdeling tegelijkertijd konden gebruiken. BAE implementeerde de Teamcenter-software van Siemens om de levenscyclus van producten te beheren en de CATIA CAD-/CAM-software van Dassault Systèmes. De Teamcenter-software kan zo worden geconfigureerd dat ook recente ontwikkelingen in cloud computing kunnen worden benut door gebruik te maken van Azure van Microsoft, SmartCloud Enterprise+ van IBM en Amazon Web Services. Door Teamcenter van Siemens en CATIA van Dassault Systèmes te combineren heeft BAE Systems krachtige instrumenten in handen gekregen voor geïntegreerd databeheer. In de Teamcenter-database zitten instrumenten waarmee de gebruiker in realtime het effect kan visualiseren van wijzigingen in het ontwerp van de componenten en van bepaalde configuraties.

De nieuwe oplossing heeft tot aanzienlijke kostenbesparingen geleid bij BAE wat betreft het beheren van ontwerp- en fabricagegegevens en de opslag ervan, terwijl de prestaties zijn verbeterd. Nu BAE een kleiner aantal traditionele systemen en databestanden hoeft te beheren, kan het aan de eisen voldoen op het gebied van kwaliteit, tijd en kosten doordat het volledige en nauwkeurige omschrijvingen en configuraties van vliegtuigcomponenten kan maken. BAE heeft Teamcenter gebruikt om zijn ondernemingsmodel te verbreden en houdt zich nu ook bezig met het onderhouden en repareren van vliegtuigen tijdens de hele levenscyclus.

Bronnen: 'BAE Systems Annual Report 2016', baesystems.com, 25 maart 2016; 'BAE Systems Military Air Solutions: Case Study: Teamcenter Supports Aircraft Through 50-year Lifecycle', 2015; Siemens Product Lifecycle Management Software Inc., 2015; 'CMI-CATIA Teamcenter Integration', T-Systems, 13 april 2015; servicenet.t-systems.de/t-systems-plm-de; 'BAE Systems Half-Yearly Report and Presentation 2015', www.baesystems.com, geraadpleegd op 21 december 2015; 'Teamcenter Supports Aircraft Through 50-year Cycle: BAE Systems Military Air Solutions', www.plm.automation.siemens.com, geraadpleegd op 8 november 2012.

De ervaringen van BAE Systems illustreren hoe belangrijk databeheer is. Hoe goed een bedrijf het doet, is afhankelijk van de betrouwbaarheid van zijn gegevens. Het bedrijf had zijn activiteiten uitgebreid, maar zowel de operationele CAD-/CAM-efficiency als de besluitvorming over het productiemanagement werd belemmerd doordat de gegevens in traditionele systemen werden opgeslagen die moeilijk toegankelijk waren. Hoe bedrijven hun gegevens opslaan, organiseren en beheren heeft een enorme invloed op de effectiviteit van de organisatie.

Het diagram aan het begin van dit hoofdstuk vestigt de aandacht op belangrijke punten die in deze case en in dit hoofdstuk naar voren komen. Het management van BAE Systems kwam tot de

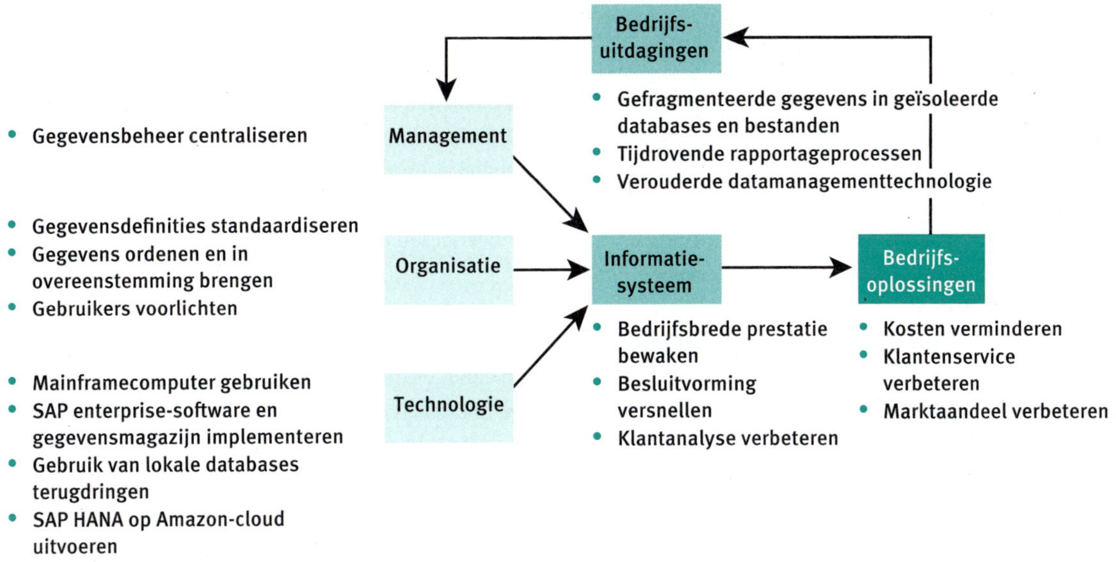

conclusie dat het bedrijf zijn gegevens beter moest gaan beheren. Informatie over ontwerp van componenten, geproduceerde componenten en de uiteindelijke assemblage ervan waren opgeslagen in vele grote traditionele systemen. Hierdoor was het buitengewoon moeilijk om de gegevens te verzamelen en op de juiste manier klaar te zetten voor gebruik bij de assemblage van de vliegtuigcomponenten. De gegevens waren vaak redundant en inconsistent, waardoor ze minder nuttig waren. Het management kon geen overkoepelend beeld van de organisatie krijgen.

In het verleden gebruikte BAE Systems handmatige processen met pen en papier als oplossing voor zijn inconsistente en redundante gegevens en voor het verzamelen van gegevens voor managementrapportages.
Die oplossing kostte enorm veel tijd en geld, en de IT-afdeling van het bedrijf kon daardoor geen kwalitatief hoogwaardig werk leveren. Een betere oplossing was het om nieuwe hardware en software te installeren om een ondernemingsbrede opslagplaats voor bedrijfsinformatie te creëren die een meer gestroomlijnd stel bedrijfstoepassingen ondersteunde. Tot de nieuwe software behoorde bedrijfssoftware die was geïntegreerd in een up-to-date databasemanagementsysteem dat gegevens kon aanleveren voor ondernemingsbrede rapportages. Het bedrijf moest zijn gegevens opnieuw ordenen in een standaard, bedrijfsbrede indeling, redundante gegevens verwijderen en regels, verantwoordelijkheden en procedures instellen voor het bijwerken en gebruiken van de gegevens.
Met een geavanceerde softwarebundel voor databasemanagementsystemen kan BAE Systems nu veel efficiënter werken: het is nu gemakkelijker om gegevens te zoeken en bij elkaar te zetten voor managementrapportages en om de dagelijkse CAD-/CAM-transacties te verwerken voor de uiteindelijke assemblage van vliegtuigcomponenten. De gegevens zijn nauwkeuriger en betrouwbaarder en de kosten voor het beheer en de opslag ervan zijn aanzienlijk teruggedrongen.
Enkele vragen om over na te denken: *Welke soorten databeheerproblemen had BAE Systems toen het nog met traditionele databases werkte? Wat moest er allemaal gebeuren voordat het bedrijf de nieuwe datamanagementtechnologie ook echt kon benutten?*

6.1 Het ordenen van gegevens in een traditionele bestandsomgeving

Een effectief informatiesysteem voorziet gebruikers van nauwkeurige, tijdige en relevante informatie. Nauwkeurige informatie bevat geen fouten. Informatie is tijdig wanneer deze op

het moment dat ze nodig is, beschikbaar is voor besluitvormers. Informatie is relevant wanneer deze nuttig en geschikt is voor de typen werk en de beslissingen waarvoor ze vereist is.
Het verrast je misschien dat veel bedrijven niet over actuele, nauwkeurige of relevante informatie beschikken omdat de gegevens in hun informatiesystemen slecht zijn geordend en onvoldoende worden bijgehouden. Dat is de reden dat **datamanagementtechnologie** zo essentieel is. Om dit probleem te begrijpen, gaan we om te beginnen kijken hoe informatiesystemen gegevens rangschikken in computerbestanden en dit vergelijken met traditionele methoden van bestandsbeheer.

Datamanagementtechnologie
Software die de organisatie van gegevens op fysieke opslagmedia regelt.

6.1.1 Opslag in een traditionele omgeving

Bit
Een binair getal dat de kleinste gegevenseenheid in een computersysteem vertegenwoordigt. Het heeft slechts twee staten, 0 of 1.

Byte
Een string bits, gewoonlijk acht, die wordt gebruikt om één getal of teken in een computersysteem op te slaan.

Veld
Een groep tekens: een woord, zin of cijfer, zoals iemands naam of leeftijd.

Record
Een groep gerelateerde velden.

Bestand
Een groep records van hetzelfde type.

Database
Een verzameling gegevens die is georganiseerd om te worden gebruikt door veel toepassingen tegelijk, waarbij gegevens zo worden opgeslagen en beheerd dat het lijkt alsof ze op één locatie zijn opgeslagen.

Entiteit
Een persoon, plaats, ding of gebeurtenis waarover informatie wordt verzameld.

Attribuut
Informatie die een bepaalde entiteit beschrijft.

Een computersysteem organiseert gegevens in een hiërarchie die begint met bits en bytes en verdergaat naar velden, records, bestanden en databases (zie figuur 6.1). Een **bit** vertegenwoordigt de kleinste gegevenseenheid die een computer kan verwerken (0 of 1). Een groep bits, een **byte**, vertegenwoordigt één teken; een letter, een getal of een ander symbool. Een groep tekens, een woord, een zin of een cijfer (zoals iemands naam of leeftijd) heet een **veld**. Een groep velden, zoals de naam van een student, studierichting, datum en het cijfer voor een tentamen is een **record**; een groep records van hetzelfde type is een **bestand**. De records in figuur 6.1 kunnen bijvoorbeeld een bestand van een bepaalde studierichting zijn. Een groep gerelateerde bestanden vormt samen een **database**. Het studiebestand in figuur 6.1 kan met bestanden met de persoonlijke gegevens en financiële achtergrond van studenten worden gecombineerd tot een studentendatabase.
Een record beschrijft een entiteit. Een **entiteit** is een persoon, een plaats, een ding of een gebeurtenis waarover we informatie verzamelen. Elke eigenschap of kwaliteit die deze specifieke entiteit beschrijft, heet een **attribuut**. Naam, Studie, Datum en Cijfer zijn bijvoorbeeld attributen van de entiteit Studiebestand. De specifieke waarden die deze attributen kunnen hebben staan in de velden van het record dat de entiteit Studiebestand beschrijft.

6.1.2 Problemen met een traditionele bestandsomgeving

De meeste organisaties begonnen kleinschalig met het geautomatiseerd verwerken van informatie, door steeds één toepassing te automatiseren. Elk functioneel gebied (boekhouding, financiën, productie enzovoort) ontwikkelde hiervoor eigen systemen, gescheiden van andere functionele gebieden. Figuur 6.2 illustreert de **traditionele bestandsomgeving** voor geautomatiseerde gegevensverwerking.

Traditionele bestandsomgeving
Een manier om gegevens te verzamelen en te onderhouden in een organisatie, waarbij elk functioneel gebied of elke afdeling eigen gegevensbestanden en programma's maakt en beheert.

Elke toepassing vereist specifieke bestanden en een eigen computerprogramma. De personeelsafdeling beschikt bijvoorbeeld over een masterbestand van het personeel, een loonbestand, een verzekeringsbestand, een pensioenbestand en een mailinglijstbestand, die elk weer uit tientallen of zelfs honderden bestanden en programma's bestaan. In de hele organisatie kan dit resulteren in de creatie – en het bijbehorende onderhoud – van verschillende gegevensbestanden voor de verschillende afdelingen en divisies.

Als dit proces vijf of tien jaar doorgaat, zit de organisatie opgescheept met honderden programma's en toepassingen die door hun grote aantal lastig te onderhouden en te beheren zijn. Problemen die zich hierbij voordoen zijn redundantie van gegevens, afhankelijkheid tussen programma's en gegevens, inflexibiliteit, slechte beveiliging van gegevens en het niet kunnen uitwisselen van gegevens tussen toepassingen. Deze problemen zullen we nu bespreken.

Dataredundantie en -inconsistentie

Dataredundantie
De aanwezigheid van dubbele gegevens in meerdere gegevensbestanden.

Dataredundantie is de aanwezigheid van dezelfde gegevens in verschillende databestanden, zodat dezelfde gegevens op meer dan een plaats of locatie zijn opgeslagen en worden bijgehouden. Dataredundantie treedt op wanneer verschillende groepen in een organisatie onafhankelijk van elkaar dezelfde gegevens verzamelen en deze onafhankelijk

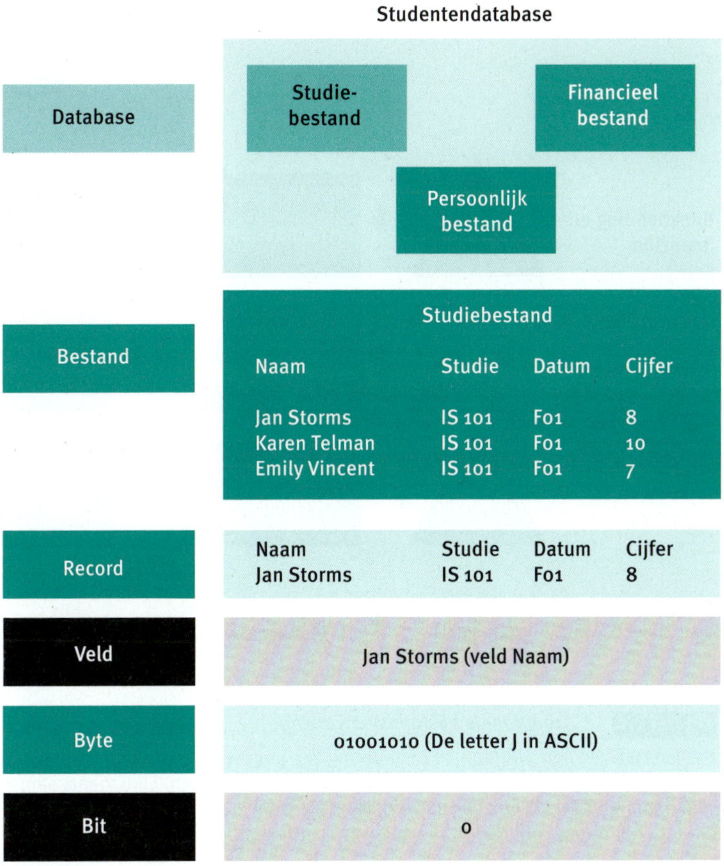

FIGUUR 6.1 *De gegevenshiërarchie*

Een computersysteem organiseert gegevens in een hiërarchie die begint bij een bit die de waarde 0 of 1 vertegenwoordigt. Bits kunnen worden gegroepeerd tot een byte om een teken, getal of symbool te vertegenwoordigen. Bytes kunnen worden gegroepeerd tot een veld en gerelateerde velden tot een record. Gerelateerde records vormen samen een bestand en een verzameling bestanden vormt een database.

Data-inconsistentie
De aanwezigheid van verschillende waarden voor hetzelfde attribuut wanneer dezelfde data op meerdere locaties zijn opgeslagen.

van elkaar opslaan. Dataredundantie kost onnodige opslagruimte en leidt ook tot **data-inconsistentie**, waarbij hetzelfde attribuut verschillende waarden kan hebben. Zo zou het kunnen voorkomen dat in instanties van de entiteit Studiebestand in figuur 6.1 de datum in sommige systemen wel wordt geüpdatet, maar in andere systemen niet. Hetzelfde attribuut, Naam, kan binnen de organisatie in verschillende systemen zelfs verschillende namen hebben. Sommige systemen zouden bijvoorbeeld Studentnaam kunnen gebruiken en andere Naam_Student.

Er zou nog meer verwarring kunnen ontstaan door het gebruik van verschillende coderingssystemen voor het representeren van waarden voor een attribuut. Om een voorbeeld te geven, bij de verkoop-, voorraad- en fabricagesystemen van een kledingwinkel worden voor het aangeven van de maten verschillende codes gebruikt. Het ene systeem zal een kledingmaat aanduiden met 'extra large', terwijl een ander voor dezelfde maat de code 'XL' zal gebruiken. De resulterende verwarring zou het lastig maken voor bedrijven om customer-relationship-management-, supply-chain-management- of enterprisesystemen te creëren die gegevens uit verschillende bronnen integreren.

Programmadata-afhankelijkheid
De nauwe relatie tussen gegevens die in bestanden zijn opgeslagen en de specifieke programma's die nodig zijn om deze bestanden te updaten en bij te houden. Veranderingen in de organisatie of het formaat van de gegevens vereisen veranderingen in alle programma's die deze gegevens gebruiken.

Programmadata-afhankelijkheid

Programmadata-afhankelijkheid verwijst naar de koppeling van gegevens die in bestanden zijn opgeslagen en naar de specifieke programma's die nodig zijn voor het aanpassen en onderhouden van die bestanden waarbij veranderingen in programma's veranderingen in de gegevens vereisen. Ieder traditioneel computerprogramma moet beschrijven wat de locatie en de aard van de gegevens zijn waarmee het werkt. In een traditionele bestandsomgeving zou

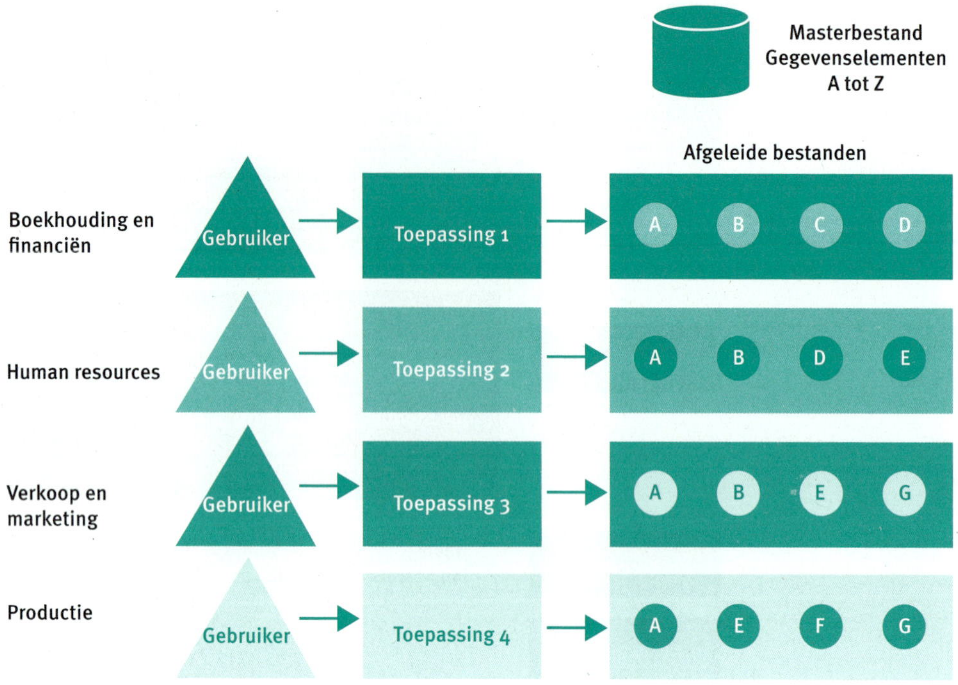

FIGUUR 6.2 *Traditionele bestandsverwerking*

Het gebruik van een traditionele benadering van gegevensverwerking moedigt elk functioneel gebied in een onderneming aan specifieke toepassingen te ontwikkelen. Elke toepassing vereist een uniek gegevensbestand dat vaak ook gegevens bevat die elders in de organisatie nodig zijn. Deze wijze van werken leidt tot het dubbel bijhouden van gegevens, inflexibiliteit bij aanpassen en ondoelmatigheid.

elke verandering in een softwareprogramma tot een verandering kunnen leiden in de gegevens die door dat programma worden gebruikt. Een programma zou bijvoorbeeld zo kunnen worden aangepast dat het van een postcode van vier cijfers niet in een numeriek getal opslaat, maar in alfanumerieke tekens. In dat geval zouden andere programma's die de opslag als numeriek getal gebruiken niet langer goed werken. Het op de juiste manier implementeren van dergelijke veranderingen kan miljoenen euro's kosten.

Gebrek aan flexibiliteit

Een traditioneel bestandssysteem kan periodieke rapporten genereren nadat er veel programmeerwerk is verricht, maar is niet in staat ad-hocrapporten te genereren of snel te reageren op onvoorziene informatie-eisen. De vereiste informatie voor deze informatieverzoeken staat wel ergens in het systeem, maar het kan te duur zijn om die uit het systeem te halen. Het zou een aantal programmeurs weken kosten om de vereiste gegevens in een nieuw bestand te zetten.

Slechte beveiliging

Omdat er weinig controle of bestandsbeheer is, kan ook de controle over de toegang tot en verspreiding van informatie ontbreken. Het management heeft geen idee wie toegang heeft tot gegevens of wie deze gegevens kan veranderen.

Onvermogen gegevens te delen of te achterhalen

Omdat verschillende stukjes informatie in verschillende bestanden in verschillende afdelingen van de organisatie zijn opgeslagen, kunnen ze niet aan elkaar worden gekoppeld en is het bijna onmogelijk om de informatie te delen of tijdig te achterhalen. Informatie kan niet vrijelijk over de verschillende functionele gebieden of afdelingen van de organisatie worden verspreid.

6.2 De databasebenadering

Databasetechnologie lost veel van de problemen van de traditionele bestandsorganisatie op. Een database is een verzameling gegevens die zo is georganiseerd dat de gegevens op een efficiënte manier door veel toepassingen kunnen worden gebruikt. Hiervoor zijn de gegevens gecentraliseerd, zodat redundantie wordt geminimaliseerd. In plaats van bestanden op te slaan in aparte bestanden voor elke toepassing, worden gegevens fysiek zo opgeslagen dat het voor gebruikers lijkt alsof ze op één locatie zijn opgeslagen. Eén enkele database levert gegevens aan verschillende toepassingen. In plaats van gegevens over werknemers op te slaan in aparte informatiesystemen en aparte bestanden voor personeel, loonadministratie en verzekeringen, kan een onderneming bijvoorbeeld één personeelszakendatabase maken.

6.2.1 Databasemanagementsystemen

Databasemanagementsysteem (DBMS)
Speciale software om een database te maken en te onderhouden en die specifieke bedrijfstoepassingen in staat stelt de benodigde gegevens te vinden zonder aparte bestanden of gegevensdefinities aan de computerprogramma's toe te moeten voegen.

Gegevenselement
Een veld.

Een **databasemanagementsysteem (DBMS)** is de software die de organisatie in staat stelt de gegevens te centraliseren, efficiënt te beheren en toegang tot opgeslagen gegevens te bieden via toepassingen. Het DBMS fungeert als interface tussen de toepassingen en de fysieke gegevensbestanden. Wanneer een toepassing een gegevensitem opvraagt, zoals het brutosalaris, zoekt het DBMS dit in de database en wordt de informatie weergegeven. Met traditionele gegevensbestanden zou de programmeur de grootte en het formaat van elk **gegevenselement** dat in het programma wordt gebruikt moeten specificeren en daarna de computer moeten vertellen waar deze de gegevens kan vinden.

Dankzij het DBMS hoeft de programmeur of eindgebruiker niet langer te leren waar en hoe gegevens zijn opgeslagen, omdat de logische en fysieke weergaven van gegevens van elkaar zijn gescheiden. De logische weergave geeft de gegevens weer zoals ze door de eindgebruikers of specialisten worden gezien, terwijl de fysieke weergave de gegevens weergeeft op de manier waarop ze feitelijk zijn geordend en gestructureerd op fysieke opslaglocaties. De databasemanagementsoftware maakt de fysieke database beschikbaar in verschillende logische weergaven zoals gevraagd door de gebruikers. Een voorbeeld: bij de personeelsdatabase in figuur 6.3 kan een verzekeringsspecialist een overzicht opvragen van de naam van een personeelslid, zijn nummer van de sociale verzekering en het polisnummer van zijn ziektekostenverzekering. Een medewerker van de loonadministratie kan gegevens opvragen als de naam, het burgerservicenummer en het bruto- en nettosalaris. De gegevens voor deze zoekopdrachten zijn opgeslagen in één database, waar ze gemakkelijk te beheren zijn door de organisatie.

Hoe een DBMS de problemen van de traditionele bestandsomgeving oplost

Een DBMS vermindert de redundantie en inconsistentie door het aantal verspreide bestanden waarin dezelfde gegevens worden bijgehouden te minimaliseren. Een DBMS is misschien niet in staat om in de organisatie de dataredundantie volledig te laten verdwijnen, maar kan wel helpen die te beheersen. Ook als de organisatie enige redundante gegevens houdt, zorgt het gebruik van een DBMS ervoor dat data-inconsistenties worden verwijderd, omdat het systeem de organisatie kan ondersteunen bij het streven om iedere keer dat een redundant gegeven voorkomt, dit dezelfde waarde te geven. Het DBMS ontkoppelt programma's en gegevens, zodat gegevens op zichzelf kunnen staan. De beschrijving van de gegevens die door het programma gebruikt worden, hoeft niet in detail vastgelegd te worden wanneer er een nieuw programma geschreven wordt. De toegang tot en de beschikbaarheid van informatie worden verhoogd, en ontwikkelings- en onderhoudskosten van programma's worden verminderd omdat gebruikers en ontwikkelaars ad-hoczoekacties in de database kunnen uitvoeren. Dat kan voor vele eenvoudige toepassingen zonder dat er ingewikkelde programma's geschreven hoeven te worden. Het DBMS biedt de organisatie de mogelijkheid om het gebruik en de beveiliging van gegevens centraal te beheren. Het delen van gegevens binnen de organisatie is gemakkelijker omdat de gegevens op een enkele locatie aan de gebruiker worden gepresenteerd en niet op veel verschillende systemen en bestanden.

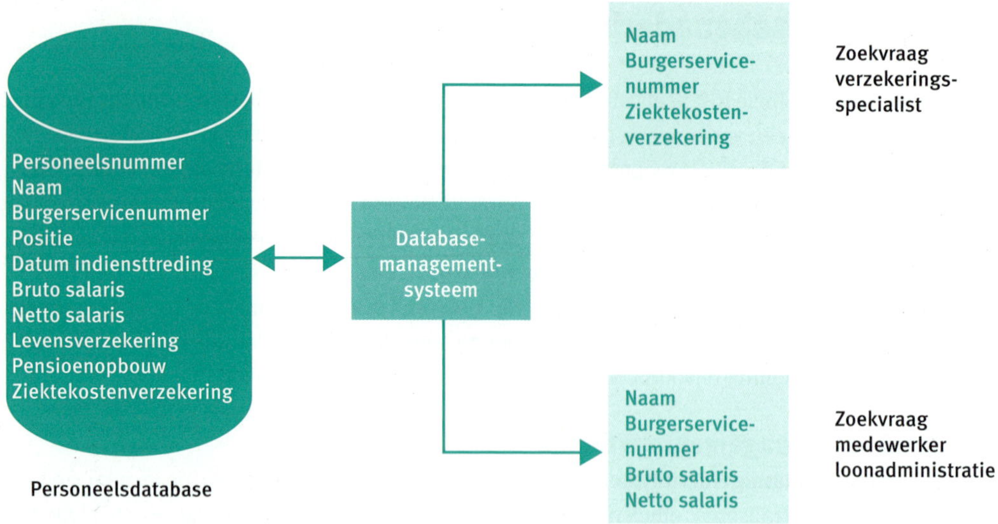

FIGUUR 6.3 *Personeelsdatabase met meerdere overzichten*

Eén personeelsdatabase biedt meerdere mogelijkheden om gegevens op te vragen, afhankelijk van de informatie-eisen van de gebruiker. Hier worden twee mogelijke verzoeken voor gegevens weergegeven; een dat van belang is voor een verzekeringsspecialist; en een dat van belang is voor een medewerker van de loonadministratie.

Het relationeel DBMS

De huidige DBMS-systemen gebruiken verschillende databasemodellen om entiteiten, attributen en relaties vast te leggen. Het populairste type DBMS voor pc's en voor grotere computers en mainframes is het **relationeel DBMS**.

Relationeel DBMS
Een logisch databasemodel dat gegevens vertegenwoordigt als tweedimensionale tabellen. Het kan gegevens in één tabel koppelen aan gegevens in een andere tabel zolang de twee tabellen een gezamenlijk gegevenselement hebben.

Relationele databases stellen gegevens voor als tweedimensionale tabellen (relaties genoemd). Tabellen kunnen ook worden aangeduid als bestanden. Elk tabel bevat gegevens over een entiteit en zijn attributen. Microsoft Access is een relationeel DBMS voor desktopsystemen; DB2, de Oracle Database en Microsoft SQL Server zijn relationele DBMS-systemen voor grote mainframes en middelgrote computers. MySQL is een populaire opensource-DBMS.

Laten we eens kijken hoe een relationele database gegevens over leveranciers en onderdelen rangschikt (zie figuur 6.4). De database heeft een aparte tabel voor de entiteit LEVERANCIER en een tabel voor de entiteit ONDERDEEL. Elke tabel bestaat uit kolommen en rijen met gegevens. Elk afzonderlijk gegevenselement van elke entiteit is opgeslagen als een afzonderlijk veld, en elk veld stelt een attribuut voor die entiteit voor. Velden in een relationele database worden ook kolommen genoemd. Bij de entiteit LEVERANCIER zijn het leveranciersnummer, de naam, de straat, de woonplaats, de staat en de postcode opgeslagen als aparte velden binnen de LEVERANCIER-tabel en stelt elk veld een attribuut voor de entiteit LEVERANCIER voor.

Tupel
Een rij of record in een relationele database.

Sleutelveld
Een uniek veld dat de record identificeert, zodat de record kan worden gevonden, bijgewerkt of gesorteerd.

Primaire sleutel
Unieke identifier voor alle informatie in elke rij van een databasetabel.

Externe sleutel
Een veld in een databasetabel waarmee gebruikers verwante informatie in een andere databasetabel kunnen opzoeken.

De feitelijke informatie over één leverancier in een tabel wordt een rij genoemd. Rijen worden gewoonlijk records of **tupels** genoemd. Gegevens voor de entiteit ONDERDEEL hebben hun eigen afzonderlijke tabel. Het veld voor Leverancier_Nummer in de LEVERANCIER-tabel legt elke record uniek vast, zodat deze kan worden opgevraagd, bijgewerkt of gesorteerd; dit wordt een **sleutelveld** genoemd. Elke tabel in een relationele database heeft één veld dat is aangewezen als zijn **primaire sleutel**. Dit sleutelveld is de 'identifier' voor alle informatie in elke rij van de tabel en is een uniek gegeven in de tabel.

Leverancier_Nummer is een primaire sleutel voor de tabel LEVERANCIER en Onderdeel_Nummer is een primaire sleutel voor de tabel ONDERDEEL. Merk op dat Leverancier_Nummer zowel in de LEVERANCIER- als in de ONDERDEEL-tabel voorkomt. In de LEVERANCIER-tabel is Leverancier_Nummer de primaire sleutel. Wanneer het veld Leverancier_Nummer voorkomt in de ONDERDEEL-tabel wordt het een **externe sleutel** genoemd, en is het in wezen een opzoekveld voor het opzoeken van gegevens over de leverancier van een specifiek onderdeel.

Bewerking van de gegevens in een relationeel DBMS

Relationele databasetabellen zijn eenvoudig samen te voegen om de door de gebruiker gewenste gegevens te leveren, mits de samen te voegen tabellen een gemeenschappelijk gegevenselement hebben. Stel dat we in deze database de namen van leveranciers willen vinden die ons onderdeel 137 of onderdeel 150 kunnen leveren. We hebben hiervoor informatie uit twee tabellen nodig: de leveranciertabel en de onderdeeltabel. Deze bestanden hebben een gezamenlijk gegevenselement: Leverancier_Nummer.

LEVERANCIER

Kolommen (attributen, velden)

Leverancier_ Nummer	Leverancier_ Naam	Leverancier_ Straat	Leverancier_ Stad	Leverancier_ Staat	Leverancier_ Postcode
8259	CBM Inc.	74 5th Avenue	Dayton	OH	45220
8261	B.R. Molds	1277 Gandolly Street	Cleveland	OH	49345
8263	Jackson Composites	8233 Micklin Street	Lexington	KY	56723
8444	Bryant Corporation	4315 Mill Drive	Rochester	NY	11344

Rijen (records, tupels)

Sleutelveld (primaire sleutel)

ONDERDEEL

Onderdeel_Nummer	Onderdeel_Naam	Eenheid_Prijs	Leverancier_Nummer
137	Deurklink	22.00	8259
145	Zijspiegel	12.00	8444
150	Deurlijst	6.00	8263
152	Deurslot	31.00	8259
155	Compressor	54.00	8261
178	Deurhendel	10.00	8259

Primaire sleutel

Externe sleutel

FIGUUR 6.4 *Tabellen van relationele databases*

Een relationele database rangschikt gegevens in tweedimensionale tabellen. Hier zijn tabellen weergegeven voor de entiteiten LEVERANCIER en ONDERDEEL, die laten zien hoe deze tabellen een entiteit en zijn attributen weergeven. Leverancier_Nummer is een primaire sleutel voor de tabel LEVERANCIER en een externe sleutel voor de tabel ONDERDEEL.

In een relationele database wordt in drie typen bewerkingen (zie figuur 6.5) een nuttige set gegevens ontwikkeld: *select*, *join* en *project*. Met *select* maken we een subset die bestaat uit alle records in het bestand die aan de aangegeven criteria voldoen. In ons voorbeeld willen we de records (rijen) selecteren uit de tabel Onderdeel met onderdeel 137 of 150. Met *join* kunnen we deze relationele tabellen samenvoegen om de gebruiker meer informatie te geven dan in de individuele tabellen beschikbaar is. In ons voorbeeld willen we de ingekorte onderdeeltabel (alleen onderdelen 137 en 150 worden weergegeven) samenvoegen met de leveranciertabel in één nieuwe resultaattabel.

Met *project* maken we een subset die bestaat uit kolommen in een tabel, waardoor de gebruiker nieuwe tabellen kan maken die alleen de benodigde informatie bevatten. In ons voorbeeld willen we uit de nieuwe resultaattabel alleen de volgende kolommen gebruiken: Onderdeel_Nummer, Onderdeel_Naam, Leverancier_Nummer en, Leverancier_Naam.

ONDERDEEL

Onderdeel_ Nummer	Onderdeel_ Naam	Eenheid_ Prijs	Leverancier_ Nummer
137	Deurklink	22.00	8259
145	Zijspiegel	12.00	8444
150	Deurlijst	6.00	8263
152	Deurslot	31.00	8259
155	Compressor	54.00	8261
178	Deurhendel	10.00	8259

Selecteer Onderdeel_Nummer = 137 of 150 (SELECT)

LEVERANCIER

Leverancier_ Nummer	Leverancier_ Naam	Leverancier_ Straat	Leverancier_ Stad	Leverancier_ Staat	Leverancier_ Postcode
8259	CBM Inc.	74 5th Avenue	Dayton	OH	45220
8261	B.R. Molds	1277 Gandolly Street	Cleveland	OH	49345
8263	Jackson Composites	8233 Micklin Street	Lexington	KY	56723
8444	Bryant Corporation	4315 Mill Drive	Rochester	NY	11344

Voeg samen naar Leverancier_Nummer (JOIN)

Onderdeel_Nummer	Onderdeel_Naam	Leverancier_Nummer	Leverancier_Naam
137	Deurklink	8259	CBM Inc.
150	Deurlijst	8263	Jackson Composites

Geef de geselecteerde kolommen weer (PROJECT)

FIGUUR 6.5 *De drie basisbewerkingen van een relationeel DBMS*

De bewerkingen selecteren (SELECT), koppelen (JOIN) en weergeven (PROJECT) maken het mogelijk gegevens uit twee verschillende tabellen te combineren en uitsluitend de geselecteerde attributen weer te geven.

6.2.2 Functies van databasemanagementsystemen

Een DBMS omvat functies en programma's voor het ordenen, beheren en benaderen van gegevens in de database. De belangrijkste hiervan zijn de datadefinitietaal, de data dictionary en de datamanipulatietaal. DBMS-systemen hebben een **datadefinitie**functie voor het specificeren van de structuur van de content van de database. Deze wordt gebruikt voor het creëren van databasetabellen en het definiëren van de kenmerken van de velden in elke tabel. Deze informatie over de database is gedocumenteerd in een data dictionary. Een **data dictionary** is een automatisch of handmatig gecreëerd bestand waarin definities van gegevenselementen en de kenmerken zijn opgeslagen. Microsoft Access heeft bijvoorbeeld een rudimentaire data-dictionaryfunctie die informatie weergeeft over de naam, de beschrijving, de grootte, het type, het formaat en andere eigenschappen van elk veld in een tabel (zie figuur 6.6). Data dictionaries voor grote bedrijfsdatabases kunnen extra informatie bevatten, zoals gebruik en beheer (wie er in de organisatie verantwoordelijk is voor het onderhouden van de gegevens); autorisatie; beveiliging; en de personen, bedrijfsfuncties, programma's en rapporten die elk data-element gebruiken.

Datadefinitie
Een functie van DBMS-systemen die de structuur en de content van de database specificeert.

Data dictionary
Een geautomatiseerd of handmatig bewerkbaar bestand dat informatie over gegevens in een database opslaat en organiseert.

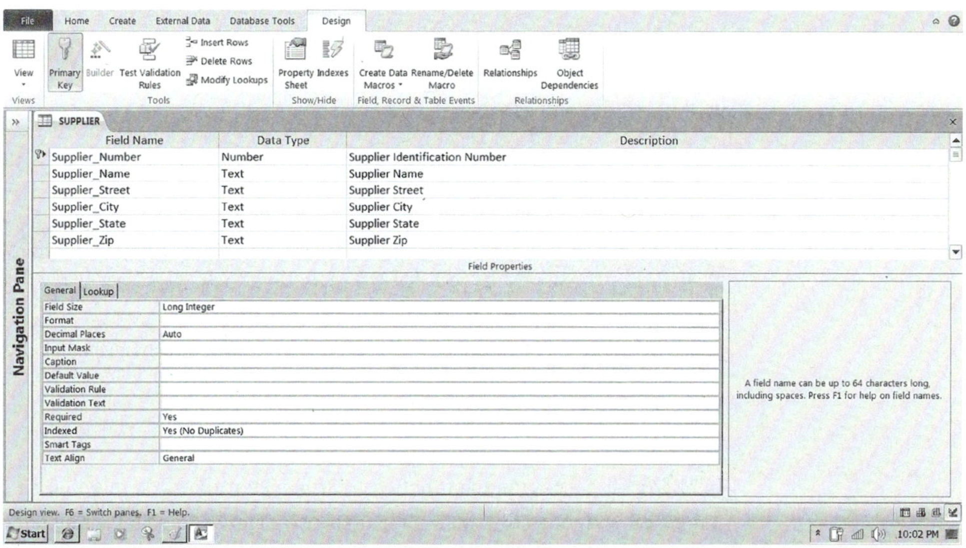

FIGUUR 6.6 *Data-dictionaryfuncties van Microsoft Access*

Microsoft Access kent een beperkte data-dictionaryfunctie. Deze functie geeft informatie over de naam, het formaat en andere kenmerken van elk veld in een database. Hier weergegeven is de informatie die is opgeslagen in de LEVERANCIER-tabel. Het kleine sleutelpictogram links van Leverancier_Nummer geeft aan dat het een sleutelveld is.

Zoeken en rapporteren

Een DBMS bevat programma's voor het benaderen en bewerken van informatie in databases. De meeste DBMS-systemen hebben een gespecialiseerde taal: een **datamanipulatietaal**, die wordt gebruikt voor het toevoegen, wijzigen, verwijderen en weergeven van gegevens uit de database. Deze taal bevat opdrachten waarmee eindgebruikers en programmeurs gegevens uit de database kunnen halen om aan informatieverzoeken te voldoen en om toepassingen te ontwikkelen. De meest voorkomende datamanipulatietaal is de **Structured Query Language**, oftewel **SQL**. Figuur 6.7 illustreert de SQL-opdracht die de tabel in figuur 6.6 oplevert.

Gebruikers van een DBMS voor grote en middelgrote computers, zoals DB2, Oracle en SQL Server, gebruiken SQL voor het ophalen van informatie die ze nodig hebben uit de database. Ook Microsoft Access maakt gebruik van SQL. Daarnaast kent Microsoft Access een eigen reeks gebruikersvriendelijke programma's voor het doorzoeken van databases en voor het rangschikken van gegevens uit databases.

Datamanipulatietaal
Een taal die wordt geassocieerd met een databasemanagementsysteem die eindgebruikers en programmeurs gebruiken om gegevens in de database te manipuleren.

Structured Query Language (SQL)
De standaard-datamanipulatietaal voor relationele databasemanagementsystemen.

```
SELECT PART.Part_Number, PART.Part_Name, SUPPLIER.Supplier_Number,
SUPPLIER.Supplier_Name
FROM PART, SUPPLIER
WHERE PART.Supplier_Number = SUPPLIER.Supplier_Number AND
Part_Number = 137 OR Part_Number = 150;
```

FIGUUR 6.7 *Voorbeeld van een SQL-query*

Hier weergegeven zijn de SQL-opdrachten voor de selectie van leveranciers voor de onderdelen 137 en 150. Ze produceren een lijst met dezelfde resultaten als figuur 6.5.

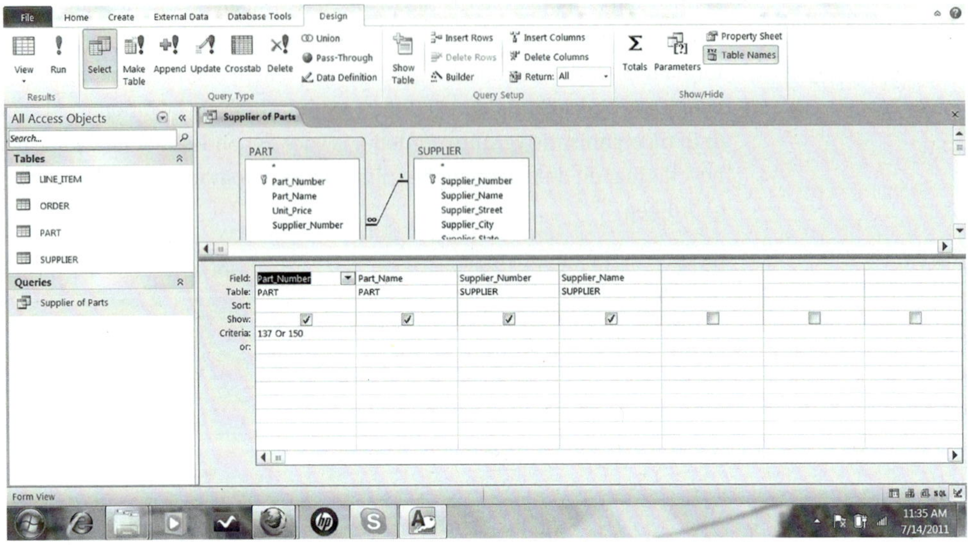

FIGUUR 6.8 *Een query in Access*

Hier is weergegeven hoe de query in figuur 6.7 zou worden opgebouwd met behulp van de query-building-programma's van Microsoft Access. Getoond worden de tabellen, velden en selectiecriteria die voor de query zijn gebruikt.

In Microsoft Access vind je functies waarmee gebruikers de tabellen en velden kunnen aangeven en hieruit die rijen in de database kunnen selecteren die aan de door hen gestelde criteria voldoen. Deze handelingen worden vervolgens vertaald naar SQL-opdrachten. Figuur 6.8 laat zien hoe dezelfde query als de SQL-query voor het zoeken naar onderdelen en leveranciers te construeren is met behulp van de query-buildingprogramma's van Microsoft Access. Microsoft Access en andere DBMS-systemen bevatten ook functies voor het maken van rapportages. Hierdoor kunnen de gegevens die van belang zijn op een meer gestructureerde en beter ogende manier worden weergegeven dan bij alleen zoeken het geval zou zijn. Crystal Reports is een populaire rapportgenerator voor grote bedrijfs-DBMS-systemen, hoewel het ook in combinatie met Access kan worden gebruikt. Access heeft ook functies voor het ontwikkelen van toepassingen. Deze omvatten onder andere programma's voor het creëren van gegevensinvoerschermen, rapporten en het ontwikkelen van programma's voor transactieverwerking.

6.2.3 Een database maken

Om een database te maken moeten we de relatie tussen gegevens, het type gegevens dat in de database wordt opgeslagen, de toepassing van de gegevens en de manier waarop de organisatie moet veranderen om de gegevens op een ondernemingsbrede manier te beheren, begrijpen. Werken met ondernemingsbrede databases vraagt zowel om het maken van een conceptueel ontwerp als om het maken van een fysiek ontwerp. Het conceptuele of logische ontwerp van een database is een abstract model van de database vanuit een ondernemingsperspectief, terwijl het fysieke ontwerp laat zien hoe de database is opgebouwd, daarbij rekening houdend met de mogelijkheden van de fysieke opslag.

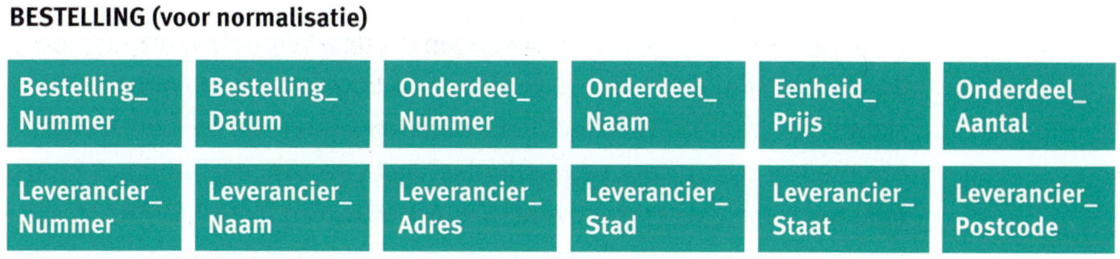

FIGUUR 6.9 *Een ongenormaliseerde relatie voor BESTELLING*

In een ongenormaliseerde relatie is er sprake van redundantie. Er kunnen bijvoorbeeld veel onderdelen en leveranciers onderdeel uitmaken van elke bestelling. Er is sprake van een een-op-eenrelatie tussen Bestelling_Nummer en Bestelling_Datum, Bestelling_Totaal en Levering_Datum.

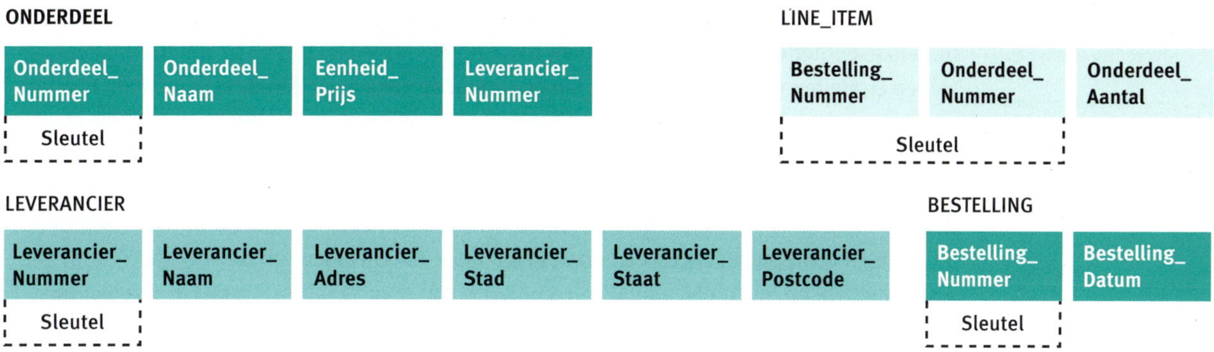

FIGUUR 6.10 *Een genormaliseerde relatie voor BESTELLING*

Na normalisatie is het oorspronkelijke gegeven BESTELLING opgedeeld in vier kleinere entiteiten. De entiteit BESTELLING heeft nog maar drie attributen en de entiteit BESTELDE_ONDERDELEN heeft een gecombineerde, samengestelde sleutel die bestaat uit Bestelling_Nummer en Onderdeel_Nummer.

Normalisatie en diagrammen met relaties tussen entiteiten

Het conceptueel ontwerp van de database beschrijft hoe de gegevenselementen in de database worden gegroepeerd. Het ontwerpproces geeft de relaties aan tussen gegevenselementen en de meest efficiënte manier waarop deze elementen gegroepeerd kunnen worden om te voldoen aan de verzoeken van gebruikers om gegevens. Het proces geeft ook overtollige gegevenselementen en de manier waarop de gegevenselementen voor specifieke toepassingen gegroepeerd moeten worden weer. De groepen gegevens worden georganiseerd, aangepast en gestroomlijnd, totdat er een complete logische weergave ontstaat van de relaties tussen alle gegevenselementen in de database.

Om een relationeel databasemodel effectief te gebruiken, moeten complexe groepen gegevens worden bewerkt om de overtollige gegevenselementen en vreemde een-op-eenrelaties te elimineren. Het proces van het distilleren van kleine, stabiele gegevensstructuren uit complexe groepen gegevens heet **normalisatie**. De figuren 6.9 en 6.10 illustreren dit proces.

Normalisatie
Het proces van het maken van kleine, stabiele gegevensstructuren uit complexe groepen gegevens bij het ontwerpen van een relationele database.

Ondernemingsmodel
Een abstractie van hoe de onderneming een product of dienst levert en dat aangeeft hoe de onderneming winst genereert.

Referentiële integriteitsregels
Regels die ervoor zorgen dat de relaties tussen gekoppelde tabellen consistent blijven.

In het hier weergegeven **ondernemingsmodel** kan een bestelling meer dan één onderdeel hebben, maar wordt elk onderdeel maar door één leverancier geleverd. Als we een relatie bouwen met de naam BESTELLING en met alle velden, moeten we de naam, omschrijving en prijs van elk onderdeel op de bestelling herhalen en de naam en het adres van elke leverancier van elk onderdeel. Deze relatie bevat zogenaamde herhalende groepen, omdat er veel onderdelen en leveranciers op een bestelling kunnen staan en er eigenlijk verschillende entiteiten worden beschreven – zowel onderdelen en leveranciers als bestellingen. Een efficiëntere manier om de gegevens te ordenen is het opdelen van BESTELLING in kleinere delen, elk bestaand uit een beschrijving van één entiteit. Als we verdergaan en BESTELLING normaliseren, komen we uiteindelijk uit bij de delen die in figuur 6.10 zijn weergegeven.

Relationele databasesystemen proberen **referentiële integriteitsregels** op te leggen om ervoor te zorgen dat de relaties tussen gekoppelde tabellen consistent blijven. Wanneer een tabel een externe sleutel heeft die naar een andere tabel wijst, kun je pas een record aan de tabel met de externe sleutel toevoegen als de gekoppelde tabel een overeenkomstige record bevat. In de database die we eerder in dit hoofdstuk hebben bekeken, koppelt de externe sleutel Leverancier_Nummer het ONDERDEEL tafel aan de LEVERANCIER tafel. We kunnen pas een nieuwe record voor een onderdeel met Leverancier_Nummer 8266 aan het ONDERDEEL tafel toevoegen als er een overeenkomstige record in de LEVERANCIER_tabel is voor Leverancier_Nummer 8266. Tevens moeten we, als we de record in de LEVERANCIER-tabel voor Leverancier_Nummer 8266 verwijderen, ook de overeenkomstige record in de ONDERDEEL-tabel verwijderen. Met andere woorden: er mogen geen onderdelen verwijzen naar niet-bestaande leveranciers!

Entiteit-relatiediagram Een methode om databases te documenteren door de relaties tussen de verschillende entiteiten in de database te illustreren.

Databaseontwikkelaars documenteren het conceptuele gegevensmodel in een **entiteit-relatiediagram**. Een voorbeeld hiervan wordt gegeven in figuur 6.11. Dit diagram illustreert de relatie tussen de entiteiten BESTELLING, ONDERDEEL, LINE_ITEM en LEVERANCIER. De vakken stellen entiteiten voor. De verbindingslijnen tussen de vakken stellen de relaties voor. Een lijn tussen twee entiteiten met aan het eind twee korte streepjes stelt een een-op-eenrelatie voor. Een lijn tussen twee entiteiten eindigend in een v'tje en een streepje geeft een een-op-veelrelatie aan. Figuur 6.11 laat zien dat één BESTELLING verschillende LINE_ITEMS kan bevatten. (Een ONDERDEEL kan diverse malen worden besteld en in een bestelling kunnen verschillende onderdelen voorkomen, elk op een eigen regel (*line*). Elk ONDERDEEL kan slechts één LEVERANCIER hebben, maar een aantal ONDERDELEN kan door dezelfde LEVERANCIER worden geleverd.

Het kan niet genoeg worden benadrukt: als het bedrijf zijn datamodel niet goed krijgt, kan een informatiesysteem het bedrijf niet goed bedienen. De informatiesystemen van het bedrijf zullen dan nooit zo effectief zijn als zou kunnen, omdat ze met gegevens moeten werken die onnauwkeurig, onvolledig of moeilijk te verkrijgen zijn. Inzicht verwerven in de gegevens van de organisatie en hoe deze gegevens moeten worden gerepresenteerd in een database is misschien wel het allerbelangrijkste wat je in dit studievak zult leren.

Om een voorbeeld te geven, Famous Footwear, een schoenwinkelketen met meer dan 800 locaties in 49 staten in de Verenigde Staten, kon zijn belofte 'het juiste type schoen in de juiste winkel tegen de juiste prijs' niet waarmaken, omdat zijn database niet was berekend op het snel aanpassen van winkelvoorraden. Het bedrijf had een relationele database van Oracle, draaiend op een middelgrote mainframecomputer, maar deze database was primair bedoeld voor het produceren van standaardrapporten voor het management in plaats van voor het inspelen op veranderingen in de markt. Het management kon geen precieze gegevens over specifieke items in de voorraad in elk van zijn winkels verkrijgen. Het bedrijf moest dit probleem omzeilen door een nieuwe database te bouwen waarin de verkoop- en voorraadgegevens zodanig konden worden geordend dat ze bruikbaarder waren voor analyse en voorraadbeheer.

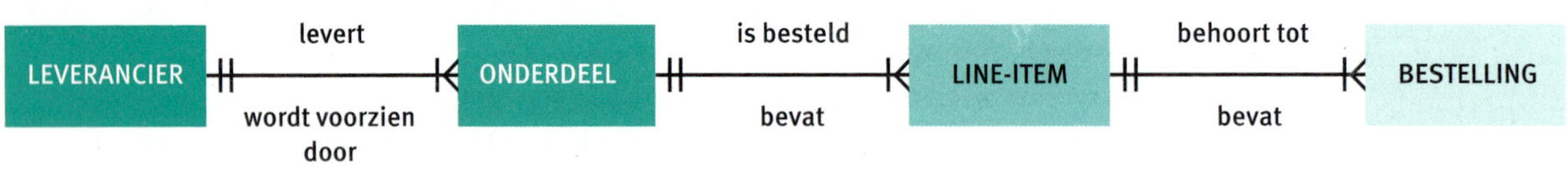

FIGUUR 6.11 *Een entiteit-relatiediagram*

Dit diagram toont de relaties tussen de entiteiten BESTELLING, ONDERDEEL en LEVERANCIER die zijn gebruikt om de relationele database in figuur 6.10 te ontwikkelen.

6.2.4 Niet-relationele databases en databases in de cloud

Al meer dan dertig jaar is de relationele databasetechnologie de gouden standaard. Maar door cloud computing, ongekend grote hoeveelheden gegevens, een enorme werklast voor internetdiensten en de noodzaak om nieuwe typen gegevens op te slaan is het tijd voor databasealternatieven voor het traditionele relationele model waarbij gegevens worden geordend in de vorm van tabellen, kolommen en rijen. Daarom richten bedrijven zich nu op 'NoSQL' niet-relationele

Niet-relationele databasemanagementsystemen
Maken gebruik van een flexibeler gegevensmodel en zijn ontworpen om grote datasets te beheren op vele verspreide machines en om makkelijker met meer of juist minder gegevens te werken.

databasetechnologieën. **Niet-relationele databasemanagementsystemen** maken gebruik van een flexibeler gegevensmodel en zijn ontworpen om grote datasets te beheren op vele verspreide machines en om makkelijker met meer of juist minder gegevens te werken. Ze zijn nuttig om sneller te werken met eenvoudige query's waarbij grote hoeveelheden gestructureerde en ongestructureerde gegevens worden doorgenomen, zoals gegevens op het internet, in de sociale media, grafische gegevens en andere vormen van gegevens die moeilijk te analyseren zijn met traditionele, op SQL gebaseerde instrumenten.

Er zijn verschillende soorten NoSQL-databases, die elk hun eigen technische eigenschappen en gedrag hebben. Een voorbeeld is Oracle NoSQL Database, dat net als SimpleDB van Amazon een van de Amazon Web Services is die in de cloud draait. SimpleDB heeft een eenvoudige interface voor webdiensten om meerdere datasets te maken en op te slaan, om gegevens eenvoudig te bevragen en de resultaten te laten zien. Je hoeft niet vooraf een formele databasestructuur te definiëren of die definitie te wijzigen als er later nieuwe gegevens worden toegevoegd.

Zo heeft MetLife de open source NoSQL-database MongoDB gebruikt om de afzonderlijke gegevens van meer dan honderd miljoen klanten snel te integreren en een stevig beeld te geven van ieder van hen. De database van MetLife brengt gegevens bij elkaar van meer dan zeventig afzonderlijke administratieve systemen, schadeclaimsystemen en andere gegevensbronnen, waaronder semigestructureerde en ongestructureerde gegevens, zoals afbeeldingen van patiëntendossiers en overlijdensaktes. De NoSQL-database kan gestructureerde, semigestructureerde en ongestructureerde informatie gebruiken zonder dat er het saaie, dure en tijdrovende databasemapping voor nodig is.

Databases in de cloud

Amazon en andere aanbieders van cloud computing leveren ook diensten op het gebied van relationele databases. Amazon Relational Database Service (Amazon RDS) biedt MySQL, SQL Server, Oracle Database, PostgreSQL, MariaDB en Amazon Aurora DB (compatibel met MySQL) als databasemachines. Het bijbehorende prijskaartje is afhankelijk van het gebruik. Oracle heeft zijn eigen Database Cloud Services die gebruikmaken van zijn relationele Oracle Database; en de Azure SQL Database van Microsoft Windows is een cloudgebaseerde dienst voor relationele databases die is gebaseerd op het DBMS van de SQL Server van Microsoft. Datamanagementdiensten via de cloud oefenen een speciale aantrekkingskracht uit op start-ups uit de internetsector of kleine tot middelgrote bedrijven die databasemogelijkheden zoeken tegen een lagere prijs dan de databaseproducten die intern worden geleverd.

Naast publieke datamanagementdiensten die via de cloud werken, hebben bedrijven nu de mogelijkheid om databases te gebruiken in private clouds. Zo heeft Sabre Holdings, de grootste leverancier ter wereld van zogenoemde *Software as a Service* (SaaS) voor de luchtvaartindustrie, een private databasecloud ter ondersteuning van meer dan honderd projecten en zevenhonderd gebruikers. Een geconsolideerde database die is verspreid over een verzameling gestandaardiseerde servers die op Oracle Database draaien, levert databasediensten voor velerlei toepassingen.

6.3 Databases gebruiken voor verbetering van de bedrijfsprestatie en de besluitvorming

Bedrijven gebruiken hun databases voor het bijhouden van basistransacties, zoals het betalen van leveranciers, verwerken van bestellingen, volgen van klanten en het betalen van personeel. Ze hebben echter ook databases nodig voor het leveren van informatie die bijdraagt aan een efficiëntere bedrijfsvoering en die managers en medewerkers helpt om betere beslissingen te nemen. Als een bedrijf wil weten welk product het populairst is of aan welke klanten ze het meest verdienen, hoopt het antwoorden te vinden in de gegevens uit de database.

6.3.1 De uitdaging van big data

De meeste gegevens die door organisaties werden verzameld waren transactiegegevens, die eenvoudig in rijen en kolommen in relationele databasesystemen konden worden opgeslagen. De hoeveelheid gegevens die wordt gegenereerd door webverkeer, e-mailberichten en content op sociale media (tweets, statusupdates op Facebook enzovoort) is explosief gestegen, evenals de automatisch gegenereerde gegevens van **sensoren** (zoals in slimme meters, productiesensoren en elektriciteitsmeters) en gegevens uit elektronische handelssystemen. Deze gegevens zijn in veel mindere mate of zelfs totaal niet gestructureerd en dus niet geschikt voor relationele databaseproducten. We gebruiken de term **big data** om deze datasets te beschrijven, waarbij de volumes zo groot zijn dat ze niet meer door een traditioneel DBMS kunnen worden vastgelegd, opgeslagen en geanalyseerd.

Sensoren
Apparaten die gegevens uit de omgeving verzamelen die door een computersysteem kunnen worden gebruikt.

Big data
Gegevensverzamelingen met dermate grote volumes dat ze niet in een doorsnee relationeel DBMS kunnen worden verzameld, opgeslagen en geanalyseerd. De gegevens zijn vaak ongestructureerd of half-gestructureerd.

Big data verwijst niet naar een specifieke kwantiteit, maar naar gegevens die in de peta- en exabytes lopen; met andere woorden, miljarden en biljarden records, allemaal afkomstig uit verschillende bronnen. Big data worden in steeds grotere hoeveelheden en veel sneller geproduceerd dan traditionele gegevens. Eén enkele straaljagermotor kan bijvoorbeeld in slechts dertig minuten 10 terabyte aan gegevens genereren, en dat kun je dan vermenigvuldigen met meer dan 25.000 vluchten per dag. In de zomer van 2018 verplaatste Twitter nog al haar opslag van 300 petabyte naar de Google Cloud (Twitter.com, 2018). Volgens het International Data Center (IDC), een technologisch onderzoeksbureau, verdubbelt de hoeveelheid data elke twee jaar, waardoor organisaties ook steeds meer gegevens tot hun beschikking hebben.

Bedrijven zijn geïnteresseerd in big data, omdat ze veel meer patronen en interessante relaties kunnen laten zien dan kleinere datasets, en omdat ze mogelijk nieuwe inzichten geven in bijvoorbeeld klantgedrag, weerpatronen, activiteit op de financiële markten en andere fenomenen. Shutterstock bijvoorbeeld, een online markt voor afbeeldingen, heeft 244 miljoen afbeeldingen opgeslagen en elke week komen daar nog eens 118 miljoen afbeeldingen bij (Shutterstock.com). Om manieren te vinden om de koopervaring te optimaliseren analyseert Shutterstock zijn big data om te achterhalen waar de bezoekers van de website hun cursor bewegen en hoelang ze boven een afbeelding blijven hangen voordat ze iets kopen. In de publieke sector zie je ook steeds meer toepassingen voor big data. Grote steden in Europa en Europol gebruiken nu big data om criminelen en terroristen op te sporen (Aline, 2016). In de Interactieve sessie over organisaties kun je lezen hoe New York City big data gebruikt om zijn criminaliteitscijfers naar beneden te brengen.

Om als bedrijf waarde te kunnen genereren uit deze gegevens, heb je echter nieuwe technologieën en tools nodig, die niet-traditionele gegevens kunnen beheren en analyseren, naast de traditionele bedrijfsgegevens. Ook moet je weten welke vragen je aan de gegevens moet stellen en wat de beperkingen van big data zijn. Het bemachtigen, opslaan en analyseren van big data kan duur zijn, en besluitvormers zijn niet altijd geholpen met de informatie uit big data. Het is belangrijk dat je eerst goed begrijpt welk probleem big data voor het bedrijf kan oplossen. Aan het einde van het hoofdstuk gaan we hier nader op in.

6.3.2 Infrastructuur voor business intelligence

Stel, je wilt beknopte, betrouwbare informatie over lopende operaties, trends en veranderingen binnen het gehele bedrijf. Als je in een groot bedrijf zou werken, zou je de gegevens die je hiervoor nodig hebt uit verschillende systemen moeten halen, van bijvoorbeeld de sales-, productie- en boekhoudafdelingen, en misschien zelfs uit externe bronnen, zoals demografische gegevens en informatie over je concurrenten. Big data worden hierbij steeds belangrijker. De huidige infrastructuur voor business intelligence omvat diverse tools om nuttige informatie uit diverse soorten gegevens te halen, inclusief de amper en helemaal niet gestructureerde grote hoeveelheden big data. Deze functies omvatten datawarehouses en data marts, in-memory computing en analytische tools. Enkele van deze functies zijn beschikbaar in de cloud.

6.3.3 Datawarehouses en data marts

Datawarehouse
Een database met rapportage- en querytools, die huidige en historische gegevens opslaat die uit verschillende operationele systemen zijn gehaald en die worden opgeslagen voor gebruik bij rapportage en analyse.

De afgelopen twintig jaar was het datawarehouse de traditionele tool voor het analyseren van gegevens. Een **datawarehouse** is een database die huidige en historische gegevens opslaat die potentieel interessant zijn voor managers in een organisatie. De gegevens zijn afkomstig van operationele transactiesystemen, zoals systemen voor verkoop, klantgegevens en fabricage. Ook gegevens van websitetransacties kunnen interessant zijn. Deze gegevens worden gecombineerd met gegevens uit externe bronnen. Onjuiste en incomplete gegevens worden eerst gecorrigeerd en de gegevens worden aangepast voor managementrapportages en analyse. Daarna worden ze in het datawarehouse gezet.

Het datawarehouse maakt de gegevens naar behoefte voor iedereen toegankelijk. De gegevens in het datawarehouse kunnen niet worden gewijzigd. Een datawarehousesysteem biedt ook een verzameling van ad-hoc- en gestandaardiseerde zoekprogramma's, analytische programma's en grafische rapportagefuncties.

Data mart
Een kleiner datawarehouse dat slechts een deel van de gegevens binnen een organisatie bevat voor een specifieke functie, afdeling of gebruiker.

Ondernemingen bouwen vaak ondernemingsbrede datawarehouses – waarbij één centraal datawarehouse de hele organisatie bedient – of kleinere gedecentraliseerde warehouses, de zogenoemde data marts. Een **data mart** is een subset van een datawarehouse, waarbij een deel van de gegevens van de organisatie wordt opgeslagen in een aparte database voor een specifieke afdeling of gebruiker. Een onderneming kan bijvoorbeeld data marts ontwikkelen voor de marketing- en salesafdeling voor relatiebeheer.

Hadoop

Hadoop
Opensourcesoftwarekader waarmee enorme hoeveelheden gegevens over veel goedkope computers gedistribueerd parallel kunnen worden verwerkt.

Relationele databasemanagementsystemen en datawarehouseproducten zijn niet erg geschikt voor het ordenen en analyseren van big data of gegevens die niet eenvoudig passen in de kolommen en rijen die in dat soort datamodellen worden gebruikt. Om enorme hoeveelheden ongestructureerde, semigestructureerde en ook gestructureerde gegevens te hanteren gebruiken organisaties nu **Hadoop**. Hadoop is een open source softwareframework van de Apache Software Foundation waarmee je enorme hoeveelheden gegevens verspreid maar parallel kunt verwerken op goedkope computers. Deze software deelt een big data-probleem in subproblemen op, verspreidt die over tot wel duizenden goedkope computernodes en combineert de uitkomsten vervolgens in een kleinere dataset die makkelijker te analyseren is. Je hebt Hadoop waarschijnlijk al gebruikt om de beste prijs voor een vliegticket op het internet te vinden, of de routebeschrijving naar een restaurant te krijgen, een zoekopdracht op Google te geven of vrienden met iemand te worden op Facebook.

Hadoop bestaat uit enkele belangrijke diensten, zoals het Hadoop Distributed File System (HDFS) voor gegevensopslag en MapReduce voor zeer snelle parallelle gegevensverwerking. HDFS koppelt de bestandssystemen aan elkaar op de talrijke nodes in een Hadoop-cluster en maakt er dan één groot bestandssysteem van. MapReduce van Hadoop is geïnspireerd op het MapReduce-systeem van Google voor de in stukken verdeelde verwerking van enorme datasets en het toewijzen van werk aan de verschillende nodes van een cluster. HBase, de niet-relationele database van Hadoop, biedt snelle toegang tot de gegevens die op het HDFS zijn opgeslagen en een transactieplatform om er grootschalige realtime toepassingen op te laten draaien.

Hadoop kan van allerlei soorten gegevens in grote hoeveelheden verwerken, bijvoorbeeld gestructureerde transactiegegevens, losjes gestructureerde gegevens als Facebook- en Twitterfeeds, complexe gegevens als logbestanden van webservers, en ongestructureerde beeld- en geluidgegevens. Hadoop draait op een cluster van goedkope servers, en er kunnen zo nodig processors toegevoegd of verwijderd worden. Bedrijven gebruiken Hadoop om hele grote hoeveelheden gegevens te analyseren, maar ook als verzamelplaats voor ongestructureerde en semigestructureerde gegevens voordat ze in een datawarehouse worden geladen. Yahoo gebruikt Hadoop om het gedrag van zijn gebruikers te volgen, zodat het zijn homepage aan hun interesses kan aanpassen. NextBio, een onderzoeksfirma in de biowetenschappen, gebruikt Hadoop en HBase om gegevens te verwerken voor farmaceutische bedrijven die genomisch onderzoek doen. De grootste verkopers van databases als IBM, Hewlett-Packard, Oracle en Microsoft, hebben hun eigen distributie van Hadoop-software. Andere aanbieders hebben tools om gegevens in en uit Hadoop te krijgen of om gegevens in Hadoop te analyseren.

INTERACTIEVE SESSIE: ORGANISATIES

Nu wereldwijd de misdaad bestrijden door gegevens te analyseren

Nergens ter wereld zijn de misdaadcijfers zo sterk gedaald als in New York City. Zoals de gerapporteerde cijfers over de zwaarste misdaadtypen laten zien, is de stad nog nooit zo veilig geweest als in 2015; tenminste, sinds de cijfers worden bijgehouden. Ook het aantal misdaden in de daaraan voorafgaande jaren was historisch laag.

Hoe komt dat? Deskundigen wijzen op een aantal factoren, zoals demografische trends, het toenemend aantal bewakingscamera's en het toenemende percentage criminelen dat in de gevangenis belandt. Maar New York City vindt vast ook dat het te maken heeft met zijn proactieve programma om misdrijven te voorkomen en de bereidheid van de officieren van justitie en de politie om informatietechnologie voortvarend in te zetten.

Er heeft zich een revolutie voltrokken in het gebruik van big data voor de detailhandel en in de sportwereld (bijvoorbeeld honkbal en *Moneyball*), maar ook voor het politiewerk. New York City is een van de eerste steden die gegevens intensief gebruikt ter bestrijding van de misdaad, en andere steden hebben dit CompStat-programma om de misdaad in kaart te brengen overgenomen. CompStat bestaat uit een uitgebreide database van de hele stad waarin alle geregistreerde misdaden en klachten, arrestaties en dagvaardingen zijn opgenomen van alle 76 politiedistricten van de stad, plus tijdstip en locatie. Het CompStat-systeem analyseert de gegevens en stelt wekelijks een rapport samen over het aantal aangiften van misdrijven en arrestaties in het politiedistrict, de patrouillewijken en de hele stad. De CompStat-gegevens kunnen worden weergegeven op plattegronden die laten zien op welke plekken misdrijven en arrestaties hebben plaatsgevonden, wat hotspots van de misdaad zijn en andere relevante informatie. Hiermee kunnen de commandanten van het politiedistrict en de leiding van het NYPD snel patronen en trends achterhalen en een doelgerichte strategie ontwikkelen om de misdaad te bestrijden, bijvoorbeeld door meer agenten te voet te laten patrouilleren in buurten met veel misdaad.

De officieren van justitie van New York, die alleen al in Manhattan meer dan 105.000 zaken per jaar op hun bordje krijgen, hadden niet genoeg informatie om fijnzinnige beslissingen te nemen over dagvaardingen, borgtochten, pleidooien of vonnissen. Ze hadden geen snelle manier om kleine criminelen te onderscheiden van de zware jongens. Daarom heeft New York in 2010 een afdeling Misdaadstrategieën (CSU) opgericht om problemen rond de misdaad te benoemen en aan te pakken; de stad richt zich nu vooral op wetsovertreders die met prioriteit en actief vervolgd moeten worden. De informatie blijft niet langer achter op de duizenden gele schrijfblokken in de kantoren van de honderden hulpofficieren van justitie. De CSU verzamelt de misdaadgegevens van de 22 politiedistricten in Manhattan en brengt ze in kaart door een visuele afbeelding te maken van de criminele activiteit. Die afbeelding is gebaseerd op vele indicatoren, zoals het type misdrijf en de bende waartoe de crimineel behoort. De politiecommandanten van elk district komen met een lijst van de 25 zwaarste criminelen, die in een database worden gezet die doorzocht kan worden. Inmiddels staan er meer dan negenduizend chronische wetsovertreders in. Een groot percentage van hen is veelpleger en herhaaldelijk veroordeeld voor diefstal met geweldpleging, is een actief bendelid of een doelwit dat om een andere reden prioriteit heeft. Dit zijn de mensen van wie de politie meer wil weten als ze worden gearresteerd. Deze database wordt gebruikt voor een systeem dat melding maakt van arrestaties. Als iemand wordt opgepakt die wordt beschouwd als een dader die prioriteit heeft (zelfs als het om een lichte aanklacht gaat of een lichte overtreding tijdens de voorwaardelijke vrijlating) of wordt gearresteerd in een andere wijk van de stad, dan wordt aan de betrokken officier van justitie, de ambtenaar die over de voorwaardelijke vrijlating gaat of de inlichtingenagent van de politie automatisch een e-mail met gedetailleerde informatie gestuurd. Het systeem kan de database gebruiken om arrestatiemeldingen te sturen voor een bepaalde verdachte, bende, buurt of huisvestingsproject, en de database kan zo worden geordend dat er misdaadpatronen naar voren komen die variëren van fietsendiefstal tot doodslag. Met het meldingssysteem kunnen hulpofficieren van justitie ervoor zorgen dat bij beslissingen over de tenlastelegging, vrijlating op borgtocht en de aanbevelingen inzake vonnissen wordt meegewogen welke impact de verdachte heeft op de criminele activiteit in zijn of haar gemeenschap. In de informatie die de CSU via het arrestatiemeldingssysteem verzamelt en verspreidt, wordt onderscheid gemaakt tussen degenen voor wie opsluiting in de gevangenis geboden is uit veiligheid voor zijn/haar omgeving en verdachten voor wie alternatieven voor de gevangenis geschikt zijn en die geen negatief effect hebben op de algehele veiligheid van hun omgeving. Als iemand uit een bende stapt, een lange gevangenisstraf moet gaan uitzitten, uit de stad of staat New York verhuist of sterft, dan komen die wijzigingen ook in het arrestatiewaarschuwingssysteem te staan. Met de informatie die de CSU ontwikkeld heeft kon de afdeling Geweldsmisdrijven van de stad de gewelddadigste bende oprollen van de dertig bendes die Manhattan destijds telde. Sinds 2011 zijn zeventien bendes ontmanteld.

Het gebruik van big data en analyses om te voorspellen waar misdrijven zullen plaatsvinden, maar ook wie waarschijnlijk een misdaad zal plegen, wordt wereldwijd nu door meer steden toegepast, zoals in Groot-Brittannië, Duitsland, Frankrijk en Singapore. De politie van het Engelse Kent gebruikt sinds het begin van 2015 *pre-crime*-software. Met deze PredPol-software, een geregistreerd handelsmerk, kun je een database met gepleegde misdrijven analyseren op datum, plaats, tijd en soort wetsovertreding. Vervolgens stelt PredPol dagelijks roosters op om politieagenten in te zetten in die delen van de stad waar de meeste misdrijven plaatsvinden. PredPol voorspelt op basis van de gegevens uit het verleden niet wie waarschijnlijk een misdaad zal plegen, maar waar de misdaden waarschijnlijk zullen plaatsvinden. Door gebruik te maken van tientallen jaren aan misdaadmeldingen kan het PredPol-systeem bepalen welke gebieden een grote kans hebben op verschillende soorten misdaden, en maakt het plattegronden van de stad waarbij met kleuren wordt aangegeven op welke delen de politie zich vooral moet richten. Het is maar een kleine stap naar het voorspellen van wie het meest waarschijnlijk een misdrijf of terroristische daad zal plegen. Om te kunnen voorspellen wie een misdrijf gaat plegen heb je nog grotere big data nodig dan de strafbladen en de plaatsen waar de misdaden worden gepleegd.

De wetshandhavingssystemen die nu worden ontwikkeld lijken op de systemen die grote hotelketens gebruiken om gedetailleerde gegevens te verzamelen over de persoonlijke voorkeuren van hun klanten, en zelfs afbeeldingen van hun gezichten. Door in de hele stad bewakingscamera's te gebruiken, samen met analytische informatie in realtime, kan de politie vaststellen waar ex-criminelen of verdachten van een misdrijf zich ophouden of heen gaan. Deze trackinggegevens worden gecombineerd met gegevens over de interacties op sociale media van de betreffende personen. De achterliggende gedachte is dat je politieagenten moet laten werken in die delen van een plaats waarin mensen zich ophouden die 'geneigd zijn om een misdrijf te plegen'. Groot-Brittannië nam in 2016 de wet op de opsporingsbevoegdheden (de *Investigatory Powers Bill*) aan. Hiermee heeft de overheid goedkeuring gekregen voor een wereldwijd bewakingssysteem van het internet- en telecommunicatieverkeer, en mag zij een database gebruiken met de surfgeschiedenis van elke burger op het internet. Die gegevens en data-analyse zouden gebruikt kunnen worden om mensen op te sporen die zeer waarschijnlijk een misdrijf willen plegen of die plannen maken voor een terroristische aanval. Overal ter wereld maken groeperingen die opkomen voor de burgervrijheden zich zorgen dat die systemen opereren zonder dat de rechterlijke macht of de openbaarheid er toezicht op houdt, en dat overheidsinstanties daar eenvoudig misbruik van kunnen maken.

Bronnen: 'The UK Now Wields Unprecedented Surveillance Powers - Here's What it Means', James Vincent, The Verge.com, 29 november 2016; 'Predictive Policing and the Automated Suppression of Dissent', Lena Dencik, LSE Media Projects Blog, april 2016; 'Prosecution Gets Smart' en 'Intelligence-Driven Prosecution/Crime Strategies Unit', www.manhattanda.org, geraadpleegd op 4 maart 2016; Pervaiz Shallwani en Mark Morales, 'NYC Officials Tout New Low in Crime, but Homicide, Rape, Robbery Rose', *Wall Street Journal*, 4 januari 2016; 'The New Surveillance Discretion: Automated Suspicion, Big Data, and Policing', door Elizabeth Joh, *Harvard Law & Policy Review*, 14 december 2015; 'British Police Roll Out New "Precrime" Software to Catch Would-Be Criminals', *21st Century Wire*, 13 maart 2015; Chip Brown, 'The Data D.A.', *New York Times Magazine*, 7 december 2014.

Vragen bij de case

1. Wat zijn de voordelen van door intelligence gestuurde vervolging voor politie, justitie en het grote publiek?
2. Wat zijn de problemen met deze manier van misdaadbestrijding?
3. Met welke kwesties op het gebied van het management, de organisatie en de technologie moet je rekening houden bij het opzetten van informatiesystemen voor door intelligence gestuurde vervolging?

6.3.4 In-memory computing

In-memory computing
Technologie voor zeer snelle analyse en verwerking van grote hoeveelheden gegevens door het opslaan van de gegevens in het hoofdgeheugen van de computer in plaats van in secundaire opslag.

Primair geheugen
Deel van de computer dat programma-instructies en de gegevens die door de instructies worden gebruikt, tijdelijk opslaat.

Een andere manier om analyse van big data mogelijk te maken is met **in-memory computing**, dat vooral afhankelijk is van het hoofdgeheugen (RAM) van de computer voor het opslaan van gegevens. (Een traditioneel DBMS gebruikt een hardeschijfsysteem.) Gebruikers benaderen de gegevens die in het **primair geheugen** van het systeem staan, wat knelpunten bij het ophalen en uitlezen van data uit een traditionele, schijfgebaseerde database voorkomt en de responstijd bij zoekopdrachten enorm verkort. In-memory computing maakt het mogelijk om heel grote sets gegevens, zo groot als een data mart of een klein datawarehouse, helemaal in het geheugen te plaatsen. Complexe berekeningen die vroeger uren of dagen duurden, kunnen nu binnen een paar seconden worden uitgevoerd, zelfs op een handheld.
Deze technologieën helpen bedrijven om optimaal gebruik te maken van het computergeheugen en de gegevensverwerking zowel te versnellen als ook goedkoper te maken.
Bekende commerciële producten voor in-memory computing zijn SAP HANA en Oracle Exalytics. Beide omvatten een set geïntegreerde softwarecomponenten, zoals in-memory databasesoftware en gespecialiseerde analytische software, die op hardware draaien die is geoptimaliseerd voor in-memory computing.

Analytische platforms

Analytisch platform
Specialistisch, zeer snel analytisch platform dat optimaal werkt voor het analyseren van grote datasets.

Aanbieders van commerciële databases hebben specialistische, zeer snelle **analytische platforms** ontwikkeld met zowel relationele als niet-relationele technologie die optimaal werkt voor het analyseren van grote datasets. Analytische platforms als IBM PureData System for Analytics kennen voorgeconfigureerde hardware-softwaresystemen die speciaal zijn ontworpen om (analytische) query's te verwerken. Zo kent IBM PureData System for Analytics nauw met elkaar verweven componenten voor de database, de server en de opslag die complexe analytische query's tien tot honderd keer sneller verwerken dan traditionele systemen. Analytische platforms kennen ook in-memory systemen en NoSQL niet-relationele databasemanagementsystemen. Analytische platforms zijn nu beschikbaar als clouddienst.
Figuur 6.12 laat een hedendaagse infrastructuur voor business intelligence zien waarbij gebruik wordt gemaakt van de zojuist beschreven technologieën. Gegevens uit heden en verleden worden uit meerdere operationele systemen gehaald, evenals internetgegevens, door machines gegenereerde gegevens, ongestructureerde beeld- en geluidsgegevens, en gegevens uit externe bronnen die opnieuw zijn gestructureerd en geordend voor rapportages en analyses. Hadoop clustert vooraf verwerkte big data voor gebruik in het datawarehouse, op de datamarkt of een analytisch platform of voor een directe query door powergebruikers. De output bestaat onder andere uit rapporten en dashboards en ook de resultaten van query's. In hoofdstuk 12 gaan we uitgebreider in op de verschillende soorten BI-gebruikers en BI-rapportages.

6.3.5 Analytische tools: relaties, patronen en trends

Als gegevens eenmaal zijn verzameld en geordend in datawarehouses en data marts, zijn ze beschikbaar voor verdere analyse met behulp van software voor het doorzoeken van databases, het genereren van rapporten, multidimensionale data-analyse (OLAP) en datamining.
Deze paragraaf is een inleiding op de belangrijkste business-intelligencetechnologieën en -programma's. In hoofdstuk 12 gaan we uitgebreider in op business-intelligencetoepassingen.

Online Analytical Processing (OLAP)

Stel dat je bedrijf vier verschillende producten verkoopt (moeren, bouten, sluitringen en schroeven) in verschillende regio's. Als je een tamelijk eenvoudige vraag zou stellen, zoals hoeveel sluitringen er in het afgelopen kwartaal zijn verkocht, zou je het antwoord daarop gemakkelijk kunnen vinden door het op te zoeken in de verkoopdatabase. Maar wat als je zou willen weten hoeveel sluitringen er in elk van je verkoopregio's zijn verkocht en je je feitelijke resultaten met de verwachte verkoopcijfers zou willen vergelijken?

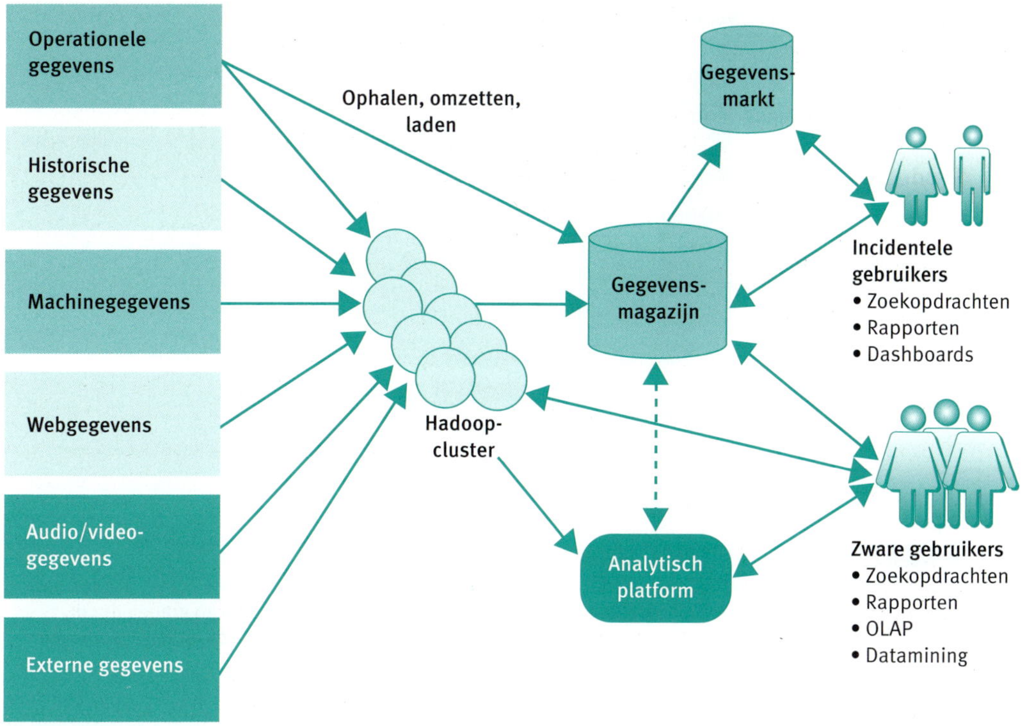

FIGUUR 6.12 *Moderne business-intelligence-infrastructuur*

Een moderne business-intelligence-infrastructuur heeft functies en instrumenten voor het beheren en analyseren van grote hoeveelheden en verschillende typen gegevens uit meerdere bronnen. Dit is inclusief gebruikersvriendelijke zoek- en rapportageprogramma's voor incidentele zakelijke gebruikers en geavanceerdere analytische programmasets voor zware gebruikers.

Online analytical processing (OLAP) Mogelijkheid om grote hoeveelheden gegevens vanuit verschillende perspectieven te manipuleren en analyseren.

In dat geval heb je **online analytical processing (OLAP)** nodig. OLAP ondersteunt multidimensionale gegevensanalyse. Deze stelt gebruikers in staat dezelfde gegevens op verschillende manieren in verschillende dimensies te bekijken. Elk aspect van de informatie – het product, de prijs, de regio of de periode – vertegenwoordigt een andere dimensie. Een productmanager kan deze gegevens vanuit diverse invalshoeken analyseren om erachter te komen hoeveel rubberen of metalen ringen er in juni in regio Oost zijn verkocht; hoe dit zich verhoudt tot de omzet in de maand ervoor en in juni vorig jaar; en tot de voorspelde omzet. OLAP stelt gebruikers in staat om vrij snel online antwoorden te vinden op dergelijke ad-hocvragen, zelfs wanneer de gegevens zijn opgeslagen in zeer grote databases met gegevens over de verkoop in vele jaren.

Figuur 6.13 laat een multidimensionaal model zien dat de producten, regio's, werkelijke omzet en voorspelde omzet kan weergeven. Een matrix van de werkelijke omzet kan boven op de matrix van de voorspelde omzet worden gelegd, om zo een kubus te vormen. Als je de kubus 90 graden draait, zie je de kant die het product en de werkelijke en voorspelde omzet van dit product weergeeft. Als je de kubus nog een keer 90 graden draait, zie je per regio de werkelijke en voorspelde omzet van een product. Als je de kubus direct 180 graden draait, zie je de voorspelde omzet en het product per regio. Binnen de kubus kunnen andere kubussen worden genest om complexe weergaven van gegevens te maken. Een bedrijf kan kiezen tussen het gebruik van een multidimensionale database of een programma dat multidimensionale gegevensoverzichten uit de gegevens uit diverse relationele databases creëert.

Datamining

Een typische vraag voor een database is bijvoorbeeld: 'Hoeveel eenheden van productnummer 403 werden er in februari 2018 verzonden?' OLAP, oftewel multidimensionale gegevensanalyse, ondersteunt veel complexere verzoeken om informatie, zoals 'Vergelijk de verkoop van product 403 met de geplande verkoop naar kwartaal en naar verkoopgebied over de afgelopen twee

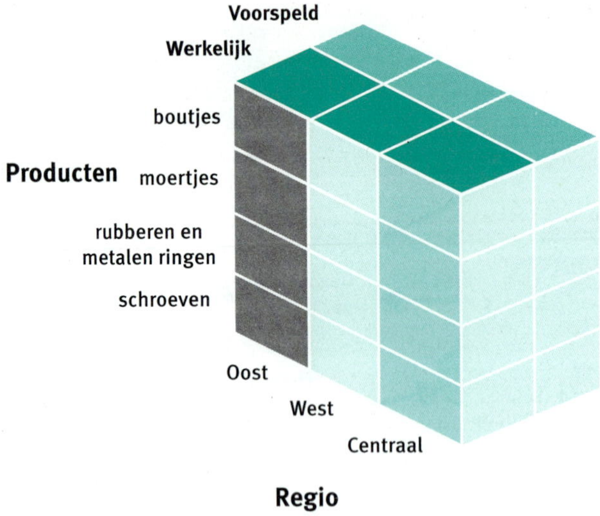

FIGUUR 6.13 *Multidimensionaal gegevensmodel*

De weergave laat de omzet van een product per regio zien. Als je de kubus 90 graden draait, worden het product en zijn werkelijke en voorspelde omzet getoond. Als je de kubus nogmaals 90 graden draait, zie je de regio versus de werkelijke en voorspelde omzet van een product. Er zijn ook andere weergaven mogelijk.

jaar.' Bij gebruik van OLAP en vraaggerichte gegevensanalyse moeten gebruikers van tevoren al goed weten welke informatie ze zoeken.

Datamining Analyse van grote hoeveelheden gegevens om patronen en relaties te vinden die kunnen worden gebruikt om toekomstig gedrag te voorspellen en te helpen bij het nemen van beslissingen.

Datamining is meer ontdekkinggestuurd. Het biedt inzichten in bedrijfsgegevens die niet met OLAP kunnen worden verkregen, door in grote databases te zoeken naar verborgen patronen en verbanden, en hier regels uit af te leiden voor het voorspellen van toekomstig gedrag. De patronen en regels worden gebruikt bij ondersteuning van de besluitvorming en het voorspellen van het effect van die beslissingen. Tot de typen informatie die verkrijgbaar zijn via datamining behoren associaties, sequenties, classificaties, clusters en voorspellingen. Hieronder bespreken we deze typen wat uitgebreider.

- *Associaties* zijn gebeurtenissen die gekoppeld zijn aan één gebeurtenis. Een voorbeeld: uit een studie aankooppatronen van een supermarkt zou kunnen blijken dat wanneer er maïszoutjes worden gekocht, er 65 procent van de tijd ook cola bij wordt gekocht. Als er echter aangepaste reclame wordt gemaakt, dan blijkt dit niet in 65 procent maar in 85 procent het geval te zijn. Deze informatie helpt managers betere beslissingen te nemen, omdat ze de winstgevendheid van een reclameactie in kunnen zien.
- *Sequenties* zijn gebeurtenissen gekoppeld aan tijd. We zouden bijvoorbeeld kunnen ontdekken dat als er een huis wordt gekocht, er in 65 procent van de gevallen binnen twee weken een nieuwe koelkast wordt gekocht en in 45 procent van de gevallen binnen één maand een nieuwe oven.
- *Classificatie* herkent patronen die de groep beschrijven waartoe een item behoort. Om dit te kunnen doen, moet van tevoren een aantal items worden onderzocht. Hierbij wordt een aantal regels om items in te delen vastgesteld. Zo zijn bijvoorbeeld creditcard- of telefoonmaatschappijen bang om vaste klanten te verliezen. Classificatie helpt bij het ontdekken van de kenmerken van klanten die geneigd zijn om weg te gaan en kan een model bieden dat managers ondersteunt bij het voorspellen welke klanten dit zijn. Hierdoor kunnen managers speciale campagnes opzetten om dergelijke klanten te behouden.
- *Clustering* werkt op dezelfde manier als classificatie wanneer er nog geen groepen gedefinieerd zijn. Een dataminingprogramma kan binnen gegevens verschillende groepen ontdekken, zoals groepen met bepaalde bankpassen. Ook kan zij een verzameling klanten indelen in groepen, die zich onderscheiden wat betreft demografie en persoonlijke uitgaven.

- Hoewel bij bovenstaande toepassingen voorspellingen wel een rol spelen, werken echte *voorspellingen* anders. Hierbij wordt een reeks bestaande waarden gebruikt om te voorspellen wat andere waarden zullen zijn. Zo kunnen voorspellingen patronen in gegevens ontdekken, waarmee managers de toekomstige waarden van continue variabelen – zoals verkoopcijfers – kunnen schatten.

Deze systemen voeren op hoog niveau analyses van patronen en trends uit, maar ze kunnen desgewenst ook diep graven om meer details te bieden. Er zijn dataminingtoepassingen voor alle functiegebieden van een bedrijf, voor overheidsinstellingen en voor wetenschappelijk werk. Een populaire toepassing voor datamining is het bieden van gedetailleerde analyses van patronen in klantgegevens voor een-op-eenmarketingcampagnes of voor het vaststellen van winstgevende klanten.

Textmining en webmining

Ongestructureerde gegevens, meestal in de vorm van tekstbestanden, vormen meer dan 80 procent van alle nuttige informatie van organisaties; dit zijn de big data die bedrijven graag willen analyseren. E-mail, memo's, callcenterrapporten, ingevulde enquêtes, rechtbankrapporten, patentbeschrijvingen en onderhoudsrapporten zijn allemaal waardevol bij het zoeken naar patronen en trends die het personeel kunnen helpen om betere beslissingen te nemen. Inmiddels zijn er **textmining** programma's beschikbaar die bedrijven helpen deze gegevens te analyseren. Deze programma's zijn in staat cruciale elementen uit grote ongestructureerde gegevensverzamelingen te halen, patronen en verbanden te ontdekken, en de resultaten hiervan weer te geven.

Textmining
Ontdekken van patronen en verbanden in grote verzamelingen ongestructureerde gegevens.

Sentimentanalyse
Het minen van tekstcommentaar in een e-mailbericht, blog, sociale-mediaconversatie, of enquêteformulier

Sentimentanalyse software kan tekstreacties in een e-mailbericht, blogs, discussies op sociale media of enquêteformulieren analyseren om positieve en negatieve oordelen over specifieke onderwerpen te detecteren. Zo gebruiken effectenmakelaars analytische software om de honderdduizenden interacties van klanten te analyseren. De software 'leest' onderhoudsberichten, e-mailberichten, reacties op inspecties en online discussies, om tekenen van ontevredenheid op te pikken die ertoe zouden kunnen leiden dat een klant naar de concurrent overstapt.

De software kan automatisch de verschillende 'stemmen' herkennen die klanten gebruiken om feedback te geven (zoals positief, negatief of terughoudend) en zo bepalen of iemand van plan is een product te kopen, het contract wil opzeggen of iets over een specifiek product of een bepaalde marketinguiting wil zeggen. Effectenmakelaars gebruiken deze informatie om corrigerende maatregelen te nemen, zoals contact opnemen met de klant om de problemen die voor ontevredenheid zorgen op te lossen.

Internet is een andere rijke bron van waardevolle informatie, waarvan een deel kan worden doorzocht op patronen, trends en inzichten in klantgedrag. De ontdekking en analyse van nuttige patronen en informatie van het world wide web wordt **webmining** genoemd. Bedrijven kunnen gebruikmaken van webmining om een beter inzicht te krijgen in klantgedrag, de effectiviteit van een bepaalde website te beoordelen of het succes van een marketingcampagne te kwantificeren. Zo maken marketeers gebruik van de dienst Google Trends, die de populariteit bijhoudt van verschillende woorden en zinsneden in Google-zoekopdrachten. Zij maken het mogelijk om na te gaan waarin mensen geïnteresseerd zijn en wat ze graag willen kopen.

Webmining
Ontdekking en analyse van nuttige patronen en informatie van het world wide web.

Webmining zoekt naar patronen in gegevens met behulp van contentmining, structure-mining en usage-mining. Contentmining is het proces van het halen van kennis uit webpagina's.

Dit kan de inhoud van tekst-, beeld-, audio- en videogegevens omvatten. Structure-mining onderzoekt gegevens die gerelateerd zijn aan de structuur van een bepaalde website. Om een voorbeeld te geven: links naar een document zijn een indicatie voor de populariteit van dat document, terwijl links binnen een document een indicatie zijn van de rijkdom van de inhoud en mogelijk van de verscheidenheid aan onderwerpen die in het document wordt behandeld. Usage-mining onderzoekt gegevens over gebruikersinteractie die door een webserver worden geregistreerd wanneer hij wordt benaderd. De gebruiksgegevens registreren het gedrag van de gebruiker wanneer hij aan het surfen is of transacties op de website uitvoert. Deze gegevens worden in een serverlog verzameld. Het analyseren van dergelijke gegevens kan bedrijven helpen bij het bepalen van de waarde van bepaalde klanten, bij het bedenken van crossmarketingstrategieën met verschillende producten, bij het bepalen van de effectiviteit van promotiecampagnes enzovoort.

6.3.6 Databases en het web

Heb je ooit geprobeerd online een bestelling te plaatsen of een productcatalogus te bekijken? Zo ja, dan heb je een website gebruikt die gekoppeld is aan een interne bedrijfsdatabase. Veel bedrijven gebruiken internet tegenwoordig om een deel van de informatie in hun interne databases beschikbaar te stellen aan klanten en zakelijke partners.

Een klant met een webbrowser kan bijvoorbeeld prijsinformatie opvragen via de online database van leveranciers. Figuur 6.14 illustreert hoe de klant via het web toegang kan krijgen tot de interne database van een winkel, door middel van een webbrowser op zijn of haar client-pc of mobiele apparaat. De software van de webbrowser vraagt gegevens op uit de database van de organisatie en gebruikt HTML-opdrachten om te communiceren met de webserver. Met apps heb je zelfs nog sneller toegang tot bedrijfsdatabases. Omdat veel back-enddatabases geen HTML-opdrachten begrijpen, moet de webserver deze verzoeken om informatie doorsturen naar speciale software die de HTML-opdrachten vertaalt in SQL, zodat ze door het DBMS – dat met de database werkt – kunnen worden verwerkt. In een client/server-omgeving bevindt het DBMS zich vaak op een speciaal daarvoor aangewezen computer die een **databaseserver** wordt genoemd. Het DBMS ontvangt de SQL-verzoeken en stuurt de gevraagde informatie terug. De middleware verstuurt de informatie uit de interne database van de organisatie vervolgens terug naar de webserver, die de informatie in de vorm van een webpagina aan de gebruiker presenteert.

Databaseserver
Een computer in een client-serveromgeving waarop een DBMS draait om SQL-statements te verwerken en databasemanagementtaken uit voeren.

Figuur 6.14 laat zien dat de software tussen de webserver en het DBMS een applicatieserver is die is geïnstalleerd op een eigen computer (zie hoofdstuk 5). De applicatieserver is een programma dat alle applicatiefuncties uitvoert die tussen de browsercomputer en de back-endtoepassing van de onderneming plaatsvinden. Dit betreft zowel het verwerken van transacties als het toegang bieden tot gegevens. De applicatieserver haalt de verzoeken op bij de webserver, gebruikt logica om het proces uit te voeren op basis van deze verzoeken en maakt verbinding met de back-endsystemen en databases van de organisatie. In plaats van gebruik te maken van een applicatieserver kan ook gebruik worden gemaakt van maatwerk of van een CGI-script. Een CGI-script is een compact programma dat gebruikmaakt van de CGI-specificatie voor gegevensverwerking op een webserver (CGI staat voor Common Gateway Interface).

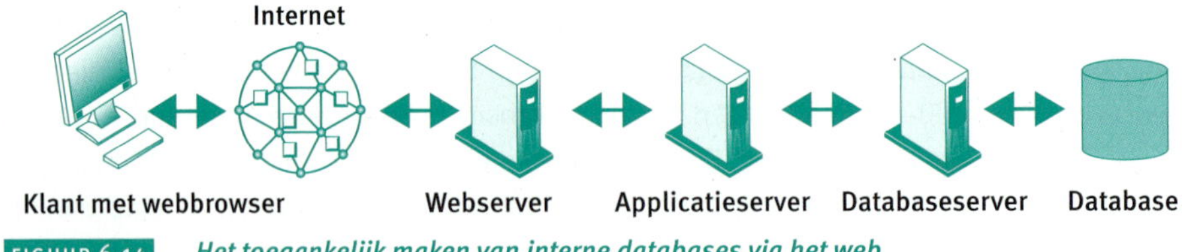

FIGUUR 6.14 *Het toegankelijk maken van interne databases via het web*

Gebruikers hebben toegang tot de interne database van een organisatie via het web met hun eigen pc of mobiele apps.

Er zit een aantal voordelen aan het gebruik van het web om de interne databases toegankelijk te maken. Ten eerste is webbrowsersoftware veel gemakkelijker te gebruiken dan bedrijfseigen zoekprogramma's. Ten tweede vereist de interface geen veranderingen in de interne database. Het is goedkoper om een webinterface voor een legacy-systeem te bouwen dan om het systeem zo te ontwerpen en herbouwen dat dit voor gebruikers eenvoudig toegankelijk is.

Het beschikbaar maken van zakelijke databases via het web creëert meer efficiëntie en nieuwe mogelijkheden, waaronder nieuwe bedrijfsmodellen. ThomasNet.com biedt een actuele lijst met meer dan 700.000 leveranciers van industriële producten, zoals chemicaliën, metalen, kunststoffen, rubber en auto-onderdelen. In de tijd dat het bedrijf nog Thomas Register heette, verstuurde het gewoonlijk dikke papieren catalogi met deze informatie. Nu verschaft het zijn gebruikers deze informatie via de website en is het een kleiner, slanker bedrijf geworden. Andere organisaties hebben op basis van toegang tot grote databases via het web geheel nieuwe bedrijven opgebouwd. Een ervan is de **socialenetwerksite** Facebook, die gebruikers helpt om met elkaar in contact te blijven of nieuwe mensen te ontmoeten. Facebook bevat 'profielen' met informatie van meer dan 1,6 miljard actieve gebruikers (waarvan ongeveer 9 miljoen in Nederland), met gegevens over henzelf, zoals hun interesses, vrienden, foto's en groepen waar zij zich mee verbonden voelen.

Socialenetwerksite
Online gemeenschap voor het uitbreiden van het aantal sociale contacten door het leggen van contacten via zakelijke of privéconnecties.

Er zijn ook veel webdatabases in de publieke sector die klanten en burgers toegang geven tot nuttige informatie. De Interactieve sessie over organisaties beschrijft een database die vrij veel stof deed opwaaien, door de manier waarop gegevens over productveiligheid aan klanten werden verstrekt.

6.4 Databronnen managen

Het opzetten van een database is slechts een begin. Om ervoor te zorgen dat je bedrijfsgegevens nauwkeurig, betrouwbaar en direct beschikbaar blijven, heeft je bedrijf speciale richtlijnen en procedures voor databeheer nodig.

6.4.1 Een informatiebeleid instellen

Iedere organisatie, of ze nu groot of klein is, heeft een informatiebeleid nodig. Je bedrijfsgegevens zijn een belangrijke bron en je wilt niet dat mensen daar zomaar van alles mee doen. Je hebt regels nodig over hoe de gegevens moeten worden geordend en onderhouden, en wie gerechtigd is om deze gegevens in te zien of te wijzigen.

Een **informatiebeleid** specificeert de regels van de organisatie voor het delen, verspreiden, verwerven, standaardiseren, classificeren en inventariseren van informatie. Het geeft een overzicht van specifieke procedures en verantwoordelijkheden en stelt vast welke gebruikers en organisatorische eenheden informatie kunnen delen, waar informatie mag worden verspreid en wie er verantwoordelijk is voor het bijwerken en onderhouden. Om een voorbeeld te geven: in een gemiddeld informatiebeleid wordt gespecificeerd dat alleen aangewezen medewerkers van de loonadministratie en van personeelszaken het recht hebben om gevoelige gegevens over medewerkers – zoals het salaris of het burgerservicenummer – te wijzigen en dat deze afdelingen ervoor verantwoordelijk zijn dat dergelijke personeelsgegevens nauwkeurig en betrouwbaar zijn.

Informatiebeleid
Formele regels voor het bijhouden, distribueren en gebruiken van informatie binnen een organisatie.

Als je in een klein bedrijf werkt, wordt het informatiebeleid waarschijnlijk ingesteld en geïmplementeerd door de eigenaren of de managers. In een grotere organisatie is voor het managen en plannen van informatie als bedrijfsbron vaak een formele gegevensbeheerfunctie nodig. Gegevensbeheer is verantwoordelijk voor het beleid en de procedures waardoor gegevens als een bedrijfsmiddel kunnen worden beheerd. Deze verantwoordelijkheden omvatten het ontwikkelen van informatiebeleid, het plannen van gegevens, het overzien van het ontwerp van de logische database en de ontwikkeling van de data dictionary en het controleren hoe IT-specialisten en eindgebruikers de gegevens gebruiken.

Mogelijk heb je in dit verband weleens de term **data governance** gehoord. Data governance, gepromoot door IBM, behandelt de richtlijnen en processen voor het managen van de beschikbaarheid, bruikbaarheid, integriteit en beveiliging van de gebruikte gegevens in een onderneming; met de nadruk op het bevorderen van privacy, beveiliging, gegevenskwaliteit en het voldoen aan de regelgeving van de overheid.

Data governance
Richtlijnen en processen voor het managen van de beschikbaarheid, bruikbaarheid, integriteit en de beveiliging van de gegevens van een bedrijf.

Databaseadministratie
Heeft betrekking op de meer technische en operationele aspecten van het beheren van gegevens, inclusief het fysieke ontwerp van de database en onderhoud.

Een grote onderneming zet binnen de IT-afdeling vaak een team op dat verantwoordelijk is voor databaseontwerp en -beheer. Dit team moet ervoor zorgen dat de structuur en inhoud van de database worden gedefinieerd en georganiseerd en dat de database wordt bijgehouden. In samenwerking met gebruikers ontwikkelt deze groep de fysieke database, de logische relaties tussen haar elementen en de regels en procedures voor toegang tot de database en de beveiliging. Deze functies noemen we **databaseadministratie**.

6.4.2 Gegevenskwaliteit garanderen

Een goed ontworpen database en dito informatiebeleid kunnen veel doen om ervoor te zorgen dat een organisatie de informatie heeft die ze nodig heeft. Er zijn echter extra maatregelen nodig om ervoor te zorgen dat de gegevens in de databases van de organisatie ook nauwkeurig en betrouwbaar zijn.

Wat zou er gebeuren als het telefoonnummer of het rekeningsaldo van een klant onjuist zou zijn? Wat zou het gevolg zijn als de database de verkeerde prijs bevat voor het product dat je verkocht hebt, of als je verkoop- en je voorraadsysteem verschillende prijzen voor hetzelfde product aangeven? Gegevens die onnauwkeurig, verouderd of inconsistent met andere informatiebronnen zijn, leiden tot verkeerde beslissingen, productterugnames en financiële verliezen. Gartner Inc. rapporteerde dat meer dan 25 procent van de cruciale gegevens in de databases van grote Global 1000-bedrijven onnauwkeurig of onvolledig is. Hieronder vallen onjuiste productcodes en productbeschrijvingen, verkeerde voorraadbeschrijvingen, onjuiste financiële gegevens, onjuiste leveranciersinformatie en onjuiste personeelsgegevens.

Die problemen met de gegevenskwaliteit ontstaan deels door redundante en inconsistente gegevens die worden geproduceerd door de vele systemen die input geven aan een datawarehouse. Zo kan zowel het bestelsysteem voor de verkoop als het systeem voor het voorraadbeheer gegevens bijhouden over de producten van de organisatie. Maar het kan zijn dat in het bestelsysteem voor de verkoop de term *artikelnummer* wordt gebruikt, terwijl hetzelfde attribuut in het systeem voor het voorraadbeheer *productnummer* wordt genoemd. Ook kan het verkoop-, voorraad- en productiesysteem van een kledingwinkel verschillende codes gebruiken voor de waarden van een attribuut. In het ene systeem wordt een kledingmaat misschien aangeduid met ‘medium’, terwijl in het andere systeem hiervoor de code ‘M’ wordt gebruikt. Bij het ontwerpen van de warehousedatabase moeten de gegevens waarmee entiteiten worden omschreven, zoals klant, product of bestelling, dezelfde naam en omschrijving krijgen voor alle takken van het bedrijf die de database gebruiken.

INTERACTIEVE SESSIE: MANAGEMENT

Société Générale bouwt een intelligent systeem om de informatiestroom te beheren

Société Générale is de grootste bank van Frankrijk en de op twee na grootste bank van de Europese Unie. Volgens de bank bedroegen de inkomsten in 2016 25 miljard euro, met een netto-inkomen van 4 miljard euro. Société Générale heeft kantoren in 76 landen en wereldwijd meer dan 33 miljoen klanten. Net als vele banken in Europa worstelt Société Générale nog steeds met de bijna-ineenstorting van het mondiale financiële systeem in 2008, en gaat het nog steeds gebukt onder een grote hoeveelheid leningen en financiële instrumenten die onvoldoende tot niets opleveren. Door de extreem lage rentepercentages van de afgelopen vier jaar zijn ook de traditionele inkomstenbronnen van de bank geslonken, namelijk het lenen van geld aan particulieren en bedrijven.

Net als vele grote zakenbanken in Europa en de Verenigde Staten is Société Générale overgestapt op een universeel model van bankieren: een centrale plek die alles biedt wat cliënten nodig hebben. De bank opereert in drie banksegmenten: particulier bankieren voor de consument, internationaal bankieren voor grote ondernemingen, en beleggen voor rijke klanten en andere kapitaalkrachtige beleggers als pensioenfondsen, verzekeringsmaatschappijen en soevereine offshorefondsen.

Als mondiale, universele bank verkoopt Société Générale honderden financiële producten aan zijn klanten, en dat leidt weer tot tientallen miljoenen transacties per dag, waaronder stortingen op rekening, cheques, creditcardkosten, geldopnames bij pinautomaten, handel in financiële instrumenten en lokale betalingen. Die transacties worden opgeslagen in meer dan 1500 bestanden (doorgaans ingedeeld naar productlijn). Deze 1500 bestanden worden elke dag naar het backoffice gestuurd waar ze door het personeel daar worden opgeslagen en verwerkt.
De informatie uit deze bestanden wordt uiteindelijk gebruikt om de operationele databasetoepassingen van de bank bij te werken voor het grootboek en de subrubrieken ervan. In dit opzicht zijn banken als Société Générale grootschalige informatieverwerkingsfabrieken die bankiersdiensten en bankproducten aan de klant moeten leveren met een minimum aan fouten. Maar voordat de hoofddatabases worden bijgewerkt, moet de informatie die het backoffice instroomt gecontroleerd worden.
Waarom moet deze basisinformatie worden gecontroleerd? Dat is nodig omdat de gegevens vaak 'vervuild' zijn: het aantal records en de genoteerde bedragen kunnen veranderen wanneer de informatie tussen en over systemen stroomt. Nu eens worden er dubbele bestanden aangemaakt, en dan weer ontbreken de bestanden die nodig zijn voor een bepaald bedrijfsproces. Een derde probleem is dat de juiste informatie moet worden geproduceerd voor downstreamtoepassingen en het grootboeksysteem in het bijzonder. Soms zitten bestanden en records niet in de goede volgorde of ontbreken er enkele, waardoor een downstreamtoepassing de boel stopzet. Er zijn honderden downstreamtoepassingen die gebruikmaken van transactiegegevens.
In het verleden controleerden honderden werknemers handmatig de bestanden en records, corrigeerden ze fouten en omissies en losten ze tussen de bedrijven door ook meteen de foutmeldingen van het systeem op. Gegeven het grote belang van het controleproces en de omvang en complexiteit van het werk, besloot het management van Société Générale om een geautomatiseerde oplossing te zoeken, waarbij de kennis van de werknemers zou worden benut; die kennis zou vervolgens worden toegepast op het controleproces, dat in realtime zou werken. Wat Société Générale nodig had was een 'intelligent systeem' om het werk van veel werknemers over te nemen, of op zijn minst de werklast te verkleinen en ook de inherente kans op fouten.
Na een evaluatie van enkele aanbieders kozen ze voor Infogix, een Frans databasebedrijf dat is gespecialiseerd in het runnen van gegevensintensieve bedrijfsomgevingen. Het Enterprise Data Platform van Infogix controleert inkomende transacties, maakt balansen en vereffeningen en achterhaalt en voorspelt fraude en klantgedrag. Het Infogix-platform is een op regels gebaseerd systeem waarmee je complexe bedrijfsregels kunt opstellen om de integriteit van de gegevens te controleren. Om dit systeem te kunnen doorvoeren moest Infogix vaststellen welke regels en procedures de werknemers gebruikten bij het controleren van de gegevens, en die regels vervolgens in computercode omzetten. Het bedrijf vond meer dan 220 bedrijfsregels die de werknemers hadden uitgedacht in hun vele jaren ervaring.
Nu met het Infogix-platform vindt er enkele keren per dag een controle van de transacties plaats, waardoor de bank dagelijks kan controleren of de miljoenen transacties en ongeveer 1500 bestanden kloppen.
De kosten van het controleren en beheren van de gegevens zijn drastisch afgenomen, net als het aantal foutmeldingen en keren dat het systeem wordt stilgelegd. Er zijn nog steeds mensen nodig om met nieuwe situaties of kritieke fouten om te gaan waarover het systeem geen beslissing mag nemen.
Doen er zich kritieke fouten voor die de werking van belangrijke banksystemen verstoren, dan komt het productieondersteuningsteam van de bank in actie. Het kan het probleem met de beschikbare tools op het Infogix-platform in veel minder tijd oplossen dan bij het handmatige systeem. Sinds de automatisering van het transactieproces heeft de bank werknemers ander werk gegeven of doen ze dienst als back-up van het geautomatiseerde systeem.

Bronnen: David Jolly, 'Société Générale Profit Rises Despite Weakness in Investment Banking', *New York Times*, 4 mei 2016; 'Société Générale Group Results Full Year 2016', Jaarrapport, societegenerale.com, 15 maart 2017; 'Enhancing the Accuracy of Front-to-Back Office Information Flow', Infogix.com, 2016; Noemie Bisserbe, 'Société Générale Shares Plunge After Profit Warning', Agence France Presse, 11 februari 2016.

Vragen bij de case

1. Waarom hebben de managers van Société Générale besloten om over te stappen op een geautomatiseerd systeem voor het verwerken van transacties?
2. Waarom hebben de managers besloten dat ze een 'intelligent systeem' nodig hadden? In welke zin is het nieuwe systeem 'intelligent'?
3. Welke rol spelen mensen als besluitvormers in het nieuwe systeem?
4. Waarom hebben de managers voor het Infogix-platform gekozen?

Denk maar eens aan al die keren dat je op één dag verschillende keren dezelfde direct-mailreclame hebt ontvangen. Dit is naar alle waarschijnlijkheid het gevolg van het feit dat je naam meerdere malen in een database voorkomt. Je naam is misschien verkeerd gespeld, je hebt de ene keer een extra voorletter gebruikt en de andere keer niet, of de informatie is op een papieren formulier ingevuld en toen verkeerd in het systeem ingescand. Vanwege deze inconsistenties behandelt de database je als verschillende personen. De auteurs van dit boek ontvangen zo vaak dubbele mail geadresseerd aan Laudon, Lavdon, Lauden of Landon.

Als de database goed is ontworpen en de organisatiebrede standaarden juist zijn vastgesteld, zou duplicatie of inconsistentie van gegevens nauwelijks meer mogen voorkomen. De meeste problemen met de kwaliteit van gegevens, zoals verkeerd gespelde namen, verwisselde cijfers in getallen, of onjuiste of ontbrekende codes, worden echter veroorzaakt door fouten tijdens gegevensinvoer. Dergelijke fouten zullen steeds vaker voorkomen. Dit komt omdat steeds meer bedrijven hun zaken doen via internet en klanten en leveranciers in staat stellen om zelf hun gegevens in te voeren op websites die de aanpassingen rechtstreeks doorvoeren in interne systemen.

Voordat een nieuwe database in gebruik kan worden genomen, moeten organisaties hun foutieve gegevens vaststellen en corrigeren en een betere wijze van updaten van gegevens bepalen. Analyse van de gegevenskwaliteit begint vaak met een audit van de gegevenskwaliteit (een zogenoemde **data quality audit**), een gestructureerd onderzoek van de nauwkeurigheid en de volledigheid van de gegevens in een informatiesysteem. Audits naar de kwaliteit van gegevens kunnen worden uitgevoerd door hele gegevensbestanden of steekproeven uit gegevensbestanden te onderzoeken of door eindgebruikers te vragen naar hun beeld van de gegevenskwaliteit.

Data quality audit
Een gestructureerd onderzoek van de juistheid en volledigheid van de gegevens in een informatiesysteem.

Data cleansing
Het corrigeren van fouten en inconsistenties in gegevens om de nauwkeurigheid te verhogen, zodat ze in een standaardformaat in de hele organisatie kunnen worden gebruikt.

Data cleansing, ook bekend als **data scrubbing** of het opschonen van gegevens, bestaat uit activiteiten gericht op het opsporen en corrigeren van gegevens in een database die onjuist of onvolledig zijn, het verkeerde formaat hebben of redundant zijn. Data cleansing corrigeert de fouten niet alleen, maar zorgt ook voor consistentie tussen verschillende gegevensverzamelingen afkomstig uit afzonderlijke informatiesystemen. Gespecialiseerde data-cleansingsoftware is beschikbaar om automatisch gegevensbestanden te doorzoeken, fouten in de gegevens te corrigeren en ervoor te zorgen dat de gegevens organisatiebreed hetzelfde formaat krijgen.

Problemen ten aanzien van gegevenskwaliteit zijn overigens niet alleen een probleem voor bedrijven. Ook voor particulieren kan het een ernstig probleem zijn. Het kan hun financiële status aantasten en zelfs hun baan in gevaar brengen. Onjuiste of verouderde gegevens over bijvoorbeeld iemands kredietwaardigheid in de database van kredietbanken kunnen ertoe leiden dat mensen onterecht geen lening krijgen of de kans op het vinden of het behouden van een baan verkleinen.

Bij een kleine minderheid van bedrijven zijn de afzonderlijke afdelingen zelf verantwoordelijk voor de kwaliteit van hun gegevens. Uit ervaringen op het gebied van databeheer blijkt echter dat het beter is om het beheer van de gegevens, het standaardiseren van organisatiegegevens, het onderhouden van de gegevenskwaliteit en de toegankelijkheid van databases te centraliseren. In de Interactieve sessie over management kun je lezen over de ervaringen van Société Générale met het beheren van gegevens als hulpbron. Probeer tijdens het doornemen van deze case vast te stellen welke beleidsmaatregelen, procedures en technologieën nodig zijn geweest om het databeheer bij dit bedrijf te verbeteren.

SAMENVATTING

1. Wat zijn de problemen bij het managen van gegevensbronnen in een traditionele bestandsomgeving?

Traditionele bestandsbeheertechnieken maken het lastig voor organisaties om alle gegevens die ze gebruiken op een systematische manier bij te houden en deze gegevens zo te ordenen dat ze gemakkelijk toegankelijk zijn. Verschillende functionele gebieden en groepen kunnen dan hun eigen bestanden onafhankelijk van elkaar ontwikkelen. Door verschillende functionele gebieden en groepen in de organisatie hun eigen bestanden te laten onderhouden, creëert de traditionele bestandsomgeving problemen als overtollige en inconsistente gegevens, afhankelijkheid tussen programma's en gegevens, inflexibiliteit, slechte beveiliging en het onvermogen gegevens te delen of te achterhalen. Een databasemanagementsysteem (DBMS) lost deze problemen op met software die centralisatie van gegevens en gegevensbeheer toestaat, zodat bedrijven één consistente bron voor alle gewenste gegevens hebben. Het gebruik van een DBMS minimaliseert het aantal redundante en inconsistente bestanden.

2. Wat zijn de belangrijkste mogelijkheden van databasemanagementsystemen (DBMS) en waarom is een relationeel DBMS zo krachtig?

De voornaamste functies van een DBMS bestaan uit een datadefinitiefunctie, een data-dictionaryfunctie en een datamanipulatietaal. De datadefinitiefunctie specificeert de structuur en content van de database. De data dictionary is een geautomatiseerd of handmatig aangemaakt bestand waarin informatie over de gegevens in de database is opgeslagen, waaronder namen, definities, formaten en beschrijvingen van data-elementen. De datamanipulatietaal, zoals SQL, is een gespecialiseerde taal voor het benaderen en manipuleren van de gegevens in de database.

Bij de huidige informatiesystemen is de relationele database de primaire methode voor het ordenen en onderhouden van gegevens, omdat een dergelijke database erg flexibel en toegankelijk is. Hierin zijn gegevens geordend in rijen en kolommen in tweedimensionale tabellen, die relaties worden genoemd. Elke tabel bevat gegevens over een entiteit en zijn attributen. Elke rij stelt een record voor en elke kolom een attribuut of een veld. Elke tabel bevat ook een sleutelveld, waarmee elke record uniek kan worden geïdentificeerd om te worden opgehaald of bewerkt. Relationele databasetabellen zijn eenvoudig te combineren om door de gebruiker gewenste gegevens te leveren, mits elk tweetal te combineren tabellen een gemeenschappelijk gegevenselement heeft.

Het ontwerpen van een database vereist een logisch en een fysiek ontwerp. Het logisch ontwerp modelleert de database vanuit organisatieperspectief. Het datamodel van de organisatie moet de gegevens bevatten die zijn belangrijke processen en de besluitvorming daarover ondersteunen. Het proces van het creëren van kleine, stabiele, flexibele en adaptieve datastructuren uit complexe groepen gegevens bij het ontwerpen van een relationele database wordt normalisatie genoemd. Een goed ontworpen relationele database heeft geen relaties, en alle attributen voor een specifieke entiteit zijn alleen van toepassing op die entiteit. Een dergelijke database probeert referentiële integriteitsregels op te leggen om ervoor te zorgen dat de relaties tussen gekoppelde tabellen consistent blijven. Een entiteitrelatiediagram is een grafische weergave van de relatie tussen entiteiten (tabellen) in een relationele database.

3. Wat zijn de belangrijkste middelen en technologieën voor het toegang krijgen tot informatie uit databases voor het verbeteren van de prestaties van organisaties en hun besluitvorming?

Moderne datamanagementtechnologie biedt diverse tools om nuttige informatie uit allerlei typen gegevens te halen die bedrijven tegenwoordig gebruiken, zoals grote hoeveelheden deels of helemaal niet gestructureerde big data. Deze functies omvatten datawarehouses en data marts, in-memory computing en analytische tools. OLAP kan de relaties tussen gegevens weergeven als multidimensionale structuren, die kunnen worden getoond als gegevenskubussen en kubussen in gegevenskubussen, zodat de gegevens veel verder kunnen worden geanalyseerd. Datamining analyseert grote hoeveelheden gegevens, inclusief de inhoud van datawarehouses, om patronen en regels te ontdekken die kunnen worden gebruikt om toekomstig gedrag te voorspellen en besluitvorming te ondersteunen. Textminingprogramma's helpen bedrijven bij het analyseren van grote ongestructureerde, uit tekst bestaande gegevensverzamelingen. Webminingprogramma's zijn gericht op de analyse van nuttige patronen en informatie van het web, onderzoeken van de structuur van websites en van de activiteiten van websitegebruikers, en de content van webpagina's. Traditionele databases kunnen via middleware aan het web of aan een webinterface worden gekoppeld om het voor gebruikers eenvoudiger te maken toegang te krijgen tot de gegevens.

4. Waarom zijn informatiebeleid, gegevensbeheer en datakwaliteitsgarantie van essentieel belang bij het beheren van de gegevens van een onderneming?

Het ontwikkelen van een database-omgeving vereist richtlijnen en procedures voor het beheren van gegevens, een goed datamodel en goede databasetechnologie. Een formeel informatiebeleid bepaalt het onderhoud, de distributie en het gebruik van informatie in de organisatie. Bij grote ondernemingen is een formele databaseadministratiefunctie verantwoordelijk voor het informatiebeleid, de gegevensplanning, de ontwikkeling van data dictionaries en het bewaken van gegevensgebruik binnen de onderneming. Gegevens die onnauwkeurig, onvolledig of inconsistent zijn, creëren ernstige operationele en financiële problemen voor bedrijven, omdat ze onnauwkeurigheden in de prijzen van producten en klantaccounts kunnen creëren, en tot onjuiste beslissingen over de te ondernemen acties kunnen leiden. Ondernemingen moeten speciale maatregelen nemen om ervoor te zorgen dat de gegevens van hoge kwaliteit zijn. Om dit te realiseren maakt men gebruik van organisatiebrede gegevensstandaarden, databases die ontworpen zijn voor het minimaliseren van inconsistente en redundante gegevens, audits naar de kwaliteit van gegevens en data-cleansingsoftware.

HERHALINGSVRAGEN

1. Wat zijn de problemen bij het managen van gegevensbronnen in een traditionele bestandsomgeving?

- Noem en beschrijf elk van de componenten in de datahiërarchie.
- Definieer en beschrijf het belang van entiteiten en attributen.
- Noem en beschrijf de problemen van de traditionele bestandsomgeving.

2. Wat zijn de belangrijkste mogelijkheden van databasemanagementsystemen (DBMS) en waarom is een relationeel DBMS zo krachtig?

- Noem en beschrijf in het kort de mogelijkheden van een DBMS.
- Definieer een database en een databasemanagementsysteem.
- Definieer een relationeel DBMS en verklaar hoe de gegevens hierin zijn geordend.
- Leg uit waarom talen waarmee je gegevens kunt manipuleren zo belangrijk zijn.
- Leg uit waarom niet-relationele databases nuttig zijn.
- Definieer en beschrijf normalisatie van gegevens en referentiële integriteit, en verklaar hoe deze bijdragen aan het realiseren van een goed ontworpen relationele database.
- Definieer een entiteit-relatiediagram en leg de rol ervan in een databaseontwerp uit.

3. Wat zijn de belangrijkste middelen en technologieën voor het toegang krijgen tot informatie uit databases voor het verbeteren van de prestaties van organisaties en hun besluitvorming?

- Definieer big data en beschrijf de technologieën om deze te beheren en analyseren.
- Noem en beschrijf de onderdelen van een moderne infrastructuur voor business intelligence.
- Beschrijf de mogelijkheden van Online Analytical Processing (OLAP).
- Geef een beschrijving van Hadoop en leg uit waarin het verschilt van een relationeel DBMS.
- Leg uit in welk opzicht textmining en webmining verschillen van conventionele datamining.
- Beschrijf hoe gebruikers via het web toegang kunnen krijgen tot informatie uit de interne databases van een bedrijf.

4. Waarom zijn informatiebeleid, gegevensbeheer en datakwaliteitsgarantie van essentieel belang bij het beheren van de gegevens van een onderneming?

- Beschrijf de rollen van informatiebeleid en databaseadministratie in informatiebeheer.
- Leg uit waarom controles van de kwaliteit van gegevens en data cleansing van essentieel belang zijn.

DISCUSSIEVRAGEN

1. Stel dat je de eigenaar bent van een klein bedrijf. Hoe zou je een geautomatiseerde sentimentanalyse bij klanten kunnen gebruiken om de prestaties van jouw bedrijf te verbeteren?
2. In hoeverre moeten eindgebruikers worden betrokken bij de selectie van een databasemanagementsysteem en het ontwerp van de database?
3. Wat zijn de gevolgen van het niet hebben van een informatiebeleid voor een organisatie?

Via de projecten in deze paragraaf kun je praktische ervaring opdoen met het analyseren van problemen rond de gegevenskwaliteit, het vestigen van gegevensstandaarden voor het hele bedrijf, het opzetten van een database voor voorraadbeheer en het gebruiken van internet om online databases te doorzoeken voor bedrijfsactiviteiten in het buitenland. Ga naar MyLab voor toegang tot de praktijkprojecten van dit hoofdstuk.

Problemen met managementbeslissingen

1. Iko Instruments Group, een in Nederland gevestigd bedrijf dat wereldwijd meetinstrumenten, analyse-instrumenten en controle-instrumenten en -diensten levert, kreeg een nieuw datawarehouse dat de activiteiten van de klant moest analyseren om de dienstverlening en marketing te verbeteren. Het datawarehouse bevatte echter heel veel onjuiste en redundante gegevens. De gegevens in het warehouse waren afkomstig van talrijke systemen om transacties te verwerken uit de Verenigde Staten, Europa, Azië en andere plaatsen ter wereld. Het team dat het datawarehouse had ontworpen was ervan uitgegaan dat de verkoopgroepen uit al deze gebieden de naam van de klant, de telefoonnummers en het adres op dezelfde manier zouden invoeren. Maar de bedrijven in de verschillende landen bleken juist vele manieren te gebruiken om bestel-, factuur-, verzend- en contactgegevens in te voeren. Maak een inschatting van het effect dat deze problemen met de kwaliteit van de gegevens op het bedrijf zouden kunnen hebben. Welke beslissingen en stappen moet het bedrijf nemen om tot een oplossing te komen?
2. Jouw leverancier wil een datawarehouse opzetten waarmee het management één ondernemingsbreed overzicht kan krijgen van zeer belangrijke verkoopinformatie, zoals de bestverkopende producten, de grootste klanten en verkooptrends. Jouw verkoop- en productinformatie is in twee verschillende systemen opgeslagen: een verkoopsysteem voor de divisies dat op een Unix-server draait en een ondernemingsbreed verkoopsysteem dat op een IBM-mainframe draait. Je wilt graag één standaardindeling gaan gebruiken voor de gegevens van beide systemen. In MyLab kun je de voorgestelde indeling bekijken, plus voorbeeldbestanden van de twee systemen die de gegevens voor het datawarehouse zouden aanleveren. Beantwoord daarna de volgende vragen:
   - Welke bedrijfsproblemen ontstaan er als deze gegevens niet in één standaardindeling worden weergegeven?
   - Hoe makkelijk is het om een database te maken met één standaardindeling die de gegevens uit beide systemen kan opslaan? Welke problemen zou je moeten aanpakken?
   - Moeten databasespecialisten of de managers van het bedrijf die problemen oplossen? Leg uit.
   - Wie moet de bevoegdheid hebben om de uiteindelijke beslissing te nemen over één ondernemingsbrede indeling van deze gegevens uit het datawarehouse?

Operationeel excelleren: een relationele database bouwen voor voorraadbeheer

Softwarevaardigheden: Databases ontwerpen, query's opstellen en rapporten maken
Zakelijke vaardigheden: Voorraadbeheer

3. Voor deze oefening gebruik je databasesoftware om een database te ontwerpen waarmee je de voorraad van een klein bedrijf kunt beheren. Sylvester's Bike Shop, een fietsenzaak in het Amerikaanse San Francisco, verkoopt stadsfietsen, mountainbikes, hybride fietsen, vrijetijdsfietsen en kinderfietsen. Op dit moment koopt Sylvester fietsen in bij drie leveranciers, maar de zaak wil in de nabije toekomst ook bij andere leveranciers gaan inkopen. Bouw met de informatie uit de tabellen in MyLab een eenvoudige relationele database om informatie te beheren over de leveranciers en producten van Sylvester. Voer de volgende opdrachten uit als je de database opgezet hebt.
   - Maak een rapport over de vijf duurste fietsen. Zet die fietsen in aflopende volgorde in het rapport, waarbij je dus begint met de duurste fiets, het aantal fietsen dat je van elk van de vijf op voorraad hebt, en de winstmarge op elke fiets.
   - Maak een rapport over elke leverancier, zijn producten, de aantallen die je van die leverancier op voorraad hebt, en bijbehorende aantallen nabestellingen. Zet het rapport in alfabetische volgorde naar leverancier. Per leverancier orden je de producten op alfabetische volgorde.
   - Maak een rapport over de fietsen waarvan je voorraad klein is en die bijbesteld moeten

worden. Geef voor de genoemde fietsen informatie over de leverancier.

- Beschrijf in het kort hoe de database verbeterd zou kunnen worden om de fietsenzaak beter te laten draaien. Welke tabellen of velden zou je moeten toevoegen? Welke rapporten zouden nog meer nuttig kunnen zijn?

Besluitvorming verbeteren: online databases doorzoeken voor bedrijfsactiviteiten in het buitenland
Softwarevaardigheden: Online databases
Zakelijke vaardigheden: Onderzoek doen naar diensten voor bedrijfsactiviteiten in het buitenland

4. Bij dit project ontwikkel je vaardigheden in het doorzoeken van databases op het internet met informatie over producten en diensten op locaties ver weg.
Jouw bedrijf, Caledonian Furniture, is gevestigd in het Schotse Cumbernauld en maakt verschillende soorten meubels. Je overweegt om een fabriek in Australië te vestigen om daar je producten te laten vervaardigen en verkopen.
Je wilt contact opnemen met organisaties die veel diensten bieden die je nodig hebt om je filiaal in Australië te openen, waaronder ook die van advocaten, accountants, deskundigen op het gebied van de import en export, en telecommunicatievoorzieningen en ondersteunende bedrijven. Gebruik de volgende online databases om bedrijven te vinden waarmee je graag zou willen praten tijdens je zakenreis: Australian Business Register, AustraliaTrade Now (australiatradenow.com) en de Nationwide Business Directory of Australia (www.nationwide.com.au). Gebruik zo nodig zoekmachines als Yahoo!, Bing of Google.
   - Maak een lijstje van de bedrijven waarmee je contact wilt opnemen tijdens je reis om te kijken of ze jou kunnen helpen met deze en andere taken die volgens jou van essentieel belang zijn om daar een filiaal te vestigen.
   - Beoordeel de databases die je hebt gebruikt op correcte spelling van de namen, volledigheid, gebruiksgemak en nut in het algemeen.

SAMENWERKINGS- EN TEAMWORKPROJECT

Entiteiten en attributen zoeken in een online database

1. Kies met je team van drie of vier studenten een database op het internet uit die jullie nader gaan verkennen, bijvoorbeeld AOL Music, iGo.com of de Internet Movie Database (IMDB.com). Verken een van deze websites om te kijken welke informatie ze bieden. Maak vervolgens een lijst van de entiteiten en attributen die het bedrijf dat de website runt moet bijhouden in zijn databases. Maak een grafiek van de relatie tussen de entiteiten die je hebt gevonden. Gebruik zo mogelijk Google Docs en Google Drive of Google Sites om ideeën op te doen, en orden en presenteer je bevindingen voor de klas.

CASE

De ondernemingssoftware van LEGO stimuleert de groei

De LEGO Group, met hoofdkantoor in het Deense Billund, is een van de grootste speelgoedfabrikanten ter wereld. De hoofdproducten van LEGO zijn de bouwsteentjes en poppetjes waar kinderen al vele generaties mee spelen. Het Deense bedrijf is sinds zijn oprichting in 1932 flink gegroeid en zijn grootste productiefabrieken waren tot voor kort in Denemarken gevestigd. Maar LEGO kreeg in 2003 te maken met zware concurrentie van imitators en fabrikanten van elektrisch speelgoed. De groep besloot, in een poging om de kosten omlaag te brengen, tot een geleidelijke herstructurering die tot op de dag van vandaag voortduurt. In 2006 kondigde het bedrijf aan dat een groot deel van zijn productie uitbesteed zou gaan worden aan Flextronics, een bedrijf dat elektronische apparatuur assembleert en fabrieken heeft in Mexico, Hongarije en de Republiek Tsjechië. Het besluit om de productie uit te besteden was een direct gevolg van de analyse van de totale productieketen van LEGO. Om de arbeidskosten te verlagen werden (handen)arbeidsintensieve processen uitbesteed en behielden in Billund alleen nog de zeer goed geschoolde werknemers hun baan. Het personeelsbestand van LEGO werd geleidelijk teruggebracht van 8300 werknemers in 2003 tot ongeveer 4200 werknemers in 2010. Daarnaast werd de productie verplaatst naar fabrieken die dichter bij de natuurlijke markten van LEGO lagen. Door deze veranderingen heeft LEGO een transformatie ondergaan van een productiebedrijf naar een marktgericht bedrijf dat snel kan reageren op de veranderende mondiale vraag.

Door het herstructureringsproces plus de omzetgroei met dubbele cijfers van de afgelopen jaren, heeft LEGO in het buitenland uitgebreid en is zijn personeelsbestand internationaler geworden. Deze veranderingen betekenden ook uitdagingen voor het bedrijf op het gebied van de productieketen en het personeelsbeleid (hr). De productieketen moest geherstructureerd worden om de productie te vereenvoudigen zonder dat dit ten koste ging van de kwaliteit. Met de verbeterde logistieke planning kon LEGO nauwer samenwerken met de detailhandel, de leveranciers en de nieuwe bedrijven waaraan de productie was uitbesteed.

Tegelijkertijd moest de afdeling personeelszaken (HR) een strategischere rol gaan spelen in het bedrijf. HR kreeg de verantwoordelijkheid om effectieve beleidsmaatregelen door te voeren om de bekwaamste werknemers uit allerlei culturen te behouden en te werven. Om het functioneren van het bedrijf aan deze veranderingen aan te passen had men een flexibele en stevige IT-infrastructuur nodig met business intelligence-mogelijkheden waarmee het management betere voorspellingen en planningen kon maken.

Als onderdeel van de oplossing besloot LEGO om over te stappen op de SAP business suite-software. SAP AG, een Duits bedrijf dat is gespecialiseerd in softwareoplossingen voor bedrijven, is een van de toonaangevendste softwarebedrijven ter wereld. SAP biedt een aantal verschillende softwaretoepassingen die zijn ontwikkeld om alle essentiële functies en werkzaamheden van een bedrijf efficiënt te ondersteunen. LEGO besloot om de modules Supply Chain Management (SCM), Product Lifecycle Management (PLM) en Enterprise Resources Planning (ERP) van SAP te gaan gebruiken. De SCM-module bestaat uit essentiële functies als het controleren en analyseren van de productieketen en ook het voorspellen, plannen en het optimaliseren van de voorraad. Met de PLM-module kunnen leidinggevenden ontwikkelingsprocessen en -systemen optimaliseren. Een van de toepassingen van de ERP-module is Human Capital Management voor de personeelsadministratie en ontwikkeling van de werknemers.

De business suite-software van SAP is gebaseerd op een flexibele client-serverarchitectuur met drie lagen die eenvoudig kan worden aangepast aan de nieuwe service-gerichte architectuur (SOA) die beschikbaar is in de nieuwste versies van de software. In de eerste laag, een clientinterface – een browserachtige grafische gebruikersinterface (GUI) die op een laptop, pc of mobiel apparaat kan worden gebruikt – worden de gebruikersverzoeken ingediend bij de toepassingenservers. De toepassingenservers (de tweede laag in het systeem) ontvangen en verwerken de clientverzoeken. Op hun beurt sturen deze toepassingenservers de verwerkte verzoeken naar het databasesysteem (de derde laag), dat bestaat uit een of meer relationele databases. De business suite-software van SAP ondersteunt databases van verschillende aanbieders, zoals die van Oracle, Microsoft, MySQL en andere klanten. De relationele databases bestaan uit tabellen die gegevens van LEGO opslaan over de producten, dagelijkse werkzaamheden, de productieketen en duizenden werknemers. Leidinggevenden kunnen de querytool van SAP eenvoudig gebruiken om de databases rapporten te laten maken, omdat er geen technische vaardigheden voor nodig zijn. Ook hebben gemachtigde werknemers door de gedistribueerde architectuur vanuit de verschillende locaties van het bedrijf rechtstreeks toegang tot het databasesysteem, zoals vanuit Europa, Noord-Amerika en Azië.

De ERP-HCM-module van SAP bestaat uit geavanceerde functies als 'Talent Manager' en kent ook functies voor personeelsadministratie, verslaglegging en reis- en tijdsmanagement. Met deze functies kunnen de hr-medewerkers van LEGO de beste kandidaten selecteren, hun opleiding plannen en een stimuleringsplan maken om hen vast te houden. Ook kunnen de prestaties worden gemeten en kan realtime inzicht worden verkregen in hr-trends. Door het gebruik van deze geavanceerde functies, naast de instrumenten van andere softwarefabrikanten, kunnen de leidinggevenden van LEGO het leiderschapspotentieel van werknemers volgen, hun loopbanen ontwikkelen en voorspellen welke nieuwe werknemers met bepaalde vaardigheden geworven moeten worden. De investeringen die de LEGO Group heeft gedaan in informatiesystemen en bedrijfsreorganisaties hebben het bedrijf geen windeieren gelegd. De omzet van de groep steeg in 2014 met 13 procent tot 3,8 miljard euro, terwijl de omzet het jaar daarvoor 3,3 miljard bedroeg. De winst steeg met 15 procent tot 1,26 miljard euro. Het aantal voltijdse werknemers steeg tot 11.755 doordat het bedrijf in Azië de productie uitbreidde. De omzet steeg in 2015 zelfs met 25 procent. De LEGO Group liet in 2014 in alle regio's een sterke, langdurige groei zien, een weerspiegeling van de groeiende nadruk op het ontwikkelen van een mondiaal bedrijf en de

flinke investeringen in mondiale informatiesystemen, in zowel de productie- als de distributieketen. Al meer dan vijf jaar zit de groei in Europa, Amerika en Azië in de dubbele cijfers, ondanks het feit dat de grote mondiale recessie (van 2008 tot 2013) ertoe heeft geleid dat de wereldwijde omzet van speelgoed gelijk is gebleven. In Azië varieert de groei van de LEGO-omzet van markt tot markt. De stijging van de consumentenverkoop in China met meer dan vijftig procent was de sterkste van de regio. Dat ondersteunt de ambities van de LEGO Group om het bedrijf verder te globaliseren en van Azië een regio te maken die een belangrijke bijdrage levert aan de toekomstige groei.
In mei 2014 heeft de LEGO Group zijn eerste fabriek in China geopend, in de plaats Jiaxing, en een nieuw kantoor in Shanghai, een van de vijf wereldwijde hoofdkantoren van de LEGO Group. De topmanagers van LEGO menen dat Azië enorm veel potentieel heeft: daarom willen ze nu meer weten over de Aziatische markt en de mogelijkheden in de regio onderzoeken. De nieuwe fabriek en het kantoor zijn een flinke uitbreiding van LEGO's fysieke aanwezigheid in de regio. Volgens de managers kunnen strategisch belangrijke functies door het kantoor in Shanghai en de nieuwe fabriek, en hun bestaande kantoor in Singapore, dicht bij hun klanten in China en Azië gezet worden, en ook bij de kinderen en ouders.
Het besluit om in China een LEGO-fabriek te vestigen is een direct gevolg van de ambitie van de LEGO Group om de productie dicht bij de kernmarkten te laten plaatsvinden. Dezelfde filosofie heeft geleid tot de uitbreiding van de LEGO-fabriek in Tsjechië en de opening van een compleet nieuwe fabriek in Hongarije (in de omgeving van Nyiregyhaza) in maart 2014. Deze fabrieken bedienen samen met de moederfabriek in Denemarken de Europese markten.
Om Noord- en Zuid-Amerika sneller te bedienen met maatwerkproducten heeft het bedrijf zijn LEGO-fabriek in Monterrey (Mexico) uitgebreid. Managers zijn van mening dat het bedrijf met de mondialisering van informatiesystemen en productiefabrieken zeer snel LEGO-producten kan leveren aan de detailhandel en uiteindelijk aan kinderen over de hele wereld, waarmee het de consument een dienst van wereldklasse biedt. Naast de groei in een aantal verschillende markten kwam in 2014 *The LEGO Movie* uit, een film die enorm veel positieve beoordelingen kreeg. Het bedrijfsmerk werd nog eens versterkt en LEGO kon zo een nieuwe reeks producten ontwikkelen die waren gebaseerd op de thema's uit de film. De film leidde tot tekorten aan LEGO-bouwsteentjes voor de kerstverkoop van 2015. De LEGO Group is klaar voor verdere groei in de komende jaren door goed gebruik te maken van de flexibiliteit van zijn organisatie en de concepten waaraan het jarenlang heeft geschaafd. Het bedrijf reageert op zijn klanten en brengt nieuwe versies uit van enkele van zijn populairste speelgoedverzamelingen, zoals de Bionicle-serie. Dat alles heeft zijn steentje bijgedragen aan de bouw van een indrukwekkend, wereldwijd bedrijf.

Bronnen: Bob Ferrari, 'A New CEO for LEGO with an Operations and Supply Chain Management Background', Theferrarigroup.com, 15 december 2016; John Kell, 'LEGO Says 2015 Was Its "Best Year Ever", With Huge Sales Jump', Fortune.com, 1 maart 2016; 'The LEGO Group Annual Report 2015', LEGO.com, 2016; Mary O'Connor, 'LEGO Puts the RFID Pieces Together', *RFID Journal*, www.rfidjournal.com/articles/view?2145/2, geraadpleegd op 21 december 2015; Henrik Amsinck, 'LEGO: Building Strong Customer Loyalty Through Personalized Engagements,' events.sap.com, geraadpleegd op 20 december 2015; Gregory Schmidt, 'LEGO's Success Leads to Competitors and Spinoffs', *New York Times*, 20 november 2015; Niclas Rolander, 'China Shock Can't Halt LEGO Executive Chasing "Fantastic" Growth', Bloombergbusiness.com, 2 september 2015; Rebecca Kanthor, 'New LEGO Facility in China to Start Production This Year', *Plastics News*, 15 mei 2015; 'Now LEGO's Business Rules Are on the Table', *Economic Engineering*, 2015; 'The LEGO Group Annual Report 2014', The LEGO Group, april 2015; Roar Trangbaek, 'New London Office Supports LEGO Group Strategy to Reach Children Globally', Newsroom, www.lego.com, november 2014; 'How LEGO Became World's Hottest Toy Company', *Economist*, 9 maart 2013; 'LEGO, the Toy of the Century Had to Reinvent the Supply-Chain to Save the Company', *Supply Chain Digest*, 25 september 2007, www.scdigest.com/assets/on_target/07-09-25-7.php?cid=1237, geraadpleegd op 16 november 2010.

Deze case is een bijdrage van Daniel Ortiz Arroyo, Universiteit van Aalborg.

Vragen bij de case

1. Leg uit welke rol de database speelt in het SAP-systeem met drie lagen.
2. Leg uit waarom gedistribueerde architecturen flexibel zijn.
3. Noem enkele functies op het gebied van business intelligence die in de business suite-software van SAP zitten.
4. Wat zijn de grootste voor- en nadelen van meerdere databases in een gedistribueerde architectuur? Leg uit.

MYLAB

Ga naar de opdrachten in MyLab om deze schrijfoefeningen te maken.

1. Beschrijf welke vijf problemen traditionele bestandomgevingen kennen en leg uit hoe een databasemanagementsysteem die problemen oplost.
2. Bespreek hoe het beheren van big data makkelijker wordt met de volgende zaken: Hadoop, in-memory computing, analytische platforms.

7 TELECOMMUNICATIE, INTERNET EN WIFITECHNOLOGIE

Na dit hoofdstuk ben je in staat om de volgende vragen te beantwoorden:

1. **Wat zijn de belangrijkste componenten van telecommunicatienetwerken en de belangrijkste netwerktechnologieën?**
2. **Wat zijn de belangrijkste verschillende netwerktypen?**
3. **Hoe werken internet en internettechnologie, en hoe ondersteunen die communicatie en e-business?**
4. **Wat zijn de voornaamste technologieën en standaarden voor wifinetwerken, communicatie en internettoegang?**

OPENINGSCASE

Wifitechnologie voor Dundee Precious Metals goud waard

Dundee Precious Metals (DPM) is een internationaal mijnbouwbedrijf uit Canada dat zich bezighoudt met de verwerving, verkenning en ontwikkeling van stukken land met edelmetalen in de bodem, de winning en de verdere verwerking. Een van de voornaamste bezittingen van het bedrijf is de koper- en goudmijn in Chelopech ten oosten van Sofia (Bulgarije). Verder heeft het bedrijf nog een andere goudmijn in het zuiden van Armenië en een smeltoven in Namibië.
De prijs van goud en andere edelmetalen kent sterke schommelingen, en Dundee was op zoek naar een manier om lagere goudprijzen te compenseren door zijn mijnbouwoperaties efficiënter te maken. Het werk in de mijnen is echter zeer complex en het communiceren en coördineren van werk onder de grond brengt specifieke problemen met zich mee.
Het management besloot in de mijn in Chelopech een ondergronds wifinetwerk aan te leggen, zodat elektronische apparaten draadloos met elkaar kunnen

Foto: Caro/Alamy

communiceren en de locaties van apparatuur, mensen en erts overal in de tunnels en faciliteiten gevolgd kunnen worden. Het bedrijf installeerde enkele honderden hogesnelheidsaccesspoints van Cisco Systems Inc. (in waterbestendige, stofbestendige en drukresistente behuizingen), antennes met extra groot bereik, communicatiekastjes voorzien van industriële schakelaars die verbonden zijn met 90 kilometer aan glasvezelkabels die door de mijn kronkelen, noodhulpkastjes aan de wanden met Linksys *Voice over IP* (VoIP)-telefoons, beschermde antennes voor op de lorries die ertegen bestand zijn tegen een mijnplafond geslagen te worden, en aangepaste 'walkietalkie'-software. Het lukte Dundee om met access points die normaal gesproken een bereik van 200 meter hebben een bereik te halen van 600 tot 800 meter in een rechte lijn, of 400 tot 600 meter rond een bocht.

Een ander deel van de oplossing was het gebruik van AeroScout wifi-radio-frequency-identificationtechnologie (RFID) voor het volgen van werknemers, apparatuur en lorries. Circa 1000 AeroScout-wifi-RFID-tags, gedragen door mijnwerkers of gemonteerd op lorries en apparatuur, geven via het wifinetwerk van de mijn gegevens door over de belasting met erts, de mechanische status van lorries, de locatie van mijnwerkers en de status van deuren en ventilatoren. AeroScouts Mobile View-software is in staat een realtime visuele representatie van de locatie van mensen en objecten weer te geven. De software kan bepalen waar ladingen erts vandaan kwamen, waar erts naartoe moet worden gebracht en waar lege lorries naartoe moeten. Gegevens over een mogelijk probleem of vertraging, zoals een vrachtwagen die een ongeplande stop maakt of een mijnwerker die achterligt op schema, worden doorgestuurd naar de oppervlakteploeg van Dundee zodat passende actie kan worden ondernomen.

De interface van Mobile View is eenvoudig in gebruik en biedt een verscheidenheid aan meldingen en voorgeprogrammeerde waarschuwingen. Door gebruik van deze wifitechnologie voor het volgen van de ondergrondse locatie van apparatuur en werknemers, is Dundee in staat geweest om de uitvaltijd van apparatuur te verminderen en bronnen efficiënter te benutten. Dundee gebruikt de gegevens uit het ondergrondse draadloze netwerk ook voor zijn Geovia-mijnbeheersoftware van Dassault Systèmes en IBM mobiele planningssoftware. Voordat AeroScout werd geïmplementeerd, hield Dundee zicht op zijn werknemers door te noteren wie er aan het eind van zijn dienst zijn hoofdlamp had ingeleverd. Tegenwoordig heeft AeroScout dit proces geautomatiseerd, en is personeel in de controlekamer in staat snel de locatie van de mijnwerkers te bepalen.

Het is ook essentieel dat werknemers die de voertuigen onder de grond besturen zorgvuldig met de controlekamer van de mijn kunnen communiceren. In het verleden maakten werknemers voor het doorgeven van hun locatie gebruik van een radiocheckpointsysteem. Met het nieuwe wifisysteem kan controlekamerpersoneel de feitelijke locatie van de machinerie zien, zodat ze het verkeer effectiever kunnen sturen, snel problemen kunnen vaststellen en sneller op noodsituaties kunnen reageren.

Dankzij wifitechnologie is Dundee in staat geweest de kosten te verlagen en de productiviteit te verhogen, terwijl de veiligheid van de werknemers is verbeterd. De communicatiekosten zijn met twintig procent afgenomen. Volgens Dundees CEO Rick Howes heeft het $ 10 miljoen kostende project samen met een aantal nieuwe installaties de productiekosten verlaagd van $ 60 naar $ 40 per ton. In 2013 heeft de Chelopech-mijn meer dan twee miljoen ton geproduceerd, een stijging van 12 procent ten opzichte van het jaar ervoor.

Bronnen: Clint Boulton, 'Mining Sensor Data to Run a Better Gold Mine,' *Wall Street Journal*, 17 februari 2015; 'Tags to Riches: Mining Company Tracks Production with Sensors,' *Wall Street Journal*, 18 februari 2015; www.dundeeprecious.com, geraadpleegd op 29 april 2015; Eric Reguly, 'Dundee's Real-Time Data Innovations Are as Good as Gold,' The Globe and Mail, 1 december 2013; Howard Solomon, 'How a Canadian Mining Company Put a Wi-Fi Network Underground,' *IT World Canada*, 3 december 2013.

De ervaring van Dundee Precious Metals illustreert enkele van de krachtige nieuwe mogelijkheden en kansen die te danken zijn aan moderne netwerktechnologie. Het bedrijf gebruikt wifinetwerken, RFID-technologie en AeroScout MobileView-software voor de automatisering van het volgen van werknemers, apparatuur en erts terwijl die zich ondergronds door de mijn in Chelopech verplaatsen.

Het diagram aan het begin van dit hoofdstuk vestigt de aandacht op belangrijke punten die in deze case en in dit hoofdstuk naar voren komen. De productie-omgeving van Dundee Precious Metals in zijn mijn in Chelopech is moeilijk te bewaken omdat ze zich onder de grond bevindt, maar vereist wel intensief overzicht en coördinatie om er zeker van te zijn dat mensen, materialen en apparatuur beschikbaar zijn wanneer en waar ze ondergronds nodig zijn, en dat het werk soepel verloopt. Het handmatig of met behulp van oudere radio-identificatiemethoden volgen van componenten was langzaam, moeizaam en foutgevoelig. Dundee stond onder druk om de kosten te verlagen omdat de prijs van goud was gedaald en omdat de waarde van kostbare metalen doorgaans sterk fluctueert.

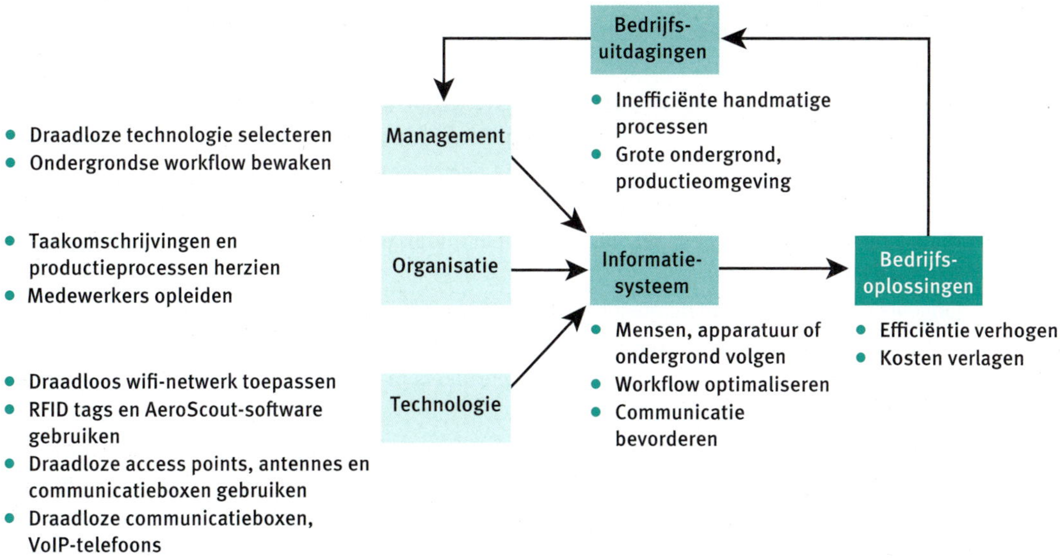

Het management besloot dat wifitechnologie en RFID-tagging een oplossing zouden bieden en regelde de installatie van een draadloos wifinetwerk door het gehele ondergrondse productiecomplex in Chelopech. Het netwerk maakte het veel eenvoudiger om de mijnbouwactiviteiten bovengronds te volgen en te leiden.
Enkele vragen om over na te denken: *Waarom speelde wifitechnologie zo'n belangrijke rol in deze oplossing? Beschrijf hoe het nieuwe systeem de productieprocessen bij de mijn in Chelopech veranderde.*

7.1 Telecommunicatie en netwerken in het moderne bedrijfsleven

Als je een bedrijf runt of bij een bedrijf werkt, kun je niet zonder netwerken. Je moet immers snel met je klanten, leveranciers en medewerkers kunnen communiceren. Tot 1990 gebruikten bedrijven post, telefoon en fax voor zakelijke communicatie. Tegenwoordig maken je medewerkers en jij waarschijnlijk vooral gebruik van computers en e-mail, internet, mobiele telefoons en mobiele computers die voor dit doel op internet zijn aangesloten. Netwerken en internet zijn niet meer weg te denken uit het huidige bedrijfsleven.

7.1.1 Trends in communicatie

In het verleden maakten bedrijven gebruik van twee fundamenteel verschillende typen netwerken: telefoonnetwerken en computernetwerken. Van oudsher liep de gesproken communicatie via telefoonnetwerken en het dataverkeer via computernetwerken. Telefoonnetwerken werden in de twintigste eeuw gebouwd door telefoonmaatschappijen met gebruikmaking van spraaktransmissietechnologieën (hardware en software), en deze bedrijven opereerden overal ter wereld vrijwel altijd vanuit gereguleerde monopolieposities. Computernetwerken werden oorspronkelijk opgezet door computerbedrijven die gegevens tussen computers op verschillende locaties wilden uitwisselen.
Dankzij de voortdurende deregulering in de telecommunicatie en de voortgang in de innovatie op het terrein van informatietechnologie convergeren telefoon- en computernetwerken naar één digitaal netwerk dat gebruikmaakt van gedeelde internetstandaarden en -apparatuur. Telecommunicatieaanbieders zoals KPN, Belgacom, AT&T en Verizon bieden tegenwoordig datatransmissie, internettoegang, mobiele telefonie, tv-ontvangst en spraakdiensten aan. Kabelbedrijven zoals Cablevision en Comcast bieden spraakdiensten en

internettoegang aan. Computernetwerken hebben zich uitgebreid met internettelefonie en videodiensten.

Zowel spraak- als datacommunicatienetwerken zijn ook krachtiger (sneller), draagbaarder (kleiner en mobieler) en goedkoper geworden. Zo was de gemiddelde internetsnelheid in 2000 nog 56 kilobit per seconde, maar tegenwoordig heeft meer dan 80 procent van de Europe huishoudens een **breedband** verbinding van 1 tot 15 miljoen bits per seconde. De kosten voor deze dienst zijn exponentieel gedaald, van 25 cent per kilobit in 2000 tot een fractie van een cent vandaag de dag.

Breedband
Technologieën voor snelle overdracht. Ook gebruikt om overdrachtsmedia weer te geven die verschillende kanalen tegelijk over één communicatiemedium kunnen transporteren.

Ongeveer 52,7 procent van de breedbandverbindingen is gebaseerd op de snelle DSL-technologie (*digital subscriber line*). Het gaat hierbij om verbindingen met een snelheid van meer dan 30 Mbps. Meer dan de helft van alle internetgebruikers in de Verenigde Staten gebruikt internet op smartphones en tablets.

In Nederland is de toename van het aantal smartphones de voornaamste groeifactor voor het mobiele dataverkeer. Vooral voor online video en audio zijn smartphones uitermate geschikt. Om deze groei te handhaven, is het echter wel van belang dat de Nederlandse mobiele operators aantrekkelijker tarieven aanbieden en zoeken naar concurrerende samenwerkingsvormen met contentleveranciers (TelecomNieuwsNet, 2014).

7.1.2 Wat is een computernetwerk?

Als je de computers van twee of meer medewerkers in hetzelfde kantoor moet verbinden, heb je een computernetwerk nodig. In zijn eenvoudigste vorm bestaat een netwerk uit twee of meer verbonden computers.

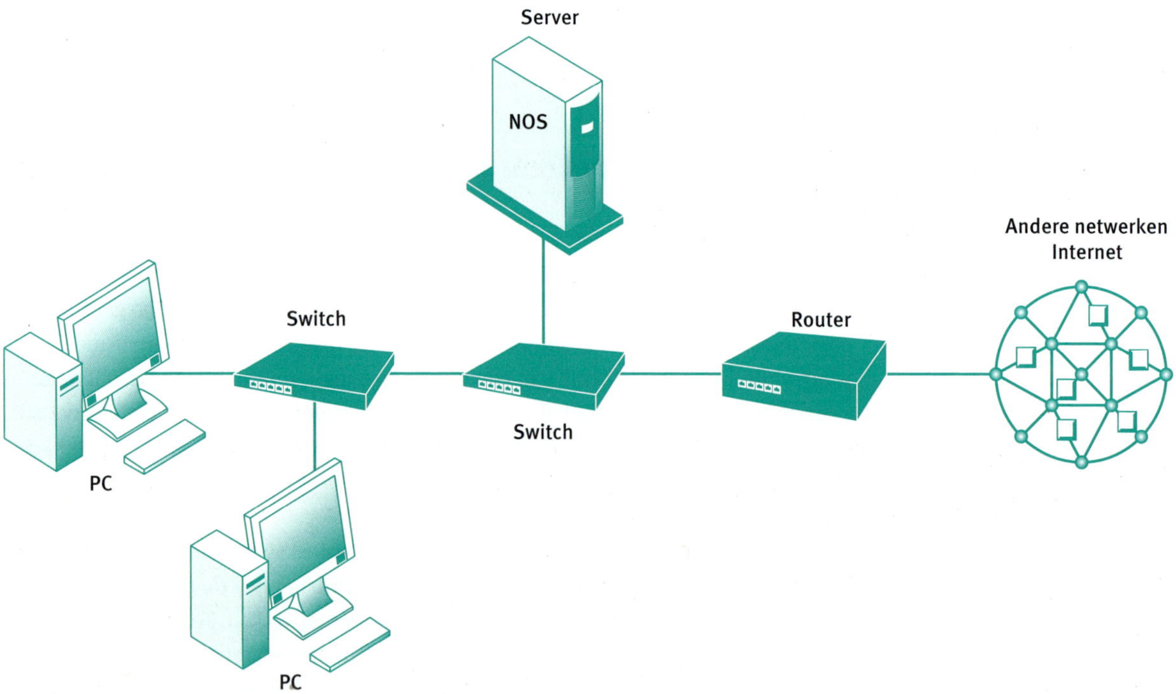

FIGUUR 7.1 *Componenten van een eenvoudig netwerk*
Dit is een voorbeeld van een zeer eenvoudig netwerk, bestaande uit computers, een netwerkbesturingssysteem (NOS) dat zich bevindt op een dedicated server, kabels (bedrading) om de apparatuur te verbinden, switches en een router.

Figuur 7.1 laat zien wat de belangrijkste hardware-, software- en transmissiecomponenten in een eenvoudig netwerk zijn: een client en een dedicated server, netwerkinterfaces, een verbindingsmedium, een netwerkbesturingssysteem en verder een hub of een switch. Elke computer op het netwerk bevat een netwerkinterfaceapparaat dat een **network interface card (NIC)** wordt genoemd. Bij de meeste moderne computers is deze kaart ingebouwd in het moederbord.

Network interface card (NIC)
Ingebouwde kaart in een computer die toegang tot internet mogelijk maakt.

Het verbindingsmedium dat de netwerkcomponenten aan elkaar koppelt kan een telefoondraad of coaxkabel zijn, of, in het geval van mobiele telefoons en wireless local area networks (wifinetwerken), een radiosignaal.

Netwerkbesturingssysteem (NOS) Speciale software die de communicatie op het netwerk verstuurt en beheert en de netwerkbronnen coördineert.

Het **netwerkbesturingssysteem** (*network operating system*, **NOS**) routeert en beheert de communicatie via het netwerk en stemt de netwerkactiviteiten op elkaar af. Het kan zich op elke computer in het netwerk bevinden, maar bevindt zich meestal op een dedicated server voor alle toepassingen op het netwerk.

Server Computer die is geoptimaliseerd voor het bieden van software en andere bronnen aan andere computers in een netwerk.

Een **server** is een computer in een netwerk die belangrijke netwerkfuncties uitvoert voor clients, zoals het leveren van webpagina's, het opslaan van gegevens en het huisvesting bieden aan het netwerkbesturingssysteem (en die daarmee dus zorgt voor het besturen van het netwerk). De meest gebruikte netwerkbesturingssystemen zijn Microsoft Windows Server, Linux en Novell Open Enterprise Server.

Hubs Zeer eenvoudige apparaatjes die netwerkcomponenten met elkaar verbinden en een pakket gegevens naar alle andere aangesloten apparaten versturen.

Switch Een apparaatje dat netwerkcomponenten kan verbinden, het heeft meer intelligentie dan een hub en kan gegevens filteren en doorsturen naar een gespecificeerde bestemming.

Router Een speciale communicatieserver die gebruikt wordt om gegevenspakketten langs verschillende netwerken te sturen en er zo voor te zorgen dat het bericht op het juiste adres aankomt.

Software-defined networking (SDN) Gebruik van een centraal besturingsprogramma, onafhankelijk van netwerkapparaten, voor het beheren van de gegevensstroom op een netwerk.

De meeste netwerken bevatten ook een switch of een hub die als een verbindingspunt tussen de computers fungeert. **Hubs** zijn zeer eenvoudige apparaatjes die netwerkcomponenten met elkaar verbinden en een pakket gegevens naar alle andere aangesloten apparaten versturen. Een **switch** heeft meer intelligentie dan een hub en kan gegevens filteren en doorsturen naar een gespecificeerde bestemming in het netwerk. Maar wat als je wilt communiceren met een ander netwerk, zoals internet, dan heb je een router nodig. Een **router** is een communicatieserver die gebruikt wordt om gegevenspakketten langs verschillende netwerken te sturen (te routeren) en er zo voor te zorgen dat de informatie op het juiste adres aankomt.

Netwerkswitches en routers hebben ingebouwde software voor het regelen van de gegevensoverdracht via het netwerk. Dit kan knelpunten veroorzaken en het configuratieproces van een netwerk complexer en tijdrovender maken. **Software-defined networking (SDN)** is een nieuwe netwerkbenadering waarbij op goedkope servers kan worden gewerkt die afzonderlijk draaien van de netwerkapparaten. Dit is vooral handig bij cloud computing waarbij veel verschillende hardwareproducten worden gebruikt, omdat een netwerkbeheerder de verkeersbelasting dan flexibeler en efficiënter kan beheren.

Netwerken in grote bedrijven

Het zojuist beschreven netwerk zou geschikt kunnen zijn voor een klein bedrijf. Maar hoe zit het met grote bedrijven met veel verschillende locaties en duizenden medewerkers? Als een onderneming groeit, kunnen verschillende kleine lokale netwerken oftwel local area networks (LAN) worden verbonden tot een bedrijfsbrede netwerkinfrastructuur. De netwerkinfrastructuur voor een groot bedrijf bestaat uit veel van dit soort local area networks die verbonden zijn met andere local area networks en met ondernemingsbrede bedrijfsnetwerken. Een reeks servers ondersteunt een bedrijfswebsite, een bedrijfsintranet en misschien een extranet. Enkele van deze servers zijn verbonden met andere grote computers die back-endsystemen ondersteunen.

Figuur 7.2 biedt een illustratie van deze complexere, grootschaligere organisatiebrede netwerken. Hier kun je zien dat de netwerkinfrastructuur van een organisatie ook een mobiel verkoopteam ondersteunt dat gebruikmaakt van smartphones en er mobiele medewerkers zijn die verbinding kunnen maken via internet met het interne bedrijfsnetwerk. Naast deze computernetwerken kan de infrastructuur van de onderneming een op zichzelf staand telefoonnetwerk omvatten dat de meeste spraakgegevens afhandelt. Veel bedrijven danken tegenwoordig hun traditionele telefoonnetwerken af en gaan over op internettelefonie die via hun bestaande datanetwerken loopt.

Zoals je in deze figuur kunt zien, maakt een grote netwerkinfrastructuur gebruik van een breed scala aan technologieën: alles van gewone telefoondiensten en bedrijfsdatanetwerken tot internetdiensten, draadloos internet en mobiele telefonie. Een van de grootste problemen waar bedrijven momenteel mee te maken hebben, is hoe alle verschillende communicatienetwerken en kanalen moeten worden geïntegreerd tot een samenhangend systeem waarbinnen informatie van het ene deel van het bedrijf naar het andere kan stromen en van het ene systeem naar het andere.

tussen computers afhandelt. TCP brengt een verbinding tussen de computers tot stand, zorgt dat de packets in de juiste volgorde worden verstuurd en bevestigt dat de packets zijn verstuurd.

IP verwijst naar het *Internet Protocol*, dat verantwoordelijk is voor de aflevering van packets en zorgt voor het uit elkaar halen en weer combineren van packets tijdens de transmissie. Figuur 7.4 toont het vierlagenreferentiemodel voor TCP/IP van het Amerikaanse ministerie van Defensie. Deze vier lagen zijn:

1. *De applicatielaag*. Deze laag stelt applicatieprogramma's in staat de andere lagen te benaderen en definieert de protocollen die toepassingen gebruiken om gegevens uit te wisselen. Een van deze applicatieprotocollen is het hypertext transfer protocol (HTTP), dat wordt gebruikt om webpagina's op te vragen en te versturen.
2. *De transportlaag*. Deze laag is verantwoordelijk voor het voorzien van de applicatielaag van communicatie- en packetdiensten. Deze laag omvat TCP en andere protocollen.
3. *De internetlaag*. Deze laag is verantwoordelijk voor het adresseren, routeren en verpakken van datapackets die IP-datagrammen worden genoemd. Het internetprotocol (IP) is een van de protocollen die in deze laag wordt gebruikt.
4. *De netwerkinterfacelaag*. De onderste laag van het referentiemodel. Deze laag is verantwoordelijk voor het plaatsen van packets op en het ontvangen van packets van het netwerkmedium.

Twee computers die gebruikmaken van TCP/IP kunnen ook met elkaar communiceren als ze gebaseerd zijn op verschillende hardware- en softwareplatforms. Gegevens die van de ene naar de andere computer worden gestuurd, worden langs alle vier de lagen naar beneden doorgegeven, beginnend met de versturende applicatielaag van de computer en doorgaand tot aan de netwerkinterfacelaag. Nadat de gegevens de ontvangende hostcomputer hebben bereikt, verplaatsen ze zich door de lagen naar boven en worden ze samengesteld tot een formaat dat bruikbaar is voor de ontvangende computer. Als de ontvangende computer een beschadigd packet vindt, vraagt deze aan de versturende computer om het opnieuw te versturen. Wanneer de ontvangende computer antwoordt, verloopt dit proces in omgekeerde volgorde.

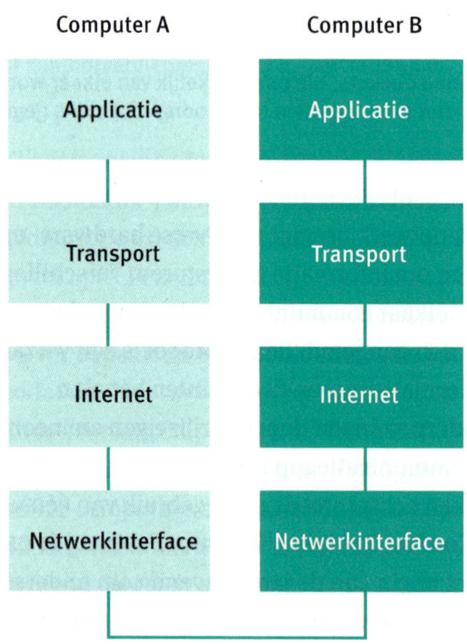

FIGUUR 7.4 *Het TCP/IP-referentiemodel*

Deze figuur toont de vier lagen van het TCP/IP-referentiemodel voor communicatie.

7.2 Communicatienetwerken

Laten we eens nauwkeuriger gaan kijken naar de verschillende netwerktechnologieën die bedrijven tot hun beschikking hebben.

7.2.1 Signalen: digitaal versus analoog

Er zijn twee manieren om een bericht in een netwerk over te brengen: met een analoog signaal of met een digitaal signaal. Een analoog signaal, gerepresenteerd door een continue golfvorm die zich verplaatst door een communicatiemedium, werd in het verleden toegepast voor spraakcommunicatie. De meest gebruikelijke analoge apparaten zijn de telefonische handset, de luidspreker van je computer en de oortjes van je iPod, die alle analoge golfvormen creëren die je oren kunnen waarnemen.

Een digitaal signaal is eerder een discrete binaire golfvorm dan een continue golfvorm. Hiermee worden gegevens verstuurd die gecodeerd zijn in twee discrete toestanden: 1-bits en 0-bits, die worden gerepresenteerd door elektrische aan- en uitpulsen. Computers gebruiken digitale signalen. Als men het analoge systeem wil gebruiken voor het versturen van digitale gegevens, is er een speciaal apparaat, een modem, nodig om digitale signalen te vertalen naar analoge signalen (zie figuur 7.5). **Modem** staat voor modulator/demodulator.

Modem
Een apparaat dat digitale signalen omzet in analoge signalen en omgekeerd.

Kabelmodems verbinden je computer met internet via een kabelnetwerk. DSL-modems gebruiken de vaste telefoonlijnen van een telecomaanbieder. Wifimodems werken net als traditionele modems, maar verbinden de computer met een draadloos netwerk. Dit kan een telefoon- of wifinetwerk zijn.

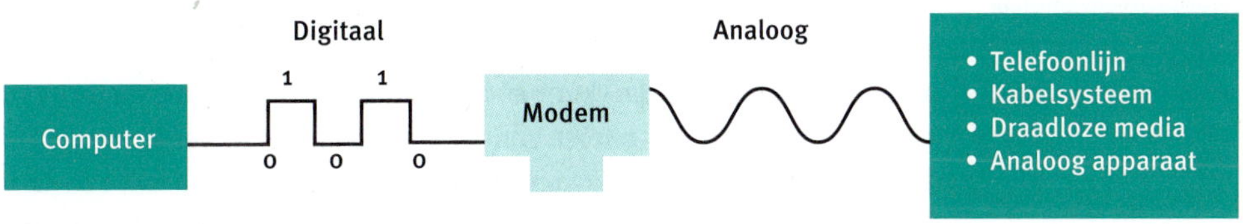

FIGUUR 7.5 *Functies van het modem*

Een modem is een apparaat dat digitale signalen omzet naar analoog formaat (en vice versa), zodat computers gegevens kunnen versturen via analoge netwerken, zoals telefoon- en kabelnetwerken.

7.2.2 Typen netwerken

Er zijn veel verschillende typen netwerken en manieren om deze te classificeren. Eén manier om netwerken te bekijken is door deze te classificeren naar geografische reikwijdte (zie tabel 7.1).

Local area networks

Als je in een bedrijf werkt dat gebruikmaakt van netwerken, ben je vermoedelijk via een local area network verbonden met andere medewerkers en groepen. Een **local area network (LAN)** is ontworpen om personal computers en andere digitale apparaten binnen een straal van een halve kilometer met elkaar te verbinden. LAN's verbinden meestal enkele computers binnen een klein kantoor, alle computers binnen één gebouw of alle computers binnen verschillende, dicht bij elkaar staande gebouwen. Door gebruik te maken van internet kunnen LAN's worden verbonden met wide area networks (WAN's, verderop in deze paragraaf beschreven) en andere netwerken over de hele wereld.

Local area network (LAN)
Een telecommunicatienetwerk waarvoor aparte kanalen nodig zijn en dat een klein gebied bedient, gewoonlijk één of een paar gebouwen bij elkaar in de buurt.

Kijk nog eens naar het netwerk in figuur 7.1, dat als model zou kunnen dienen voor een LAN voor in een kantoor. Een van de computers is een dedicated server die gebruikers in het netwerk toegang biedt tot onder meer gemeenschappelijk te gebruiken gegevens en programma's. De server bepaalt wie waartoe toegang krijgt en in welke volgorde. De router verbindt het LAN met andere netwerken, zoals internet of andere bedrijfsnetwerken, zodat gebruikers van

het LAN gegevens uit kunnen wisselen met externe netwerken. De meest algemeen gebruikte LAN-besturingssystemen zijn Windows, Linux en Novell.
Ethernet, het meest gebruikte LAN-protocol op het fysieke-netwerkniveau, specificeert wat het fysieke medium voor signaaloverdracht tussen computers moet zijn, de regels voor toegangscontrole en een gestandaardiseerde reeks bits om gegevens via het systeem over te brengen. Oorspronkelijk ondersteunde ethernet transport van gegevens met snelheden tot 10 Mbps. Nieuwere versies, zoals gigabit ethernet, ondersteunen transportsnelheden tot 1 Gbps.

TABEL 7.1 *Typen netwerken*

TYPE	DEKKINGSGEBIED
Local area network (LAN)	Tot een halve kilometer; een kantoor of een verdieping van een gebouw
Campus area network (CAN)	Tot een kilometer; een universiteitscampus of bedrijfsterrein
Metropolitan area network (MAN)	Een stad of grootstedelijk gebied
Wide area network (WAN)	Intercontinentaal of mondiaal

Het LAN uit figuur 7.1 maakt gebruik van een client/server-architectuur waarbij het netwerkbesturingssysteem zich voornamelijk op één server bevindt en de server een groot deel van de besturing en zorg voor het beheer van onder meer de programma's en gegevens binnen het netwerk voor zijn rekening neemt. Een andere mogelijke architectuur voor de toepassing van LAN's is een **peer-to-peerarchitectuur**. Een peer-to-peernetwerk behandelt alle servers gelijk en wordt voornamelijk gebruikt in netwerken van tien of minder gebruikers. De verschillende computers op het netwerk kunnen onderling direct gegevens en programma's uitwisselen en kunnen randapparatuur delen zonder via een aparte server te werken.

Peer-to-peerarchitectuur
Netwerkarchitectuur die alle computers op het netwerk gelijk behandelt; wordt veel gebruikt in kleine netwerken.

Grotere LAN's hebben veel clients en verschillende servers, met aparte servers voor specifieke diensten zoals het opslaan en beheren van bestanden en databases (fileservers en databaseservers), het beheren van printers (printservers), het opslaan en beheren van e-mail (mailservers) en het opslaan en beheren van webpagina's (webservers).

Metropolitan en wide area networks

Wide area networks (WAN's) maken transport van data over grote geografische afstanden mogelijk: in hele provincies, tussen landen, continenten of zelfs over de hele wereld. Het meest universele en krachtige WAN is internet. Computers zijn aangesloten op een WAN via publieke netwerken zoals het telefoonnet, eigen kabelsystemen of via geleasde lijnen of satellieten. Een **metropolitan area network (MAN)** is een netwerk dat een grootstedelijk gebied omspant, zoals een stad met al zijn belangrijke voorsteden. De geografische reikwijdte van dit netwerk zit tussen een WAN en een LAN in.

Wide area network (WAN)
Telecommunicatienetwerk dat een groot geografisch gebied bedient. Veel WAN's bestaan uit een combinatie van bekabelde, satelliet- en microgolftechnologieën.

Metropolitan area network (MAN)
Een netwerk dat een grootstedelijk gebied omspant, zoals een stad met al zijn belangrijke voorsteden. De geografische reikwijdte zit tussen een WAN en een LAN.

Bandbreedte: transmissiesnelheid

De totale hoeveelheid digitale informatie die over elk willekeurig telecommunicatiemedium kan worden verzonden, wordt gemeten in bits per seconde (bps). Verandering van een signaal (cyclus) is nodig om een of meer bits te versturen; daarom is de transmissiecapaciteit van elk telecommunicatiemedium een functie van de frequentie ervan. Het aantal cycli dat per seconde over het medium kan worden verstuurd, wordt gemeten in hertz; één **hertz** is gelijk aan één cyclus van het medium.
Het frequentiebereik dat binnen een bepaald telecommunicatiekanaal kan worden gerealiseerd, wordt de **bandbreedte** genoemd. De bandbreedte is het verschil tussen de hoogste en de laagste frequenties waar een bepaald kanaal geschikt voor is. Hoe groter het frequentiebereik, des te groter de transmissiecapaciteit van het kanaal.

Hertz
Maat voor de frequentie van elektrische pulsen per seconde, waarbij 1 Hertz gelijk is aan 1 cyclus per seconde.

Bandbreedte
De overdrachtscapaciteit van een communicatiekanaal zoals gemeten door het verschil te nemen tussen de hoogste en laagste frequenties die door dat kanaal kunnen worden doorgegeven.

TABEL 7.2 *Fysieke transmissiemedia*

TRANSMISSIEMEDIUM	OMSCHRIJVING	SNELHEID
Twisted pair-kabel (CAT 5)	Bundel van koperdraad in paren gedraaid, wordt gebruikt voor spraak- en datacommunicatie. CAT 5 is de meest gangbare 10 Mbps LAN-kabel. Aangeraden voor een lengte van maximaal 100 meter.	10–100+ Mbps
Coaxkabel	Geïsoleerde koperkabel geschikt voor hoge datasnelheden, is minder gevoelig voor interferentie dan twisted pair. Wordt voornamelijk gebruikt voor tv en langere afstanden (meer dan 100 meter).	Tot 1 Gbps
Glasvezel	Strengen van glasvezel, data worden in licht door laserpulsen verstuurd. Geschikt voor hoge snelheden en grote hoeveelheden data. Het is duurder dan de andere kabelsoorten en lastiger te installeren, maar wordt veel gebruikt als een netwerk-backbone.	15 Mbps tot 6+ Tbps
Draadloos	Is gebaseerd op radiosignalen met verschillende frequenties, gebruikt in zendmasten, telefoonmasten, satelieten, maar ook bekend van wifi. Het wordt vooral gebruikt voor data en spraak en kan over langere afstanden functioneren.	Tot 600+ Mbps

7.3 Het wereldwijde internet

We maken allemaal gebruik van internet, en velen van ons kunnen zelfs niet zonder. Het is een onmisbaar privé- en zakelijk hulpmiddel geworden. Maar wat is internet precies? Hoe werkt het, en wat heeft internettechnologie het bedrijfsleven te bieden? Laten we eens de belangrijkste internetkenmerken bekijken.

7.3.1 Wat is internet?

Internet is 's werelds meest uitgebreide publieke communicatiestelsel. Het is tevens 's werelds grootste implementatie van client/server-computing en onderlinge netwerken, doordat het miljoenen individuele netwerken van over de hele wereld aan elkaar koppelt. Dit wereldwijde netwerk van netwerken begon in het begin van de jaren zeventig van de vorige eeuw als een netwerk van het Amerikaanse ministerie van Defensie om wetenschappers en hoogleraren over de hele wereld met elkaar te verbinden. De meeste woningen en kleine bedrijven zijn op internet aangesloten door een abonnement afgesloten bij een internetserviceprovider. Een **internetserviceprovider (ISP)** is een commerciële organisatie met een permanente verbinding met het internet, die tijdelijke verbindingen aan abonnees verkoopt. Ziggo, UPC, KPN, XS4ALL, Telfort, Scarlet, Belgacom en Telenet zijn voorbeelden van ISP's in Nederland en België. Mensen kunnen ook een internetaansluiting hebben via hun bedrijf, universiteit of onderzoekscentrum als deze een eigen internetdomein hebben.

Internetserviceprovider (ISP) Een commerciële organisatie met een permanente verbinding met internet, die tijdelijke verbindingen verkoopt aan abonnees.

Er is een verscheidenheid aan diensten op het terrein van het leveren van internetverbindingen. De meest gebruikelijke verbinding wereldwijd was die via een traditionele telefoonlijn en een modem, met een snelheid van 56,6 kilobits per seconde (Kbps). Deze is snel vervangen door breedbandverbindingen. Deze breedbanddiensten worden geboden door DSL-verbindingen, kabel-, satellietinternetverbindingen en T-lijnen.

Digital subscriber line (DSL) Een groep technologieën die een hoge overdrachtscapaciteit levert via bestaande koperen telefoonlijnen.

Kabelinternetverbindingen Verbindingen die gebruikmaken van digitale coaxkabellijnen voor het leveren van hogesnelheidsinternettoegang aan woningen en bedrijven.

DSL-technologieën (DSL staat voor **digital subscriber line**) opereren via bestaande telefoonlijnen voor het overbrengen van spraak, gegevens en video op transmissiesnelheden variërend van 385 Kbps tot maar liefst 40 Mbps, afhankelijk van de gebruikspatronen en afstand. **Kabelinternetverbindingen**, geleverd door leveranciers van kabel-tv, gebruiken digitale coaxkabels voor het leveren van hogesnelheidsinternettoegang aan woningen en bedrijven. Ze bieden internet met een hoge snelheid van gegevenstransport, tot wel 50 Mbps, hoewel de meeste providers een snelheid van 1 tot 6 Mbps aanbieden. In gebieden waar DSL- en kabeldiensten niet beschikbaar zijn, is het mogelijk om internettoegang te krijgen via een satellietverbinding, hoewel sommige satellietinternetverbindingen lagere uploadsnelheden

T1-lijn
Een toegewijde telefoonverbinding bestaande uit 24 kanalen die een overdrachtssnelheid van 1,544 megabit per seconde kan ondersteunen. Elk kanaal kan worden geconfigureerd om spraak- en gegevensverkeer te transporteren.

hebben dan andere breedbanddiensten. T1 en T3 zijn internationale telefoonstandaarden voor digitale communicatie. Het zijn dedicated huurlijnen, geschikt voor bedrijven of overheidsinstellingen waarvoor een servicegraad met een hoge snelheid gegarandeerd moet zijn. **T1-lijnen** bieden gegarandeerde levering op 1,54 Mbps en T3-lijnen bieden levering op 45 Mbps. Het internet biedt geen gegarandeerde service, maar geeft 'de best mogelijke' snelheid.

7.3.2 Internetadressering en architectuur

IP-adres (Internet Protocol)
Vierdelig numeriek adres dat een unieke computerlocatie op internet aangeeft.

Internet is gebaseerd op de eerder in dit hoofdstuk beschreven TCP/IP-netwerkprotocolreeks. Aan iedere computer op internet wordt een uniek **IP-adres** toegewezen, dat momenteel bestaat uit een 32-bit-getal gerepresenteerd door vier getalstrings met een bereik van 0 tot 255, gescheiden met punten. Om een voorbeeld te geven, het IP-adres van www.microsoft.com is 207.46.250.119.

Wanneer een gebruiker via internet een bericht stuurt naar een andere gebruiker, wordt het bericht eerst met behulp van het TCP-protocol opgesplitst in packets. Elk packet bevat zijn bestemmingsadres. De packets worden vervolgens van de client naar de netwerkserver gestuurd, en van daaruit via een pad van servers die nodig zijn om een computer met een specifiek adres te bereiken. Op het bestemmingsadres worden de packets weer gecombineerd tot het oorspronkelijke bericht.

Het Domain Name System

Domain name system (DNS)
Een hiërarchisch systeem van servers die databases bijhouden en die domeinnamen omzetten in IP-adressen.

Domeinnaam
De unieke naam van een knooppunt op internet.

Omdat het voor internetgebruikers een enorme opgave zou zijn om strings van twaalf cijfers te onthouden, worden IP-adressen door een **domain name system (DNS)** omgezet in domeinnamen. De **domeinnaam** is de naam die correspondeert met het unieke IP-adres van elke computer die op internet is aangesloten. DNS-servers onderhouden een database met IP-adressen en de corresponderende domeinnamen. Om toegang te krijgen tot een op internet aangesloten computer, hoeven gebruikers alleen maar de domeinnaam ervan te specificeren. Het DNS heeft een hiërarchische structuur (zie figuur 7.6). Boven aan de DNS-hiërarchie bevindt zich het rootdomein. Het childdomein van de root wordt het top-leveldomein genoemd en het childdomein van een top-leveldomein wordt een second-leveldomein genoemd. Top-leveldomeinen zijn namen van twee of drie tekens die je kent van het surfen op internet, zoals .com, .edu, .gov en de verschillende landcodes, zoals .nl voor Nederland en .be voor België. Second-leveldomeinen bestaan uit twee delen en geven een top-level- en een second-levelnaam aan, zoals buy.com, nyu.edu of amazon.ca. Een hostnaam onder aan de hiërarchie geeft een specifieke computer aan, ofwel aangesloten op internet ofwel op een eigen netwerk.

Internetarchitectuur

Internetdataverkeer beweegt zich langs hogesnelheidsbackbonenetwerken. Deze netwerken opereren tegenwoordig over het algemeen in het bereik van 155 Mbps tot 2,5 Gbps (figuur 7.7). Deze backbones zijn meestal het eigendom van in een groot gebied opererende telefoonbedrijven (netwerkserviceproviders genoemd) of van nationale regeringen. Lokale verbindingslijnen zijn in eigendom van regionale telefoon- en kabeltelevisiemaatschappijen die de aansluitingen op internet verzorgen voor particuliere en zakelijke abonnees. De regionale netwerken verhuren de toegang tot internet aan ISP's, particuliere ondernemingen en overheidsinstellingen.

Elke organisatie betaalt voor zijn eigen netwerken en eigen lokale internetverbindingsdiensten. Een deel van het geld gaat naar de exploitanten van langeafstandsbackbones via de maandafrekeningen voor telefoon- en internetdiensten. Individuele internetgebruikers betalen ISP's voor het gebruik van hun diensten; gewoonlijk is dit een vast abonnementsbedrag, ongeacht hoeveel of hoe weinig ze van internet gebruikmaken. De Interactieve sessie over organisaties gaat in op dit onderwerp bij het onderzoeken van de voor- en nadelen van netneutraliteit.

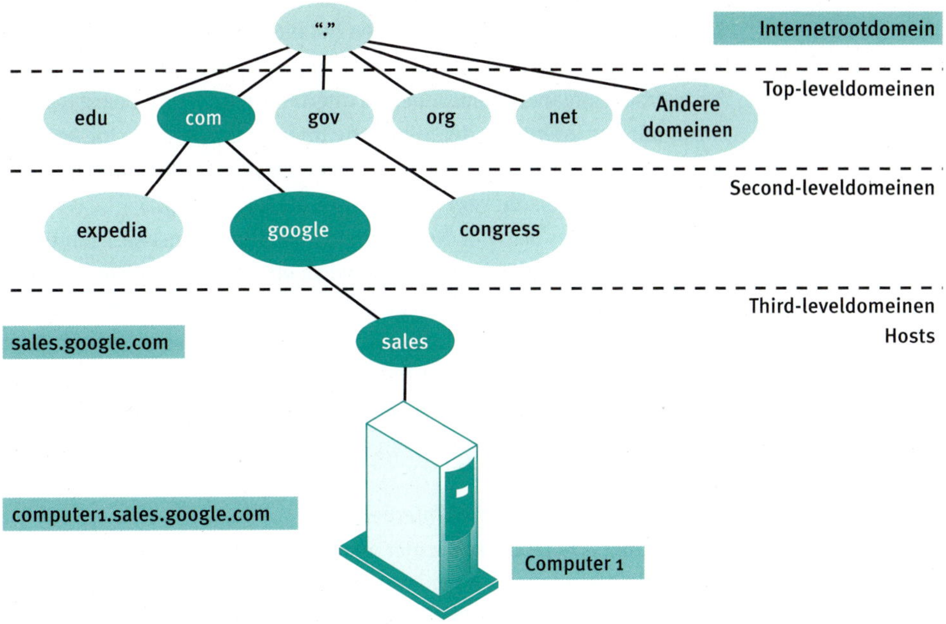

FIGUUR 7.6 *Het domain name system*

Het domain name system (DNS) is een hiërarchisch systeem met een rootdomein, top-leveldomeinen, second-leveldomeinen en hostcomputers.

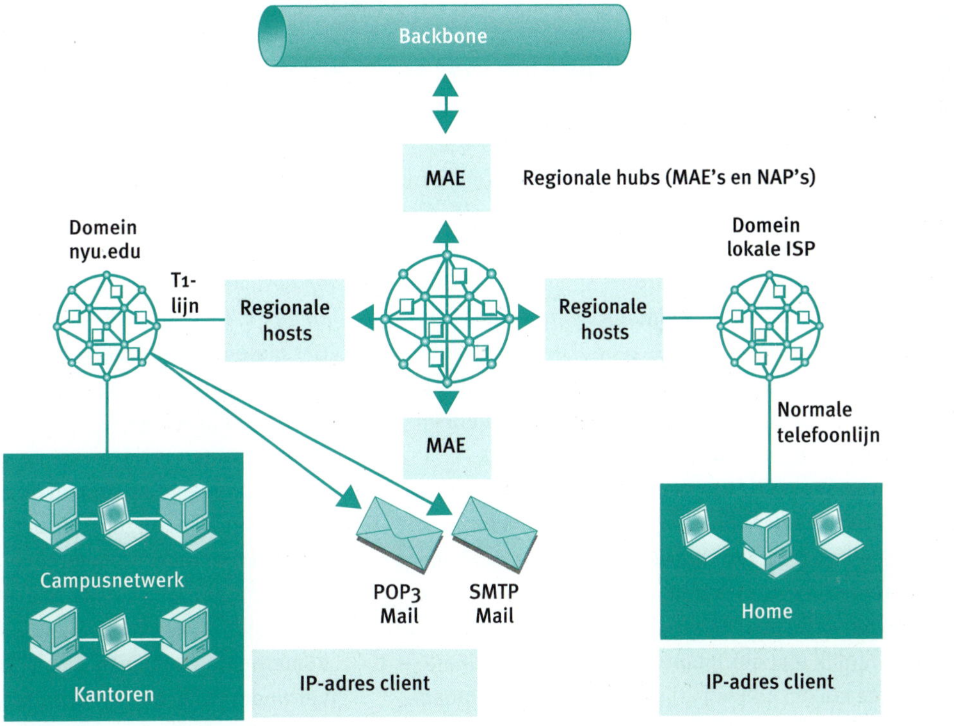

FIGUUR 7.7 *De netwerkarchitectuur van internet*

De internetbackbone is de aansluiting op internet voor de regionale netwerken, die op hun beurt toegang tot internet bieden aan internetserviceproviders, grote ondernemingen en overheidsinstellingen. Network access points (NAP's) en metropolitan area exchanges (MAE's) zijn hubs waar de backbone de regionale en lokale netwerken ontmoet en waar backbonebezitters met elkaar worden verbonden.

Niemand is 'eigenaar' van internet en het internet heeft geen formeel management. Er zijn echter wereldwijde internetrichtlijnen opgesteld door een aantal professionele organisaties en overheidsorganen, waaronder de Internet Architecture Board (IAB), die helpt de algehele structuur van internet te definiëren; de Internet Corporation for Assigned Names and Numbers (ICANN), die domeinnamen toewijst en IP-nummers distribueert; en het World Wide Web Consortium (W3C), dat voor standaarden als HTML zorgt.
Deze organisaties beïnvloeden overheidsinstellingen, netwerkgebruikers, ISP's en softwareontwikkelaars met het doel het internet zo efficiënt mogelijk te laten opereren. Internet moet ook voldoen aan de wetten van de soevereine staten waarin het opereert. Dit geldt ook voor de technische infrastructuren binnen die staten. Hoewel er in de beginjaren van internet en het world wide web zeer weinig wettelijke of andere bemoeienis van bovenaf was, is deze situatie aan het veranderen nu internet een steeds grotere rol speelt in de distributie van informatie en kennis, waaronder voor sommigen aanstootgevende teksten en afbeeldingen.

The Future Internet: IPv6 en Internet2

Het internet is oorspronkelijk niet opgezet voor het afhandelen van de transmissie van enorme hoeveelheden gegevens en miljarden gebruikers. Vanwege de groei van de internetpopulatie zullen internetadressen via de beschikbare IP-adressen met de oude adresseringsregeling opraken. Dit oude systeem wordt daarom vervangen door IPv6, een systeem dat 128-bit-adressen (2 tot de macht 128) kan genereren, oftewel meer dan een biljard mogelijke unieke

INTERACTIEVE SESSIE: ORGANISATIES

De wereldwijde discussie over netneutraliteit

Wat voor soort internetgebruiker ben je? Gebruik je het voornamelijk voor e-mail en online bankieren? Of ben je de hele dag online en zit je YouTube-filmpjes te bekijken, muziekbestanden te downloaden of zware online games voor meerdere spelers te spelen? Gebruik je je iPhone om regelmatig tv-shows en films te streamen? Ben je een zware gebruiker van internet of smartphone, dan gebruik je een flinke hoeveelheid bandbreedte. Zou door honderden miljoenen mensen zoals jij het internet trager kunnen worden?
Videostreamen op Netflix is verantwoordelijk voor 32 procent van alle bandbreedtegebruik in de Verenigde Staten en Google's YouTube voor 19 procent van het webverkeer tijdens piekuren. Als de vraag van gebruikers de netwerkcapaciteit overstijgt, zal het internet waarschijnlijk niet abrupt uitvallen, maar gebruikers zouden te maken kunnen krijgen met trage downloadsnelheden en videotransmissie. Zwaar gebruik van iPhones in stedelijke gebieden zoals New York en San Francisco heeft al tot verslechterde service op het wifinetwerk van AT&T geleid. AT&T heeft gerapporteerd dat 3 procent van zijn abonneebestand verantwoordelijk is voor 40 procent van zijn dataverkeer.
Internetserviceproviders (ISP's) beweren dat netwerkcongestie een serieus probleem is en dat bij uitbreiding van hun netwerken forse kosten aan consumenten moeten worden doorberekend. Deze bedrijven vinden dat gedifferentieerde prijsmethoden, zoals datalimieten en betalen naar gebruik (tarieven op basis van de gebruikte hoeveelheid bandbreedte) de eerlijkste manier zijn om noodzakelijke investeringen in hun netwerkinfrastructuren te financieren. Het meten van internetgebruik is echter niet breed geaccepteerd, vanwege een voortdurende discussie over netneutraliteit.
Netneutraliteit is de opvatting dat internetserviceproviders, ongeacht de bron of de aard van de content, klanten gelijke toegang tot content en toepassingen moeten toestaan. Momenteel is het internet neutraal: door de eigenaren van de internetbackbone wordt alle internetverkeer gelijk behandeld op een 'eerst-aangekomen-eerst-bedienen'-basis. Deze gang van zaken verhindert telecom- en kabelmaatschappijen echter om gedifferentieerde prijzen te rekenen op basis van de hoeveelheid verbruikte bandbreedte door de content die via internet wordt geleverd.
Tot het vreemde verbond van netneutraliteitvoorvechters behoren MoveOn.org, de Electronic Frontier Foundation, de Christian Coalition en de American Library Association, data-intensieve webbedrijven zoals Netflix, Amazon en Google, belangrijke consumentengroepen, massabloggers en kleine bedrijven.

Voorvechters van netneutraliteit stellen dat gedifferentieerde prijzen zware bandbreedtegebruikers zoals YouTube, Skype en andere innovatieve diensten op hoge kosten zouden jagen, waardoor startende bedrijven die veel bandbreedte verbruiken niet van de grond komen. Aanhangers van netneutraliteit beargumenteren ook dat ISP's die tevens kabelmaatschappij zijn, zoals Comcast, zonder netneutraliteit online streaming video van Netflix of Hulu zouden kunnen blokkeren om klanten te dwingen de on demand videoverhuurdienst van het kabelbedrijf te gebruiken.

Netwerkeigenaren geloven dat regulering om netneutraliteit af te dwingen de Amerikaanse concurrentiekracht zal hinderen, doordat kapitaalinvesteringen in nieuwe netwerken worden ontmoedigd en het vermogen van hun netwerken om met de explosieve vraag naar internet en draadloos verkeer om te gaan wordt beperkt. Wat dit argument geloofwaardig maakt, is dat de Amerikaanse internetdienst qua algehele snelheid, kosten en kwaliteit achterligt op veel andere landen. En met genoeg opties voor internettoegang, zouden ontevreden klanten gewoon kunnen overstappen naar providers die netwerkneutraliteit voorstaan en onbeperkt internetgebruik toestaan.

In de Verenigde Staten geldt internet sinds kort als openbare voorziening, en daarom moet het voldoen aan de regelgeving van de Federal Communications Commission (FCC), die de telecommunicatie reguleert. Openbare voorzieningen moeten voor alle gebruikers gelijkelijk beschikbaar zijn. De nieuwe regels zijn bedoeld om ervoor te zorgen dat er geen content wordt geblokkeerd en dat internet niet kan worden verdeeld in betaalde snelle verbindingen voor internet- en mediabedrijven die ze zich kunnen veroorloven en trage verbindingen voor alle overige gebruikers. Het regelrecht blokkeren van content, vertragen van verzending en het creëren van zogeheten snelwegen werden verboden. De FCC stelde dat ze een zachte aanpak verkiest boven de strenge regels waar de oude gereguleerde telefoonmaatschappijen zich aan moesten houden. Eén bepaling dat 'billijk en redelijk' gedrag vereist is, geeft de FCC de ruimte om per geval te beslissen wat acceptabel is. Behalve op telecomlijnen zijn de nieuwe regels ook van toepassing op mobiele datadiensten voor smartphones en tablets. De regels bevatten verder bepalingen om de privacy van consumenten te beschermen en ervoor te zorgen dat internetdiensten beschikbaar zijn voor mensen met beperkingen en in afgelegen gebieden.

In 2015 begon de brancheorganisatie United States Telecom Association een rechtszaak om een einde te maken aan de netneutraliteitsregelgeving van de overheid. AT&T, de National Cable & Telecommunications Association, en CTIA, die draadloze carriers vertegenwoordigt, kwamen met soortgelijke rechtszaken. Voorstanders van netneutraliteit hebben de FCC gevraagd te kijken naar 'nultarief-praktijken' waarin bepaalde diensten, zoals Spotify en Netflix, zijn vrijgesteld van databeperkingen in het data-abonnement van een klant. De strijd om netneutraliteit is nog niet gestreden.

In Europa zijn telecommunicatiedragers gehouden aan regels van het Europees Parlement, dat in 2015 wetgeving aannam over netneutraliteit die internetserviceproviders (ISP's) verplicht alle internetverkeer gelijk te behandelen. In 2016 vaardigde het Bureau van het Orgaan voor Europese regelgevende instanties voor elektronische communicatie (BEREC) regels uit die het ISP's verbood om internetverkeer te blokkeren of vertragen, tenzij dit nodig is voor onderhoud en veiligheid.

Grote Europese ISP's, waaronder Deutsche Telekom, Nokia, Vodafone en BT, beloven rond 2020 5G-netwerken in elk land binnen de Europese Unie te lanceren als de autoriteiten de nieuwe regels niet implementeren. Anders zal het een stuk langer duren voordat de 5G-netwerken er komen, stellen zij.

Bronnen: Amar Toor, 'Europe's Net Neutrality Guidelines Seen as a Victory for the Open Web,' *The Verge*, 30 augustus 2016; BEREC, 'All You Need to Know About Net Neutrality Rules in the EU,' *berec.europa.eu*, 2016; David Meyer, 'Here's Why Europe's Net Neutrality Advocates Are Celebrating,' *Fortune*, 30 augustus 2016; John D. McKinnon en Brett Kendall, 'FCC's Net-Neutrality Rules Upheld by Appeals Court,' *Wall Street Journal*, 14 juni 2016; Darren Orf, 'The Next Battle for Net Neutrality Is Getting Bloody,' *Gizmodo*, 25 mei 2016; Stephanie Milot, 'GOP Moves to Gut Net Neutrality, FCC Budget,' *PC Magazine*, 26 februari 2016; Rebecca Ruiz, 'FCC Sets Net Neutrality Rules,' *New York Times*, 12 maart 2015; Rebecca Ruiz en Steve Lohr, 'F.C.C. Approves Net Neutrality Rules, Classifying Broadband Internet Service as a Utility,' *New York Times*, 26 februari 2015; Robert M. McDowell, 'The Turning Point for Internet Freedom,' *Wall Street Journal*, 19 januari 2015; Ryan Knutson, 'AT&T Sues to Overturn FCC's Net Neutrality Rules,' *Wall Street Journal*, 14 april 2015.

Vragen bij de case

1. Wat is netneutraliteit? Waarom heeft internet tot op heden onder netneutraliteit gewerkt?
2. Wie zijn voorstanders van netneutraliteit? Wie zijn er tegen? Waarom?
3. Wat zou de invloed zijn op individuele gebruikers, bedrijven en overheid als internetproviders zouden overstappen op een servicemodel met getrapte tarieven, zowel voor transmissie over vaste lijnen als via wifitransmissie?
4. Er wordt beweerd dat netneutraliteit het grootste probleem is waarmee internet sinds zijn ontstaan te kampen heeft. Bespreek de implicaties van deze bewering.
5. Ben jij voor wetgeving die netneutraliteit verplicht stelt? Waarom wel of waarom niet?

adressen. De meeste modems en routers die nu worden verkocht zijn ook compatibel met IPv6 en kunnen terugvallen op het oude addresseringssysteem als dat nodig is. De volledige overgang zal enige jaren in beslag nemen totdat de oude apparatuur overal is vervangen.

Internet2
Onderzoeksnetwerk met nieuwe protocollen en overdrachtssnelheden dat internettoepassingen kan ondersteunen waarvoor een hoge bandbreedte nodig is.

Internet2 is een geavanceerd netwerkconsortium dat meer dan 500 Amerikaanse universiteiten, particuliere bedrijven en overheidsinstanties vertegenwoordigt, en samenwerkt met 66.000 instituten in meer dan honderd landen. Om deze partijen te verbinden heeft Internet2 een 100 Gbps-netwerk ontwikkeld, dat fungeert als testomgeving voor geavanceerde technologieën die uiteindelijk kunnen worden uitgerold op het openbare internet, zoals telegeneeskunde, leren op afstand en andere applicaties die niet mogelijk zijn met de normale internetdienst zoals de consument deze gebruikt vanwege de hoge capaciteit en netwerksnelheid die is vereist.

Internetdiensten en communicatieprogramma's

Internet is gebaseerd op client/server-technologie. Mensen die met internet werken, maken voor datgene wat ze doen gebruik van clienttoepassingen op hun computers, zoals webbrowsersoftware. Alle gegevens, waaronder e-mailberichten en webpagina's, worden opgeslagen op servers. Een client maakt gebruik van internet om gegevens van een bepaalde webserver op een computer ver weg op te vragen, en die server stuurt de gevraagde gegevens terug naar de client via internet. Tegenwoordig omvatten clientplatforms niet alleen pc's en andere computers, maar ook smartphones en tablets.

TABEL 7.3 *Belangrijkste internetdiensten*

VOORZIENING	ONDERSTEUNDE FUNCTIES
E-mail	Berichten versturen van persoon naar persoon; delen van documenten
Chatten en instant messaging	Interactieve gesprekken
Nieuwsgroepen	Discussiegroepen op elektronische bulletinboards
Telnet	Inloggen op het ene computersysteem en werken op een ander
FTP	Bestanden van computer naar computer versturen
World wide web	Ontvangen, formatteren en weergeven van informatie (waaronder tekst, audio, afbeeldingen en video) met behulp van hypertextlinks

Internetdiensten

Een clientcomputer die is aangesloten op internet heeft toegang tot een heel scala aan diensten. Tot deze diensten behoren e-mail, elektronische discussiegroepen, chatten en instant messaging, **Telnet**, **file transfer protocol (FTP)** en het world wide web. Tabel 7.3 geeft een korte beschrijving van al deze diensten.

Telnet
Netwerktool waarmee iemand via het ene computersysteem op een ander systeem kan werken.

File transfer protocol (FTP)
Tool voor het zoeken en ophalen van bestanden van een andere computer.

E-mail
Uitwisseling van berichten tussen computers.

Elke internetdienst wordt geïmplementeerd door de installatie van een of meer softwareprogramma's. Het kan zo zijn dat alle diensten op één servercomputer worden uitgevoerd, maar ook dat bij het leveren van verschillende diensten verschillende machines betrokken zijn. Figuur 7.8 toont een manier waarop deze diensten kunnen worden gerangschikt in een gelaagde client/server-architectuur.

E-mail maakt het mogelijk om berichten uit te wisselen tussen computers. Het biedt mogelijkheden voor het routeren van berichten naar verschillende ontvangers, voor het doorsturen van berichten en voor het meesturen van tekstdocumenten of multimediabestanden. Hoewel sommige organisaties hun eigen interne elektronische mailsystemen gebruiken, loopt een groot deel van het huidige e-mailverkeer via internet. De kosten van e-mail zijn veel lager dan de kosten voor telefoon, post of bezorgdiensten, en e-mailberichten arriveren overal ter wereld binnen luttele seconden.

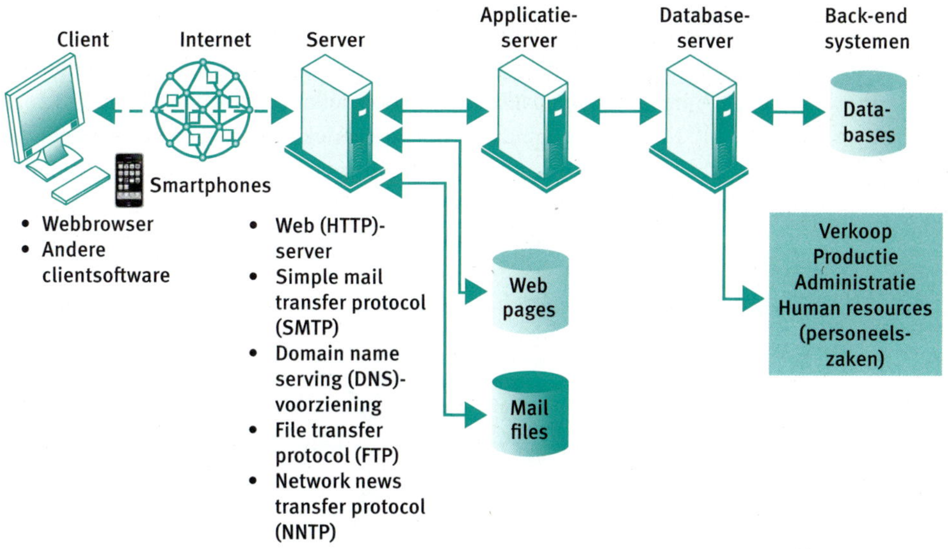

FIGUUR 7.8 *Client/server-computing op internet*

Clientcomputers waarop een webbrowser en andere software draaien, kunnen via internet gebruikmaken van een reeks van diensten op servers. Deze diensten kunnen op één server draaien, maar ook op een aantal gespecialiseerde servers.

Chatten
Live, interactieve conversatie via een openbaar netwerk.

In veel bedrijven communiceren medewerkers tegenwoordig interactief met behulp van **chatten** of instant-messagingprogramma's. Door te chatten kunnen twee of meer personen die tegelijkertijd een internetverbinding hebben live interactieve gesprekken voeren. Chatsystemen ondersteunen nu zowel spraak- en beeldchat als geschreven conversaties. Veel online winkels bieden chatdiensten aan op hun websites om bezoekers te trekken, ervoor te zorgen dat klanten terugkomen en om de klantenservice te verbeteren.

Instant messaging
Chatdienst waarmee deelnemers privé-chatkanalen kunnen opzetten, zodat een persoon gewaarschuwd wordt wanneer iemand op zijn of haar privé-lijst online is waarna met deze persoon gechat kan worden.

Instant messaging is een type chatdienst dat deelnemers de mogelijkheid biedt om hun eigen chatkanalen te creëren. Het instant-messagingsysteem maakt de gebruiker erop attent als er iemand op zijn of haar privélijst online is, zodat de gebruiker een chatsessie met andere mensen kan beginnen. Tot de instant-messagingsystemen voor consumenten behoren Yahoo! Messenger, Google Hangouts en Facebook Chat. Bedrijven die zich druk maken om de beveiliging maken vaak gebruik van bedrijfseigen communicatie- en messagingsystemen zoals IBM Sametime.
Personeelsgebruik van e-mail, instant messaging en internet wordt verondersteld de productiviteit van de werknemer te verhogen, maar de Interactieve sessie over management laat zien dat dit niet altijd het geval hoeft te zijn. Veel bedrijfsmanagers geloven inmiddels dat ze de online activiteit van hun personeel moeten bewaken of zelfs reguleren. Maar is dit wel ethisch? Er kunnen weliswaar enkele gegronde redenen zijn waarom bedrijven de e-mail- en webactiviteiten van hun personeel zouden moeten kunnen volgen, maar wat zijn de gevolgen voor de privacy van de werknemer?

Voice over IP

Voice over IP (VoIP)
Faciliteiten voor het verzenden van gesproken informatie via het internetprotocol (IP).

Internet is ook een populair platform geworden voor spraaktransmissie. **Voice over IP (VoIP)** levert gesproken informatie in digitale vorm met behulp van packet switching, waardoor de tarieven die door lokale en interlokale telefoonnetwerken in rekening worden gebracht, worden vermeden (zie figuur 7.9). Gesprekken die normaliter zouden verlopen via publieke telefoonnetwerken, kunnen nu verlopen via het bedrijfsnetwerk gebaseerd op het internetprotocol of het publieke internet. Telefoongesprekken kunnen worden gevoerd met behulp van een pc die is uitgerust met een microfoon en luidsprekers of met een voor VoIP geschikte telefoon. Kabelmaatschappijen (zoals Time Warner en Cablevision) bieden VoIP-diensten, gebundeld met snel internet en kabeldiensten. Skype biedt wereldwijd gratis VoIP door gebruik te maken van een peer-to-peernetwerk, en Google heeft zijn eigen gratis VoIP-dienst.

Hoewel er bij een IP-telefoonnet vooraf geïnvesteerd moet worden, kan VoIP de communicatie- en netwerkbeheerkosten van een bedrijf met 20 tot 30 procent verminderen. Zo spaarde VoIP de Virgin Entertainment Group 700.000 dollar per jaar aan rekeningen voor interlokale gesprekken uit. Naast het verminderen van de interlokale kosten en het overbodig maken van telefoonabonnementen, biedt een IP-netwerk één spraak-data-infrastructuur voor beide vormen van telecommunicatie en computerdiensten. Bedrijven hoeven er dus niet langer voor elke toepassing een apart netwerk op na te houden of diensten en personeel voor elk type netwerk te ondersteunen.

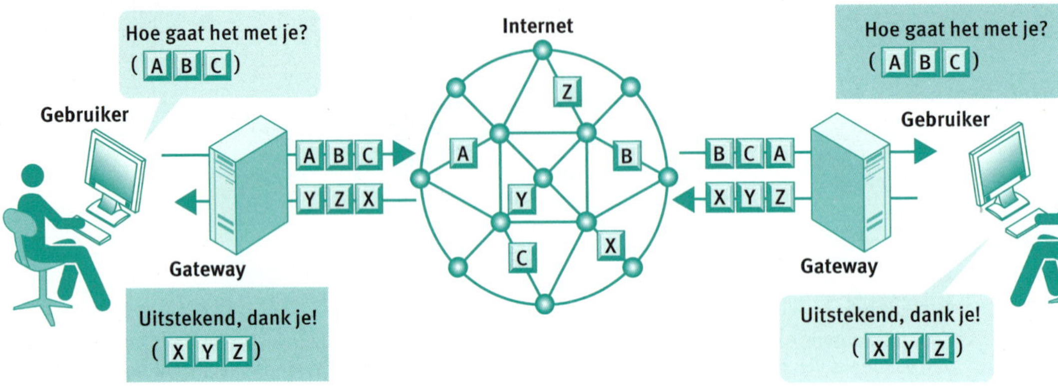

FIGUUR 7.9 *Hoe Voice over IP werkt*

Een VoIP-telefoongesprek digitaliseert en splitst een spraakbericht in data packets die zich langs verschillende routes verplaatsen alvorens op hun bestemming aan te komen. Een processor vlak bij de ontvanger van het gesprek, een zogenoemde gateway, rangschikt de packets in de juiste volgorde en stuurt ze naar het telefoonnummer van de ontvanger of het IP-adres van de ontvangende computer.

INTERACTIEVE SESSIE: MANAGEMENT

Werknemers op netwerken in de gaten houden: onethisch of goed ondernemerschap?

Het internet is uitgegroeid tot een zeer waardevol hulpmiddel in het bedrijfsleven, maar voor werknemers is het ook een enorme bron van afleiding van hun taken. Ze verspillen waardevolle bedrijfstijd door te surfen naar websites die niets met hun werk te maken hebben (Facebook, winkelsites, sporten enzovoort), persoonlijke e-mail te verzenden en te ontvangen, via online chat met vrienden te praten en video's en muziek te downloaden. Diverse onderzoeken hebben aangetoond dat medewerkers tussen de een en drie uur online spenderen voor persoonlijk gebruik. Een organisatie met 1000 werknemers zou dan zo'n 35 miljoen euro aan productiviteitsverlies kunnen lijden. Veel bedrijven houden daarom het gebruik van e-mail en internet door werknemers in de gaten, soms zonder dat die dat weten. Hiervoor zijn inmiddels vele programma's beschikbaar, waaronder Spector CNE Investigator, OsMonitor, IMonitor, Work Examiner, Mobistealth en Spytech. Met deze producten kunnen bedrijven online zoekopdrachten registreren, downloads en uploads van bestanden in de gaten houden, toetsaanslagen registreren, e-mails controleren, transcripts van chats creëren en screenshots van weergegeven beelden op computerschermen maken. Ook worden instant messaging, text messaging en sociale media steeds meer gevolgd. Amerikaanse bedrijven hebben in principe het recht om de internet- en e-mailactiviteiten van hun werknemers op het werk te controleren. Maar is dat onethisch of juist een teken van goed ondernemerschap?

Managers maken zich zorgen over het verlies van werktijd en productiviteit als werknemers hun tijd en aandacht besteden aan persoonlijke zaken in plaats van aan hun werk. Privédingen doen onder werktijd kost geld. Sommige werknemers brengen misschien zelfs tijd in rekening aan klanten terwijl ze voor eigen plezier op internet aan het surfen zijn.

Als het persoonlijk verkeer op bedrijfsnetwerken te veel wordt, kan het netwerk er bovendien zo door vertragen dat er amper nog kan worden gewerkt. GMI Insurance Services, een Amerikaanse transportverzekeraar, ontdekte dat medewerkers veel muziek en video's downloaden op de bedrijfsservers, waardoor zeer veel beschikbare backup-capaciteit werd verbruikt.

Als werknemers e-mail of internet (inclusief sociale netwerken) gebruiken op het werk of op een werkcomputer, is alles wat ze doen, ook illegale zaken, uit naam van het bedrijf. Naar schatting heeft 27 procent van de bedrijven in de Fortune Top 500 zich moeten verdedigen tegen claims met betrekking tot seksuele intimidatie nadat er e-mail vanuit de organisatie verstuurd was. De werkgever kan worden achterhaald en verantwoordelijk worden gesteld. Bedrijven zijn vaak bang dat racistisch, seksueel getint of ander mogelijk aanstootgevend materiaal dat hun werknemers bekijken of verhandelen resulteert in negatieve publiciteit of rechtszaken. Zelfs als het bedrijf niet schuldig wordt bevonden, is het reageren op aanklachten een kostbare zaak.

Bedrijven zijn ook bang dat vertrouwelijke informatie en bedrijfsgeheimen weglekken via e-mail of sociale netwerken. Tijdens een ander onderzoek, uitgevoerd door de American Management Association en het ePolicy Institute, gaf 14 procent van de werknemers toe dat ze vertrouwelijke of mogelijk pijnlijke e-mails vanuit het bedrijf hadden gestuurd.

Amerikaanse bedrijven hebben het recht om tijdens werktijden te controleren wat hun werknemers met bedrijfsapparatuur doen. De vraag is of elektronisch toezicht een geschikt middel is om een prettige en efficiënte werkplek te creëren. Sommige bedrijven proberen alle persoonlijke activiteiten op bedrijfsnetwerken tegen te houden: zero tolerance. Andere blokkeren de toegang tot bepaalde websites en sociale websites, controleren de verstuurde e-mailberichten of beperken het persoonlijk gebruik van internet.

GMI Insurance heeft Veriato Investigator- en Veriato 360-software geïmplementeerd om de internet- en computeractiviteit van al haar werknemers te bewaren en analyseren. De Veriato-software kan benoemen welke websites werknemers regelmatig bezoeken, hoeveel tijd werknemers op deze sites doorbrengen, of werknemers vertrouwelijke documenten printen of naar een USB-stick kopiëren om ze mee naar huis te nemen, en of er ongepaste communicatie plaatsvindt. Voorheen hanteerden GMI en haar zusterbedrijf CCS al beleidslijnen voor aanvaardbaar gebruik (AUP), die regels bevatten over wat werknemers wel en niet op bedrijfscomputers mochten doen. Tot de implementatie van de Veriato-software was het echter vrijwel onmogelijk om deze AUP te handhaven. In antwoord op het downloaden van muziek en films ontwikkelde GMI software downloadbeleid dat de werknemers moeten lezen en tekenen. De directies van GMI en CCS menen dat de productiviteit van werknemers dankzij het gebruik van de Veriato-software met 15 tot 20 procent is gestegen.

Een aantal bedrijven heeft al werknemers ontslagen die de regels hadden overtreden. Uit een onderzoek van Proofpoint bleek dat een op de vijf grote Amerikaanse bedrijven werknemers had ontslagen wegens overtreding van het e-mailbeleid. Van de managers die werknemers ontsloegen wegens misbruik van internet, gaf de meerderheid aan dit te hebben gedaan omdat e-mailberichten met gevoelige, vertrouwelijke of schadelijke informatie waren verstuurd.

Geen enkele oplossing is zonder problemen, maar veel consultants geloven dat het belangrijk is dat bedrijven een beleid hebben ten aanzien van het gebruik van e-mail, sociale media en internetgebruik op het werk. Dit beleid moet duidelijke regels en grenzen aangeven over het gebruik van bedrijfsfaciliteiten door werknemers om te e-mailen, bloggen of surfen. Ook moet erin zijn beschreven of deze activiteiten worden gecontroleerd en waarom.

IBM heeft nu 'richtlijnen voor sociaal computergebruik' voor activiteiten op websites als Facebook en Twitter. Deze richtlijnen drukken werknemers op het hart hun identiteit niet geheim te houden, te onthouden dat ze persoonlijk verantwoordelijk zijn voor wat ze schrijven en dat ze geen controversiële onderwerpen mogen bespreken die niets met hun rol bij IBM te maken hebben.

De regels moeten worden aangepast aan de behoeften van een organisatie en de heersende cultuur. Investeringsbedrijven moeten bijvoorbeeld werknemers wel toestemming geven om andere investeringswebsites te bezoeken. Een bedrijf dat afhankelijk is van de uitwisseling van informatie, innovatie en onafhankelijkheid zou juist meer problemen kunnen veroorzaken met extra bewaking dan het ermee oplost.

Bronnen: Susan M. Heathfield, 'Surfing the Web at Work,' *About.com*, 27 mei 2016; Veriato, 'Veriato 'Golden' for GMI Insurance Services,' 2016; 'Office Slacker Stats,' www.staffmonitoring.com, geraadpleegd op 28 mei 2016; 'How Do Employers Monitor Internet Usage at Work?' wisegeek.org, geraadpleegd op 15 april 2016 'Could HR Be Snooping on Your Emails and Web Browsing? What Every Worker Should Know,' *Philly.com*, 30 maart 2015; Dune Lawrence, 'Companies Are Tracking Employees to Nab Traitors,' *Bloomberg*, 23 maart 2015; 'Should Companies Monitor Their Employees' Social Media?' *Wall Street Journal*, 11 mei 2014.

Vragen bij de case

1. Moeten managers het e-mail- en internetgebruik van werknemers bijhouden? Waarom wel of niet?
2. Beschrijf hoe een effectief e-mail- en webbeleid eruit kan zien.
3. Moeten managers werknemers ervan op de hoogte stellen dat hun surfgedrag wordt gecontroleerd? Of moeten ze dit in het geheim doen? Motiveer je antwoord.

7.3.3 Virtuele privénetwerken

Wat als je een marketinggroep zou hebben die nieuwe producten en diensten voor je bedrijf zou ontwikkelen, waarbij de leden van de groep verspreid zijn over het hele land? Je zou willen dat ze met elkaar kunnen e-mailen en met het hoofdkantoor kunnen communiceren zonder het risico te lopen dat buitenstaanders de communicatie zouden kunnen onderscheppen. In het verleden was er slechts één antwoord op dit probleem: werken met grote private netwerkbedrijven. Deze bieden veilige, private, dedicated netwerken aan klanten. Dit was echter een dure oplossing. Een veel goedkopere oplossing is het creëren van een virtual private netwerk binnen het publieke internet.

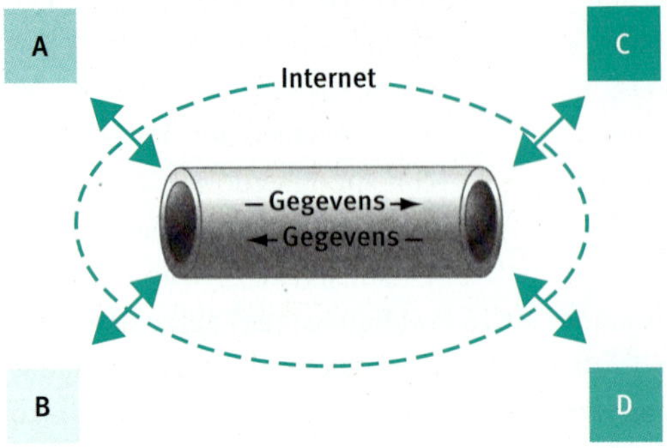

FIGUUR 7.10 *Een virtual private network dat gebruikmaakt van internet*

Dit VPN is een private network van computers die verbonden zijn via een 'tunnel'-verbinding via internet. Het beschermt gegevens die via het publieke internet worden verstuurd door de gegevens te coderen en ze 'in te pakken' binnen het internetprotocol (IP). Door een wrapper rond een bericht toe te voegen om de inhoud te verbergen, kunnen organisaties een eigen bedrijfsverbinding creëren die via het publieke internet loopt.

Virtual private network (VPN)
Een beveiligde verbinding via internet tussen twee locaties om ondernemingsgegevens te versturen. Biedt een goedkoop alternatief voor een particulier netwerk.

Een **virtual private network (VPN)** is een veilig, gecodeerd, eigen bedrijfsnetwerk dat binnen een publiek netwerk, zoals internet, zodanig geconfigureerd is dat het alle voordelen op het terrein van schaalgrootte en beheerfaciliteiten van grote netwerken benut (zie figuur 7.10). Een VPN voorziet je bedrijf van veilige, gecodeerde communicatie tegen veel lagere kosten dan wanneer je gebruikmaakt van dezelfde voorzieningen aangeboden door traditionele niet-internetaanbieders die hun private netwerken gebruiken om communicatie te beveiligen. VPN's bieden ook een netwerkinfrastructuur voor het combineren van spraak- en datanetwerken. Voor het beschermen van gegevens die via het publieke internet worden verzonden zijn er verschillende concurrerende protocollen beschikbaar, waaronder het *point-to-point tunneling protocol (PPTP)*. In een proces dat tunneling wordt genoemd, worden packets van gegevens versleuteld en ingepakt in IP-packets. Door de toevoeging van deze wrapper rond een netwerkbericht om de inhoud te verbergen, kunnen organisaties een eigen verbinding creëren die via het publieke internet loopt.

7.3.4 Het web

Het world wide web is de meest populaire internetdienst. Het is een systeem met universeel geaccepteerde standaarden voor het opslaan, terughalen, formatteren en vertonen van informatie met behulp van een client/server-architectuur. Webpagina's worden geformatteerd met behulp van hypertekst met ingebouwde links die documenten met elkaar verbinden en die ook pagina's met andere objecten, zoals audio-, video- of animatiebestanden, met elkaar verbinden. Wanneer je op een afbeelding klikt en een videofragment afspeelt, heb je op een hyperlink geklikt. Een doorsnee **website** is een verzameling webpagina's die door middel van hyperlinks aan een homepage gekoppeld zijn.

Website
Alle world wide web-pagina's die door een organisatie of een persoon worden onderhouden.

Hypertext

Webpagina's zijn gebaseerd op de standaardtaal HTML, die documenten formatteert en hierin dynamische koppelingen inbouwt naar andere documenten en afbeeldingen die op dezelfde of op externe computers zijn opgeslagen (zie hoofdstuk 5). Webpagina's zijn toegankelijk via internet omdat de webbrowsersoftware op je computer met behulp van het zogeheten **hypertext transfer protocol (HTTP)** webpagina's kan opvragen die zijn opgeslagen op een internethostserver. HTTP is de communicatiestandaard die gebruikt wordt om pagina's het web over te sturen. Wanneer je bijvoorbeeld het webadres www.sec.gov in je browser invoert, zendt je browser een HTTP-verzoek naar de sec.gov-server om de homepage van sec.gov op te vragen. HTTP is de eerste serie letters aan het begin van ieder internetadres, gevolgd door de domeinnaam, die gelijk is aan of nauw verwant is met de officiële bedrijfsnaam. Twee andere zaken binnen het internetadres die de browser kunnen helpen de gevraagde pagina te vinden, zijn het directorypad en de documentnaam. Het gehele adres wordt een **uniform resource locator (URL)** genoemd. Bij invoering in een browser geeft een URL aan de browsersoftware exact aan waar deze de informatie moet zoeken. Zo geeft in de volgende URL:

Hypertext transfer protocol (HTTP)
De communicatiestandaard die wordt gebruikt om webpagina's weer te geven; definieert hoe berichten worden opgemaakt en doorgegeven.

Uniform resource locator (URL)
Het adres van een specifieke informatiebron op internet.

http://www.megacorp.com/content/features/082610.html

http het protocol aan dat gebruikt wordt voor het weergeven van de webpagina's, www.megacorp.com de domeinnaam, content/features het directorypad dat vastlegt waar de pagina op de webserver is opgeslagen en 082610.html de documentnaam en het formaat van het document (het is een HTML-pagina).

Webservers

Een webserver is software voor het lokaliseren en het beheren van opgeslagen webpagina's. Deze lokaliseert de door een gebruiker opgevraagde webpagina's op de computer waarop ze zijn opgeslagen en stuurt deze door naar de computer van de gebruiker. Servertoepassingen draaien meestal op dedicated computers, hoewel ze zich in kleine organisaties ook op één computer kunnen bevinden.

De meest gebruikte webserver vandaag de dag is de Apache HTTP Server, gevolgd door Microsoft Internet Information Services. Apache is een opensourceproduct dat gratis van het web kan worden gedownload.

Informatie zoeken op het web

Niemand weet zeker hoeveel webpagina's er bestaan. Een gedeelte wordt door zoekmachines bezocht en daar wordt informatie over geregistreerd. Zo bezocht Google in 2016 zo'n 60 biljoen pagina's, wat een groot deel van de openbaar toegankelijke websites is. Er is echter ook een 'deep web' dat naar schatting 1 biljoen extra pagina's bevat, waarvan vele bedrijfseigendom zijn (zoals de pagina's van The Wall Street Journal Online, die niet kunnen worden bezocht zonder een abonnement of toegangscode) of zijn opgeslagen in beschermde bedrijfsdatabases. Naar informatie op Facebook zoeken is ook zo'n geval. Facebook heeft een geschat aantal gebruikers van 2,3 miljard en iedere gebruiker heeft pagina's met tekst, foto's, filmpjes, links enzovoort. Het aantal webpagina's van Facebook is gigantisch. Maar Facebook vormt een afgesloten geheel, en de pagina's zijn niet volledig doorzoekbaar door Google of andere zoekmachines.

Zoekmachines. Vanzelfsprekend is het met zoveel webpagina's een lastig probleem om die specifieke pagina's te vinden die voor jou of je bedrijf van nut kunnen zijn. De vraag is hoe je uit de miljarden geïndexeerde webpagina's de een à twee pagina's kunt vinden die je echt wilt hebben. **Zoekmachines** proberen het probleem van het vinden van de gewenste informatie op het web op te lossen, en zijn zonder enige twijfel de 'killer app' van het internettijdperk. De huidige zoekmachines kunnen een onderscheid maken tussen HTML-bestanden, bestanden van Microsoft Office-toepassingen en pdf-bestanden alsook tussen audio-, video- en afbeeldingsbestanden. Er zijn honderden zoekmachines over de hele wereld, maar de overgrote meerderheid van de zoekresultaten wordt geleverd door de zoekmachines van Google, Yahoo! en Microsoft Bing (zie figuur 7.11). En alhoewel Amazon of bol.com een online winkel is, kun je ook stellen dat ze een specifieke zoekmachine zijn voor producten.

Zoekmachine
Een tool om specifieke sites of informatie op internet te vinden.

van vrienden en bekenden verstrekt. Facebook Search maakt gebruik van de enorme hoeveelheid gegevens op Facebook, die aan individuele personen en organisaties gekoppeld zijn of kunnen worden. Met Facebook kun je zoeken naar restaurants in Boston die door je vrienden worden aanbevolen, afgestudeerden van de University of South Carolina die Lady Gaga leuk vinden, of foto's van vrienden van voor 2012.

Google heeft Google +1 ontwikkeld als sociale laag boven op de bestaande zoekmachine. Gebruikers kunnen websites die ze nuttig vonden een +1 geven, waar hun vrienden dan automatisch van op de hoogte worden gesteld. Bij een volgende zoekactie door hun vrienden worden de +1-websites die door vrienden zijn aanbevolen, automatisch hoger weergegeven. Een probleem met sociaal zoeken is natuurlijk dat je vrienden niet noodzakelijk veel kennis hebben over de onderwerpen waar jij iets over wilt weten. Ook kunnen ze een andere smaak hebben dan jij.

Visueel zoeken en visueel internet. Hoewel zoekmachine oorspronkelijk werden ontwikkeld om tekstdocumenten te doorzoeken, creëerde de explosie van foto's en video's op internet een behoefte om deze visuele voorwerpen te doorzoeken en te classificeren. Gezichtsherkenningssoftware kan een digitale versie creëren van een menselijk gezicht. In 2012 introduceerde Facebook dit soort software, gecombineerd met tagging om een nieuwe functie te creëren, *Tag Suggest* geheten. De software creëert een digitale gezichtsafdruk, te vergelijken met een vingerafdruk. Gebruikers kunnen hun eigen getagde foto op hun tijdlijn plaatsen en op de tijdlijn van hun vrienden. Zodra iemands foto is getagd, kan Facebook die persoon uit een groepsfoto pikken en aangeven wie er op de foto staan. Je kunt ook mensen op Facebook zoeken op basis van hun digitale gezichtsafdruk, om hen te vinden en te identificeren. Facebook maakt inmiddels gebruik van artificial intelligence om het mogelijk te maken gezichten nauwkeuriger te herkennen. Het doorzoeken van foto's, afbeeldingen en video is steeds belangrijker geworden naarmate internet visueler wordt. **Visueel internet** verwijst naar websites als Pinterest, waarop afbeeldingen tekstdocumenten vervangen, waar gebruikers afbeeldingen doorzoeken en waar afbeeldingen van producten display-advertenties voor producten vervangen. Pinterest is een sociale netwerksite die gebruikers (en merken) een online prikbord biedt waarop ze interessant beeld kunnen 'prikken'. Pinterest is een van de snelgroeiende websites uit de geschiedenis, met 270 miljoen maandelijkse bezoekers wereldwijd in 2016. Ook Instagram is een voorbeeld van visueel internet. Het is een foto- en video-deelwebsite waar gebruikers foto's kunnen overnemen, aanpassen en delen met vrienden op andere sociale netwerksites, zoals Facebook, Twitter en Google+. In 2018 had Instagram 1 miljard actieve gebruikers per maand (Statista.com, 2018a).

Visueel internet
Staat voor linken door het web naar visuele sites zoals Pinterest waar tekstdocumenten vervangen zijn door foto's en gebruikers op foto's en visuele kenmerken zoeken.

Intelligent Agent Shopping bots. Hoofdstuk 10 gaat dieper in op de mogelijkheden van software agents met ingebouwde intelligentie die informatie kunnen verzamelen of filteren en andere taken uitvoeren om gebruikers te assisteren. **Shopping bots** gebruiken intelligente agentsoftware voor het doorzoeken van internet naar winkelinformatie. Shopping bots, zoals MySimon en PriceGrabber of hier in Nederland Kieskeurig.nl en Independer.nl, kunnen helpen om mensen te informeren over producten waarin ze geïnteresseerd zijn, concurrerende producten te beoordelen volgens door de gebruikers opgestelde criteria en met leveranciers te onderhandelen over prijzen en leveringsvoorwaarden. Veel van deze shopping agents doorzoeken internet voor de prijsstelling en de beschikbaarheid van producten die door de lezer zijn gespecificeerd en retourneren een lijst met sites die het item verkopen, vergezeld van prijsinformatie en een aankooplink.

Shopping bot
Software met een bepaald niveau van ingebouwde intelligentie die e-commerceklanten kan helpen bij het vinden en vergelijken van producten of diensten die ze willen kopen.

Zoekmachinemarketing. Zoekmachines zijn een belangrijk reclame- en winkelmedium geworden, doordat ze nu zogeheten **zoekmachinemarketing** aanbieden. Naar informatie zoeken is een van de populairste activiteiten op het web: wereldwijd worden dagelijks zo'n 6 miljard zoekopdrachten geplaatst. In Europa vindt 90% plaats via Google en in de VS zo'n 67 procent. Daardoor vormen zoekmachines het fundament voor de meest lucratieve vorm van online marketing en adverteren. Wanneer gebruikers een zoekterm invoeren bij Google, Bing, Yahoo! of een van de andere diensten die door deze zoekmachines worden aangeboden,

Zoekmachinemarketing
Gebruik van zoekmachines om in hun resultaten door adverteerders betaalde links af te leveren.

krijgen ze twee typen resultaten van hun opdracht te zien: een met gesponsorde links, betaald door adverteerders (meestal boven aan de pagina met zoekresultaten) en niet-gesponsorde 'organische' zoekresultaten.
Daarnaast kunnen adverteerders kleine tekstvakken naast de zoekresultatenpagina plaatsen. De betaalde, gesponsorde advertenties zijn de snelst groeiende vorm van internetadvertenties en zijn krachtige nieuwe marketinginstrumenten die de interesses van de klant nauwkeurig kunnen koppelen aan advertenties op het juiste moment. Zoekmachinemarketing maakt de waarde van het zoekproces te gelde.
Hoewel zoekmachines oorspronkelijk gebouwd zijn op het doorzoeken van tekstdocumenten, heeft de explosie in online video en afbeeldingen een vraag gecreëerd naar zoekmachines die snel specifieke andere bestanden kunnen vinden. De woorden 'dance', 'love', 'music' en 'girl' zijn allemaal zeer populair in titels van YouTube-films, en het zoeken op deze trefwoorden levert dan ook een stortvloed aan hits op, hoewel de feitelijke inhoud van de film niets met de zoekterm te maken hoeft te hebben. Het doorzoeken van videomateriaal is een uitdaging, omdat computers niet erg goed of erg snel zijn in het herkennen van digitale beelden. Sommige zoekmachines zijn wel begonnen met het indexeren van filmscripts zodat het mogelijk wordt om op dialoog een film op te zoeken. Een van de populairste videozoekmachines is Blinkx.com, die 18 miljoen uur aan video heeft opgeslagen. Een grote groep mensen classificeert video's en vergelijkt de inhoud met de titel.
In 2016 genereerde zoekmachinemarketing 28 miljard dollar aan inkomsten, bijna de helft van alle online advertentie-inkomsten (67 miljard dollar). In 2016 kwam ongeveer 90 procent van Googles inkomsten van 74 miljard dollar uit online reclame, en 90 procent van de inkomsten uit advertenties kwam uit zoekmachinemarketing (Google, 2016).
Omdat zoekmachinemarketing zo effectief is (het heeft het hoogste doorklikpercentage en het hoogste rendement op investeringen van alle reclame), vinden bedrijven het belangrijk hun websites te optimaliseren, zodat ze beter worden gevonden. Hoe beter de pagina is geoptimaliseerd, hoe hoger hun website in de lijst met zoekresultaten wordt weergegeven.

Zoekmachineoptimalisatie (SEO)
Het proces van het zodanig aanpassen van de content, opmaak en indeling van een website, dat de site hoger in de ranking van populaire zoekmachines komt en meer sitebezoekers genereert.

Zoekmachineoptimalisatie of **SEO** (*search engine optimization*) is het verbeteren van de hoeveelheid webverkeer en de kwaliteit van dit webverkeer naar een bepaalde website door diverse technieken toe te passen die ervoor zorgen dat een website hoger in de zoekresultaten van de belangrijkste zoekmachines wordt weergegeven als bepaalde zoektermen worden ingevuld. Een techniek is om ervoor te zorgen dat de woorden in de beschrijving van de website overeenkomen met de zoektermen die mogelijke klanten zullen gebruiken. Een website zal waarschijnlijk hoger in de zoekresultaten komen als het woord 'verlichting' wordt gebruikt in plaats van 'lampen', aangezien gebruikers vaker zoeken op 'verlichting' dan op 'lampen'. Het helpt ook om websites door te linken naar zo veel mogelijk andere websites, omdat zoekmachines deze hyperlinks evalueren om te bepalen hoe populair een website is, en hoe hij gerelateerd is aan andere content op internet. Zoekmachines kunnen om de tuin worden geleid door zwendelaars die duizenden nepwebsites maken en daarnaar doorlinken, of telkens linken naar één enkele webwinkel in een poging de zoekmachine van Google te verwarren. Bedrijven maken ook wel gebruik van zogeheten 'link farms' om naar hun website te verwijzen.
In 2012 veranderde Google de zoekalgoritmen om dit probleem aan te pakken. Als onderdeel van project Penguin werden algoritmen ontwikkeld die de kwaliteit van links beter kunnen bepalen, met als doel de rang van sites te verlagen bij een verdacht patroon van andere sites die ernaar verwijzen. Het Penguin-project wordt jaarlijks bijgewerkt.
Over het algemeen zijn zoekmachines erg handig voor kleine bedrijven die geen grote marketingcampagnes kunnen betalen. Omdat mensen vaak op zoek naar zijn naar een specifiek product of dienst als ze een zoekmachine gebruiken, zijn ze echte '*hot prospects*': klanten op zoek naar informatie en vaak met een aankoopintentie. Daarbij komt dat zoekmachines vaak alleen het aantal doorkliks naar een website in rekening brengen. Verkopers hoeven alleen te betalen voor advertenties waarop daadwerkelijk wordt geklikt. Klanten profiteren van deze

vorm van zoekmachinemarketing, omdat de advertenties alleen verschijnen wanneer ze op zoek zijn naar een specifiek product. Zoekmachinemarketing bespaart de consument dus energie en verlaagt de zoekkosten (inclusief de fysieke reiskosten om de gewenste producten te gaan zoeken in een winkel). Volgens een onderzoek werd de internationale waarde van zoekacties voor zowel verkopers als consumenten geschat op meer dan 800 miljard dollar, waarbij ongeveer 65 procent van de baten naar de consument gingen, in de vorm van lagere zoekkosten en een lagere prijs (McKinsey, 2011).

Web 2.0

Web 2.0
Tweede generatie, interactieve internetdiensten waarmee mensen kunnen samenwerken, informatie kunnen delen en nieuwe online diensten kunnen creëren, zoals mashups, blogs, RSS en wiki's.

De huidige websites bevatten niet alleen statische content; ze stellen mensen ook in staat om samen te werken, informatie te delen en nieuwe online diensten te creëren. **Web 2.0** staat voor de tweede generatie interactieve internetdiensten. Als je wel eens een foto op pinterest hebt gepind, een video op YouTube hebt geplaatst of een app toegevoegd aan Facebook dan heb je gebruikgemaakt van Web 2.0 services.

Web 2.0 heeft vier onderscheidende kenmerken: interactiviteit, realtime gebruikersinvloed, sociale participatie (delen van content) en content die door gebruikers is gemaakt. Tot de technologieën en diensten die Web 2.0 onderscheiden van Web 1.0 behoren cloud computing, software-mashups, apps en widgets, blogs, RSS en wiki's en sociale netwerken.

Blog
Populaire term voor weblog, een informele maar gestructureerde website waarop mensen verhalen, meningen en links naar andere interessante websites kunnen publiceren.

Een **blog**, de veelgebruikte afkorting voor weblog, is een persoonlijke website die gewoonlijk bestaat uit een reeks chronologisch geplaatste artikelen (van nieuw naar oud) en links naar gerelateerde webpagina's. De blog kan een blogroll (een verzameling links naar andere blogs) en trackbacks (een lijst van artikelen op andere blogs die verwijzen naar een artikel op de eerste blog) bevatten. Veel blogs geven lezers de mogelijkheid om te reageren op de artikelen. Het maken en bijhouden van een blog wordt 'bloggen' genoemd. Blogs kunnen op een externe blogwebsite worden gehost, zoals Blogger.com, TypePad.com of Xanga.com; ook sociale netwerken als Facebook en samenwerkingsplatforms als IBM Notes bieden blogfuncties aan. WordPress is een van de bekendste opensourceblogtools met contentmanagementsysteem.

Microbloggen
Bloggen met zeer kleine posts, zoals het gebruik van Twitter.

Blogosfeer
Het geheel van aan blogs gerelateerde websites.

Microbloggen, zoals bijvoorbeeld op Twitter, is een vorm waarbij de 'artikelen' maar 280 karakters of minder bevatten. Voor blogpagina's wordt vaak een van de sjablonen gebruikt die door de hostende website of blogsoftware worden aangeboden. Ook zonder kennis van HTML is het daardoor mogelijk een eigen webpagina te maken en content te delen met anderen. De wereld van blogs en gerelateerde websites wordt vaak de **blogosfeer** genoemd. Hoewel blogs vooral populair zijn voor het publiceren van eigen gedachten en ideeën, hebben ze ook veel zakelijke toepassingen (zie hoofdstuk 2 en 10).

RSS (Rich Site Summary of Really Simple Syndication)
Technologie waarbij websitecontent in een zodanige vorm wordt gegoten dat deze in een ander kader gebruikt kan worden.

Als je een verwoed bloglezer bent, zou je RSS kunnen gebruiken om je favoriete blogs bij te houden zonder voortdurend na te hoeven gaan of er updates zijn. **RSS**, wat staat voor *rich site summary* of *really simple syndication*, haalt specifieke content van websites om deze automatisch op de computers van gebruikers weer te geven. RSS-readersoftware verzamelt materiaal van de websites of blogs die jij hebt aangegeven en laat je weten wanneer er weer nieuwe artikelen zijn gepubliceerd. RSS-lezers zijn te vinden via websites als Google en Yahoo! en ook vaak ingebouwd in webbrowsers en e-mailprogramma's.

Wiki
Collaboratieve websites waar bezoekers sitecontent kunnen toevoegen, verwijderen of aanpassen, waaronder het werk van eerdere auteurs.

Bij blogs kunnen bezoekers commentaren aan de originele content toevoegen, maar ze kunnen geen wijzigingen aanbrengen in het oorspronkelijk geplaatste materiaal. **Wiki's** zijn daarentegen collaboratieve websites waar bezoekers content aan kunnen toevoegen, verwijderen of aanpassen, waaronder het werk van eerdere auteurs. Het woord wiki is afkomstig van het Hawaïaanse woord voor 'snel'. De bekendste wikisite is Wikipedia, de veelomvattende online opensource-encyclopedie waaraan iedereen kan bijdragen. Wiki's worden daarnaast ook gebruikt voor zakelijke doeleinden. Zo worden wiki's van Motorola gebruikt voor het delen van verkoopinformatie. In plaats van een verschillende aanpak voor iedere klant te ontwikkelen, benutten de verkopers de informatie die op de wiki gepost wordt.

Wikisoftware biedt gewoonlijk een sjabloon met een lay-out en elementen die alle pagina's moeten bevatten, geeft de programmacode weer die door de gebruiker kan worden bewerkt en zet de ingevoerde tekst om in een HTML-pagina die in een webbrowser kan worden weergegeven. In sommige wikisoftware kan de tekst ook worden opgemaakt, terwijl in andere software tabellen, afbeeldingen en zelfs interactieve elementen kunnen worden ingevoerd, zoals peilingen en spelletjes. De meeste wiki's bieden de mogelijkheid om het werk van andere gebruikers te controleren en fouten te herstellen.

Omdat wiki's het delen van informatie zo eenvoudig maken, zijn ze erg nuttig voor bedrijven. Het NCSC (National Cybersecurity Center) van het Amerikaanse ministerie voor Nationale Veiligheid heeft een wiki opgezet om informatie te delen met andere overheidsinstanties over bedreigingen, aanvallen en reacties, en als bewaarplaats van technische informatie en standaarden. Pixar Wiki is de wiki over werk van de Pixar Animation Studios. In deze wiki kan iedereen die dat wil een artikel over een Pixar-film aanmaken en bewerken.

Sociale netwerken stellen gebruikers in staat om een gemeenschap op te bouwen met vrienden en collega's. De leden maken een 'profiel' aan, een webpagina waar ze foto's, video's, geluidsfragmenten en tekst op kunnen plaatsen, om dit profiel vervolgens te delen met andere leden, hun 'vrienden' of contacten. Socialenetwerksites zijn erg interactief, ze geven gebruikers de mogelijkheid direct en wanneer ze willen informatie te bekijken en toe te voegen, en zijn afhankelijk van sociale participatie en het delen van content en meningen. De bekendste socialenetwerksites zijn Facebook, Twitter (met respectievelijk 2,3 miljard en 326 miljoen maandelijks actieve gebruikers in 2018) en LinkedIn (Statista.com, 2018b).

Veel mensen kunnen in de tijd van Web 2.0 bijna niet meer zonder deze socialenetwerksites en ze hebben de manier waarop mensen hun tijd (online) besteden ingrijpend veranderd: hoe mensen communiceren en met wie, hoe bedrijven in contact blijven met klanten, leveranciers en werknemers, hoe leveranciers te weten komen wie hun klanten zijn en hoe reclame overkomt op potentiële klanten. De grote socialenetwerksites veranderen ook in applicatieontwikkelingsplatforms waar leden softwareapplicaties kunnen maken en verkopen aan andere leden van de gemeenschap. Facebook heeft bijvoorbeeld meer dan 1 miljoen ontwikkelaars die samen al meer dan 9 miljoen applicaties maakten om te gamen, video's te delen en te communiceren met vrienden en familie.

Web 3.0, het toekomstige web

De toekomst van het internet, ook wel Web 3.0 genoemd, is al zichtbaar. De voornaamste kenmerken van Web 3.0 zijn: meer hulpmiddelen om individuen te helpen om iets zinnigs te maken uit de miljarden webpagina's, de miljoenen apps op de smartphone en ook 3D-visualisatie (zie ook de discussie over het semantische web eerder in dit hoofdstuk)

Al sneller zichtbaar is een doordringend web dat op veel zaken invloed heeft, van de verkeerslichten en het waterverbruik in een stad tot de verlichting in je huiskamer en de achteruitkijkspiegel van je auto, om nog maar niet te spreken van het beheren van je agenda en je afspraken. Dit wordt wel het **web der dingen** (*Internet of Things*) genoemd. Het is gebaseerd op miljarden sensoren in de fysieke wereld die aan elkaar verbonden zijn via internet. Deze uniek identificeerbare sensoren zitten op objecten, dieren en mensen en kunnen zo data delen zonder directe interactie tussen mensen of tussen mens en toetsenbord.

Web der dingen
Alomtegenwoordig web waarbij elk object of elke machine een unieke identiteit heeft en in staat is internet met andere machines te koppelen of gegevens te versturen. Ook bekend als het industriële internet.

Bedrijven als General Electric, IBM, HP en Oracle, maar ook honderden start-ups onderzoeken hoe door grootschalig gebruik van externe sensoren en snelle cloud computing, slimme machines, fabrieken en steden kunnen worden gebouwd. Een gerelateerde Web 3.0-ontwikkeling is de ontwikkeling van sensoren en apps die gekoppeld zijn aan mensen via bijvoorbeeld smartwatches, waarmee de fysieke toestand en locatie van een individu kan worden gemonitord.

Een ander element van het toekomstige web zijn apps. De groei van apps binnen het mobiele platform is verbazingwekkend: meer dan 80 procent van de mobiele minuten in de Verenigde Staten worden gegenereerd door apps, waarvan slechts 20 procent met een browser werkt. Apps geven gebruikers directe toegang tot content en werken veel sneller dan het laden van een browser en het zoeken naar content.

in staat tot 100 Mbps te versturen. De moderne pc's, laptops en netbooks hebben ingebouwde ondersteuning voor wifi, net als de iPhone, iPad en andere smartphones en tablets.

Bij het merendeel van de wificommunicatie communiceren wifi-apparaten met een bedraad LAN met behulp van *access points*. Een access point is een apparaat met daarin een radio-ontvanger/-zender en antennes en vaak ook router- of hub-functionaliteit. Dit apparaat is verbonden met een vast netwerk.

Figuur 7.14 toont een volgens de standaard 802.11 werkend draadloos LAN, die bestaat uit een klein aantal mobiele apparaten en een groter vast LAN. De meeste mobiele apparaten zijn clientcomputers. De servers die de mobiele clientstations moeten gebruiken, bevinden zich op het vaste LAN. Het access point is de toegang van de mobiele stations tot het vaste LAN en fungeert tevens als brug tussen het vaste LAN en het mobiele LAN.

Hotspot
Een specifieke geografische locatie waarbinnen een access point publiek een wifinetwerkdienst biedt.

Hotspots bestaan gewoonlijk uit een of meer access points bevestigd aan een plafond, wand of andere strategische plek en vaak in een openbare ruimte waar ze maximale wifidekking voor een specifiek gebied bieden. Sommige hotspots zijn gratis en vereisen geen extra software voor het gebruik. De communicatie is dan echter vaak onbeveiligd. Voor andere kan activering nodig zijn en het instellen van een gebruikersaccount, bijvoorbeeld door het opgeven van een creditcardnummer via het web.

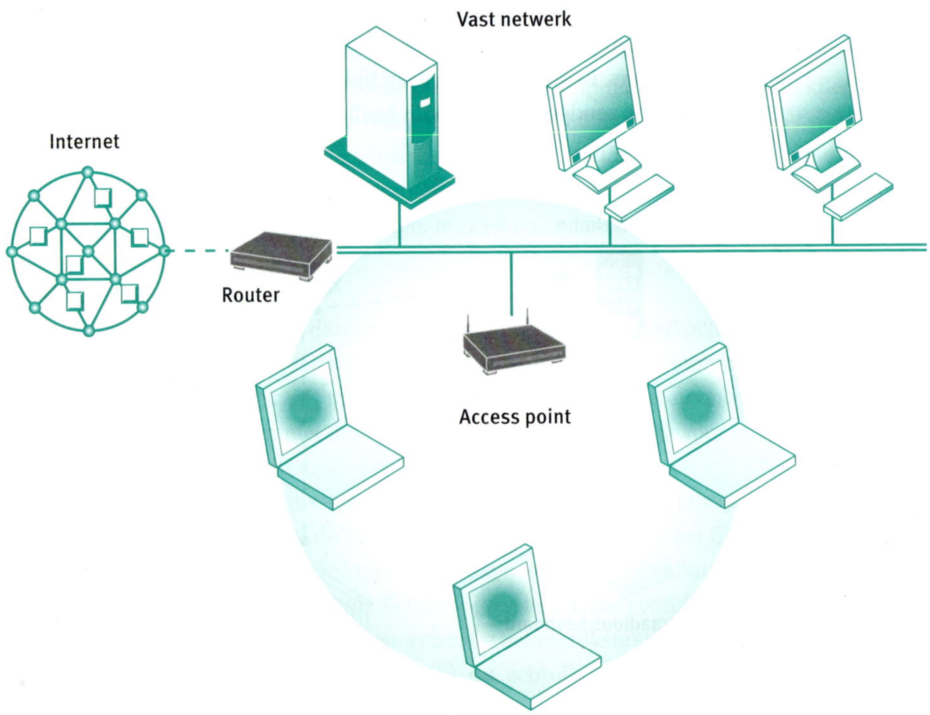

FIGUUR 7.14 *Een 802.11 draadloos LAN*

Mobiele laptops met ingebouwde netwerkinterfacekaarten zijn verbonden met het vaste LAN door communicatie met het access point. Het access point maakt gebruik van radiogolven voor het doorsturen van netwerksignalen van het vaste netwerk naar de clientadaptors, die ze omzetten in gegevens die het mobiele apparaat kan begrijpen. Vervolgens stuurt de clientadaptor de gegevens van het mobiele apparaat terug naar het access point, dat op zijn beurt de gegevens weer doorstuurt naar het vaste netwerk.

Grote en kleine bedrijven maken gebruik van wifinetwerken om goedkope wifi-LAN's en internettoegang aan te bieden. Wifihotspots zijn te vinden in hotels, op het vliegveld, in bibliotheken, cafés en op de campus van universiteiten, zodat mensen daar mobiel toegang hebben tot internet.

Het gebruik van wifitechnologie brengt echter wel enkele problemen met zich mee. Op dit moment kunnen gebruikers niet zomaar van de ene hotspot op de andere overschakelen als deze hotspots verschillende wifinetwerkdiensten gebruiken. Tenzij de dienst gratis is, moeten

gebruikers voor iedere dienst op aparte accounts inloggen, elk met eigen abonnementskosten. Een groot nadeel van wifi is ook de zwakke beveiliging, wat deze wifinetwerken kwetsbaar maakt voor indringers. In hoofdstuk 8 besteden we meer aandacht aan wifibeveiliging.
Een ander nadeel van wifinetwerken is de gevoeligheid voor interferentie van naburige systemen die in hetzelfde spectrum opereren, zoals mobiele telefoons, magnetrons of andere wifi-LAN's. Wifinetwerken gebaseerd op de 802.11n-specificatie lossen dit probleem op door het gebruik van meerdere antennes in serie voor het verzenden en ontvangen van gegevens en technologie voor het coördineren van meerdere simultane radiosignalen. Deze technologie wordt MIMO genoemd (*multiple input multiple output*).

WiMax

WiMax (Worldwide Interoperability for Microwave Access)
De populaire term voor IEEE-standaard 802.16, bekend als de 'interface door de lucht voor vaste draadloze breedbandtoegangssystemen'. Het heeft een draadloos toegangsbereik tot 50 en een snelheid voor gegevensoverdracht tot 75 Mbps.

Een verassend groot aantal gebieden in de Verenigde Staten en elders op de wereld hebben geen toegang tot wifi of een vaste breedbandverbinding. Het bereik van wifi bedraagt zo'n 90 meter vanaf het basisstation, wat het lastig maakt voor plattelandsbewoners die geen kabel- of DSL-aansluiting hebben voor draadloze internettoegang. Het Institute of Electrical and Electronics Engineers (IEEE) heeft voor deze problemen een nieuwe serie standaarden ontwikkeld, WiMax geheten. **WiMax**, de afkorting van Worldwide Interoperability for Microwave Access, is de populaire benaming voor IEEE-standaard 802.16. Het heeft een draadloos bereik tot 50 kilmeter en een datasnelheid tot 75 Mbps.
WiMax-antennes zijn krachtig genoeg om snelle internetverbindingen te zenden naar antennes op de daken van huizen en bedrijven op kilometers afstand. Er komen telefoons en laptops met WiMax-chips op de markt. Mobiele WiMax is een van de 4G-netwerktechnologieën die eerder in dit hoofdstuk aan de orde kwamen.

7.4.3 RFID en wifisensornetwerken

Mobiele technologieën creëren een nieuw niveau van doelmatigheid en maken nieuwe manieren van werken binnen een onderneming mogelijk. Naast de hiervoor beschreven wifisystemen, zijn hierbij ook radio-frequency-identificationsystemen (RFID) en wifisensornetwerken van invloed.

Radio frequency identification (RFID)

Radio frequency identification (RFID)
Technologie die het volgen van de verplaatsing van goederen door een keten ondersteunt. RFID-systemen maken gebruik van kleine labels, tags genoemd, met ingebouwde microchips die gegevens bevatten over een item en de plaats ervan.

Radio-frequency-identification (RFID)-systemen bieden een krachtige technologie voor het volgen van de beweging van de goederen door de supply chain. RFID-systemen gebruiken kleine tags met ingebouwde microchips die gegevens bevatten over een artikel en de locatie ervan voor het oversturen van radiosignalen over een korte afstand naar RFID-lezers. Vervolgens sturen de RFID-lezers de gegevens via een netwerk naar een computer voor verdere verwerking. In tegenstelling tot streepjescodes hebben RFID-tags geen zichtlijn nodig om te worden afgelezen. De RFID-tag is elektronisch geprogrammeerd met informatie die een artikel uniek kan vastleggen, plus andere informatie over het artikel, zoals de locatie, waar en wanneer het gemaakt is, en de status tijdens de productie. Ingebed in de tag is een microchip voor het opslaan van de gegevens. De rest van de tag is een antenne die gegevens uitzendt naar de lezer. De leeseenheid bestaat uit een antenne en een radiozender met een decodeerfunctie, bevestigd aan een vast apparaat of een handtoestel. De lezer zendt radiogolven uit met frequenties tussen 2,5 cm en 30 meter, afhankelijk van het uitgangsvermogen, de gebruikte radiofrequentie en de omgevingsomstandigheden. Wanneer een RFID-tag binnen het bereik van de lezer komt, wordt de tag geactiveerd en begint gegevens te versturen. De lezer verzamelt deze gegevens, decodeert ze, en stuurt ze via een bedraad of draadloos netwerk naar een hostcomputer voor verdere verwerking (zie figuur 7.15). Zowel RFID-tags als antennes zijn er in een verscheidenheid aan vormen en groottes.
Bij voorraadbeheer en supply chain management verzamelen en beheren RFID-systemen gedetailleerdere informatie over artikelen in magazijnen en in productie dan streepjescodesystemen. Als een groot aantal artikelen tegelijkertijd wordt verzonden, kunnen RFID-systemen

elke pallet, partij of zelfs afzonderlijk artikel in de zending volgen. Deze technologie kan bedrijven zoals Walmart helpen bij het verbeteren van ontvangst- en opslagoperaties door verbetering van het vermogen om exact te 'zien' wat er in magazijnen of winkelschappen op voorraad is. Dundee Precious Metals, uit de case aan het begin van dit hoofdstuk, gebruikt RFID-technologie om de locatie van medewerkers, gereedschap en voertuigen in de ondergrondse mijn bij te houden.

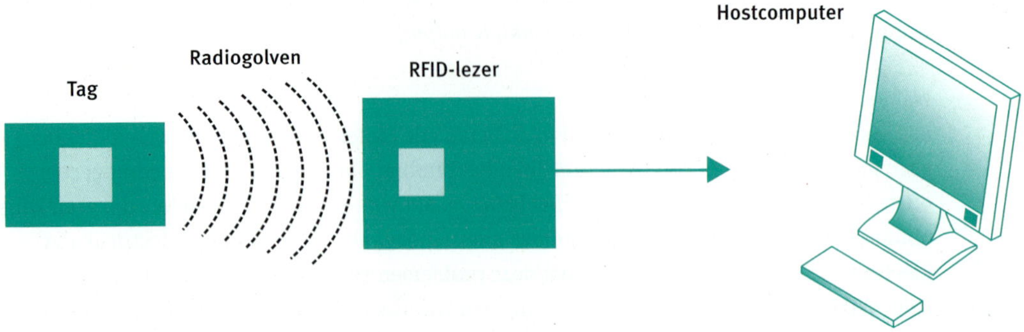

Een microchip bevat gegevens waaronder een identificatienummer. De rest van de tag is een antenne die gegevens uitzendt naar een lezer.

Heeft een antenne die voortdurend uitzendt. Wanneer deze een tag ontdekt, wordt hij actief, ondervraagt de tag en decodeert de gegevens. Vervolgens zendt hij de gegevens uit naar een hostsysteem via vaste of draadloze verbindingen.

Verwerkt de gegevens van de tag die door de lezer zijn verzonden.

FIGUUR 7.15 *De werking van RFID*

RFID kan met behulp van laagvermogen radiotransmitters gegevens aflezen die in een tag zijn opgeslagen op afstanden variërend van 2,5 cm tot 30 meter. De lezer verzamelt de gegevens van de tag en stuurt ze via een netwerk naar een hostcomputer voor verwerking.

Walmart heeft bij de ontvangstpunten in de winkels RFID-lezers geïnstalleerd die de aankomst van zendingen pallets en kisten goederen voorzien van RFID-tags kunnen registreren. De RFID-lezer leest de tags nogmaals op het moment dat de kisten van de voorraadruimte worden overgebracht naar de winkelvloer. De software combineert de gegevens van de point-of-salesystemen van Walmart en de RFID-gegevens betreffende het aantal kisten dat naar de winkel is gebracht. Het programma bepaalt welke artikelen snel zullen worden aangevuld en genereert automatisch een lijst van artikelen in het magazijn om de winkelschappen aan te vullen voor ze leegraken. Deze informatie helpt Walmart om te voorkomen dat artikelen uitverkocht raken, zorgt voor een hogere omzet en vermindert de kosten. De kosten van RFID-tags waren altijd te hoog voor grootschalig gebruik, maar zijn inmiddels in de Verenigde Staten ongeveer 7 dollarcent per tag genaderd. Nu de prijs daalt, begint RFID voor sommige toepassingen kosteneffectief te worden. In aanvulling op het installeren van RFID-lezers en taggingsystemen, moeten bedrijven mogelijk hun hardware en software upgraden voor het verwerken van grote hoeveelheden gegevens die door RFID-systemen worden geproduceerd: de transacties leiden tot gegevensverzamelingen die zouden kunnen oplopen tot tientallen of honderden terabytes. Er is speciale software nodig voor het filteren en het verwerken van RFID-gegevens, zodat voorkomen wordt dat het gebruik van RFID tot overbelasting van bedrijfsnetwerken en -toepassingen leidt. Toepassingen moeten worden herontworpen zodat ze grote volumes aan frequent gegeneerde RFID-gegevens kunnen accepteren en die gegevens met andere toepassingen kunnen delen. Grote leveranciers van enterprisesoftware, zoals SAP en Oracle-PeopleSoft, bieden nu voor RFID-geschikt gemaakte versies van hun supply-chain-managementtoepassingen aan. Mobiele betaaldiensten als Apple Pay of Google Wallet, maar ook de nieuwe bankpassen maken gebruik van een aan RFID gerelateerde technologie: **near-field communication (NFC)**. NFC is een draadloze connectiviteit op korte afstand die gebruikmaakt van elektromagnetische

Near-field communication (NFC)
Een draadloze connectiviteit op korte afstand die gebruikmaakt van elektromagnetische velden waarmee twee compatibele apparaten data kunnen uitwisselen als ze zich binnen enkele centimeters van elkaar bevinden.

velden waarmee twee compatibele apparaten data kunnen uitwisselen als ze zich binnen enkele centimeters van elkaar bevinden. Een smartphone, betaalautomaat of een ander NFC-compatibel apparaat zendt radiofrequentiesignalen uit die reageren met een NFC-tag in compatibele kaartlezers, bankpassen of slimme posters. De signalen creëren een stroom die door de NFC-tag loopt en waardoor het apparaat en de tag met elkaar kunnen communiceren. In de meeste gevallen is de tag passief en zendt hij alleen informatie uit als het andere apparaat (bijvoorbeeld een smartphone) actief is en zowel informatie kan verzenden als ontvangen. (Er bestaan NFC-systemen waarin beide componenten actief zijn.) NFC wordt gebruikt voor contactloze betaaldiensten, om informatie op te halen en zelfs om mobiel video's of informatie met vrienden uit te wisselen. Je kunt informatie delen door je telefoon boven die van een vriend te houden, en je kunt informatie ophalen over iets wat je in een museum of op een tentoonstelling bekijkt door de telefoon voor een poster of display met een NFC-tag te houden.

Wifisensornetwerken

Als je bedrijf de allernieuwste technologie voor gebouwbewaking of voor het detecteren van gevaarlijke stoffen in de lucht wil hebben, zou je een draadloos sensornetwerk kunnen gebruiken. Wifisensornetwerken **(wireless sensor networks, WSN's)** zijn netwerken van onderling verbonden apparaten, die zijn ingebouwd in de fysieke omgeving en metingen van veel punten over grote afstanden bieden. Deze apparaten hebben ingebouwde verwerking, opslag en radiofrequente sensoren en antennes. Ze zijn gekoppeld aan een onderling verbonden netwerk dat de verzamelde gegevens routeert naar een computer om te worden geanalyseerd.

Wireless sensor network (WSN)
Netwerk van onderling verbonden draadloze apparaten die zijn ingebouwd in de fysieke omgeving om veel punten op onderling grote afstanden te kunnen meten. Gebaseerd op apparaten met ingebouwde gegevensverwerking, opslag en radiofrequente sensoren en antennes.

Deze netwerken variëren van honderden tot duizenden knooppunten. Omdat wifisensornetwerken jaren achtereen in het veld kunnen worden geplaatst zonder onderhoud of menselijke tussenkomst, moeten ze zeer lage eisen stellen wat betreft vermogen en batterijen hebben die jaren meegaan.

Figuur 7.16 geeft een voorbeeld van een type draadloos sensornetwerk, waarbij de gegevens afkomstig zijn van afzonderlijke knooppunten die via het netwerk naar een server met grotere

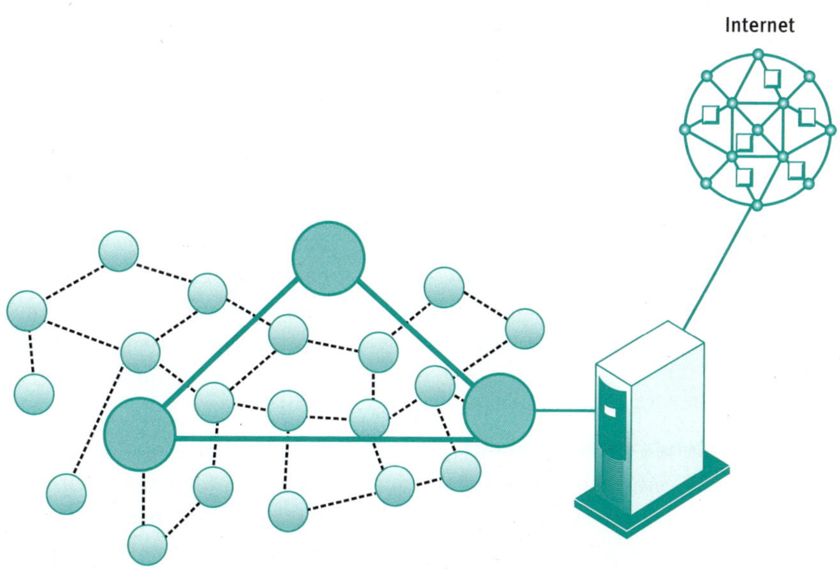

FIGUUR 7.16 *Een draadloos sensornetwerk*

De kleine cirkels stellen knooppunten op het laagste niveau voor en de grote cirkels de eindknooppunten. Knooppunten sturen gegevens naar elkaar of naar knooppunten op hogere niveaus, die gegevens sneller versturen en de netwerksnelheid verhogen.

Gateway
Een communicatieprocessor die verschillende netwerken kan verbinden door één set protocollen te vertalen naar een andere set.

verwerkingskracht stromen. De server fungeert als een **gateway** naar een netwerk dat gebaseerd is op internettechnologie.

Wifisensornetwerken zijn waardevol bij metingen op terreinen als het volgen van klimaatveranderingen, het volgen van verkeer of militaire activiteit, het bewaken van eigendom, het efficiënt bedienen en beheren van machines en voertuigen, het instellen van beveiligingsgrenzen, het volgen van supply chain management, of het detecteren van chemisch, biologisch of radiologisch materiaal.

RFID-systemen en wifisensornetwerken zijn belangrijke onderdelen van het Internet of Things (IoT), die door organisaties worden gebruikt om voortdurend data te verzamelen van machines zoals straalmotoren, krachtcentraleturbines en landbouwsensoren, om operatie en besluitvorming te verbeteren. De gegevens kunnen een signaal zijn om actie te ondernemen, zoals het vervangen van een onderdeel dat het dreigt te begeven, het herbevoorraden van een product in een winkelschap, het starten van een bewateringssysteem voor een sojabonenveld of het vertragen van een turbine. In de loop der tijd zullen steeds meer voorwerpen uit het dagelijks leven verbonden zijn met internet zodat ze zich bij andere apparaten kunnen aanmelden, waardoor ze netwerken creëren die kunnen voelen en reageren als er gegevens veranderen. Meer voorbeelden van het IoT vind je in hoofdstuk 12.

SAMENVATTING

1. Wat zijn de belangrijkste componenten van telecommunicatienetwerken en de belangrijkste netwerktechnologieën?

Een eenvoudig netwerk bestaat uit twee of meer onderling verbonden computers. Tot de elementaire netwerkcomponenten behoren computers, netwerkinterfaces, een verbindingsmedium, netwerk-operatingsystemsoftware en ofwel een hub of een switch. De netwerkinfrastructuur voor een groot bedrijf omvat het traditionele telefoonsysteem, mobiele communicatie, wifi local area networks (LAN's), videoconferencingsystemen, een bedrijfswebsite, intranetten, extranetten en een reeks LAN's en wide area networks (WAN's), waaronder internet. Moderne netwerken hebben hun vorm gekregen door de opkomst van client/server-computing, het gebruik van packet switching en de adoptie van het Transmission Control Protocol/Internet Protocol (TCP/IP) als een universele communicatiestandaard voor het transport van gegevens over de netwerken, inclusief het internet. Protocollen bieden een gemeenschappelijke reeks regels die communicatie over een netwerk mogelijk maken.

2. Wat zijn de verschillende netwerktypen?

Local area networks (LAN's) verbinden pc's en andere digitale apparatuur binnen een straal van 500 meter met elkaar en worden momenteel gebruikt voor tal van toepassingen in een organisatie. Wide area networks (WAN's) transporteren data, beeld en spraak over grote geografische afstanden. Dit kan communicatie zijn over enkele kilometers of over hele continenten. Het zijn vaak bedrijfseigen netwerken die onafhankelijk worden beheerd. Metropolitan area networks (MAN's) maken data, beeld en spraakcommunicatie binnen één verstedelijkt gebied mogelijk.

Voor internetverbindingen met hoge capaciteit wordt vaak gebruikgemaakt van digital subscriber line-technologieën (DSL-technologieën), kabelverbindingen en T1-lijnen.

3. Hoe werken internet en internettechnologie, en hoe ondersteunen die communicatie en e-business?

Internet is een wereldwijd netwerk van netwerken dat gebruikmaakt van het client/server-model van computing en het TCP/IP- protocol voor data-, spraak- en beeldtransmissie. Aan iedere computer op internet wordt een uniek numeriek IP-adres toegekend. Het domain name system (DNS) converteert IP-adressen naar gebruiksvriendelijker domeinnamen. Richtlijnen voor internetgebruik zijn opgesteld door organisaties en overheidscommissies zoals de Internet Architecture Board en het World Wide Web Consortium.

Tot de belangrijkste internetdiensten behoren e-mail, nieuwsgroepen, chatten, instant messaging, Telnet, FTP en het world wide web. Webpagina's zijn gebaseerd op HTML en kunnen tekst, afbeeldingen, video en audio weergeven. Websitedirectory's, zoekmachines en RSS-technologie kunnen gebruikers helpen de door hen gewenste informatie op het web te vinden. RSS, blogs, sociale netwerken en wiki's zijn functies van Web 2.0. Web 3.0 is de belofte van een toekomstig web waarin alle digitale informatie en al onze apparaten kunnen worden samengesmeed tot één zinvolle ervaring.

Bedrijven beginnen ook besparingen te realiseren door het gebruik van internet, bijvoorbeeld door inzet van VoIP-technologie voor spraaktransmissie en door het gebruik van virtuele private netwerken (VPN's) als goedkope alternatieven voor private WAN's.

4. Wat zijn de voornaamste technologieën en standaarden voor wifinetwerken, communicatie en internettoegang?

Cellulaire netwerken evolueren naar hogere snelheden, grotere bandbreedte en digitale packet-switched transmissie. 3G-netwerken kunnen gegevens doorsturen op snelheden variërend van 144 Kbps tot meer dan 2 Mbps. Er is begonnen met de uitrol van 4G-netwerken met een transmissiesnelheid tot maar liefst 1 Gbps.

Tot de belangrijkste cellulaire standaarden behoren Code Division Multiple Access (CDMA), voornamelijk gebruikt in de Verenigde Staten en Global System for Mobile Communications (GSM), de standaard in Europa en een groot deel van de rest van de wereld.

Tot de standaarden voor wificomputernetwerken behoren bluetooth (802.15) voor kleine personal area networks (PAN's), wifi (802.11) voor local area networks (LAN's), en WiMax (802.16) voor metropolitan area networks (MAN's).

Radio-frequency-identification (RFID)-systemen bieden een krachtige technologie voor het volgen van de verplaatsing van goederen door het gebruik van kleine labels (tags) met ingebouwde gegevens over een artikel. RFID-lezers lezen de door deze tags uitgezonden radiosignalen en geven de gegevens via een netwerk door aan een computer voor verdere verwerking. Wifisensornetwerken (WSN's) zijn netwerken van onderling verbonden registratie- en zendapparaten die zijn ingebouwd in de fysieke omgeving en maken het mogelijk om gegevens te meten op plaatsen die soms ver van elkaar verwijderd zijn.

HERHALINGSVRAGEN

1. Wat zijn de belangrijkste componenten van telecommunicatienetwerken en de belangrijkste netwerktechnologieën?

- Beschrijf de functies van een eenvoudig netwerk en de netwerkinfrastructuur voor een groot bedrijf.
- Noem en beschrijf de voornaamste technologieën en trends die de moderne telecommunicatiesystemen hebben gevormd.

2. Wat zijn de verschillende netwerktypen?

- Definieer een analoog en een digitaal signaal.
- Benoem de verschillen tussen een LAN en een WAN.

3. Hoe werken internet en internettechnologie, en hoe ondersteunen die communicatie en e-business?

- Geef een definitie van internet, beschrijf hoe het werkt en geef aan hoe het waarde aan bedrijven biedt.
- Leg uit hoe het domain name system (DNS) en het IP-adresseringssysteem werken.
- Noem en beschrijf de voornaamste internetdiensten.
- Definieer en beschrijf HTTP en leg uit waarom het belangrijk is voor het web.
- Noem en beschrijf verschillende manieren om informatie op het web te lokaliseren.
- Beschrijf hoe online zoektechnologieën voor marketing gebruikt worden.

4. Wat zijn de voornaamste technologieën en standaarden voor wifinetwerken, communicatie en internettoegang?

- Geef een definitie van bluetooth, wifi, WiMax en 3G- en 4G-netwerken.
- Beschrijf de mogelijkheden van elk van deze netwerken en geef aan voor welke typen toepassingen elk netwerk het meest geschikt is.
- Geef een definitie van RFID en NFC, leg uit hoe het werkt en geef aan hoe het van waarde is voor een bedrijf.
- Geef een definitie van WSN's, leg uit hoe ze werken en beschrijf de soorten toepassingen waarbij ze gebruikt worden.

DISCUSSIEVRAGEN

1. Gezegd wordt dat binnen enkele jaren de smartphone het belangrijkste digitale apparaat zal zijn dat we hebben. Bespreek de gevolgen van deze bewering.
2. Moeten alle grote winkels en fabrieken overschakelen op RFID? Waarom wel of niet?
3. Wat zijn enkele van de kwesties waar je rekening mee moet houden bij het bepalen of search engine optimization je onderneming een concurrentievoordeel zou kunnen bieden?

PRAKTIJKPROJECTEN

Met de projecten in dit onderdeel kun je praktische ervaring opdoen met het beoordelen en kiezen van communicatietechnologie, het gebruik van spreadsheetsoftware om de keuze van telecomdiensten te verbeteren en het gebruik van internetzoekmachines voor bedrijfsonderzoek. Ga naar MyLab voor toegang tot de praktijkprojecten van dit hoofdstuk.

Problemen met directiebesluiten

1. Je bedrijf levert keramische plavuizen aan Gamma, Brico, Hornbach, en andere bouwmarkten. Er is je verzocht om een RFID-tag te plaatsen in elke partij plavuizen die je verscheept om je klanten te helpen het beheer van jouw producten en die van andere leveranciers in hun magazijnen te verbeteren. Zoek online naar de kosten van hardware, software en netwerkcomponenten voor een RFID-systeem voor jouw bedrijf. Met welke factoren moet je rekening houden? Wat zijn de belangrijkste beslissingen die je moet nemen om te beslissen of jouw bedrijf deze technologie moet gebruiken?
2. BD verkoopt medische apparatuur en instrumentsystemen aan ziekenhuizen, klinieken, medische instellingen en laboratoria in ruim vijftig landen. Het bedrijf heeft wereldwijd meer dan 30.000 mensen in dienst, waaronder accountmanagers, klantenservice- en ondersteuningsmedewerkers en magazijnmedewerkers. De directie overweegt een systeem voor VPN in gebruik te nemen. Met welke factoren moet ze rekening houden? Wat zijn de belangrijkste beslissingen die ten grondslag liggen aan de beslissing of ze deze technologie moet omarmen? Zoek, zo nodig, op internet meer informatie op over VPN en de kosten ervan.

Besluitvorming verbeteren: met behulp van spreadsheetsoftware mobiele diensten beoordelen
Softwarevaardigheden: spreadsheetformules, formatteren
Zakelijke vaardigheden: telecomdiensten en -kosten analyseren

3. In dit project doe je online onderzoek naar alternatieve draadloze diensten en bereken je met behulp van spreadsheetsoftware de kosten van draadloze diensten voor een verkoopteam.
Je wilt je 35-koppige verkoopteam, dat in Dublin is gevestigd, voorzien van mobiele telefoons waarmee ze kunnen bellen, sms'en, mailen, internetten en foto's kunnen nemen en versturen. Zoek online twee mobiele aanbieders op die landelijke dekking voor telefoon- en datadiensten aanbieden, alsook goede klantenservice in jouw regio. Onderzoek de functies van de mobiele telefoons en de abonnementen die deze verkopers aanbieden. Ga ervan uit dat elk van deze 35 verkoopmedewerkers drie uur per werkdag, tussen 8 uur 's ochtends en 6 uur 's avonds mobiel zal bellen, 30 sms'jes per week zal versturen, 1 gigabyte per maand aan data zal verbruiken en 5 foto's per week zal doormailen. Bepaal met behulp van de spreadsheetsoftware welke aanbieder en welke telefoon gedurende twee jaar de laagste prijs per gebruiker oplevert. In deze oefening hoef je geen rekening te houden met bedrijfskortingen.

Operationele uitmuntendheid bereiken: Met behulp van internetzoekmachines bedrijfsonderzoek doen
Softwarevaardigheden: internetzoekmachines
Zakelijke vaardigheden: het onderzoeken van nieuwe technologieën

4. Met dit project kun je je internetvaardigheden verbeteren door met internetzoekmachines bedrijfsonderzoek te doen. Zoek op Google en Bing naar informatie over ethanol (spiritus) als alternatieve brandstof voor motorvoertuigen. Desgewenst kun je ook andere zoekmachines gebruiken. Vergelijk de kwantiteit en kwaliteit van de informatie die je met elke zoekmachine vindt. Welke tool is het gemakkelijkst in gebruik? Welke tool leverde de beste resultaten op voor je onderzoek? Waarom?

SAMENWERKINGS- EN TEAMWORKPROJECT

Smartphones beoordelen

1. Vorm een groepje met drie of vier medestudenten. Vergelijk de mogelijkheden van een Apple iPhone met die van een smartphone met vergelijkbare functies. Houd in je analyse rekening met de aanschafkosten van elk apparaat, de draadloze netwerken waar elk apparaat op kan functioneren, abonnementen en kosten per telefoon en de diensten die voor elk apparaat beschikbaar zijn. Houd ook rekening met andere mogelijkheden voor elk apparaat, waaronder beschikbare software, beveiligingsmogelijkheden en de mogelijkheden de telefoon te integreren met bestaande bedrijfs- of computerapplicaties. Welk apparaat zou je kiezen? Op welke criteria zou je je keuze baseren? Maak waar mogelijk gebruik van online middelen zoals Google Docs en Google Drive of Microsoft Office 365 om te brainstormen, te organiseren en een presentatie van jullie bevindingen te maken voor de rest van jullie jaar.

CASE

Het Angkasa bibliotheekbeheersysteem werkt dankzij RFID

Radio-frequency-identification (RFID) kan een belangrijke rol spelen in bibliotheekbeheer. Het belangrijkste voordeel van het gebruik van RFID is dat het traceerbaarheid en beveiliging garandeert. Bovendien vereenvoudigt RFID transactieprocessen in de bibliotheek en kan het kosten en tijd helpen besparen. Overal ter wereld vervangen bibliotheken het handmatige beheer of barcodering door de infrastructuur voor RFID. RFID-tags kunnen in een boek worden vastgemaakt, en in tegenstelling tot andere labelvormen kunnen deze tags aanvullende informatie opslaan, zoals auteur en titel. Dit systeem kan ook helpen het inname- en uitgifteproces te versnellen, diefstal te voorkomen en de voorraad te beheren. De Allianze University College of Medical Sciences (AUCMS) heeft met succes RFID-tagging in gebruik genomen als onderdeel van haar bibliotheekbeheersysteem.

AUCMS is een vooraanstaand instituut dat opleidingen in geneeskunde en toegepaste gezondheidswetenschappen aanbiedt in Penang (Maleisië). Het instituut heeft een grote verscheidenheid aan titels, waaronder boeken, tijdschriften, kranten en e-books, en de bibliotheek bedient een groot aantal studenten en universitair medewerkers. AUCMS ging in zee met de Sains Group, die wereldwijd vermaard is om haar softwareoplossingen en IT-diensten, om het Angkasa bibliotheekbeheersysteem te installeren en te implementeren. Dit systeem beheert veel van de kernfuncties van de bibliotheek, waaronder acquisitie, catalogiseren, circuleren, abonnementen op tijdschriften en het beheer van een open-access catalogus die online beschikbaar is voor de leden.

Het systeem is vooral handig voor de opslag van alle titels in de bibliotheek. Het faciliteert het automatiseren van bibliotheekprocessen die voorheen handmatig en op papier zouden zijn verricht. De acquisitiemodule beheer het aanschafproces voor de boeken, tijdschriften, vaktijdschriften en andere materialen voor de bibliotheek. Deze module automatiseert het complete acquisitieproces, van de goedkeuring voor bestellingen tot de plaatsing ervan, het opslaan van bonnetjes en facturen tot beheer van de uitgaven en het budget. Zo worden lijsten met verplicht leesmateriaal naar het hoofd van de bibliotheek gestuurd, er wordt een definitieve lijst vastgesteld en alle belangrijke informatie wordt opgeslagen in het systeem (factuurnummers, namen van leveranciers enzovoort). Het systeem genereert een printbaar bestelformulier dat vervolgens door het hoofd van de bibliotheek wordt getekend en naar leveranciers wordt gestuurd.

Informatie over nieuw aangeschafte boeken wordt in het systeem ingevoerd via de catalogusmodule, die aan elk boek een catalogusnummer toekent. Data worden ingevoerd in het standaard machineleesbare AACR2-formaat, dat staat voor Anglo-American Cataloguing Rules. Op basis van dit standaardformaat voert de technische afdeling gegevens in het systeem in, dat vervolgens een indexkaart in hetzelfde formaat genereert. Deze kaart dient als index voor het zoeken en maakt de import/export van bibliografische data in standaardformaten voor data-uitwisseling mogelijk.

De circulatiemodule vervult alle functies met betrekking tot verspreiding en voert in elke fase passende controles uit. Omdat boeken voor verschillende redenen kunnen worden verspreid, niet alleen uitgifte aan leden, maar bijvoorbeeld ook boekbinden en tentoonstellingen, legt de module de huidige status van een verspreid bibliotheekitem vast. De tijdschrif-

tenbeheermodule volgt onder meer de geplande aankomst van afzonderlijke uitgaven en legt begrotingsinformatie vast.
Een belangrijk onderdeel van het bibliotheekbeheersysteem is de Online Public Access Catalog (OPAC), dat online toegang biedt tot de bibliotheek. De OPAC-module ondersteunt zoeken met trefwoorden in diverse talen en biedt gebruikersvriendelijke paginanavigatie. Doordat het een web-based catalogus is, is het zeer gemakkelijk om de beschikbaarheid van materialen in de bibliotheek actueel te houden. Een andere ledengerichte module is de ledenbeheermodule, die voor alle leden een profiel opslaat, inclusief een foto en een registratienummer. Deze module stuurt leden herinneringen om hun boeken op tijd in te leveren en registreert boetes voor boeken die niet worden teruggebracht.
De eerste stap in het opzetten van dit brede systeem in de bibliotheek van de AUCMS was het aanbrengen van tags in de boeken. De RFID-tag is het belangrijkste element in het systeem, aangezien de tag elk voorwerp in de bibliotheek, van boeken tot tijdschriften, van een unieke identiteit voorziet in het systeem. De tag bevat elektronisch opgeslagen informatie die tot op een afstand van enkele meters kan worden gelezen. In tegenstelling tot een barcode hoeft de RFID-tag niet zichtbaar te zijn om te worden gelezen. Alle uitgifte- en innamebalies in de bibliotheek hebben een touchscreen met een RFID-sensor. Ook is er een handscanner nodig voor de bibliotheekpasjes.
Leners plaatsen boeken en andere materialen die ze willen lezen gewoon op het touchscreen en geven hun pasje aan de bibliotheekmedewerker. Het scherm leest de RFID-tags, terwijl het pasje het profiel van de lener in het systeem opent. De medewerker kent het materiaal toe aan de desbetreffende lener en er wordt een ontvangstbewijs geprint waarop de uiterste inleverdatum is aangegeven. Dit systeem maakt een fysieke administratie, stempelen en overige tijdrovende activiteiten die te maken hebben met het uitgifteproces overbodig. Bovendien brengt het systeem fouten terug tot een minimum.
Ook het inleveren van boeken is een stuk eenvoudiger geworden, aangezien leden gewoon hun boek in een speciaal ontwikkelde bak in de bibliotheek afleveren. De leden leggen de boeken die ze willen inleveren een voor een in de bak. Een scanner in de bak scant de RFID-tag van het ingeleverde boek en markeert het als teruggebracht in het systeem. Ledenaccounts worden navenant aangepast en er wordt automatisch een bevestiging geprint. Het hele proces wordt uitgevoerd met een verbinding tussen het RFID-systeem en de hostcomputer van de bibliotheek. Hierdoor zijn er minder medewerkers nodig, die voorheen alle ingeleverde boeken moesten verwerken, en het is ook handig voor leden, aangezien ze hun boeken zelfs na sluitingstijd kunnen inleveren. De status van ingeleverde materialen wordt onmiddellijk geactualiseerd, wat betekent dat andere leden die op een bepaald item zitten te wachten het meteen kunnen lenen.
Een andere belangrijke taak waar bibliotheekmedewerkers altijd mee te maken hadden, is schapbeheer. Aangezien een groot aantal gebruikers de bibliotheek binnenkomt en boeken niet altijd op de juiste plaats worden teruggezet, kan schapbeheer lastig worden. Ook moeten ingeleverde boeken op bepaalde schappen worden gezet. Het schapbeheersysteem dat de bibliotheek van de AUCMS hanteert, bestaat uit een handscanner en een basisstation.
De oplossing is ontwikkeld voor drie belangrijke handelingen: zoeken naar specifieke boeken, controle van de bibliotheekinventaris en het terugvinden en terugzetten van boeken die verkeerd zijn neergezet. Elk boek heeft een schap-ID die meteen de locatie-identificatiecode is (deze code maakt identificatie van boeken per sectie en per stelling mogelijk). Deze informatie wordt met de informatie over het boek en de RFID-tag opgeslagen in een centrale database en ook gelinkt met OPAC. De handscanner haalt de informatie op die is opgeslagen in de RFID-tag in een boek, en door de schapinformatie te gebruiken die ook in de database is opgeslagen, kunnen bibliotheekmedewerkers boeken weer op de juiste plek zetten. Zo ook kunnen vermiste boeken worden geïdentificeerd door de gegevens over alle boeken die op een bepaald schap horen te staan op te halen. De verzamelde informatie wordt vergeleken met de database van de bibliotheek en genereert een overzicht van vermiste boeken. Dit systeem is accurater en maakt snellere plaatsing op de schappen mogelijk (twintig boeken per minuut). Ook leidt het gebruikers van OPAC naar de precieze fysieke locatie van de gezochte boeken.
In totaal heeft de automatisering van al deze bibliotheekprocessen geleid tot een significante daling van het aantal benodigde arbeidskrachten. Tot slot is een van de meest verbreide problemen in elk bibliotheek wel diefstal. RFID-tagging in combinatie met de installatie van elektronische poortjes in bibliotheken is uitermate nuttig om diefstal tegen te gaan. Net als in winkels zet een bezoeker die probeert een niet-uitgegeven item mee te nemen een alarm in werking, doordat de poortjes de RFID-tag van een boek zonder interferentie van magnetische voorwerpen binnen

een afstand van 1 meter kunnen waarnemen. De EAS-poortjes zijn gekoppeld aan het surveillancestation van de bibliotheek. Als iemand met een niet-uitgegeven item langs een poortje loopt, gaan de poortjes omhoog en klinkt er een alarm. De camera bij de poortjes neemt een foto van de persoon in kwestie en stuurt die naar het surveillancestation.

RFID-systemen werken niet geheel zonder problemen. RFID en aanverwante databases ontwikkelen een uitgebreid overzicht van welke boeken mensen hebben gelezen en deze systemen kunnen potentieel worden misbruikt om de privacy van bibliotheekgebruikers te schenden. RFID-tags kunnen niet goed werken of uit boeken worden gescheurd. Maar over de hele linie zijn RFID-tags en -datasystemen momenteel de best denkbare technologie voor bibliotheekbeheer.

Bronnen: Sally Eggloff, 'Advantages and Disadvantages of Using RFID Technology in Libraries,' University of Maryland, terpconnect. umd.edu, geraadpleegd op 28 december 2015; James Osborn, 'Bringing Libraries to Every Home: The Malaysia Scenario,' Sarawak Information Systems Sdn. Bhd., 18 december 2015; Phil Morehart, 'RFID to the Rescue,' *American Libraries Magazine*, 21 mei 2015; 'Integrated Library Management Solution,' SAINs Corporation, Sarawak, Malaysia, www.sains.com.my/solutions.php?id=47, 11 februari 2015; www.allianzeunicollege.edu.my; 'Library Management Solution for Penang Allianze University College of Medical Sciences,' *Sarawak Information Systems Newsletter*, 2012.

Bijdrage case van Sahil Raj, Punjabi University

Vragen bij de case

1. Hoe kan RFID-technologie basale processen in bibliotheken vereenvoudigen, zoals boeken uitlenen en innemen?
2. Welke technologie gebruikt de bibliotheek op jullie opleiding of universiteit? Speelt IT een cruciale rol in operationeel beheer?
3. Hoe helpt RFID-technologie de bibliotheek van Allianze University College of Medical Sciences bij het opsporen en voorkomen van de diefstal van boeken?

MYLAB

Ga naar de opdrachten in MyLab om deze schrijfoefeningen te maken.

1. Vergelijk Web 2.0 en Web 3.0.
2. Hoe verschillen sociaal zoeken, semantisch zoeken en mobiel zoeken van het zoeken naar informatie op het web met behulp van conventionele zoekmachines?

8 BEVEILIGING VAN INFORMATIESYSTEMEN

Na dit hoofdstuk ben je in staat om de volgende vragen te beantwoorden:

1. **Wat maakt informatiesystemen kwetsbaar voor vernieling, fouten of misbruik?**
2. **Wat is de bedrijfswaarde van beveiliging en beveiligingsmaatregelen?**
3. **Welke onderdelen voor beveiliging en beveiligingsmaatregelen heeft een organisatiestructuur?**
4. **Wat zijn de belangrijkste middelen en technologieën voor het beveiligen van informatiebronnen?**

OPENINGSCASE

Hackers vallen Singaporese telecominfrastructuur aan

In oktober 2016 maakte Singapore voor het eerst een aanval mee op haar internetinfrastructuur, toen Starhub, een van de drie telecombedrijven in het land, werd geconfronteerd met een grootscheepse DDoS (Distributed Denial of Service)-aanval die gebruikers de toegang tot internet ontzegde. Een DDoS-aanval maakt een onlinedienst onbereikbaar door deze te overspoelen met berichten vanuit botnets, ofwel computers die zijn besmet met schadelijke software (malware). De eigenaren van deze computers, een kleine groep, of miljoenen, weten niet eens dat hun computers zijn besmet en voor dergelijke aanvallen worden gebruikt. Volgens Starhub waren de schaalgrootte en complexiteit van de aanval ongeëvenaard. Dat kwam doordat voor de aanvallen op zijn breedbanddienst geen computers werden gebruikt, maar met malware besmette breedbandrouters en webcams. Deze apparaten waren allemaal door de klanten zelf aangeschaft. De aanval op het Singaporese telecombedrijf roept het angstige toekomstbeeld op van meer en grotere DDoS-aanvallen, vooral in financiële centra als Singapore en Hongkong. Waarschijnlijk was deze

Foot: © Brian Jackson/123RF

aanval in Singapore gerelateerd aan de grootste cyberaanval uit de geschiedenis van internet. Deze werd uitgevoerd met de malware Mirai, die op internet zoekt naar kwetsbare apparaten en ze kaapt. Alsof dat niet erg genoeg is, is de broncode van Mirai online geplaatst, zodat de malware nu voor vrijwel iedereen beschikbaar is.
Starhub pakte het probleem op korte termijn aan door technici naar de getroffen klanten te sturen om

hun apparaten 'schoon te maken' door de software te upgraden. Tegelijkertijd adviseerden de Cyber Security Agency van Singapore (CSA) en de Info-comm Media Development Authority (IMDA) het publiek om zich passende cyberhygiënegewoonten eigen te maken. Voor de lange termijn lanceert Singapore een nieuwe nationale cyber-security-strategie die bestaat uit een getrapt internetveiligheidsplan. Ook is er een nieuwe Cybersecurity Act aangenomen. De Singaporese minister voor Communicatie en Informatie, Yaacob Ibrahim, riep bedrijven op om eveneens hun verantwoordelijkheid te nemen. Hij zei erbij dat overheden dit probleem niet in hun eentje kunnen oplossen en dat iedereen internetveiligheid tot prioriteit moet maken. Maleisië heeft op soortgelijke wijze haar bezorgdheid geuit over toenemende aanvallen op internet door middel van apparaten met internetverbinding. Het heeft er bij consumenten op aangedrongen regelmatig hun wachtwoord te veranderen en bedrijven met klem gevraagd zich voor te bereiden met behulp van netwerkpenetratietesten.

Mirai is niet de eerste malware in zijn soort, en DDoS-aanvallen zijn geen nieuw fenomeen, maar bij elkaar genomen tonen ze de toenemende onveiligheid van het Internet of Things (IoT) aan. Het IoT is een platform waarop compatibele apparaten met internet worden verbonden, uiteenlopend van slimme lantaarnpalen tot huishoudelijke apparaten. Het probleem is dat deze IoT-apparaten, in tegenstelling tot computers, weinig ingebouwde beveiliging hebben, en dat de meeste zonder wachtwoorden worden verzonden of met wachtwoorden die standaard of gemakkelijk te hacken zijn. Verder beschikken de meeste IoT-bedrijven niet over de middelen om grote beveiligingsupdates te verzorgen, zodat kwetsbare apparaten nooit nazorg krijgen. De Starhub-aanval was een waterscheiding, aangezien deze werd gezien als het begin van een nieuw tijdperk van internetaanvallen via huishoudelijke apparaten. Dit verandert het beveiligingslandschap compleet, gezien de enorme technische uitdaging om al gecompromitteerde apparaten te beveiligen. De enige oplossing is om de internetverbinding van kwetsbare apparaten te verbreken en ze te 'bricken', waarmee miljoenen webcams, thermostaten en andere alledaagse consumentenapparaten onbruikbaar worden. Het is duidelijk dat het nieuwe tijdperk van apparaten met internetverbinding zal leiden tot meer internetaanvallen en dat we deze uitdaging met een meerfrontenaanpak het hoofd kunnen bieden, inclusief regelgeving door de overheid, nieuwe industrienormen en het webwijs maken van gebruikers. Singapore werkt aan het versterken van haar infrastructuur en processen.

Bronnen: 'DDoS Attack on Starhub First of Its Kind on Singapore's Telco Infrastructure: CSA, IMDA,' channelnewsasia.com, 26 oktober 2016, geraadpleegd op 26 december 2016; 'DDoS Attacks: What You Need to Know,' Today Online, 28 oktober 2016, www.todayonline.com, geraadpleegd op 26 december 2016; 'DDOS Via Smart Devices Is Next Global Cyber Threat, Warns Malaysian Hacker: Exclusive,' cio-asia.com, 15 november 2016, geraadpleegd op 6 januari 2017; 'Cyber Risks to Intensify in 2017 with Increased Cyber Espionage, Data Integrity Attacks, According to Stroz Friedberg's 2017 Cybersecurity Predictions Report,' prnewswire.com, 5 januari 2017, geraadpleegd op 6 januari 2017.

Bijdrage case van Neerja Sethi en Vijay Sethi, TU Nanyang

De problemen door de DDoS-aanval, die het gevolg waren van inbraken in slimme apparaten (smart devices), zijn een van de redenen waarom bedrijven en consumenten aandacht moeten besteden aan alle aspecten van informatiesysteembeveiliging. Deze aanvallen hebben internet – een belangrijke tool voor bedrijven overal ter wereld – nog kwetsbaarder gemaakt. Vanuit veiligheidsperspectief krijgen hackers als gevolg van zich verder uitbreidende netwerken in toenemende mate toegang tot steeds schadelijkere malware.

Het diagram aan het begin van dit hoofdstuk vestigt de aandacht op belangrijke punten die in deze case en in dit hoofdstuk naar voren komen. Slimme apparaten zijn eenvoudig, gemakkelijk te gebruiken en hebben een minder sterke beveiliging dan computers. Terwijl de meeste organisaties de meest geavanceerde firewalls hebben geïnstalleerd en hun software hebben geüpdatet ter bescherming van hun bedrijfssystemen, besteden ze minder aandacht aan het toenemende aantal apparaten dat met internet wordt verbonden, zoals webcams en verwarmingssystemen, die vaak slecht zijn beveiligd. Daardoor konden criminelen ondanks tal van zware maatregelen om de telecom- en internetinfrastructuur te beveiligingen toch de zwakste schakel in het systeem gebruiken om DDoS-aanvallen in te zetten.

Enkele vragen om over na te denken: *Welke beveiligingskwetsbaarheden werden benut door de hackers? Welke management-, organisatorische en technologische factoren droegen bij aan deze beveiligingslekken? Wat was de zakelijke impact van deze problemen?*

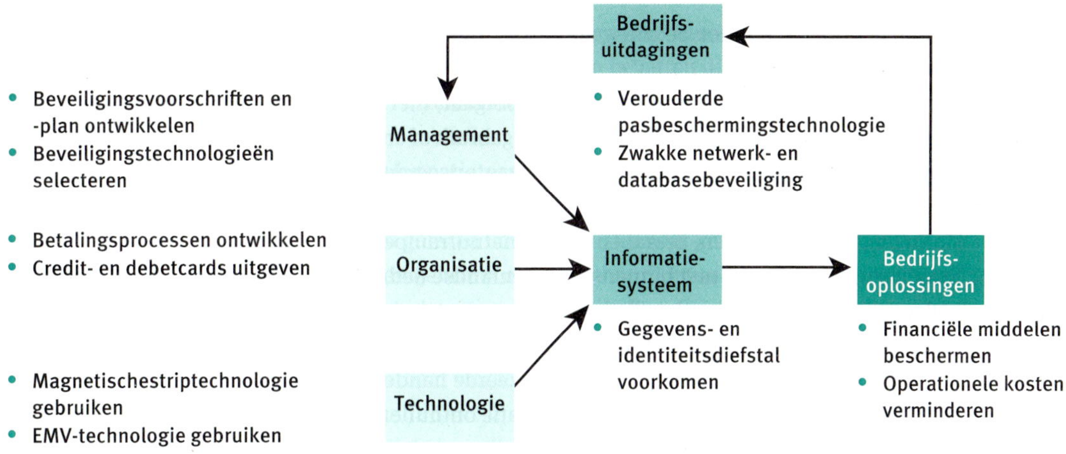

8.1 Kwetsbaarheid en misbruik van systemen

Kun je je voorstellen wat er zou gebeuren als je zou proberen om zonder een firewall of antivirussoftware verbinding met internet te maken? Binnen enkele seconden zou je computer niet meer goed werken en het zou je wellicht dagen kosten om dit te repareren. Als je de computer voor je werk gebruikt, kun je zolang hij niet goed werkt mogelijk niets meer verkopen aan je klanten of geen bestellingen plaatsen bij je leveranciers. En het is goed mogelijk dat je tot de ontdekking komt dat onbevoegden jouw computersysteem zijn binnengedrongen en dat ze misschien waardevolle gegevens hebben gestolen of vernietigd, waaronder vertrouwelijke betalingsgegevens van jouw klanten. Mochten er te veel gegevens vernietigd of openbaar gemaakt zijn, dan kun je misschien je werk helemaal niet meer uitoefenen!

Kortom, het komt erop neer dat als je tegenwoordig een bedrijf runt, je de beveiliging en het beheer van IT echt de hoogste prioriteit moet geven. **Beveiliging** verwijst naar de richtlijnen, procedures en technische maatregelen die worden gebruikt om ongeautoriseerde toegang, wijziging, diefstal of fysieke schade aan informatiesystemen te voorkomen. Tot de beveiliging worden ook alle methoden, richtlijnen en organisatorische procedures gerekend die de veiligheid van de bedrijfsmiddelen van de organisatie, de nauwkeurigheid en betrouwbaarheid van de boekhouding en de operationele aansluiting bij beheerstandaarden waarborgen.

Beveiliging
Beleidsmaatregelen, procedures en technische maatregelen die worden gebruikt om ongeautoriseerde toegang, wijzigingen, diefstal en fysieke schade aan informatiesystemen te voorkomen.

8.1.1 Waarom systemen kwetsbaar zijn

Wanneer grote hoeveelheden gegevens in elektronische vorm worden opgeslagen, staan ze aan veel bedreigingen bloot. Met behulp van communicatienetwerken kunnen informatiesystemen op verschillende locaties op elkaar worden aangesloten. De mogelijkheid van niet-geautoriseerde toegang, misbruik of fraude is niet beperkt tot een enkele locatie, maar kan op elk punt in het netwerk optreden.

Figuur 8.1 illustreert de meest voorkomende bedreigingen voor de huidige informatiesystemen. Redenen voor deze bedreigingen liggen binnen een organisatie op technisch of organisatorisch gebied. Ook kan er sprake zijn van bedreigingen van buiten de organisatie of van gebrek aan aandacht voor beveiliging bij het management. In de meerlaags client/server-computingomgeving die we hier behandelen, heeft elke laag op zich zwakke plekken, net als de communicatie tussen de lagen. Gebruikers in de clientlaag kunnen schade veroorzaken door fouten te introduceren of door zich toegang te verschaffen tot systemen waarvoor ze niet geautoriseerd zijn. Het is in principe mogelijk om toegang te krijgen tot gegevens die zich over netwerken verplaatsen, om tijdens de overdracht waardevolle gegevens te stelen of data zonder autorisatie te wijzigen. Ook straling kan het transport van gegevens over een netwerk verstoren. Indringers kunnen Denial-of-Service-aanvallen plegen of met kwaadaardige software het functioneren van websites onmogelijk maken. Inbrekers die in staat zijn om bedrijfssystemen

Denial-of-Service-aanvallen

Denial-of-Service-aanval (DoS-aanval) Het overspoelen van een webserver met verzoeken om gegevens met als doel het netwerk te laten crashen.

Distributed Denial-of-Service-aanval (DDoS-aanval) Een groot aantal computers die het netwerk vanaf vele kanten tegelijk overspoelen en lamleggen.

Bij een **Denial-of-Service-aanval (DoS-aanval)** overspoelen hackers een netwerkserver of internetserver met vele duizenden valse boodschappen of nepverzoeken om toegang tot bepaalde diensten, met het doel om zo het netwerk plat te leggen. Het netwerk ontvangt zoveel verzoeken dat het deze niet kan bijhouden, waardoor het netwerk niet meer beschikbaar is voor legitieme verzoeken. Een **Distributed Denial-of-Service-aanval** (**DDoS-aanval**) gebruikt een groot aantal computers om het netwerk vanaf vele kanten tegelijk te overspoelen en lam te leggen. Hoewel DoS-aanvallen geen informatie vernietigen of verboden gebieden van de informatiesystemen van bedrijven binnendringen, kunnen zij er wel voor zorgen dat een website wordt platgelegd, waardoor legitieme gebruikers de site niet meer kunnen bezoeken. Zo werden in november 2016 de servers van de website van de Europese Commissie platgelegd door een grootschalige DDoS-aanval. De medewerkers van de EC konden daardoor enkele uren niet werken. De dienstverlening werd de volgende dag hersteld. Vaak worden DDoS-aanvallen ingezet om de aandacht af te leiden van andere malwareactiviteiten. De EC rapporteerde dat er geen bestanden werden aangepast of informatie werd gestolen.

Dit soort aanvallen kost drukbezochte commerciële sites dus veel geld: zolang de site onbereikbaar is, kunnen klanten geen aankopen doen. Extra kwetsbaar zijn de kleine en middelgrote bedrijven, waarvan de netwerken vaak minder goed beveiligd zijn dan die van grote ondernemingen.

Botnet Een groep computers die buiten medeweten van de gebruikers geïnfecteerd is met botmalware, waardoor een hacker de verzamelde bronnen van deze computers kan inzetten om DDoS- en phishingaanvallen uit te voeren en ongevraagde spam-e-mail te versturen.

Spam Ongewenste commerciële e-mail.

Daders van DoS-aanvallen maken vaak gebruik van duizenden 'zombie'-pc's die zonder dat de gebruikers ervan weten geïnfecteerd zijn met kwaadaardige software en opgenomen in een **botnet**. Bot is de afkorting van robot en een botnetwerk is een groep computers die samen opdrachten kunnen uitvoeren. Een hacker kan een eigen botnetwerk opzetten door andere computers te 'stelen'. De geïnfecteerde computers worden dan *slaves* of zombies, die een mastercomputer van iemand anders gehoorzamen. Heeft een hacker eenmaal genoeg computers geïnfecteerd, dan kan hij of zij de verzamelde bronnen van het botnet inzetten om DDoS- en phishingaanvallen uit te voeren en ongevraagde **spam**-e-mail te versturen.

90 procent van alle spam en 80 procent van alle malware ter wereld wordt verspreid via botnets. Een nieuwe versie van het Pushdo spamming-botnet werd bijvoorbeeld ontdekt in het voorjaar van 2015. Computers in meer dan vijftig landen waren geïnfecteerd. Pushdo heeft bestaan sinds 2007, ondanks diverse pogingen om het af te stoppen. De laatste versie verspreidde malware die logingegevens stal en toegang kreeg tot online banksystemen. Op enig moment hebben met Pushdo geïnfecteerde computers zo'n 7,7 miljard spamberichten per dag verspreid (Kirk, 2015).

Computercriminaliteit

De meeste hackeractiviteiten zijn misdrijven, maar de zwakke plekken van systemen die we zojuist hebben beschreven maken deze systemen ook doelwit van andere soorten computercriminaliteit.

Computercriminaliteit De opdracht tot illegale handelingen door het gebruik van een computer of tegen een computersysteem.

Het Amerikaanse ministerie van Justitie definieert **computercriminaliteit** als 'alle overtredingen van de wet die kennis van computertechnologie vereisen om computers binnen te dringen, ze te onderzoeken of te misbruiken'. De computer kan zowel het doelwit van een criminele handeling als het instrument voor een criminele handeling zijn. Tabel 8.2 geeft wat voorbeelden van beide categorieën van computercriminaliteit.

Niemand kent de ware omvang van het computercriminaliteitprobleem: hoeveel systemen geïnfiltreerd zijn, hoeveel mensen zich hiermee inlaten, of hoeveel de totale economische schade bedraagt.

Volgens een onderzoek naar de kosten van computercriminaliteit uitgevoerd door het Ponemon Institute, wordt het bedrag dat Amerikaanse organisaties jaarlijks gemiddeld aan computercriminaliteit kwijt zijn geschat op $ 15 miljoen dollar (Ponemon Institute, 2015).

Veel bedrijven aarzelen om inzicht te geven in computercriminaliteit, omdat het mogelijk criminele activiteiten van eigen werknemers kan betreffen, of omdat het bedrijf vreest dat publicatie van gegevens over zijn kwetsbaarheid zijn reputatie zal schaden. Economisch gezien zijn de schadelijkste soorten van computercriminaliteit DoS-aanvallen, activiteiten van kwaadwillende insiders en aanvallen via het internet.

Identiteitsdiefstal

Identiteitsdiefstal
Een misdrijf waarbij een bedrieger belangrijke stukken persoonlijke informatie in handen krijgt, zoals burgerservicenummers, nummers van rijbewijzen of creditcards, waarmee hij zich als iemand anders kan voordoen.

Met de groei van internet en e-commerce is de diefstal van iemands identiteit een groot probleem geworden. **Identiteitsdiefstal** is een misdrijf waarbij een bedrieger belangrijke persoonlijke informatie in handen krijgt, zoals een paspoortnummer, nummers van rijbewijzen of creditcards, waarmee hij zich als iemand anders kan voordoen. De informatie kan vervolgens gebruikt worden om geld te lenen, aankopen te doen, diensten op naam van het slachtoffer gedaan te krijgen, of om de dief van valse diploma's te voorzien.

TABEL 8.2 *Voorbeelden van computercriminaliteit*

COMPUTERS ALS DOELWIT VAN CRIMINALITEIT
Het schenden van de vertrouwelijkheid van beschermde gegevens op de computer.
Het zich zonder toestemming toegang verschaffen tot een computersysteem.
Het bewust binnendringen van een beveiligde computer om fraude te plegen.
Het met opzet binnendringen van een beveiligde computer en schade veroorzaken, uit onwetendheid of doelbewust.
Het bewust verspreiden van een programma, programmeercode, of commando's die erop gericht zijn schade toe te brengen aan een beveiligde computer.
Het dreigen met het toebrengen van schade aan een beveiligde computer.
COMPUTERS ALS INSTRUMENT VOOR CRIMINALITEIT
Het stelen van zakelijke geheime informatie.
Het illegaal kopiëren van software of auteursrechtelijk beschermde informatie, zoals tijdschriftartikelen, boeken, muziek en films.
Het plannen van zwendel.
Het gebruiken van e-mail, messages of appjes voor bedreigingen of pesterijen.
Het met opzet proberen te onderscheppen van elektronische communicatie.
Het zich illegaal toegang verschaffen tot opgeslagen elektronische communicatie, waaronder e-mail en voicemail.
Het versturen of bezitten van kinderporno met gebruikmaking van een computer.

Het Centraal Bureau voor de Statistiek (CBS) maakte in 2014 bekend dat meer dan 200.000 Nederlanders in 2013 slachtoffer waren geworden van identiteitsfraude via internet of betaal- of pinautomaten. Het ging hier om 1,5 procent van de bevolking van vijftien jaar en ouder. De mensen werden slachtoffer van criminelen die gegevens van een bankpas of creditcard kopieerden bij een betaal- of pinautomaat (skimming), of van oplichters die betalingsinformatie achterhaalden via het internet, via bijvoorbeeld gehackte computers of nepwebsites (phishing of pharming). De meeste slachtoffers maakten hier melding van bij de bank en een deel stapte ook naar de politie. De Nederlandse Vereniging van Banken meldt dat door voorlichting en bewustwording bij consumenten de schade door fraude met internetbankieren in 2017 is gedaald tot 1,2 miljoen euro (Nvb, 2018).

Phishing
Een in toenemende mate populaire vorm van spoofing waarbij nepwebsites worden opgezet of zeer geloofwaardig uitziende zakelijke e-mailberichten worden verstuurd om bij de gebruikers vertrouwelijke informatie los te krijgen.

Daarnaast zijn sites voor e-commerce ideale bronnen voor het verkrijgen van persoonlijke informatie van klanten: namen, adressen, telefoonnummers. Gewapend met deze informatie kunnen criminelen een nieuwe identiteit aannemen en hun eigen doelen nastreven.
Een steeds populairdere tactiek is een vorm van spoofing die **phishing** wordt genoemd. Dat houdt in dat er nepwebsites worden opgezet of dat er zeer geloofwaardig uitziende zakelijke e-mailberichten worden verstuurd om bij de gebruikers vertrouwelijke informatie los te krijgen.

Het e-mailbericht instrueert de ontvangers om hun gegevens opnieuw in te voeren of te bevestigen door het verstrekken van socialezekerheidsgegevens, bankpas- en creditcardinformatie of andere vertrouwelijke gegevens, hetzij door het reageren op het e-mailbericht, hetzij door het invoeren van de informatie op een nepwebsite of door het bellen van een telefoonnummer. Bedrijven als eBay, PayPal, Amazon.com, Walmart en diverse banken staan in de top tien van gespoofde ondernemingen.

Evil twins
Draadloze netwerken die betrouwbaar overkomen om gebruikers over te halen in te loggen en wachtwoorden of creditcardgegevens op te geven.

Pharming
Phishing-techniek die gebruikers doorstuurt naar een vervalste webpagina, ook als de persoon in kwestie het juiste adres van de webpagina in zijn of haar browser heeft opgegeven.

Twee nieuwe phishingtechnieken, *evil twins* en *pharming*, zijn moeilijker te ontdekken. **Evil twins** zijn draadloze netwerken die het doen voorkomen alsof zij een betrouwbare wifiverbinding bieden, zoals die in luchthavenlounges en horeca. Het onechte netwerk ziet er precies hetzelfde uit als een legitiem openbaar netwerk. Oplichters proberen wachtwoorden en creditcardnummers op te vangen van nietsvermoedende gebruikers die inloggen op het netwerk. **Pharming** stuurt gebruikers door naar een vervalste webpagina, ook al geeft de persoon in kwestie het juiste adres van de webpagina op in zijn of haar browser. Dit is mogelijk als het criminelen lukt om toegang te verkrijgen tot de internetadresinformatie zoals die wordt opgeslagen door internetserviceproviders om het webbrowsen sneller te maken, en als de ISP-bedrijven op hun servers gebrekkige software gebruiken die het fraudeplegers mogelijk maakt om zich een weg naar binnen te hacken en deze adressen te veranderen.

Volgens onderzoek uit 2015 naar de kosten van dataschending in de VS door het Ponemon Institute was de gemiddelde kostenpost voor een bedrijf 3,5 miljoen dollar (Ponemon Institute, 2015). Bovendien kan de reputatieschade die een merk hierdoor oploopt significant zijn, hoewel daar moeilijk een bedrag aan te hangen is. Naast de voorbeelden in de openingscasus en de afsluitende casus van dit hoofdstuk geeft tabel 8.3 een overzicht van een aantal grote dataschendingen.

De meeste landen in Europa hebben wetten die bepalen dat het illegaal is om zich zonder toestemming toegang te verschaffen tot een computersysteem. Het Amerikaanse Congres reageerde in 1986 al op de dreiging van computercriminaliteit door de Computer Fraud and Abuse Act aan te nemen. In juli 2013 adopteerde het Europees Parlement een cybercrime-richtlijn die aanvallen op websites en netwerken strafbaar stelt, waaronder het gebruik van DDoS-aanvallen, botnets en illegale onderschepping van berichten en wachtwoorden. Het Congres nam in 1996 ook de National Information Infrastructure Protection Act aan om de verspreiding van malware en aanvallen door hackers te bestempelen tot misdaden tegen de staat.

Diverse Amerikaanse wetten, zoals de Wiretap Act, de Wire Fraud Act, CAN-SPAM Act, en de Protect Act uit 2003, omvatten alle computercriminaliteit die te maken heeft met respectievelijk het onderscheppen van elektronische communicatie, het gebruik van elektronische communicatie voor het plegen van zwendel, het stelen van handelsgeheimen, het zich illegaal toegang verschaffen tot opgeslagen elektronische communicatie, het gebruik van e-mail voor bedreigingen of pesterijen en het versturen of bezitten van kinderporno.

Klikfraude

Klikfraude
Het frauduleus klikken op een online advertentie zonder de intentie om meer te weten te komen van de adverteerder of een aankoop te doen.

Een adverteerder betaalt gewoonlijk een bepaald tarief voor iedere muisklik die wordt verondersteld potentiële kopers naar zijn producten te leiden. Van **klikfraude** is sprake als iemand, of een computerprogramma, frauduleus op een online advertentie klikt, dus zonder de intentie om meer te weten te komen van de adverteerder of een aankoop te doen. Klikfraude is een ernstig probleem geworden op Google en andere websites die pay-per-clickadvertenties aanbieden.

Er zijn bedrijven die externe medewerkers (gewoonlijk in lagelonenlanden) betalen om valse klikken te genereren voor de advertenties van een concurrent, met het doel diens positie te verzwakken door het opdrijven van zijn marketingkosten. Klikfraude kan ook gepleegd worden met softwareprogramma's die het klikken uitvoeren; voor dit doel worden vaak botnetten ingezet. Zoekmachines zoals Google pogen klikfraude in de gaten te houden en hebben aanpassingen gedaan om dit fenomeen te beteugelen.

TABEL 8.3 *Grote dataschendingen*

ORGANISATIE	BESCHRIJVING VAN HET INCIDENT
eBay	Een cyberattack op eBay-servers in februari en maart 2014 brengt databases met klantnamen, versleutelde wachtwoorden, e-mailadressen, fysieke adressen, telefoonnummers en geboortedata in gevaar. Het betrof gegevens van 145 miljoen mensen.
Home Depot	Werd in 2014 gehackt met een softwareprogramma dat was vermomd als antivirusprogramma. 65 miljoen creditcardaccounts waren gecompromitteerd en 53 miljoen e-mailadressen van klanten werden gestolen
Target	Malware werd stiekem geïnstalleerd op beveiligings- en betaalsystemen eind 2013. Er werden creditcardnummers en persoonsgegevens van 40 miljoen klanten, en ook nog eens 70 miljoen e-mailadressen buitgemaakt.
Anthem Health Insurance	In februari 2015 stalen hackers persoonsgegevens van 80 miljoen klanten van deze grote zorgverzekeraar, waaronder gegevens als namen, geboortedata, verzekeringsnummers en inkomensgegevens. Er werden geen medische of bankgegevens buitgemaakt. Dit was tot dan de grootste zorginbraak waar ooit melding van was gemaakt.
Sony	In november 2014 wisten hackers meer dan 100 terabyte aan bedrijfsgegevens buit te maken, waaronder handelsgegevens, e-mail, personeelsgegevens en kopieën van nog niet uitgebrachte films. Data van de bedrijfssystemen werden gewist, wat leidde tot honderden miljoenen dollars aan schade – naast reputatieschade van het merk zelf. Sony was 2011 ook al gehackt, toen indringers persoonlijke gegevens, waaronder creditcard-, bankpas- en bankrekeningnummers, wisten buit te maken van meer dan 100 miljoen gebruikers van het PlayStation Network en Sony Online Entertainment.

Wereldwijde dreigingen: cyberterrorisme en cyberoorlog

De cybercriminele activiteiten die we hiervoor behandeld hebben, zoals het loslaten van malware, Denial-of-Service-aanvallen en phishingpogingen, zijn niet aan landsgrenzen gebonden. Volgens het nieuwste FireEye Advanced Threat Report worden aanvalsservers voor malware tegenwoordig gehost in meer dan 200 landen en gebieden. De populairste bronnen van malware-aanvallen zijn de Verenigde Staten, India, Duitsland, Zuid-Korea, China, Nederland, het Verenigd Koninkrijk en Rusland.

Het wereldwijde karakter van het internet maakt het cybercriminelen mogelijk om overal ter wereld toe te slaan (en schade aan te richten).

Internetkwetsbaarheden hebben individuen en hele naties tot een gemakkelijk doelwit gemaakt voor politiek gemotiveerde aanvallen door hackers, zowel voor sabotage als ook voor spionage. **Cyberoorlogsvoering** is een door een staat gesponsorde activiteit, bedoeld om een andere staat of natie te verzwakken door computers of netwerken binnen te dringen en daar schade aan te richten. Cyberoorlogsvoering heeft ook betrekking op de verdediging tegen dergelijke aanvallen.

Cyberoorlogsvoering
Door de staat gesponsorde activiteit ontworpen voor het verlammen en verslaan van een andere staat of natie door diens computers of netwerken te beschadigen of te verstoren.

Cyberoorlogsvoering is gecompliceerder dan conventionele oorlogsvoering. Hoewel veel potentiële doelwitten een militaire functie hebben, kunnen aanvallen ook het nationaal stroomnet, financiële systemen en communicatienetwerken lamleggen. Niet-overheidsactoren als terroristen of criminele organisaties kunnen aanvallen uitvoeren, waarvan vaak moeilijk te zeggen is wie er verantwoordelijk is. Naties moeten voortdurend alert zijn op nieuwe malware en andere technologieën die tegen hen gebruikt kunnen worden, en sommige van die technologieën, die door ervaren groepen hackers worden ontwikkeld, worden openlijk te koop aangeboden aan geïnteresseerde regeringen.

Voorbereidingen op cyberaanvallen komen steeds vaker voor, zijn geavanceerder en kunnen steeds ernstigere consequenties hebben. Tussen 2011 en 2015 stalen buitenlandse hackers broncode en blauwdrukken voor de olie- en waterleidingen en het stroomnet van de Verenigde Staten en infiltreerden 150 keer in de netwerken van het Amerikaanse ministerie van Energie (Perlroth, 2015). De afgelopen jaren hebben hackers onder andere plannen voor raketvolgsystemen, satellietnavigatiesystemen, bewakingsdrones en nieuwe straaljagers gestolen.

Een rapport uit 2015 noemde 29 landen met officiële legereenheden en inlichtingendiensten die zich bezighielden met offensieve cyberoorlogsvoering. Hun cyberarsenalen bevatten onder meer malwareverzamelingen om binnen te dringen in besturingsapparatuur voor industriële, militaire en belangrijke civiele infrastructuur, e-maillijsten en tekst voor phishingaanvallen op belangrijke doelwitten, en algoritmen voor DoS-aanvallen. Amerikaanse inspanningen op het gebied van cyberoorlogsvoering zijn geconcentreerd in het United States Cyber Command, dat de activiteiten en verdediging van informatienetwerken van het Amerikaanse ministerie van Defensie coördineert en aanstuurt en voorbereidingen treft voor militaire cyberspace-activiteiten. Cyberoorlogsvoering vormt een ernstige bedreiging voor de infrastructuur van de moderne maatschappij, omdat de belangrijkste financiële, gezondheids-, overheids- en industriële instellingen voor hun dagelijkse activiteiten afhankelijk zijn van internet.

8.1.4 Interne bedreigingen: medewerkers

We zijn geneigd te denken dat de bedreigingen voor een bedrijf altijd van buiten de organisatie komen. In werkelijkheid vormen echter ook mensen van binnen de organisatie een groot veiligheidsprobleem. Medewerkers hebben toegang tot voor anderen ontoegankelijke informatie en wanneer de interne veiligheidsprocedures niet veel voorstellen, zijn zij in staat om zonder sporen achter te laten rond te dwalen door de systemen van een organisatie.
Onderzoeken hebben uitgewezen dat onwetendheid van gebruikers de allerbelangrijkste oorzaak is van gaten in de beveiliging. Veel medewerkers vergeten hun wachtwoorden om toegang te verkrijgen tot computersystemen, of staan toe dat collega's deze gebruiken, wat het systeem ondermijnt. Kwaadwillende indringers die toegang zoeken tot een systeem, verleiden medewerkers soms om hun wachtwoorden te onthullen door zich voor te doen als medewerkers van het bedrijf die informatie nodig hebben. Deze praktijken worden wel aangeduid met de term **social engineering**.

Social engineering
Verleiden van medewerkers om hun wachtwoorden te onthullen door zich voor te doen als legitieme medewerkers van het bedrijf die informatie nodig hebben.

Medewerkers (zowel de eindgebruikers van systemen als specialisten op het gebied van informatiesystemen) zijn ook een belangrijke bron van fouten in een informatiesysteem. Medewerkers kunnen fouten veroorzaken door onjuiste gegevens in te voeren of door de instructies voor het verwerken van gegevens en voor het gebruik van de computerapparatuur niet juist op te volgen. Ook informatiesysteemspecialisten kunnen softwarefouten creëren op het moment dat zij nieuwe software ontwerpen en ontwikkelen, of wanneer zij onderhoud plegen aan bestaande programma's.

8.1.5 De kwetsbaarheid van software

Ook softwarefouten vormen een constante bedreiging voor informatiesystemen en veroorzaken zoveel verlies aan productiviteit dat men er maar liever over zwijgt. De groeiende complexiteit en omvang van softwareprogramma's, gekoppeld aan de eis van een snelle marktintroductie, heeft geleid tot een toename van fouten en zwakke plekken in software. Op 29 april 2015 moest American Airlines veertig vluchten later laten vertrekken als gevolg van foutieve software op iPads die de piloten gebruikten om vliegveldkaarten en navigatiedocumenten te raadplegen. Het probleem werd opgelost door piloten de app opnieuw te laten installeren (Bajaj, 2015).
Een zeer groot probleem met software is de aanwezigheid van **bugs**, oftewel fouten in de programmacode. Onderzoeken hebben uitgewezen dat het vrijwel onmogelijk is om alle bugs uit grote programma's te verwijderen. De belangrijkste oorzaak van bugs is de complexiteit van code waarin keuzemogelijkheden zijn opgenomen. Een betrekkelijk klein programma met een paar honderd regels zal toch al tientallen beslissingen bevatten, die tot honderden of zelfs duizenden paden leiden. Binnen de meeste organisaties zijn belangrijke programma's gewoonlijk veel groter, met tienduizenden of zelfs miljoenen regels code, elk met een veelvoud van de beslissingen en paden van kleinere programma's.

Bugs
Defecten of fouten in de programmacode.

Grotere programma's zijn niet compleet foutvrij te realiseren. Het is simpelweg niet te doen om alles volledig te testen. Het volledig testen van programma's die duizenden beslissingen en miljoenen mogelijke paden bevatten zou duizenden jaren vergen. Zelfs als het grondig wordt

getest, weet je pas zeker of je op bepaalde software kunt vertrouwen als het product zichzelf na veelvuldig gebruik in de praktijk heeft bewezen.
Gebreken in commerciële software verslechteren niet alleen de prestaties, maar creëren ook kwetsbaarheden in de beveiliging die de deur van netwerken openzetten voor indringers. Elk jaar opnieuw signaleren beveiligingsfirma's duizenden zwakke plekken in internet- en pc-software. Een voorbeeld hiervan is de Heartbleed-bug, een fout in OpenSSL, een opensource-encryptietechnologie die door naar schatting twee derde van de webservers wordt gebruikt. Hackers zouden de bug kunnen misbruiken om toegang te krijgen tot zowel persoonlijke gegevens van bezoekers als de encryptiesleutels van een site waarmee nog meer beveiligde gegevens kunnen worden verzameld.

Zero-day vulnerabilities
Lekken in software die de ontwikkelaar niet kent.

Vooral **zero-day vulnerabilities** zijn problematisch. Dit zijn lekken in software die de ontwikkelaar niet kent. Hackers maken gebruik van dit lek in de beveiliging voordat de leverancier dit snel dichtmaakt. Dit soort kwetsbaarheden wordt 'zero day' genoemd, omdat de softwareleverancier na het ontdekken van een gat nul dagen tijd heeft om de code te repareren voordat er in een aanval gebruik van kan worden gemaakt. Soms ontdekken beveiligingsonderzoekers de gaten in de software, maar meestal worden ze pas ontdekt nadat een aanval heeft plaatsgevonden.

Patches
Kleine stukken software die de fout repareren zonder de goede werking van de software te verstoren.

Om softwaregebreken te corrigeren zodra deze zijn gesignaleerd, schrijft de softwareleverancier kleine stukjes software, **patches** genoemd, om de fout te repareren zonder de goede werking van de software te verstoren. Het is aan de gebruikers van de software om zwakke plekken op te sporen, te testen en alle beschikbare patches uit te voeren. Dit proces wordt patchmanagement genoemd.
Omdat de IT-infrastructuur van een bedrijf gewoonlijk volgeladen is met zakelijke toepassingen, besturingssystemen en andere systeemhulpmiddelen, kan het bijhouden van patches voor alle apparatuur en alle functies die door een bedrijf worden gebruikt tijdrovend en kostbaar zijn. Kwaadaardige software wordt met een dergelijk hoge snelheid gecreëerd dat bedrijven maar heel weinig tijd hebben om te reageren tussen het moment waarop een zwakke plek en een patch worden gepubliceerd en het moment waarop kwaadaardige software de kwetsbare plek uit lijkt te gaan buiten.

8.2 Het belang van beveiliging en beveiligingsmaatregelen voor bedrijven

Organisaties hebben zeer waardevolle informatie te beschermen. Systemen herbergen vaak vertrouwelijke informatie over personen, zoals gegevens over belastingen, financiële bezittingen, medische gegevens en functioneringsgesprekken. Ze kunnen ook informatie bevatten over bedrijfsoperaties, zoals bedrijfsgeheimen, nieuwe productontwikkelingsplannen en marketingstrategieën. Overheidssystemen kunnen informatie bevatten over wapensystemen, operaties van inlichtingendiensten en militaire doelen. Deze informatie is uiterst waardevol en als deze verloren gaat, vernietigd wordt of in de verkeerde handen terechtkomt, kunnen de gevolgen rampzalig zijn.
Als systemen niet goed of helemaal niet kunnen functioneren als gevolg van een schending van de beveiliging, rampen of slecht werkende technologie kan dit ernstige gevolgen hebben voor de financiële gezondheid van een bedrijf. Sommige deskundigen denken dat 40 procent van alle bedrijven zich niet kan herstellen als een probleem waarbij applicaties of gegevens verloren gaan niet binnen drie dagen is hersteld.
Onvoldoende beveiliging kan ook leiden tot ernstige aansprakelijkheidsproblemen. Bedrijven moeten immers niet alleen hun eigen informatiebezit beschermen, maar ook dat van klanten, medewerkers en zakenpartners. Nalatigheid hierin kan het bedrijf blootstellen aan kostbare claims voor schending van de privacy of diefstal. Als een organisatie nalaat om afdoende beschermingsmaatregelen te nemen om verlies van vertrouwelijke informatie, beschadiging

van gegevens of inbreuk op de privacy te voorkomen, kan het aansprakelijk worden gesteld voor onnodig genomen risico's of veroorzaakte schade. Zo moest Target 39 miljoen dollar aan verschillende banken in de VS betalen die MasterCard aanbieden, die op hun beurt Target-klanten miljoenen dollars moesten terugbetalen als gevolg van een hack in 2013 van de betaalsystemen van deze winkel. Target moest ook 67 miljoen betalen aan Visa voor deze hack en nog 10 miljoen dollar om een rechtszaak door klanten af te handelen. Een goed beveiligings- en beheerframework dat bedrijfsinformatie beschermt, kan dus wel degelijk een hoge return on investment produceren.

Een gedegen beveiliging en adequate beveiligingsmaatregelen resulteren ook in een hogere productiviteit per werknemer en lagere bedrijfskosten.

8.2.1 Wettelijke eisen aan het beheer van elektronische documenten

Doordat in de regelgeving van de Amerikaanse regering bescherming van gegevens tegen misbruik, openbaarheid en ongeautoriseerde toegang verplicht wordt gesteld, worden bedrijven gedwongen om serieuzer werk te maken beveiliging en beheer. Bedrijven worden geconfronteerd met nieuwe wettelijke verplichtingen, zowel voor het beheer en het behoud van elektronische documenten als voor het waarborgen van privacy.

Wie in de VS in een bedrijf in de zorgsector werkzaam is, zal merken dat het bedrijf zich moet houden aan de Health Insurance Portability and Accountability Act (HIPAA) uit 1996. HIPAA schetst de regels en procedures in verband met de beveiliging en privacy bij het vereenvoudigen van de facturenadministratie in de gezondheidszorg en het automatiseren van medische gegevens. Deze wet dwingt leden van de medische sector patiëntinformatie zes jaar te bewaren en de vertrouwelijkheid van deze documenten te garanderen. Verder specificeert deze wet standaarden voor privacy, beveiliging en elektronische transacties voor zorgverleners bij het doorgeven van patiëntinformatie, en staan er straffen op inbreuk op de medische privacy, onthulling van patiëntdocumentatie per e-mail of ongeautoriseerde netwerktoegang.

Wie in de VS bij een bedrijf werkt dat financiële dienstverlening aanbiedt, zal merken dat het bedrijf zich moet houden aan de Financial Services Modernization Act uit 1999, beter bekend als de Gramm-Leach-Bliley Act, genoemd naar zijn sponsors uit het Congres. Deze wet vereist van financiële instellingen dat ze de beveiliging en vertrouwelijkheid van klantgegevens garanderen. Gegevens moeten worden opgeslagen op een beveiligd medium. Er moeten bovendien speciale beveiligingsmaatregelen worden genomen om dergelijke gegevens op opslagmedia en tijdens de overdracht te beschermen. Ook in Nederland en België bestaat wetgeving over de bescherming van persoonsgegevens die het gebruik en de opslag van gegevens van natuurlijke personen regelt.

Wie in de VS bij een beursgenoteerd bedrijf werkt, zal merken dat het bedrijf zich moet houden aan de Public Company Accounting Reform and Investor Protection Act uit 2002, beter bekend als Sarbanes-Oxley, naar zijn sponsors senator Paul Sarbanes van Maryland en vertegenwoordiger Michael Oxley van Ohio. Deze wet is ontworpen om investeerders te beschermen na de financiële schandalen bij Enron, WorldCom en andere nutsbedrijven. De wet maakt bedrijven verantwoordelijk voor het bewaken van de nauwkeurigheid en integriteit van de financiële informatie die intern wordt gebruikt en naar buiten toe wordt gepresenteerd.

Sarbanes-Oxley is in de eerste plaats bedoeld om te garanderen dat het interne beheer van informatie in financiële systemen in orde is. Omdat dergelijke gegevens meestal worden verwerkt, opgeslagen en getransporteerd door informatiesystemen, vereist de wetgeving dat bedrijven aandacht besteden aan de integriteit, vertrouwelijkheid en nauwkeurigheid van deze systemen. Elke systeemtoepassing die cruciale gegevens met betrekking tot financiële rapportages verwerkt, vereist controles om na te gaan of de gegevens nauwkeurig zijn. Controles voor het beveiligen van het bedrijfsnetwerk, het voorkómen van ongeautoriseerde toegang tot systemen en gegevens, en het garanderen van gegevensintegriteit en beschikbaarheid bij rampen en andere verstoringen van de dienstverlening, zijn eveneens van essentieel belang.

8.2.2 Elektronisch bewijsmateriaal en forensisch computeronderzoek

Beveiliging en beheer van elektronische documenten zijn essentieel geworden in de rechtspraak.

Veel van het huidige bewijsmateriaal voor beursfraude, verduistering, diefstal van bedrijfsgeheimen, cybercriminaliteit en veel civielrechtelijke zaken is in digitale vorm beschikbaar. Momenteel is e-mail het meest voorkomende type elektronisch bewijsmateriaal.

Bij een rechtszaak is een bedrijf verplicht om toegang te bieden tot informatie die gebruikt kan worden als bewijsmateriaal. De kosten van het reageren op een dergelijk verzoek kunnen zeer hoog zijn als het bedrijf moeite heeft om de vereiste gegevens te verzamelen of als de gegevens beschadigd of vernietigd zijn. Rechters leggen tegenwoordig zware financiële straffen en zelfs celstraffen op voor het zonder toestemming vernietigen van elektronische documenten.

Een effectief bewaarbeleid voor elektronische documentatie zorgt ervoor dat elektronische documenten, e-mail en andere digitale informatie goed geordend en toegankelijk zijn en niet te lang bewaard, maar ook niet te snel verwijderd worden. Uit een dergelijk beleid blijkt ook besef van het belang van het bewaren van potentieel bewijsmateriaal voor forensisch computeronderzoek. **Forensisch computeronderzoek** zorgt voor het verzamelen, onderzoeken, authenticeren, bewaren en analyseren van gegevens die worden bewaard op of worden verkregen uit computeropslagmedia zodat de informatie in een rechtszaak kan worden gebruikt als bewijsmateriaal. Forensisch computeronderzoek houdt zich bezig met de volgende problemen:

Forensisch computeronderzoek
Een wetenschappelijke manier van verzamelen, onderzoeken, authenticeren, bewaren en analyseren van gegevens die worden bewaard op of worden verkregen uit computeropslagmedia zodat de informatie in een rechtszaak kan worden gebruikt als bewijsmateriaal.

- het behandelen van computergegevens terwijl het bewijsmateriaal intact moet blijven;
- het veilig opslaan en hanteren van herstelde elektronische gegevens;
- het zoeken naar relevante informatie in een grote hoeveelheid elektronische gegevens;
- het presenteren van de informatie tijdens een rechtszitting.

Elektronisch bewijsmateriaal kan zich op computeropslagmedia bevinden in de vorm van computerbestanden en in de vorm van *ambient data*, die niet zichtbaar zijn voor de gemiddelde gebruiker. Een voorbeeld hiervan zou een bestand kunnen zijn dat gewist is van de harde schijf van een pc. Er zijn diverse technieken om gegevens die een computergebruiker kan hebben gewist van een computeropslagmedium te herstellen. Specialisten op het gebied van forensisch computeronderzoek proberen dergelijke verborgen gegevens te herstellen om ze vervolgens als bewijsmateriaal te kunnen presenteren.

Een besef van de noodzaak van forensisch computeronderzoek moet worden ingebed in het beleid rond onvoorziene gebeurtenissen van een bedrijf. Het hoofd IT, beveiligingsspecialisten, systeembeheerders en juridische adviseurs van het bedrijf moeten allemaal samenwerken zodat er een plan klaarligt dat kan worden uitgevoerd als zich daartoe een wettelijke noodzaak aandient.

8.3 Het organiseren van beveiliging en het nemen van beveiligingsmaatregelen

Ook al beschik je over de allerbeste beveiligingsmiddelen, pas als je weet hoe en wanneer je deze moet inzetten, zullen je informatiesystemen betrouwbaar en veilig zijn. Je zult te weten moeten komen wat voor risico's jouw bedrijf loopt en welke beveiligingsmaatregelen genomen dienen te worden om jouw informatiesystemen te beschermen. Verder zul je ook een beveiligingsbeleid moeten ontwikkelen en overlevingsplannen voor je bedrijf voor het geval je informatiesystemen het laten afweten.

8.3.1 Beveiliging van informatiesystemen

Beveiligingsmaatregelen kunnen zowel handmatig als geautomatiseerd zijn, en zijn onder te verdelen in algemene maatregelen en maatregelen gericht op specifieke applicaties. Alge-

General IT controls
Algemene maatregelen betreffende het ontwerp, de beveiliging en het gebruik van computerprogramma's en de algemene beveiliging van gegevensbestanden van een organisatie.

mene maatregelen (zogenaamde **general IT controls**) betreffen maatregelen ter beheersing van alle systemen, componenten, processen en data van een organisatie of een specifieke IT-omgeving. De belangrijkste general IT controls hebben betrekking op logische toegangsbeveiliging, fysieke toegangsbeveiliging, IT-beheer en exploitatie, wijzigingenbeheer, de cyclus van systeemontwikkeling en back-up en recovery van data. Een goede beheersing van de totale IT-infrastructuur is voorwaardescheppend voor de goede werking van de specifieke applicaties. Als bijvoorbeeld de beveiligingsmaatregelen voor de toegang tot servers of het netwerk niet voldoende zijn, kan niet worden gegarandeerd dat e-mails door onbevoegden worden gelezen. Tabel 8.4 licht deze maatregelen toe.

TABEL 8.4 *Algemene maatregelen*

TYPE ALGEMENE MAATREGELEN	BESCHRIJVING
Logische toegangsbeveiliging	Dit zijn maatregelen zoals het gebruik van wachtwoorden en pincodes om toegang te krijgen
Fysieke toegangsbeveiliging	Het beveiligen van technische ruimten zoals datacentrum en patchkasten met sloten en toegangspasjes
IT-beheer en exploitatie	Het ervoor zorgen dat de IT-activiteiten zoals het uitvoeren van back-upprocedures en het bewaken van de uitvoering van programma's (monitoring) goed verlopen
Wijzigingenbeheer	Zorgdragen voor een betrouwbare implementatie van nieuwe versies van soft- en hardware in de IT-omgeving
Cyclus van systeemontwikkeling	Goede procedures rondom het ontwikkelen van nieuwe software, goede testafspraken zijn hierbij belangrijk
Backup en recovery	In geval van fouten in de verwerking is het noodzakelijk om gegevens te kunnen herstellen naar een eerdere staat

Application controls
Specifieke maatregelen, uniek voor elke gecomputeriseerde applicatie, die ervoor zorgen dat uitsluitend geautoriseerde gegevens volledig en nauwkeurig door die applicatie worden verwerkt.

Beschermingsmaatregelen specifiek op applicaties gericht (zogenaamde **application controls**) zijn maatregelen die geprogrammeerd zijn in een toepassing, zoals salarisadministratie of orderverwerking. Deze bevatten procedures die ervoor zorgen dat uitsluitend geautoriseerde gegevens volledig en nauwkeurig door een toepassing worden verwerkt in het bedrijfsproces. Applicatiemaatregelen kunnen worden geclassificeerd in (1) invoerprocedures, (2) verwerkingprocedures en (3) uitvoerprocedures.
Invoerprocedures controleren gegevens bij het ingaan van het systeem op nauwkeurigheid en volledigheid. Er zijn specifieke invoerprocedures voor invoerautorisatie, dataconversie, gegevensbewerking en foutenafhandeling. *Verwerkingsprocedures* gaan na of de gegevens tijdens de verwerking volledig en nauwkeurig verwerkt worden. *Uitvoerprocedures* zorgen ervoor dat de resultaten van computerverwerking nauwkeurig, volledig en op de juiste manier worden weergegeven.
Beschermingsmaatregelen voor informatiesystemen zouden niet pas achteraf mogen worden ingevoerd. Ze moeten worden geïntegreerd in een systeemontwerp en zouden niet alleen betrekking moeten hebben op hoe lang het systeem onder alle mogelijke omstandigheden zal blijven draaien, maar ook op het gedrag van organisaties en mensen die gebruikmaken van het systeem. De Interactieve sessie over organisaties beschrijft het belang van beschermingsmaatregelen voor systemen bij het voorkomen van massale cyberaanvallen als die van Stuxnet op industriële besturingssystemen.

8.3.2 Risicoanalyse

Voordat een organisatie middelen toewijst om beveiligingsmaatregelen te nemen, moet zij weten welke bedrijfsmiddelen bescherming nodig hebben en weten in welke mate deze middelen beschermd moeten worden. Een risicoanalyse kan het bedrijf helpen bij het bepalen van de meest rendabele reeks maatregelen voor het beschermen van waardevolle bezittingen.

Risicoanalyse
Bepalen hoe vaak een probleem voorkomt en wat de potentiële schade is. Wordt gebruikt om de kosten en baten van een controlemiddel vast te stellen.

Een **risicoanalyse** bepaalt het risico voor een bedrijf als een specifieke activiteit of een specifiek proces niet op de juiste manier wordt uitgevoerd. Niet alle risico's kunnen voorzien en gekwantificeerd worden, maar de meeste bedrijven zullen wel in staat zijn om enig inzicht te verwerven in de risico's waaraan zij blootstaan. Bedrijfsmanagers die samenwerken met informatiesysteemspecialisten kunnen bepalen wat de waarde is van informatie, hoe kwetsbaar haar opslag, verwerking of transport is, de waarschijnlijke frequentie van een probleem en de kans op schade. Als een gebeurtenis zich waarschijnlijk hooguit eens per jaar voordoet met een verlies van 1.000 euro voor de organisatie, is het niet handig om 20.000 euro aan het ontwerp en het onderhoud van een beveiligingsmaatregel uit te geven. Als deze gebeurtenis zich echter elke dag zou kunnen voordoen en een potentieel verlies van 300.000 euro per dag met zich mee zou kunnen brengen, zou een uitgave van 100.000 euro aan een beveiligingsmaatregel volledig gerechtvaardigd zijn.

Tabel 8.5 toont steekproefresultaten van een risicoanalyse voor een geautomatiseerd orderverwerkingssysteem dat 30.000 orders per dag verwerkt. De kans op elke blootstelling aan dit risico gedurende een periode van een jaar is uitgedrukt als een percentage. De volgende kolom toont het hoogst en laagst mogelijke verlies dat kan worden verwacht bij elk optreden van deze gebeurtenis, en een gemiddeld verlies dat is berekend door de hoogste en laagste getallen bij elkaar op te tellen en door twee te delen. Het verwachte jaarlijkse verlies voor elke gebeurtenis kan worden bepaald door het gemiddelde verlies te vermenigvuldigen met de kans dat de gebeurtenis voorkomt.

Deze risicoanalyse laat zien dat de kans op stroomuitval in een periode van een jaar 30 procent is. Het verlies van ordertransacties terwijl de stroom is uitgevallen zou kunnen variëren van 5.000 tot 200.000 euro (gemiddeld 102.500 euro) voor elke keer dat dit voorkomt, afhankelijk van hoelang de verwerking onderbroken wordt. De kans op fraude in een periode van een jaar is ongeveer 5 procent, met potentiële verliezen variërend van 1.000 tot 50.000 euro (gemiddeld 25.500 euro) voor elke keer dat dit voorkomt. Er is een kans van 98 procent voor het optreden van gebruikersfouten, met verliezen variërend van 200 tot 40.000 euro (gemiddeld 20.100 euro) voor elke keer dat dit voorkomt.

Nu de risico's eenmaal zijn vastgesteld, kunnen systeembouwers zich concentreren op de maatregelen die zich richten op het inperken van de grootste kwetsbaarheid en de grootste kans op verlies. In dit geval moeten maatregelen zich richten op manieren om het risico op stroomuitval en gebruikersfouten te minimaliseren, omdat de verwachte jaarlijkse verliezen voor deze gebieden het grootst zijn.

TABEL 8.5 *Risicoanalyse bij digitale orderverwerking*

SOORT RISICO	KANS VAN OPTREDEN (in procent)	BEREIK VERLIES (Gemiddeld verlies) (in euro's)	VERWACHT JAARLIJKS VERLIES (in euro's)
Stroomuitval	30	5.000-200.000 (102.500)	30.750
Fraude	5	1.000-50.000 (25.500)	1.275
Gebruikersfout	98	200-40.000 (20.000)	19.698

8.3.3 Beveiligingsbeleid

Beveiligingsbeleid
Uitspraken die een rangorde vaststellen voor informatierisico's en aanvaardbare beveiligingsdoelen en de manieren waarop deze doelen kunnen worden bereikt.

Heb je eenmaal de belangrijkste risico's voor jouw systemen in kaart gebracht, dan moet je bedrijf beveiligingsbeleid ontwikkelen voor de bescherming van de bedrijfsmiddelen. Een **beveiligingsbeleid** bestaat uit uitspraken die een rangorde vaststellen voor informatierisico's en realistische beveiligingsdoelen en de manieren waarop deze doelen kunnen worden bereikt. Wat is de belangrijkste informatieverzameling binnen het bedrijf? Wie genereert en beheert deze informatie? Welk bestaand beveiligingsbeleid beschermt momenteel deze informatie? Op welk niveau wenst het management deze informatie te beschermen? Is het bijvoorbeeld bereid

Stuxnet en het veranderende karakter van cyberoorlogsvoering

In juli 2010 doken er rapporten op over een Stuxnet-worm die het had voorzien op de nucleaire installaties van Iran. In november van dat jaar gaf de Iraanse president Mahmoud Ahmadinejad publiekelijk toe dat Iraanse nucleaire installaties waren besmet met malware en dat deze het nucleaire programma had verstoord door de centrifuges in de installatie stil te leggen. Stuxnet had zijn plek in de geschiedenisboekjes verdiend as eerste zichtbare voorbeeld van industriële cyberoorlogsvoering.

Nog altijd geldt Stuxnet als het meest geavanceerde cyberwapen dat ooit is ingezet. Stuxnet had als missie om alleen computers met Supervisory Control and Data Acquisition (SCADA)-software uit te schakelen. Deze software wordt gebruikt in Siemens-centrifuges om uranium te verrijken. De op Windows gebaseerde worm had een 'dubbele kernkop'. Een deel was ontwikkeld om na een langdurig slapend bestaan de snelheid van de Iraanse centrifuges zodanig te verhogen dat ze stukgingen. Een ander deel nam stiekem op hoe de normale activiteiten in de installatie eruitzagen en speelde die opnamen vervolgens af, zodat de exploitanten de indruk hadden dat de centrifuges normaal functioneerden, terwijl ze in werkelijkheid doldraaiden.

Het geavanceerde karakter van de worm wees op het werk van zeer deskundige professionals. Michael Assante, bestuursvoorzitter en CEO van de Amerikaanse National Board of Information Security Examiners, ziet Stuxnet als een overbrengingssysteem voor wapens als de B-2 bommenwerper. De programmacode voor de software was in hoge mate modulair, zodat deze gemakkelijk kon worden aangepast om verschillende systemen aan te vallen. Stuxnet werd pas actief toen het een specifieke configuratie van besturingssystemen tegenkwam die een reeks processen in uitsluitend centrifugebedrijven aanstuurden. Ruim 60 procent van met Stuxnet besmette computers staat in Iran, en digitaal beveiligingsbedrijf Kaspersky Labs vermoedt dat de worm is gelanceerd met steun van een natiestaat (waarschijnlijk van Israël en de Verenigde Staten) met de bedoeling een groot deel van of het complete uraniumverrijkingsprogramma van Iran buiten werking te stellen. Stuxnet saboteerde ongeveer een vijfde van de Iraanse kerncentrifuges door ze op te hoge snelheid te laten draaien. De schade was onherstelbaar, en men vermoedt dat het Iraanse kernwapenprogramma hiermee maar liefst vijf jaar is vertraagd. Bovendien weet niemand zeker dat er een einde is gekomen aan de Stuxnet-aanvallen. Sommige deskundigen die de softwarecode van Stuxnet hebben bestudeerd, denken dat het de kiemen bevat voor meer versies en aanvallen.

Volgens een rapport van Tofino Security is Stuxnet in staat om zelfs volgens industrienormen beveiligde computersystemen te besmetten. De behoefte van bedrijven aan interconnectiviteit tussen controlesystemen maakte het bijna ondoenlijk om ze te beschermen tegen een goed geconstrueerde meerfrontenaanval als Stuxnet.

Een afgeleide versie van Stuxnet drong in 2015 Kaspersky's eigen systemen binnen en kon zes maanden onopgemerkt draaien. Dezelfde malware werd aangetroffen in systemen van diplomaten die betrokken waren bij de onderhandelingen met Iran over haar kernprogramma.

En Stuxnet is niet het enige cyberwapen dat momenteel aan het werk is. Het Flame-virus, dat in 2012 in omloop kwam, heeft computers in Iran, Libanon, Soedan, Saoedi-Arabië, Egypte, Syrië en Israël besmet. Hoewel onderzoekers het programma nog aan het bestuderen zijn, lijkt spionage en informatiediefstal het hoofddoel van de aanval te zijn. Flame kan beelden van het computerscherm van gebruikers grissen, hun chatverkeer opslaan, wachtwoorden verzamelen, op afstand hun microfoons aanzetten om gesprekken op te nemen, schijven scannen op specifieke bestanden en hun toetsaanslagen en netwerkverkeer bijhouden. Ook neemt de software gesprekken via Skype op en kan deze besmette computers veranderen in bluetoothbakens die contactgegevens proberen te downloaden van bluetoothapparaten in de omgeving. Deze gegevens, alsook lokaal opgeslagen documenten, kunnen wereldwijd naar verschillende command & control servers worden gezonden. Het programma wacht dan op nadere instructies van deze servers. Velen vrezen dat Stuxnet vooral de basis heeft gelegd voor tal van afgeleide malwareklonen en dat het het aantal soorten machines die verwoest kunnen worden heeft uitgebreid. Zo hebben onderzoekers met Stuxnet-achtige code de computersystemen in auto's gecorrumpeerd en veiligheidsvoorzieningen als airbags en motoralarmsystemen weten uit te schakelen. Een dringender zorg voor beveiligingsdeskundigen en overheidsfunctionarissen is echter een cyberoorlogshandeling tegen een essentiële voorziening, zoals het stroomnet, financiële systemen of communicatiesystemen. (In april 2009 infiltreerden cyberspionnen bijvoorbeeld het Amerikaanse stroomnet door gebruik te maken van zwakke schakels waar netwerkcomputers zijn verbonden met internet, en hebben ze softwareprogramma's achtergelaten waarvan het doel nog niet duidelijk is, maar waarmee waarschijnlijk het systeem kan worden verstoord.)

De Verenigde Staten hebben geen duidelijke strategie voor hoe het land op een cyberaanval van die orde van grootte zou reageren, en de gevolgen van zo'n aanval zouden waarschijnlijk vernietigend zijn. Mike McConnell, de voormalige directeur van Amerikaanse inlichtingendiensten, stelde dat een geslaagde aanval op één grote Amerikaanse bank al een grotere invloed op de wereldeconomie zou hebben dan de aanvallen op het World Trade Center, en dat het vermogen om de Amerikaanse geldvoorraad te bedreigen het financiële equivalent is van een kernwapen. Veel beveiligingsdeskundigen zijn van mening dat de Amerikaanse cybersecurity niet goed is georganiseerd. Diverse bureaus, waaronder het Pentagon en de National Security Agency (NSA), willen vooroplopen in de aanhoudende strijd tegen cyberoorlogsvoering.

Het eerste hoofdkantoor dat is opgezet om inspanningen van de Amerikaanse overheid op het gebied van cybersecurity te coördineren, Cybercom, is in mei 2010 in gebruik genomen in de hoop deze organisatorische kluwen te ontwarren. In mei 2011 ondertekende president Barack Obama decreten om cybercapaciteiten te verweven in de Amerikaanse militaire strategie, deze capaciteiten blijven in ontwikkeling.

In 2014 bleek dat een op Stuxnet lijkend virus met de naam Energetic Bear energiebedrijven in de Verenigde Staten en Europa had aangevallen, wat het angstige vermoeden bevestigt dat het stroomnet kwetsbaar is voor dit soort aanvallen. Het nieuwste computervirus ontwikkelen is niet hetzelfde als methodes ontwikkelen om bestaande computersystemen ertegen te verdedigen. Zullen de Verenigde Staten en andere landen klaar zijn als de volgende Stuxnet zich aandient?

Bronnen: 'Hacking Cars in the Style of Stuxnet,' *CrySys Blog*, 28 oktober 2015; Kim Zetter, 'The U.S. Tried to Stuxnet North Korea's Nuclear Program,' *Wired Magazine*, 29 mei 2015; Michael Kenney, 'Cyber-Terrorism in a Post-Stuxnet World,' Foreign Policy Research Institute, Orbis, winter 2015; Michael B. Kelley, 'A Stuxnet-Like Virus Has Infected Hundreds of U.S. and European Energy Companies,' *Businessinsider.com*, 1 juli 2014; Brian Royer, 'Stuxnet, the Nation's Power Grid, and the Law of Unintended Consequences,' *Dark Reading*, 12 maart 2012; Thomas Erdbrink, 'Iran Confirms Attack by Virus That Collects Information,' *New York Times*, 29 mei 2012; Nicole Perlroth, 'Virus Infects Computers Across Middle East,' *New York Times*, 28 mei 2012; Robert Leos, 'Secure Best Practices No Proof Against Stuxnet,' CSO, 3 maart 2011; Lolita C. Baldor, 'Pentagon Gets Cyberwar Guidelines,' Associated Press, 22 juni 2011; William J. Broad, John Markoff, en David E. Sanger, 'Israel Tests on Worm Called Crucial in Iran Nuclear Delay,' *New York Times*, 15 januari 2011.

Vragen bij de case

1. Is cyberoorlogsvoering een ernstig probleem? Waarom, of waarom niet?
2. Bepaal welke menselijke, organisatorische en technologische factoren dit probleem hebben gecreëerd.
3. Wat maakt Stuxnet anders dan andere cyberaanvallen? Hoe bedreigend is deze technologie?
4. Welke oplossingen zijn er voor dit probleem voorgesteld? Denk je dat ze effectief zullen zijn? Waarom, of waarom niet?

om iedere tien jaar de kredietgegevens van een klant kwijt te raken? Of zal het een beveiligingsbouwwerk voor creditcardgegevens bouwen dat tegen de 'eens in de honderd jaar'-ramp bestand is? Het management moet inschatten hoeveel het zal kosten om dit niveau van beveiliging te bereiken.

Het beveiligingsbeleid geeft richtlijnen welk gebruik van de informatiebronnen van het bedrijf is toegestaan en welke medewerkers van het bedrijf toegang hebben tot informatiemiddelen. Een **acceptable use policy (AUP)** definieert wat een acceptabel gebruik is van de gegevensverzamelingen en de computerapparatuur van het bedrijf, zoals pc's en laptops, draadloze apparatuur, telefoons en internet. Een goed AUP legt voor iedere gebruiker vast wat acceptabele en onacceptabele handelingen zijn en geeft aan wat de consequenties zijn van het overtreden van de regels.

Acceptable use policy (AUP) Definieert wat een acceptabel gebruik is van de gegevensverzamelingen en de computerapparatuur van het bedrijf, zoals pc's en laptops, draadloze apparatuur, telefoons en internet en legt vast wat acceptabele handelingen zijn.

Identiteitsmanagement Bedrijfsprocessen en softwareprogramma's voor het herkennen van de geldige gebruikers van een systeem en het controleren van hun toegang tot systeembronnen.

Het beveiligingsbeleid bevat ook maatregelen voor **identiteitsmanagement**. Identiteitsmanagement omvat bedrijfsprocessen en software die geldige gebruikers van een systeem identificeren en de toegang tot systeembronnen controleren. Het omvat ook beleid voor het identificeren en autoriseren van diverse categorieën gebruikers, bepaalt welke systemen of delen van systemen een gebruiker mag inzien en bevat de processen en technologie die nodig zijn om gebruikers te verifiëren en hun identiteit te beschermen.

Figuur 8.3 laat zien hoe een identiteitsmanagementsysteem de toegangsregels voor diverse groepen medewerkers van de afdeling Personeelszaken kan vastleggen. Het geeft aan tot welk deel van de database elke gebruiker toegang heeft, gebaseerd op de informatie die deze persoon nodig heeft om zijn werkzaamheden uit te kunnen voeren. De database bevat veel gevoelige persoonlijke gegevens over het salaris, de secundaire arbeidsvoorwaarden en medische geschiedenis van medewerkers.
De hier getoonde toegangsregels zijn voor twee groepen gebruikers.

Beveiligingsprofiel 1

Gebruiker: medewerker personeelsafdeling
Locatie: afdeling 1
Personeelsnummer dat overeenkomt met dit profiel: 00753, 27834, 37665,44116

Dataveld Restricties	Type toegang
Alle personeelsgegevens uitsluitend voor afdeling 1	Lezen en muteren
• Gegevens over medische geschiedenis	Geen
• Salaris	Geen
• Pensioenopbouw	Geen

Beveiligingsprofiel 2

Gebruiker: afdelingspersoneelsmanager
Locatie: afdeling 1
Personeelsnummer dat overeenkomt met dit profiel: 27321

Dataveld Restricties	Type toegang
Alle personeelsgegevens uitsluitend voor afdeling 1	Alleen lezen

FIGUUR 8.3 *Toegangsregels voor een personeelssysteem*
Deze twee voorbeelden representeren twee autorisatieprofielen die in een personeelsinformatiesysteem zouden kunnen voorkomen. Afhankelijk van zijn autorisatieprofiel heeft een gebruiker bepaalde restricties bij de toegang tot verschillende systemen, locaties of gegevens in een organisatie.

Autorisatiebeleid
Beleid dat de verschillende toegangsniveaus tot informatiesystemen voor de verschillende typen gebruikers bepaalt.

Een groep gebruikers bestaat uit alle medewerkers die administratieve taken uitvoeren, zoals het invoeren van personeelsgegevens in het systeem. Alle personen met dit type profiel kunnen het systeem aanpassen, maar geen van hen kan velden met gevoelige informatie, zoals gegevens over salaris, medische geschiedenis of pensioenopbouw lezen of aanpassen. Een ander profiel is van toepassing op een afdelingsmanager die het systeem niet kan aanpassen, maar die de gevoelige informatie van al het personeel van zijn of haar afdeling wel kan lezen. Deze profielen zijn gebaseerd op toegangsregels die volgen uit het **autorisatiebeleid**. Het systeem uit figuur 8.3 biedt zeer fijnkorrelige beveiligingsrestricties, zoals geautoriseerde gebruikers van personeelsinformatiesystemen toestaan om vragen te stellen over alle personeelsinformatie, behalve die in vertrouwelijke velden. Verderop in dit hoofdstuk gaan we nog verder in op de technologie achter gebruikersidentificatie.

8.3.4 Beveiligingsplanning en bedrijfscontinuïteitsplanning

Als je een bedrijf runt, heb je een plan nodig voor onvoorziene situaties, zoals stroomuitval, brand, overstromingen, aardbevingen of terroristische aanvallen, die je informatiesystemen en je bedrijf kunnen stilleggen.

Beveiligingsplan
Een plan voor het herstel van computer- en communicatiediensten nadat deze zijn verstoord door een ernstige gebeurtenis. Ook bekend als calamiteitenplan of bedrijfsnoodplan.

Een **beveiligingsplan** (ook bekend als calamiteitenplan of bedrijfsnoodplan) voorziet in plannen voor het herstel van computer- en communicatiediensten nadat deze zijn verstoord door een ernstige gebeurtenis. Beveiligingsplannen richten zich in de eerste plaats op de technische kwesties die te maken hebben met het draaiend houden van systemen, zoals van welke bestanden er een back-up gemaakt moet worden, het zorgen voor back-upcomputersystemen of het leveren van bepaalde diensten bij calamiteiten.
Een voorbeeld: MasterCard houdt er een tweede computercentrum op na in Kansas City. Dit dient als uitwijkmogelijkheid in geval van een calamiteit bij zijn primaire computercentrum in St. Louis. In plaats van hun eigen back-upfaciliteiten te bouwen sluiten veel bedrijven contracten af met computeruitwijkcentra zoals SunGard Availability Services en Acronis. Deze computeruitwijkcentra bieden op verschillende locaties faciliteiten waarop geabonneerde bedrijven in noodgevallen hun programma's kunnen laten draaien. Zo kan het Texaanse bedrijf Champion Technologies, dat chemicaliën levert voor gebruik in de winning en verwerking van olie en gas, zijn bedrijfssystemen binnen twee uur laten overschakelen van Houston naar een datacentrum van SunGard in Scottsdale, Arizona.

Bedrijfscontinuïteitsplanning
Planning die is gericht op de wijze waarop het bedrijf bedrijfsoperaties kan herstellen nadat er zich een ramp heeft voorgedaan.

Bedrijfscontinuïteitsplanning is gericht op de wijze waarop het bedrijf zijn bedrijfsoperaties kan herstellen nadat er zich een ramp heeft voorgedaan. Het bedrijfscontinuïteitsplan stelt de cruciale bedrijfsprocessen vast en bepaalt actieplannen voor het afhandelen van cruciale functies als systemen uitvallen. Zo heeft de Deutsche Bank, een bank die in 74 landen investmentbanking- en asset-managementdiensten aanbiedt, een goed ontwikkeld bedrijfscontinuïteitsplan dat continu aangepast en verder verfijnd wordt. De bank houdt in Singapore, Hongkong, Japan, India en Australië teams in stand die fulltime bezig zijn met de coördinatie van plannen voor het geval er gebouwen, personeel of cruciale systemen uitvallen, zodat het bedrijf zijn activiteiten kan voortzetten wanneer er een catastrofale gebeurtenis plaatsvindt. Het plan van de Deutsche Bank, dat onderscheid maakt tussen processen die cruciaal zijn voor het overleven van het bedrijf, en processen die de meeste ondersteuning vragen bij een crisis, wordt gecoördineerd met behulp van het beveiligingsplan dat het bedrijf voor zijn rekencentra beschikbaar heeft.

FUNCTIE: SALARISSEN LOCATIE: MUIDEN	OPGESTELD DOOR J. ERICS OPGESTELD OP: 16 JUNI 2009		ONTVANGEN DOOR: T. BENSLO BEOORDELINGSDATUM: 28 JUNI 2009	
AARD VAN ZWAKHEID EN GEVOLGEN	**KANS OP FOUTEN/MISBRUIK**		**WAARSCHUWING AAN MANAGEMENT**	
	JA/NEE	**RECHTVAARDIGING**	**DATUM RAPPORT**	**REACTIE MANAGEMENT**
Gebruikersaccounts zonder wachtwoorden	Ja	Zet systeem open voor ongeautoriseerde buitenstaanders of aanvallers	10-5-09	Accounts zonder wachtwoorden verwijderen
Netwerk zo geconfigureerd dat enig delen van systeembestanden is toegestaan	Nee	Stelt cruciale systeembestanden bloot aan vijandige partijen die op het netwerk zijn aangesloten	10-5-09	Ervoor zorgen dat alleen noodzakelijke directories worden gedeeld en dat deze worden beschermd met goede wachtwoorden
Programma's kunnen worden ingevoerd in productiebibliotheken zodat cruciale deadlines kunnen worden gehaald zonder de uiteindelijke goedkeuring van de Standards and Controls-groep.	Nee	Voor alle productieprogramma's is managementautorisatie nodig. De Standards and Controls-groep kent aan dergelijke programma's een tijdelijke productiestatus toe		

FIGUUR 8.4 *Lijst van zwakke plekken in de beveiliging opgemaakt bij een EDP-audit*

Deze figuur is een voorbeeldpagina uit een lijst van controlezwaktes die een auditor in een loonsysteem van een lokale commerciële bank zou kunnen aantreffen. Dit formulier helpt auditors controlezwaktes te registreren en te evalueren en toont de resultaten van het bespreken van deze zwaktes met het management, evenals door het management ondernomen corrigerende acties.

Authenticatie
Het vermogen van beide partijen in een transactie de identiteit van de andere partij te bevestigen.

Token
Fysiek apparaatje, vergelijkbaar met een identiteitskaart die ontworpen is om de identiteit van een afzonderlijke gebruiker vast te stellen.

Smartcard
Een kaartje ter grootte van een creditcard waarop digitale informatie kan worden opgeslagen en die kan worden gebruikt om elektronisch te betalen.

Biometrische authenticatie
Authenticatiemethode die de unieke kenmerken van een persoon, zoals vingerafdrukken, gezicht of netvliesbeeld vergelijkt met een opgeslagen profiel van deze kenmerken.

Two-factor authentication (2FA)
Het valideren van de gebruikersidentiteit met twee identificatiemiddelen, waarvan een gewoonlijk een fysiek bewijs is en de ander gewoonlijk bestaat uit gegevens.

automatisch al deze gebruikers en hun privileges bij en kent elke gebruiker een unieke digitale identiteit toe om toegang te krijgen tot elk systeem. Het omvat ook tools om gebruikers te authenticeren, hun identiteit te beschermen en toegang tot systeembronnen te controleren.

Om toegang te krijgen, moet een gebruiker geautoriseerd en geauthenticeerd zijn. **Authenticatie** verwijst naar het vermogen om te weten dat een persoon is wie hij of zij beweert te zijn. Authenticatie wordt vaak tot stand gebracht door wachtwoorden te gebruiken die uitsluitend bekend zijn bij geautoriseerde gebruikers. Een eindgebruiker gebruikt een wachtwoord om zich aan te melden bij een computersysteem en kan ook wachtwoorden gebruiken voor het verkrijgen van toegang tot specifieke systemen en bestanden. Gebruikers hebben echter maar al te vaak de neiging wachtwoorden te vergeten of ze aan anderen door te geven. Hierdoor komt de beveiliging in gevaar. Wachtwoordsystemen stellen vaak allerlei eisen aan wachtwoorden. Als die echter te streng zijn, werken ze averechts. Ze hinderen de productiviteit van medewerkers en wanneer medewerkers moeilijke wachtwoorden regelmatig moeten veranderen, kiezen zij vaak voor de gemakkelijkste weg. Ze nemen bijvoorbeeld wachtwoorden die gemakkelijk te raden zijn, of noteren ze ergens waar ze voor anderen zichtbaar zijn. Wachtwoorden kunnen ook worden achterhaald door sniffing wanneer ze via een netwerk worden verzonden, of worden gestolen door social engineering.

Met authenticatietechnologieën als tokens, smartcards en biometrische authenticatie, zijn deze problemen te ondervangen. Een **token** is een fysiek apparaatje vergelijkbaar met een identiteitskaart dat ontworpen is om de identiteit van een afzonderlijke gebruiker vast te stellen. Het zijn kleine gadgets die je bijvoorbeeld aan een sleutelbos bevestigt. Ze tonen regelmatig veranderende wachtwoordcodes op een display. Een **smartcard** heeft ongeveer de afmetingen van een creditcard en bevat een chip die is voorgeprogrammeerd om toegang te verschaffen. Deze kan ook andere gegevens bevatten (smartcards worden ook toegepast in systemen voor elektronisch betalen). Een lezer interpreteert de gegevens op de smartcard en geeft al dan niet toestemming voor toegang.

Deze smartphone heeft een biometrische vingerafdruklezer voor een snelle maar toch goed beveiligde toegang tot bestanden en netwerken. Nieuwe modellen pc's maken voor de authenticatie van gebruikers steeds vaker gebruik van biometrische identificatie.

Biometrische authenticatie maakt gebruik van systemen die unieke persoonlijke kenmerken, zoals vingerafdrukken, irissen of stemmen, lezen en interpreteren om toegang toe te staan of te weigeren. Biometrische authenticatie is gebaseerd op de meting van een fysieke eigenschap of gedragspatroon dat voor elk individu uniek is. Deze authenticatiemethode vergelijkt de unieke kenmerken van een persoon met een opgeslagen profiel van deze kenmerken om te bepalen of er verschillen zijn tussen deze kenmerken en het opgeslagen profiel. Als de twee profielen overeenkomen, wordt toegang verleend. Vingerafdrukken en gelaatsherkenningstechnologieën worden nog maar sinds kort gebruikt voor beveiligingstoepassingen. Laptops en smartphones worden tegenwoordig steeds vaker uitgerust met vingerafdruksensoren, terwijl sommige modellen ook met een webcam en gezichtsherkenningssoftware zijn uitgerust.

De regelmatige stroom aan incidenten waarbij hackers toegang tot traditionele wachtwoorden konden krijgen, benadrukt de noodzaak tot meer beveiligde authenticatiemiddelen. **Two-factor authentication (2FA)** verhoogt de beveiliging door het valideren van gebruikers met een meerstappenproces. Om geauthenticeerd te zijn moet een gebruiker twee identificatiemiddelen leveren, waarvan één gewoonlijk een fysiek teken is, zoals een smartcard of chipbankpas, en een ander gewoonlijk bestaat uit gegevens, zoals een wachtwoord of pincode. Als een van de authenticatiemechanismen kunnen ook biometrische gegevens, zoals vingerafdrukken, irisscans of stemkarakteristieken, worden gebruikt. Een veelvoorkomend voorbeeld van two-factor authentication is een bankpas: de pas zelf is het fysieke item en de bijbehorende gegevens vormen de pincode.

8.4.2 Firewalls, inbraakdetectiesystemen en antivirussoftware

Zonder bescherming tegen malware en indringers zou het erg gevaarlijk zijn om verbinding te maken met internet. Firewalls, inbraakdetectiesystemen en antivirussoftware zijn uitgegroeid tot essentiële bedrijfshulpmiddelen.

Firewalls

Firewall
Hardware en software die tussen het interne netwerk van de organisatie en het externe netwerk, inclusief internet, wordt geplaatst om te voorkomen dat buitenstaanders toegang kunnen krijgen tot het particuliere netwerk.

Netwerken van de organisatie
Combinatie van de hardware, de software, het netwerk en de gegevensbronnen waardoor er meer computerkracht bij de desktopcomputer komt te liggen en er een ondernemingsbreed netwerk wordt gebouwd door veel kleine netwerken aan elkaar te koppelen.

Firewalls worden gebruikt om ongeautoriseerde gebruikers te verhinderen toegang te krijgen tot de eigen bedrijfsnetwerken. Een **firewall** is een combinatie van hard- en software die de stroom van binnenkomend en uitgaand netwerkverkeer regelt. Deze wordt in het algemeen geplaatst tussen de eigen interne **netwerken van de organisatie** en niet-vertrouwde externe netwerken zoals internet. Firewalls kunnen echter ook worden gebruikt om een deel van het netwerk van een bedrijf te scheiden van niet-vertrouwde netwerken (zie figuur 8.6).
De firewall fungeert als een poortwachter die de legitimatie van elke gebruiker onderzoekt voordat toegang tot het netwerk wordt verleend. De firewall stelt namen, IP-adressen, programma's en andere kenmerken van binnenkomend verkeer vast. Deze informatie vergelijkt de firewall vervolgens met de toegangsregels die in het systeem geprogrammeerd zijn door de netwerkbeheerder. De firewall voorkomt zo ongeautoriseerde communicatie van en naar het netwerk.
In grote organisaties bevindt de firewall zich vaak op een speciaal aangewezen computer apart van de rest van het netwerk, zodat geen enkel inkomend verzoek rechtstreeks toegang heeft tot onderdelen van het eigen netwerk. Er is een aantal technieken voor het screenen van berichten door firewalls, zoals static packet filtering, stateful inspection, network address translation en application proxy filtering. Deze technieken worden vaak in combinatie met elkaar gebruikt.

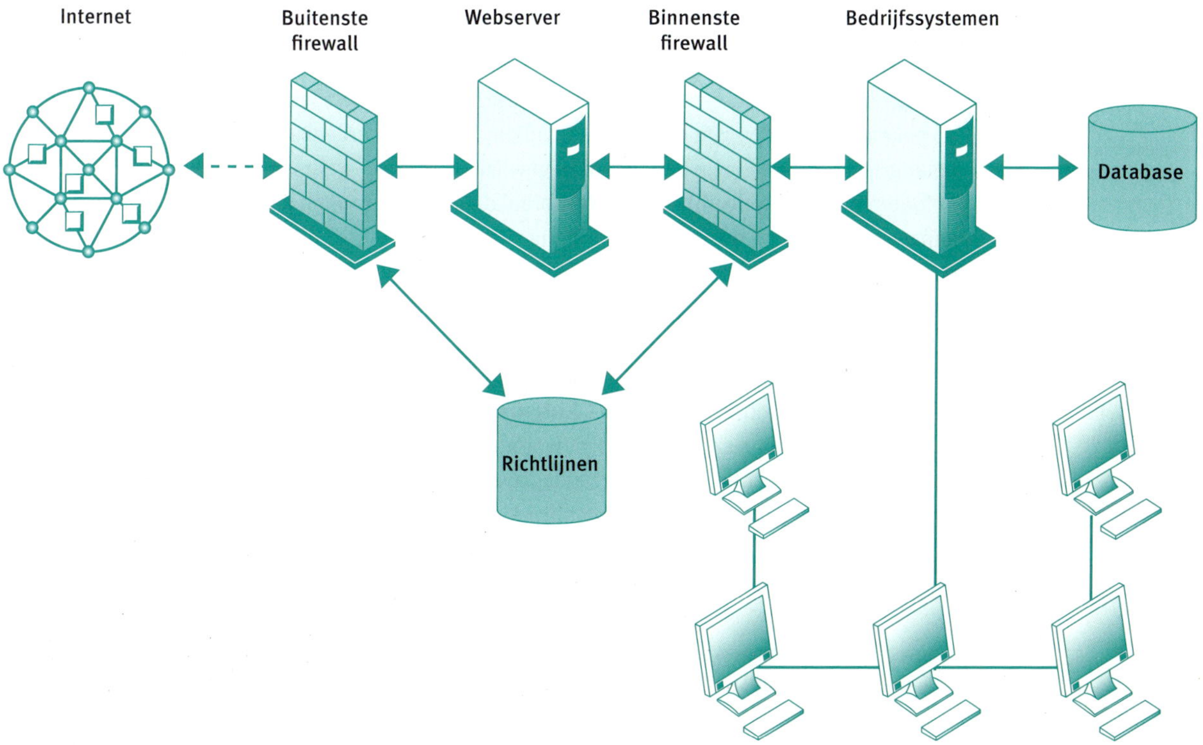

FIGUUR 8.6 *Een bedrijfsfirewall*
De firewall is geplaatst tussen het eigen netwerk van het bedrijf en het publieke internet of een ander niet-vertrouwd netwerk, en beschermt het bedrijfsnetwerk tegen ongeautoriseerd verkeer.

Packet filtering onderzoekt geselecteerde velden in de headers van datapackets die heen en weer stromen tussen het vertrouwde netwerk en internet, en bekijkt individuele packets afzonderlijk. Bij deze filtertechnologie kunnen veel typen aanvallen door de verdediging heen glippen. *Stateful inspection* biedt aanvullende beveiliging door te bepalen of packets deel uitmaken van een doorlopende dialoog tussen een afzender en een ontvanger. Deze technologie stelt toestandstabellen op die informatie over verschillende packets bevatten. Packets worden uitsluitend geaccepteerd als ze deel uitmaken van een goedgekeurd gesprek of proberen een toegelaten verbinding tot stand te brengen.

Wanneer static packet filtering en stateful inspection worden toegepast, kan er nog een andere beschermingslaag worden geboden door middel van *network address translation* (NAT). NAT verbergt de IP-adressen van de interne hostcomputer(s) van de organisatie om te voorkomen dat snifferprogramma's deze van buitenaf onderzoeken en die informatie benutten om in interne systemen binnen te dringen.

Application proxy filtering onderzoekt de inhoud van packets. Een proxyserver houdt packets tegen die van buiten de organisatie afkomstig zijn, onderzoekt deze en geeft een proxy door aan de andere kant van de firewall. Als een gebruiker van buiten het bedrijf wil communiceren met een gebruiker binnen de organisatie, communiceert de gebruiker van buiten eerst met de proxytoepassing en communiceert de proxytoepassing met de interne computer van het bedrijf. Op dezelfde manier praat een gebruiker van binnen de organisatie via de proxy met gebruikers buiten de organisatie.

Het opzetten van een goede firewall vereist dat de interne regels voor het identificeren van mensen, toepassingen en toegestane of verworpen adressen duidelijk en bekend zijn. Firewalls kunnen binnendringing in het netwerk door buitenstaanders beletten, maar niet volledig voorkomen, en moeten daarom worden gezien als een van de elementen in een algeheel beveiligingsplan.

Inbraakdetectiesystemen

Inbraakdetectiesysteem
Maatregelen om de meest kwetsbare punten in een netwerk te controleren en om ongeautoriseerde indringers op te sporen en tegen te houden.

Naast firewalls bieden commerciële beveiligingsleveranciers tegenwoordig inbraakdetectiesystemen die beschermen tegen verdacht netwerkverkeer en pogingen om toegang te krijgen tot bestanden en databases. **Inbraakdetectiesystemen** bieden 24 uur per dag diensten voor het detecteren en tegenhouden van indringers. Als het systeem een verdachte of abnormale gebeurtenis signaleert, genereert het een alarm. Scansoftware zoekt naar patronen die duiden op bekende methoden van computeraanvallen, zoals verkeerde wachtwoorden, controleert of belangrijke bestanden zijn verwijderd of gewijzigd en stuurt waarschuwingen over vandalisme of fouten naar het systeembeheer. Het inbraakdetectieprogramma kan ook zodanig worden aangepast dat het bij de ontvangst van ongeautoriseerd verkeer een bijzonder gevoelig deel van een netwerk afsluit.

Antivirussoftware

Antivirussoftware
Software die speciaal is ontwikkeld om computervirussen in informatiesystemen op te sporen en te verwijderen.

Beveiligingsplanning voor zowel particulieren als bedrijven is niet compleet zonder antimalwarebescherming voor elke computer. **Antivirussoftware** voorkomt, detecteert en verwijdert malware, waaronder computervirussen, wormen, trojaanse paarden, spyware en adware. De meeste software is echter alleen effectief tegen malware die ten tijde van het schrijven van de software reeds bekend was. Om effectief te blijven, moet de antivirussoftware daarom continu worden geüpdatet, en zelfs dan is deze niet altijd effectief omdat sommige malware antivirusdetectie kan ontwijken. Voor betere bescherming hebben organisaties extra malwaredetectiemiddelen nodig.

Unified threat management-systemen

Unified threat management (UTM)
Allesomvattend beveiligingssysteem dat meerdere beveiligingsprogramma's, zoals firewalls, virtual private networks, inbraakdetectiesystemen, software voor het filteren van webcontent en antispamsoftware, combineert tot één programma.

Om bedrijven te helpen de kosten te verlagen en het beheer te vereenvoudigen, hebben de leveranciers van beveiligingsmiddelen meerdere beveiligingsprogramma's, zoals firewalls, virtual private networks, inbraakdetectiesystemen, software voor het filteren van webcontent en antispamsoftware gecombineerd tot een enkel programma. Deze allesomvattende producten voor beveiligingsbeheer worden **unified threat management (UTM)**-systemen genoemd. UTMproducten zijn beschikbaar voor netwerken van elke omvang. Belangrijke UTM-leveranciers zijn onder meer Fortinent, Sophos, en Check Point, en ook netwerkleveranciers zoals Cisco Systems en Juniper Networks bieden in hun apparatuur enige UTM-functionaliteit aan.

8.4.3 Beveiliging van draadloze netwerken

De eerste beveiligingsstandaard die voor wifi werd ontwikkeld, Wired Equivalent Privacy (WEP), is niet erg effectief, omdat de encryptie vrij gemakkelijk te kraken is. Ondanks de tekortkomingen biedt WEP wel enige veiligheidsmarge, als wifigebruikers er tenminste aan denken om het te activeren. Een eerste en eenvoudige stap om hackers te weren is het kiezen van een unieke naam voor de SSID van je netwerk en je router te instrueren deze niet mee uit te zenden. Bedrijven kunnen hun wifibeveiliging verbeteren door gebruik te maken van virtual private network-technologie (VPN) wanneer een draadloos netwerk toegang heeft tot interne bedrijfsgegevens.

In juni 2004 rondde de Wi-Fi Alliance-industriehandelsgroep de 802.11i-specificatie (ook wel Wi-Fi Protected Access 2 of WPA2 genoemd) af, die WEP vervangt door krachtiger beveiligingsstandaarden. In plaats van de statische encryptiesleutels van WEP maakt de nieuwe standaard gebruik van veel langere sleutelcodes die continu veranderen, wat ze moeilijker te kraken maakt.

8.4.4 Encryptie en een public key infrastructuur

Encryptie
Het coderen van berichten om ongeautoriseerde toegang tot of begrip van de gegevens te voorkomen.

Secure sockets layer (SSL)
Biedt client- en servercomputers de mogelijkheid om de codering en decodering te regelen terwijl zij met elkaar communiceren in een beveiligde websessie.

Secure hypertext transfer protocol (S-HTTP)
Protocol voor het versleutelen van over internet verstuurde gegevens, dat zich beperkt tot individuele berichten.

Publieke-sleutelincriptie
Gebruikt twee sleutels: één gedeeld (of publiek) en één private.

Veel bedrijven gebruiken encryptie voor de digitale informatie die ze opslaan of versturen. **Encryptie** is het proces van omzetten van normale tekst of gegevens naar gecodeerde tekst die door niemand anders dan door de afzender en de beoogde ontvanger kan worden gelezen. De gegevens worden versleuteld door gebruik te maken van een geheime numerieke code, een encryptiesleutel genoemd, die normale tekst omzet in gecodeerde tekst. De boodschap moet door de ontvanger worden gedecodeerd.

SSL en S-HTTP zijn twee methoden voor het versleutelen van netwerkverkeer over het web. **Secure sockets layer (SSL)** en zijn opvolger *transport layer security* (TLS) bieden client- en servercomputers de mogelijkheid om de codering en decodering te regelen terwijl zij met elkaar communiceren in een beveiligde websessie. **Secure hypertext transfer protocol (S-HTTP)** is een ander protocol voor het versleutelen van over internet verstuurde gegevens. S-HTTP beperkt zich echter tot individuele berichten, terwijl SSL en TLS ontworpen zijn om een beveiligde verbinding tussen twee computers op te zetten.

De functionaliteit om beveiligde sessies te genereren zit ingebouwd in internet-clientbrowsersoftware en -servers. De client en de server onderhandelen over de sleutel en het te hanteren beveiligingsniveau. Als er eenmaal een beveiligde sessie tussen client en server is opgezet, dan worden alle berichten in die sessie gecodeerd.

Twee mogelijke methoden voor versleuteling zijn symmetrische-sleutelencryptie en publiekesleutelencryptie. Bij symmetrische-sleutelencryptie zetten de afzender en ontvanger een beveiligde internetsessie op door een enkele encryptiesleutel te creëren en deze naar de ontvanger te versturen, zodat zowel de afzender als de ontvanger dezelfde sleutel gebruiken. De sterkte van de encryptiesleutel wordt uitgedrukt in zijn lengte in bits. Tegenwoordig heeft een sleutel doorgaans een lengte van 56 tot 256 bits (een reeks van 56 tot 256 binaire cijfers) afhankelijk van het gewenste beveiligingsniveau. Hoe langer de reeks van de sleutel, des te moeilijker het te kraken is. Het nadeel is dat dat de gebruiker ook meer rekenkracht nodig heeft om de informatie te ontcijferen.

Het probleem met alle symmetrische-sleutelschema's is dat de sleutel vooraf zelf op de een of andere manier tussen afzenders en ontvangers moet worden doorgestuurd, wat de sleutel zichtbaar maakt voor buitenstaanders die misschien wel eens in staat zouden kunnen zijn om deze te onderscheppen en te ontcijferen. Een beter beveiligde vorm van encryptie, **publiekesleutelencryptie,** maakt daarom gebruik van twee sleutels: een gedeelde (publieke of openbare) en een die volledig privé is (zie figuur 8.7). Tussen de sleutels bestaat een wiskundige relatie, zodat de met de ene sleutel versleutelde gegevens alleen kunnen worden ontcijferd door de andere sleutel te gebruiken. Om berichten te versturen en te ontvangen creëren de communicerende partijen eerst afzonderlijke paren geheime en publieke sleutels. De publieke sleutel wordt bewaard in een publieke directory en de geheime sleutel moet uiteraard geheimgehouden worden. De afzender versleutelt een bericht met de publieke sleutel van de ontvanger. Na ontvangst van het bericht gebruikt de ontvanger zijn of haar geheime sleutel om het bericht te ontcijferen.

Digitaal certificaat
Een bijlage van een elektronisch bericht dat de identiteit van de afzender verifieert en de ontvanger een manier geeft een reactie te coderen.

Digitale certificaten zijn gegevensbestanden die gebruikt worden om de identiteit van gebruikers en elektronische bedrijfsmiddelen voor de bescherming van digitale transacties vast te stellen (zie figuur 8.8). Een digitaal certificaatsysteem gebruikt een vertrouwde derde partij, bekend als een certificaatautoriteit (CA), om de identiteit van een gebruiker te valideren. Er zijn vele CA's in de Verenigde Staten en ook elders in de wereld, zoals Symantec, GoDaddy en Comodo.

Het CA-systeem verifieert de identiteit van de gebruiker van een digitaal certificaat offline. Deze informatie wordt op een CA-server gezet die een versleuteld digitaal certificaat genereert dat informatie over de identiteit van de eigenaar bevat en een kopie van de publieke sleutel van de eigenaar. Het certificaat authenticeert dat de publieke sleutel het eigendom is van de rechtmatige eigenaar. De CA maakt zijn eigen publieke sleutel beschikbaar, ofwel op papier, ofwel via internet. De ontvanger van een versleuteld bericht maakt gebruik van de publieke sleutel van de CA om het digitale certificaat dat aan het bericht is toegevoegd te decoderen, verifieert dat het door de CA was uitgegeven en verkrijgt vervolgens de publieke sleutel van de afzender en de identificatie-informatie die het certificaat bevat. Met behulp van deze informatie kan de ontvanger een versleuteld antwoord sturen. Het digitale certificaatsysteem zou bijvoorbeeld een creditcardgebruiker en een verkoper de mogelijkheid bieden om, voordat ze gegevens gaan uitwisselen, te controleren of hun digitale certificaten werden uitgegeven door een geautoriseerde en betrouwbare partij.

Public key infrastructure (PKI)
De inzet van public key cryptografie die gebruikmaakt van een certificaatauautorieit (CA) en digitaal certificaat.

Public key infrastructure (PKI) , de inzet van publieke-sleutelencryptie die gebruikmaakt van een certificaatautoriteit, wordt tegenwoordig veelvuldig toegepast in e-commerce.

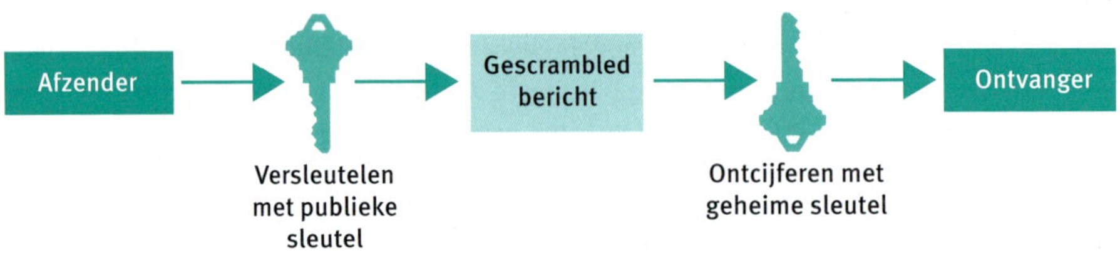

FIGUUR 8.7 *Encryptie met publieke sleutels*

Een public key infrastructure kan worden gezien als een reeks publieke en geheime sleutels die gegevens op slot draaien wanneer ze worden verstuurd en van het slot draaien als ze worden ontvangen. De afzender lokaliseert de publieke sleutel van de ontvanger in een directory en gebruikt deze om een bericht te versleutelen. Het bericht wordt in versleutelde vorm verstuurd via internet of via een eigen netwerk. Wanneer het versleutelde bericht arriveert, gebruikt de ontvanger zijn of haar geheime sleutel om de gegevens te ontcijferen en het bericht te lezen.

8.4.5 Beschikbaarheid van software veiligstellen

Geautomatiseerde transactieverwerking
Methode waarbij transacties online worden ingevoerd en direct door de computer worden verwerkt.

Fouttolerant computersysteem
Systeem dat extra hardware, software en elektriciteitstoevoer bevat, zodat van een systeem een back-up kan worden gemaakt en het blijft draaien wanneer het hoofdsysteem uitvalt.

Bedrijven zoals luchtvaartmaatschappijen en instellingen voor financiële dienstverlening met cruciale programma's waarvoor digitale transactieverwerking noodzakelijk is, maken van oudsher al gebruik van fouttolerante computersystemen, om zo veel mogelijk beschikbaarheid te garanderen. Bij **geautomatiseerde transactieverwerking** worden transacties die digitaal worden ingevoerd onmiddellijk door de computer verwerkt. Elk moment vinden er dus allerlei veranderingen aan databases, rapportages en verzoeken om informatie plaats.

Fouttolerante computersystemen bevatten redundante hardware, software en voedingscomponenten die een omgeving creëren die continue, ononderbroken service biedt. Fouttolerante computers maken gebruik van speciale softwareroutines of zelfcontrolerende logica die is ingebouwd in hun schakelsysteem voor het opsporen van hardwarestoringen en voor het automatisch doorschakelen naar een back-upsysteem. Delen van deze computers kunnen worden verwijderd en gerepareerd zonder verstoringen van het computersysteem of downtime. **Downtime** verwijst naar de tijdsperioden waarin een systeem niet operationeel is.

Downtime
Perioden wanneer een informatiesysteem niet werkt.

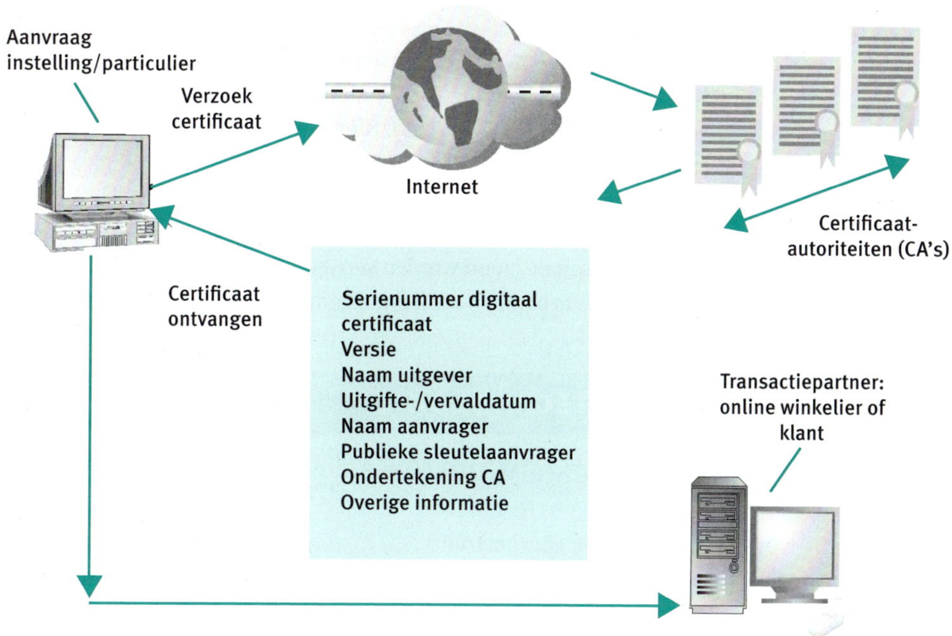

FIGUUR 8.8 *Digitale certificaten*

Digitale certificaten helpen de identiteit van mensen of elektronische apparaten vaststellen. Zij bieden bescherming bij online transacties door een beveiligde, gecodeerde online communicatie te bieden.

Beveiligen van netwerkverkeer: deep packet inspection

Heb je ooit wel eens geprobeerd het netwerk van je onderwijsinstelling te gebruiken en gemerkt dat het heel traag was? Misschien kwam dat omdat je medestudenten het netwerk gebruikten voor het downloaden van muziek of voor bekijken van YouTube-filmpjes. Bandbreedte-intensieve toepassingen zoals programma's om bestanden te delen, telefoneren via internet en online video kunnen bedrijfsnetwerken verstoppen en trager maken, waardoor de prestaties verslechteren. Zo ontdekte men aan de Ball State University in Muncie (Verenigde Staten) dat het universiteitsnetwerk langzamer was geworden doordat een kleine minderheid van de studenten programma's voor P2P-bestandsdeling gebruikte voor het downloaden van films en muziek.

Deep packet inspection (DPI)
Technologie voor het managen van netwerkverkeer door het bekijken van gegevensbestanden waarbij online materiaal met lage prioriteit ertussenuit wordt gefilterd en aan bedrijfskritische bestanden een hogere prioriteit wordt toegekend.

Een technologie genaamd **deep packet inspection (DPI)** helpt dit probleem op te lossen. DPI bekijkt de gegevensbestanden en haalt online materiaal met lage prioriteit ertussenuit, terwijl het aan bedrijfskritische bestanden een hogere prioriteit toekent. Afhankelijk van de door de operators van een netwerk vastgestelde prioriteiten, beslist het of een specifiek gegevenspakket door mag gaan naar zijn bestemming, of geblokkeerd of vertraagd zou moeten worden zodra er belangrijker verkeer langskomt. Met een DPI-systeem van Allot Communications slaagde Ball State erin de hoeveelheid file-sharingverkeer te beperken en hieraan een veel lagere prioriteit toe te kennen. Het verkeer waar het netwerk van Ball State eigenlijk voor bedoeld was, werd daardoor een stuk sneller.

Het uitbesteden van beveiliging

Managed security service provider (MSSP)
Onderneming die netwerkactiviteit controleert en kwetsbaarheidstests en inbraakdetectie uitvoert.

Veel ondernemingen, vooral kleinere bedrijven, ontbreekt het aan de middelen of kennis om zelf in een beveiligde computeromgeving met een hoge graad van beschikbaarheid te voorzien. Zij kunnen veel beveiligingszaken uitbesteden aan **managed security service providers (MSSP's)**, die netwerkactiviteit in de gaten houden, tests op kwetsbaarheid uitvoeren en indringerdetectie bieden. De belangrijkste aanbieders van MSSP-diensten zijn SecureWorks, AT&T, Verizon, IBM, Perimeter eSecurity, en Symantec.

8.4.6 Beveiligingsproblemen bij cloud computing en het mobiele digitale platform

Hoewel cloud computing en het nog steeds doorgroeiende mobiele digitale platform zeker veel voordelen bieden, veroorzaken ze ook diverse specifieke uitdagingen ten aanzien van systeembeveiliging en betrouwbaarheid. Hierna beschrijven we een aantal van deze uitdagingen en mogelijke oplossingen.

Beveiliging in de cloud

Als gegevens in de cloud worden verwerkt, liggen de verantwoordelijkheid en aansprakelijkheid nog steeds bij het bedrijf dat eigenaar is van deze gegevens. Het is daarom belangrijk

INTERACTIEVE SESSIE: TECHNOLOGIE

BYOD: Een beveiligingsnachtmerrie?

Bring Your Own Device (BYOD) is een enorme trend geworden: wereldwijd neemt de helft van alle werknemers die met mobiele computers werken hun eigen apparaten mee van huis. Maar terwijl het gebruik van de iPhone, iPad en andere mobiele computerapparaten op de werkplek groeit, geldt dat ook voor de beveiligingsproblemen. Een tamelijk groot aantal beveiligingsexperts vindt dat smartphones en andere mobiele apparaten tegenwoordig tot de meest serieuze bedreigingen voor organisaties behoren.

Of mobiele apparaten nu door een bedrijf worden verstrekt of eigendom zijn van de werknemer, ze openen nieuwe wegen voor het krijgen van toegang tot bedrijfsgegevens die nauwlettend moeten worden gevolgd en beschermd. Gevoelige gegevens op mobiele apparaten verplaatsen zich, zowel fysiek als elektronisch, van de werkplek naar huis en mogelijk naar andere niet-werklocaties. Volgens een onderzoek van het Ponemon Institute uit februari 2016 onder 588 Amerikaanse IT- en beveiligingsprofessionals meldde 67 procent van de respondenten dat het zeker of waarschijnlijk was dat de toegang van een werknemer tot vertrouwelijke bedrijfsgegevens tot een datalek had geleid. Helaas gaf slechts 41 procent aan dat hun bedrijf beleid had voor toegang tot bedrijfsgegevens vanuit mobiele apparaten.

Ruim de helft van alle beveiligingslekken treedt op nadat apparaten zoekraken of worden gestolen. Dat betekent een gevaar voor alle persoonlijke en bedrijfsgegevens die op het apparaat zijn opgeslagen, en voor de toegang tot bedrijfsgegevens via externe servers. Fysieke toegang tot mobiele apparaten kan een grotere bedreiging zijn dan hacken in een netwerk omdat er minder inspanning nodig is om toegang te krijgen. Ervaren aanvallers kunnen eenvoudig wachtwoorden of sloten op mobiele apparaten omzeilen of toegang krijgen tot versleutelde gegevens. Bovendien laten veel smartphonegebruikers hun telefoons totaal onbeschermd of updaten ze de beveiligingsfuncties van hun apparaten onvoldoende. In de *Global Study on Mobility Risks* van Websense en het Ponemon Institute gaf 59 procent van de respondenten aan dat werknemers beveiligingsfuncties zoals wachtwoorden en sloten omzeilden of uitschakelden.

Een andere zorg vandaag de dag is grootschalige gegevenslekkage door gebruik van cloud-computingdiensten. Werknemers maken voor het delen van bestanden steeds meer gebruik van publieke clouddiensten zoals Google Drive of Dropbox. Bij onder meer Valiant Entertainment, Cenoric Projects, Vita Coco en BCBGMAXAZRIAGROUP mogen werknemers en freelancers bestanden plaatsen en delen via Dropbox for Business. Het komt ook vaak voor dat werknemers zonder goedkeuring van hun werkgever via Dropbox bestanden opslaan en uitwisselen. Begin 2015 moest Dropbox een beveiligingslek repareren die cyberaanvallers de kans gaf om nieuwe informatie te stelen die was geüpload naar accounts door besmette apps van derden die op Android-apparaten met Dropbox-diensten werken. Er is erg weinig wat een bedrijf kan doen om te voorkomen dat werknemers die toestemming hebben om hun smartphones te gebruiken bedrijfsgegevens downloaden om elders aan de gegevens te kunnen werken.

Via sms en andere mobiele communicatietechnologieën worden tal van frauduleuze campagnes

verstuurd, zoals naaktfoto's, frauduleuze medicijnaanbieders, phishing en bankfraude. Ook zijn deze berichten een verspreidingsmiddel gebleken voor trojaanse paarden en wormen. Een kwaadwillende bron kan nu een sms'je sturen dat automatisch opent in een mobiele browser en de ontvanger uitbuit.
Vooralsnog zijn bewuste hackaanvallen op mobiele apparaten in reikwijdte en impact beperkt gebleven, maar deze situatie verergert in rap tempo. Android is momenteel 's werelds populairste besturingssysteem voor mobiele apparaten met een wereldwijd marktaandeel van meer dan 80 procent, en de meeste mobiele malware is gericht op het Android-platform. Als bedrijfs- en persoonlijke gegevens op hetzelfde apparaat worden bewaard, kan mobiele malware die de gebruiker ongemerkt heeft geïnstalleerd zijn weg vinden naar het bedrijfsnetwerk.
Apple hanteert een gesloten model ('walled garden', ofwel ommuurde tuin) om zijn apps te beheren en controleert elke app voordat ze deze opneemt in haar App Store. De beveiliging voor Android-apps was zwakker dan die voor Apple-apparaten, maar wordt steeds beter. Bij de beveiliging voor Android-apps wordt gebruikgemaakt van 'sandboxing'-technologie die apps insluit, om te voorkomen dat ze elkaar kunnen besmetten of apparaatfuncties zonder toestemming van de gebruiker kunnen veranderen.
Google verwijdert alle apps die de regels tegen kwaadaardige activiteit breken uit Google Play, zijn digitale distributieplatform dat fungeert als de officiële app store voor het Android-besturingssysteem. Google trekt ook de achtergronden na van ontwikkelaars. Recente verbeteringen van de beveiliging van Android zijn onder meer het toekennen van verschillende vertrouwensniveaus aan elke app, het voorschrijven tot wat voor soort gegevens een app binnen zijn afgebakende domein toegang heeft en het bieden van een robuustere manier om cryptografische identificatie-informatie voor de toegang tot gevoelige informatie en bronnen op te slaan.
Google Play scant nu alle apps op veiligheid voordat ze kunnen worden gedownload, voert veiligheidscontroles uit zolang de app beschikbaar is, en heeft Verify Apps-dienstverlening voor mobiele beveiliging voor apps die los van Google Play zijn geïnstalleerd. Deze verbeteringen zijn echter alleen geschikt voor mensen die een telefoon of tablet gebruiken waar een nieuwere versie van Android op draait of die hun apps alleen via Googles eigen Play Store downloaden.
Bedrijven moeten mobiele beveiligingsstrategieën ontwikkelen die de juiste balans leggen tussen productiviteitsverbetering van de werknemer en effectieve informatiebeveiliging. Volgens Jim Routh, Chief Security Officer (CSO) van Aetna, is er een bepaald minimumniveau van mobiele beveiliging vereist, ongeacht of het gaat om een apparaat van het bedrijf of om persoonlijk eigendom. Aetna heeft ongeveer 6000 gebruikers van mobiele apparaten die privé-eigendom zijn of door het bedrijf zijn verstrekt. Elk apparaat heeft een verplichte bescherming die toegang biedt tot een versleuteld kanaal om te gebruiken in niet-beveiligde wifinetwerken en waarschuwt de gebruiker en het bedrijf als er een kwaadaardige app op het apparaat dreigt te worden geïnstalleerd.
Colin Minihan, directeur veiligheid en best practices bij VMWare AirWatch, is van mening dat het begrijpen van gebruikers en hun behoeften een mobiele beveiligingsstrategie vooruithelpt. VmAirWatch categoriseert vergelijkbare gebruikersgroepen en ontwikkelt voor elke groep een aanpak op maat, waarbij het steeds de juiste hulpmiddelen kiest.
Volgens Patrick Hevesi, de voormalige directeur veiligheid bij Nordstrom, kan een bedrijf het beste alleen volledig beheerde en gecontroleerd goedgekeurde typen apparaten toestaan als gebruikers toegang moeten hebben tot gevoelige bedrijfsinformatie die moet worden beveiligd. Gebruikers die alleen mobiele apparaten willen om te e-mailen en hun contacten te onderhouden, kunnen wel gewoon hun eigen apparaten meebrengen. De belangrijke vragen die je moet stellen, zijn de 'drie W's': Wie heeft toegang nodig? Waartoe moeten zij toegang krijgen? Wat is de beveiligingsstatus van het apparaat?

Bronnen: Michael Heller, 'Mobile Security Strategy Matures with BYOD,' en Kathleen Richards, 'CISOs Battle to Control Mobile Risk in the Workplace,' *Information Security Magazine*, 1 juni 2016; Nathan Olivarez-Giles, 'Android's Security Improves — for the Few,' *Wall Street Journal*, 21 april 2016; Ponemon Institute, 'The Economic Risk of Confidential Data on Mobile Devices in the Workplace,' februari 2016; McAfee Inc., 'Mobile Threat Report: What's on the Horizon for 2016,' 2016; Charlie Osborne, 'Dropbox Patches Android Security Flaw,' *Zero Day*, 11 maart 2015; Edel Creely, '5 BYOD Security Implications and How to Overcome Them,' *Trilogy Technologies*, 26 mei 2015; Tony Kontzer, 'Most of Your Mobile Apps Have Been Hacked,' *Baseline*, 16 januari 2015; Ponemon Institute, Global Study on Mobility Risks (februari 2012).

Vragen bij de case

1. Er wordt wel gezegd dat je met een smartphone een computer in je hand hebt. Bespreek de implicaties van deze stelling voor de beveiliging.
2. Welke beveiligingsproblemen brengen mobiele apparaten met zich mee?
3. Welke management-, organisatorische en technologische vraagstukken moet de beveiliging van smartphones aanpakken?
4. Welke stappen kunnen personen en bedrijven zetten om hun smartphones veiliger te maken?

om te weten hoe de aanbieder van cloud computing zijn diensten organiseert en gegevens beheert. Bij cloud computing is alles uitbesteed; applicaties bevinden zich in grote datacentra en server farms, die de gegevens en diensten regelen voor meerdere zakelijke klanten. Om geld te besparen en de kosten laag te houden, verdelen aanbieders van cloud computing de taken vaak over meerdere datacentra op diverse locaties wereldwijd. Als je de cloud gebruikt, weet je dus nooit precies waar je gegevens worden opgeslagen.

Deze verspreide aard van cloud computing maakt het lastig om ongeautoriseerde activiteiten op te sporen. Bijna alle aanbieders van cloud computing maken gebruik van encryptie, zoals secure sockets layer, om de gegevens die ze verwerken tijdens de overdracht te beveiligen. Maar als de gegevens op een apparaat zijn opgeslagen waar zich ook de gegevens van andere bedrijven bevinden, is het belangrijk om ervoor te zorgen dat al deze opgeslagen gegevens veilig zijn versleuteld. Volgens onderzoek door Alert Logic is er jaarlijks een stijging van 45% in aanvallen op clouddiensten. Vooral DDoS-aanvallen zijn schadelijk omdat die ervoor zorgen dat de dienstverlening minder beschikbaar is.

Bedrijven verwachten dat hun systemen dag en nacht blijven werken. Aanbieders van clouddiensten ervaren soms nog wel eens een storing in de continuïteit van de dienstverlening, maar de betrouwbaarheid is zo toegenomen dat grote bedrijven nu ook clouddiensten afnemen voor een deel van de IT-infrastructuur. De meeste houden hun kritieke systemen nog wel in-house. Gebruikers van de cloud moeten controleren dat, waar hun gegevens ook worden bewaard, ze zijn beveiligd op een niveau dat voldoet aan de eisen die hun bedrijf daaraan stelt. Ze moeten eisen dat de aanbieder van cloud computing hun gegevens op specifieke locaties opslaat en verwerkt, conform de privacywetten die daar gelden. Klanten van de cloud moeten weten hoe hun aanbieder hun eigen gegevens gescheiden houdt van de gegevens van andere bedrijven en om bewijs vragen dat de gebruikte encryptiemethoden ook goed zijn.

Het is ook belangrijk om te weten hoe een aanbieder reageert als er toch iets rampzaligs gebeurt, of de aanbieder je gegevens dan volledig kan herstellen en hoelang dit mag duren. Gebruikers van de cloud zouden de aanbieder ook moeten vragen of ze externe audits en beveiligingscertificaten kunnen overleggen. Deze eisen kunnen worden vastgelegd in een *service level agreement* (SLA) voordat het contract met de aanbieder wordt ondertekend. De Cloud Security Alliance (CSA) heeft industriestandaarden ontwikkeld voor cloudbeveiliging, waarin zogenaamde best practices zijn gespecificeerd.

Mobiele platforms beveiligen

Als mobiele apparaten veel van dezelfde functies uitvoeren als computers, moeten ze ook net als desktops en laptops worden beschermd tegen malware, diefstal, verlies, ongeautoriseerde toegang en hackers.

Mobiele apparaten die verbinding maken met bedrijfssystemen en -gegevens moeten extra worden beveiligd. Bedrijven moeten ervoor zorgen dat hun beveiligingsbeleid ook de mobiele apparaten omvat, met extra informatie over hoe mobiele apparaten moeten worden ondersteund, beveiligd en gebruikt. Ze hebben beheertools nodig om alle gebruikte apparaten te autoriseren, om een goed overzicht te hebben over alle mobiele apparaten, gebruikers en toepassingen, om de toepassingen te updaten en om verloren of gestolen apparaten af te sluiten of te wissen, zodat er geen misbruik van kan worden gemaakt. Technologie ter preventie van gegevensverlies kan identificeren waar kritieke gegevens worden opgeslagen, wie de gegevens benadert, hoe de gegevens het bedrijf verlaten en waar de gegevens naartoe gaan. Bedrijven moeten goede richtlijnen opstellen voor goedgekeurde mobiele platforms en softwaretoepassingen, en voor de vereiste software en procedures voor wanneer werknemers op afstand toegang willen krijgen tot de bedrijfssystemen. Het beleid voor mobiele beveiliging behoort gebruikers te verbieden om onveilige consumentenprogrammatuur te gebruiken voor het versturen en opslaan van zakelijke documenten en bestanden, of om ze via onversleutelde e-mail aan zichzelf te sturen.

Bedrijven moeten alle communicatie waar mogelijk versleutelen. Alle gebruikers van mobiele apparaten moeten de smartphone beveiligen met een wachtwoord. Beveiligingsproducten voor mobiele telefoons zijn verkrijgbaar bij Kaspersky, Symantec, Trend Micro en McAfee.

8.4.7 De kwaliteit van software veiligstellen

Naast het implementeren van effectieve beveiliging en beveiligingsmaatregelen kunnen organisaties de systeemkwaliteit en betrouwbaarheid ook verbeteren door softwaremetrics te hanteren en software rigoureus te testen. Softwaremetrics zijn objectieve beoordelingen van het systeem in de vorm van gekwantificeerde metingen. Regelmatig metrics gebruiken stelt de IT-afdeling en eindgebruikers in staat om gezamenlijk de prestaties van het systeem te meten en voorkomende problemen te signaleren. Voorbeelden van softwaremetrics zijn het aantal transacties dat in een gespecificeerde tijdseenheid verwerkt kan worden, de online-responstijd, het aantal loonstrookjes dat per uur wordt afgedrukt en het aantal bekende fouten per honderd regels programmacode. Willen metrics succesvol zijn, dan moeten ze met zorg worden opgezet, formeel en objectief zijn en consequent gebruikt worden.

Vroegtijdig, regelmatig en grondig testen zal significant bijdragen aan de systeemkwaliteit. Velen beschouwen testen als een manier om te bewijzen dat zij goed werk geleverd hebben. We weten echter dat het in alle software van flinke omvang in feite wemelt van de fouten, en dat we moeten testen om deze fouten aan het licht te brengen.

Goed testen begint al voor een softwareprogramma zelfs maar geschreven wordt, door het gebruik van een *walkthrough*: een beoordeling van een specificatie of ontwerpdocument door een kleine groep mensen die met zorg geselecteerd is op basis van de deskundigheid die nodig is voor de specifieke zaken die getest worden. Beginnen de ontwikkelaars eenmaal met het schrijven van de softwareprogramma's, dan kunnen de programmawalkthroughs ook gebruikt worden voor het beoordelen van de programmacode. De code moet echter getest worden door ze op de computer te draaien. Als er fouten worden gevonden, dan wordt de oorzaak daarvan getraceerd en weggenomen in een proces dat *debugging* wordt genoemd.

SAMENVATTING

1. Wat maakt informatiesystemen kwetsbaar voor vernieling, fouten of misbruik?

Digitale gegevens zijn kwetsbaar voor vernieling, misbruik, fraude, hardware- en softwarefouten. Internet, ontworpen om een open systeem te zijn, maakt interne bedrijfssystemen kwetsbaarder voor acties van buitenstaanders. Hackers kunnen Denial-of-Service-aanvallen (DoS-aanvallen) plegen of doordringen tot bedrijfsnetwerken en daarmee ernstige systeemstoringen teweegbrengen. Indringers met snifferprogramma's kunnen gemakkelijk binnendringen in wifinetwerken en een adres verkrijgen waarmee ze zich toegang tot het netwerk kunnen verschaffen. Computervirussen en wormen kunnen systemen en websites onbruikbaar maken. Criminelen proberen door middel van phishing aan gevoelige informatie te komen.

De verspreide aard van cloud computing maakt het lastig om ongeautoriseerde activiteiten op te sporen of van afstand situaties te controleren.

Ook software is een bron van problemen, omdat het onmogelijk kan zijn softwarebugs te verwijderen en omdat zwakke plekken in de software kunnen worden misbruikt door hackers en kwaadaardige software. Ten slotte worden fouten vaak geïntroduceerd door eindgebruikers.

2. Wat is de bedrijfswaarde van beveiliging en beveiligingsmaatregelen?

Gebrek aan goede beveiliging en beveiligingsmaatregelen kan bedrijven die voor hun bedrijfsactiviteiten afhankelijk zijn van computersystemen omzet en productiviteit kosten. Informatie zoals vertrouwelijke personeelsgegevens, bedrijfsgeheimen of bedrijfsplannen verliezen veel van hun waarde als ze bekend raken bij buitenstaanders of als ze het bedrijf blootstellen aan rechtsvervolging. Wetten eisen dat bedrijven strikte standaarden voor beveiliging, privacy en beheer navolgen.

3. Welke onderdelen voor beveiliging en beveiligingsmaatregelen heeft een organisatiestructuur?

Bedrijven moeten een geschikte combinatie van zowel algemene als toepassingsgerichte beveiligingsmaatregelen nemen voor hun informatiesystemen. Een risicoanalyse evalueert de IT-voorzieningen, stelt controlepunten vast en bepaalt de meest efficiënte reeks van maatregelen. Bedrijven moeten ook beschikken over een samenhangend bedrijfsbeveiligingsbeleid en plannen voor het voortzetten van bedrijfsoperaties bij calamiteiten of storingen. Het bedrijfsbeleid omvat richtlijnen voor acceptabel gebruik en identiteitsmanagement. Een bedrijfsbeveiligingsplan voorziet in procedures en faciliteiten voor het herstellen van computer- en communicatiediensten nadat deze verstoord zijn geweest. Uitgebreide en systematische IT-audits ondersteunen organisaties bij het bepalen van de effectiviteit van beveiliging van hun informatiesystemen.

4. Wat zijn de belangrijkste middelen en technologieën voor het beveiligen van informatiebronnen?

Firewalls voorkomen dat onbevoegden zich toegang verschaffen tot een niet-openbaar netwerk wanneer dit in verbinding staat met internet. Inbraakdetectiesystemen houden verdacht netwerkverkeer op niet-openbare netwerken en pogingen om toegang te verkrijgen tot bedrijfsnetwerken in de gaten. Wachtwoorden, tokens, smartcards en biometrische authenticatie worden gebruikt om systeemgebruikers te authenticeren. Antivirussoftware controleert computersystemen op infecties door virussen en wormen en elimineert vaak de kwaadaardige software, terwijl antispywaresoftware opdringerige en schadelijke spywareprogramma's bestrijdt. Encryptie, het coderen en vervormen van boodschappen, is een wijdverbreide technologie voor het beveiligen van elektronische verzendingen over onbeschermde netwerken. Digitale certificaten in combinatie met publieke-sleutelencryptie bieden verdergaande bescherming van elektronische transacties door de identiteit van gebruikers te authenticeren. Bedrijven kunnen fouttolerante computersystemen gebruiken of high-availability computing-omgevingen creëren om er zeker van te zijn dat hun systemen altijd beschikbaar zijn. Het gebruik van softwaremetrics en het rigoureus testen van de software dragen bij aan een verbetering van de kwaliteit en betrouwbaarheid van software.

HERHALINGSVRAGEN

1. Wat maakt informatiesystemen kwetsbaar voor vernieling, fouten of misbruik?

- Noem de meest voorkomende bedreigingen voor hedendaagse informatiesystemen en bespreek deze.
- Geef een definitie van malware en maak hierbij onderscheid tussen een virus, een worm en een trojaans paard.
- Geef een definitie van DoS- en DDoS-aanvallen en leg uit hoe die zijn gerelateerd aan botnets.
- Geef een definitie van cybercriminaliteit. Geef twee voorbeelden van cybercriminaliteit waarbij computers het doelwit waren en twee voorbeelden waarbij computers als instrumenten voor criminele activiteiten werden gebruikt.
- Geef definities van identiteitsdiefstal en phishing en leg uit waarom identiteitsdiefstal vandaag de dag zo'n groot probleem is.
- Bespreek de beveiligings- en systeembetrouwbaarheidsproblemen die door medewerkers veroorzaakt worden.
- Leg uit welke gevolgen softwarefouten kunnen hebben voor de betrouwbaarheid en beveiliging van systemen.

2. Wat is de bedrijfswaarde van beveiliging en beveiligingsmaatregelen?

- Leg uit in welk opzicht beveiliging en beveiligingsmaatregelen waarde hebben voor bedrijven.
- Bespreek de relatie tussen beveiliging en beveiligingsmaatregelen, wettelijke voorschriften en forensisch computeronderzoek.

3. Welke onderdelen voor beveiliging en beveiligingsmaatregelen heeft een organisatiestructuur?

- Geef een definitie van algemene beveiligingsmaatregelen en bespreek alle typen.
- Geef een definitie van toepassingsgerichte beveiligingsmaatregelen en bespreek alle typen.
- Bespreek de functie van een risicoanalyse en leg uit hoe die wordt uitgevoerd bij informatiesystemen.

- Geef definities en beschrijvingen van de volgende begrippen: beveiligingsbeleid, acceptable use policy, identiteitsmanagement.
- Leg het verschil uit tussen disaster recovery planning en business continuity planning.
- Leg uit hoe IT-audits de beveiliging en beveiligingsmaatregelen ondersteunen.

4. Wat zijn de belangrijkste middelen en technologieën voor het beveiligen van informatiebronnen?

- Noem en beschrijf drie authenticatiemethoden.
- Bespreek de ondersteunende functie die firewalls, inbraakdetectiesystemen en antivirussoftware hebben in beveiliging.
- Leg uit hoe encryptie informatie beschermt.
- Beschrijf de rol die encryptie en digitale certificaten spelen in een public key infrastructure (PKI).
- Beschrijf de technieken die organisaties gebruiken om de beschikbaarheid van systemen te waarborgen.
- Bespreek de uitdagingen in het beveiligen van cloud computing.
- Bespreek maatregelen die leiden tot een verbeterde kwaliteit en betrouwbaarheid van software.

DISCUSSIEVRAGEN

1. Beveiliging is niet uitsluitend een technologische kwestie, maar een kwestie waar het hele bedrijf mee te maken heeft. Reageer op deze stelling.
2. Als je een bedrijfscontinuïteitsplan voor je bedrijf zou moeten ontwerpen, waar zou je dan mee beginnen? Welke aspecten van het bedrijf zou het plan moeten behandelen?
3. Stel dat je bedrijf een e-commercesite heeft waar je goederen verkoopt en creditcardbetalingen accepteert. Bespreek met welke belangrijke bedreigingen de beveiliging van deze website te maken kan krijgen en wat de impact hiervan zou kunnen zijn. Hoe kun je deze bedreigingen minimaliseren?

CASE

Bedreigingen voor informatieveiligheid en -beleid in Europa

De IT-sector is een van de belangrijkste motoren van de Europese economie. Naar schatting 60 procent van alle Europeanen maakt regelmatig gebruik van internet. Bovendien bezit of gebruikt 87 procent een mobiele telefoon. In 2015 was de Europese breedbandmarkt een van de grootste ter wereld. Deze feiten geven het belang aan van de gegarandeerde beveiliging en veilige werking van internet voor het welzijn van de Europese economie. De veiligheid en beveiliging van internet zijn de afgelopen jaren echter onder druk komen te staan, doordat webbased cyberaanvallen steeds geavanceerder zijn geworden.

In 2007 kreeg Estland te maken met een massale cyberaanval die de regering, het bankwezen, de media en andere diensten trof. De aanval werd uitgevoerd met behulp van verschillende technieken, variërend van eenvoudige afzonderlijke ping-opdrachten en extreem veel dataverkeer tot meer geavanceerde Distributed Denial-of-Service (DDoS)-aanvallen. Hackers coördineerden de aanval via een groot aantal besmette servers die ze hadden georganiseerd in een wereldwijd verspreid botnet. Een botnet is een netwerk van autonome kwaadaardige softwareagenten die onder controle staan van een 'bot herder'. Het netwerk wordt gecreëerd door malware te installeren die gebruikmaakt van de zwakten van webservers, besturingssystemen of applicaties om de controle over besmette computers over te nemen. Zodra een computer besmet is, gaat deze deel uitmaken van een netwerk van duizenden 'zombies', dat wil zeggen machines die het bevel hebben gekregen om de aanval uit te voeren. De cyberaanval op Estland begon eind april 2007 en duurde bijna drie weken. Tijdens de aanval moesten essentiële onderdelen van het Estse internet voor buitenlandse toegang worden afgesloten, wat voor miljoenen aan economische schade tot gevolg had.

Rond die tijd werd Arsys, een belangrijk Spaans domeinregistratiebedrijf, eveneens het doelwit van internationale hackers. Arsys meldde dat hackers codes hadden gestolen, die vervolgens werden gebruikt om in de webpagina's van een aantal klanten links op te nemen naar externe servers met kwaadaardige code.

In 2009 werden naar schatting 10 miljoen computers wereldwijd besmet met de Conficker-worm. Frankrijk, het Verenigd Koninkrijk en Duitsland behoorden tot de landen in Europa waar de meeste computers werden besmet. De Franse marine moest al haar militaire vliegtuigen aan de grond houden toen werd ontdekt dat haar computernetwerk besmet was. In het Verenigd Koninkrijk besmette de worm computers in het ministerie van Defensie, de gemeenteraad en het IT-netwerk van de politie van Manchester, enkele ziekenhuizen in de stad Sheffield en verschillende andere overheidskantoren in het land. Computers in het netwerk van het Duitse leger raakten naar verluidt ook besmet. Als het op een computer is geïnstalleerd, kan Conficker andere malware downloaden en installeren van computers die het onder controle heeft en zo zouden hackers de volledige controle hebben over besmette computers. Recenter werd in onder meer Duitsland, Noorwegen, China, Iran, India en Indonesië een geavanceerde malwaredreiging ontdekt die het had voorzien op industriële systemen. Deze malware, Stuxnet geheten, besmette Windows-pc's van het Duitse bedrijf Siemens waarop het Supervisory Control and Data Acquisition (SCADA)-controlesysteem draaide. Stuxnet werd verspreid via usb-sticks. Deskundigen schatten dat er op het hoogtepunt van de aanval dagelijks tot 1000 machines werden besmet. De malware, verborgen in snelkoppelingen naar uitvoerbare programma's (bestanden met de extensie .lnk), werd automatisch uitgevoerd als de inhoud van een besmette usb-poort werd weergegeven. Met dezelfde techniek kon de worm andere malware installeren. Aanvankelijk meldden beveiligingsdeskundigen dat Stuxnet was ontwikkeld om industriële geheimen te stelen van SIMATIC WinCC, een visualisatie- en besturingssoftwaresysteem van Siemens. Data die andere deskundigen op een later tijdstip verzamelden, maken duidelijk dat de worm op zoek was naar specifieke programmable logic controller (PLC)-apparaten in een specifieke industriële installatie, een gegeven dat wijst op de mogelijkheid dat de malware deel uitmaakte van een zorgvuldig geplande sabotageactie. Zelfs al liep geen van de met Stuxnet besmette locaties fysieke schade op, dan nog mag de betekenis van zo'n geavanceerde bedreiging voor het industriële potentieel van Europa en daarbuiten niet worden onderschat.

In 2015 was Europa het toneel van een aantal grote cyberaanvallen en datalekken. Tot de doelwitten behoorden TalkTalk (een grote Britse ISP), J.D. Wetherspoon (een pubketen) en CarphoneWarehouse.com (een webwinkel). In elk geval liepen de persoonsgegevens van duizenden klanten gevaar. Infrastructuur is in Europa eveneens een doelwit. In april 2015 maakten hackers korte metten met TV5Monde in Frankrijk, haalden 11 televisiezenders uit de lucht en vernietigden delen van de website en de socialemediasite van het bedrijf. De aanval zou zijn uitgevoerd door terroristische groeperingen uit het Midden-Oosten.

Als tegenwicht voor het gebrek aan samenwerking tussen EU-landen richtte de Europese Commissie in 2004 het Europees Agentschap voor netwerk en informatiebeveiliging (ENISA) op, dat inspanningen coördineert om potentieel schadelijkere bedreigingen van de veiligheid te voorkomen en er effectiever op te reageren. De hoofddoelstellingen van ENISA zijn om de Europese informatie-infrastructuur veilig te stellen, veiligheidsnormen te bevorderen en het publiek voor te lichten over veiligheidsvraagstukken.

In 2014 lanceerde de Europese Commissie de Digitale Agenda voor Europa. Dit initiatief heeft tot doel om de belangrijk rol te bepalen die informatie- en communicatietechnologieën in 2020 zullen spelen. Het initiatief roept op tot één open Europese digitale markt. Voor 2015 was er geen gemeenschappelijke aanpak van aanvallen op digitale netwerken, hacks of vandalisme. In 2016 nam het Europees Parlement de NIB Richtlijn aan met betrekking tot netwerk- en informatieveiligheid. Deze richtlijn werd in augustus 2016 van kracht. Lidstaten kregen 21 maanden om de richtlijn in hun nationale wet- en regelgeving op te nemen, en nog eens 6 maanden om aanbieders van essentiële dienstverlening aan te wijzen. De NIB Richtlijn eist van lidstaten dat zij een Computer Security Incident Response Team (CSIRT) en een nationale NIB-autoriteit opzetten om essentiële dienstverlening aan te wijzen die in gevaar zou kunnen worden gebracht door beveiligingslekken. De nieuwe wet stelt ook cybersecurity-normen voor een breed scala van overheidsinstanties, zoals vliegvelden, transportcentra en overheidskantoren. Voor het eerst heeft Europa nu een gecoördineerde aanpak van cybersecurity.

Bronnen: Europese Commissie, 'The Directive on Security of Network and Information Systems,' *ec.europa.eu*, 16 juli 2016; Bob Tarzey, 'At Least 1 in 5 Europe Enterprises Lose Data Through Targeted Cyber Attacks,' *Computer Weekly*, 18 december 2015; 'Europe Agrees Response to Cyber-attacks,' *BBC News*, 8 december 2015; Gunther Oettinger, 'New EU Rules Agreed on Cyber Security Breaches,' DW.com, 8 december 2015; Don Melvin, 'Cyberattack Disables 11 French TV Channels, Takes Over Social Media Sites,' *CNN*, 9 april 2015; European Commission, 'Network and Information Security (NIS) Directive,' Digital Agenda For Europe, European Commission, 16 maart 2015.

Bijdrage case van Daniel Ortiz-Arroyo, Universiteit van Aalborg.

Vragen bij de case

1. Wat is een botnet?
2. Beschrijf enkele van de hoofdpunten van de NIB Richtlijn met betrekking tot netwerk- en informatieveiligheid.
3. Leg uit hoe een cyberaanval kan worden uitgevoerd.
4. Beschrijf enkele zwakten die door malware worden uitgebuit.

MYLAB

Ga naar de opdrachten in MyLab om deze schrijfoefeningen te maken.

1. Beschrijf drie spoofingtactieken die worden gebruikt bij identiteitsdiefstal door informatiesystemen te gebruiken.
2. Beschrijf vier redenen waarom mobiele apparaten die in het bedrijfsleven worden gebruikt, moeilijk te beveiligen zijn.

Pearson | MyLab

Op **www.pearsonmylab.nl** vind je studiemateriaal en de eText om je begrip en kennis van dit hoofdstuk uit te breiden en te oefenen.

DEEL 3
KERNTOEPASSINGEN VAN SYSTEMEN

Deel 3 gaat in op de kerntoepassingen van informatiesystemen die bedrijven tegenwoordig gebruiken voor het verbeteren van het operationeel excelleren en de besluitvorming. Tot deze toepassingen behoren enterprisesystemen, supply-chain-managementsystemen en customer-relationship-managementsystemen, samenwerkings- en kennismanagementsystemen, e-commercetoepassingen en beslissingsondersteunende systemen. In dit deel worden vragen beantwoord zoals: Hoe kunnen enterprisetoepassingen de prestaties van een bedrijf verbeteren? Hoe kunnen bedrijven e-commerce gebruiken om het bereik van hun bedrijven te vergroten? Hoe kunnen systemen samenwerking en besluitvorming verbeteren en bedrijven helpen de aanwezige kennis beter te benutten?

9 OPERATIONEEL EXCELLEREN EN KLANTINTIMITEIT BEREIKEN: ENTERPRISETOEPASSINGEN

Na dit hoofdstuk ben je in staat om de volgende vragen te beantwoorden:

1. **Hoe kunnen enterprisesystemen bijdragen tot het bereiken van operationeel excelleren?**
2. **Hoe kunnen supply-chain-managementsystemen het afstemmen van planning, productie en logistiek met de leveranciers ondersteunen?**
3. **Hoe kunnen customer-relationship-managementsystemen bedrijven helpen klantintimiteit te bereiken?**
4. **Welke uitdagingen brengen enterprisetoepassingen met zich mee en hoe kunnen enterprisetoepassingen profiteren van nieuwe technologieën?**

OPENINGSCASE

Alimentation Couche-Tard concurreert met enterprisesystemen

Toen Alimentation Couche-Tard in april 2012 Statoil Fuel and Retail (SFR) overnam, was dat de meest ambitieuze overname die de Canadese keten van kleine supermarkten ooit had gedaan (2,06 miljard euro). SFR, onderdeel van het Noorse staatsoliebedrijf Statoil, was in oktober 2010 door het moederbedrijf in de etalage gezet. Met de overname verwierf Couche-Tard 2300 tankstations verspreid over heel Noord-Amerika – merendeels bemande tankstations met een kleine supermarkt – en breidde het zijn marktgebied uit naar acht Europese landen – Noorwegen, Zweden, Denemarken, Polen, Estland, Letland, Litouwen en Rusland. In 2016 had het bedrijf 12.000 vestigingen en meer dan 105.000 werknemers.

Foto: trondur/123rf.com

SFR is actief in zowel de B2C- (consumentenmarkt) als in de B2B- (zakelijke markt) sector. Brandstofproducten als benzinemengsels, diesel, biobrandstoffen en lpg (autogas) genereren 70 procent van de omzet. Het assortiment van de bemande tankstations verschilt per tankstationhouder en locatie. Sommigen hebben voorkeur voor een assortiment dat vooral gericht is op autogerelateerde producten en diensten, terwijl anderen focussen op voedingsproducten, dranken en zelfs fastfood. De 12 terminals, 38 magazijnen en 400 tankauto's van SFR verzorgen bulkverkopen aan zakelijke klanten, zoals bus- en autoverhuurbedrijven, wegenbouwers en onafhankelijker wederverkopers.

Couche-Tard stond open voor zowel de voordelen als de uitdagingen van de overname. Onmiddellijke synergie tussen Couche-Tard en SFR dekten niet volledig de resterende kosten voor SFR's afsplitsing van Statoil, de investeringen in de naamswijziging en de vervanging van een verouderde IT-infrastructuur en dito ERP-systeem (ERP staat voor *enterprise resource planning*). Het oude systeem hanteerde per land en markt andere processen, zodat de IT-afdeling boven op enorme operationele inefficiënties meer dan 5000 maatgemaakte softwareobjecten moest beheren.

SFR moest voor drie nauw verwante waardeketens – die van benzine, levensmiddelen en smeermiddelen – de efficiëntie van zijn supply chains optimaliseren. Alle zakelijke functies die gedeelde diensten aan de waardeketens leverden, moesten worden gestandaardiseerd en de werkzaamheden voor 18.500 werknemers moesten worden gecoördineerd. Tot slot wilden de SFR-managers een geavanceerde prijsbepalingsmethode voor brandstofverkopen om de winst in de kernactiviteiten met lage marges te maximaliseren.

De keus viel op het JD Edwards EnterpriseOne ERP-systeem van Oracle als basisplatform, en daarbinnen werd een interface voor de webdiensten ontwikkeld om alle data in één formaat te converteren. Deze gemeenschappelijke bron van basisgegevens stuurt nu door de supply chains heen alle transacties aan, plus de financiële en andere rapportages die zijn gegenereerd door de Oracle Business Intelligence Suite.

De voorraadbeschikbaarheid en gemiddelde afzet per tankstation geven input aan een realtime planningsprogramma dat de verwachte vraag inschat en de data naar een distributieplanningsysteem van een derde partij stuurt. Computers in de cabine van tankwagens sturen de chauffeurs gegevens over de hoeveelheden en soorten producten die ze moeten ophalen en afleveren. Herbevoorrading van brandstoffen, levering en bevestiging vinden automatisch plaats.

Om de werkzaamheden voor het personeel te coördineren integreert Oracle Fusion Middleware gegevensmanagement en communicatie via sociale, mobiele en cloudtechnologieën en tussen diverse systemen en regio's. De software met de naam *Connect Project* coördineert door de hele supply chain heen tientallen interfaces, implementeert een consistente prijsbepalingsstructuur voor brandstoffen en implementeerde meerdere ingewikkelde accijnzen en reglementen. In 2014 begon Statoil met een migratie van Oracle-databasesoftware naar het Business Planning & Consolidation-programma van SAP. Als gevolg daarvan realiseerde Statoil in 2015 zes keer sneller financiële consolidatie dan in voorgaande jaren, de snelheid van gegevensverwerking werd een factor vijftien hoger en het openen en sluiten van de werkstatus werd een factor acht sneller.

In 2015 veranderde Couche-Tard de naam van de SFR-winkels in Circle K. Nu is het een van de grootste mondiale spelers in de markt van kleine supermarkten, met meer dan 12.000 vestigingen in Canada, de VS, Azië en Europa en ruim 100.000 werknemers. In 2016 kondigde het bedrijf zijn grootste overname ooit aan van CST Brands uit Texas, waarmee het nog eens 2000 kleine supermarkten in het zuiden en zuidwesten van de VS verwierf. De gedane investeringen in enterprisesystemen stellen het bedrijf in staat om een uitgestrekt mondiaal netwerk van kleine supermarkten te beheren. De bedrijfsdirectie heeft beloofd de omvang van het bedrijf in de komende vijf jaar nog eens te verdubbelen. Niet slecht gedaan voor een bedrijf dat in 1980 met één winkel in Quebec is begonnen.

Bronnen: 'Alimentation Couche-Tard Inc. Is Severely Undervalued,' Joey Frenette, The Motley Fool, Fool.com, 1 maart 2017; 'Couche-Tard's Alain Bouchard Has a Bold Vision: "We Will Double the Size of This Company Again"', Karl Moore, businessfinancialpost.com, 8 december 2016; 'After Shareholder Rebuff Last Year, Couche-Tard Gets Its Focus Back withLargest-Ever Acquisition,' Barry Crutchley, businessfinancialpost.com, 22 augustus 2016; 'Annual Report 2016,' Alimentation Couche-Tard Inc., corpo.couche-tard.com; Alyn Bailey, 'Statoil Fuel & Retail the World's First SAP to Oracle JD Edwards Migration,' www.pcubed.com/bulletins, geraadpleegd op 2 januari 2016; 'Statoil: Accelerating Planning and Financial Close Cycles with SAP® EPM powered by SAP HANA® and SAP MaxAttentionTM,' dam.sap.com/28274_Statoil_BTS.htm, geraadpleegd op 2 januari 2016; Jade Vachon, 'Statoil Switches from an Oracle DB to the SAP HANA Platform with SAP MaxAttention,' SAP.com, 21 februari 2014.

De inspanningen die Couche-Tard en Statoil hebben verricht om bedrijfsfuncties in de supply chain te standaardiseren en te integreren en om werkzaamheden te coördineren tonen de impact aan van ERP-systemen op supply chain management (SCM). Couche-Tard had geen enkele bron van bedrijfsgegevens, laat staan uniforme methodes om tal van kritische SCM-functies uit te voeren. Voorraadkosten waren onnodig hoog, de IT-afdeling stond onder druk, en gebrek aan coördinatie had een negatieve invloed op de productiviteit op de werkvloer.

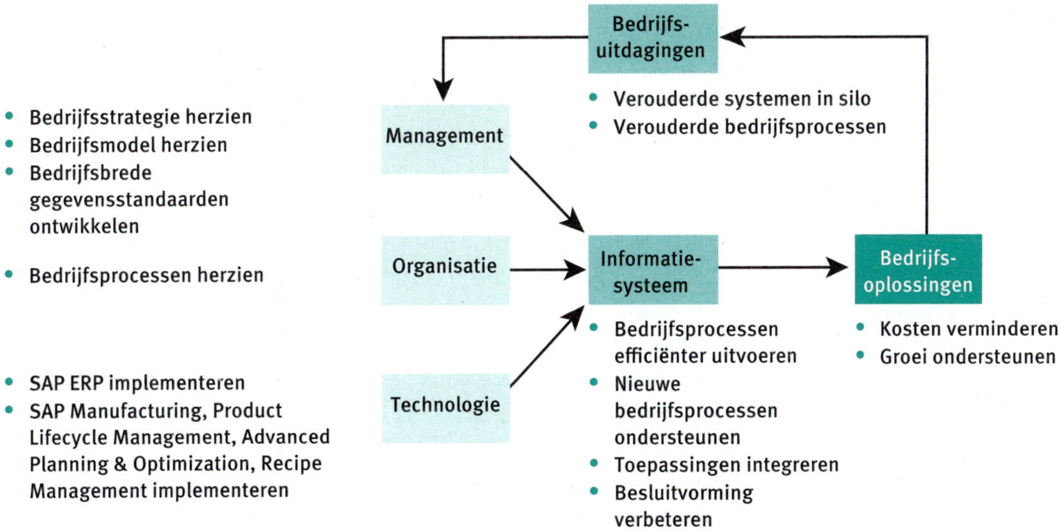

Het diagram aan het begin van het hoofdstuk richt de aandacht op belangrijke punten die in deze case en dit hoofdstuk worden genoemd. Alle transacties in Couche-Tards supply chains hebben nu een gemeenschappelijk en consistent formaat dat direct in de rapportagesoftware wordt ingevoerd. De geïntegreerde ERP-omgeving maakt realtime planning op basis van voorraadbeschikbaarheid en verkoopgemiddelden per tankstation mogelijk, en een realtime brandstofwaardeketen kan de variabele vraag van zowel consumenten als zakelijke klanten aan.
Er worden nu benchmarks ontwikkeld met behulp van de geavanceerde prijsstellingsmethode die het Connectteam heeft ontworpen, waartegen toekomstige resultaten per land, per terminal of per markt kunnen worden afgezet. Aan de B2B-kant zullen managers snel de effecten van prijstellingsstructuren kunnen schatten, en handelsvertegenwoordigers kunnen de effecten van inkoopvoorwaarden evalueren.
Enkele vragen om over na te denken: *Welke invloed had Couche-Tards gebrek aan gestandaardiseerde processen op de bedrijfsvoering? Welke invloed had het invoeren van gestandaardiseerde interfaces op de werknemers van Couche-Tard en het supply chain management? Waarom behield Couche-Tard zijn legacy-systemen in plaats van deze in hun geheel te vervangen?*

9.1 Enterprisesystemen

Over de hele wereld raken bedrijven steeds meer verbonden, zowel intern als extern, met andere bedrijven. Als je een bedrijf runt, wil je onmiddellijk kunnen reageren wanneer een klant een grote order plaatst of wanneer een zending van een leverancier vertraging oploopt. Mogelijk wil je ook weten wat de invloed is van deze gebeurtenissen op elk deel van het bedrijf en hoe het bedrijf op elk tijdstip functioneert, in het bijzonder als je een grote onderneming runt. Enterprisesystemen kunnen de informatie bieden om dit mogelijk te maken. Laten we eens bekijken hoe ze werken en wat ze voor het bedrijf kunnen betekenen.

9.1.1 Wat zijn enterprisesystemen?

Stel je voor dat je een bedrijf zou moeten besturen op basis van gegevens uit tientallen of zelfs honderden databases en systemen, die onderling geen van alle met elkaar kunnen communiceren. En stel dat dit bedrijf tien grote productlijnen heeft, elk gelokaliseerd in afzonderlijke fabrieken, en elk met afzonderlijke en incompatibele reeksen systemen die productie, magazijnopslag en distributie regelen.
De besluitvorming in dit bedrijf zal hoe dan ook vaak gebaseerd zijn op afgedrukte, vaak verouderde, rapporten, en het zal moeilijk zijn om te begrijpen wat er in het bedrijf als geheel

gebeurt. Personeelsleden op de verkoopafdeling kunnen op het moment dat ze een order plaatsen niet zeggen of het bestelde product op voorraad is en de productieafdeling heeft moeite om de verkoopgegevens te gebruiken voor de productieplanning. Ondernemingen hebben voor het integreren van informatie een enterprisesysteem nodig.

In hoofdstuk 2 zijn enterprisesystemen geïntroduceerd. Deze staan ook bekend als enterprise-resourceplanningsystemen (ERP-systemen). Ze bestaan uit een reeks geïntegreerde software-modules en een gemeenschappelijke centrale database. In de database zijn de gegevens van veel divisies en afdelingen binnen een onderneming opgeslagen, en de gegevens van een groot aantal kernprocessen in fabricage en productie, financiën en boekhouding, verkoop en marketing en human resources. Hierdoor zijn de gegevens beschikbaar voor toepassingen in de hele interne bedrijfsvoering van een organisatie. Wanneer er in een van de processen nieuwe informatie wordt ingevoerd, kan de informatie onmiddellijk worden doorgegeven aan andere bedrijfsprocessen (zie figuur 9.1).

Als een vertegenwoordiger bijvoorbeeld een bestelling voor velgen plaatst, zal het systeem de kredietlimiet van de klant moeten verifiëren, de verzending moeten plannen, de beste transportroute moeten vaststellen en de noodzakelijke onderdelen uit de voorraad moeten reserveren. Als er onvoldoende velgen in voorraad zijn, zou het systeem de fabricage van meer velgen moeten plannen en de benodigde materialen en onderdelen bij de leveranciers moeten bestellen. Verkoop- en productievoorspellingen zouden onmiddellijk worden aangepast. De opbrengst- en kosteninformatie van de bestelling zou onmiddellijk worden verwerkt in de algemene grootboekinformatie en cashniveaus van het bedrijf.

Gebruikers kunnen het systeem gebruiken om te zien waar elke specifieke bestelling zich op elk moment bevindt. Het management kan informatie krijgen over het functioneren van het bedrijf op elk willekeurig tijdstip. Het systeem kan ook ondernemingsbreed gegevens genereren ter ondersteuning van de analyse van het management van kosten en winstgevendheid van een product of een dienst.

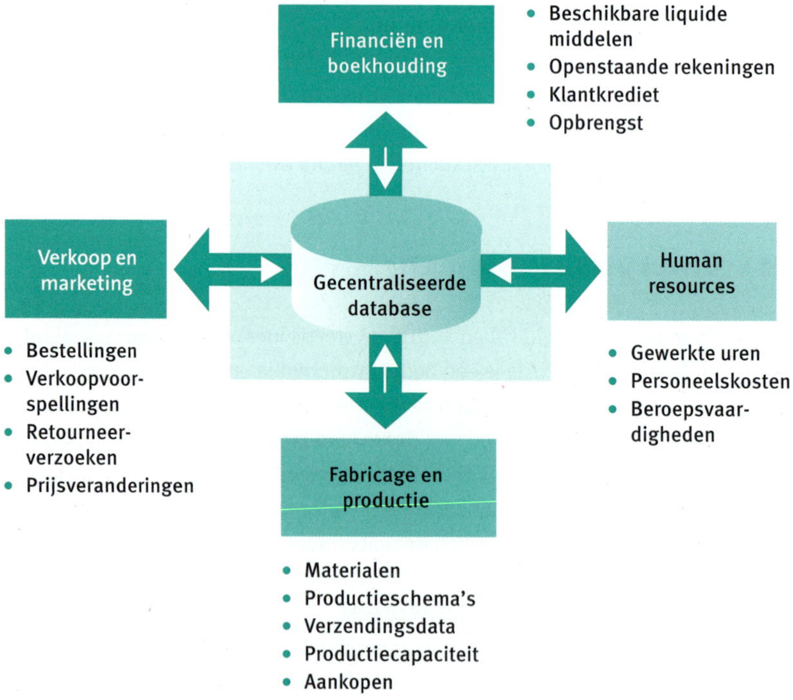

FIGUUR 9.1 *Systeemarchitectuur van enterprisesystemen*

Enterprisesystemen kenmerken zich door een reeks geïntegreerde softwaremodules en een centrale database, waarmee bedrijfsprocessen en functionele gebieden in het hele bedrijf data kunnen uitwisselen.

9.1.2 Enterprisesoftware

Enterprisesoftware
Een set gerelateerde modules voor toepassingen in verkoop en distributie, financiën en boekhouden, investeringsbeheer, materieelbeheer, productieplanning, locatiebeheer en personeelszaken, waardoor gegevens door verschillende functies en bedrijfsprocessen kunnen worden gebruikt en coördinatie en controle nauwkeuriger kunnen worden beheerd.

Enterprisesoftware wordt gebouwd rond duizenden voorgedefinieerde bedrijfsprocessen die op *best practices* gebaseerd zijn. Best practices zijn succesvol gebleken oplossingen voor het bereiken van bedrijfsdoelen. Tabel 9.1 beschrijft enkele van de belangrijkste bedrijfsprocessen die door enterprisesoftware ondersteund worden.

Bedrijven die deze software implementeren moeten eerst de functies van het systeem selecteren die ze willen gebruiken en vervolgens een mapping uitvoeren van hun bedrijfsprocessen op de voorgedefinieerde bedrijfsprocessen in de software. Configuratietabellen die door de softwareleverancier zijn meegeleverd stellen de organisatie in staat om een bepaald aspect van het systeem aan te passen aan de manier waarop zij hun bedrijven runnen. Een bedrijf zou bijvoorbeeld de tabellen kunnen gebruiken om te kiezen of het de opbrengst per productlijn, geografische eenheid of distributiekanaal wil volgen.

TABEL 9.1 *Bedrijfsprocessen die worden ondersteund door enterprisesystemen*

Financiële processen en boekhoudprocessen, waaronder grootboek, debiteuren, crediteuren, vaste activa, liquiditeitenbeheer, budgettering, kosten per kostendrager, kosten per kostenplaats, inkoopkosten per kostensoort, belastingberekeningen, kredietmanagement en financiële rapportage.
Humanresourcesprocessen, waaronder personeelsadministratie, tijdschrijven, salarisadministratie, personeelsplanning en -ontwikkeling, administratie van secundaire arbeidsvoorwaarden, ondersteuning aanname van personeel, beoordeling van personeel, salarisplanning, personeelsplanning en rapportage van reis- en verblijfskosten.
Fabricage- en productieprocessen, waaronder het maken van raamcontracten, voorraadbeheer, inkoop, inkooplogistiek en distributie, productieplanning en scheduling, materiaalvereistenplanning, kwaliteitscontrole, verkooplogistiek en distributie, en onderhoud aan gebouwen en apparatuur.
Verkoop- en marketingprocessen, waaronder orderverwerking, offertes, contracten, productconfiguratie, prijsstelling, facturering, kredietcontrole, incentive- en commissiemanagement en verkoopplanning.

Als de enterprisesoftware de manier waarop de organisatie zakendoet niet ondersteunt, kunnen bedrijven een deel van de software herschrijven om dat te verhelpen. Enterprisesoftware is echter ongewoon complex en door uitgebreide aanpassingen kan de systeemprestatie verminderen en de informatie- en procesintegratie aangetast worden. Als bedrijven de meeste winst uit hun enterprisesoftware willen halen, moeten ze de manier waarop ze werken aanpassen aan de bedrijfsprocessen bepaald door de software.

Belangrijke leveranciers van enterprisesoftware zijn SAP en Oracle, IBM en Microsoft. Versies van enterprise-softwarepakketten zijn ontworpen voor kleine en middelgrote bedrijven en on demand versies met softwarediensten in de cloud.

9.1.3 Het belang van enterprisesystemen voor het bedrijf

Enterprisesystemen bieden waarde, zowel door het vergroten van de operationele efficiëntie als door het bieden van bedrijfsbrede informatie waarmee managers betere beslissingen kunnen nemen. Grote bedrijven met veel organisatie-eenheden op verschillende locaties gebruiken enterprisesystemen om standaardgebruiken en standaardisatie van gegevens op te leggen, zodat iedereen wereldwijd op dezelfde manier zakendoet.

Zo implementeerde Coca-Cola een SAP-enterprisesysteem voor het standaardiseren en coördineren van belangrijke bedrijfsprocessen in 200 landen. Gebrek aan standaard, bedrijfsbrede bedrijfsprocessen verhinderde voorheen dat het bedrijf zijn wereldwijde koopkracht kon inzetten voor het verkrijgen van ruwe materialen en maakte het moeilijker om snel in te spelen op marktveranderingen.

Alcoa, internationaal marktleider in de productie van aluminium en aluminiumproducten, met 200 productiefaciliteiten in 31 landen, was eerst georganiseerd om de diverse productlijnen heen, elk met een eigen set informatiesystemen. Veel van deze systemen waren verouderd en niet meer efficiënt. De kosten voor het uitvoeren van het proces van opdracht tot betaling en andere finan-

ciële processen lagen veel hoger en de cyclustijden waren veel langer dan bij andere bedrijven in dezelfde sector. (De cyclustijd is de totale tijd vanaf het begin tot het eind van een proces.)
Het bedrijf kon niet als één internationale organisatie werken. Na de implementatie van enterprisesoftware van Oracle konden veel verouderde processen en systemen worden afgestoten. Dankzij het enterprisesysteem kon de cyclustijd worden verkort, onder andere door het verifiëren van de ontvangst van goederen en het automatisch geven van de toestemming tot betaling. De verwerkingstijd van facturen daalde hierdoor met 89 procent. Alcoa slaagde erin om zijn financiële en inkoopactiviteiten te centraliseren, waardoor het bedrijf zijn kosten wereldwijd met bijna 20 procent kon verminderen. Enterprisesystemen bieden veel waardevolle informatie voor het verbeteren van de besluitvorming door het management. Het hoofdkantoor heeft toegang tot op de minuut nauwkeurige gegevens over verkoop, voorraad en productie, en gebruikt deze informatie voor het creëren van nauwkeuriger verkoop- en productievoorspellingen. Enterprisesoftware omvat analyseprogramma's voor het gebruik van door het systeem verzamelde gegevens voor het evalueren van prestaties van een organisatie als geheel. Enterprisesysteemgegevens hebben gemeenschappelijke gestandaardiseerde definities en formaten die gehanteerd worden door de gehele organisatie. Prestatiecijfers hebben binnen het hele bedrijf dezelfde betekenis. Enterprisesystemen bieden het hoger management de mogelijkheid om op elk moment op een gemakkelijke manier uit te vinden hoe een bepaalde organisatie-eenheid presteert, te bepalen welke producten het meest of het minst winstgevend zijn, of de kosten voor het bedrijf als geheel te berekenen.
Zo omvat het enterprisesysteem van Alcoa een functionaliteit voor mondiaal personeelsbeleid dat verbanden legt tussen investering in personeelstraining en -kwaliteit. Het meet bedrijfsbreed de kosten van het leveren van diensten aan personeelsleden en de effectiviteit van aannamebeleid, salaris en bijkomende voordelen, en training.

9.2 Supply-chain-managementsystemen

Als je een klein bedrijf managet dat slechts enkele producten maakt of enkele diensten verleent, heb je waarschijnlijk te maken met een klein aantal leveranciers. Je kunt je leveranciersorders en -leveringen coördineren met behulp van een telefoon, e-mail en fax. Als je echter een bedrijf hebt met complexere producten en diensten, zul je honderden leveranciers hebben, en zullen je leveranciers weer hun eigen leveranciers hebben. Opeens moet je de activiteiten van honderden, of zelfs duizenden andere bedrijven coördineren om je producten en diensten te produceren. Supply-chain-managementsystemen (SCM-systemen), die we in hoofdstuk 2 hebben geïntroduceerd, zijn een antwoord op deze problemen, die hun oorsprong vinden in de complexiteit en de grootschaligheid van de supply chain.

9.2.1 De supply chain

Supply chain
Netwerk van faciliteiten voor het inkopen van materialen, het transformeren van grondstoffen in producten en het distribueren van eindproducten naar de klanten.

Verwerven (procurement)
Het aankopen van goederen en materialen, bevoorrading, onderhandelen met leveranciers, betalen van goederen en het maken van leveringsafspraken.

De **supply chain** is een netwerk van organisatie- en bedrijfsprocessen voor het **verwerven (procurement)** van ruwe materialen en voor het omzetten van deze materialen in half- en eindproducten en het distribueren van de eindproducten aan de klanten. Dit netwerk verbindt leveranciers, fabrieken, distributiecentra, winkels en klanten en levert goederen en diensten vanaf de bron tot aan het gebruik. Materialen, informatie en betalingen stromen in beide richtingen door de supply chain. Goederen beginnen als ruwe materialen en worden bij het opschuiven door de supply chain omgezet in tussenproducten (ook wel componenten of onderdelen genoemd), en uiteindelijk in afgewerkte producten. De afgewerkte producten worden verstuurd naar distributiecentra en van daar naar retailers en klanten. Geretourneerde items stromen in omgekeerde richting van de koper terug naar de verkoper.
Laten we bijvoorbeeld eens kijken naar de supply chain voor Nike-sneakers. Nike ontwerpt, verhandelt en verkoopt sneakers, sokken, sportkleding en -accessoires over de hele wereld. De voornaamste leveranciers zijn contractfabrikanten met fabrieken in China, Thailand, Indonesië, Brazilië en andere landen. Deze fabrikanten maken de door Nike ontworpen producten.

Nikes contractleveranciers vervaardigen geen sneakers vanaf nul. Ze verkrijgen de componenten voor de sneakers (veters, ringetjes, bovenleer en zolen) van andere leveranciers en stellen die vervolgens samen tot het eindproduct, de sneaker. Deze leveranciers hebben op hun beurt hun eigen leveranciers. Zo hebben de leveranciers van zolen leveranciers voor synthetisch rubber, leveranciers voor chemicaliën die worden gebruikt om het rubber vloeibaar te maken en te vormen en leveranciers voor de vormen waarin het rubber gegoten moet worden. Leveranciers van veters hebben leveranciers voor garen, voor verf en de plastic veteruiteinden. In figuur 9.2 is een vereenvoudigd voorbeeld van Nikes supply chain voor sportschoenen te zien, waarin de stroom van informatie en materiaal langs leveranciers, Nike, Nikes distributeurs, winkeliers en klanten is weergegeven. Nikes contractfabrikanten zijn de primaire leveranciers. De leveranciers van zolen, ringetjes, bovenleer en veters zijn de secundaire leveranciers (laag-2-leveranciers). Leveranciers voor deze leveranciers zijn de tertiaire leveranciers (laag-3-leveranciers).

Het *upstream*-gedeelte van de supply chain bevat de leveranciers van de organisatie en hun leveranciers, en de processen voor het managen van de relaties met deze leveranciers. Het *downstream*-gedeelte bestaat uit de organisaties en processen voor het distribueren en afleveren van producten aan de uiteindelijke klanten. Fabricagebedrijven, zoals Nikes contractleveranciers van sneakers, managen ook de interne supply-chain-processen voor het omzetten van de door leveranciers verschafte ruwe materialen, componenten en diensten tot afgeronde producten en tussenproducten (componenten of onderdelen) voor hun klanten en voor het materiaal- en voorraadbeheer.

De supply chain in figuur 9.2 is vereenvoudigd. Het toont alleen twee contractfabrikanten voor sneakers en alleen de upstream-supply chain voor sneakerzolen. Nike heeft honderden contractfabrikanten die afgewerkte sneakers, sokken en sportkleding produceren. Elk type sneaker heeft zijn eigen reeks leveranciers. Het upstream-gedeelte van Nikes supply chain omvat feitelijk duizenden entiteiten. Nike heeft talloze distributeurs en vele duizenden retailstores waar schoenen worden verkocht, dus is ook het downstream-gedeelte van de supply chain groot en complex.

9.2.2 Informatiebeheer en supply chain management

Inefficiënties in de supply chain, zoals tekorten aan onderdelen, onderbenutte productiecapaciteit, te grote voorraad aan eindproducten of te hoge transportkosten, kunnen worden veroorzaakt door onnauwkeurige of te laat verkregen informatie. Fabrikanten kunnen bijvoorbeeld te veel onderdelen in voorraad hebben omdat ze niet precies weten wanneer ze de volgende zending van hun leveranciers zullen ontvangen. Leveranciers kunnen te veel ruwe materialen bestellen omdat ze geen nauwkeurige informatie over de vraag hebben. Deze inefficiënties in de supply chain kunnen binnen een bedrijf maar liefst tot 25 procent van de operationele kosten bedragen.

Just-in-timestrategie
Planningssysteem waarbij de voorraad wordt geminimaliseerd doordat componenten binnenkomen precies op het moment dat ze nodig zijn en eindproducten worden verzonden op het moment dat ze de assemblagelijn verlaten.

Als een fabrikant perfecte informatie zou hebben over het aantal eenheden van een product dat zijn klanten willen hebben, wanneer ze die zouden willen hebben en wanneer ze geproduceerd zouden moeten worden, zou het mogelijk zijn om een zeer efficiënte **just-in-timestrategie** te implementeren. Componenten zouden dan binnenkomen precies op het moment dat ze nodig waren en eindproducten zouden worden verzonden zodra ze de assemblagelijn hadden verlaten. In een supply chain kunnen echter onzekerheden ontstaan omdat veel gebeurtenissen niet kunnen worden voorzien: onzekere vraag naar producten, te late verzending door leveranciers, defecte onderdelen of defect ruw materiaal of storingen in het productieproces. Om klanten tevreden te houden vangen fabrikanten deze onzekerheden en onvoorziene gebeurtenissen op door meer materiaal of producten in voorraad te houden dan ze in werkelijkheid nodig denken te hebben. Deze extra voorraad fungeert als buffer om het gebrek aan flexibiliteit in de voorraadketen op te vangen. Hoewel een teveel aan voorraad duur is, zijn te kleine voorraden ook kostbaar, omdat niet kunnen leveren ten koste gaat van de omzet.

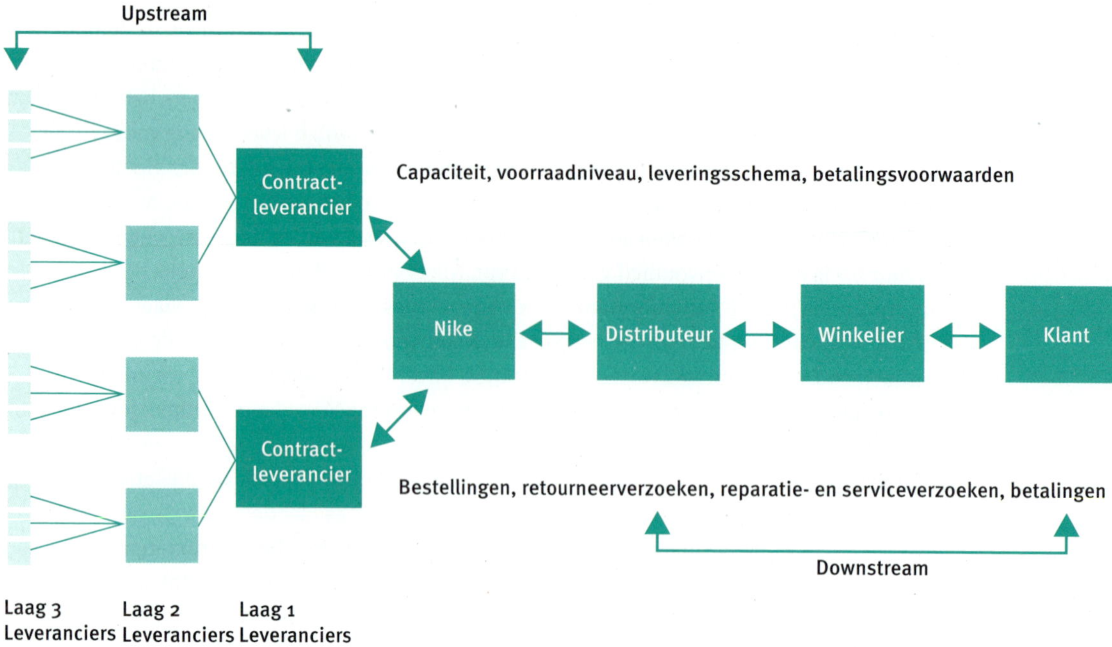

FIGUUR 9.2 *Nikes supply chain*

Deze figuur toont de belangrijkste entiteiten in de supply chain en de informatiestroom up- en downstream om de activiteiten rond het kopen, produceren en verplaatsen van een product te coördineren. Getoond wordt een vereenvoudigde supply chain, waarbij het upstream-gedeelte uitsluitend gericht is op de leveranciers voor sneakers en sneakerzolen.

Bullwhip-effect
Verstoring van informatie over de vraag naar een product als dit langs de supply chain van de ene entiteit naar de andere gaat.

Een terugkerend probleem in supply chain management is het **bullwhip-effect**, waarbij informatie over de vraag naar een product op de route tussen twee entiteiten langs de supply chain verstoord raakt. Een kleine toename in vraag naar een item kan ertoe leiden dat verschillende leden in de supply chain (distributeurs, fabrikanten, secundaire en tertiaire leveranciers) voorraden gaan aanleggen zodat ieder genoeg heeft 'voor het geval dat'. Deze veranderingen planten zich door de hele supply chain voort en wat begon als een kleine verandering in geplande orders leidt tot overvloedige voorraad, extra productie, onnodige magazijnopslag en te hoge verzendkosten (zie figuur 9.3).

Zo ontdekte Procter & Gamble (P&G) dat het vanwege onjuiste informatie op verschillende punten in zijn supply chain te grote voorraden wegwerpluiers had. Hoewel de klantaankopen in de winkels redelijk stabiel waren, vertoonden de bestellingen van distributeurs een piek op de momenten dat P&G ter promotie stuntprijzen aan ging bieden. Pampers en de grondstoffen voor pampers stapelden zich op in de magazijnen in de keten om te kunnen voldoen aan een niet-bestaande vraag. Om dit probleem op te lossen herzag P&G zijn marketing-, verkoop- en supply-chain-processen en ging nauwkeuriger vraagvoorspellingen gebruiken.
Het bullwhip-effect kan worden verminderd door de onzekerheden over vraag en aanvoer te reduceren door alle leden van de supply chain te voorzien van nauwkeurige en recente informatie. Als alle leden van de supply chain hun dynamische informatie over voorraadniveaus, planningen, voorspellingen en verzendingen zouden kunnen delen, zou ieder in de keten een beter idee hebben over hoe de plannen voor inkoop, fabricage en distributie eruit zouden moeten zien. Supply-chain-managementsystemen bieden het soort informatie dat ervoor kan zorgen dat leden van de supply chain betere inkoop- en planningsbeslissingen nemen.

9.2.3 Supply-chain-managementsoftware

Supply-chain-managementsoftware kan worden geclassificeerd als software die bedrijven ondersteunt bij het plannen van hun supply chains (supply-chain-planning) of als software die hen ondersteunt bij het uitvoeren van de supply-chain-stappen (*supply chain execution*).

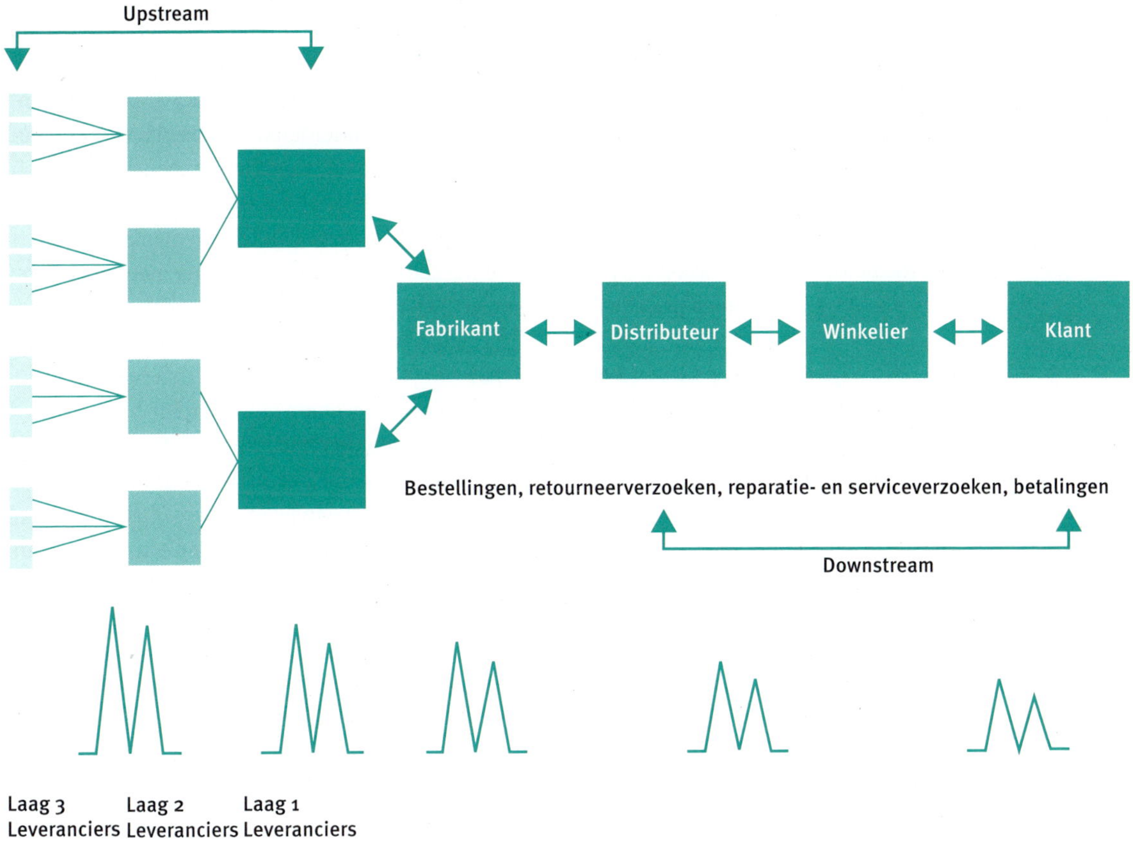

FIGUUR 9.3 *Het bullwhip-effect*

Onjuiste informatie kan leiden tot kleine fluctuaties in de vraag naar een product, die kunnen worden versterkt als men verder teruggaat in de supply chain. Kleine fluctuaties in de winkelverkoop van een product kunnen leiden tot een overvloedige voorraad voor distributeurs, fabrikanten en leveranciers.

Supply-chain-planningssystemen
Systemen die het bedrijf de mogelijkheid bieden vraagvoorspellingen voor een product te genereren en inkoop- en fabricageplannen voor dat product te ontwikkelen.

Supply-chain-planningssystemen bieden het bedrijf de mogelijkheid om de bestaande supply chain te modelleren, vraagvoorspellingen voor een product te genereren en inkoop- en fabricageplannen voor dat product te ontwikkelen. Dergelijke systemen ondersteunen bedrijven in het nemen van betere beslissingen, zoals het bepalen hoeveel er van een specifiek product in een bepaalde tijdsperiode geproduceerd moet worden, het vaststellen van voorraadniveaus voor ruwe materialen, halfproducten en eindproducten, het bepalen waar eindproducten moeten worden opgeslagen en het vaststellen van de distributiewijze van producten.

Een voorbeeld: als een grote klant een grotere order dan gebruikelijk plaatst of die order op het allerlaatste moment wijzigt, kan dit grote invloed hebben op de hele supply chain. Het kan nodig zijn om extra ruwe materialen of een andere combinatie van ruwe materialen bij leveranciers bij te bestellen. Misschien moet de fabricageafdeling haar planning wijzigen. Een transporteur moet misschien zijn leveringen anders plannen. Supply-chain-planningssoftware brengt de noodzakelijke aanpassingen aan in productie- en distributieplannen. Informatie over veranderingen wordt doorgegeven aan alle relevante leden van de supply chain zodat zij hun werk op elkaar kunnen afstemmen. Een van de belangrijkste (en meest complexe) functies van supply chain planning is **demand planning** (planning van de vraag), die bepaalt hoeveel een bedrijf van een product nodig heeft om aan alle eisen van zijn klanten te voldoen.

Demand planning
Bepalen van de hoeveelheid product die een onderneming nodig heeft om aan de vraag van alle klanten te kunnen voldoen.

Onder andere SAP en Oracle leveren oplossingen voor supply chain management. Applicaties die supply chain management ondersteunen, beheren de stroom producten langs de distributiecentra en magazijnen, en zorgen ervoor dat de producten op de meest efficiënte manier op de juiste locaties worden afgeleverd. Deze systemen volgen de fysieke status van de goederen, het beheer van de materialen, magazijn- en transportoperaties en financiële operaties van alle betrokken partijen. Een voorbeeld van een supply-chain-stappensysteem is het uitvoeringssysteem voor de leveringen dat wordt gebruikt door Nestlé's National Primary Transport, een geïntegreerde transportdienst voor Britse en Ierse bedrijfsonderdelen van Nestlé. Het werkgebied van deze onderneming beslaat zeven distributiecentra en twaalf fabrieken, en er worden ongeveer 3500 leveringen per week uitgevoerd naar meer dan 500 locaties. Het systeem werkt met gegevensinvoer van de transportplanning-, ritplanning- en werkmanagementsystemen van Nestlé UK en vergelijkt op basis hiervan de werkelijke leveringsvoortgang met het plan in de ritplanning. Vervolgens prioriteert en markeert het vrachten die aandacht behoeven.

9.2.4 Wereldwijde supply chains en internet

In de pre-internetomgeving werd de afstemming in de supply chain gehinderd door de problemen bij het soepel uitwisselen van informatie tussen de verschillende interne systemen voor inkoop, materiaalbeheer, productie en distributie. Ook was het lastig om informatie te delen met externe supply-chain-partners, omdat de systemen van leveranciers, distributeurs of logistieke aanbieders vaak gebaseerd waren op niet-compatibele technologieplatforms en standaarden. Enterprise- en supply-chain-managementsystemen met internettechnologie maken integratie van deze platforms mogelijk.
Een manager kan met behulp van een internetinterface profiteren van systemen van leveranciers om te bepalen of voorraad- en productievermogens overeenstemmen met de vraag naar de producten van het bedrijf. Bedrijfspartners kunnen internetprogramma's voor supply chain management gebruiken om samen online voorspellingen te doen. Vertegenwoordigers kunnen toegang krijgen tot productieschema's en logistieke informatie van leveranciers om de orderstatus van hun klanten te controleren.

Mondiale supply-chain-kwesties

Meer en meer bedrijven gaan internationale markten op, besteden fabricageoperaties uit en verkrijgen en verkopen voorraden uit andere landen. Hun supply chains strekken zich uit over meerdere landen en regio's. Het managen van een wereldwijde supply chain leidt echter tot extra complexiteit en tot extra problemen. Mondiale supply chains overspannen gewoonlijk grotere geografische afstanden en tijdsverschillen dan binnenlandse supply chains, en hebben deelnemers uit een aantal landen. De prestatie-eisen kunnen van regio tot regio en van land tot land variëren. Bij supply chain management moet rekening worden gehouden met buitenlandse wet- en regelgeving en cultuurverschillen.
Internet helpt bedrijven bij veel aspecten van hun mondiale supply chains, waaronder sourcing, transport, communicatie en internationale financiën. De huidige textielindustrie vertrouwt bijvoorbeeld sterk op het outsourcen naar contractfabrikanten in China en andere lagelonenlanden. Textielbedrijven gebruiken het web om hun mondiale supply chain en wereldwijde productie te besturen.
Naast contractfabricage heeft globalisatie stimulerend gewerkt op het outsourcen van voorraadmanagement, transportmanagement en verwante operaties aan externe logistieke dienstverleners zoals UPS Supply Chain Solutions en Schneider National. Deze logistieke dienstverleners leveren websoftware om hun klanten een beter beeld van hun mondiale supply chains te geven. Klanten kunnen via een beveiligde website voorraad en zendingen volgen, wat hen helpt om hun mondiale supply chains efficiënter te runnen.

Vraaggestuurde supply chains: van leveren op voorraad naar leveren op order

Push-based model
Supply chain waarin masterschema's voor productie zijn gebaseerd op voorspellingen of beste schattingen van de vraag naar producten, en producten worden 'gepusht' naar klanten.

Naast het reduceren van de kosten maken deze supply-chain-applicaties het de klant mogelijk meer op bestelling te werken, waardoor de werking van het bedrijf meer gestuurd wordt door de vraag vanuit de klant.
Eerdere supply-chain-managementsystemen werden gestuurd door een **push-based model** (ook bekend als het *produceren op voorraad*-model). In een push-based model zijn masterschema's

voor productie gebaseerd op voorspellingen of beste schattingen van de vraag naar producten, en worden producten 'gepusht' naar klanten. Met de nieuwe informatiestromen, mogelijk gemaakt door internetprogramma's, kan er bij supply chain management gemakkelijker een pull-based model worden gevolgd. In een **pull-based model**, ook bekend als een *vraaggestuurd* model of *produceren-op klantorder*-model, worden de gebeurtenissen in de supply chain in gang gezet door feitelijke klantorders of aankopen. Transacties voor het uitsluitend produceren en leveren van wat klanten hebben besteld bewegen zich door de supply chain, van winkeliers naar distributeurs, fabrikanten en uiteindelijk naar leveranciers. Alleen producten die op basis van deze orders zijn gemaakt, lopen nu door de supply chain naar de winkelier. Fabrikanten moeten voor het aansturen van hun productieschema's en de verwerving van componenten uitsluitend feitelijke orderinformatie gebruiken, zoals is weergegeven in figuur 9.4. Het continue herbevoorradingssysteem van Walmart is een voorbeeld van het pull-based model.

Pull-based model
Supply chain waarin de gebeurtenissen in gang worden gezet door feitelijke bestellingen van klanten.

Internet en internettechnologie maken het mogelijk om van sequentiële supply chains, waarbij informatie en materialen sequentieel van bedrijf naar bedrijf stromen, over te gaan naar parallelle supply chains, waarbij informatie gelijktijdig in verschillende richtingen langs de leden van een supply-chain-netwerk stroomt. Complexe toevoernetwerken, met fabrikanten, leveranciers van logistiek, externe producenten, winkels en distributeurs, kunnen zich aanpassen aan veranderingen in schema's of orders. Uiteindelijk zou internet een 'digitaal logistiek zenuwstelsel' door de hele supply chain kunnen vormen (zie figuur 9.5).

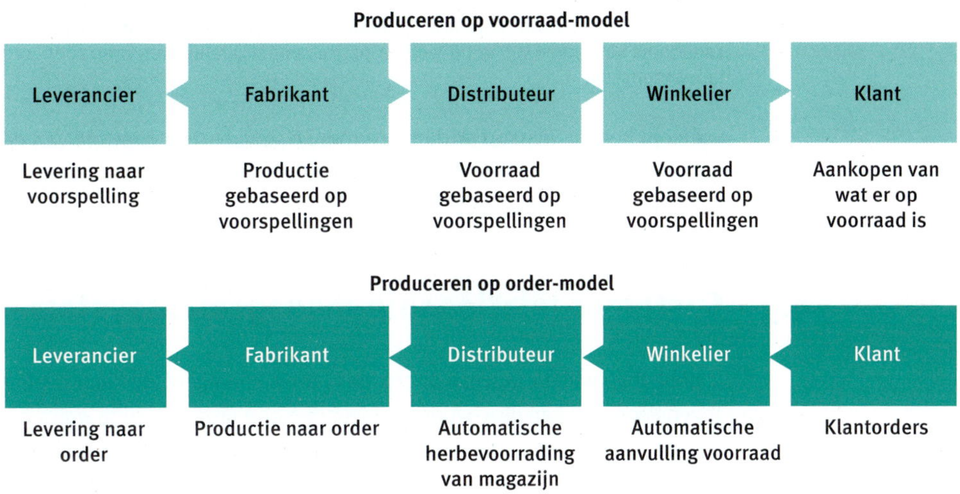

FIGUUR 9.4 *Push-based versus pull-based produceren*
Het verschil tussen produceren op voorraad en produceren op order is samen te vatten in de leuzen 'verkopen wat we maken' en 'maken wat we verkopen'.

9.2.5 Het belang van supply-chain-managementsystemen voor het bedrijf

Supply-chain-managementsystemen bieden bedrijven de mogelijkheid om zowel hun interne als externe supply-chain-processen te stroomlijnen en geven het management nauwkeuriger informatie over wat er moet worden geproduceerd, opgeslagen en getransporteerd. Door een geïntegreerd supply-chain-managementsysteem in een netwerk van bedrijven te implementeren kunnen bedrijven hun bevoorrading afstemmen op de vraag, de voorraadniveaus reduceren, leveringsservice verbeteren, het product eerder op de markt brengen en middelen effectiever inzetten (zie ook de Interactieve sessie over management). De totale supply-chain-kosten representeren voor veel bedrijven de meerderheid van de bedrijfsuitgaven en komen in sommige branches in de buurt van 75 procent van het totale bedrijfsbudget. Het reduceren van supply-chain-kosten kan dus een grote invloed hebben op de winstgevendheid van het bedrijf.

Naast het verminderen van kosten helpen supply-chain-managementsystemen de omzet vergroten. Als een product niet beschikbaar is wanneer een klant dat wil, proberen klanten

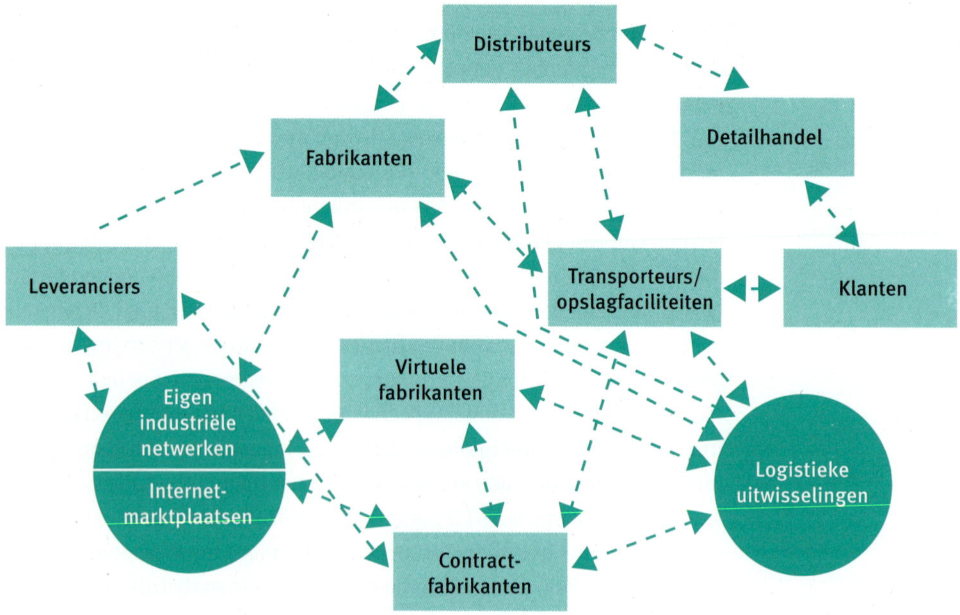

FIGUUR 9.5 *De internetgestuurde supply chain*

De opkomende internetgestuurde supply chain werkt als een digitaal logistiek zenuwstelsel. Deze supply chain biedt meerrichtingscommunicatie tussen bedrijven, netwerken van bedrijven en e-marktplaatsen, zodat hele netwerken van supply-chain-partners onmiddellijk hun voorraden, orders en capaciteiten kunnen aanpassen.

vaak om het van iemand anders te kopen. Nauwkeuriger controle van de supply chain vergroot het vermogen van het bedrijf om het juiste product op het juiste moment voor een klant beschikbaar te hebben en te leveren.

9.3 Customer-relationship-managementsystemen

Je hebt ongetwijfeld weleens de zin 'de klant is koning' of 'de klant heeft altijd gelijk' gehoord. Tegenwoordig lijken deze woorden meer dan ooit bewaarheid te worden. Omdat concurrentievoordeel gebaseerd op een innovatief nieuw product of een innovatieve dienst van zeer korte duur kan zijn, realiseren veel bedrijven zich dat hun enige duurzame concurrentievermogen gelegen is in de relatie met hun klanten. Sommigen zeggen dat de basis van het concurreren verschoven is van degene die de meeste producten en diensten verkoopt naar degene die de klant 'bezit', en dat klantrelaties in die zin het kostbaarste bezit van het bedrijf vertegenwoordigen.

9.3.1 Wat is customer relationship management?

Wat voor informatie heb je nodig voor het opbouwen en onderhouden van sterke, langdurige relaties met klanten? Je wilt weten wie je klanten zijn, hoe je ze moet benaderen, in wat voor producten en diensten ze geïnteresseerd zijn en hoeveel geld ze aan je bedrijf besteden. Als het zou kunnen, zou je ervoor willen zorgen dat je elk van je klanten goed kende, alsof je een dorpswinkel runde. En je wilt dat je goede klanten zich bijzonder voelen.

In een klein bedrijf is het mogelijk dat bedrijfseigenaren en managers hun klanten persoonlijk kennen. In een groot bedrijf dat grootstedelijk, regionaal, nationaal, of zelfs mondiaal werkt, is het natuurlijk onmogelijk om je klant op deze 'directe manier' te kennen. In deze bedrijven zijn er te veel klanten en te veel manieren waarop klanten in interactie zijn met het bedrijf (via internet, e-mail, de telefoon of persoonlijk). Het is bijzonder moeilijk om informatie uit al deze bronnen te integreren en op persoonlijke wijze met grote aantallen klanten om te gaan. De verkoop-, service- en marketingprocessen van een groot bedrijf zijn meestal sterk versnipperd. Afdelingen delen vaak niet veel essentiële klantinformatie en ordenen deze informatie mogelijk ook verschillend. In deze traditionele bedrijfsomgeving is er geen manier om al deze informatie te consolideren en zo een totaalbeeld te bieden van de zaken die een bepaalde klant met het bedrijf doet.

Hier kunnen customer-relationship-managementsystemen uitkomst bieden. Customer-relationship-managementsystemen (CRM-systemen), die we introduceerden in hoofdstuk 2, verzamelen klantgegevens vanuit de hele organisatie, analyseren ze en verspreiden de resultaten vervolgens onder de diverse systemen en klantcontactpunten in de hele onderneming. Zij leveren een compleet beeld van de klant. Een **klantcontactpunt** maakt hiervan gebruik. Een klantcontactpunt is een mogelijkheid om in contact te treden met een klant, zoals de telefoon, e-mail, de klantenservicebalie, de conventionele post, Facebook, Twitter, een website, een draadloos apparaat of een winkel.

Klantcontactpunt
Een mogelijkheid voor een onderneming om in contact te treden met een klant, zoals de telefoon, e-mail, klantenservicebalie, conventionele post, website of winkel.

Goed ontworpen CRM-systemen bieden een bedrijf één beeld van zijn klant, dat kan worden gebruikt voor het verbeteren van zowel verkoop als klantenservice. Dergelijke systemen kunnen op een soortgelijke manier klanten één beeld van het bedrijf bieden, ongeacht welk contactpunt de klant gebruikt (zie figuur 9.6).

Goede CRM-systemen leveren gegevens en analyseprogramma's voor het beantwoorden van vragen als: Wat is de waarde van een bepaalde klant voor het bedrijf gedurende zijn of haar leven als klant van het bedrijf? Wie zijn onze trouwste klanten? Wie zijn onze meest winstgevende klanten? Wat willen deze winstgevende klanten kopen? Bedrijven gebruiken de antwoorden op deze vragen om nieuwe klanten te werven, betere service te bieden en ondersteuning aan bestaande klanten te bieden, hun aanbod nauwkeuriger af te stemmen op de voorkeur van de klant en voortdurend waarde te bieden om winstgevende klanten te behouden.

FIGUUR 9.6 *Customer relationship management (CRM)*

CRM-systemen bekijken klanten vanuit een veelzijdig perspectief. Deze systemen gebruiken een reeks geïntegreerde toepassingen voor het behandelen van alle aspecten van de relatie met de klant, waaronder klantenservice, verkoop en marketing.

Partner relationship management (PRM)
Automatisering van de relaties tussen de onderneming en haar verkopende partners, waarbij klantgegevens en analytische instrumenten worden gebruikt voor de verbetering van de samenwerking en verkopen.

9.3.2 Customer-relationship-managementsoftware (CRM-software)

Commerciële softwarepakketten voor CRM variëren van nicheprogramma's die beperkte functies uitvoeren, zoals het personaliseren van websites voor specifieke klanten tot grootschalige enterprisetoepassingen die talloze contacten met klanten verzamelen, deze analyseren met geavanceerde rapportageprogramma's en verbonden zijn met andere grote enterprisetoepassingen, zoals supply-chain-managementsystemen en enterprisesystemen. De meest uitgebreide CRM-pakketten bevatten modules voor **partner relationship management (PRM)** en **employee relationship management (ERM).** PRM gebruikt voor een groot deel dezelfde

Employee relationship management (ERM)
Software die zich bezighoudt met onderwerpen die nauw verband houden met CRM, zoals het stellen van doelen, prestatiemanagement, prestatiebeloning en training van personeel.

Unilever brengt wereldwijd eenheid met verbeterde ERP

Unilever is na Proctor & Gamble en Nestlé de grootste producent van consumentenproducten ter wereld. Deze Brits-Nederlandse multinational heeft ruim 400 merken, verkoopt zijn producten in meer dan 190 landen, en heeft wereldwijd meer dan 175.000 mensen in dienst. Unilever heeft werkmaatschappijen en fabrieken op elk werelddeel en dochterondernemingen in bijna honderd landen. Twaalf Unilever-merken, waaronder bekende merken als Knorr, Hellman's, Lipton en Dove, genereren inkomsten van meer dan 1 miljard euro per jaar.

Unilever is opgebouwd uit twee afzonderlijke holdingvennootschappen: Unilever plc (naamloze vennootschap), met het hoofdkwartier in Londen, en Unilever nv, met het hoofdkwartier in Rotterdam. De twee divisies opereren zo veel mogelijk als één economische entiteit: de Unilever Group.

Om uit te breiden in ontwikkelende en opkomende markten, moest Unilever zijn kernbedrijfsprocessen samenbundelen. Gestandaardiseerde processen waren van essentieel belang om prijsschommelingen te beheersen en effectief de grondstoffenleveringen te wijzigen. Voor 2007 was het stellen van dergelijke ambitieuze bedrijfsbrede doelen echter niet haalbaar. In die tijd functioneerde bijna elk bedrijf in de ruim 190 landen waar Unilever actief was als onafhankelijke afdeling. Elke transactie voor elke bestelling die bij Unilever binnenkomt, voor alles wat het produceert, elk artikel dat het verscheept en elke factuur die het opstelt, loopt via ERP-systemen. Tien jaar geleden waren er 250 verschillende ERP-systemen bezig om dit werk te doen, en dit was te ingewikkeld om een mondiaal bedrijf te runnen dat zijn transactievolume aan het verdubbelen was. Unilever heeft getracht zijn technologieplatform te consolideren en te vereenvoudigen, opdat het het bedrijf in staat zou stellen om wereldwijd als een bedrijf te opereren. Unilevers transitie stelde het bedrijf in staat om wereldwijd zijn bedrijfsvoering via slechts vier SAP ERP-centra te laten verlopen, met het uiteindelijke doel om deze landschappen rond 2015 als één wereldwijd platform te beheren.

Aangezien het aantal transacties wereldwijd naar verwachting doorgroeit naar 60.000 per minuut, ging Unilever op zoek naar extra hulpmiddelen om de verwerkingssnelheid van transacties te verhogen. Voor een aantal belangrijke SAP ERP-applicaties nam het bedrijf eind 2012 SAP HANA in-memory tools in gebruik. SAP HANA is zeer geschikt voor realtime analyses en voor zeer snelle verwerking van extreem grote aantallen transacties (zie hoofdstuk 6).

Het gebruik van HANA bracht het aantal dagen om de maandafsluiting te realiseren terug van drie tot slechts één. HANA maakte het Unilever ook gemakkelijker om op basis van de kosten van ruwe grondstoffen snel de prijs van een product te berekenen. Inzicht in zijn marges – het winstpercentage na aftrek van alle kosten – hielp Unilever analyseren hoe ze konden worden verbeterd.

Unilevers Enterprise Data Warehouse (EDW) systeem extraheert, transformeert en integreert ERP-transactiedata met externe data ten behoeve van rapportages en data-analyse. Een versnelde analyse van de winstgevendheid analyseert grote hoeveelheden financiële data en levert waardevolle statistieken over kosten- en winstaandrijvers. Medio 2013 had Unilever aan alle vier de regionale ERP-systemen de SAP CO-PA (Controlling Profitability Analysis) HANA Accelerator toegevoegd. Analyse van de winstgevendheid (CO-PA) is een module van SAP ERP-software die gebruikers in staat stelt om aan de hand van verschillende maatwerkkenmerken (zoals klant, land, product) en kerncijfers (zoals aantal eenheden, prijs en kosten) te rapporteren over verkoop- en winstgegevens. De HANA Accelerator werkt samen met het bestaande SAP CO-PA-systeem van een bedrijf. Transacties blijven in het ERP-systeem, maar query's worden verwerkt met HANA. De SAP CO-PA Accelerator maakt het bedrijven mogelijk om in realtime op basis van grote datavolumes te rapporteren over winstgevendheid; op elk moment gegevens over winstgevendheid te analyseren op elk niveau van granulariteit, aggregatie en dimensie; en kostentoewijzingen op aanzienlijk snellere verwerkingssnelheden uit te voeren.

De ramingstijd voor kostenplaatsen werd met 39 procent teruggebracht, door deze data in 6,7 uur in CO-PA in te voeren in plaats van in 11 uur en door de rapportage over winstgevendheid te versnellen. Over de hele linie worden rapportages over controle en winstgevendheid tien keer zo snel geproduceerd. De Material Ledger Accelerator bracht de looptijd voor afsluitende rapporten met 66 procent terug, en het Overall Equipment Effectiveness (OEE) beheerplatform bracht kostenbeparingsmogelijkheden in kaart. Nu worden 4,5 miljard gegevens voor balansposten in het grootboek en ruim 400 miljoen controle- en winstgevendheidsanalyses door de CO-PA Accelerator behandeld. Vervolgens werd SAP Cash Forecasting aan SAP ERP Financials toegevoegd om de inzet van werkkapitaal en kasstromen te optimaliseren. Product Cost Planning werd geïntegreerd om Unilever te helpen de materiaalkosten onafhankelijk van bestellingen te ramen; prijzen vast te leggen voor grondstoffen, bedrijfsvoering, productielijnen en processen; de kosten te analyseren voor vervaardigde materialen en de winstgevendheid van producten te ramen. De tijd die nodig was om de ongeveer 150 miljoen gegevens te analyseren die maandelijks worden geproduceerd, kon worden gehalveerd en ramingen van productiekosten konden in 30 seconden worden gegenereerd, in plaats van zeven minuten zoals eerder. Unilever wilde tijdens productintroducties en promotiecampagnes de beschikbaarheid van die producten op de schappen optimaliseren. Omdat verkoopbevorderende processen bepalend zijn voor een aanzienlijk deel van de verkopen, wilde Global ERP Vice President Marc Béchet de planning, budgettering en uitvoering ervan evenals voorraadallocatie sneller en efficiënter maken. Voorheen wees Unilever voorraden toe in de volgorde waarin de bestellingen binnenkwamen. Er bestond geen mechanisme voor de verdeling van beperkte voorraden tussen klanten die een promotie deden en klanten die dat niet deden. Dankzij handelbevorderende managementtools die zijn versneld door HANA zijn er direct verschillende scenario's beschikbaar om de voorraden te matchen. Verschillende toewijzingsopties kunnen worden vergeleken waarna de meest winstgevende wordt gekozen. Voorraadtekorten kunnen worden opgevangen, terwijl lopende promoties zo optimaal mogelijk worden gewaarborgd. Inmiddels bestaan er plannen om in-memory-technologie toe te voegen aan de rest van de SAP Business Suite.

Door de berekeningstijd voor productkosten aanzienlijk terug te brengen, versnellen de HANA in-memory database-acceleratoren inkoopbeslissingen voor grondstoffen en prijsanalyses. Unilever schat dat de tijd die gemoeid is met het vinden van grondstoffen met 80 procent is afgenomen. Zonder de ERP-verbeteringen die Unilever ontwikkelde en implementeerde, zou het bedrijf grote moeite hebben gehad om de 10.000 huishoud- en persoonlijke verzorgingsproducten in kaart te brengen die de 2000 chemische stoffen bevatten waarvan het gebruik moest worden teruggedrongen om te voldoen aan de REACH (Registration, Evaluation, Authorization and Restriction of Chemicals) -wetgeving van de Europese Unie en aan zijn eigen strengere duurzaamheidsdoelstellingen. Consolidatie van zijn ERP-platforms en de transactie- en verwerkingssnelheid van het HANA-platform zijn de sleutel tot verbeterde prestaties, rapportage en schaalbaarheid die Unilever in staat zullen stellen om zijn ambitieuze groei-, sociale impact- en milieudoelstellingen te verwezenlijken.

Bronnen: 'Unilever: Implementing SAP HANA to Achieve Rapid Global Innovation,' www.accenture.com, geraadpleegd op 1 mei 2017; "'Unilever Puts SAP at the Captain's Table,' *ComputerWeekly.com*, geraadpleegd op 1 mei 2017; 'Unilever: Upgrading European SAP Platform,' www.accenture.com, geraadpleegd op 1 mei 2017; 'Doing Things Differently to Make a Big Difference in the World,' *SAP.com*, geraadpleegd op 19 januari 2015; 'Unilever: SAP HANA,' www.accenture.com, geraadpleegd op 19 januari 2015; 'Our Compass Strategy,' www.unilever.com, geraadpleegd op 20 januari 2015; Ken Murphy, 'Unilever Goes Global with a Transformative SAP HANA Project,' *SAP insiderPROFILES*, 1 juli 2013.

Vragen bij de case

1. Benoem het probleem waarmee Unilever in deze case wordt geconfronteerd. Welke management-, organisatorische en technologische factoren waren voor dit probleem verantwoordelijk?
2. Welk verband houdt ERP met Unilevers bedrijfsstrategie? Hoe heeft de consolidatie van ERP-systemen Unilevers bedrijfsstrategie ondersteund?
3. Hoe effectief was de door het bedrijf gekozen oplossing?
4. Hoe hebben Unilevers nieuwe systemen de bedrijfsvoering en de besluitvorming door de directie verbeterd? Geef twee voorbeelden.

gegevens, programma's en systemen als customer relationship management en is gericht op het verbeteren van de samenwerking tussen een bedrijf en de partners die zijn producten en diensten verkopen. Als een bedrijf niet rechtstreeks aan de klant verkoopt, maar via distributeurs en winkeliers werkt, helpt PRM deze kanalen om rechtstreeks aan klanten te verkopen. Het biedt een bedrijf en zijn partners de mogelijkheid om informatie over klanten en mogelijke klanten uit te wisselen, om samen naar nieuwe klanten op zoek te gaan, om prijsgegevens, promotieactiviteiten, ordergegevens en beschikbaarheid van producten en diensten uit te wisselen. Ook voorziet het een bedrijf van programma's die de prestaties van zijn partners vaststellen, zodat het ervoor kan zorgen dat zijn beste partners de ondersteuning krijgen die ze nodig hebben om meer transacties af te sluiten.

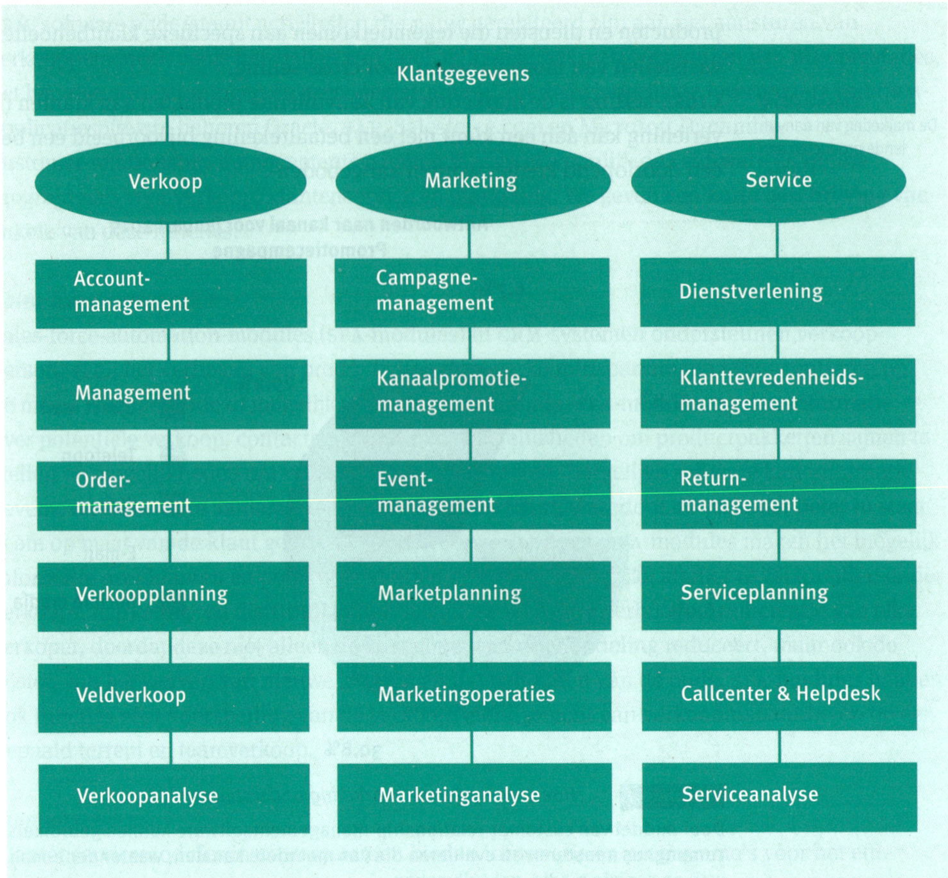

FIGUUR 9.8 *CRM-softwarefuncties*

De belangrijkste CRM-softwareproducten ondersteunen bedrijfsprocessen in verkoop, service en marketing en het integreren van klantinformatie uit verschillende bronnen. In het overzicht zijn zowel de operationele als de analytische aspecten van CRM opgenomen.

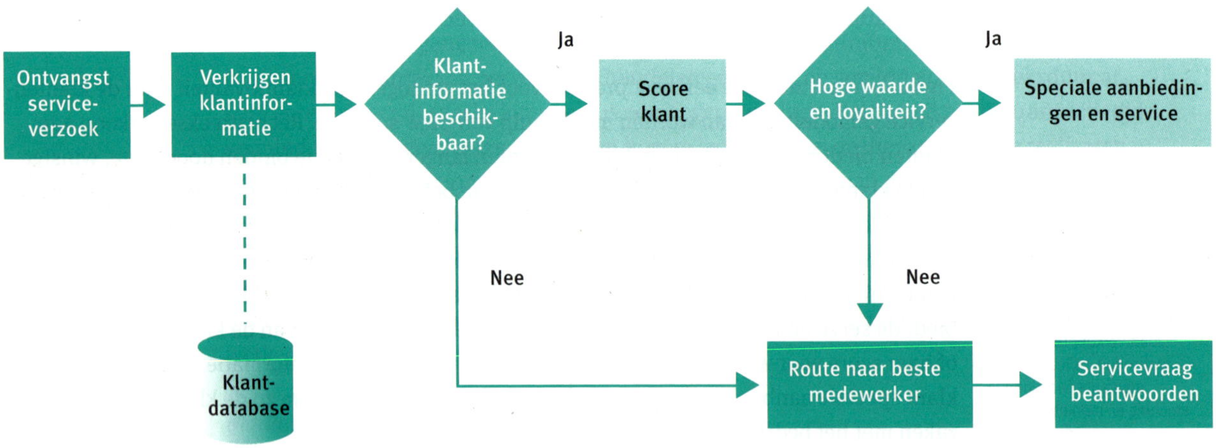

FIGUUR 9.9 *Proceskaart van klantloyaliteitmanagement*

Dit proces laat zien hoe klantenservice een best practice voor het bevorderen van klantloyaliteit kan modelleren met behulp van customer-relationship-managementsoftware. De CRM-software helpt bedrijven bij het vaststellen van waardevolle klanten die een voorkeursbehandeling verdienen.

Analytische CRM-programma's zijn gebaseerd op de gegevens van operationele CRM-systemen, klantcontactpunten en andere bronnen die in datawarehouses gebruikmaken van online analytical processing (OLAP), datamining en andere data-analysetechnieken (zie hoofdstuk 6). De door de organisatie verzamelde klantgegevens kunnen worden gecombineerd met gegevens uit andere bronnen, zoals klantlijsten voor direct-marketingcampagnes die zijn aangekocht bij andere bedrijven, of demografische gegevens. Dergelijke gegevens kunnen worden geanalyseerd om koopgedragspatronen vast te stellen, voor het creëren van segmenten voor doelgerichte marketing en voor het vaststellen van meer of minder winstgevende klanten (zie figuur 9.10). Een andere belangrijke output van analytische CRM is de customer lifetime value voor het bedrijf. **Customer lifetime value (CLTV)** is gebaseerd op de relatie tussen de opbrengst van een specifieke klant, de kosten die het werven en bedienen van deze klant met zich meebrengt en de verwachte duur van de relatie tussen de klant en het bedrijf.

Customer lifetime value (CLTV)
Representeert de verschillen tussen opbrengsten en uitgaven minus de kosten van promotiemarketing om een klant te behouden; de waarde van dit bedrag wordt uitgedrukt in dollars tegen de huidige koers.

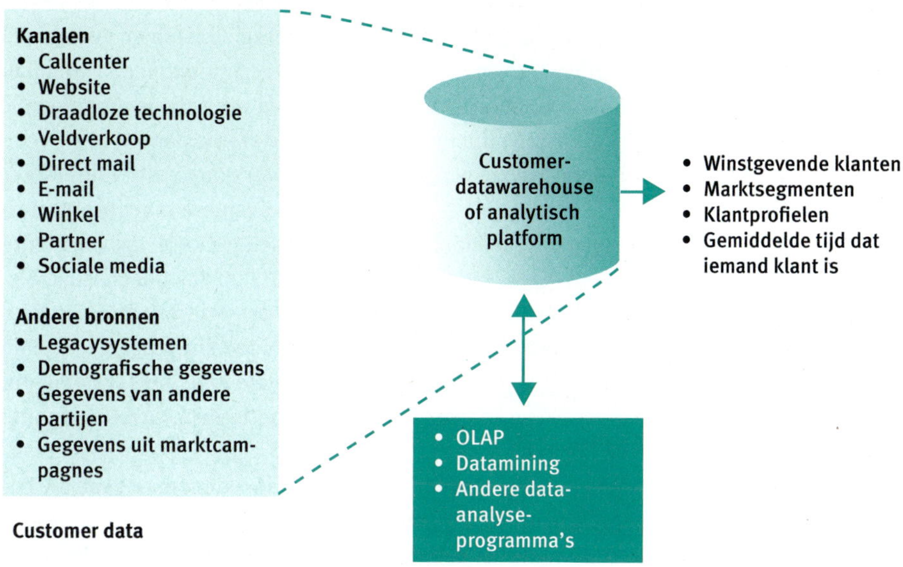

FIGUUR 9.10 *Analytische CRM*

Analytische CRM maakt gebruik van een customer-datawarehouse en van programma's voor het analyseren van klantgegevens die worden verzameld bij de klantcontactpunten van het bedrijf en bij andere bronnen.

9.3.4 Het belang van customer-relationship-managementsystemen voor het bedrijf

Bedrijven met effectieve customer-relationship-managementsystemen kunnen hier veel profijt van hebben, onder andere door verhoogde klanttevredenheid, vermindering van de kosten voor direct marketing en lagere kosten voor acquisitie en behoud van klanten. Informatie uit CRM-systemen kan bijdragen tot een verhoogde verkoopopbrengst, doordat wordt vastgesteld wie de meest winstgevende klanten zijn en wat de meest winstgevende segmenten zijn voor gerichte marketing en cross-selling.

Als verkoop, service en marketing beter inspelen op de behoeften van de klant leidt dit tot een vermindering van het verlies aan klanten per tijdseenheid, oftewel een lagere **churn rate.** De churn rate meet het aantal klanten dat stopt met het gebruik of het kopen van producten of diensten van een bedrijf. Het is een belangrijke indicator van de groei of afname van het klantenbestand van een bedrijf.

Churn rate
Maat voor het aantal klanten dat stopt met het gebruik of het kopen van producten of diensten van een bedrijf. Het is een belangrijke indicator van de groei of afname van het klantenbestand van een bedrijf.

9.4 Enterprise-applicaties: nieuwe kansen en uitdagingen

Veel bedrijven hebben enterprisesystemen, systemen voor supply chain management en customer-relationship-managementsystemen geïmplementeerd, omdat het zulke krachtige

DP World tilt havenmanagement naar hoger niveau met RFID

DP (Dubai Ports) World heeft alle reden om er trots op te zijn dat het een van de grootste terminalexploitanten ter wereld is. Momenteel heeft DP World 77 terminals op zes werelddelen. In 2014 vervoerde het bedrijf 60 miljoen containers (ongeveer 9 procent van het mondiale containervervoer) en genereerde een omzet van 3,4 miljard dollar, een stijging van 11 procent ten opzichte van 2013. Het 36.000 mensen tellende internationale professionele DP World-team verleent diensten in enkele van de meest dynamische economieën ter wereld. DP World vergroot de supply chains van zijn klanten, door op klantgerichte wijze met kwalitatieve innovatieve diensten effectief container-, bulk- en andere terminalvrachten te verbeteren. Het bedrijf investeert zwaar in terminalinfrastructuren, -technologieën en mensen om zijn klanten optimaal te bedienen.

Net als andere mondiale haven- en terminalexploitanten helpt DP World verladers overal ter wereld om de vaak complexe en kostbare uitdagingen van supply chain management het hoofd te bieden. Een van de meest voorkomende problemen bij het exploiteren van containerterminals zijn verkeersopstoppingen bij de toegangspoorten van de haven. Deze opstoppingen worden vaak veroorzaakt door vertragingen als gevolg van langdurige procedures en op papier gebaseerde logistiek. In reactie hierop heeft DP World tal van IT-oplossingen geïntroduceerd om de terminalcapaciteit beter te benutten. Enkele van deze oplossingen zijn het elektronisch vrijgeven van vrachten door de douane, electronic data interchange (EDI) rapportages, digitale tweewegs-radiocommunicatie, en het geavanceerde ‘e-token’-reserveringssysteem.

De directie van DP World wilde een stap verder gaan en besloot om het in- en uitladen van containers op basis van just-in-timeprincipes te laten verlopen om de containerdoorloop te verbeteren. Men ontdekte dat radio-frequency-identification (RFID)-technologie een effectieve manier was om de efficiency van opleggers door de toegangspoorten van de havens te verhogen. Inmiddels maakt DP World in zijn haventerminals in Dubai en Australië gebruik van op RFID gebaseerde automatische poortsystemen. Volgens Mohammed Al Muallem, Managing Director van DP World VAE, zou het introduceren van geautomatiseerde poortsystemen niet alleen een einde maken aan verkeersopstoppingen, maar ook aan een aantal langdurige procedures, en zo de productiviteit en de klanttevredenheid bevorderen. Dit zal op zijn beurt de doorloop van vrachtgoederen verhogen.

Voordat het overging tot de inzet van RFID, voerde DP World een aantal maanden proof-of-concepttesten uit met diverse concurrerende RFID-leveranciers. Vanwege de veeleisende omgevingsomstandigheden in de havens was de vereiste dat 99,5 procent van alle RFID-tags met succes zou worden gelezen, wat voor veel leveranciers een enorme opgave was. Na uitgebreid testen en evalueren koos DP World voor Identec Solutions, een mondiale marktleider op het gebied van actieve draadloze volgoplossingen, als RFID-leverancier.

Hoe werkt het RFID-volgsysteem? Opleggers die een haventerminal bezoeken zijn uitgerust met een actieve RFID-tag van Identec Solutions op de achterkant van het chassis. Als een oplegger naar de poort rijdt, wordt zijn unieke tagnummer gelezen door een RFID-lezer die is geïntegreerd in het geautomatiseerde poortsysteem. Aan de poort bepaalt een optical character recognition (OCR)-systeem of de oplegger is beladen met een container, leest het identificatienummer van die container en leest de kentekenplaat van de oplegger als extra identificatie. Op basis van deze aangeleverde informatie verstrekt het systeem de chauffeur automatisch een ticket met daarop het wegnummer dat hij moet volgen om de container te laden of te lossen.

Het systeem kan ook automatisch bepalen of de oplegger op tijd is, wat essentieel is voor het efficiënt laden of lossen van containers. Als de oplegger de poort uit rijdt, wordt de RFID-tag opnieuw gelezen en ontvangt de chauffeur een bewijs voor de afgeronde transactie.

Dankzij RFID heeft DP World de productiviteit van containeroverdrachten verhoogd, het in- en uitrijden van opleggers door de terminalpoorten versneld en de brandstofefficiëntie verhoogd. Victoria Rose, Regional Office Project Coordinator bij DP World Sydney, stelde dat RFID de efficiëntie aan de poort zou verbeteren door een beter beheer van opleggers, door vermindering van wachtrijen en verkeersopstoppingen bij de poorten, en door het aantal opleggers van openbare wegen te halen als gevolg van gestroomlijnde procedures.

Met de op RFID gebaseerde oplossing van Identec heeft DP World bovendien de klanttevredenheid kunnen verbeteren door de efficiëntie van hun supply chains te verhogen door middel van soepelere, snellere en effectievere aflevering van hun containers aan de terminalpoorten. Het schrappen van tijdverslindende papieren transacties en handmatige inspecties bij de poorten en het terugdringen van handmatige invoerfouten onderstrepen de klantgerichte manier en het superieure niveau waarop DP World zijn diensten aanbiedt. Bovendien kunnen transportbedrijven dankzij de technologie tijd uitsparen, omzet verhogen en kosten terugdringen. Door het gebruik van RFID heeft DP World verder de beveiliging kunnen aanscherpen door de bewegingen van inkomende en uitgaande opleggers door de terminals zorgvuldiger vast te leggen. Het systeem kan bijvoorbeeld automatisch controleren of een oplegger een reservering heeft en of hij gemachtigd is de haven binnen te rijden.

Als volgende stap denkt DP World na over het uitbreiden van zijn gebruik van op RFID gebaseerde scan- en opvolgtechnologie om de supply chainstroom te optimaliseren. In de toekomst, hoopt Rose, zal DP World de aandacht richten op het gebruik ervan in het containerdepot, en op hoe de verkregen data beter kunnen worden gebruikt.

In 2014 presteerde DP World goed en nam het Economic Zones World over voor 2,6 miljard dollar. Het hoofddoel was om de Jebel Ali Free Zone in handen te krijgen, een stuk land van 57 m² in de buurt van zijn containerhaven in Dubai. De RFID-technologie van DP World zal van essentieel belang zijn om deze nieuwe overname optimaal te gebruiken.

De lagere wereldhandelsgroei in 2015 dwong DP World en anderen in de supply chain (waaronder havens) om met behulp van IT verdere efficiëntieverbeteringen te bewerkstelligen. In 2016 was DP World begonnen met het vervangen van magazijn- en containerdepotpersoneel met robots, en overweegt om te investeren in zelfrijdende voertuigen, simulatie en virtual-reality-tools, het Internet of Things en big data, en in geavanceerde cyberbeveiligingstools. Toen de wereldeconomie in 2016 weer aantrok, rapporteerde DP World voor 2016 3,2 procent volumegroei, met een uitschieter naar 6 procent groei in het vierde kwartaal van dat jaar.

Bronnen: DP World, 'Annual Report 2015,' 25 april 2016; 'DP World: Enhancing Commerce Through the Supply Chain,' industry-me.com/features, geraadpleegd op 2 januari 2016; The Economist Intelligence Unit, 'A Turning Point: The Potential Role of ICT Innovations in Ports and Logistics,' DP World Report, november 2015; Simeon Kerr, 'DP World to Buy Jebel Ali for $2.6bn from Dubai World,' *Financial Times*, 13 november 2014; Dave Friedlos, 'RFID Boosts DP World's Productivity in Australia,' RFID Journal, 27 juli 2009, www.rfidjournal.com/article/view/5086, geraadpleegd op 20 oktober 2010; Rhea Wessel, 'DP World Ramps Up Its Dubai Deployment,' *RFID Journal*, 13 augustus 2009, www.rfidjournal.com/article/view/5130, geraadpleegd op 20 oktober 2010.

Vragen bij de case

1. Hoe heeft Identec Solutions met zijn RFID-technologie DP World geholpen de efficiëntie en effectiviteit van de supply chains van diens klanten te vergroten?
2. Beschrijf twee verbeteringen die voortkwamen uit de implementatie van Identecs RFID-oplossing.
3. Wat is het verband tussen het concept supply-chain-uitlevering en deze Interactieve sessie?
4. Voor welke beheersmatige, organisatorische en technologische uitdagingen zou DP World zich in de beginstadia van het RFID-project gesteld hebben gezien?

instrumenten zijn voor het bereiken van operationele excellentie en het verbeteren van de besluitvorming. Maar juist omdat bij optimaal gebruik ervan vaak de manier waarop de organisatie werkt moet veranderen, zijn ze moeilijk te implementeren. Laten we eens kort enkele van deze moeilijkheden onderzoeken, evenals nieuwe manieren om deze systemen van waarde te laten zijn voor de onderneming.

9.4.1 Problemen bij enterprisetoepassingen

Beloften van drastische verminderingen in voorraadkosten, de tijdsduur van order tot levering, een efficiëntere klantrespons en hogere product- en klantwinstgevendheid maken enterprisesystemen, systemen voor supply chain management en customer relationship management (SCM en CRM) erg aantrekkelijk. Om voordeel van de inzet van deze systemen te hebben, moet er binnen de organisatie echter een goed inzicht zijn in hoe het bedrijf deze systemen effectief kan gebruiken.

Enterprisetoepassingen zijn complexe softwarepakketten die zeer duur zijn in de aanschaf en zorgvuldig geïmplementeerd moeten worden. Het kost een groot bedrijf vaak meerdere jaren om een grootschalige implementatie van een enterprisesysteem, een systeem voor supply chain management of customer relationship management uit te voeren. De totale implementatiekosten van een groot systeem gebaseerd op SAP- of Oracle-software, waaronder de kosten voor de software, de databaseprogramma's, de vergoeding voor advies, de personeelskosten, de training en mogelijke hardwarekosten, kunnen oplopen tot een paar miljoen euro. Volgens een enquête uit 2015 onder 562 bedrijven, uitgevoerd door Panorama Consulting Solutions, bedroegen de gemiddelde kosten van een ERP-project 6,1 miljoen dollar. Projecten namen gemiddeld 15,7 maanden in beslag, en 53 procent van de projecten leverde 50 procent of minder van de verwachte baten op. Ongeveer 58 procent van deze projecten overschreed het geraamde budget, en 65 procent liep uit (Panorama Consulting Solutions, 2015). Veranderingen ten aanzien van uitbreidingen van het project en extra aanpassingen resulteren in een vertraging van de implementatie en hogere kosten.

Enterprisetoepassingen vragen niet alleen om diepgaande veranderingen qua technologie, maar vaak ook om fundamentele veranderingen in de manier waarop het bedrijf opereert. Bedrijven moeten vaak radicale veranderingen in de bedrijfsprocessen doorvoeren om met de software te kunnen werken. Medewerkers moeten nieuwe taken en verantwoordelijkheden accepteren. Ze moeten leren hoe ze een nieuwe reeks werkactiviteiten moeten uitvoeren en begrijpen hoe de informatie die ze in het systeem invoeren het werk in andere delen van het bedrijf kan beïnvloeden. Dit vereist een leerproces binnen de organisatie en moet meegenomen worden bij de implementatiekosten van ERP.

SCM-systemen eisen dat meerdere organisaties van dezelfde informatie en bedrijfsprocessen gebruikmaken. Elke deelnemer in het systeem moet mogelijk iets veranderen aan zijn processen en aan de manier waarop hij of zij de informatie gebruikt om een systeem te creëren dat de supply chain als geheel het beste dient.

Sommige bedrijven kregen bij de eerste implementatie van hun enterprisetoepassingen operationele problemen en leden enorme verliezen, omdat ze niet begrepen hoezeer de toepassing ingreep op de wijze waarop zij werkten en dat ze hun werkwijze dus moesten veranderen. Toen Kmart in juli 2000 SCM van i2 Technologies (nu JDA Software geheten) implementeerde, had zij problemen om haar producten in de schappen te krijgen. De i2-software werkte niet goed samen met het op aanbiedingen gestuurde bedrijfsmodel, dat scherpe pieken en dalen in de vraag naar producten veroorzaakte, en het was niet ontworpen om het werken met zo'n groot aantal producten als in de Kmart-winkels worden verkocht te ondersteunen.

Het ordervolgsysteem van Overstock.com was een hele week offline toen het bedrijf het eigen systeem verving door een enterprisesysteem van Oracle. Het bedrijf ging gehaast te werk en sloeg de synchronisatiestap van de gegevens over terugbetalingen aan klanten en vorderingen over. De case aan het eind van dit hoofdstuk laat zien hoe de overhaaste implementatie van enterprisetoepassingen bijdroeg aan het faillissement van Target Canada.

Enterprisetoepassingen introduceren ook 'overstapkosten'. Als je een enterprisetoepassing van één leverancier gebruikt, is het zeer kostbaar om van leverancier te veranderen. Je bedrijf wordt dus voor het upgraden van het product en onderhoud van dit product feitelijk afhankelijk van de leverancier.

Enterprisetoepassingen zijn gebaseerd op organisatiebrede definities van gegevens. Je moet exact begrijpen hoe je bedrijf zijn gegevens gebruikt en hoe de gegevens zouden worden geordend in een CRM-, SCM-, of ERP-systeem. CRM-systemen vereisen doorgaans ook enige data cleansing.

Leveranciers van enterprisesoftware proberen deze problemen op te lossen door uitgeklede versies van hun software en 'snelstart'-programma's voor kleine en middelgrote bedrijven aan te bieden, en ook best practices-richtlijnen voor grotere bedrijven.

Bedrijven worden ook flexibeler door cloudapplicaties voor doeleinden te gebruiken waar de standaard enterprisesoftware niet geschikt voor is, zodat ze niet vastzitten aan een alles-in-één-systeem.

Ondernemingen die enterprisetoepassingen in gebruik nemen kunnen ook tijd en geld uitsparen door bedrijfsspecifieke aanpassingen tot een minimum te beperken. Zo besteedde Kennametal, een aanbieder van metaalbewerkingsgereedschappen (marktwaarde 2 miljard dollar), in de loop van 13 jaar 10 miljoen dollar om een ERP-systeem met meer dan 6400 aanpassingen in de lucht te houden. Het bedrijf verving het bestaande complexe systeem door een eenvoudige versie van SAP en paste de bedrijfsprocessen aan de software aan.

9.4.2 Volgende-generatie-enterprisetoepassingen

Tegenwoordig leveren enterprisetoepassingsleveranciers meerwaarde doordat ze flexibeler, web-enabled, mobiel en integreerbaar zijn met andere systemen. Standalone-enterprisesystemen gaan langzamerhand tot het verleden behoren.

De belangrijkste leveranciers van enterprisetoepassingen hebben zogenaamde *enterprise solutions*, *enterprise suites*, of *e-business suites* gecreëerd om hun CRM-, SCM- en ERP-systemen nauw met elkaar samen te laten werken, en die aan systemen van klanten en leveranciers te koppelen. Voorbeelden hiervan zijn SAP Business Suite, Oracles e-Business Suite en Microsoft Dynamics (gericht op middelgrote bedrijven), die nu gebruikmaken van webdiensten en servicegerichte architectuur (SOA, zie hoofdstuk 5).

De volgende-generatie-enterprisetoepassingen van SAP omvatten SOA-standaarden en kunnen de eigen SAP-applicaties koppelen aan webdiensten die door onafhankelijke softwareleveranciers worden ontwikkeld. Oracle heeft ook SOA-capaciteiten en mogelijkheden voor bedrijfsprocesmanagement ingevoegd in de eigen Fusion-producten. Bedrijven kunnen deze tools gebruiken om platforms op te zetten voor nieuwe of verbeterde bedrijfsprocessen die informatie uit verschillende toepassingen integreren.

In de volgende-generatie-enterprisetoepassingen kunnen ook opensource- en cloudoplossingen worden geïntegreerd, met meer functionaliteit voor gebruik op mobiele platforms. Vergeleken met commerciële enterprisetoepassingssoftware bieden opensourceproducten als Compiere, Open for Business (OFBiz) en Openbravo minder functionaliteit. Kleinere bedrijven kiezen echter soms voor opensourcesoftware omdat de kosten lager zijn.

Voor kleine en middelgrote bedrijven biedt SAP cloudversies van de Business One en Business ByDesign-enterpriseoplossingen (zie de openingscase aan het begin van dit hoofdstuk). Cloud-enterprisesystemen worden ook aangeboden door betrekkelijk kleine leveranciers zoals NetSuite en Plex Systems, maar zijn niet zo populair als cloud-CRM-producten. Met meer dan 100.000 klanten is Salesforce.com de onbetwiste wereldwijde marktleider in cloud-CRM-systemen.

Salesforce.com levert zijn dienst via op internet aangesloten computers of mobiele apparaten en wordt op grote schaal gebruikt door kleine, middelgrote en grote ondernemingen. Als cloudproducten volwassen worden, zullen steeds meer bedrijven de keuze maken om, waar nodig, een deel van of al hun enterprisetoepassingen in de cloud te laten draaien. Verschillende *Fortune*-500-bedrijven zijn van plan om de komende vijf jaar het overgrote deel van hun enterprise-toepassingssoftware te migreren naar de cloud, zodat ze de onderhoudskosten van hun hardware kunnen uitsparen en ze voor hun software betalen naar rato van hun verbruik.

Sociaal CRM en business intelligence

Leveranciers van CRM-software verbeteren hun software om te kunnen profiteren van socialenetwerktechnologieën. Deze aanvullingen helpen bedrijven nieuwe ideeën sneller te identificeren, verbeteren de productiviteit van teams en verdiepen de relaties met klanten (zie hoofdstuk 10). Met behulp van **sociale CRM-**tools kunnen bedrijven beter contact houden met klanten door, bijvoorbeeld, diens opvattingen over hun producten en diensten te analyseren. Sociale CRM-tools bieden bedrijven de mogelijkheid gesprekken en relaties met klanten op socialenetwerksites te koppelen aan CRM-processen. De grote CRM-leveranciers bieden deze tools momenteel al aan. De CRM-producten van Salesforce.com en Oracle bevatten technologie om activiteit op sociale media, zoals Facebook, LinkedIn, Twitter en YouTube, te volgen en analyseren.

Sociaal CRM
Instrumenten die een bedrijf in staat stellen conversaties, gegevens en relaties van klanten van socialenetwerksites aan CRM-processen te koppelen.

Leveranciers van business-intelligence- en analysesoftware zoals SAS hebben ook functies voor socialemedia-analyse (met diverse maatstaven voor klantbetrokkenheid voor elk van de sociale netwerken), net als campagnemanagementprogramma's voor het testen en optimaliseren van zowel sociale als traditionele webcampagnes. Om leads in het verkoopproces op te sporen, verbond Salesforce.com zijn systeem met social-listening- en socialemediamarketingprogramma's, waarmee gebruikers hun socialemarketingdollars aan konden passen aan belangrijke klanten en de resulterende commentaren konden observeren. Als een advertentiebureau een gerichte Facebook- of Twitter-advertentie wil plaatsen, maken deze functies het mogelijk om de advertentie specifiek te richten op mensen in de hoofdstroom van het systeem, die al middels het CRM-systeem gevolgd worden. Gebruikers kunnen realtime tweets bekijken en mogelijk nieuwe leads ontdekken. Ook kunnen ze meerdere campagnes beheren en vergelijken om uit te zoeken welke de hoogste doorklikpercentages en kosten per klik hebben.

Business intelligence in enterprisetoepassingen

Leveranciers van enterprisetoepassingen hebben bedrijfsinformatiemodules toegevoegd om managers te helpen om uit de bergen data die deze systemen genereren meer betekenisvolle informatie te verkrijgen. SAP's enterprisetoepassingen zijn compatibel met HANA in-memory-computertechnologie, zodat er veel snellere en complexere data-analyse uitgevoerd kunnen worden. Inbegrepen zijn hulpmiddelen voor flexibele rapportage, ad-hoc-analyse, interactieve dashboards, 'stel-dat'-scenarioanalyse en datavisualisatie. In plaats van van gebruikers te verlangen om een applicatie af te sluiten en aparte rapportage- en analysehulpmiddelen op te starten, bouwen de leveranciers analysehulpmiddelen in de applicatie zelf in. Ook bieden ze complementaire analyseproducten zoals BusinessObjects van SAP en Business Intelligence Enterprise Edition van Oracle.

De grootste leveranciers van enterprisetoepassingen bieden delen van hun producten ook op mobiele apparaten aan. Meer informatie over dit onderwerp vind je in ons leertraject over draadloze applicaties voor Customer Relationship Management en Supply Chain Management.

SAMENVATTING

1. Hoe kunnen enterprisesystemen bijdragen tot het bereiken van operationeel excelleren?

Enterprisesoftware is gebaseerd op een reeks geïntegreerde softwaremodules en een gemeenschappelijke centrale database. De database legt gegevens uit talloze programma's vast en geeft ze door aan talloze andere programma's, die vrijwel alle interne bedrijfsactiviteiten van een organisatie kunnen ondersteunen. Wanneer een van de processen nieuwe informatie invoert, wordt de informatie onmiddellijk beschikbaar gesteld aan andere bedrijfsprocessen.

Enterprisesystemen ondersteunen centrale besluitvorming in een organisatie door uniforme gegevensstandaarden en bedrijfsprocessen en één gezamenlijk technologieplatform aan het hele bedrijf op te leggen. De door de enterprisesystemen gegenereerde bedrijfsbrede gegevens kunnen managers helpen de prestaties van de organisatie te volgen.

2. Hoe kunnen supply-chain-managementsystemen het afstemmen van planning, productie en logistiek met de leveranciers ondersteunen?

Supply-chain-managementsystemen (SCM-systemen) automatiseren de stroom van informatie tussen leden van de supply chain, zodat ze deze kunnen benutten om betere beslissingen te nemen wanneer en hoe aan te kopen, te produceren of te verzenden. Nauwkeuriger informatie vanuit supply-chain-managementsystemen vermindert de onzekerheid en de invloed van het bullwhip-effect. Supply-chain-managementsoftware omvat software voor supply-chain-planning en het ondersteunen van de operationele taken in de supply chain. Internettechnologie vergemakkelijkt het besturen van wereldwijde supply chains door organisaties de faciliteiten te bieden om supply-chain-informatie uit verschillende landen te delen. Verbeterde communicatie tussen de leden van een supply chain vergemakkelijkt ook het doelmatig inspelen op vragen van klanten en de overstap naar een vraaggestuurde manier van werken.

3. Hoe kunnen customer-relationship-managementsystemen bedrijven helpen klantintimiteit te bereiken?

Customer-relationship-managementsystemen (CRM-systemen) integreren en automatiseren veel klantgerichte processen in de verkoop, marketing en klantenservice en bieden een enterprisebreed beeld van klanten. Bedrijven kunnen deze kennis over de klanten benutten door bij hun contacten met klanten deze betere service aan te bieden of nieuwe producten en diensten te verkopen. Deze systemen kunnen ook vaststellen welke klanten winstgevend of juist niet-winstgevend zijn of mogelijkheden aangeven om de tijd dat een klant klant is te verlengen. De belangrijkste customer-relationship-managementsoftwarepakketten bieden functies voor zowel operationeel als analytisch CRM. Vaak bevatten ze ook modules voor het managen van relaties met verkopende partners (partner relationship management) en voor employee relationship management.

4. Welke uitdagingen brengen enterprisetoepassingen met zich mee en hoe kunnen enterprisetoepassingen profiteren van nieuwe technologieën?

Enterprisetoepassingen zijn lastig te implementeren. Ze vragen vaak een verandering van de organisatie en haar manier van werken, en grote investeringen in programmatuur. Van tevoren moet zorgvuldig worden bepaald hoe deze systemen de werkwijze van de organisatie zullen verbeteren. Enterprisetoepassingen kunnen geen waarde bieden als ze geïmplementeerd boven op systemen met fouten of als bedrijven niet weten hoe ze prestatieverbeteringen moeten meten. Personeel moet worden getraind ter voorbereiding op nieuwe procedures en rollen. Aandacht voor informatiemanagement is van essentieel belang. De volgende-generatie-enterprisetoepassingen zijn flexibeler, hebben webfuncties en kunnen worden geïntegreerd met andere systemen, dankzij online diensten en SOA (service-oriented architecture). Ook zijn er opensource- en on demand-versies verkrijgbaar, die vaak in de cloud en op mobiele platforms draaien. CRM-software heeft aanvullende socialenetwerkfuncties voor meer interne samenwerking, betere interactie met klanten en toepassing van gebruik van socialenetwerksites.

HERHALINGSVRAGEN

1. Hoe kunnen enterprisesystemen bijdragen tot het bereiken van operationeel excelleren?

- Definieer een enterprisesysteem en verklaar hoe enterprisesoftware werkt.
- Beschrijf hoe enterprisesystemen waarde kunnen bieden voor een bedrijf.

2. Hoe kunnen supply-chain-managementsystemen het afstemmen van planning, productie en logistiek met de leveranciers ondersteunen?

- Geef een definitie van een supply chain en noem elk van de componenten.
- Leg uit hoe supply-chain-managementsystemen helpen het bullwhip-effect te verminderen en welke voordelen invoering heeft voor een bedrijf.
- Definieer en vergelijk supply-chain-planningssystemen en supply-chain-uitvoeringssystemen.
- Beschrijf de problemen van mondiale supply chains en hoe internettechnologie bedrijven kan ondersteunen.
- Geef het onderscheid aan tussen een aanbodgestuurd en een vraaggestuurd model van supply chain management en leg uit hoe de huidige supply-chain-managementsystemen een vraaggestuurd model mogelijk maken.

3. Hoe kunnen customer-relationship-managementsystemen bedrijven helpen klantintimiteit te bereiken?

- Geef een definitie van customer relationship management en verklaar waarom goede relaties met klanten zo belangrijk zijn.
- Beschrijf wat het verband is tussen applicaties voor partner relationship management (PRM), employee relationship management (ERM) en customer relationship management (CRM).
- Beschrijf de programma's en functies voor customer-relationship-managementsoftware voor verkoop, marketing en klantenservice.
- Leg uit hoe verkoopautomatiseringsmodules de productiviteit helpen verhogen.
- Geef het onderscheid aan tussen operationeel en analytisch CRM.
- Geef een definitie van churn rate en leg het belang ervan uit.

4. Welke uitdagingen brengen enterprisetoepassingen met zich mee en hoe kunnen enterprisetoepassingen profiteren van nieuwe technologieën?

- Noem en beschrijf de uitdagingen die enterprisetoepassingen met zich meebrengen.
- Leg uit hoe met deze uitdagingen kan worden omgegaan.

- Beschrijf hoe enterprisetoepassingen profiteren van SOA, cloud computing en opensource software.
- Geef de definitie van sociaal CRM en leg uit hoe CRM-systemen gebruikmaken van sociale netwerken.

DISCUSSIEVRAGEN

1. Supply chain management heeft meer te maken met het beheren van informatie dan met de fysieke verplaatsing van goederen. Geef de implicaties aan van deze uitspraak.
2. Waarom overschrijdt ruim de helft van enterprisetoepassingsprojecten het budget, vallen de verwachte voordelen ervan tegen of lopen ze uit?
3. Welke enterprisetoepassing moet een bedrijf eerst installeren: ERP, SCM of CRM? Leg uit.

PRAKTIJKPROJECTEN

Met de projecten in dit onderdeel kun je praktische ervaring opdoen met het analyseren van bedrijfsprocesintegratie, voorstellen doen voor SCM- en CRM-applicaties, met behulp van databasesoftware serviceaanvragen van klanten beheren, en om zakelijke diensten op het gebied van SCM evalueren. Ga naar MyLab voor toegang tot de praktijkprojecten van dit hoofdstuk.

Problemen met directiebesluiten

1. Mercedes-Benz Retail Group UK Ltd., dat een netwerk heeft van achttien showrooms, negen verkooppunten van tweedehands auto's en zeven 'smart centers' in Londen, Birmingham en Manchester, wilde meer te weten komen over zijn klanten. Hoe zouden CRM- en PRM-systemen het bedrijf hierbij kunnen helpen?
2. Office Depot verkoopt in de VS en internationaal een breed assortiment kantoorbenodigdheden. Het bedrijf probeert een breder assortiment te verkopen tegen lagere prijzen dan concurrenten door gebruik te maken van just-in-time-bevoorrading en strakke voorraadbeheersystemen. Aan de hand van een systeem dat de vraag voorspelt en verkoopdata registreert, houdt het de voorraden in de 1600 winkels op peil. Leg uit hoe deze systemen Office Depot helpen om de kosten zo laag mogelijk te houden en bespreek welke andere voordelen ze bieden. Benoem en beschrijf andere SCM-applicaties die Office Depot specifiek zouden kunnen helpen.

Besluitvorming verbeteren: met databasesoftware serviceaanvragen van klanten beheren

Softwarevaardigheden: Databaseontwerp; query's doen en overzichten maken

Zakelijke vaardigheden: Analyse klantenservice

3. In deze oefening ontwikkel je met behulp van databasesoftware een applicatie die serviceaanvragen van klanten bijhoudt en klantendata analyseert om aan te geven welke klanten een voorkeursbehandeling verdienen.

   Prime Service is een groot servicebedrijf dat onderhouds- en reparatiediensten uitvoert voor bijna 1200 commerciële bedrijven in New York, New Jersey en Connecticut. Het klantenbestand omvat grote en kleine bedrijven. Klanten die servicebehoeften hebben bellen de klantenserviceafdeling met verzoeken om verwarmingsleidingen, gebroken ramen, lekkende daken, gebarsten waterleidingen en andere zaken te repareren. Het bedrijf wijst aan elk verzoek een nummer toe en noteert het serviceverzoeknummer, het klantnummer, de datum van de aanvraag, het type reparatie en een korte beschrijving van het probleem. De serviceverzoeken worden in volgorde van melding opgepakt. Als het onderhoud of de reparatie is uitgevoerd, berekent Prime de kosten hiervoor, vult het bedrag op het serviceaanvraagformulier in en stuurt de klant een factuur. Deze aanpak behandelt de belangrijkste en meest lucratieve klanten – die goed zijn voor omzetten van meer dan 70.000 dollar – niet anders dan kleinere klanten. De directie zou graag zien dat de beste klanten meer service wordt geboden. Ook zou ze willen weten welke soorten aanvragen het vaakst binnenkomen, zodat ze zeker weet dat het bedrijf over voldoende middelen beschikt om ze uit te voeren.

   Prime Service heeft een kleine database met klantaccountinformatie, die te vinden is in MyLab. Ontwerp met behulp van databasesoftware een oplossing die de klantenservicemedewerkers van

Prime in staat stelt om de belangrijkste klanten te herkennen, zodat zij een voorkeursbehandeling kunnen krijgen. Voor je oplossing heb je meer dan een tabel nodig. Zet ten minste tien serviceaanvragen in je database. Maak enkele overzichten die voor de directie van belang kunnen zijn, zoals een lijst van de belangrijkste – en minst belangrijke – klanten en een overzicht van de meest voorkomende serviceaanvragen. Maak een overzicht van serviceaanvragen waar klanten servicemedewerkers op een bepaalde datum het eerst op moeten reageren.

Operationeel excelleren: SCM-diensten evalueren

Softwarevaardigheden: webbrowser en presentatiesoftware

Zakelijke vaardigheden: SCM-diensten evalueren

4. Naast het goederenvervoer van A naar B leveren sommige vervoersbedrijven ook SCM-diensten en helpen ze hun klanten met hun informatiebeheer. In dit project doe je online onderzoek naar twee van deze zakelijke dienstverleners. Onderzoek op de websites van twee bedrijven, UPS Logistics en Schneider Logistics, hoe hun dienstverlening kan worden gebruikt voor supply chain management. Geef dan antwoord op de volgende vragen:
   - Welke supply-chain-processen kan elk van deze bedrijven voor zijn klanten ondersteunen?
   - Hoe kan elk bedrijf zijn klanten gebruikmaken via de website helpen met supply chain management?
   - Vergelijk de SCM-diensten die deze bedrijven leveren met elkaar. Welk bedrijf zou jij kiezen om je onderneming te helpen bij SCM-beheer? Waarom?

SAMENWERKINGS- EN TEAMWORKPROJECT

Leveranciers van enterprisetoepassingen evalueren

1. Doe met je team van drie of vier studenten online onderzoek naar de producten van twee leveranciers van enterprisetoepassingen en evalueer ze. Je kunt bijvoorbeeld de enterprisesystemen van SAP en Oracle vergelijken, de SCM-systemen van JDA Software en SAP, of de CRM-systemen van Oracle en Salesforce.com. Vergelijk op basis van wat jullie online hebben opgezocht de gekozen softwareproducten met betrekking tot ondersteunde bedrijfsfuncties, technologieplatforms, kosten en gebruiksgemak. Welke leverancier zouden jullie kiezen? Waarom? Zouden jullie voor een klein bedrijf (50-300 medewerkers) dezelfde leverancier kiezen als voor een groter bedrijf? Maak waar mogelijk gebruik van Google Docs en Google Drive of Google Sites om te brainstormen, te organiseren en een presentatie van jullie bevindingen te maken.

CASE

Customer relationship management helpt Celcom om nummer 1 te worden

Celcom Axiata Berhad (Celcom) is het oudste mobiele telecommunicatiebedrijf in Maleisië, en ook de grootste, met een ongeëvenaarde reputatie voor kwaliteit en betrouwbaarheid. Toch is het zeer moeilijk geweest om de concurrentie de baas te blijven. In 2006 moest Celcom twee andere Maleise mobieletelefonieaanbieders voor zich dulden. Sindsdien heeft de directie koortsachtige pogingen ondernomen om het bedrijf te reorganiseren en is Celcom opnieuw marktleider geworden. Deze omslag vereiste nieuwe technologische en bedrijfsprocessen om de klantervaring te managen. De directie van Celcom wist dat het bedrijf betere netwerken moest bouwen en hun producten en diensten agressiever moest ondersteunen, wilden ze weer nummer één worden op de Maleise markt. Maar de ware sleutel tot succes zat in het verbeteren van de klantervaring. Volgens Suresh Sidhu, de chief corporate & operations officer bij Celcom, zal er altijd wel een concurrent zijn die je op prijs kan verslaan of zelfs sneller kan innoveren dan jij. Maar het is veel moeilijker voor een concurrent om tussen een sterke, positieve relatie met klanten te komen. Celcom gelooft dat dit de beste onderscheidende marktfactor is.

De telecommarkt van Maleisië is redelijk verzadigd, en er zijn weinig kansen om nieuwe klanten te werven. Klanten behouden is van essentieel belang, net als klanten weglokken bij de concurrentie. Met 14 miljoen telecomklanten is Maleisië een grote en diverse markt, die diverse klantbenaderingen vereist. Oudere klanten kiezen voor een persoonlijke service van Celcom-wederverkopers of in winkels, terwijl wereldwijze jonge stedelijke gebruikers liever online zakendoen. Allemaal willen ze betrouwbare service. Celcom was opgezadeld met een silo-IT-architectuur en bedrijfsprocessen die geen compleet beeld van klanten konden geven. Zo waren klantdata uit het ene systeem, bijvoorbeeld facturering, niet gemakkelijk beschikbaar voor andere systemen, zoals voorraadbeheer. Dit is een bekend probleem bij mobiele-telecomaanbieders, doordat zij van oudsher klanten telden op basis van hun sim-identiteit. Veel klanten hebben echter meerdere apparaten, en aparte sim's voor werk en privégebruik. Celcom had systemen nodig die klanten konden identificeren in plaats van hun sim's. Anders zouden klantenservicemedewerkers van Celcom de kostbare tijd van het bedrijf en zijn klanten verdoen door de over verschillende categorieën in het systeem verspreide sim's van een klant te achterhalen en met elkaar te combineren. Het bedrijf wilde de klant kunnen zien als specifieke persoon, niet als sim of als nummer.

Celcoms oplossing bracht veranderingen met zich mee voor de technologie, de processen en de medewerkers van het bedrijf. De kern bestaat uit een op Oracle gebaseerd business support system (BSS) dat klantgegevens bijeenbracht, voorraadbeheer centraliseerde en bedrijfsprocessen versnelde. Dit systeem brengt klantinformatie in één oogopslag samen, zodat de klantenservice door alle kanalen heen, online, in het callcenter en in de retail, kon worden verbeterd. De implementatie van Oracle omvatte nieuwe klantportals, winkels, een Oracle Siebel callcentersysteem en Oracle Communications Order and Service Management-applicaties.

Het BSS-projectteam vroeg 700 Celcom-medewerkers uit klantenservice, retail, marketing en andere afdelingen om de top tien samen te stellen van de ervaringen waar gebruikers en verkopers naar op zoek waren, zoals snelle activering, minder administratieve rompslomp en altijd voldoende exemplaren van de populairste telefoons op voorraad hebben. Vervolgens ontwikkelde het BSS-transformatieteam op basis van die top-tienlijstjes technische vereisten en eisen aan bedrijfsprocessen en vergeleek het aanbiedingen van verschillende leveranciers. Celcom koos voor Oracle als primaire technologieaanbieder voor het nieuwe klantervaringsbeheersysteem. Het bedrijf wilde de meest complete CRM-suite die marketinginspanningen in en tussen meerdere kanalen zou ondersteunen. Oracle leek het best te passen en had zonder verdere aanpassingen de meeste ingebouwde functionaliteit.

Celcoms transformatieplan hield in dat een aantal bestaande systemen zouden worden behouden, en het Celcom-team was zowel te spreken over de modulariteit en de interoperabiliteit van Oracle Communications als over de cross-channelmogelijkheden ervan. Oracle Communications is een cross-channelproductsuite met een breed scala aan diensten, waaronder breedbanddatadiensten, draadloze datadiensten en mobiele spraakdiensten. Het helpt telecomdienstverleners als Celcom klantinteracties over meerdere kanalen te beheren en te integreren, om klantondersteuning te verbeteren, sneller problemen op te lossen, marketing toe te spitsen op kleine marktsegmenten en de time-to-market voor nieuwe producten en diensten te verkorten. Celcom begreep het belang van klantervaringen over meerdere kanalen heen en wilde hiermee het bedrijf onderscheiden ten opzichte van zijn concurrenten. Celcoms systeemoplossing maakt het mogelijk om klantinteracties naadloos tussen de winkel, de webwinkel, het callcenter en partnerverkoopkanalen te laten verlopen. Het BSS levert één set klantgegevens op, ongeacht hoeveel diensten (mobiel, vaste lijn en datadiensten) en apparaten een klant afneemt en het bevat data vanuit verschillende contactpunten. Door data samen te voegen tot één set klantgegevens kan Celcom in realtime aanbiedingen doen die aansluiten bij de gebruiksgeschiedenis van elke afzonderlijke klant. Celcoms holistische beeld van een klant omvat ook gezinsverbanden, die in Azië een extra belangrijk aspect van marketing vormen. Het bedrijf is in staat om voor elke klant te zien welke diensten hij afneemt, wat cross-marketing en upselling efficiënter maakt.

Celcom rondde de implementatie van BSS in slechts achttien maanden af, waarbij het zeventien afzonderlijke systemen verving door één Oracle-systeem met zeven modules. De leiding van Celcom deed pogingen om medewerkers te betrekken bij het nieuwe systeem om ervoor te zorgen dat het aansloot bij de bedrijfsvoering. Het bedrijf trok projectmanagers aan uit zowel commerciële als IT-afdelingen. Vertegenwoordigers van verkoop en marketing zaten de technologieselectiecomités voor om ervoor te zorgen dat mensen van buiten IT zich sterk zouden maken voor het project. Het topmanagement, waaronder hoofden van de verkoop- en marketingafdelingen en de CEO, maken deel uit van een stuurcomité voor klantervaringsbeheer dat om de week bijeenkomt. Dankzij Celcoms geïntegreerde systemen kunnen callcentermedewerkers veel sneller op klantvragen reageren.

In het verleden moesten klantenservicemedewerkers twee tot vijf schermen raadplegen om hun werk te doen. Nu werken ze met één scherm, wat de efficiëntie verhoogt. Het gebruik van minder schermen brengt de gemiddelde afhandelingstijd in het callcenter terug met 15 tot 20 procent. BSS omvat onder meer ook een app voor de tablet waarmee Celcom-wederverkopers papierloos een telefooncontract voor een klant kunnen opstellen. De activeringstijd voor een nieuwe telefoon is teruggebracht van twee uur naar twee minuten. Minder activeringen moeten nu handmatig worden opgevolgd. Celcom-wederverkopers en klanten zijn tevredener.

De voorraad mobiele telefoons in Celcom-vestigingen en bij wederverkopers is nu gecentraliseerd en wordt beheerd met BSS. Wederverkopers kunnen zien wat Celcom in voorraad heeft, en voorraadbeheerders van Celcom hebben zicht op wat er bij wederverkopers op de schappen ligt. Gedetailleerder voorraadbeheer helpt Celcom meer producten te verkopen, doordat het bedrijf snelverkopende producten naar wederverkopers kan vervoeren voordat er tekorten ontstaan, of doordat marketeers promotieacties kunnen organiseren in regio's waar het bedrijf bepaalde producten wil verkopen. Eerder zou dit onmogelijk zijn geweest. Verkoopmedewerkers beginnen gebruik te maken van big data die in BSS zijn verzameld om de verkopen per regio beter te beheren. Celcom is nu een stuk dichter bij het realiseren van zijn merkvisie: het klanten naar de zin maken en hun verwachtingen overtreffen.

Bronnen: Jessica Sirkin, 'Oracle Implementation at Celcom Brings IT, Business Together,' searchoracle.techtarget.com, geraadpleegd op 17 januari 2016; www.celcom.com, geraadpleegd op 18 januari 2016; Fred Sandsmark, 'Customers First,' *Profit Magazine*, mei 2014; en Oracle Corporation, 'Celcom Transforms Its Customer Experience with Industry Leading Oracle Communications Suite,' 31 maart 2014.

Vragen bij de case

1. Wat was het in deze case beschreven probleem bij Celcom? Welke management-, organisatorische en technologische factoren droegen bij tot dit probleem?
2. Wat was Celcoms bedrijfsstrategie, en welke rol speelde customer-relationship-management in die strategie?
3. Beschrijf Celcoms oplossing voor zijn probleem. Welke management-, organisatorische en technologische problemen moest de oplossing aanpakken?
4. Hoe effectief was deze oplossing? Wat betekende de oplossing voor Celcoms bedrijfsvoering en bedrijfsresultaten?

MYLAB

Ga naar de opdrachten in MyLab om deze schrijfoefeningen te maken.

1. Wat zijn drie redenen waarom een bedrijf een enterprise resource planning (ERP)-systeem wil implementeren en twee redenen waarom het dit misschien niet wil doen?
2. Wat zijn de gegevensbronnen voor analytische CRM-systemen? Geef drie voorbeelden van resultaten van analytische CRM-systemen.

Pearson | MyLab

Op **www.pearsonmylab.nl** vind je studiemateriaal en de eText om je begrip en kennis van dit hoofdstuk uit te breiden en te oefenen.

10 E-COMMERCE, DIGITALE MARKTEN, DIGITALE GOEDEREN

Na dit hoofdstuk ben je in staat om de volgende vragen te beantwoorden:

1. **Wat zijn de unieke kenmerken van e-commerce, digitale markten en digitale goederen?**
2. **Wat zijn de belangrijkste bedrijfs- en inkomstenmodellen voor e-commerce?**
3. **Hoe heeft e-commerce de marketingsector veranderd?**
4. **Hoe heeft e-commerce transacties tussen bedrijven veranderd?**
5. **Wat is de rol van m-commerce in de bedrijfsvoering en wat zijn toepassingen van m-commerce?**
6. **Welke kwesties zijn van belang bij het bouwen van een e-commercewebsite?**

OPENINGSCASE

Uber bestormt Europa: Europa slaat terug

Uber, de zogeheten 'rittenbesteldienst' (ook wel taxidienst genoemd), heeft zijn hoofdkantoor in San Francisco en werd in 2009 opgericht door Travis Kalanick en Garrett Camp. Uber is (net als Airbnb) een schoolvoorbeeld voor de on demand economie, een plek waar onafhankelijke contractanten reageren op online serviceaanvragen. Ubers verschillende diensten voor personenvervoer worden aangeboden via een smartphone-app, waarmee een rit kan worden aangevraagd bij een onafhankelijke contractant (een chauffeur) die niet in dienst is van het bedrijf. Chauffeurs zijn eigen baas en staan, anders dan werknemers, niet onder direct toezicht van Uber. Ze hebben al dan geen vergunning of training. De chauffeurs gebruiken hun eigen auto, betalen zelf voor brandstof, onderhoud, verzekering en zelfs voor hun eigen mobiele telefoon. Ze krijgen een deel van de ritprijs betaald, aanvankelijk 20 procent of minder, maar in 2016 werd dat verhoogd tot 25 procent. Voilà: een

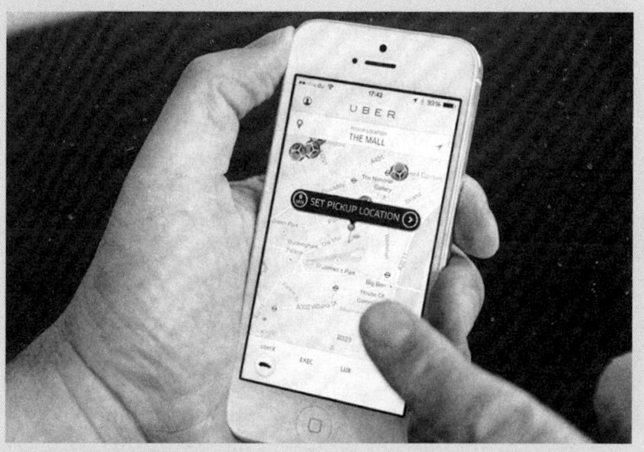

Foto: FocusTechnology/Alamy Stock Photo

taxibedrijf zonder taxi's of werknemers, en een internetplatform om autobezitters in contact te brengen met mensen die gereden willen worden. En dan nog iets: Uber biedt ritten voor 30 tot 50 procent minder dan reguliere taxi's en past de tarieven aan de vraag aan. Dit wordt *surge pricing* genoemd, wat neerkomt

op vraagafhankelijke prijsvariatie. In 2016 had Uber meer dan 162.000 chauffeurs in 200 steden en 55 landen, een omzet van 10 miljard een, en een winst van 2 miljard dollar. Meer dan 100.000 mensen maken regelmatig gebruik van Uber. Het exorbitante succes van het bedrijf brengt echter de nodige uitdagingen met zich mee.
De pogingen van Uber om tal van Amerikaanse steden stormenderhand te veroveren zijn grotendeels geslaagd. Niet dat ze geen verzet hebben ondervonden van plaatselijke taxibedrijven, die in veel steden honderdduizenden dollars voor een officiële taxivergunning hebben betaald. Ook lokale overheden hebben zich tegen Uber verzet, omdat zij geen belastinginkomsten wilden mislopen en beducht waren dat ongetrainde en onverzekerde chauffeurs eventueel met niet-gekeurde auto's een bedreiging zouden vormen voor de veiligheid en gezondheid van de burger. Toch heeft Uber in veel gevallen het plaatselijke verzet gebroken, wat voor een deel te danken is aan steun van het publiek voor een uitgebreidere en hoogwaardigere taxidienst op basis van mobiele technologie, en aan steun van Uber-chauffeurs die het bedrijf zien als een mogelijkheid om (neven) inkomsten te verwerven. Uber heeft zeer effectief gebruikgemaakt van sociale media en online marketingcampagnes om het verzet te organiseren tegen plaatselijke politici die tegen Uber zijn. Dit heeft ertoe geleid dat Uber uit geen enkele Amerikaanse stad is geweerd, hoewel het bedrijf in sommige steden, zoals New York, een vergunning moet aanvragen om er te mogen werken, en chauffeurs en hun auto's door de stad moeten worden gecertificeerd. In 2016 telde New York City 60.000 Uber-chauffeurs en 30.000 taxichauffeurs. De prijs van een officiële taxivergunning voor grote exploitanten is in enkele jaren met 50 procent gedaald, van 1,3 miljoen dollar in 2013 naar 640.000 dollar in 2016. De grootste taxi-exploitant van de Verenigde Staten, met duizenden chauffeurs in dienst en duizenden wagens, heeft Uber omschreven als 'het smerigste, moreel meest corrupte bedrijf ooit'.
In Europa heeft Uber veel sterker verzet opgeroepen, waaronder compleet verbod in bepaalde steden. In 2014 verbood een rechtbank in Berlijn bepaalde diensten van Uber na klachten van de Berlijnse Taxivereniging dat de dienstverlening niet in overeenstemming was met plaatselijke vergunningsregels. Een rechtbank in Brussel verbood Uber omdat het niet over de correcte goedkeuringen beschikte. De Eurocommissaris verantwoordelijk voor de Digitale Agenda bekritiseerde deze uitspraken als anti-technologie en als bescherming van een taxikartel tegen concurrentie. In november 2015 kondigden rechtbanken in Frankfurt opnieuw een van de strengste wettelijke beperkingen tegen Uber af, omdat het bedrijf naliet om chauffeurs te trainen en auto's te verzekeren. Ubers prijsstelling is één onuitgesproken reden voor verzet tegen zijn diensten. Het bedrijf trok zijn UberPOP-dienstverlening in Frankfurt terug, maar mag zijn UberBLACK- en Ubertaxidiensten blijven verlenen, aangezien deze gebruikmaken van chauffeurs met een vergunning. Ondertussen vielen inspecteurs in 2015 het Uber-kantoor in Parijs binnen in het kader van een onderzoek naar de wetmatigheid van Ubers dienstverlening in Frankrijk. Het jaar ervoor was daar een wet doorgevoerd die verplichtte dat alle chauffeurs die tegen betaling passagiers vervoerden in het bezit moesten zijn van een vergunning en verzekerd moeten zijn. De meeste UberPop-chauffeurs in Europa hebben geen van beide. Uber heeft zich ook teruggetrokken uit Hamburg, Düsseldorf en Amsterdam. In Parijs en Madrid is het verzet veelal gewelddadig geweest. Het bedrijf is geconfronteerd met een andere cultuur dan waar het in de Verenigde Staten mee te maken heeft. Zoals een Duitse taxichauffeur uitlegde: 'Het hoort niet bij onze cultuur om wet- en regelgeving aan onze laars te lappen en om Uber-chauffeurs niet als werknemers te behandelen, maar als contractanten zonder rechten.'

Bronnen: Mark Scottman, 'Uber's No-Holds-Barred Expansion Strategy Fizzles in Germany,' *New York Times*, 3 januari 2016; Simon Van Zuylen-Wood, 'The Struggles of New York City's Taxi King,' Bloomberg.com, 27 augustus 2015; Melissa Eddymarch, 'An Uber Service Is Banned in Germany Again,' *New York Times*, 18 maart 2015; Mark Scott, 'Uber Faces Rebukes in Europe,' *New York Times*, 17 april 2014.

Uber is een voorbeeld van twee belangrijke trends in e-commerce. E-commerce wordt gedreven door het bijna alomtegenwoordige gebruik van smartphones en bestaat uit zogeheten on demand bedrijven als Lyft (Uber's belangrijkste concurrent), Airbnb (kamers te huur), Handy en Homejoy (beide parttime huishoudelijke hulpen), Instacart (bezorgdienst van boodschappen), en Washio (kledingwasserij). Deze on demand bedrijven verkopen geen producten; in plaats daarvan hebben ze een platform gebouwd waarop mensen die op zoek zijn naar een dienst – zoals een taxi – een leverancier kunnen vinden die de vraag invult. On demand bedrijven gelden momenteel als het hipste bedrijfsmodel binnen e-commerce, en ze werken disruptief voor belangrijke sectoren.

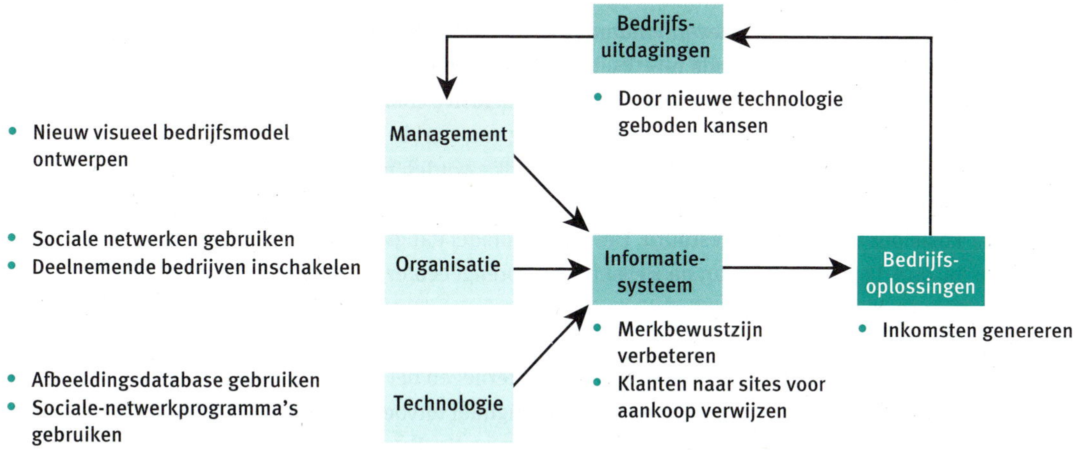

Het diagram aan het begin van dit hoofdstuk noemt belangrijke punten die in deze case en in dit hoofdstuk aan de orde komen. De zakelijke uitdaging waarvoor Uber zich gesteld ziet, is hoe je een winstgevend bedrijf kunt opzetten op basis van een nieuw, on demand bedrijfsmodel. De directie van Uber besloot om met smartphones en apps vraag en aanbod van taxidiensten bij elkaar te brengen. Het bedrijf genereert inkomsten door ritten in rekening te brengen op de creditcard van de gebruikers en een percentage van elke rit aan de chauffeur te betalen. Het kan prijzen vragen die dynamisch variëren naar rato van de vraag. Uber heeft een lagere kostenstructuur dan traditionele taxibedrijven, omdat het geen lonen of sociale verzekeringen, autoverzekering, brandstof en vergunningen hoeft te betalen. Deelnemende chauffeurs betalen zelf voor hun auto, brandstof en verzekering. Onder bepaalde omstandigheden, als er veel vraag is, kan Uber duurder zijn dan taxi's. Het heeft de taximarkt verstoord door een betrouwbaar, snel en gemakkelijk alternatief te bieden voor traditionele taxibedrijven die aan ritten komen via de telefoon, met een telefooncentrale die verouderde radiocommunicatie gebruikt, of doordat potentiële klanten op de straathoek proberen een taxi stil te laten houden. Ubers groei is explosief, maar het bedrijf moet het opnemen tegen veel concurrenten en ontmoet politiek en juridisch verzet van de werknemers en sectoren die het verstoort. Het is nog te vroeg om te zeggen of Uber en andere on demand bedrijven zullen slagen.

Denk na over de volgende vragen: *Denk je dat Ubers bedrijfsmodel op de lange termijn levensvatbaar is? Waarom (niet)? Hoe kijk je aan tegen gebruik van Uber in vergelijking met een taxi die gebonden is aan regelgeving?*

10.1 E-commerce en internet

In 2017 werden op grote schaal goederen en diensten online gekocht op smartphones, tablets en desktopcomputers. In dat jaar winkelden naar schatting 217 miljoen Amerikanen online, van wie 185 miljoen iets kochten, net als miljoenen anderen wereldwijd. Hoewel de meeste aankopen nog steeds plaatsvinden via traditionele kanalen, blijft e-commerce snel groeien en de manier waarop bedrijven zakendoen veranderen.

In 2017 groeiden online consumentenaankopen van goederen, diensten, reizen en online content, goed voor 12 procent van de totale retailbestedingen ter waarde van 5,6 triljoen, met een groei van 15 procent per jaar (tegenover 3 procent voor de traditionele retail). E-commerce heeft zich inmiddels ook uitgebreid van de desktopcomputer en laptop naar mobiele apparaten. Het is een veel socialere activiteit geworden, en de aanbieders zijn veranderd van grote bedrijven met een nationaal bereik naar een markt van lokale verkopers en klanten. De trefwoorden van e-commerce in 2017 zijn 'sociaal, mobiel en lokaal'.

Een Europees e-commercebedrijf is bol.com, een webwinkel actief in Nederland en België die in 1999 werd opgericht door het Duitse mediaconcern Bertelsmann AG. In 2014 telde dit

alle sociale aspecten zoals luisteren, discussiëren, interactief zijn, invoelen en deelnemen. De nadruk op online marketing is verschoven van een focus op *eyeballs* naar een focus op het deelnemen aan klantgerichte conversaties. In deze zin is sociale marketing niet gewoon een nieuw advertentiekanaal, maar een verzameling technologieprogramma's voor het communiceren met klanten. De belangrijkste socialemarketingplatforms zijn Facebook, Instagram en Pinterest.
In het verleden konden bedrijven het overbrengen van hun merkboodschap goed sturen en consumenten via een trechter van aanwijzingen naar een aankoop leiden. Bij sociale marketing werkt het anders. Aankoopbeslissingen van consumenten worden steeds meer gestuurd door de conversaties, keuzes, smaken en meningen van hun sociale netwerk. Sociale marketing heeft alles te maken met bedrijven die aan dit sociale proces deelnemen en het vormen.

TABEL 10.1 *De groei van e-commerce*

BEDRIJFSTRANSFORMATIE

- E-commerce blijft de snelst groeiende vorm van handeldrijven, vergeleken met fysieke winkels, het leveren van diensten en het zorgen voor amusement.
- Sociale, mobiele en lokale e-commerce is de snelst groeiende vorm van e-commerce.
- De breedte van e-commerce-aanbiedingen groeit, met name in sectoren als sociale netwerken, reizen, informatieverschaffers, amusement, kleding, huishoudelijke apparaten en woninginrichting.
- De demografie van het online winkelpubliek lijkt stap voor stap steeds meer op dat van het publiek dat fysieke winkels bezoekt.
- De zuivere e-commercebedrijfsmodellen worden verder verfijnd om hogere niveaus aan winstgevendheid te bereiken, terwijl traditionele winkelmerken zoals Walmart, Sears, JCPenney, L.L.Bean, en Macy's e-commerce gebruiken om hun dominante posities in de detailhandel te behouden. Walmart, 's werelds grootste retailer, heeft besloten e-commerce serieus te omarmen en het tegen Amazon op te nemen door ruim 1 miljard dollar in zijn e-commerce-inspanningen te investeren (zie de case aan het einde van dit hoofdstuk).
- Kleine bedrijven en ondernemers blijven de e-commercemarkt overspoelen, vaak meeliftend op de infrastructuren gecreëerd door giganten uit de branche, zoals Amazon, Apple en Google, en profiteren steeds meer van cloudgebaseerde systemen.
- Mobiele e-commerce (m-commerce) heeft gestalte gekregen met locatiegerichte diensten en entertainmentdownloads, zoals boeken, films en televisieprogramma's. Mobile e-commerce genereerde in 2017 naar schatting meer dan 170 miljard dollar.

DE BASISTECHNOLOGIE

- Het aantal draadloze internetverbindingen (wifi, WiMax en 4G-smartphones) neemt snel toe.
- Krachtige smartphones, tabletcomputers en andere mobiele apparaten bieden toegang tot muziek, websurfen en amusement, evenals spraakcommunicatie. Podcasting en streaming worden gebruikt voor de verspreiding van video, radio en content gegenereerd door gebruikers.
- Er komen steeds meer mobiele apparaten, waaronder wearables als Apple Watch en Fitbit-trackers.
- Met de dalende transmissieprijzen wint breedbandinternet steeds meer terrein in huishoudens en bedrijven.
- Socialenetwerkapps en sites zoals Facebook, Twitter, LinkedIn en Instagram proberen een belangrijk nieuw platform te worden voor e-commerce, marketing en reclame. Facebook heeft wereldwijd 1,65 miljard gebruikers, waarvan 222 miljoen in de Verenigde Staten (Facebook, 2016). In totaal maken 190 miljoen Amerikanen gebruik van sociale netwerken; dat komt neer op 70 procent van de internetpopulatie.
- Internetmodellen van computing, zoals apps voor smartphones, cloud computing, SaaS (Software as a Service) en databasesoftware, hebben de kosten van e-commercewebsites enorm verlaagd.

OPKOMST VAN NIEUWE BEDRIJFSMODELLEN

- Ruim 70 procent van de internetpopulatie zit op een online sociaal netwerk, heeft blogs geschreven en foto's en muziek gedeeld. Gezamenlijk creëren deze websites een online publiek met eenzelfde omvang als het televisiepubliek, hetgeen aantrekkelijk is voor marketeers. In 2017 waren sociale netwerken naar schatting goed voor 28 procent van de tijd die op internet werd doorgebracht. Sociale websites zijn de voornaamste ingang naar internet geworden met nieuws, muziek en, steeds vaker, producten.
- De traditionele advertentiesector is ernstig verstoord geraakt nu online reclame twee keer zo snel groeit als tv- en (dag) bladadvertenties: Google, Yahoo! en Facebook laten elk jaar bijna 1 triljoen reclames en advertenties zien.
- On demand dienstenwebsites als Uber en Airbnb breiden het marktvergrotende bedrijfsmodel uit naar nieuwe markten.
- Dagbladen en andere traditionele media gaan over op online, interactieve modellen, maar verliezen advertentie-inkomsten aan de online spelers, ondanks dat ze online lezers winnen. *The New York Times* installeerde een betaalmuur (paywall) voor de online krant, waar nu al ruim 1 miljoen mensen op geabonneerd zijn, en groeit met 15 procent per jaar. Ook in België en Nederland installeerden kranten een betaalmuur naar interessante en actuele artikelen. Uitgeverijen van boeken gedijen dankzij de groei van e-boeken en de blijvende aantrekkingskracht van gedrukte boeken.
- Het aantal online bedrijfsmodellen voor entertainment die televisieprogramma's, films, muziek, sportwedstrijden en e-books aanbieden, neemt toe en er wordt steeds meer samengewerkt tussen copyrighthouders in Hollywood en New York en internetdistributeurs als Apple, Amazon, Google, YouTube en Facebook. Ook vinden internetdistributeurs steeds vaker de weg naar film- en tv-productie.

Van de pc naar de smartphone

Traditionele online marketing (browsen, zoeken, displayadvertenties, videoreclame, e-mail en games) heeft nog steeds het grootste aandeel (63 procent) in alle online marketing (77 miljard dollar), maar groeit veel langzamer dan sociale, mobiele, lokale marketing. De marketingdollars volgen klanten en kopers van de pc naar mobiele apparaten. Sociale, mobiele en lokale e-commerce zijn verbonden. Naarmate mobiele apparaten krachtiger worden, worden ze nuttiger voor de toegang tot Facebook en andere sociale sites. Naarmate mobiele apparaten in bredere kring geadopteerd worden, kunnen ze door klanten worden gebruikt om lokale handelaren te vinden en door handelaren om klanten in de buurt van speciale aanbiedingen op de hoogte te stellen.

TABEL 10.2 *Acht unieke kenmerken van e-commercetechnologie*

DE TECHNOLOGIEDIMENSIE VAN E-COMMERCE	BELANG VOOR HET BEDRIJF
Overal aanwezig. Internet-/webtechnologie is overal beschikbaar: op het werk en thuis, en elders via desktop en mobiele apparatuur, op elk moment van de dag.	De marktplaats wordt uitgebreid voorbij de traditionele grenzen en weggehaald uit een tijdelijke en geografische plaats. Er wordt een 'marktruimte' gecreëerd; winkelen kan overal plaatsvinden. Het klantgemak wordt vergroot, en de winkelkosten worden verminderd.
Mondiaal bereik. De technologie reikt voorbij de landsgrenzen, over de hele wereld.	Het wordt mogelijk om over culturele grenzen en landsgrenzen heen naadloos en zonder aanpassing te handelen. De marktruimte omvat potentieel wereldwijd miljarden consumenten en miljoenen bedrijven.
Universele standaarden. Er is één reeks technologiestandaarden, namelijk internetstandaarden.	Met één reeks technische standaarden over de hele wereld kunnen verschillende computersystemen gemakkelijk met elkaar communiceren.
Rijkdom. Zowel video-, audio- als tekstberichten zijn mogelijk.	Video-, audio- en tekstberichten worden geïntegreerd tot één marketingbericht en één consumentenervaring.
Interactiviteit. De technologie werkt door interactie met de gebruiker.	Consumenten nemen deel aan een dialoog die zich dynamisch aanpast aan de persoon en de consument, en hem laat deelnemen aan het proces van het leveren van goederen aan de markt.
Informatiedichtheid. De technologie vermindert de kosten voor de informatievoorziening en verhoogt haar kwaliteit.	De kosten voor verwerking, opslag en transport van gegevens nemen drastisch af, terwijl actualiteit, nauwkeurigheid en tijdigheid van de gegevens sterk verbeteren. De gegevens zijn er in groten getale, zijn goedkoper en nauwkeuriger.
Personalisatie/aanpassing. De technologie maakt het mogelijk om zowel naar personen als groepen gepersonaliseerde berichten te sturen.	Personalisatie van marketingberichten en aanpassing van producten en diensten zijn gebaseerd op individuele kenmerken.
Sociale technologie. De technologie ondersteunt het genereren van content en sociaal netwerken.	Nieuwe sociale modellen en bedrijfsmodellen op internet bieden de gebruiker de mogelijkheid tot het creëren en verspreiden van content, en het ondersteunen van sociale netwerken.

10.1.3 Het bijzondere van e-commerce

Waarom is e-commerce zo snel gegroeid? Het antwoord ligt in de unieke natuur van internet en het web. Simpel gezegd: internet en e-commercetechnologieën zijn veel rijker en krachtiger dan eerdere technologierevoluties zoals radio, televisie en telefoon. Tabel 10.2 beschrijft de unieke kenmerken van internet en het web als commerciële media. Laten we elk van deze unieke kenmerken eens nader gaan bekijken.

Overal aanwezig

Bij de traditionele handel is een markt een fysieke plek, zoals een winkel, die je bezoekt om zaken te doen. E-commerce is overal aanwezig, wat wil zeggen dat het vrijwel overal en altijd beschikbaar is. Dit maakt het mogelijk om thuis of op het werk vanachter je pc te winkelen, of

Marktruimte
Een marktplaats die zich uitstrekt voorbij de traditionele grenzen en is weggehaald uit een tijdelijke en geografische locatie.

Transactiekosten
Kosten van deelname in een markt.

zelfs vanuit je auto. Het resultaat wordt een **marktruimte** genoemd: een marktplaats die zich uitstrekt voorbij de traditionele grenzen en niet beperkt is tot een tijdelijke en geografische plaats.
Vanuit een consumentenstandpunt gezien vermindert het de **transactiekosten**: de kosten van deelname aan een markt. Voor het zakendoen is het niet langer noodzakelijk dat je tijd of geld besteedt aan verplaatsingen naar een markt, en het doen van een aankoop kost veel minder moeite.

Mondiaal bereik

De e-commercetechnologie maakt het mogelijk dat handelstransacties veel gemakkelijker culturele en landsgrenzen overschrijden dan bij traditionele handel het geval is. Als gevolg hiervan is de potentiële doelgroep voor e-commercehandelaren ruwweg gelijk aan de omvang van het gedeelte van de wereldbevolking dat online is (naar schatting meer dan drie miljard). Daarentegen is de meeste traditionele handel lokaal of regionaal: hierin is een rol weggelegd voor plaatselijke winkels of landelijke ketens met plaatselijke vestigingen. Zo zijn tv- en radiostations en dagbladen voornamelijk plaatselijke en regionale instellingen met beperkte, maar krachtige landelijke netwerken die een landelijk publiek kunnen trekken, maar niet noodzakelijk de landsgrenzen overschrijden naar een mondiaal publiek.

Universele standaarden

Een van de opvallendste kenmerken van e-commercetechnologie is dat de technische standaarden van internet – en dus ook de technische standaarden voor het uitvoeren van e-commerce – universele standaarden zijn. Ze zijn voor alle landen ter wereld gelijk en maken het mogelijk elke computer met een willekeurige andere computer te verbinden, ongeacht de door de computers gebruikte technologieplatformen. Daarentegen zijn er wel verschillen tussen de meeste traditionele technologieën gebruikt bij de handel in verschillende landen. Zo verschillen tv- en radiostandaarden over de hele wereld, evenals de technologie voor mobiele telefonie.
De universele technische standaarden van internet en e-commerce leiden tot een sterke verlaging van de afzetkosten: de kosten die handelaren moeten betalen om hun goederen op de markt te brengen. Tegelijkertijd zorgen de universele standaarden ervoor dat voor consumenten de **zoekkosten** (de inspanning die het kost om te zoeken naar geschikte producten) afnemen.

Zoekkosten
De kosten voor het zoeken naar geschikte producten en voor het opsporen van leveranciers, prijzen en leveringsvoorwaarden voor een specifiek product overal ter wereld.

Informatierijkdom

De **informatierijkdom** verwijst naar de complexiteit en de content van een bericht. Traditionele markten, nationale verkoopteams en kleine winkels hebben een grote informatierijkdom: ze zijn in staat persoonlijke, directe service te bieden door het afhandelen van een verkoop met woord en gebaar te ondersteunen. De informatierijkdom van traditionele markten maakt ze tot krachtige verkoopomgevingen. Voor de ontwikkeling van het world wide web was er een wisselwerking tussen informatierijkdom en reikwijdte: naarmate de bereikte doelgroep groter was, was het bericht minder rijk. Internet maakt het mogelijk om rijke berichten met tekst, audio en video gelijktijdig aan een groot aantal mensen af te leveren.

Informatierijkdom
Meting van de diepte en gedetailleerdheid van informatie die een bedrijf aan de klant kan leveren evenals de informatie die het bedrijf over de klant verzamelt.

Interactiviteit

In tegenstelling tot elk van de commerciële technologieën van de twintigste eeuw – met als mogelijke uitzondering de telefoon – zijn e-commercetechnologieën interactief, wat wil zeggen dat ze tweezijdige communicatie tussen handelaar en consument mogelijk maken en peer-to-peercommunicatie tussen vrienden. Zo kan een tv bijvoorbeeld geen vragen aan kijkers stellen of gesprekken met hen voeren, of vragen om klantinformatie op een formulier in te voeren. Al deze activiteiten zijn wel mogelijk op een e-commercewebsite of mobiele app. Interactiviteit maakt het mogelijk dat een online handelaar zakendoet met een consument op manieren die vergelijkbaar zijn met een rechtstreekse ervaring, maar dan op grote, eventueel mondiale schaal.

Informatiedichtheid
De totale kwantiteit en kwaliteit aan beschikbare informatie voor alle marktpartijen, consumenten en handelaren.

Prijstransparantie
Het gemak waarmee consumenten de verschillende prijzen in een markt kunnen onderzoeken.

Kostentransparantie
De mogelijkheid van consumenten om de feitelijke kosten te ontdekken die handelaren voor hun producten betalen.

Prijsdifferentiatie
Voor dezelfde of vrijwel dezelfde goederen bij verschillende doelgroepen andere prijzen hanteren.

Informatiedichtheid

Internet leidt tot een enorme vergroting van de **informatiedichtheid**: de totale hoeveelheid en kwaliteit van informatie die in gelijke mate beschikbaar is voor alle marktdeelnemers, consumenten en handelaren. E-commercetechnologieën verminderen de kosten voor het verzamelen, opslaan, verwerken en communiceren van informatie, terwijl ze de actualiteit, de nauwkeurigheid en de tijdigheid van informatie sterk vergroten.
Informatiedichtheid in e-commercemarkten maakt prijzen en kosten transparanter. **Prijstransparantie** staat voor het gemak waarmee consumenten de verschillende prijzen in een markt kunnen onderzoeken; **kostentransparantie** staat voor de mogelijkheid van consumenten om de feitelijke kosten te ontdekken die handelaren voor hun producten betalen.
Dit heeft ook voordelen voor de handelaren. Online handelaren kunnen veel meer over consumenten aan de weet komen dan in het verleden. Dit stelt hun in staat de markt te segmenteren in groepen die bereid zijn verschillende prijzen te betalen en **prijsdifferentiatie** toe te passen: voor dezelfde goederen of vrijwel dezelfde goederen voor verschillende doelgroepen andere prijzen hanteren. Zo kan een online handelaar een gretige interesse bij een klant ontdekken in dure, exotische vakanties en vervolgens tegen een hoge prijs een luxe reis aan die consument verkopen, in de wetenschap dat deze persoon bereid is voor een dergelijke vakantie extra te betalen. Tegelijkertijd kan de online handelaar dezelfde vakantie aan een prijsbewuste consument tegen een lagere prijs aanbieden. Informatiedichtheid helpt handelaren ook bij het differentiëren van hun producten naar kosten, merk en kwaliteit.

Personalisatie
Mogelijkheid voor handelaren om marktberichten te richten aan specifieke personen door het bericht aan te passen aan de naam, interesses en eerdere aankopen van die persoon.

Aanpassing
In e-commerce het wijzigen van het geleverde product of de geleverde dienst op basis van de voorkeuren of het eerdere gedrag van een gebruiker.

Personalisatie/aanpassing

E-commercetechnologieën staan **personalisatie** toe: handelaren kunnen zich richten tot specifieke personen door het bericht aan te passen aan het klikgedrag, de naam, interesses en eerdere aankopen van die persoon. De technologie staat ook **aanpassing** toe: wijzigen van het geleverde product of de geleverde dienst op basis van de voorkeuren of het eerdere gedrag van een gebruiker. Gezien de interactieve aard van e-commercetechnologie kan veel van de informatie over de consument op het moment van aankoop worden verzameld in de markt. Met de toename in informatiedichtheid kan een groot deel van de informatie over de eerdere aankopen van de consument worden opgeslagen en gebruikt door online handelaren.
Het resultaat is een personalisatie- en aanpassingsniveau dat met de traditionele e-commercetechnologieën ondenkbaar is. Met de traditionele technologie kun je kiezen naar welke tv-zender je kijkt, maar je kunt de content van het gekozen kanaal niet veranderen. Met e-commercetechnologie is dat anders. Zo laten online nieuwskanalen als de *Wall Street Journal Online* je de keuze welke nieuwsberichten je het eerst wil zien, en biedt de krant je de mogelijkheid om gewaarschuwd te worden wanneer zich bepaalde gebeurtenissen voordoen.

Sociale technologie

In tegenstelling tot eerdere technologieën worden internet- en e-commercetechnologieën veel gebruikt om mensen met elkaar te laten netwerken. Er ontstaan op grote schaal door technologie mogelijk gemaakte sociale netwerken. De techniek stelt gebruikers in staat samen met hun vrienden (en een veel grotere wereldwijde gemeenschap) content te creëren en te delen in de vorm van tekst, video's, muziek en foto's. Met deze vormen van communicatie zijn gebruikers in staat nieuwe sociale netwerken te creëren en bestaande netwerken te versterken.
Alle eerdere massamedia in de moderne geschiedenis gebruiken een model ('een-op-veel'), waarbij content wordt gecreëerd op een centrale locatie door experts (professionele schrijvers, redacteuren, directeuren, producenten enzovoort). Deze content is gericht op doelgroepen met een grote omvang die een gestandaardiseerd product tot zich te nemen. Het nieuwe internet en de nieuwe e-commerce stellen gebruikers in staat op grote schaal content te creëren en te verspreiden, en gebruikers hun eigen contentverbruik te laten genereren. Internet biedt een uniek 'n-op-n'-massacommunicatiemodel (velen communiceren met velen).

10.1.4 Het sleutelconcept van e-commerce: digitale markten en digitale goederen in een wereldwijde markt

De locatie, de timing en opbrengstmodellen van het bedrijf zijn deels gebaseerd op de kosten voor en de verspreiding van informatie. Internet heeft een digitale marktplaats gecreëerd waar miljoenen mensen van over de hele wereld in staat zijn grote hoeveelheden informatie rechtstreeks, onmiddellijk en gratis uit te wisselen. Als gevolg hiervan heeft internet een verandering teweeggebracht in de manier waarop bedrijven zakendoen en hun mogelijkheden om wereldwijd zaken te doen vergroot.

Informatieasymmetrie
Situatie waarbij de relatieve onderhandelingspositie van twee partijen in een transactie wordt bepaald door één partij die meer informatie heeft die essentieel is voor de transactie dan de andere partij.

Internet vermindert de informatieasymmetrie. Er is sprake van **informatieasymmetrie** wanneer een van de partijen in een transactie meer relevante informatie over de transactie heeft dan de andere partij. Die informatie helpt bij het bepalen van de relatieve onderhandelingskracht van partijen. In digitale markten kunnen consumenten en leveranciers 'zien' welke prijzen er voor goederen worden gerekend, en in die zin worden digitale markten als transparanter beschouwd dan traditionele markten.

Om een voorbeeld te geven: tot de komst van autoverkoop op het web was er een uitgesproken informatieasymmetrie tussen autoverkopers en klanten. Alleen de autoverkopers kenden de prijzen van de fabrikant, en voor de consument was het lastig om rond te kijken naar de beste prijs. De winstmarges van autodealers hingen af van deze informatieasymmetrie. Tegenwoordig hebben consumenten toegang tot talloze websites met concurrerende prijsinformatie en maakt driekwart van de autokopers gebruik van internet om te kijken wat de beste aankoop is. Het web heeft dus de informatieasymmetrie rond een autoaankoop verminderd. Internet heeft ook bedrijven geholpen die van andere bedrijven producten en diensten aankopen bij het verminderen van informatieasymmetrie en hen daarmee in staat gesteld om betere prijzen en voorwaarden te realiseren.

Menukosten
Kosten voor de handelaar voor het veranderen van prijzen.

Dynamisch prijzen
Prijzen van artikelen gebaseerd op realtime interacties tussen kopers en verkopers die bepalen wat een artikel op een bepaald moment waard is.

Digitale markten zijn zeer flexibel en efficiënt omdat ze met lagere zoek- en transactiekosten kunnen opereren, lagere **menukosten** hebben (de kosten voor de handelaar bij het aanpassen van prijslijsten en brochures als gevolg van gewijzigde prijzen) prijsdifferentiatie mogelijk maken en de mogelijkheid hebben om prijzen dynamisch te veranderen op basis van de marktsituatie. Bij **dynamisch prijzen** varieert de prijs van een product, afhankelijk van de kenmerken van de klant of de voorraadsituatie van de verkoper. Online verkopers, van Amazon tot Walmart, passen hun productprijzen vaak aan aan het tijdstip, de vraag naar een product en of bezoekers al eerder op hun website zijn geweest. Met big-data-analyse kunnen sommige online bedrijven prijzen op individueel niveau aanpassen op basis van gedragstargetingparameters: is de consument bijvoorbeeld een prijsafdinger (die een lager prijsaanbod zal ontvangen) of juist een persoon die de aangeboden prijzen accepteert en niet naar lagere prijzen zoekt. Prijzen kunnen ook variëren per postcode, waarbij voor arme gedeelten van een gemeenschap lagere prijzen worden ingesteld. Uber maakt, net als andere ritdiensten, gebruik van 'surge pricing' waarbij de ritprijs afhankelijk is van de vraag (die altijd stijgt tijdens slecht weer en belangrijke congressen).

Deze nieuwe digitale markten kunnen de overstapkosten zowel verlagen als verhogen, afhankelijk van de aard van het te verkopen product of de te verlenen dienst. In tegenstelling tot een product aangeschaft op een fysieke markt, kun je een online aangeschaft product meestal niet meteen gebruiken (dit is alleen mogelijk bij digitale muziekdownloads en andere digitale producten). Digitale markten bieden veel kansen om rechtstreeks aan de consument te verkopen, door het omzeilen van tussenschakels als distributeurs of winkels. Het elimineren van tussenschakels in het distributiekanaal kan de aankooptransactiekosten aanzienlijk verminderen. Om alle stappen in een traditioneel distributiekanaal te kunnen betalen, moet een product ten minste op 135 procent van de oorspronkelijke fabricagekosten worden geprijsd. In figuur 10.2 is te zien hoeveel besparing er kan worden bereikt door het weghalen van elk van deze lagen in het distributieproces. Door rechtstreeks aan de consument te verkopen of het aantal tussenschakels te verminderen, zijn bedrijven in staat hun winst te vergroten en toch lagere prijzen te berekenen. Het verwijderen van organisaties of processen verantwoordelijk

Disintermediatie
De eliminatie van lagen in de organisatie of in bedrijfsprocessen die verantwoordelijk zijn voor de tussenstappen in een waardeketen.

voor tussenstappen in een waardeketen wordt **disintermediatie** genoemd. E-commerce heeft ook marktpotentie gecreëerd voor een geheel nieuwe groep intermediairs zoals Amazon, eBay, PayPal, en Blue Nile. Daarom verschilt disintermediatie per bedrijfstak. Luchtvaartmaatschappijen en hotels die hun eigen reserveringssites online beheren, verdienen bijvoorbeeld meer per ticket omdat ze reisagenten als tussenschakels hebben geëlimineerd.
Tabel 10.3 geeft een overzicht van de verschillen tussen de digitale markten en de traditionele markten.

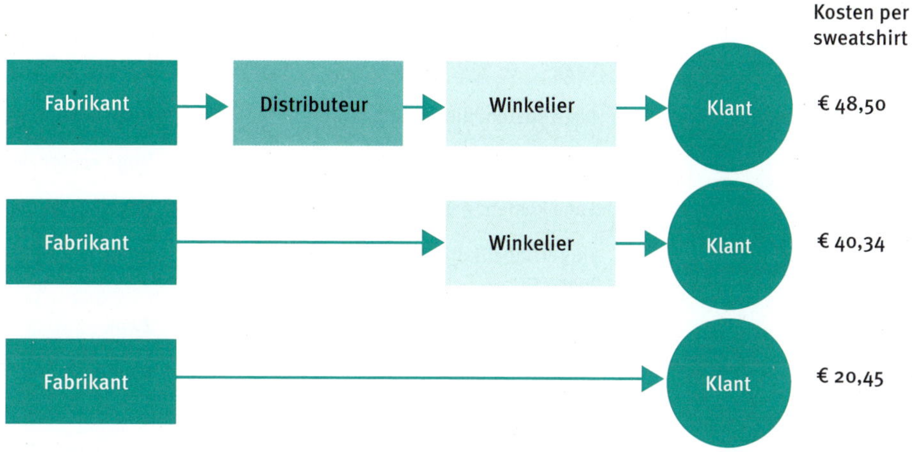

FIGUUR 10.2 *De voordelen van disintermediatie voor de consument*
Het doorsnee distributiekanaal kent verschillende processen achter elkaar, waarvan elk bijdraagt aan de uiteindelijke kosten van een product, bijvoorbeeld een sweatshirt. Het weghalen van een proces verlaagt de uiteindelijke kosten voor de consument.

Digitale goederen

Digitale goederen
Goederen die via een digitaal netwerk kunnen worden geleverd.

De digitale marktplaats die internet biedt, heeft een grote uitbreiding van de verkoop van digitale goederen tot gevolg gehad. **Digitale goederen** zijn goederen die via een digitaal netwerk kunnen worden geleverd. Muziektracks, films, software, dagbladen, tijdschriften en boeken kunnen allemaal worden weergegeven, opgeslagen, geleverd en verkocht als zuiver digitale producten. In de meeste gevallen zijn digitale goederen 'intellectueel eigendom'. Intellectueel eigendom wordt beschermd door copyright, patenten, handelsmerk en rechten ter bescherming van handelsgeheimen. Tegenwoordig kunnen deze producten zowel digitaal worden gestreamd als worden gedownload en neemt de verkoop van de fysieke producten af.
Over het algemeen zijn bij digitale goederen de marginale kosten voor het produceren van een andere eenheid ongeveer nul (het kost vrijwel niets om een kopie van een muziekbestand te maken). Daarentegen zijn de kosten voor het produceren van het oorspronkelijke eerste artikel relatief hoog; deze zijn zelfs vrijwel gelijk aan de totale productkosten, omdat er weinig andere voorraad- en distributiekosten zijn. De leveringskosten via internet zijn zeer laag, de marketingkosten blijven gelijk en de prijzen kunnen sterk variëren (op internet kan de handelaar de prijzen zo vaak hij maar wil veranderen dankzij de lage kosten).

De invloed van internet op de markt zien we elke dag om ons heen. Bedrijven die afhankelijk zijn van fysieke producten voor de verkoop (zoals boekhandels, uitgevers, muzieklabels en filmstudio's) kunnen te maken krijgen met afnemende verkoop en zelfs de ondergang van hun bedrijf. Het aantal abonnementen op gedrukte dagbladen en tijdschriften neemt af, terwijl het aantal lezers en online abonnementen stijgt.
De totale inkomsten in de muziekindustrie zijn gedaald met 50 procent van 14 miljard dollar in 1999 tot ongeveer 6,9 miljard dollar in 2016, vrijwel geheel als gevolg van de daling in het aantal verkochte albums/cd's en de groei van digitale muziekdiensten (zowel legaal als illegaal). Het goede nieuws is dat de Apple iTunes Store sinds hij in 2003 van start ging al

TABEL 10.3 *Digitale markten versus traditionele markten*

	DIGITALE MARKTEN	TRADITIONELE MARKTEN
Informatieasymmetrie	Verminderde asymmetrie	Hoge asymmetrie
Zoekkosten	Laag	Hoog
Transactiekosten	Laag (soms vrijwel nihil)	Hoog (tijd, reizen)
Vertraagd ontvangen van een product	Hoog (of lager in het geval van digitale goederen)	Lager: direct bij aankoop in de winkel
Menukosten	Laag	Hoog
Dynamische prijsstelling	Lage kosten, direct	Hoge kosten, vertraagd
Prijsdifferentiatie	Lage kosten, direct	Hoge kosten, vertraagd
Marktsegmentatie	Lage kosten, gemiddelde nauwkeurigheid	Hoge kosten, lagere nauwkeurigheid
Overstapkosten	Hoger/lager (afhankelijk van productkenmerken)	Hoog
Netwerkeffecten	Sterk	Zwak
Disintermediatie	Waarschijnlijker	Minder waarschijnlijk

TABEL 10.4 *Hoe het internet de markt voor digitale goederen beïnvloedt*

	DIGITALE GOEDEREN	TRADITIONELE GOEDEREN
Marginale kosten/eenheid	Nul	Groter dan nul, hoog
Productiekosten	Hoog (merendeel van de kosten)	Variabel
Kopieerkosten	Nul	Groter dan nul, hoog
Gedistribueerde leveringskosten	Laag	Hoog
Voorraadkosten	Laag	Hoog
Marketingkosten	Variabel	Variabel
Prijs	Sterker variabel (bundeling, willekeurige-prijsspellen)	Vast, gebaseerd op kosten per eenheid

meer dan 35 miljard nummers heeft verkocht voor 99 dollarcent per stuk, wat de industrie een digitaal distributiemodel oplevert dat toch een beetje van de inkomsten die de sector aan digitale distributiekanalen kwijtraakt, heeft goedgemaakt. Sinds de komst van iTunes is het aantal illegale downloads gehalveerd en bedroeg de omzet aan legaal gedownloade/online muziek (zowel downloads als streaming) in 2016 naar schatting zo'n 4,5 miljard dollar. Omdat het aantal streamingdiensten in de cloud toeneemt, zal het aantal illegale downloads verder afnemen. De verkoop van digitale muziek bedraagt nu ruim 70 procent van alle omzet in de muzieksector. Toch verdienen platenmaatschappijen slechts 32 dollarcent aan elk nummer dat wordt gedownload en slechts 0,5 cent aan een nummer dat gestreamd wordt. Terwijl de platenlabels geld verdienen met het eigendom van het nummer (zowel woorden als muziek) krijgen de artiesten die het nummer uitvoeren bijna niets uit gestreamde muziek, maar verdienen ze nu vooral geld met live optredens en merchandise.

Hollywood heeft minder te lijden gehad onder digitale distributiekanalen, deels omdat het moeilijk is om volledige films in goede kwaliteit illegaal te downloaden en vanwege de beschikbaarheid van voordelige, legale films met hoge kwaliteit. Om te voorkomen dat hen hetzelfde lot zou treffen als de muziekindustrie besloot Hollywood lucratieve deals te sluiten met bedrijven als Netflix, Google, Hulu, Amazon en Apple, die het gemakkelijk maken om films en tv-series met hoge kwaliteit te streamen of downloaden, en ervoor te betalen. Deze deals leveren tot nu toe echter niet genoeg op om de daling in de dvd-verkoop te compenseren; deze daalde tussen 2006 en 2015 met 50 procent. Toch is een opwaartse trend zichtbaar, omdat online distributeurs als Netflix miljoenen betalen voor Hollywoodfilms van hoge digitale kwaliteit. In 2017 hebben consumenten voor het eerst meer films online bekeken en betaalden ze meer voor downloads, het digitaal huren van films en streaming dan voor dvd's of andere producten die ze in de winkel kochten. Net als bij televisieseries lijkt de vraag naar Hollywoodfilms toe te nemen dankzij de populariteit van smartphones en tablets, waarmee het gemakkelijk wordt om films op meer locaties te bekijken. Daarnaast maken ook muziekvideo's een verrassende opleving door, vooral dankzij de website VEVO, die miljoenen jongere kijkers met smartphones en tablets trekt. De populariteit van online films maakte een groeispurt door in 2010, dankzij de algemenere uitrol van breedbandinternet. In 2017 keken naar schatting zo'n 126 miljoen internetgebruikers naar films, ongeveer de helft van het volwassen internetpubliek. Hoewel deze snelle groei niet eeuwig zal aanhouden, is het duidelijk dat internet een belangrijk filmdistributie- en televisiekanaal is dat de concurrentiestrijd aan is gegaan met kabeltelevisie. Op een dag zal internet kabeltelevisie wellicht geheel vervangen.

10.2 E-commerce: ondernemen en technologie

E-commerce is uitgegroeid van een paar reclames op de eerste webportals in 1995 tot een sector die in 2017 goed was voor meer dan 12 procent van alle retailomzet (ongeveer 669 miljard dollar), meer dan postordercatalogi. E-commerce is een fascinerende combinatie van bedrijfsmodellen en nieuwe informatietechnologie. Laten we eerst eens kijken naar de typen e-commerce, om daarna de bedrijfs- en inkomstenmodellen te bekijken.
E-commerce is ook bijzonder populair in België en Nederland. Ondanks de crisis groeit e-commerce in België hard. In 2012 bedroeg de omzet 1,4 miljard euro, een verdrievoudiging ten opzichte van 2007. Er werden in dat jaar 16,6 miljoen transacties verwerkt, een stijging van ruim 25 procent ten opzichte van 2011. Naar schatting werd door Belgen ook op buitenlandse websites voor meer dan 1 miljard euro besteld. De lagere prijzen dan in het thuisland lijken hiervoor de belangrijkste reden. De online verkoop wordt extra gestimuleerd door de mogelijkheid producten die niet bevallen gratis terug te sturen, een dienst die door de meeste webwinkels wordt aangeboden. 60 procent van de Belgen bestelde al online en 24 procent doet dit zelfs maandelijks. Reeds 18 procent bestelt producten online via tablets en mobiele telefoons. Via de zogenaamde kortingscodewebsites (waaronder kortingscodes.com en flipit.com) wordt voor 33 procent mode aangekocht, 19 procent elektronica, 11 procent recreatie en vrije tijd, en 9 procent boeken en dvd's. In Nederland is de e-commercesituatie niet anders. In de eerste helft van 2013 hebben consumenten 5 miljard euro besteed in Nederlandse webwinkels. Het aantal bestellingen in webwinkels steeg met 10 procent en de omzet met 8 procent. Er zijn in de eerste helft van dit jaar 46 miljoen orders geplaatst. Speelgoed, muziek en computerhardware (vooral tablets) zijn de sterkste stijgers. Reizen blijft het grootste segment.

10.2.1 Typen e-commerce

B2B-e-commerce De verkoop van goederen en diensten tussen bedrijven.

B2C-e-commerce Elektronische verkoop van producten en diensten direct aan individuele klanten.

C2C-e-commerce Consumenten die goederen en diensten elektronisch verkopen aan andere consumenten.

Er zijn tal van manieren om e-commercetransacties te classificeren. Een manier is om te kijken naar de aard van de deelnemers. De drie belangrijkste e-commercecategorieën zijn **B2C-e-commerce** (business-to-consumer), **B2B-e-commerce** (business-to-business) en **C2C-e-commerce** (consumer-to-consumer).

- B2C-e-commerce is het verhandelen van producten en diensten aan consumenten. Amazon, Walmart en iTunes zijn voorbeelden van B2C-e-commerce. Een ander voorbeeld van B2C-e-commerce is de website van Barnes & Noble, waarop boeken, software en muziek aan individuele klanten worden verkocht.

- B2B-e-commerce is de verkoop van producten en diensten tussen bedrijven. De website van Elemica ChemConnect voor het kopen en verkopen van chemicaliën en kunststoffen energie is een voorbeeld van B2B-e-commerce.
- C2C-e-commerce is de rechtstreekse verkoop van producten en diensten van de ene consument aan een andere consument. Een voorbeeld hiervan is eBay, de reusachtige veilingsite op het web, waarop mensen hun goederen aan andere consumenten kunnen verhandelen door die te verkopen aan de hoogste bieder of voor een vaste prijs. eBay fungeert als bemiddelaar door een digitaal platform te creëren voor peer-to-peer-e-commerce. In België en Nederland zijn Kapaza en Marktplaats bekende C2C-e-commerce-websites.

Een andere manier om e-commercetransacties te classificeren is in termen van de platformen die deelnemers gebruiken voor een transactie. Tot voor kort vonden vrijwel alle e-commercetransacties plaats via een pc die via een netwerk verbinding maakte met internet. Er zijn diverse draadloze en mobiele alternatieven, zoals smartphones en tablets. Het gebruik van draadloze apparaten voor het kopen van goederen en diensten vanaf een willekeurige locatie wordt mobiele commerce oftewel **m-commerce** genoemd. Alle drie de typen e-commercetransacties vinden plaats met behulp van m-commercetechnologie, die we gedetailleerd zullen behandelen in paragraaf 10.5.

M-commerce
Het gebruik van draadloze apparatuur, zoals mobiel telefoons of digitale handcomputers om e-commercetransacties via internet af te sluiten.

10.2.2 Bedrijfsmodellen voor e-commerce

Veranderingen in de informatie-economie hebben ertoe geleid dat er heel andere, nieuwe bedrijfsmodellen zijn opgekomen en oude zijn verdwenen. Tabel 10.5 laat een paar van de belangrijkste bedrijfsmodellen voor internet zien. Allemaal maken ze, op de een of andere manier, gebruik van internet (onder meer met apps op mobiele apparaten) om waarde toe te voegen aan bestaande producten en diensten, of dienen ze als basis voor nieuwe producten en diensten.

TABEL 10.5 *Bedrijfsmodellen voor internet*

CATEGORIE	BESCHRIJVING	VOORBEELDEN
Portal	Biedt een toegangspunt voor informatie op internet, vaak in combinatie met gespecialiseerde content en andere diensten.	Yahoo! Bing Google
E-tailer	Verkoopt fysieke producten direct aan consumenten of bedrijven.	Amazon Blue Nile
Contentprovider	Genereert omzet door het aanbieden van digitale content, zoals nieuws, muziek, foto's en video via internet. De klant betaalt om deze content te zien of te gebruiken, of de content wordt betaald uit reclame.	WSJ.com GettyImages.com iTunes.com Games.com
Transactiemakelaar	Bespaart gebruikers tijd en geld door online verkooptransacties voor ze te verwerken. Voor elke transactie wordt een vast bedrag in rekening gebracht.	ETrade.com Expedia
Marktplaats-provider	Biedt een digitale omgeving aan waar kopers en verkopers elkaar kunnen ontmoeten, kunnen zoeken naar producten, producten kunnen presenteren voor bepaalde prijzen. Voor zowel verkoop aan consumenten als B2B-e-commerce. Voor transacties wordt een vast bedrag of percentage in rekening gebracht.	eBay Priceline.com Exostar Elemica
Serviceprovider	Biedt applicaties aan, zoals het delen van foto's, video's en gebruikersgegenereerde content. Biedt ook andere diensten aan, zoals online back-up en opslagruimte.	Google Apps Photobucket.com Dropbox
Communityprovider	Biedt een online omgeving waar mensen met dezelfde interesses elkaar kunnen ontmoeten en informatie kunnen uitwisselen.	Facebook iVillage Twitter

Portal

Portal
Website of een andere dienst die fungeert als beginpunt op het web of op een intern bedrijfssysteem.

Portals zijn de toegangspoorten tot internet; vaak zijn het de websites die gebruikers in hun browsers instellen als homepage, bijvoorbeeld zoekmachinesites als Google en Bing. Portals als Yahoo!, Facebook, MSN en AOL bevatten ook krachtige zoekfuncties en andere functies die content en andere diensten aanbieden, zoals nieuws, e-mail, instant messaging, kaarten en plattegronden, agenda's, winkels, downloads, streaming en nog veel meer. Het portal-bedrijfsmodel biedt nu een website waar de gebruiker zijn zoektocht op internet begint, nieuws leest, vermaak vindt, contact maakt met anderen en, uiteraard, reclame bekijkt, waaruit de inkomsten van de portal voortvloeien. Facebook is een volkomen ander soort portal, gebaseerd op sociaal netwerken. Portals genereren inkomsten omdat ze een groot publiek trekken, waardoor ze adverteerders kunnen laten betalen voor plaatsing van reclame (vergelijkbaar met traditionele kranten), voor doorkliks van bezoekers naar andere websites of premiumdiensten. In 2017 genereerden portals (Google of Bing niet meegerekend) naar schatting 37 miljard dollar aan inkomsten met displayadvertenties. Hoewel er honderden portals/zoekmachines zijn, verloopt ongeveer 95 procent van alle portalverkeer via de top 4 (Yahoo!, Facebook, MSN en AOL).

E-tailer

E-tailer
Online detailhandels van de reus Amazon tot kleine lokale winkels met websites waar goederen worden verkocht.

Online winkeliers worden wel **e-tailers** genoemd (*online retailers*) en zijn er in alle vormen en maten, van de gigant Amazon, die in 2015 een omzet draaide van meer dan 107 miljoen dollar, tot kleine lokale winkeliers met een eigen website. Een e-tailer is te vergelijken met een fysieke winkel, met het verschil dat klanten via internet snel kunnen zien wat er op voorraad is en producten kunnen bestellen. Al met al genereerde online retail in 2017 (de online verkoop van fysieke producten) inkomsten met een geschatte waarde van ongeveer 457 miljard dollar. De meerwaarde van e-tailers is het bieden van een comfortabele winkelomgeving, die dag en nacht open is, met een enorm assortiment en veel keuze. Sommige e-tailers, zoals Walmart.com of Staples.com, worden ook wel 'bricks-and-clicks'-winkels genoemd. Het zijn dochters of divisies van bestaande winkels, waar dezelfde producten te koop zijn. Andere opereren alleen virtueel, zonder fysieke winkels. Amazon, BlueNile.com en Drugstore.com zijn hier voorbeelden van.

Contentprovider

Intellectueel eigendom
Immateriële eigenschap gecreëerd door individuele personen of bedrijven die zijn onderworpen aan beschermingen onder handelsgeheim, copyright en patentwet.

Hoewel e-commerce begon als een afzetkanaal voor retailers, wordt er nu wereldwijd ook veel content verhandeld. 'Content' is een breed begrip, dat alle vormen van intellectueel eigendom omvat. **Intellectueel eigendom** verwijst naar materiële en immateriële voortbrengselen van de menselijke geest waarvoor de schepper een eigendomsrecht opeist. Contentproviders distribueren deze content via internet. De meerwaarde van online contentproviders is dat consumenten een groot assortiment aan content online kunnen vinden en voor weinig geld kunnen kopen, afspelen of bekijken op diverse typen computers, apparaten en smartphones. Providers hoeven deze content niet zelf te hebben gemaakt (hoewel dat soms wel het geval is, zoals bij Disney.com). Vaak distribueren ze content die door anderen is gecreëerd en geproduceerd. Apple verkoopt bijvoorbeeld muziek via de iTunes Store, maar maakt zelf geen nieuwe muziek.

Podcasting
Een manier om audio-uitzendingen via internet te publiceren, die gebruikers de mogelijkheid biedt om audiobestanden op hun pc's of draagbare muziekspelers te downloaden.

Streaming
Een publicatiemethode voor muziek- en videobestanden die een continue contentstroom naar het apparaat van een gebruiker stuurt zonder dat deze lokaal op het apparaat wordt opgeslagen.

De fenomenale populariteit van de iTunes Store, en de veelzijdigheid van de apparaten van Apple, zoals de iPhone, iPod en iPad, hebben nieuwe distributievormen gestimuleerd, uiteenlopend van podcasting tot streaming. **Podcasting** is een publicatiemethode waarbij audio of video via internet wordt uitgezonden. Mensen kunnen zich op podcasts abonneren en de audio- of videobestanden downloaden op hun personal computer, smartphone, tablet, of draagbare muziekspelers. **Streaming** is een publicatiemethode voor muziek en video waarbij de content via internet wordt weergegeven op een apparaat zonder dat deze eerst lokaal hoeft te worden opgeslagen.

De schattingen lopen uiteen, maar online content was in 2017 met naar schatting zo'n 24 miljard dollar omzet een van de snelst groeiende segmenten van e-commerce, met een jaarlijkse groei van naar schatting 18 procent.

betaald. Google bijvoorbeeld biedt gratis toepassingen aan, maar ook extra diensten tegen betaling. De muziek- en radiowebsite Spotify heeft een gratis versie, waarbij na een aantal liedjes telkens reclame te horen is, en een premiumservice, zonder reclame en andere beperkingen. Spotify gebruikt ook een freemiummodel. Het idee is om een groot publiek aan te trekken met de gratis diensten, en gebruikers dan over te halen om extra te betalen voor het premiumpakket. Een probleem met dit model is het overhaalmoment: hoe verander je gratis gebruikers in betalende gebruikers? 'Gratis' kan ook een snelle manier zijn om veel geld te verliezen. Geen van de muziekdiensten die streaming-freemiummuziek aanbieden heeft tot op heden winst gemaakt. Niettemin blijkt de gratis dienst met inkomsten uit advertenties gunstiger voor het bedrijfsresultaat is dan het betalende deel van de gebruikers.

Commissiemodel

Commissiemodel
Een online e-commerce-inkomstenmodel waarbij de onderneming een vergoeding ontvangt voor het mogelijk maken of uitvoeren van transacties.

Bij het **commissiemodel** ontvangt een bedrijf een vast bedrag of percentage voor het uitvoeren of mogelijk maken van een transactie. De online veilingmarkt eBay ontvangt een kleine commissie van de verkoper als een object wordt verkocht. E*Trade, een online effectenhandelaar, krijgt een bedrag aan commissie zodra het namens een klant een aandelentransactie uitvoert. Het commissiemodel wordt veel toegepast, omdat de ware kosten voor het gebruik van het platform voor de gebruiker niet direct duidelijk worden.

Affiliate-model

Affiliate-model
Een e-commerce-inkomstenmodel waarin websites worden betaald als 'affiliates' om hun bezoekers tegen een verwijzingsvergoeding naar andere sites te sturen.

Bij het **affiliate-model** sturen websites (de *affiliate websites*) bezoekers door naar andere websites in ruil voor een verwijsvergoeding of percentage van de omzet van een resulterende aankoop. MyPoints, bijvoorbeeld, verdient geld aan het koppelen van bedrijven aan potentiële klanten door speciale deals aan te bieden aan zijn leden. Als leden een dergelijke deal willen gebruiken en een aankoop doen, verdienen ze 'punten' die ze kunnen inwisselen voor gratis producten of diensten en krijgt MyPoints een verwijzingsvergoeding. Feedbackwebsites als Epinions en Yelp halen een groot deel van hun omzet uit het doorverwijzen van potentiële klanten naar websites waar ze iets kopen. Amazon gebruikt affiliates die klanten naar de Amazon-website doorsturen door een logo op een website of blog te plaatsen. Persoonlijke blogs bevatten vaak dit soort advertentielogo's als onderdeel van een affiliate-programma. Sommige bloggers worden direct betaald door de leverancier of krijgen gratis producten als ze een goede recensie schrijven over een product en een link plaatsen naar de plek waar dat product te koop is.

10.3 De invloed van e-commerce op marketing

Hoewel e-commerce en internet hele sectoren hebben veranderd en nieuwe bedrijfsmodellen mogelijk hebben gemaakt, is er geen sector zo beïnvloed en veranderd als die van de marketing en communicatie. Internet biedt marketeers nieuwe kanalen om miljoenen potentiële klanten te identificeren en benaderen, terwijl de kosten daarvan veel lager zijn dan bij traditionele media, inclusief zoekmachinemarketing, datamining, adviessystemen en gerichte e-mails.

Long-tailmarketing
Staat voor de mogelijkheid van bedrijven om goederen aan zeer kleine online doelgroepen op de markt te brengen, grotendeels vanwege de kosten van zeer kleine marktsegmenten (mensen die in de lange staarten van een Bell-kromme vallen).

Internet maakt ook **long-tailmarketing** mogelijk. Voor de komst van internet was het enorm duur om een groot publiek te bereiken. Daardoor richtten marketeers zich vooral op het bereiken van het grootste aantal consumenten met populaire producten, zoals muziek, films, boeken of auto's. Op internet kunnen marketeers heel goedkoop contact leggen met potentiële klanten, ook voor producten waar weinig vraag naar is. Muziek van onafhankelijke maatschappijen kan online bijvoorbeeld aan de man worden gebracht onder een klein publiek. Er is bijna altijd vraag naar bijna elk product. Als je een groot aantal van deze *long tail sales* bij elkaar optelt, heb je toch een winstgevend bedrijfsmodel.
Ook biedt internet nieuwe manieren – vaak direct en spontaan – om informatie van klanten te verzamelen, het productaanbod aan te passen en de meerwaarde te vergroten. In tabel 10.6 is te zien welke marketing- en reclameformats in e-commerce zijn gebruikt.

10.3.1 Gedragsgerichte marketing

Gedragsgerichte marketing
Volgt de klikstromen (geschiedenis van klikgedrag) van individuele personen over meerdere websites met als doel hun interesses en bedoelingen te begrijpen, en hen bloot te stellen aan advertenties die uniek zijn aangepast aan hun interesses.

Veel e-commercemarketingbureaus gebruiken gedragsgerichte technieken om de effectiviteit van banners, video's en andere reclame te vergroten. **Gedragsgerichte marketing** verwijst naar het volgen van het klikgedrag (bezochte websites) van mensen op duizenden websites, om meer inzicht te krijgen in hun interesses en plannen, om ze op basis hiervan bloot te stellen aan advertenties die specifiek zijn aangepast aan hun gedrag. Marketeers en de meeste onderzoekers geloven dat dit preciezere inzicht in de klant resulteert in efficiëntere campagnes (het bedrijf betaalt alleen voor advertenties die getoond worden aan klanten die ook echt geïnteresseerd zijn in hun producten) en een hogere omzet en inkomsten. Helaas heeft gedragsgerichte marketing onder miljoenen webgebruikers ook regelmatig geleid tot privacyschendingen. Als consumenten het vertrouwen in internet verliezen, kopen ze misschien ook minder of helemaal niet meer online.
Er is steeds meer verzet tegen het agressieve gebruik van persoonlijke informatie, waardoor consumenten veiliger havens voor aankopen en berichtgeving opzoeken. SnapChat biedt verdwijnende berichten aan, en zelfs Facebook heeft een stap teruggezet door zijn nieuwe posts standaard 'alleen voor vrienden' te maken. Populaire websites hebben honderden bakenprogramma's op hun homepages die gegevens verzamelen over bezoekersgedrag en dat gedrag aan hun databases rapporteren. Daar wordt de informatie vaak verkocht aan databrokers, bedrijven die miljarden gegevenselementen over alle Amerikaanse consumenten en huishoudens verzamelen en regelmatig online en offline aankoopinformatie combineren. Op hun beurt verkopen de databrokers deze informatie aan adverteerders die advertenties op webpagina's willen plaatsen. Uit een recent Federal Trade Commission-rapport over negen databrokers blijkt dat de database van een van de databrokers informatie had over 1,4 miljard consumententransacties en meer dan 700 miljard samengestelde gegevenselementen. Een andere databroker had meer dan 3000 gegevensmetingen voor vrijwel iedere consument in de VS (FTC, 2014). Gedragsgerichte marketing vindt plaats op twee niveaus: op afzonderlijke websites of binnen apps, en op diverse reclamenetwerken die gebruikers op duizenden websites volgen. Alle websites verzamelen gegevens over het surfgedrag van bezoekers en slaan deze op in een database. Ze hebben tools om te achterhalen welke website de bezoeker kort daarvoor bezocht, waar ze na hun bezoek naartoe gaan, welk besturingssysteem ze gebruiken en zelfs waar ze zich ongeveer bevinden. Ze houden ook bij welke pagina's op een website worden bezocht, hoelang mensen daar doorbrengen, welke soorten pagina's worden bekeken en wat de bezoeker heeft gekocht (zie figuur 10.3). Bedrijven analyseren deze informatie om exacte profielen te ontwikkelen voor huidige en potentiële klanten. Daarnaast hebben grote websites ook honderden volgprogrammaatjes in hun homepage ingebouwd, die je klikgedrag op internet volgen, van site naar site, en ervoor zorgen dat je op verschillende websites dezelfde reclame te zien krijgt. De grootste online reclamenetwerken zijn DoubleClick van Google, RightMedia van Yahoo! en Ad Network van AOL. Reclamenetwerken omvatten uitgevers die reclameruimte verkopen en adverteerders die iets online willen verkopen. Het systeem draait op de informatie over miljoenen webklanten, op basis waarvan adverteerders hun advertenties kunnen aanpassen aan de gewenste doelgroep of klant.

Met deze informatie kunnen bedrijven achterhalen hoe goed hun website werkt, unieke persoonlijke webpagina's creëren die content of reclame tonen voor exact die producten of diensten waar de bezoeker in geïnteresseerd is, die de klantervaring verbeteren en die meerwaarde bieden omdat men beter inzicht heeft in de klant (zie figuur 10.4). Door de webpagina's met personalisatietechnologie aan elke klant aan te passen, behalen marketeers een aantal voordelen die het inzetten van verkoopmedewerkers ook zou opleveren, tegen een fractie van de kosten. Een voorbeeld van het gebruik van personalisatietechnologie is afkomstig van General Motors. Dit autobedrijf laat een banner voor Chevrolet zien aan vrouwen waarbij de nadruk ligt op veiligheid en gebruiksgemak, terwijl mannen banners te zien krijgen met de nadruk meer op het aantal pk's en het stoere uiterlijk van de auto.

TABEL 10.6 *Online marketing en advertentieformats (in miljarden)*

MARKETINGFORMAT	INKOMSTEN 2015 (US)	BESCHRIJVING
Zoekmachine	$ 30	Testadvertenties exact gericht op waar de klant op het moment van winkelen en kopen naar op zoek is. Verkoopgericht
Display-advertenties	$ 33	Banner-advertenties (pop-ups en leave-behinds) met interactieve functies; steeds meer gedragsgericht op individuele webactiviteit. Merkontwikkeling en verkoop. Omvat socialemedia- en blogdisplayadvertenties
Video	$ 9,8	Snelst groeiend format, aantrekkelijk en onderhoudend, gedragsgericht, interactief. Merkvorming en verkoop
Geordend	$ 3,1	Vacature-, vastgoed- en dienstenadvertenties. Interactief, rich media, en gepersonaliseerd naar zoekopdrachten van gebruikers. Verkoop en merkvorming
Rich media	$ 7,6	Animaties, games en raadsels. Interactief, gericht en onderhoudend. Merkoriëntatie
Leadgeneratie	$ 2,1	Marketingbedrijven die verkoop- en marketingleads online verzamelen, en ze vervolgens voor een verscheidenheid aan campagnetypen aan online marketeers verkopen. Verkoop- of merkvormingsoriëntatie
Sponsorships	$ 1,8	Online games, raadsels, wedstrijden en couponsites gesponsord door bedrijven voor het promoten van producten. Verkooporiëntatie
E-mail	$ 0,3	Effectief, gericht marketinginstrument met interactief en rich-mediapotentieel. Verkoopgericht

Van reclamenetwerken is het slechts een kleine stap naar programmatisch adverteren. Reclamenetwerken creëren ‘realtime bidding platforms’ (RTB), waarop marketeers in een geautomatiseerde omgeving bieden op gedragsgerichte reclameruimte die webuitgevers beschikbaar stellen. Hier kunnen reclameplatforms voorspellen hoe veel consumenten in de doelgroep de advertenties zullen bekijken en advertentiekopers kunnen een inschatting maken van hoeveel de reclame hun waard is.

Wat als je een groot nationaal reclamebureau bent met veel klanten die miljoenen consumenten willen bereiken? Wat als je een grote internationale producent bent die potentiële klanten wil interesseren voor bepaalde producten? Met miljoenen websites zou het onhandig zijn elke site apart aan te schrijven met de vraag een banner te plaatsen. Reclamenetwerken lossen dit probleem op door een netwerk te vormen van een paar duizend van de populairste websites die door miljoenen mensen worden bezocht. Het gedrag van deze bezoekers kan binnen het hele netwerk worden gevolgd, op basis waarvan profielen kunnen worden gemaakt die aan adverteerders kunnen worden verkocht in een ‘real-time bidding environment’. Populaire websites downloaden tientallen cookies, bugs en **beacons** om bezoekers te volgen en sturen zonder dat de bezoeker het doorheeft gegevens naar een verre server.

Beacons
Kleine objecten die onzichtbaar zijn ingebouwd in e-mailberichten en webpagina's, ontworpen voor het volgen van het gedrag van de gebruiker die een website bezoekt of een e-mail verstuurt.

Op zoek naar jonge singles, met een universitaire opleiding, uit Europa, in de leeftijdscategorie 18-34 jaar die een Europese auto willen kopen? Geen probleem! De reclamenetwerken kunnen honderdduizenden mensen identificeren en aanleveren die aan dit profiel voldoen en ze banners laten zien voor Europese auto's, welke website ze ook bezoeken. De schattingen lopen uiteen, maar gedragsgerichte reclame levert over het algemeen tien keer vaker een klantreactie op dan een willekeurige banner of video (zie figuur 10.5). Bij zogenoemde *advertising exchanges* wordt dezelfde technologie gebruikt om toegang tot personen met specifieke profielen te verkopen aan adverteerders. In 2016 bestond ongeveer 50 procent van de online displayadvertenties uit gepersonaliseerde banners die waren ontwikkeld door programmatische reclameaankopen, de rest was gebaseerd op de context van de pagina's die een bezoeker bekeek, de ingeschatte demografie van bezoekers of reclame die gewoon willekeurig op een webpagina werd getoond, en enkel gebaseerd op bijvoorbeeld het tijdstip of de tijd van het jaar.

Hiervandaan is het weer een kleine stap naar 'native advertising'. Native advertising heeft betrekking op het plaatsen van reclame in newsfeeds van sociale netwerken of binnen traditionele redactionele inhoud, zoals een krantenartikel. Dit wordt ook wel organisch adverteren genoemd, waarbij content en reclame heel dicht bij elkaar staan of zijn geïntegreerd.
Uit verschillende enquêtes blijkt dat meer dan 75 procent van de Amerikaanse consumenten de gedragsgerichte advertenties niet waarderen. Twee derde (68 procent) van de internetgebruikers veroordeelt het gebruik van zoekmachines en websites die hun online gedrag volgen om gerichte advertenties naar hen te sturen. 28 procent van de geënquêteerden keurt gedragstargeting goed, omdat ze geloven dat het relevantere advertenties en informatie oplevert (Pew Internet, 2012). Een meerderheid van de Amerikanen wil een optie in de browser waarmee het volgen uitgezet kan worden, zodat websites niet langer informatie over hun online gedrag kunnen verzamelen. Meer dan 50 procent is zeer bezorgd over de rijkdom aan persoonlijke gegevens die online staat, 86 procent heeft stappen ondernomen om het online gedrag te maskeren, en 25 procent van de webgebruikers gebruikt advertentieblokkerende software. Naast hackers proberen Amerikanen te voorkomen dat adverteerders hen volgen terwijl ze online zijn, en 64 procent blokkeert cookies om volgen lastiger te maken (Rainie en Duggan, 2016).

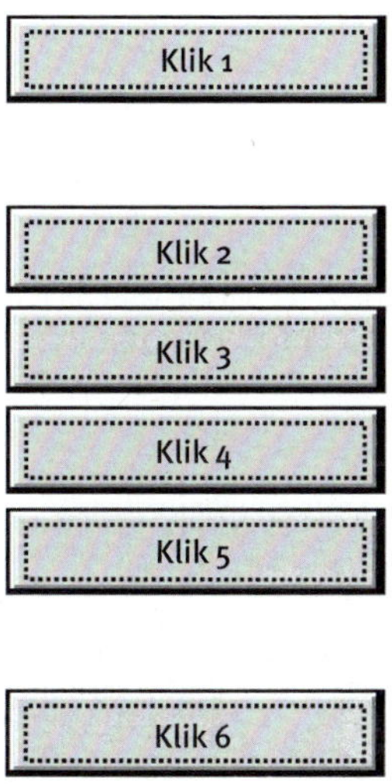

De klant klikt op de homepage. De winkel kan zien dat de klant om 14.30 uur is binnengekomen via de Yahoo!-portal (wat zou kunnen helpen bij het bepalen van de personeelsbezetting voor klantenservicecenters) en hoe lang hij op de homepage heeft doorgebracht (wat zou kunnen duiden op problemen bij het navigeren van de site).

De klant klikt op blouses, klikt om een witte damesblouse te selecteren en klikt vervolgens om hetzelfde artikel in het paars te zien. De klant klikt om dit artikel in maat 34 in paars te selecteren en klikt om het in haar winkelwagentje te leggen. Deze informatie kan de winkel helpen bij het bepalen welke maten en kleuren het populairst zijn.

Vanaf de winkelwagenpagina klikt de klant om de browser te sluiten en de website te verlaten zonder de blouse te kopen. Deze handeling zou erop kunnen wijzen dat de klant van gedachten veranderd is, of dat zij een probleem had met het afreken- en betalingsproces van de website. Dergelijk gedrag kan een signaal zijn dat de website niet goed ontworpen was.

FIGUUR 10.3 *Volgen van websitebezoekers*
E-commercewebsites en reclameplatforms als DoubleClick van Google passen tools toe om de klant te volgen in een online winkel en verder op internet. Door te kijken wat een klant exact bekijkt in een e-store die dameskleding verkoopt, kan de winkel achterhalen wat het moet doen om de omzet te verhogen.

10.3.2 Sociale e-commerce en socialenetwerkmarketing

Sociale kaart
Kaart van alle significante online sociale relaties, vergelijkbaar met een sociaal netwerk dat offline relaties beschrijft.

Sociale e-commerce is e-commerce gebaseerd op het idee van een digitale **sociale kaart**. Deze digitale sociale kaart geeft alle significante online relaties van personen weer. De sociale kaart is synoniem aan het idee van een 'sociaal netwerk' om offline relaties te beschrijven. Je kunt je eigen sociale kaart (netwerk) maken door lijnen te trekken van jezelf naar de tien persoon die het dichtst bij je staan. Als zij elkaar kennen, trek je ook lijnen tussen deze personen. Als je dat wilt, kun je deze tien personen vragen om de namen van de tien personen op te schrijven die het dichtst bij hen staan. Dit levert je een soort plattegrond op van je sociale netwerk. Stel je voor dat iedereen op internet dit deed, en de resultaten ervan in een grote database zouden worden opgeslagen, dan zou je uiteindelijk uitkomen op iets wat op Facebook lijkt.
Volgens de 'kleine-wereldtheorie' ben je altijd maar zes lijnen verwijderd van elke willekeurige persoon op aarde. Als je een lijst zou maken van je eigen adresboek, met bijvoorbeeld honderd

FIGUUR 10.4 *Websitepersonalisatie*

Bedrijven kunnen unieke gepersonaliseerde webpagina's creëren die voor de individuele gebruiker content of advertenties voor producten of diensten laten zien waarin hij of zij speciaal geïnteresseerd is, wat de klantervaring verbetert en extra waarde creëert.

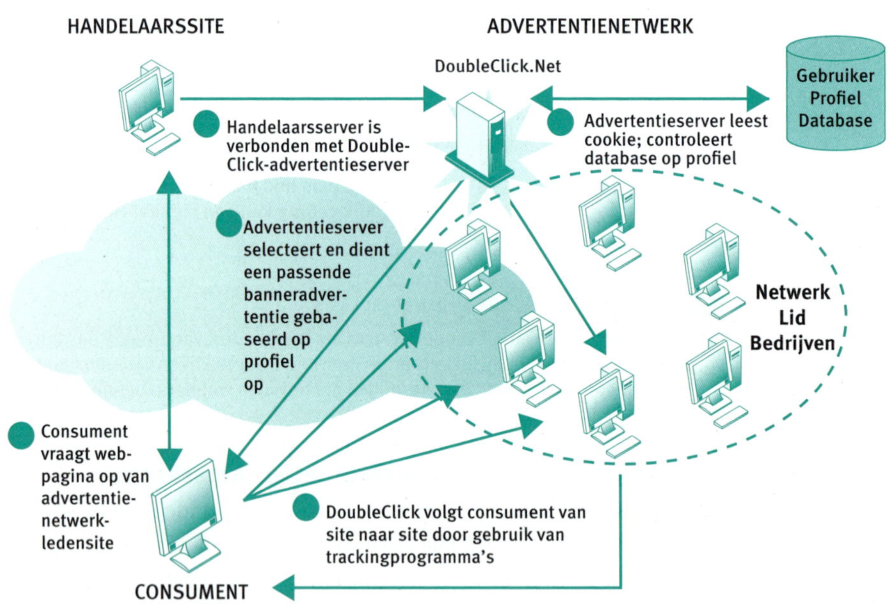

FIGUUR 10.5 *De werking van een advertentienetwerk zoals DoubleClick*

Advertentienetwerken en hun gebruik van volgprogramma's zijn onder privacyvoorvechters controversieel geworden vanwege de mogelijkheid om individuele consumenten over internet te volgen.

namen, en dat aan je vrienden zou sturen, en zij allemaal weer vijftig nieuwe namen zouden toevoegen van hun vrienden, en zo door – vijf keer – dan zou je een lijst van 31 miljard namen krijgen! De sociale kaart is dus een verzameling van miljoenen persoonlijke sociale kaarten (en de mensen op deze kaart). De wereld is inderdaad klein, en we kennen elkaar veel beter dan we denken.

Als je begrijpt hoe mensen onderling verbonden zijn, zie je ook hoe belangrijk dit concept is voor e-commerce: de producten en diensten die jij koopt, beïnvloeden de beslissingen van je vrienden en hun beslissingen beïnvloeden jou weer. Als je als marketeer een merk wilt opbouwen en versterken, kun je profiteren van het feit dat mensen zich binnen sociale netwerken bewegen, interesses en meningen delen, met elkaar communiceren en elkaar beïnvloeden. Als marketeer bestaat je doelgroep niet uit een miljoen individuen die een televisieprogramma bekijken, maar uit de sociale en persoonlijke netwerken van de mensen die de show bekijken. Tabel 10.7 beschrijft de belangrijke kenmerken van sociale e-commerce.

TABEL 10.7 *Kenmerken van sociale e-commerce*

SOCIALE E-COMMERCEKENMERK	BESCHRIJVING
Newsfeed	Een stroom van berichten van vrienden en adverteerders, die socialemediagebruikers op hun homepages vinden.
Tijdlijnen	Een stroom van foto's en gebeurtenissen in het verleden die een persoonlijke geschiedenis voor gebruikers creëren, die kan worden gedeeld met vrienden.
Social sign-on	Websites bieden gebruikers de mogelijkheid zich op hun sites aan te melden via hun socialenetwerkpagina's op Facebook of op een andere sociale site. Hiermee kunnen websites waardevolle socialeprofielinformatie van Facebook ontvangen en deze voor hun eigen marketinginspanningen gebruiken.
Collaboratief winkelen	Creëren van een omgeving waarin consumenten hun winkelervaringen kunnen uitwisselen door het bekijken van producten, chatten of het sturen van tekstberichten. Vrienden kunnen online chatten over merken, producten en diensten.
Netwerknotificatie	Creëren van een omgeving waarin consumenten hun goedkeuring (of afkeuring) van producten, diensten of content kunnen delen, of hun geolocatie of mogelijk een restaurant of club met vrienden kunnen delen. Een voorbeeld hiervan is de alomtegenwoordige like-knop van Facebook. Een ander voorbeeld zijn de tweets en volgers van Twitter.
Social search (aanbevelingen)	Een omgeving mogelijk maken waar consumenten hun vrienden om advies over aankopen, producten, diensten en content kunnen vragen. Terwijl Google je kan helpen dingen te vinden, kan social search je helpen de kwaliteit van dingen te evalueren door naar de evaluaties van je vrienden of hun vrienden te luisteren. Zo kan het sociale aanbevelingssysteem van Amazon je sociale profiel op Facebook gebruiken om producten aan te bevelen.

In 2017 behoorden sociale media tot de snelst groeiende media voor naamsbekendheid en marketing. In dat jaar adverteerden bedrijven voor naar schatting 16,5 miljard dollar op sociale netwerken als Facebook om miljoenen consumenten te bereiken die meerdere uren per dag op Facebook doorbrachten. Facebook is goed voor 74 procent van alle sociale marketing in de Verenigde Staten. Bestedingen aan socialemediamarketing zijn aanzienlijk lager dan die aan televisie, tijdschriften en zelfs kranten, maar dit zal in de toekomst veranderen. In de offline wereld bestaan sociale netwerken uit groepen mensen die uit vrije wil gedurende langere tijd met elkaar in gesprek gaan. Online sociale netwerken als Facebook, LinkedIn, Twitter en Tumblr, evenals andere sites met sociale componenten, zijn websites die bezoekers in staat stellen om met elkaar te communiceren, relaties aan te gaan in groepsverband of op individueel niveau, en om interesses, waarden en ideeën met elkaar te delen. Personen bouwen met tekst en foto's een online profiel van hoe ze willen dat anderen hen zien, en nodigen dan hun vrienden uit om zich aan hun profiel te verbinden. Het netwerk groeit door mond-tot-mondreclame en door e-maillinks. Facebook, met 258 miljoen Amerikaanse bezoekers per maand, krijgt van alle sociale netwerken de meeste publieke aandacht, maar de rest van de top vijf groeit ook, zij het minder snel dan voorheen.

De groei van het aantal Amerikaanse Facebook-gebruikers is gestagneerd. In 2015 zwakte de groei van LinkedIn af tot 40 procent, en in 2016 had het netwerk 119 miljoen bezoekers per maand. Twitter groeide, vooral buiten de Verenigde Staten, door tot 118 miljoen actieve gebruikers. Pinterest kwam met 63 miljoen gebruikers in de website top 50.

Volgens ComScore zaten Amerikanen ongeveer 28 procent van de tijd die ze op internet doorbrachten op socialenetwerkwebsites, en dit is de meest voorkomende online activiteit (ComScore, 2016). De snelst groeiende mobiele apps zijn socialenetwerkapps; bijna de helft van de smartphonegebruikers bezoekt dagelijks sociale websites. In 2016 vond meer dan 60 procent van alle bezoeken aan Facebook op de smartphone plaats.

INTERACTIEVE SESSIE: TECHNOLOGIE

In contact met de klant

Grote en kleine bedrijven zien Facebook, Twitter en andere sociale media als krachtige hulpmiddelen om in contact te komen met klanten, productboodschappen te versterken, trends en beïnvloeders te ontdekken, naamsbekendheid op te bouwen en actie te ondernemen op verzoeken en aanbevelingen van consumenten. De helft van alle Twittergebruikers beveelt in hun tweets producten aan. Ongeveer 1,6 miljard mensen gebruiken Facebook, en meer dan 30 miljoen bedrijven hebben actieve merkpagina's die gebruikers met blogs, commentaarpagina's, wedstrijden en aanbiedingen in staat stellen om contact op te nemen. De like-knop geeft gebruikers de mogelijkheid om hun gevoelens over content, andere onderwerpen die ze bekijken en websites die ze bezoeken te delen met hun sociale netwerk. Dankzij like-knoppen op miljoenen websites kan Facebook het gebruikersgedrag op andere sites in kaart brengen en deze informatie aan marketeers verkopen. Facebook verkoopt ook displayadvertenties aan bedrijven, die gebruikers zien in de rechterkolom van hun homepage en op de meeste andere pagina's in de in Facebook-interface, zoals foto's en apps.

Twitter heeft tal van nieuwe advertentiemogelijkheden ontwikkeld, zoals 'gepromote tweets' en 'gepromote trends'. Deze voorzieningen geven adverteerders de mogelijkheid om hun tweets prominenter te laten vertonen als Twittergebruikers naar bepaalde signaalwoorden zoeken. De doe-het-zelfketen Lowe's maakt gebruik van Facebook mobile ads met video en Snapchat om millennials die hun eerste huis kopen klustips te geven. Lowe's lanceerde in april 2016 een nieuwe serie sociale video's die in het teken stonden van de voorjaarschoonmaak. Het bedrijf gelooft dat een directere en meer interactieve manier is om jonge consumenten te bereiken die steeds meer tijd doorbrengen op visueel gerichte socialemediaplatforms. Lowe's 'FlipSide'-video's zijn korte live-action-video's die naast elkaar laten zien wat er kan gebeuren als een huiseigenaar nalaat de goten en luchtfilters schoon te maken of omhooggeschoten struiken te snoeien en hoe het is als hij dat wel doet. Deze video's maken gebruik van de flip-video-applicatie in Facebooks mobiele informatiestroom waarmee gebruikers de camerahoek kunnen aanpassen, en ze linken door naar de website Lowes.com. Lowe's Snapchat-reeks 'In-a-Snap' probeert jonge huiseigenaren en huurders te inspireren tot het uitvoeren van eenvoudige verbeteringen aan hun woning, bijvoorbeeld planken ophangen om een werkplek te creëren. Tijdens een Snapchat-verhaal kunnen gebruikers op het scherm tikken om bijvoorbeeld een spijker in de muur te slaan of een tegeltje weg te doen. Lowe's werkt aan een nieuwe reeks instructieve video's op Facebook en Instagram met de naam 'Home School' die onderhoudsprojecten verlevendigt met tekeningen van krijtkunstenaars.

Lowe's activiteiten op sociale media hebben de merkbetrokkenheid vergroot. Hoewel de sociale campagnes van het bedrijf zijn opgezet om jonge huiseigenaren of huurder iets te leren over doe-het-zelven, hoopt het bedrijf ook dat ze consumenten anders laten denken over het merk, los van de producten en diensten die het aanbiedt. De directie gelooft dat millennials die hun eerste huis kopen willen weten waar een bedrijf nog meer voor staat dan de producten en diensten die het aanbiedt. Naar schatting 90 procent van de klanten wordt beïnvloed door online beoordelingen, en bijna de helft van alle Amerikaanse gebruikers is actief op zoek naar de

klantenservice via sociale media. Als gevolg daarvan ligt de nadruk bij marketing nu veel sterker op klanttevredenheid en klantenservice. Het volgen van sociale media helpt marketeers en bedrijfseigenaren inzicht te krijgen in voorkeur, afkeur en klachten ten aanzien van producten, en in welke aanvullende producten of productaanpassingen klanten willen en hoe mensen over een merk praten (positief of negatief gestemd).
General Motors (GM) heeft alleen al in de Verenigde Staten 26 fulltime adviseurs voor klantrelaties op sociale media, die zich bezighouden met meer dan 150 socialemediakanalen voor GM, Chevrolet, Buick, GMC en Cadillac, en nog pakweg 85 andere websites, zoals fora voor autoliefhebbers. Deze adviseurs staan zeven dagen per week, 16 uur per dag klaar om klanten te helpen. GM acht het benoemen en oplossen van kwaliteitskwesties uiterst belangrijk. GM besefte al in een vroeg stadium dat online fora voor autobezitters een schat aan informatie konden opleveren die voor productontwikkeling kon worden gebruikt. De socialemedia-adviseurs van GM zijn heel actief in het volgen van online fora voor autobezitters en andere platforms met het doel mogelijke problemen in kaart te brengen en realtime klantfeedback door te geven aan verantwoordelijken voor merkkwaliteit en techniek. In een aantal gevallen zagen deze adviseurs problemen al in een veel vroeger stadium dan bij traditioneel klantonderzoek en feedback door dealers. Zo kwam het socialemediateam van GM een mankement in een klimaatbeheersingsonderdeel op het spoor toen een klant erover schreef op een blog. Er kwamen tientallen reacties op de klacht en hij werd duizenden keren gelezen, wat GM ertoe aanzette om nader onderzoek te doen. Zodra specialisten bij het bedrijf de oorzaak van het probleem hadden bepaald, bracht GM een technisch servicebericht uit aan alle dealers om het bewuste onderdeel in al gebouwde auto's te vervangen. GM repareerde de auto van degene die de klacht had geplaatst binnen tien dagen en paste de productie aan om ervoor te zorgen dat andere klanten geen last van het mankement zouden krijgen.
Toch kan aanwezigheid op sociale media onvoorspelbare en niet altijd gunstige gevolgen hebben, zoals een aantal bedrijven heeft gemerkt. In oktober 2014 riep de CEO van Microsoft, Satya Nadella, een negatieve reactie op Twitter op, nadat hij tweette dat vrouwen niet om opslag hoeven te vragen en dat ze vertrouwen moeten hebben in het werkgelegenheidsstelsel. Later tweette Nadella zijn excuses. Sociale media boden in maart 2015 een platform voor verontwaardigde reacties op Starbucks' Race Together-campagne. Starbucks, dat al eerder gevoelige sociale kwesties had opgepakt, begon de campagne om met zijn klanten in gesprek te komen over rassenverhoudingen. Critici fulmineerden op sociale media dat Starbucks misbruik maakte van de etnische spanningen in de Verenigde Staten.
Overal hebben bedrijven snel Facebookpagina's en Twitteraccounts opgezet, maar veel van hen begrijpen nog steeds niet hoe ze deze middelen effectief kunnen inzetten. Terwijl grote bedrijven hebben geleerd hoe ze zich met sociale media kunnen onderscheiden en daarbij veel hulp krijgen van sites als Facebook en Twitter, gaat sociale marketing de meeste plaatselijke ondernemers boven de pet. Dit geldt ook in de autobranche. Autofabrikanten als Hyundai en Ford Motor hebben sociale media omarmd en tientallen miljoenen dollars besteed aan geavanceerde marketingcampagnes. Ondertussen onderhouden weinig plaatselijke dealers zelfs maar een Facebookpagina, en degenen die dat wel doen meldden weinig tot geen verhoogde omzet door sociale media. Traditionele marketing is hoofdzakelijk gericht op het creëren en sturen van een boodschap door middel van eenrichtingcommunicatie. In socialemediamarketing gaat het om tweerichtingcommunicatie en interactie. Hiermee kunnen bedrijven onmiddellijk een reactie op een boodschap krijgen en kunnen ze zelf reageren en zo nodig de boodschap aanpassen. Nog steeds zijn er veel bedrijven die dat verschil niet begrijpen.

Bronnen: Claudia Kubowicz Malhotra en Arvind Malhotra, 'How CEOs Can Leverage Twitter,' *MIT Sloan Management Review*, winter 2016; Daniel Matthews, 'Social Customer Service Metrics: 3 Case Studies,' Ducttapemarketing.com, geraadpleegd op 1 juli 2016; Nathalie Tadena, 'Lowe's Enlists Snapchat, Facebook Mobile Video in New Push to Reach Millennials,' *Wall Street Journal*, 25 april 2016; Vindu Goel, 'The Gap Between Auto Dealers and Social Media,' *New York Times*, 9 april 2015; Ben DiPetro, 'The Morning Risk Report: Takeaways from Starbucks' Race Relations Gambit,' *Wall Street Journal*, 24 maart 2015.

Vragen bij de case

1. Bepaal de management, organisatorische en technologische problemen bij het gebruik van socialemediatechnologie om met klanten in contact te komen.
2. Wat zijn de voor- en nadelen van het gebruik van sociale media voor reclame, merkontwikkeling, marktonderzoek en klantenservice?
3. Geef een voorbeeld van een zakelijke beslissing uit deze case die werd vergemakkelijkt door het gebruik van sociale media met klanten in gesprek te komen.
4. Zouden alle bedrijven gebruik moeten maken van socialemediatechnologie voor klantenservice en marketing? Waarom (niet)? Welk soorten bedrijven zijn het best geschikt om deze platforms te gebruiken?

Sociaal winkelen
Gebruik van websites met door de gebruiker gecreëerde webpagina's voor het delen van kennis over punten die van belang kunnen zijn voor andere klanten.

Op sites voor **sociaal winkelen** als Pinterest en Kaboodle kun je producten en andere ideeën delen met vrienden. De like-knop op Facebook laat je vrienden weten dat je een product, dienst of content goed vindt en, in sommige gevallen, iets online hebt gekocht. Facebook verwerkt ongeveer 4,5 miljard likes per dag. Online community's zijn ook ideale plekken voor virale marketing. Online virale marketing is te vergelijken met de ouderwetse mond-tot-mondreclame, behalve dat het nieuws nu met de snelheid van het licht via internet wordt verspreid, tot ver buiten het eigen vriendennetwerk.

De wijsheid van de massa

Wijsheid van de massa
Het geloof dat grote aantallen mensen betere beslissingen over een breed scala aan onderwerpen of producten kunnen nemen dan één iemand of een kleine groep deskundigen (voor het eerst voorgesteld in een boek van James Surowiecki).

Het bouwen van sites waar duizenden of zelfs miljoenen mensen met elkaar in contact kunnen komen biedt bedrijven nieuwe manieren om producten aan te bieden en promoten, en om te ontdekken wie hun producten wel en niet goed vinden. Volgens het fenomeen 'de **wijsheid van de massa**', of *the wisdom of crowds*, is een grote groep mensen beter in staat om beslissingen te nemen over diverse onderwerpen of producten dan één enkel individu of een kleine groep deskundigen.

Dit is natuurlijk niet altijd het geval, maar het kan wel verrassende resultaten opleveren. In de marketingwereld suggereert de wijsheid van de massa dat bedrijven er goed aan doen om eerst duizenden klanten te raadplegen, om een goede relatie met hen op te bouwen en om een beter inzicht te krijgen in hoe hun producten en diensten worden gebruikt en wat gebruikers ervan vinden. Het actief vragen om feedback genereert vertrouwen en geeft klanten het gevoel dat hun mening belangrijk voor je is, dat je hun feedback en advies nodig hebt.

Crowdsourcing
Grote internetdoelgroepen voor advies, marktfeedback, nieuwe ideeën en oplossingen voor bedrijfsproblemen gebruiken. Verwant met de 'wijsheid van de massa'-theorie.

Behalve vragen om advies kunnen bedrijven ook actief hulp zoeken bij het oplossen van problemen middels **crowdsourcing**.

Zo lanceerde BMW een crowdsourcingproject om de hulp van klanten in te roepen bij het ontwerpen van een stadsauto voor 2025. Andere voorbeelden zijn onder andere Caterpillar, dat met klanten werkt om betere machinerie te ontwerpen, en Pepsico, die Super Bowl-kijkers gebruikt om een online video te bouwen.

Marketing via sociale media staat nog in de kinderschoenen, en bedrijven experimenteren met diverse formules, in de hoop goed te scoren. Sociale interacties en klantsentimenten zijn echter niet altijd gemakkelijk te peilen, wat nieuwe uitdagingen creëert voor bedrijven die hun merken willen beschermen. De Interactieve sessie over technologie bevat specifieke voorbeelden van de socialemedia-inspanningen van bedrijven op Facebook en Twitter.

10.4 Business-to-business e-commerce: nieuwe efficiëntie en relaties

De handel tussen bedrijven onderling (business-to-business of B2B) is een enorm grote markt. De opbrengst uit B2B-e-commerceverkoop in de Verenigde Staten werd in 2015 geschat op ongeveer 146 triljoen dollar, waarvan 6, triljoen dollar werd omgezet met B2B-e-commerce (U.S. Bureau of the Census, 2015; schattingen van de auteurs). Naar verwachting zal B2B-e-commerce in de Verenigde Staten in 2019 naar 8,6 triljoen dollar groeien. Het proces van zakendoen tussen bedrijven onderling is complex en vereist veel menselijke interventie, waardoor het ook duur is. Sommige bedrijven schatten dat elke zakelijke aankoop ze gemiddeld minimaal honderd dollar aan overhead kost. Deze overhead is inclusief de administratieve verwerking, het goedkeuren van de bestelling, tijd die aan de telefoon of op een andere manier wordt besteed aan het zoeken en vinden van het product en het plaatsen van de bestelling, het regelen van de levering en het ontvangen van de goederen. Voor de hele economie worden er elk jaar miljarden dollars besteed aan inkoopprocessen die ook geautomatiseerd zouden kunnen worden.

Als slechts een deel van alle B2B-handel zou kunnen worden geautomatiseerd en delen van het inkoopproces zouden worden ondersteund via internet, zouden er miljarden dollars overblijven voor productievere zaken, zou de prijs voor consumenten omlaag kunnen, zou de productiviteit worden vergroot en zou de economische welvaart van het land toenemen. De uitdaging bij B2B-e-commerce is dat bestaande patronen en inkoopsystemen moeten worden veranderd en er nieuwe B2B-oplossingen moeten worden ontwikkeld en geïmplementeerd.

10.4.1 Elektronische gegevensuitwisseling

Elektronische gegevensuitwisseling (EDI) Directe uitwisseling van standaardtransactiedocumenten tussen twee ondernemingen via de computer.

B2B-e-commerce verwijst naar de commerciële transacties tussen bedrijven onderling. Deze transacties vinden steeds vaker plaats via diverse communicatiesystemen. Ongeveer 80 procent van alle online B2B-e-commerce is nog steeds gebaseerd op een eigen systeem voor **elektronische gegevensuitwisseling** (*electronic data interchange*, **EDI**) . EDI maakt het mogelijk gegevens uit te wisselen tussen computers van twee organisaties, bijvoorbeeld op het gebied van facturen, vrachtbrieven, beoogde afleveringsplanningen en aankooporders. Transacties worden automatisch van het ene informatiesysteem naar het andere gestuurd via een netwerk, waardoor het tussendoor afdrukken op papier en ergens anders opnieuw invoeren van gegevens overbodig wordt. Elke grote industriesector in de Verenigde Staten en in een groot deel van de wereld heeft EDI-standaarden die de structuur en informatievelden van elektronische documenten voor die branche definiëren.

Sommige bedrijven die te maken hebben met strakke bevoorradingsschema's gebruiken EDI ook als een systeem voor voortdurende bevoorrading. Leveranciers hebben online toegang tot aangewezen delen van de productie en leveringsschema's van het aankopende bedrijf en verzenden automatisch materialen en goederen die voldoen aan vooraf opgegeven doelen zonder tussenkomst van inkoopmedewerkers van het bedrijf (zie figuur 10.6).

Hoewel veel organisaties voor EDI nog steeds gebruikmaken van private netwerken, gaan ze steeds meer via het web werken, omdat internettechnologie een veel flexibeler en goedkoper platform biedt voor het linken naar andere ondernemingen. We spreken nu van web-EDI. Bedrijven zijn in staat digitale technologie uit te breiden naar een breder scala van activiteiten en hun cirkel van handelspartners uit te breiden.

Denk bijvoorbeeld eens aan de inkoop. Inkoop omvat niet alleen het aankopen van goederen en materialen, maar ook het zoeken van en onderhandelen met leveranciers, betalen voor goederen enzovoort. Bedrijven kunnen nu gebruikmaken van internet voor het lokaliseren van de goedkoopste leverancier, het doorzoeken van online catalogi van leveranciersproducten, onderhandelen met leveranciers, plaatsen van bestellingen, doen van betalingen en het regelen van transport. Ze zijn niet langer beperkt tot partners die verbonden zijn door traditionele EDI-netwerken.

FIGUUR 10.6 *Elektronische gegevensuitwisseling (EDI)*

Bedrijven gebruiken EDI voor het automatiseren van transacties voor B2B-e-commerce en continue bevoorrading. Leveranciers kunnen automatisch gegevens over verzendingen aan aankopende bedrijven versturen. De aankopende bedrijven kunnen EDI gebruiken om aan hun leveranciers productie- en voorraadeisen en betaaldata te communiceren.

10.4.2 Nieuwe manieren voor B2B-verkoop en -inkoop

Internet en webtechnologie stellen bedrijven in staat om nieuwe elektronische etalages te creëren voor het verkopen aan andere bedrijven met dezelfde technieken die voor

B2C-commerce worden gebruikt. Andersom kunnen bedrijven internettechnologie benutten voor het creëren van extranetten of elektronische markten voor het linken naar andere bedrijven voor in- en verkooptransacties.

Private industriële netwerken
B2B-extranetten die zijn gericht op continue bedrijfsprocescoördinatie tussen bedrijven voor samenwerking en supply chain management. Een privaat industrieel netwerk bestaat standaard uit een grote onderneming die een extranet gebruikt voor de contacten met haar leveranciers en andere belangrijke zakenpartners.

Private exchange
Andere benaming voor een privaat industrieel netwerk.

Private industriële netwerken bestaan meestal uit grote ondernemingen die een extranet gebruiken om te linken naar leveranciers en andere belangrijke zakenpartners (zie figuur 10.7). Het netwerk is het eigendom van de koper en verleent toegang aan aangewezen leveranciers, distributeurs en andere zakenpartners voor het delen van gegevens over het productontwerp en de productontwikkeling, de marketing, de productieplanning, het voorraadbeheer en de ongestructureerde communicatie, waaronder afbeeldingen en e-mail. Een andere term voor een privaat industrieel netwerk is een **private exchange**.

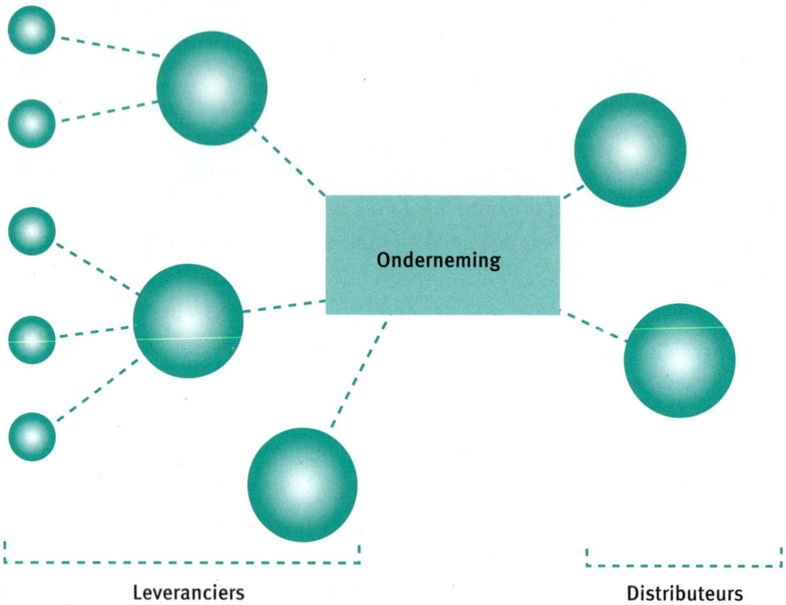

FIGUUR 10.7 *Een privaat industrieel netwerk*

Een privaat industrieel netwerk verbindt een onderneming met zijn leveranciers, distributeurs en andere zakenpartners voor efficiënt supply chain management en andere handelsactiviteiten.

Een voorbeeld hiervan is VW Group Supply, die de Volkswagen Group verbindt met zijn leveranciers. VW Group Supply behandelt 90 procent van alle aankopen over de hele wereld voor Volkswagen, waaronder alle auto- en onderdeelcomponenten.

Internetmarktplaats
Een digitale marktplaats gebaseerd op internettechnologie die diverse kopers in contact brengt met diverse aanbieders.

Elektronische hub (e-hub)
Online B2B-forum.

Internetmarktplaatsen, soms ook **e-hubs** genoemd, bieden één digitale marktplaats gebaseerd op internettechnologie voor veel verschillende kopers en verkopers (zie figuur 10.8). Ze zijn bedrijfseigendom of opereren als onafhankelijke tussenschakels tussen kopers en verkopers. Deze marktplaatsen genereren inkomsten uit in- en verkooptransacties en andere aan klanten aangeboden diensten. Deelnemers aan deze marktplaatsen kunnen prijzen instellen via online onderhandelingen, veilingen, verzoeken om prijsopgaven, of vaste prijzen hanteren. Er zijn allerlei typen netmarktplaatsen en manieren om ze te classificeren. Op sommige zijn goederen te koop die gebruikt worden in een productieproces, zoals plaatstaal voor het produceren van een auto. Daarnaast kan men op dezelfde of andere marktplaatsen goederen kopen die niet rechtstreeks nodig zijn voor het productieproces, zoals kantoorartikelen of producten voor onderhoud en reparatie. Enkele marktplaatsen ondersteunen contractaankopen gebaseerd op langetermijnrelaties met aangewezen leveranciers, andere ondersteunen kortetermijnaankopen, waarbij goederen worden aangeschaft op basis van onmiddellijke behoeften, vaak van verschillende leveranciers. Sommige marktplaatsen dienen als verticale markten voor specifieke branches, zoals auto's, telecommunicatie of ICT, terwijl andere dienen als horizontale markten voor goederen en diensten die te vinden zijn in tal van branches, zoals kantoorapparatuur of transportmiddelen.

Exostar is een voorbeeld van een branche-eigen netmarktplaats, gericht op relaties met langetermijncontractaankopen en op het bieden van gemeenschappelijke netwerken en computerplatforms voor het verminderen van ondoelmatigheden in de keten waar men deel van uitmaakt. Deze door de luchtvaart en defensie gesponsorde marktplaats is gezamenlijk opgericht door BAE Systems, Boeing, Lockheed Martin, Raytheon en Rolls-Royce plc voor het verbinden van deze bedrijven met hun leveranciers en het faciliteren van samenwerking. Meer dan 100.000 handelspartners in de commerciële, militaire en regeringssectoren maken gebruik van de wervings-, e-procurement- en collaboratieprogramma's van Exostar, zowel voor directe goederen als voor goederen die nodig zijn in een organisatie maar die niet van belang zijn voor het primaire proces, zoals schoonmaakmiddelen, kantoorartikelen enzovoort (indirecte goederen).

Exchange
Netmarktplaats van derden die voornamelijk transactiegericht is en veel kopers en leveranciers voor aankopen met elkaar in contact brengt.

Exchanges zijn netmarktplaatsen in eigendom van derde partijen die duizenden leveranciers en kopers verbinden voor directe aankopen. Veel exchanges bieden verticale markten voor één branche, zoals voedsel, elektronica of industriële apparatuur, en ze hebben voornamelijk te maken met directe input. Go2PAper creëerde bijvoorbeeld een soort marktplaats voor kopers en verkopers van allerlei soorten papier en karton uit 75 landen.

Exchanges hadden een bloeiperiode tijdens de eerste dagen van e-commerce, maar vele zijn inmiddels gestrand. Leveranciers waren huiverig om eraan deel te nemen, omdat de exchanges concurrerend bieden stimuleerden. Dat dreef de prijzen omlaag, zonder dat er langdurige relaties met kopers of diensten gegarandeerd werden die het verlagen van de prijzen de moeite waard maakte. Veel essentiële aankopen voor de productie worden niet onmiddellijk afgesloten, omdat er contracten voor nodig zijn en kwesties als levertijd, aanpassing en productkwaliteit een rol spelen.

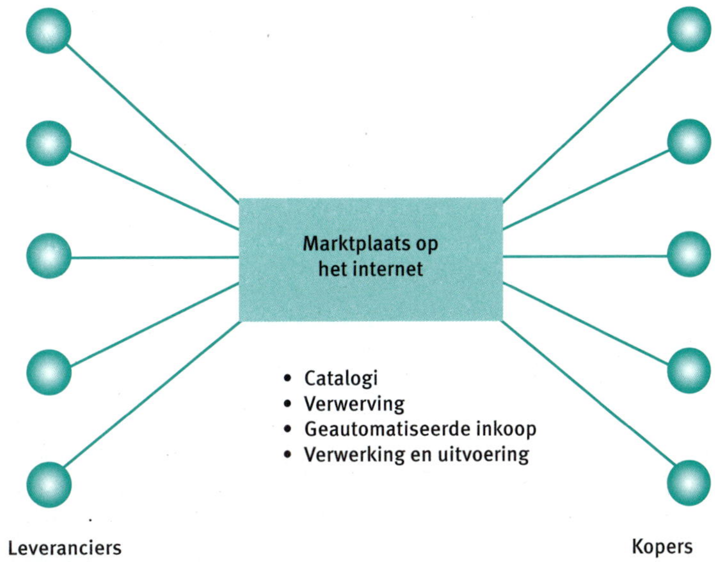

FIGUUR 10.8 *Een internetmarktplaats*
Internetmarktplaatsen zijn digitale marktplaatsen waar vele kopers kunnen kopen van vele verkopers.

10.5 Het mobiele digitale platform en mobiele e-commerce

Kijk op straat eens om je heen om te zien hoeveel mensen naar hun smartphones en tablets zitten te staren. In de trein en in het vliegtuig zie je steeds meer mensen online de krant lezen, een video kijken op hun telefoon of een boek lezen op hun Kindle. Over vijf jaar zal het merendeel van de internetgebruikers in de Verenigde Staten hun mobiel gebruiken als belangrijkste apparaat voor internet.

In 2017 vertegenwoordigde m-commerce zo'n 37 procent van alle e-commerce en genereerde het een jaarlijkse omzet van zo'n 170 miljard dollar door de verkoop van goederen en diensten, apps, reclame, muziek, video's, ringtones, films, televisieseries en locatiegerichte diensten als restaurantzoekers en file-updates.

M-commerce is de snelst groeiende vorm van e-commerce en groeit in sommige sectoren met wel 50 procent of meer per jaar en zal in 2020 naar schatting naar 300 miljard dollar groeien (zie figuur 10.9) (eMarketer, 2016c). De belangrijkste groeigebieden op het gebied van m-commerce zijn grote retailers zoals Amazon (16,8 miljard dollar), Apple (ongeveer 14 miljard dollar), verkoop van digitale content zoals muziek, tv-series, films en e-boeken (ongeveer 6 miljard dollar) en verkopen via mobiele apps (ongeveer 7 miljard dollar) (eMarketer, 2016d). Deze schattingen laten mobiele reclame en locatiegerichte diensten nog buiten beschouwing. On demand bedrijven als Uber (beschreven in de openingscase van dit hoofdstuk) en Airbnb zijn locatiegebaseerde diensten, maar het zijn wel degelijk voorbeelden van m-commerce.

10.5.1 Locatiegerichte diensten en applicaties

Geosociale dienst
Sociaal netwerk gebaseerd op de GPS-locatie van gebruikers.

Georeclame
Leveren van advertenties aan gebruikers gebaseerd op hun GPS-locatie.

Geo-informatiedienst
Informatie over lokale plaatsen en dingen gebaseerd op de GPS-positie van de gebruiker.

Locatiegerichte diensten worden gebruikt door 74 procent van smartphonegebruikers. De basis voor mobiele e-commerce is de GPS-functie op de smartphone. Een **geosociale dienst** kan je vertellen waar je vrienden hebben afgesproken, met **georeclame** weet je waar je het dichtstbijzijnde Italiaanse restaurant kunt vinden en met **geo-informatiediensten** kom je erachter hoe duur het huis is dat je te koop ziet staan, of welke tentoonstellingen er in het museum te zien zijn waar je net voorbij fietst. In 2017 waren de snelst groeiende en populairste locatiegebaseerde diensten on demand bedrijven zoals Uber, Lyft, Airbnb, Instacart (zie ook de Interactieve sessie over organisaties) en honderden andere die diensten leveren aan lokale gebruikers en gebaseerd zijn op de locatie van de gebruiker (of in het geval van Airbnb op de beoogde bestemming van de gebruiker).

Waze is een voorbeeld van een populaire, sociale geo-informatiedienst. Waze is een GPS-gebaseerde navigatieapp voor smartphones die is overgenomen door Google. Waze stelt aan de hand van GPS vast waar op de kaart de auto van de gebruiker zich bevindt en verzamelt net als andere navigatieprogramma's voortdurend informatie over de snelheid en richting van de gebruiker. Wat Waze onderscheidt, is dat Waze verkeersinformatie verzamelt van gebruikers die heel wat zaken doorgeven, zoals verkeersongelukken, verdekt opgestelde flitscamera's, herkenningspunten, straatfeesten, demonstraties en zelfs adressen. Op basis van deze informatie stelt Waze alternatieve routes voor, geeft een indruk van reistijden en meldt waarschuwingen. Waze kan onderweg zelfs tankstations aanbevelen. De Waze-app wordt in de Verenigde Staten intensief gebruikt door chauffeurs van Uber en Lyft, om niet te spreken van 25 miljoen andere autorijders.

Foursquare en nieuw aanbod van Facebook en Google zijn voorbeelden van geosociale diensten. Geosociale diensten helpen je om vrienden te lokaliseren, of om door hen gevonden te worden, door je aan te melden bij de sociale geodienst en je aanwezigheid in een restaurant of op een andere plek te melden. Je vrienden worden onmiddellijk op de hoogte gebracht. Ongeveer 20 procent van de smartphonebezitters maakt gebruik van geosociale diensten.

Foursquare biedt een locatiegebaseerde socialenetwerkdienst aan 60 miljoen geregistreerde gebruikers, die contact kunnen leggen met vrienden, hun locatie kunnen updaten en beoordelingen en tips voor een locatie kunnen geven. Er zijn punten te verdienen door in te checken op aangewezen locaties. Gebruikers kunnen hun locatie kenbaar maken op bijvoorbeeld Twitter of Facebook. Gebruikers kunnen ook 'badges' verdienen door in te checken op locaties met bepaalde tags, door de frequentie waarmee of door het tijdstip waarop ze inchecken. Wereldwijd gebruiken meer dan 500.000 plaatselijke ondernemers het commerciële platform in hun marketingmix.

Mensen koppelen aan lokale verkopers in de vorm van georeclame is de basis voor m-commerce. Georeclame verstuurt advertenties naar gebruikers gebaseerd op hun GPS-locatie. Winkeliers kunnen toegang kopen tot deze klanten als ze 'binnen bereik' zijn. Kiehl

Stores, een cosmeticaketen, stuurde bijvoorbeeld kortingscodes en andere speciale aanbiedingen naar klanten die binnen honderd meter van hun winkel kwamen (eMarketer, 2012).

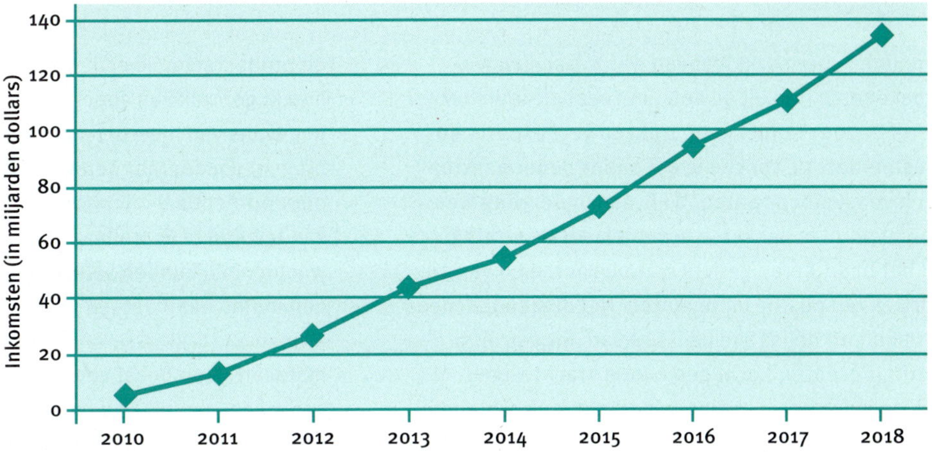

FIGUUR 10.9 *Inkomsten uit m-commerce wereldwijd*

Mobiele e-commerce is de snelst groeiende vorm van B2C-e-commerce en maakte in 2016 ongeveer 33 procent uit van alle e-commerce.

Bronnen: Data uit grafiek e-Marketer, 'US Retail Mcommerce Sales, 2013-2019,' mei 2015.

10.5.2 Andere mobiele diensten

Banken en kredietmaatschappijen hebben diensten ontwikkeld waarmee hun klanten mobiel hun bankzaken kunnen doen. Bij BNP Paribas Fortis bijvoorbeeld is de Easy Banking App een aanvullende dienst op Easy Banking Web, waarmee klanten in alle veiligheid hun rekeningen en kaarten beheren en taken uitvoeren via hun smartphone of tablet, waar en wanneer zij maar willen. Klanten van JPMorgan Chase en Bank of America kunnen op hun smartphone hun saldo controleren, geld overmaken en rekeningen betalen. Met Apple Pay voor de iPhone en Apple Watch, samen met andere Android- en Windows-smartphonemodellen, kunnen gebruikers met een swipe met hun telefoon artikelen op hun creditcardrekeningen betalen.

De mobielereclamemarkt is het snelst groeiende online reclameplatform. In 2017 werd 52 miljard dollar aan reclame-inkomsten gegenereerd en de markt groeit met 21 procent per jaar. Reclame volgt uiteindelijk altijd de blik van de consument, en die is steeds vaker gericht op mobiele telefoons en, zij het in mindere mate, tablets. Google is de grootste mobiele reclamemarkt. Het bedrijf plaatst voor zo'n 10 miljard dollar aan mobiele reclame. Facebook is nummer twee met 4,9 miljard omzet in dit segment. Yahoo! toont reclame op de mobiele homepage voor bedrijven als Pepsico Procter & Gamble, Hilton, Nissan en Intel. Google geeft advertenties weer die gekoppeld zijn aan de zoekacties van gebruikers, terwijl Microsoft banners en tekstreclames laat zien op de mobiele MSN-portal in de Verenigde Staten. Ook zit er reclame in spelletjes, video's en andere mobiele apps.

55 procent van online winkels heeft nu een website geschikt voor m-commerce; een vereenvoudigde versie van de website die klanten in staat stelt via hun mobiele telefoon te winkelen en bestellingen te plaatsen. Kledingwinkels Lilly Pulitzer en Armani Exchange, Home Depot, Amazon, Walmart en 1-800 Flowers zijn voorbeelden van bedrijven met mobiele verkoopapps. In 2016 vond meer dan de helft van de m-commerceverkopen binnen apps plaats in plaats van in mobiele webbrowsers.

10.6 De stap naar e-commerce

Het opbouwen van succesvolle aanwezigheid op internet als e-commercebedrijf vereist inzicht in de zakelijke, technologische en sociale aspecten, naast een zeer systematische benadering.

Kan Instacart leveren?

De online supermarkt Webvan was misschien wel de bekendste flop uit de dotcom-zeepbel. Toen het bedrijf in 2001 failliet ging, trokken veel experts en investeerders de conclusie dat online supermarkten niet levensvatbaar waren. Webvans ondergang was echter vooral te danken aan het feit dat de strategie van het bedrijf erop gericht was de voordelen van zijn voortrekkerspositie uit te nutten. Het besteedde meer dan 1 miljard dollar aan de bouw van uitgestrekte distributiecentra, kocht een enorm vrachtwagenpark en investeerde zwaar in marketing. Vervolgens bood het gratis bezorging aan, ongeacht het aantal boodschappen, op vrijwel elk moment van de dag, en rekende prijzen die zijn fysieke concurrenten op hun grondvesten deed schudden. Dit was niet een formule om winst te genereren. De afgelopen jaren peilen andere bedrijven weer voorzichtig de stemming ten aanzien van online supermarkten. FreshDirect in New York City heeft er een succes van gemaakt door verse, lokale groenten en fruit, biologische en koosjer artikelen te combineren met een standaard supermarktassortiment.

Gevestigde fysieke supermarktketens, zoals Albertson's, Safeway en Peapod.com (het online merk van zowel Stop & Shop als Giant), hebben het overgenomen toen online bedrijven de geest gaven. De nieuwste speler op de markt, Instacart, maakt helemaal geen onkosten aan distributiecentra of transport, door gebruik te maken van een legertje zelfstandige contractanten en plaatselijke levensmiddelenzaken. Deze personal shoppers krijgen bestellingen door via de Instacart smartphone-app, doen de boodschappen en bezorgen ze met eigen vervoer bij de klant aan huis. Net zoals het 'sharing economy'-concept van Uber brengt Instacart de arbeidskosten terug tot een minimum door van zijn personal shoppers te verlangen dat ze zelf hun auto- en ziektekostenverzekering en hun sociale lasten betalen. De meeste Instacart-shoppers werken deeltijd, hebben flexibele arbeidsuren en verdienen naar verluidt tussen de 15 en 20 dollar per uur, afhankelijk van hoe snel ze hun winkelwagentje vol krijgen en leveren.

De medeoprichter en CEO van Instacart, Apoorva Mehta, gelooft dat het bedrijf twee concurrentievoordelen kent. Ten eerste zijn klanten niet beperkt tot één leverancier en kunnen ze artikelen uit meerdere winkels in één bestelling combineren, zodat de productselectie echt op maat gebeurt. (Instacart maakt gebruik van speciale software die de voorraadgegevens van meerdere supermarkten kan raadplegen). En doordat personal shoppers de hele dag door oproepbaar zijn, hoeven klanten noch vele uren van tevoren te bestellen, noch lang op hun bestelling wachten. Zij kunnen zelfs hun boodschappen binnen een uur na het plaatsen van hun bestelling al bezorgd krijgen.

Instacarts app bevat een gedetailleerde plattegrond van elke plaatselijke winkel, inclusief de producten per gangpad. Het boodschappenlijstje van de klant, samengesteld met behulp van uitklapmenu's op de website of in de app, wordt op winkel en gangpad gerangschikt om het boodschappen doen zo efficiënt mogelijk te laten verlopen. Voor alle bij Instacart aangesloten ondernemers wordt de voorraad bijgehouden. Als een personal shopper in een felgroen T-shirt met het Instacart-logo snel door een gangpad loopt, kan hij of zij artikelen selecteren voor verschillende bestellingen die op verschillende tijden zijn geplaatst. De software kan ook bezorgroutes inplannen en volgende bestellingen van klanten voorspellen. iPhone-gebruikers kunnen via Yummly, de grootste receptenzoekmachine ter wereld, verbinding maken met de Instacart-app en de ingrediënten op tijd voor het avondeten laten bezorgen. Bezoekers van Food Network-websites, met meer dan een half miljoen recepten, kunnen online recepten bekijken en vervolgens op een button klikken om de ingrediënten die ze nodig hebben aan het Instacart-winkelwagentje toe te voegen. De Instacart-app is geïntegreerd met Google Now-kaarten, zodat Android-gebruikers bestellingen kunnen plaatsen om ze zelf op te halen of te laten bezorgen met een tegoedbon die in de app is gegenereerd.

Zo bepalen Instacarts kerncompetenties zijn doelgroep: niet-prijsbewuste gemakszoekers. Aanvankelijk werd er een toeslag berekend op de producten (20 procent in een steekproef) en een bezorgtoeslag van 3,99 dollar berekend. Een Amazon Prime-achtige dienst die Instacart Express heet, vereist een bepaald volume aan bestellingen en rekent 99 dollar per jaar voor gratis bezorging. Een van Webvans grote fouten was dat het een massamarktstrategie volgde. Het had nooit winst kunnen maken met het leveren van kwaliteit en keus tegen bodemprijzen en dan ook nog een gratis bezorging. In plaats daarvan richt

Instacart zich op klanten die bereid zijn om meer te betalen voor zowel kwaliteit als keus. Medio 2015 had Instacart 200 werknemers en 4000 personal shoppers in New York, Los Angeles, San Francisco, San Jose, Washington, DC, Chicago, Boston, Austin, Seattle, Philadelphia, Atlanta, Boulder, Denver, Houston en Portland. Het bedrijf blijft groeien. Levensmiddelenaanbieders van grote ketens als Costco, BJ's Wholesale Club, Safeway, Kroger, Super Fresh, Trader Joe's en Whole Foods tot plaatselijke speciaalzaken als Erewhon Organic Grocer & Café in LA, Marczyk Fine Foods in Denver en Green Zebra in Portland hebben Instacart verwelkomd als een manier om hun klantenkring uit te breiden voordat Amazon-dochter Amazon Fresh landelijk uitrolde. Het blijkt evenwel geen gemakkelijke opdracht om dergelijke initiatieven winstgevend te maken en Amazon heeft zijn dochter Fresh in 2017 dan ook teruggeschroefd en is nu alleen nog actief in de grote steden.

Terwijl veel marktanalisten voorspellen dat het onvermijdelijk is om mee te gaan in de lage prijsstelling van Amazon en Walmart, past Instacart in plaats daarvan zijn bedrijfsmodel aan. Samenwerkingsverbanden met Petco en Tomlinson's Pet Supplies in Austin doen vermoeden dat er meer productgroepen zullen worden aangeboden, terwijl Mehta mijmert dat uitbreiding naar logistiek in het algemeen een overweging is.

Veel van Instacarts levensmiddelenpartners stellen nu zelf hun prijzen vast en betalen Instacart een percentage per bestelling. Dit heeft Instacart bevrijd van de last van toeslagen, beschermd tegen de grillen van variabele levensmiddelenprijzen en een stabielere winststructuur opgeleverd. Retailers zijn bereid gebleken om Instacart te betalen in de hoop meer omzet te genereren, aangezien Instacart-winkels een groter afzetgebied hebben. Aangesloten retailers melden winst, al zijn het er niet veel. Nilam Ganenthiran, hoofd Business Development and Strategy, houdt vol dat er verschillende soorten overeenkomsten zijn afgesloten, en weigert bekend te maken of partners hun e-commerce naar Instacart outsourcen voor een vast bedrag per maand, of dat ze per gekocht artikel, per geplaatste bestelling of per bediende klant moeten betalen. Aangezien landelijke ketens slechts 1 à 2 procent marge maken op het bezorgen van boodschappen, is het Instacart-model om boven op de bestaande levensmiddeleninfrastructuur een arbeidstoeslag te rekenen nog niet bewezen. Volgens een analyse van *Wall Street Journal* zou een bestelling van vijftien alledaagse boodschappen, zoals diepvrieserwtjes, melk, ontbijtgranen en vers fruit, die in een Safeway-vestiging in San Francisco ongeveer 68 dollar zouden kosten, Instacart slechts 1,50 dollar winst opleveren. Als de bestelling kleiner was, zonder potje pindakaas, zou Instacart op quitte spelen, en een kleinere bestelling zou verlieslijdend werken.

Kan Instacart zonder prijsconcessies van deelnemende winkels genoeg klanten kunnen trekken? Én een loonschaal handhaven die de hoge servicegraad garandeert waar zijn doelgroep om vraagt? En dan óók nog winst maken? En zijn de meerverkopen van retailers dankzij Instacart vol te houden? Instacart mag dan een geweldig idee zijn, maar het is wel een enorme gok.

Bronnen: Sarah Perez, 'Instacart Becomes the Default Ingredients-Buying App for Food Network's Websites,' TechCrunch.com, 2 juni 2016; Megan Rose Dickey, 'Instacart Cutting Wages for Shoppers Starting March 14,' TechCrunch.com, 11 maart 2016; Brad Stone, 'Instacart Rings Up $220 Million More for its Grocery Delivery Service,' *Bloomberg Business*, 13 januari 2015; Carmel DeAmicis, 'On the Way to $220M in Funding, Instacart Quietly Changed Its Business Model,' gigaom.com, 14 januari 2015; Farhad Manjoo, 'Instacart's Bet on Online Grocery Shopping,' *New York Times*, 29 april 2015; 'Grocery Deliveries in the Sharing Economy,' *New York Times*, 21 mei 2014.

Vragen bij de case

1. Analyseer Instacart met de waardeketenkrachten- en concurrerendekrachtenmodellen. Met welke concurrerende krachten heeft het bedrijf te maken? Wat is zijn waardepropositie?
2. Leg uit hoe het bedrijfsmodel van Instacart werkt. Hoe genereert het bedrijf inkomsten?
3. Welke rol speelt informatietechnologie in Instacarts bedrijfsmodel?
4. Is Instacarts model voor online levensmiddelenoverkoop levensvatbaar? Waarom (niet)?

Het is niet meer genoeg om alleen een bedrijfswebsite te hebben; een echt e-commercebedrijf moet ook een eigen Facebookpagina hebben, berichten posten op Twitter en apps ontwikkelen waarmee klanten de diensten en producten kunnen bekijken en kopen. Het ontwikkelen en coördineren van al deze zaken kan lastig zijn. Een complete bespreking van dit onderwerp valt buiten het bereik van dit boek, en studenten doen er goed aan om zelf boeken hierover te lezen (Laudon en Traver, 2016). De twee belangrijkste uitdagingen voor het management op dit gebied zijn: 1) het verkrijgen van inzicht in je bedrijfsdoelen voor e-commerce, en 2) weten wat de juiste technologie is om die doelen te bereiken.

10.6.1 Ontwikkel een e-commerce-presence

E-commerce is verschoven van een pc-gerichte activiteit op het web naar een mobiele en tabletactiviteit. Momenteel worden smartphones en tablets door een meerderheid van internetgebruikers in de Verenigde Staten gebruikt om artikelen en diensten te verkennen, prijzen op te zoeken en toegang tot sociale sites te krijgen, en minder om aankopen te doen. Je potentiële klanten gebruiken deze verschillende apparaten op verschillende momenten van de dag, en nemen, afhankelijk van wat ze aan het doen zijn (contact maken met vrienden, tweeten of een blog lezen), zelf deel aan verschillende conversaties. Dit zijn allemaal 'touch points' waar je de klant kunt ontmoeten, en je moet nadenken hoe je een aanwezigheid op deze verschillende virtuele plekken ontwikkelt. Figuur 10.10 biedt een roadmap naar de platforms en gerelateerde activiteiten waar je bij het ontwikkelen van e-commerce-presence over wilt nadenken.

Figuur 10.10 laat vier verschillende soorten e-commerce-presence zien: websites, e-mail, sociale media en offline media. Voor elk van deze typen zijn er verschillende platforms die je moet behandelen. Zo zijn er in het geval van website-presence drie verschillende platforms: traditionele pc, tablets en smartphones, elk met verschillende functies. En voor elk type e-commerce-presence zijn er bijbehorende activiteiten die je moet overwegen. Zo zul je je bijvoorbeeld in het geval van websites willen bezighouden met zoekmachine marketing, displayadvertenties, partnerprogramma's en sponsorships. Offline media, het vierde type e-commerce-presence, is hierin opgenomen omdat veel bedrijven multiplatform- of geïntegreerde marketing gebruiken, waarbij klanten door gedrukte advertenties naar websites worden verwezen.

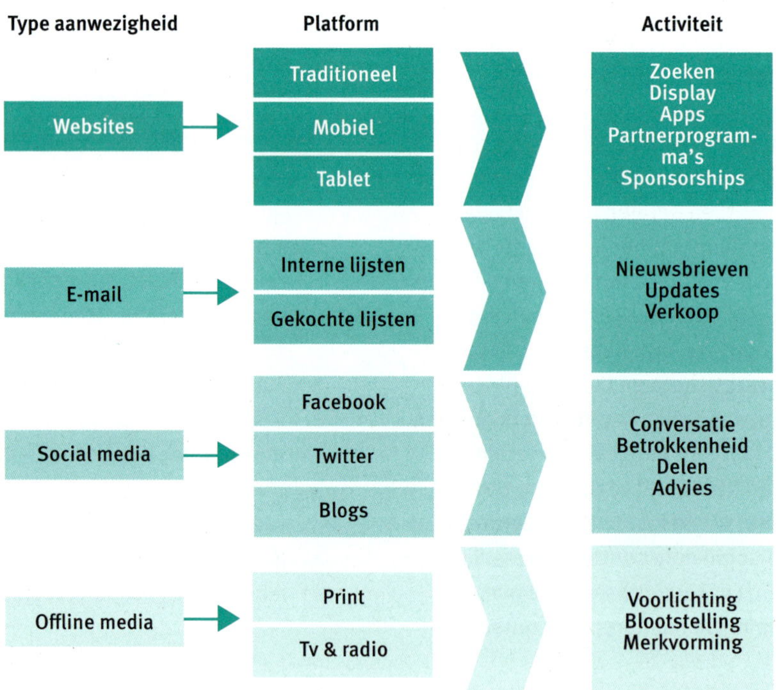

FIGUUR 10.10 *Kaart e-commerce-presence*

10.6.2 Een tijdlijn ontwikkelen: mijlpalen

Waar wil je over een jaar zijn? Wanneer je begint is het verstandig om een ruw idee voor het tijdsbestek voor het ontwikkelen van je e-commerce te hebben. Je moet je project opsplitsen in een klein aantal fasen die binnen een opgegeven tijdsbestek kunnen worden afgerond. Tabel 10.8 toont een tijdlijn van een jaar voor de ontwikkeling van een e-commerce-presence voor een startend bedrijf in tienermode.

TABEL 10.8 *Tijdslijn e-commerceactiviteiten*

FASE	ACTIVITEIT	MIJLPAAL
Fase 1: Planning	Stel je internetaanwezigheid voor, bepaal personeel	Web mission statement
Fase 2: Ontwikkeling website	Verwerf content, ontwikkel een webontwerp, laat de site hosten	Websiteplan
Fase 3: Webimplementatie	Ontwikkel trefwoorden en metatags, richt je op search engine optimization (SEO), breng potentiële sponsoren in kaart	Een functionerende website
Fase 4: Socialmediaplan	Zoek geschikte sociale platforms en content voor je producten en diensten	Een socialmediaplan
Fase 5: Implementatie social media	Ontwikkel aanwezigheid op Facebook, Twitter en Pinterest.	Functionerende aanwezigheid op social media
Fase 6: Mobiel plan	Ontwikkel een mobiel plan en denk na over opties om je website geschikt te maken voor smartphones	Een mobiel mediaplan

SAMENVATTING

1. Wat zijn de unieke kenmerken van e-commerce, digitale markten en digitale goederen?

E-commerce is het digitaal uitvoeren van handelstransacties tussen organisaties onderling en tussen organisaties en particulieren. Tot de unieke kenmerken van e-commercetechnologie behoren het overal aanwezig zijn, de rijkdom, de interactiviteit, de informatiedichtheid, de voorzieningen voor personalisatie en aanpassing, en het gebruik kunnen maken van de technologie voor het realiseren van online sociale netwerken. E-commerce wordt steeds socialer, mobieler en lokaler. Van digitale markten wordt gezegd dat ze 'transparanter' zijn dan traditionele markten, vanwege de verminderde informatieasymmetrie, de lagere zoek-, transactie- en menukosten, plus de mogelijkheid om de prijzen dynamisch aan te passen aan de marktsituatie. Digitale goederen zoals muziek, video's, software en boeken kunnen worden geleverd via een digitaal netwerk. Als een digitaal product eenmaal is geproduceerd, zijn de kosten om dat product digitaal te leveren uiterst laag.

2. Wat zijn de belangrijkste bedrijfs- en inkomstenmodellen voor e-commerce?

Bedrijfsmodellen voor e-commerce zijn e-tailers, transactiemakelaars, markplaatsproviders, contentproviders, communityproviders, serviceproviders en portals. De belangrijkste inkomstenmodellen zijn reclame, verkoop, abonnementen, free/premium, commissie en affiliate.

3. Hoe heeft e-commerce de marketingsector veranderd?

Internet biedt marketeers nieuwe mogelijkheden om miljoenen potentiële klanten te identificeren en met hen te communiceren, terwijl de kosten veel lager liggen dan bij traditionele media. Crowdsourcing gebruikt de 'wijsheid van de massa' om bedrijven te laten leren van klanten, om zo hun assortiment te verbeteren en meer waarde te genereren voor de klant. Gedragsgerichte technieken maken banners en videoreclames veel effectiever. Sociale e-commerce maakt gebruik van sociale netwerken en netwerksites om producten en diensten gerichter aan te bieden.

4. Hoe heeft e-commerce transacties tussen bedrijven veranderd?

B2B-e-commerce stelt organisaties in staat doelmatiger leveranciers te lokaliseren, biedingen uit te lokken, bestellingen te plaatsen en verzendingen bij vervoer elektronisch te volgen. Netmarktplaatsen bieden een digitale marktplaats voor veel kopers en verkopers. Private industriële netwerken verbinden een onderneming met zijn leveranciers en andere strategische zakenpartners voor het ontwikkelen van zeer efficiënte en responsieve leveringsketens.

5. Wat is de rol van m-commerce in de bedrijfsvoering en wat zijn de belangrijkste toepassingen van m-commerce?

M-commerce is met name geschikt voor toepassingen die met locatie te maken hebben, zoals het zoeken naar plaatselijke hotels en restaurants, het volgen van plaatselijk weer en verkeer, en het aanbieden van gepersonaliseerde plaatselijke marketing. Mobiele telefoons en andere mobiele apparaten worden bijvoorbeeld gebruikt voor mobiel bankieren en het downloaden van digitale content, zoals muziek, games en videoclips. M-commerce vereist draadloze portals en speciale digitale betalingssystemen die microbetalingen kunnen afhandelen. De gps-functies in smartphones maken georeclame, geosociale diensten en geo-informatiediensten mogelijk.

6. Welke kwesties zijn van belang bij het bouwen van een e-commercewebsite?

Het bouwen van een succesvolle e-commercewebsite vereist inzicht in de bedrijfsdoelen die je wilt bereiken, en selectie van de juiste platforms, activiteiten en tijdlijn om die doelstellingen te bereiken. E-commerce-presence omvat niet alleen een bedrijfswebsite maar ook aanwezigheid op Facebook, Twitter en andere socialenetwerksites en smartphone-apps.

HERHALINGSVRAGEN

1. Wat zijn de unieke kenmerken van e-commerce, digitale markten en digitale goederen?

- Noem en beschrijf de bedrijfstrends en de technologietrends waardoor de huidige e-commerce wordt gevormd.
- Noem en beschrijf de acht unieke kenmerken van e-commerce.
- Geef een definitie van een digitale markt en van digitale goederen, en beschrijf de onderscheidende kenmerken.

2. Wat zijn de belangrijkste bedrijfs- en inkomstenmodellen voor e-commerce?

- Noem en beschrijf drie soorten e-commerce.
- Benoem en beschrijf de belangrijkste bedrijfsmodellen voor e-commerce.
- Benoem en beschrijf de belangrijkste inkomstenmodellen voor e-commerce.

3. Hoe heeft e-commerce de marketingsector veranderd?

- Leg uit hoe sociale netwerken en de 'wijsheid van de massa' bedrijven helpen hun marketing te verbeteren.
- Geef aan wat gedragsgerichte marketing is en leg uit hoe deze werkt op afzonderlijke websites en in reclamenetwerken.
- Definieer de sociale kaart en leg uit hoe deze wordt gebruikt in e-commercemarketing.

4. Hoe heeft e-commerce transacties tussen bedrijven veranderd?

- Leg uit hoe internettechnologie B2B-e-commerce ondersteunt.
- Definieer netmarktplaatsen en leg uit hoe ze zich onderscheiden van private industriële netwerken (private exchanges).

5. Wat is de rol van m-commerce in de bedrijfsvoering en wat zijn de belangrijkste toepassingen van m-commerce?

- Benoem en beschrijf belangrijke typen diensten en toepassingen voor m-commerce.
- Leg uit waarom m-commerce de snelst groeiende soort B2C-e-commerce is.
- Beschrijf de verschillende soorten locatiegebaseerde diensten en toepassingen.

6. Welke kwesties zijn van belang bij het bouwen van een e-commercewebsite?

- Noem en beschrijf vier typen e-commerce-presence.

DISCUSSIEVRAGEN

1. Hoe verandert internet de relaties tussen consument en leverancier?
2. Door internet hoeven bedrijven niet achter te gaan lopen, maar bedrijven zullen wel hun bedrijfsmodellen moeten aanpassen. Ben je het hiermee eens? Waarom wel of niet?
3. Hoe hebben sociale technologieën e-commerce veranderd?

PRAKTIJKPROJECTEN

De projecten in dit onderdeel bieden je praktische ervaring met het ontwikkelen van e-commercestrategieën voor bedrijven, met behulp van spreadsheet-software om de winstgevendheid van een e-commercebedrijf te onderzoeken en met behulp van online hulpmiddelen om e-commercehostingdiensten te bestuderen en evalueren. Ga naar MyLab voor toegang tot de praktijkprojecten van dit hoofdstuk.

Problemen met managementbeslissingen

1. Columbiana is een klein onafhankelijk eiland in het Caribisch gebied dat veel historische gebouwen, forten en andere bezienswaardigheden telt, evenals regenwoud en prachtige bergen. Aan zijn prachtige witte stranden liggen een paar luxe hotels, plus enkele tientallen minder dure accommodaties. De grote en sommige kleinere vliegmaatschappijen bieden regelmatige vluchten naar Columbiana. De regering van Columbiana wil meer toeristen naar het eiland trekken en nieuwe markt ontwikkelen voor de tropische landbouwproducten van het land. Hoe kan aanwezig zijn op internet daarbij helpen? Welk internetbedrijfsmodel zou hiervoor geschikt zijn? Welke functies moet de online aanwezigheid vervullen?
2. Bestudeer de websites van de volgende bedrijven: Eurosparkle, Promod, Kingfisher plc en ebookers.com. Bepaal welk van deze websites het meeste baat zou hebben bij het sponsoren van een blog op de site. Breng de zakelijke voordelen van het blog in kaart. Geef aan wat de beoogde doelgroep is voor het blog. Bepaal wie in het bedrijf het blog zou moeten schrijven en bedenk een paar blogonderwerpen.

Besluitvorming verbeteren: analyseer een dotcombedrijf met spreadsheetsoftware

Softwarevaardigheden: naar spreadsheet downloaden, opmaken en formules gebruiken

Zakelijke vaardigheden: analyse van financieel overzicht

3. Kies een e-commercebedrijf op internet, bijvoorbeeld, Yahoo of Priceline. Bestudeer de webpagina's die het bedrijf, de doelstelling en structuur van het bedrijf beschrijven. Zoek online naar artikelen over het bedrijf. Ga dan naar de website van de Securities and Exchange Commission, www.sec.gov, om de jaarcijfers van het bedrijf op te zoeken. Selecteer alleen dat deel van de jaarcijfers dat je nodig hebt en download ze naar je spreadsheet. (MyLab geeft hiervoor gedetailleerde instructies). Creëer vereenvoudigde spreadsheets van de balansen en resultatenrekeningen van de afgelopen drie jaar.
   - Is het bedrijf een dotcom-succes, presteert het gemiddeld of is het een flop? Op welke informatie baseer je je beslissing? Waarom? Besteed bij het beantwoorden van deze vragen vooral aandacht aan de ontwikkeling van de inkomsten, verkoopkosten, brutomarges, bedrijfskosten en nettomarges van het bedrijf over die drie jaar.
   - Bereid een presentatie voor (met ten minste vijf slides) met onder meer relevante spreadsheets of grafieken en geef een presentatie aan je docent en medestudenten.

Operationeel excelleren: evalueer e-commercehostingdiensten

Softwarevaardigheden: webbrowsersoftware

Zakelijke vaardigheden: e-commercehostingdiensten evalueren

4. Met dit project kun je je internetvaardigheden verbeteren door commerciële diensten voor het hosten van een e-commercewebsite voor een kleine start-up te evalueren.
   Je wilt een website opzetten om handdoeken, linnengoed, aardewerk en tafelgerei uit Portugal te verkopen en doet onderzoek naar hostingdiensten die zich richten op webwinkels voor kleine bedrijven. Je website zou in staat moeten zijn om veilige creditcardtransacties aan te gaan en bezorgkosten en belastingen te berekenen. In eerste instantie wil je foto's en beschrijvingen

plaatsen van 40 producten. Bezoek eHost.com, GoDaddy, en iPage en vergelijk welke hostingdiensten ze zoal aan kleine bedrijven aanbieden, wat ze kunnen en wat ze daarvoor in rekening brengen. Bestudeer de hulpmiddelen die ze aanbieden voor het bouwen van een e-commercewebsite. Vergelijk deze diensten en besluit met wie je in zee zou gaan als je echt een webshop zou opzetten. Schrijf een kort verslag over je keuze en licht de sterke en zwakke punten toe van alle drie de hostingdiensten.

SAMENWERKINGS- EN TEAMWORKPROJECT

Een concurrentieanalyse van e-commercewebsites maken

1. Vorm met drie of vier medestudenten een groepje. Selecteer twee concurrerende bedrijven die hun website voor e-commerce gebruiken. Bezoek deze websites. Je kunt bijvoorbeeld de websites vergelijken van Pandora en Spotify of Amazon en BarnesandNoble.com. Maak een evaluatie van de websites van beide bedrijven wat betreft de functies, gebruiksvriendelijkheid en de mate waarin ze de bedrijfsstrategie van de onderneming ondersteunen. Welke website presteert beter? Waarom? Kun je aanbevelingen doen om deze websites verder te verbeteren? Maak gebruik van Google Docs en Google Drive of Google Sites om te brainstormen, te organiseren en een presentatie van jullie bevindingen te maken voor jullie medestudenten.

CASE

Walmart en Amazon vechten om oppermacht in e-commerce

Walmart is 's werelds grootste en succesvolste retailer, met 483 miljard dollar omzet in 2015 en meer dan 11.500 winkels wereldwijd, waarvan ruim 4600 in de Verenigde Staten. Walmart heeft 2,3 miljoen werknemers en staat op de bovenste plek in de *Fortune*-500-bedrijvenranglijst. Walmart had zo'n grote en sterke verkoopmachine dat het eigenlijk nauwelijks serieuze concurrenten had – tot nu toe. Vandaag de dag is Walmarts grootste bedreiging Amazon.com, vaak aangeduid als de 'Walmart van het web'. Amazon verkoopt niet alleen boeken, maar zo ongeveer alles wat mensen willen kopen: dvd's, film- en muziek-streaming, software, videospelletjes, elektronica, kleding, meubilair, levensmiddelen, speelgoed en sieraden. Het bedrijf produceert ook elektronica, met name de Amazon Kindle e-reader, de Kindle Fire-tablet, Echo- en Tap-speakers, en de Fire-TV-set-topbox. Geen enkele andere webretailer heeft zo'n breed assortiment, zulke lage prijzen en snelle, betrouwbare verzending als Amazon.
Jarenlang is Amazon 's werelds grootste webretailer geweest met de grootste en sterkste online verkoopmachine. Bovendien heeft Amazon de gewoonten en verwachtingen van consumenten veranderd op manieren waaraan Walmart en andere retailers zich moeten aanpassen. In plaats van een 'push'-model, waarin handelaren een vrij hoge mate van controle hebben over welke producten ze in voorraad nemen en verkopen, moeten retailers zich aanpassen aan een 'pull'-model, waarin consumenten meer macht hebben dan ooit. Volgens Brian Yarbrough, een retailanalist bij Edward Jones in St. Louis, hebben Amazon en webverkoop waarschijnlijk het grootste verstorende effect op retail sinds Walmart zelf.
Walmart werd in 1962 opgericht als een traditionele, fysieke winkel, en dat doet het bedrijf nog steeds het best. Maar het wordt ook op het gebied van e-commerce tot concurrentie gedwongen. Volgens data van onderzoeker Kantar Retail winkelde zeven jaar geleden slechts één op de vier Walmart-klanten bij Amazon.com. Nu zegt echter de helft van de Walmart-klanten dat ze bij beide retailers winkelen.
Online concurrentie en de winst die e-commerce kan opleveren zijn te belangrijk geworden om te negeren. Walmarts traditionele klanten, hoofdzakelijk koopjesjagers die minder dan 50.000 dollar per jaar verdienen, maken steeds gemakkelijker gebruik van technologie. Meer welvarende klanten, die tijdens de recessie bij Walmart begonnen te winkelen, keren terug naar Amazon nu hun financiële situatie verbetert. Amazon heeft productcategorieën in voorraad genomen die Walmart van oudsher verkocht, zoals stofzuigerzakken, luiers en kleding, en zijn inkomsten groeien veel sneller dan die van Walmart. In 2015

verkocht Amazon voor meer dan 113 miljard dollar aan producten.
Als meer mensen zelfs maar een deel van hun aankopen online doen, heeft Amazon een aantal uitgesproken voordelen. Amazon heeft in online verkoop een herkenbaar en zeer succesvol merk opgebouwd. Het bedrijf heeft uitgebreide magazijnen ontwikkeld en een uiterst efficiënt distributienetwerk opgezet die specifiek zijn ontworpen voor onlineaankopen. Zijn premiumverzenddienst, Amazon Prime, biedt snelle, 'gratis' verzending in twee dagen tegen een betaalbare, vaste abonnementsprijs (119 dollar per jaar in 2018). Dit wordt bij online retailers vaak als een zwakke plek gezien. Volgens de *Wall Street Journal* liggen de verzendkosten bij Amazon, tussen de 3 en 4 dollar per pakket, lager dan die bij Walmart, die 5 à 7 dollar per pakket rekent. Walmarts reusachtige supply chain moet wereldwijd meer dan 11.000 fysieke winkels ondersteunen, iets waar Amazon zich niet druk over hoeft te maken. Verzendkosten kunnen een groot verschil maken voor een winkel als Walmart, waar de meest voorkomende aankopen goedkope artikelen zijn, zoals een pak ondergoed voor 10 dollar. Het heeft voor Walmart geen zin om een aparte supply chain voor e-commerce te creëren.
Toch geeft Walmart zich niet zonder slag of stoot gewonnen. Het is een nog groter en herkenbaarder merk dan Amazon. Consumenten associëren Walmart met de laagste prijs, iets wat Walmart dankzij zijn omvang voor elk willekeurig artikel kan bieden. Het bedrijf kan zich veroorloven verlies te maken door een populair product tegen een extreem lage marge te verkopen terwijl het verwacht geld te verdienen met de enorme hoeveelheden andere producten die het verkoopt. Walmart heeft daarnaast een substantiële fysieke aanwezigheid, en zijn winkels bieden onmiddellijke bevrediging doordat het gekochte product meteen mee naar huis kan worden genomen in plaats van moeten wachten op een aankoop bij Amazon. Volgens de bedrijfsdirectie woont 70 procent van de Amerikaanse bevolking binnen een straal van 8 kilometer van een Walmart-vestiging. Walmart heeft zijn investeringen in zijn online segment gestaag opgevoerd en besteedde in 2015 en de jaren daarna tussen de 1,2 en 1,5 miljard dollar per jaar aan e-commerce, inclusief fulfillment-centra voor de orderverwerking en technologie. Walmart heeft een van de grootste particuliere cloud-computingcentra ter wereld gebouwd, dat de enorme rekenkracht verzorgt die Walmart nodig heeft om het aantal artikelen dat op Walmart.com te koop is omhoog te brengen van 1 miljoen in 2011 tot 60 miljoen in 2015. In het voorjaar van 2015 opende het bedrijf vier nieuwe fulfillmentcentra van ruim 90.000 m^2 door heel Amerika.
Nieuwe technologie biedt Walmart bovendien meer expertise in het verbeteren van de productaanbevelingen voor bezoekers aan Walmart.com, het gebruik van smartphones als marketingkanaal, en personalisatie van de winkelervaring. Walmart heeft geleidelijk aan steeds meer apps aan zijn mobiele en online aankoopkanalen toegevoegd en breidt de integratie hiervan met sociale netwerken als Pinterest verder uit. Het Pay With Cash-programma stelt de 25 procent van alle Walmart-klanten zonder creditcard of bankrekening in staat om hun producten online te bestellen en vervolgens contant af te rekenen in de dichtstbijzijnde Walmart-vestiging. Walmarts online en digitale ontwikkelingsafdeling @WalmartLabs heeft de receptentechnologiestart-up Yumprint overgenomen om zijn online levensmiddelenbezorgdienst uit te kunnen breiden. De directie hoopt dat Yumprint de Walmart-klant zal helpen om gemakkelijker boodschappenlijstjes te maken van de recepten die ze op Yumprint vinden voordat ze boodschappen gaan doen. Walmart probeert ook om de verbanden tussen zijn winkelvoorraad, website en smartphoneapps te versterken, zodat meer klanten online kunnen bestellen en hun boodschappen in de winkel kunnen ophalen. Klanten kunnen artikelen online kopen en ze in hun plaatselijke winkel uit een kluisje ophalen zonder in de rij te hoeven staan. Walmarts kluisjes lijken op wat Amazon doet bij de winkelketen 7-Eleven. Het idee is om Walmart-producten te kunnen aanbieden op plekken waar de klant graag winkelt, of dat nu online, in de winkel of via de telefoon is. Meer dan de helft van alle Walmart-klanten heeft een smartphone. Walmart heeft zijn mobiele app ontworpen met het oog op Walmarts voordeel boven Amazon: zijn fysieke vestigingen. Per week bezoeken ongeveer 140 miljoen mensen een Walmart-supermarkt. Het bedrijf ontwikkelt de in-store-modus van de app, die merkt wanneer een klant zich in een fysieke winkel bevindt. Als die modus is geactiveerd, kunnen klanten hun boodschappenlijstje inzien, gezochte artikelen in de winkel lokaliseren en plaatselijke acties bekijken. Met de functie 'Scan & Go' in de app kunnen klanten tijdens het winkelen producten scannen, zodat ze snel door de zelfbedieningskassa kunnen. Klanten kunnen een artikel aan hun lijst toevoegen door de naam ervan in te spreken of de barcode te scannen.
Walmarts website maakt gebruik van software om realtime de prijzen bij concurrenten bij te houden en zo nodig zijn onlineprijzen te verlagen. Ook verdubbelt het bedrijf het aantal artikelen van derden die

het online verkoopt en onderzoekt socialmediadata om trendy producten te kunnen selecteren. Dit is een directe aanval op Amazon dat met de verkoop van producten van derden een aanzienlijke inkomstenstroom genereert. Bovendien breidt Walmart zijn online aanbiedingen uit naar luxeartikelen zoals een zonnebril van Nike voor 146 dollar of een wijnkoelkast van meer dan 2500 dollar om klanten te trekken die nooit bij Walmart naar binnen zouden gaan. Een nieuw systeem stelt leveranciers in staat om hun productcatalogus op Walmart.com opgenomen te krijgen. Walmarts betrokkenheid bij e-commerce is niet bedoeld om het bedrijfsmodel van Amazon na te apen; in plaats daarvan werkt CEO Doug McMillon aan een strategie die consumenten het beste van de twee werelden biedt, wat wel een omnichannelbenadering van retail wordt genoemd. De Walmart-directie gelooft dat het bedrijf als voordeel heeft dat het niet uitsluitend online aanwezig is en dat klanten op zoek zijn naar echte interactie met zowel fysieke als online winkels. Walmart zal daadkrachtig online en in zijn fysieke winkels verkopen, met vaste lage prijzen, een breed productassortiment in beide kanalen en een uitgestrekt winkelnetwerk die als distributiepunten kunnen dienen. Walmart zal het online bestellen en fulfillment nauw integreren met zijn fysieke winkels, zodat klanten kunnen winkelen zoals zij willen, of ze nu via hun mobiele telefoon kiezen voor thuisbezorging, hun boodschappen in de winkel ophalen, of door de gangpaden van een Walmart superstore lopen. Walmart wil 's werelds grootste omnichannel-retailer worden. Amazon is bezig zijn assortiment net zo onuitputtelijk te maken als dat van Walmart. Amazon staat al jaren toe dat derden hun producten via zijn website verkopen, en het heeft zijn assortiment enorm uitgebreid met overname, zoals die van online schoenwinkel Zappos.com om concurrentievoordeel te behalen op het gebied van schoeisel. Amazon heeft zijn levensmiddelenassortiment uitgebreid met Amazon Prime, Prime Now, Prime Pantry en Amazon Fresh en biedt levertijden die soms maar één uur bedragen. Amazon heeft nu ook in de Verenigde Staten boekenwinkels geopend. Klanten kunnen met Amazons stemgestuurde digitale assistent Alexa tientallen miljoenen producten uit Amazons online winkel bestellen.

Amazon gaat door met het bouwen van fulfillmentcentra die dichter bij woonkernen liggen en zijn leveringen op dezelfde dag uit te breiden. Het heeft een supply chain die optimaal geschikt is voor online handel, iets waar Walmart niet aan kan tippen. Het heeft inmiddels meer dan honderd distributiecentra waar producten kunnen worden verpakt en verzonden. Distributiecentra maken Amazons bezorgtijden korter, wat consumenten stimuleert om meer bij Amazon te bestellen. Zowel Amazon als Walmart experimenteert met drones om de fulfilment en bezorging te versnellen. Maar Walmart heeft duizenden winkels, een in elke buurt, iets wat Amazon nooit zal kunnen evenaren. De winnaar van dit epische gevecht zal het bedrijf zijn dat zijn voordeel beter uitspeelt. Walmarts technologische initiatief ziet er veelbelovend uit, maar het bedrijf heeft nog veel werk te verzetten voordat zijn buurtsupermarkten meer zijn dan buurtsupermarkten.

Bronnen: Julie Verhage, 'One Wall Street Firm Says Amazon Is About to "Feast" on the Food and Beverage Market,' *Bloomberg Business*, 17 maart 2016; Rachel Abrams, 'Walmart Outperforms Estimates, but Online Retail Lags,' *New York Times*, 19 mei 2016; Sarah Nassauer en Loretta Chao, 'Wal-Mart Expands Free Two-Day Shipping,' *Wall Street Journal*, 29 juni 2016; Nathan Olivarez-Giles, 'Amazon's Alexa Now Lets You Order Tens of Millions of Products with Your Voice,' *Wall Street Journal*, 1 juli 2016; Farhad Manjoo, 'How Amazon's Long Game Yielded a Retail Juggernaut,' *New York Times*, 19 november 2015; Brian O'Keefe, 'The Man Who's Reinventing Walmart,' *Fortune*, 4 juni 2015; Nathan Layne, 'Wal-Mart Eyes Amazon in Potentially Costly E-commerce Battle,' *Reuters*, 20 mei 2015; Anna Rose Welch, 'Walmart, Sam's Club Amp Up Online Shopping Experiences,' Integrated Solutions for Retailers, 28 februari 2014; Donna Tam, 'Walmart: Amazon Image Recognition a "Shiny Object",' CNET, 6 februari 2014; Claire Cain Miller en Stephanie Clifford, 'To Catch Up, Walmart Moves to Amazon Turf,' *New York Times*, 19 oktober 2013.

Vragen bij de case

1. **Analyseer Walmart en Amazon met de concurrerende krachten- en waardeketenmodellen.**
2. **Vergelijk de bedrijfsmodellen en bedrijfsstrategieën van Walmart en Amazon.**
3. **Welke rol speelt informatietechnologie bij elk van de bedrijven? Hoe helpt het hen om hun bedrijfsstrategie aan te scherpen?**
4. **Kan Walmart het met succes opnemen tegen Amazon.com? Licht je antwoord toe.**

MYLAB

Ga naar de opdrachten in MyLab om deze schrijfoefeningen te maken.

1. Beschrijf de zes kenmerken van sociale commercie. Geef een voorbeeld voor elke functie en beschrijf hoe een bedrijf die functie kan gebruiken om online aan consumenten te verkopen.
2. Noteer en beschrijf de belangrijkste activiteiten die gepaard gaan met het opbouwen van een e-commerce-presence.

11 KENNISMANAGEMENT EN SAMENWERKING

Na dit hoofdstuk ben je in staat om de volgende vragen te beantwoorden:

1. **Wat is de rol van kennismanagementsystemen in bedrijven?**
2. **Welke typen systemen worden gebruikt voor ondernemingsbreed kennismanagement en wat is de waarde ervan voor bedrijven?**
3. **Wat zijn de belangrijkste typen kennissystemen voor kenniswerkers en hoe leveren ze voordelen op voor bedrijven?**
4. **Wat zijn de voordelen voor een organisatie van het gebruik van intelligente technieken voor kennismanagement?**

OPENINGSCASE

Advocatenkantoren willen een online platform voor juridische bronnen

Grote advocatenkantoren proberen al enkele jaren om de toegang tot juridische bronnen te vergemakkelijken. Het Nederlandse bedrijf Boom Juridische Uitgevers is een van de spelers die een aantal maal heeft geprobeerd om met branchegenoten een gezamenlijk online platform te ontwikkelen. Tot nu toe zonder succes. Boom is echter nu van plan alle twintig juridische tijdschriften die zij uitgeeft online te zetten.

In 2002 kwamen kennismanagers van enkele grote advocatenkantoren en uitgeverijen Kluwer en Sdu al samen met het doel strategieën te bespreken die leidden tot het beter gebruikmaken van de mogelijkheden die internet biedt. Maar ook dit overleg had geen resultaat. Volgens ingewijden hadden de uitgeverijen niet de kennis om internet op een goede manier in hun voordeel te gebruiken. Anderen beweerden dat de verspreiding van juridische informatie via internet het einde zou kunnen zijn van de papieren abonnementen en zo de ondergang van vele uitgeverijen zou betekenen.

Het lijkt erop dat de maat bij de afnemers nu vol is. Zij hebben zich verenigd in een aantal clubs, zoals het Platform Advocaten-Uitgeverscontacten (PAUC), om de uitgeverijen van samenwerking te overtuigen. Als dit niet lukt, zou juridische informatie in de toekomst misschien door anderen moeten worden verspreid. Er zijn nu al gratis databanken die door kleine advocatenkantoren met succes worden gebruikt. Hierbij spelen de traditionele uitgeverijen geen of slechts een kleine rol.

De dertig belangrijkste advocatenkantoren hebben het aantal papieren abonnementen al flink verminderd en hebben nu meer aandacht voor gespecialiseerde informatiesystemen. Daaruit kunnen de advocaten zelf informatie kiezen en deze op hun manier verwerken. Het gaat tegenwoordig niet meer zozeer om het digitaliseren van informatie, maar vooral om deze informatie zo snel en optimaal mogelijk te ontsluiten. Grote kantoren zoals Houthoff Buruma zijn samenwerkingen aangegaan met IT-bedrijven om niet alleen juridische informatie te ontsluiten maar ook verbanden tussen

informatiebronnen te leggen en aanvullende informatie te verschaffen. Dit leidt tot een effectiever en efficiënter kennismanagement.
Andere bedrijven leveren informatiesystemen op basis van een abonnement waarmee bepaalde zoekopdrachten gedaan kunnen worden. Op deze manier hoeven de advocaten niet meer te concurreren op het verkrijgen van informatie, maar op de interpretatie ervan.
Alhoewel de kosten voor informatie nu beheersbaarder zijn en de bronnen geen geheim meer zijn, is het delen van de informatie in een gezamenlijk platform nog niet aan de orde. Ten eerste vanwege het vertrouwelijke karakter van de opgezochte informatie en ten tweede omdat de advocaten de informatie niet willen delen omdat ze denken dat dit nadelig kan zijn voor hun concurrentiepositie. Dit geldt echter in mindere mate voor de kleine kantoren, die vaak niet de financiële middelen hebben om deze informatiesystemen aan te schaffen. Ook zijn de kennismanagers nog steeds voor een belangrijk deel aangewezen op bibliotheken en boekhandels. Uiteindelijk zullen deze kennisbanken echter goedkoper worden en zich ontwikkelen als hét communicatiekanaal in de advocatenwereld. De rol van de uitgevers zal veranderen van traditionele uitgever van tijdschriften tot

Foto: © 123rf.com © Eric Krouse/123RF.com

de aanbieder van state-of-the-art-internetportals en informatiebrokers. De reden dat dit nog niet is gebeurd, is omdat uitgevers zoals Kluwer in Nederland er nog niet zeker van kunnen zijn dat de klanten op een goede manier van informatie kunnen worden voorzien. Maar dankzij de snelle veranderingen en verbeteringen in de informatietechnologie zullen de belangrijkste uitgevers snel nieuwe wegen inslaan om hun klanten beter te kunnen bedienen.

Bronnen: www.hetoverleg.org; *Het Financieele Dagblad*; kennismanager Elizabeth Bok van advocatenkantoor Baker McKenzie; Evert de Pender van Legal Intelligence; Yvette van Braam Morris van Kluwer; Wirt Soetenhorst van Boom Juridische Uitgevers; en een aantal partners van verschillende advocatenkantoren.

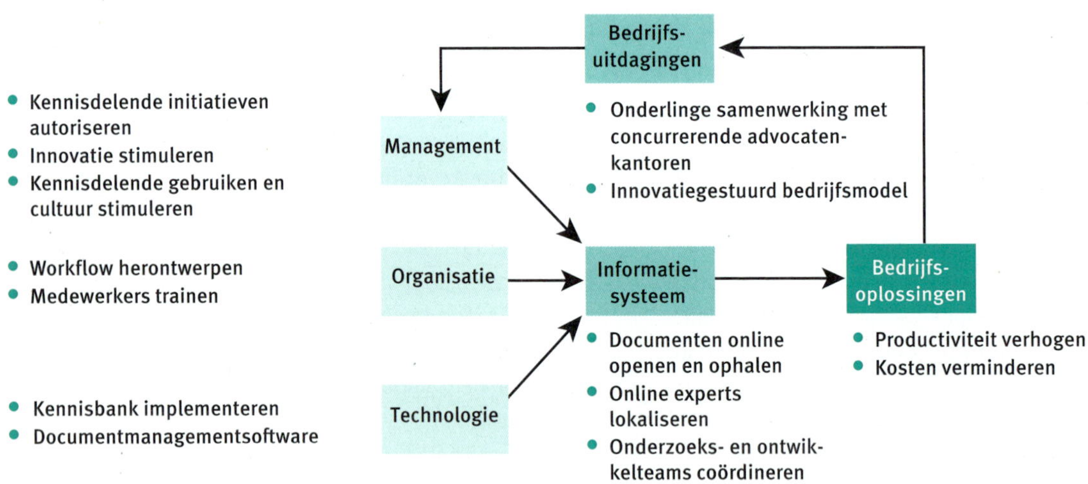

De case laat zien hoe organisaties baat kunnen hebben bij het gemakkelijker beschikbaar maken van kennis. Samenwerken en communiceren met beroepsbeoefenaars en experts, vergemakkelijken van toegang tot kennis, en die kennis benutten voor het verbeteren van bedrijfsprocessen en innovatie zijn cruciaal voor succes, en leiden tot een grotere toegevoegde waarde voor klanten.
Advocatenkantoren zijn zeer kennisintensieve bedrijven. Veel van de essentiële informatie en kennis voor onderzoek en ontwikkeling was voorheen niet gemakkelijk toegankelijk, omdat deze was opgeslagen in allerlei verschillende papieren documenten. Vertragingen in

de toegang tot onderzoeksdocumenten en andere cruciale informatie creëerden inefficiënties die dreigden de prestatie van de advocatenkantoren te verzwakken. Om van de documentmanagementtechnologie te kunnen profiteren, moesten advocatenkantoren en uitgeverijen veranderingen aanbrengen in hun workflow en medewerkers trainen in de nieuwe juridische informatiesystemen.

Enkele vragen om over na te denken: *Wat waren de belangrijkste beweegredenen van de uitgevers om niet over te gaan tot een gezamenlijk online platform? Wat waren de nadelen voor de cliënten dat de uitgevers veel te laat naar een digitaal informatiesysteem overgingen? Is het online platform alleen een voordeel voor grote uitgevers? Op welke manier kunnen de kleine uitgevers ook van het online informatieplatform profiteren?*

11.1 Het kennismanagementlandschap

Kennismanagementapplicaties en systemen voor samenwerking behoren tot de snelst groeiende gebieden voor investeringen in software door bedrijven en overheid. Het afgelopen decennium heeft parallel hieraan een explosieve groei in onderzoek naar kennis en kennismanagement binnen de vakgebieden economie, management en informatiesystemen plaatsgevonden. Kennismanagement en samenwerking zijn nauw verwant. Kennis die niet kan worden gecommuniceerd en met anderen kan worden gedeeld, is vrijwel nutteloos. Kennis wordt pas nuttig en bruikbaar wanneer ze binnen de onderneming wordt gedeeld.

De belangrijkste tools voor samenwerking en sociaal ondernemen hebben we in hoofdstuk 2 al besproken. In dit hoofdstuk focussen we ons op kennismanagementsystemen, omdat communiceren en kennis delen steeds belangrijker worden.

We leven in een informatie-economie waarin de belangrijkste bron van welvaart en voorspoed de productie en distributie van informatie en kennis is. Zo bestaat het grootste segment van de Amerikaanse beroepsbevolking (37 procent) uit kennis- en informatieverwerkers, en is 55 procent van het bruto nationaal product van de Verenigde Staten afkomstig uit kennis- en informatiesectoren (U.S. Department of Labor, 2016).

De beroepsbevolking in de Europese Unie vertoont vergelijkbare patronen van stijgende werkgelegenheid voor kennis- en informatiewerkers (Eurostate, 2016).

Kennismanagement is in veel ondernemingen een belangrijk thema geworden, omdat managers zich realiseren dat de waarde van hun onderneming in belangrijke mate afhangt van het vermogen van de onderneming om kennis te creëren en te beheren. Studies hebben uitgewezen dat een aanzienlijk deel van de beurswaarde van een bedrijf verband houdt met immateriële bedrijfsmiddelen, waarvan kennis een van de belangrijke componenten is. Andere immateriële bedrijfsmiddelen zijn merken, reputaties en unieke bedrijfsprocessen. Het is bekend dat goed uitgevoerde kennisprojecten buitengewoon goede returns on investment opleveren, hoewel de impact van kennisgebaseerde investeringen lastig te meten is (Gu en Lev, 2001).

11.1.1 Belangrijke aspecten van kennis

Er is een belangrijk onderscheid tussen gegevens, informatie, kennis en wijsheid. Hoofdstuk 1 definieert gegevens als een stroom gebeurtenissen of transacties die worden verzameld door de informatiesystemen van de organisatie en die op zichzelf nuttig zijn voor het uitvoeren van transacties, maar weinig andere functies hebben. Om gegevens om te zetten in nuttige informatie, moet een onderneming middelen vrijmaken voor het ordenen van gegevens in verschillende categorieën, zoals rapportages over de totale verkoop per maand, per dag, regio of per verkooppunt. Om informatie om te zetten in **kennis** moet een bedrijf extra middelen uittrekken voor het ontdekken van patronen, regels en contexten waarbinnen de kennis werkt. Ten slotte verstaat men onder **wijsheid** de gezamenlijke en individuele ervaring van het toepassen van kennis op de oplossing van problemen. Wijsheid heeft te maken met het waar, wanneer en hoe toepassen van kennis.

Kennis
Concepten, ervaring en inzichten die een raamwerk bieden voor het creëren, evalueren en gebruiken van informatie.

Wijsheid
De gezamenlijke en individuele ervaring van het toepassen van kennis op de oplossing van problemen.

Kennis is zowel een individuele eigenschap als een collectieve eigenschap van de onderneming. Kennis is een cognitieve, zelfs fysiologische gebeurtenis, die plaatsvindt binnen de hoofden van mensen, maar die ook is opgeslagen in bibliotheken en documenten. Kennis wordt overgedragen bij lezingen en door ondernemingen opgeslagen in de vorm van bedrijfsprocessen en als kennis bij haar medewerkers. Kennis die zich in de hoofden van medewerkers bevindt en die niet is gedocumenteerd, wordt **stilzwijgende kennis** genoemd, terwijl kennis die gedocumenteerd is, **expliciete kennis** wordt genoemd. Kennis kan zich bevinden in e-mails, voicemails, afbeeldingen en in zowel ongestructureerde als gestructureerde documenten. Van kennis wordt algemeen aangenomen dat ze een bepaalde plaats heeft, ofwel in de hoofden van mensen ofwel in specifieke bedrijfsprocessen. Kennis is 'kleverig' en niet universeel toepasbaar of gemakkelijk te verplaatsen. Ten slotte wordt kennis gezien als situatie- en contextafhankelijk. Je moet bijvoorbeeld niet alleen weten wanneer je een procedure moet uitvoeren, maar ook hoe je deze moet uitvoeren. Tabel 11.1 geeft een overzicht van deze kennisaspecten.

Stilzwijgende kennis
Expertise en ervaring van leden van een organisatie die niet formeel is gedocumenteerd.

Expliciete kennis
Kennis die gedocumenteerd is.

We kunnen zien dat kennis een ander soort bedrijfsmiddel is dan bijvoorbeeld gebouwen en financiële bedrijfsmiddelen, in die zin dat kennis een complex fenomeen is en dat het proces van het beheren van kennis veel verschillende kanten heeft. Ook erkennen we dat op kennis gebaseerde kerncompetenties van ondernemingen (de twee of drie punten waarop een organisatie het beste presteert) belangrijke bedrijfsmiddelen van een organisatie zijn. Weten hoe je dingen effectief en efficiënt moet doen op manieren die niet door andere organisaties kunnen worden nagebootst, is een belangrijke bron van winst en een concurrentievoordeel dat niet gemakkelijk door concurrenten op de markt kan worden gekocht.

Zo vertegenwoordigt een uniek 'bouwen op bestelling'-productiesysteem een vorm van kennis en een uniek bedrijfsmiddel dat andere bedrijven niet gemakkelijk kunnen kopiëren. Gewapend met kennis gaan ondernemingen efficiënter en effectiever met hun schaarse middelen om. Zonder kennis worden ondernemingen minder efficiënt en minder effectief in hun gebruik van middelen, waardoor ze het op den duur niet redden.

Organizational learning en kennismanagement

Net als mensen creëren en verzamelen organisaties kennis met behulp van een scala van *organizational learning-mechanismen*. Door het verzamelen van gegevens, het zorgvuldig meten van geplande activiteiten, *trial and error* (experimenteren) en feedback van klanten en de omgeving in het algemeen, krijgen organisaties meer ervaring. Lerende organisaties passen vervolgens hun gedrag zo aan dat dit leren doorwerkt in het creëren van nieuwe bedrijfsprocessen en het veranderen van patronen in de besluitvorming door het management. Dit proces van verandering wordt **organizational learning** genoemd. Zonder enige twijfel zullen organisaties die hun omgeving goed aanvoelen en hier snel op inspelen, langer overleven dan organisaties met zwakke leermechanismen.

Organizational learning
Creatie van nieuwe standaardprocedures en bedrijfsprocessen die de ervaring van de organisatie weerspiegelen.

11.1.2 De waardeketen van kennismanagement

Kennismanagement
Processen die binnen een organisatie zijn ontwikkeld om kennis te ontwikkelen, te verzamelen, op te slaan, bij te houden en te verspreiden.

Kennismanagement verwijst naar de reeks bedrijfsprocessen die ontwikkeld zijn in een organisatie voor het creëren, opslaan, overdragen en toepassen van kennis. Kennismanagement verhoogt het vermogen van de organisatie om te leren van haar omgeving en om de kennis te benutten voor haar bedrijfsprocessen. Figuur 11.1 toont de vier waardetoevoegende stappen in de kennismanagementwaardeketen. Elk stadium in de waardeketen voegt, tijdens de omzetting naar bruikbare kennis, waarde toe aan ruwe gegevens en informatie.

In figuur 11.1 is een scheidslijn aangegeven tussen informatiesysteemactiviteiten en daaraan gerelateerde bestuurlijke en organisatorische activiteiten; informatiesysteemactiviteiten staan boven in de figuur en organisatorische en bestuurlijke activiteiten staan onderin. Een vaak gehoord gezegde over kennismanagement is: 'Effectief kennismanagement is voor 80 procent bestuurlijk en organisatorisch van aard en voor 20 procent technologisch.'

Organisatorisch en bestuurlijk kapitaal
Investeringen in organisatie en management, zoals nieuwe bedrijfsprocessen, managementgedrag, organisatiecultuur en training.

Organisatorisch en bestuurlijk kapitaal kunnen we definiëren als de vereiste bedrijfsprocessen, de bedrijfscultuur en het vereiste gedrag om waarde uit investeringen in informatiesys-

TABEL 11.1 *Belangrijke kennisaspecten*

KENNIS IS EEN BEDRIJFSMIDDEL
Kennis is een immaterieel bedrijfsmiddel.
De omzetting van gegevens in nuttige informatie en kennis vereist middelen van de organisatie.
In tegenstelling tot fysieke bedrijfsmiddelen volgt kennis niet de wet van afnemende meeropbrengst, maar ondervindt kennis netwerkeffecten (wet van de toenemende meeropbrengst), omdat de waarde ervan toeneemt als meer mensen er gebruik van maken.
KENNIS HEEFT VERSCHILLENDE VORMEN
Kennis kan ofwel stilzwijgend of expliciet (geclassificeerd) zijn.
Kennis heeft te maken met knowhow, vakmanschap en vaardigheden.
Kennis heeft te maken met weten hoe procedures moeten worden gevolgd.
Kennis heeft te maken met weten waarom (en niet alleen wanneer) dingen gebeuren (causaliteit).
KENNIS HEEFT EEN PLAATS
Kennis is een cognitieve gebeurtenis die te maken heeft met het mentale model en de wijze van denken van individuen.
Er is zowel een sociale als een individuele basis voor kennis.
Kennis is 'kleverig' (moeilijk te verplaatsen), situatieafhankelijk (gevangen in de cultuur van een onderneming) en contextafhankelijk (werkt alleen in bepaalde situaties).
KENNIS IS SITUATIEAFHANKELIJK
Kennis is conditioneel: weten wanneer een procedure moet worden toegepast is net zo belangrijk als weten wat de procedure inhoudt.
Kennis is gerelateerd aan context: je moet weten hoe je een bepaald hulpmiddel moet gebruiken en onder welke omstandigheden.

temen te halen. In het geval van kennismanagement moeten, net zoals bij andere investeringen in informatiesystemen, ondersteunende waarden, structuren en gedragspatronen zodanig worden ingebouwd dat ze de return on investment in kennismanagementprojecten maximaliseren. In figuur 11.1 representeren de bestuurlijke en organisatorische activiteiten de investering in organisatorisch kapitaal die vereist is voor het verkrijgen van substantiële returns on investment uit investeringen in de informatietechnologie (IT).

Kennisverwerving

Organisaties verwerven kennis op een aantal manieren, afhankelijk van het soort kennis waar ze naar op zoek zijn. De eerste kennismanagementsystemen streefden ernaar bedrijfsbibliotheken bestaande uit documenten, rapporten, presentaties en best practices te bouwen. Tegenwoordig wordt ook andere ongestructureerde informatie als e-mail en video's in de kennisdatabase opgeslagen. Daarnaast verwerven organisaties kennis door online kennisnetwerken te ontwikkelen, zodat hun personeel binnen het bedrijf de expert kan vinden die de benodigde kennis heeft.

In nog weer andere gevallen moeten ondernemingen nieuwe kennis creëren door patronen in bedrijfsgegevens te ontdekken of door gebruik te maken van kenniswerkplaatsen waar technici nieuwe kennis kunnen ontdekken. Deze verschillende manieren om kennis te verwerven komen in dit hoofdstuk uitgebreid aan de orde.

Een samenhangend en geordend kennissysteem vereist ook toegang tot de gestructureerde gegevens uit de transactieverwerkingssystemen van de onderneming, waarin verkopen, betalingen, voorraad, klanten en andere cruciale gegevens zijn vastgelegd, evenals gegevens uit externe bronnen, zoals nieuwsbronnen, rapporten uit de branche, opinies over wetgeving, wetenschappelijk onderzoek en overheidsstatistieken.

Kennisopslag

Als ze eenmaal ontdekt zijn, moeten documenten, patronen en expertregels worden opgeslagen, zodat ze toegankelijk zijn en kunnen worden gebruikt door medewerkers. Bij kennisopslag wordt meestal ook een database gecreëerd. Documentmanagementsystemen die documenten digitaliseren, indexeren en van een label voorzien binnen een groter geheel zijn grote databases geschikt voor het opslaan van verzamelingen documenten. Expertsystemen kunnen bedrijven helpen bij het bewaren van de kennis die verkregen is door die kennis in te passen in processen binnen een organisatie en haar cultuur. We komen hier later nog op terug.

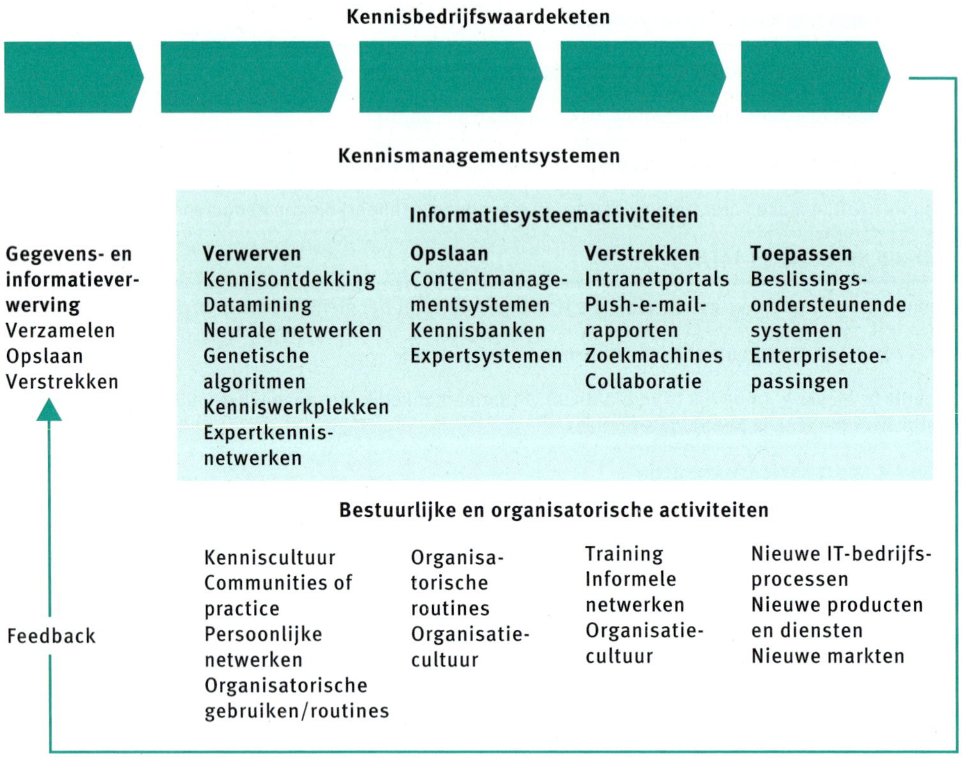

FIGUUR 11.1 *De kennismanagementwaardeketen*

Het huidige kennismanagement bestaat zowel uit activiteiten op het gebied van informatiesystemen als uit een hele reeks mogelijkheden creërende bestuurlijke en organisatorische activiteiten.

Het management moet de ontwikkeling van geplande kennisopslagsystemen ondersteunen, de ontwikkeling van bedrijfsbrede schema's voor het indexeren van documenten stimuleren en medewerkers belonen als ze de tijd nemen om documenten up-to-date te houden en op te slaan. Om een voorbeeld te geven: het moet voor een verkoopteam lonend zijn om de namen van potentiële klanten in te voeren in een gemeenschappelijke bedrijfsdatabase van potentiële klanten, waarin alle verkoopmedewerkers iedere potentiële klant kunnen opzoeken en de over hem opgeslagen kennis kunnen bekijken.

Kennisverspreiding

De technologie van portals, e-mail, instant messaging, wiki's, sociale businesstools en zoekmachines zijn een aanvulling op een bestaande reeks samenwerkingstools voor het delen van agenda's, documenten, gegevens en graphics (zie hoofdstuk 2). De moderne technologie lijkt een overmaat aan informatie en kennis te hebben gecreëerd. Hoe kunnen managers en personeel in een zee van informatie en kennis datgene ontdekken wat echt van belang is voor hun beslissingen en hun werk? Hiervoor moet er binnen de organisatie een cultuur zijn waarin managers via formele en informele contacten ervaringen met kennismanagement uitwisselen en delen. Deze managers leren zo stap voor stap hun aandacht op belangrijke kennis en informatie te richten.

Toepassing van kennis

Ongeacht over welk type kennismanagementsysteem het gaat, kennis die niet wordt gedeeld en toegepast op praktische problemen waar het bedrijf mee te maken heeft, voegt geen waarde toe. Om een return on investment te bieden moet de kennis van de organisatie systematisch deel uitmaken van de besluitvorming door het management en een plaats krijgen in beslissingsondersteunende systemen (deze worden beschreven in hoofdstuk 12). Ten slotte moet nieuwe kennis worden ingebouwd in de bedrijfsprocessen en de belangrijkste applicatiesystemen van een onderneming, waaronder enterprisetoepassingen voor het beheren van belangrijke interne bedrijfsprocessen en relaties met klanten en leveranciers. Het management ondersteunt dit proces door, aan de hand van nieuwe kennis, nieuwe bedrijfsgebruiken, nieuwe producten en diensten en nieuwe markten voor het bedrijf te creëren. En wat nog belangrijker is, het management helpt bij het creëren van een cultuur waarin beslissingen en processen zijn gebaseerd op kennis.

Het bouwen van organisatorisch en bestuurlijk kapitaal: samenwerking, communities of practice en kantooromgevingen

Naast de hiervoor beschreven activiteiten kunnen managers ondersteuning bieden bij het ontwikkelen van nieuwe organisatorische rollen en verantwoordelijkheden voor het verwerven van kennis, waaronder het creëren van leidinggevende functies als chief knowledge officer, specifieke staffuncties (kennismanagers) en communities of practice. **Communities of practice (COP's)** zijn informele sociale netwerken van specialisten en medewerkers binnen en buiten het bedrijf met vergelijkbare werkgerelateerde activiteiten en interesses. Tot de activiteiten van deze community's behoren zelf- en groepseducatie, conferenties, online nieuwsbrieven en het dagelijks uitwisselen van ervaringen en technieken om specifieke werkproblemen op te lossen. Veel grote bedrijven zoals IBM, de Amerikaanse Federal Highway Administration en de Wereldbank hebben de ontwikkelingen van duizenden online communities of practice aangemoedigd. Deze zijn sterk afhankelijk van softwareomgevingen die samenwerking en communicatie mogelijk maken.

Communities of practice (COP's)
Informele sociale netwerken van professionals en werknemers binnen en buiten de onderneming die vergelijkbare werkgerelateerde activiteiten en interesses hebben, en hun kennis delen.

COP's kunnen het gemakkelijker maken voor mensen om kennis te hergebruiken door leden van de community op nuttige documenten te wijzen, documentbibliotheken te creëren en informatie voor nieuwkomers te filteren. COP-leden kunnen fungeren als gangmakers en bijdragen en discussie uitlokken. COP's kunnen ook de leercurve voor nieuwe medewerkers inkorten door hen in contact te brengen met experts op het gebied van de materie en toegang te bieden tot beproefde methoden en hulpmiddelen van een community. Ten slotte kunnen COP's fungeren als een vruchtbare ondergrond voor nieuwe ideeën, nieuwe technieken en nieuwe besluitvormingsprocessen.

11.1.3 Typen kennismanagementsystemen

In wezen zijn er drie typen kennismanagementsystemen: ondernemingsbrede kennismanagementsystemen, werkplekken gericht op ontsluiten van specifieke kennis en intelligente zoektechnieken. In figuur 11.2 zijn de verschillende kennismanagementtoepassingen voor elk van deze belangrijke categorieën weergegeven.

Ondernemingsbrede kennismanagementsystemen zijn algemene, ondernemingsbrede werkende systemen om digitale content en kennis te verzamelen, op te slaan, te distribueren en toe te passen. Tot deze systemen behoren functies voor het zoeken naar informatie, het opslaan van zowel gestructureerde als ongestructureerde gegevens en het lokaliseren van medewerkersexpertise binnen de onderneming. Hiertoe behoren ook ondersteunende technologieën zoals portals, zoekmachines, samenwerkingsprogramma's en programma's voor sociaal ondernemen en Learning Management Systems (LMS).

Ondernemingsbrede kennismanagementsystemen
Bedrijfsbrede systemen voor algemene doeleinden, gebruikt voor het verzamelen, opslaan, verspreiden en toepassen van digitale content en kennis.

De ontwikkeling van krachtige **werkstations** geplaatst in een netwerk en software voor het assisteren van technici en wetenschappers bij de ontdekking van nieuwe kennis heeft geleid

Werkstation
Desktopcomputer met krachtige grafische en wiskundige capaciteiten en met de mogelijkheid verschillende complexe taken tegelijk uit te voeren.

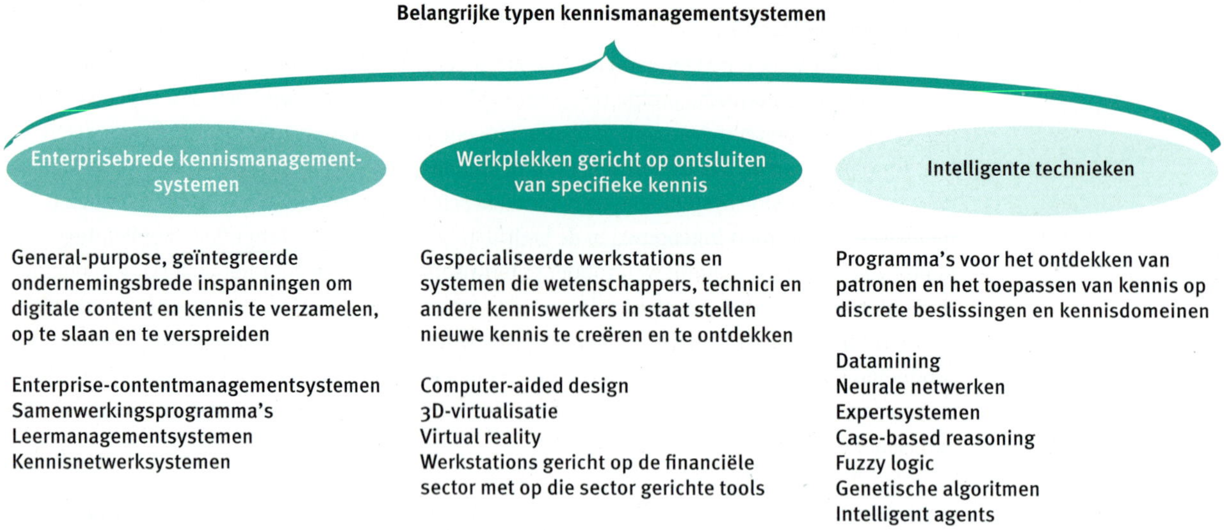

FIGUUR 11.2 *Belangrijke typen kennismanagementsystemen*

Er zijn drie belangrijke categorieën kennismanagementsystemen en elk ervan kan worden opgesplitst in meer gespecialiseerde typen kennismanagementsystemen.

Kenniswerkstations (KWS)
Informatiesystemen die kenniswerkers ondersteunen bij de creatie en integratie van nieuwe kennis in de organisatie.

Intelligente technieken
Technologieën die menselijke besluitvormers helpen door individuele en collectieve kennis te verzamelen, in grote hoeveelheden gegevens patronen en gedragingen te ontdekken, en oplossingen voor problemen te genereren die te groot en te complex zijn om door mensen alleen te worden opgelost.

tot de ontdekking van specifieke werkstations voor kenniswerkers, zoals werkstations voor computer-aided design (CAD), visualisatie-, simulatie- en virtual-realitysystemen. **Kenniswerkstations (KWS)** zijn gespecialiseerde systemen die ontworpen zijn voor technici, wetenschappers en andere kenniswerkers belast met het ontdekken en creëren van nieuwe kennis voor een bedrijf. In paragraaf 11.3 gaan we dieper in op kennistoepassingen.

Tot kennismanagement behoort ook een gevarieerde groep **intelligente technieken**, zoals datamining, expertsystemen, neurale netwerken, fuzzy logic, machinaal leren, genetische algoritmen en intelligent agents. Deze technieken hebben verschillende doelstellingen, variërend van een gerichtheid op het ontdekken van kennis (datamining en neurale netwerken) tot het distilleren van kennis in de vorm van regels voor een computerprogramma (expertsystemen en fuzzy logic), tot het ontdekken van optimale oplossingen voor problemen (genetische algoritmen). In paragraaf 11.4 worden meer details over deze intelligente technieken gegeven.

11.2 Ondernemingsbrede kennismanagementsystemen

Ondernemingen hebben te maken met ten minste drie soorten kennis. Een deel van de kennis is aanwezig binnen het bedrijf in de vorm van gestructureerde tekstdocumenten (rapporten en presentaties). Besluitvormers hebben ook behoefte aan kennis die semigestructureerd is, zoals e-mail, voicemail, chatroomgesprekken, video's, digitale beelden, brochures of oproepen op bulletinboards. In weer andere gevallen is er helemaal geen formele of digitale informatie beschikbaar, en bevindt de kennis zich in de hoofden van het personeel. Veel van deze kennis is stilzwijgende kennis die zelden wordt opgeschreven. Ondernemingsbrede kennismanagementsystemen hebben te maken met al deze typen kennis.

11.2.1 Contentmanagementsystemen

Gestructureerde kennis
Kennis die reeds ergens in de onderneming aanwezig is in de vorm van gestructureerde tekstdocumenten en rapporten of presentaties en het belangrijkste probleem.

Vandaag de dag moeten bedrijven zowel gestructureerde als semigestructureerde kennis managen. **Gestructureerde kennis** is expliciete kennis die te vinden is in formele documenten, evenals in formele regels die door organisaties worden afgeleid uit het observeren van experts en hun besluitvormingsgedrag. Volgens experts is echter ten minste 80 procent van de content van de bedrijfsvoering van de organisatie semigestructureerd of ongestructureerd: informatie in folders, berichten, memo's, voorstellen, e-mails, afbeeldingen, digitale presentaties en zelfs video's, gecreëerd in verschillende formaten en opgeslagen op allerlei locaties.

Enterprise-contentmanagementsystemen (ECM)
Bieden databases en programma's voor het ordenen en opslaan van gestructureerde documenten en programma's voor het ordenen en opslaan van semigestructureerde kennis, zoals e-mail en rijke media.

Enterprise-contentmanagementsystemen (ECM) helpen organisaties bij het managen van zowel gestructureerde als semigestructureerde kennis. Ze hebben functies voor het verzamelen, opslaan, ophalen, verspreiden en het behoud van kennis om bedrijven te ondersteunen bij hun bedrijfsprocessen en beslissingen. Tot dergelijke systemen behoren bedrijfsbibliotheken van documenten, rapporten, presentaties en best practices, evenals functies voor het verzamelen van georganiseerde en semigestructureerde kennis zoals e-mail (zie figuur 11.3). Grote enterprise-contentmanagementsystemen bieden gebruikers ook toegang tot externe informatiebronnen, zoals nieuwsberichten en onderzoeken, en de mogelijkheid om te communiceren via e-mail, chat/instant messaging, discussiegroepen en videoconferencing. Veel bedrijven integreren tegenwoordig ook blogs, wiki's en andere sociale-netwerktools in hun kennismanagementsystemen. Toonaangevende leveranciers van enterprise-contentmanagementsoftware zijn Open Text Corporation, EMC (Documentum), IBM en Oracle Corporation.

Taxonomie
Een schema voor het zodanig classificeren van informatie en kennis dat deze gemakkelijk toegankelijk is.

Een belangrijk probleem bij het managen van kennis is het opstellen van een geschikt classificatieschema, of **taxonomie**, voor het ordenen van informatie in handige categorieën, zodat de informatie gemakkelijk toegankelijk is. Als de categorieën voor het classificeren van kennis eenmaal gecreëerd zijn, moet elk object worden 'gelabeld' of geclassificeerd, zodat het gemakkelijk kan worden opgehaald. Enterprise-contentmanagementsystemen hebben functies voor labeling, samenwerking met bedrijfsdatabases en contentbibliotheken, en voor het creëren van kennisportals, zodat mensen vanuit één centraal punt toegang hebben tot alle informatiebronnen.

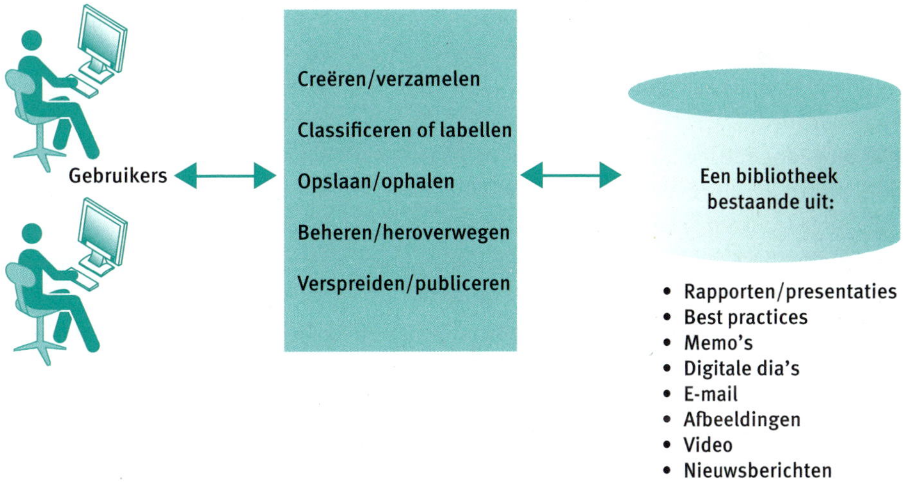

FIGUUR 11.3 *Een enterprise-contentmanagementsysteem*
Een enterprise-contentmanagementsysteem heeft functies voor het classificeren, organiseren en beheren van gestructureerde en semigestructureerde kennis en het beschikbaar stellen daarvan aan de hele onderneming.

Digitale assetmanagementsystemen
Ondersteunen bedrijven bij het classificeren, opslaan en verspreiden van dergelijke digitale objecten.

Bedrijven in de uitgeverij-, reclame-, media- en amusementswereld hebben speciale behoeften op het gebied van het opslaan van ongestructureerde digitale gegevens zoals foto's, afbeeldingen, video- en audiocontent. Zo moet bijvoorbeeld de marketingafdeling van Coca-Cola alle afbeeldingen van het merk Coca-Cola bijhouden die in het verleden bij alle vestigingen van het bedrijf over de hele wereld gemaakt zijn, om overtollig werk en afwijkingen van het standaard merkimago te voorkomen. **Digitale assetmanagementsystemen** ondersteunen bedrijven bij het classificeren, opslaan en verspreiden van dergelijke digitale objecten.

Lokaliseren en delen van expertise

Een deel van de kennis die bedrijven nodig hebben staat niet in een digitaal document, maar bevindt zich in het geheugen van individuele deskundigen in het bedrijf. Moderne

ECM in de cloud versterkt het Nieuw-Zeelandse Department of Conservation

Het Nieuw-Zeelandse Department of Conservation (DOC) is belast met het toezicht op de nationale parken, de bescherming van bedreigde wildsoorten, ecosystemen en een van de grootste zeereservaten. Zijn missie is onder meer om natuurlijke leefomgevingen te behouden die ruim een derde van de landmassa van Nieuw-Zeeland innemen en tal van kustgebieden te beschermen waar zich 44 zeereservaten en zes reservaten voor zeezoogdieren bevinden. Educatieve programma's voor zowel gebruikers van openbaar gebied (wandelaars, jagers, kampeerders, vissers, roeiers, mountainbikers, grotbezoekers, enzovoort) als het grote publiek vergroten de kennis over het beschermen van bedreigde wilde diersoorten en kwetsbare ecosystemen over een gebied van ongeveer 80.000 km². Specifieke taken zijn onder andere waarschuwen voor overstromingen, het terugdringen van de bedreiging van inheemse soorten door zich verspreidende planten, dieren, ongedierte en ziekten, het herstel van wetlands en het conserveren van historische locaties.

Omdat er onvoldoende mensen en middelen beschikbaar zijn om alle essentiële diensten te bieden en onderzoek uit te voeren, is het DOC afhankelijk van particuliere milieugroepen, universiteiten, wetenschappers en andere groepen in de achterban om veldwerk te doen, gegevens te verzamelen, statistische analyses uit te voeren en vondsten te documenteren. Veertien regionale natuurorganisaties en zes regionale natuurpartnerships betrekken lokale bedrijven, gemeenschapsgroepen en vrijwilligers bij hun taken. Willen alle belanghebbenden effectief hun activiteiten coördineren en resultaten delen, dan moeten onderzoeksresultaten en data-analyse voor alle betrokkenen toegankelijk zijn.

In het verleden kon het DOC niet snel op verzoek documenten aanleveren, omdat er 2,3 miljoen documenten in moeilijk doorzoekbare mappen lagen opgeslagen.

Toen de samenwerking tussen 2010 en 2015 steeds verder toenam, besefte het DOC dat het een state-of-the-art enterprise-contentmanagementsysteem (ECM) nodig had. Een Content as a Service (CaaS) in de cloud met de naam ContentWorX werd speciaal voor de regering gecreëerd door TEAM Asparona, een joint venture van twee implementatiepartners van Oracle, TEAM Informatics en Deloitte Asparona. Deze dienst biedt deelnemende overheidsinstanties de mogelijkheid om webcontent in te zetten, digitale activa te beheren en document-, archief- en bibliotheekbeheer te systematiseren op één platform met een content-centrische workflow.

De twee belangrijkste componenten van ContentWorX zijn Oracle WebCenter Content en Oracle WebCenter Portal. De Nieuw-Zeelandse regering wilde haar overheidsdatacentrum en aanverwante wide area network (WAN), handhaven. TEAM Asparona ontwikkelde daarom ContentWorX als een privécloud achter de overheidsfirewall. Overheidsinstanties kunnen ContentWorX aanschaffen uit een lijst met bedrijfsapplicatiediensten. CIO Mike Edginton van het DOC vond dat het ministerie nog niet toe was aan een volledige transitie naar een openbaar cloud-platform, maar hij wilde de voordelen van het cloud-architectuurconcept en de cloud-prijsstelling. Bij een abonnementsmodel betalen de gebruikers van klanten een maandelijks tarief dat afneemt naarmate het aantal gebruikers toeneemt. De privé-cloud kan in de toekomst verbinding maken met openbare clouddiensten als de behoefte om data te delen hiertoe noopt en het ministerie hier klaar voor is. De basis is gelegd voor een authenticatiesysteem dat afhankelijk van het gebruikte apparaat, het beleid van het ministerie en de contentclassificatie externe gebruikers in staat zal stellen toegang te krijgen tot documenten.

De technologieën van Oracle Database en Oracle WebCenter Content liggen verankerd in een ECM-systeem dat nu 2,3 miljoen documenten kan opslaan, waaronder onderzoeksmateriaal, vergaderverslagen, beleidsstukken, wetenschappelijke rapporten, artikelen over erfgoed en geschiedenis en inventarisaties van populaties. Tachtig procent van deze documenten is nu toegankelijk en doorzoekbaar, een enorme toename ten opzichte van de 7,4 procent die eerder beschikbaar was. DOC heeft zijn wide area network (WAN) geüpgraded, zodat zijn 137 diensten, verspreid over een 1600 kilometer lange eilandnatie en een aantal afgelegen eilanden, de netwerkcapaciteit hebben om zelfs lange documenten te doorzoeken en op te halen en om het versleutelde gegevenstransport van het nieuwe systeem te beheren. Dankzij geautomatiseerd taggen en classificeren van documenten met Semaphore-software van Smartlogic kon het DOC zijn traditionele hiërarchische mappenstructuur afdanken. Een bestand van 95.000 veelgebruikte kernbegrippen vormt de basis van een relationeel classificatiesysteem. De relaties tussen begrippen vormen de sleutel voor documentanalyse, die op termijn gevoelige documenten zullen markeren en het beheer van de contentlevenscyclus zullen aansturen, door op basis van ministerieel en overheidsbeleid aan te geven welke documenten worden gewist en welke documenten worden bewaard.

Als een bestand wordt bewaard in het archief van ContentWorX, krijgt het een metadata-tag om zijn functie aan te geven, bijvoorbeeld populatie-onderzoek, beschermingsbeleid, of leverancierscontract. Een andere metadata-tag benoemt de DOC-specifieke inhoud van het bestand, bijvoorbeeld de groep die het heeft gegenereerd, het relevante project, of de projectlocatie. Het toegenomen gebruiksgemak doordat gebruikers niet langer handmatig metadata hoefden toe te voegen droeg ertoe bij dat 95 procent van de werknemers van het DOC het systeem ging gebruiken. WebCenter Content houdt ook toezicht op de creatie van, toegang tot en redactie van documenten. Elke interactie met een document benoemt de gebruiker, datum en tijd. Gebruikers doen zelf het versiebeheer, en kunnen terug naar eerdere documentversies zonder dat er een systeembeheerder aan te pas komt. Dit heeft de tijd die DOC-medewerkers moeten investeren in documentcontroleprocessen verkort. Ook heeft het de naleving vereenvoudigd van landelijke archiefvereisten die zijn opgenomen in de Nieuw-Zeelandse Public Records Act uit 2005. Sinds deze wet van kracht is, moet elk document openbaar zijn tenzij er een dwingende reden bestaat om het te verzegelen, een omkering van eerder beleid waarbij alle informatie ontoegankelijk was tenzij een overheidsdienst besloot haar openbaar toegankelijk te maken.

Het opvragen van documenten duurt nu nog maar enkele seconden, in tegenstelling tot de vier minuten die het gebruikers eerder kostte om de mappenhiërarchie te doorzoeken. Zelfs wetenschappers op afgelegen eilanden of in geïsoleerde bossen kunnen snel toegang krijgen tot rapporten. Kennis en kennisverwerving zijn gemakkelijk over te dragen naar regionale kantoren, wat de inspanningen op het gebied van natuurbescherming en de samenwerking met partners ondersteunt.

Als documenten die als openbare informatie zijn aangemerkt zouden kunnen worden gekopieerd naar een openbare clouddienst, zou er meer nuttige DOC-informatie beschikbaar komen voor externe organisaties. ContentWorX kan worden gesynchroniseerd met een openbaar cloudbestand en met documentdeeldiensten via Oracle Documents Cloud of een andere samenwerkingsoplossing voor content. Maar om openbare toegang uit te breiden moet het DOC een identiteitsbeheerinfrastructuur ontwikkelen om externe gebruikers te authentiseren. Momenteel krijgen partners buiten de overheid op dezelfde manier een account op het overheidsnetwerk als medewerkers. Omdat dit een veiligheidsrisico inhoudt, krijgen alleen toponderzoekers bij universiteiten zo'n account.

Bronnen: David F. Carr, Collaboration in the Cloud,"' *Profit Magazine*, februari 2016; David F. Carr, 'Better Search Replaces Folders,' *Profit Magazine*, februari 2016; website van het Nieuw-Zeelandse Department of Conservation, www.doc.govt.nz, geraadpleegd op 27 april 2016; Team Asparona Cloud New Zealand, contentworx.co.nz/contentworx-cloud, geraadpleegd op 27 april 2016; 'Department of Conservation, New Zealand Gains Ability to Rapidly Search and Share 2.2 Million Documents Anytime Anywhere, and Enhances Collaboration,' www.oracle.com, geraadpleegd op 27 april 2016.

Vragen bij de case

1. Beschrijf het kennismanagementprobleem dat in deze case aan de orde komt.
2. Welke management-, organisatorische en technologische factoren droegen bij aan het probleem?
3. Hoe loste het invoeren van enterprise-contentmanagement het probleem op? Hoe veranderde het nieuwe ECM-systeem de manier waarop DOC werkte?
4. Hoe succesvol was deze oplossing? Licht je antwoord toe.

enterprise-contentmanagementsystemen hebben, gecombineerd met de tools voor samenwerking en sociaal ondernemen uit hoofdstuk 2, functies om deskundigen te lokaliseren en hun kennis aan te boren. Hiertoe behoren online gidsen van bedrijfsexperts en hun profielen, met informatie over hun werkervaring, projecten, publicaties en opleidingsniveau en bibliotheken van door deskundigen gegenereerde content. Gespecialiseerde zoekprogramma's maken het voor werknemers eenvoudiger de juiste deskundige in een bedrijf te vinden. Kennisbronnen buiten het bedrijf kunnen worden benut met behulp van programma's voor sociaal netwerken en sociaal ondernemen, waarmee gebruikers belangrijke webpagina's kunnen bookmarken met trefwoorden, en tags en webpaginalinks met anderen kunnen delen.

11.2.2 Learning Management Systems

Learning Management System (LMS) Een applicatie die programma's biedt voor het beheer, het aanbieden en leveren, het volgen en de beoordeling van verschillende vormen van scholing en training voor het personeel.

Bedrijven hebben behoefte aan methoden om het leren van hun personeel te volgen en te sturen en om dit te integreren in hun kennismanagement- en andere bedrijfssystemen. Een applicatie die het leren van organisaties stuurt (een **Learning Management System (LMS)**) biedt programma's voor het beheer, het aanbieden en leveren, het volgen en de beoordeling van verschillende vormen van opleiding en training voor het personeel.

Het moderne LMS ondersteunt meerdere leermiddelen, waaronder streaming, video's, webinars, live instructies in groepen of online en groepseducatie via internetfora of chatsessies. De LMS combineert trainingen via verschillende media, automatiseert de selectie en administratie van cursussen, stelt de lesinhoud samen en levert deze af en meet de effectiviteit van het leerproces.

Massive open online course (MOOC) Online cursus die via het web voor een zeer groot aantal deelnemers beschikbaar is.

Bedrijven runnen hun eigen Learning Management Systems, maar nemen voor het opleiden van hun werknemers ook hun toevlucht tot publiek beschikbare **massive open online courses (MOOCs)**. Een MOOC is een online cursus die via het web voor een zeer groot aantal deelnemers beschikbaar is. Bedrijven zien MOOCs als een nieuwe manier om online trainingen vorm te geven en aan te bieden, waarbij cursisten met elkaar kunnen samenwerken, korte video's kunnen bekijken en deel kunnen nemen in online discussiegroepen. Bedrijven als Microsoft, AT&T en Tenaris hebben hun eigen MOOCs ontwikkeld, terwijl andere, zoals de Bank of America en Qualcomm openbare MOOCs aanpassen aan hun kerncompetenties (Meister, 2015). In Europa worden MOOCs nog niet op grote schaal door bedrijven gebruikt en worden ze vooral als relevant beschouwd voor instellingen voor hoger onderwijs die de toegang tot universitaire leermodules willen uitbreiden (EADTU, 2015).

11.3 Kennissystemen voor de individuele kenniswerker

De ondernemingsbrede kennissystemen die we hierboven hebben beschreven bieden een breed scala aan functies die kunnen worden gebruikt door veel – zo niet alle – werknemers en groepen in een organisatie. Ondernemingen hebben ook gespecialiseerde systemen voor kenniswerkers om hen te helpen met het creëren van nieuwe kennis en om ervoor te zorgen dat deze kennis op de juiste manier in het bedrijf geïntegreerd wordt.

11.3.1 Kenniswerkers en kenniscreatie

Tot de kenniswerkers die we in hoofdstuk 1 introduceerden, behoren onderzoekers, ontwerpers, architecten, wetenschappers en technici die voornamelijk kennis en informatie voor de organisatie creëren. Kenniswerkers hebben meestal een hoge opleiding, zijn lid van vakverenigingen en worden vaak gevraagd om een onafhankelijk oordeel te geven als routineaspect van hun werk. Zo creëren kenniswerkers nieuwe producten of vinden ze manieren om bestaande producten te verbeteren. Kenniswerkers voeren drie belangrijke rollen uit die cruciaal zijn voor de organisatie en voor de managers die binnen de organisatie werkzaam zijn:

- De kennis van de organisatie actueel houden terwijl deze zich in de externe wereld ontwikkelt – op het gebied van technologie, wetenschap, maatschappij en kunst.
- Als interne consultants fungeren met betrekking tot hun kennisgebied, de veranderingen die erin plaatsvinden en de mogelijkheden.
- Als veranderingsmedewerkers fungeren die veranderingsprojecten evalueren, initiëren en bevorderen.

11.3.2 Vereisten voor dit type kennissystemen

De meeste kenniswerkers vertrouwen op systemen als voicemail, e-mail, video conferencing en planningsystemen die ontworpen zijn om de productiviteit van het werk op het kantoor te verhogen. Kenniswerkers hebben echter ook gespecialiseerde kennissystemen nodig. Deze kennissystemen voor de individuele kenniswerker (kenniswerkersystemen) zijn specifiek bedoeld voor het bevorderen van de creatie van kennis en om ervoor te zorgen dat nieuwe kennis en technische expertise op de juiste manier worden geïntegreerd binnen het bedrijf. Het werk van een kenniswerker kan ondersteund worden met gespecialiseerde kennissystemen met krachtige afbeeldingsmogelijkheden, analyseprogramma's en communicatie- en documentmanagementfuncties.

Deze systemen vereisen vaak veel rekenkracht om de gecompliceerde afbeeldingen weer te geven en de ingewikkelde berekeningen te maken ten behoeve van kenniswerkers als wetenschappelijk onderzoekers, productontwerpers en financiële analisten. Omdat kenniswerkers gericht zijn op kennis in de externe wereld, moeten deze systemen de medewerker bovendien snel en gemakkelijk toegang tot externe databases geven.

Gewoonlijk bieden deze systemen gebruikersvriendelijke interfaces die gebruikers in staat stellen om de benodigde taken uit te voeren zonder veel tijd te hoeven besteden aan leren hoe het systeem moet worden gebruikt. Kenniswerkers zijn duur: het verspillen van de tijd van een kenniswerker is gewoon zonde van het geld. Figuur 11.4 geeft een overzicht van de vereisten van kennissystemen.

Werkstations voor kenniswerkers worden vaak ontworpen en geoptimaliseerd voor het uitvoeren van specifieke taken; zo heeft een ontwerper een andere werkstationopstelling nodig dan een financieel analist. Ontwerpers hebben grafische pakketten nodig met genoeg kracht om driedimensionale CAD-systemen (*computer-aided design*) te hanteren. Financiële analisten zijn echter meer geïnteresseerd in toegang tot tal van externe en grote databases voor toegang hebben tot en het efficiënt opslaan van grote hoeveelheden financiële gegevens.

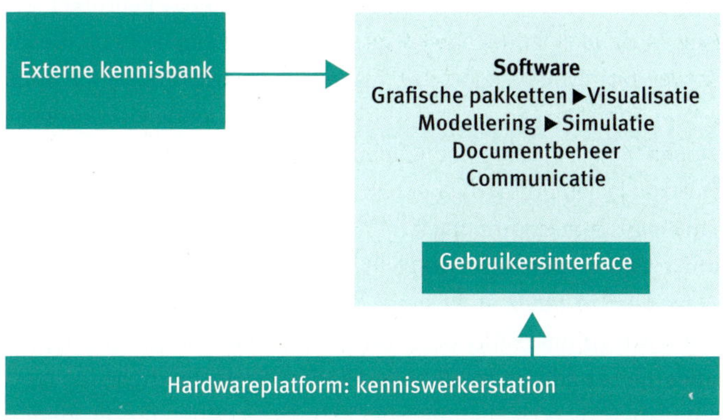

FIGUUR 11.4 *Vereisten van kennissystemen*

Kennissystemen vereisen naast gespecialiseerde hardware en software sterke koppelingen met externe kennisbanken.

11.3.3 Voorbeelden van dit type kennissystemen

Computer-aided design (CAD)
Informatiesysteem dat de creatie en bewerking van ontwerpen automatiseert door middel van geavanceerde grafische software.

Tot de belangrijkste toepassingen voor kenniswerkers behoren CAD-systemen, virtualrealitysystemen voor simuleren en modellering en financiële werkstations. **Computer-aided design (CAD)** automatiseert de creatie en revisie van ontwerpen, met behulp van computers en geavanceerde grafische software. Bij een meer traditionele fysieke ontwerpmethode moet er voor elke wijziging aan het ontwerp een mal worden gemaakt en een prototype fysiek worden getest. Dat proces moet vaak worden herhaald, wat een zeer kostbaar en tijdrovend proces is. Bij het gebruik van een CAD-werkstation hoeft de ontwerper alleen tegen het einde van het ontwerpproces een fysiek prototype te maken, omdat het ontwerp op de computer gemakkelijk getest en gewijzigd kan worden. De mogelijkheden van CAD-software om ontwerpspecificaties voor de ontwerp- en fabricageprocessen te bieden besparen veel tijd en geld, terwijl het een fabricageproces met veel minder problemen oplevert.

Zo gebruikt Dieguez Fridman, een prijswinnend architectenbureau uit Buenos Aires, AutoCAD-software voor de driedimensionale conceptuele ontwerptools die het nodig heeft om zijn ideeën vorm te geven. Voor een winkelinrichtingsproject voor de chique moderetailer Ayres ontwikkelden de architecten van Dieguez Fridman met behulp van AutoCAD een conceptueel ontwerp voor de klant. De architecten deelden hun ideeën met elkaar en kozen vervolgens de beste ideeën eruit. Na verdere verfijning in AutoCAD zette het bedrijf de digitale ontwerpbestanden over naar Autodesk 3ds Max Design-software om een fotoachtige weergave voor Ayres te helpen ontwikkelen. Door het ontwerp in 3D te bekijken, kon de klant de wisselwerking van licht en ruimte visualiseren die werden gecreëerd door de complexe vormen die in het ontwerp waren opgenomen (Autocad, 2016).

3D-printen
Maakt met behulp van machines laag voor laag vaste objecten, uit specificaties in digitale bestanden. Ook bekend als aanvullende fabricage.

CAD-systemen kunnen gegevens aanleveren voor **3D-printen**, wat ook wel *additive manufacturing* wordt genoemd en waarbij machines laagje voor laagje, op basis van specificaties in een digitaal bestand, een solide object opbouwen. Bij de traditionele technieken, waarbij objecten worden gesneden of geboord uit mallen, wordt er veel materiaal verspild.

Met 3D-printen kunnen werknemers een object op een computer modelleren en afdrukken met plastic, metaal of composietmaterialen. 3D-printen wordt momenteel gebruikt voor maatwerkoplossingen en prototyping. De huidige 3D-printers kunnen overweg met materialen zoals plastic, titanium en menselijk kraakbeen, en produceren volledig functionele componenten, waaronder batterijen, transistors, prothetische apparaten, leds en andere complexe mechanismen. Er zijn nu 3D-afdrukservices die produceren via de cloud, zoals Staples.

Virtual-realitysystemen
Interactieve grafische software en hardware die computersimulaties maakt die zeer realistisch aandoen.

Virtual-realitysystemen hebben visualisatie-, weergave- en simulatiefuncties die veel verdergaan dan die van conventionele CAD-systemen. Zij maken gebruik van interactieve grafische software voor het creëren van door de computer gegenereerde simulaties die zoveel op de werkelijkheid lijken dat gebruikers bijna geloven dat ze zich in een echt bestaande situatie bevinden. Bij veel virtual-realitysystemen trekt de gebruiker, afhankelijk van de toepassing, speciale kleding aan en zet bijvoorbeeld een helm op. De kleding bevat sensoren die de bewegingen van de gebruiker vastleggen en deze informatie onmiddellijk doorsturen naar de computer. Om een voorbeeld te geven: om door de virtual-realitysimulatie van een huis te lopen, zou je kleding nodig hebben die de beweging van je voeten, handen en hoofd volgt. Ook zou je een bril nodig hebben die beeld en eventueel geluid kan afspelen en speciale handschoenen zodat je kunt opgaan in de wereld die de computer voor je maakt. Gebruikers van Cadillacs VR-dealerstelsel dragen speciale VR-headsets en koptelefoons die hun het gevoel geven dat ze kijken en luisteren naar een echte auto. Lloyds Banking Group start met het gebruik van virtual reality om sollicitanten voor haar leiderschapsprogramma's te testen in situaties die ze onder normale gespreks- en testomstandigheden niet zou kunnen creëren. Lloyds ontvangt 20.000 sollicitaties per jaar voor veertien postacademische leiderschapsprogramma's. De directie gelooft dat virtual reality haar kan helpen meer te ontdekken over de sterke punten en vaardigheden van kandidaten voor IT-functies. Binnen een complete virtuele wereld van 360 graden krijgen kandidaten volledige bewegingsvrijheid en kunnen met behulp van gevolgde regeltechnieken virtuele voorwerpen verplaatsen (Flinders, 2016).

Augmented reality (AR)
Een technologie voor het versterken van visualisatie. Levert een live direct of indirect beeld van een fysieke echte-wereld-omgeving waarvan de elementen door een virtuele computergegenereerde voorstellingswereld worden versterkt.

Augmented reality (AR) is een gerelateerde technologie, waarbij de virtualisatie nog een stapje verdergaat. AR biedt een live weergave, direct of indirect, van een fysieke omgeving waarbij elementen met virtuele computertechnieken worden versterkt. De gebruiker bevindt zich dus gewoon in een echte wereld en de virtuele beelden worden hiermee gecombineerd om een versterkte weergave te realiseren. Deze digitale technologie geeft de gebruiker extra informatie om de realiteit nog actiever te ervaren, interactiever en intenser te maken. Bij operaties wordt bijvoorbeeld gebruikgemaakt van AR, door gegevens van CT- en MRI-scans te projecteren op de patiënt. Andere sectoren waar AR wordt toegepast zijn bij militaire training, engineering design, robotica en ontwerp van consumentenproducten.

Virtual Reality Modeling Language (VRML)
Set specificaties voor interactieve, 3D-modellen op het world wide web.

Virtual-realitytoepassingen die ontwikkeld zijn voor gebruik op het web maken gebruik van een standaard die **virtual reality modeling language (VRML)** wordt genoemd. VRML bestaat uit een reeks specificaties voor interactieve, driedimensionale modellering op het web die plaats biedt aan verschillende multimediatypen, waaronder animatie, beeld en geluid, om gebruikers in een gesimuleerde 'echte-wereld'-omgeving te brengen. VRML is platformonafhankelijk en vereist weinig bandbreedte.

11.4 Intelligente technieken

Kunstmatige intelligentie en databasetechnologie bieden diverse technieken die organisaties kunnen gebruiken om individuele en collectieve kennis vast te leggen en hun kennisbank uit te breiden. Expertsystemen, case-based redeneringen en fuzzy logic worden toegepast voor het verzamelen van verborgen (*tacit*) kennis. Neurale netwerken en datamining worden gebruikt voor **kennisontdekking**. Deze technieken kunnen onderliggende patronen, categorieën en gedrag in grote verzamelingen gegevens ontdekken die niet door managers alleen of gewoon door ervaring konden worden ontdekt. *Generic algorithms* (niet te verwarren met genetische algoritmen in paragraaf 11.4.6) worden gebruikt voor het genereren van oplossingen voor problemen die te groot en te complex zijn om door mensen op eigen kracht te worden geanalyseerd. Generic algorithms zijn zoekalgoritmen om exacte of zo goed mogelijke oplossingen te vinden bij optimalisatie en zoekproblemen. *Intelligent agents* kunnen routinetaken automatiseren om bedrijven te ondersteunen bij het zoeken naar en het filteren van informatie voor gebruik in e-commerce, supply chain management en andere activiteiten.

Kennisontdekking
Ontdekking van onderliggende patronen, categorieën en gedrag in grote verzamelingen gegevens.

Datamining, geïntroduceerd in hoofdstuk 6, helpt organisaties bij het verzamelen van onontdekte kennis uit grote databases en biedt managers nieuwe inzichten om de prestaties van een organisatie te verbeteren. Het is een belangrijk hulpmiddel geworden bij de besluitvorming van het management.

De technieken die we in deze paragraaf behandelen zijn gebaseerd op de technologie van **kunstmatige intelligentie (artificial intelligence, AI)**. Deze bestaat uit computersystemen (zowel hardware als software) die proberen het menselijk gedrag na te bootsen. Dergelijke systemen zouden in staat moeten zijn talen te leren, fysieke taken uit te voeren (robotics), zelf waarnemingen te doen die fysiek gedrag en taal beïnvloeden en menselijke expertise en besluitvorming na te bootsen.

Kunstmatige intelligentie (AI)
De ontwikkeling van computersystemen (hardware en software) die zich gedragen als mensen en die talen kunnen leren, fysieke taken kunnen uitvoeren, een zintuiglijk stelsel kunnen gebruiken en menselijke expertise en besluitvorming kunnen nabootsen.

AI-toepassingen spelen een belangrijke rol in het huidige kennismanagement, maar zeggen niets over de reikwijdte, complexiteit, originaliteit en algemeenheid van menselijke intelligentie. Bestaande AI-systemen leveren geen nieuwe en innovatieve oplossingen voor problemen. AI-systemen vergroten de mogelijkheden voor mensen, maar vervangen ze op geen enkele manier en maken gering gebruik van hun intelligentie. Kortom, bestaande systemen beschikken niet over het gezond verstand en het generalisme van intelligente mensen. Menselijke intelligentie is veel en veel complexer dan de meest ingewikkelde computerprogramma's en bestrijkt een veel breder scala aan activiteiten dan momenteel haalbaar is met zogeheten kunstmatig intelligente apparaten. Enkele van deze vraagstukken komen aan de orde in de volgende Interactieve sessie over robots in fabrieken en in de case over IBM's Watson aan het eind van dit hoofdstuk.

11.4.1 Het verzamelen van kennis: expertsystemen

Expertsysteem
Kennisintensief computerprogramma dat menselijke expertise op specifieke kennisgebieden verzamelt.

Expertsystemen zijn een techniek voor het verzamelen van verborgen kennis in een zeer specifiek en gelimiteerd domein van menselijke expertise. Deze systemen verzamelen de kennis van ervaren medewerkers in de vorm van een verzameling regels in een softwaresysteem die door anderen in de organisatie kan worden gebruikt. De verzameling regels in het expertsysteem wordt toegevoegd aan het geheugen, of de opgeslagen kennis, van de onderneming.

Expertsystemen missen de brede kennis van en het inzicht in fundamentele principes van een menselijke expert. Meestal voeren ze zeer beperkte taken uit die door specialisten in enkele minuten of uren kunnen worden uitgevoerd, zoals het vaststellen wat het probleem is bij een haperende machine of bepalen of er een lening mag worden verstrekt. Problemen die in dezelfde korte tijdsperiode niet door mensen kunnen worden opgelost zijn veel te moeilijk voor een expertsysteem. Door echter de menselijke expertise op beperkte gebieden te verzamelen, kunnen expertsystemen voordelen bieden en organisaties ondersteunen bij het nemen van goed onderbouwde beslissingen met minder mensen. Tegenwoordig worden expertsystemen gebruikt door bedrijven in discrete, sterk gestructureerde besluitvormingssituaties.

Vervangen robots mensen in de fabriek?

De afgelopen vier decennia hebben robots in Europa, Japan en de Verenigde Staten een vaste plek gekregen in productie- en assemblagelijnen. Deze industriële robots – met mechanische armen die kunnen worden geprogrammeerd voor om laswerkzaamheden en schilderwerk te verrichten en om voorwerpen met voorspelbare regelmaat op te pakken en te plaatsen – hebben niet veel taken van mensen overgenomen. De grootste gebruikers van robottechnologie zijn autofabrieken geweest, waar robots het zware tilwerk doen, lassen, lijm aanbrengen en schilderen. Nog steeds verrichten mensen het overgrote deel van de uiteindelijke assemblage van auto's, vooral als het gaat om het installeren van kleine onderdelen of het aanbrengen van de bedrading.

Gezien de werkzaamheden die robots kunnen uitvoeren, was het voor het meeste fabrieksmatige werk minder kostbaar om gebruik te maken van handarbeid dan om een robotsysteem te bezitten, bedienen en onderhouden. Maar ... dit gaat veranderen. Robots zijn kleiner en mobieler geworden, werken beter samen en laten zich gemakkelijker aanpassen. Bovendien worden ze steeds breder toepasbaar. Nieuwe robotmodellen kunnen naast mensen werken zonder hen in gevaar te brengen en helpen bij het assembleren van allerhande voorwerpen, zo groot als vliegtuigmotoren en zo klein en kwetsbaar als smartphones. Ook kunnen ze waarnemen of onderdelen correct zijn geassembleerd. Robots worden gemakkelijker te bedienen. Bedrijven hoeven niet langer een softwareontwikkelaar programmacode te laten schrijven om een robot een taak te laten uitvoeren. Bij sommige van de huidige robots kun je gewoon op een knop drukken, aan de arm van de robot draaien en de handeling voordoen die hij moet uitvoeren. De robot leert al doende. Een fabriek van Renault SA in het Franse Cleon laat nu robots van het Deense bedrijf Universal Robots AS schroeven in machines draaien, vooral op plekken waar mensen lastig bij kunnen. De robots hebben een bereik van meer dan 125 centimeter en zes roterende gewrichten om het werk te doen. Ook controleren ze of onderdelen correct zijn bevestigd en letten scherp op of het juiste onderdeel wordt gebruikt. De Renault-robots wegen nog geen 30 kilo per stuk, zodat ze al naar behoefte gemakkelijk verplaatst kunnen worden. Ze zijn ook collaboratief, oftewel samenwerkingsgericht, ontwikkeld om dicht bij mensen te werken. Met behulp van sonar, camera's of andere technologieën kunnen deze robots waarnemen waar mensen zijn en vaart minderen of stoppen om te voorkomen dat ze iemand pijn doen. Deze robots nieuwe-stijl vinden hun weg ook in andere bedrijfstakken. Het Zwitserse ABB Ltd en andere bedrijven hebben onlangs robots geïntroduceerd om consumentenelektronica te helpen assembleren. De robots zijn ontworpen om dicht bij mensen te werken en kleine onderdelen aan te brengen. JCB Laboratories gebruikt robots in zijn fabriek in Wichita (Verenigde Staten) om injectiespuiten op te pakken, ze te vullen met medicatie en er afsluitdoppen op te zetten. De robots werken vijf à zes keer sneller dan mensen.

Deze nieuwe generatie robots belooft grote veranderingen voor de werkvloer en misschien voor de internationale concurrentieverhoudingen. De Boston Consulting Group voorspelt dat het aandeel van door robots uitgevoerde taken rond 2025 sectorbreed zal stijgen van een wereldwijd gemiddelde van 10 procent naar ongeveer 25 procent. In sommige bedrijfstakken zal meer dan 40 procent van de werkzaamheden door robots worden uitgevoerd. Wereldwijd zal er in veel bedrijfstakken een enorme productiviteitswinst worden behaald (en zal de potentiële opbrengst per arbeider met ongeveer 30 procent worden verhoogd) en zullen de concurrentieverhoudingen tussen productielanden veranderen. Wil dat zeggen dat robots de productielijnen zullen overnemen? Dat is onwaarschijnlijk. Ze beschikken nog steeds niet over de flexibiliteit, fijngevoeligheid of het inzicht dat mensen te bieden hebben. Zo moeten de huidige samenwerkingsgerichte robots vaak vaart minderen of stoppen als mensen hun pad kruisen, wat de productie verstoort. Teleurstellend is ook de verkoop van Baxter, een tweearmige samenwerkingsgerichte robot van Rethink, die vooral wordt ingezet op eenvoudige werkzaamheden, zoals materialen verplaatsen, onderdelen oppakken en dozen in- en uitpakken.

De snelheid van deze robot wordt beperkt uit veiligheidsoverwegingen. Hoezeer robots de laatste tijd ook zijn ontwikkeld, bij het hanteren van materialen en kleine onderdelen hebben ze nog altijd niet een minder fijne motoriek dan mensen. Robots hebben nog steeds moeite met het omgaan met zacht of slap materiaal, zoals stof of bundels elektriciteitsdraad. Hoewel robots er goed in zijn om betrouwbaar en herhaaldelijk vastgestelde taken uit te voeren, zijn ze niet goed in aanpassen. Mercedes-Benz moest het gebruik van robots op de productielijn terugdraaien, omdat haar klanten steeds meer specificaties op maat verlangen, wat een bepaalde mate van flexibiliteit en handigheid vergt die alleen mensen kunnen bieden. De huidige Mercedes-klant wil zijn of haar auto zelf samenstellen en kiezen uit maatwerkopties als sierdelen van kunststofvezel, vier soorten ventieldoppen en verwarmde en gekoelde bekerhouders voor dertig verschillende modellen. Robots kunnen niet omgaan met de hoeveelheid variatie die de huidige auto's van Mercedes bieden. Mercedes heeft gemerkt dat een team ervaren productiemedewerkers een productielijn in een weekend kan veranderen. Het zou weken duren om robots te herprogrammeren en assemblagepatronen aan te passen, en in de tussentijd zou de productie stilliggen. Robots zullen bij Mercedes niet uit de fabriek verdwijnen, maar ze zullen kleiner en flexibeler zijn en naast mensen werken. BMW AG en Audi van Volkswagen AG testen ook lichtgewicht, met sensoren uitgeruste robots die veilig genoeg zijn om naast mensen te werken. Autofabrikanten staan onder aanhoudende druk om hun modellen vaker te wisselen dan de traditionele cyclus van zeven jaar.

Naarmate robots op meer plekken hun intrede doen, zullen door mensen uitgevoerde productietaken hoogwaardiger en ingewikkelder worden. Van arbeiders zal worden verwacht dat ze toezicht houden op robots en misschien zelfs robots programmeren, en er zullen minder laaggeschoolde productiebanen overblijven. Arbeiders zullen meer geavanceerde vaardigheden in huis moeten hebben om in de fabrieken van morgen aan het werk te kunnen.

Bronnen: Bloomberg, 'Why Mercedes Is Halting Robots' Reign on the Production Line,' *Industry Week*, 25 februari 2016; Harold L. Sirkin, Michael Zinser en Justin Rose, 'The Robotics Revolution: The Next Great Leap in Manufacturing,' *BCG Perspectives*, 23 september 2015; 'Industries and Economies Leading the Robotics Revolution,' *BCG Perspectives*, 23 september 2015; James R. Hagerty, 'Meet the New Generation of Robots for Manufacturing,' *Wall Street Journal*, 2 juni 2015.

Vragen bij de case

1. Waarom hebben robots een vaste plek gekregen in fabrieken? Welke kennis hebben zij nodig?
2. kunnen robots menselijke fabrieksarbeiders vervangen? Licht je antwoord toe.
3. Als jij zou overwegen om robots in je fabriek in te voeren, met welke organisatorische, technologische en managementvraagstukken zou je dan te maken krijgen?

De werking van expertsystemen

Menselijke kennis moet zodanig worden gemodelleerd of gerepresenteerd dat een computer deze kan verwerken. Expertsystemen modelleren menselijke kennis als een serie regels die samen een **kennisbank** vormen. Afhankelijk van de complexiteit van het probleem hebben expertsystemen tussen de 200 en duizenden van deze regels. Deze regels zijn veel meer onderling verbonden en genest dan bij een traditioneel softwareprogramma (zie figuur 11.5).

Kennisbank Kennismodel dat wordt gebruikt door expertsystemen.

De strategie die gebruikt wordt voor het doorzoeken van de kennisbank wordt de **interferentiemachine** genoemd. Er zijn twee veelgebruikte strategieën: *forward chaining* en *backward chaining* (zie figuur 11.6).

Interferentiemachine Strategie die wordt gebruikt voor het doorzoeken van de regelbasis in een expertsysteem: forward of backward chaining.

Bij **forward chaining** begint de interferentiemachine met de informatie die door de gebruiker is ingevoerd en wordt vervolgens de kennisbank doorzocht om tot een aanbeveling te komen. De strategie is om wanneer aan een bepaalde voorwaarde is voldaan, een handeling te stoppen of juist uit te voeren. In figuur 11.6, te beginnen aan de linkerkant, zal de machine als de gebruiker de naam van een klant met een inkomen boven de 100.000 euro invoert, alle regels in volgorde van links naar rechts lanceren. Als de gebruiker vervolgens informatie invoert die aangeeft dat dezelfde klant onroerend goed bezit, zal de regelbank nogmaals worden doorlopen en zullen er nog meer regels worden gelanceerd. De verwerking gaat door totdat er geen regels meer kunnen worden gelanceerd.

Forward chaining Strategie voor het doorzoeken van een regelbasis in een expertsysteem waarbij wordt begonnen met de informatie die door de gebruiker wordt ingevoerd en de regelbasis wordt doorzocht tot een resultaat wordt gevonden.

Bij **backward chaining** begint de strategie voor het zoeken in de kennisbank met een hypothese. Vervolgens worden er vragen aan de gebruiker gesteld over geselecteerde feiten, totdat de hypothese ofwel bevestigd ofwel verworpen is. In ons voorbeeld in figuur 11.6 zouden we de vraag moeten stellen: 'Moeten we deze persoon toevoegen aan de database van potentiële klanten?' Begin aan de rechterkant van het diagram en werk door naar links. Je ziet dat de persoon moet worden toegevoegd aan de database als er een vertegenwoordiger wordt gestuurd, een levensverzekering wordt afgesloten of als een financieel adviseur de klant bezoekt.

Backward chaining Strategie voor het doorzoeken van een regelbasis in een expertsysteem die werkt als een probleemoplosser door te beginnen met een hypothese en die steeds meer informatie verzamelt totdat de hypothese wordt bevestigd of weerlegd.

van deze rekenkracht en ontwikkelingen op het gebied van algoritmen, databases en robotica. Internet en big data (zie hoofdstuk 6) maken het mogelijk om hypotheses voor machinaal leren te testen.

We gebruiken machinaal leren eigenlijk elke dag, ongemerkt. Elke keer als je op Google iets opzoekt, zijn de zoekresultaten te danken aan de algoritmen die miljarden websites afzoeken, en veranderen de resultaten op basis van veranderingen in je zoekactie – dit allemaal binnen een paar milliseconden. De zoekresultaten veranderen ook, afhankelijk van je eerdere zoekacties en de links waar je op klikt. Elke keer als je iets koopt op Amazon doet de website je suggesties voor andere producten waar je misschien geïnteresseerd in bent, gebaseerd op je eerdere koopgedrag, wat je op andere websites doet en wat mensen die op jou lijken hebben gekocht. Elke keer wanneer je op Netflix bent, krijg je film- en programmavoorstellen, gebaseerd op een vergelijkbare set factoren.

11.4.5 Neurale netwerken

Neuraal netwerk
Hardware of software die de verwerkingspatronen in het biologische brein probeert te imiteren.

Neurale netwerken worden gebruikt voor het oplossen van ingewikkelde, slecht begrepen problemen waarvoor grote hoeveelheden gegevens zijn verzameld. Ze ontdekken patronen en relaties in zeer grote hoeveelheden gegevens die te gecompliceerd en te moeilijk zijn om door mensen te worden geanalyseerd. Neurale netwerken ontdekken deze kennis door hardware en software te gebruiken die de verwerkingspatronen van de menselijke hersenen nabootsen. Neurale netwerken 'leren' patronen uit grote hoeveelheden gegevens door de gegevens door te spitten, naar verbanden te zoeken, modellen te bouwen en keer op keer de eigen fouten van het model te corrigeren.

Een neuraal netwerk heeft een groot aantal voelende en verwerkende knooppunten die continu met elkaar in contact staan. Figuur 11.9 representeert een van de typen neurale netwerken, dat is opgebouwd uit een invoerlaag, een uitvoerlaag en een verborgen verwerkingslaag. Mensen 'trainen' het netwerk door het te voeden met een aantal trainingsgegevens waarvoor de invoer een bekende uitvoer of bekende conclusies oplevert. Op deze manier leert de computer de juiste oplossing aan de hand van een voorbeeld. Als de computer gevoed wordt met meer gegevens, wordt elke case vergeleken met de bekende uitkomst. Als er een verschil is, wordt de correctie berekend en toegepast op de knooppunten in de verborgen proceslaag. Deze stappen worden herhaald totdat er aan een bepaalde voorwaarde, bijvoorbeeld dat de correcties kleiner zijn dan een bepaalde waarde, is voldaan. Het neurale netwerk in figuur 11.9 heeft geleerd hoe een frauduleuze creditcardaankoop moet worden vastgesteld. Ook kunnen zelforganiserende neurale netwerken worden getraind door er grote hoeveelheden gegevens op los te laten en ze patronen en verbanden in die gegevens te laten ontdekken.

Een onderzoeksteam van Google, onder leiding van Andrew Y. Ng, computerwetenschapper aan Stanford University, en Google-fellow Jeff Dean, heeft een neuraal netwerk opgezet met meer dan een miljard verbindingen dat katten kon identificeren. Het netwerk van 16.000 processoren kreeg willekeurige kattenplaatjes te zien uit een verzameling van tien miljoen YouTube-video's. Het neurale netwerk leerde de katten zelf herkennen, zonder menselijke hulp bij het identificeren van specifieke kenmerken. Google gelooft dat dit neurale netwerk veelbelovende toepassingen heeft bij het doorzoeken van afbeeldingen, spraakherkenning en machinevertalingen. IBM heeft een energie-efficiënte processorchip ontwikkeld, die berust op een dicht web van transistoren vergelijkbaar met het neurale netwerk van het brein. Deze is nog steeds in een experimentele fase en lijkt veelbelovend voor patroonherkenning (Markoff, 2012, 2013). Terwijl expertsystemen proberen de manier om problemen op te lossen van een expert na te bootsen of te modelleren, beweren bouwers van neurale netwerken dat ze niet per se de oplossingen programmeren of proberen specifieke problemen op te lossen. In plaats daarvan proberen ontwerpers van neurale netwerken intelligentie in de hardware te stoppen in de vorm van een algemeen leervermogen. Een expertsysteem is zeer specifiek gericht op een bepaald probleem en kan niet gemakkelijk opnieuw worden getraind, in tegenstelling tot een neuraal netwerk.

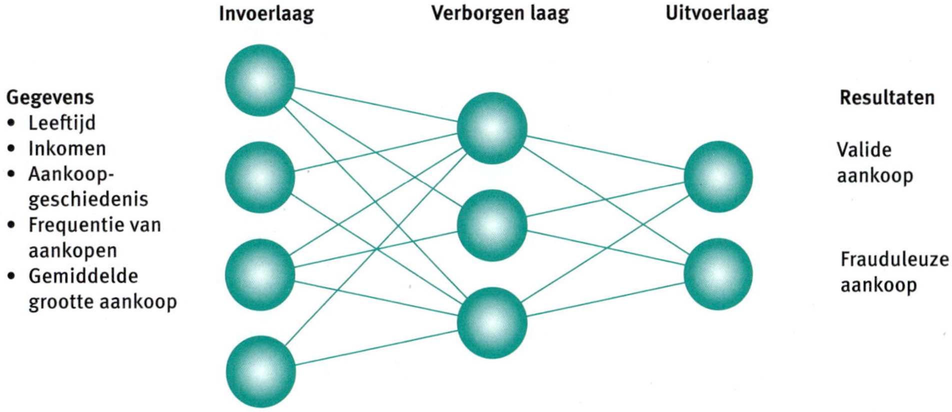

FIGUUR 11.9 *De werking van een neuraal netwerk*

Een neuraal netwerk maakt gebruik van 'regels' die het leert uit patronen in de gegevens om een verborgen laag van logica te construeren. Vervolgens verwerkt deze verborgen laag de invoer en classificeert deze aan de hand van de ervaringen met het model. In dit voorbeeld is het neurale netwerk getraind om onderscheid te maken tussen bonafide en frauduleuze creditcardaankopen.

Toepassingen van neurale netwerken in de geneeskunde, de wetenschap en het bedrijfsleven behandelen problemen in patroonclassificatie, voorspellingen, financiële analyse en besturing en optimalisering. In de geneeskunde worden toepassingen van neurale netwerken gebruikt voor het onderzoeken van patiënten op ziekten van de kransslagader, voor het diagnosticeren van patiënten met epilepsie en de ziekte van Alzheimer, en voor het uitvoeren van patroonherkenning van bepaalde ziektebeelden. De financiële wereld gebruikt neurale netwerken voor het onderscheiden van patronen in omvangrijke datapools waarmee de prestaties van aandelenbezittingen, de waarde van bedrijfsobligaties of bedrijfsfaillissementen kunnen worden voorspeld. Visa International maakt gebruik van een neuraal netwerk dat ondersteuning biedt bij het opsporen van creditcardfraude door alle Visa-transacties te controleren op plotselinge veranderingen in de kooppatronen van kaarthouders.

Aan neurale netwerken zitten tal van onverklaarbare aspecten. In tegenstelling tot expertsystemen, die hun oplossingen meestal voorzien van een verklaring, kunnen neurale netwerken niet altijd aangeven waarom ze tot een bepaalde oplossing gekomen zijn. Bovendien kunnen ze niet een absoluut zekere oplossing garanderen, met dezelfde invoergegevens op dezelfde oplossing uitkomen, of altijd dezelfde oplossing garanderen. Ze zijn erg gevoelig en leveren misschien geen goed resultaat op als ze bij hun training te weinig of te veel gegevens moeten verwerken. In de meeste huidige toepassingen kunnen neurale netwerken het beste worden gebruikt als hulpmiddelen voor menselijke besluitvormers, en niet als vervangers daarvoor.

11.4.6 Genetische algoritmen

Genetische algoritmen Probleemoplossingsmethoden die de evolutie van oplossingen voor specifieke problemen bevorderen door middel van dezelfde modellen die levende organismen gebruiken om zich aan te passen aan hun omgeving.

Genetische algoritmen zijn nuttig voor het zoeken naar de optimale oplossing voor een specifiek probleem door het onderzoeken van een groot aantal mogelijke oplossingen. Ze zijn gebaseerd op technieken geïnspireerd door evolutionaire biologie, zoals overerving, mutatie, selectie en kruisen (recombinatie). Een genetisch algoritme werkt door informatie voor te stellen als een string van nullen en enen. Het doorzoekt een populatie van willekeurig gegenereerde strings van binaire cijfers om vast te stellen welke string de best mogelijke oplossing voor het probleem is. Tijdens het proces van wijzigen en combineren van oplossingen worden de slechtste oplossingen verwijderd en overleven de betere, die vervolgens doorgaan met het leveren van nog betere oplossingen.

In figuur 11.10 komt elke string overeen met een van de variabelen in het probleem. Een ervan heeft te maken met een test op geschiktheid en rangschikt de strings in de groep naar hun niveau van wenselijkheid als mogelijke oplossingen. Nadat de eerste groep is beoordeeld op geschiktheid, produceert het algoritme de volgende generatie strings, bestaande uit strings die

de geschiktheidstest overleefden plus nieuw ontstane strings, voortgekomen uit het combineren van paren strings, en test hun geschiktheid. Dit proces gaat door totdat er een oplossing is bereikt.
Genetische algoritmen worden gebruikt voor het oplossen van problemen die erg dynamisch of complex zijn, waarbij honderden of duizenden variabelen en formules betrokken zijn. Het probleem moet zodanig zijn dat de verzameling mogelijke oplossingen genetisch kan worden gerepresenteerd en dat er criteria kunnen worden vastgesteld om de geschiktheid te beoordelen.

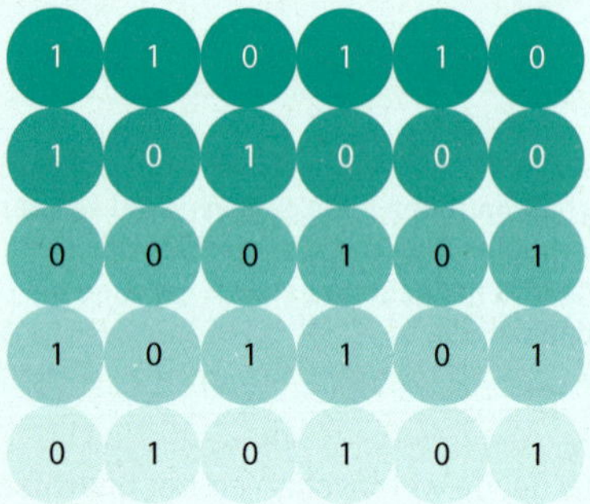

Lengte	Breedte	Gewicht	Geschiktheid
1 Lang	Breed	Licht	55
2 Kort	Smal	Zwaar	49
3 Lang	Smal	Zwaar	36
4 Kort	Gemiddeld	Licht	61
5 Lang	Gemiddeld	Erg licht	74

Decoderen van chromosomen **Evaluatie van chromosomen**

FIGUUR 11.10 *De componenten van een genetisch algoritme*

Dit voorbeeld toont een eerste groep 'chromosomen' die elk een andere oplossing representeren. Het genetisch algoritme maakt gebruik van een iteratief proces voor het verbeteren van de oplossingen, zodat de betere oplossingen, die met de beste geschiktheid, meer kans hebben om als de beste oplossing naar voren te komen.

Genetische algoritmen kunnen de oplossing bespoedigen omdat ze snel uit veel verschillende oplossingen de beste weten te kiezen. Om een voorbeeld te geven, technici bij General Electric gebruikten genetische algoritmen voor het optimaliseren van straaljagerturbines, waarbij elke wijziging in het ontwerp wijzigingen in tot wel honderd variabelen tot gevolg kon hebben. De supply-chain-managementsoftware van JDA Software gebruikt genetische algoritmen voor het optimaliseren van productieplanningsmodellen met daarin honderdduizenden details over bestellingen van klanten, materiaal, beschikbaarheid van middelen, fabricage- en productiecapaciteit en leverdata.

11.4.7 Intelligent agents

Intelligent agent
Softwareprogramma dat een geprogrammeerde of geleerde kennisbasis gebruikt om specifieke, herhalende en voorspelbare taken uit te voeren voor een gebruiker, bedrijfsproces of softwaretoepassing.

Intelligent-agent-technologie kan bedrijven helpen bij het navigeren door grote hoeveelheden gegevens om alleen die informatie te lokaliseren die belangrijk wordt geacht. **Intelligent agents** zijn softwareprogramma's die werken zonder directe menselijke interventie en die specifieke taken voor een individuele gebruiker, bedrijfsproces of softwareprogramma uitvoeren. De agent gebruikt een beperkte ingebouwde of aangeleerde kennisbank om taken uit te voeren of beslissingen te nemen ten behoeve van de gebruiker, zoals het weggooien van ongewenste e-mail, het plannen van afspraken, of het reizen via onderling verbonden netwerken om het goedkoopste vliegticket naar Californië te vinden.
Tegenwoordig zijn er veel intelligent-agent-toepassingen: in besturingssystemen, applicatiesoftware, e-mailsystemen, mobile-computingsoftware en netwerkprogramma's. Zo hebben de wizards in de programma's van Microsoft Office ingebouwde functies die gebruikers laten zien hoe ze diverse taken kunnen uitvoeren, zoals het formatteren van documenten of het maken van afbeeldingen. Deze functies anticiperen op de momenten dat de gebruikers assistentie nodig hebben.

Hoewel sommige intelligent agents zijn geprogrammeerd om een eenvoudige set regels te volgen, kunnen andere leren van ervaringen en hun gedrag hierop aanpassen. Siri, een app voor iPhone en iPad, is hier een voorbeeld van. Siri is een persoonlijke assistent die spraakherkenningstechnologie gebruikt om vragen te beantwoorden, voorstellen te doen en opdrachten uit te voeren. De software past zich na verloop van tijd aan de eigen voorkeuren van de gebruiker aan, en kan bijvoorbeeld restaurants in de buurt vinden, kaartjes kopen voor de film, een routebeschrijving ophalen, afspraken maken en vragen stellen als er voor het uitvoeren van een taak meer informatie nodig is. Google Now, Microsofts Cortana en Amazons Echo zijn intelligent agent-toepassingen voor consumenten met vergelijkbare mogelijkheden.

Chatbot
Softwareagenten die zijn ontworpen om een getypte of gesproken conversatie met een of meer menselijke gebruikers na te bootsen.

Chatbots (chatterbots) zijn softwareagenten die zijn ontworpen om een getypte of gesproken conversatie met een of meer menselijke gebruikers na te bootsen. Ze proberen te begrijpen wat je typt of zegt en reageren door vragen te beantwoorden of taken uit te voeren. Chatbots worden meestal gebruikt in systemen voor klantenservice of informatievergaring. Facebook heeft bijvoorbeeld chatbots geïntegreerd in haar Messenger-app, zodat een extern bedrijf dat een Facebook-pagina heeft via het chatprogramma met Facebook-gebruikers kan communiceren.

Zo kan een Facebook-gebruiker die zoek is naar lichtgewicht hardloopschoenen een boodschap intypen om een conversatie te starten met Spring, een mobiele winkel-app. Spring kan de gebruiker bijvoorbeeld vragen hoeveel hij of zij aan de schoenen wil uitgeven en kleine selecties laten zien van wat het programma denkt dat de gebruiker zou willen.

FIGUUR 11.11 *Intelligent agents in het supply-chain-netwerk van Procter & Gamble*

Intelligent agents helpen Procter & Gamble bij het verkorten van de bevoorradingscyclus voor producten als wegwerpluiers.

Agent-based modellering
Modelleren van complexe fenomenen als systemen van autonome agents die betrekkelijk eenvoudige regels voor interactie volgen.

Veel complexe fenomenen kunnen worden gemodelleerd als systemen van autonome agents die betrekkelijk eenvoudige regels voor interactie volgen. **Agent-based modellering**stoepassingen zijn ontwikkeld voor het modelleren van het gedrag van klanten, aandelenmarkten en supply chains, en voor het voorspellen van de verspreiding van epidemieën.

Procter & Gamble gebruikt agent-based modellering voor het verbeteren van de afstemming tussen de taken van verschillende leden van de supply chain bij veranderende omstandigheden (zie figuur 11.11). Het bedrijf modelleerde een complexe supply chain als een groep semi-autonome 'agents' die individuele supply-chain-componenten representeren, zoals vrachtwagens, productiefaciliteiten, distributeurs en winkels.

Door het gebruik van intelligent-agent-modellen ontdekte P&G dat het beter was om vrachtwagens op weg te sturen voordat ze volledig waren geladen. Hoewel de transportkosten bij gedeeltelijk beladen vrachtwagens hoger zouden uitvallen, bleek uit de simulatie dat de producten in de winkels minder vaak uitverkocht zouden zijn, wat tot minder omzetverlies zou leiden. Dit zou opwegen tegen de hogere distributiekosten. Op agents gebaseerde modellering heeft P&G 300 miljoen dollar per jaar bespaard tegen een investering van minder dan 1 procent van dat bedrag.

Hybride AI-systemen

Genetische algoritmen, fuzzy logic, neurale netwerken en expertsystemen kunnen worden geïntegreerd tot één applicatie om in te spelen op de beste eigenschappen van deze technologieën. Dergelijke systemen worden hybride AI-systemen genoemd. Steeds meer bedrijven omarmen hybride applicaties. In Japan beginnen Hitachi, Mitsubishi, Ricoh, Sanyo en andere bedrijven met het verwerken van hybride AI in producten als huishoudelijke apparaten, fabrieksmachines en kantoorapparaten. Matsushita heeft een 'neuro-fuzzy' wasmachine ontwikkeld die fuzzy logic combineert met neurale netwerken.

SAMENVATTING

1. Wat is de rol van kennismanagementsystemen in bedrijven?

Kennismanagement is een verzameling processen voor het creëren, opslaan, overdragen en toepassen van kennis binnen de organisatie. Veel van de waarde van een bedrijf hangt af van het vermogen om kennis te creëren en te beheren. Kennismanagement bevordert het leervermogen van de organisatie doordat het een positieve invloed heeft op het vermogen van de organisatie om te leren van haar omgeving en om kennis in te bouwen in bedrijfsprocessen. Er zijn drie belangrijke kennismanagementsystemen: ondernemingsbrede kennismanagementsystemen, kennissystemen voor kenniswerkers en intelligente technieken.

2. Welke typen systemen worden gebruikt voor ondernemingsbreed kennismanagement en wat is de waarde ervan voor bedrijven?

Ondernemingsbrede kennismanagementsystemen zijn ondernemingsbrede applicaties voor het verzamelen, opslaan, distribueren en toepassen van digitale content. Enterprise-contentmanagementsystemen bieden databases en programma's voor het ordenen en opslaan van gestructureerde documenten en programma's voor het ordenen en opslaan van semigestructureerde kennis, zoals e-mail en rijke media. Vaak bevatten deze systemen programma's om samen te kunnen werken (wiki's, social bookmarking), portals die de toegang tot de informatie vergemakkelijken, zoekprogramma's, tools voor het experts en programma's voor het classificeren van informatie. Learning management systems leveren tools voor management, distributie, tracking en assessment van verschillende typen voor werknemerscursussen en training.

3. Wat zijn de belangrijkste typen kennissystemen voor kenniswerkers en hoe leveren ze voordelen op voor bedrijven?

Kennissystemen voor bepaalde kenniswerkers ondersteunen de creatie van nieuwe kennis en de integratie hiervan binnen de organisatie. Een dergelijk systeem vereist gemakkelijke toegang tot een externe kennisbank, krachtige computerhardware die software met veel gebruik van afbeeldingen kan ondersteunen, analyse, documentbeheer, communicatiemogelijkheden en een gebruikersvriendelijke interface. CAD-systemen, augmented-reality- en virtual-reality-systemen, die interactieve simulaties creëren en zich net zo gedragen als de echte wereld, vereisen krachtige grafische en modelleringsfuncties.

4. Wat zijn de voordelen voor een organisatie van het gebruik van intelligente technieken voor kennismanagement?

Kunstmatige intelligentie mist de flexibiliteit, de breedte en het generalisme van menselijke intelligentie, maar kan worden toegepast voor het verzamelen, codificeren en uitbreiden van kennis binnen de organisatie. Expertsystemen verzamelen stilzwijgende kennis vanuit een beperkt domein aan menselijke expertise en drukken die kennis uit in de vorm van regels. Expertsystemen zijn het nuttigst bij problemen op het gebied van classificatie of diagnostiek. Case-

based reasoning representeert kennis binnen een organisatie als een database van cases die continu kan worden uitgebreid en verbeterd.
Fuzzy logic is een softwaretechnologie voor het uitdrukken van kennis in de vorm van regels die benaderde of subjectieve waarden gebruiken. Fuzzy logic wordt toegepast bij het besturen van fysieke apparaten en er is een begin gemaakt met de toepassing bij een beperkt aantal besluitvormingstoepassingen. Machinaal leren verwijst naar het vermogen van computerprogramma's om automatisch van ervaringen te leren en beter te presteren. Neurale netwerken bestaan uit hardware en software waarmee geprobeerd wordt de denkprocessen van de menselijke hersenen na te bootsen. Ze staan bekend om hun vermogen om te leren zonder programmering en het herkennen van patronen die niet gemakkelijk door mensen kunnen worden beschreven. Ze worden gebruikt in de wetenschap, geneeskunde en het bedrijfsleven om patronen in grote hoeveelheden gegevens te herkennen. Genetische algoritmen ontwikkelen oplossingen voor specifieke problemen met behulp van op genetica gebaseerde processen, zoals geschiktheid, uitwisseling en mutatie. Genetische algoritmen worden toegepast op optimalisatieproblemen, productontwerp en het bewaken van industriële systemen waarbij veel verschillende mogelijkheden of variabelen moeten worden geëvalueerd om tot een optimale oplossing te komen. Intelligent agents zijn softwareprogramma's met ingebouwde of aangeleerde kennis die specifieke taken voor een individuele gebruiker, bedrijfsproces of softwareprogramma moeten uitvoeren. Intelligent agents kunnen worden geprogrammeerd om te navigeren door grote hoeveelheden gegevens om nuttige informatie te lokaliseren en in sommige gevallen om naar aanleiding van die informatie te handelen ten behoeve van de gebruiker.

HERHALINGSVRAGEN

1. Wat is de rol van kennismanagementsystemen in bedrijven?

- Geef een definitie van kennismanagement en geef aan wat de waarde ervan voor bedrijven is.
- Beschrijf de belangrijke aspecten van kennis.
- Geef aan wat het verschil is tussen gegevens, kennis en wijsheid, en tussen stilzwijgende kennis en expliciete kennis.
- Beschrijf de fasen in de kennismanagementwaardeketen.

2. Welke typen systemen worden gebruikt voor ondernemingsbreed kennismanagement en wat is de waarde ervan voor bedrijven?

- Geef een definitie en een beschrijving van de verschillende typen systemen voor ondernemingsbreed kennismanagement en geef aan hoe ze voordelen opleveren voor bedrijven.
- Beschrijf de rol van de volgende zaken voor het vergemakkelijken van kennismanagement: taxonomieën, MOOCs en Learning Management Systems.

3. Wat zijn de belangrijkste typen kennissystemen voor kenniswerkers en hoe leveren ze voordelen op voor bedrijven?

- Geef een definitie van dit type kennissystemen en beschrijf de algemene vereisten.
- Beschrijf hoe de volgende systemen kenniswerk ondersteunen: CAD, virtual reality, augmented reality

4. Wat zijn de voordelen voor een organisatie van het gebruik van intelligente technieken voor kennismanagement?

- Geef de definitie van artificial intelligence en beschrijf de rol hiervan binnen kennismanagement.
- Geef een definitie van een expertsysteem, beschrijf hoe het werkt en geef aan wat de waarde voor een bedrijf is.
- Geef een definitie van case-based reasoning en leg uit hoe dit verschilt van een expertsysteem.
- Definieer fuzzy logic en beschrijf de soorten beslissingen die fuzzy logic-systemen maken.
- Geef een definitie van machinaal leren.
- Geef een voorbeeld van een type intelligent agent.

DISCUSSIEVRAGEN

1. 'Kennismanagement is een bedrijfsproces, geen technologie.' Bespreek deze stelling.
2. Beschrijf verschillende manieren waarop kennismanagementsystemen bedrijven zouden kunnen helpen met verkoop en marketing of met fabricage en productie.
3. Je bedrijf wil meer doen met kennismanagement. Beschrijf de stappen die je moet doorlopen om een kennismanagementprogramma te ontwikkelen en de juiste toepassingen te selecteren.

CASE

Kennismanagement en samenwerken bij Tata Consulting Services

Tata Consultancy Services (TCS) is een organisatie voor IT-diensten, bedrijfsoplossingen en outsourcingdiensten die een portfolio van IT- en IT-enabled diensten levert aan klanten uit de hele wereld in horizontale, verticale en geografische domeinen. Als onderdeel van de Tata Group, het grootste industriële conglomeraat van India, heeft TCS ruim 108.000 IT-consultants in 47 landen in dienst. Het concept kennismanagement (KM) werd in 1995 bij TCS geïntroduceerd en in 1998 werd er een special KM-team opgezet, Corporate GroupWare geheten. Medio 1999 lanceerde deze groep de KM-pilot, die vervolgens werd geïmplementeerd door een team waar het stuurcomité, GroupWare-deskundigen van het bedrijf, sectorkampioenen, applicatie-eigenaren en de infrastructuurgroep deel van uitmaakten.
Destijds dekte KM bij TCS bijna elke functie af, van kwaliteitsborging tot hr-management. De vijftig kantoren in India waren verbonden door middel van gespecialiseerde communicatielijnen en de overzeese kantoren waren verbonden via internet en de servers van Lotus Notes Domino. De medewerkers hadden toegang tot de kennisbank op de servers van het hoofdkantoor en de vestigingen via een browser op intranet of via Lotus Notes. De kennisbank, die ook wel KBases werd genoemd, bevatte een breed scala aan informatie over processen, de branche, technologie en projecten.
Hoewel TCS de KM-activiteiten formeel eind jaren negentig opstartte, bestonden er in de jaren tachtig, toen TCS pakweg 1000 werknemers had, al informele, hechte 'communities of practice' (CoP's). De eerste 'groep' was gebaseerd op technologiemigratie. Later werden er teams gevormd voor mainframe, Unix en databases. De groepen, die steeds bestonden uit een of twee inhoudelijk deskundigen, documenteerden hun activiteiten formeel, waarbij de leden de best practices op papier zetten. Terugdenkend aan hoe die eerste 'groepen' werkten, vertelde technologisch consulent K. Ananth Krishnan dat er medio jaren tachtig problemen en oplossingen werden gedocumenteerd en dat er ruim 1500 casestudy's over mainframes werden opgesteld. Net zo werden er al in 1993 veertig casestudy's over algehele systeemkwaliteit besproken. De volgende stap was om process asset libraries (PAL's) te creëren. Deze bevatten informatie over technologie, processen, alsook casestudy's voor projectleiders, die via intranet aan alle ontwikkelcentra beschikbaar werden gesteld.
Vervolgens werd Ultimatix ontwikkeld, een webbased elektronisch kennismanagementportal (EKM), dat de kennis wereldwijd beschikbaar maakte.
De PAL library en KBases, die op intranet werden gehost, werden samengevoegd met Ultimatix, dat sub-portals had voor een kwaliteitsmanagementsysteem, softwareproductiviteitsverbetering, opleidingsmateriaal, en informatie over tools. Voor elke praktijk- en onderwerpgroep waren er EKM-beheerders met vaste verantwoordelijkheden, zoals het redigeren van de documenten en ze goedkeuren voor publicatie. Om het succes van CoP duidelijk te maken, vertelde Krishnan dat CoP-leden tussen januari en juni 2003 via Ultimatix zo'n 10.000 documenttransacties hadden uitgewisseld met betrekking tot industriepraktijken en 21.000 dienstverleningspraktijken. Alleen al de telecom-CoP had 6000 transacties, de gemeenschapsactiviteiten via intranet niet meegerekend. Om medewerkersconversaties aan te moedigen, besteedde TCS veel aandacht aan de architectuur van zijn ontwikkelcentra die overal in het land waren gevestigd. Ten aanzien van het nieuwe ontwerp van een van de ontwikkelcentra in Sholinganallur, Chennai, merkte CFO S. Mahalingam op dat het centrum bestaat uit modules die elk gewijd zijn aan een bepaalde tech-

nologie, klant of industriepraktijk. Deze structuren leiden tot tuinterrassen waar werknemers tijdens hun pauze samenkomen voor informele gesprekken en om te brainstormen over de oplossingen voor veel problemen.

Ook lanceerde TCS een aantal opleidingsprogramma's, zoals het Initial Learning Program, gericht op nieuwe medewerkers, het Continuous Learning Program voor ervaren werknemers en het Leadership Development Program voor werknemers met meer dan vijf jaar ervaring. De geïntegreerde competentie- en leermanagementsystemen (iCALMS), die in alle TCS-kantoren werden gestart, bevorderden een cultuur van leren en groei in de organisatie. Doordat ze informatie kregen over definities van competentie en rollen en over online/klassikale leerdoelen, konden de consulenten hun vaardigheden vergroten op een manier die paste bij de organisatie. Om ervaring te stimuleren in verschillende branches, roteerde TCS regelmatig mensen over verschillende functies en binnen andere bedrijven van de Tata Group. Daarnaast werden werknemers aangemoedigd om zich aan te sluiten bij externe instanties, zoals de IEEE en om certificaten te behalen. Knowmax, een kennismanagementsysteem dat in 2007 met behulp van de Microsoft SharePoint portalserver werd gebouwd, gaf TCS-consulenten toegang tot bijna veertig jaar ervaring en best practices, ingedeeld naar type aanstelling, de gehanteerde technologie en klantvereisten. Het ondersteunde meer dan zestig kennisbronnen en was via Ultimatix toegankelijk voor alle TCS-partners. Elke partner kon een bijdrage leveren aan de K-Bank, en kennisfunctionarissen kregen verantwoordelijkheid voor het onderhoud van de kwaliteit van de content.

Om werk en privé in balans te houden, initieerde TCS Propel-sessies, die werknemers met vergelijkbare interesses bij elkaar brachten om verschillende activiteiten te ondernemen, bijvoorbeeld boeken lezen. Dit initiatief, dat vier keer per jaar werd gehouden door middel van congressen en kampen, moedigde ook kennisoverdracht tussen de werknemers aan.

De kennisdeling op projectniveau vond plaats via de applicatie LiveMeeting, waarmee alle projectvergaderingen in de projectbank werden opgeslagen en bewaard. Teamleden die een vergadering niet konden bijwonen en nieuwe leden van een team konden de opgenomen sessies terugluisteren, zodat ze hun achterstand op de rest van het team konden inlopen. Bovendien kon het team dankzij kennisoverdrachtsessies die wekelijks door een inhoudelijk deskundige werden gegeven, leren van de ervaring van de deskundigen. Een 'Tip van de dag'-e-mail, die technische, conceptuele tips of tips over menselijke vaardigheden bevatte, werd bijna dagelijks binnen de organisatie gedeeld.

Hoewel Ultimatix, dat in 2002 werd gelanceerd, de complete organisatie digitaliseerde en de efficiëntie van bedrijfsprocessen verbeterde, kon het nog steeds niet effectief de kennis van werknemers aanboren.

Om samenwerking tussen werknemers te verbeteren, werd in 2007 Project Infinity gelanceerd; hiervoor was een aantal technologieën nodig, waaronder Sametime, QuickPlace en Lotus Domino-samenwerkingstools van IBM, Avaya VOIP telefonie, en Polycom IP videoconferencing.

Dankzij het in gebruik nemen van Infinity verbeterde de samenwerking tussen overzeese en Indiase kantoren, doordat met instant messaging (IM) de culturele en uitspraakverschillen verdwijnen die tijdens het telefoneren konden optreden. Bovendien kon corporate communicatie nu 24 uur per dag een interne nieuwsuitzending voor alle TCS-kantoren wereldwijd verzorgen. Verder namen de reis- en telecommunicatiekosten respectievelijk met 40 procent en 6 procent af.

In 2015 bleef TCS de grootste software-exporteur van India, en overschreed het als eerste bedrijf 90 miljard dollar in marktkapitalisatie. In 2015 bleef TCS goede financiële cijfers laten zien en genereerde het met ruim 319.000 werknemers 15,5 miljard dollar. Het is duidelijk dat kennismanagementtools bij TCS een cruciaal strategisch hulpmiddel zijn, en dat er nieuwe diensten mee worden ontwikkeld die het bedrijf kan verkopen aan andere bedrijven die op zoek zijn naar kennismanagementsystemen. TCS gaat een rooskleurige toekomst tegemoet.

Bronnen: TCS, 'Case Study: A Global Professional Services Firm Successfully Optimizes Its Knowledge Management Function and Accrues Cost Savings Worth USD 400,000,' Tata Consulting Services, TCS.com, 2015; Jolly Marikan, 'Case Study: Knowledge Management and Collaboration at Tata Consulting Services,' Jollymarikan.blogspot.com, 12 oktober 2015; N. Hainisani, 'Knowledge Management and Collaboration at TATA Consulting Services,' Malaysian Graduate School of Entrepreneurship and Business, University of Malaysia Kelantan, 15 mei 2015; 'Strong Customer Additions, Holistic Growth Helps TCS Take Market Leadership in FY15,' press release, TCS, 16 april 2015; Dhanya Thoppil, 'Tata Consultancy Services Manages Its Size to Stay Agile,' *Wall Street Journal*, 27 juli 2014; Sankaranarayanan G., 'Building Communities, the TCS Way,' expressitpeople.com, september 2003; Kavita Kaur, 'Give and Take,' india-today.com, januari 2000; Sunil Shah, 'Network Wonder: Collaborative Tools Help TCS Grow,' cio.com, juli 2007; Shivani Shinde, 'TCS Sees Synergy in Gen X Tools,' rediff.com, juli 2008.

Bijdrage case van Neerja Sethi en Vijay Sethi, TU Nanyang

Vragen bij de case

1. Analyseer wat TCS doet op het gebied van kennismanagement met behulp van het kennismanagementwaardeketenmodel. Welke tools of activiteiten zijn gebruikt om impliciete kennis te beheren?

2. Beschrijf de groei van kennismanagementsystemen bij TCS. Hoe hebben deze systemen TCS geholpen in haar bedrijfsvoering?
3. Beschrijf de samenwerkingstools die bij TCS worden gebruikt. Welke voordelen heeft TCS met deze tools behaald?
4. Hoe hebben Web 2.0-tools TCS geholpen om kennis en samenwerking onder haar werknemers te managen?

MYLAB

Ga naar de opdrachten in MyLab om deze schrijfoefeningen te maken.

1. Hoe verwerven en vertegenwoordigen elk van de volgende soorten systemen kennis: expertsysteem, case-based reasoning, neuraal netwerk?
2. Hoe helpen enterprise-content-managementsystemen organisaties bij het beheren van gestructureerde en semigestructureerde kennis? Wat zijn twee voorbeelden van elk type kennis dat door deze systemen wordt verwerkt?

Pearson | MyLab

Op **www.pearsonmylab.nl** vind je studiemateriaal en de eText om je begrip en kennis van dit hoofdstuk uit te breiden en te oefenen.

12 HET BESLUITVORMINGSPROCES VERBETEREN

Na dit hoofdstuk ben je in staat om de volgende vragen te beantwoorden:

1. **Wat zijn de verschillende typen beslissingen en hoe gaat het besluitvormingsproces in zijn werk?**
2. **Hoe ondersteunen informatiesystemen de activiteiten van managers en hun besluitvorming?**
3. **Hoe kunnen business intelligence en business analytics het besluitvormingsproces ondersteunen?**
4. **Hoe kunnen verschillende personen die beslissingen nemen business intelligence gebruiken? Wat is de rol van informatiesystemen in het ondersteunen van mensen die in een groep werken om op een efficiëntere manier beslissingen te nemen?**

OPENINGSCASE

Roche: Medische zorg veranderen met mobiele technologie en big data

Foto: bikeriderlondon/Shutterstock

Stel je een wereld voor waarin niet jij de dokter zou bellen voor een controle of een gezondheidsvraag of -klacht, maar waarin de dokter jou zou bellen. Stel je een gezondheidsstelsel voor dat realtime de vitale functies van je lichaam zou bijhouden: hartslag, bloeddruk, activiteitsniveau en voedselopname. Stel je voor dat je berichten op je smartphone ontvangt met aanbevelingen om je voedings- en bewegingspatroon te veranderen, of beter nog: felicitaties van je dokter, omdat je goed op je gezondheid let. Welkom in de toekomst van de geïntegreerde gezondheidszorg! Dit nieuwe leveringsmodel voor gezondheidszorg wordt aangestuurd door sensoren die aan je lichaam zijn bevestigd en draadloos zijn verbonden met je smartphone, die je gezondheidsfuncties bijhoudt en weergeeft en persoonlijke aanbevelingen doet. Op hun beurt worden deze data naar een gezondheidscontroledienst gestuurd waar verpleegkundig personeel en artsen van achter hun desktopcomputers realtime je gezondheid in de gaten houden met behulp van cloudservers, big-data-analysesoftware en smartphoneverbindingen met hun 'patiënten'. Dat het geïntegreerde gezondheidszorgmodel in ontwik-

- *Prognoses, scenario's, modellen.* Deze omvatten de mogelijkheid om lineaire prognoses te maken, wat-als-scenario's op te stellen en gegevens te analyseren met standaard statistische tools.

Prognoseanalyse

Prognoseanalyse
Een analyse van de portfolio van potentiële toepassingen binnen een bedrijf voor het bepalen van de risico's en baten, en voor het selecteren uit alternatieven voor informatiesystemen.

Een belangrijke functie van business intelligence en business analytics is het vermogen om toekomstige gebeurtenissen en gedrag te voorspellen, zoals de kans dat een klant zal reageren op een aanbieding. **Prognoseanalyse** (of *predictive analytics*) gebruikt statistische analyse, datamining, historische gegevens en veronderstellingen over de toekomst om toekomstige trends en gedragspatronen te voorspellen. Hiervoor worden de variabelen bepaald die gemeten kunnen worden om toekomstig gedrag te voorspellen. Een autoverzekeraar kan bijvoorbeeld variabelen als leeftijd, geslacht en rijverleden gebruiken om te voorspellen hoe veilig iemand rijdt en daarop de premie baseren. Een aantal van dit soort indicatoren wordt gecombineerd tot een prognosemodel om te voorspellen hoe groot de kans op een bepaalde gebeurtenis is, met een acceptabele afwijking.

Prognoseanalyse is geïntegreerd in diverse BI-toepassingen voor sales, marketing, financiën, fraudebestrijding en gezondheidszorg. Een van de bekendste toepassingen is het bepalen van je kredietwaardigheid. Als je een nieuwe creditcard aanvraagt, worden je kredietverleden, leningaanvraag en koopgedrag geëvalueerd om te bepalen hoe groot de kans is dat je netjes je maandelijkse afbetalingen overmaakt.

ZEAL Network SE (voorheen Tipp24 AG), dat online op de lotto gebaseerde spelletjes aanbiedt, analyseert bijvoorbeeld miljarden transacties en honderden klantkenmerken. Het maakt gebruik van prognoseanalyse om zich op klanten te richten en in een handomdraai marketingboodschappen te personaliseren. Om de juiste klanten op het juiste moment de juiste lotto-aanbieding te doen, heeft ZEAL Network prognosemodellen gebouwd op basis van een breed scala aan klantgegevens, waaronder wie welke spelletjes speelt, wanneer ze de spelletjes spelen, en waar. Zodra het bedrijf de interesses en het spelgedrag van een klant begrijpt, stuurt het speciale aanbiedingen en marketingcampagnes naar de klantsegmenten die daar het meest in zouden zijn geïnteresseerd. Voorspellende analyse heeft ZEAL ook helpen voorspellen welke klanten inactief dreigen te worden en bij welke inactieve klanten de kans bestaat dat ze weer actief worden (SAP, 2017).

TABEL 12.4 *Voorbeelden van productierapporten*

AFDELING	PRODUCTIERAPPORTEN
Sales	Prognose verkoop, prestaties salesteam, cross-sales, cyclustijden
Klantenservice/callcenter	Klanttevredenheid, servicekosten, oplossingspercentage, verlooppercentage
Marketing	Effectiviteit campagne, loyaliteit en klantverloop, marktanalyse
Inkoop en ondersteuning	Directe en indirecte uitgaven; andere uitgaven, prestaties leveranciers
Supply chain	Backlog, status voltooide orders, cyclustijd orders, analyse materiaalkosten
Financiën	Grootboek, inkomsten en uitgaven, cashflow, winst
Personeelszaken	Productiviteit werknemers, loonkosten, demografie werknemers, personeelsverloop

Voorspellende analyse
Het gebruik van dataminingtechnieken, historische gegevens en aannames over toekomstige omstandigheden voor het voorspellen van de uitkomsten van gebeurtenissen, zoals de kans dat een klant op een aanbod zal reageren of een specifiek product zal kopen.

Analyse van big data

Bij **voorspellende analyse** wordt steeds meer gebruikgemaakt van big data uit zowel private als publieke sectoren, waaronder gegevens van sociale media, transacties van klanten, en output van sensoren en machines. Bij e-commerce kunnen veel e-tailers de functie om klanten persoonlijke suggesties te doen toevoegen aan hun website, om klanten te stimuleren nog meer producten te bekijken en te laten weten wat er allemaal verder nog te koop is. De meeste van deze productsuggesties zijn gebaseerd op het gedrag van klanten met een vergelijkbaar profiel, bijvoorbeeld mensen met een modaal inkomen of mensen tussen de 18 en 25 jaar. Sommige webwinkels beginnen nu met het analyseren van al deze gegevens over klanten, online of uit de winkel, en de gegevens die ze verzamelen van sociale media, om de suggesties nog persoonlijker te maken. Dit vertaalt zich in meer omzet en een betere klantbinding. Tabel 12.5 toont voorbeelden van bedrijven die big-data-analyse gebruiken.

TABEL 12.5 *Wat big-data-analyse kan doen*

Barclays	analyseert transactionele big data om klantspecifieke producten te ontwikkelen, zoals een 'smart business'-toepassing voor kleine en middelgrote bedrijven. Bedrijven stellen hen in staat om patronen te zien in geanonimiseerde gegevens gegenereerd door de andere klanten van de bank. Een kapper in Birmingham kon zien hoeveel kappers op andere locaties besteden aan elektriciteit.
Vestas wind systems	verbetert windturbineplaatsing voor optimale energieoutput met behulp van IBM BigInsights-software en een IBM 'Firestorm'-supercomputer voor het analyseren van 2,8 petabyte aan gestructureerde en ongestructureerde gegevens zoals weerrapporten, getijdenfasen, georuimtelijke en sensorgegevens, satellietbeelden, ontbossingskaarten en weermodelonderzoek. De analyse, die gewoonlijk weken in beslag nam, kan nu in minder dan een uur worden uitgevoerd.
Hunch.Com	analyseert omvangrijke databases met gegevens uit klantaankopen, sociale netwerken en signalen vanuit het hele web om zo een 'smaakgrafiek' te produceren, die gebruikers koppelt aan hun voorspelde affiniteit voor producten, diensten en websites. De smaakgrafiek bevat voorspellingen over 500 miljoen mensen, 200 miljoen objecten (video's, gadgets, boeken) en 30 miljard verbindingen tussen mensen en objecten. Helpt eBay nauwkeuriger afgestemde aanbevelingen over aan te bieden artikelen te ontwikkelen.
Duits elftal wk voetbal	big-data-analyse heeft Duitsland het WK 2014 helpen winnen. Het Duitse team heeft zeer grote hoeveelheden video- en statistische gegevens over individuele spelers en teamprestaties geanalyseerd, zowel voor hun eigen team als voor de concurrerende teams. Door deze informatie vervolgens te gebruiken en hiervan te leren hebben ze hun spel verbeterd en effectiever gemaakt.

In de publieke sector is big-data-analyse de drijvende kracht geweest achter de verschuiving naar 'slimme steden', die intensief gebruikmaken van digitale technologie om betere beslissingen over het runnen van steden en het bedienen van hun inwoners te nemen. Publiek documenteren heeft magazijnen vol vastgoedoverdrachten, belastingdocumenten, bedrijfsdocumentatie, milieubeoordelingen, restaurantinspecties, bouwonderhoudsrapporten, massatransportschattingen, misdaadgegevens, gezondheidsstatistieken, publieke-voorlichtingsdocumenten, voorzieningenbeoordelingen enzovoort opgeleverd. Gemeentebesturen voegen meer gegevens toe door middel van sensors, locatiegegevens van mobiele telefoons en gerichte smartphoneapps. Bij publieke beleidsbeslissingen wordt nu gebruikgemaakt van informatie uit voorspellende modelleringsprogramma's over voorzieningenbeheer, transportoperaties, levering van gezondheidszorg en publieke veiligheid. Met deze programma's kan tevens geëvalueerd worden wat het effect is van veranderingen in een van de diensten op de operatie en levering van andere. Hierdoor wordt holistisch probleemoplossen mogelijk, iets waarvan men een generatie geleden alleen maar durfde te dromen.

Operationele intelligentie en analyse

Veel beslissingen gaan over hoe de zaken van deze steden dagelijks gerund moeten worden. Dit zijn grotendeels operationele beslissingen en dit type monitoring van bedrijfsactiviteiten wordt operationele intelligentie genoemd.

Operationele intelligentie Bedrijfsanalyse die inzicht levert in gegevens, lopende gebeurtenissen en bedrijfsorganisaties.

Een voorbeeld van **operationele intelligentie** is het gebruik van gegevens gegenereerd door de sensoren op treinen en apparatuur door SNCF, die de Franse spoordienst, waaronder het HSL-netwerk, runt. Het spoornetwerk bestaat uit ongeveer 32.000 km rails waarover 14.000 treinen per dag rijden. De sensoren monitoren data over de snelheid van de treinen, het functioneren

Singapore Sports Institute gebruikt analyse voor de SEA Games

Het Singapore Sports Institute (SSI), dat sinds 2011 bestaat, is gespecialiseerd in sportwetenschap, geneeskunde en technologie en heeft als doel om als wereldwijd beroemd sportinstituut van sporttalenten kampioenen te maken. In augustus 2014 zette het SSI de analyse-, technologie- en opleidingsafdeling voor High Performance Sports (HPS) op met als doel analyse in te zetten voor sportprestaties in Singapore. De afdeling biedt de atleten van Team Singapore video- en data-analyse van hun prestaties, zowel tijdens de trainingen als tijdens wedstrijden, en het streeft ernaar de Singapore National Sports Associations (NSA's) op te leiden in het gebruik van technologie bij sport. Tijdens trainingen en wedstrijden worden de activiteiten van atleten vastgelegd via het Dartfish-videoplatform en vervolgens geanalyseerd bij de SSI op basis van input van trainers en NSA's. De analyse wordt uitgevoerd met behulp van speciale software, SimulCam en StroMotion, om de prestaties van een atleet te vergelijken met die van anderen, of om gebreken en tekortkomingen aan te wijzen via het tagging-proces. Tagging is een manier om sportactiviteiten te benoemen en te categoriseren die invloed hebben op prestaties.

Activiteiten worden op vier manieren ingedeeld: *creatie*, zoals schop, tackle, of 'turnover'; *categorisatie*, dat aanval of verdediging, en team- of individueel spel beslaat; *identificatie* van de betrokken spelers; en *beschrijving*, zoals de plaats waar de opname is gemaakt, het resultaat, enzovoort. De tagging-bestanden en video-analyse worden geüpload naar een veilig cloud-platform om te worden gedeeld met atleten en trainers. Trainers kunnen de video's ook downloaden en aan de hand van de relevante tags specifieke wedstrijdonderdelen bespreken met hun atleten, in plaats van de hele wedstrijd te bekijken. En atleten kunnen de video's bekijken om zich beter voor te bereiden op hun training of op wedstrijden.

Het analyseteam van HPS gebruikte dit systeem in 2015 tijdens de 28e South East Asian (SEA) Games, die in Singapore werden gehouden. De belangrijkste doelen van de afdeling waren om een videomanagementsysteem op te zetten en een videoverzameling op te bouwen over atleten uit Singapore en andere topatleten uit de regio. Met behulp van het videomanagementsysteem wilde de afdeling de processen van video-opnamen van atleten, video-analyse en het delen van de analyses met trainers, atleten en andere stakeholders integreren en stroomlijnen.

Voor het begin van de Spelen creëerde het team een 'Pre-Games-rapportage' met een analyse van Team Singapores medaillekansen in verschillende sporten; het maakte zelfs een analyse van individuele atleten op basis van hun prestaties in verhouding tot hun concurrenten gedurende een periode van 12 maanden. Het analyseteam van HPS ontwikkelde bovendien in nauwe samenwerking met atleten en trainers van Team Singapore tagging-sjablonen die vervolgens werden gehanteerd om de video's te analyseren. De video's werden verzameld via de broadcast feed, geanalyseerd en vervolgens zo snel mogelijk online gezet. Zodra de wedstrijd van een atleet voorbij was, werd bijvoorbeeld de video-opname verwerkt en geüpload naar een online videoplatform waar alleen trainers en atleten toegang toe hadden via een webbrowser of de mobiele app van Dartfish. In totaal verwerkte het team 1297 video's met 745 uur opnames die negentien verschillende sporten besloegen. Deze video's werden onderdeel van de videodatabase, en om video's gemakkelijk terug te kunnen vinden, werden aan elke video relevante steekwoorden en metadata toegevoegd.

Naast de video-analyse stuurde het HPS-team dagrapporten over de prestaties van Team Singapore naar belangrijke stakeholders en de directie. Ook leverde het team elk uur informatie over de resultaten en het aantal medailles van Team Singapore. Deze gegevens werden eveneens geüpdatet in Qlik, een online bedrijfsinformatie- en datavisualisatieplatform. Eindedagrapporten toonden de prestaties van Team Singapore ten opzichte van hun doelstellingen en bevatten een vergelijking met historische resultaten. Zo werd bij het discuswerpen voor vrouwen niet alleen de afstand vermeld, maar ook de resultaten van de atlete in de loop der jaren en vergelijkingen met discuswerpers uit de regio. Bovendien bevatten de rapporten belangrijke informatie over afzonderlijke atleten, zoals het niveau van de geleverde ondersteuning en of de atleet nieuw was of ervaring had.

Analyse had een enorme invloed op het succes van Team Singapore, dat 84 gouden, 73 zilveren en 102 bronzen medailles won, waarmee Singapore na Thailand op de tweede plaats kwam. Ook HPS kreeg veel lof toegezwaaid, vooral door NSA's, die uit de eerste hand de kracht van analyse ervoeren en er meer voor voelden om samen met HPS hun eigen videomanagement- en analysesysteem te implementeren.

Bronnen: Channel NewsAsia. 'SEA Games: Team Singapore Breaks Records in Best Performance Yet,' Channel NewsAsia, 16 juni 2015, www.channelnewsasia.com, geraadpleegd op 22 december 2016; S. Ian, 'The Science Behind Team Singapore,' Yahoo Sports Website, 15 februari 2016, sg.sports.yahoo.com, geraadpleegd op 22 december 2016; Sport Singapore, 'SSI HPS Analytics,' Sport Singapore Website, april 2015, www.sportsingapore.gov.sg, geraadpleegd op 22 december 2016; Sport Singapore, 'Singapore Sports Institute—Building the Foundation for Team Singapore's Success,' Sport Singapore Website, 30 oktober 2015, www.myactivesg.com, geraadpleegd op 22 december 2016; N. Tan, 'Getting a Winning Edge with Help of Data Analytics,' Today, 14 mei 2016, www.todayonline.com, geraadpleegd op 22 december 2016; 'Case Study: Analytics at the 28th South East Asian (SEA) Games 2015,' in G. Fried en C. Mumcu (red.), *Sport Analytics:*

A Data-driven Approach to Sport Business and Management (Routledge 2017).

Bijdrage case van Neerja Sethi en Vijay Sethi, TU Nanyang

Vragen bij de case

1. Welke technologieën gebruikt SSI? Wat is het doel ervan?
2. In welke mate was het succes van Team Singapore tijdens de SEA Games toe te schrijven aan technologie? Licht je antwoord toe.
3. Zoek op internet naar SimulCam en StroMotion. Hoe zijn deze tools te gebruiken voor videoanalyse?
4. Zoek op internet naar de rol van big data in Duitslands WK-overwinning in 2014 en vergelijk deze met het succes van Team Singapore tijdens de SEA Games.

van de motoren en wagons en de conditie van het spoor. Op basis van data-analyse kan SNCF uitval voorkomen en de betrouwbaarheid van treinen, signalen en spoorlijnen vergroten. Technici kunnen realtime verbinding maken met rijdende treinen, wat het bedrijf in staat stelt om te achterhalen of een component het risico loopt uit te vallen, wat zou betekenen dat een hele trein uitvalt (Saran, 2016). De case aan het einde van dit hoofdstuk beschrijft hoe General Electric (GE) met behulp van operationele intelligentie de prestaties van generatoren, vliegtuigmotoren en apparatuur voor olieraffinage monitort en analyseert en deze apparaten met de cloud verbindt. Het web der dingen creëert enorme datastromen uit webactiviteiten, smartphones, sensoren, meet- en bewakingsapparaten die kunnen worden gebruikt voor operationele intelligentie over activiteiten binnen en buiten de organisatie. Software voor operationele intelligentie en analyse stelt organisaties in staat deze stromen van big data tijdens hun generatie in realtime te analyseren. Bedrijven kunnen gebeurtenissen voorzien van automatische waarschuwingen, of ze in live dashboards invoeren om managers bij hun beslissingen te ondersteunen. Een ander voorbeeld van operationele intelligentie is het gebruik van realtime gegevens tijdens de 28e South East Asian (SEA) Games die in 2015 in Singapore werden georganiseerd zoals beschreven in de Interactieve sessie over technologie. Deze casus kijkt ook naar het gebruik van big data analytics tijdens de SEA Games. Probeer bij het lezen van deze case de mate te bepalen waarin informatietechnologie de menselijke beslissingen vervangt of deze beter onderbouwt.

Locatieanalyse en geografische informatiesystemen

Data en management beslissingen zijn gebaseerd op locatiegegevens. BI-analyse omvat **locatieanalyse**, het vermogen om bedrijfsinzicht uit de locatiecomponent van de gegevens te verkrijgen, waaronder locatiegegevens van mobiele telefoons, output van sensoren of scanapparaten en gegevens uit kaarten. Zo kan locatieanalyse een marketeer helpen bepalen op welke mensen hij zich met mobiele advertenties over nabijgelegen restaurants en winkels moet richten, of de impact van mobiele advertenties op bezoeken aan de winkel kwantificeren. Met locatieanalyse zou een energiebedrijf storingen en de bijbehorende kosten in relatie tot klantlocatie kunnen meten om hiermee prioriteiten bij marketing-, systeemupgrades- en klantenserviceactiviteiten beter te kunnen vaststellen. Zowel de pakketvolg- en bezorgrouteringssystemen van UPS uit hoofdstuk 1 als een toepassing gebruikt door Starbucks voor het bepalen waar nieuwe winkels moeten worden geopend, maken gebruik van locatieanalyse. Een **GIS (Geografisch Informatie Systeem)** levert instrumenten waarmee besluitvormers problemen, waarbij in kaart brengen zinvol kan zijn, kunnen visualiseren. GIS-software beeldt locatiegegevens over de verdeling van mensen of middelen af op punten, lijnen en gebieden op een kaart. Sommige GIS hebben modelleerfuncties waarmee gegevens kunnen worden aangepast, om diverse scenario's weer te laten geven. Een GIS kan worden gebruikt om lokale en nationale overheden te helpen bij het berekenen van de responstijd bij natuurrampen of andere calami-

Locatieanalyse
Het vermogen om inzicht uit de locatie- (geografische) component van de gegevens te verkrijgen, waaronder locatiegegevens van mobiele telefoons, output van sensoren of scanapparaten en gegevens uit kaarten.

GIS (Geografisch informatiesysteem)
Systeem met software die gegevens kan analyseren en weergeven als digitale plattegronden om planning en besluitvorming te ondersteunen.

De Britse National Health Service neemt afscheid van Choose and Book-systeem

Toen hoofdcardioloog Duncan Dymond in 2010 klaagde dat patiënten op incorrecte tijden naar zijn ziekenhuis kwamen en, wat nog veel erger was, een andere specialist nodig bleken te hebben, was dat het begin noch het einde van de problemen met het Choose and Book-systeem. Het patiëntenafsprakensysteem, dat in 2004 werd ingevoerd als onderdeel van een 200 miljoen pond kostende IT-modernisering van de Britse National Health Service (NHS), moest eigenlijk patiënten de mogelijkheid bieden om een ziekenhuis te kiezen voor een poliklinische afspraak, vooral met de hulp en aanwijzingen van hun huisarts. Vervolgens werd er een brief met een verwijsnummer en een veilige code gegenereerd, zodat de patiënt online of via een centraal telefoonnummer de afspraak kon bevestigen. Het eerste contact zou plaatsvinden via de landelijke afsprakenlijn of op de website van HealthSpace. Het doel was drieledig: het verwijzingsproces versnellen, korte metten maken met de kostbare papierwinkel, en patiëntenparticipatie aanmoedigen om de verliezen van 225 miljoen pond per jaar, veroorzaakt door 1,6 miljoen door patiënten gemiste afspraken, in te dammen. De implementatie verliep moeizaam en werd verder vertraagd door fouten. Een probleem in het begin was dat de Patiënt Administratiesystemen (PAS) in veel ziekenhuizen niet compatibel waren met de computersystemen van de huisartsen. Choose and Book diende als verbindende factor tussen beide systemen, wat betekende dat beide aan de eisen moesten voldoen. De doelstelling om rond december 2006 90 procent van alle verwijzingen met het systeem te realiseren werd nooit gehaald. Vier jaar later was Choose and Book weliswaar in 94 procent van alle huisartsenpraktijken geïnstalleerd, maar toch werd maar 54 procent van alle afspraken ermee gerealiseerd. Zelfs een driejarig stimuleringsprogramma dat 100 miljoen pond kostte om het gebruik aan te moedigen wist huisartsen niet over de streep te trekken, ook al hadden ze meegemaakt dat patiënten onnodig naar verafgelegen ziekenhuizen reisden en dat verwijsbrieven werden geweigerd toen patiënten een afspraak wilden bevestigen.

Ontwikkelaars richtten zich ook op het inbouwen in de afsprakendienst van keuze uit zorgverleners. Dit bleek een oplossing te zijn waar geen probleem voor bestond. Volgens de NHS Alliance, een coalitie van zorgverleners, managers en patiënten die zich er sterk voor maakten de zorg te verbeteren en patiënten een stem te geven, was de mogelijkheid om artsen en faciliteiten te kiezen uit een groot aantal opties nooit de voornaamste zorg. Patiënten waren daarentegen op zoek naar snelle verwijzingen in hun plaatselijke ziekenhuis. In landelijke gebieden was de keus sowieso al beperkt, en vooral oudere patiënten vonden de ruime keuze verwarrend, moeilijk te doorzoeken en tijdrovend om uit te kiezen. Hoewel veel dokters fans waren, zorgden systeemfouten voor een significant aantal misnoegde zorgverleners die Choose and Book weigerden te gebruiken. Fouten leidden er onder meer toe dat afspraakbrieven zoekraakten, afspraken op het allerlaatste moment werden afgezegd, er op sommige plaatsen kosten werden gemaakt voor telefoongesprekken naar de afsprakenlijn en dat behandelingen werden vertraagd door gebrek aan bezoekcategorisatie – hetzij urgent of routine – die niet werd gehanteerd doordat gevallen die direct behandeling behoefden sowieso buiten het wachtrijsysteem om gingen.

Rond 2014 waren de kosten voor Choose and Book opgelopen tot 356 miljoen pond. Het leverde voor ruim de helft van de nieuwe poliklinische patiënten wel betrouwbare verwijzingen op en werd – althans in zekere mate – gebruikt door 90 procent van de zorgverleners. Echter, toen een onderzoek door de Public Accounts Committee (PAC) rapporteerde dat het gebruik door zowel artsen als patiënten was gedaald en dat wachtlijsten voor electieve zorg geen verbetering hadden laten zien, waren de dagen van Choose and Book geteld. Het systeem had nooit optimaal kunnen functioneren, omdat niet alle beschikbare poliklinische afspraken waren opgenomen. Parlementsleden waren het systeem na bijna tien jaar pleisters plakken beu en waren gefrustreerd dat de beoogde jaarlijkse besparingen van tot 51 miljoen GBP nooit waren gerealiseerd. De discrete vervanging van Choose and Book door een nieuw systeem van niet-geraamde – en mogelijk hogere – kosten onderstreept zowel de missie als de uitdagingen van de NHS. Het in 1948 gelanceerde complete gezondheidszorgsysteem wordt betaald uit belastinginkomsten en valt onder het Britse ministerie van Volksgezondheid (DH). Alle Britse burgers krijgen van wieg tot graf zorg, veelal zonder dat het hun geld kost. NHS England heeft 57,5 miljoen burgers onder haar hoede. Nog eens meer dan 10 miljoen mensen worden verzorgd door NHS-afdelingen in Noord-Ierland, Wales en Schotland.

De meest dringende en urgente uitdaging waar de NHS zich voor gesteld ziet is de vaak lange wachtlijst voor zorg, soms met kwalijke gevolgen. Gezondheidszorg voor iedereen, ongeacht rijkdom, is een kernwaarde van de Britse maatschappij. In een onderzoek van het Commonwealth Fund uit 2013 naar nationale zorgstelsels stond de NHS bovenaan waar het ging om zorgkwaliteit, veiligheid, zorgcoördinatie, patiëntgerichte zorg en kosten. Ten aanzien van tijdigheid van zorg kwam de NHS op de derde plaats. Met tijdigheid van zorg als belangrijkste doel was de NHS van plan om in het voorjaar van 2015 een nieuw e-verwijzingssysteem in te voeren. De directeur van strategische systemen en technologie Beverley Bryant verwachtte een aanzienlijke daling van administratie en minder datafouten, en tegelijkertijd een versneld verwijzingsproces doordat patiënten hun eigen ziekenhuisafspraken bijhouden en beheren. Er worden verschillende ideeën verkend om het gebruik aan te moedigen, waaronder het verplicht stellen van deelname door artsen en het ontwikkelen van een stimuleringsprogramma dat zowel boetes als beloningen inhoudt. Het doel is om de tekortkomingen van Choose and Book te verbeteren of weg te nemen –bijvoorbeeld door afstand te nemen van de hybride elektronische/papieren omgeving die voor ziekenhuizen omslachtig is gebleken. De omslag naar geheel digitaal wordt in 2019 verwacht.

Bronnen: National Health Service, 'NHS e-Referral Service Best Practice Guidelines,' NHS, oktober 2016; Warwick Ashford, 'NHS to Scrap £356m Outpatient Booking System,' ComputerWeekly.com, 12 mei 2014; www.chooseandbook.nhs.uk, geraadpleegd op 22 februari 2015; Toby Helm en Dennis Campbell, 'NHS Hit by New Tech Failure as It Scraps Patient Booking System,' *The Observer*, 10 mei 2014; 'About the National Health Service (NHS),' nhs.uk/NHSEngland, geraadpleegd op 10 augustus 2014; Caroline Baldwin, 'New NHS e-Referral Service to Use Agile and Open Technologies,' ComputerWeekly.com, 13 mei 2014; 'NHS e-Referral Service Vision,' systems.hscic.gov.uk, geraadpleegd op 10 augustus 2014; 'NHS to Stop Choose and Book Outpatient Appointments System and Replace It with New IT System,' UK News, 11 mei 2014; en Mark Gould, 'Claims That NHS Choose and Book System Puts Choice Before Quality,' *The Guardian*, 23 maart 2010.

Vragen bij de case

1. Verduidelijk en beschrijf de problemen van het Choose and Book-systeem van de NHS. Welke menselijke, organisatorische en technologische factoren waren verantwoordelijk voor die problemen?
2. In hoeverre was Choose and Book een mislukking? Licht je antwoord toe.
3. Wat was de economische en sociale impact van Choose and Book?
4. Beschrijf de stappen die gezet hadden moeten worden om Choose and Book tot een groter succes te maken.

teiten, of banken om de beste locatie voor een nieuw bankfiliaal of pinautomaat te bepalen of om de politie te helpen de locaties in kaart te brengen met de grootste kans op criminaliteit.

12.3.4 Managementstrategieën voor het ontwikkelen van BI- en BA-functies

Er zijn twee verschillende strategieën mogelijk voor het implementeren van BI- en BA-functies binnen een organisatie: kant-en-klare geïntegreerde oplossingen of een combinatie van de beste oplossingen. De hardwarebedrijven (IBM, HP en Oracle, dat Sun Microsystems heeft gekocht) willen je het liefst geïntegreerde hardware/software-oplossingen verkopen die alleen op hun eigen hardware draaien (totaalintegratie).

Dit is echt een 'one-stop shop'-systeem. De softwarebedrijven stimuleren bedrijven om de 'allerbeste' software te kopen, die draait op het systeem waar het bedrijf de voorkeur aan geeft. Bij deze strategie kies je de beste database- en datawarehouseoplossing en selecteer je de BI- en BA-pakketten van de beste leverancier.

Dit heeft als risico dat één enkele leverancier al je hardware en software levert, waardoor je als bedrijf erg afhankelijk bent van de prijzen die ze hiervoor vragen. Het heeft als voordeel dat je maar met één leverancier te maken hebt, die overal kan leveren.

De tweede oplossing biedt meer flexibiliteit en onafhankelijkheid, maar er kunnen zich problemen voordoen bij het integreren van de software in het hardwareplatform, of met andere software. Leveranciers beweren altijd dat hun software 'compatibel' is met andere producten, maar in de praktijk kan het erg lastig zijn om software van verschillende leveranciers met elkaar te integreren.

Ongeacht de toegepaste strategie bindt de keuze van een BI- en BA-systeem een bedrijf aan een leverancier of groep leveranciers, en overstappen is behoorlijk kostbaar. Ook omdat duizenden werknemers van over de hele wereld zijn getraind in een bepaalde set tools. Als je deze systemen implementeert, krijg je er dus een belangrijke zakenpartner bij.

12.4 Business intelligence-rollen

Er zijn binnen een modern bedrijf diverse rollen die te maken krijgen met business intelligence. Eerder in deze tekst en in dit hoofdstuk hebben we verschillende informatieonderdelen van bedrijven beschreven – van topmanagers tot middenmanagers, analisten en operationele medewerkers. Dit geldt ook voor BI- en BA-systemen (zie figuur 12.4). Meer dan 80 procent van het publiek voor BI bestaat uit gewone gebruikers die grotendeels afhankelijk zijn van productierapporten. Senior executives gebruiken meestal BI monitorbedrijfsactiviteiten met behulp van visuele interfaces zoals dashboards en scorekaarten.
Middenmanagers en analisten zijn veel vaker ondergedompeld in een breed scala aan gegevens en moeten de gegevens op verschillende manieren gebruiken en analyseren. Operationele medewerkers zullen, samen met klanten en leveranciers, vooral kijken naar gestandaardiseerde rapporten.

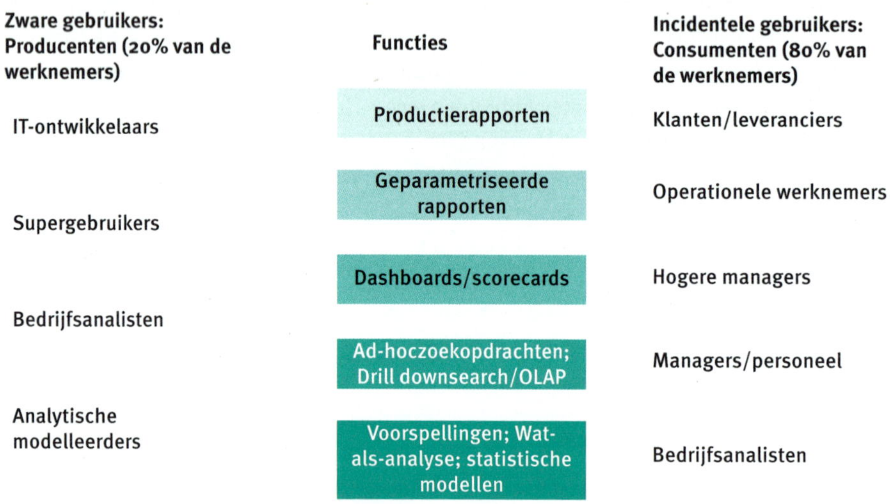

FIGUUR 12.4 *Business-intelligencegebruikers*

Incidentele gebruikers zijn consumenten van BI-uitvoer, terwijl intensieve zware gebruikers de producenten zijn van rapporten, nieuwe analyses, modellen en voorspellingen.

12.4.1 Ondersteuning van beslissingen op operationeel en middenmanagementniveau

Het operationele en middenmanagement zijn gewoonlijk verantwoordelijk voor het monitoren van belangrijke aspecten van de bedrijfsvoering, variërend van de capaciteit en werking van machines tot de verkoop van productgroepen per dag of zelfs uur of het aantal bezoekers van de website. De meeste van de beslissingen die ze nemen zijn vrij gestructureerd. Managementinformatiesystemen (MIS) worden gewoonlijk gebruikt door het middenmanagement bij het ondersteunen van dit soort beslissingen
Steeds meer middenmanagers bekijken deze rapporten online, en kunnen interactief werken met de gegevens. Managers op dit niveau focussen vaak op de uitzonderingen in deze rapporten, bijvoorbeeld gebieden waar de omzetcijfers achterblijven op de verwachting of werknemers die hun budget overschrijden. Tabel 12.6 toont enkele voorbeelden van business intelligence.

Ondersteuning van semigestructureerde beslissingen

Sommige ervaren bedrijfsanalisten willen graag hun eigen rapporten samenstellen en geavanceerdere analysemethoden en modellen toepassen om patronen te identificeren, alternatieve scenario's te berekenen of specifieke hypotheses te testen. Besluitvormingsondersteunende systemen (DSS) zijn BI-platformen voor deze groep gebruikers, met functies ter ondersteuning van semigestructureerde beslissingen.

TABEL 12.6 *Voorbeelden van MIS-toepassingen*

BEDRIJF	MIS-TOEPASSING
Plan International	Het hoofdkantoor is gevestigd in Surrey (Verenigd Koninkrijk), met vestigingen in meer dan zeventig landen. Human resources MIS volgt de locatie, vaardigheden en werkervaring van al haar 10.000 werknemers en identificeert welke mensen de juiste vaardigheden en ervaring hebben op het gebied van medische hulp, kinderbescherming, onderwijs en onderdakbeheer om de nodige diensten te verlenen voor verschillende soorten noodsituaties.
Black & Veatch	Webgebaseerde MIS volgt bouwkosten voor haar projecten op veel verschillende locaties. Dit wereldwijde bedrijf heeft ongeveer 10.000 professionals die werken vanuit meer dan 110 kantoren over de hele wereld.
Dubai Islamic Bank	MIS rapporteert over de mogelijkheid voor klanten om in aanmerking te komen voor leningen. Het gebruikt gegevens over het banksaldo van de klant en over hoe het bedrijf van de klant werkt om te bepalen of de klant in de toekomst het bedrag van de lening kan dekken. Uitvoer van deze MIS begeleidt managementbeslissingen over het goedkeuren of afwijzen van de kredietaanvraag.

DSS maken intensiever gebruik van modeltools dan MIS, en passen wiskundige en analytische modellen toe om what-if- en andere analyses uit te voeren. De what-if-analyse, die op basis van bekende of veronderstelde condities vooruitkijkt, biedt de gebruiker de mogelijkheid om bepaalde waarden te variëren en de resultaten te testen om te kijken welke veranderingen dit oplevert. Wat gebeurt er als we de productprijzen met 5 procent verhogen of het reclamebudget vergroten tot een miljoen dollar? **Sensitiviteitsanalyse**modellen stellen wat-alsvragen, waarmee diverse uitkomsten kunnen worden voorspeld als er een of meer variabelen meerdere keren worden veranderd (zie figuur 12.5). Omgekeerde sensitiviteitsanalyses helpen besluitvormers bij het bepalen van een doel: als ik volgend jaar een miljoen exemplaren wil verkopen, met hoeveel moet ik de prijs dan verlagen?

Sensitiviteitsanalyse Model dat herhaaldelijk 'wat als'-vragen stelt om te bepalen wat de impact is op het resultaat als een of meer factoren worden veranderd.

Spreadsheet Tabel die twee of meer aspecten van gegevens in een geschikt formaat weergeeft.

Draaitabel Spreadsheetprogramma voor het reorganiseren en samenvatten van twee of meer gegevensaspecten in een tabelformaat.

Hoofdstuk 5 beschrijft multidimensionale gegevensanalyses en OLAP als technologieën voor business intelligence. **Spreadsheets** hebben een vergelijkbare functie voor multidimensionale analyse; de **draaitabel**, waarmee patronen in bedrijfsgegevens kunnen worden geïdentificeerd en begrepen. Dit kan nuttig zijn voor het nemen van semigestructureerde beslissingen.
Figuur 12.6 toont een Microsoft Excel-draaitabel waarin een lange lijst ordertransacties te zien is voor een bedrijf dat online trainingsvideo's en boeken verkoopt. In de tabel is de relatie te zien tussen twee dimensies: het afzetgebied en de contactbron (banneradvertentie of e-mail) voor elke bestelling. Het geeft antwoord op de vraag: maakt de locatie van de klant verschil, in aanvulling op de regio? De draaitabel laat zien dat de meeste klanten uit het westen komen en dat de banneradvertentie de meeste klanten in alle gebieden bereikt.
In het verleden werden modellen vooral gegenereerd met spreadsheets en kleine autonome databases. Tegenwoordig zijn deze capaciteiten geïntegreerd in grote enterprisebrede BI-systemen, waar ze gegevens uit de grote bedrijfsdatabase kunnen analyseren. Zulke mogelijkheden helpen verzekeringsbedrijven om de beste klanten voor hun producten te vinden. Op basis van algemeen beschikbare verzekeringsgegevens kunnen verzekeringsmaatschappijen kleine groepen klanten identificeren, of 'cellen', zoals motorrijders van dertig jaar en ouder met een academische opleiding, een bepaald kredietniveau en een hoog aantal schadevrije jaren. Voor elke 'cel' kunnen verzekeringsmaatschappijen een regressieanalyse uitvoeren om te bepalen welke factoren veel voorkomen bij verzekeringsclaims die deze groep indient. Dan worden voor elke cel de premies bepaald en wordt met simulatiesoftware berekend of het bedrijf met deze tarieven winst maakt. Deze analysetechnieken stellen verzekeringmaatschappijen in staat om klanten op een winstgevende manier te verzekeren, ook als ze tot een risicogroep behoren die door andere verzekeraars wordt afgewezen.

12.4.2 Executive-supportsystemen (ESS) en de balanced scorecard

Het doel van executive-supportsystemen (ESS), geïntroduceerd in hoofdstuk 2, is het ondersteunen van managers op C-niveau (CEO, CIO, CFO enzovoort) bij het zich richten op de echt

Totale vaste kosten	19000					
Gemiddelde verkoopprijs	3					
Contributiemarge	17					
Break-evenpunt	14					
	1357	Variabele kosten per eenheid				
Verkoop	1357	2	3	4	5	6
Prijs	14	1583	1727	1900	2111	2375
	15	1462	1583	1727	1900	2111
	16	1357	1462	1583	1727	1900
	17	1267	1357	1462	1583	1727
	18	1188	1267	1357	1462	1583

FIGUUR 12.5 *Sensitiviteitsanalyse*

In deze tabel zijn de resultaten weergegeven van een sensitiviteitsanalyse van het effect van het veranderen van de verkoopprijs van een stropdas en de kosten per eenheid op het break-evenpunt van het product. Dit beantwoordt de vraag: 'Wat gebeurt er met het break-evenpunt als de verkoopprijs en de kosten voor het maken van elke eenheid toe- of afnemen?'

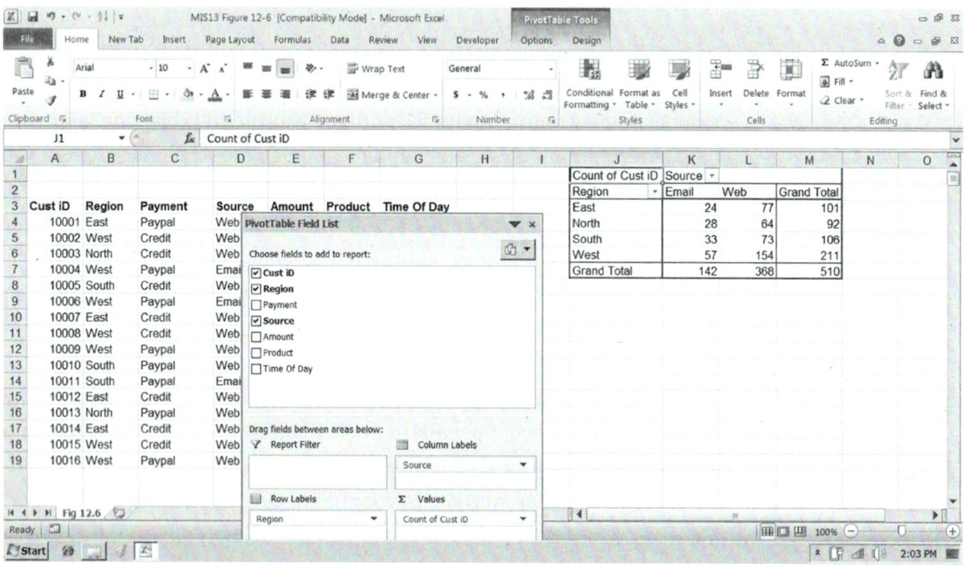

FIGUUR 12.6 *Een draaitabel van onderzoek naar regionale klantverdeling en advertentiebron*

In deze draaitabel kunnen we zien waar klanten van een bedrijf in online trainingen vandaan komen in termen van regio en advertentiebron.

belangrijke prestatie-informatie die van invloed is op de algehele winstgevendheid en het succes van een onderneming. Het ontwikkelen van ESS-systemen gaat in twee stappen. Om te beginnen heb je een methodologie nodig om precies te begrijpen wat voor een specifieke onderneming de belangrijkste prestatie-informatie is, en daarnaast moet je systemen ontwikkelen die deze informatie tijdig bij de juiste mensen kunnen afleveren.

Balanced-scorecardmethode
Een kader voor het operationaliseren van het strategisch plan van een bedrijf door te richten op meetbare resultaten met betrekking tot vier aspecten van de bedrijfsprestatie: financiën, bedrijfsprocessen, klanten, en leren en groei.

Kernprestatie-indicatoren (KPI's)
Door het hoger management voorgestelde maatstaven voor het begrijpen hoe goed het bedrijf in bepaalde opzichten presteert.

De belangrijkste methodologie voor het begrijpen van de echt belangrijke informatie die leidinggevenden van een bedrijf nodig hebben, wordt de **balanced-scorecardmethode** genoemd (Kaplan en Norton, 1992; 2004). De balanced scorecard is een kader voor het operationaliseren van het strategisch plan van het bedrijf door zich te richten op meetbare resultaten met betrekking tot vier aspecten van een onderneming: financiën, bedrijfsprocessen, klanten, en leren en groei (zie figuur 12.7). De prestaties op elk gebied worden gemeten met behulp van **kernprestatie-indicatoren (KPI's)**, de door het hoger management voorgestelde maatstaven voor het begrijpen hoe goed het bedrijf in bepaalde opzichten presteert. Zo is een van de kernindicatoren van hoe goed een detailhandelaar aan zijn klantprestatie-eisen voldoet, de gemiddelde tijdsduur om een product of een dienst aan een klant te leveren. Als je bedrijf een bank is, is een van de KPI's de tijdsduur voor het uitvoeren van een elementaire functie, zoals het aanmaken van een nieuwe rekening voor een klant.

Het balanced-scorecardkader wordt 'balanced' verondersteld omdat het ervoor zorgt dat managers zich op meer dan alleen financiële prestaties richten. Financiële prestaties zijn immers het resultaat van handelingen uit het verleden, terwijl managers zich moeten richten op de zaken die ze nu kunnen beïnvloeden, zoals bedrijfsprocesefficiëntie, klanttevredenheid en de doorontwikkeling van hun medewerkers.

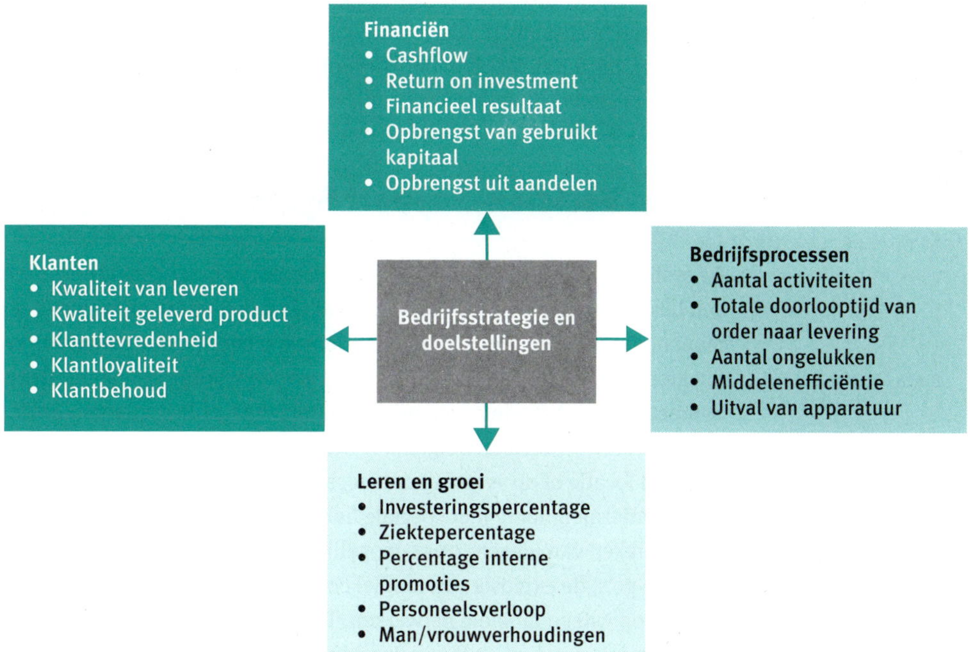

FIGUUR 12.7 *De balanced scorecard*

In de balanced scorecard worden de strategische doelstellingen van de onderneming op basis van vier aspecten geoperationaliseerd: financiën, bedrijfsprocessen, klanten, en leren en groei. Elk aspect wordt gemeten aan de hand van verschillende kernprestatie-indicatoren (KPI's).

De concepten van de balanced scorecard kunnen ook worden toegepast op de IT-functie van een bedrijf (Van Grembergen en De Haes, 2009). De volgende aspecten kunnen dan worden gemeten: de bijdrage van IT aan het bedrijf (aantal bedrijfsprocessen dat wordt afgedekt door IT-systemen), de IT-processen (beschikbaarheid van de webapplicaties) de IT-gebruikers (gebruikerstevredenheid) en de voorbereiding op de toekomst (training van de IT-medewerkers).
Als er eenmaal een scorecard is ontwikkeld door adviseurs en hogere leidinggevenden, is de volgende stap het automatiseren van een informatiestroom naar leidinggevenden en andere managers voor elk van de kernprestatie-indicatoren. Er zijn letterlijk honderden adviesbureaus en softwarebedrijven die hierbij kunnen helpen. Als deze systemen eenmaal geïmplementeerd zijn, worden ze gewoonlijk aangeduid als executive-supportsystemen oftewel managementondersteunende systemen.

Business performance management (BPM)
Pogingen om de strategieën van een onderneming (bijv. differentiatie, goedkope producent, groei van marktaandeel en draagwijdte van operatie) systematisch te vertalen naar operationele doelen.

Een andere gerelateerde en populaire managementmethode is **business performance management (BPM)**. BPM streeft ernaar om de bedrijfsstrategie (bijvoorbeeld differentiatie, lage kosten, marktaandeel en operationeel bereik) systematisch te vertalen naar operationele doelen. Zodra de strategieën en doelen zijn bepaald, wordt een set KPI's ontwikkeld die de voortgang kan meten. De prestaties van het bedrijf worden dan gemeten op basis van de informatie uit het enterprise-databasesysteem. BPM past hetzelfde principe toe als de balanced scorecard, maar dan met meer nadruk op strategie.

Drill down
Het vermogen om van overzichtsgegevens naar steeds lagere niveaus van detail te gaan.

Bedrijfsgegevens voor moderne ESS worden aangeleverd door de bestaande enterprisetoepassingen (ERP, SCM en CRM). ESS biedt ook toegang tot (economisch) nieuws, financiële markten en andere externe gegevens die managers nodig kunnen hebben. ESS heeft ook belangrijke **drill down**-capaciteiten als managers gegevens gedetailleerder willen bekijken.

Een goed ontworpen ESS helpt senior executives bij het monitoren van de bedrijfsprestaties, het volgen van de activiteiten van concurrenten, het herkennen van veranderende marktcondities en het identificeren van problemen en kansen. Werknemers lager in de hiërarchie gebruiken de systemen ook om de prestaties op hun afdeling of taakgebied te volgen en meten. Om ervoor te zorgen dat deze en andere business intelligence-systemen echt nuttig zijn, moet deze informatie 'uitvoerbaar' zijn; de gegevens moeten beschikbaar zijn en bruikbaar bij het nemen van beslissingen. Als gebruikers moeite hebben met het identificeren van belangrijke gegevens, heeft dat een negatief effect op de productiviteit van werknemers en de bedrijfsprestaties.

12.5 Group Decision-Support Systems (GDSS)

De systemen die we zojuist hebben beschreven, zijn er primair op gericht om u te helpen een beslissing alleen te nemen. Maar wat als u deel uitmaakt van een team en een beslissing moet nemen als een groep? Voor dit doel zou u een speciale categorie systemen gebruiken die groepsbeslissingsondersteunende systemen worden genoemd. **Group Decision-Support Systems (GDSS)** zijn interactieve computergebaseerde systemen die de oplossing van ongestructureerde problemen mogelijk maken door een reeks beslissers die als een groep op dezelfde locatie of op verschillende locaties samenwerken. Oorspronkelijk had GDSS speciale conferentiezalen nodig met speciale hardware- en softwaretools voor het documenteren en rangschikken van ideeën. GDSS-mogelijkheden zijn geëvolueerd samen met de kracht van desktop-pc's, de explosie van mobiel computergebruik en de snelle uitbreiding van de bandbreedte op wifi en mobiele netwerken. Toegewijde conferentiezalen kunnen worden vervangen door veel minder dure en flexibele virtuele samenwerkingsruimten die mobiele werknemers kunnen verbinden met collega's op kantoor op desktops in een hoogwaardige video- en audio-omgeving. We hebben enkele van deze hedendaagse samenwerkingsomgevingen geïntroduceerd in hoofdstuk 2.

Group Decision-Support system (GDSS)
Een interactief computersysteem dat de oplossing van ongestructureerde problemen door een aantal beslissers die als groep samenwerken, mogelijk maakt.

Met de Cisco Collaboration Meeting Rooms Hybrid (CMR) kunnen groepen werknemers via elk apparaat met WebEx-videosoftware vergaderen, waarvoor geen speciale netwerkverbindingen, speciale beeldschermen of complexe software nodig zijn. De software voor het uitvoeren van CMR kan worden gehost op bedrijfsservers of in de cloud. Hierdoor kunnen zelfs klanten deelnemen aan groepsbijeenkomsten. De vergaderingen kunnen worden gepland door werknemers wanneer dat nodig is. CMR kan maximaal 500 deelnemers aan een vergadering aan, maar dat aantal overschrijden is een zeldzaamheid. Skype begon met de implementatie van een soortgelijke cloudgebaseerde samenwerkingsomgeving, Skype for Business genaamd, om onlinevergaderingen, het delen van documenten, audio en video te ondersteunen. Skype voor Bedrijven is geïntegreerd in Microsoft Office 365, waardoor Skype voor Bedrijven een integraal onderdeel wordt van het kantoorleven.

SAMENVATTING

1. Wat zijn de verschillende typen beslissingen en hoe gaat het besluitvormingsproces in zijn werk? Hoe ondersteunen informatiesystemen de activiteiten van managers en hun besluitvorming?
De verschillende niveaus in een organisatie (strategisch, bestuurlijk, operationeel) stellen verschillende eisen aan de besluitvorming. Beslissingen kunnen gestructureerd, semigestructureerd of ongestructureerd zijn, waarbij de gestructureerde beslissingen het meest voorkomen op het operationele niveau van de organisatie en ongestructureerde beslissingen op het strategische niveau. Beslissingen kunnen worden genomen door individuele personen of groepen en zowel door werknemers als operationele managers, managers uit het middenkader of hogere managers. Besluitvorming kent vier fasen: onderzoek van het probleem, inventariseren van mogelijke oplossingen, keuze van de oplossing en de implementatie.

Vroege klassieke modellen van managersactiviteiten benadrukken de functies van planning, organiseren, coördineren, beslissen en besturen. Hedendaags onderzoek naar het feitelijk gedrag van managers heeft uitgewezen dat de werkelijke activiteiten van een manager sterk versnipperd, gevarieerd en kortdurend zijn, en dat managers vaak terugschrikken voor het nemen van grote, ingrijpende beleidsbeslissingen. Informatietechnologie biedt managers nieuwe middelen voor het uitvoeren van zowel hun traditionele als nieuwere rollen, die hen in staat stellen nauwkeuriger en sneller dan ooit te bewaken, plannen en te voorspellen en sneller te reageren op de veranderende bedrijfsomgeving.

Informatiesystemen zijn zeer nuttig voor managers door het bieden van ondersteuning voor hun rollen bij het verspreiden van informatie, het bieden van contacten tussen organisatieniveaus en het toewijzen van middelen.

Informatiesystemen zijn echter minder succesvol in het ondersteunen van ongestructureerde beslissingen. Waar informatiesystemen nuttig zijn, kunnen informatiekwaliteit, managementfilters en organisatiecultuur de besluitvorming verslechteren.

2. Hoe kunnen business intelligence en business analytics het besluitvormingsproces ondersteunen?

Business intelligence en business analytics beloven juiste informatie bijna in realtime te leveren voor het nemen van beslissingen, en de analytische tools om deze informatie snel te begrijpen en ernaar te handelen. Een business intelligence-omgeving bestaat uit gegevens uit de bedrijfsomgeving, de BI-infrastructuur, BA-tools, gebruikers en managementmethoden, een BI-platform (MIS, DSS of ESS) en de gebruikersinterface. Er zijn zes analytische functionaliteiten die BI-systemen hiervoor gebruiken: productierapporten, parameterrapporten, dashboards en scorecards, ad-hoczoekfuncties en -rapporten, drill-downfuncties en de mogelijkheid om scenario's en prognoses te genereren.

3. Hoe kunnen verschillende personen die beslissingen nemen business intelligence gebruiken?

Het operationele en middenmanagement zijn gewoonlijk verantwoordelijk voor het monitoren van belangrijke aspecten van de bedrijfsvoering. De meeste van de beslissingen die zij nemen zijn vrij gestructureerd. Managementinformatiesystemen (MIS) worden gewoonlijk gebruikt door het middenmanagement bij het ondersteunen van dit soort beslissingen. Voor het nemen van ongestructureerde beslissingen gebruiken middenmanagers en analisten besluitvormingsondersteunende systemen (decision-support systems, DSS) met krachtige analytische en modelleertools, inclusief spreadsheets en draaitabellen. Het hoger management neemt ongestructureerde beslissingen met behulp van dashboards en visuele interfaces waarop de KPI's te zien zijn die impact hebben op de winstgevendheid, het succes en de strategie van de organisatie. De balanced scorecard en business performance management (BPM) zijn twee populaire managementmethoden gerelateerd aan executive-supportsystemen (ESS).

HERHALINGSVRAGEN

1. Wat zijn de verschillende typen beslissingen en hoe gaat het besluitvormingsproces in zijn werk?

- Noem en beschrijf de verschillende niveaus van besluitvorming en besluitvormers in organisaties. Leg uit wat de verschillen zijn in de eisen voor de besluitvorming.
- Leg uit wat het verschil is tussen een ongestructureerde, een semigestructureerde en een gestructureerde beslissing.
- Noem en beschrijf de fasen in de besluitvorming.

2. Hoe ondersteunen informatiesystemen de activiteiten van managers en hun besluitvorming?

- Vergelijk de beschrijvingen van managersgedrag in het klassieke model en de gedragsmodellen.
- Geef aan wat de specifieke managerrollen zijn die door informatiesystemen kunnen worden ondersteund.

3. Hoe kunnen business intelligence en business analytics het besluitvormingsproces ondersteunen?

- Definieer en beschrijf business intelligence en business analytics.

- Benoem en beschrijf de elementen van een business intelligence-omgeving.
- Benoem en beschrijf de analytische functies van BI-systemen.
- Definieer operational intelligence en beschrijf hoe het Internet of Things dit verbetert.
- Vergelijk twee verschillende managementstrategieën voor het ontwikkelen van BI- en BA-functies.

4. Hoe kunnen verschillende personen die beslissingen nemen business intelligence gebruiken?

- Benoem de rollen in het besluitvormingsproces en geef aan welke typen beslissingen ze nemen.
- Beschrijf balanced-scorecardmethoden en business performance management.
- Definieer een GDSS en leg uit waar het afwijkt van DSS.

DISCUSSIEVRAGEN

1. Wat zou je als manager of gebruiker van informatiesystemen moeten weten om deel te nemen aan het ontwerpen en gebruiken van een DSS of ESS? Waarom?
2. Welke typen bedrijven kunnen profiteren van locatie-analyse en geografische informatiesystemen? Welke bedrijven kunnen niet profiteren?
3. Hoe kunnen business intelligence en business analytics bedrijven helpen hun bedrijfsstrategie aan te passen?

PRAKTIJKPROJECTEN

Met de projecten in dit onderdeel kun je praktische ervaring opdoen met het benoemen van kansen voor DSS, het analyseren van verkoopgegevens op basis van een draaitabel, en met financiële planning met behulp van online pensioenplanningtools.
Ga naar MyLab voor toegang tot de praktijkprojecten van dit hoofdstuk.

Problemen met directiebesluiten

1. Dealers van Subaru en andere automerken houden de kilometerstanden bij van de auto's die ze verkopen en onderhouden. Op basis van kilometerstanden worden klanten eraan herinnerd dat ze een afspraak moeten maken voor een onderhoudsbeurt, maar ze worden ook voor andere doeleinden gebruikt. Welke soorten besluiten wordt door dit soort gegevens ondersteund, op lokaal en op bedrijfsniveau? Wat zou er gebeuren als deze gegevens onjuist zouden zijn, bijvoorbeeld een kilometerstand van 130.000 zouden aangeven in plaats van 30.000? Welke invloed zou dat hebben op besluitvorming? Maak een inschatting van de impact ervan op het bedrijf.
2. Applebee's is 's werelds grootste keten ter wereld waar je informeel kunt tafelen, met ruim 1800 vestigingen in de Verenigde Staten en twintig andere landen. Op het menu vind je rundvlees-, kip- en varkensvleesgerechten, maar ook hamburgers, pasta en vis. De CEO van Applebee's wil de keten winstgevender maken door menu's te ontwikkelen die smakelijker zijn en meer gerechten bevatten die populair zijn bij klanten en waar ze voor willen betalen, ongeacht stijgende kosten voor brandstof en landbouwproducten. Hoe zou bedrijfsinformatie de directie kunnen helpen deze strategie uit te voeren? Welke soorten gegevens zou Applebee's moeten verzamelen? Welke soorten rapportage zouden de directie kunnen helpen bij het nemen van beslissingen over het verbeteren van menu's en winstgevendheid?

Besluitvorming verbeteren: verkoopgegevens analyseren met behulp van draaitabellen
Softwarevaardigheden: draaitabellen
Zakelijke vaardigheden: verkoopgegevens analyseren

3. Dit project biedt je de mogelijkheid om met behulp van draaitabellen in Excel een database of een lijst met gegevens te analyseren. Gebruik het databestand voor de eerder in dit hoofdstuk beschreven Online Management Training Inc. Dit is een lijst van de verkooptransacties bij OMT voor één dag. Dit spreadsheetbestand is te vinden in MyLab. Werk met draaitabellen in Excel om de antwoorden te vinden op de volgende vragen:
   - Waar zijn de gemiddelde aankoopbedragen hoger? Het antwoord kan managers duidelijk

maken waar ze hun middelen voor marketing en verkoop op moeten richten, of dat ze verschillende regio's met verschillende boodschappen moeten benaderen.

- Welke betaalvorm wordt het meest gebruikt? Het antwoord zou kunnen worden gebruikt om in reclame te benadrukken welke manier van betalen de voorkeur heeft.
- Zijn er momenten op de dag waarop de meeste aankopen worden gedaan? Kopen mensen meer producten als ze aan het werk zijn (meestal overdag) of als ze thuis zijn (meestal 's avonds)?
- Wat is het verband tussen regio, type gekocht product en gemiddelde verkoopprijs? In onze leertrajecten geven we instructies over hoe je draaitabellen in Excel kunt gebruiken.

Besluitvorming verbeteren: webbased DSS gebruiken voor pensioenplanning

Softwarevaardigheden: internetsoftware

Zakelijke vaardigheden: Financiële planning

4. Dit project helpt je vaardigheden ontwikkelen met het gebruik van web-based DSS voor financiële planning. De websites voor CNN Money en Kiplinger bevatten web-based DSS voor financiële planning en besluitvorming. Kies een van de sites om je pensioen te plannen. Bepaal op de gekozen site hoeveel je moet sparen om genoeg inkomen te hebben om met pensioen te gaan. Ga uit van de situatie dat je vijftig jaar oud bent, alleen woont en over zeventien jaar wilt stoppen met werken. Je hebt ruim een ton gespaard. Je huidige jaarinkomen bedraagt € 90.000. Je doel is een oudedagsvoorziening van € 65.000 per jaar inclusief AOW. Bepaal met behulp van de gekozen website hoeveel je moet sparen om je pensioenplan te kunnen realiseren. Als je je geschatte AOW moet berekenen, kijk dan op de website van de Sociale Verenigingsbank (SVB). Beoordeel de website – het gebruiksgemak, de duidelijkheid, de waarde van eventuele getrokken conclusies, en de mate waarin de site investeerders hun financiële behoeften en de financiële markten helpt begrijpen.

SAMENWERKINGS- EN TEAMWORKPROJECT

Datagestuurde analyse in de sport analyseren

1. Selecteer met drie of vier medestudenten een sport, bijvoorbeeld rugby, honkbal of voetbal. Onderzoek op internet hoe de gekozen sport gebruikmaakt van data en analyse om de teamprestaties te verbeteren of de kaartverkoop voor wedstrijden te verhogen. Maak waar mogelijk gebruik van Google Docs en Google Drive of Google Sites om te brainstormen, te organiseren en een presentatie van jullie bevindingen te maken voor de rest van jullie jaar.

CASE

GE zet in op het Internet of Things en big data-analyse

General Electric (GE) is een van de grootste industriële bedrijven ter wereld. Hun productaanbod loopt uiteen van turbines tot vliegtuigmotoren tot medische apparatuur, maar dat zal misschien niet lang meer duren. Het bedrijf maakt een transitie door naar een veel sterker op technologie gerichte bedrijfsstrategie en businessmodel. GE is heeft zijn koelkast- en magnetrondivisie in de etalage gezet, naast het grootste deel van de financiële diensten van GE Capital, om zich geheel te richten op stroomgeneratoren, vliegtuigmotoren, locomotieven en olieraffinage-apparatuur, alsook op software om deze apparaten met de cloud te verbinden. Toonaangevende softwarebedrijven als Oracle, SAP en Microsoft leveren van oudsher technologie voor de backoffice. GE investeert juist in de technologie industriële die machines controleert en monitort, én in softwaregestuurde, cloud-based diensten voor het analyseren van en waarde ontlenen aan de data. GE hoopt met deze strategie een belangrijk softwarebedrijf te worden.

GE maakt gebruik van door sensor gegenereerde data uit industriële machines om klanten te helpen met het monitoren van apparaatprestaties, het voorkomen van storingen en het beoordelen van de algehele gezondheid van machines. Deze nieuwe technologie biedt de klanten van GE nieuwe mogelijkheden en helpt tegelijkertijd GE om van een traditionele fabrikant te transformeren tot een modern digitaal bedrijf. GE heeft 1 miljard dollar toegewezen aan het installeren van sensoren op gasturbines, vliegtuigmotoren en andere machines, ze te verbinden met de cloud en het op basis van analyse van de resulterende data benoemen van manieren om de productiviteit en betrouwbaarheid van machines te verbeteren. Met andere woorden, GE zet voor haar toekomst in op software en het Internet of Things (IoT). In een aantal sectoren kan het verhogen van de productiviteit van bestaande activa met zelfs maar 1 procentpunt al significante voordelen opleveren. Dit gaat op voor de olie- en gassector, waar het gemiddelde terugwinningspercentage van een oliebron 35 procent bedraagt. Dat betekent dat 65 procent van het potentieel van een bron in de aarde blijft, omdat de beschikbare technologie het te kostbaar maakt om het te winnen. Als technologie oliewinningsbedrijven kan helpen om het terugwinningspercentage te verhogen van 35 naar 36 procent, neemt de opbrengst internationaal met 80 miljard vaten toe – wat gelijkstaat aan drie jaar wereldwijde levering.

De olie- en gassector heeft ook veel last van ongeplande stilstand, als apparatuur door een storing niet kan functioneren. Eén niet-productieve dag kan een installatie voor vloeibaar aardgas (LNG) tot wel 25 miljoen dollar kosten, en de gemiddelde middelgrote LNG-installatie heeft ongeveer vijf onproductieve dagen per jaar. Dat komt neer op een verlies van 125 miljoen dollar. Het minimaliseren van stilstand is van cruciaal belang, vooral gezien de dalende inkomsten als gevolg van lagere energieprijzen. GE raamt de kansen voor haar IoT-software op 1 miljard dollar. De basis voor alle industriële IoT-applicaties van GE heet Predix, een softwareplatform dat in 2015 werd gelanceerd om data uit industriële sensoren te verzamelen en deze te analyseren in de cloud. Predix kan op elke cloud-infrastructuur werken. Het platform heeft open standaarden en protocollen, zodat klanten hun machines gemakkelijker en sneller op het industriële internet kunnen aansluiten. Het platform kan de omvang en schaal van industriële data voor elke klant op het huidige gebruiksniveau aan, maar is wel zo ontworpen dat het kan opschalen als de vraag toeneemt. Predix kan ook apps van andere bedrijven dan GE aanbieden, is beschikbaar voor on-premises of cloud-based gebruik en kan door klanten worden uitgebreid met hun eigen databronnen, algoritmen en code. Klanten kunnen hun eigen maatgemaakte applicaties op het Predix-platform ontwikkelen. GE is ook een ontwikkel-community aan het opzetten om apps te bouwen die op Predix kunnen worden gehost. Predix is niet beperkt tot industriële applicaties. Het zou bijvoorbeeld ook kunnen worden gebruikt om data in gezondheidsstelsels te analyseren. GE heeft inmiddels een Health Cloud die op Predix loopt. Databeveiliging is ingebed in alle applicatielagen van het platform, en dit is essentieel voor bedrijven die hun bedrijfsvoering aan internet verbinden.

GE gebruikt Predix om haar eigen industriële producten te monitoren en te onderhouden, zoals windturbines, vliegtuigmotoren en hydro-elektrische turbinesystemen. Predix kan de machinebestuurders en onderhoudstechnici van GE's klanten realtime informatie leveren over het plannen van onderhoudscontroles, het verbeteren van de efficiency van machines en het terugdringen van stilstand. Klanten helpen om deze operationele data proactief te verzamelen en te gebruiken zou de kosten in serviceovereenkomsten met GE terugdringen. Als GE instemt met dienstverlening voor een machine van een klant, zit daar vaak een prestatiegarantie aan vast. Het proactief vaststellen van mogelijke problemen dat ook de kosten van een bedrijfsbezoek terugdringt helpt zowel de klant als GE zelf. Begin 2013 begon GE nam Predix in gebruik om data uit haar hele machinepark te analyseren. Door te benoemen wat de ene machine efficiënter of storingsgevoeliger maakt dan een andere, kon GE haar bedrijfsvoering strakker beheren. Zo leerde GE dankzij het toepassen van hoogwaardige analyse dat sommige van haar vliegtuigmotoren vaker ongepland onderhoud begonnen te vergen. Een afzonderlijk operationeel gegeven vertelt je alleen dat er een probleem is met die motor. Maar door grote hoeveelheden data uit het hele machinepark te verzamelen en te analyseren, kon GE data over motoren per operationele omgeving clusteren. Het bedrijf kwam erachter dat de hete en moeilijke omstandigheden in het Midden-Oosten en China ervoor zorgden dat motoren dichtslibden, oververhit raakten en minder efficiënt functioneerden, waardoor ze meer onderhoud vergden. GE ontdekte dat motoren veel minder problemen gaven als ze vaker werden schoongemaakt. Vlootanalyse hielp GE de levensduur van de motoren te verlengen en het motoronderhoud terug te dringen. Het bedrijf denkt dat het zijn klanten gemiddeld voor 7 miljoen dollar aan brandstof kan besparen doordat hun motoren efficiënter zullen werken. Het robuuste data- en analyseplatform van Predix stelde GE in staat om data over elke GE-motor ter wereld te gebruiken en vlootdata te clusteren. Predix begint klanten van GE oplossingen te leveren. Irish Power is een van de eerste gebruikers van Predix. Het bedrijf

nam GE's toolsuite. voor prognoseanalyse, Reliability Excellence, in gebruik dat is gebaseerd op het Predix-platform.
Eerst verbeterde Irish Power aan de hand van operationele data-analyse de efficiëntie van zijn Whitegate-centrale, een energiecentrale met gecombineerde gascycli die 445 megawatt produceert op een kleine 40 kilometer ten oosten van de Ierse stad Cork. Irish Power is van plan een module voor procesoptimalisatie uit te rollen en zal het prestatievermogen van de centrale koppelen aan de realtime energiemarkt. Deze analyses helpen Irish Power en haar klanten manieren te vinden om productiekosten te verlagen, het vermogen van de centrale te begroten en de systeembetrouwbaarheid te verbeteren. Dankzij het toepassen van analyses op basis van het Predix-platform kan GE voor klanten als Irish Power onregelmatigheden opsporen of kosten helpen besparen door de behoefte aan preventief onderhoud te verminderen, dankzij de zichtbaarheid van de operationele data die GE nu kan leveren. Het Britse olie- en gasbedrijf BP plc monitorde al met eigen software de omstandigheden in haar oliebronnen. De directie van BP besloot echter om de softwaretak af te stoten en klant te worden bij GE. Tegen het einde van 2015 rustte BP 650 van haar duizenden oliebronnen uit met GE-sensoren die gekoppeld waren aan Predix. In elke bron werden twintig tot dertig sensoren aangebracht om druk en temperatuur te meten, die per vijftien seconden 500.000 datapunten naar de Predix-cloud stuurden. BP hoopt met de data de stromingen in en de levensduur per bron te kunnen voorspellen en uiteindelijk een organisatiebreed beeld van de prestatie van haar olievelden te krijgen.
GE benoemde pijplijnrisicomanagement als een grote uitdaging voor de olie- en gassector. Er is wereldwijd ruim 3 miljoen kilometer aan pijpleidingen voor olie en vloeibaar gas van het punt van winning naar raffinage, verwerking of de markt. Ongeveer 55 procent van het leidingennet in de Verenigde Staten is voor 1970 aangelegd. Lekkende leidingen komen niet vaak voor, maar als er lekkages optreden, veroorzaken die grote economische en milieuschade en reputatieschade voor pijplijnbeheerders en energiebedrijven. Pijplijnbeheerders willen maar al te graag weten waar de volgende breuk optreedt, maar het ontbrak hun meestal aan de data om de conditie van de pijpleidingen te meten. Beheerders waren niet in staat om meerdere databronnen op één plaats te integreren, zodat ze de risicogebieden in hun leidingennet zagen en begrepen. GE ontwikkelde een softwarepakket voor toegang tot, beheer en integratie van kritische data voor veilig pijplijnbeheer, waaronder een risicobeoordelingstool om ouder wordende infrastructuur te controleren. GE's risicobeoordelingsoplossing combineert interne en externe factoren (zoals overstromingen) voor een accurate, tot op de minuut actuele visuele weergave van waar in de pijpleiding risico's bestaan. Met deze risicobeoordelingstool kunnen pijplijnbeheerders zien hoe recente gebeurtenissen van invloed zijn op hun risico en realtime besluiten nemen over waar langs de pijpleiding er serviceploegen moeten worden ingezet. De visualisatie- en analysemogelijkheden van de tool werken op Predix. GE haalt ook data uit weersystemen en rapportagediensten over graafwerkzaamheden om een completer beeld van een leidingnetwerk te bieden. Weer heeft een aanzienlijke impact op risico voor pijpleidingen in gebieden die gevoelig zijn voor seismische activiteit, waterwegen en weggespoeld land. Het is erg moeilijk om handmatig langs duizenden kilometers pijpleiding weerpatronen te controleren op regen- of overstromingsgebieden en die data te integreren met andere complexe datasets over pijpleidingen. Maar door alle relevante data op één plaats samen te brengen, geeft GE pijplijnbeheerders gemakkelijker toegang tot informatie om hen te helpen gebieden met de grootste potentiële impact aan te pakken. GE verwacht dat klanten direct baat hebben bij integratie van al hun data. Maar ze wil dat ze er meer mee kunnen doen. Naast de mogelijkheid om alle huidige risico's te kunnen onderzoeken, zouden pijplijnbeheerders geholpen zijn met een 'stel dat'-berekeningstool om hypothetische scenario's te modelleren, zoals de impact beoordelen van het aanpassen van de bedrijfsdruk of stukken verroeste pijp aanpakken. GE kan hun de tools aanreiken voor een met kleur gecodeerd overzicht van hoe die handelingen de risico's voor pijpleidingen beïnvloeden.
Daarnaast wil GE verder gaan om haar klanten te helpen bij het beheren van de prestaties van hun GE-machines in hun bedrijfsvoering als geheel. Veel klanten gebruiken GE-apparatuur naast apparaten van concurrenten. De klant is bezig met het managen van het hele bedrijf, niet alleen turbines van GE, om een voorbeeld te noemen, en 80 procent van de apparatuur in het bedrijf is niet van GE. Als een olie- en gasklant bijvoorbeeld een probleem heeft met een turbocompressor, kan een vóór de turboprocessor geplaatste warmtewisselaar de oorzaak zijn van het probleem. Daarom willen klanten dat GE apparatuur analyseert die niet van GE is en hen zo helpt hun hele bedrijf draaiende te houden. GE is met sommige

klanten in discussie over het beheren van sensordata uit alle machines in hun bedrijf.

Als een klant een GE-apparaat aanschaft, zoals een gasturbine of een vliegtuigmotor, gaat GE vaak een tien- of vijftienjarig servicecontract met hen aan, zodat ze verbinding kan maken met dat apparaat en het kan monitoren, basisonderhoud en diagnostiek uit kan voeren en geplande reparaties kan uitvoeren. GE krijgt een bonus als ze de apparatuur op een bepaald minimumniveau houdt. Mogelijk is GE nu in staat om dergelijke resultaatgestuurde prijsstellingen ook op het onderhoud van niet-GE-apparaten toe te passen.

CEO Jeffrey Immelt wil dat GE rond 2020 een van de tien grootste softwarebedrijven is. Om dit te bereiken, moet GE enorm grote aantallen applicaties en op Predix gebaseerde analysetools verkopen. Hoewel weinig bedrijven over het kapitaal of de infrastructuur beschikken om een platform voor het integreren en analyseren van hun IoT-data te exploiteren, heeft GE te maken met concurrentie uit verschillende hoeken. Amazon, Google, IBM en Microsoft zijn allemaal Internet of Things-platforms aan het opzetten, en tientallen start-ups hebben soortgelijke ambities. De grootste vraag is of andere grote industriële bedrijven zich voor hun informatiebeheer tot GE zullen wenden of tot een ander cloud-platform. En als je een redelijk grote en geavanceerde fabrikant ben, sta je GE dan toe de data over je bedrijf te 'bezitten', of beheer en analyseer je die zelf?

Bronnen: Laura Winig, 'GE's Big Bet on Data and Analytics,' MIT Sloan Management Review, februari 2016; Devin Leonard en Rick Clough, 'How GE Exorcised the Ghost of Jack Welch to Become a 124-Year-Old Startup,' Bloomberg Businessweek, 21 maart 2016; www.ge.com, geraadpleegd op 19 mei 2016; Holly Lugassy,'GE Leverages Pivotal Cloud Foundry to Build Predix, First Cloud for Industry,' CloudFoundry.org, 11 mei 2016; Kurt Marko, 'AWS IoT Platform Connects Devices to Cloud Services,' techtarget.com, geraadpleegd op 24 mei 2016; Cliff Saran, 'GE Predictive Analytics Optimises Irish Power Electricity Production,' *Computer Weekly*, 13 juli 2015; Charles Babcock, 'GE Predix Cloud: Industrial Support for Machine Data,' *Information Week*, 6 augustus 2015; 'GE: IoT Makes Power Plants $50M More Valuable,' *Information Week*, 29 september 2015.

VRAGEN BIJ DE CASE

1. Hoe verandert GE haar bedrijfsstrategie en businessmodel? Welke rol speelt informatietechnologie in GE's bedrijfsvoering?
2. Op welke bedrijfsfuncties en welk niveau van besluitvorming richt GE zich?
3. Beschrijf drie soorten besluiten die met Predix kunnen worden ondersteund. Welke waarde heeft elk van deze besluiten voor het bedrijf? Licht je antwoord toe.
4. In hoeverre verandert GE in een softwarebedrijf? Licht je antwoord toe.
5. Denk je dat GE een van de tien grootste softwarebedrijven in de Verenigde Staten zal worden? Waarom, of waarom niet?

MYLAB

Ga naar de opdrachten in MyLab om deze schrijfoefeningen te maken.

1. Identificeer en beschrijf drie factoren die managers ervan weerhouden om goede beslissingen te nemen.
2. Geef drie voorbeelden van data die worden gebruikt in locatieanalyses en leg uit hoe elk ervan bedrijven kan helpen.

DEEL 4

INFORMATIESYSTEMEN BOUWEN EN BEHEREN

Deel 4 is gewijd aan het bouwen en managen van systemen in organisaties. In dit deel worden vragen beantwoord als: Welke activiteiten zijn er nodig voor het bouwen van een nieuw informatiesysteem? Wat zijn de verschillende methoden voor het bouwen van systeemoplossingen? Hoe moeten informatiesysteemprojecten worden gemanaged om ervoor te zorgen dat nieuwe systemen echte bedrijfsvoordelen bieden en succesvol functioneren binnen de organisatie? Welke kwesties moeten er bij het bouwen en managen van internationale systemen aan de orde komen?

13 BUSINESS PROCESS RE-ENGINEERING EN HET ONTWIKKELEN VAN INFORMATIESYSTEMEN

Na dit hoofdstuk ben je in staat om de volgende vragen te beantwoorden:

1. **Hoe brengt het bouwen van nieuwe systemen veranderingen in de organisatie teweeg?**
2. **Wat zijn de kernactiviteiten in het systeemontwikkelingsproces?**
3. **Wat zijn de belangrijkste methoden voor het modelleren en ontwerpen van systemen?**
4. **Welke mogelijke methoden voor het bouwen van informatiesystemen zijn er?**
5. **Wat zijn nieuwe manieren van aanpak voor systeembouw in het digitale-ondernemingstijdperk?**

OPENINGSCASE

Angostura bouwt een mobiel verkoopsysteem

House of Angostura (ook wel Angostura Limited genoemd), heeft zijn hoofdkantoor in Laventille (Trinidad). Het is een van de grootste rumproducenten in de Cariben en wereldmarktleider op het gebied van bitters die als ingrediënt in tal van cocktails worden gebruikt. Angostura heeft 330 fulltime werknemers en een jaaromzet van rond de 100 miljoen dollar.
Angostura verzorgt nog altijd de lokale distributie van zijn producten in Trinidad en Tobago, met een team van zestien vertegenwoordigers die onderweg bestellingen opnemen. Hoewel deze opzet in het verleden goed werkte, was het een uiterst handmatig, langdradig en tijdrovend proces dat soms tot fouten in de bestellingen leidde.
Elke dag moesten de zestien vertegenwoordigers de bestellingen op bestelformulieren schrijven en naar het kantoor rijden om de formulieren aan een klanten-

Foto: © TristanBM/Fotolia

servicemedewerker te overhandigen, die ze vervolgens invoerde in Angostura's SAP enterprise resource planning (ERP)-systeem. Doordat de formulieren met de hand waren geschreven, kon het gebeuren dat informatie verkeerd werd gelezen en ingevoerd, wat ertoe kon leiden dat de verkeerde artikelen naar een klant werden gestuurd. Verkeerde bestellingen werden vaak teruggestuurd, wat leidde tot extra administratieve rompslomp en hogere kosten. Angostura maakte ook gebruik van handmatige processen voor het melden en volgen van facturen en informatie over vorderingen, wat nog meer vertragingen en fouten tot gevolg kon hebben. Bovendien werkten de vertegenwoordigers met data over productbeschikbaarheid die achterhaald konden zijn. Als de vertegenwoordigers onderweg waren, konden ze niet weten of een bestelling ook echt kon worden uitgevoerd. Ze moesten naar Angostura's magazijn bellen om te weten te komen of een bestelling mogelijk was.

In 2012 besloot de directie van Angostura dat het verkoopproces gestroomlijnder en efficiënter moest worden ingericht, met behulp van mobiele technologie. Het bedrijf benoemde een aantal gedetailleerde informatievereisten voor het verbeterde verkoopproces en evalueerde gedurende ruim een jaar de mobiele systeemoplossingen van vijf leveranciers. Een belangrijke vereiste was dat de applicatie automatisch de beschikbaarheid van gekochte producten uit de totale voorraad van het bedrijf moest kunnen actualiseren en integreren met het SAP ERP-systeem van het bedrijf. Een andere vereiste was dat het mobiele systeem offline kon werken, zodat een vertegenwoordiger ook zonder internetverbinding een bestelling kon invoeren. Zodra er weer verbinding was, kon het mobiele apparaat de bestelling doorsturen naar het ERP-systeem. De directie koos voor de leverancier die het best in staat was om binnen het vastgestelde budget de mobiele applicatie volgens de specificaties van het bedrijf te ontwikkelen. In 2013 ging Angostura in zee met IDS Scheer en itCampus om een mobiele-verkoopoplossing te ontwikkelen voor de Apple iPad. De oplossing omvat onder meer een offline klantendatabase, productcatalogus, klantspecifieke prijzen, orderinvoer, besteloverzicht en integratie met bluetoothprinters. Het werd ontwikkeld met SAP NetWeaver Gateway-technologie om verschillende apparaten en platforms te verbinden met SAP-software. In juni van dat jaar was er een pilotapplicatie gereed om getest te worden, en de complete applicatie ging live in januari 2014.

Angostura's zestien vertegenwoordigers kregen ieder een iPad met behalve de verkoopapplicatie andere mobiele apps om het verkoopproces efficiënter te maken, bijvoorbeeld e-mail, Google Maps, en een video- en PDF-bestanduploader om de productlijn van Angostura te presenteren. De verkoopapplicatie integreert met het ERP-systeem van het bedrijf en biedt de vertegenwoordigers actuele informatie over de beschikbaarheid van producten in het magazijn. Met de mobiele verkoopapp van Angostura kan een bestelling, afhankelijk van de omvang, in minder dan 30 seconden worden ingevoerd, wat het bestelproces met de helft van de tijd verkort. Per vertegenwoordiger wordt 20 procent tijd bespaard, doordat zij nu bestellingen meteen kunnen doorsturen in plaats van te wachten tot ze weer op kantoor zijn. De hoeveelheid tijd die klantenservicemedewerkers bezig zouden zijn met gegevensinvoer is met 75 procent teruggebracht, wat tijd vrijmaakt voor nuttiger bezigheden. Geretourneerde bestellingen zijn met 30 procent teruggebracht.

Bronnen: Natalie Miller, 'Generations-Old Company with a Modern Twist on Sales,' *SAP Insider Profiles*, januari 2016; www.angostura.com, geraadpleegd op 10 februari 2016; IDS Scheer Consulting Group, 'Angostura's iPad-Based SAP Mobile Sales Solution,' 2014.

Angostura's ervaring toont enkele van de benodigde stappen voor het ontwerpen en bouwen van nieuwe informatiesystemen. Om een nieuw systeem voor mobiel bestellen te bouwen, is het nodig om eerst de problemen van de organisatie met de bestaande systemen te analyseren, de informatievereisten te beoordelen, passende technologie te selecteren en het ontwerp van bedrijfsprocessen en functies aan te passen. Het management moest toezicht houden op de bouw van het systeem en de kosten en baten beoordelen. De informatievereisten werden ingebouwd in het nieuwe systeemontwerp, wat een proces van geplande organisatorische verandering inhield. De case aan het begin van dit hoofdstuk vestigt de aandacht op belangrijke punten die in deze case en in dit hoofdstuk naar voren komen. Angostura's vermogen om bestellingen te verwerken werd belemmerd door verouderde en inefficiënte handmatige processen, die de kosten verhoogden, het werk vertraagden en het vermogen van het bedrijf om zijn klanten te bedienen, beperkten.

De oplossing behelsde een aanpassing van het bestelproces aan het gebruik van mobiele apparaten en software, zodat bestellingen op iPads konden worden ingevoerd en worden doorgestuurd

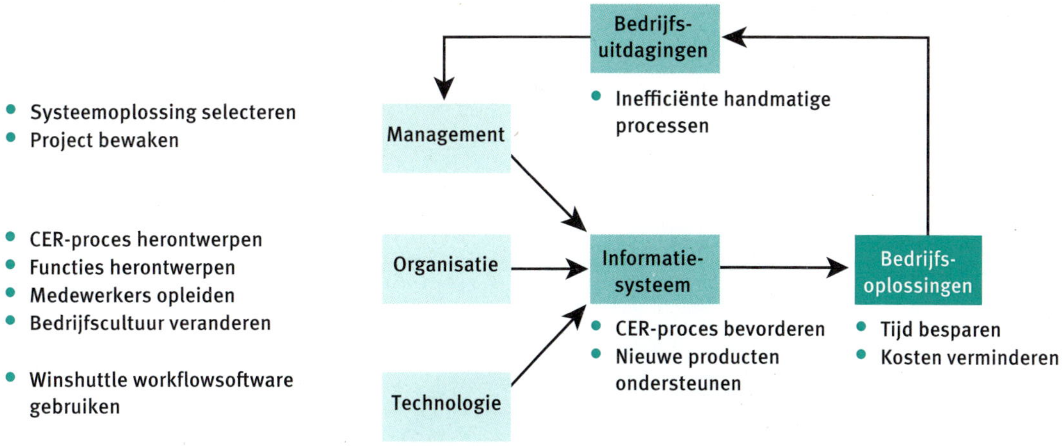

naar het ondersteunende ERP-systeem van het bedrijf. Angostura's informatievereisten werden in het systeemontwerp ingebouwd. De oplossing omhelsde niet alleen de toepassing van nieuwe technologie, maar ook veranderingen in de cultuur, bedrijfsprocessen en functies binnen de organisatie. Angostura's verkoopactiviteiten zijn veel efficiënter en kosteneffectiever geworden.
Denk na over de volgende vragen: *Hoe voldeed Angostura's mobiele verkoopapp aan de informatievereisten? Hoe effectief was Angostura's mobiele verkoopapp als oplossing? Waarom? Hoezeer veranderde het nieuwe systeem de bedrijfsvoering van Angostura?*

13.1 Systemen als geplande organisatieveranderingen

De bouw van een nieuw informatiesysteem leidt vaak tot organisatieveranderingen. Het vertrekpunt is dat er een nieuw businessproject wordt opgestart dat een nieuw informatiesysteem vereist. De introductie van een nieuw informatiesysteem omvat dan naast nieuwe hardware en software ook veranderingen in taken, vaardigheden, management en organisatie. Wanneer we een nieuw informatiesysteem ontwikkelen, veranderen we dus ook de organisatie. Bouwers van systemen moeten begrijpen hoe een systeem specifieke bedrijfsprocessen en de organisatie als geheel beïnvloedt.

13.1.1 Systeemontwikkeling en organisatieverandering

Informatietechnologie kan verschillende gradaties van organisatieverandering stimuleren, van een incrementele verandering tot een volledige transformatie. Figuur 13.1 geeft vier typen structurele organisatieveranderingen die mogelijk zijn met informatietechnologie: 1. automatisering, 2. rationalisering, 3. reorganisatie van bedrijfsprocessen en 4. modelverschuiving. Elke verandering gaat gepaard met andere opbrengsten en risico's.

De meest voorkomende vorm van een door informatietechnologie mogelijk gemaakte verandering is **automatisering**. De eerste toepassingen van informatietechnologie waren bedoeld om werknemers te helpen hun taken efficiënter uit te voeren. Berekeningen ten behoeve van loonstrookjes en de financiële administratie, directe toegang voor bankmedewerkers tot rekeninginformatie van klanten en de ontwikkeling van een reserveringsnetwerk voor vliegtickets, zijn vroege voorbeelden van automatisering.

Automatisering
De computer gebruiken om de prestaties van bestaande taken te versnellen.

Een meer diepgaande vorm van organisatieverandering – een vorm die voortkomt uit deze vroege automatisering – is **rationalisering van procedures**. Automatisering brengt vaak nieuwe knelpunten in de productie aan het licht en kan ertoe leiden dat de bestaande organisatie van procedures en structuren niet meer werkt. Rationalisering van procedures is het stroomlijnen van de standaardprocedures (*standard operating procedures*, SOP's), waarbij duidelijke knelpunten worden weggehaald zodat automatisering deze procedures efficiënter kan maken.

Rationalisering van procedures
Het stroomlijnen van de standaardprocedures, waarbij duidelijke knelpunten worden weggehaald, zodat automatisering deze procedures efficiënter kan maken.

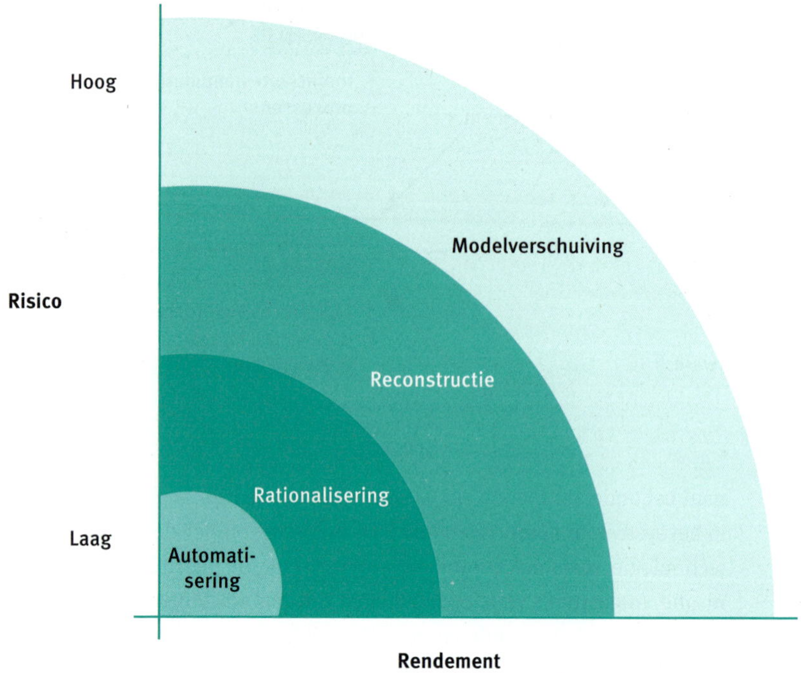

FIGUUR 13.1 *Organisatieveranderingen gaan gepaard met risico's en beloningen*

De meest voorkomende vormen van organisatieverandering zijn automatisering en rationalisering. Deze relatief langzame strategieën resulteren in een gemiddeld rendement en lage risico's. Snellere en uitgebreidere veranderingen – zoals reorganisatie van bedrijfsprocessen en modelverschuiving – gaan gepaard met grotere beloningen, maar er is wel een grotere kans op mislukking.

Angostura's nieuwe mobiele bestelsysteem is niet alleen effectief omdat het computertechnologie gebruikt, maar ook omdat het bedrijf de processen vereenvoudigde. Er hoeven nu minder taken handmatig te worden uitgevoerd.

Rationalisatie van procedures komt veel voor in programma's bedoeld om de kwaliteit van producten, diensten en taken te verbeteren, in de vorm van *total quality management* (TQM) en *six sigma*. **Total quality management (TQM)** maakt het bereiken van een bepaalde kwaliteit een doel op zich en de verantwoordelijkheid van iedereen die binnen een organisatie werkt. TQM is afgeleid van concepten ontwikkeld door Amerikaanse kwaliteitsdeskundigen, zoals W. Edwards Deming en Joseph Juran, maar werd populair gemaakt door Japanse bedrijven. **Six sigma** is een specifieke methode om kwaliteit te meten, die streeft naar het minimaliseren van defecten. De meeste bedrijven halen dit niet, maar gebruiken six sigma wel als target, waarbij het de basis vormt van een kwaliteitsverbeteringsprogramma.

Total Quality Management (TQM)
Een concept dat alle mensen in een organisatie de verantwoordelijkheid geeft over de kwaliteitscontrole.

Six sigma
Methode voor kwaliteitsmeting en het stellen van kwaliteitsdoelen. Een specifieke kwaliteitsmaatstaf van 3,4 fouten per miljoen kansen, gebruikt om een set methodologieën toe te wijzen voor het verbeteren van kwaliteit en het terugbrengen van kosten.

Een krachtiger organisatieverandering is **business process re-engineering (BPR)**, waarbij bedrijfsprocessen worden geanalyseerd, vereenvoudigd en opnieuw ontworpen. Organisaties kunnen dankzij informatietechnologie hun bedrijfsprocessen zo herzien en stroomlijnen dat ze sneller worden en de dienstverlening en kwaliteit worden verbeterd. Bij business process re-engineering worden workflows gereorganiseerd en worden stappen gecombineerd om dubbele en zich herhalende papieren taken te elimineren (soms gaan hierbij ook arbeidsplaatsen verloren). Het is veel ambitieuzer dan de rationalisering van procedures en vereist een nieuwe visie op hoe processen moeten worden georganiseerd.

Business process re-engineering (BPR)
Radicale reorganisatie van de bedrijfsprocessen, waarbij workflows worden gereconstrueerd, stappen worden gecombineerd om dubbele en herhalende, papieren taken te elimineren om de bedrijfsprocessen sneller te maken, de dienstverlening en kwaliteit te verbeteren en de voordelen van informatietechnologie te maximaliseren.

Een vaak geciteerd voorbeeld van business process re-engineering is de factuurloze verwerking bij Ford Motor Company. Bij Ford in Noord-Amerika werkten in totaal meer dan vijfhonderd mensen op de factuuradministratie. Deze medewerkers besteedden hun tijd voornamelijk aan het uitzoeken van fouten en verschillen tussen bestellingen, documenten en facturen. Ford reorganiseerde het factureringsproces en implementeerde een systeem waarbij de inkoopafdeling een bestelling kon invoeren in een online database die kon worden gecontroleerd door het magazijn wanneer de bestelde artikelen binnenkwamen. Wanneer de ontvangen goederen overeenkwamen met de bestelling, genereerde het systeem automatisch een cheque voor de factuuradministratie die naar de leverancier werd gestuurd. De leverancier hoefde dus geen factuur meer te sturen. Na de reorganisatie kon Ford het aantal werknemers met 75 procent verminderen en betere financiële informatie genereren.

Nieuwe informatiesystemen kunnen de structuur van de gehele organisatie beïnvloeden, omdat ze de manier waarop de organisatie zakendoet of zelfs de aard van de organisatie zelf kunnen transformeren. Zo maakte Schneider National, de grootste wegvervoerder in Noord-Amerika, gebruik van nieuwe informatiesystemen om het ondernemingsmodel te transformeren. Schneider ontwikkelde op deze manier een nieuwe onderneming die de logistiek voor andere organisaties kon plannen. De website van Schneider Brokerage stelt vervoerders in staat een van de duizenden erkende vervoerders in de Verenigde Staten, Canada en Mexico te selecteren.

Modelverschuiving
Radicale herziening van de aard van de onderneming en de aard van de organisatie.

Deze radicalere vorm van verandering heet een **modelverschuiving**. Bij een modelverschuiving moeten de aard van de onderneming en de aard van de organisatie worden herzien. Modelverschuivingen en reconstructies mislukken vaak omdat een dergelijke intensieve organisatieverandering te veel voeten in de aarde heeft. Waarom proberen zoveel organisaties dan toch om een dergelijke radicale verandering door te voeren? Omdat de opbrengsten enorm kunnen zijn (zie figuur 13.1). In veel gevallen behalen organisaties die een modelverschuiving of reconstructie nastreven een uitzonderlijk goed en soms zelf exponentieel toegenomen rendement (op de investering of de productiviteit). Een aantal van deze succesverhalen, en ook een aantal mislukkingen, zijn in dit boek opgenomen.

13.1.2 Business process re-engineering (BPR)

Net als Angostura uit de case aan het begin van dit hoofdstuk proberen veel bedrijven tegenwoordig hun bedrijfsprocessen te verbeteren met behulp van informatietechnologie. Sommige IT-systemen omvatten stapsgewijze procesveranderingen, maar in sommige gevallen is een veel ingrijpendere reorganisatie van bedrijfsprocessen noodzakelijk. Om met deze uitdagingen om te kunnen gaan maken organisaties gebruik van business process management. **Business process management (BPM)** biedt diverse tools en methoden om bestaande processen te analyseren, nieuwe processen te ontwerpen en deze te optimaliseren. BPM is nooit 'klaar', omdat processen altijd beter kunnen. Bedrijven die business process management toepassen, doorlopen de volgende stappen:

Business process management (BPM)
Een bedrijfsaanpak gericht op het voortdurend verbeteren en managen van bedrijfsprocessen.

1. *Identificeer processen die moeten worden veranderd.* Een van de belangrijkste strategische beslissingen die een bedrijf kan nemen, is niet hoe informatietechnologie kan worden toegepast om bedrijfsprocessen te verbeteren, maar bepalen welke bedrijfsprocessen er moeten worden verbeterd. Als systemen worden gebruikt om het verkeerde bedrijfsmodel of -proces te versterken, wordt het bedrijf efficiënter in iets wat het eigenlijk niet moet doen. Dit maakt het bedrijf kwetsbaar, zeker als concurrenten al wel het juiste bedrijfsmodel hebben geïdentificeerd. Er kan ook veel tijd en geld worden besteed aan het verbeteren van bedrijfsprocessen die maar weinig impact hebben op de algehele bedrijfsresultaten en omzet. Managers moeten bepalen welke bedrijfsprocessen het belangrijkst zijn en hoe ze deze kunnen ondersteunen en versterken.
2. *Analyseer de bestaande processen.* De bestaande bedrijfsprocessen moeten in kaart worden gebracht, waarbij moet worden aangegeven wat de input en output, gebruikte middelen en volgorde van activiteiten zijn. Het team dat processen ontwerpt, kan redundante stappen, tijd- en arbeidsintensieve taken, knelpunten en andere inefficiënties identificeren. Figuur 13.2 laat het as-is-proces zien van het kopen van een boek in een gewone boekhandel. Eerst loopt een klant de boekhandel binnen op zoek naar een boek. Als hij of zij het boek vindt, gaat hij/zij naar de kassa om ervoor te betalen met contant geld, pin of creditcard. Als de klant het boek niet kan vinden, moet hij/zij iemand vragen om in de winkel of in het voorraadsysteem te controleren of het boek er is. Als de medewerker het boek vindt, koopt de klant het boek en vertrekt hij of zij weer. Is het boek niet in deze winkel op voorraad, vraagt de medewerker of

het boek moet worden besteld, ofwel bij het eigen magazijn of bij de distributeur of uitgever. Zodra de bestelde boeken binnenkomen, neemt een werknemer van de boekhandel contact op met de klant om dit door te geven. De klant moet dan weer naar de winkel om het boek op te halen en ervoor te betalen. Als de winkel het boek niet kan bestellen, moet de klant het in een andere boekhandel zoeken. Je ziet dat dit proces uit veel stappen bestaat en dat de klant soms meerdere keren naar de winkel moet.

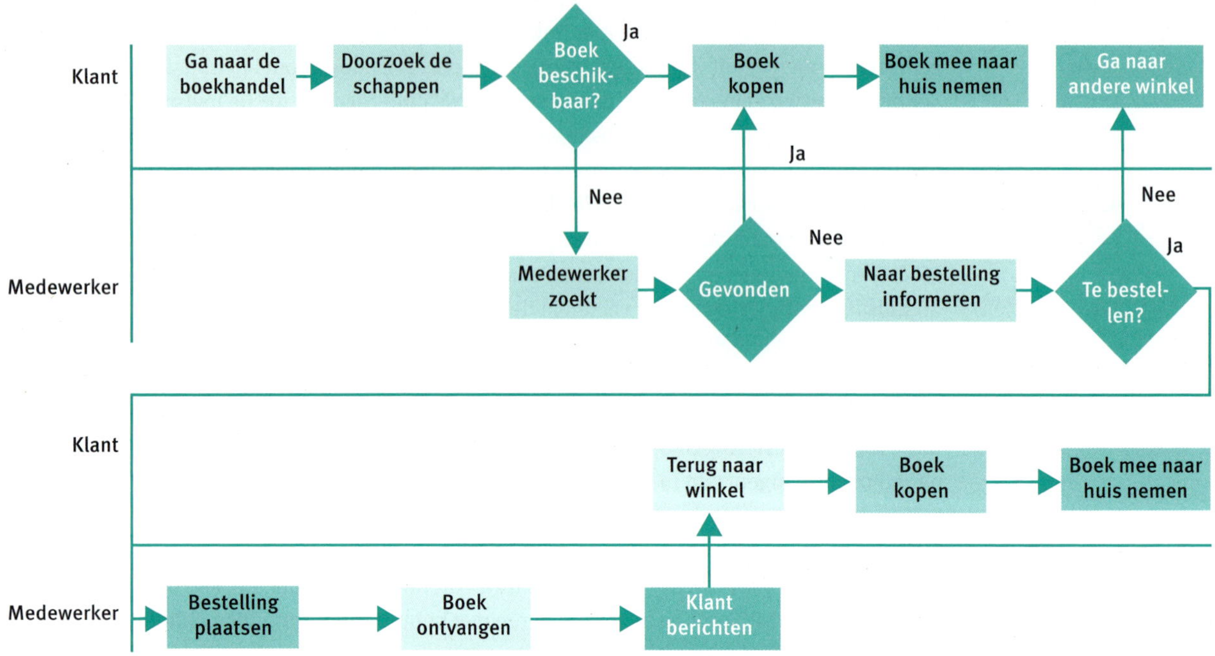

FIGUUR 13.2 *As-is-bedrijfsproces voor het kopen van een boek bij een fysieke boekwinkel*
Voor het kopen van een boek bij een fysieke boekwinkel moeten zowel de verkoper als de klant veel stappen uitvoeren.

3. Ontwerp het nieuwe proces. Zodra het bestaande proces in kaart is gebracht en de tijd en kosten ervoor zijn bepaald, kan het team proberen een verbeterd, nieuw proces te ontwikkelen. Dit gestroomlijnde aspirantproces wordt dan gedocumenteerd en uitgewerkt, en vergeleken met het oude. Figuur 13.3 laat zien hoe de boekaankoop kan worden verbeterd met behulp van internet. De klant bezoekt de online boekhandel op zijn of haar eigen computer en doorzoekt de catalogus naar het gewenste boek. Als het boek op voorraad is, bestelt de klant het boek online, voert creditcard- of bankgegevens en een afleveradres in, en daarna wordt het boek naar de klant opgestuurd. Als de online boekhandel het boek niet heeft, gaat de klant naar een andere online boekhandel en zoekt hij of zij daar naar het boek. Dit proces bestaat uit veel minder stappen dan de aankoop van een boek in een normale winkel, kost de klant minder moeite en vereist minder personeel. Het nieuwe proces is dus efficiënter en sneller.
Het nieuwe ontwerp moet worden gerechtvaardigd door te berekenen hoeveel tijd en geld het bespaart of hoe het meer service en waarde toevoegt voor de klant. Het management meet eerst de tijd en kosten van het bestaande proces. In ons voorbeeld zou het kopen van een boek in een gewone boekhandel tussen, zeg, een kwartier (als de klant direct vindt wat hij of zij zoekt) tot een halfuur kunnen duren (als het boek wel op voorraad is, maar eerst moet worden opgezocht door een medewerker). Moet een boek worden besteld, dan kan het proces enkele dagen tot een week duren, plus nog een bezoek aan de boekhandel. Woont de klant ver bij de winkel uit de buurt, dan moet ook de reistijd mee worden gerekend. De boekhandel is geld kwijt voor het winkelpand zelf en de voorraad, voor het personeel en voor de verzendkosten om een boek van een andere locatie te laten komen.
Het nieuwe online proces kost misschien maar een paar minuten, hoewel de klant wel een of een paar dagen moet wachten tot het boek wordt bezorgd, en ook verzendkosten moet betalen.

Het bespaart de klant echter wel tijd en geld, omdat hij/zij niet zelf naar de winkel hoeft om het boek te kopen en niet nog een tweede keer hoeft terug te komen om het op te halen. De kosten voor de winkelier liggen ook lager, omdat ze niet voor een fysieke winkel of lokale voorraad hoeven te betalen.

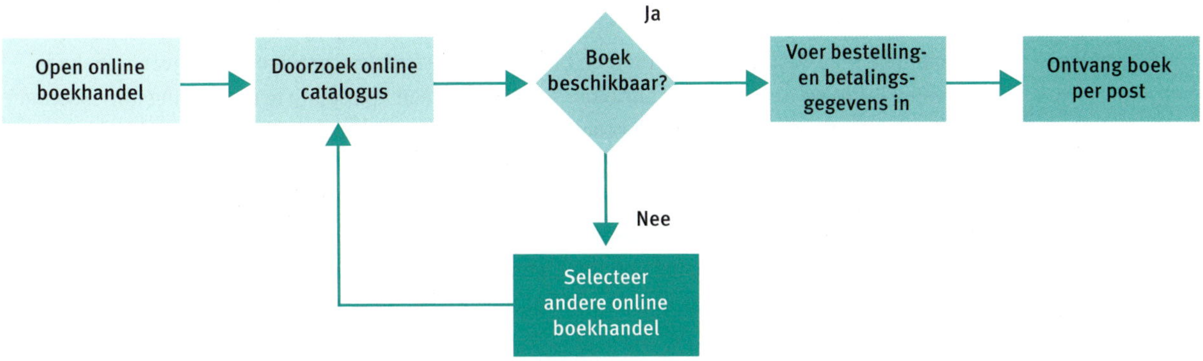

FIGUUR 13.3 *Herontworpen proces voor een online boekaankoop*

Met internettechnologie is het mogelijk het aankoopproces voor een boek zodanig te herontwerpen dat er minder stappen nodig zijn en minder middelen worden verbruikt.

4. *Implementeer het nieuwe proces.* Zodra het nieuwe proces is uitgewerkt en geanalyseerd, moet het worden vertaald in een nieuwe set procedures en werkregels. Nieuwe informatiesystemen of verbeteringen in bestaande systemen moeten worden geïmplementeerd om het nieuwe proces te ondersteunen. Het nieuwe proces en de ondersteunende systemen worden uitgerold in de organisatie. Wanneer het proces wordt gebruikt, komen er vaak problemen aan de oppervlakte, die moeten worden opgelost. Werknemers kunnen nog verbeteringen aandragen.
5. *Continu blijven meten.* Zodra een proces is geïmplementeerd en geoptimaliseerd, moet er continu worden gemeten. Waarom? Met de tijd neemt de effectiviteit van processen af, omdat werknemers weer terugvallen op oude methoden of omdat zich veranderingen voordoen binnen de organisatie. Hoewel veel bedrijven verbeteringen stapsgewijs en doorlopend doorvoeren, zijn er situaties waarin een meer radicale aanpak nodig is. Ons voorbeeld van de boekhandel die van een fysieke winkel overstapt naar een online winkel is een voorbeeld van een radicale, ingrijpende verandering. Als het goed wordt geïmplementeerd, kan een nieuw bedrijfsproces een enorme winst in productiviteit en efficiëntie opleveren, en zelfs de bedrijfsvoering veranderen. In sommige gevallen resulteert het in een 'paradigmaverschuiving' die de aard van het bedrijf zelf verandert. Dit gebeurde in de boekenwereld, toen Amazon de traditionele boekhandels op scherp zette met zijn online model. Amazon voerde de druk op boekwinkels fors op toen het zijn Kindle e-reader lanceerde. In 2015 downloadden 84 miljoen mensen e-boeken en genereerden meer dan 4 miljard dollar omzet, ongeveer een kwart van de totale boekenmarkt. Door radicaal anders te gaan denken over hoe boeken kunnen worden gepubliceerd, gekocht en verkocht, hebben Amazon en andere online boekhandels enorme efficiëntieverbeteringen en kostenbesparingen gerealiseerd, en doen ze op een heel andere manier zaken.
BPM levert ook uitdagingen op. Managers geven aan dat de organisatiecultuur het grootste struikelblok is bij een succesvolle verandering van bedrijfsprocessen. Werknemers houden niet van onbekende routines en verzetten zich vaak tegen veranderingen. Dit geldt zeker voor projecten met ambitieuze en ingrijpende organisatorische veranderingen. Het managen van een verandering is niet eenvoudig en ook niet intuïtief, en bedrijven die een ingrijpende procesverbetering willen doorvoeren, moeten zeker aandacht besteden aan de veranderingsstrategie.

Tools voor business process management

Er zijn meer dan honderd softwareleveranciers die tools aanbieden voor diverse aspecten van BPM, waaronder IBM en Oracle. Deze tools helpen bedrijven bij het identificeren en documenteren van de processen die moeten worden verbeterd, het ontwikkelen van modellen voor de verbeterde processen, het vastleggen en implementeren van bedrijfsregels voor de nieuwe processen en het integreren van bestaande systemen om nieuwe of vernieuwde processen te ondersteunen. Met BPM-tools kunnen ook analyses worden uitgevoerd om te verifiëren dat de prestaties inderdaad zijn verbeterd en om de impact van de veranderingen op de KPI's te meten.

Sommige BPM-tools documenteren en controleren bedrijfsprocessen om bedrijven te helpen inefficiënties op te sporen en gebruiken software om een koppeling te maken met alle systemen die een bedrijf voor een specifiek proces gebruikt om pijnpunten te identificeren. Een andere categorie tools automatiseert delen van een bedrijfsproces en legt specifieke regels op zodat werknemers dat proces consistenter en efficiënter gaan uitvoeren.

American National Insurance Company (ANCO), dat levens-, ziektekosten- en woonverzekeringen en investeringsdiensten aanbiedt, gebruikt BPM-workflowsoftware van Pega om de klantenserviceprocessen binnen de vier bedrijfsgroepen te stroomlijnen. De software bevat regels die medewerkers op één scherm informatie uit diverse systemen laat zien. Door te voorkomen dat werknemers diverse toepassingen tegelijk moet openen om vragen van klanten en agenten te beantwoorden, is de capaciteit van de klantenservice met 192 procent gestegen.

Een derde categorie tools helpt bedrijven bij het integreren van hun systemen om procesverbeteringen te ondersteunen. Ze beheren automatisch de processen in de organisatie, halen gegevens uit verschillende bronnen en databases en genereren transacties in meerdere gerelateerde systemen.

13.2 Overzicht van systeemontwikkeling

Nieuwe informatiesystemen zijn altijd het resultaat van een probleemoplossingsproces binnen een organisatie. Een nieuw informatiesysteem wordt gebouwd als oplossing voor bepaalde typen problemen of een groep problemen waarmee de onderneming zich geconfronteerd ziet. Een probleem kan bijvoorbeeld zijn dat managers en werknemers zich realiseren dat de organisatie niet zo goed presteert als verwacht, of dat de organisatie nieuwe mogelijkheden moet benutten om succesvoller te kunnen worden. De ontwikkeling van nieuwe informatiesystemen gebeurt vaak in de context van BPR/BPM-projecten die het doel hebben om de bestaande businessprocessen te verbeteren en zelfs volledig te herontwerpen.

De activiteiten die meespelen bij het maken van een oplossing voor een organisatorisch probleem of voor het benutten van een mogelijkheid in de vorm van een informatiesysteem, noemen we **systeemontwikkeling**. Systeemontwikkeling is een gestructureerde manier van problemen oplossen waarbij specifieke activiteiten worden uitgevoerd. Deze activiteiten zijn systeemanalyse, systeemontwerp, programmeren, testen, conversie en productie en onderhoud.

Systeemontwikkeling
De activiteiten die samen een oplossing voor een organisatorisch probleem of voor het benutten van een mogelijkheid produceren in de vorm van een informatiesysteem.

Figuur 13.4 toont het systeemontwikkelingsproces. De activiteiten die hier worden weergegeven, vinden meestal sequentieel plaats. Sommige activiteiten moeten soms worden herhaald en soms vinden verschillende activiteiten tegelijkertijd plaats; dit is afhankelijk van de benadering die bij het bouwen van het systeem wordt toegepast (zie paragraaf 13.3). Hier dient te worden opgemerkt dat informatiesystemen (zowel intern als extern) door IT-leveranciers kunnen worden geleverd. De aanschaf van een systeem bij derden wordt later in dit hoofdstuk behandeld.

13.2.1 Systeemanalyse

Systeemanalyse
De analyse van een probleem dat de organisatie met een informatiesysteem wil oplossen.

Systeemanalyse is de analyse van het probleem dat de organisatie met een informatiesysteem wil oplossen. Het bestaat uit het definiëren van het probleem, het benoemen van de oorzaken van het probleem, het specificeren van de oplossing en het aangeven van de informatie-eisen waaraan een systeemoplossing moet voldoen.

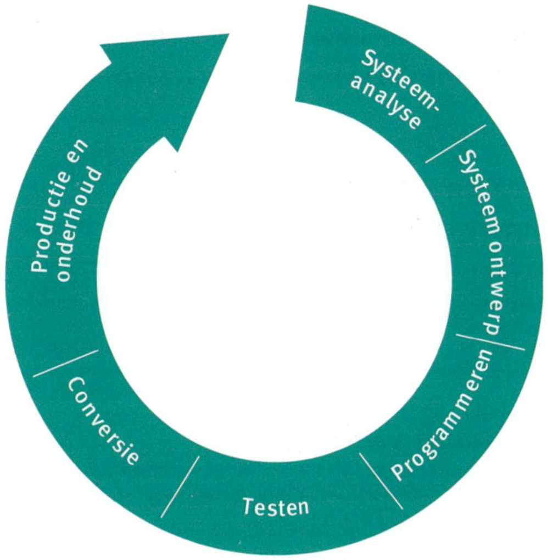

FIGUUR 13.4 *Het bouwen van een systeem kan in zes kernactiviteiten worden opgedeeld*

De systeemanalist maakt een beschrijving van de organisatie en bestaande systemen, en identificeert de belangrijkste eigenaars en gebruikers van de gegevens. Deze deelnemers hebben een direct belang in de informatie en de veranderingen die dit nieuwe systeem zal veroorzaken. Naast de organisatorische aspecten beschrijft de analist ook kort de bestaande hardware en software binnen de organisatie.

Na de organisatorische analyse beschrijft de systeemanalist de problemen die er zijn met de bestaande systemen. De analist kan de probleemgebieden en doelen die opgelost zouden kunnen worden vinden door documenten, werkopdrachten en procedures te lezen, de werking van het systeem te bekijken en belangrijke gebruikers van het systeem te interviewen. Vaak vereist de oplossing dat er een geheel nieuw informatiesysteem wordt gebouwd, of dat een bestaand systeem wordt aangepast en verbeterd.

Haalbaarheidsstudie
Als onderdeel van het systeemanalyseproces: de manier om te bepalen wanneer een oplossing, binnen de middelen en beperkingen van de organisatie, realiseerbaar is.

De systeemanalyse omvat ook een **haalbaarheidsstudie** om te bepalen of de oplossing reëel is vanuit een financieel, technisch en organisatorisch oogpunt. De haalbaarheidsstudie bepaalt of het voorgestelde systeem een goede investering is, of de voor het systeem benodigde technologie verkrijgbaar is en door de IT-specialisten in de onderneming kan worden onderhouden, en of de organisatie de veranderingen die het systeem zal veroorzaken kan verwerken.

Gewoonlijk identificeert de systeemanalyse verschillende alternatieve oplossingen waaruit de organisatie kan kiezen. Het proces analyseert daarna de haalbaarheid van elk alternatief. In een rapport worden de kosten en baten, en de voor- en nadelen van elk alternatief beschreven. Het management bepaalt welke mix van kosten, baten, technische eigenschappen en organisatorische gevolgen het meest wenselijke alternatief is.

Informatie-eisen vaststellen

Informatie-eisen
Een gedetailleerde beschrijving van de informatiebehoeften waaraan een nieuw systeem moet voldoen; achterhaalt wie welke informatie wanneer, waar en hoe nodig heeft.

De grootste uitdaging voor de systeemanalist is het definiëren van de specifieke informatie-eisen waaraan de systeemoplossing moet voldoen. Eenvoudig gezegd geven de **informatie-eisen** van een nieuw systeem aan wie welke informatie waar, wanneer en hoe nodig heeft. De analyse van deze eisen definieert de doelen van het nieuwe of aangepaste systeem en ontwikkelt een gedetailleerde omschrijving van de functies die het nieuwe systeem moet kunnen uitvoeren. Een slechte analyse van de informatie-eisen is de meest voorkomende oorzaak van niet-werkende systemen en hoge ontwikkelingskosten. Een systeem dat is opgezet rond verkeerde informatie-eisen moet worden vervangen of worden aangepast. Paragraaf 13.3 beschrijft alternatieve benaderingen voor het opstellen van informatie-eisen die dit probleem verkleinen.

Sommige problemen vereisen geen oplossing in de vorm van een informatiesysteem, maar vragen om een verandering in managementstijl, extra training of verfijning van de bestaande procedures. Als het een informatieprobleem is, is er nog steeds een systeemanalyse nodig om het probleem te diagnosticeren en een juiste oplossing te vinden.

13.2.2 Systeemontwerp

Systeemontwerp Gegevens over hoe een systeem zal voldoen aan de informatie-eisen die door de systeemanalyse zijn aangegeven.

Systeemanalisten beschrijven wat een systeem moet doen om te voldoen aan de informatie-eisen en het **systeemontwerp** laat zien hoe het systeem dit zal doen. Het ontwerp van een informatiesysteem is het algemene plan of model van het systeem. Net als een blauwdruk voor een gebouw bestaat het uit de specificaties die het systeem vorm en structuur geven.

TABEL 13.1 *Ontwerpspecificaties*

Output Medium Inhoud Timing	**Controlemaatregelen** Inputcontrole (tekens, limiet, redelijkheid) Verwerkingscontrole (consistentie, telling van records) Outputcontrole (totalen, voorbeelden van output) Procedurele controle (wachtwoorden, speciale formulieren)
Input Bron Stroom Gegevensinput	**Beveiliging** Toegangscontrole Rampenplannen Accountantsonderzoek
Gebruikersinterface Eenvoud Efficiëntie Logica Feedback Fouten	**Documentatie** Functioneringsdocumentatie Systeemdocumentatie Gebruikersdocumentatie
Databaseontwerp Logische relaties tussen gegevens Vereisten voor hoeveelheid en snelheid Organisatie en ontwerp van bestanden Specificaties records	**Conversie** Bestandsoverdracht Nieuwe procedures opstellen Selectie testmethoden Overstap naar nieuwe systeem Dataconversieregels Testmethode Conversiestrategie
Verwerking Berekeningen Programmamodules Rapportage Timing van de output	**Training** Selectie trainingstechnieken Ontwikkeling trainingsmodules Identificatie trainingsfaciliteiten
Handmatige procedures Welke activiteiten? Wie voert ze uit? Wanneer? Hoe? Waar?	**Organisatorische veranderingen** Andere taken Nieuwe banen Nieuwe processen Nieuwe structuur kantoor en organisatie Rapportage relaties

De systeemontwerper geeft een gedetailleerde omschrijving van de systeemspecificaties waardoor de functies die tijdens de systeemanalyse zijn geïdentificeerd kunnen worden uitgevoerd. Deze specificaties kijken naar alle management-, organisatorische en technologische onderdelen van de systeemoplossing. Tabel 13.1 geeft de typen specificaties die tijdens het systeemontwerp worden geproduceerd.

Net als bij het bouwen van huizen of gebouwen zijn er veel mogelijke ontwerpen. Elk ontwerp vertegenwoordigt een unieke mix van technische en organisatorische elementen. Wat het ene ontwerp beter maakt dan het andere, is het gemak en de efficiëntie waarmee dit ontwerp voldoet aan de eisen van de gebruiker, rekening houdend met een specifieke set technische, organisatorische, financiële en tijdgebonden eisen.

De rol van de eindgebruiker

De informatie-eisen van de gebruiker liggen aan de basis van de bouw van een nieuw systeem. Gebruikers moeten genoeg controle kunnen uitoefenen over het ontwerpproces om ervoor te zorgen dat het systeem tegemoetkomt aan hun prioriteiten en informatiebehoeften, ook als dit niet overeenkomst met wat de technische medewerkers belangrijk vinden. Door mee te werken aan het ontwerp leren gebruikers het systeem beter begrijpen en accepteren, waardoor er later minder problemen zullen zijn als gevolg van machtsoverdracht, groepsconflicten en onbekendheid met de functies en procedures van het nieuwe systeem. Zoals we in hoofdstuk 14 zullen beschrijven, is het gebrek aan betrokkenheid van gebruikers in het ontwerpproces een belangrijke oorzaak van het mislukken van een systeem. Sommige typen systemen vereisen echter meer betrokkenheid van gebruikers dan andere. In paragraaf 13.3 wordt ingegaan op hoe alternatieve ontwikkelingsmethoden dit vraagstuk benaderen.

13.2.3 Overige fasen in het systeemontwikkelingsproces

De overige stappen in het ontwikkelingsproces vertalen de specificaties voor de oplossing die tijdens de systeemanalyse en het ontwerp zijn opgesteld in een volledig functionerend informatiesysteem. Deze laatste stappen bestaan uit **programmeren**, testen, conversie, productie en onderhoud.

Programmeren
Fase in de levenscyclus van een systeem waarin de ontwerpspecificaties die tijdens de ontwerpfase zijn geproduceerd, worden vertaald in programmacode voor software.

Programmeerfase
Het proces van het vertalen van de systeemspecificaties die tijdens de ontwerpfase zijn opgesteld in programmacode.

Programmeren

Tijdens de **programmeerfase** worden de systeemspecificaties die tijdens de ontwerpfase zijn opgesteld, vertaald in de programmacode voor de software. Tegenwoordig zijn er maar weinig organisaties die nog zelf het programmeerwerk voor hun nieuwe systemen uitvoeren. In plaats daarvan kopen ze de software die aan de vereisten voor een nieuw systeem voldoet elders in, zoals softwarepakketten van commerciële softwareleveranciers, softwarediensten van een serviceprovider, of software die op maat wordt ontwikkeld door outsourcingbedrijven (zie paragraaf 13.4).

Testen
Uitvoerig en zorgvuldig proces dat bepaalt of het systeem de gewenste resultaten produceert onder bekende condities.

Testen

Uitvoerig en zorgvuldig **testen** is nodig om ervoor te zorgen dat het systeem de juiste resultaten produceert. Testen geeft antwoorden op vragen als: 'Zal het systeem de gewenste resultaten produceren onder bekende condities?'
Zoals in hoofdstuk 4 al te lezen was, maakt een aantal bedrijven hiervoor gebruik van clouddiensten.
De hoeveelheid tijd die nodig is om deze vraag te beantwoorden wordt vaak onderschat bij de planning van systeemprojecten (zie hoofdstuk 14). Testen is erg tijdrovend: testgegevens moeten zorgvuldig worden voorbereid, resultaten moeten worden onderzocht en er moeten correcties worden aangebracht in het systeem. Soms moeten delen van het systeem opnieuw worden ontworpen. De risico's zijn enorm groot wanneer deze stap niet zorgvuldig wordt uitgevoerd.
Het testen van een informatiesysteem kan worden opgedeeld in drie soorten activiteiten: het testen van onderdelen, het testen van het systeem als geheel en de acceptatietesten.

Testen van onderdelen
Het proces waarbij elk programma in het systeem apart wordt getest. Soms wordt dit ook wel het testen van programma's genoemd.

Het **testen van onderdelen**, ofwel programmatesten, bestaat uit het apart testen van elk programma in het systeem. Vaak wordt ervan uitgegaan dat het doel van deze tests is te garanderen dat er geen fouten in de programma's zitten, maar realistisch gezien is dat een onmogelijke doelstelling. Deze tests moeten daarom worden gezien als een manier om zo veel mogelijk fouten in programma's te lokaliseren en om te zoeken naar alle mogelijke manieren die programma's laten crashen. Zodra er fouten zijn gevonden, kunnen ze worden gecorrigeerd.

Systeemtest
Test het functioneren van het informatiesysteem als geheel om te bepalen of de verschillende modules samenwerken zoals was voorzien.

Systeemtests testen het functioneren van het informatiesysteem als geheel. Deze tests proberen te bepalen of de verschillende programmamodules samenwerken zoals voorzien en of er verschillen zijn tussen de manier waarop het systeem werkt en de manier waarop het systeem zou moeten werken. In deze fase worden de responstijd, de capaciteit voor het opslaan van bestanden en het verwerken van grote hoeveelheden gegevens, herstel- en herstartmogelijkheden en handmatige procedures getest.

Acceptatietest
Levert de uiteindelijke goedkeuring door gebruikers en management dat het systeem klaar is om in een productieomgeving te worden gebruikt.

Acceptatietests geven de uiteindelijke bevestiging dat het systeem klaar is om in een productieomgeving te worden gebruikt. De systeemtests worden door de gebruikers geëvalueerd en door het management gecontroleerd. Wanneer alle partijen het erover eens zijn dat het nieuwe systeem voldoet aan alle standaarden, wordt het systeem formeel goedgekeurd om te worden geïnstalleerd.

Testplan
Voorbereid door het ontwikkelingsteam in samenwerking met gebruikers; bevat alle voorbereidingen voor de reeks tests die op het systeem worden uitgevoerd.

Het systeemontwikkelingsteam werkt samen met de gebruikers aan een systematisch testplan. Dit **testplan** bevat alle voorbereidingen voor de reeks tests die hierboven zijn beschreven.

Figuur 13.5 geeft een voorbeeld van een testplan. De algemene conditie die wordt getest, is het wijzigen van een record. De documentatie bestaat uit een reeks weergaven van het testplan die in een database (misschien een pc-database) worden opgeslagen en is zeer geschikt voor dit type toepassingen.

Conversie

Conversie
Het proces van het overstappen van het oude op het nieuwe systeem.

Parallelle strategie
Een veilige en conservatieve conversiebenadering waarbij zowel het oude als het mogelijke vervangende systeem naast elkaar worden gebruikt, totdat iedereen er zeker van is het dat nieuwe systeem goed functioneert.

Directe overstap
Riskante conversiebenadering waarbij het nieuwe systeem het oude op de geplande datum volledig vervangt.

Conversie is het proces van het overstappen van het oude op het nieuwe systeem. Er kunnen vier mogelijke conversiestrategieën worden toegepast: de parallelle strategie, de directe-overstapstrategie, de pilot-studystrategie en de gefaseerde-benaderingsstrategie.

Bij de **parallelle strategie** worden zowel het oude als het vervangende systeem tijdelijk naast elkaar gebruikt, totdat iedereen er zeker van is dat het nieuwe systeem goed functioneert. Dit is de veiligste conversiebenadering, omdat het oude systeem in het geval van fouten als back-up kan worden gebruikt. Deze benadering is echter erg duur en er zijn vaak extra personeelsleden of middelen nodig om het extra systeem te laten draaien.

Bij de **directe overstap** wordt het oude systeem op de geplande datum helemaal door het nieuwe systeem vervangen. Op het eerste gezicht lijkt deze strategie minder kostbaar dan parallelle conversie. Het is echter een zeer riskante benadering, die mogelijk duurder kan uitpakken dan parallelle activiteiten als er grote problemen optreden met het nieuwe systeem. Er is dan immers geen systeem meer om op terug te vallen. Zoekgeraakte gegevens, storingen en het maken van correcties kunnen veel tijd en geld kosten.

Procedure	Controle en onderhoud 'Verandering record'		Testserie 2		
Voorbereid door:			Datum:	Versie:	
Test Ref.	**Geteste conditie**	**Speciale eisen**	**Verwacht resultaat**	**Output**	**Volgende scherm**
2.0	Veranderen record				
2.1	Veranderen bestaande record	Sleutelveld	Niet toegestaan Bericht		
2.2	Veranderen niet-bestaande record	Andere velden	'Ongeldige sleutel'		
2.3	Veranderen verwijderde record	Verwijderde record moet beschikbaar zijn	Bericht 'Verwijderd'		
2.4	Tweede record aanmaken	Verandering 2.1	OK als geldig	Transactiebestand	V45
2.5	Record invoegen		OK als geldig	Transactiebestand	V45
2.6	Afbreken tijdens verandering	2.5 afbreken	Geen verandering	Transactiebestand	V45

FIGUUR 13.5 *Een voorbeeld van een testplan waarin het veranderen van een record wordt getest*

Bij het ontwikkelen van een testplan is het noodzakelijk rekening te houden met alle te testen condities, de eisen voor elke geteste conditie en de verwachte resultaten. Testplannen vereisen input van zowel eindgebruikers als IT-specialisten.

Pilot study
Strategie om een nieuw systeem eerst in een klein deel van de organisatie te introduceren totdat het systeem functioneel is; slechts dan wordt de conversie van het systeem ook in de rest van de organisatie uitgevoerd.

Gefaseerde benadering
Introduceert het nieuwe systeem in fasen, per functie of per afdeling.

De **pilot study** introduceert het nieuwe systeem eerst in een klein deel van de organisatie, bijvoorbeeld op één afdeling of in één divisie. Wanneer deze versie volledig en soepel werkt, wordt het systeem in de rest van de organisatie geïnstalleerd, tegelijkertijd of in fases.
De **gefaseerde benadering** introduceert het systeem in fasen, per functie of per afdeling. Als het systeem bijvoorbeeld per functie wordt geïntroduceerd, kan een nieuw loonadministratiesysteem eerst beginnen met de tijdelijke werknemers – die per week worden uitbetaald – en kunnen zes maanden later de vaste werknemers – die maandelijks worden betaald – aan het systeem worden toegevoegd. Als het systeem per afdeling wordt ingevoerd, worden bijvoorbeeld eerst de systemen op het hoofdkantoor geconverteerd en vier maanden later de systemen op de externe kantoren en afdelingen.

Documentatie
Beschrijvingen van hoe een informatiesysteem werkt, vanuit technisch oogpunt of vanuit het oogpunt van de eindgebruiker.

Om de overgang van het oude naar het nieuwe systeem goed te laten verlopen, moeten de eindgebruikers worden getraind in de omgang met het nieuwe systeem. Tijdens de conversie moet gedetailleerde **documentatie** worden geschreven die uitlegt hoe een systeem werkt, zowel vanuit een technisch oogpunt als vanuit het oogpunt van de eindgebruiker, en die tijdens een training of tijdens de dagelijkse taken kan worden geraadpleegd. Het ontbreken van de juiste training en documentatie is een belangrijke reden voor mislukking van een systeem. Dit onderdeel van het systeemontwikkelingsproces is dus erg belangrijk.

Productie en onderhoud

Installatie
Fase in de levenscyclus van een systeem waarin wordt getest, getraind en geconverteerd; de laatste stappen voor de implementatie van een systeem.

Productiefase
Fase nadat het nieuwe systeem is geïnstalleerd en geconverteerd; het systeem wordt door de gebruikers en technische specialisten gebruikt om te bepalen hoe goed het aan de oorspronkelijke doelen beantwoordt.

Onderhoud
Veranderingen in de hardware, software, documentatie of procedures van een productiesysteem om fouten te corrigeren, aan nieuwe eisen te voldoen of processen efficiënter te maken.

De fase na de **installatie** en conversie van een nieuw systeem heet ook wel de **productiefase**. Tijdens deze fase wordt het systeem door zowel de eindgebruikers als de technische specialisten geëvalueerd en wordt bepaald hoe goed het voldoet aan de oorspronkelijke doelen; ook wordt besloten of er nog veranderingen moeten worden aangebracht. Nadat het systeem volledig is geïmplementeerd, moet het tijdens de productiefase worden onderhouden om fouten te corrigeren, te voldoen aan nieuwe eisen of de verwerkingsefficiëntie te verhogen. Veranderingen in de hardware, software, documentatie of procedures van een productiesysteem om fouten te corrigeren, aan nieuwe eisen te voldoen of processen efficiënter te maken, worden **onderhoud** genoemd.
Bijna 20 procent van de tijd wordt besteed aan het debuggen of corrigeren van dringende productieproblemen, een andere 20 procent heeft te maken met wijzigingen in data, bestanden, rapporten, hardware of systeemsoftware. Maar 60 procent van alle onderhoudstaken bestaat uit het doen van aanpassingen voor gebruikers, het verbeteren van documentatie en het hercoderen voor het realiseren van een grotere procesefficiëntie. De hoeveelheid werk in deze laatste categorie onderhoudstaken kan significant worden teruggebracht door een betere systeemanalyse en een beter ontwerp. Tabel 13.2 vat de systeemontwikkelingsactiviteiten samen.

13.3 Het modelleren en ontwerpen van systemen: gestructureerde en objectgeoriënteerde methodologieën

Voor het modelleren en ontwerpen van systemen bestaan diverse methodologieën. De belangrijkste zijn de gestructureerde methodologieën en de objectgeoriënteerde ontwikkeling.

De gestructureerde methodologieën

Al tientallen jaren worden gestructureerde methodologieën gebruikt voor het documenteren, analyseren en ontwerpen van informatiesystemen. Gestructureerd verwijst naar het feit dat de technieken stapsgewijs werken, waarbij elke stap voortbouwt op de vorige. Gestructureerde methodologieën zijn top-downmethodologieën, die van het hoogste, meest abstracte niveau lopen tot aan het laagste, meest gedetailleerde niveau; van algemeen naar specifiek.
Gestructureerde ontwikkelmethoden zijn procesgeoriënteerd en primair gericht op het modelleren van processen. Deze ontwikkelmethoden leggen de handelingen vast die gegevens verza-

TABEL 13.2 *Systeemontwikkeling*

KERNACTIVITEIT	OMSCHRIJVING
Systeemanalyse	Probleem/problemen achterhalen
	Oplossing specificeren
	Informatie-eisen opstellen
Systeemontwerp	Ontwerpspecificaties maken
Programmeren	Ontwerpspecificaties vertalen naar programmacode
Testen	Eenheden testen
	Systeem testen
	Acceptatie testen
Conversie	Conversie plannen
	Documentatie voorbereiden
	Gebruikers en technisch personeel trainen
Productie en onderhoud	Systeem gebruiken
	Systeem evalueren
	Systeem aanpassen

melen, opslaan, manipuleren en distribueren terwijl ze zich door een systeem verplaatsen. Deze methoden scheiden gegevens van processen. Telkens wanneer iemand een handeling op een specifiek deel van de gegevens wil uitvoeren, moet er een aparte procedure worden geschreven. De procedures verwerken de gegevens die het programma aan hen doorgeeft.

Dataflowdiagram (DFD) Belangrijkste middel voor gestructureerde analyse die op een grafische manier de verschillende processen in een systeem en de gegevensstromen tussen de processen weergeeft.

Het belangrijkste instrument voor het representeren van de processen van een systeemcomponent is het **dataflowdiagram** (DFD, gegevensstroomdiagram). Het dataflowdiagram biedt een logisch grafisch model van de informatiestroom door het systeem onder te verdelen in modules die hanteerbare niveaus van gedetailleerdheid laten zien. Het specificeert rigoureus de processen of transformaties die binnen elke module plaatsvinden en de aanwezige interfaces. Figuur 13.6 toont een eenvoudig dataflowdiagram voor de registratie van universitaire cursussen. De afgeronde rechthoeken stellen processen voor die de omzetting van gegevens aangeven. Het vierkante vak representeert een externe entiteit die een bron of een ontvanger is van gegevens die zich buiten de grenzen van het te modelleren systeem bevinden. De open rechthoeken stellen datastores voor: ofwel handmatig beheerde ofwel geautomatiseerde gegevens. De pijlen vertegenwoordigen datastromen tussen datastores, processen en externe entiteiten. Deze bevatten datapakketten en de naam of de inhoud van iedere datastroom staat vermeld op de pijl. Dit dataflowdiagram laat zien dat studenten registratiegegevens inleveren met hun naam, identiteitsnummer en de nummers van de colleges waaraan ze willen deelnemen. In proces 1.0 gaat het systeem na of aanmelden bij elk van de gekozen colleges nog mogelijk is door het collegebestand van de universiteit te raadplegen. In dit bestand wordt onderscheid gemaakt tussen colleges waarvoor nog kan worden ingeschreven en colleges die geannuleerd zijn of al vol zijn. Vervolgens bepaalt proces 1.0 of de keuzes van de student worden geaccepteerd of verworpen. Proces 2.0 schrijft de student in voor de colleges waarvoor hij of zij geaccepteerd is. Het past het collegebestand van de universiteit aan door de naam en het identiteitsnummer van de student eraan toe te voegen en rekent het studentenaantal voor dit college opnieuw uit. Als het maximale aantal studenten is bereikt, krijgt het betreffende college het label 'gesloten' mee. Proces 2.0 past ook het masterbestand aan met informatie over nieuwe studenten of adreswijzigingen. Proces 3.0 stuurt iedere student een bevestigingsbrief met daarop de colleges waarvoor hij of zij is ingeschreven en de colleges waar hij of zij niet aan kan deelnemen.

De diagrammen kunnen zowel worden gebruikt voor het afbeelden van processen op hoog niveau als voor het afbeelden van details op een lager niveau. Met een dataflowdiagram van hoog niveau kan een compleet systeem worden onderverdeeld in subsystemen. Elk subsysteem kan op zijn beurt worden onderverdeeld in subsystemen met dataflowdiagrammen van het tweede niveau, en de subsystemen op de lagere niveaus kunnen ook weer verder worden opgesplitst, totdat het laagste niveau van detail is bereikt.

Data dictionary
Een geautomatiseerd of handmatig bewerkbaar bestand dat informatie over gegevens in een database opslaat en organiseert.

Een ander hulpmiddel voor gestructureerde analyse is een **data dictionary**, die informatie over individuele gegevens en datagroeperingen binnen een systeem bevat (zie hoofdstuk 6). De data dictionary definieert de inhoud van de gegevensstromen en de datastores, zodat de systeembouwers precies weten welke gegevens zich hierin bevinden.

Structuurschema
Systeemdocumentatie die elk ontwerpniveau, de relaties tussen de niveaus en de locatie in de ontwerpstructuur aangeeft; kan één programma, één systeem of een onderdeel van een programma weergeven.

Bij een gestructureerde methodologie wordt softwareontwerp gemodelleerd met behulp van hiërarchische structuurschema's. Het **structuurschema** is een top-downschema, dat elk ontwerpniveau, de relatie met andere niveaus en de plaats ervan in de algehele structuur van een ontwerp laat zien. Het ontwerp bekijkt eerst de belangrijkste functies van een programma of systeem, splitst deze functie vervolgens in subfuncties en splitst iedere subfunctie weer op totdat het laagste detailniveau is bereikt. Figuur 13.7 toont een structuurschema van hoog niveau voor een salarisbetalingssysteem. Als een ontwerp te veel niveaus heeft om in één

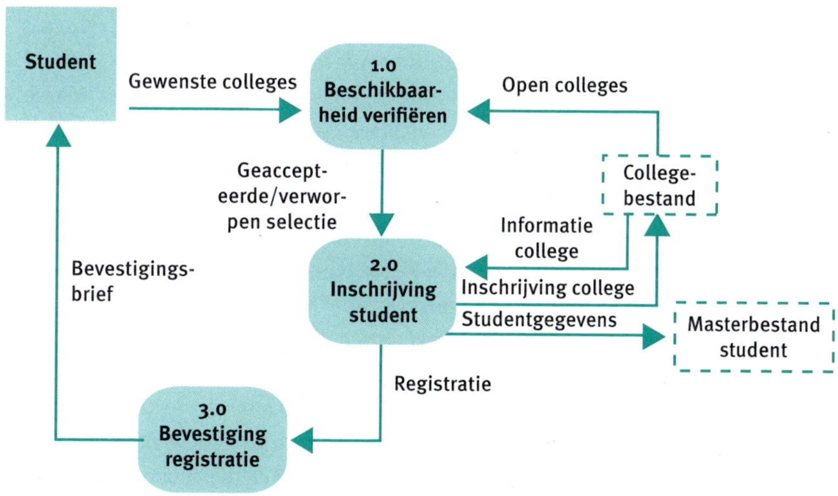

FIGUUR 13.6 *Dataflowdiagram voor een collegeregistratiesysteem van een universiteit*

Het systeem bestaat uit drie processen: Verifieer beschikbaarheid (1.0), Inschrijven student (2.0) en Bevestig registratie (3.0). De naam en inhoud van elk van de dataflows verschijnt boven elke pijl. Er is een externe entiteit in dit systeem: de student. Er zijn twee datastores: het studentmasterbestand en het collegebestand.

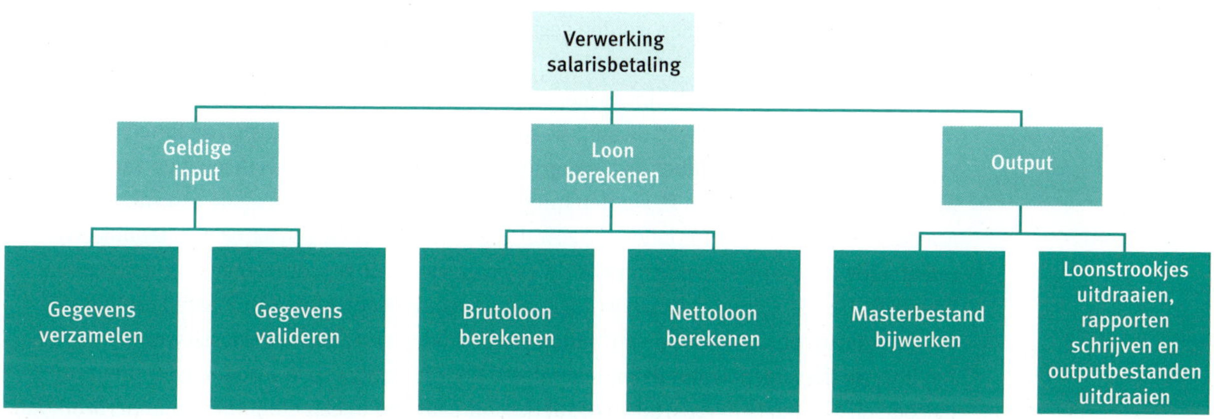

FIGUUR 13.7 *Hoogniveaustructuurschema voor een salarisbetalingssysteem*

Dit structuurschema geeft het hoogste en meest abstracte ontwerpniveau van een salarisbetalingssysteem weer en biedt een overzicht van het gehele systeem.

structuurschema te passen, kan het worden opgesplitst in meerdere gedetailleerdere structuurschema's. Een structuurschema kan één programma, één systeem (een reeks programma's) of een deel van een programma documenteren.

Objectgeoriënteerde ontwikkeling

Gestructureerde methoden zijn nuttig voor het modelleren van processen, maar minder goed voor het modelleren van gegevens. Ook behandelen ze gegevens en processen als logisch afzonderlijke entiteiten, terwijl een dergelijke scheiding in de echte wereld onnatuurlijk lijkt. Er worden verschillende modelleerconventies gebruikt voor analyse (het dataflowdiagram) en voor ontwerpen (het structuurschema).

Objectgeoriënteerde ontwikkeling
Benadering van systeemontwikkeling die het object gebruikt als elementaire eenheid van systeemanalyse en -ontwerp. Het systeem wordt gemodelleerd als een verzameling van objecten en de relaties tussen deze objecten.

Object
Softwareblok dat gegevens en de specifieke processen die op die gegevens werken combineert.

Objectgeoriënteerde ontwikkeling biedt een andere benadering. Objectgeoriënteerde ontwikkeling gebruikt het **object** als de elementaire eenheid van systeemanalyse en systeemontwerp. Een object combineert gegevens en de specifieke processen die op die gegevens werken. Gegevens die in een object zijn ingekapseld kunnen uitsluitend worden benaderd en bewerkt door die operaties, ofwel methoden, die met het object geassocieerd zijn. In plaats van gegevens door te sturen naar procedures, sturen programma's een bericht naar een object om een operatie uit te voeren die al in dat object is ingebouwd. Het systeem wordt gemodelleerd als een verzameling objecten en hun onderlinge relaties. Omdat de verwerkingslogica zich binnen objecten bevindt en niet in afzonderlijke softwareprogramma's, moeten objecten met elkaar samenwerken om het systeem te laten werken.
Objectgeoriënteerde modellering is gebaseerd op de begrippen 'klasse' en 'overerving'. Objecten behoren tot een zekere klasse, een algemene categorie van vergelijkbare objecten, en hebben de kenmerken van die klasse. Klassen en objecten kunnen op hun beurt de gehele structuur en het gedrag van een algemenere klasse erven en vervolgens variabelen en gedragingen toevoegen die voor elk object uniek zijn. Nieuwe klassen van objecten kunnen worden gecreëerd door een bestaande klasse te kiezen en te specificeren hoe de nieuwe klasse verschilt van de oude, in plaats van telkens vanaf nul te beginnen.
Hoe klassen en overerving werken, zien we in figuur 13.8, dat de relaties tussen klassen met betrekking tot werknemers en hun betaling laat zien. Werknemer is de algemene voorouder, of superklasse voor de andere drie klassen. De naam van de klasse staat in het bovenste gedeelte, de attributen voor elke klasse in het middelste gedeelte van elk vak en de lijst met bewerkingen in het onderste gedeelte van elk vak. De kenmerken die door alle werknemers worden gedeeld (identiteitsnummer, adres, datum van indiensttreding, positie en salaris) zijn opgeslagen in de superklasse Werknemer, terwijl elke subklasse kenmerken bevat die specifiek zijn voor dat bepaalde type werknemer. Zo hebben alleen Oproepkrachten uurtarieven en overwerkvergoedingen. Een doorgetrokken lijn van de subklasse naar de superklasse is een generalisatiepad dat laat zien dat de subklassen Loontrekkende, Oproepkracht en Tijdelijke medewerker gemeenschappelijke kenmerken hebben die kunnen worden gegeneraliseerd in de superklasse Werknemer.

Objectgeoriënteerde ontwikkeling is meer iteratief en incrementeler dan traditionele gestructureerde ontwikkeling. Tijdens de analyse documenteren systeembouwers de functionele vereisten van het systeem door de belangrijkste eigenschappen te specificeren en aan te geven wat het systeem moet doen. Er worden interacties tussen het systeem en de gebruikers geanalyseerd om objecten vast te stellen die zowel gegevens als processen aangeven. De objectgeoriënteerde ontwerpfase beschrijft hoe de objecten zich zullen gedragen en op elkaar zullen inwerken. Gelijksoortige objecten worden gegroepeerd tot een klasse en klassen tot hiërarchieën waarin een subklasse de attributen en methoden van zijn superklasse vormt.
Het informatiesysteem wordt geïmplementeerd door het ontwerp te vertalen naar programmacode en klassen te hergebruiken die al beschikbaar zijn in een bibliotheek van herbruikbare softwareobjecten en er nieuwe klassen aan toe te voegen die tijdens de objectgeoriënteerde ontwerpfase gecreëerd zijn. Tot de implementatie behoort ook de creatie van een objectgeoriënteerde database. Het resulterende systeem moet grondig worden getest en geëvalueerd.

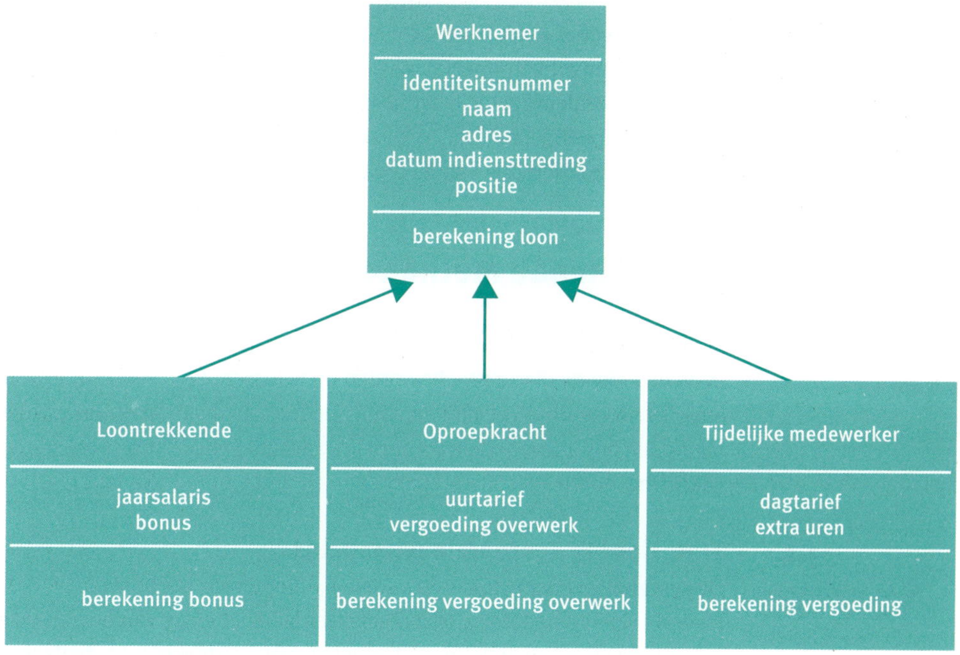

FIGUUR 13.8 *Klassen en overerving*
Deze figuur laat zien hoe klassen de gemeenschappelijke kenmerken van hun superklasse erven

Omdat sommige objecten herbruikbaar zijn, zou objectgeoriënteerde ontwikkeling mogelijk de tijd en de kosten voor het schrijven van software kunnen verminderen, omdat organisaties softwareobjecten die al gecreëerd zijn voor andere toepassingen kunnen hergebruiken.

Computer-aided software engineering

Computer-aided software engineering (CASE)
De automatisering van stap-voor-stapmethodologieën voor software- en systeemontwikkeling om het aantal herhaalde taken voor de ontwikkelaar te reduceren.

Computer-aided software engineering (CASE) – soms ook *computer-aided systems engineering* genoemd – biedt softwaretools voor het automatiseren van de methodologieën die we zojuist hebben beschreven om de hoeveelheid repeterend werk die de ontwikkelaar moet doen te verminderen. CASE-programma's vergemakkelijken ook het opstellen van duidelijke documentatie en de coördinatie van teamontwikkelingsinspanningen. Teamleden kunnen hun werk gemakkelijk delen door elkaars bestanden te openen om te bekijken of aan te passen wat er gedaan is. Als een casetool op de juiste manier wordt gebruikt, kunnen ook productiviteitsvoordelen worden bereikt. CASE-programma's bieden geautomatiseerde grafische mogelijkheden voor het produceren van grafieken en diagrammen, scherm- en rapportgeneratoren, data dictionaries, uitgebreide rapportagefaciliteiten, analyse- en controleprogramma's en documentatiegeneratoren. In het algemeen proberen CASE-programma's de productiviteit en kwaliteit te verhogen door het volgende te doen:

- Een standaardontwikkelmethodologie en ontwerpdiscipline handhaven.
- De communicatie tussen gebruikers en technisch specialisten verbeteren.
- De ontwerpcomponenten ordenen, de verbanden aangeven en snelle toegang hiertoe bieden door middel van een ontwerpbibliotheek.
- Vervelende en foutgevoelige delen van analyse en ontwerp automatiseren.
- Het genereren en testen van code automatiseren.

Processpecificaties
Beschrijven de logica van de processen op de laagste niveaus van een gegevensstroomdiagram.

CASE-programma's bevatten functies voor het valideren van ontwerpdiagrammen en specificaties. CASE-programma's ondersteunen op deze manier iteratief ontwerp door het automatiseren van herzieningen en wijzigingen en het bieden van faciliteiten voor prototyping. In een CASE-informatiebibliotheek is alle informatie opgeslagen die de analisten gedurende het project hebben gedefinieerd. De bibliotheek bevat dataflowdiagrammen, structuurschema's, *entity relationship*-diagrammen, datadefinities, **processpecificaties**, scherm- en rapportformaten en testresultaten.

Voor een effectief gebruik vereisen CASE-programma's discipline van de organisatie. Ieder lid van een ontwikkelproject moet zich houden aan een gemeenschappelijke reeks naamconventies en standaarden en een ontwikkelmethodologie. De beste CASE-programma's leggen gemeenschappelijke methoden en standaarden op, wat het gebruik ervan ontmoedigt in situaties waarin de discipline van de organisatie tekortschiet.

13.4 Verschillende methoden voor het bouwen van systemen

Systemen verschillen in omvang, complexiteit qua technologie en in termen van de problemen in de organisatie die ze geacht worden op te lossen. Er is een aantal systeembouwmethoden ontwikkeld om deze verschillen aan te pakken. In deze paragraaf worden deze verschillende methoden beschreven: de traditionele systeemlevenscyclus, prototyping, eindgebruikersontwikkeling, applicatiesoftwarepakketten en outsourcing. We bespreken deze methoden hierna.

13.4.1 Traditionele systeemlevenscyclus

Systeemlevenscyclus
Traditionele methode voor het ontwikkelen van een informatiesysteem dat het systeemontwikkelingsproces opdeelt in formele fasen die sequentieel moeten worden doorlopen en waarbij er een formele taakverdeling is tussen eindgebruikers en IT-specialisten.

De **systeemlevenscyclus** is de oudste methode voor het bouwen van informatiesystemen. De levenscyclusmethodologie is een gefaseerde benadering van het bouwen van een systeem, waarbij systeemontwikkeling in formele fasen wordt verdeeld, zoals te zien is in figuur 13.9. Hoewel systeemontwikkelspecialisten verschillen van mening over hoe de indeling in systeembouwfasen zou moeten zijn, komen deze toch in grote lijnen overeen met de fasen van systeemontwikkeling die we hiervoor hebben beschreven.
De systeemlevenscyclusmethodologie hanteert een tamelijk strikte scheiding van werk tussen eindgebruikers en informatiesysteemspecialisten. Technisch specialisten, zoals systeemanalisten en programmeurs, zijn verantwoordelijk voor een groot deel van de systeemanalyse, het ontwerp en de implementatie; het werk van de eindgebruikers beperkt zich tot het aangeven wat de informatie-eisen zijn en het beoordelen van het werk van het technisch personeel. De levenscyclus legt ook de nadruk op formele specificaties en papierwerk, dus worden er in de loop van een systeemproject veel documenten gegenereerd.
De systeemlevenscyclus wordt nog steeds gebruikt voor het bouwen van grote, complexe systemen die vragen om een rigoureuze en formele vereistenanalyse, voorgedefinieerde specificaties en nauwgezette controles van het systeembouwproces, zoals de ontwikkeling van een voorraadsysteem. De systeemlevenscyclus kan echter ook kostbaar, tijdrovend en inflexibel zijn. Hoewel systeembouwers tussen verschillende fasen in de levenscyclus heen en weer kunnen gaan, is de systeemlevenscyclus voornamelijk een 'waterval'-benadering, waarbij de taken in de ene fase worden afgerond voordat het werk aan de volgende fase begint. Activiteiten kunnen worden herhaald, maar voor het herzien van eisen en specificaties moeten steeds maar nieuwe documenten worden gegenereerd en stappen opnieuw worden uitgevoerd. Dit stimuleert het bevriezen van specificaties in een relatief vroeg stadium van het ontwikkelproces. De levenscyclusmethode is niet geschikt voor kleine desktopsystemen, die meestal minder gestructureerd en meer geïndividualiseerd zijn.

13.4.2 Prototyping

Prototyping
Het snel en goedkoop bouwen van een experimenteel systeem dat gebruikers kunnen gebruiken en evalueren, om zo een beter idee te krijgen van hun informatie-eisen.

Prototype
Voorlopige werkende versie van een informatiesysteem, voor demonstratie- en evaluatiedoeleinden.

Prototyping bestaat uit het snel en goedkoop bouwen van een experimenteel systeem dat door eindgebruikers kan worden geëvalueerd. Door deze interactie met het prototype krijgen gebruikers een beter idee van hun informatie-eisen. Het prototype dat bij gebruikers als beste uit de bus komt, kan als sjabloon voor het uiteindelijke systeem worden gebruikt.
Het **prototype** is een werkende versie van een informatiesysteem of deel van het systeem, maar is alleen bedoeld als voorbeeldmodel. Zodra het prototype werkt, zal het verder worden aangepast, totdat het exact voldoet aan de eisen van de gebruikers. Zodra een eindontwerp is gemaakt, kan het prototype worden geconverteerd tot een functionerend productiesysteem.

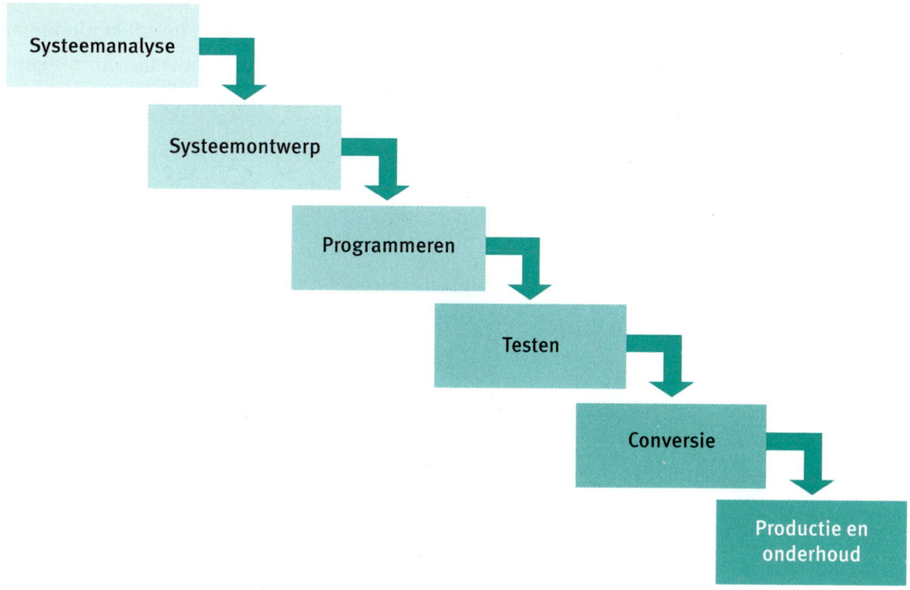

FIGUUR 13.9 *De traditionele systeemontwikkelingslevenscyclus*

De systeemontwikkelingslevenscyclus verdeelt systeemontwikkeling in formele stadia, waarbij elk stadium moet worden afgerond voordat aan het volgende stadium kan worden begonnen.

Iteratief
Proces waarbij de stappen voor het bouwen van een systeem steeds worden herhaald.

Het proces van het maken van een voorlopig ontwerp om te testen, aan te passen en weer te testen, wordt ook wel een **iteratief** systeemontwikkelingsproces genoemd, omdat de stappen die nodig zijn om een systeem te bouwen steeds weer kunnen worden herhaald. Prototyping is dus, in tegenstelling tot de levenscyclus, iteratief en stimuleert veranderingen in het systeemontwerp. Er wordt wel gezegd dat prototyping ongeplande herzieningen vervangt door geplande herhalingen, waarbij elke nieuwe versie beter tegemoetkomt aan de eisen van de gebruikers.

Stappen bij prototyping

Figuur 13.10 laat een prototypingproces zien dat uit vier stappen bestaat:
Stap 1: Identificatie van de basiseisen van gebruikers. De systeemontwerper werkt een tijdlang samen met de gebruiker om de basisinformatiebehoeften te verzamelen.
Stap 2: Ontwikkeling van een eerste prototype. De systeemontwerper maakt snel een werkend prototype met gebruikmaking van vierde-generatietools, interactieve multimedia of CASE-tools.
Stap 3: Gebruik van het prototype. De gebruiker wordt aangemoedigd te werken met het systeem om te bepalen hoe goed het prototype voldoet aan zijn of haar behoeften en om suggesties te doen voor verbetering van het prototype.
Stap 4: Herziening en verbetering van het prototype. De systeembouwer verzamelt alle veranderingen die de gebruiker heeft aangegeven en verfijnt het prototype. Nadat het prototype is aangepast, doorloopt de cyclus opnieuw stap 3. Stappen 3 en 4 worden herhaald totdat de gebruiker tevreden is.
Wanneer er geen herhalingen meer nodig zijn, wordt het goedgekeurde prototype een operationeel prototype dat voldoet aan de uiteindelijke specificaties. Soms wordt het prototype zelf geïmplementeerd als productieversie van het systeem.

Voor- en nadelen van prototyping

Eindgebruikersinterface
Dat deel van het systeem waarmee de eindgebruikers communiceren, zoals een online weergave en opdrachtvensters.

Prototyping is geschikt wanneer er onzekerheid bestaat over de eisen of over de ontwerpoplossingen. Prototyping kan goed worden toegepast bij het ontwerpen van een **eindgebruikersinterface** voor een informatiesysteem (het deel van het systeem waarmee de eindgebruikers communiceren, zoals een online weergave en vensters voor het invoeren van gegevens, rapporten of websites). Omdat prototyping intensieve betrokkenheid van eindgebruikers gedurende de ontwikkellevenscyclus stimuleert, is het waarschijnlijker dat er systemen worden afgeleverd die voldoen aan de eisen van de gebruiker.

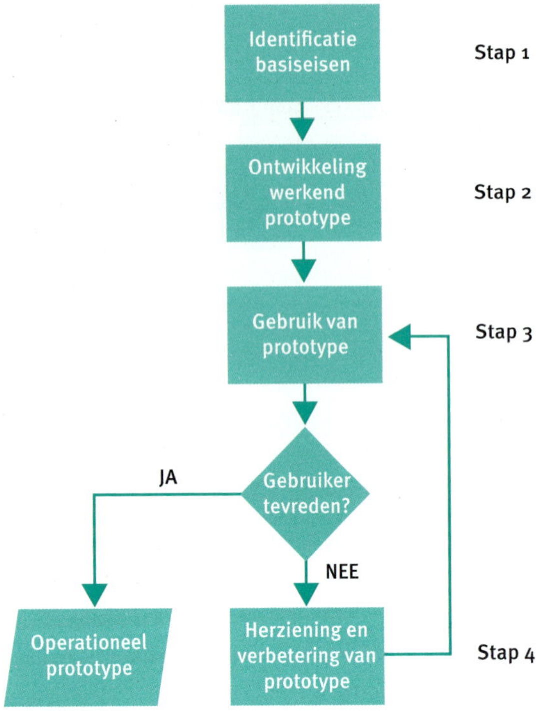

FIGUUR 13.10 *Het prototypingproces*

Het proces van het ontwikkelen van een prototype kan in vier stappen worden verdeeld. Omdat het ontwikkelen van een prototype snel en goedkoop kan gebeuren, kunnen systeembouwers de stappen verschillende keren herhalen, waarbij de stappen 3 en 4 worden herhaald om het prototype te verfijnen en verbeteren voordat een uiteindelijke werkende versie wordt gebouwd.

Bij te snelle prototyping kunnen echter essentiële stappen in de systeemontwikkeling worden overgeslagen. Als het uiteindelijke prototype redelijk goed werkt, gelooft het management vaak dat het niet meer noodzakelijk is om nog verder te programmeren, te ontwerpen of te documenteren en te testen om tot een perfect productiesysteem te komen. Sommige van deze snel gebouwde systemen hebben moeite met het verwerken van grote hoeveelheden gegevens of met grote aantallen gebruikers in een productieomgeving.

13.4.3 Ontwikkeling door de eindgebruiker

Eindgebruikerontwikkeling
De ontwikkeling van informatiesystemen door eindgebruikers, met geen of weinig formele hulp van technische specialisten.

Querytaal
Hogere taal voor het ophalen van gegevens die in bestanden of databases zijn opgeslagen.

Eindgebruikerontwikkeling biedt eindgebruikers de mogelijkheid om met weinig of geen formele assistentie van technische specialisten eenvoudige informatiesystemen te creëren, waardoor er minder tijd en stappen nodig zijn om een afgeronde toepassing te produceren. Dankzij gebruikersvriendelijke querytalen en -rapporten, websiteontwikkeling, graphics en pc-softwareprogramma's kunnen eindgebruikers, met niet of nauwelijks ondersteuning van professionele systeemanalysten of programmeurs, toegang krijgen tot gegevens, rapporten creëren en eigenhandig eenvoudige toepassingen ontwerpen. Een **querytaal** is een softwareprogramma dat direct online antwoorden levert op vragen die niet voorgedefinieerd zijn, zoals: 'Wie zijn de best presterende verkoopmedewerkers?' Querytalen zijn vaak verbonden aan datamanagementsoftware (zie hoofdstuk 6).

Zo bouwde Yellow Pages (YP), dat digitale media- en marketingoplossingen aanbiedt aan 260.000 kleine en middelgrote Canadese bedrijven, met behulp van Information Builders WebFOCUS, een gebruiksvriendelijke analyse-applicatie die klanten helpt het rendement van hun reclamedollars te meten en bij te houden hoeveel succes hun campagnes hebben. Het systeem, YP Analytics, omvat een gebruiksvriendelijk dashboard waarop interacties kunnen worden gevolgd en kernprestatie-indicatoren gericht op ROI en opbrengsten kunnen worden gemeten. Gebruikers van YP Analytics kunnen belangrijke gegevens bijhouden, bijvoorbeeld bezoekers, bezoeken, pageviews en interacties/clicks, maar ook telefoontjes, winkelbezoeken, digitaal contact en andere prestatie-indicatoren, en ze kunnen het dashboard naar eigen behoeften instellen (Information Builders, 2015).

Over het algemeen kunnen systemen die zijn ontwikkeld door de eindgebruiker sneller worden voltooid dan systemen die via een conventionele systeemlevenscyclus zijn ontwikkeld. Doordat gebruikers hun eigen behoeften kunnen specificeren, is het eenvoudiger de verschillende eisen te verzamelen en zijn gebruikers ook meer betrokken bij en tevreden over het systeem. Eindgebruikersoftware is voor sommige bedrijfstoepassingen echter geen vervanging voor traditionele tools, omdat ze geen grote hoeveelheden transacties of toepassingen kunnen verwerken met uitgebreide procedurele eisen voor de logica en het bijwerken van gegevens.

Ook kan het laten ontwikkelen van systemen door gebruikers risico's opleveren voor de organisatie, omdat de ontwikkeling plaatsvindt buiten de traditionele mechanismen voor IT-beheer en -controle. Wanneer systemen snel worden gebouwd, zonder formele ontwikkelingsmethode, kunnen tests en de documentatie onvoldoende zijn. De controle over de gegevens kan dan terechtkomen in systemen buiten de traditionele IT-afdeling. Wanneer gebruikers hun eigen toepassingen en bestanden maken, is het ook steeds moeilijker om te bepalen waar gegevens zich bevinden en te controleren of dezelfde informatie overal in de organisatie consistent wordt gebruikt.

13.4.4 Applicatiesoftwarepakketten, softwareservices, en outsourcing

Vandaag de dag wordt de software voor de meeste systemen niet in-house ontwikkeld, maar aangeschaft bij externe leveranciers. Bedrijven kunnen de software huren van een online software serviceprovider, ze kunnen de software kopen bij een commerciële leverancier, of een programma op maat laten ontwikkelen door een extern outsourcingbedrijf.

Applicatiesoftwarepakketten en cloudsoftwareservices

Veel van de huidige systemen zijn gebaseerd op commercieel verkrijgbare applicatiesoftwarepakketten of op cloudsoftware as a service (SaaS). Zo kunnen bedrijven besluiten om Oracle enterprise resource planning, supply chain management, of human capital management software in-house te implementeren of te betalen voor het gebruik van deze software op het Oracle Cloud-platform. Microsoft Office is verkrijgbaar in zowel een desktop als een cloud (Office 365)-versie. Er zijn veel applicaties die in allerlei verschillende organisaties worden gebruikt – bijvoorbeeld voor loonadministratie, facturering, boekhouding of supply chain management. Voor deze universele functies met standaardprocedures voldoet een generieker systeem voor veel organisaties aan de eisen.

Als een commercieel softwarepakket of cloudsoftwaredienst aan de meeste eisen van een organisatie voldoet, hoeft de onderneming geen eigen software te schrijven (zie ook de Interactieve sessie over organisaties). De onderneming kan tijd en geld besparen door al geschreven, ontworpen en geteste softwareprogramma's van de softwareleverancier te gebruiken. Leveranciers van deze softwarepakketten en SaaS bieden ook onderhoud, ondersteuning en upgrades voor het systeem, zodat het de technische en zakelijke ontwikkelingen blijft volgen. Wanneer een pakketoplossing of SaaS wordt nagestreefd, leveren de eindgebruikers de vereisten wat betreft de bedrijfsinformatie voor het systeem en de informatiesysteemspecialisten de technische vereisten.

Veel programma's bevatten mogelijkheden voor aanpassing als een organisatie unieke eisen heeft waar een pakket geen rekening mee houdt. Deze **aanpassingsmogelijkheden** van programma's stellen ondernemingen in staat een commercieel softwarepakket of cloudbased software zo aan te passen dat het voldoet aan de unieke eisen van de organisatie zonder dat de integriteit van het pakket verloren gaat. Als er veel aanpassingen nodig zijn, kan het programmeren en veranderen van de programma's zoveel tijd en geld kosten dat veel van de voordelen van softwarepakketten en diensten verdwijnen.

Aanpassingsmogelijkheden
Het veranderen van een softwarepakket zodat het tegemoetkomt aan de unieke eisen van een organisatie zonder dat de integriteit van het pakket verloren gaat.

Fujitsu kiest een SaaS-oplossing om het verkoopproces te vereenvoudigen

Als je op het internet aan het surfen bent, video op je telefoon streamt of in Noord-Amerika naar kabeltelevisie kijkt, is de kans heel groot dat je daarbij apparatuur gebruikt van Fujitsu Network Communications. Fujitsu Network Communications Inc., gevestigd in Richardson (Texas), levert optische en draadloze netwerkapparatuur, zoals servers, opslagproducten, cliëntcomputers, scanners, printers, en schermen. Het bedrijf is een toonaangevende patenthouder op het gebied van optische netwerken. Fujitsu netwerkapparatuur levert optische transportoplossingen aan grote telecommunicatie-exploitanten in heel Noord-Amerika. Fujitsu levert meer dan 450.000 netwerkelementen, waaronder dragers en kaarten met daarop connectiviteitshardware, instellingen voor signalering en routing, en beheervoorzieningen. De vele producten die het bedrijf levert bevatten duizenden onderdelen en talloze configuratiescenario's. De prijs van een enkel product kan bijvoorbeeld voor 600 afzonderlijke klanten verschillend worden gecalculeerd, afhankelijk van de unieke configuraties van elke klant met betrekking tot de aantallen netwerklocaties, de geografische spreiding en de afstanden tussen de locaties. Bovendien bevat elke netwerklocatie een enorme hoeveelheid instellingsconfiguraties ten aanzien van stroomvoorziening, labeling en communicatieregels. Je kunt dus wel bedenken hoe lastig het proces van configuratie, prijscalculatie en offertes voor producten en diensten in een netwerk van veertig locaties zou kunnen zijn. Vele jaren kampte het verkoopteam van Fujitsu met het regelen van alle complexiteiten van het verkoop- en bestelproces. Ze moesten aan de hand van afzonderlijke spreadsheets oplossingen voor hun klanten configureren, prijscalculaties maken en offertes doen, ofwel 'configure, price, quote' (CPQ). Het bedrijf had geen centrale opslag van prijsoffertes, hield geen gegevens over offertes bij en kon ze niet integreren in het bestelproces.

Hoewel Fujitsu beschikte over een ERP-systeem om zijn stamgegevens over prijzen en materialen bedrijfsbreed bij te houden, nam het CPQ-proces dagen in beslag en leidde tot foutieve offertes en ontelbare manuren aan correcties en aanpassingen. Er was dringend behoefte aan een systeemoplossing. Dave Hawkins, de Vice President Sales Engineering, Sales Operations en Commercial Management bij Fujitsu, en zijn team dienden een offerteaanvraag (RFP) in voor een oplossing die snel offertes zou genereren en het aantal fouten en aanpassingen zou terugdringen. De meest kritische vereisten waren de mogelijkheid om alle offertes die werden gedaan te centraliseren en te beheren, accurate prijscalculaties te garanderen en ervoor te zorgen dat de te configureren onderdelen allemaal beschikbaar waren.

Na een rigoureus selectieproces kwam de CPQ-oplossing op basis van Software as a Service (SaaS) van FPX als beste keuze naar voren. FPX is een grote aanbieder van cloudbased 'configure-price-quote' (CPQ)-software en is een gecertificeerde SAP Independent Software Vendor (ISV)-partner. FPX bood als enige de mogelijkheid om Fujitsu's frontoffice Salesforce lead-management- en prognosesoftware te integreren met data uit het ERP-systeem van het bedrijf. FPX CPQ configureert automatisch alle bestellingen, zelfs als ze zijn gebaseerd op uiterst complexe bedrijfsregels. De software valideert alle producten- en dienstenselecties om een eind te maken aan kostbaar meerwerk en helpt de winstmarges bewaken door goedkeuring te vragen voor kortingen die over vooraf goedgekeurde percentages heen gaan.

FPX CPQ automatiseert alle complexe prijsvoorschriften voor Fujitsu en integreert ze bijna realtime in het offertesysteem, zodat veranderingen in stamgegevens over producten en materialen vrijwel direct in offertes en bestellingen worden meegenomen. Prijsvaststellingen die Fujitsu's verkoopteams dagen rekenwerk kostten, nemen nu luttele seconden in beslag. En door deze informatie te centraliseren hoeft niemand afzonderlijke spreadsheets door te spitten om te zien hoe de prijs wordt vastgesteld. Als er een verandering wordt doorgevoerd, wordt deze niet langer begraven in een of meer spreadsheets die door afzonderlijke verkoopmedewerkers worden bijgehouden. FPX CPQ kan ook automatisch extra kansen herkennen door de plaatsing van een product op een specifieke locatie te wijzigen. Dankzij dit element hoeft een configuratie niet meer handmatig met een promotielijst te worden vergeleken, zodat de verkoopafdeling niet langer achteraf concessies hoeft te doen aan klanten die niet meteen de goedkoopste optie kregen. Binnen zes maanden na de implementatie van FPX CPQ behaalde Fujitsu al zakelijke voordelen. Eén cloudbased platform voor CPQ verving een flink aantal offertesystemen voor het configureren van netwerk-

platforms met meerdere lagen en sleuven. Foutieve prijzen werden met 80 procent verminderd, wat op zijn beurt meerwerk en waardevermindering van activa aanzienlijk verminderde. De algehele cyclustijd (totale tijd van begin tot eind van een proces) nam eveneens af. Bovendien bracht de bedrijfsbrede automatisering van CPQ belangrijkere informatie aan het licht over verkopen, diensten en de dingen waar klanten om vroegen.
Elke keer dat er een verandering wordt doorgevoerd, zoals een nieuwe prijs, nieuwe productbeschikbaarheid of een gewijzigde productbeschrijving, is deze zichtbaar voor alle gebruikers zodra in het systeem naar hun offertes kijken. Als een nieuwe offerte wordt gegenereerd, kan Fujitsu die offerte ook meteen actualiseren aan de hand van de doorgevoerde wijzigingen. Verkoopmedewerkers kunnen de klant persoonlijk realtime visuele weergaven tonen van oplossingen, configuraties aanpassen en direct de meest actuele prijzen opvragen. Met het nieuwe CPQ-systeem kan Fujitsu het verkoopproces stroomlijnen door een aanzienlijk deel van de productgegevens en configuratieregels direct binnen de offerte-applicatie te plaatsen. Het verkoopteam kan zo autonomer opereren en zich richten op verkopen.

Bronnen: Ken Murphy, 'Fujitsu Untangles Sales Complexities,' *SAP Insider Profiles*, 6 juli 2015; 'FPX: Single Application Platform for Multi-Channel Management,' cioreview.com, geraadpleegd op 20 februari 2016; www.fpx.com, geraadpleegd op 20 februari 2016; www.fujitsu.com, geraadpleegd op 20 februari 2016.

Vragen bij de case

1. Welke problemen had Fujitsu met zijn bestaande systemen voor het CPQ-proces? Wat was de impact hiervan op de bedrijfsvoering?
2. Benoem en beschrijf de belangrijkste informatievereisten die je in Fujitsu's RFP zou verwachten te zien.
3. Waarom viel de keus op de CPQ-oplossing van FPX? Was het een goede keuze? Waarom wel of waarom niet?
4. Waarom zou Software as a Service voor Fujitsu een geschikte oplossing zijn? Had Fujitsu intern een eigen systeem moeten bouwen?
5. In hoeverre veranderde FPX CPQ de manier waarop Fujitsu zaken deed?

Wanneer een systeem wordt gerealiseerd met een applicatiesoftwarepakket of een cloudsoftwaredienst, omvat de systeemanalyse een formele evaluatie van het softwarepakket of de softwaredienst, waarbij zowel de eindgebruikers als informatiesysteemspecialisten een rol spelen. De belangrijkste evaluatiecriteria zijn de functies die de software biedt, de flexibiliteit, de gebruiksvriendelijkheid, de hardwarevereisten, de database-eisen, de installatie en het onderhoud, de documentatie, de kwaliteit van de leverancier en de kosten. Dit evaluatieproces van softwarepakketten of softwaredienst wordt vaak gebaseerd op een **request for proposal (RFP)**, een gedetailleerde lijst vragen die wordt voorgelegd aan softwareleveranciers.

Request for proposal (RFP)
Gedetailleerde lijst vragen die wordt voorgelegd aan softwareleveranciers of andere diensten om te bepalen hoe goed het product van de leverancier kan voldoen aan de specifieke eisen van de organisatie.

Wanneer wordt gekozen voor software van een externe bron, heeft de organisatie niet langer het hele systeemontwikkelingsproces onder controle. In plaats van de ontwerpspecificaties te laten aansluiten op de eisen van de gebruiker, moet bij het ontwerp worden geprobeerd de gebruikerseisen en de functies van het pakket of de softwaredienst te combineren. Als de eisen van de organisatie en de manier waarop het pakket of softwareservice werkt niet met elkaar sporen en deze software niet kan worden aangepast, moet de organisatie het pakket of de softwaredienst herschrijven en de procedures veranderen.

Outsourcing

Als een bedrijf geen interne middelen wil gebruiken voor het bouwen of bedienen van informatiesystemen, kan het het werk uitbesteden aan externe organisaties die gespecialiseerd zijn in het verlenen van deze diensten. Specifieke vormen van outsourcing zijn cloud computing en SaaS-providers, die we hebben beschreven in hoofdstuk 5. Bedrijven met een abonnement op deze diensten kunnen de door de dienst geleverde software en computerhardware als technisch platform voor hun systemen gebruiken. Bij een andere vorm van outsourcing kan een bedrijf een externe leverancier inhuren voor het ontwerpen en creëren van de software voor zijn systeem, en het aldus gerealiseerde systeem op zijn eigen platformen laten draaien. De outsourcingleverancier kan in hetzelfde land of in een ander land gevestigd zijn.

Outsourcing in eigen land vindt voornamelijk plaats wanneer de bedrijven waaraan werk wordt uitbesteed over vaardigheden, bronnen en middelen beschikken die hun klanten niet hebben. Het installeren van een nieuw supply-chain-managementsysteem op basis van een licentie in een zeer groot bedrijf zou het noodzakelijk kunnen maken om heel wat extra mensen in te huren, die specifieke expertise hebben op het gebied van supply-chain-managementsoftware. In plaats van nieuw personeel aan te nemen, van wie de meesten een uitgebreide training voor de nieuwe software nodig hebben en vervolgens moeten worden ontslagen als het systeem gebouwd is, is het vaak zinvoller en goedkoper om dit werk voor een bepaalde periode uit te besteden.

Outsourcing naar het buitenland
Uitbesteding van een deel van het ontwikkelwerk aan nieuwe systemen of van het onderhoud aan bestaande systemen uit aan externe leveranciers in een ander land.

In het geval van **outsourcing naar het buitenland** is de beslissing veel meer kostengestuurd. Een ervaren programmeur in India of Rusland verdient 10.000-30.000 dollar per jaar vergeleken bij ongeveer 60.000-120.000 dollar per jaar voor een vergelijkbare programmeur in de Verenigde Staten. Door internet en goedkope communicatietechnologie zijn de uitgaven en de problemen bij het coördineren van mondiale teams op locaties in het buitenland drastisch verminderd. Naast kostenbesparingen bieden veel buitenlandse bedrijven technologische middelen en vaardigheden van wereldklasse aan. De salarisstijgingen hebben recentelijk echter enkele van deze voordelen uitgehold, en sommige banen zijn weer teruggekomen. Over het algemeen outsourcen bedrijven niet het bedenken, de systeemanalyse en het ontwerp van IT-systemen naar buitenlandse bedrijven, maar ze outsourcen vaak wel het programmeren, testen, onderhoud en dagelijks beheer van IT-systemen.

Toch is er een zeer goede kans dat je op een zeker punt in je carrière te maken krijgt met buitenlandse partners of mondiale teams. Je bedrijf heeft de meeste kans om van outsourcing of uitbesteding te profiteren als het de tijd neemt om alle risico's te beoordelen en ervoor te zorgen dat outsourcing geschikt is voor zijn specifieke behoeften. Elk bedrijf dat zijn toepassingen uitbesteedt, moet het project volledig begrijpen, met inbegrip van de eisen, implementatiemethode, verwachte voordelen, kostencomponenten en maatstaven om de opdracht te kunnen beoordelen.

Veel bedrijven onderschatten de kosten voor het kiezen en beoordelen van leveranciers voor informatietechnologiediensten, voor het overgaan naar een nieuwe leverancier, het verbeteren van interne softwareontwikkelmethoden voor aansluiting met die van de leveranciers, en voor het toezicht op de naleving van de contractuele verplichtingen door de leveranciers. Bedrijven moeten middelen toewijzen voor het documenteren van de eisen, het versturen van requests for proposal (RFP's), reiskosten, onderhandelen over contracten en projectmanagement. Experts beweren dat het drie maanden tot een heel jaar kost om werk volledig aan een buitenlandse partner over te dragen en te zorgen dat de leverancier je zaken volledig begrijpt. Uitbesteden naar het buitenland brengt extra kosten met zich mee voor het omgaan met de cultuurverschillen die de productiviteit afremmen en met personeelsaangelegenheden, zoals het ontslaan of overplaatsen van binnenlandse werknemers. Al deze verborgen kosten ondermijnen enkele van de verwachte voordelen van outsourcen. Ondernemingen moeten uiteraard zeer zorgvuldig te werk gaan bij het zoeken naar een externe partij voor de ontwikkeling en het beheer van toepassingen die belangrijk zijn voor de concurrentiepositie van de onderneming. General Motors Corporation (GM) had 90 procent van alle IT-diensten uitbesteed, inclusief de datacentra en het applicatiebeheer. Het bedrijf besloot in 2012 echter 90 procent van de IT-infrastructuur weer zelf te gaan beheren, en slechts 10 procent bij outsourcers te laten. Kostenbesparingen waren een belangrijke reden hiervoor, maar de allerbelangrijkste reden om minder uit te besteden was de wens van GM om de controle weer terug te krijgen over de eigen informatiesystemen. Het bedrijf had het idee dat ze als gevolg van de outsourcing minder snel op kansen en concurrenten kon reageren. En ook gemakkelijker konden standaardiseren en de systemen en datacenters kon stroomlijnen. Door de informatiesystemen weer zelf te gaan beheren, kon GM gemakkelijker zijn systemen en datacentra standaardiseren en stroomlijnen. GM kon zo snijden in de lange lijst met IT-toepassingen en deze met minimaal 40 procent terugbrengen, een meer standaard platform toepassen, sneller innovatieve IT-projecten afmaken en meer grip krijgen op klant- en productiegegevens, die op te veel verschillende systemen werden bijgehouden. De automaker consolideerde 23 verspreide datacentra tot slechts twee, beide in Michigan, en heeft nu vier softwareontwikkelingscentra (Murphy, 2014).

TABEL 13.3 *Totale kosten van outsourcen naar het buitenland*

KOSTEN VAN OUTSOURCINGSCONTRACT: $ 10.000.000

Verborgen kosten	Gunstigste geval	Bijkomende kosten ($)	Ongunstigste geval	Bijkomende kosten ($)
1. Leveranciersselectie	0%	20.000	2%	200.000
2. Overgangskosten	2%	200.000	3%	300.000
3. Ontslagen & personeelsbehoud	3%	300.000	5%	500.000
4. Productiviteitsverlies/cultuurkwesties	3%	300.000	27%	2.700.000
5. Verbetering van de ontwikkelprocessen	1%	100.000	10%	1.000.000
6. Het contract managen	6%	600.000	10%	1.000.000
Totale extra kosten		1.520.000		5.700.000
	Uitstaand contract ($)	Bijkomende kosten ($)	Totale kosten ($)	Bijkomende kosten
Total cost of outsourcing (TCO), best case	10.000.000	1.520.000	11.520.000	15,2%
Total cost of outsourcing (TCO), worst case	10.000.000	5.700.000	15.700.000	57,0%

Tabel 13.3 toont de best- and worst-casescenario's voor de totale kosten van een buitenlands outsourcingproject. Het toont in hoeverre verborgen kosten het totale project beïnvloeden. Het gunstigste geval ('best case') heeft de laagste schattingen voor extra kosten, het ongunstigste ('worst case') de hoogste. Zoals je kunt zien zorgen de verborgen kosten voor een verhoging van de totale kosten van een outsourcingproject met 15 tot 57 procent. Zelfs met deze extra kosten hebben veel bedrijven baat bij outsourcen naar het buitenland, mits ze het werk goed managen.

13.5 Applicatieontwikkeling voor de digitale onderneming

In de omgeving van de digitale onderneming moeten organisaties kunnen veranderen en hun technische voorzieningen kunnen aanpassen om op nieuwe kansen te reageren. Bedrijven moeten beginnen om kortere ontwikkelprocessen te gebruiken, die sneller oplossingen bieden en applicaties voor mobiele platforms ontwikkelen. Naast het gebruik van softwarepakketten en online softwarediensten, vertrouwen bedrijven hierbij op fast-cycletechnieken zoals *rapid application development* (RAD), *joint application design* (JAD) en *agile*-ontwikkeling, herbruikbare gestandaardiseerde softwarecomponenten die kunnen worden samengesteld tot een volledige reeks diensten voor e-commerce en e-business. We zullen deze technieken in de volgende paragraaf bespreken.

Objectgeoriënteerde software Een benadering voor softwareontwikkeling waarbij de aandacht wordt verschoven van het apart modelleren van bedrijfsprocessen en gegevens naar het combineren van gegevens en procedures tot objecten.

13.5.1 Rapid application development (RAD), Agile-ontwikkeling en DevOps

Objectgeoriënteerde softwaretools, opnieuw bruikbare software, prototyping en tools voor het automatisch genereren van programmacode helpen systeembouwers veel sneller werkende systemen te bouwen dan mogelijk was met traditionele bouwmethoden en softwaretools. De

Rapid application development (RAD)
Het ontwikkelen van systemen in zeer korte tijd, gebruikmaken van prototypering, vierdegeneratietools en samenwerking tussen gebruikers en systeemspecialisten.

term **rapid application development (RAD)** wordt gebruikt om dit proces te beschrijven: het bouwen van werkende systemen in een zeer korte tijd met een zekere mate van flexibiliteit om zich aan te passen naarmate een project vordert. RAD behelst ook nauwe samenwerking tussen eindgebruikers en IT-specialisten en binnen de IT-groepen die de systemen ontwikkelen en beheren. Eenvoudige systemen kunnen vaak worden gebouwd met voorgefabriceerde onderdelen. Het proces hoeft niet sequentieel te zijn en belangrijke onderdelen van de ontwikkeling kunnen tegelijk plaatsvinden. Hoewel systeembouwers met RAD-tools en -methoden zeer snel systemen of onderdelen van systemen kunnen bouwen, moeten ze nog steeds zorgen voor een goede planning van de eisen aan het systeem en goede modellen, om zich ervan te verzekeren dat de systemen ook op de lange termijn bruikbaar blijven (Agarwal, Prasad, Tanniru en Lynch, 2000).

Joint application design (JAD)
Proces om de generatie van informatie-eisen te versnellen door eindgebruikers en IT-specialisten samen te brengen in een interactieve ontwerpsessie.

Soms wordt **joint application design (JAD)** gebruikt om de generatie van informatie-eisen te versnellen en een eerste systeemontwerp te ontwikkelen. JAD brengt eindgebruikers en IT-specialisten samen in een interactieve sessie om het ontwerp van het systeem te bespreken. Als JAD-sessies goed worden voorbereid en begeleid, kunnen ze de ontwerpfase enorm versnellen en gebruikers intensief bij het proces betrekken.

Agile-ontwikkeling
Snelle levering van werkende software door het opsplitsen van een groot project in een reeks kleine deelprojecten die worden afgerond in een kort tijdsbestek door gebruikmaking van iteratie en voortdurende feedback.

Agile-ontwikkeling is gericht op snelle levering van werkende software door het opsplitsen van een groot project in een reeks kleine deelprojecten die worden afgerond in een kort tijdsbestek door gebruikmaking van iteratie en voortdurende feedback. Aan elk miniproject wordt gewerkt door een team alsof het een volledig project is, met inbegrip van planning, analyse van de eisen, ontwerp, programmeren, testen en documentatie. Verbetering of toevoeging van nieuwe functionaliteit vindt plaats binnen de volgende iteratie als opdrachtgevers en gebruikers de eisen verduidelijken. Dit helpt het algehele risico verminderen, en maakt het mogelijk om het project sneller aan te passen aan veranderingen. Agile-methoden leggen de nadruk op communicatie in een rechtstreeks gesprek in plaats van via geschreven documenten, en stimuleren mensen om samen te werken en snelle en effectieve beslissingen te nemen. Voorbeelden van agile-ontwikkelmethoden zijn Xtreme Programming en SCRUM.

DevOps

DevOps
Een organisatiestrategie die op basis van agile-ontwikkelmethoden een cultuur en een omgeving creëert die snelle en 'agile' (wendbare) ontwikkelpraktijken bevorderen.

DevOps bouwt voort op agile-ontwikkelmethoden. Het is een organisatiestrategie die op basis van agile-ontwikkelmethoden een cultuur en een omgeving creëert die snelle en 'agile' (wendbare) ontwikkelpraktijken bevorderen. *DevOps* staat voor *development and operations*, oftewel ontwikkeling en systeembeheer, en legt de nadruk op nauwe samenwerking tussen de softwareontwikkelaars die applicaties bouwen en de operationele medewerkers binnen IT die de applicaties draaien en onderhouden. Van oudsher zou een applicatieontwikkelteam in een grote onderneming verantwoordelijk zijn voor het verzamelen van bedrijfseisen voor een applicatie, het ontwikkelen van de applicatie en het schrijven en testen van de software. Zodra de software was opgeleverd, zou het operationele team die in beheer nemen en onderhouden. Er ontstaan problemen als het ontwikkelteam niet op de hoogte is van operationele problemen die zorgen dat de software niet naar verwachting functioneert, zodat er extra tijd en meerwerk nodig is om de software aan te passen.

DevOps probeert deze onderlinge relatie te veranderen door betere en frequentere communicatie en samenwerking te bevorderen tussen systeemontwikkeling en operationele teams, met een snelle en stabiele workflow gedurende de hele levenscyclus van applicatieontwikkeling. Een dergelijke organisatorische verandering maakt het, dankzij de combinatie met agile-technieken, gestandaardiseerde processen en krachtigere geautomatiseerde softwarecreatie en testtools, mogelijk om sneller en vaker meer betrouwbare applicaties op te leveren.

Zo heeft Barclays Bank voor verschillende bedrijfsonderdelen agile-praktijken, waaronder DevOps, in gebruik genomen om innovatie te versnellen en zich te wapenen tegen de concurrentie van verschillende nieuwkomers op de markt, zoals online banken, maar ook Apple en Google, die zich begeven op de markt voor mobiele betalingen. DevOps en agile-praktijken hebben Barclays geholpen de tijd die nodig is voor software-updates terug te brengen en de softwarecode die zijn ontwikkelaars schrijven minder complex te maken. Barclays is dagelijks verantwoordelijk voor het verwerken van betalingen met een waarde van 30 procent van het Britse Bruto Nationaal Product. Het gebruik van DevOps softwareontwikkelmethoden garandeert dat zijn systemen blijven draaien en de concurrentie aankunnen (Donnelly, 2016).

13.5.2 Component-based development en webservices

We hebben al enkele van de voordelen besproken van objectgeoriënteerde ontwikkeling voor het bouwen van systemen die snel kunnen reageren op veranderingen in bedrijfsomgevingen, waaronder webtoepassingen. Om de verdere creatie van software te bespoedigen, zijn er groepen softwarecomponenten samengesteld voor algemene functies, zoals een grafische gebruikersinterface of een online-bestelfunctie. Deze kunnen worden gecombineerd voor het creëren van grootschalige bedrijfstoepassingen. Deze benadering van softwareontwikkeling wordt **component-based development (CBD)** genoemd, en maakt het mogelijk een systeem te bouwen door bestaande softwarecomponenten te combineren en te integreren. Steeds vaker komen deze softwarecomponenten uit de cloud. Bedrijven maken gebruik van commercieel verkrijgbare componenten voor winkelwagentjes, gebruikersauthenticatie, zoekmachines en catalogi, en combineren deze met andere software om aan de unieke eisen van hun organisatie tegemoet te komen.

Component-based development (CBD)
Creatie van grootschalige bedrijfstoepassingen door combinatie van reeds bestaande softwarecomponenten.

Webdiensten en servicegeoriënteerde computerprogramma's

In hoofdstuk 5 zijn webdiensten geïntroduceerd als zwak gekoppelde, herbruikbare softwarecomponenten, op basis van *Extensible Markup Language* (XML) en andere open protocollen en standaarden waarmee de ene toepassing met de andere kan communiceren zonder dat er een speciaal programma nodig is voor het delen van gegevens en diensten. Webdiensten kunnen worden gebruikt als programma's voor het bouwen van nieuwe systeemtoepassingen of het uitbreiden van bestaande systemen. Omdat deze softwarediensten een universele reeks standaarden gebruiken, zijn ze meestal goedkoper en gemakkelijker te combineren dan eigen componenten. Webdiensten kunnen bepaalde functies zelfstandig uitvoeren, maar ze kunnen ook andere webdiensten inschakelen om meer complexe transacties uit te voeren, zoals saldocontrole, een aankoop, of het bestellen van producten. Door softwarecomponenten te creëren die kunnen communiceren en gegevens kunnen delen ongeacht het besturingssysteem, de programmeertaal of clientcomputer, kunnen webdiensten aanzienlijke kostenbesparingen in systemen opleveren en tegelijkertijd nieuwe mogelijkheden bieden voor samenwerking met andere bedrijven.

13.5.3 Ontwikkeling van mobiele applicaties: voor een multi-screenwereld ontwerpen

Vandaag de dag verwachten, of eisen, werknemers en klanten dat ze met een mobiel apparaat van hun keuze overal en op elk moment informatie kunnen verkrijgen of een transactie kunnen uitvoeren. Om aan deze eisen te voldoen moeten bedrijven naast traditionele informatiesystemen ook mobiele websites, mobiele apps en platformspecifieke apps ontwikkelen. Als een organisatie eenmaal besluit om mobiele apps te ontwikkelen, moet ze enkele belangrijke keuzes maken, waaronder de te gebruiken technologie om deze apps te implementeren (of er een platformspecifieke app of een mobiele web-app ontworpen moet worden) en wat er met een mobiele website moet gebeuren. Een mobiele website is een versie van een reguliere website die in content en navigatie is geschaald, zodat men op een klein scherm van een mobiel apparaat snel toegang heeft en kan zoeken. (Ga bijvoorbeeld via je pc naar de website van Amazon en vervolgens via je smartphone om het verschil met een reguliere website te zien.) Een **mobiele web-app** is een internetapp met specifieke functionaliteit voor mobiele apparaten. Gebruikers kunnen mobiele web-apps starten via de webbrowser van hun mobiele apparaat. De web-app bevindt zich in eerste instantie op een server, is toegankelijk via internet, en hoeft niet op het apparaat geïnstalleerd te worden. Dezelfde toepassing kan door de meeste apparaten van een willekeurig merk met toegang tot internet worden gebruikt. Een **native app**

Mobiele web-app
Internet-app met specifieke functionaliteit voor mobiele apparaten die wordt geopend in de webbrowser van het mobiele apparaat.

Native app (platformspecifieke app)
Standalone applicatie ontworpen om op een specifiek platform te worden uitgevoerd die rechtstreeks op het mobiele apparaat geïnstalleerd is.

of **platformspecifieke app** is een standalone toepassing, die ontworpen is om op een specifiek platform en specifiek apparaat uitgevoerd te worden. De native app wordt rechtstreeks op een mobiel apparaat geïnstalleerd. Native apps kunnen voor het downloaden en uploaden van gegevens een internetverbinding tot stand brengen en ze kunnen deze gegevens ook bewerken wanneer ze niet met internet verbonden zijn. Om een voorbeeld te geven, een leesapp voor e-books, zoals de software van Kindle, kan een boek van internet downloaden, de internetverbinding verbreken en het boek in leesbare vorm aanbieden. Native mobiele apps zijn snel en hebben een hoge mate van betrouwbaarheid. Ze kunnen ook van de specifieke functies van een mobiel apparaat, zoals de camera of aanraakfuncties, gebruikmaken. Native apps zijn echter duur in ontwikkeling, omdat voor verschillende besturingssystemen en hardware meerdere versies van een app geprogrammeerd moeten worden. Het ontwikkelen van applicaties voor mobiele platforms is iets heel anders dan ontwikkelen voor een pc. Mobiele apparaten zijn veel kleiner en maken vaak gebruik van touch-technieken in plaats van typen. Mobiele apps moeten zijn geoptimaliseerd voor de specifieke taken die ze uitvoeren en moeten niet te veel taken tege-

INTERACTIEVE SESSIE: TECHNOLOGIE

Mobiele apps ontwikkelen: wat is daar nu anders aan?

Tegenwoordig willen vrijwel alle bedrijven mobiele apps inzetten. Onderzoek toont aan dat mobiele consumenten gemiddeld 1500 keer per week op hun telefoon kijken en 177 minuten per dag met hun telefoon bezig zijn. Met elke swipe, tik en zoom verwachten klanten zo onderhand dezelfde ervaring in al hun contacten met bedrijven. Bedrijven weten dat ze moeten reageren, en ze willen op korte termijn mobiele apps laten ontwikkelen. Dat is niet zo eenvoudig.

Het ontwikkelen van mobiele apps brengt enkele unieke problemen met zich mee. De gebruiker ervaart een mobiel apparaat fundamenteel anders dan een pc. Mobiele apparaten hebben speciale functies zoals locatiediensten waarmee bedrijven op zinvolle nieuwe manieren contacten met klanten kunnen onderhouden. Bedrijven moeten van dergelijke functies gebruik kunnen maken, en tegelijkertijd een ervaring bieden die op een klein scherm past. Er zijn meerdere mobiele platforms om mee te werken, waaronder iOS, Android en Windows 10, en een bedrijf kan voor elk hiervan een andere versie van een toepassing nodig hebben. Systeembouwers moeten begrijpen hoe, waarom en waar klanten mobiele telefoons gebruiken en hoe deze mobiele ervaringen interacties met bedrijven en gedrag veranderen. Je kunt niet simpelweg een website of pc-programma naar een smartphone of tablet overzetten. Het is een ander systeemontwikkelingsproces.

Alex and Ani ondervond dit toen het een mobiele app voor werknemers in zijn winkels ontwikkelde om klanten te helpen keuzes te maken en vervolgens de aankooptransactie af te ronden.

Alex and Ani, opgericht in 2004, ontwerpt, produceert en verkoopt in de Verenigde Staten milieuvriendelijke juwelen van hoge kwaliteit, vervaardigd met ambachtelijke technieken, en is erop gericht zijn klanten innerlijke rust en positieve energie te laten vinden. Lange rijen klanten aan de kassa's bij de Alex and Ani-winkels waren strijdig met deze filosofie en het merkimago van het bedrijf.

In samenwerking met Mobiquity, een ontwikkelaar van mobiele bedrijfsoplossingen, creëerde Alex and Ani een mobiele kassa- en betaaloplossing. Hiermee kunnen de Bangle Bartenders van Alex and Ani creditcards swipen en barcodes scannen en printen, zodat een klant in het gangpad van de winkel op het moment van aankoop kan tekenen en een kopie van de creditcardbon kan ontvangen. De klanten hoeven niet in de rij bij de kassa te wachten. Met de mobiele app kunnen verkopers meer aandacht schenken aan klanten, terwijl er minder tijd nodig is om aankopen af te rekenen. Dit draagt bij aan een plezierigere klantervaring en betere merkbeleving, en zorgt voor een betere klantenservice, waardoor de verkoopinkomsten toenemen.

Het startpunt voor het ontwikkelen van een mobiele app is het vaststellen van de mobiele momenten (gelegenheden waarbij iemand een mobiel apparaat tevoorschijn haalt om iets gedaan te krijgen) waarbij een mobiele app bijzonder nuttig zou zijn. Joe Lezon en Susan Soards, respectievelijk directeur technologie en hoofd retailoperaties bij Alex and Ani, brachten de mobiele momenten in kaart waarop medewerkers met klanten in contact zijn. Vervolgens specificeerden ze de context: de situatie, voorkeuren en houdingen van klanten en medewerkers op deze mobiele momenten. Lezon en Soards bepaalden op welke fysieke plekken in de winkel mobiele momenten plaatsvinden, hoe lang ze duren, de fase van het afrekenproces, welke informatie beschikbaar is, en wat de verwachtingen van de klant zijn.

De tweede stap is het ontwerpen van het mobiele afrekenen. Medewerkers van het bedrijf, ontwerpers en app-ontwikkelaars komen bijeen om te besluiten hoe een klant tijdens mobiele momenten moet worden geholpen en welke momenten zowel de klant als het bedrijf ten goede komen. Een mobiele app voor momenten die zowel klanten als het bedrijf ten goede komen, heeft een grotere kans op succes. Alex and Ani liet een klein team voor het ontwerp van mobiel afrekenen tekeningen maken, die exact in beeld brachten hoe een medewerker een iPod Touch-toepassing en een creditcardlezer/printer direct gekoppeld aan het kassasysteem van het bedrijf zou gebruiken om de klanten te helpen. Tot de ontwerpspecificaties behoorden scherm-lay-outs, de volgorde van gebeurtenissen en de bij elke stap benodigde transacties.

De derde stap bestaat uit het sturen van mensen, processen en platforms om de mobiele ervaring te bieden. Voor een effectieve mobiele app moeten vaak de interne systemen van het bedrijf, zoals die voor voorraadbeheer, klanten en reserveringen, worden aangepast. Aanpassingen zoals nieuwe API's en het zodanig afstemmen van de systemen dat ze sneller op verzoeken reageren zijn verantwoordelijk voor 80 procent van de kosten van de meeste mobiele projecten. (*API* is de afkorting van 'application program interface', een verzameling routines, protocollen en hulpmiddelen voor het bouwen van softwareapplicaties die specificeren hoe de interactie tussen softwareonderdelen moet verlopen.) Alex and Ani verbond zijn mobiele app met zowel de systemen van de winkels van het bedrijf als de systemen met gedetailleerde productinformatie.

De vierde en laatste stap is het bewaken van de prestatie en het verbeteren van de resultaten. Alex and Ani analyseerde zijn mobielewinkeltoepassing om te zien hoezeer de afrekentijd afnam en welke klanten transacties afrondden. Dankzij het nieuwe mobiele systeem kon Bangle Bartenders meer tijd aan klanten besteden, werden wachtrijen korter en namen de verkopen rond de feestdagen met ruim 300 procent toe. Alex and Ani kon in de meeste van zijn 28 Amerikaanse vestigingen het aantal mobiele kassa's uitbreiden van 4 tot 10.

Mobiele aanwezigheid is geen doel op zich; mobiele apps moeten een bedrijf echt succesvoller helpen maken. De mobiele app moet op een zinvolle manier in verbinding staan met de systemen die de onderneming aandrijven. Het bedrijf TTX uit Chicago dat goederenwagons en transportbeheerdiensten aan de spoorwegindustrie levert, merkte dat het meest kritische aspect van het ontwikkeltraject voor zijn mobiele app was om een duidelijk idee te hebben van wat het met de app wilde bereiken. In 2014 ontwikkelde het bedrijf een mobiele app om nauwkeuriger te factureren en de productiviteit van zijn onderhoudsteams te verhogen in de vijftig onderhoudsvestigingen langs het spoor. Het kostte ongeveer zes maanden om de app binnen het bedrijf te ontwerpen en te bouwen.

De app had tot doel een betere registratie te realiseren van TTX's onderhoudswerk, dat onder uiteenlopende weersomstandigheden in de open lucht plaatsvindt, vaak op plekken met sporadische of geen internetverbinding en dat wordt uitgevoerd door medewerkers die in veel gevallen handschoenen dragen. Onderhoudsteams hadden hun aantekeningen over reparaties aan goederenwagons tot dan toe op papier opgeschreven. De mobiele app was gebaseerd op een Windows-platform voor een pc in een plastic omhulsing met een touchscreen. De CIO en vicevoorzitter van TTX, Bruce Schinelli, en zijn systeemontwikkelingsteam beseften dat de app in staat moest zijn om effectief in de buitenlucht pen en papier te vervangen. Dat prille besef van hoe de mobiele app het bedrijf waarde zou leveren was sturend voor het systeemontwerp en de implementatie. Schinelli gelooft dat een bedrijf dat de verkeerde aannames doet over het doel van zijn mobiele app een hoop meerwerk te wachten staat. Voor TTX bestond het harde werk eruit om te zorgen dat de systeembouwers precies wisten hoe de mobiele app op de werkplek zou functioneren.

Bronnen: Mary K. Pratt, 'As Mobile Apps for Employees Proliferate, CIOs Get Involved,' searchCIO.com, geraadpleegd op 10 februari 2016; Alex and Ani, 'Alex and Ani mPOS,' www.mobiquity.com, geraadpleegd op 22 februari 2016; Linda Tucci, 'Enterprise Mobile App Development: No Easy Answers,' searchCIO.com, geraadpleegd op 22 februari 2016; and Brian Solis, 'Mobile Is Eating the World,' Sitecore Corporation, februari 2016.

Vragen bij de case

1. Aan welke management-, organisatorische en technologische punten moet bij het bouwen van een mobiele applicatie aandacht worden geschonken?
2. In welke opzichten verschilt de user requirement definition voor mobiele toepassingen van traditionele systeemanalyse?
3. Beschrijf het verkoopproces bij Alex and Ani voor en na het in gebruik nemen van de mobiele toepassing.

lijkertijd uitvoeren. De gebruikerservaring is bij mobiele interactie fundamenteel anders dan bij een desktop of laptop. Het besparen van bronnen – bandbreedte, schermruimte, geheugen, processor, gegevensinvoer en bewegingen – heeft hierbij topprioriteit.
Als een website die gemaakt is voor weergave op een computerscherm op het display van een smartphone wordt getoond, is het voor de gebruiker lastig navigeren. De gebruiker moet continu inzoomen en scrollen om te vinden wat hij zoekt. Bedrijven ontwikkelen daarom vaak websites specifiek voor mobiele interfaces, soms ook nog verschillende voor diverse smartphones en tablets. Websites weten tegenwoordig op welk apparaat je ze bekijkt omdat je browser deze informatie bij het inloggen naar de server stuurt. Op basis van deze informatie wordt de juiste versie van de website getoond.
Dit houdt in dat er meerdere websites moeten worden bijgehouden, met eigen inhoud, onderhoud en kosten. **Responsive webdesign** maakt het mogelijk om websites automatisch in een andere lay-out te tonen, afhankelijk van de schermresolutie van de bezoeker, op de desktop, laptop, tablet of smartphone. Responsive design maakt voor het optimaliseren van verschillende kijkomgevingen gebruik van programma's zoals flexibele grid lay-outs, flexibele afbeeldingen en mediazoekopdrachten. Hierdoor hoeft niet voor elk nieuw apparaat afzonderlijk ontwerp- en ontwikkelwerk gedaan te worden. Ook HTML5 (zie hoofdstuk 5) wordt gebruikt voor de ontwikkeling van mobiele toepassingen, omdat deze mobiele toepassingen over meerdere platforms ondersteunt. De Interactieve sessie over technologie laat zien hoe sommige bedrijven omgaan met de softwareontwikkeling voor de mobiele omgeving.

Responsive webdesign
Vermogen van een website om wanneer een gebruiker overschakelt naar apparaten van verschillende grootte, zoals een laptop, tablet of smartphone, automatisch schermresolutie en afbeeldingsgrootte aan te passen. Hierdoor hoeft er niet voor elk nieuw apparaat afzonderlijk ontwerp- en ontwikkelwerk gedaan te worden.

SAMENVATTING

1. Hoe brengt het bouwen van nieuwe systemen veranderingen in de organisatie teweeg?
Het bouwen van een nieuw informatiesysteem is een vorm van geplande organisatieverandering. De vier typen veranderingen door inzet van andere technologie zijn (1) automatisering, (2) rationalisering van procedures, (3) reorganisatie van bedrijfsprocessen en (4) modelverschuiving. Hoe intensiever de veranderingen zijn, hoe groter ook de risico's en opbrengsten. Veel organisaties passen business process management toe om de workflow en bedrijfsprocessen te reconstrueren in de hoop grote productiviteitsverbeteringen te realiseren. Business process management is ook nuttig voor de promotie van total quality management (TQM), six sigma en andere initiatieven voor incrementele procesontwikkeling.

2. Wat zijn de kernactiviteiten in het systeemontwikkelingsproces?
De kernactiviteiten in het systeemontwikkelingsproces zijn systeemanalyse, systeemontwerp, programmeren, testen, conversie, productie en onderhoud.

3. Wat zijn de belangrijkste methoden voor het modelleren en ontwerpen van systemen?
De twee belangrijkste methoden voor het modelleren en ontwerpen van informatiesystemen zijn gestructureerde methoden en objectgeoriënteerde ontwikkeling. Gestructureerde methoden zijn gericht op het afzonderlijk modelleren van processen en gegevens. Het voornaamste instrument voor gestructureerde analyse is het dataflowdiagram, en het voornaamste instrument voor het representeren van gestructureerd softwareontwerp is het structuurschema.
Objectgeoriënteerde ontwikkeling modelleert een systeem als een verzameling objecten die processen en gegevens combineren. Objectgeoriënteerde modellering is gebaseerd op de concepten van klassen en overerving.

4. Welke mogelijke methoden voor het bouwen van informatiesystemen zijn er?
De oudste methode voor het bouwen van systemen is de systeemlevenscyclus, die vereist dat informatiesystemen worden ontwikkeld in formele fasen. Deze fasen moeten na elkaar worden doorlopen en hebben van tevoren gedefinieerde resultaten; elke fase moet worden goedgekeurd voordat de volgende fase kan starten. De systeemlevenscyclus is geschikt voor grote projecten waarvoor formele specificaties en strakke managementsturing nodig zijn bij elke fase van de bouw. De methode is echter zeer strikt en kostbaar.
Prototyping bestaat uit het snel en goedkoop bouwen van een experimenteel systeem dat eindgebruikers kunnen gebruiken en evalueren. Prototyping stimuleert de betrokkenheid van eindgebruikers bij de ontwikkeling van het systeem. Het is een iteratieve ontwerp-

methode, wat inhoudt dat het ontwerp steeds wordt herhaald en verbeterd totdat aan alle specificaties is voldaan. De snelle creatie van prototypes kan soms resulteren in systemen die niet volledig zijn getest en gedocumenteerd, of die technisch onvoldoende zijn voor een productieomgeving.
Het gebruik van een softwarepakket of online softwarediensten (SaaS) verlaagt de hoeveelheid tijd en de kosten die moeten worden besteed aan ontwerp, programmeren, testen, installatie en onderhoud van een systeem. Applicatiesoftwarepakketten of SaaS zijn geschikt voor ondernemingen die geen interne IT-medewerkers hebben of die onvoldoende financiële middelen hebben om een eigen systeem te laten ontwikkelen. Pakketten moeten echter soms drastisch worden aangepast om te voldoen aan de specifieke eisen van een onderneming, waardoor de ontwikkelingskosten kunnen stijgen.
Ontwikkeling door de eindgebruiker houdt in dat de informatiesystemen door de eindgebruikers worden ontwikkeld, met weinig of geen hulp van IT-specialisten. Deze systemen kunnen snel en informeel worden ontwikkeld met behulp van gebruikersvriendelijke softwaretools. Eindgebruikerontwikkeling zou informatiesystemen kunnen creëren die niet voldoen aan de kwaliteitsstandaarden en niet op de traditionele centrale manier kunnen worden beheerd.
Outsourcing houdt in dat een externe leverancier de informatiesystemen van een organisatie bouwt (of beheert). Het werk wordt in dit geval uitgevoerd door de leverancier in plaats van door de IT-medewerkers van de organisatie. Outsourcing kan de ontwikkelingskosten verlagen en stelt ondernemingen zonder IT-afdeling in staat toepassingen te laten ontwikkelen. Ondernemingen lopen echter wel het risico de controle over hun informatiesystemen kwijt te raken en te afhankelijk te worden van externe leveranciers.
Outsourcing brengt ook 'verborgen' kosten met zich mee, met name bij uitbesteding van het werk naar het buitenland.

5. Wat zijn nieuwe manieren van aanpak voor systeembouw in het digitale-ondernemingstijdperk?

Bedrijven stappen over op rapid application design, joint application design (JAD), agile-ontwikkeling en herbruikbare softwarecomponenten voor het versnellen van het systeemontwikkelingsproces. Rapid application development maakt gebruik van objectgeoriënteerde software, visueel programmeren, prototyping en hulpmiddelen voor het zeer snel creëren van systemen. Agile-ontwikkeling splitst een groot project op in een reeks kleinere deelprojecten die worden afgerond in een kort tijdsbestek door gebruik te maken van iteratie en voortdurende feedback. Component-based development versnelt de applicatieontwikkeling door objecten te groeperen in reeksen softwarecomponenten die kunnen worden gecombineerd tot grootschalige bedrijfsapplicaties. DevOps legt de nadruk op nauwe samenwerking tussen de softwareontwikkelaars die applicaties bouwen en de operationele IT-medewerkers die de applicaties laten draaien en onderhouden. Webdiensten bieden een algemene reeks standaarden waarmee organisaties, ongeacht hun technologieplatform, hun systemen met elkaar kunnen verbinden met behulp van standaard 'plug and play'-architectuur.
Bij de ontwikkeling van mobiele applicaties moet aandacht worden besteed aan eenvoud, gebruiksgemak en optimalisatie van taken op kleine schermen.

HERHALINGSVRAGEN

1. Hoe brengt het bouwen van nieuwe systemen veranderingen in de organisatie teweeg?

- Beschrijf de vier typen organisatieverandering die kunnen worden bevorderd met informatietechnologie.
- Definieer business process management en beschrijf de stappen waaruit het bestaat.

2. Wat zijn de kernactiviteiten in het systeemontwikkelingsproces?

- Maak onderscheid tussen systeemanalyse en systeemontwerp. Beschrijf van beide de bijbehorende activiteiten.
- Geef een definitie van informatie-eisen en leg uit waarom ze moeilijk goed te bepalen zijn.
- Leg uit waarom de testfase van systeemontwikkeling zo belangrijk is. Noem en beschrijf de drie testfasen van een informatiesysteem.
- Beschrijf de rol van programmering, conversie, productie en onderhoud bij systeemontwikkeling.

3. Wat zijn de belangrijkste methoden voor het modelleren en ontwerpen van systemen?

- Vergelijk objectgeoriënteerde en traditionele gestructureerde benaderingen voor het modelleren en ontwerpen van systemen.

- Beschrijf computerondersteunde softwareontwikkeling en leg uit waar het toe dient.

4. Welke mogelijke methoden voor het bouwen van informatiesystemen zijn er?

- Definieer de traditionele levenscyclus voor systemen. Beschrijf de voor- en nadelen voor systeembouw.
- Geef een definitie van prototyping voor informatiesystemen. Beschrijf de voordelen en beperkingen. Noem en beschrijf de stappen in het prototypingproces.
- Geef een definitie van een applicatiesoftwarepakket. Leg uit wat de voor- en nadelen zijn van het ontwikkelen van informatiesystemen gebaseerd op softwarepakketten.
- Geef een definitie van eindgebruikerontwikkeling en beschrijf de voor- en nadelen. Noem enkele richtlijnen en procedures voor het managen van eindgebruikerontwikkeling.
- Beschrijf de voor- en nadelen van outsourcing bij systeembouw.

5. Wat zijn nieuwe manieren van aanpak voor systeembouw in het digitale-ondernemingstijdperk?

- Geef een definitie van rapid application development (RAD) en agile-ontwikkeling en leg uit hoe ze systeembouw kunnen versnellen.
- Leg uit hoe component-based development en webdiensten bedrijven kunnen helpen bij het bouwen en verbeteren van hun informatiesystemen.

DISCUSSIEVRAGEN

1. Waarom is het selecteren van een systeemontwikkelingsmethode een belangrijke ondernemingsbeslissing? Wie moeten aan dit selectieproces deelnemen?
2. Wat zijn de voordelen en risico's van outsourcing in eigen land en outsourcing naar het buitenland?
3. Wat zijn de voordelen van responsive webdesign in vergelijking met een platformspecifieke app of een mobiele website?

PRAKTIJKPROJECTEN

Met de projecten in dit onderdeel kun je praktische ervaring opdoen met het analyseren van bedrijfsprocessen, het ontwerpen en bouwen van een klantsysteem voor autoverkoop, en het analyseren van websiteinformatievereisten.

Problemen met managementbesluiten

1. Voor een extra bedrag kan een klant die iets koopt bij de Britse online witgoedwinkel Appliancesdirect.com, bijvoorbeeld een wasmachine, een servicecontract voor drie jaar afsluiten. Het contract voorziet in kosteloze reparaties en onderdelen voor het desbetreffende apparaat door een erkend reparatiebedrijf. Als iemand met een servicecontract van Appliancesdirect een apparaat moet laten repareren, bijvoorbeeld een wasmachine, belt hij of zij de afdeling Reparaties & Onderdelen van het bedrijf om een afspraak te maken. Die afdeling plant de afspraak in en geeft de beller de datum en het dagdeel door waarop de reparatie plaatsvindt. De hersteller komt in de loop van dat dagdeel en inventariseert wat het probleem is. Als het gaat om een kapot onderdeel dat de hersteller bij zich heeft, vervangt hij het. Anders bestelt hij het bij de afdeling. Als het onderdeel niet in voorraad is, bestelt de afdeling het en geeft ze de klant bij benadering aan wanneer het aankomt. Het onderdeel wordt direct naar de klant verzonden. Zodra het binnen is, moet de klant Appliancesdirect bellen om een nieuwe afspraak te maken met de reparateur. Dit is een erg langdurig proces. Het kan tot twee weken duren om de eerste afspraak in te plannen, nog eens twee weken om het benodigde onderdeel binnen te krijgen en vervolgens een week om de vervolgafspraak met de reparateur te maken.
   - Maak een diagram van het huidige proces.
   - Welke impact heeft het huidige proces op de operationele efficiency en klantrelaties van het bedrijf?
   - Welke veranderingen zouden er kunnen worden gemaakt om dit proces efficiënter te maken? Hoe zouden informatiesystemen deze veranderingen kunnen ondersteunen? Maak een diagram van het verbeterde proces.

2. De directie van je landbouwchemicaliënbedrijf is ontevreden over de productieplanning. Productieplannen worden opgesteld aan de hand van de geschatte vraag naar elk product, die op zijn beurt is gebaseerd op de hoeveelheden die er in het verleden van elk product zijn besteld. Als een klant onverwachts een bestelling plaatst of een bestaande bestelling aanpast, is het onmogelijk om de productieplanning aan te passen. Het kan voorkomen dat het bedrijf de klant moet melden dat het niet aan zijn vraag kan voldoen, of het moet extra kosten maken voor extra voorraden om geen nee te hoeven verkopen. Aan het eind van elke maand worden bestellingen opgeteld en handmatig in het productieplanningsysteem van het bedrijf ingevoerd. Data over de afgelopen maand uit de productie- en voorraadsystemen worden handmatig in het bestelmanagementsysteem van het bedrijf ingevoerd. Analisten van de verkoop- en de productieafdeling analyseren de data uit hun respectievelijke systemen om te bepalen wat de verkoop- en productietargets voor de komende maand moeten worden. Deze schattingen komen meestal niet overeen. Vervolgens komen de analisten bij elkaar tijdens een planningsvergadering op hoog niveau om de productie- en verkooptargets te herzien en rekening te houden met de directiedoelen ten aanzien van marktaandeel, omzet en winst. Het resultaat van de vergadering is een definitief productieschema. Het hele productieplanningsproces kost 17 werkdagen. Er gaan negen dagen gemoeid met het invoeren en valideren van de data. De resterende dagen worden besteed aan het ontwikkelen en met elkaar in overeenstemming brengen van de productie- en verkooptargets en het definitief maken van het productieschema.
   - Maak een diagram van het bestaande productieplanningsproces.
   - Analyseer de problemen die dit proces voor het bedrijf creëert.
   - Hoe zou een bedrijfssysteem deze problemen kunnen oplossen? Op welke manieren zou het kosten kunnen verlagen? Maak een diagram van hoe het productieplanningsproces eruit zou kunnen zien als de onderneming bedrijfssoftware zou implementeren.

Besluitvorming verbeteren: met databasesoftware een klantsysteem ontwikkelen voor de verkoop van auto's

Softwarevaardigheden: Databaseontwerp, querying, rapporteren en formulieren
Zakelijke vaardigheden: Salesleads en klantanalyse

3. Dit project vraagt van je om een systeemanalyse uit te voeren en vervolgens op basis van databasesoftware een systeemoplossing te ontwikkelen. Burrows Auto Dealers is een Britse dealer van nieuwe Toyota's, gevestigd in Sheffield. Het bedrijf adverteert in lokale kranten en staat als erkende dealer vermeld op de Toyota-website en andere belangrijk sites voor autokopers. Het bedrijf heeft lokaal een goede mond-tot-mondreputatie en naamsbekendheid.
   Burrows gelooft niet dat het voldoende informatie heeft over zijn klanten. Het kan niet gemakkelijk vaststellen welke potentiële klanten een auto hebben gekocht, noch kan het benoemen welke klantcontactmomenten het grootste aantal verkopen hebben opgeleverd, teneinde zijn advertentie- en marketingbudget gerichter in te zetten in kanalen die de grootste omzet genereren. Komen kopers bij Burrows terecht dankzij krantenadvertenties, van mond tot mond of via internet?
   Stel een systeemanalyserapport over Burrows' probleem op en ontwerp een systeemoplossing die kan worden geïmplementeerd met behulp van databasemanagementsoftware. Ontwikkel dan een eenvoudige oplossing met databasesoftware.

Operationeel excelleren: Websiteontwerp en informatievereisten analyseren

Softwarevaardigheden: Webbrowsersoftware
Zakelijke vaardigheden: Analyse van informatievereisten, websiteontwerp

4. Bezoek een website naar keuze en verken deze grondig. Maak een verslag waarin je de verschillende functies en de informatievereisten van die website analyseert. Je verslag moet antwoord geven op de volgende vragen: Welke functies vervult de website? Van welke data maakt hij gebruik? Van welke input, output en processen maakt de website gebruik? Noem enkele andere ontwerpspecificaties. Linkt de website naar interne systemen, of naar systemen van andere organisaties? Welke waarde biedt deze website het bedrijf?

SAMENWERKINGS- EN TEAMWORKPROJECT

Websiteontwerpspecificaties opstellen

1. Kies samen met drie of vier medestudenten een in deze tekst beschreven web-based systeem. Inspecteer de website voor het gekozen systeem. Stel op basis van wat jullie van de website en de beschrijving in dit boek hebben geleerd een verslag op waarin jullie een aantal ontwerpspecificaties voor het gekozen systeem beschrijven. Maak waar mogelijk gebruik van Google Docs en Google Drive of Google Sites om te brainstormen, te organiseren en een presentatie van jullie bevindingen te maken voor de rest van jullie jaar.

CASESTUDY

ConAgra's recept voor een beter hr-systeem

99 procent van alle Amerikaanse huishoudens heeft producten van ConAgra in de kast staan, zoals Chef Boyardee Ravioli, Orville Redenbacher popcorn, Healthy Choice of Banquet kipnuggets voor in de vriezer. ConAgra Foods Inc., dat zijn hoofdkantoor heeft in Omaha (Nebraska) is een van de grootste voedingsmiddelenbedrijven van Noord-Amerika. Het levert snelle, gemakkelijke maaltijden en smakelijke tussendoortjes met merken als Libbys, Banquet, LaChoy, Hunts, Healthy Choice, en Blue Bonnet. Tweeendertig van ConAgra's merken zijn goed voor een jaarlijkse detailhandelverkoop ter waarde van meer dan 100 miljoen dollar.

ConAgra rekent op zijn 33.000 werknemers om zijn producten op de schappen in supermarkten en kruidenierswinkels te hebben staan, en de directie beschouwt haar hr-beleid als een essentieel bestanddeel van haar succes. Net als veel andere bedrijven die vooruitkijken, beseft ConAgra hoe belangrijk HR is voor het algehele welslagen van het bedrijf en voor het vermogen om de juiste mensen op de juiste plekken te hebben bij het uitvoeren van de bedrijfsstrategie. Technologie zal voor ConAlgra naar verwachting een steeds grotere rol spelen bij het aantrekken, vasthouden, ontwikkelen en leidinggeven aan de mensen die het nodig heeft.

Tot voor kort beschikte ConAgra niet over de juiste technologie om de talenten en expertise van zijn vaste en uitzendmedewerkers optimaal te benutten. Het had een centraal systeem voor basale hr-functies, maar daarnaast had het incompatibele standalone systemen voor hr-functies, zoals de beloning, de training, werving, opvolgingsplanning en talentbeoordeling van werknemers. Deze systemen leverden gefragmenteerde informatie op en waren niet in staat om bedrijfsbreed het beeld van de werknemer of het hr-proces te ondersteunen. Sommige van deze systemen waren gebaseerd op commerciële zakelijke softwareproducten en andere waren binnen het bedrijf ontwikkeld. Deze systemen werkten goed, maar doordat ze niet waren geïntegreerd was hun bruikbaarheid beperkt. Zo konden data uit het ene systeem niet gemakkelijk met data uit een ander systeem worden gecombineerd tot betekenisvollere rapportages en talentanalyse of tot een completer beeld van werknemers. Doordat de data niet in een centraal systeem waren opgeslagen, moesten hr-medewerkers de informatie vaak uit meerdere systemen ophalen en handmatig rapporten aan elkaar plakken. Bovendien moest het bedrijf meerdere informatiesysteemteams in dienst houden om deze systemen te ondersteunen.

Dit werd allemaal anders in 2013, toen het bedrijf besloot om het merendeel van zijn bestaande hr-systemen met pensioen te sturen en een uitgebreid talentmanagementsysteem te implementeren dat was geïntegreerd met zijn centrale hr-systeem. Het talentmanagementsysteem bestond uit geïntegreerde modules die op een cloudbased platform draaiden. ConAgra noemde het project rond het bouwen van het nieuwe talentmanagementsysteem 'My Recipe', ofwel 'mijn recept'.

Een belangrijk doel van My Recipe was om alle data over werknemers op te slaan en te delen in één centraal, geïntegreerd cloudbased systeem. Een tweede doel was om overtollige data, complexiteit en operationele inefficiëntie te verminderen door data te centraliseren zodat ze uit één bron leken te komen. Ten derde moest het systeem gebruiksvriendelijke hulpmiddelen en processen kunnen leveren die het managers en werknemers gemakkelijker maakten om zinvolle gesprekken te voeren over prestaties en carrièreontwikkeling. Een andere vereiste was dat het systeem een snel overzicht moest kunnen bieden van ConAgra's huidige talentenpool en moest kunnen laten zien hoe deze werd ontwikkeld om te voldoen aan toekomstige bedrijfsbehoeften. Naar verwachting

zou zo'n systeem werknemers en managers beter vast kunnen houden, hr-medewerkers nuttigere data kunnen leveren, talentmanagement kunnen verbeteren en de productiviteit kunnen verhogen.
Na een grondige vergelijking van leveranciers spitste ConAgra zijn zoektocht toe op drie leveranciers, en koos uiteindelijk voor SuccessFactors. SuccessFactors is een wereldwijde aanbieder van cloudbased software voor human capital management en maakt deel uit van SAP. De applicatiesuite omvat onder meer een leermanagementsysteem (LMS), prestatiemanagement en software voor personeelswerving, voor het volgen van sollicitanten, voor opvolgingsplanning, talentmanagement en hr-analyse, alsmede sociale zakelijke e-samenwerkingshulpmiddelen waarmee organisaties de ontwikkeling en prestaties van hun werknemers kunnen optimaliseren. De directie zag SuccessFactors als de beste keus, omdat het een gebruiksvriendelijke en op het bedrijf toe te snijden user interface bood die medewerkers en management in staat stelde het systeem zelfstandig te gebruiken. Bovendien integreerde SuccessFactors met andere producten van zowel SAP als andere leveranciers.
Gedurende een periode van vijftien maanden implementeerde ConAgra My Recipe in drie fasen. Tijdens de eerste fase, die medio 2013 werd afgerond, upgradede ConAgra de totale user interface en implementeerde de modules Learning en Succession & Development uit SuccessFactors. In fase twee, die eind 2013 werd afgerond, implementeerde het bedrijf de modules Workforce Analytics, Workforce Planning, Recruiting Marketing en Recruiting Management.
In de laatste fase, die medio 2014 werd afgerond, implementeerde ConAgra de beloningsmodule en een update voor de module Performance & Goals, die onder meer de functionaliteit bood voor het kalibreren van prestatiebeoordelingen. (Kalibratie is een proces om prestatiebeoordelingen consistenter te maken.)
Het nieuwe SuccessFactors-systeem verving acht oude hr-systemen, verminderde de hoeveel hr-data in dossiermappen aanzienlijk en reikte managers en medewerkers nieuwe hulpmiddelen aan om direct zelf informatie en verslagen uit het systeem op te halen.
Het My Recipe-team stelde implementatiedeadlines op die overeenkwamen met de tijd van het jaar waarin de specifieke processen altijd werden uitgevoerd. Zo werd het uitrollen van de SuccessFactors opvolgings- en ontwikkelingsoftware ingepland in de periode waarin het bedrijf zijn jaarlijkse talentbeoordeling deed. Door het systeem gefaseerd uit te rollen bleef het project levend en relevant, en konden medewerkers begrijpen hoe de ene module voortbouwde op de volgende. De tijdsplanning van het project maakte het medewerkers bovendien gemakkelijker om het systeem in gebruik te nemen, omdat gebruikers van meet af aan werden geconfronteerd met een 'one-stop shop' voor hr en steeds meer belangstelling kregen om het systeem voltooid te zien. Het systeemlogboek laat zien dat de gemiddelde hr-gebruiker ongeveer honderd keer per jaar een aspect van de SuccessFactors-oplossing raadpleegt. Toen ConAgra gefragmenteerde hr-systemen had, raadpleegden managers of medewerkers die systemen nooit in die mate.
Toen de implementatie compleet was, kon ConAgra met My Recipe opvolgingsplanning, talentbeoordelingen en andere, eerder ontoegankelijke en ondeelbare data vastleggen, opslaan en delen. Het stelde medewerkers in staat om zelf proactief taken, prestaties, doorgroeimogelijkheden en kansen bij te houden, en het standaardiseerde hr-bedrijfsprocessen door de hele loopbaancyclus van werknemers heen.
Met het nieuwe systeem kunnen hr-medewerkers zich richten op knelpunten in de personeelsplanning in plaats van op tactisch dagelijks personeelsbeheer en -registratie. My Recipe maakte ook korte metten met acht verouderde hr-systemen en alle administratieve lasten en inefficiënte werkwijzen van dien.
Een van de nieuwe systeemverbeteringen is het vermogen om de loonstaten van een werknemer (die worden verwerkt in het centrale hr-systeem van ConAgra) te verbinden met een knop op de startpagina van SuccessFactors, zodat werknemers hun loonstaten direct kunnen inzien. Andere knoppen op de startpagina, die gemakkelijk kan worden aangepast aan de huisstijl, bieden op een begrijpelijke manier toegang tot de werknemersprestaties en loopbaangegevens. Gebruiksgemak wordt verder vergroot door ingebouwde geheugensteuntjes. Zo kan een manager die naar de doelen van een werknemer kijkt eraan worden herinnerd dat er binnenkort een beoordelingsgesprek met de werknemer gepland staat. Door werknemersgegevens te centraliseren en die gegevens toegankelijker te maken kan het bedrijf zien hoe elke werknemer past in individuele, team- en bedrijfsbrede plannen met betrekking tot prestaties, opvolging en ontwikkeling. Met andere woorden, dankzij het systeem kan hr strategischer opereren en het personeel ConAgra preciezer stroomlijnen met de globale doelstellingen van het bedrijf.
Het was niet gemakkelijk om een compleet geïntegreerd systeem te bouwen met gemeenschappelijke bedrijfsbrede processen. ConAgra was flink veel tijd kwijt met het benoemen en evalueren van zijn bestaande processen en met beslissen welke

behouden moesten blijven en welke moesten worden veranderd. De processen moesten worden afgezet tegen de bedrijfsprocessen die door de SuccessFactors-software worden ondersteund. Het was belangrijk om te weten hoe elk van ConAgra's processen eruit zouden zien als SuccessFactors was geïmplementeerd en het nieuwe systeem in de cloud zou draaien.

Een andere uitdaging betrof analyse en rapportage. Rapportage was lastig toen de systemen van ConAgra gefragmenteerd waren, doordat het zo moeilijk was om de benodigde data uit zo veel verschillende bronnen bij elkaar te krijgen. Toen het bedrijf besefte hoeveel meer nuttige hr-data het nieuwe systeem zou kunnen opleveren, werd het project aangepast om meer aandacht te besteden aan rapportage en analyse en om ervoor te zorgen dat het systeem erop werd ingericht om de hiervoor benodigde data te leveren.

Voor de implementatie maakte ConAgra gebruik van de expertise van PricewaterhouseCoopers (PwC). Hun consultants verwierven snel inzicht in de behoeften van ConAgra en pasten die kennis en hun expertise in het project toe. Zo maakten de PwC-consultants zich ConAgra's beloningsstructuur eigen en gebruikten ze die kennis om het systeem navenant te configureren. Ook brachten ze hun expertise in op het gebied van cloudsysteemprojecten. Hoezeer is ConAgra geholpen door het nieuwe SuccessFactors-systeem? Volgens KC Bradley, directeur Talent Management bij ConAgra, heeft SuccessFactors de hr in haar bedrijf naar een hoger niveau gebracht. Het systeem heeft gesprekken tussen managers en werknemers vergemakkelijkt en het biedt managers informatie over hoe elke werknemer bijdraagt aan de bedrijfsdoelen van de organisatie en onder de streep invloed heeft, informatie die zij aan het hoger management kunnen communiceren. Nu kan iedereen in de organisatie zien of de juiste mensen op de juiste plek zitten.

Bronnen: Ken Murphy, 'ConAgra Foods Fine-Tunes Recipe for Enhanced HR,' SAP Insider Profiles, 1 okober 2015; www.conagra.com, geraadpleegd op 21 februari 2016; www.successfactors.com, geraadpleegd op 21 februari 2016; 'ConAgra Foods: Food Leader Finds Right Recipe to Drive Change Management with SuccessFactors Solutions,' SAP, 2015.

Vragen bij de case

1. Analyseer de problemen die ConAgra met zijn oude systemen had. Welke management-, organisatorische en technologische factoren waren verantwoordelijk voor deze problemen? Wat was de zakelijke impact van deze problemen?
2. Benoem en beschrijf de informatievereisten van My Recipe.
3. Van welke methoden en hulpmiddelen maakte ConAgra gebruik voor het bouwen van zijn systeem?
4. Welke stappen zette ConAgra om te garanderen dat My Recipe een succes werd?
5. Wat waren de voordelen van het nieuwe systeem? Hoe heeft het de bedrijfsvoering en besluitvorming bij ConAgra beïnvloed? Hoe succesvol was deze systeemoplossing?

MYLAB

Ga naar de opdrachten in MyLab om deze schrijfoefeningen te maken.

1. Beschrijf vier systeemconversiestrategieën.
2. Beschrijf de rol van eindgebruikers bij het ontwikkelen van systemen met behulp van de traditionele levenscyclus van systemen, prototyping, softwarepakketten voor applicaties en de ontwikkeling van eindgebruikers.

Pearson | MyLab

Op **www.pearsonmylab.nl** vind je studiemateriaal en de eText om je begrip en kennis van dit hoofdstuk uit te breiden en te oefenen.

14 HET MANAGEN VAN PROJECTEN

Na dit hoofdstuk ben je in staat om de volgende vragen te beantwoorden:

1. **Wat zijn de doelstellingen van projectmanagement en waarom is projectmanagement zo essentieel voor het ontwerpen van informatiesystemen?**
2. **Welke methoden kunnen er worden gebruikt voor het selecteren en evalueren van informatiesysteemprojecten en het afstemmen ervan op de bedrijfsdoelen van de onderneming?**
3. **Hoe kunnen ondernemingen de waarde van informatiesystemen vaststellen?**
4. **Wat zijn de belangrijke risicofactoren bij informatiesysteemprojecten en hoe kunnen ze beheerst worden?**

OPENINGSCASE

Intuit rekent op projectmanagement

Intuit is een grote aanbieder van financieel beheersoftware en hulpmiddelen voor consumenten en professionals. Voorbeelden zijn TurboTax, QuickBooks, Quicken en Mint.com. De verkoop van deze hulpmiddelen en de klantenservice genereren veel waardevolle data. Intuit had geen problemen met het verzamelen en opslaan van zulke data, maar wel met het afleiden van bruikbare inzichten uit al zijn data. Om die reden lanceerde Intuit het Intuit Analytics Cloud-project (IAC), om datastromen te kanaliseren tot informatie.

In het verleden had Intuit een aantal datateams en onderhield het bedrijf meerdere los van elkaar staande datasilo's. Hoewel deze opzet tal van positieve resultaten opleverde binnen de onderneming of binnen de infrastructuren voor de individuele producten, was Intuit niet in staat om zijn data effectief in te zetten voor de hele organisatie of voor al zijn klanten. De directie wilde een meer holistische aanpak, zodat het bedrijf beter gebruik kan maken van data om zijn klanten te bedienen en zodat klanten

Foto: © Lucadp/Fotolia

betere ervaringen met de data en betere inzichten over zichzelf zouden kunnen hebben.

Het IAC-project verschilde op twee belangrijke manieren van de gebruikelijke wijze waarop projecten bij Intuit werden uitgevoerd: ten eerste werd de IAC van Intuit niet ingericht voor een specifiek zakelijk gebruiksdoel. In plaats daarvan werd de cloud geacht een algemeen (holistisch) platform te zijn voor het hele bedrijf, dat bedrijfsonderdelen naar eigen goeddunken kunnen gebruiken. Ten tweede was IAC minder gestructureerd dan een traditionele database, zodat de data flexibeler konden worden gebruikt. In een traditionele database ontwikkel en organiseer je de database voordat je data invoert. Een datastroom als IAC doet het tegenovergestelde: data worden in een grote Hadoop repository gestort zonder vooraf een datamodel te ontwerpen. Deze aanpak levert mensen handvatten om de data te analyseren en definieert op hoog niveau welke data er in de datastroom zitten. Terwijl ze ermee werken, bouwen mensen uiteenlopende doorkijkjes in de data.

Het IAC-project vergde samenwerking van iedereen binnen Intuit, aangezien het alle bedrijfsdata, productdata en data over derden in één platform vervatte. Voor het IAC-project verplaatsten projectleiders een aantal functionele teams van data engineering naar productiewerk voor het project.

Het projectteam was zeer gevoelig voor deadlines en voor het projectbudget. Een van de belangrijkste stappen was het opdelen van het project in behapbare stukjes. Een groot project organiseren als 'hapklare' onderdelen maakt het mogelijk om in de loop van het project resultaten te laten zien. Het IAC-project was een meerjarige inspanning, en een 'oerknal'-benadering was operationeel of politiek gezien niet haalbaar. Het creëren van een reeks kleinere 'deliverables' in plaats van één groot eindproduct maakte het project voor de projectteams beter beheersbaar. Bovendien zouden de leidinggevenden die de projectonkosten moesten goedkeuren blij zijn met de zichtbare tussentijdse resultaten. Het succes van kleinere 'stukjes' project betekende dat projectleiders weinig moeite hadden om de managers van bedrijfsonderdelen ervan te overtuigen dat ze aan het project mee moesten doen. Intuits IAC-project is zo'n succes geworden dat interne bedrijfsonderdelen elkaar verdringen om de nieuwe cloudanalyse van het bedrijf te gebruiken.

Bronnen: www.intuit.com, geraadpleegd op 16 januari 2016; Curtis Franklin Jr.,'Intuit CIO: Changing the Way Projects Are Managed,' *Information Week*, 17 december 2015; Vindu Goel, 'Intuit Sheds Its PC Roots and Rises as a Cloud Software Company,' *New York Times*, 10 april 2016; Robert L. Mitchell, 'Eight Big Trends in Big Data Analytics,' *Computerworld*, 23 oktober 2014.

Een van de voornaamste uitdagingen bij de invoering van informatiesystemen is zorgen dat er echte bedrijfsvoordelen uit voortvloeien. Het mislukkingspercentage is zeer hoog, vaak met als reden dat organisaties hun bedrijfswaarde onjuist hebben vastgesteld, of omdat ze er niet in geslaagd zijn de organisatorische verandering rond de introductie van nieuwe technologie te managen. Projecten om informatiesystemen te bouwen of te verbeteren hebben speciale management- en organisatorische technieken nodig om ze effectief te maken.

De directie van Intuit besefte dit toen ze haar Intuit Analytics Cloud-project (IAC) opzette. De nieuwe technologie bracht veranderingen in belangrijke bedrijfsprocessen (en datagebruik) en nieuwe software met zich mee. Intuit wist dit project tot een goed einde te brengen omdat het management goed besefte dat sterk projectmanagement en aandacht voor organisatorische problemen essentieel waren voor succes.

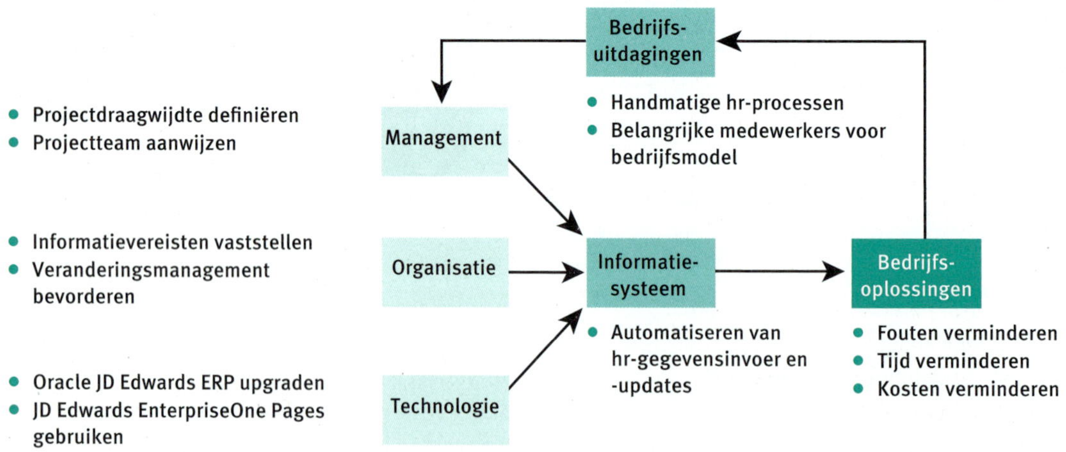

Het diagram aan het begin van dit hoofdstuk vestigt de aandacht op belangrijke punten die in deze case en in dit hoofdstuk naar voren komen. Intuits toekomstige groei vroeg om een intensiever gebruik van interne en externe data in het hele bedrijf. Achterhaald bestandbeheer en verouderde systemen maakten interne processen inefficiënt en hinderden het bedrijf bij het bieden van de hoge servicegraad aan klanten die de directie voorstond. De directie was zo verstandig om een projectteam samen te stellen en gewenste resultaten en deadlines te benoemen. Het projectteam koos ervoor om dit zeer grote project op te breken in behapbare onderdelen, elk met een *deliverable*, wat het project beter beheersbaar maakte en ook steun verwierf van het hoger management, alsook van de bedrijfsonderdelen die de IAC wilden gebruiken.

Enkele vragen om over na te denken: *Waarom was dit project succesvol? Waarom was het belangrijk om het project op te delen in kleinere onderdelen?*

14.1 Het belang van projectmanagement

Informatiesystemen kennen een hoog mislukkingspercentage. In vrijwel iedere organisatie kosten informatiesysteemprojecten veel meer tijd en geld om te implementeren dan oorspronkelijk verwacht, of blijkt het eenmaal voltooide systeem niet te werken. Wanneer een informatiesysteem niet aan de verwachtingen voldoet of te veel kost om te ontwikkelen, hebben bedrijven geen profijt van hun investering in het systeem en is het systeem mogelijk niet in staat de problemen op te lossen waarvoor het bedoeld was. De ontwikkeling van een nieuw systeem moet zorgvuldig worden gemanaged en gepland, en de wijze waarop een project wordt uitgevoerd is waarschijnlijk de belangrijkste factor voor het beïnvloeden van het resultaat. Daarom is het essentieel om kennis te hebben over het managen van informatiesysteemprojecten en de redenen waarom ze slagen of mislukken.

14.1.1 Ontspoorde projecten en systeemfouten

Hoe slecht worden projecten gemanaged? De 'tijdelijke commissie ICT-projecten' bij de Nederlandse overheid deed in 2014 in opdracht van de Tweede Kamer onderzoek naar het aantal mislukkingen van ICT-projecten. Daaruit blijkt dat het probleem heel groot is. Naar schatting 36 procent van de grote projecten (met een budget van 7,5 miljoen of hoger) levert een resultaat op dat niet eens in gebruik wordt genomen. Nog eens 57 procent van de grote projecten is duurder dan begroot, loopt uit of voldoet niet aan de eisen. Met andere woorden: slechts 7 procent van de grote projecten 'lukt' (Tweede Kamer der Staten-Generaal, 2014). Uit een gezamenlijke studie van McKinsey en de Universiteit van Oxford kwam naar voren dat bij grote softwareprojecten gemiddeld genomen het budget met 66 procent en de planning met 33 procent wordt overschreden; maar liefst 17 procent van de projecten pakt zo slecht uit dat hierdoor het voortbestaan van het bedrijf in gevaar kan komen (Chandrasekaran, Gudlavalleti en Kaniyar, 2014). Tussen de 30 en 40 procent van alle softwareprojecten zijn 'ontspoorde' projecten die de oorspronkelijke planning niet halen, het oorspronkelijke budget ver te boven gaan en niet presteren zoals oorspronkelijk gespecificeerd was.

Zoals te zien is in figuur 14.1 zal een systeemontwikkelproject zonder goed management vermoedelijk te maken krijgen met de volgende consequenties:

- kosten die de budgetten ver overstijgen;
- onverwachte tijdsoverschrijdingen;
- technische prestaties die achterblijven bij de verwachtingen;
- verwachte voordelen die niet gerealiseerd kunnen worden.

De systemen die het resultaat zijn van falende projecten worden vaak niet gebruikt op de manier waarvoor ze bedoeld zijn of zelfs helemaal niet gebruikt. Gebruikers moeten vaak parallel handmatige systemen ontwikkelen om deze systemen te laten werken. Volgens een rapport van 1E, een bedrijf dat softwareoplossingen ontwikkelt voor het beheersen en verlagen van IT-kosten, wordt 37 procent van alle geïnstalleerde software niet gebruikt, wat alleen al in de Verenigde Staten een verspilling betekent van 30 miljard dollar (1E, 2016).

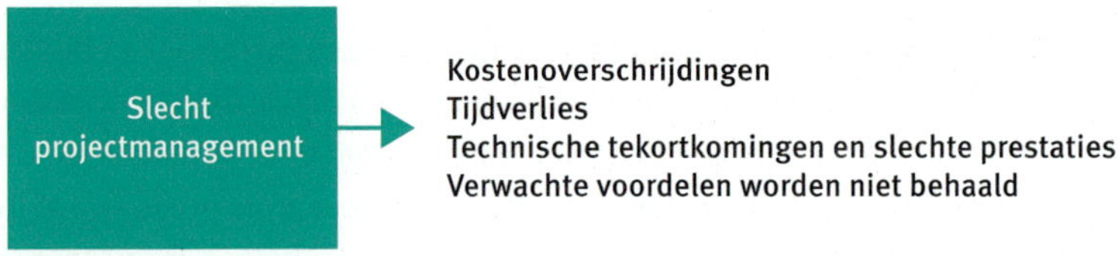

FIGUUR 14.1 *De gevolgen van slecht projectmanagement*

Zonder goed projectmanagement duurt een systeemontwikkelingsproject veel langer en zal het ook het budget overschrijden. Het resulterende informatiesysteem zal zeer waarschijnlijk niet voldoen aan de eisen en geen voordeel kunnen genereren voor de organisatie.

Het initiële ontwerp van het systeem kan niet beantwoorden aan de essentiële bedrijfseisen of kan falen in het verbeteren van de organisatorische prestaties. Informatie kan te laat worden aangeleverd om nuttig te zijn, kan een formaat hebben dat onmogelijk te gebruiken is, of kan de verkeerde gegevens representeren.

De manier waarop niet-technische bedrijfsgebruikers met het systeem moeten werken kan overdreven gecompliceerd en ontmoedigend zijn. Een systeem kan ontworpen zijn met een slechte gebruikersinterface. De **gebruikersinterface** is het gedeelte van het systeem waarmee de eindgebruikers werken. Zo kan een online invoerformulier of gegevensinvoerscherm zo onoverzichtelijk zijn dat niemand gegevens wil opgeven of informatie wil vragen. De systeemuitvoer kan weergegeven zijn in een formaat dat te moeilijk te begrijpen is.

Gebruikersinterface
Dat deel van het informatiesysteem waarmee de eindgebruiker communiceert; type hardware en de reeks opdrachten en reacties die de gebruiker moet invoeren om met het systeem te kunnen werken.

Websites kunnen bezoekers ontmoedigen om verder te zoeken als de webpagina's te vol en onoverzichtelijk zijn, als gebruikers niet op een eenvoudige manier de informatie kunnen vinden die ze zoeken, of als het te lang duurt om de webpagina op de computer van de gebruiker weer te geven.

Bovendien kunnen de gegevens in het systeem een hoge graad van onnauwkeurigheid of inconsistentie hebben. De informatie op bepaalde gebieden kan foutief of dubbelzinnig zijn, of niet op de juiste wijze geordend. Informatie die nodig is voor een specifieke bedrijfsfunctie kan ontoegankelijk zijn omdat de gegevens onvolledig zijn.

14.1.2 Projectmanagementdoelstellingen

Project
Geplande reeks van verwante activiteiten voor het bereiken van een specifiek bedrijfsdoel.

Projectmanagement
Toepassing van kennis, vaardigheden en technieken voor het bereiken van specifieke doelen binnen het opgegeven budget en de tijdslimiet.

Een **project** is een geplande reeks van verwante activiteiten voor het bereiken van een specifiek bedrijfsdoel. Informatiesysteemprojecten behelzen de ontwikkeling van nieuwe informatiesystemen, verbetering van bestaande systemen, of modernisering of vervanging van de IT-infrastructuur van het bedrijf.

Projectmanagement is de toepassing van kennis, vaardigheden en technieken voor het bereiken van specifieke doelen binnen het opgegeven budget en de tijdslimiet. Projectmanagementactiviteiten omvatten werkplanning, risicovaststelling, schatting van de benodigde middelen voor het uitvoeren van het werk, organisatie van het werk, verwerving van personele en materiële middelen, toekennen van taken, sturen van activiteiten, projectuitvoering bewaken, voortgang rapporteren en resultaten analyseren. Net als in andere bedrijfsgebieden heeft projectmanagement voor informatiesystemen te maken met vijf belangrijke variabelen: draagwijdte of scope, tijd, kosten, kwaliteit en risico.

Draagwijdte (scope)
Definieert welk werk al dan niet tot een project behoort.

De **draagwijdte (scope)** definieert welk werk er al dan niet tot een project behoort. Om een voorbeeld te geven: de draagwijdte van een project voor de verwerking van een nieuwe bestelling zou nieuwe modules kunnen bevatten voor het verwerken van bestellingen, het doorsturen ervan naar de productie en de boekhouding, maar geen veranderingen aan gerelateerde systemen voor facturering, fabricage, distributie of voorraadbeheer. Projectmanagement definieert al het werk dat nodig is om een project succesvol uit te voeren, en moet ervoor zorgen dat de draagwijdte van een project zich niet verder uitstrekt dan oorspronkelijk de bedoeling was.

Met tijd wordt de hoeveelheid tijd bedoeld die nodig is om het project uit te voeren. Projectmanagement bepaalt gewoonlijk hoeveel tijd er nodig is om de belangrijkste componenten van een project te voltooien. Elk van deze componenten wordt verder opgesplitst in activiteiten en

taken. Projectmanagement probeert de benodigde tijd te bepalen om iedere taak uit te voeren en een schema op te stellen voor de uitvoering van het werk.
De kosten worden gebaseerd op de tijd die het kost om een project te realiseren, vermenigvuldigd met de kosten van personele middelen die nodig zijn. Tot de kosten van informatiesysteemprojecten behoren ook de kosten van hardware, software en werkruimte. Projectmanagement stelt een budget vast voor het project en bewaakt de doorlopende projectuitgaven.
Kwaliteit is een indicator voor hoe goed het eindresultaat van een project voldoet aan de door het management gespecificeerde doelstellingen. De kwaliteit van informatiesysteemprojecten komt meestal neer op het verbeteren van de prestaties van de organisatie en de besluitvorming. Kwaliteit houdt ook rekening met de nauwkeurigheid en de tijdigheid van de door het nieuwe systeem geproduceerde informatie en het gebruiksgemak.
De risico's zijn de potentiële problemen die het succes van een project zouden kunnen bedreigen. Deze potentiële problemen zouden kunnen verhinderen dat een project zijn doelstellingen bereikt doordat ze het project vertragen en de kosten verhogen, de kwaliteit van de projectuitvoer verlagen, of zelfs verhinderen dat het project wordt afgerond. Paragraaf 14.4 beschrijft de belangrijkste risicofactoren voor informatiesystemen.

14.2 Projecten selecteren

Bedrijven hebben gewoonlijk te maken met veel verschillende projecten voor het oplossen van problemen en het verbeteren van de prestaties. Er zijn vaak veel meer ideeën voor systeemprojecten dan er middelen zijn. Bedrijven moeten de projecten selecteren die de grootste voordelen voor de bedrijfsvoering bieden. Vanzelfsprekend moet de projectselectie worden gestuurd door de algehele bedrijfsstrategie.

14.2.1 Managementstructuur voor informatiesysteemprojecten

Figuur 14.2 toont de elementen van een managementstructuur voor informatiesysteemprojecten in een grote onderneming. Deze structuur helpt om ervoor te zorgen dat de belangrijkste systeemprojecten prioriteit krijgen.

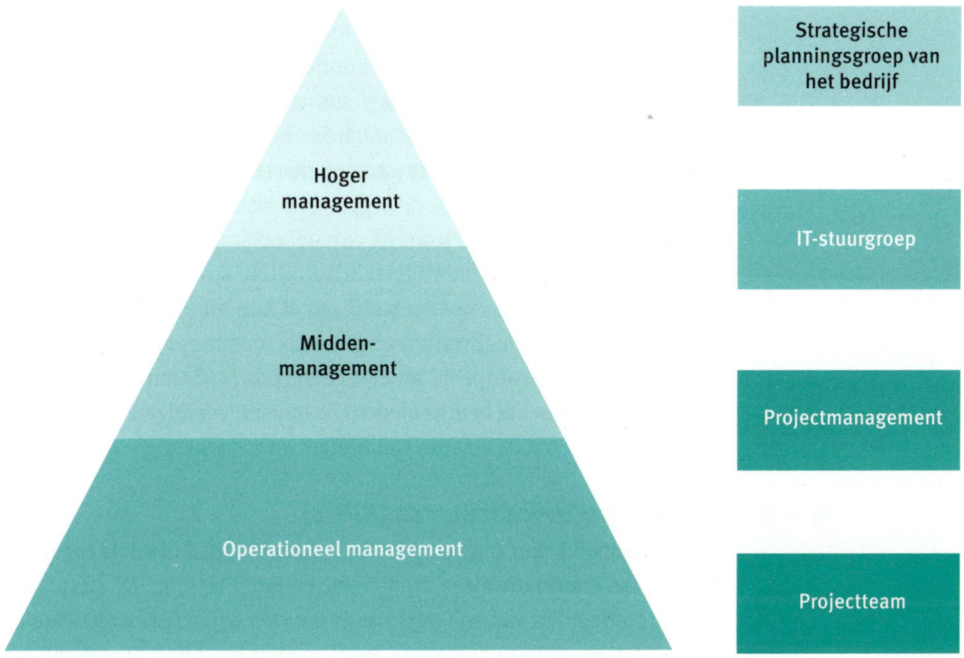

FIGUUR 14.2 *Managementstructuur voor informatiesysteemprojecten*

Aan de top van deze structuur staan de strategische planningsgroep van het bedrijf en de stuurgroep voor informatiesystemen. De strategische planningsgroep is verantwoordelijk voor het ontwikkelen van het strategische plan van de onderneming, waarvoor de ontwikkeling van nieuwe systemen nodig kan zijn.

Vaak heeft deze groep al doelen en methoden ontwikkeld om de bedrijfsprestaties (de *kernprestatie-indicatoren* of KPI's) te meten. Het is dan zaak IT-projecten te kiezen die een of meerdere KPI's ondersteunen. Deze prestatie-indicatoren worden door de directie bepaald en besproken. De stuurgroep van informatiesystemen is de hogere managementgroep die verantwoordelijk is voor systeemontwikkeling en computeroperaties. Deze is samengesteld uit afdelingshoofden van zowel eindgebruikers- als informatiesysteemgebieden. De stuurgroep beoordeelt de plannen voor systemen in alle divisies en gaat over de goedkeuring, probeert systemen te coördineren en te integreren, en is betrokken bij het selecteren van specifieke informatiesysteemprojecten. Deze groep is goed op de hoogte van de KPI's die door het hoger management en de directie zijn aangemerkt.

Het projectteam staat onder toezicht van een projectmanagementgroep bestaande uit informatiesysteemmanagers en eindgebruikermanagers, die verantwoordelijk zijn voor het toezicht houden op verschillende specifieke informatiesysteemprojecten. Het projectteam is direct verantwoordelijk voor het systeemproject op zich. Het bestaat uit systeemanalisten, eindgebruikers, applicatieprogrammeurs en mogelijk databasespecialisten. De combinatie van vaardigheden en de omvang van het projectteam hangt af van de specifieke aard van de systeemoplossing.

14.2.2 Systeemprojecten koppelen aan het bedrijfsplan

Informatieplan
Een plan dat dient als een routebeschrijving die de richting van de systeemontwikkeling, de basisprincipes, de huidige situatie, de managementstrategie, het implementatieplan en het budget aangeeft.

Om vast te stellen welke informatiesysteemprojecten de meeste bedrijfswaarde leveren, moeten organisaties een informatiesysteemplan of **informatieplan** ontwikkelen dat hun algehele bedrijfsplan ondersteunt, en waarin strategische systemen zijn verwerkt. Het plan dient als een roadmap die de richting van de systeemontwikkeling aangeeft (het doel van het plan), de redenen voor de systeemontwikkeling, de staat van huidige systemen, de nieuwe ontwikkelingen die in beschouwing genomen moeten worden, de managementstrategie, het implementatieplan en het budget (zie tabel 14.1).

Het plan bevat een formulering van de bedrijfsdoelen en specificeert hoe informatietechnologie het bereiken van die doelen zal ondersteunen. Het plan laat zien hoe doelen in het algemeen zullen worden bereikt door specifieke systeemprojecten. Het plan stelt specifieke doeldata en mijlpalen vast die later kunnen worden gebruikt voor het evalueren van de voortgang van het plan. Het plan geeft een indicatie van de belangrijkste managementbeslissingen met betrekking tot de aanschaf van hardware, telecommunicatie, centralisatie/decentralisatie van autoriteit, gegevens en hardware, en de vereiste veranderingen binnen de organisatie. Ook de veranderingen binnen de organisatie worden gewoonlijk beschreven, waaronder eisen aan het management en de training van het personeel, wervingsactiviteiten, veranderingen in bedrijfsprocessen en veranderingen in autoriteit, structuur of managementgebruiken.

Om effectief te plannen, moeten bedrijven al hun informatiesysteemtoepassingen en IT-infrastructuurcomponenten inventariseren en documenteren. Bij projecten waarin verbeterde besluitvorming een rol speelt, moeten managers proberen de voordelen vast te stellen die de meeste waarde aan het bedrijf bieden. Ze moeten vervolgens een reeks metrieken of maatstaven opstellen om de waarde van tijdiger en nauwkeuriger informatie te meten.

14.2.3 Kernprestatie-indicatoren (KPI's)

Voor het ontwikkelen van een effectief informatieplan moet de organisatie een duidelijk begrip hebben van informatie-eisen op de korte en lange termijn. De strategische analyse betoogt dat de informatie-eisen van een organisatie worden bepaald door een klein aantal kernprestatie-indicatoren (KPI's) van managers. KPI's worden gevormd door de branche, de onderneming, de manager en de wijdere omgeving. Zo kunnen KPI's voor een autofabrikant bijvoorbeeld de kosten per productie-eenheid, arbeidskosten, productiviteit, herstel- en foutpercentage,

TABEL 14.1 *Informatieplan*

1. Doel van het plan Overzicht van de planinhoud Huidige bedrijfsorganisatie en toekomstige organisatie Belangrijke bedrijfsprocessen Managementstrategie
2. Strategisch bedrijfsplan Achtergrond van en redenen voor de huidige situatie Huidige bedrijfsorganisatie Veranderende omgevingen Voornaamste doelen van het bedrijfsplan Strategisch plan van de onderneming
3. Huidige systemen Belangrijke systemen voor het ondersteunen van bedrijfsfuncties en processen Huidige infrastructuurvoorzieningen Hardware Software Database Telecommunicatie en internet Problemen bij het voldoen aan bedrijfseisen Verwachte toekomstige eisen
4. Nieuwe ontwikkelingen Nieuwe systeemprojecten Projectomschrijvingen Businessredenen Rol van toepassingen bij de strategie Vereiste voorzieningen voor de nieuwe infrastructuur Hardware Software Database Telecommunicatie en internet
5. Managementstrategie Overnameplannen Mijlpalen en timing Herafstemming binnen de organisatie Interne reorganisatie Management controls Belangrijke trainingsinitiatieven Personeelsstrategie
6. Implementatieplan Verwachte problemen bij implementatie Voortgangsrapporten
7. Budgetvereisten Vereisten Potentiële besparingen Financiering overnamecyclus

klantonderzoek naar herkenbaarheid van het merk, kwaliteitsscores, werknemerstevredenheid en ziektekosten zijn. Nieuwe informatiesystemen moeten zich richten op het verschaffen van informatie die de onderneming helpt de doelen op basis van de KPI's te bereiken.

14.2.4 Portfolioanalyse

Portfolioanalyse
Analyse van de portfolio met mogelijke projecten binnen een onderneming om de risico's en baten te bepalen en een informatiesysteem te kiezen.

Als de strategische analyses van de algehele richting van de systeemontwikkeling zijn bepaald, kan portfolioanalyse worden gebruikt om alternatieve systeemprojecten te beoordelen. **Portfolioanalyse** inventariseert alle informatiesysteemprojecten en -middelen van de organisatie, waaronder infrastructuur, outsourcingcontracten en licenties. Deze portfolio van informatiesysteeminvesteringen houdt zowel risico's als voordelen voor het bedrijf in (zie figuur 14.3), vergelijkbaar met een financiële portfolio.

Elk informatiesysteemproject kent zijn eigen risico's en voordelen (paragraaf 14.4 beschrijft de factoren die het risico van systeemprojecten vergroten). Bedrijven proberen hun portfolio's van IT-middelen terug te verdienen door de risico's en de opbrengst uit hun systeeminvesteringen tegen elkaar af te wegen. Hoewel er geen ideaal profiel voor alle ondernemingen is, moeten informatie-intensieve branches (zoals de bankensector) enkele projecten met hoog risico hebben, om ervoor te zorgen dat ze bijblijven op het gebied van de technologie. Bedrijven in niet-informatie-intensieve sectoren kunnen zich beter richten op projecten met grote voordelen en een laag risico.

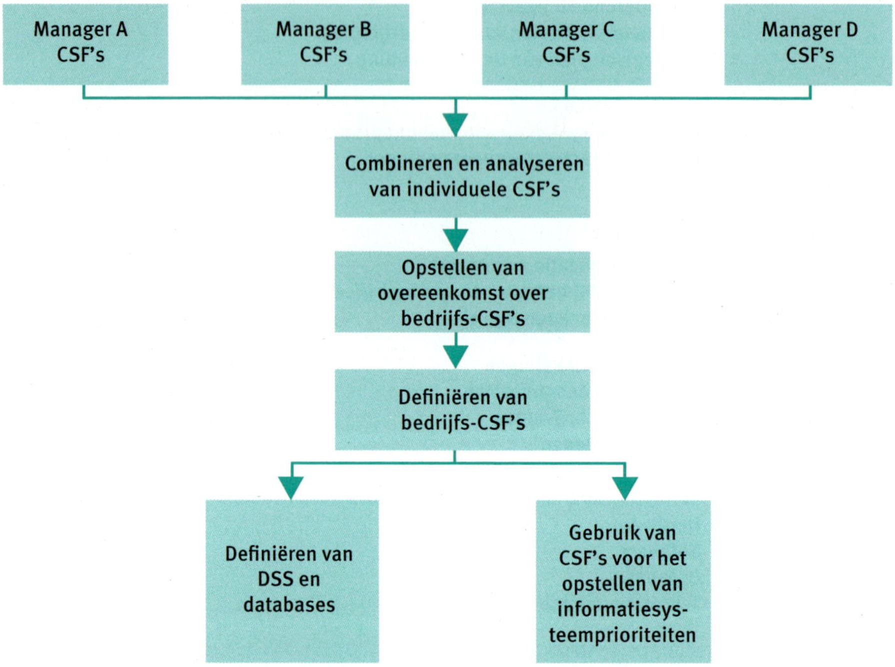

FIGUUR 14.3 *Een systeemportfolio*

Ondernemingen moeten hun portfolio van mogelijke baten en risico's bekijken. Sommige projecten kunnen beter helemaal worden vermeden en andere moeten juist snel worden ontwikkeld. Er is geen ideale mix. Ondernemingen in verschillende industrieën hebben verschillende profielen.

Vanzelfsprekend zijn dergelijke systemen het aantrekkelijkst. Ze worden naar verwachting snel terugverdiend en brengen weinig risico met zich mee. Op de tweede plaats moeten systemen met veel voordelen met een hoog risico worden onderzocht; systemen met weinig voordelen en hoge risico's moeten volledig worden vermeden; en systemen met weinig voordelen en een laag risico zouden opnieuw moeten worden onderzocht om te bekijken of ze kunnen worden aangepast of vervangen door systemen met grotere voordelen. Met behulp van portfolioanalyse kan het management de optimale combinatie van investeringsrisico en opbrengst voor het bedrijf bepalen, waarbij riskante projecten met een hoge opbrengst worden afgewogen tegen veiliger projecten die minder opleveren. Bedrijven waar portfolioanalyse wordt afgestemd op de bedrijfsstrategie blijken hun IT-middelen beter terug te verdienen, hun informatietechnologie-investeringen beter af te stemmen op bedrijfsdoelstellingen, en een betere organisatiebrede coördinatie van IT-investeringen te hebben (Jeffrey en Leliveld, 2004).

14.2.5 Scoringmodellen

Scoringmodel
Snelle methode om een keuze te maken tussen alternatieve systemen op basis van de mate waarin ze voldoen aan geselecteerde doelen.

Een **scoringmodel** is nuttig voor het selecteren van projecten waarbij veel criteria in beschouwing moeten worden genomen. Het kent gewicht toe aan verschillende functies van een systeem en berekent vervolgens de gewogen totalen. Met behulp van tabel 14.2 moet de onderneming een keuze maken uit twee mogelijke enterprise-resource-planningsystemen (ERP). In de eerste kolom staan de criteria die besluitvormers zullen gebruiken bij het beoordelen van de systemen. Deze criteria zijn gewoonlijk het resultaat van langdurige discussies binnen een besluitvormingsgroep. De belangrijkste uitkomst van een scoringmodel is dan ook niet de score, maar de overeenstemming over de gebruikte criteria om een systeem te beoordelen. Tabel 14.2 laat zien dat dit specifieke bedrijf het meeste belang hecht aan de mogelijkheden voor verkooporderverwerking, voorraadbeheer en magazijnbeheer. In de tweede kolom van tabel 14.2 staan de gewichten die besluitvormers aan de beslissingscriteria hebben toegekend. In de kolommen 3 en 5 staat aan hoeveel procent van het aantal eisen elk ERP-systeem kan voldoen. De scores van de verschillende leveranciers kunnen worden berekend door het percentage te vermenigvuldigen met het gewicht dat aan die functie wordt gehecht. ERP-systeem B heeft de hoogste totaalscore.

Net als bij alle 'objectieve' technieken spelen bij het scoringmodel ook tal van kwalitatieve beoordelingen een rol. Dit model vereist experts die inzicht hebben in de specifieke problematiek en de technologie. Het is verstandig om het scoringmodel verschillende malen te doorlopen en de criteria en gewichten te veranderen om te zien hoe gevoelig de uitkomst is voor plausibele veranderingen in de criteria. Scoringmodellen worden het meest gebruikt voor het bevestigen, rationaliseren en ondersteunen van beslissingen, en niet zozeer als eindoordeel bij systeemselectie.

TABEL 14.2 *Voorbeeld van een scoringmodel voor een ERP-systeem*

CRITERIA	GEWICHT	ERP-SYSTEEM A %	ERP-SYSTEEM A SCORE	ERP-SYSTEEM B %	ERP-SYSTEEM B SCORE
1.0 Orderverwerking					
1.1 Invoer bestellingen online	4	67	268	73	292
1.2 Online prijsstelling	4	81	324	87	348
1.3 Voorraad controleren	4	72	288	81	324
1.4 Kredietcontrole klant	3	66	198	59	177
1.5 Facturering	4	73	292	82	328
Totaal orderverwerking			1.370		1.469
2.0 Supply chain management					
2.1 Productieprognose	3	72	216	76	228
2.2 Productieplanning	4	79	316	81	324
2.3 Voorraadcontrole	4	68	272	80	320
2.4 Rapportage	3	71	213	69	207
Totaal supply chain management			1.017		1.079
3.0 Magazijnbeheer					
3.1 Inkomende goederen	2	71	142	75	150
3.2 Verpakken	3	77	231	82	246
3.3 Verzenden	4	92	368	89	356
Totaal magazijnbeheer			741		752
Totaal			3.128		3.300

14.3 De waarde van informatiesystemen vaststellen

Zelfs als een systeemproject de strategische doelen van een onderneming ondersteunt en aan de informatie-eisen van de gebruiker voldoet, hoeft het geen goede investering voor de onderneming te zijn. De waarde van systemen draait vanuit financieel perspectief gezien in wezen om het terugverdienen van geïnvesteerd kapitaal. Levert een bepaalde informatiesysteeminvestering voldoende op om de kosten te rechtvaardigen?

14.3.1 Kosten en baten van informatiesystemen

Materiële voordelen Voordelen die kunnen worden gekwantificeerd en in geld kunnen worden uitgedrukt; bijvoorbeeld lagere bedrijfskosten en hogere omzet.

Immateriële voordelen Voordelen die niet makkelijk kunnen worden gekwantificeerd; bijvoorbeeld een efficiëntere dienstverlening en betere besluitvorming.

In tabel 14.3 staan enkele van de meest voorkomende kosten en baten (voordelen) van systemen. **Materiële voordelen** kunnen worden gekwantificeerd en er kan een bepaalde geldwaarde aan toegekend worden. **Immateriële voordelen**, zoals een efficiëntere klantenservice of verbeterde besluitvorming, kunnen niet onmiddellijk worden gekwantificeerd, maar kunnen op den duur kwantificeerbare winst opleveren. Transactie- en kantoorsystemen die arbeid vervangen en ruimte besparen leveren altijd meer meetbare materiële voordelen op dan managementinformatiesystemen, beslissingsondersteunende systemen en collaboratieve werksystemen.
In hoofdstuk 5 werd het concept van *total cost of ownership* (TCO) geïntroduceerd, dat is ontworpen voor het vaststellen en meten van de componenten van informatietechnologie-uitgaven die verdergaan dan de eerste aanschaf- en installatiekosten van hardware en software. TCO-analyse levert echter slechts een deel van de informatie op die nodig is voor het evalueren van een informatietechnologie-investering, omdat hierbij gewoonlijk niet wordt gewerkt met voordelen, kostencategorieën zoals complexiteitskosten, en 'zachte' en strategische factoren die verderop in deze paragraaf worden besproken.

Budgettering van de middelen voor informatiesystemen

Capital budgeting De analyse en selectie van verschillende voorstellen voor kapitaalinvesteringen.

Om de voordelen van een bepaald project te bepalen moet je alle kosten en baten kennen en berekenen. Vanzelfsprekend moeten projecten waarbij de kosten de baten overstijgen, worden verworpen. Maar zelfs wanneer de baten opwegen tegen de kosten is extra financiële analyse vereist om te bepalen of het project een goede opbrengst van het door het bedrijf geïnvesteerde kapitaal vertegenwoordigt. Budgetteringsmodellen (**capital budgeting**) zijn technieken om de waarde te meten van investeringen in langetermijnprojecten.
Budgetteringsmethoden berusten op metingen van cashflows naar en uit de onderneming die worden gegenereerd door kapitaalprojecten. De investeringskosten voor informatiesysteemprojecten is een onmiddellijke cash-outflow, veroorzaakt door uitgaven voor hardware, software en arbeid. In de komende jaren kan de investering bijkomende cash-outflows tot gevolg hebben, die hopelijk zullen worden gecompenseerd door cash-inflows voortvloeiend uit de investeringen. Cash-inflows zijn er in de vorm van verhoogde verkoop van meer producten (vanwege nieuwe producten, hogere kwaliteit of toenemend marktaandeel) of verminderde kosten voor productie en bedrijfsvoering. Het verschil tussen cash-outflows en cash-inflows wordt gebruikt voor het berekenen van de financiële waarde van een investering. Als de cashflows eenmaal zijn bepaald, zijn er verschillende alternatieve methoden voor het vergelijken van verschillende projecten en beslissen over de investering.
De voornaamste budgetteringsmodellen voor het beoordelen van IT-projecten zijn: de paybackmethode, de kostenraming van return on investment (ROI), de *net present value* (NPV) en de *internal rate of return* (IRR).

14.3.2 Beperking van financiële modellen

Bij de traditionele focus op de financiële en technische aspecten van een informatiesysteem bestaat de neiging om over het hoofd te zien welke sociale en organisatorische dimensies van informatiesystemen de werkelijke kosten en baten van de investering zouden kunnen beïnvloeden. Veel investeringsbeslissingen van bedrijven houden onvoldoende rekening met kosten van verstoringen binnen de organisatie door een nieuw systeem, zoals de kosten voor het

TABEL 14.3 *Kosten en baten van informatiesystemen*

KOSTEN
Hardware
Telecommunicatie
Software
Diensten
Personeel
MATERIËLE VOORDELEN (kostenbesparingen)
Verhoogde productiviteit
Lagere operationele kosten
Verminderde personeelsbezetting
Lagere computeruitgaven
Lagere kosten aan externe leveranciers
Lagere administratie- en beroepskosten
Verminderd groeitempo van uitgaven
Verminderde faciliteitskosten
IMMATERIËLE VOORDELEN
Verbeterd gebruik van middelen
Verbeterd middelenbeheer
Verbeterde organisatieplanning
Verhoogde flexibiliteit van de organisatie
Tijdiger informatie
Meer informatie
Meer leren door de organisatie
Voldoen aan wettelijke eisen
Meer goodwill bij het personeel
Meer voldoening in het werk
Verbeterde besluitvorming
Verbeterde operaties
Hogere klanttevredenheid
Beter bedrijfsimago

trainen van eindgebruikers, de invloed van de leercurves voor een nieuw systeem op de productiviteit, of de tijd die managers nodig hebben om toezicht te houden op nieuwe systeemgerelateerde veranderingen. Niet tastbare voordelen, zoals snellere beslissingen dankzij een nieuw systeem of verbetering van de opleiding en de expertise van het personeel, kunnen bij een traditionele financiële analyse over het hoofd worden gezien (Ryan, Harrison en Schkade, 2002).

14.4 Projectrisico managen

In hoofdstuk 8 hebben we reeds het onderwerp van risico's en risicoanalyse besproken. In dit hoofdstuk beschrijven we de specifieke risico's voor informatiesysteemprojecten, en ook wat er gedaan kan worden om deze risico's effectief te managen.

14.4.1 Aspecten van projectrisico

Omvang
Maateenheid voor diepte en detail van informatie die een onderneming de klant kan bieden en de informatie die de onderneming over de klant verzamelt.

Systemen lopen sterk uiteen qua **omvang**, draagwijdte, complexiteitsniveau en organisatorische en technische componenten. Sommige systeemontwikkelprojecten lopen een grotere kans de eerder beschreven problemen te veroorzaken, omdat ze een veel hoger risiconiveau inhouden dan andere. Het niveau van projectrisico wordt beïnvloed door de omvang en de structuur van het project, en het niveau van de technische expertise van het personeel van informatiesystemen en het projectteam.

- *Omvang van het project.* Hoe groter het project (zoals blijkt uit de hoogte van de uitgaven, het aantal implementatiemedewerkers, de toegewezen tijd voor implementatie, en het aantal betrokken eenheden van de organisatie), des te groter het risico. Zeer grootschalige systeemprojecten hebben een mislukkingskans die 50 tot 75 procent hoger is dan het risico bij andere projecten, omdat dergelijke projecten complex en moeilijk beheersbaar zijn. De organisatorische complexiteit van het systeem (hoeveel eenheden en groepen er gebruik van maken en in hoeverre het bedrijfsprocessen beïnvloedt), draagt bij tot de complexiteit van grootschalige systeemprojecten, net als veel technische kenmerken, zoals het aantal regels programmacode, de duur van het project en het budget. Wat betreft deze technische kenmerken zijn er enkele betrouwbare technieken voor het schatten van de tijd en kosten voor het ontwikkelen van grootschalige informatiesystemen.

- *Projectstructuur.* Sommige projecten zijn gestructureerder dan andere. Hun eisen zijn eenvoudig en helder, zodat output en processen gemakkelijk te definiëren zijn. Gebruikers weten precies wat ze willen en wat het systeem zou moeten doen; de gebruikers hebben vrijwel geen mogelijkheid om van gedachten te veranderen. Dergelijke projecten houden veel minder risico in dan die met betrekkelijk ongedefinieerde, grillige en voortdurend veranderende eisen; met output die niet eenvoudig is vast te leggen, omdat die afhankelijk is van de ideeën van de gebruiker; of met gebruikers die geen overeenstemming kunnen bereiken over wat ze willen.
- *Ervaring met technologie.* Het projectrisico neemt toe als het projectteam en het personeel van informatiesystemen technische expertise missen. Als het team niet vertrouwd is met de hardware, systeemsoftware, applicatiesoftware of databasemanagementsysteem dat wordt voorgesteld voor het project, is het waarschijnlijker dat het project technische problemen zal veroorzaken of meer tijd zal kosten, omdat men zich nieuwe vaardigheden eigen moet maken.

Hoewel het probleem van de technologie bij informatiesysteemprojecten een risicofactor blijft, zijn de andere factoren voornamelijk organisatorisch van aard. Ze hebben te maken met de complexiteit van informatie-eisen, de scope van het project en hoeveel onderdelen van de organisatie door een nieuw informatiesysteem worden beïnvloed. De Interactieve sessie over management die vertelt hoe de Britse National Health Service overstapte op papierloze registratie is een voorbeeld van een project met een aantal van die risico's.

14.4.2 Veranderingsmanagement en het implementatieconcept

De introductie of verandering van een informatiesysteem heeft een krachtige invloed op gedrag en op de organisatie in het algemeen. Veranderingen in de manier waarop informatie is gedefinieerd, benaderd en gebruikt om de middelen van de organisatie te managen, leiden vaak tot nieuwe machtsverhoudingen. Interne organisatorische veranderingen kunnen weerstand en oppositie opwekken, en kunnen leiden tot de ondergang van een anderszins goed systeem. Een zeer groot percentage van de informatiesysteemprojecten sneuvelt omdat het proces van organisatorische verandering niet op de juiste manier werd aangepakt. Het succesvol bouwen van systemen vereist goed **veranderingsmanagement**.

Veranderingsmanagement
Het managen van de gevolgen van veranderingen in de organisatie vanwege een innovatie zoals een nieuw informatiesysteem.

Het implementatieconcept

Voor het managen van de organisatorische verandering rond het effectief introduceren van een nieuw informatiesysteem moet je het implementatieproces onderzoeken. **Implementatie** omvat alle organisatorische activiteiten die naar het gebruik van het nieuwe systeem toe werken, het management ervan en het ingeburgerd raken van een innovatie. In het implementatieproces is de systeemanalist een zogenaamde **change agent**. De analist ontwikkelt niet alleen technische oplossingen, maar herdefinieert ook de configuraties, de interacties, de taken en de machtsrelaties van de verschillende groepen binnen de organisatie. De analist is de katalysator voor het gehele veranderingsproces en zorgt ervoor dat alle betrokken partijen de veranderingen accepteren die het nieuwe systeem met zich meebrengt. De change agent communiceert met gebruikers, bemiddelt tussen groepen met concurrerende belangen en zorgt ervoor dat de organisatorische aanpassing aan dergelijke veranderingen volledig wordt doorgevoerd.

Implementatie
Alle organisatorische activiteiten die toewerken naar gebruik, management, en ingeburgerd raken van een innovatie, zoals een nieuw informatiesysteem.

Change agent
In de context van implementatie, de individuele persoon die gedurende het veranderingsproces als katalysator optreedt om succesvolle aanpassing aan een nieuw systeem of innovatie te garanderen.

De rol van eindgebruikers

Systeemimplementatie heeft over het algemeen baat bij een hoge graad van gebruikersbetrokkenheid en ondersteuning door het management. Gebruikersparticipatie bij het ontwerp en de werking van informatiesystemen heeft tot verschillende positieve resultaten geleid. Ten eerste hebben gebruikers die sterk betrokken zijn bij het ontwerp van systemen meer gelegenheid om het systeem aan te passen aan hun prioriteiten en bedrijfseisen, en meer gelegenheid om de uitkomst te beïnvloeden. Daarnaast zijn ze eerder geneigd om positief op het volledige systeem te reageren omdat ze actieve deelnemers in het veranderingsproces zijn geweest. Het benutten van kennis en expertise van gebruikers leidt daardoor tot betere oplossingen.

De relatie tussen gebruikers en informatiesysteemspecialisten is vanaf het begin een probleemgebied geweest. Gebruikers en IT-specialisten zijn geneigd om verschillende achtergronden, interesses en prioriteiten te hebben. Dit wordt wel de **gebruiker-ontwerpercommunicatiekloof** genoemd. Deze verschillen leiden tot verschillen in loyaliteiten en probleemaanpak, en vaak ook tot spraakverwarring.

Gebruiker-ontwerpercommunicatiekloof Verschillen in achtergronden, interesses en prioriteiten die communicatie tussen eindgebruikers en IT-specialisten en het oplossen van problemen problematisch kunnen maken.

Informatiesysteemspecialisten gaan bij het oplossen van problemen vaak zeer technisch of computergericht te werk. Ze zoeken naar elegante en ingewikkelde technische oplossingen waarbij hardware- en software-efficiëntie wordt geoptimaliseerd ten koste van het gebruiksgemak of de organisatorische effectiviteit. Gebruikers geven de voorkeur aan systemen die gericht zijn op het oplossen van bedrijfsproblemen of het mogelijk maken van nieuwe of andere bedrijfsprocessen. Vaak zijn de richtingen van beide groepen zo tegengesteld dat ze verschillende talen lijken te spreken.

Deze verschillen zijn te zien in tabel 14.4, waarin de kenmerkende vragen van eindgebruikers en technische specialisten (informatiesysteemontwerpers) met betrekking tot de ontwikkeling van een nieuw informatiesysteem zijn weergegeven. Communicatieproblemen tussen eindgebruikers en ontwerpers zijn een belangrijke oorzaak van het niet op de juiste manier verwerken van gebruikerseisen in informatiesystemen en het verdrijven van gebruikers uit het implementatieproces.

TABEL 14.4 *De gebruiker-ontwerpercommunicatiekloof*

BELANGEN GEBRUIKER	BELANGEN ONTWERPER
Zal het systeem de informatie leveren die ik voor mijn werk nodig heb?	Hoe zwaar belast het systeem onze servers?
Kunnen we de gegevens vinden op onze smartphones, tablets en pc's?	Wat voor programmeerkennis is er in onze groep nodig?
Welke nieuwe procedures hebben we nodig om gegevens in het systeem in te voeren?	Waar worden de gegevens opgeslagen? Wat is de efficiëntste manier om ze op te slaan?
Hoe veranderen de dagelijkse routines van werknemers door het nieuwe systeem?	Welke technologieën moeten we gebruiken om gegevens te beveiligen?

Systeemontwikkelprojecten lopen een zeer grote kans om te mislukken wanneer er een uitgesproken kloof tussen gebruikers en technisch specialisten is en wanneer deze groepen verschillende doelen na blijven jagen. In een dergelijke situatie trekken gebruikers zich vaak terug uit het project. Omdat ze toch niet kunnen begrijpen wat technici zeggen, concluderen gebruikers dat het het beste is om het gehele project aan de informatiespecialisten over te laten.

Managementondersteuning en betrokkenheid

Als een informatiesysteemproject de steun en de betrokkenheid van het management op verschillende niveaus heeft, is de kans groter dat het zowel door de gebruikers als de technische medewerkers van informatiesystemen positief wordt beleefd. Beide groepen zullen geloven dat hun deelname aan het ontwikkelproces aandacht en prioriteit op een hoger niveau

Kan de National Health Service zonder papier?

De National Health Service (NHS) is het Britse gezondheidszorgsysteem. Doordat het hoofdzakelijk uit belastinggeld wordt gefinancierd, levert de NHS gratis of zeer betaalbare gezondheidszorg aan alle legale inwoners van het Verenigd Koninkrijk. Tot de dienstverlening van de NHS behoren ziekenhuizen, huisartsen, specialisten, tandartsen, apothekers, opticiens en ambulancediensten. Medicijnen worden eveneens gesubsidieerd. Specifiek beleid verschilt tussen Engeland, Schotland, Wales en Noord-Ierland. Het Britse ministerie van Volksgezondheid houdt toezicht op de NHS. Patiëntdossiers worden bijgehouden door zorgaanbieders die ervoor moeten zorgen dat patiëntgegevens vertrouwelijk en conform regelgevende normen worden behandeld. Net als in andere gezondheidszorgsystemen stonden patiëntdossiers grotendeels op papier. In de kantoren van artsen en ziekenhuizen stonden planken vol mappen en papieren voor de opslag van medische dossiers, wat het heel lastig maakte om informatie over patienten en behandelingen in te zien of te delen. Alleen al het verzamelen van de aantekeningen over NHS-patiënten die de volgende dag een afspraak hadden, was een nachtmerrie. In januari 2013 riep Jeremy Hunt, de toenmalige minister van Volksgezondheid, op om de NHS per 2020 papierloos te maken, wat een besparing van miljarden zou betekenen, de dienstverlening zou verbeteren en de uitdagingen van een vergrijzende bevolking zou helpen opvangen. Hunt en vele anderen geloven dat patiënten compatibele digitale dossiers moeten hebben, zodat overal in het gezondheids- en zorgstelsel hun medische informatie beschikbaar is. Of ze nu een huisarts, een ziekenhuis of verzorgingshuis nodig hebben, de zorgspecialisten die bij hun behandeling betrokken zijn, moeten met één druk op de knop hun geschiedenis in kunnen zien en cruciale informatie kunnen delen. Beter gebruik van technologie zou zorgprofessionals in staat stellen om meer tijd aan hun patiënten te besteden en patienten te helpen om controle te krijgen over hun eigen zorgbehoefte, wat een besparing van ruim 4 miljard pond moet opleveren. Hunt benoemde de volgende doelen:

- Papierloze verwijzingen: In plaats van een brief naar het ziekenhuis te sturen om iemand te verwijzen, kan de huisarts een e-mail sturen.
- Veilige koppeling van de elektronische medische en zorgdossiers waar ze ook staan opgeslagen, zodat er een zo compleet mogelijk overzicht bestaat van de zorg die iemand ontvangt.
- Het vermogen van die dossiers om individuen, met hun toestemming, door de hele NHS of het zorgstelsel heen te volgen.
- Individuen per maart 2015 in staat stellen om online toegang te krijgen tot de eigen medische gegevens die zich bij hun huisarts bevinden.
- Digitale informatie moet per april 2015 volledig beschikbaar zijn voor de hele NHS en het zorgstelsel, tenzij individuen aangeven dit niet toe te staan. Papierloze oplossingen kunnen leiden tot een vermindering van behandelings-/medicatiefouten, snellere diagnoses, eerdere behandeling, gezamenlijke diagnostiek (waarbij meerdere specialisten betrokken kunnen zijn), en over de hele linie betere patiëntenzorg.

Echter, veel mensen die werkzaam zijn in de NHS en de private medische sector – onder meer in de technologiesector – geloven dat een papierloze NHS niet binnen een periode van vijf jaar gerealiseerd kan worden. Dit is een uiterst ambitieus doel, en critici vragen zich af in hoeverre dit de dienstverlening door de NHS daadwerkelijk zal verbeteren, of het de kosten waard is van het implementeren van nieuwe IT-systemen en of het überhaupt haalbaar is.

Volgens S.A. Mathieson, een analist bij EHI Intelligence, bestaat de Engelse NHS uit honderden organisaties met zeer uiteenlopende IT-capaciteiten, plus duizenden onafhankelijke huisartsen. Zij zouden allemaal nieuwe software en hardware moeten aanschaffen en hun papieren dossiers moeten digitaliseren. Om het nieuwe systeem effectief te laten draaien en optimaal gebruik te maken van de nieuwe technologie, zouden ze ook hun procedures (bedrijfsprocessen) moeten aanpassen. Telefoontjes van patiënten aannemen, patiënten onderzoeken en recepten uitschrijven zal procedures moeten omvatten voor het opvragen en updaten van elektronische patiëntendossiers; papieren dossiers zullen moeten worden gedigitaliseerd, hoogstwaarschijnlijk met toewijzing van codes voor verschillende behandelmethoden en aanpassing van de datastructuur aan het dossierformat. Training kan voor een arts tot twintig uur werktijd in beslag nemen, en artsen komen toch al tijd tekort.

Om het systeem up-and-running te krijgen, kan het zijn dat artsen zelf een deel van de data moeten invoeren, wat ten koste gaat van de tijd die ze aan hun patiënten zouden kunnen besteden. Toen de Verenigde Staten probeerden om landelijk elektronische patiëntendossiers in de gezondheidszorg te implementeren, klaagden veel artsen over de tijd en moeite die het kostte om deze veranderingen in te voeren. NHS is ook verzet tegengekomen. De artsenbond British Medical Association (BMA) stelt dat er verschillende uitdagingen moeten worden overwonnen om de NHS papierloos te maken en is sceptisch over de mate waarin zo'n systeem voordelen te bieden heeft. Volgens de BMA zijn financiering, hulpmiddelen, prioritering en de keuze van systemen in de tweedelijns gezondheidszorg de grootste uitdagingen van een papierloze NHS in 2020. Naast voortdurende financiering van hardware en software zullen er voldoende hulpmiddelen beschikbaar moeten zijn voor de training van gebruikers en IT-specialisten om het papierloze systeem te gebruiken en om IT- en administratieve ondersteuning te bieden. Hoewel er mogelijk efficiënte slagen gemaakt kunnen worden, zal technologie op zich niet per se tot heel grote kostenbesparingen leiden.

Momenteel besteedt een klinisch medicus 40 procent van de tijd aan het wachten op relevante informatie of met het nemen van beslissingen op basis van onjuiste of onbetrouwbare informatie, en deze problemen moet digitalisering ook zien op te lossen. De Public Accounts Committee (PAC), een soort rekenkamer van het Britse Lagerhuis, heeft gewaarschuwd dat digitalisering van de NHS forse extra investeringen vergt in IT en bedrijfstransformatie. Het ministerie van Volksgezondheid had hier niet eens een specifiek budget voor gereserveerd. Het ministerie gaf aan dat het 1 miljard pond (destijds ongeveer 1,3 miljard euro) in het papierloze project zou investeren waarvan de helft uit de schatkist kwam en de rest uit lokale gezondheidszorg- en zorgbegrotingen. Een recent rapport van PAC stelde dat het NHS-systeem 'niet volgens plan' verlopen is, en sommigen stellen dat het 'een dure tijdsverspilling' is geweest. Papierloos werken zou voor elke grote organisatie een uitdaging betekenen, maar voor een organisatie die ook nog eens geld tekort komt, onder het vergrootglas van het publiek ligt en een rampzalige geschiedenis vol IT-mislukkingen kent (waaronder eerdere gestrande pogingen om patiëntendossiers te digitaliseren) lijkt de taak een onhaalbare kaart, merkt Michael Cross, nieuwsredacteur van *The Law Society Gazette* op. Kan de NHS die deadine halen? Of lukt het de NHS alleen om uit te komen op minder papier dan toen het papierloze project begon?

Bronnen: Kat Hall, 'NHS IT Projects Worth £5bn at 'High Risk' of Failure, Warns HSCIC,' *The Register*, 8 december 2015; Clare McDonald, 'What Is Standing in the Way of a Paperless NHS?' *Computer Weekly*, 15 september 2015; S.A. Mathieson, 'How Can IT Contribute to NHS Efficiency?' *Computer Weekly*, september 2015; Michael Cross, 'NHS Chases a Paperless Tiger,' *Raconteur*, 29 april 2014; Claire Read, 'Barriers to a Paperless NHS: Are You Ready for Your Screen Test?' *HSJ*, 14 maart 2014; Ben Rossi, 'Going Paperless: The Clash Between IT Staff and NHS Trust Heads,' *Information Age*, 18 februari 2014; Britse ministerie van Volksgezondheid en minister Jeremy Hunt MP, 'NHS Challenged to Go Paperless by 2018,' www.gov.uk, geraadpleegd op 4 januari 2016; 'The Paperless NHS...?' *Computacenter*, 12 april 2013.

Vragen bij de case

1. Waarom is een papierloze NHS een riskant project? Benoem de belangrijkste risicofactoren.
2. Met welke management-, organisatorische en technologische problemen zal de NHS waarschijnlijk worden geconfronteerd?
3. Welke stappen zouden er moeten worden gezet om de papierloze NHS succesvoller te maken?

zal krijgen. Ze zullen worden erkend en beloond voor de tijd en moeite die ze in de implementatie hebben gestoken. De steun van het management zorgt er ook voor dat een systeemproject genoeg financiering en middelen ontvangt om succesvol te zijn. Bovendien is het effectief kunnen doorvoeren van alle veranderingen in werkgewoonten, procedures en allerhande organisatorische structuren afhankelijk van de steun van het management. Als een manager een nieuw systeem als een prioriteit beschouwt, zal het systeem door zijn of haar ondergeschikten waarschijnlijk ook op die manier worden behandeld. Volgens het Project Management Institute zijn managers die achter een project staan en er actief bij betrokken zijn doorslaggevend voor het succes ervan (Kloppenborg en Tesch, 2015; Project Management Institute, 2013).

Uitdagingen voor het veranderingsmanagement bij business process re-engineering, enterprisetoepassingen, en fusies en overnames

Gezien de grote uitdagingen van innovatie en implementatie, is de hoge graad van falen van enterprisetoepassingsprojecten en business-process-redesign-projecten (BPR) niet verrassend. Gewoonlijk vereisen deze projecten immers uitgebreide organisatorische veranderingen die de vervanging noodzakelijk maken van oude technologieën en verouderde systemen (*legacy systems*) die diep geworteld zijn in veel onderling verwante bedrijfsprocessen. Een aantal studies hebben uitgewezen dat 70 procent van alle business-process-redesign-projecten er niet in slagen de beloofde voordelen waar te maken. Evenzo blijkt een hoog percentage enterprisetoepassingen niet volledig te implementeren te zijn of aan de doelen van de gebruikers te beantwoorden, zelfs niet na jaren werk.

Veel enterprisetoepassingen en redesign-projecten worden ondergraven door slechte implementatie en veranderingsmanagementgebruiken die onvoldoende antwoord geven op de zorgen van het personeel. Het omgaan met de angsten en bezorgdheid van de hele organisatie, de weerstand bij kernmanagers, het wijzigen van functieomschrijvingen, carrièrepaden, sollicitatieprocedures en trainingen zijn een grotere bedreiging voor redesign gebleken dan de problemen waarmee bedrijven te kampen hebben bij het visualiseren en het ontwerpen van baanbrekende veranderingen in bedrijfsprocessen. Alle enterprisetoepassingen vereisen naast de veranderingen in de bedrijfsprocessen (zie hoofdstuk 9) een nauwe coördinatie tussen de verschillende functionele processen.

Projecten die verband houden met fusies en overnames hebben een vergelijkbaar mislukkingspercentage. Fusies en overnames worden sterk beïnvloed door de organisatorische kenmerken van zowel de fuserende bedrijven als de bijbehorende IT-infrastructuren. Voor het combineren van de informatiesystemen zijn gewoonlijk aanzienlijke organisatorische veranderingen noodzakelijk en moeten er complexe systeemprojecten worden gemanaged. Als de integratie niet op de juiste manier wordt gemanaged, kunnen er bedrijven ontstaan met een samenraapsel van overgeërfde verouderde systemen, gebouwd door het steeds combineren van systemen van verschillende bedrijven. Zonder een succesvolle systeemintegratie kunnen de verwachte voordelen van de fusie niet worden gerealiseerd, of, erger nog, kan de gefuseerde entiteit zijn bedrijfsprocessen niet effectief uitvoeren.

14.4.3 Risicofactoren beheersen

Voor specifieke categorieën van implementatieproblemen bestaan verschillende methodologieën voor projectmanagement, identificatie van businessvereisten en planningen. Ook zijn er strategieën bedacht om te garanderen dat gebruikers gedurende de implementatieperiode de juiste taken vervullen en het organisatieveranderingsproces goed gemanaged wordt. Niet alle aspecten van het implementatieproces zijn eenvoudig te beheren of te plannen. Het anticiperen op potentiële implementatieproblemen en het toepassen van de juiste wijze van correctie kan de kansen op systeemsucces echter vergroten.

De eerste stap bij het managen van projectrisico is het vaststellen van de aard en het niveau van het risico waarmee het project geconfronteerd wordt (Schmidt et al., 2001). Vervolgens kunnen implementeerders elk project afhandelen met tools en risicomanagementmethodes die zijn afgestemd op het risiconiveau (Iversen, Mathiassen en Nielsen, 2004; Barki, Rivard en Talbot, 2001; McFarlan, 1981). Niet alle risico's zijn van tevoren in kaart te brengen, maar met bekwaam projectmanagement zijn de meeste wel vooraf te benoemen. Frequente communicatie en een samenwerkingscultuur zullen projectteams helpen om zich aan onvoorziene problemen aan te passen (Browning en Ramasesh, 2015; Laufer et al., 2015; McFarlan, 1981).

Technische complexiteit managen

Intern integratieprogramma
Techniek bij projectmanagement die verzekert dat het implementatieteam als een eenheid opereert.

Projecten met uitdagende en complexe technologie die eigengemaakt moet worden hebben baat bij **interne integratieprogramma's**. Het succes van dergelijke projecten hangt af van hoe goed hun technische complexiteit kan worden gemanaged. Projectleiders hebben zowel een gedegen technische als een gedegen bestuurlijke ondergrond nodig. Ze moeten in staat zijn om te anticiperen op problemen en soepel werkende relaties binnen een overwegend technisch team te ontwikkelen. Het team moet onder leiding staan van een manager met een sterke achtergrond in techniek en projectmanagement, en de teamleden moeten zeer ervaren zijn. Er moeten regelmatig teamvergaderingen worden gehouden. Essentiële technische vaardigheden of expertise die niet intern beschikbaar is, moet van buiten de organisatie worden geworven.

Formele-planning- en beheerprogramma's

Formele planningtool
Projectmanagementtechniek die taken structureert en ordent en tijd, geld en materialen budgetteert om taken uit te voeren.

Formele controletool
Projectmanagementtechniek die helpt bij het controleren van de voortgang van taken en het bereiken van doelen.

Gantt-chart
Overzicht van projectactiviteiten en de corresponderende start- en einddata.

PERT-chart
Grafische afbeelding van projecttaken en de onderlinge verbanden.

Grote projecten hebben baat bij de juiste toepassing van **formele planningtools** en formele beheertools (**formele controletools**) voor het documenteren en bewaken van projectplannen. De twee meest gebruikte methoden voor het documenteren van projectplannen zijn Gantt-charts en PERT-charts. Een **Gantt-chart** is een overzicht van projectactiviteiten en de corresponderende start- en einddata. De Gantt-chart is een visuele representatie van de tijdsplanning en de duur van de verschillende taken in een ontwikkelproject, evenals de personele eisen (zie figuur 14.4). Elke taak wordt weergegeven als een horizontale balk waarvan de lengte evenredig is aan de benodigde tijd om de taak uit te voeren.
Hoewel Gantt-charts tonen wanneer projectactiviteiten beginnen en eindigen, geven ze geen afhankelijkheden weer, zoals hoe een taak wordt beïnvloed als een andere achterligt op schema, of hoe taken moeten worden geordend. Op dit punt kunnen **PERT-charts** nuttig zijn. PERT staat voor Program Evaluation and Review Technique, een methodologie die in de jaren vijftig ontworpen is door de Amerikaanse marine om het programma ter realisatie van de Polaris-raketten voor onderzeeërs te managen. Een PERT-chart is een grafische afbeelding van projecttaken en de onderlinge verbanden. De PERT-chart geeft een overzicht van specifieke activiteiten waaruit een project is opgebouwd, en de activiteiten die moeten worden afgerond voordat een specifieke activiteit van start kan gaan, zoals weergegeven in figuur 14.5.
De PERT-chart toont een project als een netwerkdiagram bestaande uit genummerde knooppunten (ofwel cirkels of rechthoeken) die projecttaken representeren. Elk knooppunt toont de taak, de duur en de start- en einddatum. De richting van de pijlen op de lijnen geeft de volgorde van de taken aan en laat zien welke activiteiten moeten worden afgerond voordat er met een andere activiteit kan worden gestart. In figuur 14.5 zijn de taken in de knooppunten 2, 3 en 4 niet afhankelijk van elkaar. Deze kunnen dus parallel lopen, maar elke taak is afhankelijk van de afronding van de eerste taak. PERT-charts voor complexe projecten kunnen lastig te interpreteren zijn, en projectmanagers gebruiken Gantt-charts en PERT-charts vaak naast elkaar.
Deze projectmanagementtechnieken kunnen managers helpen om bottlenecks vast te stellen en de invloed te bepalen die problemen op de projecttijd zullen hebben. Ook kunnen ze systeemontwikkelaars ondersteunen bij het opsplitsen van projecten in kleinere, beter hanteerbare segmenten met vastomlijnde, meetbare bedrijfsresultaten. Met behulp van standaard controletechnieken kan de voortgang van het project worden afgezet tegen budgetten en doeldata, zodat de afwijkingen van het plan te zien zijn.

Betrokkenheid van de gebruiker vergroten en weerstanden overwinnen

Extern integratieprogramma
Projectmanagementtechniek die het werk van het implementatieteam verbindt aan dat van de gebruikers op alle niveaus binnen de organisatie.

Bij projecten met betrekkelijk weinig structuur en veel ongedefinieerde eisen moeten gebruikers in alle fasen volledig worden betrokken. Gebruikers moeten worden gemobiliseerd om een van de mogelijke ontwerpopties te kiezen en toegewijd te blijven aan één ontwerp. **Externe integratieprogramma's** bestaan uit manieren om het werk van het implementatieteam te koppelen aan dat van gebruikers op alle organisatorische niveaus. Zo kunnen gebruikers actieve leden van het projectteam worden, kunnen zij leiderschapsrollen op zich nemen en kunnen zij bij installatie en training taken verrichten. Het implementatieteam kan zijn responsiviteit aan gebruikers demonstreren, vlot vragen beantwoorden, mogelijkheden voor het geven van gebruikersfeedback inbouwen en de bereidheid tot helpen laten zien.

Deelname aan implementatieactiviteiten zou onvoldoende kunnen zijn om het probleem van weerstand tegen organisatorische verandering te overwinnen. Gebruikers kunnen door het systeem op verschillende manieren worden getroffen. Terwijl sommige gebruikers blij zijn met een nieuw systeem omdat het voordelen met zich meebrengt waar ze profijt van hebben,

HRIS COMBINED PLAN –HR	Da	Who
DATA ADMINISTRATION SECURITY		
QMF security review/setup	20	EF TP
Security orientation	2	EF JA
QMF security maintenance	35	TP GL
Data entry sec. profiles	4	EF TP
Data entry sec. views est.	12	EF TP
Data entry security profiles	65	EF TP
DATA DICTIONARY		
Orientation sessions	1	EF
Data dictionary design	32	EF WV
DD prod. coordn-query	20	GL
DD prod. coordn-live	40	EF GL
Data dictionary cleanup	35	EF GL
Data dictionary maint.	35	EF GL
PROCEDURES REVISION		
DESIGN PREP		
Work flows (old)	10	PK JL
Payroll data flows	31	JL PK
HRIS P/R model	11	PK JL
P/R interface orient. mtg.	6	PK JL
P/R interface coordn. 1	15	PK
P/R interface coordn. 2	8	PK
Benefits interfaces (old)	5	JL
Benefits interfaces (new flow)	8	JL
Benefits communication strategy	3	PK JL
New work flow model	15	PK JL
Posn. data entry flows	14	WV JL

RESOURCE SUMMARY		Who	2014 Oct	Nov	Dec	2015 Jan	Feb	Mar	Apr	May	Jun	Jul	Aug	Sep	Oct	Nov	Dec	2017 Jan	Feb	Mar
Edith Farrell	5.0	EF	2	21	24	24	23	22	22	27	34	34	29	26	28	19	14			
Woody Vinton	5.0	WV	5	17	20	19	12	10	14	10	2							4	3	
Charles Pierce	5.0	CP		5	11	20	13	9	10	7	6	8	4	4	4	4	4			
Ted Leurs	5.0	TL		12	17	17	19	17	14	12	15	16	2	1	1	1	1			
Toni Cox	5.0	TC	1	11	10	11	11	12	19	19	21	21	21	17	17	12	9			
Patricia Knopp	5.0	PC	7	23	30	34	27	25	15	24	25	16	11	13	17	10	3	3	2	
Jane Lawton	5.0	JL	1	9	16	21	19	21	21	20	17	15	14	12	14	8	5			
David Holloway	5.0	DH	4	4	5	5	5	2	7	5	4	16	2							
Diane O'Neill	5.0	DO	6	14	17	16	13	11	9	4										
Joan Albert	5.0	JA	5	6			7	6	2	1				5	5	1				
Marie Marcus	5.0	MM	15	7	2	1	1													
Don Stevens	5.0	DS	4	4	5	4	5	1												
Casual	5.0	CASL		3	4	3			4	7	9	5	3	2						
Kathy Mendez	5.0	KM		1	5	16	20	19	22	19	20	18	20	11	2					
Anna Borden	5.0	AB					9	10	16	15	11	12	19	10	7	1				
Gail Loring	5.0	GL		3	6	5	9	10	17	18	17	10	13	10	10	7	17			
UNASSIGNED	0.0	X										9			236	225	230	14	13	
Co-op	5.0	CO		6	4				2	3	4	4	2	4	16			216	178	
Casual	5.0	CAUL								3	3	3								
TOTAL DAYS			49	147	176	196	194	174	193	195	190	181	140	125	358	288	284	237	196	12

FIGUUR 14.4 *Een Gantt-chart*

De Gantt-chart in deze figuur toont de taak, het aantal dagen inzet van medewerkers, en de initialen van elke medewerker die voor een taak verantwoordelijk is, evenals de start- en einddata voor elke taak. Uit het middelenoverzicht kan een goede manager het totaal aantal ingezette dagen van een medewerker voor iedere maand afleiden en iedereen die aan het project werkt kan zien hoe het op een succesvolle manier kan worden afgerond. Het hier beschreven project is een data-administratieproject.

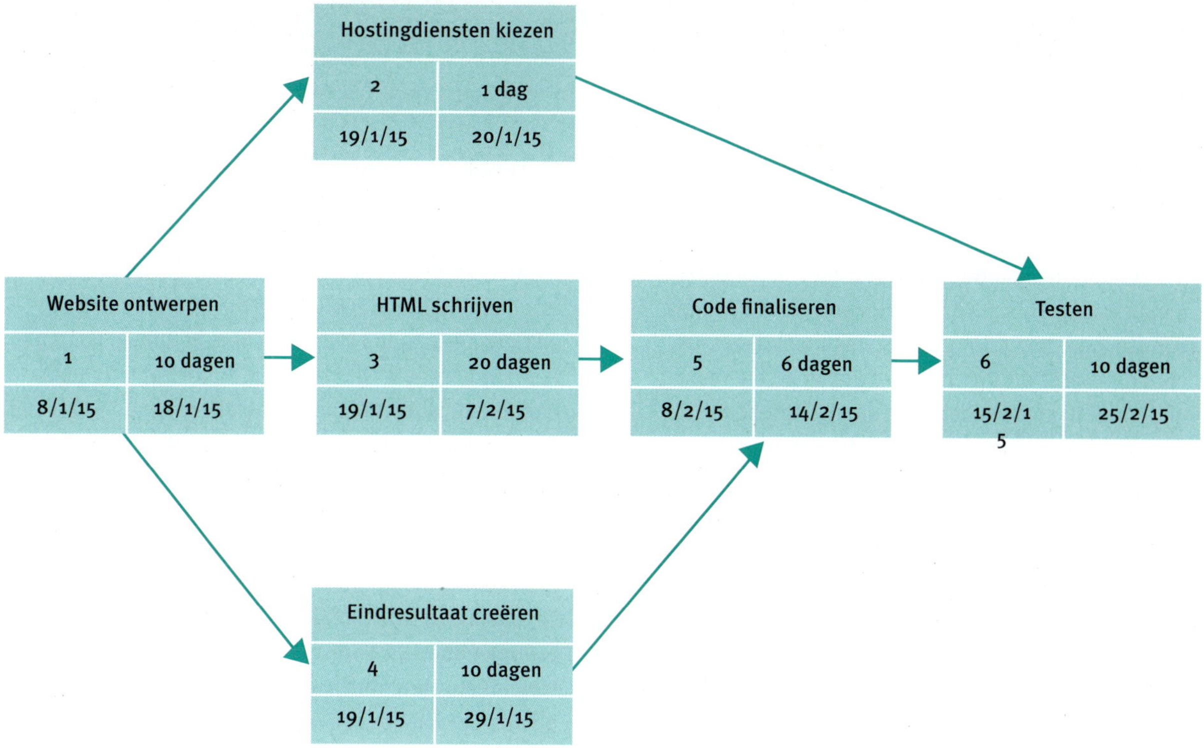

FIGUUR 14.5 *Een PERT-chart*

Dit is een vereenvoudigde PERT-chart voor het creëren van een kleine website. Hierin wordt de volgorde van de projecttaken en de relatie van een taak met voorafgaande en komende taken weergegeven.

zullen anderen zich misschien tegen deze veranderingen verzetten, omdat ze denken dat deze verschuivingen hun belangen zullen schaden.

Als het gebruik van een systeem vrijwillig is, kunnen gebruikers ervoor kiezen om dit te vermijden; als het gebruik verplicht is, zal de weerstand de vorm aannemen van verhoogde kans op fouten, storingen, personeelsverloop en zelfs sabotage. Daarom moet de implementatiestrategie niet alleen gebruikersparticipatie en betrokkenheid stimuleren, maar ook het probleem van contra-implementatie aan de orde stellen. **Contra-implementatie** is een bewuste strategie om de implementatie van een informatiesysteem of een innovatie in een organisatie te dwarsbomen.

Contra-implementatie
Een bewuste strategie om de implementatie van een informatiesysteem of een innovatie in een organisatie te dwarsbomen.

Tot de strategieën voor het overwinnen van weerstand bij de gebruikers behoren gebruikersparticipatie (zowel om toewijding te kweken als om het ontwerp te verbeteren), gebruikerseducatie en training, voorschriften en richtlijnen van het management, en bonussen voor gebruikers die meewerken. Het nieuwe systeem kan gebruikersvriendelijker worden gemaakt door de eindgebruikersinterface te verbeteren. Gebruikers zullen coöperatiever zijn als de organisatorische problemen zijn opgelost voor het nieuwe systeem geïntroduceerd wordt.

14.4.4 Ontwerpen voor de organisatie

Omdat het doel van een nieuw systeem het verbeteren van de prestatie van een organisatie is, moeten informatiesysteemprojecten expliciet ingaan op de manier waarop de organisatie zal veranderen wanneer het nieuwe systeem geïnstalleerd is, met inbegrip van de installatie van intranetten, extranetten en webtoepassingen. Naast procedurele wijzigingen moet er een zorgvuldige planning worden voorzien voor veranderingen in functieomschrijvingen, organisatiestructuur, machtsverhoudingen en werkomgeving.

Ergonomie
De interactie tussen mensen en machines in de werkomgeving; omvat de definitie van taken, gezondheid en de eindgebruikersinterface met informatiesystemen.

Speciale aandacht moet worden besteed aan ergonomische aspecten. **Ergonomie** is de interactie van mensen en machines in de werkomgeving. Dit heeft te maken met het opzetten van taken, gezondheidsvragen en de eindgebruikersinterface van informatiesystemen. Tabel 14.5

Hilti AG: verbindingen leggen met nieuwe projectmanagementtools

Stel dat je een echt grote treintunnel wilt graven met een lengte van 57 kilometer tussen de Duits- en Italiaanssprekende regio's van Zwitserland, van Erstfeld in het noorden naar Bodio in het zuiden. Doordat er amper hoogteverschil optreedt, kunnen treinen met een snelheid tot 250 km/u door de tunnel rijden. De spoorlijn moet worden verankerd op een betonnen ondergrond, en de kabelgoten moeten direct aan de wanden van een enorme berg, het Gotthard-massief, worden vastgemaakt. Voor alleen al tien kilometer kabel moeten er 30.000 gaten in de berg worden geboord. Ook moeten de rails met vijf miljoen veerklemmen aan de ondergrond worden vastgemaakt. En dan zijn er nog 900.000 mechanische klemmen nodig om de spoorstaven aan elkaar te bevestigen. Er zijn 150 boorhamers en 700 accu's nodig om de gaten te boren voor de vereiste extra sterke klemmen. De rails moeten over de hele lengte met minder dan een millimeter speling worden aangelegd en bevestigd. Tweeduizendzeshonderd werknemers zullen dagelijks aan het werk zijn, van wie de meesten toegang moeten krijgen tot actuele en juiste informatie en projectplannen. Dit was de uitdaging van de Gotthard-tunnel, 's werelds langste spoortunnel en het duurste Zwitserse overheidsproject ooit. Eén oplossing was Hilti AG inhuren.

Hilti AG is in 1941 opgericht in Schaan, in het Vorstendom Liechtenstein, door de broers Marint en Eugen Hilti, om Duitse fabrikanten componenten te leveren. Na 1946 stapte het bedrijf over op bevestigingsmaterialen en gereedschappen voor de bouwsector. Tegenwoordig is Hilti een van de grootste producenten van industriële bevestigingsmaterialen en boorhamers ter wereld, en het heeft uitgebreid naar nieuwe producten zoals lasermeetapparaten, systemen die constructiegegevens integreren voor aannemers, software om projectvereisten te ramen, en projectmanagementdiensten op maat voor de professionele bouw- en energiesector. Hilti is een particuliere onderneming in handen van een trust van de familie Hilti en heeft inmiddels 26.000 werknemers in twintig landen op zes werelddelen. In 2016 genereerde Hilti 4,3 miljard euro met netto-inkomsten ter waarde van 448 miljoen euro.

Om zijn klanten te helpen complexe projecten te managen, genereert Hilti meer dan 200.000 klantcontacten per dag. In het verleden gebruikte Hilti voor elk klantproject Microsoft Project Professional, dat grotendeels op Excel-spreadsheets was gebouwd. Met duizenden Excel-spreadsheets per project en duizenden projecten, leidde deze werkwijze tot een ondoorzichtig proces waarin weinig werd gecommuniceerd tussen projectmanagers en werknemers en waarin het onmogelijk was om opdrachten aan werknemers, hulpmiddelen, capaciteiten en kosten in kaart te brengen. Hilti had een project-portfoliomanagement-tool (PPM) nodig die alle lopende projecten in beschouwing zou nemen en dagelijkse taken voor specifieke projecten in de gaten zou houden. Bovendien was er een geïntegreerde communicatieomgeving nodig waarin projectdeelnemers projectspecifieke informatie kunnen delen.

Tegelijkertijd wilde de directie geen grote investeringen doen in IT-infrastructuur of een kostbaar trainingsprogramma invoeren zoals gebruikelijk is bij maatgemaakte softwareoplossingen. Om deze capaciteiten te leveren koos Hilti voor Microsoft Project Online, een cloud-gebaseerde oplossing, om projectportfolio's voor senior managers te beheren en om werknemers dagelijks toegang te bieden tot specifieke projectgegevens. Samen met een adviesbureau bracht Hilti de informatievereisten per afdeling in kaart en creëerde gestandaardiseerde projectsjablonen voor standaardactiviteiten, taken en mijlpalen, alsook beveiligingsprocedures die bepalend waren voor gebruikersmachtigingen en versiebeheer. Taken worden aan personen toegewezen en elke opdracht heeft een lijst van middelen, een einddatum en vereiste hulpmiddelen. Met een bedrijfsbreed projectportfolioperspectief kunnen senior managers zien met welke projecten het bedrijf bezig is en welke hulpmiddelen er nodig zijn. Als de implementatie compleet is, schat Hilti dat meer dan 10.000 van zijn werknemers het systeem dagelijks zullen gebruiken om projecten bij te houden voor Hilti zelf en voor zijn klanten. In de toekomst zullen werknemers het systeem met tablets en smartphones kunnen gebruiken.

Project Online wordt geleverd als onderdeel van Microsoft Office 365, dat alle bekende Microsoft-applicaties levert, zoals e-mail, een agenda, samenwerken, de samenwerkingssoftware SharePoint, alsook Word, Excel, en PowerPoint. De cloudoplossing betekende dat het bedrijf niet zijn eigen IT-infrastructuur hoefde uit te breiden, en werknemers hadden al met Office 365 leren werken. Het was niet nodig om maandelijks software en hardware te upgraden, onderhoud te doen of compatibiliteitsproblemen tussen verschillende softwaretools op te lossen. Enkele van de voordelen voor Hilti zijn het vermogen om complexe projecten voor zijn klanten te managen, bedrijfsbreed PPM, lagere communicatie- en reiskosten, veel snellere besluitvorming en productiviteitsverbeteringen. Waar projectteams in het verleden dertig minuten bezig waren met het zoeken naar projectinformatie, is die tijd teruggebracht tot gemiddeld tien minuten, een besparing van 75 uur per jaar voor elke projectdeelnemer.

Bronnen: 'Trimble and the Hilti Group Delivers Integrated Solutions for Construction Professionals,' Bloomberg.com, 10 november 2016; '2016 Hilti Company Report,' www.hilti-companyreport.com; 'Construction Manufacturer Employs Cloud Service to Streamline Project Management,' Microsoft Case Studies, 13 januari 2015.

Vragen bij de case

1. Welke nieuwe management-, organisatorische en technologische problemen moest Hilti aanpakken toen het bedrijf nadacht over een nieuwe benadering voor projectmanagement?
2. Waarom koos Hilti voor de technologie van Microsoft Project Online?
3. Waarom wilde Hilti het projectmanagement proces door het hele bedrijf heen standaardiseren?
4. Wat zijn volgens jou de vier belangrijkste voordelen van de oplossing die Hilti in gebruik nam?

geeft een overzicht van de organisatorische factoren die aan de orde moeten komen bij het plannen en implementeren van informatiesystemen.

Hoewel systeemanalyse en ontwerpactiviteiten verondersteld worden om een organisatie-impactanalyse te omvatten, wordt dit punt van oudsher gewoonlijk genegeerd. Een **organisatie-impactanalyse** verklaart hoe een voorgesteld systeem de organisatiestructuur, attitudes, besluitvorming en operaties beïnvloedt. Om informatiesystemen succesvol met de organisatie te integreren, moet er bij het ontwikkelen aandacht worden besteed aan grondig en volledig gedocumenteerde impact-assessments.

Organisatie-impactanalyse Onderzoek naar de effecten die een systeem heeft op de organisatiestructuur, gedragingen, besluitvorming en bedrijfsvoering.

TABEL 14.5 *Organisatorische factoren bij systeemplanning en -implementatie*

Werknemersparticipatie en -betrokkenheid
Taakopzet
Bewaken van standaarden en prestatie
Ergonomie (waaronder apparatuur, gebruikersinterfaces en de werkomgeving)
Klachtenafhandelingsprocedures voor werknemers
Gezondheid en veiligheid
Voldoen aan overheidsregels

Sociotechnisch ontwerp

Een manier om menselijke en organisatorische kwesties te behandelen, is het aanwenden van de **sociotechnisch ontwerp**-aanpak in informatiesysteemprojecten. Ontwerpers werken hierbij verschillende alternatieven voor technische en sociale ontwerpoplossingen uit. Elk ontwerp werkt verschillende werkgroepstructuren, een bepaalde toewijzing van taken en de bijbehorende individuele taakverdelingen uit. De voorgestelde oplossingen worden met elkaar vergeleken. Voor het uiteindelijke ontwerp wordt de oplossing gekozen die het best aansluit bij zowel de sociale als de technische doelstellingen. Het resulterende sociotechnisch ontwerp moet een informatiesysteem produceren dat technische efficiëntie paart aan gevoeligheid voor organisatorische en menselijke behoeften, wat leidt tot grotere voldoening over het werk en een hogere productiviteit.

Sociotechnisch ontwerp Ontwerp voor het produceren van informatiesystemen die technische efficiëntie combineren met gevoeligheid voor organisatorische en menselijke behoeften.

14.4.5 Softwareprogramma's voor projectmanagement

Commerciële softwareprogramma's die veel aspecten van projectmanagement automatiseren, vergemakkelijken het projectmanagementproces. Projectmanagementsoftware biedt gewoonlijk functies voor het definiëren en ordenen van taken, toekennen van middelen aan taken, instellen van start- en einddata van taken, volgen van voortgang en het mogelijk maken van aanpassingen aan taken en middelen. Met veel van deze programma's kunnen automatisch Gantt- en PERT-charts worden gecreëerd en ze leveren communicatie-, samenwerkings- en sociale hulpmiddelen. Sommige van deze programma's zijn grote, complexe programma's voor het managen van zeer grote projecten en op diverse plaatsen werkende werkgroepen. Deze hoogwaardige programma's kunnen een zeer groot aantal taken en activiteiten uitvoeren en complexe verbanden onderhouden. De meest gebruikte projectmanagementtool is tegenwoordig Microsoft Project, maar er zijn ook beter betaalbare hulpmiddelen voor kleinere projecten en kleine bedrijven, bijvoorbeeld Zoho Projects en Teamwork Projects, die beschikbaar zijn in de cloud, net als sommige versies van Microsoft Project. Veel projectmanagementapplicaties zijn nu cloudgebaseerd om leden van projectteams overal waar ze aan het werk zijn toegang te bieden tot projectmanagementhulpmiddelen en hun gegevens. Huddle, Clarizen en Citrix Podio zijn enkele andere voorbeelden (Reisinger, 2016).

Projectportfoliomanagementsoftware
Helpt organisaties portfolio's van projecten en hun onderlinge verbanden te evalueren en te beheren.

Terwijl projectmanagementsoftware organisaties helpt om afzonderlijke projecten, de toegewezen bedrijfsmiddelen en de bijkomende kosten te beheren, helpt **projectportfoliomanagementsoftware** organisaties om projectportfolio's en de onderlinge afhankelijkheden te beheersen. Projectportfoliomanagementsoftware helpt managers om voorstellen en projecten te vergelijken met de budgetten en beschikbare bedrijfsmiddelen, om zo de optimale mix te bepalen en projecten in de juiste volgorde te zetten, zodat de strategische doelen van de organisatie kunnen worden gehaald.

SAMENVATTING

1. Wat zijn de doelstellingen van projectmanagement en waarom is projectmanagement zo essentieel voor het ontwerpen van informatiesystemen?

Goed projectmanagement is van wezenlijk belang om ervoor te zorgen dat systemen op tijd en binnen het budget worden geleverd en echte bedrijfsvoordelen bieden. Projectmanagementactiviteiten omvatten werkplanning, risicovaststelling, schatting van de middelen nodig voor het uitvoeren van het werk, organisatie van het werk, verwerving van personele en materiële middelen, toekennen van taken, sturen van activiteiten, bewaken van de projectuitvoering, voortgangsrapportage en het analyseren van de resultaten. Projectmanagement heeft te maken met de volgende vijf belangrijke variabelen van een project: draagwijdte, tijd, kosten, kwaliteit en risico.

2. Welke methoden kunnen er worden gebruikt voor het selecteren en evalueren van informatiesysteemprojecten en het afstemmen ervan op de bedrijfsdoelen van de onderneming?

Organisaties hebben een informatieplan nodig dat beschrijft hoe informatietechnologie het bereiken van hun bedrijfsdoelen ondersteunt en dat al hun systeemtoepassingen en IT-infrastructuurcomponenten ondersteunt en documenteert. Grote bedrijven hebben een managementstructuur om ervoor te zorgen dat de belangrijkste systeemprojecten prioriteit krijgen. Kernprestatie-indicatoren (KPI's), portfolioanalyse en scoringmodellen kunnen worden gebruikt voor het vaststellen en evalueren van alternatieve informatiesysteemprojecten.

3. Hoe kunnen ondernemingen de waarde van informatiesystemen vaststellen?

Om te bepalen of een informatiesysteemproject een goede investering is, moet je de kosten en baten berekenen. Materiële voordelen zijn kwantificeerbaar. Immateriële voordelen zijn niet onmiddellijk kwantificeerbaar, maar zouden in de toekomst kwantificeerbare voordelen kunnen opleveren. Voordelen die opwegen tegen de kosten moeten worden geanalyseerd met behulp van budgetteringsmethoden om ervoor te zorgen dat een project het geïnvesteerde kapitaal van het bedrijf terugverdient.

4. Wat zijn de belangrijke risicofactoren bij informatiesysteemprojecten en hoe kunnen ze beheerst worden?

Het risiconiveau in een systeemontwikkelproject wordt bepaald door (1) projectomvang, (2) projectstructuur, en (3) ervaring met de gekozen technologie. Bij IT-projecten is er een grotere kans op mislukken bij onvoldoende of onjuiste gebruikersparticipatie in het systeemontwikkelingsproces, gebrek aan managementondersteuning en slecht management van het

implementatieproces. Er is een zeer hoog mislukkingspercentage onder projecten die leiden tot business process re-engineering, enterprisetoepassingen en fusies en overnames, omdat die uitgebreide organisatorische veranderingen vereisen.
Implementatie is het proces van organisatorische verandering rond de introductie van een nieuw informatiesysteem. Ondersteuning door en betrokkenheid van de gebruiker, en managementbetrokkenheid en beheersing van het implementatieproces zijn essentieel, evenals mechanismen voor het omgaan met het risiconiveau in elk nieuw systeemproject. Projectrisicofactoren kunnen tot op zekere hoogte onder controle worden gehouden door een aanpak voor projectmanagement waarbij ervan uitgegaan wordt dat er niet één optimumsituatie is, maar dat de omgevingsfactoren een rol spelen. Het risiconiveau van elk project bepaalt de passende combinatie van de te gebruiken externe en interne integratiewijzen, formele planningtools en formele beheertools.

HERHALINGSVRAGEN

1. Wat zijn de doelstellingen van projectmanagement en waarom is projectmanagement zo essentieel voor het ontwerpen van informatiesystemen?

- Beschrijf informatiesysteemproblemen die voortkomen uit slecht projectmanagement.
- Geef een omschrijving van projectmanagement. Noem en beschrijf de projectmanagementactiviteiten en variabelen die aan de orde komen bij projectmanagement.

2. Welke methoden kunnen er worden gebruikt voor het selecteren en evalueren van informatiesysteemprojecten en het afstemmen ervan op de bedrijfsdoelen van de onderneming?

- Noem en beschrijf de groepen die verantwoordelijk zijn voor het management van informatiesysteemprojecten.
- Beschrijf het doel van een informatieplan en noem de belangrijkste categorieën in het plan.
- Leg uit hoe KPI's, portfolioanalyse en scoringmodellen kunnen worden gebruikt voor het selecteren van alternatieve informatiesysteemprojecten.

3. Hoe kunnen ondernemingen de waarde van informatiesystemen vaststellen?

- Noem en beschrijf de belangrijke kosten en baten van informatiesystemen.
- Geef het onderscheid aan tussen materiële en immateriële voordelen.
- Omschrijf capital budgeting en benoem de belangrijkste capital budgetingmodellen voor de evaluatie van IT-projecten.

4. Wat zijn de belangrijke risicofactoren bij informatiesysteemprojecten en hoe kunnen ze beheerst worden?

- Noem en beschrijf de belangrijke risicofactoren bij informatiesysteemprojecten.
- Definieer implementatie en verandermanagers en leg uit wat het belang ervan is voor veranderingsmanagement.
- Leg uit waarom het losweken van ondersteuning door het management en eindgebruikers zo essentieel is voor succesvolle implementatie van informatiesysteemprojecten.
- Leg uit waarom er zo'n hoog mislukkingspercentage is onder implementaties met betrekking tot enterprisetoepassingen, business process re-engineering en fusies en overnames.
- Noem en beschrijf de strategieën voor het beheersen van projectrisico.
- Noem de organisatorische afwegingen die bij projectplanning en implementatie moeten worden gemaakt.
- Beschrijf de rol die ergonomie, organisatie-impactanalyse en sociotechnisch ontwerp bij ontwerpen voor de organisatie spelen.

DISCUSSIEVRAGEN

1. In hoeverre is projectmanagement van invloed op het succes van een nieuw informatiesysteem?
2. Er wordt wel beweerd dat de meeste systemen mislukken omdat systeembouwers organisatorische gedragsproblemen negeren. Waarom zou dit het geval kunnen zijn?
3. Wat is de rol van de eindgebruiker van informatiesystemen bij IT-projectmanagement?

Met de projecten in dit onderdeel kun je praktische ervaring opdoen met het evalueren van informatiesysteemprojecten, waarbij je met behulp van spreadsheetsoftware capital budgeting-analyses uitvoert voor investeringen in nieuwe informatiesystemen, en met behulp van webtools de financiering voor een nieuw huis analyseert. Ga naar MyLab voor toegang tot de praktijkprojecten van dit hoofdstuk.

Problemen met managementbeslissingen

1. Het U.S. Census Bureau, dat de volkstelling in de Verenigde Staten bijhoudt, lanceerde een IT-project om zijn medewerkers in het veld uit te rusten met hightech draagbare apparaten die de belastingbetaler geld zouden besparen door bevolkingsgegevens direct te uploaden naar het hoofdkantoor. De leiding van het Census Bureau tekende in 2006 een contract van 600 miljoen dollar met Harris Corporation om 500.000 apparaten te bouwen, maar wist nog niet precies welke eigenschappen deze moesten hebben. Ook gaf de leiding geen specificaties voor het testproces om de prestaties van de draagbare apparaten te meten. In de loop van het project volgden er 400 verzoeken om projectvereisten aan te passen. Twee jaar en honderden miljoenen belastingdollars later bleken de apparaten veel te traag en onbetrouwbaar om te worden gebruikt voor de Amerikaanse volkstelling van 2010. Wat hadden de directie van het Census Bureau en de Harris Corporation kunnen doen om dit resultaat te voorkomen?
2. Caterpillar is 's werelds grootste producent van graafmachines en leverancier van agrarisch gereedschap. Caterpillar wil zijn ondersteuning aan zijn Dealer Business System (DBS), dat het op licentiebasis aan zijn dealers levert om hen te helpen hun bedrijf te runnen, afbouwen. De software in dit systeem raakt verouderd, en het senior management wil in plaats daarvan de ondersteuning van de hosted versie van de software overdragen aan Accenture Consultants, zodat het zich op zijn kernactiviteiten kan richten. Caterpillar heeft nooit van zijn dealers geëist dat ze DBS gebruiken, maar het systeem was een de facto norm geworden voor het zakendoen met het bedrijf. Het merendeel van de vijftig Cat-dealers in Noord-Amerika gebruikt een versie van DBS, net als de helft van de ongeveer 200 Cat-dealers in de rest van de wereld. Welke factoren en problemen moet Caterpillar in beschouwing nemen voordat het bedrijf het product aan Accenture overdraagt? Welke vragen zou het bedrijf moeten stellen? Welke vragen zouden zijn dealers moeten stellen?

Besluitvorming verbeteren: Capital budgeting met spreadsheetsoftware voor een nieuw CAD-systeem

Softwarevaardigheden: Spreadsheetformules en functies
Zakelijke vaardigheden: Capital budgeting

3. Dit project geeft je een mogelijkheid om met behulp van spreadsheetsoftware de in dit hoofdstuk behandelde capital budgetingmodellen en leertrajecten te hanteren om het rendement te analyseren van een investering in een nieuw computeraided design (CAD)-systeem.
Je bedrijf zou willen investeren in een nieuw CAD-systeem. Daarvoor moeten hardware, software en netwerktechnologie worden aangeschaft en onkosten worden gemaakt voor installatie, training en ondersteuning. MyLab bevat tabellen die elk kostencomponent voor het nieuwe systeem in kaart brengen en inzicht geven in de jaarlijkse onderhoudskosten gedurende vijf jaar, plus een leertraject over capital budgetingmodellen. Jij gelooft dat het nieuwe systeem de hoeveel arbeid die nodig is om ontwerpen en ontwerpspecificaties te genereren zal terugbrengen, zodat de jaarlijkse cashflow zal toenemen.
   - Creëer met de data uit deze tabellen een werkblad dat de kosten en voordelen van de investering over een periode van vijf jaar berekent en de investering analyseert aan de hand van de vier capital budgetingmodellen in het leertraject bij dit hoofdstuk.
   - Is deze investering het geld waard? Waarom, of waarom niet?

Besluitvorming verbeteren: Webtools gebruiken om een huis te kopen en te financieren

Softwarevaardigheden: Internetsoftware
Zakelijke vaardigheden: Financiële planning

4. Dit project verbetert je vaardigheid in het gebruik van web-gebaseerde software om te zoeken naar een huis en het berekenen van de hypotheekkosten voor dat huis. Je bent op zoek naar een huis in Fort Collins, Colorado. Idealiter is het een eengezinswoning met ten minste drie slaapkamers en een badkamer die tussen de 170.000 en 300.000 dollar kost en waar je een hypotheek op afsluit

met vaste rente en een looptijd van 30 jaar. Je kunt je veroorloven om 20 procent van de waarde van het huis aan te betalen. Voordat je een huis koopt, wil je weten wat voor huizen er in jouw prijsklasse worden aangeboden, een hypotheek zoeken en je maandbedrag bepalen. Ga naar Realtor.com om je te helpen met de volgende taken:

- Huizen vinden in Fort Collins (Colorado) die voldoen aan je specificaties.
- Een hypotheek vinden voor 80 procent van de vraagprijs. Vergelijk tarieven op ten minste drie websites (gebruik verschillende zoekmachines om sites te vinden).
- Als je een hypotheek hebt uitgezocht, bereken je de afsluitkosten en de maandlasten. Als je daarmee klaar bent, evalueer je het hele proces. Geef bijvoorbeeld je mening over het gebruiksgemak van de website en over het vermogen om informatie over huizen en hypotheken te vinden, de nauwkeurigheid van de informatie die je hebt gevonden en de variatie in huizen en hypotheken.

SAMENWERKINGS- EN TEAMWORKPROJECT

Implementatieproblemen benoemen

1. Vorm een team met nog drie of vier studenten. Maak een beschrijving van de implementatieproblemen die je zou kunnen tegenkomen in een van de systemen die in de interactieve sessies of slotcases in dit boek zijn beschreven. Schrijf een analyse van de stappen die je zou zetten om deze problemen op te lossen of te voorkomen. Maak waar mogelijk gebruik van Google Docs en Google Drive of Google Sites om te brainstormen, te organiseren en een presentatie van jullie bevindingen te maken voor de rest van jullie jaar.

CASE

De kinderziekten van Healthcare.gov

De Patient Protection and Affordable Care Act, beter bekend als Obamacare, geldt als het belangrijkste dat president Barack Obama heeft nagelaten. Cruciaal voor Obama's hervorming van de volksgezondheid is Healthcare.gov, een federale 'verzekeringsbeurs'. Deze website faciliteert de verkoop van particuliere ziektekosten verzekeringen aan ingezetenen van de Verenigde Staten, helpt mensen die in aanmerking komen voor het hulpverleningsprogramma Medicaid om zich aan te melden en heeft een aparte marktplaats voor kleine bedrijven. Bezoekers kunnen op de site prijzen van ziektekostenverzekeringen in hun staat vergelijken, deelnemen in een plan naar keuze en uitzoeken of ze in aanmerking komen voor een zorgtoeslag. Om informatie te kunnen krijgen over beschikbare zekeringen in hun regio, moeten ze eerst een account aanmaken waarin ze persoonlijke informatie verstrekken.

Healthcare.gov werd volgens plan op 1 oktober 2013 gelanceerd, maar bezoekers werden al snel geconfronteerd met talloze technische problemen. Software die digitale identiteiten toewees aan verzekerden en ervoor zorgde dat ze alleen hun eigen persoonlijke informatie te zien kregen, kon de stroom bezoekers niet aan. Bezoekers kregen cryptische foutmeldingen te zien en konden niet inloggen om een account aan te maken. Veel gebruikers kregen onjuiste offertes doordat het programma prijzen hanteerde die slechts op twee leeftijdsgroepen waren gebaseerd. Er werd geschat dat in de eerste week dat de site in de lucht was maar 1 procent van alle geïnteresseerde consumenten er een verzekering kon afsluiten, en veel aanvragen die naar verzekeraars werd gestuurd bevatte foute informatie. Duizenden Amerikanen – op het dieptepunt van de problemen ten minste één op de vijf – werden via HealthCare.gov ten onrechte naar Medicaid, of juist naar particuliere verzekeraars verwezen. Sommigen werden ten onrechte afgewezen. De aanmeldingen die verzekeraars via de website ontvingen waren in 10 procent van de gevallen incompleet of onjuist. De informatie betrof onder meer wie zich aanmeldde en of diegenen in aanmerking kwam voor een zorgtoeslag. Sommige verzekeraars meldden dat ze werden overspoeld met telefoontjes van mensen die in de veronderstelling waren dat ze een bepaalde ziektekostenverzekering hadden afgesloten, om erachter te komen dat de verzekeraar daar niets over in zijn systeem had staan. Aanmeldingsproblemen met verzekeraars hielden tot in november 2013 aan. De Chief Technology Officer van het Witte

Huis, Todd Park, stelde dat jaar op 6 oktober dat de systeemfouten in Healthcare.gov werden veroorzaakt door een onverwacht hoog aantal gebruikers. Waar rekening was gehouden met 50.000 à 60.000 gebruikers, kreeg de website 250.000 gebruikers tegelijk te verwerken. Tussen 1 en 4 oktober 2013 bezochten meer dan 8,1 miljoen mensen Healthcare.gov. Later gaven functionarissen in White House toe dat de problemen met Healthcare.gov niet alleen werden veroorzaakt door de hoge bezoekersaantallen, maar ook door problemen met de software en het systeemontwerp. Stresstesten die aannemers de dag voor de lancering hadden uitgevoerd maakten duidelijk dat de site al bij 1100 gelijktijdige bezoekers aanzienlijk langzamer werd, stukken minder dan de verwachte 50.000 à 60.000 bezoekers. Technisch experts ontdekten dat de site vergeven was van de hardware- en softwarefouten, zodat er ruim 600 zaken moesten worden opgelost. Een grote bron van fouten vormde het deel van het systeem waarin gebruikers een persoonlijk account moesten aanmaken voordat ze de voor hen meest geschikte verzekering konden uitzoeken. Dit betekende dat gebruikers voorafgaand aan hun zoektocht persoonlijke informatie moesten invoeren die zou worden uitgewisseld door afzonderlijke computersystemen die waren gebouwd of draaiende werden gehouden door meerdere leveranciers, waaronder CGI Group, de bouwer van Healthcare.gov, Quality Software Services en kredietchecker Experian PLC. Als een onderdeel van dit web van systemen niet goed werkte, zouden gebruikers geen toegang krijgen tot de aanbieders van verzekeringen. Er was een bottleneck ontstaan in de interactie van deze systemen met de softwarecomponent Oracle Identity Manager, die werd geleverd door Oracle Corporation en die was ingebed in het systeem dat de regering gebruikte om de identiteit van bezoekers te controleren. Dit probleem had kunnen worden afgewend als het systeem gebruikers had toegestaan om aanbiedingen van verzekeraars te bekijken voordat ze het ingewikkelde registratieproces doorliepen. Problemen, waaronder rolmenu's die alleen af en toe werkten en tergend lange wachttijden, hielden tot in de derde week na de lancering aan. Enkele weken in oktober 2013 was de site 60 procent van de tijd onbereikbaar.

Wat er met Healthcare.gov gebeurde is het zoveelste voorbeeld van fout gelopen IT-projectmanagement, iets wat vaak voorkomt bij grote technologieprojecten, vooral die van de Amerikaanse federale overheid. Het toezicht van de implementatie van Healthcare.gov lag niet bij één partij. De Amerikaanse Centers for Medicare and Medicaid Services (CMS) coördineerden de bouw. CMS had echter een gefragmenteerde managementstructuur, en de leiding over het hele project was niet bij één eenheid neergelegd.

CMS bracht het bouwen en implementeren van het systeem voor Healthcare.gov onder bij een aantal externe aannemers. De voorkant van de website (waaronder de user interface) werd ontwikkeld door de start-up Development Seed. De achterkant (waar alle zware verwerking van aanmeldingsdata en transacties met verzekeraars plaatsvindt) was uitbesteed aan CGI Federal, een dochteronderneming van de Canadese multinational CGI Group, die 231 miljoen dollar voor het project ontving. CGI besteedde vervolgens een groot deel van het werk aan andere bedrijven uit. Dit is gebruikelijk bij grote overheidsprojecten. Functies die te maken hadden met digitale autorisatie van identiteit werden uitbesteed aan Experian, de informatiedienstenaanbieder die wereldwijd bekendstaat om zijn expertise met het beoordelen van kredietwaardigheid.

CMS stelde de aannemers deadlines. Zij werden geacht bijeenkomsten bij te wonen waarop de details van de specificaties voor de website zouden worden uitgewerkt, maar de computerspecialisten sloegen een aantal van die vergaderingen over. Aannemers voor verschillende onderdelen van het systeem communiceerden amper met elkaar.

Sommige IT-experts uitten ook kritiek op de beslissing van CMS om databasesoftware te gebruiken van MarkLogic, een bedrijf dat anders met datamanagement omgaat dan bedrijven als IBM en Oracle. De werkzaamheden verliepen langzamer doordat zo weinig mensen bekend waren met MarkLogic, en nadat de Healthcare.gov-website was gelanceerd, bleef MarkLogic beneden verwachting presteren.

De website was niet grondig getest voordat hij live ging, zodat een aantal software- en hardwarefouten niet waren ontdekt. Het testen van het systeem door verzekeraars stond gepland voor juli 2013, maar vond pas in de derde week van september plaats. CMS was verantwoordelijk voor het testen door gebruikers gedurende de laatste weken.

Technologie-experts bekritiseerden ook de pogingen van de ontwikkelaars van Healthcare.gov om live te gaan met alle onderdelen van een groot en complex systeem tegelijk. Het zou beter zijn geweest om de systeemfuncties een voor een uit te rollen. CGI geloofde dat een volledig functionerend Healthcare.gov met alle verwachte toeters en bellen een onrealistisch doel was. Gezien de tijd die nodig was om de software af te ronden en te testen was het onmogelijk om op 1 oktober 2013 een volledig functionerende website te lanceren, maar overheidsfunctionarissen wilden niet van uitstel horen en hun geduld met CGI's voortdurende excuses voor gemiste deadlines raakte op. Obama's regering bleef haar regelgeving en beleid tot in de zomer van 2013 bijstellen, wat betekende dat de aannemers veranderende eisen moesten verwerken.

Een verzekering afsluiten op Healthcare.gov is erg ingewikkeld. De website is verbonden met andere federale computernetwerken, waaronder sociale zekerheid (SSA), de Belastingdienst (IRS), Veteranenzaken (VA), het bureau Personeelszaken en het Vredeskorps. De site moet een grote hoeveelheid persoonsinformatie verifiëren, waaronder inkomen en immigratiestatus.

Cruciale componenten werden niet beveiligd. Er was onvoldoende toegang tot een datacentrum om te voorkomen dat de website zou crashen Er was geen back-upsysteem voor een eventuele websitecrash opgezet. De interactie tussen het datacentrum waar de data liggen opgeslagen en het systeem was zo slecht geconfigureerd dat het opnieuw moest worden ontwikkeld.

Volgens functionarissen, congresmedewerkers en e-mails uit die tijd werd CMS tussen maart en juli van verschillende kanten gewaarschuwd dat het project ontspoorde, maar het betrok het Witte Huis niet bij de voortgang en veranderde niets aan de leiderschapsstructuur. Een regeringsrapport merkte op dat inadequaat toezicht door het management en gebrek aan coördinatie tussen technische teams realtime besluitvorming en efficiënte reacties om de problemen met de site aan te pakken in de weg stonden.

Het consultancybedrijf McKinsey & Co. schreef een rapport over de mogelijke risico's dat het tussen 28 maart en 8 april 2013 presenteerde aan CMS-topfunctionaris Marilyn Tavenner, aan staatssecretaris Kathleen Sebelius van het Amerikaanse ministerie van Volksgezondheid en Sociale Zaken en de CTO van het Witte Huis, Todd Park. McKinseys rapport anticipeerde veel van de voetangels en klemmen van de website en spoorde de regering aan één projectleider te benoemen om de besluitvorming te stroomlijnen. Ook onderstreepte het rapport het belang dat het Witte Huis de door CMS geplande lanceringsdatum, 1 oktober, zou steunen. Desondanks, zo blijkt uit documenten en getuigenissen uit die tijd, bracht het McKinsey-rapport geen verandering in de minimale betrokkenheid van het Witte Huis bij de details van het project.

Het Witte Huis bracht experts uit regeringskringen en industrie bij elkaar en zij gingen aan de slag om het systeem te repareren. De regering-Obama benoemde aannemer Quality Software Services Inc. (QSSI) als coördinator van het werk dat hiermee gepaard ging. QSSI had eerder aan de achterkant van de website gewerkt. In januari 2014 verving Accenture de CGI Group als belangrijkste aannemer van de website.

De reparatiewerkzaamheden aan de website gingen in oktober en november 2013 door, en de website leek nu soepeler te werken. Voor de overgrote meerderheid van de gebruikers werkte Healthcare.gov meer dan 90 procent van de tijd. De responstijd (de tijd die het duurde om een webpagina te laden) werd teruggebracht van 8 seconden naar minder dan 1 seconde. De frequentie van foutmeldingen die mensen ervan weerhielden de website te gebruiken daalde van 6 procent naar 0,75 procent, maar op 30 november 2013 hadden nog maar 137.000 mensen een particuliere ziektekostenverzekering afgesloten, veel minder dan de regering had voorspeld. Bovendien dwongen de problemen met Healthcare.gov de regering-Obama om een online verzekeringsmarktplaats voor kleine bedrijven met een jaar uit te stellen.

Reuters berichtte medio oktober 2013 dat de totale kosten voor het bouwen van Healthcare.gov met aannemers drie keer zo hoog uitkwam: 292 miljoen dollar in plaats van de aanvankelijke raming van 93,7 miljoen dollar. In oktober kwamen de totale kosten voor het bouwen van de website uit op 500 miljoen dollar. In februari 2014 had de regering in totaal 800 miljoen dollar toegezegd voor contracten voor de website, en het volledige bedrag dat inmiddels is besteed is nog onbekend. Begin 2014 werkte Healthcare.gov veel beter, maar nog niet geheel probleemloos. Vervolgens crashte HealthCare.gov op 30 maart 2014 kort na middernacht en bleek een hele dag buiten gebruik. Een deel van de honderdduizenden Amerikanen die probeerden op het laatst mogelijke moment nog een verzekering af te sluiten kon dat niet doen. Desondanks sloten 8 miljoen mensen dat jaar een ziektekostenverzekering af. Kathleen Sebelius nam op 10 april 2014 ontslag als staatssecretaris van Volksgezondheid en Sociale Zaken, en werd op 9 juni van dat jaar vervangen door Sylvia Mathews Burwell.

Op 30 juli 2014 bracht de Amerikaanse Rekenkamer, de Government Accountability Office (GAO), een onpartijdig onderzoek uit waaruit naar voren kwam dat de website Healthcare.gov was ontwikkeld zonder effectieve planning of toezicht. Deze uitkomsten werden geschraagd door een ander rapport dat in januari 2015 werd uitgegeven door de Inspectie van het Amerikaanse ministerie van Volksgezondheid en Sociale Zaken. Uit het onderzoek van de Inspecteur-Generaal bleek dat de federale regering onvoldoende naar de eerdere prestaties van CGI had onderzocht voordat het contract werd afgesloten en had nagelaten om een maximum in te stellen voor facturen van aannemers. Na een stormachtig begin leek HealthCare.gov in 2015 soepel te werken, op een paar kleine technische problemen na. De regering-Obama kon trots melden dat de 11 miljoen mensen die in 2015 een ziektekostenverzekering hadden afgesloten de doelstellingen van de president hadden overtroffen.

Bronnen: Louise Radnofsky, 'Poor Oversight, Work Marred Health Care Site's Launch,' *Wall Street Journal*, 20 januari 2015; Alex Barinka,'Healthcare.gov Bug Plagues Obamacare Just before Deadline,' *Bloomberg*, 14 februari 2015; Amy Nordrum, 'Obama's Healthcare.gov Website Isn't Consumer-Friendly Enough, Experts Say,' *International Business Times*, 18 februari 2015; Spencer E. Ante en Louise Radnofsky, 'New Technical Woes Hobble Health- Insurance Sign-Ups at Zero Hour,' *Wall Street Journal*, 31 maart 2014; 'How HealthCare.gov Was Supposed to Work and How It Didn't,' *New York Times*, 2 december 2013; Sheryl Gay Stolberg en Michael D. Shear, 'Inside the Race to Rescue a Health Care Site, and Obama,' *New York Times*, 30 november 2013; Gautham Nagesh, 'Health Website Problems Weren't Flagged in Time,' *Wall Street Journal*, 2 december 2013; Christopher Weaver en Louise Radnofsky, 'Healthcare.gov's Flaws Found, Fixes Eyed,' *Wall Street Journal*, 10 oktober 2013, 'Federal Health Site Stymied by Lack of Direction,' *Wall Street Journal*, 28 oktober 2013; Eric Lipton, Jan Austen en Sharon LaFraniere, 'Tension and Flaws before Health Website Crash,' *New York Times*, 22 november 2013.

Vragen bij de case

1. Waarom was het Healthcare.gov-project zo belangrijk?
2. Evalueer de belangrijkste risicofactoren in dit project.
3. Beschrijf de stappen die hadden moeten worden gezet om een negatief resultaat in dit project te voorkomen.

MYLAB

Ga naar de opdrachten in MyLab om deze schrijfoefeningen te maken.

1. Identificeer en beschrijf drie methoden om managers te helpen bij het selecteren van informatiesysteemprojecten.
2. Vergelijk de twee belangrijkste soorten planning- en controle-instrumenten.

15 MANAGEMENT VAN INTERNATIONALE INFORMATIESYSTEMEN

Na dit hoofdstuk ben je in staat om de volgende vragen te beantwoorden:

1. **Welke belangrijke factoren sturen de internationalisering van bedrijven?**
2. **Wat zijn de mogelijke strategieën voor het ontwikkelen van mondiale bedrijven?**
3. **Wat zijn de uitdagingen die mondiale informatiesystemen met zich meebrengen en wat zijn de managementoplossingen voor deze uitdagingen?**
4. **Welke problemen en technische mogelijkheden moeten worden overwogen bij het ontwikkelen van internationale informatiesystemen?**

OPENINGSCASE

De Bel Group schrijft succes met koeienletters

De Bel Group, die haar hoofdkantoor in Parijs heeft, is een internationale producent en distributeur van kaas. Ze is het bekendst van de geportioneerde kaassnacks in merkverpakking. La Vache qui Rit (de lachende koe), die in 1921 werd geboren in Leon Bels Franse kaasfabriek, behoort samen met Mini Babybel, Kiri, Leerdammer en Boursin tot de belangrijkste merken van de Bel Group. De groep opereert via talloze dochterondernemingen in Europa, Noord- en Zuid-Amerika, Azië, Turkije en Afrika, waaronder een dochteronderneming in Egypte. De groep is een multinationale marktleider in de productie van merkkazen, met een specialisatie in portieverpakkingen, en heeft als strategie om in 2025 in omvang te zijn verdubbeld. Omdat de groep zich vooral richt op zuivelproducten, is ze blootgesteld aan fluctuaties in zuivelprijzen en valutakoersen, zodat het behalen van haar ambitieuze doestelling nog een uitdaging kan worden als ze alleen afhankelijk is van organische groei. De overname van de MOM Group op 15 december 2016 biedt echter potentieel om uit te breiden naar snacks, sappen en zoete toetjes. Het zou dus kunnen dat overnames een belangrijke rol spelen bij het realiseren van haar toekomstige groeistrategie.

Foto: Food/Alamy Stock Photo

Het bedrijf brengt zijn belangrijkste merken in 130 landen op de markt als een gezonde en leuke eetervaring, waarbij het de verkoop sterk op kinderen richt. De uitdaging is om een band te smeden met de klant, en belangrijke producten, zoals La Vache qui Rit, worden gelokaliseerd in een poging om te bouwen aan een nieuwe generatie zuivelconsumenten. De formules van de verschillende kazen worden aangepast aan de lokale smaak en regelgeving; voor de Egyptische markt worden bijvoorbeeld calcium en vitamine D toegevoegd, en voor Zuid-Korea en China is er kaas met aardbeiensmaak. De hoofdmerken zijn actief op diverse sociale media, en in juli 2016 ging het bedrijf een strategisch partnerschap aan met Facebook om zijn klanten beter te leren begrijpen en de prestaties van marketingcampagnes effectiever te kunnen meten. Naast het verdedigen en laten groeien van bestaande markten in Europa bestaat er ongerept marktpotentieel in Afrika, Azië en Zuid-Amerika. Om hier goed op in te spelen en multinationale relaties te beheren heeft de Bel Group een efficiënt en effectief klantenrelatiebeheersysteem (CRM-systeem) nodig. Klanten hebben inmiddels via mobiele technologie direct toegang tot internet, en bedrijven moeten zich aanpassen door sneller te reageren. CRM gaat niet alleen om het beheren van de verwachtingen van bestaande klanten, maar ook om het werven van nieuwe klanten en het bouwen van merktrouw via een breed scala aan contactpunten.

De Bel Group stelde vast dat ze één CRM-systeem nodig had om zowel in de nieuwe als de meer volwassen markten sales- en marketingteams te coördineren. Elke bedrijfseenheid en elk verkoopkantoor heeft weliswaar specifieke marktbehoeften, maar coördinatie is nodig om wendbaarheid op de markt te garanderen en tegelijkertijd de verschillende meertalige en culturele aspecten van de bedrijfsvoering effectief te helpen managen. Besloten werd om Sales Cloud van Salesforce in gebruik te nemen om een verkoop- en marketingtool in huis te hebben die meteen ook het integrale ketenbeheer kon verbeteren. Het systeem biedt het bedrijf schaalbaarheid en gebruiksgemak. Volgens CIO Yves Gauguier kan het systeem van Salesforce op maat worden gemaakt om te voorzien in de behoeften met betrekking tot marktontwikkelingen, onderhandelingen en salespromotion, terwijl kennis en expertise snel binnen de totale groep wordt gedeeld om snellere communicatie te faciliteren. Het systeem biedt updates over de vorderingen ten opzichte van de doelstelling, helpt de effectiviteit van verschillende marketingcampagnes meten, en draagt bij aan de conversie van data die via de talrijke datastromen worden verzameld.

Bronnen: www.groupe-bel.com, geraadpleegd op 13 januari 2017; 'Salesforce Helps Bel Reach Its Growth Targets,' www.salesforce.com, geraadpleegd op 13 januari 2017.

Bijdrage case van June Clarke, Sheffield Hallam University

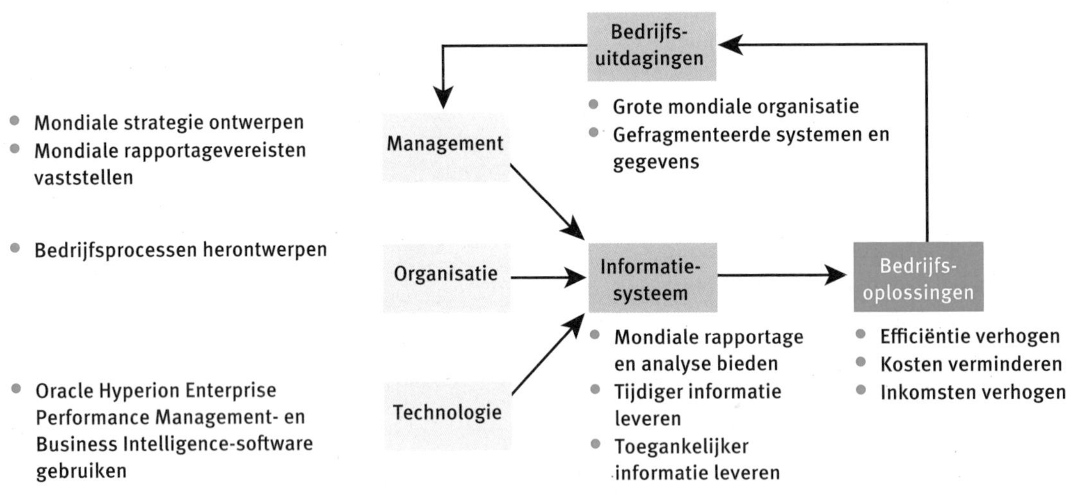

De inspanningen van de Bel Group om wereldwijd een CRM-systeem op te zetten geven aan waar werkelijk mondiale organisaties die wereldwijd willen opereren rekening mee moeten houden. Zoals veel grote multinationals heeft Bel dochterbedrijven en verkoopkantoren in een aantal verschillende landen. De groep heeft ook een overnamestrategie, wat inhoudt dat potentiële verschillen in systemen, bedrijfsprocessen en verslagleggingsnormen moeten

worden gemanaged. Gezien het productassortiment en de doelgroep van Bel zijn het smeden van een band en het bouwen van klantinzicht essentieel voor succes. In een wereld vol mobiele technologie zijn snelle communicatie en maatwerk over verschillende contactpunten heen van cruciaal belang. Het bedrijf stelde vast dat het een schaalbaar, gebruiksvriendelijk systeem nodig had dat een effectief meetinstrument zou bieden voor verschillende marketingcampagnes om te voorzien in de uiteenlopende behoeften van zijn doelgroepen.
Het diagram aan het begin van dit hoofdstuk vestigt de aandacht op belangrijke punten die in deze case en in dit hoofdstuk naar voren komen. Om wereldwijd management- en klantgerichte processen te verbeteren, implementeerde de Bel Group een nieuw mondiaal systeem op basis van Salesforce CRM-software. Deze software wordt gehost in de cloud en levert managers en werknemers bedrijfsbrede informatie over campagnes, klanten en potentiële klanten overal ter wereld. Dit helpt het bedrijf om wereldwijd contactpunten efficiënter te beheren en resulteert in mondiale groei.
Enkele vragen om over na te denken: *Hoe draagt informatietechnologie bij aan verbeterde bedrijfsvoering en besluitvorming in de Bel Group? Hoe zou het nieuwe CRM-systeem van het bedrijf zijn bedrijfsstrategie faciliteren? Waarom is het van belang om de impact van je aanwezigheid in de sociale media te integreren als een meetinstrument?*

15.1 De groei van internationale informatiesystemen

Voorgaande hoofdstukken hebben de opkomst van een wereldwijde economie en een internationale wereldorde beschreven die het gevolg zijn van geavanceerde netwerken en informatiesystemen. De nieuwe wereldorde zal veel nationale ondernemingen, nationale industrieën en nationale economieën van het toneel vagen. Veel ondernemingen zullen worden vervangen door snelle netwerkorganisaties die over nationale grenzen heen opereren. De groei van de internationale handel heeft overal ter wereld de nationale economieën drastisch veranderd. Kijk eens naar de productieroute voor een iPhone, weergegeven in figuur 15.1. De iPhone werd ontwikkeld door Apple-technici in de Verenigde Staten, bevat meer dan honderd hightechonderdelen vanuit de hele wereld en wordt in China in elkaar gezet. Bedrijven in Taiwan, Zuid-Korea, Japan, Frankrijk, Italië, Duitsland en de Verenigde Staten leveren de onderdelen zoals de behuizing, camera, processor, accelerator, gyroscoop, elektronisch kompas, power management chip, touchscreen controller en scherm. Foxconn, een Chinese divisie van de Taiwanese Hon Hai Group, is belast met de productie en assemblage.

15.1.1 De ontwikkeling van de internationale IT-architectuur

Internationale informatiesysteemarchitectuur
De basale informatiesystemen die organisaties nodig hebben om internationaal zaken te doen en activiteiten uit te voeren.

Dit hoofdstuk beschrijft hoe ondernemingen een internationale IT-architectuur kunnen bouwen die geschikt is voor een internationale strategie. Een **internationale informatiesysteemarchitectuur** bestaat uit basisinformatiesystemen die organisaties nodig hebben om internationaal zaken te doen en activiteiten uit te voeren. Figuur 15.2 illustreert de redenering die we in dit hoofdstuk zullen volgen en geeft de belangrijkste dimensies van een internationale IT-architectuur weer.

Zakelijke drijfveer
Een kracht in de omgeving waarop ondernemingen moeten reageren en die de richting van de onderneming beïnvloedt.

De te volgen basisstrategie bij het opzetten van een internationaal systeem is gebaseerd op een goed inzicht in de internationale omgeving waarin de onderneming opereert. Dit betekent dat managers de algemene krachten op de markt, ofwel de zakelijke drijfveren, moeten begrijpen die een bedrijfstak richting internationale concurrentie duwen. Een **zakelijke drijfveer** is een kracht in de omgeving waarop ondernemingen moeten reageren en die de richting van de onderneming beïnvloedt. Ook moeten de negatieve factoren of tegenkrachten die managementuitdagingen creëren nauwkeurig worden onderzocht; het zijn die factoren die de ontwikkeling van een globale onderneming kunnen tegenhouden. Zodra deze internationale omgeving is onderzocht, moeten managers bepalen welke competitieve ondernemingsstrategie in die omgeving wordt nagestreefd. Hoe zal de onderneming reageren? Een onderneming kan de internationale markt negeren en zich concentreren op de nationale competitie, vanuit een nationale basis internationaal opereren of een internationaal productie- en distributienetwerk organiseren. Hiertussen liggen nog veel andere mogelijkheden.

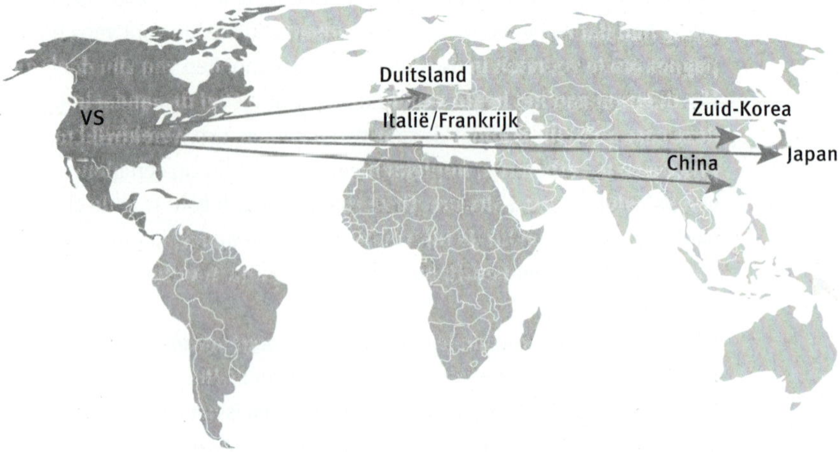

FIGUUR 15.1 *Wereldwijde bevoorradingsketen Apple iPhone*

Apple ontwerpt de iPhone in de Verenigde Staten en vertrouwt voor andere onderdelen op leveranciers in de Verenigde Staten, Duitsland, Italië, Frankrijk, Japan en Zuid-Korea. De uiteindelijke assemblage gebeurt in China.

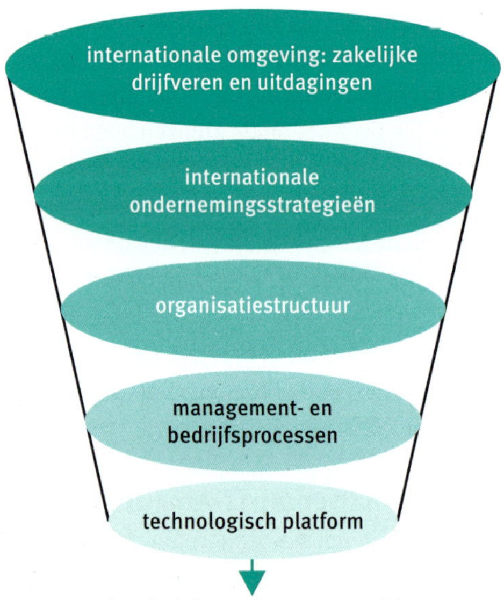

FIGUUR 15.2 *De internationale informatiesysteemarchitectuur*

De belangrijkste dimensies van de ontwikkeling van een internationale IT-architectuur zijn de internationale omgeving, de internationale ondernemingsstrategieën, de structuur van de organisatie, de management- en bedrijfsprocessen en het technologische platform.

Na de ontwikkeling van een strategie moet een onderneming bepalen hoe de organisatie wordt gestructureerd om deze strategie te kunnen volgen. Hoe wordt een goede taakverdeling bereikt in een internationale omgeving? Waar moeten alle productie-, administratie-, boekhoud-, marketing- en personeelsfuncties worden geregeld?
Daarna moet het management zich bezighouden met verschillende vraagstukken over de implementatie van de strategie en de realisatie van het organisatorisch ontwerp. Cruciaal hierbij is het ontwerp van de bedrijfsprocessen. Hoe kunnen de gebruikerseisen worden gedefinieerd en beheerst? Hoe kunnen plaatselijke divisies worden aangepast om aan de internati-

onale eisen te voldoen? Hoe moeten de wereldwijde reorganisatie van een onderneming en de ontwikkeling van systemen worden gecoördineerd?
De laatste vraag is het te gebruiken technologische platform. Hoewel nieuwe technologie een van de belangrijkste drijfveren is achter internationalisering van de markten, zijn een ondernemingsstrategie en -structuur noodzakelijk om de juiste technologie te kunnen selecteren. Nadat dit afwegingsproces is voltooid, is een organisatie op de goede weg een internationaal informatiesysteemportfolio te realiseren waarmee de ondernemingsdoelen kunnen worden behaald. Laten we eerst eens kijken naar de algemene internationale bedrijfsomgeving.

15.1.2 De internationale omgeving: kansen en uitdagingen voor ondernemingen

Tabel 15.1 illustreert de zakelijke drijfveren binnen de internationale omgeving die verantwoordelijk zijn voor de verschuiving van industrieën richting internationale markten en concurrenten.
Deze internationale zakelijke drijfveren kunnen in twee groepen worden verdeeld: algemene culturele factoren en specifiek zakelijke factoren. Sinds de Tweede Wereldoorlog is er een aantal algemene culturele factoren te herkennen. Informatie-, communicatie- en transporttechnologieën hebben een *werelddorp* (*global village*) laten ontstaan waarbinnen communicatie met iemand aan de andere kant van de wereld (via telefoon, televisie, radio of internet) even goedkoop en eenvoudig is als communicatie met iemand aan het eind van de straat. Ook het vervoer van goederen en diensten naar en van geografisch verafgelegen locaties is veel goedkoper geworden.

TABEL 15.1 *De internationale omgeving: kansen en uitdagingen voor ondernemingen*

ALGEMENE CULTURELE FACTOREN	SPECIFIEKE ZAKELIJKE FACTOREN
Internationale communicatie- en transporttechnologieën	Internationale markten
Internationale cultuur	Internationale productie en bedrijfsvoering
Internationale sociale normen	Internationale coördinatie
Politieke stabiliteit	Internationale arbeidsplaatsen
Internationale kennisbasis	Internationale schaalvoordelen

Internationale cultuur
De ontwikkeling van gezamenlijke verwachtingen, kunstvoorwerpen en sociale normen in verschillende culturen en volkeren.

De ontwikkeling van internationale communicatie heeft ook een ander type werelddorp doen ontstaan. Er is nu sprake van een **internationale cultuur**, mogelijk gemaakt door televisie, internet en andere internationale media, zoals films, die verschillende culturen en volkeren in staat stellen vergelijkbare verwachtingen te ontwikkelen over wat goed en fout is, wenselijk en onwenselijk, heroïsch en laf. De val van het Oostblok heeft de groei van een wereldcultuur enorm versneld, meer steun gegeven aan het kapitalisme en het zakenleven, en de omvang en diepgang van culturele conflicten in Europa behoorlijk doen afnemen.
Een laatste factor van belang is de groei van een internationale kennisbasis. Aan het eind van de Tweede Wereldoorlog waren kennis, onderwijs, wetenschap en industriële vaardigheden voornamelijk geconcentreerd in Noord-Amerika, Europa en Japan, en werd de rest van de wereld de *derde wereld* genoemd. Dit is niet langer het geval. Oost-Europa, China, India, Zuidoost-Azië en Latijns-Amerika hebben krachtige onderwijs-, industrie- en wetenschapscentra ontwikkeld, wat heeft geresulteerd in een democratischer en beter verdeelde kennisbasis.
Deze algemene culturele factoren die aan de basis liggen van internationalisatie resulteren in specifieke zakelijke factoren die veel industrieën en bedrijfstakken beïnvloeden. De groei van krachtige communicatietechnologieën en de opkomst van wereldculturen creëren de omstandigheden voor *internationale markten*: consumenten overal ter wereld zijn geïnteresseerd in dezelfde producten die door de cultuur zijn goedgekeurd. De producten van Coca-Cola en

Amerikaanse sportschoenen (gemaakt in Zuid-Korea, maar ontworpen in Los Angeles) kunnen nu ook in Latijns-Amerika, Afrika en Azië worden verkocht.
In reactie op deze marktvraag werden internationale productie- en ondernemingsprocessen ontwikkeld die productiefaciliteiten en centrale hoofdkantoren, vaak duizenden kilometers uit elkaar, nauwkeurig online coördineren. Bij Maersk, een grote wereldwijde rederij uit Denemarken, kunnen managers in het hoofdkantoor in Kopenhagen en op andere locaties de bevrachting van schepen in Rotterdam online bekijken, de ballastverdeling controleren en pakketten naar specifieke locaties volgen tijdens het vervoer. Dit is allemaal mogelijk dankzij een internationale satellietverbinding.
De nieuwe internationale markten en de globale productie en bedrijfsvoering vragen om nieuwe informatiesystemen met mogelijkheden tot internationale coördinatie. Productie, boekhouding, marketing en verkoop, personeelszaken en systeemontwikkeling – alle belangrijke bedrijfsfuncties – kunnen nu internationaal worden gecoördineerd.
Zo kan Frito-Lay in de Verenigde Staten een marketingautomatiseringssysteem ontwikkelen en dezelfde technieken en technologieën in Spanje doorvoeren. Micromarketing – de marketing voor zeer kleine geografische en sociale groepen – betekent niet langer marketing voor kleine groepen in de Verenigde Staten, maar voor kleine groepen overal ter wereld.
Internetmarketing is marketing via internet waardoor een globale markt bereikt kan worden. Socialemediamarketing is een vorm van internetmarketing waarbij gebruikgemaakt wordt van sociale media die ook een globaal bereik hebben.
Dit nieuwe niveau van internationale coördinatie stelt ondernemingen voor het eerst in de geschiedenis in staat activiteiten daar te laten plaatsvinden waar ze het grootste concurrentievoordeel kunnen behalen. Het ontwerp van nieuwe producten moet op de juiste en meest winstgevende plek plaatsvinden en dit geldt ook voor marketing, productie en financiën.
Ten slotte creëren internationale markten, productie en administratie ook de omstandigheden voor krachtige, duurzame *schaalvoordelen*. Productie op basis van internationale vraag kan daar worden geconcentreerd waar deze het meest rendabel is, grondstoffen kunnen worden toegewezen aan grotere productielijnen, en de productielijnen in grotere fabrieken kunnen efficiënter en exacter worden gepland. Kostenbesparende factoren in de productie kunnen veel uitgebreider worden uitgebuit. Het resultaat hiervan is dat ondernemingen die internationaal opereren een groot strategisch voordeel kunnen behalen. Deze algemene en zakelijke factoren hebben de internationale handel en commercie enorm uitgebreid.
Niet alle bedrijfstakken worden in dezelfde mate door deze trends beïnvloed. Natuurlijk is de invloed op de industrie groter dan die op de dienstensector, die nog vaak nationaal en inefficiënt opereert. Het lokaal denken van de dienstverlening neemt echter af in de telecommunicatie, de entertainmentsector, het transport, de financiële dienstverlening en de algemene zakelijke dienstverlening, zoals de advocatuur. Ondernemingen die de internationalisering van de sector begrijpen en hierop juist weten te reageren, zullen een hogere productiviteit en meer stabiliteit realiseren.

Ondernemingsuitdagingen

Hoewel internationalisatie veel mogelijkheden biedt voor organisaties, zijn er ook belangrijke krachten die een internationale economie tegenwerken en die internationaal zakendoen verstoren. Tabel 15.2 geeft de meest voorkomende en grootste uitdagingen bij de ontwikkeling van internationale systemen.

Particularisme
Het nemen van beslissingen en acties op basis van een beperkt aantal of persoonlijke kenmerken.

Op cultureel niveau verwerpt **particularisme** het concept van een gezamenlijke internationale cultuur en de penetratie van nationale markten door buitenlandse goederen en diensten. Particularisme is het nemen van beslissingen en het ondernemen van acties op grond van een beperkt aantal persoonlijke kenmerken, in al zijn vormen (religieuze, nationalistische, etnische of regionale standpunten). De verschillen tussen culturen leveren verschillen op in sociale verwachtingen, in de politiek, en uiteindelijk ook in wetgeving. In bepaalde landen, zoals de

TABEL 15.2 *Uitdagingen en obstakels voor internationale bedrijfssystemen*

ALGEMEEN	SPECIFIEK
Cultureel particularisme: regionalisme, nationalisme, taalverschillen	Standaarden: verschillende EDI-, e-mail- en telecommunicatiestandaarden
Sociale verwachtingen: merknamen, werktijden	Betrouwbaarheid: telefoonnetwerken niet overal even betrouwbaar
Politieke wetgeving: internationale gegevensdistributie- en privacywetten, commerciële regelingen	Snelheid: verschillende overdrachtssnelheden voor gegevens, vaak langzamer dan in de Verenigde Staten
	Personeel: tekort aan ervaren consultants

Verenigde Staten, verwachten consumenten dat nationale merkproducten ook in het eigen land worden geproduceerd en zijn ze teleurgesteld wanneer ze horen dat veel van wat ze zagen als nationale producten in feite in het buitenland is geproduceerd.

Verschillende culturen produceren verschillende politieke regimes. In alle landen zijn er verschillende wetten die de verspreiding van informatie, de privacy van individuen, de oorsprong van software en hardware in systemen en radio- en satellietcommunicatie regelen. Deze verschillende juridische regimes compliceren internationaal zakendoen en bij de bouw van internationale systemen moet hier dan ook rekening mee worden gehouden.

Internationale gegevensstroom
De verspreiding van informatie, in welke vorm ook, over internationale grenzen.

Europese landen hebben bijvoorbeeld zeer strikte wetten met betrekking tot de internationale gegevensstroom en privacy in vergelijking met bijvoorbeeld de Verenigde Staten. De **internationale gegevensstroom** wordt gedefinieerd als de verspreiding van informatie, in welke vorm dan ook, over internationale grenzen. De European Union Data Protection Directive, die in oktober 1998 in werking trad, beperkt de verspreiding en verwerking van persoonsgegevens naar landen die niet voldoen aan de strikte Europese informatiewetten over persoonsgegevens. In juli 2016 is het EU-US Privacy Shield overeengekomen, die aanvullende maatregelen voor privacy voor Europese burgers bevat. Meer dan 4000 organisaties uit de VS zijn geregistreerd bij Europese privacyinstanties, zodat ze persoonsgegevens van Europeanen mogen verwerken in de VS. Privacy Shield beschermt ook Europese burgers tegen bepaalde bewakingsactiviteiten van veiligheidsdiensten uit de VS. Organisaties uit de VS passen hun werkzaamheden aan om te voldoen aan deze regelgeving.

Culturele en politieke verschillen hebben grote impact op de standaardprocedures binnen organisaties. Algemene culturele verschillen kunnen verschillende specifiek zakelijke barrières opwerpen, van verschillen in betrouwbaarheid van het telefoonnetwerk tot gebrek aan ervaren consultants.

Nationale wetgeving en tradities hebben in verschillende landen verschillende boekhoudsystemen opgeleverd, wat gevolgen heeft voor de manier waarop winsten en verliezen worden geanalyseerd. Duitse ondernemingen erkennen winsten uit investeringen bijvoorbeeld pas na voltooiing en afbetaling van het project. Britse ondernemingen beginnen daarentegen de winst te berekenen wanneer ze redelijk zeker zijn dat ze hun geld terug zullen verdienen, dus nog voordat een project is voltooid.

Deze boekhoudsystemen zijn nauw verbonden met het juridische systeem, de ondernemingsfilosofie en het belastingsysteem in de verschillende landen. Britse, Amerikaanse en Nederlandse ondernemingen delen een voornamelijk Angelsaksisch perspectief dat onderscheid maakt tussen belastingberekeningen en rapporten voor aandeelhouders, waarin wordt aangetoond hoe snel de winst groeit. In andere Europese landen zijn ondernemingen minder gericht op het imponeren van de aandeelhouders en meer op het aantonen van strikte naleving van de regels en het minimaliseren van belastingproblemen. Deze verschillende systemen maken het voor internationale ondernemingen met vestigingen in verschillende landen soms moeilijk hun prestaties te evalueren. Culturele verschillen hebben ook invloed op de manier waarop

organisaties informatietechnologie gebruiken. Japanse ondernemingen faxen bijvoorbeeld erg veel, maar zijn nog steeds wat terughoudend in hun gebruik van e-mailfaciliteiten.
Taal blijft ook een belangrijk struikelblok. Hoewel Engels grotendeels de standaardtaal is geworden in de zakenwereld, is dit voornamelijk het geval op de hogere niveaus van ondernemingen en niet in de andere rangen van de organisatie. Het kan noodzakelijk zijn software te ontwikkelen in de nationale taal voordat een nieuw informatiesysteem met succes kan worden geïmplementeerd.
Ook fluctuaties in valuta kunnen grote gevolgen hebben voor planningsmodellen en prognoses. Een product dat in Mexico of Japan winstgevend lijkt te zijn, kan in werkelijkheid verlies opleveren als gevolg van veranderingen in de wisselkoersen.
Bij de ontwikkeling en bouw van internationale ondernemingssystemen moet rekening worden gehouden met deze nadelige factoren. Ondernemingen die bijvoorbeeld productiesystemen over nationale grenzen heen proberen te implementeren, onderschatten vaak de tijd, kosten en logistieke problemen die komen kijken bij de verspreiding van goederen en informatie in en naar verschillende landen.

15.1.3 De stand van zaken

Informatieverwerking
Taken die voornamelijk bestaan uit het ontwikkelen of verwerken van informatie.

Op basis van de mogelijkheden om concurrentievoordeel te behalen en gezien de belangstelling voor toekomstige toepassingen, zouden we kunnen denken dat de meeste internationale ondernemingen fantastische internationale systeemarchitecturen hebben ontwikkeld. Niets is echter minder waar. De meeste ondernemingen werken met een geërfde lappendeken van internationale systemen, vaak gebaseerd op concepten van **informatieverwerking** die in de jaren zestig van de vorige eeuw werden ontwikkeld: batchrapportages aan het centrale hoofdkantoor, handmatige gegevensinvoer vanuit het ene verouderde systeem in het andere, door zelfstandige buitenlandse divisies met weinig online controle en communicatie. Ondernemingen die zich in deze situatie bevinden, krijgen steeds vaker te maken met sterke concurrenten op de markt die wel goede internationale systemen hebben ontwikkeld. Weer andere ondernemingen hebben wel de technologische platforms voor internationale informatiesystemen, maar geen internationale strategie die deze uitbreiding ook mogelijk maakt.
Uiteindelijk zijn er verschillende problemen bij het bouwen van de juiste internationale systeemarchitecturen. Deze problemen zijn onder andere het plannen van een systeem dat past bij de internationale ondernemingsstrategie, het structureren van de systemen en afdelingen binnen de organisatie, het oplossen van implementatieproblemen en het kiezen van het juiste technische platform. We zullen deze problemen hierna in detail behandelen.

15.2 De organisatie van internationale informatiesystemen

Organisaties die internationaal willen opereren, krijgen te maken met drie organisatorische problemen: het kiezen van een strategie, het organiseren van de onderneming en het organiseren van het systeembeheer. De eerste twee zijn nauw met elkaar verbonden en worden daarom samen besproken.

15.2.1 Internationale strategieën en bedrijfsorganisatie

Er zijn vier belangrijke internationale strategieën die de basis vormen voor de organisatorische structuur van internationale ondernemingen. Deze zijn in vier profielen te vatten: de nationale exporteur, de multinational, de franchise en de transnationale organisatie. Elk van deze strategieën wordt vergezeld door een specifieke organisatiestructuur (zie tabel 15.3). Om het eenvoudig te maken beschrijven we deze strategieën op basis van drie typen organisatorische structuur: centrale organisatie (in het thuisland), decentrale organisatie (buitenlandse afdelingen) en gecoördineerde organisatie (alle afdelingen werken samen als gelijken).

Nationale exporteur
Strategie die wordt gekenmerkt door strakke centralisatie van ondernemingsactiviteiten in het thuisland.

De **nationale exporteur** wordt gekenmerkt door strakke centralisatie van ondernemingsactiviteiten in het thuisland. Bijna alle internationale organisaties beginnen op deze manier en sommige stappen later over op een van de andere vormen. Alle processen met betrekking tot productie, financiën en boekhouding, verkoop en management, personeelszaken en strategisch management zijn ingesteld op optimaal gebruik van de middelen in het thuisland. De internationale verkoop wordt soms uitbesteed door middel van overeenkomsten met agenten of dochterondernemingen, maar de internationale marketing is volledig afhankelijk van het hoofdkantoor voor marketingthema's en -strategieën. Caterpillar Corporation en andere producenten van industriële apparatuur vallen in deze categorie ondernemingen.

Multinational
Internationale strategie waarbij financieel management en beheer vanuit een centrale thuisbasis worden geconcentreerd, terwijl de productie, verkoop en marketing door afdelingen in het buitenland worden georganiseerd.

De **multinational** concentreert financieel management en beheer op een centrale thuisbasis, terwijl de productie, verkoop en marketing door afdelingen in het buitenland worden georganiseerd. De producten en diensten die in de verschillende landen worden aangeboden, zijn aangepast aan de plaatselijke marktcondities. De organisatie wordt zo een soort federatie van productie- en marketingfaciliteiten in verschillende landen. Veel financiële dienstverleners en een aantal fabrikanten, zoals General Motors, Chrysler en Intel, vallen binnen deze groep.

Franchise
Onderneming waarin het product wordt gemaakt, ontworpen, gefinancierd en in het begin ook geproduceerd in het thuisland, maar die om productspecifieke redenen afhankelijk is van buitenlands personeel voor verdere productie, marketing en personeelszaken.

Franchises zijn een interessante mix van oud en nieuw. Aan de ene kant wordt het product gemaakt, ontworpen, gefinancierd en in het begin ook geproduceerd in het thuisland, maar de onderneming is om productspecifieke redenen afhankelijk van buitenlands personeel voor verdere productie, marketing en personeelszaken. Franchises in de voedselindustrie als McDonald's en Kentucky Fried Chicken volgen dit stramien. McDonald's ontwikkelde een nieuw type fastfoodketen in de Verenigde Staten en het bedrijf is nog steeds grotendeels afhankelijk van de Verenigde Staten voor inspiratie voor nieuwe producten, strategisch management en financiering. Omdat het product lokaal gemaakt moet worden – het is immers bederfelijk – moet er echter ook sprake zijn van lokale coördinatie, distributie, marketing en rekrutering van personeel.

TABEL 15.3 *Internationale ondernemingsstrategie en -structuur*

BEDRIJFSFUNCTIE	NATIONALE EXPORTEUR	MULTINATIONAL	FRANCHISE	TRANSNATIONALE ORGANISATIE
Productie	Centraal	Decentraal	Gecoördineerd	Gecoördineerd
Financiën/boekhouding	Centraal	Centraal	Centraal	Gecoördineerd
Verkoop/marketing	Gemengd	Decentraal	Gecoördineerd	Gecoördineerd
Personeelszaken	Centraal	Centraal	Gecoördineerd	Gecoördineerd
Strategisch management	Centraal	Centraal	Centraal	Gecoördineerd

Over het algemeen zijn franchises klonen van de afdelingen in het moederland, maar het is onmogelijk de productie helemaal wereldwijd te coördineren en zo productiefactoren te optimaliseren. Aardappelen en rundvlees kunnen bijvoorbeeld niet pas worden gekocht wanneer de prijs het laagst is, maar moeten worden gekocht kort voor de consumptiedatum.

Transnationale organisatie
Werkelijk wereldwijd beheerde onderneming zonder nationaal hoofdkantoor; de waardetoevoegende activiteiten worden vanuit een internationaal perspectief beheerd, zonder dat hierbij wordt gelet op nationale grenzen, om waar dan ook vraag en aanbod op elkaar af te stemmen en om te profiteren van de plaatselijk concurrentievoordelen.

Transnationale organisaties zijn staatloze, werkelijk wereldwijd bestuurde ondernemingen die een steeds grotere rol zullen spelen in het internationale bedrijfsleven. Transnationale organisaties hebben niet één, maar verschillende regionale hoofdkantoren en misschien een wereldhoofdkantoor. In een transnationale organisatie worden bijna alle waardetoevoegende activiteiten vanuit een internationaal perspectief geleid, zonder dat hierbij wordt gelet op nationale grenzen, om waar dan ook vraag en aanbod op elkaar af te stemmen en om te profiteren van de plaatselijke concurrentievoordelen. Transnationale organisaties zien de wereld (en niet hun moederland) als het managementraamwerk waarbinnen wordt geopereerd. De organisatie van deze ondernemingen is wel vergeleken met een federatie die een sterk centraal management heeft dat beslissingen neemt, maar waarbinnen veel macht en financieel vermogen over

de internationale divisies wordt verspreid. Slechts weinig organisaties hebben tot nu toe deze status weten te bereiken.
Informatietechnologie en ontwikkelingen in de mondiale telecommunicatie geven internationale ondernemingen meer flexibiliteit om hun globale strategieën te vormen. Protectionisme en een behoefte om de plaatselijke markten beter te bedienen stimuleren bedrijven om hun productiefaciliteiten te verspreiden en op zijn minst een multinational te worden. Tegelijkertijd stuurt het streven naar besparingen door grootschaligheid en het benutten van het plaatselijke voordeel op de korte termijn transnationals naar een mondiale managementvisie en een concentratie van kracht en autoriteit. Daarom zijn er zowel krachten in de richting van decentralisatie en verspreiding als krachten in de richting van centralisatie en globale coördinatie.

15.2.2 Internationale systemen ter ondersteuning van de strategie

Informatietechnologie en de verbeteringen in de internationale telecommunicatie geven internationale ondernemingen meer flexibiliteit om mondiale strategieën vorm te geven. De configuratie, het beheer en de ontwikkeling van systemen volgen vaak de gekozen internationale strategie. Figuur 15.3 toont de meest voorkomende configuraties. Met systemen bedoelen we alle activiteiten bij het bouwen en exploiteren van informatiesystemen: conceptie en aanpassing aan het strategische ondernemingsplan, systeemontwikkeling en de bedrijfsvoering en onderhoud. Voor de eenvoud bekijken we vier typen systeemconfiguraties. *Gecentraliseerde systemen* zijn systemen waarbij de ontwikkeling en exploitatie volledig plaatsvinden op de hoofdlocatie in het moederland. *Gedupliceerde systemen* zijn systemen waarbij de ontwikkeling plaatsvindt op de hoofdlocatie terwijl de exploitatie uit handen wordt gegeven aan afdelingen in het buitenland. *Gedecentraliseerde systemen* zijn systemen waarin elke internationale afdeling eigen unieke oplossingen en systemen ontwikkelt en exploiteert. *Netwerksystemen* zijn systemen die op een geïntegreerde en gecoördineerde manier in alle afdelingen worden ontwikkeld en geëxploiteerd.

Systeemconfiguratie	Strategie			
	Nationale exporteur	Multinational	Franchise	Transnationale organisatie
Gecentraliseerd	X			
Gedupliceerd			X	
Gedecentraliseerd	x	X	x	
Netwerk		x		X

FIGUUR 15.3 *Internationale strategieën en systeemconfiguraties*
De grote x'en geven de dominante patronen weer en de kleine x'en nieuwe opkomende patronen. Nationale exporteurs zijn bijvoorbeeld voornamelijk afhankelijk van gecentraliseerde systemen, maar er is steeds meer druk om gedecentraliseerde systemen in plaatselijke marketinggebieden te ontwikkelen.

Zoals in figuur 15.3 te zien is, gebruiken nationale exporteurs voornamelijk gecentraliseerde systemen waarbij één groep systeemontwikkelaars verantwoordelijk is voor de internationale toepassingen. Multinationals laten in vergelijking hiermee een direct en opvallend contrast zien: hier zijn de internationale afdelingen verantwoordelijk voor de ontwikkeling van hun eigen systeemoplossingen, die worden gebaseerd op de plaatselijke behoeften en die vaak weinig gemeen hebben met de toepassingen op het hoofdkantoor (uitzonderingen hierop zijn financiële en telecommunicatietoepassingen). Franchises hebben de eenvoudigste systeemstructuur: net als de producten die ze verkopen, worden de systemen meestal op de hoofdlocatie ontwikkeld en daarna overal ter wereld gedupliceerd. Elke afdeling, waar ook ter wereld, heeft dezelfde toepassingen. Ten slotte is er de transnationale organisatie. Deze heeft de meest ambitieuze systemen: netwerksystemen waarbinnen een duidelijke, vastgestelde omgeving is voor de ontwikkeling en exploitatie van systemen. Dit veronderstelt gewoonlijk een krachtige telecommunicatiebackbone, een cultuur waarin toepassingen gezamenlijk worden ontwikkeld en een managementcultuur die nationale grenzen overschrijdt. De netwerksysteemstructuur is het meest zichtbaar in de financiële dienstverlening, waarin de homogeniteit van het product – geld en monetaire producten – culturele barrières lijkt te doorbreken.

15.2.3 Reorganisatie van de onderneming

Hoe moet een organisatie die wereldwijd wil opereren zichzelf organiseren? Om een internationale onderneming en de bijbehorende informatiesysteemstructuur op te zetten, moet een onderneming de volgende richtlijnen volgen:

1. Organiseer waardetoevoegende activiteiten langs lijnen van comparatief voordeel. Marketing- en verkoopfuncties moeten dus daar worden uitgevoerd waar dit op de beste manier, tegen de laagste prijs en met de grootste impact kan gebeuren; dit geldt ook voor productie, financiën, personeelszaken en informatiesystemen.
2. Ontwikkel en exploiteer systemen op elk activiteitsniveau binnen de organisatie – regionaal, nationaal en internationaal. Om te beantwoorden aan plaatselijke behoeften moet er een aantal niet al te kleine *lokale systemen* zijn. De *regionale systemen* moeten de internationale telecommunicatie en systeemontwikkeling in grote geografische regio's regelen (Europa, Azië, Noord-Amerika). *Transnationale systemen* moeten worden opgezet om verbanden te leggen tussen grote regionale gebieden en om de ontwikkeling en de besturing van de telecommunicatie en systeemontwikkeling te coördineren (Roche, 1993).
3. Stel op het wereldhoofdkantoor een persoon aan die verantwoordelijk is voor de ontwikkeling en de exploitatie van internationale systemen: een internationale CIO (*chief information officer*).

Veel succesvolle ondernemingen hebben deze richtlijnen gevolgd bij het ontwikkelen van organisatiesysteemstructuren. Het succes van deze ondernemingen is niet alleen afhankelijk van de juiste organisatie van activiteiten, maar ook van een ander belangrijk ingrediënt: een managementteam dat weet wat de risico's en voordelen van internationale systemen zijn en dat strategieën kan ontwikkelen die de risico's minimaliseren. In de volgende paragraaf bespreken we deze aandachtspunten voor het management.

15.3 Beheer van internationale systemen

Tabel 15.4 geeft de belangrijkste managementproblemen weer rond de ontwikkeling van internationale systemen. Het is interessant op te merken dat de meeste van deze problemen overeenkomen met de problemen waarmee managers worden geconfronteerd bij het bouwen van nationale systemen. De problemen zijn echter in een internationale context veel complexer.

TABEL 15.4 *Managementuitdagingen bij het ontwikkelen van internationale systemen*

Overeenstemming over gebruikerseisen
Introductie van veranderingen in bedrijfsprocessen
Coördinatie van applicatieontwikkeling
Coördinatie van software
Aanmoedigen van plaatselijke gebruikers om het wereldwijde systeem te ondersteunen

15.3.1 Een veelvoorkomend scenario: internationale disorganisatie

Laten we eens kijken naar een veelvoorkomend scenario. Een traditionele multinational in consumentenproducten, gevestigd in de Verenigde Staten en opererend in Europa, wil uitbreiden naar de Aziatische markt en weet dat hiervoor een transnationale strategie en een ondersteunende informatiesysteemstructuur moeten worden ontwikkeld. Net als bij veel andere multinationals zijn de productie en marketing verspreid over regionale en nationale centra, terwijl het wereldhoofdkantoor en het strategisch management in de Verenigde Staten zijn gelokaliseerd. In het verleden had elke dochteronderneming in het buitenland de vrijheid eigen systemen te ontwikkelen. Het enige centraal gecoördineerde systeem is het financiële controle- en rapportagesysteem. De centrale systeemgroep in de Verenigde Staten richt zich alleen op nationale functies en productie.

Het resultaat is een mengelmoes van hardware, software en telecommunicatie. De e-mailsystemen in Europa en de Verenigde Staten zijn niet compatibel. Elke productiefaciliteit gebruikt een ander productieplanningsysteem (of een andere versie van hetzelfde ERP-systeem) en verschillende marketing-, verkoop- en personeelssystemen. De technologische platforms verschillen ook van elkaar. De communicatie tussen de verschillende locaties verloopt stroef als gevolg van de dure communicatielijnen tussen de verschillende Europese landen.

Wat raad je het hoger management van deze onderneming aan, dat een transnationale strategie wil volgen en een informatiesysteeminfrastructuur wil ontwikkelen ter ondersteuning van een zeer gecoördineerde internationale systeemomgeving? Denk aan de problemen waarmee de leiders te maken zullen krijgen (zie tabel 15.4). De internationale afdelingen zullen waarschijnlijk pogingen om centrale gebruikerseisen op te stellen tegenwerken; ze hebben tot nu toe alleen aan hun eigen eisen hoeven te denken. De systeemgroepen op de Amerikaanse locaties, die onlangs zijn uitgebreid en de opdracht hebben om de plaatselijke problemen op te lossen, zullen niet zonder weerstand richtlijnen voor het ontwikkelen van een transnationale strategie accepteren. Het zal moeilijk worden de managers op de verschillende locaties ervan te overtuigen dat ze hun bedrijfsprocedures moeten veranderen om deze aan te laten sluiten bij de andere locaties, vooral als dit hun plaatselijke strategie in de weg staat. Uiteindelijk worden de lokale managers beloond wanneer ze de doelen van hun divisie of fabriek ter plaatse halen. Ten slotte zal het ingewikkeld zijn de ontwikkeling van projecten overal ter wereld goed te coördineren zonder een krachtig telecommunicatienetwerk, en daarom zal het ook moeilijk zijn om plaatselijke gebruikers het idee te geven dat zij verantwoordelijk zijn voor de ontwikkelde systemen.

15.3.2 Strategie

Figuur 15.4 geeft de belangrijkste dimensies weer van een mogelijke oplossing. Ten eerste moet duidelijk worden gemaakt dat niet alle systemen op een transnationale basis gecoördineerd moeten worden; alleen een aantal kernsystemen zijn vanuit een kosten-batenperspectief en een haalbaarheidsperspectief waardevol genoeg om te worden gedeeld. **Kernsystemen** zijn systemen die functies ondersteunen die cruciaal zijn voor de organisatie. Andere systemen moeten deels wel worden gecoördineerd omdat ze belangrijke elementen delen, maar hoeven niet overal helemaal hetzelfde te zijn. Voor deze systemen is een bepaalde mate van lokale variatie mogelijk en zelfs wenselijk. De laatste groep systemen wordt gevormd door de minder belangrijke en lokale systemen, die specifiek nodig zijn om te voldoen aan lokale eisen.

Kernsystemen
Systemen die functies ondersteunen die cruciaal zijn voor de organisatie.

De kernbedrijfsinformatiesystemen benoemen

Hoe kun je een kernsysteem benoemen? De eerste stap is het opstellen van een korte lijst met kernprocessen. In hoofdstuk 2 werden bedrijfsprocessen uitgebreid besproken. Kort gezegd zijn bedrijfsprocessen sets logisch gerelateerde taken, zoals de verzending van de juiste producten naar klanten of het lanceren van innovatieve producten op de markt. Elk bedrijfsproces omvat gewoonlijk verschillende functionele gebieden die werk, informatie en kennis communiceren en coördineren.

De kernprocessen kunnen worden opgespoord door een bedrijfsprocesanalyse uit te voeren. Hoe worden bestellingen opgenomen, wat gebeurt er daarna, wie verwerkt de bestellingen, hoe worden de producten naar de klant verstuurd? Hoe zit het met de leveranciers? Hebben zij

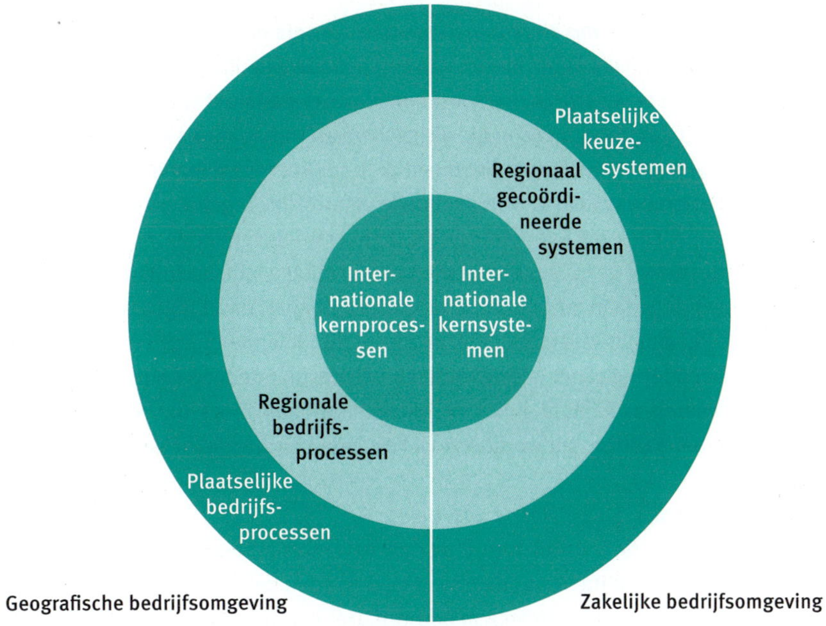

FIGUUR 15.4 *Lokale, regionale en wereldwijde systemen*

Agent- en andere coördinatiekosten worden hoger als de onderneming van een plaatselijk systeem overstapt op regionale en wereldwijde systemen. De transactiekosten voor deelname aan de internationale markt worden zeer waarschijnlijk lager wanneer de organisatie internationale systemen ontwikkelt. Een goede strategie om de agentkosten te reduceren is de ontwikkeling van een klein aantal internationale kernsystemen die cruciaal zijn voor de bedrijfsvoering, terwijl de andere systemen in handen van de regionale of plaatselijke afdelingen blijven.

Bron: Roche, E.M. (1993). *Managing Information Technology in Multinational Corporations*. Aangepast met toestemming van Prentice Hall, Inc., Upper Saddle River, NJ.

toegang nodig tot de resource-planningsystemen zodat er automatisch grondstoffen kunnen worden geleverd? Enzovoort. Met behulp van dergelijke vragen kun je een korte lijst van tien bedrijfsprocessen opstellen die absoluut cruciaal zijn voor de onderneming.
Daarna moeten de verschillende *centers of excellence* (zie verderop in dit hoofdstuk) voor deze processen worden achterhaald. Is de orderverwerking het beste in de Verenigde Staten, productiecontrole het beste in Duitsland en personeelszaken het beste in Azië? Je moet een aantal gebieden voor een aantal bedrijfslijnen binnen de organisatie kunnen achterhalen waarin een afdeling of divisie bij een of een aantal bedrijfsprocessen beter presteert dan andere divisies. Wanneer al deze bedrijfsprocessen zijn geïdentificeerd, kunnen ze worden geordend. Je kunt dan beslissen welke processen onderdeel zijn van kerntoepassingen, welke centraal gecoördineerd, ontworpen en internationaal geïmplementeerd moeten worden en welke regionaal en lokaal kunnen blijven. Tegelijkertijd heb je door de cruciale bedrijfsprocessen te benoemen ook een grote stap gezet in de richting van een toekomstvisie.

De kernsystemen die centraal gecoördineerd moeten worden benoemen

Door de cruciale kernbedrijfsprocessen te benoemen worden de mogelijkheden voor transnationale systemen langzaam duidelijk. De tweede strategische stap is het beheersen van deze kernsystemen en het transnationaliseren ervan. De financiële en politieke kosten voor het definiëren en implementeren van transnationale systemen zijn erg hoog. Daarom is het cruciaal de lijst tot het absolute minimum te beperken, af te gaan op ervaring en liever te weinig dan te veel systemen op deze lijst te zetten. Door een kleine groep systemen als absoluut cruciaal te bestempelen, kun je de weerstand tegen een transnationale strategie verdelen. Tegelijkertijd kun je diegenen die tegen de centrale wereldwijde coördinatie van transnationale systemen zijn geruststellen door aan te geven dat de ontwikkeling van lokale systemen gewoon ongewijzigd verder kan gaan, met uitzondering van een aantal eisen aan het technische platform.

Een benadering kiezen: incrementeel, groots ontwerp of evolutionair

De derde stap is het kiezen van een benadering. Probeer al te voorzichtige stapsgewijze benaderingen te vermijden. Dit soort benaderingen mislukt vaak door gebrek aan zichtbaarheid, door weerstand van mensen die als gevolg van transnationale ontwikkeling hun positie of macht kwijtraken en doordat het moeilijk is om het senior management ervan te overtuigen dat transnationale systemen echt de moeite waard zijn. Tegelijkertijd moeten ook grootse ontwerpen die alles in één keer proberen te doen worden vermeden. Ook deze benaderingen mislukken in de meeste gevallen, omdat men niet in staat is alle bedrijfsmiddelen juist toe te wijzen. Niets wordt gedaan zoals het zou moeten en de weerstand tegen organisatorische verandering wordt alleen maar vergroot omdat er zoveel middelen nodig zijn voor het project. Een alternatieve benadering is het laten evolueren van bestaande toepassingen tot transnationale toepassingen, waarbij exact duidelijk is welke transnationale mogelijkheden de organisatie over vijf jaar moet bezitten. Dit wordt ook wel de 'salamistrategie' of 'één schijf per keer' genoemd.

Duidelijk maken wat de voordelen zijn

Wat zijn de voordelen van het internationale systeem voor de onderneming? Voorkomen moet worden dat internationale systemen worden gebouwd puur en alleen omdat de wens bestaat internationale systemen te bouwen. Het is van cruciaal belang dat het hoger management op het hoofdkantoor en de internationale managementteams vanaf het begin begrijpen wat de voordelen ervan zijn, zowel voor de onderneming als geheel als voor de verschillende divisies. Hoewel elk systeem unieke voordelen oplevert voor een bepaald budget, zijn de pluspunten te verdelen in vier gebieden.

Wereldwijde systemen – geïntegreerde, gedistribueerde en transnationale systemen – verbeteren het management en de coördinatie binnen de organisatie. De waarde hiervan kan niet exact worden vastgesteld en ook zal dit voordeel niet tevoorschijn komen uit een capital budgetingmodel. Ondernemingen kunnen nu in geval van nood snel overstappen van de ene leverancier naar de andere, de productie verplaatsen bij een natuurramp en extra capaciteit in de ene regio gebruiken om te voldoen aan een stijgende vraag in een andere regio.

Een tweede groot voordeel is de enorme verbetering in productie, bedrijfsvoering en distributie. De organisatie kan worden gezien als een internationaal waardenetwerk, met internationale leveranciers en een internationaal distributienetwerk. Voor het eerst in de geschiedenis kunnen managers de waardetoevoegende activiteiten in die regio's waar ze het best worden uitgevoerd, duidelijk benoemen.

Ten derde betekenen wereldwijde systemen ook wereldwijde klanten en wereldwijde marketing. De vaste kosten kunnen dus over een veel grotere groep klanten worden verdeeld. Dit zal leiden tot nieuwe schaalvoordelen in de productiefaciliteiten.

Ten slotte betekenen wereldwijde systemen dat de financiële middelen over een veel grotere basis kunnen worden geoptimaliseerd. Dit houdt bijvoorbeeld in dat kapitaal in een regio met surplus efficiënt kan worden verplaatst naar regio's waar gebrek is aan productie of kapitaal; de financiële middelen kunnen zo binnen de organisatie veel effectiever worden beheerd en ingezet.

Deze strategieën op zichzelf maken echter nog geen internationale systemen. Daarvoor moeten ze eerst worden geïmplementeerd, wat een uitdaging op zich is.

15.3.3 De managementoplossing

We bekijken nu de meest dringende problemen waarmee managers te maken krijgen bij de ontwikkeling van internationale informatiesystemen, zoals beschreven in tabel 15.4.

Overeenstemming over gebruikerseisen

Stel een korte lijst op met kernprocessen en kernondersteuningssystemen zodat de verschillende afdelingen binnen een organisatie met elkaar kunnen worden vergeleken, er een algemene taal kan worden ontwikkeld en alle gezamenlijke elementen duidelijk worden (en ook duidelijk wordt welke kwaliteiten uniek zijn voor een bepaalde locatie).

Introductie van veranderingen in bedrijfsprocessen

Veranderingsagent
In de context van implementatie is dit de persoon die fungeert als katalysator voor het hele veranderingsproces en die ervoor moet zorgen dat alle betrokken partijen de wijzigingen die het nieuwe systeem produceert accepteren.

Legitimiteit
De mate waarin je autoriteit wordt geaccepteerd op basis van competentie, visie of andere kwaliteiten.

Je succes als **veranderingsagent** zal afhangen van je legitimiteit, je autoriteit en je vermogen gebruikers te betrekken bij het wijzigingsproces. **Legitimiteit** wordt gedefinieerd als de mate waarin je autoriteit wordt geaccepteerd op basis van je competentie, visie of andere kwaliteiten. De keuze van een veranderingsstrategie, die evolutionair moet zijn maar ook visie moet bevatten, moet je ondersteunen bij het overtuigen van anderen dat de verandering haalbaar en wenselijk is. Het betrekken van mensen bij veranderingen en het overtuigen van de mensen dat deze verandering in het belang is van de onderneming als geheel en van de plaatselijke afdelingen, is een cruciale factor.

Coördinatie van applicatieontwikkeling

Ook de keuze van de veranderingsstrategie is cruciaal voor dit probleem. Op internationaal niveau is er te veel complexiteit om te proberen een 'groots ontwerp'-strategie te volgen. Het is veel eenvoudiger incrementele veranderingen te coördineren die steeds een stapje dichter in de buurt komen van de grotere visie. Zie dit liever als een vijfjarenplan dan als een tweejarenplan en minimaliseer het aantal transnationale systemen om de coördinatiekosten te reduceren.

Coördinatie van software

Ondernemingen kunnen procedures toepassen die ervoor zorgen dat alle afdelingen tegelijkertijd overstappen op nieuwe software-updates, zodat alle software compatibel is.

Aanmoedigen van plaatselijke gebruikers om het internationale systeem te ondersteunen

Belangrijk bij dit probleem is het betrekken van gebruikers bij de creatie van het ontwerp, zonder dat de controle over de ontwikkeling van het project uit handen wordt gegeven.
De algemene tactiek om de weerstand in plaatselijke afdelingen in een transnationale onderneming te breken is coöptatie. **Coöptatie** wordt gedefinieerd als het betrekken van de oppositie bij het proces van ontwerpen en implementeren van de oplossing, zonder dat de controle over de richting en aard van de verandering uit handen wordt gegeven. Brute kracht moet zo veel mogelijk worden vermeden. Plaatselijke afdelingen moeten echter minimaal instemmen met een korte lijst transnationale systemen en brute kracht kan nodig zijn om duidelijk te maken dat er een aantal transnationale systemen nodig zijn.

Coöptatie
Het betrekken van de oppositie bij het proces van ontwerpen en implementeren van de oplossing, zonder dat de controle over de richting en aard van de verandering uit handen wordt gegeven.

Hoe moet coöptatie in zijn werk gaan? Er zijn verschillende mogelijkheden. Een ervan is om elk land of gebied de gelegenheid te bieden eerst een transnationale toepassing in zijn eigen territorium te ontwikkelen en die vervolgens uit te breiden naar de hele wereld. Op deze manier neemt elke grote landensysteemgroep actief deel aan het ontwikkelen van een transnationaal systeem, en voelen lokale eenheden bij de transnationale inspanning iets van eigenaarschap. De keerzijde is dat hierbij verondersteld wordt dat het vermogen tot het ontwikkelen van systemen van hoge kwaliteit wijdverspreid is, en dat bijvoorbeeld een Duits team systemen met succes in Frankrijk en Italië kan implementeren. Dit zal niet altijd het geval zijn.
Een tweede tactiek is het ontwikkelen van nieuwe transnationale centers of excellence, of één afzonderlijk center of excellence. Er kunnen verschillende centra over de hele wereld zijn die op specifieke bedrijfsprocessen gericht zijn. Deze centra leunen sterk op lokale nationale eenheden, zijn gebaseerd op multinationale teams en moeten rapporteren aan het management overal ter wereld. Centers of excellence verzorgen de eerste specificatie van bedrijfsprocessen, definiëren de informatie-eisen, voeren bedrijfs- en systeemanalyse uit en doen alle ontwerp- en testwerkzaamheden. De implementatie en de proeftests worden echter in andere werelddelen uitgevoerd. Het werven van een breed scala aan lokale groepen voor transnationale centers of excellence helpt bij het overbrengen van de boodschap dat alle groepen van betekenis bij het ontwerp betrokken zijn en invloed kunnen uitoefenen.

Zelfs met de juiste organisatiestructuur en de juiste managementkeuzes kan het nog steeds zo zijn dat technologieproblemen een struikelblok vormen. De keuzes van technologieplatforms, netwerken, hardware en software vormen dan ook het sluitstuk in het bouwen van transnationale informatiesysteemarchitecturen. We bespreken deze in de volgende paragraaf.

15.4 Technologische problemen en mogelijkheden bij internationale waardeketens

Als ondernemingen eenmaal een mondiaal bedrijfsmodel en systeemstrategie hebben gedefinieerd, moeten ze hardware, software en netwerkstandaarden, en belangrijke systeemsoftware selecteren voor het ondersteunen van mondiale bedrijfsprocessen. Hardware, software en netwerken in een internationale omgeving brengen speciale technische uitdagingen met zich mee. Een van de belangrijkste uitdagingen is het vinden van een manier om een mondiaal computerplatform te standaardiseren, terwijl er zoveel variatie is tussen verschillende operationele units en tussen verschillende landen. Een andere belangrijke uitdaging is het vinden van speciale softwareapplicaties die gebruikersvriendelijk zijn en de productiviteit van internationale teams werkelijk verhogen. De universele wereldwijde acceptatie van internet heeft netwerkproblemen drastisch verminderd. De aanwezigheid van internet op zich garandeert echter niet dat informatie naadloos door de mondiale organisatie zal stromen, omdat niet alle bedrijfseenheden dezelfde toepassingen gebruiken en de kwaliteit van internetdiensten sterk wisselend kan zijn (evenals die van telefoondiensten). Zo kunnen Duitse bedrijfseenheden voor het delen van documenten en communiceren gebruikmaken van een opensourcesamenwerkingsprogramma dat incompatibel is met IBM Notes, het programma dat de teams van de Amerikaanse hoofdvestiging gebruiken. Het zoeken naar oplossingen voor deze uitdagingen vereist systeemintegratie en connectiviteit op een mondiale basis.

15.4.1 Platform- en systeemintegratie

De ontwikkeling van internationale systemen op basis van het eerdergenoemde concept van kernsystemen werpt de vraag op hoe deze nieuwe kernsystemen passen binnen de bestaande applicatiesuites die door de verschillende divisies en medewerkers voor verschillende hardware zijn ontwikkeld. Het doel is het ontwikkelen van internationale, gedistribueerde en geïntegreerde systemen voor de ondersteuning van digitale grensoverschrijdende ondernemingsprocessen. Dit zijn in feite dezelfde problemen als waarmee managers worden geconfronteerd bij de ontwikkeling van nationale systemen. De problemen zijn echter veel complexer als gevolg van de internationale omgeving. Probeer je maar eens voor te stellen hoe lastig de onderlinge afstemming kan zijn van systemen die zijn gebaseerd op verschillende besturingssystemen zoals Windows, Linux of Unix, en van eigen bedrijfssystemen die draaien op IBM, Oracle, Sun, Hewlett-Packard en andere hardware, en bedenk daarbij dat al deze systemen ook nog eens in veel verschillende bedrijfsunits in verschillende landen worden gebruikt.

Het feit dat de verschillende locaties dezelfde hardware gebruiken, betekent nog niet dat de systemen ook geïntegreerd zijn. Een centrale autoriteit binnen de onderneming moet bepalen aan welke gegevensstandaarden en andere technische standaarden de locaties zich moeten houden. Zowel technische boekhoudterminologie, zoals het begin en eind van het belastingjaar, als ook de te gebruiken interfaces tussen systemen, communicatiesnelheden en -architecturen en netwerksoftware moeten worden gestandaardiseerd.

15.4.2 Connectiviteit

De kern van de problemen van internationale systemen is de telecommunicatie – het verbinden van de verschillende systemen en mensen tot één geïntegreerd netwerk. Internet heeft een

TABEL 15.5 *Problemen van internationale netwerken*

Kwaliteit van dienstverlening
Beveiliging
Kosten en tarieven
Netwerkbeheer
Vertragingen bij installatie
Kwaliteit internationale dienstverlening
Beperkende wetgeving
Netwerkcapaciteit

enorm krachtige basis gelegd voor het bieden van connectiviteit onder de verspreide eenheden van mondiale bedrijven. Er blijven echter nog veel onopgeloste kwesties. In tabel 15.5 zie je de belangrijkste problemen van internationale netwerken.

Bedrijven kunnen wereldwijde intranetten creëren voor interne communicatie of extranetten om snel informatie uit te wisselen met bedrijfspartners in de supply chains. Ze kunnen door middel van internet mondiale netwerken creëren door gebruik te maken van virtual private networks van internetserviceproviders, die een groot deel van de functies van een eigen netwerk bieden maar gebruikmaken van het publieke internet (zie hoofdstuk 7). VPN-netwerken zullen echter niet altijd dezelfde snelle en voorspelbare respons geven als eigen bedrijfsnetwerken, en ze zijn mogelijk ook niet altijd in staat grote aantallen externe gebruikers te ondersteunen.
In veel ontwikkelingslanden beperken de hoge kosten van pc's en lage inkomsten de toegang tot internetdiensten (zie figuur 15.5). Op die plekken waar er in onderontwikkelde landen wel een internetinfrastructuur aanwezig is, ontbreekt het vaak aan voldoende bandbreedtecapaciteit, en is de verbinding onbetrouwbaar, deels vanwege problemen met de stroomtoevoer. De koopkracht van de meeste mensen in ontwikkelingslanden maakt toegang tot internet erg duur in lokale valuta. In het geval van India zorgen ongelijke verdeling van internetbeschikbaar-

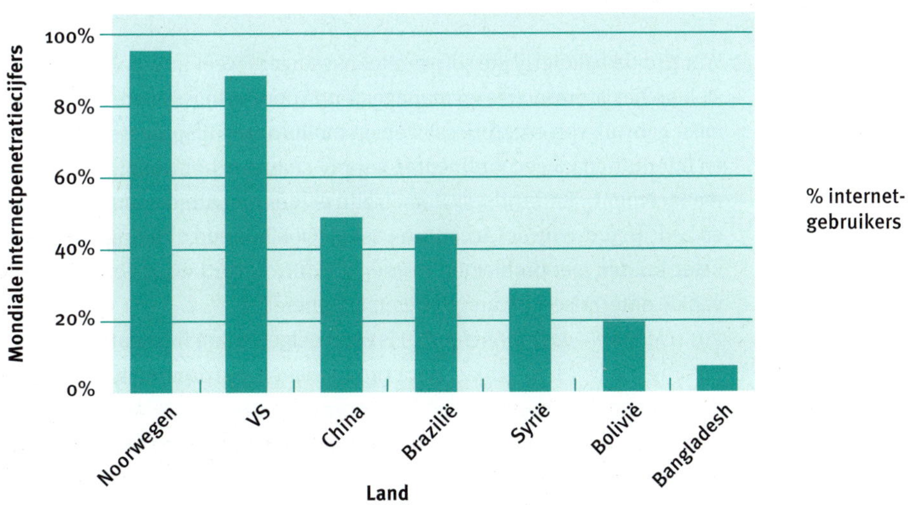

FIGUUR 15.5 *Internetpenetratie per gebied*

Het percentage van de totale populatie dat in ontwikkelingslanden gebruikmaakt van internet is veel kleiner dan in de Verenigde Staten en Europa, maar neemt snel toe.

Bron: Gebaseerd op gegevens uit Internetworldstats.com, 2015; Pew Global Attitudes Project, 2015; en auteurs.

heid en onderontwikkelde infrastructuur voor de distributie en betaling van goederen ervoor dat de groei van e-commerce wordt gehinderd (zie ook de Interactieve sessie over organisaties verderop in het hoofdstuk). Daarnaast controleren veel landen het dataverkeer. Regeringen in onder andere China, Singapore, Iran en Saoedi-Arabië controleren internetverkeer en blokkeren toegang tot websites die als moreel of politiek aanstootgevend worden beschouwd. Anderzijds is het groeitempo van de internetpopulatie in Azië, Afrika en het Midden-Oosten veel sterker dan in Noord-Amerika en Europa, waar de internetpopulatie over de grootste groei heen is en slechts langzaam of niet meer toeneemt. In de toekomst zal internetconnectiviteit in minder ontwikkelde gebieden op de wereld veel breder beschikbaar en betrouwbaarder zijn, en zal het een aanzienlijke rol gaan spelen in het integreren van deze economieën met de wereldeconomie.

15.4.3 Softwarelokalisatie

Compatibele hardware en communicatiemogelijkheden vormen een platform, maar geen oplossing op zich. Ook belangrijk voor het opzetten van een internationale infrastructuur is software. De ontwikkeling van kernsystemen creëert unieke software-uitdagingen. Welke interface moet worden gebruikt tussen de oude en nieuwe systemen? Er moeten geheel nieuwe interfaces worden gebouwd en getest als de plaatselijke afdelingen oude systemen willen behouden (wat vaak het geval is). Deze interfaces zijn kostbaar en creëren veel problemen. Als er nieuwe software moet worden geschreven, moet er bij het schrijven aan worden gedacht dat de verschillende afdelingen in verschillende landen deze software kunnen gebruiken, omdat deze afdelingen allemaal gewend zijn aan hun eigen unieke bedrijfsprocessen en gegevensdefinities. Naast de integratie van de nieuwe en oude systemen zijn er ook problemen met het ontwerp van de gebruikersinterface en de functionaliteit van de systemen. Om de productiviteit van alle werknemers wereldwijd te verbeteren moet de software-interface eenvoudig te begrijpen zijn en snel geleerd kunnen worden ermee te werken. Grafische gebruikersinterfaces zijn ideaal, maar vereisen meestal een standaardtaal – vaak Engels. Wanneer internationale systemen alleen door kennisverwerkers worden gebruikt, kan worden aangenomen dat Engels de internationale standaard is. Maar als internationale systemen ook op lagere niveaus in de onderneming worden gebruikt, moeten de interfaces wellicht voor verschillende talen en misschien zelfs voor verschillende conventies worden ontworpen. Het hele proces van het omzetten van software in een andere taal wordt **softwarelokalisatie** genoemd.

Softwarelokalisatie
Proces van het zodanig omzetten van software dat deze in een tweede taal kan werken.

Wat zijn de belangrijkste softwaretoepassingen? Veel internationale systemen concentreren zich op basistransacties en managementrapporteringssystemen. Ondernemingen maken steeds meer gebruik van enterprisesystemen om hun bedrijfsprocessen wereldwijd te standaardiseren en internationaal gecoördineerde supply chains te bouwen. (zie de Interactieve sessie over management). Enterprisesystemen zijn echter niet altijd compatibel met de verschillen in talen en bedrijfsprocedures (Accenture, 2014). Ook kunnen afdelingen in technisch minder ontwikkelde landen met problemen worden geconfronteerd wanneer ze de technische complexiteit van de enterprisesoftware proberen te beheren.

EDI (*electronic data interchange*) is een veelgebruikte internationale transactieverwerkingstoepassing die wordt toegepast door productie- en distributieondernemingen om systemen tussen de koper en de verkoper rechtstreeks online met elkaar te verbinden. Met deze systemen worden de transacties tussen de onderneming en (internationale) klanten en leveranciers ondersteund.

Samenwerkingssystemen, e-mail en videoconferencing zijn ook belangrijke internationale samenwerkingstools voor kennis- en gegevensintensieve ondernemingen, zoals reclamebureaus, medische en technische onderzoeksinstituten, grafische ontwerpbureaus en uitgevers. Internet zal voor deze doeleinden steeds vaker worden gebruikt.

E-commerce in India: van obstakels tot kansen

Na China heeft India het grootste aantal internetgebruikers ter wereld; eind 2015 waren het er meer dan 400 miljoen. Dit is mogelijk dankzij toenemend smartphonebezit, steeds meer 4G-netwerken in steden en beter betaalbare databundels in landelijke gebieden. Deze gebruikersgroep vertegenwoordigt echter nog maar 32 procent van de Indiase bevolking, die 1,25 miljard mensen telt. Naar verwachting zal e-commerce in India de komende vijf jaar een hoge vlucht nemen, maar de sector heeft te maken met grote uitdagingen. Zo heeft een in 2011 geformuleerd overheidsinitiatief om honderdduizenden dorpen met glasvezelkabel te verbinden met de nationale internet-backbone vertraging opgelopen als gevolg van de ontoegankelijkheid van afgelegen gebieden, de onwil van de grote telecombedrijven om te investeren (zelfs met overheidsfinanciering) in niet-lucratieve dunbevolkte gebieden en bureaucratie als gevolg van overlappend gezag tussen overheidsinstanties in de zeven unieterritoria, 29 staten en talloze districten en kleinere bestuursdivisies.

Omdat de standaardinfrastructuur in India primitief is – met slechte of niet-bestaande wegen en bruggen – was eind 2015 slechts 5 procent van de geplande miljoenen kilometers kabel gelegd. Daar komt nog bij dat het Indiase stroomnet akelig tekortschiet, veel dorpen onvoldoende stroomkabels hebben en de stroomvoorziening hapert. Bureaucratische conflicten over toegang vertraagde het werk in 15 procent van de dorpen die zouden worden aangesloten, terwijl een tekort aan leidingen en problemen met door de overheid ontwikkelde technologie om de kabels te verbinden met de eindpunten nog voor extra vertraging zorgden.

Premier Narendra Modi is vastbesloten om in 2019 600 miljoen Indiase plattelandsbewoners, inclusief scholen, gemeenschapscentra en ziekenhuizen, op het stroomnet aan te sluiten. Samen met gezondheidszorg-, onderwijs- en andere overheidsdiensten wil hij ervoor zorgen dat online bankieren en e-commerce breed toegankelijk worden. Modi heeft geprobeerd de bureaucratie te beteugelen en corrupte staatsgrensambtenaren aan te pakken. Bovendien heeft hij het Comité voor het nationale glasvezelnetwerk in het leven geroepen om samenwerking tussen overheden en de private sector aan zowel bouw als onderhoud op gang te brengen en om staatsreuzen hun controle te ontnemen.

Het is een gemengd beeld. In 2015 was 94 procent van het internetgebruik in handen van 276 miljoen gebruikers van mobiele telefonie. Uber-rivaal Ola, restaurantzoeksite Zomato en WhatsApp groeien snel in aantallen volgers, maar slechts 25 procent van de stedelingen en 5 procent van de plattelandsbewoners in India heeft online een aankoop gedaan. In afwachting van de aanleg van Modi's breedband-supersnelweg zal de groei vooral komen uit dalende prijzen voor smartphones en databundels, waarbij naar schatting twee derde van de beoogde 11 miljoen nieuwe gebruikers in 2016 online ging via een draagbaar apparaat.

Vooral reiswebsites zijn erg populair. MakeMytrip.com, Yatra.com en de IRCTC-website van de Indiase spoorwegen, plus een aantal kleinere spelers zijn goed voor 75 à 80 procent van alle online aankopen. Een andere belangrijke markt zijn digitale downloads, zoals abonnementen op e-books, muziek en content, eveneens van oudsher een doorbraaksector. De resterende 20 procent van de business-to-consumer (B2C) e-commercemarkt bestaat uit duurzame consumptiegoederen, financiële diensten als online betaalmogelijkheden en verzekeringsproducten, alsook online advertenties zoals personeelsadvertenties, datings- en huwelijksdiensten – dankzij een groeiende middenklasse met hogere besteedbare inkomens.

De run op de geschatte 70 miljard dollar aan online aankopen rond 2020 wordt aangevoerd door internetreuzen Amazon en eBay. Amazon volgt in India een onconventionele route met Junglee.com, een one-stop-shopsite die kopers en verkopers met elkaar in verbinding brengt en product- en prijsvergelijkingsdiensten levert, waarmee het op ondubbelzinnige wijze een directe concurrent is van eBay India. eBay India was een pionier die in 2005 begon. Het gebruik van creditcards staat in India nog in de kinderschoenen, en eBay moest baanbrekend werk doen om het vertrouwen van de consument te winnen. De Indiase variant van PayPal, Paisa Pay, keert de betaling pas aan de verkoper uit als de koper het artikel heeft ontvangen en betaalt geld terug als het artikel niet binnen drie dagen wordt verzonden. (Twee dagen is het doel.) Coupons, een volledige garantie op terugbetaling of een vervangend product binnen 30 dagen als de koper niet tevreden is en verzending via de PowerShip-dienst hebben bijgedragen aan het succes van eBay. Ongeveer 30.000 binnenlandse verkopers, vooral kleinschalig, veelal ambachtelijk en gedeeltelijk afkomstig uit de armste delen van het land, plus 15.000 internationale verkopers verkopen 16 producten per minuut aan 128 miljoen kopers in ruim dertig landen. De belangrijkste succesfactor was begrip voor het unieke karakter van Indiase consumenten en het aanpassen van de winkelervaring en transactiestroom aan hun behoeften.

Toch zitten er nog kinken in de kabel. Sommige staten eisen dat kopers een formulier invullen dat naar de verkoper moet worden gestuurd voordat het product kan worden verzonden. Minder dan 2 procent van de Indiase consumenten heeft een creditcard, zodat de meeste webwinkels betaling bij ontvangst als betaaloptie bieden. In 2015 werd 60 à 70 procent van alle online aankopen in India bij ontvangst betaald. Ongeveer 45 procent van de klanten weigert bij ontvangst het bedrag te voldoen, wat dit tot een erg duur en waarschijnlijk onhoudbaar businessmodel maakt. Wat de zaak nog verergert, is dat veel e-tailers gratis verzending aanbieden om klanten te trekken en vast te houden. Het nationale Indiase armoedecijfer bedraagt tussen de 22 en 25 procent, afhankelijk van de manier waarop de armoede wordt berekend.

Alle retailers hebben te maken met hoge kosten voor magazijnen en logistieke systemen om de matige vervoersinfrastructuur, slechte wegen en verkeersopstoppingen het hoofd te bieden. Totdat de Indiase infrastructuur wordt verbeterd, zal de oorlog om de online klant waarschijnlijk worden gewonnen door die concurrentie die de beste mobiele app heeft. Op goedkope smartphones die voor de meeste Indiase consumenten betaalbaar zijn, worden veel apps standaard geïnstalleerd, en zo blijft er op de telefoon weinig ruimte over om andere apps op te slaan. Deze opkomende markt moet nog winstgevend worden en de marktconsolidatie is volop aan de gang. Het bouwen van een sterk merk, een effectieve klantenservice en, voor sommige bedrijven, een levendige nichemarkt, zijn voorwaarden om het te overleven.

Bronnen: Sean McLain & Newley Purnell, 'India Startups Vie to Win E-Commerce Battle,' *Wall Street Journal*, 22 oktober 2015; Joanna Sugden, 'In "Digital India," a 15-Minute Wait for Email,' *Wall Street Journal*, 20 augustus 2015; Sean McLain, 'India to Become World's Second-Largest Internet User Base,' *Wall Street Journal*, 17 november 2015; 'The Quest for E-commerce Dominance in India,' *Bloomberg News*, 31 juli 2015; Arun Shroff, 'E-Commerce in India: Trends, Opportunities and Challenges,' India Advisory Board, 1 februari 2013; Ramnath Subbu, 'Indian E-commerce Market Is Nowhere Near Maturity—eBay India MD,' *The Hindu*, 21 april 2014.

Vragen bij de case

1. Beschrijf de technische, culturele en organisatorische belemmeringen voor de groei van e-commerce in India.
2. Op welke manier hinderen deze factoren bedrijven om zaken te doen in India of om Indiase webwinkels op te zetten?
3. Zullen niet-Indiase bedrijven als Amazon.com en eBay het goed doen in India? Licht je antwoord toe.

INTERACTIEVE SESSIE: MANAGEMENT

Steelcase Designs kiest voor mondiaal talentmanagement

Misschien heb je nog nooit van Steelcase Designs gehoord, maar als je in een modern kantoor werkt, heb je misschien wel eens een van hun stoelen of interactieve whiteboards gebruikt. Steelcase produceert kantoormeubilair en architectonische en technologieproducten voor kantooromgevingen, onderwijs en gezondheidszorg en is de grootste fabrikant van kantoormeubilair ter wereld. Het bedrijf heeft productiefaciliteiten, kantoren en fabrieken in Noord- en Zuid-Amerika, Azië, het Midden-Oosten en Australië met 10.000 werknemers en ruim 800 dealers. In 2015 bedroegen Steelcases fiscale inkomsten 3,1 miljard dollar. Het bedrijf begon in 1912 als de Metal Office Furniture Company in Grand Rapids (Verenigde Staten) en staat bekend om zijn innovaties. Steelcases eerste patent in 1914 was voor een sterke, goedkope, brandveilige stalen prullenbak, die werd gezien als een doorbraak in een tijd dat veel mensen rookten op het werk. Ook staat Steelcase bekend om zijn maatschappelijke betrokkenheid. Als je naar de Steelcase-website gaat, vind je artikelen over werknemerstevredenheid, productiviteit, technologische leerhulpmiddelen, en over hoe Steelcase-producten mensen helpen om comfortabeler te werken, creativiteit helpen vergroten en sociale, economische en milieuduurzaamheid te ondersteunen. Steelcase doet eveneens zijn best om zijn eigen werknemers te koesteren, in het besef dat zijn aanhoudende innovatie en succes afhangen van hun vaardigheden en inzichten. Werknemers zijn hun belangrijkste kapitaal. Tot een paar jaar geleden had de directie het gevoel dat haar menselijk kapitaal niet voldoende werd benut, vooral mondiaal gezien. De directie vroeg zich af of de informatiesystemen van het bedrijf bijdroegen aan de bedrijfsdoelstellingen ten aanzien van het bevorderen van innovatie, mondiale integratie en het aantrekken en vasthouden van topklassewerknemers in alle bedrijfslocaties wereldwijd.

Net als andere organisaties die mondiaal uitbreiden, moest Steelcase zijn mondiale personeelsbestand en talentenpool, evenals zijn relaties met klanten en leveranciers overal ter wereld, beheren. De directie moest de behoeften begrijpen van zijn opgeleide werknemers en bedrijfsprocessen afstemmen op plaatselijke gewoonten. Naast het onderhouden van correcte functie-informatie over een werknemer wilde Steelcase ook toekomstige carrièremogelijkheden bijhouden en zorgen voor goede planning vanuit werknemerstevredenheids- en begrotingsperspectief. Toen het bedrijf in 2014 zijn systemen tegen het licht hield, merkte het dat het meer mogelijkheden nodig had voor talentbeheer. Talentbeheer heeft te maken met planning om het personeelsbeleid (hr) af te stemmen op zijn bedrijfsstrategie, zodat het bedrijf kwantitatief en kwalitatief voldoende werknemers heeft met de vaardigheden die het nodig heeft om zijn bedrijfsprestaties te verbeteren en zijn doelstellingen te halen. Talentbeheer heeft ook betrekking op de capaciteiten die nodig zijn voor de werving, ontwikkeling, het behoud en de beloning van werknemers en voor strategische personeelsplanning.

Steelcase had tot dan toe gebruikgemaakt van ERP HCM (Human Capital Management)-software van SAP, maar het was te sterk verouderd en vereiste te veel *work arounds* voor de benodigde talentbeheerfunctionaliteit. Het oude systeem kon functies niet in genoeg detail definiëren om het gewenste personeelplannings- en ontwikkelingsbeheer in te vullen.

Gelukkig hoefde Steelcase zijn SAP-systeem niet in zijn geheel af te schrijven. HCM versie 6.0 van SAP bevatte nieuwe talentbeheerfunctionaliteit die voldoet aan de behoeften van het bedrijf, zoals het vermogen om functies te definiëren per functiegroep, taakfunctionaliteit en functiegebied binnen het bedrijf, om diverse manieren te creëren om arbeid te combineren. Het vermogen van het nieuwe systeem om data te ordenen per carrièreniveau, -type en talentgroep helpt het hr-team van Steelcase om betere diensten te creëren, zoals loopbaanplanning voor werknemers. Werknemers kunnen hun huidige vaardigheden vergelijken met elke willekeurige functie binnen het bedrijf om te weten welke competenties ze nodig zullen hebben en hoe hun huidige prestatiebeoordelingen aansluiten bij toekomstige functies waar ze belangstelling voor hebben.

Om gebruik te kunnen maken van nieuwe talentbeheermogelijkheden ter ondersteuning van zijn wereldwijde activiteiten, had Steelcase veel meer standaardisatie nodig dan voorheen. Afhankelijk van het land of de regio staat of valt eenvoudig zoeken naar een naam of term met hoe de naam in het systeem is opgenomen. De uitdaging zat hem voor Steelcase in pogingen om te standaardiseren hoe dat eruitziet en hoe het mondiaal wordt gebruikt, en in het begrijpen hoe gemeenschappelijke manieren om het personeel te identificeren worden gedefinieerd. Zo worden begrippen als *salaris* en *per uur* – die worden gehanteerd om betalingen aan werknemers in de Verenigde Staten te classificeren en vast te stellen – niet overal ter wereld op dezelfde manier gebruikt. Andere landen hanteren andere definities voor hun beroepsbevolking. Voor verslaglegging of analyse moest Steelcase data wereldwijd op een uniforme manier definiëren, verzamelen en gebruiken.

De ERP HCM-software van SAP biedt Steelcase de mogelijkheid om bedrijfsbreed een talentprofiel aan te maken dat per werknemer data bijhoudt over externe werkervaring en over hun werk binnen Steelcase, toont per functie hun prestaties en noteert ambities en toekomstige loopbaandoelen. Managers kunnen in het systeem personeelsbeoordelingen, kwalificaties en trainingsbehoeften terugvinden. Het hr-team van Steelcase kan nu talenten met veel potentieel binnen het bedrijf aan de specifieke talentengroep toewijzen en een leer- en ontwikkelingsplan voor hen creëren. Zonder deze mogelijkheden had Steelcase moeite om de capaciteiten van zijn personeel boven tafel te krijgen. Onlangs sloot Steelcase een contract met SuccessFactors, een SAP-bedrijf, om SAP SuccessFactors Performance & Goals te implementeren en opvolgingsplanning naar de cloud te brengen. (Opvolgingsplanning is het identificatie- en opleidingsproces van werknemers die het potentieel hebben om belangrijke leiderschapsposities in het bedrijf te vervullen.) Deze oplossing zal Steelcase in staat stellen de organisatorische talentanalyse van zijn personeel af te ronden en personeelsleden een beoordeling te geven aan de hand van algehele prestaties en leiderschapspotentieel, om op die manier talent met hoog potentieel te identificeren. Deze beoordelingen zijn sterker strategisch georiënteerd dan een gewone jaarlijkse personeelsbeoordeling en kunnen potentieel risico en doorgroeipotentieel (de competenties van werknemers die bereid zijn om leiderschaps- en andere vacatures te vervullen) bepalen. Bij het wereldwijd invullen van vacatures kan Steelcase functies en carrièretrajecten benoemen om er talenten met hoog potentieel bij te zoeken en hen te segmenteren voor promotie. Voor de toekomst kijkt Steelcase meer naar de cloud en zal het bedrijf waarschijnlijk een hybride cloudmodel in gebruik nemen. Volgens Lucinda Pick, de Global Workforce Strategy Consultant van Steelcase, wil het bedrijf de resultaten van de SAP SuccessFactors talentbeoordeling migreren naar het inpandige kernsysteem om demografische kerngegevens te analyseren en sommige inpandige mogelijkheden te benutten voor talentbeheer. Op die manier kan HR bij het analyseren van talentbeoordelingsgegevens ten aanzien van prestaties en toekomstig leiderschapspotentieel zien hoeveel werknemers met hoog potentieel het bedrijf in huis heeft per regio, sekse of leeftijdsgroep. Al die data zitten in het kernsysteem. Een ander plan is om talentprofielen te integreren met leermanagement ter ondersteuning van Steelcases doelstelling om een leercultuur te bevorderen. Wil talentbeheer effectief zijn, dan moet Steelcase volgens Pick de werknemer met de juiste vaardigheden kunnen passen bij een complete verzameling van functievereisten. Met de nieuwe ERP HCM- en SuccessFactors-systemen kan het bedrijf dat nu doen. Concurreren om talent is geweldig. Hoe meer Steelcase zijn bedrijfsprocessen kan automatiseren en hoe beter het bedrijf zijn personeelsmarkt begrijpt, hoe beter het tijdig verstandige besluiten kan nemen.

Bronnen: www.steelcase.com, geraadpleegd op 3 januari 2016; www.sap.com, geraadpleegd op 4 januari 2016; Natalie Miller, 'Steelcase Designs Form-Fitting Talent Management,' *SAP Insider Profiles*, 17 oktober 2015.

Vragen bij de case

1. Waarom zijn personeelsbeleid en talentbeheer zo belangrijk bij Steelcase?
2. Benoem het in deze case beschreven probleem. Welke management-, organisatorische en technologische factoren hebben bijgedragen tot dit probleem? Welke rol heeft mondialisering gespeeld?
3. Beschrijf de mogelijkheden van de ERP HCM- en SuccessFactors-systemen van SAP die nuttig zijn voor Steelcase.
4. Hoe hebben deze systemen de mondiale bedrijfsvoering en besluitvorming verbeterd?

SAMENVATTING

1. Welke belangrijke factoren sturen de internationalisering van bedrijven?

De groei van goedkope internationale communicatie en transport heeft geresulteerd in een wereldcultuur met stabiele verwachtingen en normen. Politieke stabiliteit en een groeiende internationale kennisbasis dragen ook bij aan deze wereldcultuur. Deze algemene factoren creëren de omstandigheden voor wereldmarkten, internationale productie, coördinatie, distributie en internationale schaalvoordelen.

2. Wat zijn de mogelijke strategieën voor het ontwikkelen van mondiale bedrijven?

Er zijn vier fundamentele internationale strategieën: die van de nationale exporteur, de multinational, de franchise en de transnationale onderneming. In een transnationale onderneming worden alle productiefactoren wereldwijd gecoördineerd. De keuze van de strategie is echter afhankelijk van het type onderneming en het product.

Er kan een verband worden gelegd tussen de strategie van een onderneming en het ontwerp van het informatiesysteem. Transnationale ondernemingen moeten netwerksysteemconfiguraties ontwikkelen en ontwikkeling en exploitatie grotendeels decentraliseren. Franchises maken meestal gebruik van systemen die in veel landen zijn gereproduceerd en centraliseren de financiële controle. Multinationals zijn gewoonlijk afhankelijk van gedecentraliseerde, zelfstandige buitenlandse afdelingen, die ook bijdragen aan de ontwikkeling van netwerken. Nationale exporteurs zijn gewoonlijk gecentraliseerd en werken vanuit een nationaal hoofdkantoor, terwijl gedecentraliseerde exploitatie van IT wordt toegestaan.

3. Wat zijn de uitdagingen die mondiale informatiesystemen met zich meebrengen en wat zijn de managementoplossingen voor deze uitdagingen?

Wereldwijde informatiesystemen brengen uitdagingen met zich mee omdat de diversiteit in cultuur, politiek en taal de verschillen in organisatiecultuur en bedrijfsprocessen versterkt en de wildgroei bevordert van ongelijksoortige plaatselijke informatiesystemen die moeilijk te integreren zijn. Gewoonlijk zijn internationale systemen tot stand gekomen zonder een bewust plan.

De oplossing is het definiëren van een kleine deelverzameling van kernbedrijfsprocessen en te focussen op het bouwen van systemen voor het ondersteunen van deze processen.

Uit tactisch oogpunt zullen managers moeten samenwerken met wijdverspreide buitenlandse eenheden bij de ontwikkeling van dergelijke systemen, en erop moeten letten de algehele controle te behouden.

4. Welke problemen en technische mogelijkheden moeten worden overwogen bij het ontwikkelen van internationale informatiesystemen?

Het implementeren van een mondiaal systeem vereist een implementatiestrategie, waarin zowel rekening wordt gehouden met bedrijfsontwerp als technologieplatforms.

De belangrijkste hardware- en telecommunicatiekwesties zijn systeemintegratie en connectiviteit.

De keuzes voor integratie zijn combineren met een bedrijfseigen architectuur of met open-systeemtechnologie.

Mondiale netwerken zijn uiterst moeilijk te bouwen en draaiend te houden.

Ondernemingen kunnen hun eigen mondiale netwerken bouwen of ze kunnen mondiale netwerken creëren op basis van internet (intranetten of virtual private networks).

De belangrijkste softwarekwesties zijn het bouwen van interfaces op basis van bestaande systemen en het selecteren van toepassingen die kunnen werken met meerdere cultuur-, taal- en organisatiekaders.

HERHALINGSVRAGEN

1. Welke belangrijke factoren sturen de internationalisering van bedrijven?

- Noem en beschrijf de vijf belangrijkste aspecten voor het ontwikkelen van een internationale informatiesysteemarchitectuur.
- Beschrijf de vijf algemene culturele factoren die kunnen leiden tot een groei in het aantal internationale ondernemingen en de vier specifiek zakelijke factoren. Beschrijf de verbanden tussen deze factoren.
- Noem en beschrijf de belangrijkste uitdagingen bij de ontwikkeling van mondiale systemen.
- Leg uit waarom sommige bedrijven geen rekening hebben gehouden met de ontwikkeling van internationale systemen.

2. Wat zijn de mogelijke strategieën voor het ontwikkelen van mondiale bedrijven?

- Beschrijf de vier belangrijkste strategieën voor mondiale bedrijfsvoering en organisatiestructuur.
- Beschrijf de vier verschillende systeemconfiguraties die kunnen worden gebruikt voor het ondersteunen van verschillende mondiale strategieën.

3. Wat zijn de uitdagingen die mondiale informatiesystemen met zich meebrengen en wat zijn de managementoplossingen voor deze uitdagingen?

- Noem en beschrijf de belangrijkste managementkwesties bij het ontwikkelen van internationale systemen.
- Noem en beschrijf drie te volgen principes bij het aanpassen van het bedrijf aan het internationaal zakendoen.
- Noem en beschrijf drie stappen van een managementstrategie voor het ontwikkelen en implementeren van mondiale systemen.
- Geef een definitie van coöptatie en leg uit hoe dit kan worden gebruikt bij het bouwen van mondiale systemen.

4. Welke problemen en technische mogelijkheden moeten worden overwogen bij het ontwikkelen van internationale informatiesystemen?

- Beschrijf de belangrijkste technische kwesties waarmee mondiale systemen te maken hebben.
- Noem enkele technologieën die bedrijven kunnen ondersteunen bij het ontwikkelen van mondiale systemen.

DISCUSSIEVRAGEN

1. Als jij manager zou zijn in een onderneming die in verschillende landen opereert, welke criteria zou jij dan toepassen om te bepalen of een toepassing wereldwijd of plaatselijk zou moeten worden ontwikkeld?
2. Beschrijf de manieren waarop internet kan worden gebruikt bij internationale informatiesystemen.

GROEPSPROJECT: VASTSTELLEN VAN TECHNOLOGIEËN VOOR MONDIALE BEDRIJFS-STRATEGIEËN

1. Vorm een groepje van drie of vier studenten, kies een informatietechnologie uit en onderzoek hoe deze technologie kan dienen ter ondersteuning van internationale ondernemingsstrategieën. Je kunt bijvoorbeeld kiezen voor digitale telecommunicatie (bijvoorbeeld e-mail, draadloze communicatie of virtual private networks), enterprisesystemen, samenwerkingssoftware of internet. Jullie moeten een ondernemingsscenario kiezen voor de bespreking van de technologie. Jullie kunnen bijvoorbeeld een autofranchise of kledingfranchise gebruiken. Welke toepassingen moeten internationaal worden ontwikkeld, welke kernprocessen kunnen worden geïdentificeerd en hoe kan de technologie internationalisering ondersteunen? Gebruik zo mogelijk Google Sites om links te plaatsen naar webpagina's, aankondigingen van teamvergaderingen en taakverdelingen; om te brainstormen en gezamenlijk aan projectdocumenten te werken. Probeer met Google Docs een presentatie van jullie bevindingen voor al je medestudenten op te stellen.

CASE

Crocs zet stappen naar mondiale efficiency

Crocs, Inc. is een wereldleider op het gebied van innovatief vrijetijdsschoeisel voor mannen, vrouwen en kinderen. Sinds het merk in 2004 zijn eerste winkel opende is Crocs gegroeid naar ruim 500 retail-locaties. Het heeft winkels in meer dan dertig landen, waaronder Australië, Nieuw-Zeeland, China, Japan, Zuid-Korea, het Verenigd Koninkrijk, Frankrijk, Duitsland en Nederland, maar verkoopt zijn schoeisel in ruim negentig landen. Het bedrijf produceert inmiddels meer dan 300 vierseizoenenvarianten, waaronder laarzen, sleehakken, teenslippers, sandalen, instappers, sloffen, regenlaarzen en sneakers.

Snelle groei van 2005 tot en met 2007 ging gepaard met overnames van schoenfabrikanten Ocean Minded en Bite Footwear, het Nederlandse tassenbedrijf Tagger, het Zuid-Afrikaanse distributiebedrijf Tidal Trade en Jibbitz, een fabrikant van schoenversieringen die in de gaten van de klassieke klompen passen.

Het is niet verwonderlijk dat dit leidde tot een aantal niet compatibele IT-systemen. Om de groei op korte termijn bij te kunnen benen, schafte Crocs best-of-breed-systemen aan voor orderbeheer, magazijnbeheer, retail-merchandising, verslaglegging en Electronic Data Interchange (EDI). Het probleem met deze aanpak is dat specialistische systemen weliswaar vaak op hun terrein beter functioneren, maar dat zonder een geïntegreerd systeem de bedrijfsbrede connectiviteit onder druk komt te staan en er veel meer systeemonderhoud nodig is.

Regionaal betekende dit dat zeer specialistische systemen een ontwikkeling doormaakten om functies te integreren. Dat betekende op zijn beurt dat regio-overschrijdende integratie steeds moeilijker, zo niet onmogelijk werd. Basale bedrijfsfuncties, zoals het sluiten van de boeken, vereiste het handmatig vergelijken en in overeenstemming brengen van spreadsheets uit meerdere landen en regio's, onderbroken door meerdere telefoontjes en e-mails om ontbrekende of onjuist geformatteerde data te achterhalen. Orderinvoer begon op tal van plekken, maar moest drie verschillende systemen door voordat de bestelling werd geplaatst. Bovendien waren zwakke schakels in het proces zeer lastig op te sporen.

Tegen 2011 werd duidelijk dat Crocs' systeemlappendeken onhoudbaar was. Bestellingen waar verschillende valuta en talen bij waren betrokken waren onbeheersbaar, en lokale of landspecifieke regelgeving voor bedrijven moest met de hand worden bijgehouden. Crocs begon zijn bedrijfsprocessen te onderzoeken en verbouwen, en begon aan een IT-project op ondernemingsniveau met de naam Sunlight. Pas toen alle kritische bedrijfsprocessen ter ondersteuning van de bedrijfsvoering onder de loep waren genomen, ging de directie op zoek naar een enterprise resource planning (ERP)-systeem dat in die behoeften voorzag. Op deze manier werd een bedrijfsbrede transformatie ingezet.

Toen de directie op zoek ging naar een oplossing om de geplande gestandaardiseerde mondiale processen te implementeren, viel de keuze al snel op SAP Apparel and Footwear. Het is een van SAP's Consumer Products-oplossingen die zijn ERP-platform toesnijden op een specifieke sector. Terwijl het vermijden van aanpassingen op de software het hoofddoel was, werd Crocs verder overtuigd door de driedimensionale rasterfunctie voor maatvoering naast tal van andere functies die speciaal voor schoenverkopers zijn ontwikkeld. Basisgegevens over materialen bevatten nu alle informatie over maat, kleur en stijl, wat het aantal SKU's (stock-keeping units) met maar liefst 40 procent terugdringt. Volgens Dennis Sheldon, Senior Vice President of Global Distribution, was de rasterfunctie in SAP Apparel and Footwear zelfs van cruciaal belang in het saneren van de overdaad aan SKU's die aanleiding waren geweest voor de talloze systeemaanpassingen op regionaal niveau, een belemmering voor mondiale integratie. Doordat de schoenmaat, de belangrijkste vraagvariabele in de schoenenindustrie, nu sturend was, daalde het aantal gegevensvereisten dramatisch, werden bedrijfsprocessen gestroomlijnd en werden minstens 24 oude systemen buiten gebruik gesteld. Fase een van de mondiale uitrol begon in Australië in november 2012. De doelstellingen waren om het kernproduct zo minimaal mogelijk te wijzigen, best practices te valideren en te onderzoeken op welke vlakken verbeteringen nodig waren, terwijl migratieproblemen tot één regio werden beperkt. Gefaseerde ERP-roll-outs zijn vaak functioneel. Ze rollen overal in het bedrijf modules uit voor essentiële bedrijfsfuncties (dagelijkse bedrijfsvoering) en voegen geleidelijk meer modules en functionaliteit toe. Een roll-out kan ook per business unit worden geïmplementeerd, waarbij bijvoorbeeld begonnen wordt op de hr-afdeling en achtereenvolgens wordt uitgebreid naar boekhouding, financiële administratie, enzovoort. Gezien het gefragmenteerde karakter van zijn systemen was voor Crocs geen van beide benaderingen haalbaar. Daarom werd gekozen voor een gefaseerde mondiale uitrol.

SAP hanteert voor de implementatie van een project doorgaans vijf stappen. Fase I, projectvoorbereiding, is het eerste plan- en voorbereidingsstadium. Fase II is het blauwdrukstadium, waarin een gedetailleerde beschrijving van de bedrijfsprocessen en systeemvereisten wordt gemaakt. Dit levert de projectstructuur en documentatie op, die in de volgende twee fasen worden gebruikt.

Er wordt een hiërarchische structuur gecreëerd van bedrijfsscenario's, bedrijfsprocessen en processtappen, en aan elke processtap worden transacties toegewezen. In fase III, realisatie, worden alle vereisten voor bedrijfsprocessen geïmplementeerd en wordt de systeemconfiguratie op twee niveaus uiteengezet: de baseline (major scope) configuratie en de uiteindelijke (remaining scope) configuratie. Fase IV is het laatste voorbereidingsstadium waarin testen, training van de eindgebruikers, systeembeheer en omschakelingsactiviteiten worden verricht en eventuele onopgeloste kritische problemen worden gladgestreken. Fase V is het 'live- en ondersteuningsstadium' waarin het project zich ontwikkeld van een projectgeoriënteerde, preproductie-operatie naar een live-productieonderneming. Tijdens het blauwdrukstadium werkte Crocs samen met een implementatiepartner die het bedrijf hielp met ontwikkeling en dataconversie. In totaal namen de blauwdruk, realisatie- en laatste voorbereidingsstadia 17 maanden in beslag en ging de Australische divisie van Crocs in april 2014 live.

Omdat Crocs ook een complete suite van andere SAP-producten heeft geïmplementeerd, waaronder SAP BusinessObjects (een bedrijfsinformatieproduct), SAP BW (Business Warehouse), een B2B Internet salesapplicatie, SAP-oplossingen voor GRC ('Governance, Risk and Compliance') en SAP Business Planning and Consolidation om samen te werken met het ERP-systeem, bood de Australische uitrol gelegenheid om eventuele noodzakelijke wijzigingen in een compleet systeem aan het licht te brengen en te implementeren voordat de volgende regio aan de beurt kwam, zoals binnen twee maanden het geval was.

Maar toen de Japanse divisie (een zes keer zo groot bedrijf – 120 miljoen dollar in plaats van 20 miljoen dollar) live ging, liep Crocs tegen taal- en cultuurbarrières aan die zelfs een voorbereidende training door een consultant voor veranderingsmanagement niet kon voorkomen. Veranderingsmanagement concentreert zich op de menselijke kant van verandering: hoe loods je mensen door grote organisatorische veranderingen heen, waaronder veranderingen die worden veroorzaakt door informatiesystemen? Hoewel er ettelijke onvoorziene culturele barrières moesten worden geslecht, traden bij de Japanse uitrol echter minder datamigratieproblemen op, en het duurde niet lang voordat het bedrijf een streefdatum van 7 januari 2015 voor zijn volledige mondiale uitrol aankondigde. Om dit doel te halen, stelde Crocs regionale 'paraatheidsteams' samen uit inhoudelijk deskundigen (SME's) uit de verschillende functionele afdelingen door hen onder te dompelen in het trainen, ontwikkelen en testen van het systeem. Dit vergemakkelijkte de adoptie en versterkte het veranderingsmanagementaspect van de vergelijking. Bedrijven vliegen vaak projectmanagers van de eigen IT-afdeling of van de leverancier in om werknemers te trainen en toezicht te houden op de implementatie van het systeem. In plaats daarvan zorgde Crocs ervoor dat teams die bekend waren met de lokale cultuur, de bedrijfsvoering en -gewoonten het proces begeleidden. Deze interne teams bleken tijdens het live- en ondersteuningsstadium van onschatbare waarde als het ging om probleemoplossing en crisismanagement. Met meer dan honderd van deze teamleiders en inhoudelijk deskundigen 'paraat' ter plaatse en, al even belangrijk, een bedrijfsbrede inzet en breed inzicht in de projectdoelen, voltooiden 1400 gebruikers met succes de lancering in 32 landen. Zij spraken vijftien verschillende talen en gebruikten 23 verschillende munteenheden. Bovendien had Crocs niet blijer kunnen zijn dat er slechts 25 aanpassingen hoefden te worden gedaan, en die waren alleen nodig om te voldoen aan lokale wet- en regelgeving. Crocs beheert nu de automatisering van inkoop, het volgen van leveringen, voorraadsegmentatie, terugboekingen en bijna elk ander aspect van het ontwerpen, produceren en distribueren van zijn schoeisel in SAP Apparel and Footwear. Nu de bedrijfsprocessen zijn gestroomlijnd, staan handelsvorderingen korter uit en is de vervulling, ofwel de mate waarin Crocs kan voldoen aan de vraag – het percentage bestellingen waaraan uit voorraad kan worden voldaan – significant verbeterd. Transportkosten, overige verkoopkosten en VAA-kosten (verkoop, algemene kosten en administratiekosten), waaronder salarissen, opdrachten en reiskosten voor leidinggevenden en verkoopmedewerkers, reclamekosten en personeelskosten vallen allemaal stukken lager uit. Belangrijker is misschien nog wel dat waar managers voorheen met een schuin oog naar data keken, zij nu vertrouwen hebben in de cijfers en onmiddellijk kunnen overgaan tot data-analyse. Bestellocatie, bestelstatus en beschikbaarheid van voorraad zijn gemakkelijk waarneembaar, wat orderverwerking zowel gemakkelijker als sneller maakt. In het jaar na de implementatie hield Crocs de gebruikers van het systeem nauwlettend in de gaten om zeker te weten dat ze niet in oude gewoonten terugvielen, handhaafde een streng verbod op regionaal gerichte spreadsheets en stond erop dat de vernieuwde bedrijfsprocessen nauwkeurig werden gevolgd. Analyse-oplossingen die werken met SAP Apparel and Footwear bieden beter inzicht in het bedrijf op ondernemingsniveau. Operationele efficiëntieslagen hebben geleid tot verbeterde controle over Crocs' mondiale logistieke keten, van grondstoffeninkoop tot productleveringen wereldwijd. De talloze ontwerp- en stijlvarianten, seizoensaanbod en toegevoegdewaardediensten zoals personalisatie met de versieringen van Jibbitz genereren zeer grote hoeveelheden data die nu zeer efficiënt kunnen worden beheerd.

Hoewel Crocs in 2014 in de financiële problemen kwam, zodat zeventig werknemers hun baan kwijtraakten, honderd winkels sloten, enkele van de nieuwere, modegerichte stijlen werden teruggeschaald ten faveure van de vrijetijdsschoenen en investeringen in kleinere markten werden verminderd, zodat de focus kwam te liggen op zes landen – de Verenigde Staten, het Verenigd Koninkrijk, Duitsland, Zuid-Korea, Japan en China – werden deze problemen niet toegeschreven aan zijn investeringen in IT. In plaats daarvan werden de tegenvallende resultaten toegeschreven aan veranderende consumentenvoorkeuren voor een merk dat altijd al onder vuur heeft gelegen om zijn onaantrekkelijke uiterlijk.

Door zich opnieuw te richten op de vijf kerneigenschappen van zijn schoeisel – kleurrijk, ontspannen, comfortabel, onderscheiden en leuk – kon Crocs zijn omzet in 2015 weer verhogen naar 9,7 miljoen dollar (een stijging met 3,7 procent ten opzichte van het jaar ervoor) nadat Crocs in 2012 een miljard waard was. Hoewel directeur en Principal Executive Officer Andrew Rees aan het eind van het derde kwartaal van 2015 melding maakte van ontevredenheid over de efficiency van de logistieke keten die leidde tot slechte dienstverlening aan de klant, was SAP Footwear and Apparel pas negen maanden in gebruik en was de geïntegreerde analysesoftware nog niet volledig functioneel.

Het is onwaarschijnlijk dat Crocs de financiële problemen in 2014 zo naadloos had kunnen overleven als het bedrijf niet de vooruitziende blik had gehad om zijn processen te vernieuwen en te stroomlijnen, kosten te verlagen en de efficiency van orderverwerking te verbeteren. Het bedrijf wist zijn aantal SKU's te verlagen om productontwikkeling, prognoses en voorraadbeheer te vereenvoudigen. Crocs had vastgesteld dat het cruciaal was om zijn directe leveringsmodel terug te draaien. Het had fabrieken altijd heel lage minimumhoeveelheid voor bestellingen en directe levering toegestaan, maar dit werd onhandelbaar doordat het het ordermanagementproces in de fabriek onnodig ingewikkeld maakte. Dankzij zijn nieuwe systemen kon het bedrijf nu gemakkelijk bedrijfsbreed de minimale bestelhoeveelheid verhogen naar industrienormen. Crocs besloot ook zijn toegevoegdewaardediensten meer in lijn te brengen met industrienormen om het gemakkelijker te maken om bestellingen te verpakken en door distributiecentra te laten lopen. Ook dit doel zou zonder een geïntegreerd mondiaal systeem aanzienlijk lastiger te halen zijn geweest. Bestellocatie, bestelstatus en voorraadbeschikbaarheid zijn nu allemaal gemakkelijk oproepbaar, wat mondiaal integraal ketenbeheer vergemakkelijkt. Tot slot heeft Crocs zijn managementteam vernieuwd door leiders uit verschillende gebieden toe te voegen om ervoor te zorgen dat zijn investeringen in IT optimaal werden gebruikt. Project Sunlight moet de komende jaren profijt blijven brengen.

Bronnen: www.company.crocs.com, geraadpleegd op 3 februari, 2016; Ken Murphy, 'Crocs Climbs New Business Heights,' SAP Insider Profiles, 6 juli 2015; Natalie Rinn, 'Finding My Fun: A Thorough Examination of Crocs, the Most-Hated Shoe in America,' racked.com, 14 mei 2015; Jamie Grill-Goodman, 'Crocs' E-commerce Business Grows Despite Inventory, Supply Chain Issues,' *Consumer Goods Technology*, 6 november 2015; 'Crocs Discovers Multichannel Growth, Rolls Out ERP,' *Retail Info Systems News*, 26 februari 2013.

Vragen bij de case

1. Welke managementproblemen ervoer Crocs die typerend zijn voor mondiale systemen? Welke management-, organisatorische en technologische factoren waren verantwoordelijk voor deze problemen?
2. Hoe ondersteunden Crocs' nieuwe systemen en gebruik van SAP Apparel and Footwear zijn bedrijfsstrategie? Hoe effectief was de door het bedrijf gekozen oplossing?
3. Hoe droegen Crocs' nieuwe systemen bij aan verbeterde bedrijfsvoering en managementbesluitvorming?
4. Welke invloed heeft de mondiale bedrijfsomgeving op Crocs, en welke invloed heeft dat op zijn systeemkeuze?

MYLAB

Ga naar de opdrachten in MyLab om deze schrijfoefeningen te maken.

1. Identificeer en beschrijf oplossingen voor de vijf managementuitdagingen van het ontwikkelen van mondiale systemen.
2. Identificeer en beschrijf vijf problemen van internationale netwerken die voorkomen dat bedrijven effectief wereldwijde systemen ontwikkelen.

BRONNEN

Hoofdstuk 1

Apple. 'Apple iPad in Business.' www.apple.com, geraadpleegd op 29 januari 2014.

Bamforth, Robert. 'Do You Need Tablets in Your Workplace? ComputerWeekly.com (27 januari 2014).

Beurs. www.beurs.nl.

Brynjolfsson, Erik en Lorin M. Hitt. 'Beyond Computation: Information Technology, Organizational Transformation, and Business Performance.' *Journal of Economic Perspectives*, 14, nr. 4 (2000).

Brynjolfsson, Erik. 'VII Pillars of IT Productivity.' *Optimize* (mei 2005).

Bureau of Economic Analysis. National Income and Product Accounts. www.bea.gov, geraadpleegd op 19 april 2016.

Carr, Nicholas. 'IT Doesn't Matter.' Harvard Business Review (mei 2003).

Chae, Ho-Chang, Chang E. Koh en Victor Prybutok. 'Information Technology Capability and Firm Performance: Contradictory Findings and Their Possible Causes.' *MIS Quarterly* 38, nr. 1 (maart 2014).

Conaghan, Jim. 'Newspaper Digital Audience Grew Twice as Fast as the Internet in the Past 12 Months.' Newspaper Association of America (9 oktober 2015).

Corbin, Kenneth. 'Federal CIOs Look to Speed Tech Development Cycle.' *CIO* (17 december 2013).

Cosmeos, www.cosmeos.be.

Curtis, Sophie. 'Dot-com at 30: Will the World's Best-Known Web Domain Soon Be Obsolete?' *Telegraph.co.uk* (15 maart 2015).

Davenport, Tomas H. 'Analytics That Tell You What to Do.' *The Wall Street Journal* (3 april 2013).

Dedrick, Jason, Vijay Gurbaxani en Kenneth L. Kraemer. 'Information Technology and Economic Performance: A Critical Review of the Empirical Evidence.' Center for Research on Information Technology and Organizations, University of California, Irvine (december 2001).

eMarketer. 'eMarketer Numbers for: Blogging, 2014–2018.' (2016).

eMarketer. 'Worldwide Retail E-commerce Sales.' (2016a).

eMarketer. 'Tablet Users to Surpass 1 Billion Worldwide in 2015.' (januari 2015a).

eMarketer. 'US Adults Spend 5.5 Hours with Video Content Each Day.' (16 april 2015b).

eMarketer. 'US Digital Ad Spending, 2013–2019.' (maart 2015c).

FedEx Corporation. 'SEC Form 10-K for the Fiscal Year Ended May 31, 2015.'

Friedman, Thomas. *The World is Flat*. New York: Picador (2007).

Garretson, Rob. 'IT Still Matters.' CIO Insight 81 (mei 2007).

High, Peter. 'Interview with World Champion San Francisco Giants CIO and San Jose Giants Chairman, Bill Schlough.' *Forbes* (4 februari 2013).

Hughes, Alan en Michael S. Scott Morton. 'The Transforming Power of Complementary Assets.' *MIT Sloan Management Review* 47. nr. 4 (zomer 2006).

Lamb, Roberta, Steve Sawyer en Rob Kling. 'A Social Informatics Perspective of Socio-Technical Networks.' http://lamb.cba.hawaii.edu/pubs (2004).

Laudon, Kenneth C. *Computers and Bureaucratic Reform*. New York: Wiley (1974).

Lev, Baruch. 'Intangibles: Management, Measurement, and Reporting.' The Brookings Institution Press (2001).

Levitz, Jennife en Timothy W. Martin. 'UPS, Other Big Shippers Carve Health Care Niches.' *The Wall Street Journal* (27 juni 2012).

McKinsey Global Institute. 'Digital America: A Tale of the Haves and Have-Mores' (december 2015).

Mithas, Sunil en Roland T. Rust, 'How Information Technology Strategy and Investments Influence Firm Performance: Conjecture and Empirical Evidence.' *MIS Quarterly* (maart 2016).

Nelson, Fritz. 'Chief of the Year.' *Information Week* (17 december 2012).

Nevo, Saggi en Michael R. Wade. 'The Formation and Value of IT-Enabled Resources: Antecedents and Consequences of Synergistic Relationships.' *MIS Quarterly* 34, nr. 1 (maart 2010).

Otim, Samual, Dow, Kevin E., Grover, Varun en Wong, Jeffrey A. 'The Impact of Information Technology Investments on Downside Risk of the Firm: Alternative Measurement of the Business Value of IT.' *Journal of Management Information Systems* 29, nr. 1 (zomer 2012).

Ovide, Shira. 'Meet the New Mobile Workers.' *The Wall Street Journal* (11 maart 2013).

Ren, Fei en Sanjeev Dewan. 'Industry-Level Analysis of Information Technology Return and Risk: What Explains the Variation?' *Journal of Management Information Systems* 21, No. 2 (2015).

Rosenbush, Steve en Michael Totty. 'How Big Data Is Transforming Business.' *The Wall Street Journal* (10 maart 2013).

Ross, Jeanne W. en Peter Weill. 'Four Questions Every CEO Should Ask About IT.' *The Wall Street Journal* (25 april 2011).

Sabherwal, Rajiv en Anand Jeyaraj. 'Information Technology Impacts on Firm Performance: An Extension of Kohli en Devaraj (2003).' *MIS Quarterly* (december 2015)

Sampler, Jeffrey L. en Michael J. Earl. 'What's Your Information Footprint?' *MIT Sloan Management Review* (winter 2014).

San Francisco Giants, www.sanfranciscogiants.mlb.com, geraadpleegd op 12 februari 2014.

Saunders, Adam en Erik Brynjolfsson. 'Valuing Information Technology Related Intangible Assets.' *MIS Quarterly* (maart 2016).

Shanks, Ryan, Sunit Sinha en Robert J. Thomas. 'Managers and Machines, Unite!' Accenture (2015).

Sportvision, www.sportvision.com/baseball/fieldfx, geraadpleegd op 16 januari 2014.

Stats-Wordpress. 'Wordpress Global Statistics,' https://wordpress.com, geraadpleegd op 22 april 2016.

Teece David. *Economic Performance and Theory of the Firm: The Selected Papers of David Teece*. London: Edward Elgar Publishing (1998).

Thuiswinkel Markt Monitor

UPS. 'A Good Call Becomes a Thriving Business.' UPS Compass, februari 2014, www.ups.com, geraadpleegd op 17 april 2014.

UPS. 'High-Tech Manufacturer Masters Logistics.' *UPS Compass*, januari 2014, www.ups.com, geraadpleegd op 17 april 2014.

U.S. Bureau of Labor Statistics. *Occupational Outlook Handbook*, (17 december 2015).

Varon, Elana. 'How UPS Trains Front-Line Workers to Use Predictive Analytics.' *DataInformed* (31 januari 2013).

Weill, Peter en Jeanne Ross. *IT Savvy: What Top Executives Must Know to Go from Pain to Gain*. Boston: Harvard Business School Press (2009).

Hoofdstuk 2

Amsterdam Airport Schiphol. Casestudievideo, online, *case aangedragen door Damian A. Tamburri en Patricia Lago, Vrije Universiteit Amsterdam.*

Aral, Sinan, Erik Brynjolfsson en Marshall Van Alstyne. 'Productivity Effects of Information Diffusion in Networks.' MIT Center for Digital Business (juli 2007).

Banker, Rajiv D., Nan Hu, Paul A. Pavlou en Jerry Luftman. 'CIO Reporting Structure, Strategic Positioning, and Firm Performance.' *MIS Quarterly* 35. nr. 2 (juni 2011).

Bernoff, Josh en Charlene Li. 'Harnessing the Power of Social Applications.' *MIT Sloan Management Review* (voorjaar 2008).

Boughzala, Imed en Gert-Jan De Vreede. 'Evaluating Team Collaboration Quality: The Development and Field Application of a Collaboration Maturity Model.' *Journal of Management Information Systems* 32 No. 3 (2015).

Bughin, Jacques, Michael Chui en Martin Harrysson. 'How Social Tools Can Reshape the Organization.' McKinsey Global Institute (mei 2016).

Bureau of Labor Statistics. 'Occupational Outlook Handbook.' Bureau of Labor Statistics (december 2015).

Compare Products. 'Videoconferencing Trends of 2016.' (2015).

Dimension Data. '2016 Connected Enterprise Report.' (2016).

Donston-Miller, Debra. '10 Ways to Foster Effective Social Employees.' *Information Week* (6 maart 2013).

Forrester Consulting. 'Total Economic Impact of IBM Social Collaboration Tools'. (september 2010)

Forrester Research. 'Social Business: Delivering Critical Business Value'. (april 2012)

Frenkel, Karen A. 'How the CIO's Role Will Change by 2018.' *CIO Insight* (31 januari 2014).

Frost & Sullivan. 'Meetings Around the World II: Charting the Course of Advanced Collaboration.' (14 oktober 2009)

Gast, Arne en Raul Lansink. 'Digital Hives: Creating a Surge Around Change.' *McKinsey Quarterly* (april 2015).

Greengard, Samuel. 'Collaboration: At the Center of Effective Business.' *Baseline* (24 januari 2014).

Greengard, Samuel. 'The Social Business Gets Results.' *Baseline* (19 juni 2014).

Guillemette, Manon G. en Guy Pare.'Toward a New Theory of the Contribution of the IT Function in Organizations.' *MIS Quarterly* 36, nr. 2 (juni 2012).

Haes, de en Van Grembergen, *Enterprise Governance of IT: Achieving Alignment and Value* (second edition). Springer (2015).

Haes, de, Thorp en Van Grembergen. 'KLM's Enterprise Governance of IT Journey: From Managing IT Costs to Managing Business Value.' *MIS Quarterly Executive*, Vol 10, No. 3 (september 2011).

Healey, Michael. 'Why Enterprise Social Networking Falls Short.' *Information Week* (4 maart 2013).

Information Week. 'Social Networking in the Enterprise'. (2013)

Johnson, Bradford, James Manyika en Lareina Yee. 'The Next Revolution in Interactions.' *McKinsey Quarterly* nr. 4 (2005).

Jones, Margaret. 'Top Four Social Collaboration Software Fails.' www.searchconsumerization.com, geraadpleegd op 3 februari 2014.

Kane, Gerald C. 'Enterprise Social Media: Current Capabilities and Future Possibilities.' *MIS Quarterly Executive* 14, No. 1 (2015).

Kane, Gerald C., Doug Palmer, Anh Nguyen Phillips en David Kiron. 'Finding the Value in Social Business. *MIT Sloan Management Review*, 55, nr. 3 (voorjaar 2014).

Kern, Justin. 'Enterprises 'Like' Social Networks, Don't 'Love' Results.' *Information Management* (28 februari 2012).

Kiron, David, Doug Palmer, Anh Nguyen Phillips en Nina Kruschwitz. 'What Managers Really Think About Social Business.' *MIT Sloan Management Review* 53, nr. 4 (zomer 2012).

Kolfschoten, Gwendolyn L., Fred Niederman, Robert O. Briggs en Gert-Jan De Vreede. 'Facilitation Roles and Responsibilities for Sustained Collaboration Support in Organizations.' *Journal of Management Information Systems* 28, nr. 4 (voorjaar 2012).

Lavenda, David. 'How Red Robin Transformed Its Business with Yammer.' Fast Company (6 februari 2014).

Li, Charlene. 'Making the Business Case for Enterprise Social Networks.' Altimeter Group (22 februari 2012).

Malone, Thomas M., Kevin Crowston, Jintae Lee en Brian Pentland. 'Tools for Inventing Organizations: Toward a Handbook of Organizational Processes.' *Management Science* 45, nr. 3 (maart 1999).

Maruping, Likoebe M. en Massimo Magni. 'Motivating Employees to Explore Collaboration Technology in Team Contexts.' *MIS Quarterly* 39, No.1 (maart 2015).

McKinsey & Company. 'Transforming the Business Through Social Tools.' (2015).

McKinsey Global Institute. 'The Social Economy: Unlocking Value and Productivity Through Social Technologies.' McKinsey & Company (juli 2012).

Microsoft Corporation. 'Customer Stories: Southern Valve.' (18 januari 2015).

Morgan, Jacob. 'How to Market Collaboration to Employees.' *Information Week* (21 maart 2013).

Mortensen, Mark. 'Technology Alone Won't Solve Our Collaboration Problems.' *Harvard Business Review* (26 maart 2015).

NASA. www.nasa.gov, geraadpleegd op 20 februari 2014.

Niccolai, James. 'Ellison: Facebook the New Model for Business Applications.' *IDG News Service* (30 januari 2014).

Poltrock, Steven en Mark Handel. 'Models of Collaboration as the Foundation for Collaboration Technologies.' *Journal of Management Information Systems* 27, nr. 1 (zomer 2010).

Ricards, Tuck, Kate Smaje en Vik Sohoni. ''Transformer in Chief': The New Chief Digital Officer.' *McKinsey Digital* (september 2015).

Saunders, Carol, A. F. Rutkowski, Michiel van Genuchten, Doug Vogel en Julio Molina Orrego. 'Virtual Space and Place: Theory and Test.' *MIS Quarterly* 35, nr. 4 (december 2011).

Siebdrat, Frank, Martin Hoegl en Holger Ernst. 'How to Manage Virtual Teams.' *MIT Sloan Management Review* 50, nr. 4 (zomer 2009).

Tallon, Paul P., Ronald V.Ramirez en James E. Short. 'The Information Artifact in IT Governance: Toward a Theory of Information Governance.' *Journal of Management Information Systems* 30, nr. 3 (winter 2014).

Violino, Bob. 'What Is Driving the Need for Chief Data Officers?' *Information Management* (3 februari 2014).

Webwereld.nl (2013).

Weill, Peter en Jeanne W. Ross. *IT Governance*. Boston: Harvard Business School Press (2004).

Yammer en Wolters Kluwer. 'Social Networking Trumps a Static Intranet.' www.yammer.com, geraadpleegd op 2 maart 2014, en www.wolterskluwer.com, geraadpleegd op 2 maart 2014.

Hoofdstuk 3

Amladi, Pradip. 'The Digital Economy: How It Will Transform Your Products and Your Future.' *Big Data Quarterly* (25 maart 2016).

Attewell, Paul en James Rule. 'Computing and Organizations: What We Know and What We Don't Know.' *Communications of the ACM* 27, nr. 12 (december 1984).

Banjo, Shelly. 'Wal-Mart Looks to Grow by Embracing Smaller Stores.' *The Wall Street Journal* (8 juli 2014).

Bensinger, Greg. 'Amazon Unveils 'Fire Phone' Smartphone.' *The Wall Street Journal* (18 juni 2014) en 'Amazon Raises Prime Subscription Price To $99 A Year.' *The Wall Street Journal* (13 maart 2014).

Bernstein, Ethan, John Bunch, Niko Canner en Michael Lee. 'Beyond the Holocracy Hype.' *Harvard Business Review* (juli–augustus 2016).

Bresnahan, Timohy F., Erik Brynjolfsson en Lorin M. Hitt, 'Information Technology, Workplace Organization, and the Demand for Skilled Labor.' *Quarterly Journal of Economics* 117 (februari 2002).

Brustein, Joshua. 'Sorry Nike, You're a Technology Company Now.' *Bloomberg Business Week* (15 oktober 2013).

Brustein, Joshua. 'Nike's Fuelband Hits the Wall.' *Business Week* (21 april 2014).

Cain Miller, Claire. 'Wall-Mart Introduces Lockers as It Battles Amazon in E-Commerce.' *New York Times* (27 maart 2013).

Cain Miller, Claire en Stephanie Clifford. 'To Catch Up, Walmart Moves to Amazon Turf.' *New York Times* (19 oktober 2013).

Cash, J.I. en Benn R. Konsynski. 'IS Redraws Competitive Boundaries.' *Harvard Business Review* (maart-april 1985).

Ceccagnoli, Marco, Chris Forman, Peng Huang en D.J. Wu. 'Cocreation of Value in a Platform Ecosystem: The Case of Enterprise Software.' *MIS Quarterly* 36, nr. 1 (maart 2012).

Chen, Daniel Q., Martin Mocker, David S. Preston en Alexander Teubner. 'Information Systems Strategy: Reconceptualization, Measurement, and Implications.' *MIS Quarterly* 34, nr. 2 (juni 2010).

Christensen, Clayton M. 'The Past and Future of Competitive Advantage.' *Sloan Management Review* 42, nr. 2 (winter 2001).

Christensen, Clayton M. *The Innovator's Dilemma: The Revolutionary Book That Will Change the Way You Do Business*, New York: HarperCollins (2003)

Christensen, Clayton M., Michael E. Raynor en Rory McDonald. 'What Is Disruptive Innovation?' *Harvard Business Review* (december 2015).

Clemons, Eric K. 'The Power of Patterns and Pattern Recognition When Developing Information-Based Strategy. *Journal of Management Information Systems* 27, nr. 1 (zomer 2010).

Coase, Ronald H. 'The Nature of the Firm.'(1937) in Putterman, Louis en Randall Kroszner. *The Economic Nature of the Firm: A Reader*, Cambridge University Press, 1995.

Davenport, Thomas J. en Keri Pearlson. 'Two Cheers for the Virtual Office.' *Sloan Management Review* 39, nr. 4 (1998).

Davis, Euan. 'The Rise of the Smart Product Economy.' Cognizant (2015).

Drucker, Peter. 'The Coming of the New Organization.' *Harvard Business Review* (januari–februari 1988).

Fankhauser, Danny. 'The Tiny, Powerful Brain Inside Nike's FuelBand.' *Mashable* (31 januari 2013).

Feintzeig, Rachel.' So Busy at Work, No Time to Do the Job.' *Wall Street Journal* (28 juni 2016).

Gandhi, Suketo en Eric Gervet. 'Now That Your Products Can Talk, What Will They Tell You?' *MIT Sloan Management Review* (voorjaar 2016).

Gottfried, Miriam. 'Get Caught Up in T.J. Maxx's Web.' *The Wall Street Journal* (1 december 2013).

Gurbaxani, V. en S. Whang. 'The Impact of Information Systems on Organizations and Markets.' *Communications of the ACM* 34, nr. 1 (januari 1991).

Hagiu, Andrei en Simon Rothman. 'Network Effects Aren't Enough.' *Harvard Business Review* (april 2016).

Hitt, Lorin M. 'Information Technology and Firm Boundaries: Evidence from Panel Data.' *Information Systems Research* 10, nr. 2 (juni 1999).

Hitt, Lorin M. en Erik Brynjolfsson. 'Information Technology and Internal Firm Organization: An Exploratory Analysis.' *Journal of Management Information Systems* 14, nr. 2 (najaar 1997).

Iansiti, Marco en Karim R. Lakhani. 'Digital Ubiquity: How Connections, Sensors, and Data Are Revolutionizing Business.' *Harvard Business Review* (november 2014).

Iansiti, Marco en Roy Levien. 'Strategy as Ecology.' *Harvard Business Review* (maart 2004).

Jensen, Michael C. en William H. Meckling. 'Theory of the Firm: Managerial Behavior, Agency Costs, and Ownership Structure.' *Journal of Financial Economics* 3 (1976).

Jensen, Michael. C. en William. H. Meckling. 'Specific and General Knowledge and Organizational Science.' *In*

Contract Economics, edited by L. Wetin en J. Wijkander. Oxford: Basil Blackwell (1992).

Kane, Gerald C., Doug Palmer, Anh Nguyen Phillips en David Kiron. 'Is Your Business Ready for a Digital Future?' *MIT Sloan Management Review* (zomer 2015).

Karimi, Jahangir en Zhiping Walter. 'The Role of Dynamic Capabilities in Responding to Digital Disruption: A Factor-Based Study of the Newspaper Industry.' *Journal of Management Information Systems* 32, No. 1 (2015).

Kauffman, Robert J. en Yu-Ming Wang. 'The Network Externalities Hypothesis and Competitive Network Growth.' *Journal of Organizational Computing and Electronic Commerce* 12, nr. 1 (2002).

King, J. L., V. Gurbaxani, K. L. Kraemer, F. W. McFarlan, K. S. Raman en C. S. Yap. 'Institutional Factors in Information Technology Innovation.' *Information Systems Research* 5, nr. 2 (juni 1994).

King, Andrew A. en Baljir Baatartogtokh. 'How Useful Is the Theory of Disruptive Innovation?' *MIT Sloan Management Review* (najaar 2015).

Kling, Rob. 'Social Analyses of Computing: Theoretical Perspectives in Recent Empirical Research.' *Computing Survey* 12, nr. 1 (maart 1980).

Kolb, D. A. en A. L. Frohman. 'An Organization Development Approach to Consulting.' *Sloan Management Review* 12, nr. 1 (najaar 1970).

Kraemer, Kenneth, John King, Debora Dunkle en Joe Lane. *Managing Information Systems*. Los Angeles: Jossey-Bass (1989).

Lamb, Roberta en Rob Kling. 'Reconceptualizing Users as Social Actors in Information Systems Research.' *MIS Quarterly* 27, nr. 2 (juni 2003).

Laudon, Kenneth C. 'A General Model of the Relationship Between Information Technology and Organizations.' Center for Research on Information Systems, New York University. Working paper, National Science Foundation (1989).

Laudon, Kenneth C. 'Environmental and Institutional Models of Systems Development.' *Communications of the ACM* 28, nr. 7 (juli 1985).

Laudon, Kenneth C. *Dossier Society: Value Choices in the Design of National Information Systems*. New York: Columbia University Press (1986).

Laudon, Kenneth C. en Kenneth L. Marr. 'Information Technology and Occupational Structure.' (april 1995).

Leavitt, Harold J. 'Applying Organizational Change in Industry: Structural, Technological, and Humanistic Approaches.' In *Handbook of Organizations*, edited by James G. Maart. Chicago: Rand McNally (1965).

Leavitt, Harold J. en Thomas L. Whisler. 'Management in the 1980s.' *Harvard Business Review* (november–december 1958).

Ling Xue, Gautam Ray en Vallabh Sambamurthy. 'Efficiency or Innovation: How Do Industry Environments Moderate the Effects of Firms' IT Asset Portfolios.' *MIS Quarterly* 36, nr. 2 (juni 2012).

Luftman, Jerry. *Competing in the Information Age: Align in the Sand*. Oxford University Press USA (6 augustus 2003).

March, James G. en Herbert A. Simon. *Organizations*. New York: Wiley (1958).

McAfee, Andrew en Erik Brynjolfsson. 'Investing in the IT That Makes a Competitive Difference.' *Harvard Business Review* (juli-augustus 2008).

McFarlan, F. Warren. 'Information Technology Changes the Way You Compete.' *Harvard Business Review* (mei–juni 1984).

McLaren, Tim S., Milena M. Head, Yufei Yuan en Yolande E. Chan. 'A Multilevel Model for Measuring Fit Between a Firm's Competitive Strategies and Information Systems Capabilities.' *MIS Quarterly* 35, nr. 4 (december 2011).

Mintzberg, Henry. 'Managerial Work: Analysis from Observation.' *Management Science* 18 (oktober 1971).

Nicas, Jack. 'When Is Your Birthday? The Flight Attendant Knows.' *The Wall Street Journal* (7 november 2013) en 'How Airlines Mine Personal Data In-Flight.' *The Wall Street Journal* (8 november 2013).

Nike. www.nike.com, geraadpleegd op 1 maart 2014.

O'Keefe, Brian. 'Walmart Plans to Be an Online Juggernaut.' *Fortune* (23 juli 2013).

Piccoli, Gabriele en Blake Ives. 'Review: IT-Dependent Strategic Initiatives and Sustained Competitive Advantage: A Review and Synthesis of the Literature.' *MIS Quarterly* 29, nr. 4 (december 2005).

Porter, Michael E. en James E. Heppelmann. 'How Smart, Connected Products Are Transforming Competition.' *Harvard Business Review* (november 2014).

Porter, Michael en Scott Stern. 'Location Matters.' *Sloan Management Review* 42, nr. 4 (zomer 2001).

Porter, Michael. 'Strategy and the Internet.' *Harvard Business Review* (maart 2001).

Porter, Michael. 'The Five Competitive Forces that Shape Strategy.' *Harvard Business Review* (januari 2008).

Porter, Michael. *Competitive Advantage*. New York: Free Press (1985).

Porter, Michael. *Competitive Strategy*. New York: Free Press (1980).

Reidy, Chris. 'TJX: 2013 Was Another Successful Year.' *Boston Globe* (26 februari 2014).

Schechner, Sam. 'These Gadgets Aim to Put Some Teeth into the Internet of Things.' *The Wall Street Journal* (2 maart 2014).

Schuman, Evan. 'Amazon's Supply Chain Kicking the SKUs Out of Walmart's.' *StorefrontBacktalk* (19 juni 2013).

Seeking Alpha. 'T.J. Maxx Revisits Online Strategy.' *Seeking Alpha* (7 oktober 2013).

Shapiro, Carl en Hal R. Varian. *Information Rules*. Boston, MA: Harvard Business School Press (1999).

Sherr, Ion en Mike Ramsey. 'Drive into the Future.' *The Wall Street Journal* (7 maart 2013).

Starbuck, William H. 'Organizations as Action Generators.' *American Sociological Review* 48 (1983).

Streitfeld, David. 'As New Services Track Habits, the E-Books Are Reading You.' *New York Times* (24 december 2013).

T.J. Maxx. www.tjmaxx.tjx.com, geraadpleegd op 5 maart 2014.

Tallon, Paul P. 'Value Chain Linkages and the Spillover Effects of Strategic Information Technology Alignment: A Process-Level View.' *Journal of Management Information Systems* 28, nr. 3 (winter 2014).

Tam, Donna. 'Walmart: Amazon image recognition a 'shiny object.' *CNET* (6 februari 2014).

Tushman, Michael L. en Philip Anderson. 'Technological Discontinuities and Organizational Environments.' *Administrative Science Quarterly* 31 (september 1986).

Van Alstyne, Marshall W., Geoffrey G. Parer en Sangeet Paul Choudary. 'Pipelines, Platforms, and the New Rules of Strategy.' *Harvard Business Review* (april 2016).

Weber, Max. *The Theory of Social and Economic Organization.* Translated by Talcott Parsons. New York: Free Press (1947).

Welch, Anna Rose. 'Walmart, Sam's Club Amp Up Online Shopping Experiences.' Integrated Solutions for Retailers (28 februari 2014).

Welch, David. 'Walmart Is Worried About Amazon.' *Business Week* (29 maart 2012).

Williamson, Oliver E. *The Economic Institutions of Capitalism.* New York: Free Press, (1985).

Winship, Tim. 'Big Brother Unmasked as ... Delta Air Lines.' http://smartertravel.com, geraadpleegd op 28 januari 2013.

Zhu, Feng en Nathan Furr. 'Products to Platforms: Making the Leap.' *Harvard Business Review* (april 2016).

Hoofdstuk 4

Aeppel, Timothy. 'What Clever Robots Mean for Jobs.' *Wall Street Journal* (24 februari 2015).

Belanger, France en Robert E. Crossler. 'Privacy in the Digital Age: A Review of Information Privacy Research in Information Systems.' *MIS Quarterly* 35, No. 4 (december 2011).

Bernstein, Amy en Anand Raman. 'The Great Decoupling: An Interview with Erik Brynjolfsson en Andrew McAfee.' *Harvard Business Review* (juni 2015).

Bernstein, Ethan, Saravanan Kesavan en Bradley Staats. 'How to Manage Scheduling Software Fairly.' *Harvard Business Review* (december 2014).

Bertolucci, Jeff. 'Big Data Firm Chronicles Your Online, Offline Lives.' *Information Week* (7 mei 2013).

Bilski v. Kappos, 561 US (2010).

Brown Bag Software vs. Symantec Corp. 960 F2D 1465 (Ninth Circuit, 1992).

Brynjolfsson, Erik en Andrew McAfee. *Race Against the Machine.* Digital Frontier Press (2011).

Chan, Jason, Anindya Ghose en Robert Seamans. 'The Internet and Racial Hate Crimes: Offline Spillovers from Online Access.' *MIS Quarterly* 40, No. 2 (juni 2016).

Clemons, Eric K. en Joshua S. Wilson. 'Family Preferences Concerning Online Privacy, Data Mining, and Targeted Ads: Regulatory Implications.' *Journal of Management Information Systems* 32, No. 2 (2015).

Council of Europe, 'European Court of Human Rights Case Law.' Thematic Fact Sheet, rm.coe.int (februari 2016).

Culnan, Mary J. en Cynthia Clark Williams. 'How Ethics Can Enhance Organizational Privacy.' *MIS Quarterly* 33, No. 4 (december 2009).

Davenport, Thomas H. en Julia Kirby. 'Beyond Automation.' *Harvard Business Review* (June 2015).

European Parliament. 'Directive 2009/136/EC of the European Parliament and of the Council of November 25, 2009.' European Parliament (2009).

Federal Trade Commission. 'Protecting Consumer Privacy in an Era of Rapid Change.' Washington, DC. (2012).

Goldfarb, Avi en Catherine Tucker. 'Why Managing Consumer Privacy Can Be an Opportunity.' *MIT Sloan Management Review* 54, No. 3 (voorjaar 2013).

Henry, Patrick. 'Why Computers Make Us Stupid.' *Slice of MIT* (6 maart 2011).

Hsieh, J.J. Po-An, Arun Rai en Mark Keil. 'Understanding Digital Inequality: Comparing Continued Use Behavioral Models of the Socio-Economically Advantaged and Disadvantaged.' *MIS Quarterly* 32, No. 1 (maart 2008).

Hutter, Katja, Johann Fuller, Julia Hautz, Volker Bilgram en Kurt Matzler. 'Machiavellianism or Morality: Which Behavior Pays Off In Online Innovation Contests?' *Journal of Management Information Systems* 32, No. 3 (2015).

ITU. 'ITU Survey on Anti-Spam Legislation Worldwide.' International Telecommunication Union, www.itu.int (2016).

Kaspersky Lab. 'Spam and Phishing Statistics Report Q1-2015.' (2015).

Kosseff, Joseph. 'Twenty Privacy Bills to Watch in 2014.' (15 januari 2014).

Laudon, Kenneth C. en Carol Guercio Traver. *E-Commerce 2016: Business, Technology, Society* (12e ed.). Upper Saddle River, NJ: Prentice-Hall (2017).

Laudon, Kenneth C. *Dossier Society: Value Choices in the Design of National Information Systems.* New York: Columbia University Press (1986).

LeBlanc, K.E. en W. Cestia. 'Carpal Tunnel Syndrome.' *American Family Physician, 83*, No. 8 (2011).

Lee, Dong-Joo, Jae-Hyeon Ahn en Youngsok Bang. 'Managing Consumer Privacy Concerns in Personalization: A Strategic Analysis of Privacy Protection.' *MIS Quarterly* 35, No. 2 (juni 2011).

MacCrory, Frank, George Westerman, Erik Brynjolfsson en Yousef Alhammadi. 'Racing with and Against the Machine: Changes in Occupational Skill Composition in an Era of Rapid Technological Advance.' (2014).

Pew Research Center. 'The State of Privacy in America.' (20 januari 2016).

PwC. 'US State of Cybercrime Survey 2015.' (juni 2015), Rigby, Chloe. 'How Can Ecommerce and Multichannel Retailers Respond to the Carphone Warehouse Data Breach?' Internetretailing.com (11 august 2015).

Robinson, Francis. 'EU Unveils Web-Privacy Rules.' *Wall Street Journal* (26 januari 26, 2012).

Smith, H. Jeff. 'The Shareholders vs. Stakeholders Debate.' *MIS Sloan Management Review* 44, No. 4 (zomer 2003).

Sojer, Manuel, Oliver Alexy, Sven Kleinknecht en Joachim Henkel. 'Understanding the Drivers of Unethical Programming Behavior: The Inappropriate Reuse of Internet- Accessible Code.' *Journal of Management Information Systems* 31, No. 3 (winter 2014).

Tarafdar, Monideepa, John D'Arcy, Ofir Turel en Ashish Gupta. 'The Dark Side of Information Technology.' *MIT Sloan Management Review* 56, No. 2 (winter 2015).

The Software Alliance. 'BSA Global Software Survey 2016.' (mei 2016).

U.S. Ministerie van Volksgezondheid, Onderwijs en Welzijn. *Records, Computers, and the Rights of Citizens.* Cambridge: MIT Press (1973).

U.S. Senate. 'Do-Not-Track Online Act of 2011.' Senate 913 (9 mei 2011).

U.S. Strafmaatcommissie. 'Sentencing Commission Toughens Requirements for Corporate Compliance Programs.' (13 april 2004).

V3. 'Top 10 Cloud Outages from Twitter and iTunes to Azure and AWS,' http://www.v3.co.uk (geraadpleegd november 2016).

Hoofdstuk 5

Albergotti, Reed en Ian Sherr. 'Facebook to Buy Virtual Reality Firm Oculus for $2 Billion.' *The Wall Street Journal* (25 maart 2014).

Andere Tijden. 'De PC-revolutie'. www.geschiedenis24.nl/andere-tijden/afleveringen/2002-2003/De-PC-revolutie.html, geraadpleegd op 2 juli 2014.

Andersson, Henrik, James Kaplan en Brent Smolinski. 'Capturing Value from IT Infrastructure Innovation.' *McKinsey Quarterly* (oktober 2012).

AWS. 'Customer Success. Powered by the AWS Cloud.' www.aws.com, geraadpleegd op 1 april 2014.

Babcock, Charles. 'Cloud's Thorniest Question: Does It Pay Off?' *Information Week* (4 juni 2012).

Babcock, Charles. 'Cloud Implementation Costs, Complexity Surprise Companies.' *Information Week* (6 februari 2013).

BEA National Income and Product Accounts (2014).

Benlian, Alexander, Marios Koufaris en Thomas Hess. 'Service Quality in Software-as-a-Service: Developing the SaaS-Qual Measure and Examining Its Role in Usage Continuance.' *Journal of Management Information Systems*, 28, nr. 3 (winter 2012).

Carr, Nicholas. *The Big Switch*. New York: Norton (2008).

Choi, Jae, Derek L. Nazareth en Hemant K. Jain. 'Implementing Service-Oriented Architecture in Organizations.' *Journal of Management Information Systems* 26, nr. 4 (voorjaar 2010).

Clark, Don. 'Moore's Law Shows Its Age.' *Wall Street Journal* (17 april 2015).

Consultancy.nl. 'ICT Adviesbureaus.' www.consultancy.nl/adviesbureaus/ict-adviesbureaus, geraadpleegd op 2 juli, 2014.

Crossman, Penny. 'How New Core, Cloud Computing Are Transforming an Aussie Bank.' *Information Management* (2 januari 2013).

Crosman, Penny. 'Banks Pushed Toward Cloud Computing by Cost Pressures.' *Information Management* (11 maart 2014).

David, Julie Smith, David Schuff en Robert St. Louis. 'Managing Your IT Total Cost of Ownership.' *Communications of the ACM* 45, nr. 1 (januari 2002).

ERP-Selectie.nl. 'ERP Leveranciers.' www.erp-selectie.nl/erp/erp-leveranciers.html, geraadpleegd op 2 juli 2014.

Fitzgerald, Brian. 'The Transformation of Open Source Software.' *MIS Quarterly* 30, nr. 3 (september 2006).

Flinders, Karl. 'Ofcom Outsources IT Management to Indian Xervices Supplier NIIT.' *Computer Weekly* (12 januari 2016).

Follow, Jaewon Kang. 'IBM Bets on Next-Gen Technologies as It Tries to Stave Off Rivals.' TheStreet.com (5 mei 2016).

Gantz, John en David Reinsal. 'Extracting Value from Chaos.' IDC (juni 2011).

Gartner, Inc. 'Gartner Says Worldwide IT Spending Is Forecast to Decline 0.5 Percent in 2016.' *Business Wire* (7 april 2016).

Gownder, J. P. '7 Ways Wearables Will Go To Work.' *Information Week* (28 januari 2014).

Greengard, Samuel. 'Smartglasses Come Into View.' *CIO Insight* (12 november 2013).

Guptill, Bruce. 'Google Wear OS: Acknowledging the Mobile, Sensor-driven Data Age.' *Information Management* (23 maart 2014).

'How to Tap the Power of the Mainframe.' ITBusinessEdge.com, geraadplaagd op 11 september 2015.

Howley, Dan. 'Android Wear Smartwatches Put Google on Your Wrist.' *Tom's Guide* (18 maart 2014).

International Data Corporation. 'Worldwide Public Cloud Services Spending Forecast to Double by 2019, According to IDC.' (21 januari 2016).

'Internet Users.' Internetlivestats.com, geraadpleegd op 2 mei 2016.

Internetlivestats.com (2014).

Kauffman, Robert J. en Julianna Tsai. 'The Unified Procurement Strategy for Enterprise Software: A Test of the 'Move to the Middle' Hypothesis.' *Journal of Management Information Systems* 26, nr. 2 (najaar 2009).

Kivit, J. 'App-gebruik in kaart gebracht.' www.shareforce.eu/nl/blog/app-gebruik-kaart-gebracht, geraadpleegd op 2 juli 2014.

Letschin, Michael. 'Six Trends that Will Change How You Think About Data Storage.' *Information Management* (8 februari 2016).

Lyman, Peter en Hal R. Varian. 'How Much Information 2003?' University of California at Berkeley School of Information Management and Systems, 2003.

Markoff, John. 'Moore's Law Running Out of Room, Tech Looks for a Successor,' *New York Times* (4 mei 2016).

McCafferty, Dennis. 'Eight Interesting Facts About Java.' *CIO Insight* (16 juni 2014).

Mell, Peter en Tim Grance. 'The NIST Definition of Cloud Computing Version 15.' *NIST* (17 oktober 2009).

Miller, Rich. 'Portugal Telecom's High-Concept Green Data Center.' Datacenterknowledge.com (11 november 2013).

Moore, Gordon, 'Cramming More Components Onto Integrated Circuits.' *Electronics* 38, nummer 8 (19 april 1965).

Mueller, Benjamin, Goetz Viering, Christine Legner en Gerold Riempp. 'Understanding the Economic Potential of Service-Oriented Architecture.' *Journal of Management Information Systems* 26, nr. 4 (voorjaar 2010).

Netmarketshare. 'Desktop Operating System Market Share April 2016.' www.netmarketshare.com, geraadpleegd op 1 mei 2016.

O'Connor, Anahad. 'Google Glass Enters the Operating Room.' *New York Times* (1 juni 2014).

Pariseau, Beth. 'Enterprises Hit Tipping Point in AWS Cloud vs. Private Cloud Costs.' SearchAWS.com (17 april 2014).

Ray, Tierman. 'Watch Out Intel, Here Comes Facebook.' *Barrons* (31 oktober 2015).

Rijksoverheid. 'Nanotechnologie in Nederland.' www.rijksoverheid.nl/onderwerpen/nanotechnologie/nanotechnologie-in-nederland, geraadpleegd op 2 juli 2014.

Sandesmark, Fred. 'Core Strengths.' *Profit Magazine* (november 2013).

SAP AG. 'Newsbyte: Portugal Telecom Brings Customers Streamlined Operations and Increased Agility via Cloud Services for SAP® Business One Cloud Powered by SAP HANA® Available Worldwide.' (24 februari 2014)

Schuff, David en Robert St. Louis. 'Centralization vs. Decentralization of Application Software.' *Communications of the ACM* 44, nr. 6 (juni 2001).

Stango, Victor. 'The Economics of Standards Wars.' *Review of Network Economics* 3, Issue 1 (maart 2004).

Stone, Brad. 'Another Amazon Outage Exposes the Cloud's Dark Lining.' *Bloomberg Business Week* (26 augustus 2013).

Susarla, Anjana, Anitesh Barua en Andrew B. Whinston. 'A Transaction Cost Perspective of the 'Software as a Service' Business Model.' *Journal of Management Information Systems* 26, nr. 2 (najaar 2009).

Taft, Darryl K. 'Application Development: Java Death Debunked: 10 Reasons Why It's Still Hot.' *eWeek* (22 februari 2012).

Telecom. www.telecom.pt/InternetResource/PTSIte/UK, geraadpleegd op 12 maart 2014.

Torode, Christine, Linda Tucci en Karen Goulart. 'Managing the Next-Generation Data Center.' *Modern Infrastructure CIO Edition* (januari 2013).

Venkatraman, Archana. 'Portugal Telecom Opens Modular Datacentre to Boost Cloud Offering.' ComputerWeekly.com (24 september 2013).

Wearesocial https://wearesocial.com/blog/2018/01/global-digital-report-2018, (30 januari 2018).

Weill, Peter en Marianne Broadbent. *Leveraging the New Infrastructure*. Cambridge, MA: Harvard Business School Press (1998).

Weitzel, Tim. *Economics of Standards in Information Networks*. Heidelberg, New York: Physica-Verlag (2004).

Wilson, James H. 'Wearable Gadgets Transform How Companies Do Business.' *The Wall Street Journal* (20 oktober 2013).

Hoofdstuk 6

Aiken, Peter, Mark Gillenson, Xihui Zhang en David Rafner. 'Data Management and Data Administration. Assessing 25 Years of Practice.' *Journal of Database Management* (juli-september 2011).

Aline, Robert. 'Big Data Revolutionises Europe's Fight Against Terrorism,' www.euractiv.com, 23 juni 2016.

American Water. www.amwater.com, geraadpleegd op 2 februari 2014.

ARI. www.arifleet.com, geraadpleegd op 1 februari 2014.

Barton, Dominic en David Court. 'Making Advanced Analytics Work for You.' *Harvard Business Review* (oktober 2012).

Beath, Cynthia, Irma Becerra-Fernandez, Jeanne Ross en James Short. 'Finding Value in the Information Explosion.' *MIT Sloan Management Review* 53, nr. 4 (zomer 2012).

Bughin, Jacques, John Livingston en Sam Marwaha. 'Seizing the Potential for Big Data.' *The McKinsey Quarterly* (oktober 2011).

Caserta, Joe en Elliott Cordo. 'Data Warehousing in the Era of Big Data.' *Big Data Quarterly* (19 januari 2016).

Clifford, James, Albert Croker en Alex Tuzhilin. 'On Data Representation and Use in a Temporal Relational DBMS.' *Information Systems Research* 7, nr. 3 (september 1996).

DataInformed. 'The Database Decision: Key Considerations to Keep in Mind.' Wellesley Information Services (2015).

Davenport, Thomas H. *Big Data at Work: Dispelling the Myths, Uncovering the Opportunities*. Boston, MA: Harvard Business School Press (2014).

Dutchcowboys.nl. 'Big Data maakt in Nederland vliegende start.' www.dutchcowboys.nl/online/29913, geraadpleegd op 3 juli 2014.

Eckerson, Wayne W. 'Analytics in the Era of Big Data: Exploring a Vast New Ecosystem.' *TechTarget* (2012).

Eckerson, Wayne W. 'Data Quality and the Bottom Line.' *The Data Warehousing Institute* (2002).

Experian Information Solutions. 'The 2016 Global Data Management Benchmark Report.' (2016).

Hannon, David. 'Spread the News.' *SAP Insider Profiles* (oktober-december 2012).

Hannon, David. 'Clean Smooth-Flowing Data at American Water.' *SAP Insider Profiles* (januari-maart 2013).

Henschen, Doug. 'MetLife Uses NoSQL for Customer Service Breakthrough.' *Information Week* (13 mei 2013).

Hoffer, Jeffrey A., Ramesh Venkataraman en Heikki Toppi. *Modern Database Management*, (12e ed.). Upper Saddle River, NJ: Prentice-Hall (2016).

Horst, Peter en Robert Dubroff. 'Don't Let Big Data Bury Your Brand.' *Harvard Business Review* (november 2015).

Jordan, John. 'The Risks of Big Data for Companies.' *The Wall Street Journal* (20 oktober 2013).

Kroenke, David M. en David Auer. *Database Processing: Fundamentals, Design, and Implementation*, (14e ed.). Upper Saddle River, NJ: Prentice-Hall (2016).

Lee, Yang W. en Diane M. Strong. 'Knowing Why about Data Processes and Data Quality.' *Journal of Management Information Systems* 20, nr. 3 (winter 2004).

Loveman, Gary. 'Diamonds in the Datamine.' *Harvard Business Review* (mei 2003).

Marcus, Gary en Ernest Davis. 'Eight (No, Nine!) Problems with Big Data.' *New York Times* (6 april 2014).

Martens, David en Foster Provost. 'Explaining Data-Driven Document Classifications.' *MIS Quarterly* 38, nr. 1 (maart 2014).

McAfee, Andrew en Erik Brynjolfsson. 'Big Data: The Management Revolution.' *Harvard Business Review* (oktober 2012).

McKinsey Global Institute. 'Big Data: The Next Frontier for Innovation, Competition, and Productivity.' McKinsey & Company (2011).

Morrow, Rich. 'Apache Hadoop: The Swiss Army Knife of IT.' *Global Knowledge* (2013).

Mulani, Narendra. 'In-Memory Technology: Keeping Pace with Your Data.' *Information Management* (27 februari 2013).

O'Keefe, Kate. 'Real Prize in Caesars Fight: Data on Players.' *Wall Street Journal* (19 maart 2015).

Redman, Thomas C. *Data Driven: Profiting from Your Most Important Business Asset*. Boston: Harvard Business Press (2008).

Redman, Thomas C. 'Data's Credibility Problem.' *Harvard Business Review* (december 2013).

Ross, Jeanne W., Cynthia M. Beath en Anne Quaadgras. 'You May Not Need Big Data After All.' *Harvard Business Review* (december 2013).

SAP. 'ARI Fleet Management Drives Real-Time Analytics to Customers.' *SAP Insider Profiles* (1 april 2013).

SAP. 'The Globe and Mail Uses SAP HANA in the Cloud to row Its Digital Audience.' *SAP Insider Profiles* (1 april 2013).

SAP. 'SAP to Deliver Software Solution to American Water.' www.sap.com, geraadpleegd op 31 januari 2014.

SAP. 'Driving 2 Million Vehicles with SAP Data.' www.sap.com, geraadpleegd op 1 februari 2014.

TechTarget Inc. 'Identifying and Meeting the Challenges of Big Data.' (2016).

The Globe and Mail. www.theglobeandmail.com, geraadpleegd op 1 maart 2014.

The METISfiles en Keala (juli 2013).

Twitter, https://blog.twitter.com/engineering/en_us/topics/infrastructure/2018/a-new-collaboration-with-google-cloud.html (3 mei 2018).

Wallace, David J. 'How Caesar's Entertainment Sustains a Data-Driven Culture.' *DataInformed* (14 december 2012).

Zoumpoulis, Spyros, Duncan Simester en Theos Evgeniou, 'Run Field Experiments to Make Sense of Your Big Data.' *Harvard Business Review* (12 november 2015).

Hoofdstuk 7

AeroScout. 'Dundee Precious Metals Improves Safety and Operational Efficiency with AeroScout Real-time Location System' (15 september 2011).

Barr, Alistair. 'Mobile Devices Upend Google Search.' *Wall Street Journal* (25 februari 2016).

Barron, David L. 'Social Media: Frontier for Employee Disputes.' *Baseline* (19 januari 2012).

Chiang, I. Robert en Jhih-Hua Jhang-Li. 'Delivery Consolidation and Service Competition Among Internet Service Providers.' *Journal of Management Information Systems* 34 No. 3 (winter 2014).

Deichmann, Johannes, Matthias Roggendorf en Dominik Wee. 'Preparing IT Systems and Organizations for the Internet of Things.' McKinsey & Company (2015).

Dundee Precious. www.dundeeprecious.com, geraadpleegd op 29 april 2014.

eMarketer, 'It's 2015. What Does Mobile Mean Now?' (18 februari 2015).

Glazer, Emily. 'P&G Curbs Employees' Internet Use.' *The Wall Street Journal* (4 april 2012).

Google, Inc. 'SEC Form 10k for the Fiscal Year Ending 30 december 2015' (11 februari 2016).

Greengard, Samuel. 'How Smartphone Addiction Hurts Productivity.' *CIO Insight* (11 maart 2013).

Hussain, Hibah, Danielle Kehl, Benjamin Lennett en Patrick Lucey. 'Capping the Nation's Broadband Future? Dwindling Competition Is Fueling the Rise of Increasingly Costly and Restrictive Internet Usage Caps.' *New America Foundation* (17 december 2012).

IBM Global Technology Services. 'Software-Defined Networking in the New Business Frontier.' (juli 2015).

Iyer, Bala. 'To Project the Trajectory of the Internet of Things, Look to the Software Industry.' *Harvard Business Review* (25 februari 2016).

Ladipaolo, Donna. 'Invading Your Privacy Is Now the Norm in the Workplace.' Philly.com (28 april 2014).

Manjoo, Farhad. 'Google Mighty Now, but Not Forever.' *New York Times* (11 februari 2015).

Manyika, James, Michael Chui, Peter Bisson, Jonathan Woetzel, Richard Dobbs, Jacques Bughin en Dan Aharon. 'Unlocking the Potential of the Internet of Things.' McKinsey Global Institute (2015).

Marsden, Rhodri. 'Workplace monitoring mania may be risky business.' *Brisbane Times* (30 maart 2014).

McKinsey & Company. 'The Impact of Internet Technologies: Search.' (juli 2011).

Nagesh, Gautham en Amol Sharma. 'Court Tosses Rules of Road for Internet.' *The Wall Street Journal* (4 januari 2014).

Nagesh, Gautham. 'FCC to Propose New 'Net Neutrality' Rules.' *The Wall Street Journal* (23 april 2014).

National Telecommunications and Information Agency. 'NTIA Announces Intent to Transition Key Internet Domain Name Functions.' persbericht (14 maart 2014).

'Office Productivity Loss.' Staffmonitoring.com, geraadpleegd op 1 mei 2014.

'Office Slacker Stats.' www.staffmonitoring.com, geraadpleegd op 1 mei 2014.

Ovide, Shira. 'Moving Beyond the Net Neutrality Debate.' *The Wall Street Journal* (14 januari 2014).

Panko, Raymond R. en Julia Panko. *Business Data Networks and Telecommunication* 10e. Upper Saddle River, NJ: Prentice-Hall (2015).

Reguly, Eric. 'Dundee's Real-Time Data Innovations Are as Good as Gold.' *The Globe and Mail* (1 december 2013).

Reisinger, Don. 'How Mark Zuckerberg Is Shaping the Future of Facebook, Social Media.' *eWeek* (16 mei 2016).

Selyukh, UpdAlina. 'S. Court to Hear Oral Arguments in Net Neutrality Case on September 9.' *Reuters* (25 juni 2013).

Sharma, Amol. 'Netflix, YouTube Could Feel Effects of 'Open Internet' Ruling.' *The Wall Street Journal* (14 januari 2014).

Solomon, Howard. 'How a Canadian Mining Company Put a Wi-Fi Network Underground' *IT World Canada* (3 december 2013).

'Should Companies Monitor Their Employees' Social Media?' *The Wall Street Journal* (11 mei 2014).

'Should the U.S. Regulate Broadband Internet Access as a Utility?' *The Wall Street Journal* (11 mei 2014).

Statista.com. https://www.statista.com/statistics/253577/number-of-monthly-active-instagram-users/ (10 december 2018a).

Statista.com. https://www.statista.com/statistics/264810/number-of-monthly-active-facebook-users-worldwide/ (10 december 2018b).

TelecomNieuwsNet. 'Nederlandse mobiele operators moeten meer uit mobiel internet halen.' http://telecomnieuwsnet.wordpress.com/2012/06/12/nederlandse-mobiele-operators-moeten-meer-uit-mobiel-internet-halen, geraadpleegd op 4 juli 2014.

Winkler, Rolfe. 'Getting More than Just Words in a Google Search Result.' *The Wall Street Journal* (18 augustus 2014).

Wittman, Art. 'Here Comes the Internet of Things.' *Information Week* (22 juli 2013).

'Workplace Privacy and Employee Monitoring.' *Privacy Rights Clearinghouse* (juni 2013).

Wyatt, Edward. 'U.S. to Cede Its Oversight of Addresses on Internet.' *New York Times* (14 maart 2014).

Wyatt, Edward. 'F.C.C., in a Shift, Backs Fast Lane for Web Traffic.' *New York Times* (24 april 2014).

Wyatt, Edward. 'Stern Talk From Chief of F.C.C. on Open Net.' *New York Times* (30 april 2014).

Hoofdstuk 8

Bajaj, Vikas. 'The Perils of Automated Flight.' *New York Times* (30 april 2015).

Boss, Scott R., Dennis F. Galletta, Paul Benjamin Lowry, Gregory D. Moody, and Peter Polak. 'What Do Systems Users Have to Fear? Using Fear Appeals to Engender Threats and Fear that Motivate Protective Security Behaviors. MIS Quarterly 39, No. 4 (december 2015).

Boyle, Randall J. en Raymond R. Panko. *Corporate Computer Security* (4e ed.). Upper Saddle River, NJ: Prentice-Hall (2015).

Centraal Bureau voor de Statistiek (2014).

Chen, Yan en Fatemeh Mariam Zahedi. 'Individuals' Internet Security Perceptions and Behaviors: Polycontextual Contrasts Between the United States and China' *MIS Quarterly* 40, No. 1 (maart 2016).

Chen, Yan, K. Ram Ramamurthy en Kuang-Wei Wen. 'Organizations' Information Security Policy Compliance: Stick or Carrot Approach?' *Journal of Management Information Systems* 29, nr. 3 (winter 2013).

Crank, Christian. 'Mitigating Mobile BYOD Security Risks.' *Baseline* (13 maart 2014).

CSA Top Threats Working Group. 'The Treacherous Twelve: CSA's Cloud Computing Top Threats in 2016.' Cloud Security Alliance (februari 2016).

Dimensional Research. 'The Impact of Mobile Devices on Information Security.' *Check Point Software Technologies* (juni 2013).

'EMV Chip Technologie, Secure Electronic Payments' *Forbes* (7 maart 2013).

FireEye. 'Out of Pocket: A Comprehensive Mobile Threat Assessment of 7 Million iOS and Android Apps.' (februari 2015).

Focus Research. 'Devastating Downtime: The Surprising Cost of Human Error and Unforeseen Events.' (oktober 2010).

Frenkel, Karen A. 'Best Practices of Mobile Technology Leaders.' *CIO Insight* (24 juli 2013).

Galbreth, Michael R. en Mikhael Shor. 'The Impact of Malicious Agents on the Enterprise Software Industry.' *MIS Quarterly* 34, nr. 3 (september 2010).

Goodin, Dan. 'Google Strengthens Android Security Muscle with SELinux Protection.' *Ars Technica* (24 juli 2013).

Hardy, Quentin. 'Where Apps Meet Work, Secret Data Is at Risk.' *New York Times* (3 maart 2013).

Hui, Kai Lung, Wendy Hui en Wei T. Yue. 'Information Security Outsourcing with System Interdependency and Mandatory Security Requirement.' *Journal of Management Information Systems* 29, nr. 3 (winter 2013).

'Information Week 2014 Mobile Security Survey.' (maart 2014)

'Internet Security Census 2013: A Fortinet Global Survey.' www.fortinet.com, geraadpleegd op 14 maart 2014.

Javelin Strategy & Research. '2016 Identity Fraud Study.' (2 februari 2016).

Javelin Strategy & Research. 'EMV IN USA: Assessment of Merchant and Card Issuer Readiness.' (april 2014).

Kaplan, James, Chris Rezek en Kara Sprague. 'Protecting Information in the Cloud.' *McKinsey Quarterly* (januari 2013).

Karlovsky, Brian. 'FireEye Names Malware's Favorite Targets, Sources.' *Australian Reseller News* (2 maart 2014).

Kirk, Jeremy. 'Pushdo Spamming Botnet Gains Strength Again.' IDG News Service (20 april 2015).

Long, Colleen en Martha Mendoza. 'Bloodless bank heist impressed cybercrime experts.' *Associated Press* (10 mei 2013).

Nvb, https://www.nvb.nl/nieuws/fraude-in-betalingsverkeer-zorgt-voor-schade-van-12-9-miljoen-euro/ (18 april 2018).

NU.nl. 'Ruim 200.000 slachtoffers identiteitsfraude in 2012.' www.nu.nl/binnenland/3594985/ruim-200000-slachtoffers-identiteitsfraude-in-2012.html, geraadpleegd op 7 juli 2014.

Osterman Research. 'The Risks of Social Media and What Can Be Done to Manage Them.' *Commvault* (juni 2011).

Paletta, Damian, Danny Yadron, and Jennifer Valentino-Devries. 'Cyberwar Ignites a New Arms Race.' *Wall Street Journal* (11 oktober 2015).

Panda Security. 'PandaLabs 2015 Annual Report.' (28 januari 2016).

Panko, Raymond R. en Julie L. Panko. *Business Data Networks and Security.* Upper Saddle River, NJ: Pearson (2015).

Perlroth, Nicole. 'Online Attacks on Infrastructure Are Increasing at a Worrying Pace,' *New York Times* (1 oktober 2015).

Perlroth, Nicole. 'Bolstering a Phone's Defenses Against Breaches.' *New York Times* (13 oktober 2013)

Ponemon Institute. 'Global Study on Mobility Risks.' (februari 2012)

Ponemon Institute. '2015 Cost of Cybercrime Study: United States' (9 oktober 2015).

Ponemon Institute. '2015 Cost of Data Breach Study: United States' (2015).

Ponemon Institute. 'The Cost of Malware Containment' (januari 2015).

Ponemon Institute, 'The Economic Risk of Confidential Data on Mobile Devices in the Workplace,' (februari 2016).

Poremba, Sue Marquette. 'Hackers Targeting the Cloud at Higher Rates Than Ever.' *IT Business Edge* (15 oktober 2015).

Posey, Clay, Tom L. Roberts en Paul Benjamin Lowry. 'The Impact of Organizational Commitment on Insiders' Motivation to Protect Organizational Information Assets.' *Journal of Management Information Systems* 32 No. 4 (2015).

Reisinger, Don. '10 Mobile SecurityIssues that Should Worry You.' *eWeek* (11 februari 2014).

Reisinger, Don. 'Android Security Remains a Glaring Problem: 10 Reasons Why.' *eWeek* (2 maart 2014).

Rengers, Merijn en Julien Althuisius. 'Criminelen kraken DigiD om toeslagen door te sluizen.' *de Volkskrant* (8 januari 2014).

Ribeiro, John. 'Hacker group targets Skype social media accounts.' *Computer world* (2 januari 2014).

Sadeh, Norman M. 'Phish Isn't Spam.' *Information Week* (25 juni 2012).

Samuel, Alexandra. 'Online Security as Herd Immunity.' *Harvard Business Review* (13 maart 2014).

Santora, Marc. 'In Hours, Thieves Took $45 Million in A.T.M. Scheme.' *New York Times* (9 mei 2013).

Sawyer, John. 'Mobile Security: All About the Data.' *Information Week* (1 april 2014).

Scharr, Jill. 'Fake Instagram 'Image Viewers' Are Latest Malware Fad.' *Tom's Guide* (8 mei 2014).

Schwartz, Matthew J. 'Android Trojan Looks, Acts Like Windows Malware.' *Information Week* (7 juni 2013).

Sen, Ravi en Sharad Borle. 'Estimating the Contextual Risk of Data Breach: An Empirical Approach.' *Journal of Management Information Systems* 32, No. 2 (2015).

Sengupta, Somini. 'Machines that Know You without Using a Password.' *New York Times* (10 september 2013).

Snell, Bruce. 'Mobile Threat Report.' McAfee Inc. (2016).

Solutionary. 'Solutionary Security Engineering Research Team Unveils Annual Global Threat Intelligence Report.' (12 maart 2013)

Spears. Janine L. en Henri Barki. 'User Participation in Information Systems Security Risk Management.' *MIS Quarterly* 34, nr. 3 (september 2010).

Svensson, Peter, Martha Mendoza en Ezequiel Abiú López. 'Global network of hackers steals $45M from ATMs.' *Associated Press* (10 mei 2013).

Temizkan, Orcun, Ram L. Kumar, Sungjune Park en Chandrasekar Subramaniam. 'Patch Release Behaviors of Software Vendors in Response to Vulnerabilities: An Empirical Analysis.' *Journal of Management Information Systems* 28, No. 4 (voorjaar 2012).

Thompson, Jadiann. 'Scam Alert: Two Clicks on Facebook Could Leak All Your Personal Info to an International Scammer.' Kshb.com (30 april 2015).

Vance, Anthony, Paul Benjamin Lowry en Dennis Eggett. 'Using Accountability to Reduce Access Policy Violations in Information Systems.' *Journal of Management Information Systems* Volume 29 nummer 4 voorjaar 2013.

Verizon. '2016 Data Breach Investigations Report.' (2016).

Vulnerabilities: An Empirical Analysis. *'Journal of Management Information Systems* 28, nr. 4 (voorjaar 2012).

Wakida, Clayton. 'Anonymous Accused of Hacking TMT Web Site.' KMTV.com (27 april 2015).

Wang, Jingguo, Manish Gupta en H. Raghav Rao. 'Insider Threats in a Financial Institution: Analysis of Attack-Proneness of Information Systems Applications.' *MIS Quarterly* 39, No. 1 (maart 2015).

Young, Carl S. 'The Enemies of Data Security: Convenience and Collaboration.' *Harvard Business Review* (11 februari 2015).

Zhao, Xia, Ling Xue en Andrew B. Whinston. 'Managing Interdependent Information Security Risks: Cyberinsurance, Managed Security Services, and Risk Pooling Arrangements.' *Journal of Management Information Systems* 30, No. 1 (zomer 2013).

Hoofdstuk 9

'ACH Food Companies: Transforming from a Commercial to a Consumer-Branded Business.' www.mysap.com, geraadpleegd op 26 mei 2014.

'An ERP for Panda Bears.' *Inside-ERP*, 5 december 2013.

'Cultivating Shelf-Connected Success.' *JDA Software Case Study* (2013).

'Scotts Miracle-Gro: Keeping up with peak demand.' *Supply-Chain* 24/7 (1 april 2013).

'Strategic Customer Stratification at Graybar: Powered by SAP HANA.' www.sap.com, geraadpleegd op 11 maart 2013.

Bozarth, Cecil en Robert B. Handfield. *Introduction to Operations and Supply Chain Management*, 4e editie). Upper Saddle River, NJ: Prentice-Hall (2016).

Cole, Brenda. 'Cloud ERP Users Say Up, Up and Away.' *Business Information* (februari 2014).

D'Avanzo, Robert, Hans von Lewinski en Luk N. van Wassenhove. 'The Link between Supply Chain and Financial Performance.' *Supply Chain Management Review* (1 november 2003).

Davenport, Thomas H. *Mission Critical: Realizing the Promise of Enterprise Systems*. Boston: Harvard Business School Press (2000).

Davenport, Thomas H., Leandro Dalle Mule en John Lucke. 'Know What Your Customers Want Before They Do.' *Harvard Business Review* (december 2011).

Essex, David. 'Tomorrow's ERP Raises New Hopes, Fears.' *Business Information* (februari 2014).

Graybar. www.graybar.com, geraadpleegd op 30 mei 2014.

Hannon, David. 'ACH Food Companies Accelerates Its Planning and Product Development Processes.' *SAP Insider Profiles* (1 juli 2011).

Hannon, David. 'Graybar Sharpens Its Focus on Profitability.' *SAP Insider Profiles* (oktober-december 2012).

Hitt, Lorin, D. J. Wu en Xiaoge Zhou. 'Investment in Enterprise Resource Planning: Business Impact and Productivity Measures.' *Journal of Management Information Systems* 19, nr. 1 (zomer 2002).

Hu, Michael en Sean T. Monahan. 'Sharing Supply Chain Data in the Digital Era.' *MIT Sloan Management Review* (najaar 2015).

Kanaracus, Chris. 'ERP Software Project Woes Continue to Mount, Survey Says.' *IT World* (20 februari 2013).

Kimberling, Eric. '5 Lessons from Successful CRM Implementations.'Panorama-consulting.com (28 januari 2015).

Klein, Richard en Arun Rai. 'Interfirm Strategic Information Flows in Logistics Supply Chain Relationships.' *MIS Quarterly* 33, nr. 4 (december 2009).

Laudon, Kenneth C. 'The Promise and Potential of Enterprise Systems and Industrial Networks.' Working paper, The Concours Group. Copyright Kenneth C. Laudon (1999).

Lee, Hau, L. V. Padmanabhan en Seugin Whang. 'The Bullwhip Effect in Supply Chains.' *Sloan Management Review* (voorjaar 1997).

Liang, Huigang, Nilesh Sharaf, Quing Hu en Yajiong Xue. 'Assimilation of Enterprise Systems: The Effect of Institutional Pressures and the Mediating Role of Top Management.' *MIS Quarterly* 31, nr. 1 (maart 2007).

Liang, Huigang, Zeyu Peng, Yajiong Xue, Xitong Guo en Nengmin Wang. 'Employees' Exploration of Complex Systems: An Integrative View.' *Journal of Management Information Systems* 32, No. 1 (2015).

Maklan, Stan, Simon Knox en Joe Peppard. 'When CRM Fails.' *MIT Sloan Management Review* 52, nr. 4 (zomer 2011).

Malik, Yogesh, Alex Niemeyer en Brian Ruwadi. 'Building the Supply Chain of the Future.' *McKinsey Quarterly* (januari 2011).

Mehta, Krishna. 'Best Practices for Developing a Customer Lifetime Value Program.' *Information Management* (28 juli 2011).

Morrison, Tod. 'Custom ERP No Longer in Vogue.' *Business Information* (februari 2014).

Maurno, Dann Anthony. 'The New Word on ERP.' *CFO Magazine* (25 juli 2014).

Oracle Corporation. 'Alcoa Implements Oracle Solution 20% below Projected Cost, Eliminates 43 Legacy Systems.' www.oracle.com, geraadpleegd op 21 augustus 2005.

Panorama Consulting Solutions. '2015 ERP Report.' (2015).

Petersen, Chris. 'Scotts Miracle-Gro.' *Supply Chain World*, geraadpleegd op 25 mei 2014.

Rai, Arun, Paul A. Pavlou, Ghiyoung Im en Steve Du. 'Interfirm IT Capability Profiles and Communications for Cocreating Relational Value: Evidence from the Logistics Industry.' *MIS Quarterly* 36, nr. 1 (maart 2012).

Rai, Arun, Ravi Patnayakuni en Nainika Seth. 'Firm Performance Impacts of Digitally Enabled Supply Chain Integration Capabilities.' *MIS Quarterly* 30 nr. 2 (juni 2006).

Ranganathan, C. en Carol V. Brown. 'ERP Investments and the Market Value of Firms: Toward an Understanding of Influential ERP Project Variables.' *Information Systems Research* 17, nr. 2 (juni 2006).

Sarker, Supreteek, Saonee Sarker, Arvin Sahaym en Bjørn-Andersen. 'Exploring Value Cocreation in Relationships

Between an ERP Vendor and its Partners: A Revelatory Case Study.' *MIS Quarterly* 36, nr. 1 (maart 2012).

Seldon, Peter B., Cheryl Calvert en Song Yang. 'A Multi-Project Model of Key Factors Affecting Organizational Benefits from Enterprise Systems.' *MIS Quarterly 34*, nr. 2 (juni 2010).

Strong, Diane M. en Olga Volkoff. 'Understanding Organization-Enterprise System Fit: A Path to Theorizing the Information Technology Artifact.' *MIS Quarterly* 34, nr. 4 (december 2010).

SupplyChainBrain. 'Trends in Enterprise Resource Planning Cloud Technology.' (25 februari 2015).

Sussin, Jenny. 'Top Use Cases and Benefits of Social for CRM in 2015.' Gartner, Inc. (12 februari 2015).

Sykes, Tracy Ann, Viswanath Venkatesh en Jonathan L. Johnson. 'Enterprise System Implementation and Employee Job Performance: Understanding the Role of Advice Networks.' *MIS Quarterly* 38, nr. 1 (maart 2014).

Tate, Wendy L., Diane Mollenkopf, Theodore Stank en Andrea Lago da Silva. 'Integrating Supply and Demand.' *MIT Sloan Management Review* (zomer 2015).

Tian, Feng en Sean Xin Xu. 'How Do Enterprise Resource Planning Systems Affect Firm Risk? Post-Implementation Impact.' *MIS Quarterly* 39, No. 1 (maart 2015).

'Top 5 Reasons ERP Implementations Fail and What You Can Do About It.' Ziff Davis (2013).

'Trends in Enterprise Resource Planning Cloud Technology.' *SupplyChainBrain* (25 februari 2015).

Van Caeneghem, Alexander en Jean-Marie Becquevort. 'Turning on ERP Systems Can Turn Off People.' *CFO* (5 februari 2016).

Wong, Christina W.Y., Lai, Kee-Hung en Cheng, T.C.E. 'Value of Information Integration to Supply Chain Management: Roles of Internal and External Contingencies.' *Journal of Management Information Systems* 28, nr. 3 (winter 2012).

Hoofdstuk 10

'Pinterest Launches First Paid Ads With Kraft, Gap and Others.' *Advertising Age* (12 mei 2014).

Adomavicius, Gediminas, Jesse Bockstedt en Shawn P. Curley. 'Bundling Effects on Variety Seeking for Digital Information Goods.' *Journal of Management Information Systems* 31, No. 4 (voorjaar 2015).

Baker, Karl. 'Orbitz Falls as CIO Exit Rekindles Hotel Growth Concerns.' *Bloomberg Businessweek* (10 januari 2013).

Chandlee, Blake en Gerald C. (Jerry) Kane. 'How Facebook Is Delivering Personalization on a Whole New Scale.' *MIT Sloan Management Review* 55, nr. 4 (5 augustus 2014).

Brynjolfsson, Erik, Yu Jeffrey Hu en Mohammad S. Rahman. 'Competing in the Age of Multichannel Retailing.' *MIT Sloan Management Review* (mei 2013).

Brynjolfsson, Erik, Yu Hu en Michael D. Smith. 'Consumer Surplus in the Digital Economy: Estimating the Value of Increased Product Variety at Online Booksellers.' *Management Science* 49, nr. 11 (november 2003).

Butler, Brian S., Patrick J. Bateman, Peter H. Gray en E. Ilana Diamant. 'An Attraction-Selection-Attrition Theory of Online Community Size and Resilience.' *MIS Quarterly* 38, nr. 3 (september 2014).

Bylin, Kylie. 'Can Pandora Find A Business model That Works?' Hypebot.com, geraadpleegd op 25 augustus 2013.

Xiaojuan Ou, Carol, Paul A. Pavlou en Robert M. Davison. 'Swift Guanxi in Online Marketplaces: The Role of Computer-Mediated Communication Technologies.' *MIS Quarterly* 38, nr. 1 (maart 2014).

Chen, Jianquing en Jan Stallaert. 'An Economic Analysis of Online Advertising Using Behavioral Targeting.' *MIS Quarterly* 38, nr. 2 (juni 2014).

comScore Inc. 'ComScore 2013 US Digital Future in Focus.' [Nick Mulligan] (2 april 2014b)

De La Merced, Michael J. 'Pinterest Launches First Paid Ads With Kraft, Gap and Others.' *New York Times* (15 mei 2014).

Doyle, Cathy. 'US Mobile StatPack.' eMarketer (maart 2016).

Edwards, Jim. 'This Crucial Detail In Spotify's Business Model Could Kill Pandora.' *Business Insider* (11 juli 2012).

eMarketer. 'Digital Ad Spending United States,' 2014–2018, Chart (2016a).

eMarketer. 'E-Commerce Sales, 2014–2020,' Chart (juni 2016b).

eMarketer. 'US Ad Spending: Estimates for 2016,' Report, eMarketer (maart 2016c).

eMarketer. 'US Mobile Commerce Update 2016,' Report, eMarketer (mei 2016d).

eMarketer. 'US Retail Sales to Near $5 Trillion in 2016,' Report (december 2016e).

Fang, Yulin, Israr Qureshi, Heshan Sun, Patrick McCole, Elaine Ramsey en Kai H. Lim. 'Trust, Satisfaction, and Online Repurchase Intention: The Moderating Role of Perceived Effectiveness of E-Commerce Institutional Mechanisms.' *MIS Quarterly* 38, nr. 2 (juni 2014).

Federal Trade Commission. 'Data Brokers: A Call for Transparency and Accountability.' Federal Trade Commission, mei 2014.

Fitzgerald, Drew. 'Out of Nest, TripAdvisor Soars Past Expedia.' *The Wall Street Journal* (8 augustus 2013).

Fulwiler, Eric. 'As Pinterest Meets With Marketers, Evolving Business Model Gets Clearer.' *Advertising Age* (24 mei 2013).

Gast, Arne en Michele Zanini. 'The Social Side of Strategy.' *McKinsey Quarterly* (mei 2012).

Ghoshal, Abhijeet, Subodha Kumar en Vijay Mookerjee. 'Impact of Recommender System on Competition Between Personalizing and Non-Personalizing Firms.' *Journal of Management Information Systems* 31, No. 4 (voorjaar 2015).

Gupta, Sunil. 'For Mobile Devices, Think Apps, Not Ads.' *Harvard Business Review* (maart 2013).

Hickins, Michael. 'Pandora's Improved Algorithms Yield More Listening Hours.' *The Wall Street Journal* (1 april 2014).

Hinz, Oliver, Il-Horn Hann en Martin Spann. 'Price Discrimination in E-Commerce? An Examination of Dynamic Pricing in Name-Your-Own Price Markets.' *MIS Quarterly* 35, nr. 1 (maart 2011).

Holt, Douglas. 'Branding in the Age of Social Media.' *Harvard Business Review* (maart 2016).

Hoofnagle, Chris Jay, Jennifer M. Urban, & Su Li. 'Privacy and Modern Advertising: Most US Internet Users Want 'Do Not Track' to Stop Collection of Data About their Online Activities.' Berkeley Consumer Privacy Survey. BCLT Research Paper, 8 oktober 2012.

Hunt, Tara. 'How Pinterest Really Makes Money? Should You Care?' Inc.com, geraadpleegd op 3 september 2013.

Im, Il, Jongkun Jun, Wonseok Oh en Seok-Oh Jeong. 'Deal-Seeking Versus Brand-Seeking: Search Behaviors and Purchase Propensities in Sponsored Search Platforms.' *MIS Quarterly* 40, No. 1 (maart 2016).

Internet Retailer. 'Mobile Commerce Top 400 2015.' (2015).
Internet World Stats. 'Internet Users in the World.' (Internetworldstats.com, 2016).
Jacobs, Karen. 'Orbitz Profit Tops Forecasts, Hotel Booking Revenues Up.' *Reuters* (8 augustus 2013).
Kar, Saroj. 'Can Pinterest Build a Business Model to Justify $1 Billion Valuation?' *SiliconANGLE* (25 mei 2013).
Kumar, V. en Rohan Mirchandan 'Increasing the ROI of Social Media Marketing.' *MIT Sloan Management Review* 54, nr. 1 (najaar 2012).
Laudon, Kenneth C. en Carol Guercio Traver. *E-Commerce: Business, Technology, Society*, 12e ed. Upper Saddle River, NJ: Prentice-Hall (2016).
Li, Xitong. 'Could Deal Promotion Improve Merchants' Online Reputations? The Moderating Role of Prior Reviews.' *Journal of Management Information Systems* 33, No.1 (2016).
Liu, Charles Zhechao, Yoris A Au en Hoon Seok Choi. 'Effects of Freemium Strategy in the Mobile App Market: An Empirical Study of Google Play.' *Journal of Management Information Systems* 31, No. 3 (winter 2014).
Mansouri, Sarah M. 'Wat Is Pinterest?' EZineArticles.com, geraadpleegd op 7 augustus 2013.
McCartney, Scott. 'Free Travel Free-for-All Among Online Booking Sites.' *The Wall Street Journal* (23 april 2014).
Needleman, Sarah E. en Angus Loten. 'When Freemium Fails.' *The Wall Street Journal* (22 augustus 2012).
Oestreicher-Singer, Gal en Arun Sundararajan. 'Recommendation Networks and the Long Tail of Electronic Commerce.' *MIS Quarterly* 36, nr. 1 (maart 2012).
Oh, Hyelim, Animesh Animesh en Alain Pinsonneault. 'Free Versus For-a-Fee: The Impact of a Paywall on the Pattern and Effectiveness of Word-of-Mouth via Social Media.' *MIS Quarterly* 40, No. 1 (maart 2016).
Orbitz Worldwide, Inc. (OWW). 'SEC Filing 10-K Annual Report for the Fiscal Year Ending Tuesday, December 31, 2013.' (18 maart 2014).
Orlikowski, Wanda en Susan V. Scott. 'The Algorithm and the Crowd: Considering the Materiality of Service Innovation.' *MIS Quarterly* 39, No.1 (maart 2015).
Pandora. 'Pandora Announces May 2014 Audience Metrics.' (4 juni 2014)
Peckyno, Ryan. 'How Mobile Will Impact Online Travel Companies.' *Motley Fool* (29 juli 2013).
Peoples, Glenn. 'Pandora's Business model Is It Sustainable?' Billboard.com (7 augustus 2013).
Pew Internet and American Life Project. 'Americans' Attitudes About Privacy, Security, and Surveillance.' (20 mei 2015a).
Pew Internet and American Life Project. 'Americans' Privacy Strategies Post-Snowden.' (16 maart 2015b).
Pinterest. www.pinterest.com, geraadpleegd op 9 juni 2014.
Rainie, Lee and Maeve Duggan. 'Privacy and Information Sharing.' Pew Research Center (januari 2016).
Reynolds, Tracy. 'NRF Forecasts Retail Sales to Grow 3.1 Percent in 2016.' National Retail Federation (10 februari 2016).
Rigby, Darrell K. 'Digital Physical Mashups.' *Harvard Business Review* (september 2014).
Schulze, Christian, Lisa Schöler en Bernd Skier. 'Customizing Social Media Marketing.' *MIT Sloan Management Review* (winter 2015).
Scocco, Daniel. Daily Blog Tips, geraadpleegd op 7 augustus 2013.
Shuk, Ying Ho en David Bodoff. 'The Effects of Web Personalization on User Attitude and Behavior: An Integration of the Elaboration Likelihood Model and Consumer Search Theory.' *MIS Quarterly* 38, nr. 2 (juni 2014).
Singer, Natasha. 'Listen to Pandora, and It Listens Back.' *New York Times* (4 januari 2014).
Sisario, Ben. 'A Stream of Music, Not Revenu.' *New York Times* (12 december 2013).
Siwicki, Bill. 'Orbitz Spreads Its 'Mobile Magic' Throughout a Redesigned M-commerce Site.' *Internet Retailer* (10 oktober 2012).
Statista.com, https://www.statista.com/statistics/250934/quarterly-number-of-netflix-streaming-subscribers-worldwide/ (15 december 2018a).
Statista.com, https://www.statista.com/statistics/315041/new-york-times-company-digital-subscribers/ (15 december 2018b).
Susarla, Anjana, Jeong-Ha Oh en Young Tan. 'Influentials, Imitables, or Susceptibles? Virality and Word-of-Mouth Conversations in Online Social Networks.' *Journal of Management Information Systems* 33, No.1 (2016).
Urban, Glen L. and Fareena Sultan. 'The Case for 'Benevolent' Mobile Apps.' *MIT Sloan Management Review* (winter 2015).
US Bureau of the Census. 'E-Stats. 2014.' www.census.gov/econ/index.html (22 mei 2014).
Verna, Paul. 'Internet Radio: Marketers Move In.' *eMarketer* (februari 2013).
Yin, Dezhi, Samuel D. Bond en Han Zhang. 'Anxious or Angry? Effects of Discrete Emotions on the Perceived Helpfulness of Online Reviews.' *MIS Quarterly* 38, nr. 2 (juni 2014).
Zhang, Zan, Guofang Nan, Minqiang Li en Yong Tan. 'Duopoly Pricing Strategy for Information Products with Premium Service: Free Product or Bundling?' *Journal of Management Information Systems* 33, No. 1 (2016).
Zhou, Wenqi en Wenjing Duan. 'Do Professional Reviews Affect Online User Choices Through User Reviews? An Empirical Study.' *Journal of Management Information Systems* 33, No. 1 (2016).

Hoofdstuk 11

Alavi, Maryam en Dorothy Leidner. 'Knowledge Management and Knowledge Management Systems: Conceptual Foundations and Research Issues.' *MIS Quarterly 25*, nr. 1(maart 2001).
Althuizen, Niek en Berend Wierenga. 'Supporting Creative Problem Solving with a Case-Based Reasoning System.' *Journal of Management Information Systems* 31. nr. 1 (zomer 2014).
Althuizen, Niek en Astrid Reichel. 'The Effects of IT-Enabled Cognitive Stimulation Tools on Creative Problem Solving: A Dual Pathway to Creativity.' *Journal of Management Information Systems* 33, No. 1 (2016).
Anthony, Sebastian. 'Facebook's facial recognition software is now as accurate as the human brain, but what now?' *ExtremeTech* (19 maart 2014).
Autocad. 'Dieguez Fridman Arquitectos Creates Award-winning Conceptual Designs in 3D Using AutoCAD Software.' www. autocad.com, geraadpleegd op 5 januari 2016.
Burtka, Michael. 'Generic Algorithms.' *The Stern Information Systems Review* 1, nr. 1 (voorjaar 1993).
Clark, Don. 'IBM Unveils Chip Simulating Brain Functions.' *The Wall Street Journal* (7 augustus 2014).

Cohen, Daniel, Matthew Sargeant en Ken Somers. '3-D Printing Takes Shape.' *McKinsey Quarterly* (januari 2014).

Davenport, Thomas H. en Lawrence Prusak. *Working Knowledge: How Organizations Manage What They Know*. Boston, MA: Harvard Business School Press (1997).

Davenport, Thomas H., Laurence Prusak en Bruce Strong. 'Putting Ideas to Work.' *The Wall Street Journal* (10 maart 2008).

Davenport, Thomas H., Robert J. Thomas en Susan Cantrell. 'The Mysterious Art and Science of Knowledge-Worker Performance.' *MIT Sloan Management Review* 44, nr. 1 (najaar 2002).

Davenport, Thomas H. en Julia Kirby. 'Just How Smart Are Smart Machines?' *MIT Sloan Management Review* 57, No. 3 (voorjaar 2016).

Dhar, Vasant en Roger Stein. *Intelligent Decision Support Methods: The Science of Knowledge Work*. Upper Saddle River, NJ: Prentice Hall (1997).

EADTU (The European Association of Distance Teaching Universities). 'MOOCs in Europe,' Papers HOME Conference, Rome (november 2015).

Eisenberg, Anne. 'When Algorithms Grow Accustomed to Your Face.' *New York Times* (30 november 2013).

El Najdawi, M. K. en Anthony C. Stylianou. 'Expert Support Systems: Integrating AI Technologies.' *Communications of the ACM* 36, nr. 12 (december 1993).

Eule, Alexander. 'Beware 3-D Printing!' *Barrons* (8 maart 2014).

Flinders, Karl. 'Lloyds Bank to Use Virtual Reality to Test Applicants for Graduate Programme.' *Computer Weekly* (13 oktober 2016).

Gelernter, David. 'Machines That Will Think and Feel.' *Wall Street Journal* (18 maart 2016).

Gilpin, Lyndsey. '3-D printing: 10 companies using it in ground-breaking ways.' *TechRepublic* (26 maart 2014).

Green, Peter S. '3-D Printing's Promise-and Limits.' *The Wall Street Journal* (1 juni 2014).

Gu, Feng en Baruch Lev. 'Intangible Assets. Measurements, Drivers, Usefulness.' pages.stern.nyu.edu/~blev/ (2001).

Het Overleg. www.hetoverleg.org.

Holland, John H. 'Genetic Algorithms.' *Scientific American* (juli 1992).

Housel Tom en Arthur A. Bell. *Measuring and Managing Knowledge*. New York: McGraw-Hill (2001).

'How Machines Learn and You Win.' *Harvard Business Review* (november 2015).

Iyengar, Kishen, Jeffrey R. Sweeney en Ramiro Montealegre. 'Information Technology Use as a Learning Mechanism: The Impact of IT Use on Knowledge Transfer Effectiveness, Absorptive Capacity, and Franchisee Performance.' *MIS Quarterly* 39, No. 3 (september 2015).

Kim, Seung Hyun, Tridas Mukhopadhyay en Robert E. Kraut. 'When Does Repository KMS Use Lift Performance? The Role of Alternative Knowledge Sources and Task Environments?' *MIS Quarterly* 40, No. 1 (maart 2016).

Laseter, Tim en Jeremy Hutchison-Krupat. 'A Skeptic's Guide to 3-D Printing.' Strategy+Business.' (winter 2013)

Leonard-Barton, Dorothy en Walter Swap. 'Deep Smarts.' *Harvard Business Review* (1 september 2004).

Leonardi, Paul M. 'Ambient Awareness and Knowledge Acquisition: Using Social Media to Learn 'Who Knows What' and 'Who Knows Whom'.' *MIS Quarterly* 39, No. 4 (december 2015).

Lev, Baruch. 'Sharpening the Intangibles Edge.' *Harvard Business Review* (1 juni 2004).

Lim, Shi Ying, Sirkka L. Jarvenpaa en Holly J Lanham. 'Barriers to Interorganizational Knowledge Transfer in Post-Hospital Care Transitions: Review and Directions for Information Systems Research.' *Journal of Management Information Systems* 32, No. 3 (2015).

Lohr, Steve. 'The Promise of Artificial Intelligence Unfolds in Small Steps.' New York Times, 28 februari 2016.

Lunden, Ingrid. 'Emotient Raises $6M For Facial Expression Recognition Tech, Debuts Google Glass Sentiment Analysis App.' www.techcrunch.com (6 maart 2014).

Malone, Thomas W., Robert Laubacher en Chrysanthos Dellarocas. 'The Collective Intelligence Genome.' *MIT Sloan Management Review* 51, nr. 3 (voorjaar 2010).

Markoff, John. 'Brainlike Computers, Learning from Experience.' *New York Times* (28 december 2013).

Markoff, John. 'How Many Computers to Identify a Cat? 16,000.' *New York Times* (26 juni 2012).

Markus, M. Lynne, Ann Majchrzak en Less Gasser. 'A Design Theory for Systems that Support Emergent Knowledge Processes.' *MIS Quarterly* 26, nr. 3 (september 2002).

McCarthy, John. 'Generality in Artificial Intelligence.' *Communications of the ACM* (december 1987).

Mehra, Amit, Nishtha Langer, Ravi Bapna en Ram Gopal. 'Estimating Returns to Training in the Knowledge Economy: A Firm-Level Analysis of Small and Medium Enterprises.' *MIS Quarterly* 38, nr. 3 (september 2014).

Meister, Jeanne. 'MOOCs Emerge as Disruptors to Corporate Learning.' *Forbes* (10 juni 2015).

Nurmohamed, Zafred, Nabeel Gillani en Michael Lenox. 'New Use for MOOCs: Real-World Problem-Solving.' *Harvard Business Review* (juli 2013).

Orlikowski, Wanda J. 'Knowing in Practice: Enacting a Collective Capability in Distributed Organizing.' *Organization Science* 13, nr. 3 (mei-juni 2002).

Pyle, Dorian en Cristina San Jose. 'An Executive's Guide to Machine Learning.' *McKinsey Quarterly* (juni 2015).

Sadeh, Norman, David W. Hildum en Dag Kjenstad. 'Agent-Based E-Supply Chain Decision Support.' *Journal of Organizational Computing and Electronic Commerce* 13, nr. 3 & 4 (2003)

Singer, Natasha. 'The Virtual Anatomy, Ready for Dissection.' *New York Times* (7 januari 2012).

Singer, Natasha. 'Never Forgetting a Face.' *New York Times* (17 mei 2014).

'Smarter, Smaller, Safer Robots.' *Harvard Business Review* (november 2015).

Smith, Doug. 'Privacy Concerns over Facial Recognition Software.' www.myfoxtampabay.com (12 november 2013).

U.S. Department of Labor, Occupational Employment Statistics. 'May 2015 National Occupational Employment and Wage Estimates.' Bureau of Labor Statisics (2016).

Weill, Peter, Thomas Malone en Thomas G. Apel. 'The Business Models Investors Prefer.' *MIT Sloan Management Review* 52, nr. 4 (zomer 2011).

Zadeh, Lotfi A. 'Fuzzy Logic, Neural Networks, and Soft Computing.' *Communications of the ACM* 37, nr. 3 (maart 1994).

Zadeh, Lotfi A. 'The Calculus of Fuzzy If/Then Rules.' *AI Expert* (maart 1992).

Zeying Wan, Deborah Compeau en Nicole Haggerty. 'The Effects of Self- Regulated Learning Processes on E-Learning Outcomes in Organizational Settings.' *Journal of Management Information Systems* 29, nr. 1 (zomer 2012).

Zhao, Li, Brian Detlor en Catherine E. Connelly. 'Sharing Knowledge in Social Q&A Sites: The Unintended Consequences of Extrinsic Motivation.' *Journal of Management Information Systems* 33, No. 1 (2016).

Hoofdstuk 12

'The New Science of Sales Performance.' *Harvard Business Review Analytic Services* (5 maart 2015).

Bell, Peter C. 'Sustaining an Analytics Advantage.' *MIT Sloan Management Review* (voorjaar 2015).

Bennett, Drake. 'Inside Monsanto, America's Third-Hated Company.' *Business Week* (3 juli 2014).

Bertolucci, Jeff. 'Big Data: When Cars Can Talk.' *Information Week* (11 juni 2013).

Bhandari, Rishi, Marc Singer en Hiek van der Scheer. 'Using Marketing Analytics to Drive Superior Growth.' McKinsey & Co. (juni 2014).

Bunge, Jacob. 'On the Farm Data Harvesting Sows Seeds of Mistrust.' *Wall Street Journal* (25 februari 2014).

Carey, Christopher. 'Oracle Completes Voyage to History, Winning America's Cup.' *New York Times* (25 september 2013).

Carey, Christopher. 'After Comeback for the Ages, a Last Dash for America's Cup.' *New York Times* (25 september 2013).

Chen, Daniel Q, David S. Preston en Morgan Swink. 'How the Use of Big Data Analytics Affects Value Creation in Supply Chain Management.' *Journal of Management Information Systems* 32, No. 4 (2015).

Clark, Thomas D., Jr., Mary C. Jones en Curtis P. Armstrong. 'The Dynamic Structure of Management Support Systems: Theory Development, Research Focus, and Direction.' *MIS Quarterly* 31, nr. 3 (september 2007).

Davenport, Thomas H. 'Analytics 3.0.' *Harvard Business Review* (december 2013).

Davenport, Thomas H. *Big Data at Work: Dispelling the Myths, Uncovering the Opportunities*. Harvard Business Review Press (2014).

Davenport, Thomas H. en Jill Dyche. 'Big Data in Big Companies.' International Institute of Analytics (mei 2013).

Davenport, Thomas H., Jeanne G. Harris en Robert Morison. *Analytics at Work: Smarter Decisions, Better Results*. Boston: Harvard Business Press (2010).

De la Merced, Michael J. en Ben Protess. 'A Fast-Paced Stock Exchange Trips Over Itself.' *New York Times* (23 maart 2012).

Dennis, Alan R., Jay E. Aronson, William G. Henriger en Edward D. Walker III. 'Structuring Time and Task in Electronic Brainstorming.' *MIS Quarterly* 23, nr. 1 (maart 1999).

Eutaw, Christopher. 'The Biggest Revolution Since Louis XVI Was Beheaded.' *Capital Hill Daily* (27 februari 2014).

Feuer, Alan. 'The Mayor's Geek Squad.' *New York Times* (23 maart 2013).

Fogarty, David en Peter C. Bell. 'Should You Outsource Analytics?' *MIT Sloan Management Review* (winter 2014).

Foley, John. 'New York City Builds On Its Technologie Base.' *Information Week* (23 april 2013).

Gallupe, R. Brent, Geraldine DeSanctis en Gary W. Dickson. 'Computer-Based Support for Group Problem-Finding: An Experimental Investigation.' *MIS Quarterly* 12, nr. 2 (juni 1988).

Grau, Jeffrey. 'How Retailers Are Leveraging 'Big Data' to Personalize Ecommerce.' *eMarketer* (2012).

Harris, Jeanne G. en Vijay Mehrotra. 'Getting Value from Your Data Scientists.' *MIT Sloan Management Review* (najaar 2014).

Hickins, Michael. 'For Small Farmers, Big Data Adds Modern Problems to Ancient Ones.' *The Wall Street Journal* (25 februari 2014).

Hurst, Cameron met Michael S. Hopkins en Leslie Brokaw. 'Matchmaking With Math: How Analytics Beats Intuition to Win Customers.' *MIT Sloan Management Review* 52, nr. 2 (winter 2011).

IBM. 'Smarter Cities.' www.ibm.com, geraadpleegd op 20 juli 2014.

Incore Solutions. 'Case Study: ING Real Estate.' www.incore-solutions.com/uploads/Downloadcentrum/Customer%20Cases/NL/Customer%20Case%20ING%20NL.pdf, geraadpleegd op 9 juli 2014.

Jensen, Matthew, Paul Benjamin Lowry, Judee K. Burgoon en Jay Nunamaker. 'Technology Dominance in Complex Decision making.' *Journal of Management Information Systems* 27, nr. 1 (zomer 2010).

Kahneman, Daniel. *Thinking, Fast and Slow*. New York: Farrar, Straus and Giroux (2011).

Kaplan, Robert S. en David P. Norton. 'The Balanced Scorecard: Measures that Drive Performance.' *Harvard Business Review* (januari–februari 1992).

Kaplan, Robert S. en David P. Norton. *Strategy Maps: Converting Intangible Assets into Tangible Outcomes*. Boston: Harvard Business School Press (2004).

Kiron, David, Pamela Kirk Prentice en Renee Boucher Ferguson. 'Raising the Bar with Analytics.' *MIT Sloan Management Review* (winter 2014).

Lauricella, Tom en Scott Patterson. 'With Knight Wounded, Traders Ask If Speed Kills.' *The Wall Street Journal* (2 augustus 2012).

LaValle, Steve, Eric Lesser, Rebecca Shockley, Michael S. Hopkins en Nina Kruschwitz. 'Big Data, Analytics, and the Path from Insights to Value.' *MIT Sloan Management Review* 52, nr. 2 (winter 2011).

Leidner, Dorothy E. en Joyce Elam. 'The Impact of Executive Information Systems on Organizational Design, Intelligence, and Decision Making.' *Organization Science* 6, nr. 6 (november–december 1995).

Lohr, Steve. 'SimCity, for Real: Measuring an Untidy Metropolis.' *New York Times* (23 februari 2013).

Luca, Michael, Jon Kleinberg en Sendhil Mullainathan. 'Algorithms Need Managers, Too.' *Harvard Business Review* (januari–februari 2016).

Maartand, Donald A. en Joe Peppard. 'Why IT Fumbles Analytics.' *Harvard Business Review* (januari-februari 2013).

Martin, Glen. 'The Emergence of The Connected City.' *Forbes* (8 januari 2014).

Mintzberg, Henry, Wes Nichols. 'Advertising Analytics 2.0.' *Harvard Business Review* (maart 2013).

Mintzberg, Henry. 'Managerial Work: Analysis from Observation.' Management Science 18 (oktober 1971).

Monsanto. www.monsanto.com, geraadpleegd op 4 maart 2014.

Parenteau, Josh, Rita L. Sallam, Cindi Howson, Joao Tapadinhas, Kurt Schlegel en Thomas W. Oestreich. 'Magic Quadrant for Business Intelligence and Analytics Platforms.' Gartner, Inc. (4 februari 2016).

Ransbotham, Sam, David Kiron en Pamela Kirk Prentice. 'Minding the Analytics Gap.' *MIT Sloan Management Review* (voorjaar 2015).

Schneider, Joe. 'Team New Zealand Gets Last Shot at America's Cup as Costs Surge.' *Bloomberg News* (7 februari 2013).

Scott, Mark. 'Old Wereld, New Tech.' *New York Times* (21 april 2014).

Simon, H. A. *The New Science of Management Decision*. New York: Harper & Row (1960).

Tversky, Amos en Daniel Kahneman. 'Rational Choice and the Framing of Decisions.' *Journal of Business* (1986).

Wood, Stu. 'Against the Wind, One of the Greatest Comebacks in Sports History.' *The Wall Street Journal* (28 februari 2014).

Wood, Stu. 'America's Cup: Resolving the Tension Between Man and Technology.' *The Wall Street Journal* (3 maart 2014).

Hoofdstuk 13

'5 DevOps Trends Businesses Should Adopt this Year.' Itbusinessedge.com, geraadpleegd op 31 maart 2016.

'Alex and Ani.' www.mobiquity.com, geraadpleegd op 26 juli 2014.

'BRE Finalist: Datacard.' *The Business Journals* 14 april 2014, www.datacard.com, geraadpleegd op 27 juni 2014; Monica Mehta.

'Strategic Access.' *Profit Magazine* (mei 2013).

Armstrong, Deborah J. en Bill C. Hardgrove. 'Understanding Mindshift Learning: The Transition to Object-Oriented Development.' *MIS Quarterly* 31, nr. 3 (september 2007).

Aron, Ravi, Eric K. Clemons en Sashi Reddi. 'Just Right Outsourcing: Understanding and Managing Risk.' *Journal of Management Information Systems* 22, nr. 1 (zomer 2005).

Ashrafi, Noushin en Hessam Ashrafi. *Object-Oriented Systems Analysis and Design*. Upper Saddle River, NY: Prentice-Hall (2009).

Baily, Martin N. en Diana Farrell. 'Exploding the Myths of Offshoring.' *The McKinsey Quarterly* (juli 2004).

Benaroch, Michael, Yossi Lichtenstein en Lior Fink. 'Contract Design Choices and the Balance of Ex Ante and Ex Post Transaction Costs in Software Development Outsourcing.' *MIS Quarterly* 40 No. 1 (maart 2016).

Bossert, Oliver, Chris Ip en Irina Starikova. 'Beyond Agile: Reorganizing IT for Faster Software Delivery.' McKinsey & Company (2015).

Cao, Lan, Kannan Mohan, Balasubramaniam Ramesh en Sumantra Sarkar. 'Evolution of Governance: Achieving Ambidexterity in IT Outsourcing.' *Journal of Management Information Systems* 30, nr. 3 (winter 2014).

DeMarco, Tom. *Structured Analysis and System Specification*. New York: Yourdon Press (1978).

Dibbern, Jess, Jessica Winkler en Armin Heinzl. 'Explaining Variations in Client Extra Costs between Software Projects Offshored to India.' *MIS Quarterly* 32, nr. 2 (juni 2008).

Donnelly, Caroline. 'Barclays Banks on Agile and DevOps to Tackle Competitive Threats in Fintech.' *Computer Weekly* (1 juli 2016).

Edberg, Dana T., Polina Ivanova en William Kuechler. 'Methodology Mashups: An Exploration of Processes Used to Maintain Software.' *Journal of Management Information Systems* 28, nr. 4 (voorjaar 2012).

El Sawy, Omar A. *Redesigning Enterprise Processes for E-Business*. McGraw-Hill (2001).

Feeny, David, Mary Lacity en Leslie P. Willcocks. 'Taking the Measure of Outsourcing Providers.' *MIT Sloan Management Review* 46, nr. 3 (voorjaar 2005).

Gefen, David en Erran Carmel. 'Is the World Really Flat? A Look at Offshoring in an Online Programming Marketplace.' *MIS Quarterly* 32, nr. 2 (juni 2008).

Goo, Jahyun, Rajive Kishore, H. R. Rao en Kichan Nam. 'The Role of Service Level Agreements in Relational Management of Information Technology Outsourcing: An Empirical Study.' *MIS Quarterly* 33, nr. 1 (maart 2009).

Hahn, Eugene D., Jonathan P. Doh en Kraiwinee Bunyaratavej. 'The Evolution of Risk in Information Systems Offshoring: The Impact of Home Country Risk, Firm Learning, and Competitive Dynamics.' *MIS Quarterly* 33, nr. 3 (september 2009).

Hammer, Michael en James Champy. *Reengineering the Corporation*. New York: HarperCollins (1993).

Hoehle, Hartmut en Viswanath Venkatesh. 'Mobile Application Usability: Conceptualization and Instrument Development.' *MIS Quarterly* 39, No. 2 (juni 2015).

Information Builders. 'Yellow Pages Uses WebFOCUS to Demonstrate ROI to Advertisers.' www.informationbuilders.com, geraadpleegd op 30 maart 2015.

Ivari, Juhani, Rudy Hirscheim en Heinz K. Klein. 'A Dynamic Framework for Classifying Information Systems Development Methodologies and Approaches.' *Journal of Management Information Systems* 17, nr. 3 (winter 2000–2001).

Kendall, Kenneth E. en Julie E. Kendall. *Systems Analysis and Design*, 9e ed. Upper Saddle River, NJ: Prentice Hall (2014).

Kindler, Noah B., Vasantha Krishnakanthan en Ranjit Tinaikar. 'Applying Lean to Application Development and Maintenance.' *The McKinsey Quarterly* (mei 2007).

Kotlarsky, Julia, Harry Scarbrough en Ilan Oshri. 'Coordinating Expertise Across Knowledge Boundaries in Offshore-Outsourcing Projects: The Role of Codification.' *MIS Quarterly* 38 nr. 2 (juni 2014).

Levina, Natalia en Jeanne W. Ross. 'From the Vendor's Perspective: Exploring the Value Proposition in Information Technology Outsourcing.' *MIS Quarterly* 27, nr. 3 (september 2003).

Majchrzak, Ann, Cynthia M. Beath en Ricardo A. Lim. 'Managing Client Dialogues during Information Systems Design to Facilitate Client Learning.' *MIS Quarterly* 29, nr. 4 (december 2005).

Mani, Deepa, Anitesh Barua en Andrew Whinston. 'An Empirical Analysis of the Impact of Information Capabilities Design on Business Process Outsourcing Performance.' *MIS Quarterly* 34, nr. 1 (maart 2010).

Mani, Deepa en Anitesh Barua. 'The Impact of Firm Learning on Value Creation in Strategic Outsourcing Relationships.' *Journal of Management Information Systems* 32 No. 1 (2015).

Mocker, Martin, Jeanne Ross en Craig Hopkins.' How USAA Architected Its Business for Life Event Integration.' *MIS Quarterly Executive* 14, No. 4 (2015).

Moen. www.moen.com, geraadpleegd op 8 september 2014.

Murphy, Ken. 'Capital Request Processes Now Flow as Smoothly as Water from a New Faucet.' *SAP Insider Profiles* (juli-september 2014).

Nelson, H. James, Deborah J. Armstrong en Kay M. Nelson. 'Patterns of Transition: The Shift from Traditional to Object-Oriented Development.' *Journal of Management Information Systems* 25, nr. 4 (voorjaar 2009).

O'Neill, Shane. 'IHG Builds Hotel App the Agile Way.' *Information Week* (21 mei 2014).

Overby, Stephanie. 'The Hidden Costs of Offshore Outsourcing.' *CIO Magazine* (1 september 2003).

Ozer, Muammer en Doug Vogel. 'Contextualized Relationship Between Knowledge Sharing and Performance in Software Development.' *Journal of Management Information Systems* 32, No. 2 (2015).

Pollock, Neil en Sampsa Hyysalo. 'The Business of Being a User: The Role of the Reference Actor in Shaping Packaged Enterprise System Acquisition and Development.' *MIS Quarterly* 38, nr. 2 (juni 2014).

Saunders, Adam en Erik Brynjolfsson. 'Valuing Information Technology Related Intangible Assets.' *MIS Quarterly* 40 No. 1 (maart 2016).

Schadler, Ted en Josh Bernoff. '4 Steps To Build A Better Mobile Business.' *Information Week* (7 juli 2014).

Sircar, Sumit, Sridhar P. Nerur en Radhakanta Mahapatra. 'Revolution or Evolution? A Comparison of Object-Oriented and Structured Systems Development Methods.' *MIS Quarterly* 25, nr. 4 (december 2001).

Su, Ning, Natalia Levina en Jeanne W. Ross. 'The Long-Tail Strategy for IT Outsourcing.' *MIT Sloan Management Review* (winter 2016).

Valacich, Joseph A. en Joey George. *Modern Systems Analysis and Design* (7e ed.). Upper Saddle River, NJ: Prentice-Hall (2014).

Williamson, Leigh. 'A Mobile Application Development Primer.' *IBM* (2013).

Winshuttle. www.winshuttle.com, geraadpleegd op 8 september 2014.

Yourdon, Edward en L.L. Constantine. *Structured Design*. New York: Yourdon Press (1978).

Hoofdstuk 14

1E. 'The Real Cost of Unused Software.' www.1E.com, geraadpleegd op 5 februari 2016.

'About the National Health Service (NHS).' nhs.uk/NHSEngland, geraadpleegd op 10 augustus 2014.

'CityTime.' *New York Times* (14 maart 2012).

'NHS to Stop Choose and Book Outpatient Appointments System and Replace It with New IT System.' *UK News* (11 mei 2014).

'NHS e-Referral Service Vision.' systems.hscic.gov.uk, geraadpleegd op 10 augustus 2014.

Appan, Radha en Glenn J. Browne. 'The Impact of Analyst-Induced Misinformation on the Requirements Elicitation Process.' *MIS Quarterly* 36, No 1 (maart 2012).

Ashford, Warwick. 'NHS to scrap £356m Outpatient Booking System.' ComputerWeekly.com (12 mei 2014).

Baldwin, Caroline. 'New NHS e-Referral Service to Use Agile and Open Technologies.' ComputerWeekly.com (13 mei 2014).

Banker, Rajiv. 'Value Implications of Relative Investments in Information Technology.' Department of Information Systems and Center for Digital Economy Research, University of Texas at Dallas, 23 januari 2001.

Barki, Henri, Suzanne Rivard en Jean Talbot. 'An Integrative Contingency Model of Software Project Risk Management.' *Journal of Management Information Systems* 17, nr. 4 (voorjaar 2001).

Bloch, Michael, Sen Blumberg en Jurgen Laartz. 'Delivering Large-Scale IT Projects on Time, on Budget, and on Value.' *McKinsey Quarterly* (oktober 2012).

Brock, Jon Tamim Saleh en Sesh Iyer. 'Large-Scale IT Projects: From Nightmare to Value Creation.' Boston Consulting Group (20 mei 2015).

Browning, Tyson, R. en Ranga V. Ramasesh. 'Reducing Unwelcome Surprises in Project Management.' *MIT Sloan Management Review* (voorjaar 2015).

Brynjolfsson, Erik en Lorin M. Hitt. 'Information Technology and Organizational Design: Evidence from Micro Data.' (januari 1998)

Chandrasekaran, Sriram, Sauri Gudlavalleti en Sanjay Kaniyar. 'Achieving Success in Large Complex Software Projects.' *McKinsey Quarterly* (juli 2014).

Charette, Robert. 'New York City's $720 Million CityTime Project a Vehicle for Unprecedented Fraud Says US Prosecutor.' *IEEE Spectrum* (21 juni 2011).

Charette, Robert N. 'Three Guilty Pleas in NYC's CityTime Payroll System Fraud Case.' *IEEE Spectrum* (21 juni 2013).

Chen, David W., Serge F. Kovaleski en John Eligon. 'Behind Troubled City Payroll Project, Lax Oversight and One Powerful Insider.' *New York Times* (27 maart 2011).

Clement, Andrew en Peter Van den Besselaar. 'A Retrospective Look at PD Projects.' *Communications of the ACM* 36, nr. 4 (juni 1993).

Cssus. www.cssus.com, geraadpleegd op 12 september 2014.

Delone, William H. en Ephraim R. McLean. 'The Delone and McLean Model of Information Systems Success: A Ten-Year Update.' *Journal of Management Information Systems* 19, nr. 4 (voorjaar 2003).

Ditmore, Jim. 'Why Do Big IT Projects Fail So Often?' *Information Week* (29 oktober 2013).

Dubravka Cecez-Kecmanovic, Karlheinz Kautz en Rebecca Abrahall. 'Reframing Success and Failure of Information Systems: A Performative Perspective.' *MIS Quarterly* 38, nr. 2 (juni 2014).

Fermino, Jennifer. 'Bloomberg Says New York City 'Lucky' It Had $500 Million CityTime Fraud.' *New York Daily News* (26 juli 2013).

Flyvbjerg, Bent en Alexander Budzier. 'Why Your IT Project May Be Riskier Than You Think.' *Harvard Business Review* (september 2011).

Gould, Mark. 'Claims that NHS Choose and Book System Puts Choice Before Quality.' *The Guardian* (23 maart 2010).

Grynbaum, Michael M. 'Contractor Strikes $500 Million Deal in City Payroll Scandal.' *New York Times* (14 maart 2012).

Helm, Tony en Dennis Campbell. 'NHS Hit by New Tech Failure as It Scraps Patient Booking System.' *The Observer* (10 mei 2014).

Hitt, Lorin, D.J. Wu en Xiaoge Zhou. 'Investment in Enterprise Resource Planning: Business Impact and Productivity Measures.' *Journal of Management Information Systems* 19, nr. 1 (zomer 2002).

Housel, Thomas J., Omar El Sawy, Jianfang Zhong en Waymond Rodgers. 'Measuring the Return on e-Business Initiatives at the Process Level: The Knowledge Value-Added Approach.' *ICIS* (2001).

Jeffrey, Mark en Ingmar Leliveld. 'Best Practices in IT Portfolio Management.' *MIT Sloan Management Review* 45, nr. 3 (voorjaar 2004).

Jiang, James J., Jamie Y.T.Chang, Houn-Gee Chen, Eric T.G. Wang en Gary Klein. 'Achieving IT Program Goals with Integrative Conflict Management.' *Journal of Management Information Systems* 31, nr. 1 (zomer 2014).

He Jun en William R. King. 'The Role of User Participation in Information Systems Development: Implications from a Meta-Analysis.' *Journal of Management Information Systems* 25, nr. 1 (zomer 2008).

Karhade, Prasanna, Michael J. Shaw en Ramanath Subramanyam. 'Patterns in Information Systems Portfolio Prioritization: Evidence from Decision Tree Induction.' *MIS Quarterly* 39, No.2 (juni 2015).

Keen, Peter W. 'Information Systems and Organizational Change.' *Communications of the ACM* 24 (januari 1981).

Keil, Mark, H. Jeff Smith, Charalambos L. Iacovou en Ronald L. Thompson. 'The Pitfalls of Project Status Reporting.' *MIT Sloan Management Review* 55, nr. 3 (voorjaar 2014).

Keil, Mark, Joan Mann en Arun Rai. 'Why Software Projects Escalate: An Empirical Analysis and Test of Four Theoretical Models.' *MIS Quarterly* 24, nr. 4 (december 2000).

Kim, Hee Woo en Atreyi Kankanhalli. 'Investigating User Resistance to Information Systems Implementation: A Status Quo Bias Perspective.' *MIS Quarterly* 33, nr. 3 (september 2009).

Kloppenborg, Timothy J. en Debbie Tesch. 'How Executive Sponsors Influence Project Success.' *MIT Sloan Management Review* (voorjaar 2015).

Kolb, D. A. en A. L. Frohman. 'An Organization Development Approach to Consulting.' *Sloan Management Review* 12 (najaar 1970).

Lapointe, Liette en Suzanne Rivard. 'A Multilevel Model of Resistance to Information Technology Implementation.' *MIS Quarterly* 29, nr. 3 (september 2005).

Laudon, Kenneth C. 'CIOs Beware: Very Large Scale Systems.' Center for Research on Information Systems, New York University Stern School of Business, working paper (1989).

Laufer, Alexander, Edward J. Hoffman, Jeffrey S. Russell en W. Scott Cameron. 'What Successful Project Managers Do.' *MIT Sloan Management Review* (voorjaar 2015).

Lee, Jong Seok, Keil, Mark en Kasi, Vijay. 'The Effect of an Initial Budget and Schedule Goal on Software Project Escalation.' *Journal of Management Information Systems* 29, nr. 1 (zomer 2012).

Li, Xitong en Madnick, Stuart E. 'Understanding the Dynamics of Service-Oriented Architecture Implementation.' *Journal of Management Information Systems* 32, No. 2 (2015).

Liang, Huigang, Zeyu Peng, Xue Zeyu, Guo Yajiong en Wang Xitong. 'Employees' Exploration of Complex Systems: An Integrative View.' *Journal of Management Information Systems* 32 No. 1 (2015).

Liang, Huigang, Nilesh Sharaf, Qing Hu en Yajiong Xue. 'Assimilation of Enterprise Systems: The Effect of Institutional Pressures and the Mediating Role of Top Management.' *MIS Quarterly* 31, no 1 (maart 2007).

Mastrogiacomo, Stefano, Missonier, Stephanie en Bonazzi, Riccardo. 'Talk Before It's Too Late: Reconsidering the Role of Conversation in Information Systems Project Management.' *Journal of Management Information Systems* 31, nr. 1 (zomer 2014).

McFarlan, F. Warren. 'Portfolio Approach to Information Systems.' *Harvard Business Review* (september-oktober 1981).

Mumford, Enid en Mary Weir. *Computer Systems in Work Design: The ETHICS Method.* New York: John Wiley (1979).

New York City. www.nyc.gov, geraadpleegd op 17 augustus 2013.

Oracle. www.oracle.com, geraadpleegd op 12 september 2014.

Polites, Greta L. en Elena Karahanna. 'Shackled to the Status Quo: The Inhibiting Effects of Incumbent System Habit, Switching Costs, and Inertia on New System Acceptance.' *MIS Quarterly* 36, nr. 1 (maart 2012).

Project Management Institute. *A Guide to the Project Management Body of Knowledge* (5e ed.). Newtown Square, PA: Project Management Institute (2013).

Project Management Institute 'The High Cost of Low Performance.' (2016).

Ramasubbu, Narayan, Anandhi Bharadwaj en Giri Kumar Tayi. 'Software Process Diversity: Conceptualization, Measurement, and Analysis of Impact on Project Performance.' *MIS Quarterly* 39, No. 4 (december 2015).

Reisinger, Don. '10 Cloud-Based Project Management Tools to Serve Every Company's Needs.' *eWeek* (10 maart 2016).

Reuters. 'Three Men Get 20-Year Sentences in New York City Payroll Fraud Case.' *New York Times* (28 april 2014).

Rivard, Suzanne en Liette Lapointe. 'Information Technology Implementers' Responses to User Resistance: Nature and Effects.' *MIS Quarterly* 36, nr. 3 (september 2012).

Ross, Jeanne W. en Cynthia M. Beath.' Beyond the Business Case: New Approaches to IT Investment.' *Sloan Management Review* 43, nr. 2 (winter 2002).

Ryan, Sherry D., David A. Harrison en Lawrence L. Schkade. 'Information Technology Investment Decisions: When Do Cost and Benefits in the Social Subsystem Matter?' *Journal of Management Information Systems* 19, nr. 2 (najaar 2002).

Schmidt, Roy, Kalle Lyytinen, Mark Keil en Paul Cule. 'Identifying Software Project Risks: An International Delphi Study.' *Journal of Management Information Systems* 17, nr. 4 (voorjaar 2001).

Schwalbe, Kathy. *Information Technology Project Management*, (8e editie Cengage (2016).

Sharma, Rajeev en Philip Yetton. 'The Contingent Effects of Training, Technical Complexity, and Task Interdependence on Successful Information Systems Implementation.' *MIS Quarterly* 31, nr. 2 (juni 2007).

Smith, H. Jeff, Mark Keil en Gordon Depledge. 'Keeping Mum as the Project Goes Under.' *Journal of Management Information Systems* 18, nr. 2 (najaar 2001).

Sting, Fabian J., Christoph H. Loch en Dirk Stempfhuber. 'Accelerating Projects by Encouraging Help.' *MIT Sloan Management Review* (voorjaar 2015).

Swanson, E. Burton. *Information System Implementation.* Homewood, IL: Richard D. Irwin (1988).

Swords, Tara. 'Bonus Payoff.' *Profit Magazine* (augustus 2014).

Sykes, Tracy Ann. 'Support Structures and Their Impacts on Employee Outcomes: A Longitudinal Field Study of an Enterprise System Implementation.' *MIS Quarterly* 39, No. 2 (juni 2015).

Tornatsky, Louis G., J.D. Eveland, M.G. Boylan, W.A. Hetzner, E.C. Johnson, D. Roitman en J. Schneider. *The Process of Technological Innovation: Reviewing the Literature.* Washington, DC: National Science Foundation (1983).

Tweede Kamer der Staten-Generaal. 'Parlementair onderzoek naar ICT-projecten bij de overhead.' (2014).

Vaidyanathan, Ganesh. *Project Management: Process, Technology and Practice.* Upper Saddle River, NJ: Prentice Hall (2013).

Wang, Eric T.G., Gary Klein en James J. Jiang. 'ERP Misfit: Country of Origin and Organizational Factors.' *Journal of Management Information Systems* 23, nr. 1 (zomer 2006).

Westerman, George. 'IT is from Venus, Non-IT Is from Mars.' *The Wall Street Journal* (2 april 2012).

Xue, Yajion, Huigang Liang en William R. Boulton. 'Information Technology Governance in Information Technology Investment Decision Processes: The Impact of Investment Characteristics, External Environment, and Internal Context.' *MIS Quarterly* 32, nr. 1 (maart 2008).

Yin, Robert K. 'Life Histories of Innovations: How New Practices Become Routinized.' *Public Administration Review* (januari–februari 1981).

Zhu, Kevin en Kenneth L. Kraemer. 'E-Commerce Metrics for Net-Enhanced Organizations: Assessing the Value of e-Commerce to Firm Performance in the Manufacturing Sector.' *Information Systems Research* 13, nr. 3 (september 2002).

Hoofdstuk 15

'Broadband Internet Penetration in Russia.' themoscownews.com (4 april 2014).

'Censorship in South Korea: Game Over.' *The Economist* (14 april 2011).

'Customer Journey: Unilever.' www.sap.com, geraadpleegd op 16 september 2014.

'Expansion Ahead for Russian E-commerce.' *The Moscow News* (29 augustus 2013).

'Fiat Group Automobiles Aligns Operational Decisions with Strategy by Using End-to-End Enterprise Performance Management System.' www.oracle.com, geraadpleegd op 15 september 2014.

'Insight: Online Payment Preferences: Russia.' cybersource.com (2013).

'Internet Censorship in South Korea.' Internet Business Law Services, ibls.com (8 januari 2010).

'Our Compass Strategy.' www.unilever.com, geraadpleegd op 16 september 2014.

'South Korea.' Open Net Initiative, opennet.net (6 augustus 2012).

'South Korea: Perspectives on Chinese New Net Control Laws.' Global Voice Advocacy, advocacy.globalvoicesonline.org (1 januari 2013).

'Techedge and Oracle prove invaluable to Fiat.' www.oracle.com, geraadpleegd op 15 september 2014.

Accenture. 'Technology Not Widely Used in Global Companies' Emerging Market Supply Chains, Study Says' (16 september 2014).

Baum, David. 'Dashboard View.' *Profit Magazine* (mei 2013).

Bisson, Peter, Elizabeth Stephenson en S. Patrick Viguerie. 'Global Forces: An Introduction.' *McKinsey Quarterly* (juni 2010).

Brady, Diane. 'Russia's Online Retail Leader Says Amazon Has No Chance.' *Bloomberg Businessweek* (27 februari 2014).

Burtch, Gordon, Anindya Ghose en Sunil Watta.' Cultural Differences and Geography as Determinants of Online Prosocial Lending.' *MIS Quarterly* 38, nr. 3 (september 2014).

Davison, Robert. 'Cultural Complications of ERP.' *Communications of the ACM* 45, nr. 7 (juli 2002).

Deans, Candace P. en Michael J. Kane. *International Dimensions of Information Systems and Technology.* Boston, MA: PWS-Kent (1992).

Dewhurst, Martin, Jonathan Harris en Suzanne Heywood. 'The Global Company's Challenge.' *McKinsey Quarterly* (juni 2012).

Dou, Eva. 'Timeline of China's Social Media Crackdowns.' *The Wall Street Journal* (8 augustus 2014).

Gavet, Maelle. 'The CEO of Ozon on Building an e-Commerce Giant in a Cash-Only Economy.' *Harvard Business Review* (juli-augustus 2014).

Ghislanzoni, Giancarlo, Risto Penttinen en David Turnbull. 'The Multilocal Challenge: Managing Cross-Border Functions.' *McKinsey Quarterly* (maart 2008).

Hopkins, Ben. 'The 'good times' could be over for foreign retailers in Russia.' rusbase.com (29 januari 2014).

HwaAng, Peng. 'How Countries Are Regulating Internet Content.' isoc.org, 1997, geraadpleegd op 30 januari 2014.

Ives, Blake en Sirkka Jarvenpaa. 'Applications of Global Information Technology: Key Issues for Management.' *MIS Quarterly* 15, nr. 1 (maart 1991).

Ives, Blake, S.L. Jarvenpaa en R.O. Mason. 'Global business drivers: Aligning Information Technology to Global Business Strategy.' *IBM Systems Journal* Vol 32, nr. 1, 1993.

Juho. 'Is E-commerce in Russia Exploding?' magentaadvisory.com (4 februari 2014).

King, William R. en Vikram Sethi. 'An Empirical Analysis of the Organization of Transnational Information Systems.' *Journal of Management Information Systems* 15, nr. 4 (voorjaar 1999).

Kirsch, Laurie J. 'Deploying Common Systems Globally: The Dynamic of Control.' *Information Systems Research* 15, nr. 4 (december 2004).

Krishna, S., Sundeep Sahay en Geoff Walsham. 'Managing Cross-Cultural Issues in Global Software Outsourcing.' *Communications of the ACM* 47, nr. 4 (april 2004).

Marson, James. 'At E-Commerce Firms, Russia Rises.' *The Wall Street Journal* (12 november 2013).

Martinsons, Maris G. 'ERP In China: One Package Two Profiles.' *Communications of the ACM* 47, nr. 7 (juli 2004).

McKinsey & Company. 'Lions Go Digital: The Internet's Transformative Potential in Africa.' (november 2013)

Meyer, Erin. 'When Culture Doesn't Translate.' *Harvard Business Review* (oktober 2015).

Moskin, Alexi. 'Ulmart and the Benefits of Hybrid Shopping.' *The St. Petersburg Times* (14 augustus 2013).

Mullich, Joe. 'Unilever Improves Sustainability Through Analytics.' *Bloomberg Business Week* (juli 2013).
Murphy, Ken. 'Unilever Goes Global with a Transformative SAP HANA Project.' *SAP Insider Profiles* (1 juli 2013).
Patel, Bhavesh. 'Global Internet Usage Statistics 2013.' slideshare.net (28 augustus 2013).
Pearce, Fred. 'Unilever Plans to Double Its Turnover While Halving Its Environmental Impact.' telegraph.co.uk (23 juli 2013).
Pew Research Global Attitudes Project. 'Emerging Nations Embrace Internet, Mobile Technology.' (13 februari 2014)
Pfanner, Eric. 'Google Jousts with Wired South Korea over Quirky Internet Rules.' *New York Times* (13 oktober 2013).
Quelch, John A. en Lisa R. Klein. 'The Internet and International Marketing.' *Sloan Management Review* (voorjaar 1996).
Ramstad, Evan. 'South Korea Court Knocks Down Online Real-Name Rule.' *The Wall Street Journal* (24 augustus 2012).
Roche, Edward M. *Managing Information Technology in Multinational Corporations*. New York: Macmillan (1993).
Saran, Cliff. 'Unilever Prepares for Global HANA Roll-out.' ComputerWeekly.com (5 december 2012).
Sikorska, Olena. 'E-commerce in Russia: Trends, Problems and Winning Local Players.' digitalintheround.com (3 december 2013).
Su, Ning. 'Cultural Sensemaking in Offshore Information Technology Service Suppliers: A Cultural Frame Perspective.' *MIS Quarterly* 39, No. 4 (december 2015).
Tractinsky, Noam en Sirkka L. Jarvenpaa. 'Information Systems Design Decisions in a Global Versus Domestic Context.' *MIS Quarterly* 19, nr. 4 (december 1995).
Waxer, Cindy. 'Cross-Border Data Blues.' Computerworld Digital Magazine (mei 2016).

BEGRIPPENLIJST

3D-printen Maakt met behulp van machines laag voor laag vaste objecten, uit specificaties in digitale bestanden. Ook bekend als aanvullende fabricage.

3G-netwerken Cellulaire netwerken gebaseerd op packet-switched technologie met snelheden die variëren van 14f4 Kbps voor gebruikers onderweg, tot meer dan 2 Mbps voor gebruikers in rust. Dit is voldoende capaciteit voor transmissie van video, graphics en andere data-intensieve toepassingen naast spraak.

4G-netwerken De volgende ontwikkeling in draadloze communicatie is geheel packet-switched en in staat snelheden tussen 1 Mbps en 1 Gbps te leveren. Tot tien keer sneller dan 3G-netwerken.

A

Aanpassing In e-commerce het wijzigen van het geleverde product of de geleverde dienst op basis van de voorkeuren of het eerdere gedrag van een gebruiker.

Aanpassingsmogelijkheden Het veranderen van een softwarepakket zodat het tegemoetkomt aan de unieke eisen van een organisatie zonder dat de integriteit van het pakket verloren gaat.

Aansprakelijkheid Ingestelde mechanismen die bepalen wie er heeft gehandeld en wie verantwoordelijk is.

Aanvullende maatregelen Maatregelen die nodig zijn om waarde te halen uit een primaire investering.

Abonnementenmodel Website die blijvend abonnementsgeld vraagt voor toegang tot enige of al zijn inhoud of diensten.

Acceptable use policy (AUP) Definieert wat een acceptabel gebruik is van de gegevensverzamelingen en de computerapparatuur van het bedrijf, zoals pc's en laptops, draadloze apparatuur, telefoons en internet en legt vast wat acceptabele handelingen zijn.

Acceptatietest Levert de uiteindelijke goedkeuring door gebruikers en management dat het systeem klaar is om in een productieomgeving te worden gebruikt.

Affiliate-model Een e-commerce-inkomstenmodel waarin websites worden betaald als 'affiliates' om hun bezoekers tegen een verwijzingsvergoeding naar andere sites te sturen.

Agent-based modellering Modelleren van complexe fenomenen als systemen van autonome agents die betrekkelijk eenvoudige regels voor interactie volgen.

Agenttheorie Economische theorie die de onderneming ziet als een web van contracten tussen individuen met eigenbelangen, die supervisie en management nodig hebben.

Agile-ontwikkeling Snelle levering van werkende software door het opsplitsen van een groot project in een reeks kleine deelprojecten die worden afgerond in een kort tijdsbestek door gebruikmaking van iteratie en voortdurende feedback.

Analytisch CRM CRM-toepassingen die klantgegevens analyseren en zo informatie leveren voor het verbeteren van de prestatie als geheel bij verkoop en marketing.

Analytisch platform Specialistisch, zeer snel analytisch platform dat optimaal werkt voor het analyseren van grote datasets.

Android Een mobiel besturingssysteem ontwikkeld door Android Inc. (gekocht door Google) en later de Open Handset Alliance als een flexibel, upgradeable platform voor mobiele apparaten.

Antivirussoftware Software die speciaal is ontwikkeld om computervirussen in informatiesystemen op te sporen en te verwijderen.

Applicatieserver Software die alle applicatiefuncties uitvoert tussen de browsercomputer en de back-endtoepassing of -database van de onderneming.

Application controls Specifieke maatregelen, uniek voor elke gecomputeriseerde applicatie, die ervoor zorgen dat uitsluitend geautoriseerde gegevens volledig en nauwkeurig door die applicatie worden verwerkt.

Apps Kleine stukken software die via internet, je computer of je mobiele telefoon lopen en in het algemeen via internet worden afgeleverd.

Attribuut Informatie die een bepaalde entiteit beschrijft.

Augmented reality (AR) Een technologie voor het versterken van visualisatie. Levert een live direct of indirect beeld van een fysieke echte-wereldomgeving waarvan de elementen door een virtuele computergegenereerde voorstellingswereld worden versterkt.

Authenticatie Het vermogen van beide partijen in een transactie de identiteit van de andere partij te bevestigen.

Auteursrecht Een wettelijk recht dat makers van intellectueel eigendom ertegen beschermt dat hun werk tijdens hun leven en tot zeventig jaar na hun dood voor enig doel door anderen wordt gekopieerd.

Automatisering De computer gebruiken om de prestaties van bestaande taken te versnellen.

Autorisatiebeleid Beleid dat de verschillende toegangsniveaus tot informatiesystemen voor de verschillende typen gebruikers bepaalt.

B

B2B-e-commerce De verkoop van goederen en diensten tussen bedrijven.

B2C-e-commerce Elektronische verkoop van producten en diensten direct aan individuele klanten.

Backward chaining Strategie voor het doorzoeken van een regelbasis in een expertsysteem die werkt als een probleemoplosser door te beginnen met een hypothese en die steeds meer informatie verzamelt totdat de hypothese wordt bevestigd of weerlegd.

Balanced-scorecardmethode Een kader voor het operationaliseren van het strategisch plan van een bedrijf door te richten op meetbare resultaten met betrekking tot vier aspecten van de bedrijfsprestatie: financiën, bedrijfsprocessen, klanten, en leren en groei.

Bandbreedte De overdrachtscapaciteit van een communicatiekanaal zoals gemeten door het verschil te nemen tussen de hoogste en laagste frequenties die door dat kanaal kunnen worden doorgegeven.

Beacons Kleine objecten die onzichtbaar zijn ingebouwd in e-mailberichten en webpagina's, ontworpen voor het volgen van het gedrag van de gebruiker die een website bezoekt of een e-mail verstuurt.

Bedrijfscontinuïteitsplanning Planning die is gericht op de wijze waarop het bedrijf bedrijfsoperaties kan herstellen nadat er zich een ramp heeft voorgedaan.

Bedrijfsecosysteem Zwak gekoppelde, maar onafhankelijke netwerken van leveranciers, distributeurs, uitzendbureaus, transportdiensten en technologieproducenten.

Bedrijfsfuncties Gespecialiseerde taken binnen organisaties, zoals verkoop en marketing, productie, financiën, boekhouding en personeelszaken.

Bedrijfsgeheim Elk intellectueel werkresultaat dat voor een zakelijk doel wordt gebruikt, mits het niet is gebaseerd op informatie in het publieke domein.

Bedrijfsinformatiesystemen Informatiesystemen op het managementniveau binnen een organisatie die de functies van planning, controle en besluitvorming ondersteunen door overzichten en rapportages van afwijkingen te geven.

Bedrijfsmodel Een abstractie van wat een onderneming is en hoe de onderneming een product of dienst levert, daarbij tonend hoe de onderneming welvaart creëert.

Bedrijfsprocessen De unieke manier waarop organisaties werkactiviteiten, informatie en kennis coördineren en organiseren om een product of dienst te produceren.

Benchmarking Het opstellen van strikte standaarden voor producten, diensten of activiteiten en het vergelijken van de prestaties van de organisatie met deze standaarden.

Beslissingsondersteunend systeem (DSS) Computersysteem op het managementniveau van een organisatie die gegevens, analytische middelen en modellen gebruikt om semigestructureerde en ongestructureerde beslissingen te ondersteunen.

Beslissingsrol Mintzbergs classificatie van managementrollen waarbij managers activiteiten initiëren, problemen oplossen, middelen toewijzen en bemiddelen bij conflicten.

Best practices De door een specifieke organisatie of branche ontwikkelde, meest succesvolle oplossingen of probleemoplossende methoden.

Bestand Een groep records van hetzelfde type.

Beurs Soort online forum waar kopers producten kunnen kopen van verkopers via een vraag-aanbodsysteem.

Beveiliging Beleidsmaatregelen, procedures en technische maatregelen die worden gebruikt om ongeautoriseerde toegang, wijzigingen, diefstal en fysieke schade aan informatiesystemen te voorkomen.

Beveiligingsbeleid Uitspraken die een rangorde vaststellen voor informatierisico's en aanvaardbare beveiligingsdoelen en de manieren waarop deze doelen kunnen worden bereikt.

Beveiligingsplan Een plan voor het herstel van computer- en communicatiediensten nadat deze zijn verstoord door een ernstige gebeurtenis. Ook bekend als calamiteitenplan of bedrijfsnoodplan.

Big data Gegevensverzamelingen met dermate grote volumes dat ze niet in een doorsnee relationele DBMS kunnen worden verzameld, opgeslagen en geanalyseerd. De gegevens zijn vaak ongestructureerd of halfgestructureerd.

Biometrische authenticatie Authenticatiemethode die de unieke kenmerken van een persoon, zoals vingerafdrukken, gezicht of netvliesbeeld vergelijkt met een opgeslagen profiel van deze kenmerken.

Bit Een binair getal dat de kleinste gegevenseenheid in een computersysteem vertegenwoordigt. Het heeft slechts twee staten, 0 of 1.

Blog Populaire term voor weblog, een informele maar gestructureerde website waarop mensen verhalen, meningen en links naar andere interessante websites kunnen publiceren.

Blogosfeer Het geheel van aan blogs gerelateerde websites.

Bluetooth Netwerkstandaard voor snelle communicatie op basis van radiotechnologie tussen handheld apparaten binnen een straal van 300 meter.

Botnet Een groep computers die buiten medeweten van de gebruikers geïnfecteerd is met botmalware, waardoor een hacker de verzamelde bronnen van deze computers kan inzetten om DDoS- en phishingaanvallen uit te voeren en ongevraagde spam-e-mail te versturen.

Breedband Technologieën voor snelle overdracht. Ook gebruikt om overdrachtsmedia weer te geven die verschillende kanalen tegelijk over één communicatiemedium kunnen transporteren.

Bugs Defecten of fouten in de programmacode.

Bullwhip-effect Verstoring van informatie over de vraag naar een product als dit langs de supply chain van de ene entiteit naar de andere gaat.

Business intelligence Systemen die bestaan uit technologieën en toepassingen die ontworpen zijn om gebruikers te helpen betere beslissingen te nemen.

Business performance management (BPM) Pogingen om de strategieën van een onderneming (bijv. differentiatie, goedkope producent, groei van marktaandeel en draagwijdte van operatie) systematisch te vertalen naar operationele doelen.

Business process management (BPM) Een bedrijfsaanpak gericht op het voortdurend verbeteren en managen van bedrijfsprocessen.

Business process re-engineering (BPR) Radicale reorganisatie van de bedrijfsprocessen, waarbij workflows worden gereconstrueerd, stappen worden gecombineerd om dubbele en herhalende, papieren taken te elimineren om de bedrijfsprocessen sneller te maken, de dienstverlening en kwaliteit te verbeteren en de voordelen van informatietechnologie te maximaliseren.

Byte Een string bits, gewoonlijk acht, die wordt gebruikt om één getal of teken in een computersysteem op te slaan.

C

C2C-e-commerce Consumenten die goederen en diensten elektronisch verkopen aan andere consumenten.

Capital budgeting De analyse en selectie van verschillende voorstellen voor kapitaalinvesteringen.

Carpale tunnel-syndroom Vorm van RSI waarbij druk op de nervus medianus (de middelste armzenuw) door de botstructuur van de pols pijn veroorzaakt.

Case-based reasoning (CBR) AI-technologie die kennis weergeeft als een database met casussen en oplossingen.

Change agent In de context van implementatie, de individuele persoon die gedurende het veranderingsproces als katalysator optreedt om succesvolle aanpassing aan een nieuw systeem of innovatie te garanderen.

Chatbot Softwareagenten die zijn ontworpen om een getypte of gesproken conversatie met een of meer menselijke gebruikers na te bootsen.

Chatten Live, interactieve conversatie via een openbaar netwerk.

Chief data officer (CDO) Verantwoordelijke voor ondernemingsbreed beheer en benutten van informatie voor het maximaliseren van de waarde die de organisatie uit zijn gegevens kan realiseren.

Chief information officer (CIO) Hogere manager verantwoordelijk voor de informatiesystemen binnen de onderneming.

Chief knowledge officer (CKO) Topmanager die verantwoordelijk is voor de kennismanagementprogramma's van de organisatie.

Chief privacy officer (CPO) Verantwoordelijk voor het naleven door het bedrijf van de bestaande privacywetgeving.

Chief security officer (CSO) Persoon die de formele beveiliging van een bedrijf beheert en die verantwoordelijk is voor het uitvoeren van het beveiligingsbeleid van het bedrijf.

Chrome OS Googles lichtgewicht computerbesturingssysteem voor gebruikers die het meeste van hun computerwerk op internet doen; draait op computers variërend van netbooks tot vaste pc's.

Churn rate Maat voor het aantal klanten dat stopt met het gebruik of het kopen van producten of diensten van een bedrijf. Het is een belangrijke indicator van de groei of afname van het klantenbestand van een bedrijf.

Client Inputpunt voor de gebruiker van de functie in een client-servernetwerk. Gewoonlijk is dit een desktopcomputer, een werkstation of een laptopcomputer.

Client-servernetwerk Een computermodel dat de verwerking opsplitst in een deel voor 'clients' en een deel voor 'servers' op het netwerk, waarbij functies worden toegewezen aan de machine die hiervoor het meest geschikt is.

Cloud computing Een computingmodel waarbij bedrijven en particulieren, in plaats van hun eigen hardware en software te kopen, via internet de beschikking krijgen over rekenkracht en softwaretoepassingen.

Commissiemodel Een online e-commerce-inkomstenmodel waarbij de onderneming een vergoeding

Disintermediatie De eliminatie van lagen in de organisatie of in bedrijfsprocessen die verantwoordelijk zijn voor de tussenstappen in een waardeketen.

Distributed Denial-of-Service-aanval (DDoS-aanval) Een groot aantal computers die het netwerk vanaf vele kanten tegelijk overspoelen en lamleggen.

Documentatie Beschrijvingen van hoe een informatiesysteem werkt, vanuit technisch oogpunt of vanuit het oogpunt van de eindgebruiker.

Domain name system (DNS) Een hiërarchisch systeem van servers die databases bijhouden en die domeinnamen omzetten in IP-adressen.

Domeinnaam De unieke naam van een knooppunt op internet.

Downtime Perioden wanneer een informatiesysteem niet werkt.

Draagwijdte (scope) Definieert welk werk al dan niet tot een project behoort.

Draaitabel Spreadsheetprogramma voor het reorganiseren en samenvatten van twee of meer gegevensaspecten in een tabelformaat.

Drill down Het vermogen om van overzichtsgegevens naar steeds lagere niveaus van detail te gaan.

Drive-by downloads Malware die meekomt met een gedownload bestand dat een gebruiker bewust of onbewust opvraagt.

Dynamisch prijzen Prijzen van artikelen gebaseerd op realtime interacties tussen kopers en verkopers die bepalen wat een artikel op een bepaald moment waard is.

E

E-business Het gebruik van internet en andere digitale technologieën voor communicatie en coördinatie binnen de organisatie en het management van de onderneming.

E-commerce Het elektronisch kopen en verkopen van goederen en diensten in transacties via internet, netwerken of andere digitale technologieën.

Efficiënt klantresponssysteem Systeem dat direct een link legt tussen het gedrag van de klant en distributie, productie en supply chains.

E-government De toepassing van internet en verwante technologieën op het digitaal mogelijk maken van relaties van de overheid en instellingen uit de publieke sector met burgers, bedrijven en andere takken van de overheid.

Eindgebruikerontwikkeling De ontwikkeling van informatiesystemen door eindgebruikers, met geen of weinig formele hulp van technische specialisten.

Eindgebruikers Vertegenwoordigers van de afdelingen buiten de IT-groep, voor wie de toepassingen van het informatiesysteem zijn ontwikkeld.

Eindgebruikersinterface Dat deel van het systeem waarmee de eindgebruikers communiceren, zoals een online weergave en opdrachtvensters.

Elektronische gegevensuitwisseling (EDI) Directe uitwisseling van standaardtransactiedocumenten tussen twee ondernemingen via de computer.

Elektronische hub (e-hub) Online B2B-forum.

E-mail Uitwisseling van berichten tussen computers.

Employee relationship management (ERM) Software die zich bezighoudt met onderwerpen die nauw verband houden met CRM, zoals het stellen van doelen, prestatiemanagement, prestatiebeloning en training van personeel.

Encryptie Het coderen van berichten om ongeautoriseerde toegang tot of begrip van de gegevens te voorkomen.

Enterprise-contentmanagementsystemen (ECM) Bieden databases en programma's voor het ordenen en opslaan van gestructureerde documenten en programma's voor het ordenen en opslaan van semigestructureerde kennis, zoals e-mail en rijke media.

Enterprisesoftware Een set gerelateerde modules voor toepassingen in verkoop en distributie, financiën en boekhouden, investeringsbeheer, materieelbeheer, productieplanning, locatiebeheer en personeelszaken, waardoor gegevens door verschillende functies en bedrijfsprocessen kunnen worden gebruikt en coördinatie en controle nauwkeuriger kunnen worden beheerd.

Enterprisesystemen (ERP-systemen) Geïntegreerde bedrijfsbrede informatiesystemen die de belangrijkste interne processen van de onderneming coördineren.

Enterprisetoepassingen Systemen die activiteiten, besluiten en kennis kunnen coördineren over veel verschillende functies, niveaus en business units van een onderneming. Bestaat uit enterprisesystemen, supply-chain-managementsystemen en kennismanagementsystemen.

Entiteit Een persoon, plaats, ding of gebeurtenis waarover informatie wordt verzameld.

Entiteit-relatiediagram Een methode om databases te documenteren door de relaties tussen de verschillende entiteiten in de database te illustreren.

Ergonomie De interactie tussen mensen en machines in de werkomgeving; omvat de definitie van taken, gezondheid en de eindgebruikersinterface met informatiesystemen.

E-tailer Online detailhandels van de reus Amazon tot kleine lokale winkels met websites waar goederen worden verkocht.

Ethiek De principes van goed en fout die personen, als actoren met een vrije morele wil, hanteren bij het maken van gedragskeuzes.

Ethische no free lunch-regel (Alles heeft zijn prijs-regel) Neem aan dat vrijwel alle materiële en immateriële voorwerpen het eigendom zijn van iemand anders, tenzij expliciet anders is aangegeven.

Evil twins Draadloze netwerken die betrouwbaar overkomen om gebruikers over te halen in te loggen en wachtwoorden of creditcardgegevens op te geven.

Exchange Netmarktplaats van derden die voornamelijk transactiegericht is en veel kopers en leveranciers voor aankopen met elkaar in contact brengt.

Executive-supportsystemen (ESS) Informatiesystemen op het strategisch niveau van de organisatie, ontworpen voor het behandelen van ongestructureerde besluitvorming door geavanceerde graphics en communicatie.

Expertsysteem Kennisintensief computerprogramma dat menselijke expertise op specifieke kennisgebieden verzamelt.

Expliciete kennis Kennis die gedocumenteerd is.

Extern integratieprogramma Projectmanagementtechniek die het werk van het implementatieteam verbindt aan dat van de gebruikers op alle niveaus binnen de organisatie.

Externe sleutel Een veld in een databasetabel waarmee gebruikers verwante informatie in een andere databasetabel kunnen opzoeken.

Extranet Intranet dat beschikbaar is voor geautoriseerde gebruikers buiten de organisatie.

F

Fair Information Practices (FIP) Een verzameling principes die betrekking hebben op het verzamelen en gebruiken van informatie over personen.

Feedback Output die wordt teruggegeven aan de leden van de organisatie die de input daarna kunnen evalueren of corrigeren.

File transfer protocol (FTP) Tool voor het zoeken en ophalen van bestanden van een andere computer.

Firewall Hardware en software die tussen het interne netwerk van de organisatie en het externe netwerk, inclusief internet, wordt geplaatst om te voorkomen dat buitenstaanders toegang kunnen krijgen tot het particuliere netwerk.

Forensisch computeronderzoek Een wetenschappelijke manier van verzamelen, onderzoeken, authenticeren, bewaren en analyseren van gegevens die worden bewaard op of worden verkregen uit computeropslagmedia zodat de informatie in een rechtszaak kan worden gebruikt als bewijsmateriaal.

Formele controletool Projectmanagementtechniek die helpt bij het controleren van de voortgang van taken en het bereiken van doelen.

Formele planningtool Projectmanagementtechniek die taken structureert en ordent en tijd, geld en materialen budgetteert om taken uit te voeren.

Forward chaining Strategie voor het doorzoeken van een regelbasis in een expertsysteem waarbij wordt begonnen met de informatie die door de gebruiker wordt ingevoerd en de regelbasis wordt doorzocht tot een resultaat wordt gevonden.

Fouttolerant computersysteem Systeem dat extra hardware, software en elektriciteitstoevoer bevat, zodat van een systeem een back-up kan worden gemaakt en het blijft draaien wanneer het hoofdsysteem uitvalt.

Franchise Onderneming waarin het product wordt gemaakt, ontworpen, gefinancierd en in het begin ook geproduceerd in het thuisland, maar die om productspecifieke redenen afhankelijk is van buitenlands personeel voor verdere productie, marketing en personeelszaken.

Fuzzy logic Regelgebaseerde KI die onnauwkeurigheid tolereert en met onnauwkeurig gedefinieerde regels, zogenoemde lidfuncties, problemen probeert op te lossen.

G

Gantt-chart Overzicht van projectactiviteiten en de corresponderende start- en einddata.

Gateway Een communicatieprocessor die verschillende netwerken kan verbinden door één set protocollen te vertalen naar een andere set.

Geautomatiseerde transactieverwerking Methode waarbij transacties online worden ingevoerd en direct door de computer worden verwerkt.

Gebruiker-ontwerpercommunicatiekloof Verschillen in achtergronden, interesses en prioriteiten die communicatie tussen eindgebruikers en IT-specialisten en het oplossen van problemen problematisch kunnen maken.

Gebruikersinterface Dat deel van het informatiesysteem waarmee de eindgebruiker communiceert; type hardware en de reeks opdrachten en reacties die de gebruiker moet invoeren om met het systeem te kunnen werken.

Gedragsgerichte marketing Volgt de klikstromen (geschiedenis van klikgedrag) van individuele personen over meerdere websites met als doel hun interesses en bedoelingen te begrijpen, en hen bloot te stellen aan advertenties die uniek zijn aangepast aan hun interesses.

Gedragsmodellen Beschrijvingen van management op basis van de observaties van gedragswetenschappers van wat managers eigenlijk doen.

Gefaseerde benadering Introduceert het nieuwe systeem in fasen, per functie of per afdeling.

Gegevens Stromen onbewerkte feiten die gebeurtenissen vertegenwoordigen die plaatsvinden binnen organisaties of in de fysieke omgeving, voordat ze worden georganiseerd en geordend in een vorm die mensen kunnen begrijpen en gebruiken

Gegevenselement Een veld.

Gegevensverwerkers Mensen, bijvoorbeeld secretaresses of boekhouders, die de administratieve taken binnen de organisatie uitvoeren.

General IT controls Algemene maatregelen betreffende het ontwerp, de beveiliging en het gebruik van computerprogramma's en de algemene beveiliging van gegevensbestanden van een organisatie.

Genetische algoritmen Probleemoplossingsmethoden die de evolutie van oplossingen voor specifieke problemen bevorderen door middel van dezelfde modellen die levende organismen gebruiken om zich aan te passen aan hun omgeving.

Geo-informatiedienst Informatie over lokale plaatsen en dingen gebaseerd op de GPS-positie van de gebruiker.

Georeclame Leveren van advertenties aan gebruikers gebaseerd op hun GPS-locatie.

Geosociale dienst Sociaal netwerk gebaseerd op de GPS-locatie van gebruikers.

Gestructureerde beslissingen Beslissingen die herhalend en routinematig zijn en een vaststaande afhandelingsprocedure volgen.

Gestructureerde kennis Kennis die reeds ergens in de onderneming aanwezig is in de vorm van gestructureerde tekstdocumenten en rapporten of presentaties en het belangrijkste probleem.

GIS (Geografisch informatiesysteem) Systeem met software die gegevens kan analyseren en weergeven als digitale plattegronden om planning en besluitvorming te ondersteunen.

Gouden regel Jezelf als het object van een beslissing in de plaats van anderen plaatsen.

Gratis/premiummodel Een e-commerce-inkomstenmodel waarbij een bedrijf basisdiensten of content gratis aanbiedt, terwijl er voor geavanceerdere of hoogwaardige functies extra betaald moet worden.

Green computing Staat voor gebruiken en technologieën voor het ontwerpen, fabriceren, gebruiken en afvoeren van computers, servers en randapparatuur zoals monitors, printers, opslagapparaten en netwerk- en communicatiesystemen voor het minimaliseren van de invloed op de omgeving.

Group decision-support-system (GDSS) Een interactief computersysteem dat de oplossing van ongestructureerde problemen door een aantal beslissers die als groep samenwerken, mogelijk maakt.

Gsm Een apparaat dat spraak of gegevens verstuurt, gebruikmakend van radiogolven die communiceren via radioantennes die binnen naast elkaar gelegen geografische gebieden, zogenoemde cellen, liggen.

H

Haalbaarheidsstudie Als onderdeel van het systeemanalyseproces de manier om te bepalen wanneer een oplossing, binnen de middelen en beperkingen van de organisatie, realiseerbaar is.

Hacker Iemand die zonder toestemming toegang weet te krijgen tot een computernetwerk, of dit nu is om hieruit winst te behalen, een criminele daad te stellen of voor het eigen plezier.

Hadoop Opensourcesoftwarekader waarmee enorme hoeveelheden gegevens over veel goedkope computers gedistribueerd parallel kunnen worden verwerkt.

Hertz Maat voor de frequentie van elektrische pulsen per seconde, waarbij 1 Hertz gelijk is aan 1 cyclus per seconde.

Hoger management Mensen die bovenaan staan in de hiërarchie binnen een organisatie en verantwoordelijk zijn voor langetermijnbeslissingen.

Hotspot Een specifieke geografische locatie waarbinnen een access point publiek een wifinetwerkdienst biedt.

HTML5 Volgende ontwikkeling van HTML, die het mogelijk maakt afbeeldingen, video en audio zonder softwaretoevoegingen rechtstreeks in een document in te bouwen.

Hubs Zeer eenvoudige apparaatjes die netwerkcomponenten met elkaar verbinden en een pakket gegevens naar alle andere aangesloten apparaten versturen.

Hypertext markup language (HTML) Paginabeschrijvingstaal voor het creëren van webpagina's.

Hypertext transfer protocol (HTTP) De communicatiestandaard die wordt gebruikt om webpagina's weer te geven; definieert hoe berichten worden opgemaakt en doorgegeven.

I

Identiteitsdiefstal Een misdrijf waarbij een bedrieger belangrijke stukken persoonlijke informatie in handen krijgt, zoals burgerservicenummers, nummers van rijbewijzen of creditcards, waarmee hij zich als iemand anders kan voordoen.

Identiteitsmanagement Bedrijfsprocessen en softwareprogramma's voor het herkennen van de geldige gebruikers van een systeem en het controleren van hun toegang tot systeembronnen.

Immateriële voordelen Voordelen die niet makkelijk kunnen worden gekwantificeerd; bijvoorbeeld een efficiëntere dienstverlening en betere besluitvorming.

Implementatie Alle organisatorische activiteiten die toewerken naar gebruik, management, en ingeburgerd raken van een innovatie, zoals een nieuw informatiesysteem.

Inbraakdetectiesysteem Maatregelen om de meest kwetsbare punten in een netwerk te controleren en om ongeautoriseerde indringers op te sporen en tegen te houden.

Informatie Gegevens die in een vorm zijn gegoten die voor mensen begrijpelijk en bruikbaar is.

Informatieasymmetrie Situatie waarbij de relatieve onderhandelingspositie van twee partijen in een transactie wordt bepaald door één partij die meer informatie heeft die essentieel is voor de transactie dan de andere partij.

Informatiebeleid Formele regels voor het bijhouden, distribueren en gebruiken van informatie binnen een organisatie.

Informatiedichtheid De totale kwantiteit en kwaliteit aan beschikbare informatie voor alle marktpartijen, consumenten en handelaren.

Informatie-eisen Een gedetailleerde beschrijving van de informatiebehoeften waaraan een nieuw systeem moet voldoen; achterhaalt wie welke informatie wanneer, waar en hoe nodig heeft.

Informatieplan Een plan dat dient als een routebeschrijving die de richting van de systeemontwikkeling, de basisprincipes, de huidige situatie, de managementstrategie, het implementatieplan en het budget aangeeft.

Informatierechten De rechten die individuen en organisaties hebben met betrekking tot hun eigen informatie.

Informatierijkdom Meting van de diepte en gedetailleerdheid van informatie die een bedrijf aan de klant kan leveren evenals de informatie die het bedrijf over de klant verzamelt.

Informatierol Mintzbergs classificatie van managementrollen waarbij managers fungeren als de zenuwcentra van hun organisatie, die de meest kritische informatie ontvangen en verspreiden.

Informatiesysteem Aan elkaar gerelateerde componenten die samenwerken om informatie te verzamelen, verwerken, opslaan en verspreiden ter ondersteuning van besluitvorming, coördinatie, controle, analyse en visualisatie binnen een organisatie.

Informatietechnologie (IT) Alle hardware en software die een onderneming nodig heeft om zijn bedrijfsdoelstellingen te realiseren.

Informatietechnologie-infrastructuur De technologie voor de hardware, software, gegevens en opslag, en de netwerken bieden een combinatie van gedeelde IT-bronnen binnen de organisatie.

Informatieverwerking Taken die voornamelijk bestaan uit het ontwikkelen of verwerken van informatie.

Inkomstenmodel Een beschrijving van hoe een bedrijf inkomsten verdient, winsten genereert en een return on investment produceert.

In-memory computing Technologie voor zeer snelle analyse en verwerking van grote hoeveelheden gegevens door het opslaan van de gegevens in het hoofdgeheugen van de computer in plaats van in secundaire opslag.

Input Het verzamelen van onbewerkte gegevens binnen de organisatie of de externe omgeving voor verwerking in een informatiesysteem.

Installatie Fase in de levenscyclus van een systeem waarin wordt getest, getraind en geconverteerd; de laatste stappen voor de implementatie van een systeem.

Instant messaging Chatdienst waarmee deelnemers privé-chatkanalen kunnen opzetten, zodat een persoon gewaarschuwd wordt wanneer iemand op zijn of haar privé-lijst online is waarna met deze persoon gechat kan worden.

Intellectueel eigendom Immateriële eigenschap gecreëerd door individuele personen of bedrijven die zijn onderworpen aan beschermingen onder handelsgeheim, copyright en patentwet.

Intelligent agent Softwareprogramma dat een geprogrammeerde of geleerde kennisbasis gebruikt om specifieke, herhalende en voorspelbare taken uit te voeren voor een gebruiker, bedrijfsproces of softwaretoepassing.

Intelligente technieken Technologieën die menselijke besluitvormers helpen door individuele en collectieve kennis te verzamelen, in grote hoeveelheden gegevens patronen en gedragingen te ontdekken, en oplossingen voor problemen te genereren die te groot en te complex zijn om door mensen alleen te worden opgelost.

Interferentiemachine Strategie die wordt gebruikt voor het doorzoeken van de regelbasis in een expertsysteem: forward of backward chaining.

Intern integratieprogramma Techniek bij projectmanagement die verzekert dat het implementatieteam als een eenheid opereert.

Internationale cultuur De ontwikkeling van gezamenlijke verwachtingen, kunstvoorwerpen en sociale normen in verschillende culturen en volkeren.

Internationale gegevensstroom De verspreiding van informatie, in welke vorm ook, over internationale grenzen.

Internationale informatiesysteemarchitectuur De basale informatiesystemen die organisaties nodig hebben om internationaal zaken te doen en activiteiten uit te voeren.

Internet Internationaal netwerk van netwerken; een verzameling van honderdduizenden particuliere en publieke netwerken.

Internet2 Onderzoeksnetwerk met nieuwe protocollen en overdrachtssnelheden dat internettoepassingen kan ondersteunen waarvoor een hoge bandbreedte nodig is.

Internetmarktplaats Een digitale marktplaats gebaseerd op internettechnologie die diverse kopers in contact brengt met diverse aanbieders.

Internetserviceprovider (ISP) Een commerciële organisatie met een permanente verbinding met internet, die tijdelijke verbindingen verkoopt aan abonnees.

Interorganisatorische systemen Informatiesystemen die de informatiestroom over de grenzen van de organisatie heen automatiseren en een onderneming koppelen aan de klanten, distributeurs of leveranciers.

Interpersoonlijke rol Mintzbergs classificatie van managementrollen waarbij managers fungeren als boegbeelden en leiders van de organisatie.

Intranet Een intern netwerk gebaseerd op internet- en www-technologie en -standaarden.

iOS Besturingssysteem voor de Apple iPad, iPhone en iPod Touch.

IP-adres (Internet Protocol) Vierdelig numeriek adres dat een unieke computerlocatie op internet aangeeft.

ISO 27000 Een internationale standaard voor beveiliging.

Iteratief Proces waarbij de stappen voor het bouwen van een systeem steeds worden herhaald.

IT-afdeling De formele organisatorische eenheid die verantwoordelijk is voor diensten op het gebied van informatietechnologie en voor het onderhoud van de hardware, software, gegevensopslag en de netwerken die samen de IT-infrastructuur van de onderneming vormen.

IT-governance Strategie en beleid voor het gebruik van informatietechnologie binnen een organisatie met specificering van beslissingsrechten en verantwoordelijkheden om ervoor te zorgen dat de informatietechnologie de strategieën en doelstellingen van de organisatie ondersteunt.

IT-managers Leiders van de verschillende specialisten op de IT-afdeling.

J

Java Programmeertaal die alleen de softwarefunctionaliteit biedt die voor een bepaalde taak nodig is als een kleine applet die vanaf een netwerk wordt gedownload; kan op elke willekeurige computer en op elk besturingssysteem draaien.

Joint application design (JAD) Proces om de generatie van informatie-eisen te versnellen door eindgebruikers en IT-specialisten samen te brengen in een interactieve ontwerpsessie.

Just-in-timestrategie Planningssysteem waarbij de voorraad wordt geminimaliseerd doordat componenten binnenkomen precies op het moment dat ze nodig zijn en eindproducten worden verzonden op het moment dat ze de assemblagelijn verlaten.

K

Kabelinternetverbindingen Verbindingen die gebruikmaken van digitale coaxkabellijnen voor het leveren van hogesnelheidsinternettoegang aan woningen en bedrijven.

Kennis Concepten, ervaring en inzichten die een raamwerk bieden voor het creëren, evalueren en gebruiken van informatie.

Kennis van informatiesystemen Breed begrip van informatiesystemen, inclusief gedragsmatige kennis van de organisaties en individuen die de informatiesystemen gebruiken, naast de technische kennis van computers.

Kennisbank Kennismodel dat wordt gebruikt door expertsystemen.

Kennismanagement Processen die binnen een organisatie zijn ontwikkeld om kennis te ontwikkelen, te verzamelen, op te slaan, bij te houden en te verspreiden.

Kennismanagementsystemen (KMS) Systemen die alle relevante kennis en ervaring binnen de onderneming verzamelen en deze beschikbaar maken waar en wanneer ze nodig is om bedrijfsprocessen en managementbeslissingen te ondersteunen.

Kennisontdekking Ontdekking van onderliggende patronen, categorieën en gedrag in grote verzamelingen gegevens.

Kennissystemen Informatiesystemen die kennis- en gegevensverwerkers in een organisatie ondersteunen.

Kenniswerkers Mensen, zoals technici, wetenschappers en architecten, die producten of diensten ontwerpen of kennis voor de organisatie ontwikkelen.

Kenniswerkstations (KWS) Informatiesystemen die kennisverwerkers ondersteunen bij de creatie en integratie van nieuwe kennis in de organisatie.

Kerncompetentie Activiteit waarin een onderneming uitmunt.

Kernprestatie-indicatoren (KPI's) Door het hoger management voorgestelde maatstaven voor het begrijpen hoe goed het bedrijf in bepaalde opzichten presteert.

Kernsystemen Systemen die functies ondersteunen die cruciaal zijn voor de organisatie.

Keuze De derde fase in Simons besluitvormingsproces, waarbij het individu een keuze maakt uit de verschillende alternatieve oplossingen.

Key logger Spyware die iedere toetsaanslag op een computer vastlegt om zo persoonlijke informatie of wachtwoorden te stelen of internetaanvallen te lanceren.

Klantcontactpunt Een mogelijkheid voor een onderneming om in contact te treden met een klant, zoals de telefoon, e-mail, klantenservicebalie, conventionele post, website of winkel.

Klassiek managementmodel Traditionele beschrijving van management die geconcentreerd is op de formele functies van plannen, organiseren, coördineren, beslissen en controleren.

Klikfraude Het frauduleus klikken op een online advertentie zonder de intentie om meer te weten te komen van de adverteerder of een aankoop te doen.

Kostentransparantie De mogelijkheid van consumenten om de feitelijke kosten te ontdekken die handelaren voor hun producten betalen.

Kunstmatige intelligentie (AI) De ontwikkeling van computersystemen (hardware en software) die zich gedragen als mensen en die talen kunnen leren, fysieke taken kunnen uitvoeren, een zintuiglijk stelsel kunnen gebruiken en menselijke expertise en besluitvorming kunnen nabootsen.

Kwantumcomputing Gebruikt principes uit de kwantumfysica voor het representeren van gegevens en uitvoeren van bewerkingen op de gegevens, met de mogelijkheid om tegelijkertijd in veel verschillende toestanden te zijn en veel verschillende berekeningen gelijktijdig uit te voeren.

L

Learning Management System (LMS) Een applicatie die programma's biedt voor het beheer, het aanbieden en leveren, het volgen en de beoordeling van verschillende vormen van scholing en training voor het personeel.

Legacysysteem Een systeem dat al lange tijd bestaat en nog steeds wordt gebruikt om de hoge kosten voor het vervangen of herontwerpen van dit systeem te voorkomen.

Legitimiteit De mate waarin je autoriteit wordt geaccepteerd op basis van competentie, visie of andere kwaliteiten.

Linux Betrouwbaar en compact besturingssysteem dat is voortgekomen uit Unix en dat op veel verschillende hardwareplatformen kan draaien; het is gratis of tegen een lage vergoeding verkrijgbaar.

Local area network (LAN) Een telecommunicatienetwerk waarvoor aparte kanalen nodig zijn en dat een klein gebied bedient, gewoonlijk één of een paar gebouwen bij elkaar in de buurt.

Locatieanalyse Het vermogen om inzicht uit de locatie- (geografische) component van de gegevens te verkrijgen, waaronder locatiegegevens van mobiele telefoons, output van sensoren of scanapparaten en gegevens uit kaarten.

Long-tailmarketing Staat voor de mogelijkheid van bedrijven om goederen aan zeer kleine online doelgroepen op de markt te brengen, grotendeels vanwege de kosten van zeer kleine marktsegmenten (mensen die in de lange staarten van een Bell-kromme vallen).

M

Machinaal leren Bestuderen hoe computerprogramma's hun prestatie zonder expliciete programmering kunnen verbeteren.

Mainframecomputers Grootste categorie computers, gebruikt voor grote bewerkingstaken.

Malware Kwaadaardige software zoals computervirussen, wormen en trojaanse paarden.

Managed security service provider (MSSP) Onderneming die netwerkactiviteit controleert en kwetsbaarheidstests en inbraakdetectie uitvoert.

Managementinformatiesystemen (MIS) Specifieke categorie van informatiesystemen die rapporten over organisatorische prestatie leveren en zo het middenmanagement helpen het bedrijf te bewaken en te besturen.

Managementsystemen Informatiesystemen die de controle, besluitvorming en administratie van het middenmanagement ondersteunen.

Managerrollen Verwachtingen van de activiteiten die managers in een organisatie zouden moeten uitvoeren.

Marktplaatsprovider Een e-commercebedrijfsmodel waarin bedrijven een digitale online omgeving leveren waarin kopers en verkopers elkaar kunnen ontmoeten, producten kunnen zoeken en aan transacties kunnen deelnemen.

Marktruimte Een marktplaats die zich uitstrekt voorbij de traditionele grenzen en is weggehaald uit een tijdelijke en geografische locatie.

Mashup Combinatie van softwarecomponenten die afhangt van hogesnelheidsnetwerken, universele communicatiestandaarden en open-source code.

Mass customization Het vermogen om individueel op maat gemaakte producten of diensten aan te bieden met dezelfde middelen als massaproductie.

Massive open online course (MOOC) Online cursus die via het web voor een zeer groot aantal deelnemers beschikbaar is.

Materiële voordelen Voordelen die kunnen worden gekwantificeerd en in geld kunnen worden uitgedrukt; bijvoorbeeld lagere bedrijfskosten en hogere omzet.

M-commerce Het gebruik van draadloze apparatuur, zoals mobiel telefoons of digitale handcomputers om e-commercetransacties via internet af te sluiten.

Meerlagen(N-laags)client-serverarchitectuur Client/server-netwerk waarin, afhankelijk van de soort dienst die gevraagd wordt, het werk van het gehele netwerk gelijk wordt verdeeld.

Menukosten Kosten voor de handelaar voor het veranderen van prijzen.

Metropolitan area network (MAN) Een netwerk dat een grootstedelijk gebied omspant, zoals een stad met al zijn belangrijke voorsteden. De geografische reikwijdte zit tussen een WAN en een LAN.

Microbetaling Betaling van een zeer klein geldbedrag, vaak 1 euro of minder.

Microbloggen Bloggen met zeer kleine posts, zoals het gebruik van Twitter.

Middenmanagement Mensen in het midden van de organisatorische hiërarchie, die verantwoordelijk zijn voor het uitvoeren van de programma's en plannen van het hoger management.

Middleware Software die twee verschillende toepassingen verbindt, waardoor ze met elkaar kunnen communiceren en gegevens kunnen uitwisselen.

Minicomputer Middelgrote computer die in systemen voor universiteiten, fabrieken of onderzoekslaboratoria wordt gebruikt.

Mobiele web-app Internet-app met specifieke functionaliteit voor mobiele apparaten die wordt geopend in de webbrowser van het mobiele apparaat.

Modelverschuiving Radicale herziening van de aard van de onderneming en de aard van de organisatie.

Modem Een apparaat dat digitale signalen omzet in analoge signalen en omgekeerd.

Multi-core-processor Microprocessor waaraan twee of meer processors zijn gekoppeld om tot een hogere snelheid, lager energieverbruik en een efficiëntere simultane verwerking van meerdere taken te komen.

Multinational Internationale strategie waarbij financieel management en beheer vanuit een centrale thuisbasis worden geconcentreerd, terwijl de productie, verkoop en marketing door afdelingen in het buitenland worden georganiseerd.

Multi-touch Interface waarmee met een of meer vingergebaren lijsten of objecten op het scherm kunnen worden gemanipuleerd zonder een muis of een toetsenbord te gebruiken.

N

Nanotechnologie Technologie die gebruikmaakt van individuele atomen en moleculen om computerchips en andere onderdelen te maken die duizenden malen kleiner zijn dan wat huidige technologieën toestaan.

Nationale exporteur Strategie die wordt gekenmerkt door strakke centralisatie van ondernemingsactiviteiten in het thuisland.

Native app (platformspecifieke app) Standalone applicatie ontworpen om op een specifiek platform te worden uitgevoerd die rechtstreeks op het mobiele apparaat geïnstalleerd is.

Near-field communication (NFC) Een draadloze connectiviteit op korte afstand die gebruikmaakt van elektromagnetische velden waarmee twee compatibele apparaten data kunnen uitwisselen als ze zich binnen enkele centimeters van elkaar bevinden.

Netbook Goedkope lichtgewicht subnotebook, geoptimaliseerd voor draadloze communicatie en internettoegang.

Netwerk Het koppelen van twee of meer computers om data of bronnen, zoals een printer, te delen.

Netwerk- en telecommunicatietechnologie Fysieke apparatuur en software die de verschillende hardware-elementen aan elkaar koppelen en gegevens van de ene fysieke locatie naar de andere versturen.

Netwerkbesturingssysteem (NOS) Speciale software die de communicatie op het netwerk verstuurt en beheert en de netwerkbronnen coördineert.

Netwerkeconomie Model van strategische systemen op bedrijfstakniveau dat gebaseerd is op het concept van een netwerk waar het toevoegen van een nieuwe deelnemer geen marginale kosten meebrengt, maar wel in grotere marginale winsten kan resulteren.

Netwerken van de organisatie Combinatie van de hardware, de software, het netwerk en de gegevensbronnen waardoor er meer computerkracht bij de desktopcomputer komt te liggen en er een ondernemingsbreed netwerk wordt gebouwd door veel kleine netwerken aan elkaar te koppelen.

Network interface card (NIC) Ingebouwde kaart in een computer die toegang tot internet mogelijk maakt.

Neuraal netwerk Hardware of software die de verwerkingspatronen in het biologische brein probeert te imiteren.

Niet-relationele databasemanagementsystemen Maken gebruik van een flexibeler gegevensmodel en zijn ontworpen om grote datasets te beheren op vele verspreide machines en om makkelijker met meer of juist minder gegevens te werken.

Non-obvious relationship awareness (NORA) Technologie die obscure verborgen verbanden tussen mensen en andere entiteiten kan bepalen door informatie uit veel verschillende bronnen te analyseren om verbanden te leggen.

Normalisatie Het proces van het maken van kleine, stabiele gegevensstructuren uit complexe groepen gegevens bij het ontwerpen van een relationele database.

O

Object Softwareblok dat gegevens en de specifieke processen die op die gegevens werken combineert.

Objectgeoriënteerde ontwikkeling Benadering van systeemontwikkeling die het object gebruikt als elementaire eenheid van systeemanalyse en -ontwerp. Het systeem wordt gemodelleerd als een verzameling van objecten en de relaties tussen deze objecten.

Objectgeoriënteerde software Een benadering voor softwareontwikkeling waarbij de aandacht wordt verschoven van het apart modelleren van bedrijfsprocessen en gegevens naar het combineren van gegevens en procedures tot objecten.

Octrooi Verleent de eigenaar gedurende twintig jaar een exclusief monopolie op de ideeën achter een uitvinding.

Omvang Maateenheid voor diepte en detail van informatie die een onderneming de klant kan bieden en de informatie die de onderneming over de klant verzamelt.

On-demand computing Computingmodel waarbij ondernemingen computerdiensten inkopen bij externe diensten en alleen betalen voor de hoeveelheid rekenkracht die zij werkelijk gebruiken, net zoals zij voor elektriciteit betalen. Ook wel utility computing genoemd.

Onderhoud Veranderingen in de hardware, software, documentatie of procedures van een productiesysteem om fouten te corrigeren, aan nieuwe eisen te voldoen of processen efficiënter te maken.

Ondernemingsbrede kennismanagementsystemen Bedrijfsbrede systemen voor algemene doeleinden, gebruikt voor het verzamelen, opslaan, verspreiden en toepassen van digitale content en kennis.

Ondernemingsmodel Een abstractie van hoe de onderneming een product of dienst levert en dat aangeeft hoe de onderneming winst genereert.

Ondersteunende activiteiten Activiteiten die de uitvoering van primaire activiteiten mogelijk maken. Bestaan uit de organisatorische infrastructuur, personeelszaken, technologie en acquisitie.

Onderzoek De eerste fase in Simons besluitvormingsproces, waarin het individu informatie verzamelt om vast te stellen waar in de organisatie problemen ontstaan.

Ongestructureerde beslissingen Niet-routinematige beslissingen waarbij de beslisser een oordeel, evaluatie en inzichten moet bieden bij de probleemdefinitie. Er is geen vastgelegde procedure voor het nemen van deze beslissingen.

Online analytical processing (OLAP) Mogelijkheid om grote hoeveelheden gegevens vanuit verschillende perspectieven te manipuleren en analyseren.

Ontwerp De tweede fase in Simons besluitvormingsproces, waarbij het individu mogelijke alternatieven voor een probleem zoekt.

Open systeem Softwaresysteem dat op verschillende hardwareplatforms draait, omdat het bestaat uit commerciële besturingssystemen, gebruikersinterfaces, toepassingsstandaarden en netwerkprotocollen.

Opensourcesoftware Software die gratis toegang biedt tot de programmacode, waardoor gebruikers de code kunnen aanpassen om bugs te repareren of verbeteringen aan te brengen.

Operationeel CRM Klantgerichte toepassingen, zoals verkoopteamautomatisering, callcenter- en klantenserviceondersteuning en marketingautomatisering.

Operationeel management Mensen die de dagelijkse activiteiten binnen de onderneming controleren.

Operationele intelligentie Bedrijfsanalyse die inzicht levert in gegevens, lopende gebeurtenissen en bedrijfsorganisaties.

Opt-in Verbiedt persoonsgegevens te verzamelen tenzij de consument expliciet toestemming verleent voor het verzamelen en gebruiken van die gegevens.

Opt-out Staat het verzamelen van persoonlijke gegevens toe totdat de consument specifiek vraagt de gegevens niet te verzamelen.

Organisatie (gedragsdefinitie) Een verzameling rechten, privileges, plichten en verantwoordelijkheden die elkaar langdurig in balans houden tijdens perioden van conflict en conflictoplossing.

Organisatie (technische definitie) Een stabiele, formele, sociale structuur die middelen uit de omgeving verwerkt en hiervan output produceert.

Organisatie-impactanalyse Onderzoek naar de effecten die een systeem heeft op de organisatiestructuur, gedragingen, besluitvorming en bedrijfsvoering.

Organisatorisch en bestuurlijk kapitaal Investeringen in organisatie en management, zoals nieuwe bedrijfsprocessen, managementgedrag, organisatiecultuur en training.

Organizational learning Creatie van nieuwe standaardprocedures en bedrijfsprocessen die de ervaring van de organisatie weerspiegelen.

Output Het distribueren van de verwerkte informatie aan mensen die deze informatie zullen gebruiken of aan de activiteiten waarvoor de informatie nodig is.

Outsourcing Het uitbesteden van het beheer van computercentra of telecommunicatienetwerken of de ontwikkeling van toepassingen aan externe leveranciers.

Outsourcing naar het buitenland Uitbesteding van een deel van het ontwikkelwerk aan nieuwe systemen of van het onderhoud aan bestaande systemen uit aan externe leveranciers in een ander land.

Overstapkosten De kosten voor de klant of onderneming, in verloren tijd, geld of middelen, wanneer ze overstappen van de ene leverancier of het ene systeem naar een concurrent.

P

Packet switching Technologie die blokken tekst verdeelt in kleine bundeltjes gegevens van een vaste afmeting en deze op de meest efficiënte manier over beschikbare communicatiekanalen verstuurt.

Parallelle strategie Een veilige en conservatieve conversiebenadering waarbij zowel het oude als het mogelijke vervangende systeem naast elkaar worden gebruikt, totdat iedereen er zeker van is het dat nieuwe systeem goed functioneert.

Particularisme Het nemen van beslissingen en acties op basis van een beperkt aantal of persoonlijke kenmerken.

Partner relationship management (PRM) Automatisering van de relaties tussen de onderneming en haar verkopende partners, waarbij klantgegevens en analytische instrumenten worden gebruikt voor de verbetering van de samenwerking en verkopen.

Patches Kleine stukken software die de fout repareren zonder de goede werking van de software te verstoren.

Patent Zie octrooi

Peer-to-peerarchitectuur Netwerkarchitectuur die alle computers op het netwerk gelijk behandelt; wordt veel gebruikt in kleine netwerken.

Personal area network (PAN) Een computernetwerk dat wordt gebruikt voor communicatie tussen digitale apparaten (waaronder telefoons en PDA's) binnen een gebied van tien meter.

Personalisatie Mogelijkheid voor handelaren om marktberichten te richten aan specifieke personen door het bericht aan te passen aan de naam, interesses en eerdere aankopen van die persoon.

PERT-chart Grafische afbeelding van projecttaken en de onderlinge verbanden.

Pharming Phishing-techniek die gebruikers doorstuurt naar een vervalste webpagina, ook als de persoon in kwestie het juiste adres van de webpagina in zijn of haar browser heeft opgegeven.

Phishing Een in toenemende mate populaire vorm van spoofing waarbij nepwebsites worden opgezet of zeer geloofwaardig uitziende zakelijke e-mailberichten worden verstuurd om bij de gebruikers vertrouwelijke informatie los te krijgen.

Pilot study Strategie om een nieuw systeem eerst in een klein deel van de organisatie te introduceren totdat het systeem functioneel is; slechts dan wordt de conversie van het systeem ook in de rest van de organisatie uitgevoerd.

Podcasting Een manier om audio-uitzendingen via internet te publiceren, die gebruikers de mogelijkheid biedt om audiobestanden op hun pc's of draagbare muziekspelers te downloaden.

Portal Website of een andere dienst die fungeert als beginpunt op het web of op een intern bedrijfssysteem.

Portfolioanalyse Analyse van de portfolio met mogelijke projecten binnen een onderneming om de risico's en baten te bepalen en een informatiesysteem te kiezen.

Prestatie-indicator Een standaardmaat voor prestatie.

Prijsdifferentiatie Voor dezelfde of vrijwel dezelfde goederen bij verschillende doelgroepen andere prijzen hanteren.

Prijstransparantie Het gemak waarmee consumenten de verschillende prijzen in een markt kunnen onderzoeken.

Primair geheugen Deel van de computer dat programma-instructies en de gegevens die door de instructies worden gebruikt, tijdelijk opslaat.

Primaire activiteiten Activiteiten die direct te maken hebben met de productie en distributie van de producten en diensten van de onderneming.

Primaire sleutel Unieke identifier voor alle informatie in elke rij van een databasetabel.

Private cloud Een bedrijfseigen netwerk of een datacentrum dat een verbinding vormt tussen servers, opslag, netwerken, gegevens en toepassingen als een reeks gevirtualiseerde diensten die door gebruikers binnen een bedrijf worden gedeeld.

Private exchange Andere benaming voor een privaat industrieel netwerk.

Private industriële netwerken B2B-extranetten die zijn gericht op continue bedrijfsprocescoördinatie tussen bedrijven voor samenwerking en supply chain management. Een privaat industrieel netwerk bestaat standaard uit een grote onderneming die een extranet gebruikt voor de contacten met haar leveranciers en andere belangrijke zakenpartners.

Privacy De eis van personen om met rust gelaten te worden, vrij van toezicht door of inmenging van andere personen of organisaties, waaronder de staat.

Privacy by design Wanneer software en IT-diensten worden ontwikkeld die privacybescherming al structureel in het ontwerp hebben opgenomen.

Processpecificaties Beschrijven de logica van de processen op de laagste niveaus van een gegevensstroomdiagram.

Productdifferentiatie Concurrentiestrategie om merkloyaliteit op te bouwen door nieuwe en unieke producten en diensten te ontwikkelen die niet eenvoudig door concurrenten gekopieerd kunnen worden.

Productiefase Fase nadat het nieuwe systeem is geïnstalleerd en geconverteerd; het systeem wordt door de gebruikers en technische specialisten gebruikt om te bepalen hoe goed het aan de oorspronkelijke doelen beantwoordt.

Productie- en servicewerkers Mensen die de producten en diensten van de organisatie produceren.

Profiling Het gebruik van computers om data uit meerdere bronnen te combineren en digitale dossiers met gedetailleerde informatie over personen aan te maken

Prognoseanalyse Een analyse van de portfolio van potentiële toepassingen binnen een bedrijf voor het bepalen van de risico's en baten, en voor het selecteren uit alternatieven voor informatiesystemen.

Programmadata-afhankelijkheid De nauwe relatie tussen gegevens die in bestanden zijn opgeslagen en de specifieke programma's die nodig zijn om deze bestanden te updaten en bij te houden. Veranderingen in de organisatie of het formaat van de gegevens vereisen veranderingen in alle programma's die deze gegevens gebruiken.

Programmeerfase Het proces van het vertalen van de systeemspecificaties die tijdens de ontwerpfase zijn opgesteld in programmacode.

Programmeren Fase in de levenscyclus van een systeem waarin de ontwerpspecificaties die tijdens de ontwerpfase zijn geproduceerd, worden vertaald in programmacode voor software.

Programmeurs Hoogopgeleide technische specialisten die de software-instructies schrijven voor de computer.

Project Geplande reeks van verwante activiteiten voor het bereiken van een specifiek bedrijfsdoel.

Projectmanagement Toepassing van kennis, vaardigheden en technieken voor het bereiken van specifieke doelen binnen het opgegeven budget en de tijdslimiet.

Projectportfoliomanagementsoftware Helpt organisaties portfolio's van projecten en hun onderlinge verbanden te evalueren en te beheren.

Protocol Een set regels en procedures die de overdracht tussen onderdelen in een netwerk regelt.

Prototype Voorlopige werkende versie van een informatiesysteem, voor demonstratie- en evaluatiedoeleinden.

Prototyping Het snel en goedkoop bouwen van een experimenteel systeem dat gebruikers kunnen gebruiken en evalueren, om zo een beter idee te krijgen van hun informatie-eisen.

Public cloud Een cloud onderhouden door een externe serviceprovider, toegankelijk via internet en beschikbaar voor het algemene publiek.

Public key infrastructure (PKI) De inzet van public key cryptografie die gebruikmaakt van eenn certificaatautoriteit (CA) en digitaal certificaat.

Publieke-sleutelincripties Gebruikt twee sleutels: één gedeeld (of publiek) en één private.

Pull-based model Supply chain waarin de gebeurtenissen in gang worden gezet door feitelijke bestellingen van klanten.

Push-based model Supply chain waarin masterschema's voor productie zijn gebaseerd op voorspellingen of beste schattingen van de vraag naar producten, en worden producten 'gepusht' naar klanten.

Q

Querytaal Hogere taal voor het ophalen van gegevens die in bestanden of databases zijn opgeslagen.

R

Radio frequency identification (RFID) Technologie die het volgen van de verplaatsing van goederen door een keten ondersteunt. RFID-systemen maken gebruik van kleine labels, tags genoemd, met ingebouwde microchips die gegevens bevatten over een item en de plaats ervan.

Ransomware Malware die probeert geld af te persen van gebruikers door het beheer van hun computers over te nemen of irritante pop-upberichten weer te geven.

Rapid application development (RAD) Het ontwikkelen van systemen in zeer korte tijd, gebruikmaken van prototypering, vierdegeneratietools en samenwerking tussen gebruikers en systeemspecialisten.

Rationalisering van procedures Het stroomlijnen van de standaardprocedures, waarbij duidelijke knelpunten worden weggehaald, zodat automatisering deze procedures efficiënter kan maken.

Reclamemodel Website die inkomsten genereert door een grote doelgroep aan te trekken.

Record Een groep gerelateerde velden.

Referentiële integriteitsregels Regels die ervoor zorgen dat de relaties tussen gekoppelde tabellen consistent blijven.

Reguliere rechtsgang Een proces waarin wetten bekend zijn en begrepen worden en de mogelijkheid bestaat om een beroep te doen op hogere instanties om ervoor te zorgen dat de wetten correct worden toegepast.

Reikwijdte Maateenheid voor het aantal mensen waarmee een onderneming kan communiceren en het aantal producten dat de onderneming die mensen kan bieden.

Relationeel DBMS Een logisch databasemodel dat gegevens vertegenwoordigt als tweedimensionale tabellen. Het kan gegevens in één tabel koppelen aan gegevens in een andere tabel zolang de twee tabellen een gezamenlijk gegevenselement hebben.

Repetitive Stress Injury (RSI) Beroepsziekte die optreedt als spiergroepen herhaaldelijk blootstaan aan hoge schokbelasting (zoals bij tennis) of tienduizenden keren blootstaan aan lage schokbelasting (zoals bij werkzaamheden op het toetsenbord van een computer).

Request for proposal (RFP) Gedetailleerde lijst vragen die wordt voorgelegd aan softwareleveranciers of andere diensten om te bepalen hoe goed het product van de leverancier kan voldoen aan de specifieke eisen van de organisatie.

Responsive webdesign Vermogen van een website om wanneer een gebruiker overschakelt naar apparaten van verschillende grootte, zoals een laptop, tablet of smartphone, automatisch schermresolutie en afbeeldingsgrootte aan te passen. Hierdoor hoeft er niet voor elk nieuw apparaat afzonderlijk ontwerp- en ontwikkelwerk gedaan te worden.

Risicoanalyse Bepalen hoe vaak een probleem voorkomt en wat de potentiële schade is. Wordt gebruikt om de kosten en baten van een controlemiddel vast te stellen.

Risicomijdend principe Verricht die handeling die de minste schade of potentieel de minste kosten met zich meebrengt.

Router Een speciale communicatieserver die gebruikt wordt om gegevenspakketten langs verschillende netwerken te sturen en er zo voor te zorgen dat het bericht op het juiste adres aankomt.

Routines Nauwkeurige regels, procedures en gebruiken die zijn ontwikkeld om vrijwel alle mogelijke situaties aan te kunnen.

RSS (Rich Site Summary of Really Simple Syndication) Technologie waarbij websitecontent in een zodanige vorm wordt gegoten dat deze in een ander kader gebruikt kan worden.

S

Samenwerking Werken met anderen om gedeelde en expliciete doelen te bereiken.

Schaalbaarheid Het vermogen van een computer, product of systeem om het aantal gebruikers uit te breiden zonder dat dit leidt tot problemen in het systeem.

Scoringmodel Snelle methode om een keuze te maken tussen alternatieve systemen op basis van de mate waarin ze voldoen aan geselecteerde doelen.

Secure hypertext transfer protocol (S-HTTP) Protocol voor het versleutelen van over internet verstuurde gegevens, dat zich beperkt tot individuele berichten.

Secure sockets layer (SSL) Biedt client- en servercomputers de mogelijkheid om de codering en decodering te regelen terwijl zij met elkaar communiceren in een beveiligde websessie.

Semigestructureerde beslissingen Beslissingen waarbij slechts een deel van het probleem een duidelijke oplossing via een geaccepteerde procedure heeft.

Sensitiviteitsanalyse Model dat herhaaldelijk 'wat als'-vragen stelt om te bepalen wat de impact is op het resultaat als een of meer factoren worden veranderd.

Sensoren Apparaten die gegevens uit de omgeving verzamelen die door een computersysteem kunnen worden gebruikt.

Sentimentanalyse Het minen van tekstcommentaar in een e-mailbericht, blog, sociale-mediaconversatie, of enquêteformulier voor het opsporen van gunstige en ongunstige meningen over specifieke onderwerpen.

Server Computer die is geoptimaliseerd voor het bieden van software en andere bronnen aan andere computers in een netwerk.

Service level agreement (SLA) Formeel contract tussen klanten en hun dienstverleners dat de specifieke verantwoordelijkheden van de dienstverlener en de door de klant verwachte servicegraad vastlegt.

Servicegerichte architectuur (service-oriented architecture, SOA) Softwarearchitectuur die is opgebouwd uit op zichzelf staande diensten die met elkaar communiceren om een werkende softwaretoepassing te vormen.

Shopping bot Software met een bepaald niveau van ingebouwde intelligentie die e-commerceklanten kan helpen bij het vinden en vergelijken van producten of diensten die ze willen kopen.

Six sigma Methode voor kwaliteitsmeting en het stellen van kwaliteitsdoelen. Een specifieke kwaliteitsmaatstaf van 3,4 fouten per miljoen kansen, gebruikt om een set methodologieën toe te wijzen voor het verbeteren van kwaliteit en het terugbrengen van kosten.

Sleutelveld Een uniek veld dat de record identificeert, zodat de record kan worden gevonden, bijgewerkt of gesorteerd.

Smartcard Een kaartje ter grootte van een creditcard waarop digitale informatie kan worden opgeslagen en die kan worden gebruikt om elektronisch te betalen.

Smartphone Draadloze telefoon met spraak-, tekst- en internetfuncties.

Sniffer Soort afluisterprogramma dat meekijkt met de informatie die verstuurd wordt over een netwerk.

Sociaal CRM Instrumenten die een bedrijf in staat stellen conversaties, gegevens en relaties van klanten van socialenetwerksites aan CRM-processen te koppelen.

Sociaal ondernemen Gebruik van socialenetwerkplatforms, waaronder Facebook, Twitter en interne sociale bedrijfsinstrumenten voor het inschakelen van werknemers, klanten en leveranciers.

Sociaal winkelen Gebruik van websites met door de gebruiker gecreëerde webpagina's voor het delen van kennis over punten die van belang kunnen zijn voor andere klanten.

Sociaal zoeken Poging om relevantere en betrouwbaarder zoekresultaten gebaseerd op iemands netwerk of sociale contacten te leveren.

Social engineering Verleiden van medewerkers om hun wachtwoorden te onthullen door zich voor te doen als legitieme medewerkers van het bedrijf die informatie nodig hebben.

Sociale kaart Kaart van alle significante online sociale relaties, vergelijkbaar met een sociaal netwerk dat offline relaties beschrijft.

Socialenetwerksite Online gemeenschap voor het uitbreiden van het aantal sociale contacten door het leggen van contacten via zakelijke of privéconnecties.

Sociotechnisch gezichtspunt Bij dit gezichtspunt wordt optimale organisatorische prestatie bereikt door zowel de sociale als de technische systemen die in productie worden gebruikt, te optimaliseren.

Sociotechnisch ontwerp Ontwerp voor het produceren van informatiesystemen die technische efficiëntie combineren met gevoeligheid voor organisatorische en menselijke behoeften.

Software as a Service (SaaS) Diensten voor het leveren van en het toegang verlenen tot software als externe webservice.

Software-defined networking (SDN) Gebruik van een centraal besturingsprogramma, onafhankelijk van netwerkapparaten, voor het beheren van de gegevensstroom op een netwerk.

Software-defined storage (SDS) Koppelt de software van dataopslag los van de onderliggende opslaghardware, door een scheiding aan te brengen tussen software voor het beheren van dataopslag en software voor de aansturing van de hardware.

Softwarelokalisatie Proces van het zodanig omzetten van software dat deze in een tweede taal kan werken.

Softwarepakket Een reeds eerder geschreven commercieel verkrijgbare verzameling van softwareprogramma's, zorgt ervoor dat een onderneming voor bepaalde taken niet meer haar eigen softwareprogramma's hoeft te schrijven.

Spam Ongewenste commerciële e-mail.

Spoofing Het misleiden van computersystemen of computergebruikers door de eigen identiteit te verbergen of door zich te verschuilen achter de identiteit van een ander.

Spreadsheet Tabel die twee of meer aspecten van gegevens in een geschikt formaat weergeeft.

Spyware Technologie die helpt bij het buiten zijn medeweten verzamelen van informatie over een persoon of een organisatie.

SQL-injectie Aanval op een website die gebruikmaakt van kwetsbaarheden in slecht gecodeerd SQL-toepassingen (een standaard en veelvoorkomende databasesoftwaretoepassing) om zo kwaadaardige programmacode in de systemen en netwerken van een bedrijf te introduceren.

Stilzwijgende kennis Expertise en ervaring van leden van een organisatie die niet formeel is gedocumenteerd.

Strategische informatiesystemen Informatiesysteem dat de doelen, operaties, producten, diensten of omgevingsrelaties van een organisatie verandert om een concurrentievoordeel te bereiken.

Strategische overgangen Een beweging van het ene niveau van een sociotechnisch systeem naar een ander niveau. Deze overgangen zijn vaak nodig wanneer strategische systemen worden toegepast waarbij de sociale en technische elementen binnen een organisatie moeten worden veranderd.

Streaming Een publicatiemethode voor muziek- en videobestanden die een continue contentstroom naar het apparaat van een gebruiker stuurt zonder dat deze lokaal op het apparaat wordt opgeslagen.

Structured Query Language (SQL) De standaard-datamanipulatietaal voor relationele databasemanagementsystemen.

Structuurschema Systeemdocumentatie die elk ontwerpniveau, de relaties tussen de niveaus en de locatie in de ontwerpstructuur aangeeft; kan één programma, één systeem of een onderdeel van een programma weergeven.

Supply chain Netwerk van faciliteiten voor het inkopen van materialen, het transformeren van grondstoffen in producten en het distribueren van eindproducten naar de klanten.

Supply-chain-managementsystemen (SCM) Informatiesystemen die zijn gericht op het ondersteunen van de onderneming bij het beheren van haar relatie met leveranciers voor het optimaliseren van de planning, de bevoorrading, de productie en de levering van goederen en diensten.

Supply-chain-planningssystemen Systemen die het bedrijf de mogelijkheid bieden vraagvoorspellingen voor een product te genereren en inkoop- en fabricageplannen voor dat product te ontwikkelen.

Switch Een apparaatje dat netwerkcomponenten kan verbinden, het heeft meer intelligentie dan een hub en kan gegevens filteren en doorsturen naar een gespecificeerde bestemming.

Systeemanalisten Specialisten die ondernemingsproblemen en -eisen vertalen in informatie-eisen en -systemen, fungeren als tussenpersoon tussen de informatiesysteemgroep en de rest van de organisatie.

Systeemanalyse De analyse van een probleem dat de organisatie met een informatiesysteem wil oplossen.

Systeemlevenscyclus Traditionele methode voor het ontwikkelen van een informatiesysteem dat het systeemontwikkelingsproces opdeelt in formele fasen die sequentieel moeten worden doorlopen en waarbij er een formele taakverdeling is tussen eindgebruikers en IT-specialisten.

Systeemontwerp Gegevens over hoe een systeem zal voldoen aan de informatie-eisen die door de systeemanalyse zijn aangegeven.

Systeemontwikkeling De activiteiten die samen een oplossing voor een organisatorisch probleem of voor het benutten van een mogelijkheid produceren in de vorm van een informatiesysteem.

Systeemtest Test het functioneren van het informatiesysteem als geheel om te bepalen of de verschillende modules samenwerken zoals was voorzien.

T

T1-lijn Een toegewijde telefoonverbinding bestaande uit 24 kanalen die een overdrachtssnelheid van 1,544 megabit per seconde kan ondersteunen. Elk kanaal kan worden geconfigureerd om spraak- en gegevensverkeer te transporteren.

Tablet Mobiele handcomputer, groter dan een mobiele telefoon en voornamelijk bediend door het aanraken van een vlak scherm.

Taxonomie Een schema voor het zodanig classificeren van informatie en kennis dat deze gemakkelijk toegankelijk is.

Teams Formele groepen waarvan de leden samenwerken om specifieke doelen te bereiken.

Technologiestandaarden Specificaties die de compatibiliteit van producten en de mogelijkheid om in een netwerk te communiceren bewerkstelligen.

Telecommunicatie De elektronische overdracht van informatie, gewoonlijk over grote afstand.

Telepresence Een technologie die iemand de mogelijkheid biedt om op een locatie anders dan zijn of haar werkelijke fysieke locatie aanwezig te zijn.

Telnet Netwerktool waarmee iemand via het ene computersysteem op een ander systeem kan werken.

Testen Uitvoerig en zorgvuldig proces dat bepaalt of het systeem de gewenste resultaten produceert onder bekende condities.

Testen van onderdelen Het proces waarbij elk programma in het systeem apart wordt getest. Soms wordt dit ook wel het testen van programma's genoemd.

Testplan Voorbereid door het ontwikkelingsteam in samenwerking met gebruikers; bevat alle voorbereidingen voor de reeks tests die op het systeem worden uitgevoerd.

Textmining Ontdekken van patronen en verbanden in grote verzamelingen ongestructureerde gegevens.

Token Fysiek apparaatje, vergelijkbaar met een identiteitskaart die ontworpen is om de identiteit van een afzonderlijke gebruiker vast te stellen.

Total cost of ownership (TCO) Geeft de totale kosten aan voor het bezitten van technologie, inclusief de oorspronkelijke aanschafkosten, kosten voor upgrades van hardware en software, onderhoud, technische ondersteuning en training.

Total Quality Management (TQM) Een concept dat alle mensen in een organisatie de verantwoordelijkheid geeft over de kwaliteitscontrole.

Traditionele bestandsomgeving Een manier om gegevens te verzamelen en te onderhouden in een organisatie, waarbij elk functioneel gebied of elke afdeling eigen gegevensbestanden en programma's maakt en beheert.

Transactiekosten Kosten van deelname in een markt.
Transactiekostentheorie Economische theorie die zegt dat ondernemingen groter worden omdat ze dan intern goedkoper markttransacties kunnen uitvoeren dan mogelijk zou zijn met externe ondernemingen op de markt.
Transactieverwerkingssystemen (TPS) Gecomputeriseerde systemen die de dagelijkse routinetransacties die nodig zijn voor de bedrijfsvoering uitvoeren en registreren; ze dienen het operationele niveau van de organisatie.
Transmission Control Protocol/Internet Protocol (TCP/IP) Referentiemodel ontwikkeld door het Amerikaanse ministerie van Defensie voor het koppelen van verschillende typen computers en netwerken; wordt gebruikt voor internet.
Transnationale organisatie Werkelijk wereldwijd beheerde onderneming zonder nationaal hoofdkantoor; de waardetoevoegende activiteiten worden vanuit een internationaal perspectief beheerd, zonder dat hierbij wordt gelet op nationale grenzen, om waar dan ook vraag en aanbod op elkaar af te stemmen en om te profiteren van de plaatselijk concurrentievoordelen.
Trojaans paard Een softwareprogramma dat goedaardig lijkt, maar dan iets anders doet dan verwacht.
Tupel Een rij of record in een relationele database.
Two-factor authentication (2FA) Het valideren van de gebruikersidentiteit met twee identificatiemiddelen, waarvan een gewoonlijk een fysiek bewijs is en de ander gewoonlijk bestaat uit gegevens.

U

Unified threat management (UTM) Allesomvattend beveiligingssysteem dat meerdere beveiligingsprogramma's, zoals firewalls, virtual private networks, inbraakdetectiesystemen, software voor het filteren van webcontent en antispamsoftware, combineert tot één programma.
Uniform resource locator (URL) Het adres van een specifieke informatiebron op internet.
Unix Besturingssysteem voor alle typen computers dat machineonafhankelijk is en verschillende gebruikers, multitasking en netwerken ondersteunt. Wordt gebruikt op krachtige werkstations en op servers.

V

Veld Een groep tekens een woord, zin of cijfer, zoals iemands naam of leeftijd.
Veranderingsagent In de context van implementatie is dit de persoon die fungeert als katalysator voor het hele veranderingsproces en die ervoor moet zorgen dat alle betrokken partijen de wijzigingen die het nieuwe systeem produceert accepteren.
Veranderingsmanagement Het managen van de gevolgen van veranderingen in de organisatie vanwege een innovatie zoals een nieuw informatiesysteem.
Verantwoordelijkheid Het accepteren van de potentiële kosten, taken en verplichtingen die voortvloeien uit de besluiten die je neemt.
Verkoopmodel Verkopen van goederen, informatie of diensten aan klanten als de voornaamste inkomstenbron voor een bedrijf.
Verstorende technologieën Technologieën met een verstorende invloed op sectoren en bedrijven, omdat hierdoor bestaande producten, diensten en bedrijfsmodellen verouderd raken.
Verwerking Het omzetten, manipuleren en analyseren van onbewerkte input in een vorm die meer betekent voor mensen.
Verwerven (procurement) Het aankopen van goederen en materialen, bevoorrading, onderhandelen met leveranciers, betalen van goederen en het maken van leveringsafspraken.
Virtual private network (VPN) Een beveiligde verbinding via internet tussen twee locaties om ondernemingsgegevens te versturen. Biedt een goedkoop alternatief voor een particulier netwerk.
Virtual Reality Modeling Language (VRML) Set specificaties voor interactieve, 3D-modellen op het world wide web.
Virtualisatie Zodanige presentatie van een reeks computermiddelen dat ze alle toegankelijk zijn zonder beperkingen door fysieke configuratie of geografische locatie.
Virtual-realitysystemen Interactieve grafische software en hardware die computersimulaties maakt die zeer realistisch aandoen.
Virtueel bedrijf Organisatie die netwerken gebruikt om mensen, middelen en ideeën aan elkaar te koppelen om producten en diensten te maken en distribueren zonder te worden tegengehouden door de traditionele grenzen van de organisatie of fysieke locatie.
Visueel internet Staat voor linken door het web naar visuele sites zoals Pinterest waar tekstdocumenten vervangen zijn door foto's en gebruikers op foto's en visuele kenmerken zoeken.
Voice over IP (VoIP) Faciliteiten voor het verzenden van gesproken informatie via het internetprotocol (IP).
Voorspellend zoeken Onderdeel van een zoekalgoritme dat bij het invoeren op basis van populaire zoekopdrachten voorspelt hoe een zoekopdracht van een gebruiker eruit gaat zien. Levert een vervolgkeuzelijst van gesuggereerde zoekopdrachten op.

Voorspellende analyse Het gebruik van data-miningtechnieken, historische gegevens en aannames over toekomstige omstandigheden voor het voorspellen van de uitkomsten van gebeurtenissen, zoals de kans dat een klant op een aanbod zal reageren of een specifiek product zal kopen.

W

Waardeketenmodel Model dat benadrukt bij welke primaire of ondersteunende activiteiten die een marge of waarde toevoegen aan de producten of diensten van een onderneming informatiesystemen het best kunnen worden toegepast om het concurrentievoordeel te vergroten.

Waardeweb Klantgestuurd netwerk van onafhankelijke bedrijven die informatietechnologie gebruiken voor het coördineren van hun waardeketens om gezamenlijk een product of dienst voor een markt te produceren.

War driving Techniek waarbij meegluurders langs gebouwen rijden of buiten parkeren en proberen draadloos netwerkverkeer te onderscheppen.

Web 2.0 Tweede generatie, interactieve internetdiensten waarmee mensen kunnen samenwerken, informatie kunnen delen en nieuwe online diensten kunnen creëren, zoals mashups, blogs, RSS en wiki's.

Webbakens Kleine softwareprogramma's in een e-mail of webpagina die de klikstroom van internetgebruikers bijhouden.

Web der dingen Alomtegenwoordig web waarbij elk object of elke machine een unieke identiteit heeft en in staat is internet met andere machines te koppelen of gegevens te versturen. Ook bekend als het industriële internet.

Webbrowser Eenvoudig te gebruiken software voor het verkrijgen van toegang tot het World Wide Web en internet.

Webhostingdienst Onderneming met grote webservercomputers die websites van abonnees beheert.

Webmining Ontdekking en analyse van nuttige patronen en informatie van het world wide web.

Webserver Software die de verzoeken van gebruikers om webpagina's beheert op de computer waar de pagina's zijn opgeslagen en die de pagina's naar de computer van de gebruiker stuurt.

Webservices Een verzameling zwak gekoppelde softwarecomponenten die gebruikmaken van normale standaarden en talen voor webcommunicatie om onderling informatie uit te wisselen. Zij maken het mogelijk dat twee verschillende systemen, ongeacht de besturingssystemen of programmeertalen waarop de systemen zijn gebaseerd, informatie uit kunnen wisselen.

Website Alle world wide web-pagina's die door een organisatie of een persoon worden onderhouden.

Werkprocedures Methoden voor het oplossen van problemen en andere oplossingen die door een specifieke organisatie of industrie zijn ontwikkeld.

Werkstation Desktopcomputer met krachtige grafische en wiskundige capaciteiten en met de mogelijkheid verschillende complexe taken tegelijk uit te voeren.

Wet van Moore Stelling dat het aantal componenten op een chip elk jaar verdubbelt.

Wettelijke aansprakelijkheid Een kenmerk van politieke systemen waarin een stelsel van wetten personen in staat stelt om de schade op andere personen, systemen of organisaties te verhalen.

Wide area network (WAN) Telecommunicatienetwerk dat een groot geografisch gebied bedient. Veel WAN's bestaan uit een combinatie van bekabelde, satelliet- en microgolftechnologieën.

Wifi De IEEE-verzameling standaarden voor draadloze LAN's is de 802.11-familie.

Wijsheid De gezamenlijke en individuele ervaring van het toepassen van kennis op de oplossing van problemen.

Wijsheid van de massa Het geloof dat grote aantallen mensen betere beslissingen over een breed scala aan onderwerpen of producten kunnen nemen dan één iemand of een kleine groep deskundigen (voor het eerst voorgesteld in een boek van James Surowiecki).

Wiki Collaboratieve websites waar bezoekers sitecontent kunnen toevoegen, verwijderen of aanpassen, waaronder het werk van eerdere auteurs.

WiMax (Worldwide Interoperability for Microwave Access) De populaire term voor IEEE-standaard 802.16, bekend als de 'interface door de lucht voor vaste draadloze breedbandtoegangssystemen'. Het heeft een draadloos toegangsbereik tot 50 en een snelheid voor gegevensoverdracht tot 75 Mbps.

Windows 10 Meest recente Microsoft Windows-besturingssysteem, dat zowel op tablets als pc's draait, en voorzien is van multitouchfuncties.

Windows Microsoft-familie van besturingssystemen voor zowel netwerkservers als clientcomputers.

Wintel-pc Elke computer met een Intel-microprocessor (of compatibele processors) en een Windows-besturingssysteem.

Wireless sensor network (WSN) Netwerk van onderling verbonden draadloze apparaten die zijn ingebouwd in de fysieke omgeving om veel punten op onderling grote afstanden te kunnen meten. Gebaseerd op apparaten met ingebouwde gegevensverwerking, opslag en radiofrequente sensoren en antennes.

World wide web Een systeem met universeel geaccepteerde standaarden voor het opslaan, vinden, formatteren en weergeven van informatie in een netwerkomgeving.

Wormen Onafhankelijke computerprogramma's die zichzelf via een netwerk van een computer naar andere computers kopiëren.

X

XML (Extensible Markup Language) Algemene taal die de structuur van een document beschrijft en koppelingen naar verschillende documenten ondersteunt, waardoor de gegevens door de computer kunnen worden bewerkt. Wordt gebruikt voor web- en andere toepassingen.

Z

Zakelijke drijfveer Een kracht in de omgeving waarop ondernemingen moeten reageren en die de richting van de onderneming beïnvloedt.

Zero-day vulnerabilities Lekken in software die de ontwikkelaar niet kent.

Zoekkosten De kosten voor het zoeken naar geschikte producten en voor het opsporen van leveranciers, prijzen en leveringsvoorwaarden voor een specifiek product overal ter wereld.

Zoekmachine Een tool om specifieke sites of informatie op internet te vinden.

Zoekmachinemarketing Gebruik van zoekmachines om in hun resultaten door adverteerders betaalde links af te leveren.

Zoekmachineoptimalisatie (SEO) Het proces van het zodanig aanpassen van de content, opmaak en indeling van een website, dat de site hoger in de ranking van populaire zoekmachines komt en meer sitebezoekers genereert.

INDEX

Symbols

A

B

C

S

T

U

V

W

X

Y

Z